“十二五”国家重点出版物出版规划项目
铁路科技图书出版基金资助出版

高速铁路建造技术·施工卷(上)

中铁二局股份有限公司　卿三惠 等　编著

中国铁道出版社
2013年·北 京

内容简介

本书全面系统地总结我国高速铁路施工技术及建设实践经验，并广泛吸收国外先进技术，形成了具有中国特色的高速铁路施工技术体系。其内容包括路基、桥梁、隧道、轨道、通信、信号、电力、电气化工程施工、施工测量及试验与检测技术等，重点突出各工序关键环节的施工方法与工艺、质量过程控制、质量检测与评定标准、相关接口工程施工要点等。

全书分上、下册出版。上册为第1～4篇，内容包括绪论及路基、桥梁、隧道施工技术；下册为第5～8篇，内容包括轨道与“四电”施工、施工测量、试验与检测技术。

该书理论联系实际，论述深入浅出，内容系统完整，展现了当今高速铁路施工的最新技术及应用前景，已被列为“十二五”国家重点出版物出版规划项目，具有较高的理论和实用价值。可作为铁路施工企业员工的技术培训教材，也可供高速铁路施工、设计、科研人员及大专院校土木工程专业的师生学习和参考。

图书在版编目(CIP)数据

高速铁路建造技术·施工卷.上/卿三惠等编著.—北京：中国铁道出版社，2013.10

ISBN 978-7-113-16921-3

Ⅰ.①高… Ⅱ.①卿… Ⅲ.①高速铁路—铁路施工—研究—中国 Ⅳ.①U238

中国版本图书馆CIP数据核字(2013)第143441号

书　　名：高速铁路建造技术·施工卷(上)
作　　者：中铁二局股份有限公司　卿三惠　等

策　　划：江新锡　曹艳芳
责任编辑：江新锡　曹艳芳　冯海燕　　**编辑部电话**：010-51873371　　**电子信箱**：bjbfhy@126.com
封面设计：崔丽芳
责任校对：马　丽
责任印制：郭向伟

出版发行：中国铁道出版社(100054，北京市西城区右安门西街8号)
网　　址：http://www.tdpress.com
印　　刷：北京盛通印刷股份有限公司
版　　次：2013年10月第1版　　2013年10月第1次印刷
开　　本：880 mm×1 230 mm　1/16　印张：50.25　字数：1644千
书　　号：ISBN 978-7-113-16921-3
定　　价：300.00元

主编简介

卿三惠，男，1956年生，贵州省息烽县人，工学博士，教授级高级工程师，国家注册土木工程师。1982年～2006年在中铁二院工程集团有限公司从事铁路工程勘察设计25年（其间任院副总工程师8年），2006年至今任中铁二局股份有限公司总工程师。历经南防、南昆、黎湛、株六、水柏、黔桂、渝怀、遂渝、达成、大丽、玉蒙、滇藏、京津、京沪、武广、广珠等新（改）建铁路的前期研究、勘察设计及施工实践，长期致力于工程勘察设计技术与结合工程的科学试验研究，多项成果获国家、省（部）级奖励，为铁路的事业技术进步作出了积极的贡献。

勘察设计：《水柏铁路北盘江大桥工程地质勘察》获铁道部工程勘察一等奖及国家银奖；《渝怀铁路圆梁山隧道工程地质勘察》、《黔桂铁路工程地质勘察》、《高烈度地震区铁路工程地质与环境地质综合选线》获省（部）工程勘察一等奖；《水柏铁路选线设计》、《时速200公里遂渝铁路路基工程设计》分获省（部）工程设计一、二等奖。

科技研究：《京津时速350公里铁路线路工程技术及应用》获铁道部科学技术特等奖；《时速350 km高速铁路CRTSⅡ型板式无砟轨道施工技术及关键设备研究》、《海底隧道钻爆法施工关键技术》、《富水砂卵石地层土压平衡盾构施工关键技术》、《大跨径曲线梁非对称外倾式钢箱拱桥施工关键技术》获省（部）科技进步一等奖；《客运专线独塔斜拉连续刚构组合桥施工关键技术》、《客运专线无砟轨道制造与施工成套设备及工艺研究》、《遂渝铁路一次铺设跨区间无缝线路轨道关键技术试验研究》、《超深埋大断面隧道群施工关键技术》、《特殊环境修建复杂洞室群地铁车站整体洞桩法施工关键技术》获省（部）科技进步二等奖；《红层软岩地区建造时速200公里客货共线铁路路基关键技术》、《超浅埋地铁大断面长距离水平冻结施工技术》、《高压富水地层超深埋特长隧道施工技术》、《城市地下互通立交隧道群施工技术》、《高瓦斯特长隧道建设关键技术》获省（部）科技进步三等奖。

学术成就：公开发表科技论文30余篇，对山区铁路选线设计、工程地质及水文地质勘察、岩溶和软弱地基处理、滑坡或边坡工程治理、复杂地质隧道灾害防治、高速铁路设计与施工、路基填料试验等技术问题进行了有益的研究和探索；主编出版《西南铁路工程地质研究与实践》、《土木工程施工工艺》（包括路基路面、桥梁、隧道及地铁、铺架与"四电"、房建五个分册）、《高速铁路隧道工程施工技术指南》、《铁路隧道施工安全技术规程》、《工程项目管理标准化手册》，参编出版《铁路路基填筑连续压实控制技术规程》、《铁路混凝土支架法现浇施工技术规程》、《CRTSⅡ型板式无砟轨道施工质量验收标准》、《高速铁路地基处理手册》、《铁路工程声屏障施工技术指南》等技术专著、规范、标准、手册；研发国家级工法5项、省（部）级工法10项；获国家授权发明专利12项、实用新型专利5项。

社会荣誉：2000年以来，先后荣获"全国铁路火车头奖章"、"四川省工程勘察大师"、"四川省学术和技术带头人"、中建协和中施协"全国技术创新先进个人"、中国中铁总公司"突出贡献中青年专家"和"十一五科技创新标兵"等社会荣誉。

《高速铁路建造技术·施工卷》编委会

序

高速铁路是当今世界的一项重大技术成就，它集中反映了一个国家铁路线路结构、列车牵引动力、高速运行控制、高速运输组织和经营管理等方面的技术进步，也体现了一个国家的科技和工业水平。高速铁路是社会经济发展的必然产物，有利于促进国家或地区间城市一体化发展进程，在经济发达、人口密集的地区经济和社会效益非常显著。高速铁路以其速度快、安全性好、正点率高、全天候运行、舒适方便、输送能力大、能耗低、污染轻等一系列技术优势，已成为世界许多国家和地区旅客运输发展的共同趋势。

20 世纪 60 年代以来，高速铁路在日本、德国、法国、意大利、西班牙、韩国等发达国家蓬勃兴起。截止 2012 年底，全世界高速铁路运营里程总长 24 000 km，分布在 20 个国家和地区。列车的最高试验速度从 1964 年 10 月世界上第一条高速铁路日本东海道新干线达到 210 km/h 后也在不断被刷新。1981 年 2 月法国 TGV 达 380 km/h；1988 年 5 月德国 ICE 最高试验速度达 406.9 km/h；1990 年 5 月 18 日法国 TGV-A 型高速列车最高试验速度达 515.3 km/h；2007 年 4 月 3 日法国 TGV-V150 超高速列车最高试验速度达 574.8 km/h，创造了有轨列车瞬间最高试验速度的世界纪录。这些瞬间高速（最高试验速度）说明轮轨技术是可以高速的，但不能真正运行。我国高速铁路建设过程中，从安全、可靠、适用、经济四个指标进行研究的结果表明，决定高速铁路运营速度的路基、桥梁、隧道和线路结构应按 350 km/h 的标准建设和配置机车，验收速度应按额定速度的 110%验收；从经济运营角度分析，根据空气动力学试验，250 km/h 是高速铁路的经济速度。因此，我国城际铁路一般按该速度进行建设。

20 世纪 90 年代以来，中国政府致力发展高速铁路，开展大规模的高速铁路试验研究。大体经历三个历史进程：

1997～2007 年，实施既有线改造和六次大提速。通过既有线改造和六次大提速，掌握了 200～250 km/h 高速铁路修建技术，使全国旅客列车最高运行速度从 120 km/h 以下提高到 200 km/h 以上的既有线路营业里程达到 6 003 km。

1999～2007 年，新建 160～200 km/h 试验线。1999 年 8 月开工建设秦沈客运专线，2002 年 11 月 27 日“中华之星”列车在该线上试验最高速度 321.5 km/h，2003 年 10 月 12 日按 200 km/h开通运营；2002 年 11 月开工建设客货共线遂渝铁路，2005 年 5 月“长白山”列车在该线上试验最高速度 234 km/h，2006 年 4 月 1 日按 200 km/h 开通运营。2007 年 4 月 18 日，新建广深铁路三、四线采用“和谐号”动车组按 200 km/h 开通运营，成为我国第一条客货分线，实现完全公交化的城际客运专线。

2004 年以来，全面新建 250～350 km/h 高速客运专线。2004 年 1 月国务院发布《中长期铁路网规划》，并于 2008 年进行调整，确定了“到 2020 年建设高速客运专线 16 000 km 以上”的发展目标。从此，中国铁路拉开了以“四纵四横”客运专线和城际快速客运系统为重点的大规模高速铁路建设序幕。2005 年 6 月开工建设中国第一条 250 km/h 客货共线铁路合宁铁路，2008 年 4 月按 200～220 km/h 开通运营；2005 年 7 月 4 日开工建设中国第一条350 km/h 的京津城际高速铁路，2008 年 6 月 24 日和谐号动车组在该线上最高试验速度394.3 km/h，2008 年 8 月按 300 km/h 开通运营；2011 年 1 月中国 CRH_{380BL} 型和谐号动车组在 350 km/h 的京沪高速铁路线上创造了中国铁路无砟轨道列车的最高试验速度487.3 km/h，2011 年 6 月按300 km/h开通运营，标志着中国高速铁路技术已步入国际先进水平。其中长距离、温差大、无缝轨道技术处于世界领先水平。

截止2012年底，中国已建成高速铁路运营里程9 356 km，在建高速铁路长度达12 700 km，居世界第一。

中国铁路按照“安全、可靠、适用、经济、先进”的技术方针，通过原始创新、集成创新和引进消化吸收再创新，在工程建设、高速列车研制、列车运行控制、系统集成、运营维护、客运服务等技术领域实现了重大突破，形成具有自主知识产权的高速铁路技术标准体系，全面掌握了高速铁路设计、施工、运营、维修等关键技术，实现了具有世界先进水平的客运动车组、施工装备的国产化。目前，中国已成为世界上高速铁路发展最快、运营里程最长、运营速度最高、在建规模最大、系统技术最全、集成能力最强的国家。

为总结高速铁路的建设经验，中铁二局股份有限公司组织国内铁路技术专家及工程技术人员，在全面系统地总结我国高速铁路试验研究及建设实践的基础上，广泛吸收世界高速铁路建设的先进技术，精心编著完成的“十二五”国家重点出版物出版规划项目《高速铁路建造技术·施工卷》一书，终于出版了。

该书理论联系实际，论述深入浅出，内容系统完整，图文并茂，展现了当今高速铁路施工的最新技术及应用前景，具有较高的理论和实用价值，可以引领我国的高速铁路建设实践。

借本书出版之际，谨以此序向多年来为我国高速铁路建设作出突出贡献的广大科技人员，以及为本书的出版付出辛勤劳动的各位编审人员表示感谢。

我将本书推荐给从事高速铁路设计、施工、科研、教学等工作的人员和广大非专业读者。相信本书的出版，将有助于推动我国高速铁路施工技术的不断进步，实现国富民强之本。

中国工程院院士 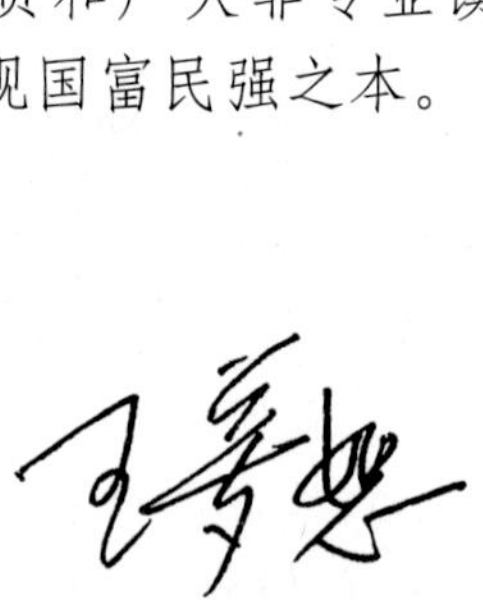

2013年5月

前　言

2004 年 1 月，国务院发布《中长期铁路网规划》，并于 2008 年进行调整，确定了“到 2020 年建设客运专线 16 000 km 以上”的发展目标。从此，中国铁路拉开了以“四纵四横”客运专线和城际快速客运系统为重点的大规模高速铁路建设序幕。截止 2012 年底，中国已建成高速铁路运营里程 9 356 km，在建高速铁路 12 700 km，成为世界上高速铁路发展最快、运营里程最长、运营速度最高、在建规模最大、系统技术最全、集成能力最强的国家。

为总结我国高速铁路的建设经验，中铁二局股份有限公司组织国内铁路技术专家及工程技术人员，在全面系统总结我国高速铁路试验研究及建设实践经验的基础上，广泛吸收国外先进技术，编著了《高速铁路建造技术·施工卷》一书，该书已被列为“十二五”国家重点出版物出版规划项目。

全书共 8 篇，分上、下两册。上册内容为第 1～4 篇，下册内容为第 5～8 篇。

第 1 篇　绪论。介绍高速铁路的概念、作用、技术经济优势、主要技术特征；高速铁路基础设施(线路、路基、桥梁、隧道、轨道)的特点；高速铁路的系统构成；国内外高速铁路的成就与发展趋势，重点突出我国高速铁路建设在土建工程、牵引供电、高速列车、列车运行控制、运营调度、客运服务六个方面的重大技术创新成果。

第 2 篇　高速铁路路基施工技术。介绍高速铁路路基的结构构造、技术标准及施工技术，重点突出地基处理、路堤填筑、路堑开挖、路基过渡段、路基支挡结构、路基边坡防护、路基防排水、路基堆载预压、路基沉降观测与评估等的施工工艺、质量检测及控制标准等内容。

第 3 篇　高速铁路桥梁施工技术。介绍高速铁路桥梁的结构构造、技术标准及施工技术。重点突出桥梁基础与墩台、预应力混凝土简支梁、连续梁、结合梁以及拱桥、斜拉桥、组合桥等桥式结构；钻孔灌注桩、钢围堰、预应力混凝土简支梁预制与架设、节段预制拼装、连续梁悬臂施工、原位支架法及移动模架施工、转体施工、无支架缆索吊装施工、大跨度桥梁施工监控、桥梁支座、桥面附属工程等的施工工艺、质量检测及控制标准等内容。

第 4 篇　高速铁路隧道施工技术。介绍高速铁路隧道的结构构造、技术标准及施工技术。重点突出隧道洞口工程、开挖与支护、二次衬砌、防排水、附属构筑物、辅助坑道，施工通风与防尘、超前地质预报、施工监控量测，不良地质与特殊岩土隧道、明挖隧道、TBM 隧道、盾构隧道等的施工方法、施工工艺、质量检测及控制标准等内容。

第 5 篇　高速铁路轨道施工技术。介绍高速铁路轨道的结构构造及轨道的制造、运输、铺设、精调施工技术、质量检测与控制标准等内容。轨道结构的界面限定为路基基床表层以上、桥梁桥面混凝土保护层以上、隧道仰拱混凝土层以上的工程实体。重点突出 CRTSⅠ型、CRTSⅡ型双块式无砟轨道，CRTSⅠ型、CRTSⅡ型、CRTSⅢ型板式无砟轨道，板式无砟道岔、长枕埋入式无砟道岔施工技术；有砟轨道及道岔施工技术；无缝线路施工技术；轨道施工组织方案等。

第 6 篇　高速铁路“四电”施工技术。介绍高速铁路“四电”系统集成的概念、程序、内容、模式、主要原则和措施、接口管理、RAMS 管理、EMC 技术管理、风险管理、系统兼容性和匹配性、集成试验和环境保护方案；重点突出高速铁路通信、信号、牵引供电系统施工技术及电力系统供电技术，包括系统构成、关键施工技术、质量控制要点与相关接口施工、试验与检测技术等。

第 7 篇　高速铁路施工测量技术。介绍高速铁路施工测量体系；精密测量控制网施工复测与加密测量；路基、桥梁、隧道工程施工控制测量及竣工测量；施工期间建筑物变形监测；轨道控制网测量、各类轨道板铺设施工测量、工程竣工测量；测量仪器设备配置的基本要求等。重点突出各工序环节的测量内容、方法、技术要点及质量检验、控制标准等内容。

第 8 篇　高速铁路试验与检测技术。介绍高速铁路试验与检测的主要技术标准及施工中混凝土、路基、桥梁、隧道、无砟轨道、无缝线路的试验检测技术，重点突出高速铁路区别于普通铁路对原材料的特殊技术要求与相应的试验检测方法，以及混凝土、无缝钢轨等结构实体的试验检测等内容。

本书理论联系实际，内容系统完整，工程实例丰富，展现了当今高速铁路施工的最新技术及推广应用前景，可作为铁路施工企业员工的技术培训教材，也可供高速铁路设计、施工、科研人员及大专院校土木工程专业师生学习和参考。

本书编撰过程中，引用了大量的参考文献资料，特向原作者个人和单位表示感谢。由于编者水平所限，书中难免存在疏漏和不足之处，恳请读者批评指正，以便不断完善。

中铁二局总经理

2013 年 5 月于成都

目　　录

第1篇　绪　论

第 2 篇　高速铁路路基施工技术

第 3 篇　高速铁路桥梁施工技术

第1篇

绪　论

1 高速铁路的定义

迄今为止，国际上对高速铁路的定义尚无统一标准。1970 年 5 月日本 71 号法令规定"列车在主要区间以 200 km/h 以上速度运行"的铁路称为高速铁路；1985 年 5 月联合国欧洲经济委员会规定"新建高速客运专线的最高速度 300 km/h 及以上，新建客货混运线最高速度 250 km/h 及以上的铁路"称为高速铁路；1996 年国际铁路联盟(UIC)规定"新建线路达到 250 km/h 及以上，既有线改造达到 200 km/h 及以上的铁路"称为高速铁路。我国对高速铁路的定义与 UIC 相似，即"新建铁路旅客列车设计最高行车速度达到 250 km/h及以上，既有线改造旅客列车设计最高行车速度达到 200 km/h 及以上的铁路"称为高速铁路。

广义地说，高速铁路包括使用轮轨技术和磁悬浮技术两大类轨道运输系统。轮轨技术有非摆式车体和摆式车体两种；磁悬浮技术有超导排斥型和常导吸引型两种。就目前而言，世界各国的高速铁路都以非摆式车体的轮轨技术为主。

铁路列车运行速度的分级标准：100～120 km/h 为常速；120～160 km/h 为中速；160～200 km/h 为准高速或快速；200～400 km/h 为高速；400 km/h 以上为超高速。

2 高速铁路的作用

高速铁路在交通运输方面具有极为明显的优势。在运行速度上，最高速度可达350 km/h及以上，堪称"陆地飞行"；在运输能力上，一个长编组的列车可以运送1 000多人，每隔3 min就可以开出一趟列车，运力强大；在适应自然环境上，高速列车可以全天候运行，基本不受雨雪雾的影响；在列车开行上，采取"公交化"的模式，旅客可以随到随走；在节能环保上，高速铁路是绿色交通工具，非常符合节能减排的要求。正因为如此，高速铁路正在为国家经济社会又好又快发展提供重要的支撑和保障。具体作用如下：

(1)有利于强化城市间的"同城"效应。高速铁路对于满足日益增长的旅客运输需求，实现中心城市与"卫星"城镇的合理布局，发挥城市对周边地区的辐射带动作用，强化相邻城市间的"同城"效应，具有重要作用。

(2)有利于推动区域和城乡协调发展。高速铁路大大缩短了各区域间和城乡间的时空距离，促进了区域间、城乡间劳动力尤其是人才、信息等要素的快速流动，带动相关产业由经济发达地区向欠发达地区转移，增强农村"造血"功能，有利于实现区域和城乡协调发展。

(3)有利于促进产业结构升级。高速铁路不仅是高新技术的集成，而且产业链很长，能够带动相关产业结构优化升级。高速铁路为旅游业的发展也提供了极大便利，对于提高第三产业的比重发挥了重要作用。

(4)有利于释放铁路的货运能力。高速铁路网建成之后，铁路繁忙干线可以实现客货分流运输，把既有线的能力腾出来，发展货物运输，极大地释放既有线货运能力，为国民经济平稳较快发展提供可靠的运力保障。

大量事实表明：高速铁路沿线已经成为中国经济发展最活跃和最具潜力的地区。我们有理由乐观地预见，高速铁路在支撑我国区域经济协调发展、优化资源配置和产业布局、构建高效综合运输体系、降低社会物流成本、促进城镇一体化进程和经济可持续发展等方面，都将发挥巨大的作用。

3　高速铁路的技术经济优势

高速铁路与公路、航空相比，主要技术经济优势表现在以下几个方面。

(1)速度快。速度是高速铁路技术水平的最主要标志，各国都在不断提高列车的运行速度。中国、法国、日本、德国、西班牙、意大利高速列车的最高运行速度分别达到了 350 km/h、300 km/h、300 km/h、280 km/h、270 km/h 和 250 km/h。如果作进一步改善，运行速度可以达到 350～400 km/h。除最高运行速度外，旅客更关心的是旅行时间，而旅行时间是由旅行速度决定的。以北京至上海为例，在正常天气情况下，乘飞机的旅行全程时间（含市区至机场、候检等全部时间）为 5 h 左右，如果乘高速铁路（350 km/h）的直达列车，全程旅行时间则为 5～6 h，与飞机相当；如果乘既有铁路列车，则需要 15～16 h；若与高速公路比较，以上海到南京为例，沪宁高速公路 274 km，汽车平均时速 83 km，行车时间为 3.3 h，加上进出沪、宁两市区一般需 1.7 h，旅行全程时间为 5 h，而乘高速列车，则仅需 1.15 h。

(2)安全性好。高速铁路由于在全封闭环境中自动化运行，又有一系列完善的安全保障系统，所以其安全程度是任何交通工具无法比拟的。高速铁路问世近半个世纪以来，日、德、法三国共运送了 60 多亿人次旅客。高速铁路被认为是最安全的，几个主要高速铁路国家，一天要发出上千对的高速列车，其事故率及人员伤亡率远远低于其他现代交通运输方式。与此成对比的是，全世界由于公路交通伤亡事故每年约死亡 25 万～30 万人；1994 年全球民用航空交通中有 47 架飞机坠毁，1 385 人丧生，死亡人数比前一年增加 25%，比过去 10 年的平均数高出 20%。

(3)正点率高。由于高速铁路系统设备的可靠性和较高的运输组织水平，可以做到旅客列车极高的正点率。西班牙规定高速列车晚点超过 5 min 就要退还旅客的全额车票费；日本规定到发超过 1 min 就算晚点，晚点超过 2 h 就要退还旅客的加快费，1997 年东海道新干线列车平均晚点只有 0.3 min。高速列车极高的准时性深得旅客信赖。

(4)全天候运行。高速铁路线路为全封闭结构，具有自动化的控制系统和自动驾驶系统。一般情况下不受天气变化的影响，可以全天候安全运行，按图行车，除非发生地震。在较为严重的自然灾害条件下，可以采取减速运行的方式维持行车，不会像公路和航空运输那样，在浓雾、暴雨和冰雪等恶劣天气情况下，则必须关闭停运。高速铁路的安全保障系统不但保证了高速列车运行安全，也使铁路运输全天候的优势得到了更充分发挥。

(5)舒适方便。高速铁路一般每 4 min 发出一列客车，日本在旅客高峰时每 3.5 min 发出一列客车，旅客基本上可以做到随到随走，不需要候车。为方便旅客乘车，高速列车运行规律化，站台按车次固定化等，这是其他任何一种交通工具无法比拟的。高速铁路列车车内布置非常豪华，工作、生活设施齐全，座席宽敞舒适，走行性能好，运行非常平稳。减振、隔声效果好，车内很安静。

(6)能源消耗低。如果把各种交通运输工具以平均每人公里的能耗来进行比较的话，普通铁路为 1，高速铁路为 1.42，大客车为 1.45，小轿车为 8.2，飞机为 7.44。高速列车利用电力牵引，不消耗宝贵的石油等液体燃料，可利用多种形式的能源。

(7)环境影响小。当今，发达国家对新一代交通工具选择的着眼点是对环境影响小。高速铁路符合这种要求，明显优于汽车和飞机。

(8)占用土地少。双线铁路用地宽度为 13.8 m，6 车道高速公路用地宽度为 37.5 m，要完成一条高速铁路的运量，高速公路需要 8 车道。

(9)载客量高。无论是高速公路或机场都会发生挤塞。高速铁路的优点是载客量非常高。倘若旅程以大城市中心为出发及目的地，使用高速铁路加上转乘的时间可能只跟驾驶汽车相仿，但高速铁路毋须自行驾车，较为舒适。另外，虽然高速铁路的速度比不上飞机，但在距离稍短的旅程（650 km 以下），高速铁路因为无需到通常较远的机场登机，也不需行李托运，故仍较省时。由于高速铁路的班次安排可较为频密，其总载客量亦远高于民航。

(10)输送能力大。目前各国高速铁路几乎都能满足最小行车间隔时间 4h 及其以下(日本可达3 min)的要求,扣除维修时间 4 h,则每天可开行的旅客列车约 280 对;如每列车平均乘坐 800 人,日均输送能力将达到 44.8 万人次;年均输送能力 1.6 亿人次。4 车道高速公路客运专线,单向每小时可通过小轿车 1 250 辆,全天工作 20 h,可通过 25 000 辆。如大轿车占 20%,每车平均乘坐 40 人;小轿车占 80%,每车平均乘坐 2 人,年均单向输送能力为 8 760 万人。航空运输主要受机场容量限制,如一条专用跑道的年起降能力为 12 万架次,采用大型客机的单向输送能力只能达到1 500 万~1 800 万人。

高速铁路的上述技术经济优势,使其在一定距离范围内成为一种更为经济、合理、有效的运输方式。法国 TGV 东南线(巴黎—里昂 430 km)、西班牙高速铁路(马德里—塞维利亚 471 km)和日本东海道新干线(东京—新大阪 515 km)的运营统计资料表明,以旅客周转量计算,高速铁路和航空相比,巴黎—里昂间为 90∶10,马德里—塞维利亚间为 82∶18,东京—新大阪间为 85∶15。因此,在全球范围内,必将有更多的国家修建高速铁路,这是解决交通运输面临一系列问题的有效途径。

4 高速铁路的主要技术特征

一般地说，安全（高可靠性、高耐久性）、快速（高速度、高密度）、舒适（高平顺性、高稳定性、高环保性）是高速铁路的三大要素，三者缺一不可。

在轮轨接触的铁路技术中，随着速度的提高，对基础设施和移动的车辆都提出了新的要求，主要可以归结为两个方面：一是当速度超过 250 km/h 时，空气动力特性发生显著变化，对车辆结构和铁路基础设施提出新的要求；二是由于高速运行的列车需具备持久稳定、高平顺性及安全舒适的运行条件，对轨下基础提出新的要求。

列车高速运行时，行车阻力、振动和机械动力产生的噪声将大幅增加，列车与空气摩擦产生的噪声也会有所提高。因此，对列车的结构，需要重新进行头型及外轮廓设计，以改善空气流向、优化弓网关系及受电弓的位置等，同时要增加减振措施。

试验证明，高速列车运行时对车辆的空调、门、窗、排污设施等的密封性能有很高的要求，以满足高速运行的空气动力学特性。此外，还要求具有高性能的制动系统和较高的乘坐舒适度。

高速行驶的列车会车时所产生的空气波压力较普速情况有明显提高。因此，高速铁路在进行线路规划时，要适当加大线间距（包括站台安全距离）。通过隧道时，洞口空气阻力与高速列车在瞬间产生的巨大微气压波，对行车安全、乘坐舒适度以及环境都会产生明显的影响。因此，要适当加大隧道断面面积，改善洞口形状或设置洞口缓冲结构等。

高速运行出现的高频振动，要求结构物除了满足静态荷载的条件外，还必须满足高速列车动力特性要求，即除了保证“强度”这一基本要求（即使用期不致破坏）以外，还须严格控制其“刚度”。因此，保持轨道持续稳定的高平顺性，是对高速铁路工程提出的最基本要求。轨道的高平顺性又是路基、桥梁、隧道、轨道变形的最终表现，要求轨道高平顺性，必须从控制上述工程变形着手。

高速铁路路基、桥涵、隧道等主体结构设计使用年限为 100 年，无砟轨道主体结构设计使用年限不小于 60 年。由于高速行车的特殊情况，高速铁路需要配置风、雨、雪、地震等自然灾害告警系统，监测信息经过通信网与调度中心直接相连，以保证高速行车的安全。沿高速铁路设置的跨线桥需安装坠落物告警装置。高速铁路必须全封闭、全立交，不设平交道口。由于高速行驶中列车与空气摩擦产生了大量噪声，当高速铁路途经人口密集地区时，沿线需要采取降低噪声的措施，如安装隔声墙等。

5 高速铁路基础设施的特点

高速铁路基础设施主要包括线路、路基、桥梁、隧道、轨道等,要求具有持久稳定的高平顺性,世界各国在建设高速铁路工程中运用了诸多新技术、新设备和新结构,使任何一个组成部分都达到了良好的状态,保证了高速列车安全、平稳、舒适地运行。为了达到安全运营要求,高速铁路的线路、路基、桥梁、隧道、轨道结构等重要基础设施的建设标准与技术要求比一般铁路高得多,除了要具有足够的强度条件外,还要保证在高速行车条件下,避免出现列车振动、轮轨力过大等影响安全舒适运营的状况。

5.1 高速铁路线路

高速铁路线路的设计标准以提高线路的平顺性为主,尽可能地降低列车的横向和竖向加速度,减小列车各种振动叠加可能性,从而提高旅客的乘坐舒适度。同时也要考虑减小工程量,降低造价,便于施工、运营、维修等因素。国内外铁路的长期运营实践证明,线路的平、纵断面对行车速度影响很大。线路平面标准包括最小曲线半径、缓和曲线、超高、欠超高、过超高等;线路纵断面标准包括坡度值和竖曲线等。由于列车运行速度的不断提高、大功率机车和动力分散式动车组的应用,以及对乘坐平稳舒适度的高标准、高要求,高速铁路线路平纵断面的变化要尽可能地平缓,以保证线路高速行车的安全稳定与高平顺性。

5.2 高速铁路路基

路基是轨道的基础,其强度、刚度、稳定性以及在运营条件下使线路轨道参数保持在允许的标准范围之内,是确保列车高速、安全、舒适、平稳运行的前提条件。具体要求有:路基基床的强度高、刚度大;地基沉降很小或没有沉降;路基刚度纵向平顺变化;良好的耐久性等。这些要求普通铁路路基是不能满足的,必须在路基结构、路基材料及路基施工工艺等方面采取一系列更高的技术标准才能实现。高速铁路的出现对传统的铁路设计、施工和养护维修提出了新的挑战,必须将路基作为结构物对待,用全新的观念来设计、施工。

高速铁路路基具有以下技术特点:

(1)路基结构形式的变化。高速铁路路基结构的形式较普通铁路路基有明显的变化。高速铁路一般为双线路基,也有路堤、路堑、半路堤、半路堑等形式。

高速铁路的轨道结构分为有砟轨道和无砟轨道两种类型,两种类型的轨道对路基结构有不同的技术要求。

有砟轨道线路结构已经突破了传统的轨道—道床—土路基这种结构形式。在高速铁路发达国家,铁路路基基床结构各不相同,有各自的特点。如日本基床表层的材料选择比较特殊,法国路基结构基床厚度的确定与线路运营养护结合起来,德国路基结构有严格的防冻要求,但都具有强化基床表层的共性,而且都采取了路基基床防水措施,以保护基床下部填土不受水的影响。如日本以沥青层或水硬性级配矿渣防止雨水渗透,德国对路基保护层进行强化,法国则增设防水层,以保证路基土不受水的侵蚀。我国高速铁路有砟轨道基床厚度为 3.0 m(其中基床表层级配碎石厚 0.7 m),这与普通铁路基床结构明显不同。

无砟轨道以其弹性均匀、线路状态稳定、养护维修工作量少、行车安全性和舒适性好等优点,在高速铁路中呈不断发展态势。我国在高速客运专线路基上采用的无砟轨道主要有板式和双块式轨道。无砟轨道基床厚度为 2.7 m(其中基床表层级配碎石厚 0.4 m),这也与有砟轨道在结构上有明显不同。

(2)强度高、刚度大的基床结构。路基不仅要承受轨道结构和附属构筑物的静荷载,还要承受列车运营时动荷载的长期反复循环作用。高速铁路必须将路基作为土工结构物来进行设计与施工,对填筑材料、压实标准、变形控制、检测要求等较普通铁路有很大提高,同时强化了基床结构,特别是基床表层。基床表层是路基直接承受列车动荷载的组成部分,也是路基中的最重要部分,不但给轨道提供了一个坚实的基础,也对其下的土路基提供保护。因此,基床表层必须有足够的强度和刚度,同时还要有较好的稳定性和耐久性。作为基床表层的材料,需要有较好的力学性能,充分压实后要能在长期动荷载作用下保持稳定,并有很好的水稳定性和较小的渗透性。我国高速铁路路基基床采用级配碎石强化表层结构。基床表层一般为级配碎石、级配砂砾石，基床底层及以下部分路堤采用A、B组填料或改良土。此外，还需加强基床排水，保证基床在列车动荷载作用下的长期稳定性。

(3)严格控制路基的沉降变形。高速行车需要高度平顺和稳定的轨下基础，控制变形是高速铁路路基设计的关键。路基工后沉降包括长期行车引起的基床累积下沉、路基本体填土压实下沉和地基的压缩下沉。列车行驶中的弹性变形、运营阶段的塑性变形及路基填土的压实下沉，只要满足基床及路基本体填筑材料、压实标准，其值是有限的。因此，如何控制路基的沉降变形特别是工后沉降，关键在于控制软弱地基的沉降。此外，为控制路基的工后沉降和刚度，高速铁路路基施工一般采用物理和力学指标双控制，对路基填料及压实标准较普通铁路有更严格的要求，检测指标、检测方法及仪器也与普通铁路有很大不同，基床表层采用压实系数K、地基系数K_{30}、动态变形模量或二次变形模量E_{v2}三项指标控制。工程建设中，为有效地控制工后沉降量及沉降速率，必须在每个软土地基工点及各种过渡段设置沉降和位移观测设备，并随施工进程观测，及时绘制填土—时间—沉降曲线。根据沉降发展趋势、工期要求等，在铺轨前对路基沉降进行评估，以确保铺轨后路基工后沉降量与沉降速率控制在允许范围内。可以说，对路基工后沉降控制的高标准，是高速铁路区别于普通铁路路基的一个最大技术特点。

世界各国高速铁路都十分重视路基沉降控制。日本第一条高速铁路东海道新干线修建时，由于对高速铁路路基的重要性重视不够，标准偏低，致使通车后出现大量路基下沉、基床翻浆冒泥等病害，轨道难以达到正常的工作状态，列车运行速度无法达到设计速度目标值。日本修建高速铁路初期拟定的工后总沉降为10 cm，年沉降量3 cm；而在后来修建的高速铁路中，工后总沉降已按3 cm控制，对无砟轨道工后沉降的控制更为严格。法国修建高速铁路前，通过研究发现道床下增加一定厚度的“垫层”对防止路基病害有重要作用，因而在制定TGV线路技术标准中，明确了强化基床表层的措施。要求路基工后总沉降小于20 cm，并在最后一次捣固和运行第一列高速列车之前，沉降应完全稳定。德国在修建高速铁路时，充分吸取既有线的经验，采用了较高的路基标准，认为在列车开始运行后，路基工后总沉降不应大于1 cm，年沉降速率不应超过2 mm，并应避免在短距离内发生不均匀沉降，在桥台附近不应有任何不均匀沉降。我国对路基工后沉降标准的认识和制定也有一个过程，早期传统的铁路路基是按强度设计的，对路基的变形不作要求，由此带来的经验教训是惨痛的，许多线路运营后就出现相当多的病害，铁路工务部门只有通过加大维修工作量来保证列车正常运营。随着对路基变形影响铁路运行的逐步认识，我国对高速铁路路基的工后沉降有更严格的标准。如速度为300～350 km/h的客运专线，有砟轨道路基一般地段工后沉降要求不大于5 cm，路桥过渡段工后沉降不大于3 cm，沉降速率不大于2 cm/年；而对无砟轨道，由于其基础一旦出现变形或破坏，其整治和修复较困难，资金和人力投入很大，维修耗时长，对无砟轨道的变形控制较有砟轨道更严格。我国对无砟轨道的路基工后沉降要求一般不应超过扣件允许的沉降调高量15 mm，路桥或路隧交界处的差异沉降不应大于5 mm。

(4)路基刚度纵向平顺变化。铁路线路由不同特点的结构物(路基、桥涵、隧道等)和轨道结构构成，这些结构在强度、刚度、变形等方面都有很大的差异。因此，在路桥、路涵、路隧、路堤与路堑等相连地段，纵向轨下基础刚度的变化必然导致路基—轨道—车辆系统刚度的不均匀性，造成高速铁路系统振动加剧，增加对轨下基础的动力作用，影响高速行车的平稳和安全。为保证差异沉降小和纵向刚度均匀，必须在路桥、路涵、路隧、堤堑、无砟轨道与有砟轨道间设置一定长度的路基过渡段(正梯形或倒梯形结构)，这与一般地段路基的结构形式明显不同，以控制轨道刚度的逐渐变化，最大限度地减少路基过渡段的沉降不均匀而引起的轨道不平顺，保证高速列车安全、舒适运行。

5.3 高速铁路桥梁

高速铁路桥梁除了满足一般铁路桥梁的要求外，还要满足一些特殊的要求，这是因为列车在高速行车条件下桥梁结构的动力响应加剧，对列车的安全性、旅客乘坐的舒适度、荷载的冲击、材料的疲劳、列车的运行噪声、结构的耐久性等产生不利的影响。高速铁路桥梁作为轨道的下部结构，桥梁结构应具有良好的刚度和整体性、高平顺性、高稳定性、高可靠性和耐久性等，外形构造简洁合理，力求标准化，便于施工和控制建造质量，减少维修工作量。同时，应强调结构与环境的协调，减小运营噪声，重视生态环境保护。

(1)刚度大、整体性好。高速铁路桥梁必须具有足够的刚度和良好的整体性，才能满足列车高速运行的需要。以中小跨度为主,应用最广泛的是 32 m 箱梁,采用整孔预制架设施工和桩基础,其经济性和整体性都比较好。一般来说高速铁路桥梁设计主要是由刚度控制设计,强度基本上不控制设计,所以虽然高速铁路活载小于普通铁路,但在梁高、梁重等方面均超过普通铁路。与普通铁路桥梁相比,高速铁路桥上的无缝线路受力状态与路基不同,结构的温度变化、列车牵引(制动)力、桥梁挠曲等都会使桥梁在纵向产生一定的位移,引起桥上钢轨产生附加应力,过大的附加应力会造成桥上无缝线路失稳,影响行车安全。因此,要求墩台基础有足够的纵向刚度,以减少钢轨附加应力和梁轨间的相对位移。

(2)结构耐久,检查、维修方便。高速铁路列车速度高,线路运营繁忙,行车中断会造成很大的经济损失和社会影响,桥梁结构按使用 100 年设计,一般具有较强的耐久性,并易于检查、少维修或免维修。同时,重视接口设计,协调桥梁与轨道、接触网、通信、信号、电力、牵引供电、综合接地、沉降观测标、养护维修、救援疏散通道等各专业之间的接口关系,综合考虑专业之间的系统集成技术,满足养护维修作业的需要。

(3)注重减隔震和环保。高速铁路运行速度快,会产生很大的噪声。虽然高速铁路桥梁建筑材料没有限制,但绝大多数桥梁都选用混凝土材料,主要是混凝土梁具有刚度大、噪声低、养护工作量少、造价经济等优点。在建设、运营中的各个环节,严格控制对水源、土壤、大气等的污染,在城镇和居民区附近的桥梁必须设置声屏障等降噪设施。

(4)结构与环境协调一致。高速铁路桥梁造型与环境保持一致,注重结构外观和色彩,强调结构与环境的协调;在高速铁路桥梁穿越优美的自然景区、经过城市范围的桥梁,除发挥交通建筑的主要功能外,还要体现出与环境和谐统一美观的特征。

5.4　高速铁路隧道

高速铁路隧道与普速铁路隧道最大的区别是与列车空气动力学相关。当列车以高速通过隧道时,原来占据空间的空气被排开,空气的黏着性以及隧道壁面和列车表面的摩擦作用使被排开的空气不能像在隧道外那样及时、顺畅地沿列车两侧和上部形成绕流,而是列车前方的空气受到压缩,列车后方形成一定的负压,从而产生一个压力波动的过程。这种压力波动又以声速传播至隧道口,形成反射波,再发生回传、叠加,进而产生一系列复杂的空气动力学效应。主要表现在瞬变压力、洞口微气压和行车阻力三个方面,对行车安全性、旅客舒适度及洞口环境等均产生不利影响。据研究,当列车以 200 km/h 以上的速度通过隧道时,这种不利影响就十分明显。因此,区别于普通隧道,高速铁路隧道的设计要着重考虑列车空气动力问题。理论和试验研究表明,为降低隧道空气动力效应的影响,一般采用以下技术措施:

(1)扩大隧道断面净空和减小阻塞比。由于列车运行速度的提高,空气动力学效应对行车、旅客乘车舒适度、洞口环境的不利影响十分明显且起控制作用。根据国内外有关高速铁路隧道的试验研究,增大隧道断面,减小阻塞比是降低瞬变压力的有效途径。德国、法国、日本和意大利等国家均加大了高速铁路隧道的断面积。我国规定:设计行车速度 300 km/h、350 km/h 的双线隧道断面净空有效面积不应小于 100 m^2,单线隧道断面净空有效面积不应小于 70 m^2;设计行车速度 250 km/h 的双线隧道断面净空有效面积不应小于 90 m^2,单线隧道断面净空有效面积不应小于 58 m^2。大断面隧道受力比较复杂,尤其是隧道底部,而两侧边墙底直角变化容易引起应力集中,边墙底与仰拱连接处需进行加强。

(2)改变隧道入口形式。改变隧道的入口形式,可降低瞬变压力和微气压波在洞口附近引起的噪声干扰。一般做法是在隧道入口处外接一段明洞,并在其墙壁上开设通气孔。英美有些专家认为,这种入口边墙上的最佳开孔率为隧道横断面的 75%,沿边墙等距离排列。有的隧道把这种明洞做成喇叭形入口,喇叭口端部的面积为隧道横断面的 2.5 倍。试验研究表明这种式样的明洞入口,可使列车进入时产生的空气压力峰值减少约 25%。

(3)设置通风竖井。在长隧道中设置通风竖井,不但能缓和列车通过时所发生的瞬变压力,而且也能降低行车的空气阻力。由于竖井的存在,列车前方压力较大的空气不仅可通过隧道出口排出隧道,而且也可由列车前方的竖井排出隧道,这样就能降低列车前方与后方的空气压力及列车的空气阻力。另外,在隧道内合理地设置通风竖井,也可使因高速行车产生的瞬变压力幅值降低 5%左右。当考虑修建通风竖井(或斜井)时,应尽可能利用施工中留下的竖井,因此在确定施工竖井的位置时,最好能兼顾到高速列车降低瞬变压力的要求。

(4)修建平行辅助隧道。对于特长隧道,往往因其埋深很大,不宜设置竖井,这种情况下可在行车的主隧道旁修建一条小断面的平行辅助隧道，且每隔一定距离用横通道与主隧道连通。这样，每当列车经过一个横通道口就产生一次压力脉冲。虽然瞬变压力变化频繁，但强度较弱，旅客较易承受。另外，平行辅助隧道除可降低瞬变压力和空气阻力外，还可用于通风、排水，且当隧道发生火灾时，还可为旅客及隧道内养护作业人员提供安全出口。另外，保持隧道内的表面的平整光滑，改善轨道结构，采用具有良好空气动力学形状的车辆等都是解决高速铁路隧道内空气动力效应的有效措施。

(5)隧道工程质量要求高。高速列车运行速度快、密度高，隧道维修有一定的时间限制，对隧道衬砌的安全性、耐久性和防水性能均要求较高的工程质量，使隧道建筑物在高速行车条件下，能够满足养护维修工作量最小的要求，并及时发现病害，分析造成病害的原因，采取及时有效的措施，延长隧道建筑物的使用寿命。由于隧道是一种特殊结构物，在列车通过隧道时发生火灾的后果往往是灾难性的。因此在勘察、设计、施工中都要重点关注高速铁路隧道的防灾救援问题。

5.5　高速铁路轨道

高速铁路和普通铁路一样，轨道结构也是由钢轨、轨枕、扣件、道床、道岔等部分组成，这些材料力学性质不同的部件共同承受列车荷载，任何一个轨道部件的结构、性能、强度的变化都会影响其他部件的正常工作，对高速铁路的正常行车产生影响。由于列车对轨道结构的作用力与速度密切相关，所以要求高速铁路线路的轨道结构具有更高的安全性、稳定性和平顺性，在部件性能、技术水平和养护维修等方面的标准更高、要求更严。

(1)高速铁路轨道结构类型。应用在高速铁路上的轨道结构可分为有砟轨道和无砟轨道两种类型。由于这两种轨道类型自身的优缺点，目前世界高速铁路轨道结构的发展趋势是完善有砟轨道结构和运用无砟轨道。

(2)有砟轨道。有砟轨道是铁路一种传统的轨道形式，具有建设费用低、噪声传播范围小、建设周期短、破坏时修复时间短、自动化及机械化维修效率高、轨道超高和几何状态调整简单等优点，在国内外已获得广泛应用。但有砟轨道在运营过程中，易产生不均匀下沉，导致轨道结构破损加剧，线路几何形状变化，维修工作量加大，行车时空气动力作用会使道砟飞散，造成损伤。高速铁路有砟轨道在结构上与普通的有砟轨道没有本质的区别，只是在部件的性能与维修标准上要求更高、更严。高速铁路有砟轨道结构要保证轨面的高平顺性和高稳定性，正向着重型化方向发展，对钢轨、混凝土轨枕、扣件、道砟的材质和道床断面尺寸等也比普通的有砟轨道严格得多。如为减小枕下作用荷载和增加轨道横向阻力，而增大轨枕底部与道床表面接触面积，出现了重型轨枕和宽轨枕结构形式；为增大轨枕纵向支撑的连续性，采用宽轨枕、框架轨枕和纵向轨枕；为提高轨道的弹性，在轨下、枕下和道砟下应用弹性垫层等。

(3)无砟轨道。无砟轨道结构与有砟轨道结构的根本区别在于用塑性变形小、耐久性好的混凝土或沥青材料代替有砟轨道结构中容易磨耗、粉化和破碎的道砟材料。无砟轨道因其稳定性好、维修工作量少、使用寿命长、整体综合经济效益好等优点，成为高速铁路轨道结构的发展方向，得到了广泛的应用。如德国、日本新建铁路的无砟轨道已达到线路总长的70%～80%，法国、中国台湾等高速线路都大量应用无砟轨道，荷兰、西班牙、意大利、韩国等世界各国也都积极进行无砟轨道的试验与试铺。国外主要有板式、双块式、长枕埋入式、弹性支撑块式、PACT及浮置板式无砟轨道等。大部分国家将无砟轨道铺设在隧道和桥梁上，部分国家铺设在路基上。以德国高速铁路为例，其在路基上铺设无砟轨道的技术经验对发展无砟轨道具有重要意义。进入20世纪90年代以来，为适应发展高速铁路的需求，我国开始针对高速铁路无砟轨道技术进行试验研究，提出适用于高速铁路桥、隧结构上的三种无砟轨道形式：长枕埋入式、弹性支承块式和板式无砟轨道。先后在秦岭隧道Ⅰ线铺设了弹性支承块式无砟轨道，在秦沈线双何、狗河、沙河桥上及渝怀线鱼嘴2号隧道、赣龙线枫树排隧道内分别试验铺设了长枕埋入式和板式无砟轨道，取得了一定的经验。自2005年开始，我国先后引进了国外高速铁路先进成熟的无砟轨道系统，包括德国的博格(Bogl)型、雷达(Rheda)2000型、旭普林(Zublin)型及日本板式轨道的《设计、制造、施工及相关接口技术》。2004年，我国在遂渝铁路线上建设了无砟轨道试验段，对各种轨道结构进行了系统试验研究，包括板式无砟轨道、双块式无砟轨道、无砟道岔等多种类型。试验段于2007年1月进行了实车试验，动车组试验最高速度227 km/h，货物列车最高试验速度141 km/h，这标志着我国铁路无砟轨道试验段建设成功，并为我国客运专线无砟轨道技术再创新打下了坚实的基础。此后，在京津、武广、郑西、京沪、哈达等客运专线的建设中，积极推广和研究开发无砟轨道，在桥梁、隧道和路基上均大量采用了板式无砟轨道和双块式无砟轨道。

6 高速铁路系统集成

6.1 高速铁路系统集成目标

高速铁路是信息技术、自动控制技术和新材料、新工艺等多种技术门类、多专业综合的高新技术集成,代表了当今世界铁路技术的最高成就。发达国家的实践表明,高速铁路具有很强的系统性,各子系统之间既自成体系,又相互关联、相互影响。在高速铁路建设中,必须尊重科学,尊重客观规律,高度重视系统集成工作,确保各子系统相互匹配,相互兼容,整体优化,协调运转。

高速铁路系统集成的目标是要集中人力资源、管理资源、设计资源、施工资源及装备制造资源,实现高速铁路系统在技术上的优化配置,达到一流工程质量、一流装备水平、一流运营管理的目标。

中国高速铁路建设规模空前、技术复杂、举世瞩目,涉及设计施工、装备制造、运营管理、养护维修等众多单位和部门,是一个庞大的系统工程,必须统一协调、精心组织、强力推进。

6.2 高速铁路系统构成

高速铁路系统可以划分为工务工程系统、牵引供电系统、列车运行控制系统、高速列车系统、运营调度系统、客运服务系统六个部分,如图 1-6-1 所示。

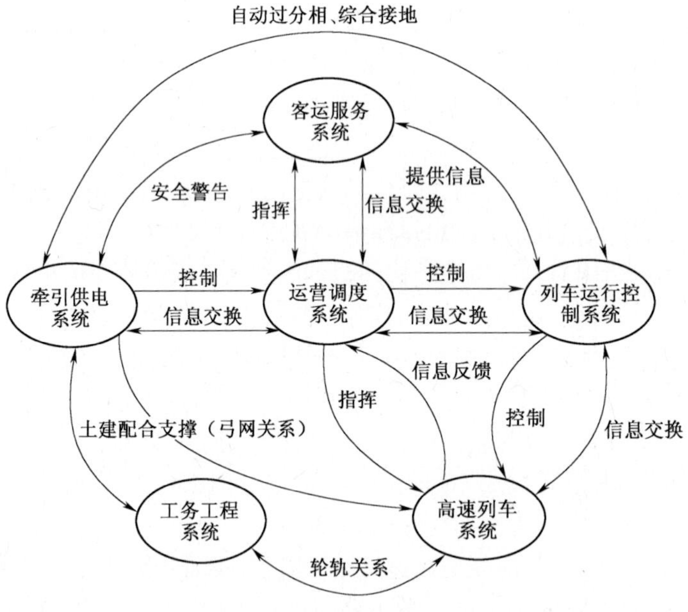

图 1-6-1 高速铁路系统结构图

(1)工务工程系统。工务工程是一个庞大的系统,涉及路基、桥涵、隧道和轨道等专业工程,还涉及路基与桥梁的过渡,路基与隧道的过渡、桥梁与隧道的过渡,以及路基和桥隧等线下基础与轨道结构的衔接等,与普速铁路相比采用了很多新技术和新工艺,其设计和施工控制标准高。为了达到高速铁路线路的运营要求,高速铁路工务工程系统既要为高速度运行的机车车辆提供高平顺性与高稳定性的轨面条件,又要保证线路各个组成部分具有一定的坚固性与耐久性,使其在运营条件下保持良好的状态。同时,要求建立严格的线路状态检测和保障轨道持久高平顺的科学管理系统。为满足列车的高速平稳运行,工务工程系统要求具备高平顺、高精度、小残变、少维修的轨道结构;高稳定性的轨下基础;宽大、独行的线路空间;高标准的环境保护;

列车以设计速度开通运营;科学的轨道管理及严格的安全监控。

(2)高速列车系统。高速列车是高速铁路的核心技术装备和实现载体,是当代高新技术的集成,涵盖了信息通信、电子电力、材料化工、机械制造、自动控制等多学科、多专业,是世界各国科学技术和制造产业创新能力、综合国力以及国家现代化程度的集中体现和重要标志之一。高速列车不仅包含传统的轨道列车的车体、转向架和制动技术,还有复杂的牵引传动与控制、计算机网络控制、车载运行控制等关键技术。

(3)列车运行控制系统。高速铁路列车运行控制系统是集计算机、通信、自动控制技术为一体的综合控制与管理系统,采用电子器件或微电子器件作为控制单元,并利用集中管理、分散控制的集散式控制方式,是保证列车运行安全、提高行车效率的关键组成结构。

(4)牵引供电系统。牵引供电系统是高速铁路系统的能力保障子系统,主要功能是为高速铁路列车运行控制提供稳定、高质量的电能。牵引供电系统一般由供电系统、变电系统、接触网系统、SCADA 系统、电力系统等构成。总的来说,高速铁路电力牵引所需牵引功率更大、弓网作用关系更加复杂。与普通电气化铁路相比,高速铁路牵引供电系统具有两个特点:功率需求大,负荷电流大;交—直—交动车组功率因数高,谐波含量低。

(5)运营调度系统。运营调度系统是集计算机、通信、网络等现代化技术为一体的现代化综合系统。运营调度系统主要是铁路管理部门对运力资源进行动态调配,优化完成列车的计划、运行、设备维修等一系列任务,是完成高速铁路运输组织特别是高速铁路系统日常运营的根本保证。运营调度系统,涵盖运输计划管理、列车运行管理、动车管理、综合维修管理、车站作业管理、安全监控及系统维护等工作。调度指挥是围绕运输计划对资源进行动态调配的工作,反映出运输组织的具体执行过程,是铁路系统运转的中枢部位。调度模式的选取与运输组织特点、工作量大小和技术装备的水平都有着密切的关系。

(6)客运服务系统。客运服务系统的主要功能是处理与旅客运输服务相关的事件,主要包括发售车票、信息采集、信息发布、日常投诉处理、紧急救助、旅客疏散、旅客赔付和客户关系管理等工作。此外,还可提供统计分析功能,为管理层提供决策参考。客运服务系统由订/售票铁路票务系统、自动检票系统、旅客信息服务系统、市场营销策划决策支持系统等构成。客运服务系统是直接面向旅客的系统,一流的运营管理要求客运服务必须达到较高的水平,这除了良好的管理制度以及高素质的运营服务人员外,还涉及票务管理技术、旅客服务技术、市场营销策划技术、客运组织技术等。

7　世界高速铁路发展状况

7.1　世界高速铁路列车速度的演变

20 世纪 60 年代以来，高速铁路在世界发达国家蓬勃兴起，列车速度不断提升。1964 年 10 月世界上第一条高速铁路日本东海道新干线最高运行速度达到 210 km/h，此后列车试验速度不断刷新。1981 年 2 月法国 TGV 试验速度达到 380 km/h，1988 年 5 月德国 ICE 把这一速度提高到 406.9 km/h，半年后法国人创造了 482.4 km/h 的新纪录；1990 年 5 月 18 日法国 TGV-A 型高速列车把试验速度提高到 515.3 km/h，2007 年 4 月 3 日法国 TGV 最新型"V150"超高速列车试验速度达到 574.8 m/h，创下了当今有轨列车试验速度的世界纪录。我国 1997 年～2007 年间，实施铁路既有线改造和六次大提速，使主要铁路干线的运行速度从 120 km/h 以下提高到了 160～250 km/h；2008 年 6 月 24 日我国建成的第一条京津高速铁路最高试验速度达到 394.3 km/h；2011 年 1 月京沪高速铁路最高试验速度达到 487.3 km/h，标志着中国高速铁路技术步入国际先进水平。

世界各国高速铁路试验最高速度见表 1-7-1，中国高速铁路试验速度见表 1-7-2。

表 1-7-1　1988～2011 年世界各国轮轨高速铁路试验最高速度

国　家	铁路线路	机车类型	机车型号	试验速度(km/h)	试验日期
意大利			TAV	319	1988
韩国			KTX	352.4	2004
德国			ICE	406.9	1988-05
日本	山阳新干线	电力机车	JR500	443	1996-07
中国	京沪高速铁路	电力动车组	CRH380BL	487.3	2011-01
法国	东欧线	电力动车组	TGV-V150	574.8	2007-04

表 1-7-2　1997～2011 年中国轮轨高速铁路试验速度统计

序　号	铁路线路	机车类型	机车型号	试验速度(km/h)	试验日期
1	北京环行铁道	电力机车	韶山 8 型	212.6	1997-01
2	京广铁路	电力机车	韶山 8 型	240	1998-06-24
3	秦沈客运专线	内燃动车组	NZJ2 神州号	210.7	2002-12-09
4	广深铁路	电力动车组	X2000 摆式	200	1998
5	广深铁路	电力动车组	DDJ1 大白鲨	223	1999-09
6	广深铁路	电力动车组	DJJ1 蓝箭	235.6	2000-10
7	广深铁路	电力动车组	DJF2 先锋	249.6	2001-11-11
8	秦沈客运专线	电力动车组	DJF2 先锋	292.8	2002-09-10
9	秦沈客运专线	电力动车组	DJJ2 中华之星	321.5	2002-11-27
10	遂渝铁路	电力动车组	长白山号	234	2005-05
11	京津城际铁路	电力动车组	CRH2C 和谐号	370	2008-04-24
12	京津城际铁路	电力动车组	CRH3C 和谐号	394.3	2008-06-24
13	武广(两车重联)	电力动车组	CRH3C 和谐号	394.2	2009-12-09
14	郑西客运专线	电力动车组	CRH2C 和谐号	394.2	2010-02-06
15	沪杭客运专线	电力动车组	CRH380A 和谐号	416.6	2010-09-28
16	京沪客运专线	电力动车组	CRH380BL 和谐号	457	2010-12-03
17	京沪客运专线	电力动车组	CRH380AL 和谐号	486.1	2010-12-05
18	京沪客运专线	电力动车组	CRH380BL 和谐号	487.3	2011-01-09

7.2 世界高速铁路发展的三次浪潮

第一次浪潮(1964～1985 年)

1964 年 10 月,世界上第一条真正意义上的高速铁路是日本东海道新干线开通运营。该线路起自东京,终至(新)大阪,全长 515.4 km,运营速度 210 km/h。新干线的通车,标志着世界高速铁路新纪元的到来。东海道新干线在技术、商业、财政以及社会效益上都获得了极大的成功。由于运行效益好,日本于 1972 年又修建了山阳、东北和上越新干线。

日本新干线的成功,给欧洲国家以巨大冲击,法国、德国、意大利等国纷纷修建高速铁路。法国修建了东南 TGV 线、大西洋 TGV 线,意大利建成罗马至佛罗伦萨线。1981 年,法国高铁(TGV)在巴黎与里昂之间开通,如今已形成以巴黎为中心、辐射法国各城市及周边国家的铁路网络。除北美外,世界上经济和技术最发达的日本、法国、意大利、德国共同推动了高速铁路的第一次建设高潮。以日本为首的第一代高速铁路的建成,大力推动了沿线地区经济的均衡发展,促进了房地产、工业机械、钢铁等相关产业的发展,降低了交通运输对环境的影响程度,铁路市场份额大幅度回升,企业经济效益明显好转。

第二次浪潮(1985 年至 20 世纪 90 年代中期)

这一时期,高速铁路表现出新的特征。一是已建成高速铁路的国家进入高速铁路网规划建设阶段,日、法、德等国对高速铁路网进行了全面规划。日本于 1971 年通过了新干线建设法,并对全国的高速铁路网做出了规划,高速路网的建设开始向全国普及发展;意大利政府 1986 年批准了交通运输发展规划纲要,修建横连东西、纵贯南北、长达 1 230 km 的"T"形高速铁路网;德国于 1991 年 4 月批准了联邦铁路公司改建、新建铁路计划;法国 1992 年公布全国高速铁路网规划,20 年内新建高速铁路总里程 4 700 km。二是跨越国境的高速铁路网络逐步形成。法国、德国、意大利、西班牙、比利时、荷兰、瑞典、英国等欧洲大部分发达国家,大规模修建本国或跨国高速铁路,逐步形成欧洲高速铁路网络。1991 年,欧洲议会批准了泛欧高速铁路网规划,提出在各国边境地区实施 15 个关键项目,实现各个国家间高速铁路线的联网。1994 年英吉利海峡隧道把法国与英国连接在一起,开创了第一条高速铁路国际联运线。1997 年,从巴黎开出的"欧洲之星"又将法国、比利时、荷兰和德国连接在一起。这次高速铁路的建设高潮,不仅是铁路提高内部企业效益的需要,更多的是国家能源、环境、交通政策的需要。三是高速铁路技术创新实现新突破。高速铁路建设在日本等国所取得的成就影响了很多国家,促进了各国对高速铁路的关注和研究。为赶超日本,法国和德国先后着手进行过高速铁路试验。1981 年法国 TGV 最高试验速度达到 380 km/h,1988 年西德 ICE 达 406.9 km/h,1990 年法国 TGV 达 515.3 km/h,2007 年法国 TGV 又创造了 574.8 km/h 的高速轮轨铁路速度的世界纪录。1991 年瑞典开通了 X2000 摆式列车,1992 年西班牙引进法、德两国的技术建成 471 km 的马德里至塞维利亚高速铁路。欧洲国家高速铁路技术的进展反过来又"刺激"日本加大了技术研究和新型车辆的开发力度,使山阳新干线和东海道新干线的运行速度分别提高到 275 km/h 和 300 km/h。

第三次浪潮(20 世纪 90 年代中期至今)

1998 年 10 月在德国柏林召开的第三次世界高速铁路大会,将当前高速铁路的发展定为世界高速铁路发展的第三次高潮。参与第三次高速铁路建设的各个国家与前两次高速铁路建设不同,主要有五个特点:

(1)多数国家制定了修建高速铁路的总体规划,并按照规划逐步实施。

(2)虽然建设高速铁路所需资金较大,但从节约能源、减少环境污染、减少土地使用面积等诸多方面分析,修建高速铁路的社会效益显著,有利于促进沿线地区经济发展、加快产业结构调整等,成为各国政府的共识。

(3)高速铁路有利于促进地区之间的交往和平衡发展,欧洲国家已经将建设高速铁路列为一项政治任务,各国呼吁在建设中携手打破边界的束缚。

(4)高速铁路从国家公益投资转向多种融资方式筹集建设资金,建设高速铁路出现了多种形式融资的局面。

(5)高速铁路的技术创新正在向相关领域辐射和发展。

这次高潮波及到亚洲(韩国、中国台湾、中国)、欧洲、北美洲、澳洲等,在世界范围内掀起了建设高速铁路的复兴运动。1992 年以来，俄罗斯、韩国、中国台湾、澳大利亚、英国、荷兰等国家和地区先后开始了高速铁路新线的建设。为了形成欧洲高速铁路网，东部和中部欧洲的捷克、匈牙利、波兰、奥地利、希腊以及罗马尼亚等国家正对干线铁路进行改造，全面提速。亚洲(韩国、中国)、北美洲(美国)、澳洲(澳大利亚)也都掀起实施既有铁路改造提速及建设新线高速铁路的高潮。

7.3　世界高速铁路的成就与展望

高速铁路是世界铁路的一项重大技术成就，它集中反映出一个国家铁路线路结构、列车牵引动力、高速运行控制、高速运输组织和经营管理等方面的技术进步，也体现了一个国家的科技和工业水平。高速铁路是社会经济发展和运输市场竞争的需要，它促进了地区的经济发展和城市一体化进程，在经济发达、人口密集地区的经济效益和社会效益尤为突出。

世界铁路历史发展证明，高速铁路是经济社会发展的必然趋势。自 1825 年英国修建了世界第一条铁路以来，由于运输速度和运输能量上的优点，铁路在很长的历史时期内成为各国的交通运输骨干。从 20 世纪 50 年代开始，公路和航空运输迅速发展，使铁路在速度上居于劣势，长途客运受航空运输排挤，短途客运被汽车运输取代，铁路进入“夕阳产业”的被动局面。进入 20 世纪 70 年代以后，由于能源危机、环境恶化、交通安全等问题的困扰，人们重新认识到铁路的价值。特别是高速铁路以其速度快、运能大、能耗低、污染轻等一系列技术优势，适应了现代社会经济发展的新需求。作为快速、安全、高效和优质的交通方式，高速铁路已成为许多国家旅客运输发展的共同趋势。

世界高速铁路的发展方兴未艾。据可查资料统计(表 1-7-3)，截止 2012 年 12 月，全世界高速铁路营业里程总长 24 340 km，分布在 20 个国家或地区，其中中国占 38.4%左右，居世界第一。

表 1-7-3　世界各国高速铁路运营里程统计(截止 2012 年 12 月)

序号	国家及地区名称	高速铁路运营里程(km)	高速铁路在建里程(km)	高速铁路总里程(km)
1	中国	9 356	12 729	22 085
2	日本	2 388	776	3 164
3	法国	1 872	730	2 602
4	德国	1 032	378	1 410
5	西班牙	2 665	1 781	4 446
6	意大利	1 342	92	1 434
7	俄罗斯	780	400	1 180
8	中国台湾	345	0	345
9	比利时	209	0	209
10	葡萄牙	0	1 057	1 057
11	土耳其	447	758	1 205
12	韩国	412	302	714
13	英国	1 574	0	1 574
14	荷兰	120	0	120
15	瑞士	35	72	107
16	挪威	0	63	63
17	乌兹别克斯坦	344	0	344
18	奥地利	322	221	543
19	波兰	224	0	224
20	保加利亚	81	380	461
21	希腊	10	570	580
22	丹麦	0	60	60
23	沙特阿拉伯	0	440	440
24	瑞典	782	82	864
25	阿尔及利亚	0	66	66
合　计		24 340	20 957	45 297

目前开行 200 km/h 以上高速列车的国家有中国、日本、法国、德国、意大利、西班牙、比利时、荷兰、瑞典、英国、美国、俄罗斯、韩国等，正在积极建设或规划建设的还有加拿大、澳大利亚、印度等国。欧洲国家规划 2020 年将形成一个新建高速铁路 10 000 km 和改建既有线 15 000 km 的泛欧高速铁路网；美国加利福尼亚州和佛罗里达州也将建造高速铁路。

展望未来，世界高速铁路技术的发展主要有以下特点：

(1)提高线路质量，采用无砟轨道和无缝线路，长期保持线路的稳定性和几何尺寸的持久性，降低维修成本。

(2)高速列车正向 360～400 km/h 迈进，摆式列车、双层客车也有所发展。

(3)250 km/h 以上的高速列车采用动力分散型是大势所趋。

(4)降低轴荷已引起许多国家的重视，日本 500 系、700 系的轴重分别为 10.8 t 和 11.2 t，ICE_3 为 12.5 t。

(5)复合制动系统的研究与发展。

(6)高速铁路安全保障措施——列车运行控制系统正在积极研发中，主要是基于无线通信、卫星定位和智能化的自动控制技术相整合的综合系统是今后的发展主流，欧洲已制订 FCS 标准。

8　中国高速铁路发展状况

8.1　既有铁路大面积提速

全国铁路大面积提速，是一项庞大的系统工程。针对中国铁路提速前的1993年，全国列车平均旅行速度仅有48 km/h，铁路客运开始面对来自高速公路及民航的激烈竞争，铁路客流量不断下降，铁路客运面临亏损的被动局面。为适应运输市场变化，提升铁路客运的竞争力，增加铁路经济效益，铁道部从1995年开始制定战略规划，通过1997年～2007年间先后实施六次大提速过程中的一系列提速综合试验及上百个科研课题的研究，取得了大量拥有自主知识产权的科研成果，研发了成套技术装备，解决了提速设计和施工的关键技术，形成160～200 km/h铁路的技术标准体系。

1997年4月1日，第一次大提速。

第一次提速范围主要在京广、京沪、京哈三大干线进行。全路开行了运行速度120～160 km/h的跨局特快旅客列车8对，夕发朝至旅客列车78列，沪宁、郑武、沈山、京秦等区段开行了不同数量的城际特快旅客列车。这次提速后，我国有120 km/h的线路1 398 km，140 km/h的线路588 km，160 km/h的线路752 km。

1998年10月1日，第二次大提速。

第二次提速的重点是在京沪、京广、京哈三大干线上延展提速区段，增加提速列车数量。三大干线大部分区段特快旅客列车运行速度都超过120 km/h。特快旅客列车达到80对，夕发朝至旅客列车116列，行包专列8对。以北京为中心，1 200 km范围内的大城市间基本实现了夕发朝至。这次提速允许超过120 km/h的线路6 449 km，超过140 km/h的线路3 522 km，超过160 km/h的线路1 104 km。

2000年10月21日，第三次大提速。

第三次提速的重点是陇海、兰新、京九等线和沪昆线浙赣段。开行特快旅客列车142对，夕发朝至旅客列车266列，行包专列14对。以北京、上海、广州为中心，实现夕发朝至的范围进一步扩大，并相应提高运行速度。如北京西—乌鲁木齐、上海—乌鲁木齐、北京西—南昌间旅行时间由原来的61 h、65 h和19 h，分别压缩到48 h、51 h和16 h。这次提速允许超过120 km/h的线路9 581 km，超过140 km/h的线路6 458 km。

2001年10月21日，第四次大提速。

第四次提速是在前三次提速成果的基础上，进一步优化资源配置，完善提速网络。提速范围主要是京九线、武昌一成都(汉丹、襄渝、达成)、京广线南段、浙赣线和哈大线。实施新列车运行图，全路开行旅客列车共1 194.5对，跨局长途旅客列车为363对，列车运行时间进一步压缩。如京九线北京西至深圳，全程2 372 km，运行23 h 58 min，比过去压缩5 h 51 min；武昌至成都经由汉丹、襄渝、达成线，全程1 598 km，运行16 h 30 min，压缩5 h 36 min；沪昆线杭州至株洲，全程954 km，运行11 h 50 min，压缩2 h 49 min；哈大线大连至哈尔滨，全程944 km，运行9 h 25 min，压缩2 h 30 min。这次提速允许超过120 km/h的线路13 166 km，超过140 km/h的线路9 779 km。

2004年4月18日，第五次大提速。

为适应客货运输增长的需要，这次提速采取压缩追踪间隔等措施，实施提速调图，开行19对直达特快列车，部分列车200 km/h。提速线路里程达16 500 km，其中160～200 km/h线路7 700 km。以北京、上海、广州为中心，连接全国主要城市的铁路旅客列车运行时间明显缩短，形成以三城市为圆心，半径在2 000～2 500 km的城市间旅客列车实现一日到达，半径在1 200～1 500 km的城市间实现夕发朝至，半径在500 km左右的城市间实现朝发夕归的三个品牌。

2007年4月18日，第六次大提速。

第六次提速重点是开行速度200 km/h等级动车组，部分区段速度达到250 km/h；列车追踪技术间隔，客货列车分别缩短至5 min、7 min；主要提速干线开行轴重25 t双层集装箱列车。这次提速200 km/h等级的主要线路是京哈、京沪、京广、广深、陇海、胶济、武九及沪昆线的浙赣、沪杭段等 25 个路段。新的列车运行图开行动车组 257 对和夕发朝至列车 337 列。这次提速使运行速度 200 km/h 及以上的路段总长达 6 003.8 km(表 1-8-1),其中在 864 km 线路上列车最高运行速度可达到 250 km/h。

表 1-8-1 提速 200 km/h 等级线路汇总表

序号	线路名称	方向	提速区段		延长公里	线路里程(km)	改造工程
1	京哈线	上下行	通州—丰润	K27.24～K148.4	242.4	1 106.4	电化技改、专项改造
		上下行	山海关—皇姑屯	K319～K697	756.0		路基工点病害整治
		上下行	蔡家沟—五家	K1172～K1226	108.0		专项改造
2	京沪线	上下行	周里庄—青县	K164.2～K218.8	112.8	694.6	电化技改
		上下行	捷地—长庄	K260.8～K363.6	205.6		电化技改
		上下行	高家营—符离集	K810.6～K859	96.8		电化技改
		上下行	宿州—唐南集	K877.2～K918.2	82.0		电化技改
		上下行	镇江南—奔牛	K1217.8～K1269.2	102.8		电化技改
		上下行	昆山—上海	K1102.7～K1450	94.6		电化技改
3	京广线	上下行	窦店—漕河	K30.2～K123.1	185.8	952.8	专项改造
		上下行	元氏—邢台	K309.3～K377.6	136.6		专项改造
		上下行	鹤壁—卫辉	K532.05～K571.65	79.2		专项改造
		上下行	官亭—漯河	K732.2～K815.9	167.4		专项改造
		上下行	漯河—长台关	K821～K956	270.0		专项改造
		上下行	李家寨—陈家河	K1008.5～K1065.4	113.8		专项改造
4	广深线	上下行	新塘—红海	K39.8～K61.4	43.2	43.2	电化技改
5	陇海线	上下行	徐州西—郑州东	K232.6～K563	660.8	828.4	专项改造
		上下行	咸阳—常兴	K1096～K1179.8	167.6		电化技改
6	沪昆线	上下行	白鹿塘—塘雅	K222.5～K344.6	244.2	1 507.0	电化技改
		上下行	白龙桥—贵溪	K369.7～K639.9	540.4		电化技改
		上下行	鹰潭—彬江	K646.5～K934.9	564.8		电化技改
		上下行	两村—白源	K991.1～K1015	47.8		电化技改
		上下行	姚家洲—五里墩	K1035.7～K1090.6	109.8		电化技改
7	胶济线	上下行	娄山—历城	K23.2～K345.2	644.0	644.0	电化技改
8	武九线	上下行	何刘—阳新	K38.4～K152.1	227.4	227.4	增建二线
合 计					6 003.8	6 003.8	

综上所述,经过第六次大面积提速,中国既有铁路旅客列车运行 120 km/h 及以上的线路里程达到 22 000 km,160 km/h 及以上的线路达到 14 000 km,200 km/h 及以上的高速线路达到 6 003 km,250 km/h 及以上的高速线路达到 864 km。标志着我国铁路系统全面掌握了既有线 200 km/h 及以上的提速改造技术,为进一步发展高速铁路奠定了坚实的理论和技术基础。

8.2 高速铁路发展规划

我国高速铁路的发展蓝图是 2004 年 1 月经国务院批准的《中长期铁路网规划》确定的。规划确定了"扩大规模、完善结构、提高质量、快速扩充运输能力、迅速提高装备水平"的铁路网发展目标。2008 年,国务院根据我国综合交通体系建设的需要,对《中长期铁路网规划》进行调整,确定到 2020 年,全国铁路营业里程达到 120 000 km 以上,建设客运专线 16 000 km 以上,复线率和电化率分别达到 50%和 60%以上,主要繁忙干线实现客货分线,基本形成布局合理、结构清晰、功能完善、衔接顺畅的铁路网络,运输能力满足国民经济和社会发展需要,主要技术装备达到或接近国际先进水平。

为满足快速增长的旅客运输需求,建立省会城市及大中城市间的快速客运通道,进一步延伸并扩大客运专线覆盖面,加强客运专线之间相互连通和衔接;加强城际客运系统的建设,加快长株潭、成渝、中原、武汉、关中、海峡西岸城镇群等经济发达和人口稠密地区的城际轨道交通建设步伐,并与既有线提速改造工程相衔接。未来我国将形成连接所有省会及 50 万人口以上的城市,覆盖全国 90%以上人口,总里程达到 50 000 km 以上的快速客运网,这将大大缩短城市间时空距离,省会城市间总旅行时间节省 50%以上。

根据《中长期铁路网规划》,中国高速铁路发展以“四纵四横”和城际快速客运系统为重点,构建快速客运网的主要骨架,形成快速、便捷、大能力的铁路客运通道,逐步实现客货分线运输。

“四纵客运专线”:(1)北京—上海高速铁路,全长 1 318 km,贯通环渤海和长江三角洲东部沿海经济发达地区;(2)北京—武汉—广州—深圳(香港)高速铁路,全长 2 350 km,连接华北、华中和华南地区;(3)北京—沈阳—哈尔滨(大连)高速铁路,全长 1 612 km,连接东北和关内地区;(4)上海—杭州—宁波—福州—深圳高速铁路,全长 1 650 km,连接长江三角洲、东南沿海、珠江三角洲地区。

“四横客运专线”:(1)青岛—石家庄—太原高速铁路,全长 906 km,连接华东和华北地区;(2)徐州—郑州—兰州高速铁路,全长 1 346 km,连接华东和西北地区;(3)上海—南京—武汉—重庆—成都高速铁路,全长 1 922 km,连接华东、华中和西南地区;(4)上海—杭州—南昌—长沙—昆明高速铁路,全长 2 264 km,连接华东、华中和西南地区。

城际快速客运系统:重点建设以环渤海地区、长江三角洲地区、珠江三角洲地区以及辽中南、山东半岛、中原地区、江汉平原、湘东地区、关中地区、成渝地区、海峡西岸等经济发达和人口稠密地区的城际快速客运系统。

我国《中长期铁路网规划》有以下特点:

(1)实现客货分线。针对我国主要铁路干线能力十分紧张,除秦沈客运专线外,均为客货混跑模式,客运快速与货运重载难以兼顾,无法满足客货运输的需求,并影响旅客运输质量提高的实际情况,《中长期铁路网规划》提出,实施客货分线,专门建设客运专线,在建设较高技术标准“四纵四横”客运专线的同时,为满足经济发达的城市密集群的城际间旅客运输日益增长的需求,规划以环渤海地区、长江三角洲地区、珠江三角洲地区为重点,建设城际快速客运系统。

(2)完善路网布局。长期以来,我国铁路网布局一直呈现着不合理态势,特别是在广大西部地区,运网稀疏,运能严重不足,与东中部的联络能力差。为此《中长期铁路网规划》提出,2020 年前,以西部地区为重点,新建一批完善路网布局和西部开发性新线,全面提高对地区经济发展的适应能力。西部地区在加快青藏铁路等新线建设的同时,集中力量加强东西部之间通道的建设,在西北至华北及华东、西南至中南及华东间形成若干条便捷、高效的通道,形成路网骨架,满足东西部地区客货交流的需要。东中部地区新建一批必要的联络线,增强铁路运输机动灵活性。新建和改扩建新疆通往中亚,东北通往俄罗斯,云南通往越南、老挝等东南亚国家的出境铁路通道,为扩大对外交流服务。

(3)提升既有能力。根据我国资源分布、工业布局的实际,结合国民经济和社会发展的需要,《中长期铁路网规划》提出,在建设客运专线和其他铁路线路的同时,加强既有铁路技术改造,扩大运输能力,提高路网质量。第一,以京哈、京沪、京九、京广、陆桥、沪汉蓉、沪昆等七条既有干线为重点,增建二线和电气化改造,扩大既有主干线的运输能力。第二,根据煤炭行业发展规划,结合铁路煤炭运输径路的实际,通过建设客运专线实现客货分线和对既有煤运通道进行扩能改造,形成铁路煤运通道 18 亿 t 的运输能力。第三,在加快新线建设和既有线改造的同时,系统安排枢纽建设,强化重点客站,并与其他交通运输方式有机衔接;调整主要编组站,建设机车车辆检修基地,完善枢纽结构,使铁路点线能力协调发展,系统提高运输能力、运输质量和运输效率,最大限度地发挥路网整体作用。第四,在北京、上海、广州等直辖市、省会城市及港口城市布局并建设 18 个集装箱中心站和 40 个左右靠近省会城市、大型港口和主要内陆口岸集装箱办理站,发展双层集装箱运输通道,使中心站间具备开行双层集装箱列车的条件。

(4)推进技术创新。由于过去对国外高新技术的跟踪、研究、推广应用力度不够,关键技术的自主研发能力、引进技术的消化吸收能力和国产化水平不高,使得我国铁路技术装备水平总体上仅相当于发达国家 20 世纪 80 年代水平,高速动车组的技术尚处于研发阶段。《中长期铁路网规划》提出,要把提高装备国产化水平作为“十一五”和今后铁路建设一项重要内容来抓。以客运高速和货运重载为重点,坚持引进先进技术与自主创新相结合,快速提升铁路装备水平,早日达到或接近发达国家水平。对 200 km/h 以上的机车车辆及动车组,要充分整合国内资源,采取国际合作、科研攻关等措施尽快实现国产化。对重载货运机车、车辆系统,要引进关键技术,提升设计制造水平。为适应客运高速、快速和货运重载的要求,要提高线桥隧涵、牵引供电、通信信号技术水平。广泛应用信息网络技术,实现铁路信息化。提升技术装备水平,提高劳动生产率、资源使用效率和运营效益。

8.3 高速铁路建设成就

在《中长期铁路网规划》指导下,中国铁路拉开了以“四纵四横”客运专线和城际快速客运系统为重点的大规模高速铁路建设序幕。主要通过高速铁路试验线、新干线、新型客站和综合配套设施的建设，取得了举世瞩目的成就。

8.3.1 高速铁路试验线建设

我国铁路运输作为交通运输骨干，在国民经济中占据重要地位。为了发展高速铁路技术，我国自20世纪90年代开始进行高速铁路试验研究。

1998年8月，我国广深铁路率先开行X2000摆式高速动车组达到200 km/h。2004年广深铁路既有线改造完工，首次开行160 km/h的国产快速旅客列车(图1-8-1)，被誉为中国高速铁路成长、成熟的“试验田”。

图1-8-1 广深铁路开行快速旅客列车(160 km/h)

1999年8月开工建设秦沈客运专线，全长405 km，2003年10月12日开通运营。秦沈客运专线是我国第一条200 km/h的双线电气化无砟轨道铁路，其中有66.8 km的线路可作300 km/h的高速试验线。2002年11月27日，“中华之星”动车组试验列车最高速度达321.5 km/h。如图1-8-2所示。

2003年2月25日开工建设200 km/h客货共线的遂渝铁路，全长120 km，2005年4月23日完成全线铺轨，2005年5月进行综合试验，“长白山”动车组最高试验速度达到234 km/h，2006年4月1日正式开通运营。与此同时，为发展无砟轨道技术，在遂渝铁路引入重庆枢纽13.16 km地段开展了试验研究，2004年9月开始动工，2007年1月完成测试。2009年9月26日，重庆开往成都200 km/h的CRH1型和谐号动车组运行成功。如图1-8-3所示。

图1-8-2 秦沈客运专线开行动车组(200 km/h)

图1-8-3 遂渝铁路开行CRH1型和谐号动车组(200 km/h)

2007年4月18日，新建广深铁路三、四线开通运营200 km/h和谐号动车组，成为我国第一条客货分线，实现完全公交化的城际客运专线铁路。如图1-8-4所示。

图1-8-4 广深铁路三、四线开行CRH1型和谐号动车组(200 km/h)

8.3.2 高速铁路新干线建设

1. 京津高速铁路

京津高速铁路是我国第一条真正意义上的高速铁路，全长 120 km。连接首都北京和天津两大直辖市，沿途设北京南、亦庄、武清、天津等 4 座车站，预留永乐站。设计最高速度 350 km/h、无砟轨道、无缝线路、双线电气化。2005 年 7 月 4 日开工建设，2007 年 12 月 15 日全线铺通，2008 年 8 月 1 日开通运营。2008 年 6 月24 日开行 CRH3 型和谐号动车组最高试验速度达 394.3 km/h。如图 1-8-5 所示。

图 1-8-5　京津高铁开通运营(350 km/h)

2. 京广高速铁路

京广高速铁路是我国“四纵四横”客运专线之一，形成一条与京广铁路并行、纵贯我国南北、辐射范围最广的快速客运通道，也是世界上运营里程最长的高速铁路。北起首都北京，南到广州，全程 2 295 km。沿途经过北京、保定、定州、石家庄、邢台、邯郸、安阳、鹤壁、新乡、郑州、许昌、漯河、驻马店、信阳、孝感、武汉、咸宁、赤壁、岳阳、汨罗、长沙、株洲、衡阳、郴州、韶关、英德、清远、广州、深圳等城市，未来还将连接香港。设计最高速度 350 km/h、无砟轨道、无缝线路、双线电气化。建设过程中先后分段建设京石、石武、武广、广深四段。2005 年 6 月开工建设，2012 年 12 月 26 日全线开通运营。如图 1-8-6 所示。

图 1-8-6　京广高铁开通运营(350 km/h)

3. 郑西高速铁路

郑西高速铁路是我国建成的第一条穿越湿陷性黄土地区的高速铁路，全长 458 km。东起郑州铁路枢纽郑州东站，向西经过洛阳市、三门峡市、渭南市，西至西安枢纽的西安北站。设计最高速度 350 km/h、无砟轨道、无缝线路、双线电气化。2005 年 9 月 25 日正式开工建设，2010 年 2 月 6 日开通运营。如图 1-8-7 所示。

4. 京沪高速铁路

京沪高速铁路是我国《中长期铁路网规划》中技术水平最高的一项工程，也是新中国成立以来一次建设里程最长，投资最大，标准最高的高速铁路，全长 1 318 km。线路由北京南站至上海虹桥站，纵贯北京、天津、上海三大直辖市和冀鲁皖苏四省，连接环渤海和长江三角洲两大经济区，沿线设 24 个车站。设计最高速度 350 km/h、无砟轨道、无缝线路、双线电气化。2008 年 4 月 18 日开工，2011 年 6 月 30 日通车运营(图

1-8-8所示)。2011 年 1 月该线开行 CRH380 型和谐号动车组最高试验速度达 487.3 km/h,标志着中国高速铁路技术步入国际先进水平。

图 1-8-7 郑西高铁开通运营(350 km/h)

图 1-8-8 京沪高铁开通运营(350 km/h)

截至 2012 年 12 月底统计(表 1-8-2～表 1-8-4),1999 年～2012 年中国已建成 26 条高速铁路新线运营里程达 9 356 km,在建高速铁路 28 条计 12 729 km,规划建设 12 条计 4 603 km。

表 1-8-2 中国高速铁路运营里程统计

序号	线路名称	运营里程(km)	设计时速(km/h)	开工日期	开通日期
1	秦沈客专(秦皇岛—沈阳)	405	200～250	1999.08	2003.10
2	遂渝铁路(遂宁—重庆)	120	200～250	2003.02	2006.04
3	京津城际(北京—天津)	120	350	2005.07	2008.08
4	武广客专(武汉—广州)	1 068	350	2005.06	2009.12
5	郑西客专(郑州—西安)	485	350	2005.09	2010.02
6	沪宁城际(上海—南京)	300	350	2008.08	2010.07
7	沪杭客专(上海—杭州)	202	350	2009.02	2010.10
8	京沪高铁(北京—上海)	1 318	350	2008.04	2011.06
9	广深港客专(广州—深圳—香港)	105	350	2008.04	2011.12
10	哈大客专(哈尔滨—大连)	904	350	2007.08	2012.12
11	石武客专(石家庄—武汉)	841	350	2008.10	2012.09
12	京石客专(北京—石家庄)	281	350	2008.10	2012.12
13	合宁铁路(合肥—南京)	166	250	2005.06	2008.04
14	胶济四线(青岛—济南)	170	250	2007.01	2008.12
15	石太客专(石家庄—太原)	190	250	2005.06	2009.04

续上表

序号	线路名称	运营里程(km)	设计时速(km/h)	开工日期	开通日期
16	合武铁路(合肥—武汉)	359	250	2005.08	2009.04
17	温福铁路(温州—福州)	298	250	2005.01	2009.09
18	福厦铁路(福州—厦门)	275	250	2005.09	2009.12
19	长吉城际(长春—吉林)	96	250	2007.05	2010.12
20	海南东环(海口—三亚)	308	250	2007.09	2010.12
21	厦深铁路(厦门—深圳)	502	250	2007.11	2011.01
22	甬台温铁路(宁波—台州—温州)	282	200～250	2004.12	2009.09
23	成灌铁路(成都—都江堰)	66	200～250	2008.11	2010.05
24	昌九城际(九江—南昌)	92	200～250	2007.06	2010.06
25	广珠城际(广州—珠海)	142	200～250	2005.12	2010.12
26	汉宜铁路(武汉—宜昌)	291	200～250	2008.09	2012.07
合计		9 356			

表 1-8-3　中国在建高速铁路统计

序号	线路名称	线路长度(km)	设计时速(km/h)	开工日期	开通日期
1	津秦客专(天津—秦皇岛)	261	350	2008.11	在建
2	宁杭客专(南京—杭州)	249	350	2008.12	在建
3	蚌福高铁(蚌埠—福州)	941	350	2009.01	在建
4	杭甬客专(杭州—宁波)	152	350	2009.03	在建
5	盘营客专(盘锦—营口)	90	350	2009.05	在建
6	西宝客专(西安—宝鸡)	138	350	2009.11	在建
7	杭长客专(杭州—长沙)	984	350	2009.12	在建
8	长昆客专(长沙—昆明)	1 168	350	2010.07	在建
9	成渝客专(成都—重庆)	308	350	2010.09	在建
10	贵广铁路(贵阳—广州)	857	250	2008.01	在建
11	南广铁路(南宁—广州)	577	250	2008.11	在建
12	成绵乐城际(成都—乐山)	323	250	2009.07	在建
13	兰新客专(兰州—乌鲁木齐)	1 776	250	2009.11	在建
14	大西客专(大同—西安)	678	250	2009.12	在建
15	广西沿海南钦、钦北、钦防铁路	259	250	2009.12	在建
16	吉珲客专(吉林—珲春)	359	250	2010.01	在建
17	青荣城际(青岛—荣城)	299	250	2010.03	在建
18	沈丹客专(沈阳—丹东)	207	250	2010.03	在建
19	成西铁路(成都—西安)	660	250	2010.12	在建
20	兰渝铁路(兰州—重庆)	824	200～250	2008.09	在建
21	云桂铁路(昆明—南宁)	716	200～250	2009.12	在建
22	向甫铁路(向塘—甫田)	636	200～250	2007.11	在建
23	渝利铁路(重庆—利川)	164	200～250	2008.12	在建
24	湘桂铁路(衡阳—南宁)	724	200～250	2008.12	在建
25	宁安铁路(南京—安庆)	257	200～250	2008.12	在建
26	汉孝城际(武汉—孝感)	62	200～250	2009.03	在建
27	青连铁路(青岛—连云港)	197	200～250	2009.01	在建
28	丹大铁路(丹东—大连)	292	200～250	2010.03	在建
合计		12 729			

表 1-8-4 中国规划建设高速铁路统计

序号	线路名称	线路长度(km)	设计时速(km/h)	备注
1	西银铁路(西安—银川)	600	350	规划建设
2	武宁城际(武汉—咸宁)	90	300～350	规划建设
3	京沈客专(北京—沈阳)	705	350	规划建设
4	京唐城际(北京—唐山)	150	350	规划建设
5	成贵客专(成都—贵阳)	633	250	规划建设
6	郑徐客专(郑州—徐州)	362	350	规划建设
7	宝兰客专(宝鸡—兰州)	400	350	规划建设
8	南三龙铁路(南平—三平—龙岩)	227	300～350	规划建设
9	京张城际(北京—张家口)	174	200～250	规划建设
10	杭黄客专(杭州—黄山)	287	200～250	规划建设
11	成兰客专(成都—兰州)	730	200～250	规划建设
12	渝万客专(重庆—万州)	245	250	规划建设
合计		4 603		

根据《中长期路网规划》和工程建设进度，预计到 2020 年，上述在建高速铁路全部建成通车后，中国新建高速铁路将超过 20 000 km，加上其他新建铁路和既有线提速线路，初步形成以高速铁路为骨架，总体规模达50 000 km的快速铁路网，连接全国所有省会城市和 50 万人口以上城市，覆盖全国 90%以上人口。铁路运输能力总体上能够适应国民经济和社会发展需要，"人便其行、货畅其流"的目标将成为现实。邻近省会城市将形成 0.5～1 h 交通圈，北京到全国绝大部分省会城市将形成 8 h 以内的交通圈。例如 1 h 内能到达天津、石家庄等城市；2 h 能到达沈阳、济南、郑州、太原、呼和浩特等城市；3 h 能到达合肥、南京、长春等城市；4 h能到达上海、杭州、武汉、西安、哈尔滨等城市；除海口、乌鲁木齐、拉萨、台北外，北京到全国各省会城市都将在 8 h 以内。

8.3.3 高速铁路新型客站和综合配套设施建设

中国铁路新型客站建设，坚持"功能性、系统性、先进性、文化性、经济性"原则，集中体现以人为本的理念，最大限度地满足旅客的需求。新型客站的设计和建造做到了能力充足、功能完善、设施先进、节能环保，与地域文化有机融合，与其他交通方式紧密衔接，成为现代化的综合交通枢纽。截至 2012 年，北京南、天津、上海虹桥、广州南、武汉、南京、青岛、深圳北、成都东等 295 座现代化铁路新客站，西安、青岛、成都等 9 个集装箱中心站和北京、上海、武汉、广州动车组维修基地已建成投入使用。杭州东、合肥南、南昌西、郑州东、西安北、哈尔滨西、北京丰台、重庆西、昆明东、贵阳北、兰州西等 235 个车站正在设计和建设中，预计 2013 年～2015 年将建成投入使用。

9　中国高速铁路的创新

为实现建设世界一流高速铁路的宏伟目标,中国铁路大力推进体制创新、管理创新、技术创新。

9.1　建设体制创新

在建设体制创新方面,创建了合资建路的崭新模式。铁道部与31个省市自治区签订了加快铁路建设的战略合作协议,新线建设项目基本上都是与地方政府或战略投资者合资,广泛吸引各方面资金投资铁路建设,形成集全社会之力建高铁、推进铁路现代化的生动局面。

9.2　建设管理创新

在建设管理创新方面,充分发挥我国铁路路网完整、运输集中统一指挥的优势,统筹利用铁路内外各方面科研力量和人力资源,形成强大合力。在铁路建设中,无论是工程管理部门,还是设计、施工、监理单位,都协调行动,组织起了强大的工程建设队伍;在技术装备制造中,无论是运营单位,还是制造企业、科研院所,都统一步调,形成了强大的研发制造体系。这种科学高效的管理模式,大大提高了我国高速铁路网建设的效率和效益。

9.3　建设技术创新

中国铁路立足国情路情,瞄准世界最先进水平,按照"先进、成熟、经济、适用、可靠"的技术方针,充分发挥后发优势,通过原始创新、集成创新和引进消化吸收再创新,在工程建造、高速列车、列车控制、系统集成、运营维护、客运服务等高速铁路技术领域实现了重大突破,形成了具有自主知识产权和世界先进水平的高速铁路技术标准体系,走出了一条自主创新的成功之路。目前已经颁布近百项高速铁路技术标准、规范、规程、指南等在全路推广应用。

9.3.1　工程建造技术

(1)路基工程技术。创新桩板结构、桩筏结构和预应力管桩、CFG桩等复合地基沉降控制技术,攻克了湿陷性黄土和软土地区沉降变形等控制难题,掌握了复杂地质条件下高速铁路地基处理和路基填筑技术。如图1-9-1所示。

(2)桥梁工程技术。系统掌握了常用跨度简支箱梁的制造、运输、架设成套技术,攻克了跨大江大河和高架站桥等复杂桥梁建设难题,建成武汉天兴洲长江大桥、南京大胜关长江大桥、济南黄河大桥、广珠西江大桥等世界一流的新型结构大跨度桥梁。如图1-9-2～图1-9-4所示。

(3)隧道工程技术。攻克了大断面复杂隧道、世界级风险岩溶隧道等复杂地质条件下的隧道设计和建设技术难题,建成山区高速铁路长大隧道群(图1-9-5)和水下铁路隧道,实现了高速列车在隧道内以350 km/h交会。

(4)轨道工程技术。系统掌握了高速铁路有砟、无砟轨道成套技术,实现了大规模制造、铺设无砟轨道(图1-9-6)。自主研制了满足350 km/h要求的高速道岔,掌握500 m长轨铺设、焊接成套技术,攻克了长大桥梁无缝线路技术难题。

(5)工程测量技术。采用三维绝对坐标定位和先进的测量手段、装备和方法(图1-9-7),实现轨道的高平顺性,满足列车高速运行的要求。

图 1-9-1 CFG 桩与路基分层填筑

图 1-9-2 武汉天兴洲长江公铁路两用大桥

图 1-9-3 南京大胜关长江大桥

图 1-9-4 广珠西江斜拉连续刚构大桥

图 1-9-5 双线喇叭口隧道

图 1-9-6 高速铁路无砟轨道

图 1-9-7 无砟轨道几何状态测量

(6)牵引供电技术。构建了高速铁路牵引供电系统设计、施工、检测技术平台，研发了大容量供电、大张力接触网、高速接触网检测、远程监控等成套装备，攻克了高速列车重联运行接触网关键技术难题。如图1-9-8所示。

(7)客站建设技术。按照"功能性、系统性、先进性、文化性、经济性"客站建设的新理念，广泛采用大跨度钢架结构(图 1-9-9)、悬垂结构无柱雨棚设施以及冷热电三联供、智能化分级光控系统等先进技术，成为与地铁、公交、航空等多种交通方式紧密衔接的综合交通枢纽。

图 1-9-8　高速列车重联运行接触网

图 1-9-9　高速铁路新型客站(北京南站)

9.3.2　高速列车技术

(1)掌握 200～250 km/h 动车组列车技术。系统掌握了 200～250 km/h 动车组(和谐号 CRH1、CRH2 型)列车总成、车体、转向架、牵引变流器、牵引控制、牵引变压器、牵引电机、列车网络控制和制动系统等 9 大核心技术及空调系统、自动门等 10 项主要配套技术，全面构建了高速列车设计制造体系。如图 1-9-10 所示。

图 1-9-10　和谐号 CRH1、CRH2 型动车组(200～250 km/h)

(2)自主创新时速 350 km 动车组列车技术。在 200～250 km/h 动车组列车技术的基础上，攻克了制约速度提升的技术难题，在动车组列车基础理论、关键技术、制造工艺、试验评估等方面实现了系统集成创新，成功搭建了 350 km/h 动车组技术平台，国产 350 km/h 动车组(和谐号 CRH3 型)大批量投入运营，表现出良好的运行品质。如图 1-9-11 所示。

(3)自主创新时速 380 km 动车组列车技术。以 350 km/h 动车组列车技术平台为基础，自主创新、成功研发制造了 380 km/h 新一代和谐号 CRH380A 型高速动车组列车(图 1-9-12)，满足了长距离、大运量、高密度、旅行时间短等运输需求，并已投入上海—杭州、北京—上海高速铁路运营。

9.3.3　列车控制技术

系统掌握了满足 250 km/h 的 CTCS-2 级列车运行控制技术，成功应用于既有线第六次大提速和新建 250 km/h 的高速铁路；研发了具有世界领先水平的 CTCS-3 级列车运行控制系统，基于无线通信网络系统实现地面与动车组控车信息的双向实时传输，满足动车组 250 km/h 及以上、最小追踪间隔 3 min 的安全运行要求，适应高速铁路高速度、高密度及不同速度等级动车组跨线运行的特点。如图 1-9-13 所示。

图 1-9-11 和谐号 CRH3 型动车组(350 km/h)

图 1-9-12 新一代和谐号 CRH380A 型高速动车组(380 km/h)

图 1-9-13 高速列车监控中心

9.3.4 系统集成技术

系统掌握了高速铁路总体设计、接口管理、联调联试等关键技术，实现了高速铁路工务工程、动车组、牵引供电、通信信号、运营调度、客运服务等各子系统的集成，使整体系统功能达到最优；在不同速度等级列车混合运行、高速线与既有线互联互通、地车安全信息连续传输、轨道电路对无砟轨道适应性等方面，实现重大技术创新，形成了先进完善的高速铁路系统集成技术体系；建立了高速铁路综合试验体系，能够对高速铁路各系统接口匹配关系、设计参数整体运行性能、安全及环境保护等进行全面试验和评估。如图 1-9-14 所示。

图 1-9-14 高速铁路系统联调联试

9.3.5　运营维护技术

(1)设备检测维修技术。研发了现代化高速综合检测列车,实现了基础设施检测自动化和养护维修的机械化。如图 1-9-15 所示。

(2)调度指挥技术。开发并广泛采用调度集中系统,全面实现运输调度集中统一指挥。如图 1-9-16 所示。

图 1-9-15　高速综合检测车养护

图 1-9-16　列车调度指挥中心

(3)安全防灾预警技术。研发并建立了防灾预警监测和自动应急处理系统,实现了对风、雨、雪、异物侵限等各类灾害的实时预警监控和自动应急处理。

(4)节能环保技术。积极开展高速铁路减振降噪、节能环保等技术攻关,大量采用新材料、新能源及现代信息技术,使高速铁路在节能环保方面的优势得到充分发挥。

9.3.6　客运服务技术

研制了适应客流量大、响应时间短、系统安全性高的综合客运服务系统,掌握了动态实时客票席位策略化管理技术,自主创新开发了新型自动售/检票系统(图 1-9-17),较好地满足了旅客自助化、个性化、多样化的服务需求,列车保洁、餐饮实行专业化管理。

综上所述,我国经过高速铁路的研究与实践,已经掌握了高速铁路设计与施工的关键技术,实现了具有世界先进水平的客运动车组和施工装备的国产化,形成了具有世界先进水平和自主知识产权的中国高速铁路技术标准体系和成套的高速铁路建造技术。目前,我国已成为世界上高速铁路发展最快、运营里程最长、运营速度最高、在建规模最大、系统技术最全、集成能力最强的国家。

我国的高铁技术相对于德国、日本等发达国家有三个优势:一是从工务工程、通信信号、牵引供电、客车制造等方面,我国可以一揽子出口;二是我国高铁技术层次丰富,既可以进行 200～250 km/h 的既有线改

图 1-9-17 自动售/检票系统

造，也可以新建 350 km/h 的新线路；三是我国高铁的建造成本较低，比其他发达国家低 20%左右，具有较好的经济和社会效益。这对于我国实施“走出去”战略具有重大意义。

第 2 篇

高速铁路路基施工技术

1 概　　述

在我国高速铁路的建设实践中，广大科技人员结合我国地域广阔、地质条件复杂的实际情况，对高速铁路路基的设计、施工进行了长期大量的研究。

自 1999 年开工建设秦沈客运专线以来，对高速铁路路基的研究与认识达到了一个新的水平，在我国提出了路基分层结构的概念，如基床表层、基床底层、基床以下路堤、路基过渡段等。

秦沈客运专线首次强调路基也是结构工程，第一次将路基放到与桥梁和隧道结构同等重要的位置来认识和对待，是我国铁路建设史上对路基认识的飞跃。

随着我国迈入建设 250～350 km/h 高速铁路时代的到来，路基的沉降与控制、路基结构的动力响应等，更是引起了科研、设计、施工等各个方面的高度关注，纷纷进行大量的试验和研究，随之高速铁路路基施工标准也发生了较大的变化。例如我国路基本体填料的最大粒径由原来的 150 mm 减至 75 mm，显著提高了路基的建设质量，使得我国铁路的路基更能适应铁路高速化的需要，这是我国路基施工标准的一次革命。

高速铁路路基的边坡加固与防护，也一改过去混凝土或浆砌片石护坡的老面孔，而是大量采用生态环保的绿色植物防护和新型防护结构，使得铁路与周围的环境更加和谐。

我国铁路路基的建设，已经由过去的“填料粗放控制、轻型设备压实、沉降任由它去、平整度大致可以”的传统施工理念，转变成“工艺性试验、认真分层填筑、沉降严格控制、专业平地机平整、重型设备压实”的新施工理念。从而推动了我国高速铁路路基施工技术的进步。

2 高速铁路路基结构与构造

2.1 高速铁路路堤标准断面

按照道床结构的不同,高速铁路路堤标准横断面如图 2-2-1~图 2-2-4 所示。

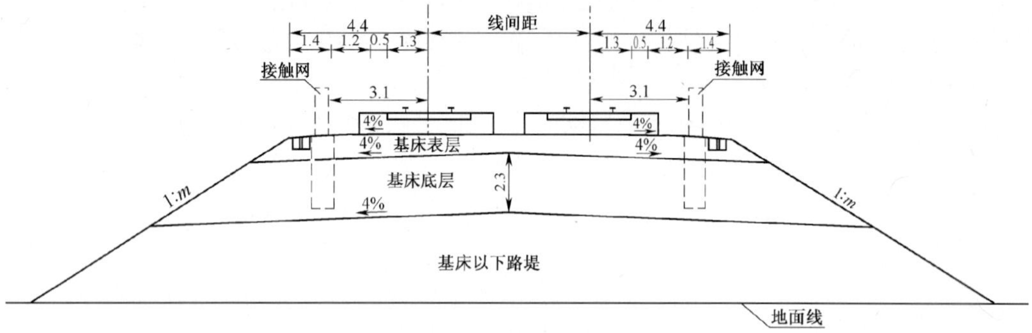

图 2-2-1 双线无砟轨道路堤标准横断面图(单位:m)

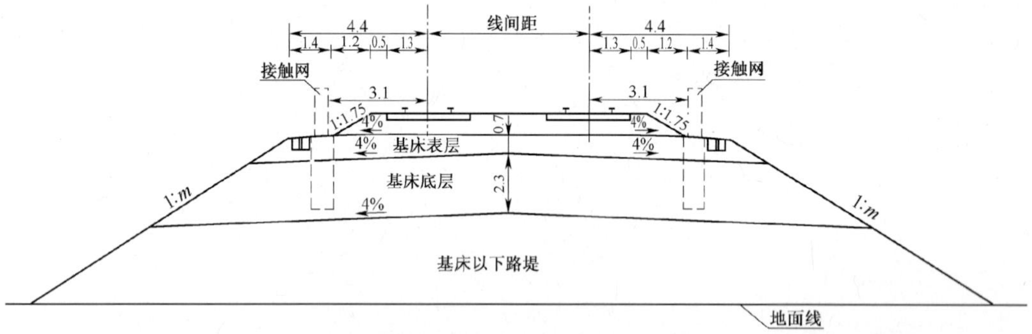

图 2-2-2 双线有砟轨道路堤标准横断面示意图(单位:m)

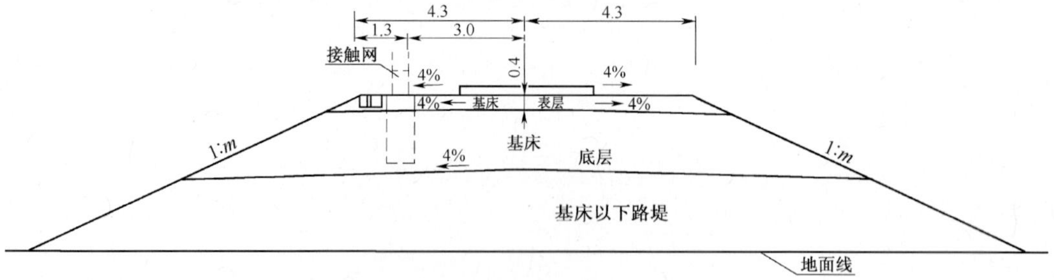

图 2-2-3 单线无砟轨道路堤标准横断面示意图(单位:m)

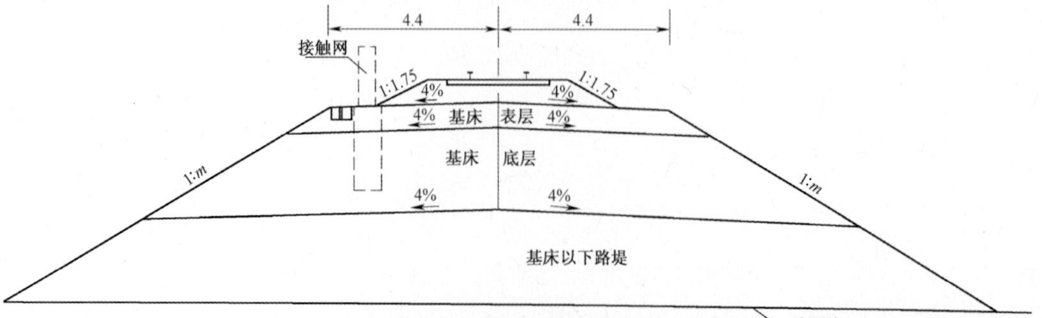

图 2-2-4 单线有砟轨道路堤标准横断面示意图(单位:m)

2.2　高速铁路路堑标准断面

按照道床的结构和堑底地质的不同,高速铁路路堑标准横断面如图 2-2-5～图 2-2-8 所示。

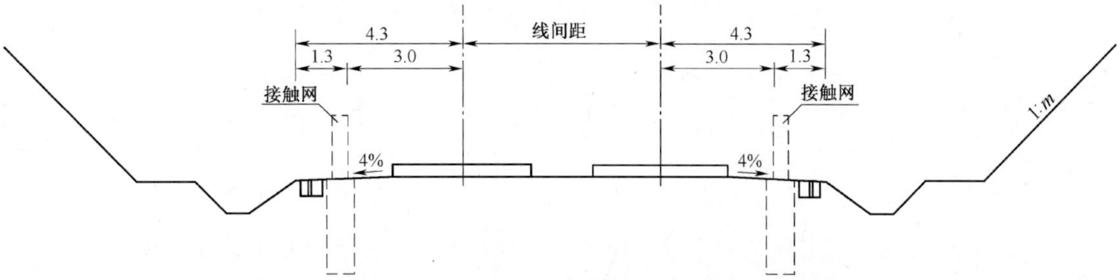

图 2-2-5　双线无砟轨道硬质岩路堑标准横断面示意图(单位:m)

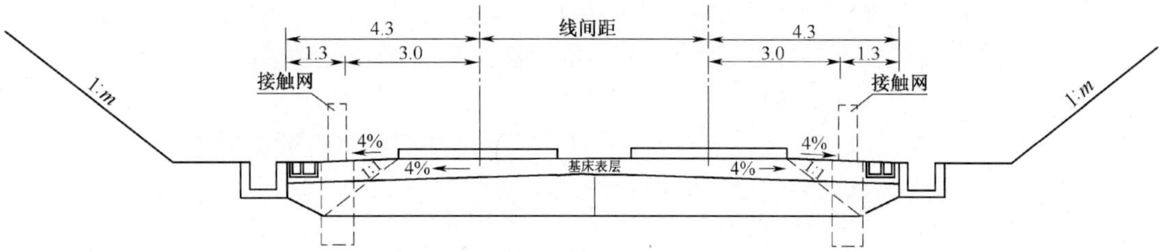

图 2-2-6　双线无砟轨道非硬质岩路堑标准横断面示意图(单位:m)

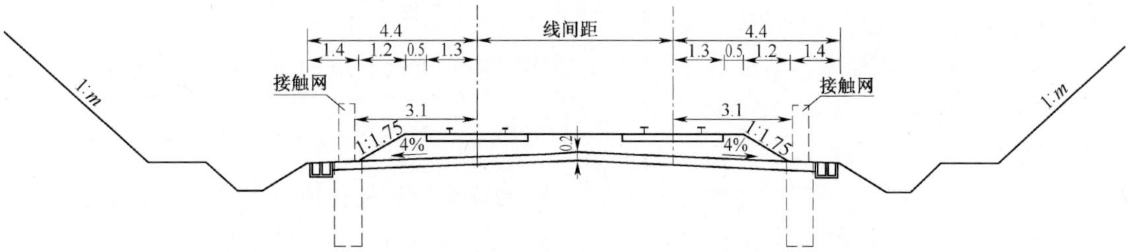

图 2-2-7　双线有砟轨道硬质岩路堑标准横断面示意图(单位:m)

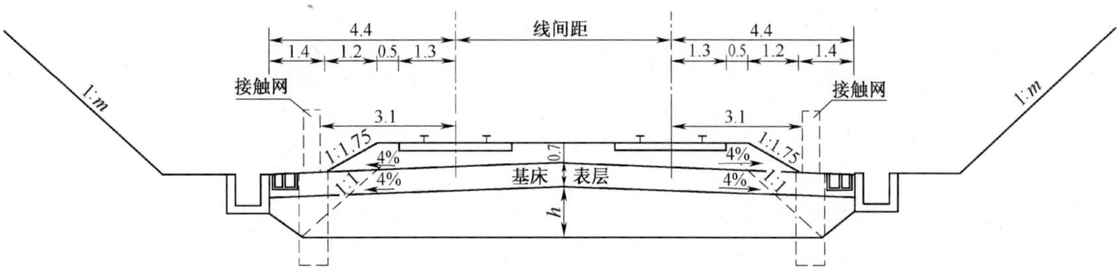

图 2-2-8　双线有砟轨道非硬质岩路堑标准横断面示意图(单位:m)

2.3　高速铁路路堤的分层结构

高速铁路路堤自下而上的分层结构为:基床以下路堤、基床底层、基床表层。

2.4　高速铁路路堑的基本结构

高速铁路路堑的基本结构自下而上分为:路堑基床底层、路堑基床表层、路堑排水系统(路堑侧沟、路堑堑顶天沟、吊沟等)、路堑边坡。

3 高速铁路路基技术标准

3.1 填料技术标准

3.1.1 基本技术标准

(1)路堤填筑前应对设计选定料场的路基填料进行取样试验,缺少符合设计要求的普通填料时,应根据当地资源情况设置填料生产场,对不符合要求的填料进行改良。

(2)填料生产场应根据需要配备相应的破碎、筛分设备,有改良要求的填料生产场应配备相应的填料制备和拌和系统。

(3)设计料场的质量或数量不能完全满足要求时,应重新选择料场,并按建设管理程序报相关单位。

(4)路堤填筑材料的使用、运输、存放应符合下列规定。

1)基床表层和过渡段填筑应选用级配碎石,基床表层以下路基部位填筑可选用普通填料或改良土。

2)普通填料应级配良好。基床底层填料的最大粒径应小于 60 mm,基床底层以下路堤填料的粒径应小于 75 mm。

3)石灰、水泥等化学改良土外掺料的运输、使用应有保护环境的措施,外掺料应分类堆放,与原地面架空隔离,并有防风、防雨设施,防止材料受潮、变质。

(5)改良土填料生产应符合下列规定。

1)改良土填料生产应选择先进的设备和工艺,满足拌和施工质量要求和环境保护要求,条件具备时应优先选择场拌。

2)填料生产过程中应定期检查筛网有无破损或筛孔尺寸是否超出限值。

3)化学改良土外掺料应与原土料拌和均匀,色泽一致,无灰团、灰条和花面现象。

(6)不同填料在正式填筑前均应进行现场填筑压实工艺试验,取得的试验参数及成果应报监理单位确认。

3.1.2 普通填料标准

(1)普通填料的质量应满足设计要求,正线路基普通填料还应符合下列规定。

1)用于寒冷地区路基冻结影响范围的填料,设计无要求时,砾石类土的细粒含量不应大于15%,砂类土的细粒含量不应大于5%。

2)用于浸水路堤的填料,细粒含量应小于10%。

(2)普通填料出场前应进行最大干密度试验。

(3)普通填料出场时的含水率应在工艺试验确定的范围内。

3.1.3 改良土填料标准

(1)化学改良土的原土料质量应符合设计及下列规定。

1)用石灰改良的原土料,有机质含量不宜大于5%,硫酸盐含量不应大于0.8%。

2)用水泥改良的原土料,有机质含量不宜大于2%,硫酸盐含量不应大于0.25%。

(2)化学改良土的外掺料质量应满足设计要求,并应符合下列规定。

1)外掺料为水泥时,水泥宜采用普通硅酸盐水泥或矿渣硅酸盐水泥,强度等级为42.5级或32.5级,初凝时间不宜小于3.0 h,终凝时间不宜小于6 h,安定性和强度指标应符合现行《通用硅酸盐水泥》(GB 175—2007/XG 1—2009)的要求。不得使用快硬水泥、早强水泥。

2)外掺料为石灰时,宜采用一等建筑钙质生石灰粉或合格建筑钙质生石灰,其石灰的(CaO+MgO)含量不应小于80%，CO_2含量不应大于9%，生石灰粉0.90 mm筛的筛余不应大于0.5%、0.125 mm筛的筛余率不应大于12%，建筑钙质生石灰未消化残渣含量(5 mm圆孔筛余)不应大于15%。

3)外掺料为粉煤灰或同类外掺料时，矿物成分($SiO_2+Al_2O_3+Fe_2O_3$)含量不宜小于70%，0.045 mm方孔筛的筛余率不应大于25%，三氧化硫(SO_3)含量不应大于3%、烧失量不应大于8%。

4)化学改良土外掺料剂量允许偏差为试验配合比的外掺料剂量−0.5%～+1.0%。

(3)化学改良土使用前应进行配合比和无侧限抗压强度验证试验，并应符合下列要求。

1)基床以下部位按设计推荐配合比配制的化学改良土7 d饱和无侧限抗压强度不应小于250 kPa。

2)基床底层按设计推荐配合比配制的化学改良土7 d饱和无侧限抗压强度不应小于350 kPa，寒冷地区路基冻结影响范围的基床底层化学改良土7 d饱和无侧限抗压强度不应小于550 kPa。

(4)物理改良土使用前应进行配合比试验，混合料质量应符合相关质量规定。

(5)改良土混合料拌制前，应检查配料计量系统的工作状态，测定原土料和混合料的含水率，并根据测试结果和环境条件及时调整施工配合比，改良土混合料出场时的含水率宜在工艺试验确定的范围内。

(6)化学改良土外掺料剂量允许偏差为试验配合比的外掺料剂量−0.5%～+1.0%。

(7)化学改良土混合料中应不含有未消解石灰颗粒，路拌法改良土混合料中应不含有素土团或素土层。

(8)改良土出场前应进行最大干密度试验。

3.1.4　级配碎石填料标准

(1)生产级配碎石用原材料质量应满足设计要求，并应符合下列规定。

1)粒径大于1.7 mm颗粒的洛杉矶磨耗率应不大于30%，硫酸钠溶液浸泡损失率应不大于6%。

2)粒径小于0.5 mm的细颗粒的液限应不大于25%，塑性指数应小于6。

(2)基床表层级配碎石应符合设计及下列规定。

1)级配碎石材料由开山块石、天然卵石或砂砾石经破碎筛选而成。

2)级配碎石颗粒级配应符合表2-3-1的要求，不均匀系数C_u不得小于15；0.02 mm以下颗粒质量百分率不应大于3%；大于22.4 mm的粗颗粒中带有破碎面的颗粒所占的质量百分率不应小于30%；不得含有黏土及其他杂质。

表2-3-1　基床表层级配碎石粒径级配要求

方孔筛边长(mm)	0.1	0.5	1.7	7.1	22.4	31.5	45
过筛质量百分率(%)	0～11(5)	7～32	13～46	41～75	67～91	82～100	100

注：括号内数字适用于寒冷地区铁路。

(3)过渡段级配碎石应按《高速铁路路基工程施工质量验收标准》(TB 10751—2010)要求选用，并应符合设计及下列规定。

1)碎石颗粒中针状和片状碎石含量不大于20%。

2)质软和易破碎的碎石含量不应超过10%。

3)过渡段用级配碎石的级配范围应符合表2-3-2的要求。

(4)级配碎石混合料拌制前，应检查配料计量系统的工作状态，测定各种集料的含水率，根据测试结果和环境条件及时调整施工配合比，级配碎石混合料出场时的含水率宜在工艺试验确定的范围内。

(5)级配碎石出场前应进行最大干密度试验。

(6)过渡段级配碎石中掺入水泥的品种、规格及质量检验与化学改良土外掺料的质量要求一致。

(7)过渡段级配碎石中水泥掺加剂量允许偏差为试验配合比的0～+1.0%。

表2-3-2　过渡段用碎石级配范围要求

级配编号	通过筛孔(mm)，质量百分率(%)									
	50	40	30	25	20	10	5	2.5	0.5	0.075
1	100	95～100	—	—	60～90	—	30～65	20～50	10～30	2～10
2	—	100	95～100	—	60～90	—	30～65	20～50	10～30	2～10
3	—	—	100	95～100	—	50～80	30～65	20～50	10～30	2～10

3.2 填筑技术要求

3.2.1 基本填筑要求

(1)路堤必须严格按设计文件进行地基处理,并经检验满足设计要求后开始填筑。

(2)在进行大规模填筑前,应根据填料的类型、设备组合等在工程现场选取有代表性的地段作为试验段,进行摊铺填筑压实工艺性试验,确定施工工艺参数,并报监理单位确认后,方可进行施工。

(3)路堤填筑前应做好路基范围及两侧地面排水、防渗和地下水拦截、引排,地下水的出露位置和处理前、后的出水情况应有记录。填筑施工不得污染农田和周围环境。

(4)路堤填筑时应符合下列规定。

1)路堤填筑应按"三阶段、四区段、八流程"的施工工艺组织施工,每个施工区段的长度应根据使用机械的能力、数量确定,一般宜在 200 m 以上或以构筑物为界。各区段或流程内严禁多种作业交叉进行。

2)不同类别的填料应分别填筑,不得混填,每一摊铺层填料中的粗细料应摊铺均匀。

3)填筑时应横断面全宽、纵向分层填筑压实。当原地面高低不平时,应先从最低处分层填筑。

4)碾压时填料的含水率应控制在试验段所确定的施工允许含水率的范围内。

5)路基分段填筑时,纵向接头处应在已填筑压实基础上挖出硬质台阶,台阶宽度不宜小于 2 m,高度同填筑层厚度。

6)路堤雨季施工,每次作业收工前应将铺填的松土层摊铺压实完毕,且填筑的每一压实层面均做成向路基两侧 2%~4%的横向排水坡。严禁雨天进行非渗水土的填筑。

(5)加筋土路堤施工应符合下列规定。

1)土工合成材料运至工地后,应分批整齐堆放在料棚(库)内,防止阳光曝晒,并保持料棚(库)通风干燥。

2)铺设土工合成材料前应整平、压实下承层,其平整度、横坡及压实质量应符合相应部位的压实要求,表面不应有坚硬凸出物。

3)土工合成材料铺设时,一般情况下应将强度高的方向置于垂直于路堤的轴线方向(或按照设计要求的方向铺设),并必须拉紧、展平与下承层面密贴,不得褶皱、扭曲和损坏。

4)土工合成材料受力方向上的连接必须牢固,连接强度不得低于材料的设计容许抗拉强度。

5)土工合成材料多层铺设时,上下层接缝应按设计要求错开。

6)加筋土路堤填筑过程中严禁施工机械直接在土工合成材料上行走作业。

7)土工合成材料摊铺后应及时填筑填料,避免阳光长时间直接照射。

(6)软土、松软土地基上的路堤及预压土填筑。

1)软土和松软土地段路基施工组织应注意不同地基处理措施可能产生的差异沉降,并应保证必要的预压期。

2)采用排水固结地基处理措施时,应控制填筑速率,路堤中心线地面沉降速率大于每昼夜 10 mm、坡脚水平位移速率大于每昼夜 5 mm 时,应停止填筑,待昼夜变化值恢复到限值以内再进行填筑。

3)反压护道应与路基同步填筑,其填料、填筑压实方法、压实标准应符合路堤相应部位的规定。护道顶面应平顺并有向路基两侧的排水坡,边坡应顺直无凹陷。

(7)膨胀土地基上的路堤填筑应符合以下规定。

1)施工前应结合永久排水设施做好地表排水设施,路堤填筑施工过程中应保证路基施工范围内排水畅通。

2)膨胀土不应作为路基填料。

3)换填厚度应根据开挖后地基检测结果确定,且不得小于设计要求。

4)基底换填应与开挖紧密衔接。如有困难,应预留厚度不小于 50 cm 的人工清理层。

(8)黄土地区的路堤填筑,根据其填料种类及特点,施工前应结合永久排水设施做好地表排水设施,施工中路基范围黄土地基上不得浸水。

(9)盐渍土地基上的路堤填筑,应测定盐渍土含盐量,当盐渍土地基的含盐量大于规定值时,应铲除表层盐渍土，挖除厚度应根据开挖后地基检测结果确定，且不得小于设计要求，铲除宽度应包括护道，并应有自路基中线向两侧不小于2%的横向排水坡。

(10)浸水路堤施工应尽量选择在枯水季节进行。

3.2.2　改良土填筑要求

(1)改良土填筑前，应对改良土原材料、外掺料和混合料的出场检验资料进行核查。

(2)化学改良土混合料摊铺、拌和、整型及碾压应按照下列要求进行。

1)改良土填料应按工艺试验确定的填筑压实厚度分层填筑，具体的摊铺厚度及碾压遍数应按试验段确定的并经监理确认的参数进行控制。

2)化学改良土混合料中不应含有大于15 mm的土块和未消解石灰颗粒。

3)碾压时，各区段交接处应互相重叠压实，纵向搭接长度不得小于2 m，纵向行与行之间的轮迹重叠不小于40 cm，上下两层填筑接头应错开不小于3 m。

(3)化学改良土外掺料剂量允许偏差为试验配合比的外掺料剂量(以百分率表示)的−0.5%～+1.0%。

(4)站场站线路基基床以下化学改良填筑的压实质量应符合设计和相关验收标准的要求。

(5)物理改良土压实质量检验应符合《高速铁路路基工程施工质量验收标准》(TB 10751—2010)的相关规定。

3.2.3　加筋土填筑要求

(1)加筋材料的种类、规格及质量应符合设计要求；且无老化，外观无破损，无污染。

(2)加筋材料的铺设位置、层数、方向及连接方法应符合设计要求。

(3)路堤填料的进场检验应根据填料种类按照普通填料和改良土填筑的要求进行。

(4)路堤填筑和基床以下加筋土路基施工质量检验应按照《高速铁路路基工程施工质量验收标准》(TB 10751—2010)有关标准执行。

3.2.4　基床填筑要求

1. 基床底层

(1)在进行大面积填筑前，应选取有代表性的地段作为试验段，进行摊铺压实工艺试验，确定施工工艺参数，并报监理单位确认。

(2)基床底层填筑材料的使用、运输、存放应符合路堤填筑材料的相关规定。

(3)基床底层填筑施工(含软土、松软土地基上填筑基床底层)时应符合基床以下路堤填筑的相关规定。

(4)路堑开挖至基床的换填底面高程时，开挖表面应平顺整齐，并按设计做成横向排水坡，基床表面以下不得扰动和泥化。

(5)基床底层填料的种类、质量应符合设计要求，填料的最大粒径应小于60 mm，普通填料、物理改良土填料、化学改良土填料的检验应符合《高速铁路路基工程施工质量验收标准》(TB 10751—2010)的各项相关规定。

(6)基床底层普通填料分层填筑应符合下列规定。

1)每一水平层的全宽应用同一种填料填筑。

2)不同填料每层的具体摊铺厚度及碾压遍数应按试验段工艺性试验确定，并经监理工程师确认的参数控制。

3)上下相接的压实层使用不同种类及不同颗粒条件的填料时，其粒径应符合标准的要求。当下部填土为化学改良土时，可不受此项规定限制。

(7)改良土混合料摊铺、拌和、整形、碾压的检验应符合相关标准的相关规定。

(8)化学改良土掺料剂量及混合料的检验应符合相关标准的相关规定。

(9)基床底层普通填料、物理改良土压实标准应根据填料类别采用地基系数K_{30}、动态变形模量E_{vd}和压实系数K三项指标控制。化学改良土压实标准按要求采用压实系数K和7 d饱和无侧限抗压强度指标控制。

(10)路堑基床底层按设计要求采取翻挖回填、加强碾压夯实、换填、地基改良或加固措施时，分层压实质量及检验应符合《高速铁路路基工程施工质量验收标准》(TB 10751—2010)的规定。

(11)路堑基床底层按设计换填，换填深度及宽度应符合设计要求。

2. 级配碎石基床表层

(1)基床表层填筑前应按照《高速铁路路基工程施工质量验收标准》(TB 10751—2010)验收合格后方可进行基床表层填筑。

(2)在进行大面积填筑前，应根据初选的摊铺和碾压机械及试生产的填料，在现场选取长度不小于100 m 的地段进行摊铺压实工艺性试验，确定工艺参数，并报监理单位确认。

(3)级配碎石必须场拌生产，拌和设备应计量准确。

(4)基床表层级配碎石施工按下列要求进行。

1)基床表层的填筑应按"三阶段、四区段、六流程"施工工艺组织施工，每个区段的长度应根据使用机械的能力、数量确定，一般宜在 100 m 以上。各区段或流程内严禁几种作业交叉进行。

2)基床表层下层的级配碎石可采用摊铺机或平地机摊铺，但面层应采用摊铺机进行摊铺。

3)碾压应遵循先轻后重、先慢后快的原则。各区段交接处应相互重叠压实，纵向搭接长度不小于 2 m，纵向行与行之间的轮迹重叠不小于 40 cm，上下两层填筑接头应错开不小于 3 m。

(5)如路堑设计只换填基床表层，路堑开挖至基床表层换填高程时，开挖表面应平顺整齐，并按设计要求做成由路基中心向两侧的横向排水坡，基床表层以下不应扰动。

(6)路基面施工应符合下列要求。

1)有路拱与无路拱路基面的连接，应在无路拱地段按设计要求长度削铲顺坡。路拱坡面应平顺。

2)路基面应平顺无缺损，肩棱整齐，不易风化的硬质岩石路堑路基面超挖凹坑应用不低于 C25 的混凝土填平，凸起部分人工凿平。

3)接触网支柱基础、渗水暗沟、电缆沟槽等施工不应破坏路基面。如有破坏，应用普通混凝土补齐。

(7)基床表层级配碎石施工质量应符合设计要求。

(8)级配碎石填料应分层填筑，碾压时的含水率应控制在由工艺试验确定的施工允许含水率范围内。每层摊铺厚度及碾压遍数应按工艺试验确定的并经监理工程师批准的参数进行控制。

(9)过渡段基床表层级配碎石中水泥掺加剂量应符合设计要求，允许偏差为试验配合比的 0～+1.0%。

(10)基床表层级配碎石的压实标准应采用地基系数 K_{30}、动态变形模量 E_{vd} 和压实系数 K 三项指标控制。站场路基基床表层的压实质量应符合设计和相关验收标准的要求。

(11)路堑基床表层按设计要求换填级配碎石时，压实质量及检验应符合《高速铁路路基工程施工质量验收标准》(TB 10751—2010)的规定。

(12)路堑基床表层换填深度及宽度应符合设计要求。

(13)基床表层填筑厚度的允许偏差、检验数量及检验方法应符合设计和标准要求。

(14)基床表层级配碎石表面中线高程、路肩高程、中线至路肩边缘距离、宽度、横坡、平整度的允许偏差应符合设计和标准要求。

3.2.5 路堤边坡成型标准

(1)路堤边坡宜采用加宽超填或专用边坡压实机械施工。采用加宽超填方法时，超填宽度宜控制在 50 cm 左右。

(2)路基刷坡宜采用机械刷坡。机械刷坡时应根据路肩线用坡度尺控制坡度。人工刷坡时应采取挂方格网控制边坡平整度和坡度，方格网桩距应以方便操作为宜。

(3)路堤边坡应平顺、密实、稳固。

(4)路堤边坡超填部分应按设计路基宽度、边坡坡率完全刷坡，坡率应符合设计要求，偏陡量不得大于设计值的 3%。

(5)路堤变坡点位置、平台的允许偏差应符合相关的验收标准。

(6)基床底层、表层的填筑压实质量应符合《高速铁路路基工程施工质量验收标准》(TB 10751—2010)的要求。

3.2.6　基床表层以下过渡段填筑要求

1. 过渡段基底处理

(1)过渡段基底处理过程中及处理后应严格按照设计要求做好地面排水，软土、松软土、膨胀土和黄土地基地段，应确保降水及地表径流对施工质量无不利影响。

(2)过渡段基底范围及其两侧的排水、防渗和地下水的拦截、引排应符合设计要求。地下水的出露位置和处理前后的出水情况应有记录。

(3)过渡段采用打入桩、挤密桩地基处理措施时，应先施工过渡段打入桩、挤密桩，后施工桥台基础桩基。

(4)过渡段基底处理应按设计要求与桥台、横向结构物、相邻路堤、相邻隧道的基底处理同时进行，开挖处理后的基底压实质量应符合相关验收标准的要求。

(5)路堤与路堑过渡段应按设计要求顺原地面纵向开挖台阶，开挖坡面的纵向坡度及台阶开挖高度应符合设计要求。

2. 基坑回填

(1)桥台后基坑及横向结构物基坑必须在隐蔽工程验收合格后，方可进行回填和填筑施工。

(2)桥台后基坑及横向结构物基坑应按设计选用回填材料，及时回填并分层压实，避免积水。

(3)基坑采用混凝土回填时，混凝土强度等级应符合设计要求。

(4)基坑采用碎石或灰土回填时，应分层回填，并采用小型振动机械压实，压实后其动态变形模量 $E_{vd} \geqslant$ 30 MPa。

(5)基坑采用灰土回填时，灰土应拌和均匀，色泽一致，无灰团、灰条和花面现象。

(6)基坑回填顶面高程的允许偏差为±50 mm。

3. 基床表层以下过渡段级配碎石填筑

(1)施工前应选择有代表性的过渡段作为试验段，进行基床表层以下过渡段级配碎石及两侧和锥体填土的摊铺压实工艺性试验，确定施工工艺参数，报监理单位确认。

(2)过渡段填筑前，应根据场地情况，采取相应的施工临时排水设施。桥台背后排水系统应与过渡段级配碎石填筑协调组织施工，确保工程质量。

(3)基床表层以下过渡段级配碎石填筑应按以下要求进行。

1)过渡段应与相邻的路堤及锥体按一个整体同时施工，并将过渡段与连接路堤的碾压面按大致相同的水平分层高度同步填筑并均匀压实。

2)桥台后 2 m 范围外，大型压路机能碾压到的部位应采用大型压路机机械碾压，大型压路机碾压不到的部位及在台后 2 m 范围内应采用小型振动压实设备进行压实。

3)横向结构物两侧的过渡段填筑必须对称进行，并与相邻路堤同步施工。

4)涵背两端大型压路机能碾压到的部位宜采用大型压路机机械碾压。大型压路机碾压不到的部位应采用小型振动压实设备进行压实。靠近横向结构物的部位，应平行于横向结构物背壁面进行横向碾压。

5)横向结构物的顶部填土厚度小于 1 m 时，不得采用大型振动压路机进行碾压。

6)掺入水泥的级配碎石混合料应在 4 h 内使用完毕。

(4)过渡段级配碎石材料应符合相关的级配碎石质量验收规定。填筑料运至填筑现场后，应对其出厂检验资料进行核实，并抽样检验。

(5)级配碎石中掺入水泥的品种、规格及质量应符合设计要求。其质量应符合相关验收标准的规定。

(6)在填筑压实过程中，应保证桥台、横向结构物稳定，无损伤。

(7)基床表层以下过渡段级配碎石填筑应按工艺试验确定并经监理单位确认的摊铺厚度及碾压遍数等工艺参数进行控制。

(8)级配碎石中水泥掺加剂量应符合设计要求，允许偏差为试验配合比 0～+1.0%。

(9)基床表层以下过渡段级配碎石填层的压实质量应按地基系数 K_{30}、动态变形模量 E_{vd} 和压实系数 K 三项指标控制。

(10)基床表层以下过渡段级配碎石填层的允许偏差、检验数量及检验方法应符合设计和标准的规定。

4. 基床表层以下过渡段两侧及锥体填土标准

(1)基床表层以下过渡段两侧及锥体填土应与过渡段级配碎石及相邻的路堤按水平分层同步填筑,并均匀压实。

(2)锥体填筑前应核查基底无软土、松软土,或确认已完成地基处理并验收合格。

(3)基床表层以下过渡段两侧及锥体填料应符合设计要求,其检验应符合普通填料或改良土填料的规定。

(4)基床表层以下过渡段两侧及锥体填筑压实质量应符合设计和标准的规定。

(5)在填筑压实过程中,应保证桥台、横向结构物稳定、无损伤。

(6)基床表层以下过渡段两侧、相邻路基及锥体填土与过渡段级配碎石间应符合设计和标准的要求。

(7)基床表层以下过渡段填筑的几何尺寸偏差应符合相关验收标准的规定。

5. 路堤与路堑过渡段基床表层以下填土层填筑

(1)路堤与路堑连接处应按设计要求顺原地面纵向开挖台阶。

(2)路堤与软质岩石或土质路堑过渡段路堤填料的种类、质量应符合设计要求,普通填料、物理改良填料、化学改良填料的检验应符合相关验收标准的规定。

(3)路堤与路堑连接处为硬质岩石路堑过渡段基床表层以下填筑压实过程中,应保证桥台、横向结构物稳定、无损伤。

(4)路堤与硬质岩石路堑过渡段基床表层以下填筑、路堤与路堑连接处为硬质岩石路堑过渡段基床表层以下填筑、路堤与软质岩石或土质路堑过渡段基床以下路堤填筑、路堤与软质岩石或土质路堑过渡段基床底层填筑施工质量应符合《高速铁路路基工程施工质量验收标准》(TB 10751—2010)的相关规定。

6. 过渡段混凝土填层

(1)混凝土的运输、浇筑及间歇的全部时间不应超过混凝土的初凝时间。

(2)同一过渡段的混凝土应连续浇筑,并应在底层混凝土初凝前将上一层混凝土浇筑完毕。

(3)混凝土施工前,应按设计要求进行基底处理,基底应平整、密实、无积水,处理后的基底压实质量应符合设计要求。

(4)混凝土所用水泥、粗骨料、细骨料、矿物掺和料、外加剂等材料的品种、规格、质量应符合设计要求,其进场检验应符合有关规定。

(5)模板应支撑牢固,无变形、漏浆,模板安装应符合有关规定。

(6)过渡段混凝土填层表面应密实、平整,不应有孔洞、疏松等缺陷。

(7)过渡段混凝土填层的几何尺寸允许偏差应符合相关验收标准的规定。

3.3 路堑技术要求

(1)路堑施工前应完善排水系统,做好堑顶截、排水。临时排水设施应与原有排水系统及永久性排水设施相结合。堑顶为土质或含有软弱夹层的岩层时,天沟应及时铺砌或采取其他防渗措施。

(2)开挖前应检查坡顶、坡面的危石、裂缝和其他不稳定情况并妥善处理。

(3)路堑开挖应符合下列要求。

1)路堑开挖应保持排水系统畅通。

2)路堑开挖应自上而下纵向、水平分层开挖,纵向坡度不得小于4%。严禁掏底开挖。

3)膨胀土、黄土路堑不应在雨季施工,且基床换填、边坡防护封闭应与开挖紧密衔接。当不能紧跟开挖防护时,应预留厚度不小于50 cm的人工其清理层。

4)设有支挡结构的路堑边坡应分段开挖、分段施工。设计要求分层开挖、分层防护的路堑边坡,应自上而下分层开挖、分层施工,支挡工程施工应与开挖紧密衔接。衔接困难时,应预留厚度不小于50 cm的人工清理层。

5)对于多级边坡,开挖一级验收一级,若上级边坡未验收,则下级路堑边坡不应开挖施工。

(4)路基爆破施工应符合国家爆破安全规程及环保的有关规定,并应符合以下规定。

1)石质路堑开挖宜采用松动爆破,严禁采用峒室爆破。石质边坡面应采用光面或预裂爆破开挖。

2)爆破不得对路堑各部和相邻建筑物造成损伤和产生隐患。

3)爆破设计方案必须报有关部门审核批准后方可实施,监理单位应参与审核每次爆破设计且与现场核对。

(5)路堑开挖过程中,应对照设计文件核对水文地质和工程地质资料。

(6)半挖半填路基轨道下横跨挖方与填方两部分时,应按设计要求开挖换填。填筑区域基底表面应平整。

(7)在设有渗水盲沟的路堑地段,应做好路堑开挖与盲沟施工的协调和组织,尽早开工,防止渗水浸泡路堑。

(8)采用机械开挖或光面、预裂爆破应保证开挖面完整平顺、无危石和坑穴。边坡坡面应平整且稳定无隐患,局部凹凸差不大于 15 cm。边坡防护封闭无变形、开裂。

(9)石质路堑采用爆破法开挖的装药量应符合爆破批准的设计用药量。

(10)路堑开挖边坡坡率不得陡于设计值。

(11)路堑边坡变坡里程应符合设计。

(12)路堑开挖至设计高程后,应核查地质情况,基床为软质岩及土质层时,其范围内的地基土比贯入阻力 P_S 值不应小于 1.5 MPa 或基本承载力 σ_0 不应小于 0.18 MPa。地质情况与设计不符时,应提出变更设计。

(13)路堑边坡变坡点位置、边坡及侧沟平台几何尺寸的允许偏差应符合设计和标准的相关规定。

4　高速铁路路基工程施工

4.1　地基处理

4.1.1　原地面处理施工

1. 工艺概述

原地面地基处理是指不采用排水固结或复合地基处理的原地面上，进行清表、挖台阶、翻挖压实等作业内容的地基处理方式。

本工艺适用于高速与客运专线铁路路基原地面处理。

2. 作业内容

施工场地临时排水、原地面平整、坑穴处理及碾压、清除表层植被、挖除树根、清除原地面表土、腐殖土、挖台阶及翻挖及回填压实等。

3. 施工工艺及质量控制流程

原地面处理施工工艺及质量控制流程如图 2-4-1 所示。

4. 工艺步骤说明

(1) 施工开始条件。为了保证施工方便，行车安全和路基稳定，在正式施工前，必须做好清理原地面的工作。清理工作内容包括砍伐和收集林木，挖除树墩及树根、小树木、灌木丛，清除基底表面杂草、植被和腐殖土、淤泥，疏松土壤。

修筑临时排水沟，疏干场内积水，使周边水不再进入场内，雨水、渗水随时排出。

(2) 测量放样。测设路基用地范围桩及边桩。

(3) 临时排水。做好场地附近的排水工作，保持场地干燥，以保证工程质量和施工的顺利进行。在路堑开挖前，应先挖天沟或临时排水沟，顶面附近有积水时，应事先排除，在路堤施工前应排除基底积水，在路基两侧挖临时排水沟，并与永久排水设施相结合。排出的水不得流入农田、耕地；也不得引起水沟淤积和路基冲刷。水田、堰塘地段按施工图进行处理，当无施工图时应视其具体情况采取排水清淤或晾晒压实。若水塘需要保留一部分，则应按浸水路堤的相关要求填筑。

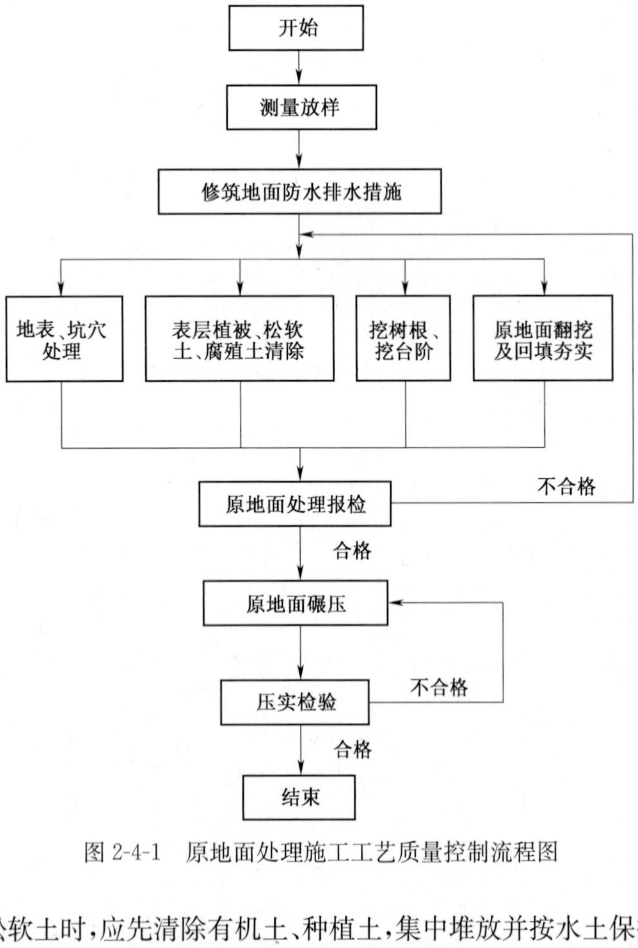

图 2-4-1　原地面处理施工工艺质量控制流程图

(4) 地表清理。路堤填筑前应在路基施工范围内清除基底表层植被，挖除树根。基底为耕地或松软土时，应先清除有机土、种植土，集中堆放并按水土保持要求进行覆盖保存，用于耕地复耕恢复，平整后按规定进行压实。当杂草、腐殖土、淤泥的厚度小于0.5 m，运距小于 100 m，可用推土机清除；当厚度超过 0.5 m，运距较长时，可选用装载机配合自卸汽车清除。

(5) 基底处理。在黄土地区填筑路堤时，路基基底处理应按施工图要求进行施工并应符合以下要求。

1）若基底为非湿陷性黄土，且无地下水活动时，可按一般土地基进行基底处理同时做好两侧的施工排水、防水措施。

2）若地基为湿陷性黄土，则应采取拦截、排除地表水的措施防止地表水下渗，以减少地基地层湿陷性下沉。其地下排水构造物与地面排水沟渠必须采取防渗措施。

3）黄土路堤施工时，应做好填挖界面的结合（纵向），清除坡面杂草，挖好向内倾斜的台阶。如结合面陡立，无法挖成台阶时，可采用土工钉加强结合。对强湿陷性、高胀缩性、承载力不足和有陷穴的地基，应按施工图要求处理后才可填筑路堤。

4）若地基土层具有强湿陷性或较高的压缩性，且容许承载力低于路堤自重压力时应考虑地基在路堤自重和活载作用下所产生的压缩下沉。除采取防止地表水下渗的措施外，可考虑采用重锤夯实，石灰桩挤密加固，换填土等措施。

（6）地面自然横坡缓于1∶5时，可清除表面草皮、植被土并压实后直接填筑路基。当原地面坡度陡于1∶5时，应自下而上挖台阶。挖台阶宽度、高度应符合施工图要求。当施工图无要求时，挖台阶宽度不小于1 m，向内倾斜2%～4%。当基岩斜坡上的覆盖层较薄时，应将其挖除后再挖台阶。自然横坡陡于1∶2.5的路基段，尤其是顺倾山坡路段，必须彻底清除覆盖土、凿台阶，以满足路堤稳定性的要求。

（7）翻挖及回填。在深耕地段，必要时，应将松土翻挖，土块打碎，然后进行回填、整平、压实。其中整平、压实必须达到相关验收规定要求，方可进行填筑作业。原地面的坑、洞、墓穴等，应用原地的土或砂性土回填，并按规定进行压实。对于溶洞、天坑的处理按设计要求进行。

（8）压实。平整场地等大面积的填土采用碾压方法，对较小面积填土工程则采用夯击法和振动压实法。压实作业操作时应遵循先轻后重、先慢后快、先边后中的原则，碾压过程中保持压路机行驶方向的直线性。到达碾压地段的尽头时应迅速而平稳地换向，并使左右相邻两压实带有1/3的重叠量，以保证碾压质量。对于压不到的边角，应辅以人工或小型机具夯实。

（9）检测。按《高速铁路路基工程施工质量验收标准》（TB 10751—2010）的有关要求进行。

5．质量检验标准

（1）一般规定。施工前应清除路基范围原地面表层植被，挖除树根，做好临时排水设施。原地面松、软表土及腐殖土应清除干净，翻挖回填压实质量应符合施工图要求，基底应密实、平整。

（2）主要项目质量要求、检验数量及检验方法见表2-4-1。

表2-4-1　原地面处理质量要求、检验数量及检验方法

检验项目		质量要求	检验数量	检验方法
主控项目	地基条件	路堤地基条件应满足施工图要求，当不能满足时，应提出变更设计，采取地基加固处理等措施	沿线路纵向每100 m检验2点	静力触探试验等
	原地面处理	当路堤地基条件满足施工图要求时，原地面处理应符合施工图要求	根据所处路堤部位分别按施工图要求进行检验	根据所处路堤部位分别按施工图要求进行检验
	外观	基底无草皮、树根等杂物，且无积水；原地面基底密实、平整，坑穴处理彻底，无质量隐患；路拱横坡应符合施工图要求	全部检验	观察基底处理外观，坡度尺量路拱坡度
一般项目	挖台阶	原地面坡度陡于1∶5时，应自上而下挖台阶，并整平碾压，沿线路横向挖台阶宽度、高度应符合施工图要求，沿线路纵向挖台阶宽度不应小于2 m	每个台阶检验3点	尺量

4.1.2　换填施工

1．工艺概述

换填，是将具一定深度的软弱土层挖除，然后回填符合要求的材料，通过碾压、夯实等措施，使其符合高速铁路地基的要求。

其特点是工艺简单，成本低廉，应用广泛。

（1）换填工艺属于浅层地基处理，挖除需换填的土层，并将底部整平。当底部起伏较大，可设置台阶，回填时按先深后浅的顺序进行换填施工。

(2)换填材料应分层铺设夯实,并按相关质量验收要求,检验合格后方可进行上层施工。

(3)冬季换填的底槽如受冻,应清除冻层后再换填,暂时停顿或隔夜继续换填的底层上要覆盖保温材料。

2. 作业内容

进行不良土层挖、运、弃和换填料分层填筑压实、整理等。

3. 施工工艺及质量控制流程

换填施工工艺及质量控制流程如图 2-4-2 所示。

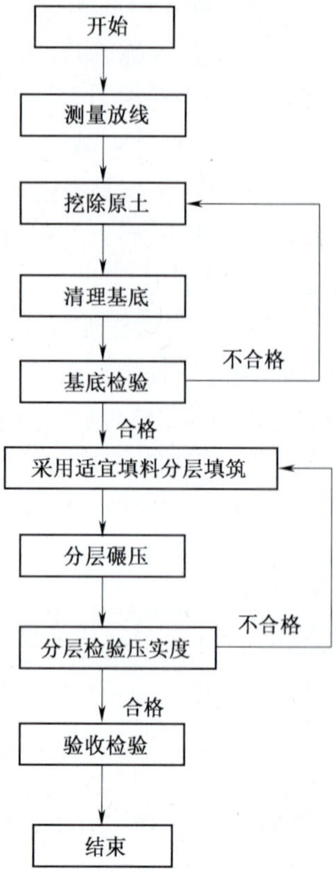

图 2-4-2 换填施工工艺及质量控制流程图

4. 工艺步骤说明

(1)开始。

1)完成施工准备工作。

2)按照实际的机械设备、作业人员和作业环境等条件,进行实地工艺试验,验证施工技术、施工组织能否达到预期的质量和施工效率。

(2)测量放线。测设控制开挖范围和高程的标志,以便控制开挖范围和对每层换填料厚度进行控制。

(3)基底清理。

1)换填前应清除坑内浮土、积水和泥浆,基坑边坡必须稳定,防止塌方。

2)在挖除基础下一定深度内的软弱土层时,应避免坑底原状土层受扰动,为此可保留 300～500 mm 厚的人工清理土层暂不挖去,待填筑换填料前再挖至设计高程。应防止基坑边坡坍塌土混入填层。

(4)基坑检查。按基坑检查要求进行。

(5)换填料检验。按换填材料质量检验的相关标准进行。

(6)分层铺换填料。

1)回填料基底面宜铺设在同一高程上,如深度不同时,基底面应挖成台阶,搭接处应夯压密实,回填施工应按先深后浅的顺序进行。

2)分段填筑时每层接缝处应做成斜坡形,碾迹重叠,路基换填施工如图 2-4-3 所示。

图 2-4-3 路基换填施工

(7)分层压实。

1)为保证换填土压实的均匀及密实度,在重型碾压机碾压之前,应平整填层面。视换填的范围大小和深度,可使用机械整平、机械碾压;也可采用人工整平,小型机械压实。

2)压实换填料时应控制碾压机械行驶速度,经静压 1～2 遍后,即采用强振碾压。

3)用压路机进行大面积换填碾压时,应从两侧逐渐压向中间,每次碾压轮迹应有重叠,避免漏压。碾压不到之处,应用小型夯实机械配合人工夯实。

4)土层表面太干时,应洒水湿润,以保证上下层结合良好。夯实前应初步平整,夯实应按照由四边开始,然后再夯中间,后夯压前半夯,夯夯相接,行行相连,分层夯压。

5)对于换填中粗砂,机械不易压实,可以考虑采用灌水沉降法。采用碎石换填时,要注意碎石的级配合理，便于机械压实。按设计要求进行压实检验。

6)找平验收，最后一层碾压完成后，应检查高程和平整度，低洼处应及时补充填料并碾压密实。

7)做好施工记录，按顺序编号归档。

5. 质量检验标准

质量要求及检验标准见表 2-4-2。

表 2-4-2　质量检验标准

检验项目	质量要求	检验数量	检验方法
中粗砂	采用天然级配的中、粗、砾砂不含草根、垃圾等杂质，其含泥量不得大于5%，用作排水固结地基的砂垫层其含泥量不得大于3%	同一产地、品种、规格且连续进场的砂料，每 3 000 m^3 为一批，当不足 3 000 m^3时也按一批计	现场抽样检验砂子含泥量，并进行筛分试验，在施工过程中观察检查有无草根、垃圾等杂质
碎石	采用未风化的干净砾石或碎石，其最大粒径不得大于 50 mm，含泥量不得超过 5%，且不含草根、垃圾等杂质	同一产地、品种、规格且连续进场的碎石，每 3 000 m^3 为一批，当不足 3 000 m^3时也按一批计	在现场抽样检验碎石最大粒径、含泥量，并在施工过程中观察检查有无草根、垃圾等杂质及岩性变化情况
普通填料	应符合设计和相关标准的规定。当填料发生变化或更换取土场时应重新进行检验	应符合设计和相关标准的规定	按《铁路工程土工试验规程》(TB 10102—2010)规定的试验方法检验
化学改良土	应符合设计和相关标准的规定，无侧限抗压强度应符合施工图要求	每检验批每压实层抽样检验 3 处无侧限抗压强度(左、中、右各 1 处)	从已摊铺好填料的地段现场抽样，在室内按要求的压实密度成型，进行无侧限抗压强度试验；压实系数检验宜用环刀法
换填深度	土层应挖除干净，坑底应按施工图要求整平	全部检验	尺量、水准仪测量

4.1.3　砂、碎石垫层施工

1. 工艺概述

砂、碎石垫层是在路堤底部地面上铺设一层较薄的砂、碎石层，具有提高地基承载力、加速软土排水固结、防止冻胀、调整复合地基桩土应力的作用。仅采用砂石垫层处理的软土地基，在填土过程中，荷载逐渐增加，促使地基软土排水固结，渗出的水就可从垫层中排出，缩短排水通路，有利于地基的固结。这种方法施工简易，占地面积小，但施工时需严格控制路堤填筑速率使地基在排水固结过程中所增长的强度和路堤填高相适应。

本工艺适用于当地有丰富砂、碎石来源，采用排水固结法(如袋装砂井、塑料排水板、砂井等)、桩处理地基、换填等处理的软土路基地基表层的施工。

2. 作业内容

基底清理、整平、备置中粗砂或碎石、分层摊铺、碾压等。

3. 施工工艺及质量控制流程

砂、碎石垫层施工工艺及质量控制流程如图 2-4-4 所示。

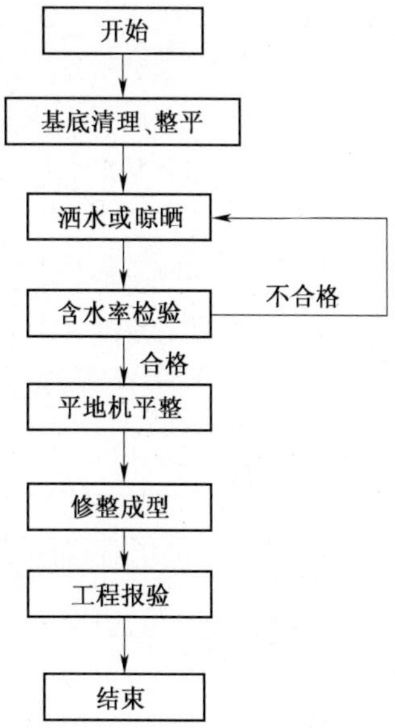

图 2-4-4　砂、碎石垫层施工工艺及质量控制流程图

4. 工艺步骤说明

(1)施工开始条件。

1)地基处理完毕，做好临时排水沟，施工测量完成。

2)已经完成压实工艺试验，确定施工参数，并报监理批准。按照实际的设备、作业人员和作业环境等条件，进行实地工艺试验，验证施工技术，施工组织指标和能达到的质量、进度效果，机械设备和人员配置合理，施工效率应能满足施工组织确定的工期。

3)机械设备配套，人员到位。

(2)基底清理、碾压。对已结束的地基处理，采用推土机、自卸车，配合人工进行清理，并按照施工图要求进行基底碾压，并做成 2%～4%土拱。

(3)砂、碎石垫层施工。砂、碎石垫层采取分层填筑和碾压，每层厚度

20～30 cm,每层洒水的施工工序:铺砂—洒水—压实—检测,采用 5～10 t 的轻型振动压路机进行碾压。砂、碎石垫层的最优含水率为 15%～20%,砂、碎石施工现场如图 2-4-5、图 2-4-6 所示。

图 2-4-5　碎石垫层施工

图 2-4-6　砂垫层施工

为防止砂、碎石垫层的流失,垫层两侧坡脚及时按设计进行干砌片石护脚,同时做好反滤层。

(4)压实检测。铺设后的砂、碎石垫层应依据材料的性质,按照相关质量验收要求进行检测。

5. 质量检验标准

(1)一般规定。

1)施工前应进行压实工艺试验,确定施工参数,并报监理单位确认。

2)砂、碎石垫层填筑或填筑完后必须及时完成两侧干砌片石护坡,并同时做好反滤层。

(2)砂垫层主控项目质量要求、检验数量及方法见表 2-4-3。

表 2-4-3　砂垫层主控项目质量要求、检验数量及检验方法

检验项目		质 量 要 求	检 验 数 量	检 验 方 法
原材料	砂	砂垫层应采用天然级配的中、粗、砾砂,不含草根、垃圾等杂质,其含泥量不得大于 5%,用作排水固结地基的砂垫层其含泥量不得大于 3%	同一产地、品种、规格且连续进场的砂料,每的 3 000 m^3 为一批,当不足 3 000 m^3 时也按一批计。每批抽样检验 1 组	现场抽样检验砂子含泥量,并进行筛分试验,在施工过程中观察有无草根、垃圾等杂质
	碎石	碎石垫层应采用未风化的干净砾石或碎石,其最大粒径不得大于 50 mm,含泥量不得超过 5%,且不含草根、垃圾等杂质	同一产地、品种、规格且连续进场的碎石,每 3 000 m^3 为一批。当不足 3 000 m^3 时也按一批计。每批抽样检验 1 组	在现场抽样检验碎石最大粒径、含泥量,并在施工过程中观察检查有无草根、垃圾等杂质及岩性变化情况
	反滤层	反滤层材料含泥量、颗粒级配应符合施工图要求	同一产地、品种、规格且连续进场的碎石,每 3 000 m^3 为一批。当不足 3 000 m^3 时也按一批计。每批抽样检验 1 组	现场抽样检验含泥量,筛分试验检验其颗粒级配并在施工过程中观察有无草根垃圾等杂质
施工	铺设	砂、碎石垫层、反滤层铺设位置应符合施工图要求	沿线路纵向每 100 m 抽样检验 3 处	观察、测量
	压实	砂、碎石垫层的压实质量应符合施工图要求	沿线路纵向每一压实层每 100 m 抽样校验 3 个点,其中:路基中间 1 点,两侧距路基边缘 2 m 处各 1 点	按《铁路工程土工试验规程》(TB 10102—2010)规定的试验方法检验。砂垫层宜采用环刀法检测干密度和相对密度

(3)砂、碎石垫层(反滤层)铺设范围、厚度、顶面高程、横坡的允许偏差见表 2-4-4。

表 2-4-4　砂、碎石垫层(反滤层)施工的允许偏差、检验数及检验方法

检验项目	允 许 偏 差	施工单位抽检数量	检 验 方 法
铺设范围	不小于设计值	沿线路纵向每 100 m 抽样检验 5 处	尺量
厚度	不小于设计值	沿线路纵向每 100 m 抽样检验 5 处	尺量
顶面高程	+50 mm,−20 mm	沿线路纵向每 100 m 抽样检验 5 处	水准仪测量
横坡	±0.5%	沿线路纵向每 100 m 抽样检验 5 个断面	坡度尺量

4.1.4　袋装砂井施工

1. 工艺概述

袋装砂井是排水固结法加固深层地基的一种。适用于含水较大的饱和淤泥质软土地基的加固，最佳处理深度小于 20 m。

本工艺固结所需工期较其他非排水固结处理措施长，优点是造价低廉、施工简便。

袋装砂井为三维排水固结，可缩短软土地基中孔隙水排水距离，减少固结时间，提高软土地基承载力。与普通砂井相比有以下特点。

(1)有效保证砂井的连续性。

(2)设备轻型化，更容易实现在软弱地基上施工。

(3)固结效果更明显。

(4)砂柱体受袋子约束，柱体的变化较小，砂粒不易挤入孔壁，减少用砂量。

(5)加快施工速度，降低工程造价。

(6)袋装砂井适用于厚度较大的饱和软土和充填土地基处理。

2. 作业内容

装砂袋扎口、定位、打钢管、下砂袋、拔钢管、补灌砂袋等。

3. 施工工艺及质量控制流程

袋装砂井施工工艺及质量控制流程如图 2-4-7 所示。

4. 工艺步骤说明

(1)施工开始的条件。

1)完成施工准备工作。

2)完成施工工艺设计。按照实际的机械设备、作业人员和作业环境等条件，进行实地工艺试验，验证设计、施工技术、作业组织能达到预期的质量、进度效果，机械设备和人员配置合理，施工效率能满足施工组织确定的工期。

(2)测量定位。按线路中线进行控制，准确测设出每个砂井位置，钉设木桩(竹片桩或点白灰标示)。

(3)机具就位。保证桩尖落点对应标记出的点位，并调整支架垂直。保证沉管的垂直度。打设机底支垫要平稳牢固，若采用的是轻型柴油打设机，则用卷扬机定位。在打设导管成孔过程中，如连续出现两根袋装砂井打入深度超过施工图要求时，说明桩锤过重，要更换较轻的锤。

(4)整理桩尖。桩尖有与导管相连的活瓣桩尖和分离式的混凝土预制桩尖，在导管沉入前应安装和检查，尤其是活瓣桩尖是否能正常开合，还要检查导管与桩尖是否密合，清除导管内泥土，避免导管内过多存泥，影响砂井深度。若管内加压后，砂袋仍然拔起，则可能是活门的开启失灵，需要拔出来排除故障。施工时应经常检查桩尖与导管口封闭情况。

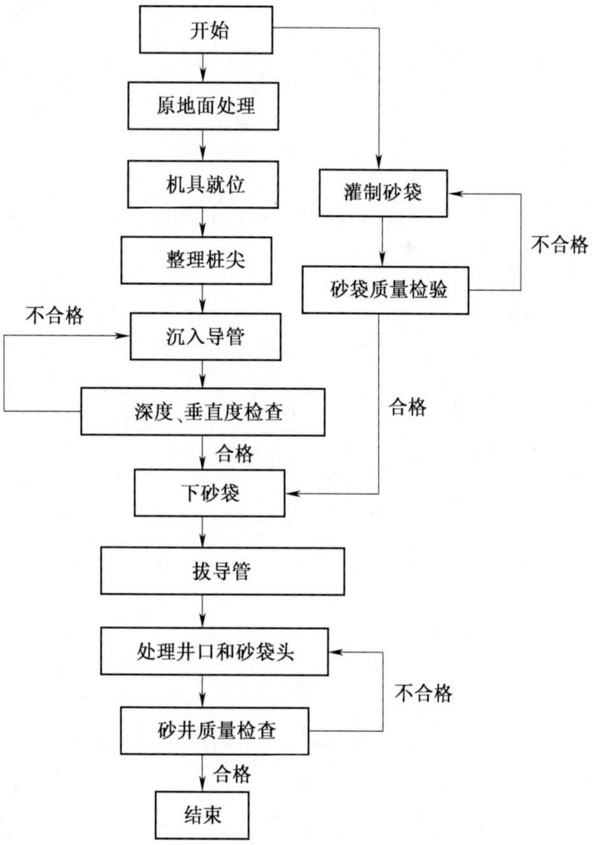

图 2-4-7　袋装砂井施工工艺质量控制流程图

(5)沉入导管。采用振动法或静压法将导管沉入土层。沉入导管时应先松后振。导管压入过程中不得起管。定位时要保证桩锤中心与地面定位在同一点上，并用经纬仪或其他观测办法控制桩锤导向架的垂直度。开始时落锤要轻缓，防止导管突然偏斜。导管入土深度距施工图标示深度 2 m 时，要控制振动频率，防止超深。

(6)检查砂井深度、垂直度。砂井深度可以用导管压入的长度直接控制．首先应在导管上部做出进深标识。

(7)灌制砂袋。宜使用风干砂，避免湿砂干燥后体积减小，造成砂井中砂柱高度不足，或缩径、砂体中断，甚至与排水垫层不搭接。

(8)检查砂袋质量。灌砂应饱满，充填要密实，袋口应扎紧，不得有中断、拧结现象。已灌制好的砂袋，在搬运施工中不得有破损，凡受损的砂袋应进行修补，否则不得施工。运至工地井位盘成圈型堆放。

(9)下砂袋。砂袋运输要用专门的运送工具，严禁在地上拖拉。导管入口处应装设滚轮，避免砂袋被刮破漏砂。砂袋依靠自重落入导管，下砂袋时，应将整根砂袋吊起，人工配合将端部放入套管口，拉住袋尾，经导管入口滚轮，平稳迅速将砂袋送入导管内，使砂袋徐徐下放；必须保证砂袋到达导管底部，如出现砂袋下不去的现象，则应检查桩尖活门和接头，排除管内杂物，处理好活门和接头。

(10)拔导管。为了减小砂袋与导管壁的摩擦力，保证顺利拔管，不带出砂袋，必要时可适当灌水。拔管前应检查砂袋头露出地面的高度，必要时补充灌砂。拔管时，应先启动微振，后提升导管，做到先振后拔。起拔时要连续缓慢地进行，中途不得放松吊绳，防止因导管下坠而损坏砂袋。当导管拔出后，露出地面的长度大于理论值，说明砂袋有随导管拔起的现象，应进行补救处理，并在拔管速度、管壁及管口光滑情况等方面查找原因，采取预防措施。拔管过程中，应检查砂袋口，若砂袋不饱满，应及时向袋内补砂。

(11)处理井口和砂袋头。清除井口泥土；砂袋高出井口部分可以割除，重新扎牢袋口。砂量不足应予补充。露出地面的砂袋应埋入砂垫层中，埋入长度应符合设计要求或大于 0.3 m，如图 2-4-8 所示。

(12)填写质量记录。每步检查应填写质量记录，最后把记录收集整理，按顺序编号归档。

5. 质量检验标准

(1)中粗砂粒度和含泥量。中粗砂应级配良好，含泥量不超过 3%，无杂物和有机质。不宜采用粉砂、细砂。

图 2-4-8　袋装砂井

(2)袋装砂井施工质量检验标准见表 2-4-5、表 2-4-6。

表 2-4-5　袋装砂井质量检验标准

检验项目	质量要求	检验数量	检验方法
砂	采用天然级配的风干中、粗砂，其含泥量不得大于 3%	同一产地、品种、规格连续进场的砂料，每 3 000 m^3 为一批次，当不足 3 000 m^3 时也按一批次统计	在料场抽样检验砂子含泥量，进行筛分试验，并在袋装过程中观察鉴别砂的风干程度
砂袋	各项技术指标符合设计要求	同一产厂家、同一批号且连续进场的砂袋，每 100 000 m 为一批次，当不足 100 000 m 时也按一批次统计	检查每批产品出厂合格证、性能报告单，抽样检验砂袋原材料的规格、质量、条带拉伸强度、渗透系数、等效孔径
打入深度	满足施工图纸要求，袋装砂井施工允许偏差应符合设计和相关标准的要求	抽样检验袋装砂井总数的 5%	测量套管上划的深度控制线，并在施工过程中观察是否达到控制标志
砂袋灌砂	饱满、密实。已打设的袋装砂井，当砂袋不饱满时，应及时向砂袋内补砂	抽样检验砂井总数的 10%	观察入土袋装砂井袋头的充盈状态。袋装砂井施工的允许偏差、检验数量及检验方法应符合设计和相关标准的要求
钢套管	内径宜大于砂井直径，以减少施工过程中对地基图的扰动。套管上应划出控制高程的刻画线，以保证砂井打入长度符合施工图要求	抽样检验砂井总数的 10%	当拔出套管带出砂袋长度大于 0.5 m 时，必须重新补打

表 2-4-6　袋装砂井施工允许偏差、检验数量及检验方法

检验项目	允许偏差	检验数量	检验方法
井位(纵横向)	50 mm	按砂井总数的5%抽样检验	尺量
井深	符合施工图要求		尺量
袋装直径	±5 mm		尺量
袋装埋入砂垫层长度	+100 mm 0		尺量

4.1.5　塑料排水板施工

1. 工艺概述

塑料排水板适用于含水率高、压缩性大、透水性差和强度低的软弱饱和黏性土地基加固。特别适用于存在连续薄砂层的地基。

塑料排水板滤水性好，能确保排水效果并有一定的强度和延伸率，具备适应地基变形的能力。排水板质量容易控制，成本较低。断面小，插放时对地基扰动小，施工方便，在施工过程中没有排水孔断面不均匀和受堵塞的情况。打设机械轻，可用于较软的地基。

2. 作业内容

打拔钢管、插打塑料排水板、截断排水板等。

3. 施工工艺及质量控制流程

塑料排水板施工工艺及流程如图 2-4-9 所示。

4. 工艺步骤说明

(1)施工开始的条件。完成施工准备工作；完成施工工艺设计。

(2)现场调查及工艺试验。

1)打设前应先了解地下有无障碍物。

2)按照实际的机械设备、作业人员和作业环境等条件，进行实地工艺试验，验证施工技术、施工组织能达到预期的质量、进度效果，机械设备和人员配置合理，施工效率能满足施工组织确定的工期。

(3)修筑顶拱坡面。

1)用土质相同或接近的土按施工图要求填筑路拱或横坡，碾压密实。

2)两侧挖纵向排水沟，以便疏散砂砾石垫层中析出的水。

(4)铺设砂(砾石)垫层。修筑好的路基预拱坡面上铺设砂砾石垫层，压路机静压，铺设后的砂砾石垫层要求表面平顺，形成同土路拱或横坡相同的坡度，以便塑料排水板排出的水能迅速从该垫层中析出。

(5)测量放样及检测。

1)按照施工图标示间距放样，并插木桩标示和定位。

2)施工中随时检查套管成孔的位置、垂直度，沉管时要有专人观测套管入土深度，确保打拔桩不出现倾斜或位移，出现问题要及时纠正。

3)拔管时若塑料板被带起长度大于 0.5 m 时，应重新沉管插板；若塑料板还没插到施工图标示深度已达到基岩时，则以最大压力能压入的深度为准。

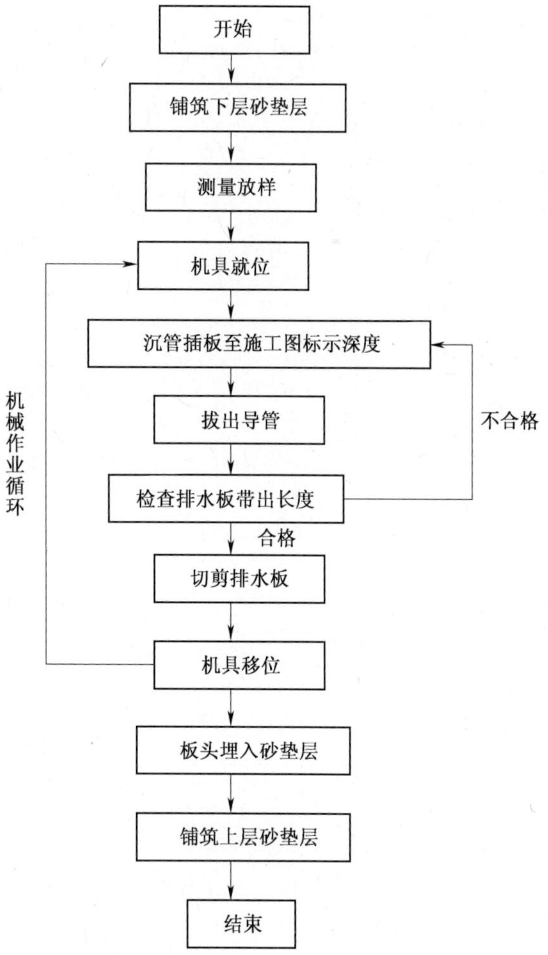

图 2-4-9　塑料排水板施工工艺及流程图

(6)套管检查及桩尖安装。插板前标定套管长度、直径，应符合施工图要求，管内无杂物；桩尖与塑料板

连接牢固，与管靴密贴，防止土进入套管；接长部分应平顺牢固，防止断管、脱节。

(7)插打塑料排水板如图 2-4-10 所示。

1)插打塑料排水板机械依据从低处往高处打设的原则安设。

2)插打机上设有明显的进尺标志，控制排水板的打设深度。

3)设套管时，套管顶端要有便于起吊的吊环，并在套管上划出控制高程的刻度线。若套管接长，应在打设前试接，连接处要平顺密闭。

4)在塔架插板卷筒上安置塑料板，然后将塑料板通过套管从管靴穿出，固定在桩尖上，并一起贴紧管靴并对准板位。

图 2-4-10　塑料排水板

5)开始时沉管要缓慢，防止套管突然偏斜。

6)沉管到施工图标示深度后即可拔管，拔管时要连续缓慢进行，中途不得放松吊绳，防止因套管下沉而损坏塑料板。

7)拔出后留够板头长度，截断塑料排水板。

(8)塑料排水板头部处理。

1)剩余塑料板与另一卷连接使用时，将两个滤膜翻剥开，先接板芯，然后把滤膜翻卷盖住接头，防止泥土进入，确保输水畅通。

2)插好的塑料板，顶端埋入砂垫层，插管形成的孔洞用砂埋好。埋入长度大于 0.3 m 或符合施工图要求。

(9)铺设上部砂垫层。整段软土地基插板结束后，均匀等厚地铺设第二层砂砾石垫层，应覆盖塑料插板。随后进行路堤填筑施工。

5. 质量检验标准

塑料排水板施工质量标准及检验方法见表 2-4-7、表 2-4-8。

表 2-4-7　质量检验标准

检验项目	质量要求	检验数量	检验方法
塑料排水板	妥善存放，严禁长时间在阳光下曝晒，并保持通风、干燥和远离高温源品种、规格符合施工图要求。不扭曲，防止泥土、杂物进入导管，透水滤膜不得被扯破和污染。不得接长使用，排水板与桩尖连接应牢固，桩尖平端与导管靴配合要适当，避免错缝	同一厂家、同一批号的塑料排水板，每 100 000 m 为一批，当不足 100 000 m 时也按一批计	查验每批产品出厂合格证、性能报告单，抽样检验芯板材料单位长度质量、厚度、宽度、抗拉强度、伸长率、纵向通水率和黏膜材料单位面积重、抗拉强度、渗透系数、等效孔径
打插深度	满足施工图要求，当拔导管将塑料排水板带出长度大于 0.5 m 时，必须重新补打	抽样检验排水板总数的 5%	测量导管上划出的深度控制线，并检查施工中是否达到此控制标志

表 2-4-8　塑料排水板施工的允许偏差、检验数量及检验方法

检验项目	允许偏差	检验数量	检验方法
桩位	50 mm	按排水板总数的 5%抽样检验	尺量
桩长	不小于施工图要求		尺量
伸入砂垫层的长度	$^{+100}_{0}$ mm		尺量

4.1.6　真空预压施工

1. 工艺概述

真空预压是在竖向排水体上，用抽真空代替堆载体加速软土层排水固结的地基加固方法，具有固结均匀、工期短等优点。

真空预压法是在需要加固的软土地基表面铺好砂垫，打设袋装砂井或塑料排水管等，埋设过滤水管，再在砂垫层上铺设不透气的塑料薄膜。用橡胶管将出膜装置与真空装置连成一体，利用真空装置将密封膜下的空气抽出，使其成为真空。在真空的负压作用下将土体中的孔隙水排出，通过砂井、砂垫层、滤水管排出膜外，从而使土体固结压密。

对密封膜下软土地基，进行连续抽真空作业，造成膜外内压力差，迫使土中孔隙水产生渗流，在真空吸力作用下，孔隙水压力不断降低，有效应力不断增加，压力差减少，当压力差消失，渗流停止时，固结完成。

真空预压法适用于均质黏性土及含薄粉砂夹层黏性土等地基的加固，尤其适用于新填土地基的加固(加固深度在 10 m 以内)；适用于含水率高、孔隙比大、强度低、渗透系数和固结系数小的砂黏土；适用于堆载预压、碎石桩联合加固软土地基。

2. 作业内容

平整场地、铺设水平排水垫层、埋设排水滤管、挖封闭沟、铺设密封膜并进行密封、抽真空及真空维持、真空预压和卸荷验收等。

3. 施工工艺及质量控制流程

真空预压施工工艺及质量控制流程如图 2-4-11 所示。

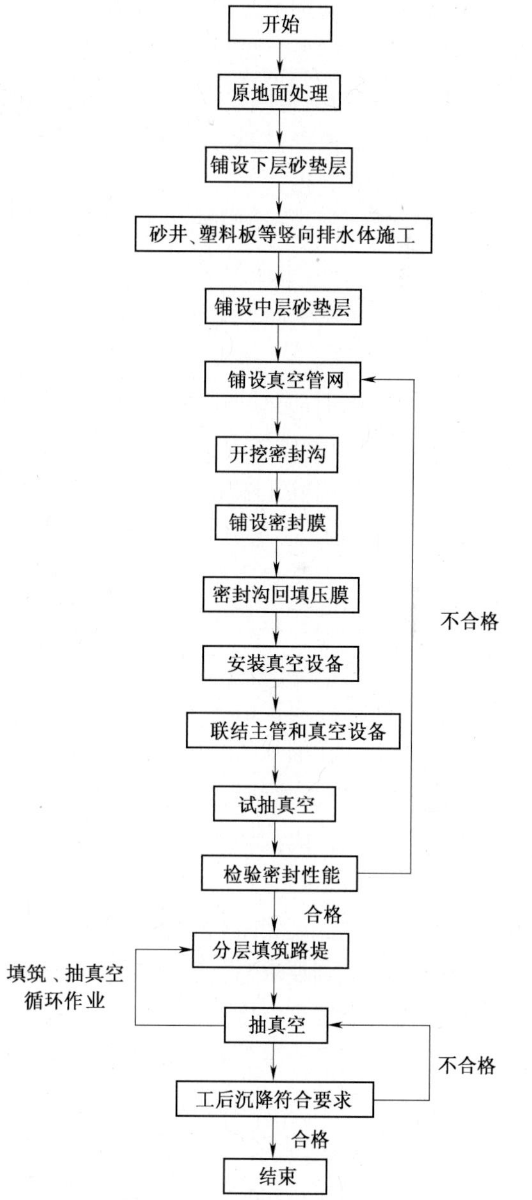

图 2-4-11　真空预压施工工艺及质量控制流程图

4. 工艺步骤说明

(1)开始。完成施工准备工作。

(2)竖向排水体检查。主要检查竖向排水体是否露出地面并符合要求。如果不能满足要求，则应首先对竖向排水体进行处理。

(3)铺设水平排水垫层。

1)按照施工图要求的平面尺寸和厚度铺设水平垫层。

2)当地基表层具有一定厚度的硬壳层，有一定承载力，能承受施工机械运行时，可以用机械分堆摊铺法铺砂，汽车运进的砂料先卸成若干砂堆，然后用推土机摊平。

3)当硬壳层承载力不足时，一般采用顺序推进摊铺法。即汽车倒进卸料，推土机向前推赶推平。

4)地基较软不能承受机械碾压时，可用轻型传送带由外向里(或由一边向另一边)铺设。

5)在排水垫层的施工过程中，无论采用何种施工方法，都应避免对软土表层的过大扰动和隆起，以免造成砂垫层与软土混合，影响垫层的排水效果。

(4)埋设排水滤管。

1)滤水管应设在砂垫层中，砂料中的石块、瓦砾等尖利杂物必须清除干净，以免扎破密封膜。

2)水平滤管可铺设成条形、梳齿状及羽毛状等形式，滤管布置应形成回路。主管通过出膜管道(出膜器)与外部真空泵连接。

3)滤水管可采用钢管或塑料管，外包尼龙纱或土工织物等滤水材料。三通、弯管等管材采用钢管，滤管与钢管间胶管接头并用铅丝绑牢。

(5)挖密封沟。

1)密封膜周边的密封可采用挖沟埋膜，密封沟的截面尺寸应视具体情况而定，以保证周边密封膜上有足够的硬土厚度和压力。

2)如果密封沟底或两侧有碎石或砂垫层等渗透性较好的夹层存在,应将该夹层挖除干净,回填土。

3)挖密封沟的弃土,不得堆在砂垫层上,还应避免砂粒滑入沟中。

4)对于表层存在良好的透气层或在处理范围内有充足水源补给的透水层时,应采取有效措施隔断透气层或透水层。

(6)铺设密封膜。

1)密封膜的热合和粘接采用双热合缝的平搭接。

2)密封膜应事先仔细检查,按先后顺序同时铺设,每铺完一层都要进行细致的检查补漏,以提高膜的密封性能。

3)密封膜周边可采用挖沟埋膜、平铺并用黏土覆盖压边等方法进行密封。

4)沟中回填的翻土要密实且不夹杂砂石。

5)膜四周密封处．膜与软土接触要有足够的长度,保证有足够长的渗径;膜周边密封处应有一定的压力,保证膜与软土紧密接触,使膜周边有良好的气密性。

6)封闭采取板桩墙加沟内覆水、围堤沟内覆水等辅助密封法,根据实践经验既保证了整个加固区的密封性又能减缓膜的老化。

7)地基在加固过程中,加固区外的土层向着加固区移动,使地表产生裂缝,膜上全面覆水较裂缝宽度不断扩大并向下延伸,也逐渐由加固区边缘向外发展。可拌制一定稠度的黏土浆倒灌到裂缝中,泥浆会在重力和真空吸力的作用下向裂缝深处钻进,泥浆会慢慢充填于裂缝中,堵住裂缝达到密封的效果。

(7)施工检测。

1)预压过程中,应对加固范围的地基稳定安全、固结度、垂直变形、侧向变形控制和加固效果进行实时监督和控制,监测被加固体内不同部位的负压实时状况。

2)监测项目选取孔隙水压力、膜内真空度、排水板内真空度、土体真空度、地面沉降量、深层沉降量和土体水平位移。

3)孔隙水压力监测是检测施工期向地基土体在荷载作用下不同深度的超静孔隙水压力的消长规律,及时了解土体的固结状态和强度增长情况。在孔隙水压力监测断面附近,应配套布置地下静水位观测装置,并与孔隙水压力对应观测,以便分析监测结果时剔除静水位变化的影响。

4)真空度监测应包括膜内真空度、垂直排水体内真空度和土体真空度等三个组成部分,以综合控制真空预压加固效果。在抽气的开始阶段,膜内真空度须测读一次,以便准确测出真空压力的上升过程,并有利于检查密封情况;当真空压力达到要求后,再测读一次,并做好记录。

在垂直排水体内预埋真空测头时,首先按预定的深度将测头布置在垂直排水体内。同一垂直排水体内只安装1个测点,在不改变排水体的工作性能的情况下,可以将几个不同深度的测点置于同一垂直排水体内。垂直排水体深度大时,测点间距取大值,反之取小值。抽气的开始阶段,垂直排水体真空度须测读一次;当真空度压力达到要求后且变化较小时,再测读一次,需要时可根据膜内真空度的变化情况,调整测读密度。

在土体中设置真空度测头时,平面位置应保证测头位于排水板平面布置的几何形心上,深度上应与垂直排水通道中的测点位置相对应。将测头放置孔底,再将测头压入到预定位置,并用膨润土球封孔。也可以采用与孔隙水压力测头相同的埋设方法。

5)水平位移观测采用埋设测斜专用管,进行深层水平位移监测。观测测斜管沿深度的倾斜角度,算出管体沿深度的分布位置,通过观测比较管体位置的变化求得地基不同深度上的水平位移。对于稳定性稍好的辅助监测位置,也可选用坡脚位置设置边桩监测,用经纬仪或基准桩来监测地基的浅层位移。

6)安置感应环于预定深度并用特定装置保持与土的变形响应性。用沉降仪测量感应环的深度,根据各感应环高程的变化,确定地基内各土层之间的相对压缩量,确定地基的分层沉降和工后沉降。土体深层沉降观测孔应优先布置在压缩土层比较厚、荷载量比较大的位置。深度应优先布置在地基土层分界面上,采用金属感应或电磁感应式沉降观测装置进行观测。

(8)结束。

1)关闭真空泵,并关闭阀门。

2)继续观测以上项目的变化。

3)卸掉膜上积水;拆掉真空系统及出膜口。

4)去除密封膜及真空分布管。

5)进行现场钻探、试验等效果试验。

4.1.7　砂桩施工

1. 工艺概述

砂桩是在软土地基中,采用沉管设备将导管沉入土层中制孔,向孔中灌入中砂、粗砂或砂砾,形成较密实的兼有排水和承受部分载荷的桩体,从而提高地基承载力,是软土地基加固方法之一。

砂桩采用不同成桩方法,在松散砂土中成桩时对周围砂层或产生挤密作用或同时也产生振密作用。砂桩成孔一般采用振动沉管或锤击沉管方法。振动沉管时宜用活瓣式桩靴。在软弱黏性土中可以选用锤击成桩法,也可以使用振动成桩法。锤击成桩法分成两类:单管法和双管法;振动成桩法分成三类:一次拔管法、逐步拔管法和重复压拔管法。拔管法和重复压拔管法更能够保证砂桩质量;要求小直径管打出大直径砂桩时,可以选用双管冲击成桩法或单管振动重复拔管成桩法。

砂桩在松散砂土中,可用于增大相对密度,防止振动液化;在软弱黏性土中,可用于提高地基承载力,加速固结沉降,改善地基的整体稳定性。

砂桩适用于软土、人工杂填土和松散砂土的挤密加固地基;适用于工业与民用建筑、交通、水利等工程建设。

2. 作业内容

定位、沉钢管、灌砂、拔钢管、补灌砂等。

3. 施工工艺及质量控制流程

砂桩施工工艺及质量控制流程如图 2-4-12 所示。

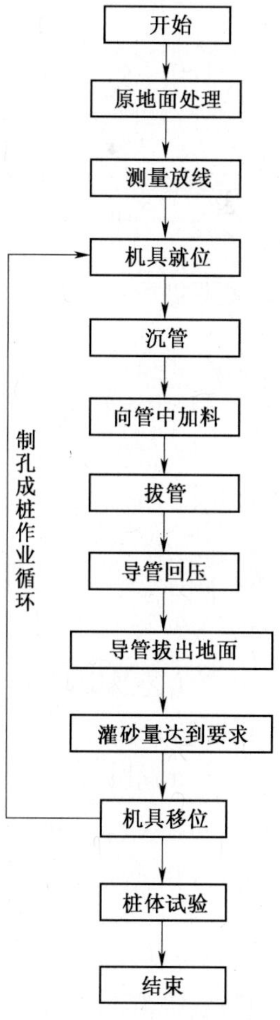

图 2-4-12　砂桩施工工艺及质量控制流程图

4. 工艺步骤说明

(1)施工高程。砂桩顶施工高程一般高出施工图标示高程 0.5～1 m,以便在成桩完成后,将没有充分挤密的或被挤松的部分完全挖去。

(2)砂含水率。采用单管冲击式或振动式一次打拔管成桩法或复打成桩时,使用饱和砂;采用双管冲击式或单管振动式重复压拔管成桩法,饱和土中施工可使用天然湿度砂或干砂。

(3)机具就位。机械按施工图桩位就位。蒸汽打桩机或柴油打桩机,下端装有活瓣钢桩靴的或预制钢筋混凝土锥形桩尖的桩管,装砂料斗等,应选用适宜的桩尖结构。当选用活瓣桩靴时,砂性土地基宜采用尖锥型,黏性土地基宜采用平底型。砂性土地基应从外围或两侧向中间进行,以挤密为主的桩宜隔排施工。软弱黏性土地基宜从中间向外围或隔排施工。

(4)管内灌砂。向桩管内加料,采用漏斗和吊砂桶。

(5)拔起桩管。边振动边拔管,拔至确定高度;边振动边下压沉管至确定高度;停止拔管后应继续振动。

振动法施工应严格控制拔管高度、拔管速度、压管次数和时间、填砂量、电机工作电流,保证桩体连续、均匀、密实。

锤击法施工应根据冲击锤的能量控制拔管高度、分段填砂量、贯入度。

(6)质量控制。套管成孔的砂桩施工时,应随时观测桩顶和地面有无隆起及水平位移,必要时,应及时采取措施处理。当实际灌砂量没有达到施工图要求时,应在原位将桩打入,补充灌砂后复打一次,或在旁边补桩。质量检测应在施工后间隔一定时间进行,饱和黏性土宜为 2 周,其他土为 3～5 d。

5. 质量检验标准

(1)砂桩质量检验标准见表 2-4-9。

表 2-4-9　砂桩质量检验标准

检验项目	质量要求	检验数量	检验方法
砂料	采用一定级配的中、粗、砾砂，其含泥量不得大于 5%，用作排水的砂桩，含泥量不得大于 3%	同一产地、品种、规格且连续进场的砂料，每 3 000 m^3 为一批，当不足 3 000 m^3 时也按一批计	在料场抽样检验砂子含泥量、筛分试验检验其颗粒级配
长度	满足施工图要求	每根桩检验	测量桩管上深度控制线，并检查施工中是否达到此控制高程
灌砂量	满足施工图要求	每根桩检验	用砂料计量斗计量实际灌砂量并与计划灌砂量比较
桩身密实度(砂桩 2 m 深度以下)	必须大于中密状态($N_{63.5}\geqslant 10$)或符合施工图要求	按砂桩数量的 2% 抽样检验，且每检验批不少于 2 根	砂桩施工结束达到规定静置时间后，进行标准贯入或动力触探试验，自桩顶 2 m 以下开始计数
桩间土加固效果	应满足施工图要求	沿线路纵向每 100 m 抽样检验 5 处，抽样数量的 20% 见证检验	砂桩施工结束达到规定静置时间后，进行标准贯入或动力触探试验，自桩顶 1 m 以下开始计数
砂桩地基承载力	应满足施工图要求	总桩数的 2‰，且每检验批不少于 3 根	平板载荷试验

(2)砂桩的桩位、桩径、桩身垂直度的允许偏差、检验数量及检验方法见表 2-4-10。

表 2-4-10　砂桩的桩位、桩径、桩身垂直度的允许偏差、检验数量及检验方法

检验项目		允许偏差	施工单位检验数量	检验方法
桩位(纵、横)		50 mm	抽样检验成桩总数的 5%，且每批检验不少于 5 根	经纬仪或钢尺量
桩径	振动法	−20 mm		钢尺量
	锤击法	$^{+100}_{-50}$ mm		
桩身垂直度		1.5%	抽样检验成桩总数的 2%，且每批检验不少于 3 根	经纬仪或吊线测桩架倾斜度

4.1.8　碎石桩施工

1. 工艺概述

碎石桩是用沉管法成孔后，将碎石材料注入孔内，在拔管的同时施加振动和沉管，使砂石挤密，形成连续的具有一定承载能力的桩体。碎石桩施工速度快，操作简便，不需要复杂的设备和较多的人力；不受地下水位及降水井施工的影响，不易出现断桩现象。

碎石桩适用于砂性土、粉土、黏性土、杂填土、素填土和湿陷性黄土等地基的加固。

2. 作业内容

沉管、填碎石、拔管、沉管机械就位、移位等。

3. 施工工艺及质量控制流程

碎石桩施工工艺及质量控制流程如图 2-4-13 所示。

4. 工艺步骤说明

(1)开始。

1)完成施工准备工作。

2)完成施工工艺设计。按照实际的机械设备、作业人员和作业环境等条件，进行实地工艺试段。验证施工技术、施工组织能达到预期的质量、进度效果，机械设备和人员配置合理，施工效率能满足施工织织确定的工期。

(2)布置桩位。采用经纬仪或全站仪，通过基准桩确定施工范围，确定桩位基线，布置桩点，对桩点应采用可靠的标识进行标记。

(3)设备就位。检查起重机稳定情况，起吊振冲器对准桩位。

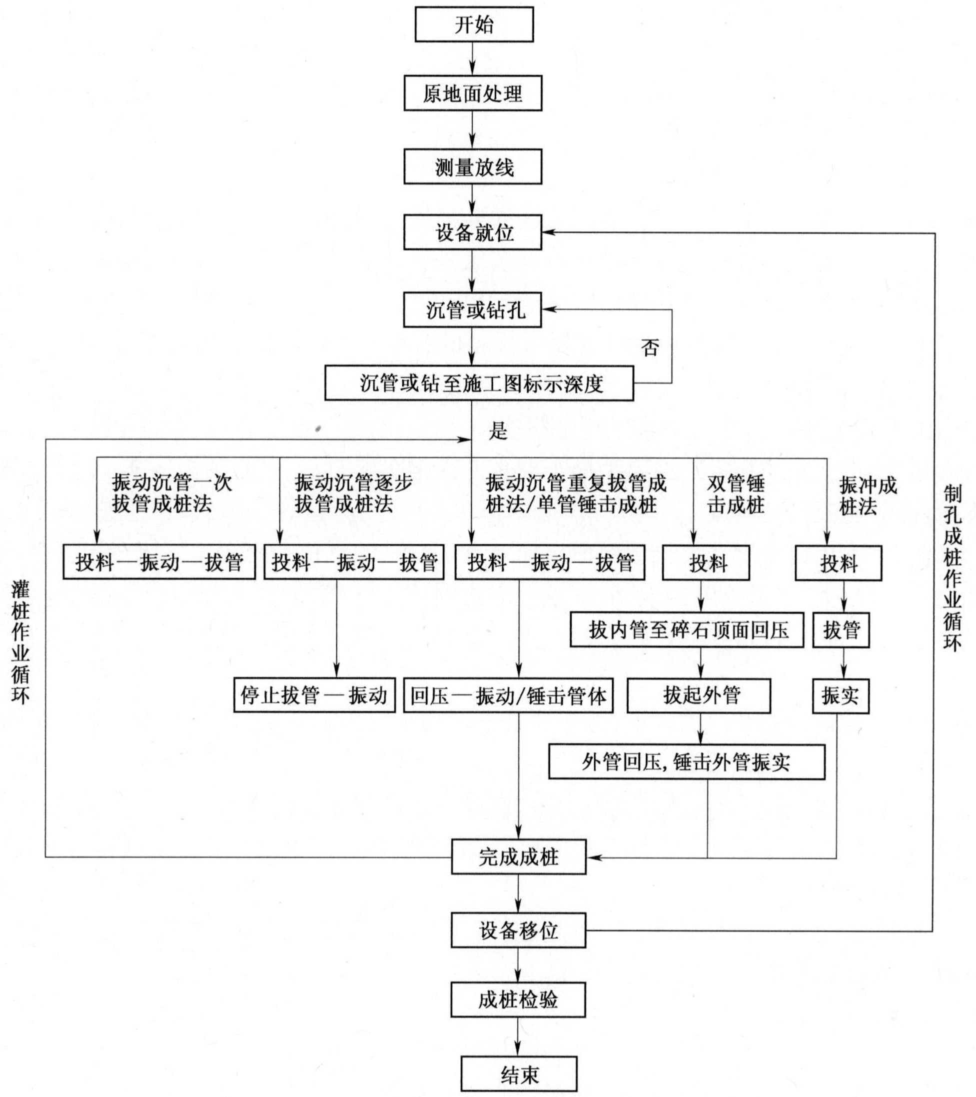

图 2-4-13　碎石桩施工工艺及质量控制流程图

(4)造孔与成桩。

1)振动沉管成桩法。

①次拔管法。桩管垂直对准桩位(活瓣桩靴闭合)。将桩管振动沉入土中，达到施工图标示深度，使桩管周围的土进行挤密或挤压。从桩管上端的投料翻斗加入碎石料，为保证顺利下料，可加适量水。通过填料的数量来控制桩身直径，当填料量达不到施工图要求时，要在原位再沉管投料一次或在旁边补打一根桩。边振动边拔管直至拔出地面，通过拔管速度控制桩身的连续性和密实度。

②逐步拔管法。逐步拔管，边振动边拔管，每拔管 50 cm，停止拔管而继续振动，停拔时间 10～20 s，直至将桩管拔出地面。

桩身的连续性和密实度，通过控制拔管的速度来保证。拔管速度慢，可使填料有充分时间振密，不致断桩或缩颈，从而保证桩身的密实度。

③重复压拔管法。桩管垂直就位，闭合桩靴。将桩管沉入地基土中达到施工图标示深度。按施工设计规定的填料向桩管内投入碎石料。边振动边拔管，拔管高度根据施工图确定。边振动边向下压管(沉管)，下压的高度由施工图和工艺试验确定。停止拔管，继续振动，停拔时间长短按规定要求。拔管速度较快，拔管高度较大或桩管高度较小，都容易造成桩身灌筑不连续。

2)锤击沉管成桩法。

①单管成桩法。桩管垂直就位，下端为活瓣桩靴时应对准桩位，下端为开口的则应对准已按桩位埋好的预制钢筋混凝土锥形桩尖。

启动蒸汽桩锤或柴油桩锤将桩管打入土层至施工图标示深度。从加料漏斗向桩管内灌入碎石料。当填料较多时,可分两次灌入,第一次灌入总料量的 2/3 或灌满桩管,然后上拔桩管,当能容纳剩余的填料时再第二次加够所需的碎石料。

用灌入碎石量控制桩的直径,灌碎石量没有达到要求时,可在原位再沉入桩管投料(复打)一次,或在旁边沉管投料补打 1 根桩。

按规定的拔管速度,将桩管拔出。

②双管成桩法。桩管垂直就位。启动蒸汽桩锤或柴油桩锤,将内、外管同时打入土层中至设计规定的深度。拔起内管至一定高度,打开投料口门,将碎石料装入外管里。关闭投料口门,放下内管压在外管内的碎石料面上,拔起外管,使外管上端与内管和桩锤接触。启动桩锤,锤击内外管将碎石料压实,桩底第一次投料较少,如填一辆手推车约为 0.15 m^3(只是桩身每次投料的一半),然后锤击压实,这阶段叫"座底","座底"可以保证桩长和桩底的密实度。

拔起内管,向外管里加碎石料,每次投料为两手推车约 0.3 m^3。重复 3～5 次直至拔管接近桩顶。灌桩达到桩顶时,即最后一、二次加料每次加 1 手推车或 1.5 手推车碎石料,进行锤击压实,至设计规定的桩长或桩顶高程,本阶段叫"封顶"。

桩的直径和密实度用贯入度和填料量两项指标双重控制桩的直径和密实度。对于以提高地基承载力为主要处理目的的非液化土,以贯入度为主,填料量控制为辅;对于以消除砂土和粉土地震液化为主要处理目的的,则以填料量控制为主,以贯入度控制为辅。贯入度和填料量可通过试桩确定。

3)振冲造孔成桩法。

①启动水泵和振冲器。先开启供水泵,待振冲器下端喷水口出水后,启动振冲器,检查水压、电压和振冲器空振电流是否正常。

②振冲造孔。吊机放下振冲器,使其贯入土中,造孔过程中应保持振冲器呈悬垂状态,以保证成孔垂直。

遇到硬土层,要加大水压;遇到软土层夹层时,应提起振冲器,填入碎石,再将振冲器沉入孔内振动,使碎石挤入四周土层,以加固孔壁。

造孔时,振冲电流不得超过额定电流,一旦超过,应提起振冲器,等高压水冲软土层再下沉振冲造孔,当造孔深度达施工图标示高程以上位置,停止造孔。

③清孔。造孔中止后,当返水中的含泥量很高,或孔口被泥土淤塞或孔中有高强度黏土,使成孔直径小时,需要清孔。

提升振冲器至孔口,然后再下降至孔底,如此反复进行冲孔。

冲孔完毕,将振冲器停留在孔底,用水将孔内泥浆排出,以进行清孔;砂基上水压和水量应减少至维持孔口有一定量回水但没有大量细颗粒带走的程度。

④填料。清孔后即向孔内填料,填料方式有连续填料和间隔填料两种。

连续填料时,振冲器停留在孔底以上位置,向孔内不断回填石料,并在振动中提升振冲器,整个制桩过程中石料均处于满孔状态。

间隔填料时,应将振冲器提出孔口,每往孔内倒一次石料,下降振冲器至填料中振捣一次,如此反复至制桩结束。

⑤振密成桩。依靠振冲器水平振动力将填入孔中的石料不断挤向侧壁土中,同时使填料挤密,直到满足设计要求的电流值、留振时间和填料量。无论采用哪种填料方式,都必须保证振密从孔底开始,逐段自下而上直至桩顶高程。

成桩后,应先停止振冲器运转,再停止供水泵。碎石桩施工如图 2-4-14 所示。

⑥检查验收、控制。碎石桩加固后地基承载力的检验,应根据加固地基土质的情况,在施工完成间隔一段时间后进行。

碎石桩检测应由具备相应资质的检测单位进行,地基承载力的检测方法主要有复合地基静荷载

图 2-4-14　碎石桩施工

试验、桩体的连续动力触探试验，桩间土还可以采取现场土样进行室内土工试验等，综合确定加固效果是否满足施工图要求。

⑦结束。每步检查都应填写质量记录，后把记录收集整理，按顺序编号归档。

5. 质量检验标准

(1)碎石桩施工质量要求见表 2-4-11。

表 2-4-11　碎石桩施工质量要求

检验项目	质量要求	检验数量	检验方法
碎石料	采用未风化的干净碎石或砾石，粒径应满足施工图要求，最大粒径不宜大于 50 mm，含泥量不得大于 5%	同一产地、品种、规格且连续进场的石料，每 3 000 m^3 为一批，当不足 3 000 m^3时也按一批计	在料场抽样检验石料含泥量、筛分试验检验其颗粒级配
长度	满足施工图要求	每根桩检验	测量桩管上深度控制线，并检查施工中是否达到此控制高程
灌碎石量	满足施工图要求	每根桩检验	用石料计量斗计量实际灌碎石量，并与设计灌碎石量比较
桩身密实度	符合施工图要求	2%抽样检验，且每检验批不少于 2 根	在碎石桩施工结束达到规定静载时间后，进行标准贯入或动力触探试验，自桩顶 2 m 以下开始计数
桩间土的加固效果	应满足施工图要求	沿线路纵向每 100 m 抽样检验 5 处	在碎石桩施工结束达到规定静载时间后，进行标准贯入、静力触探或动力触探试验，自探头达到地面 1 m 以下开始计数
碎石桩地基承载力	应满足施工图要求	总桩数的 2%，且每批不少于 3 根	平板载荷试验

(2)碎石桩的桩位、桩径、桩身垂直度的允许偏差、检验数量及检验方法见表 2-4-12。

表 2-4-12　碎石桩的桩位、桩径、桩身垂直度的允许偏差、检验数量及检验方法

检验项目	允许偏差		检验数量	检验方法
桩位(纵、横)	50 mm		抽样检验成桩总数的 5%，且每检验批数量不少于 5 根	经纬仪或钢尺丈量
桩径	振动法	−20 mm	—	钢尺丈量
	锤击法	$^{+100}_{-50}$ mm		
桩身垂直度	1.5%		抽样检验成桩总数的 2%，且每检验批数量不少于 3 根	经纬仪或吊线测桩架倾斜度

4.1.9　粉体喷射搅拌桩施工

1. 工艺概述

粉体喷射搅拌桩是通过粉体搅拌设备向软土地基中输入粉粒体加固材料，通过和原位地基土强制性的搅拌混合，使地基土和加固材料发生化学反应，在稳定地基土的同时提高其强度的方法。

由空气输送的加固材料，向着通过搅拌叶片旋转产生的空隙部位喷出，并随着搅拌叶片的旋转均匀散布在整个空隙轨迹面内，进而和原位地基土搅拌并混合在一起。加固材料分离后的空气就沿着搅拌轴，由轴与土的缝隙处排出地面。

粉体喷射搅拌桩施工机具简单，加固效果显著，充分利用原土，工艺成本低。

粉体喷射搅拌桩可用于淤泥、淤泥质土、粉质黏土、粉土、杂填土等软土地基加固。

2. 作业内容

钻孔、喷粉及搅拌、重复喷粉钻进搅拌、重复搅拌等。

3. 施工工艺及质量控制流程

粉体喷射搅拌桩施工工艺及质量控制流程如图 2-4-15 所示。

4. 工艺步骤说明

(1)试桩。按技术规范要求先做试桩，经检验合格后确定有关技术参数和施工工艺，用于指导施工。工艺试验参考指标：钻进速度 $V\leqslant1.5$ m/min；平均提升速度 $V_P\leqslant0.8$ m/min；搅拌速度 $R\approx30$ t/min；钻进、复搅与提升时管道压力：0.1 MPa$\leqslant P\leqslant$0.2 MPa；喷灰时管道压力：0.25 MPa$\leqslant P\leqslant$0.40 MPa。试桩应达到以下目的：

1)提供满足施工图喷粉量的各种操作参数。如管道压力、灰罐压力、钻机提升速度、钻进速度、搅拌速度等。

2)验证搅拌均匀程度及成桩直径。

3)确定该地质条件下，符合质量要求的合理喷灰量。

4)确定该地质条件下合理的工艺流程。

5)确定进入持力层的判别方法。

(2)测量定位。

1)进行测量放样，定设桩位标桩。

2)根据施工放样，平整场地，清理杂物。

3)机械按放样定位桩点对准就位。以吊线锤校正机架垂直度，每工作班检查不少 2 次，使垂直度偏差不超过 1%。

(3)钻进及送粉。启动钻机，钻头正转，待搅拌钻头接近地面，启动自动记录仪，空压机送气，下沉钻进至施工图标示桩尖深度，关闭送气阀门，打开送料阀门，喷送加固粉料至钻头。

粉喷桩实际施工桩长应按进入持力层控制。判别是否进入持力层的方法可由钻机钻到最深时的下钻速度和电流表的读数来判定，这两个参数是在工艺试桩时确定的，一般下钻速度为 0.5 m/min，电流值是额定电流值的 125%以上。储灰罐容量应不小于一根桩的用灰量加 50 kg，如储量不足时，不得对下一根桩开钻施工。

(4)搅拌喷粉。继续喷粉、钻头反转搅拌提升至桩顶或停灰面，停止喷粉。从开始喷灰到钻头处出灰有一定时间，钻机钻至桩底后，必须预喷一段时间，方可提钻。停留时间由管道长度等确定。喷灰时，水泥在管道内的输送速度大约为 1 m/s，如管道长 40 m，钻至桩底后即喷粉提钻，则桩底实际少灰长度接近 1 m，形成被扰动的土柱。

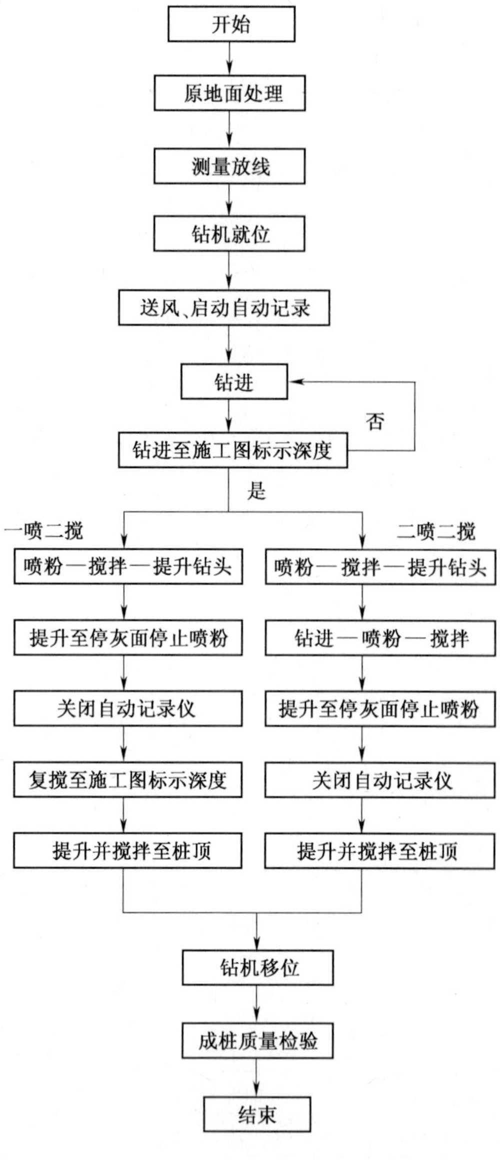

图 2-4-15　粉体喷射搅拌桩施工工艺及质量控制流程图

(5)复搅下沉钻头。搅拌下沉至规定的复搅深度。为了确保搅拌的均匀性，施工时要严格掌握好钻机提升速度、搅拌叶旋转速度等，并应尽量采用全桩复搅以保证质量。当桩体较长、土体天然含水率较高、黏性重时，应采用“二喷二搅”的施工工艺，即：钻进至桩底高程后慢档提升、喷灰、搅拌至停灰面，再钻进、复搅、复喷至桩底后再提升、搅拌至停灰面。

(6)复搅提升钻头。反钻提升搅拌，直至桩顶。

(7)施工控制。

1)严禁在尚未喷粉的情况下进行提升钻头作业，严格控制钻进速度、提升速度，确保成桩质量。要保证喷粉的均匀性，关键是掌握好钻头的提升速度。人工控制水泥喷射量时，必须避免为满足每米喷粉量的要求，施工人员只在总量上使记录器显示需要的数字，从而人为导致桩体喷粉不均匀。

2)控制下钻深度、喷粉高程及停灰面。桩头应原位搅拌约 2 min。

3)当成桩过程中因故停工时，第二次喷粉必须重叠接桩，接桩长度不得小于 1 m。

4)随时检查加固料用量、桩长、复搅长度，评定成桩质量，如有不合格桩或异常情况，应及时采取补桩或其他处理措施。

5)搅拌钻头直径磨耗量不得大于10 mm。输灰管须经常检查,不得泄漏及堵管。

6)桩体无侧限抗压强度、桩长及桩身均匀性、桩顶高程、处理后的复合地基承载力应符合施工图要求。

7)喷粉计量。粉喷桩加固料宜采用普通硅酸盐水泥,一般计量采用电子称重法与钻机深度相结合的计量装置,它能在记录上反映深度、相对应每延米的喷粉量、总灰量等。

8)如发生意外影响桩身质量时,应在水泥终凝前采取补喷措施,补喷重叠长度≥1 m。补喷无效时须重新打桩,新桩与废桩的间距为20 cm。

9)移位。在复搅至桩顶后,即可将施工机械移至下一桩位施工。

10)结束。填写质量记录,检查施工现场交工资料和检测试验报告,整理归档。

5. 质量检验标准

(1)粉体喷射搅拌桩质量检验标准见表2-4-13。

表2-4-13　粉体喷射搅拌桩质量检验标准

检验项目	质量要求	检验数量	检验方法
水泥	种类、规格及质量应符合施工图要求。严禁使用受潮、结块、变质的水泥	同一产地、品种、规格且连续进场的水泥,袋装水泥200 t为一批,散装水泥500 t为一批,当袋装水泥不足200 t或散装水泥不足500 t时也按一批计	检查产品质量证明文件及抽样检验
喷粉量	符合施工图要求,喷粉应均匀	每根桩检验	检查灰量自动记录仪打印记录
长度及复搅长度	满足施工图要求。喷粉中断时,第二次喷粉接桩的喷粉重叠长度不得小于1m	全部检验	测量钻杆长度,并在施工中检查是否达到施工图深度标示,检查施工记录
完整性、均匀性、无侧限抗压强度	满足施工图要求	抽样检验粉喷桩总数的2‰,且不得少于3根	粉喷桩完工后28 d,在每根检测桩径放线1/4处、桩长范围内垂直钻孔取芯,观察其完整性、均匀性,拍摄取出芯样的照片,取不同深度的3个试样做无侧限抗压强度试验。钻芯后的孔洞采用水泥砂浆灌注封闭
复合地基承载力	满足施工图要求	总根数的2‰,且不得少于3根	平板荷载试验

(2)搅拌钻头直径磨耗量不得大于10 mm。

(3)粉体喷射搅拌桩施工的允许偏差、检验数量及检验方法应符合表2-4-14的规定。

表2-4-14　粉体喷射搅拌桩施工的允许偏差、检验数量及检验方法

检验项目	允许偏差	施工单位检验数量	检验方法
桩位(纵横向)	允许偏差50 mm	抽样检验粉喷桩总数的10%,且每检验批不少于5根	经纬仪或钢尺丈量
桩身垂直度	1%		经纬仪或吊线侧钻杆倾斜度
桩体有效直径	不小于施工图标示值		开挖50～100 cm后,钢尺丈量

4.1.10　浆体喷射搅拌桩施工

1. 工艺概述

浆体喷射搅拌桩利用钻机把带有喷嘴的灌浆管钻进至土层的预定位置后,用搅拌机搅拌,再用加压设备使浆体从喷嘴中喷射出来,冲击软土层,加固软黏土层。

浆体喷射搅拌桩用于加固饱和软黏土地基的方法,利用水泥、石灰等材料作为固化剂的主剂,通过搅拌机,在地基深处就地将软土和固化剂强制搅拌,利用固化剂和软土之间所产生的一系列物理—化学反应,使软土硬结成具有整体性、水稳定性和一定强度的优质地基。

浆体喷射搅拌桩具有适用范围广、工艺简便、固结体形状易于控制及设备简单等特点。浆体喷射搅拌桩适用于加固各种成因的饱和软黏土,加固土质有砂类土、黄土、淤泥、淤泥质土、黏土和亚黏土等;用于增加软土地基的承载力,减少沉降量,提高边坡的稳定性。

2. 作业内容

喷浆钻进搅拌、搅拌提升、重复喷浆钻进搅拌、重复搅拌提升、复喷等。

3. 施工工艺及质量控制流程

浆体喷射搅拌桩施工工艺及质量控制流程可参考图 2-4-15。

4. 工艺步骤说明

(1)开始。一切准备工作完成后,方可开始施工。工艺试验参数:成桩直径 50 cm,钻进速度 2~3 挡(30~50 cm/min),进入持力层时电流表读数 $I \geqslant 60$ A,桩底持续喷浆搅拌时间≥30 s;提升喷浆速度≤30 cm/min;喷浆压力 0.6~1 MPa;水泥浆水胶比 0.5;早强剂掺量(水泥掺比)0.8%;水泥浆搅拌时间≥30 min(每拌)。

(2)钻机就位。

1)第一道工序就是将使用的钻机安置在测设的孔位上,使钻头对准桩位。

2)为保证钻孔达到要求的垂直度,钻机就位后必须做水平校正,使钻杆轴线垂直对准钻孔中心位置。以吊线锤校正机架垂直度,每工作班检查不少于 2 次,使垂直度偏差不超过 1%。

(3)射水试验。钻机就位后,进行射水试验,检查喷嘴是否畅通,压力是否正常。

(4)钻孔。视地质情况、加固深度和机具设备等,采用不同的钻孔方法,遇到较硬地层时,宜用地质钻机钻孔。射水试验后,即可开钻。增加射水压力,减少摩阻力。

(5)制浆。

1)配置浆液时,水要清洁、酸碱适中。

2)浆液配比选定后,首先,将水加入桶内,再将水泥等粉料倒入。

3)开动搅拌机搅拌,并经过筛后放入灰浆池备用。

(6)喷浆钻进,搅拌。

(7)提升喷浆搅拌。

1)搅拌机下沉到要求深度后,开启灰浆泵,将水泥压入地基中,边喷浆、边旋转。

2)按施工图要求的提升速度提升搅拌机。

(8)重复上、下搅拌。搅拌机提升到加固深度的顶面高程时,集料斗中的水泥浆应正好排空。为使软土和水泥浆搅拌均匀,可再次将搅拌机边旋转、边沉入土中,至加固深度后,再将搅拌机提升出地面。

(9)清洗。

1)补浆完成后,提升钻杆及钻头,进行低压射水。

2)向集料斗中注入适量清水,开启灰浆泵,清洗全部管路中残存的水泥浆,管内、机内不留残存浆液。

3)将粘附在搅拌头的软土清洗干净。

(10)移位。

1)冲洗钻杆、喷嘴,整个作业结束。

2)把钻机等机具设备移到新孔位上。

3)重复上述步骤,进行下一根桩的施工。

4)考虑到搅拌桩顶部与上部结构的基础或承台接触部分受力较大,因此,通常还可在桩顶再增加一次输浆,提高桩强度。

(11)施工及质量控制。

1)严格控制搅拌机钻进和提升速度、供浆与停浆时间,确保成桩质量。

2)控制下钻深度、喷浆高程及停浆面。桩端必须原位喷浆搅拌一定时间。

3)成桩过程中,以一次喷浆二次搅拌或二次喷浆四次搅拌为宜。复搅时应避免浆液上冒。

4)成桩过程中,当因故停浆后继续施工时必须重叠接桩,接桩长度不得小于 0.5 m。若停机超过 3 h,应在原桩位旁边进行补桩处理。

5)当钻进搅拌中遇有阻力较大,钻进太慢,应增加搅拌机自重,然后启动加压装置加压,或边输入浆液边搅拌钻进。

6)配制好的浆液不得离析,供浆应连续,固化剂与外掺剂的用量、泵送浆液时间必须有专人记录。

7)随时检查施工记录,评定成桩质量,如有不合格桩或异常情况,应及时采取补桩或其他处理措施。

8)浆体喷射搅拌桩桩顶高程应符合施工图要求,桩体无侧限抗压强度、桩长及桩身均匀性应符合施工图要求。

9)浆体喷射搅拌桩处理后的复合地基承载力应符合施工图要求。

10)钻机成孔和喷浆过程中,应将废弃的加固料及冒浆回收处理,防止污染环境。

5. 质量检验标准

(1)浆体喷射搅拌桩质量检验标准见表 2-4-15。

表 2-4-15　浆体喷射搅拌桩质量检验标准

检验项目	质量要求	检验标准	检验方法
搅拌桩用的固化料和外加剂、规格及质量	符合设计要求	同一产地、品种、规格、批号的固化剂和外加剂,每 200 t 为一批,当不足 200 t 时也按一批计,每根桩检验	检查产品质量证明文件及抽样检验。随时检查施工记录,如有不合格桩或异常情况,应及时采取补桩或其他处理措施
浆液	按施工图配方和试验确定的配合比拌制,制备好的浆液应均匀,不得离析	每根桩施工过程中抽样检验 2 次	观察并用浆液比重计检测浆液密度
喷浆量	符合施工图要求	每根桩检验	检查自动记录仪打印记录
成桩长度、复搅长度	符合设计要求,因故停浆时,恢复供浆后的喷浆重叠长度不得小于 0.5 m	每根桩检验	测量钻杆长度,并在施工中检查是否达到深度标志。检查施工记录
桩的数量、布桩形式	符合设计要求	每根桩检验	观察、现场清点
完整性、均匀性、桩身无侧限抗压强度	满足施工图要求	总桩数的 2‰,且每检验批不少于 3 根	桩完成 28 d 后,在每根检测桩径方向 1/4 处、桩长范围内垂直钻孔取芯,观察其完整性、均匀性,拍摄取出芯样的照片,取不同深度的 3 个试样作无侧限抗压强度试验。钻芯后的孔洞采用水泥砂浆封闭
复合地基承载力	满足施工图要求	总桩数的 2‰,且每检验批不少于 3 根	平板载荷试验

(2)浆体喷射搅拌桩施工的允许偏差、检验数量及检验方法参见前面表 2-4-14。

4.1.11　高压旋喷桩施工

1. 工艺概述

高压旋喷桩是利用钻机,将预先配制好的浆液,高速喷射出来,直接冲击破坏土体。喷射过程中,钻杆边旋转、边徐徐提升,在土中形成一个有一定直径的柱状固结体。

高压旋喷桩具有应用范围广、工艺简便、固结体形状易控制等特点。

高压旋喷桩适用于淤泥、淤泥质土、黏性土、黄土、砂土、人工填土和碎石土等各种软土地基的加固;加固地基范围广,不受土的粒度、密度、硬化剂黏性及硬化时间的影响。

2. 作业内容

成孔、水泥浆拌制、喷射,钻杆提升、复喷、泥浆清理等。

3. 施工工艺及质量控制流程

高压旋喷桩施工工艺及质量控制流程如图 2-4-16。

4. 工艺步骤说明

(1)机械就位。机械就位应平整,立柱、转盘与孔位对正,高压设备与管路系统应符合施工图及安全要求,防止管路堵塞,密封良好。

(2)钻孔。

1)一般使用地质钻机成孔。

2)钻孔过程中应详细测量记录实际孔位、孔深及地层变化情况。

3)射水试验后,即可开钻,射水压力逐渐增加,减小摩擦阻力,防止喷嘴被堵。

4)当第一根钻杆钻进后,应停止射水。

(3)泥浆的浆液,通过高压泵加压后,经高压管送至钻机用于旋喷。

(4)旋喷应注意设备开动顺序。二重管,三重管的水、气、浆的供应应有序进行,衔接紧密。

(5)分层选择喷射参数。对深层长桩应根据地质条件,分层选择适宜的喷射参数,保证成桩均匀一致。

(6)压力突变,异常冒浆。在高压喷射灌浆过程中,当出现压力突增或突降、大量冒浆或完全不冒浆时,应查明原因,采取相应措施。

(7)桩体质量要求。高压旋喷桩桩体无侧限抗压强度、桩长及成桩均匀性应符合设计要求;高压旋喷桩处理后的复合地基承载力应符合设计要求。

(8)废料回收。钻机成孔和喷浆过程中,应将废弃的加固料及冒浆回收处理,防止环境污染。

(9)成孔。钻进至桩底深度成孔。

(10)拔管。

1)旋喷达到桩底深度后,可停风、停水而继续用旋喷泵灌浆,待水泥浆从孔口返出后,即可停止灌浆,然后将灌浆泵的吸水管移至清水箱,抽吸一定量的清水将灌浆泵和灌浆管路中的浆液顶出,然后停泵,拔管要迅速,不可久留孔中。桩顶凹坑应即时以水胶比 0.6 的水泥浆补灌。

2)卸下灌浆管后,立即用清水将各通道冲洗干净,并拧上堵头。

3)灌浆泵、送浆管路和浆液搅拌机等都要用清水清洗干净。

4)压气管路和高压泵管路也要分别送风、送水冲洗干净。

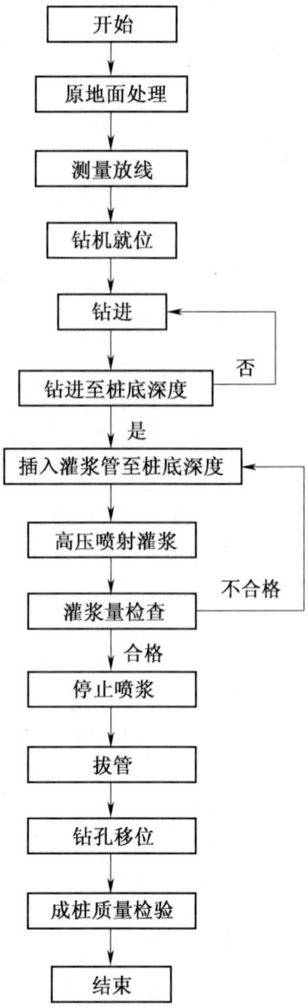

图 2-4-16 高压旋喷桩施工工艺及质量控制流程图

(11)旋喷质量控制。选择开挖、钻孔取芯、标准贯入、荷载试验或水压试验等适当方法对旋喷效果进行检验。

(12)机械清洗。

(13)施工故障处理。

1)压力上不去:安全阀和管路接头处密封圈不严;泵阀损坏,油管破裂漏油,安全阀的压力过低,或吸浆骨内留有空气或密封圈泄漏;栓塞油泵调压不够;活(柱)塞或缸套损坏。

2)压力突然上升:喷嘴堵塞,高压软管清洗不净,浆液沉淀或其他杂物堵塞影响管路畅通;泵体或出浆管路有堵塞。

3)压力不稳定,油管路泄漏;泵体或吸浆管路有泄漏或存在空气;泵体注塞杆过长或泵体安装时不严密。

4)喷嘴堵塞及冒浆嘴堵塞,应提升灌浆管,待堵塞消失后再进行复喷;出现不冒浆或断续冒浆时,系土质松软的正常现象,可适当进行复喷;冒浆量小于灌浆量 20%,视为正常现象,超过 20%或完全不冒浆时应采取相应措施;在旋喷过程中,地层有较大空隙导致不冒浆,可在浆液中加入适量的速凝剂,以缩短固结时间;当冒浆量过大时,可提高喷射压力,适当缩小喷嘴孔径,加快提升和旋转速度;大量冒浆、压力稍有下降时,可能是灌浆管被击穿或有孔洞,使喷射能力降低,此时应拔出灌浆管进行检验。

(14)严格控制桩体质量。

1)桩位控制:钻机就位要准确,孔位偏差不应大于 5 cm。

2)桩径控制:施工过程中要按施工图参数操作,对桩个别部位可进行复喷,以满足桩径的要求。

3)桩长控制:当钻至桩底深度以下 0.2 m 时,将喷浆管插到桩底层位。在插管过程中,为了防止泥沙堵塞喷嘴,可边喷水边插管。喷水压力一般不超过 1 MPa,以防止孔壁坍塌。

4)喷浆控制:要严格按照配合比控制浆液,保证喷浆量,随时观察返浆情况。

5. 质量检验标准

(1)高压旋喷桩质量检验标准及检验方法见表2-4-16。

(2)高压旋喷桩施工的允许偏差、检验数量及检验方法参见前面表2-4-14。

表2-4-16　高压旋喷桩质量标准及检验方法

检验项目	质量要求	检验数量	检验方法
水泥外加剂品种、规格及质量	应符合施工图要求	同一产地、品种、规格、批号的水泥和外加剂,袋装水泥每200 t为一批,散装水泥每500 t为一批。当袋装水泥及外加剂不足200 t或散装水泥不足500 t时也按一批计	检验产品质量证明文件及抽样检验
浆液的拌制	符合施工图要求	每根桩施工过程中抽样检验2次	观察并用浆液比重计检测浆液密度
布桩数量、形式	符合施工图要求	全部检验	观测、现场清点
长度	符合施工图要求	每根桩检验	测量钻杆长度,并在施工中检查是否达到设计深度标志。检查施工记录
完整性、均匀性、无侧限抗压强度	符合施工图要求	总桩数的2‰,且不少于3根	桩完工后28 d,在每根检测桩桩径方向1/4处、桩长范围内垂直钻孔取芯,观察其完整性、均匀性,拍摄取出芯样的照片,取不同深度的3个试样作无侧限抗压强度试验。钻芯后的孔洞采用水泥砂浆封闭
复合地基承载力	满足施工图要求	总桩数的2‰,且每检验批不少于3根	平板载荷试验

4.1.12　灰土挤密桩施工

1. 工艺概述

灰土挤密桩是利用成孔或分层夯填石灰土时的侧向挤压作用,使桩间土得以挤密而提高地基的工程性能,同时形成具有一定承载能力的桩体,最终成为桩土共同作用的复合地基。

灰土挤密桩适用于加固处理地下水位以上,深5～15 m的湿陷性黄土,素填土和杂填土地基。

本工艺适用于沉管法或钻孔法成孔的灰土挤密桩施工。

2. 作业内容

成孔、填料配置、拌制、填充、夯实、封顶、整平、压实等。

3. 施工工艺及质量控制流程

灰土挤密桩施工工艺及质量控制流程如图2-4-17所示。

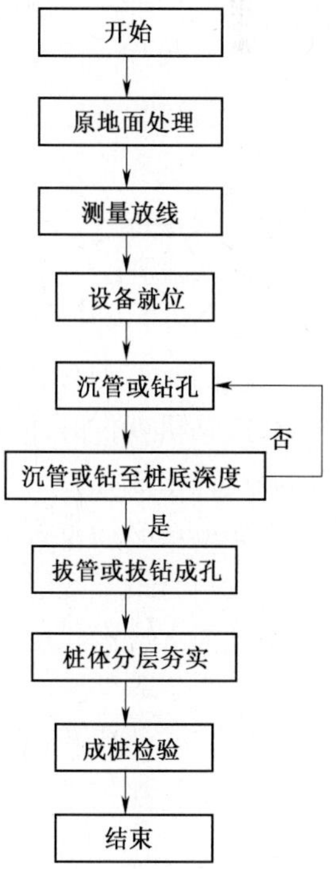

图2-4-17　灰土挤密桩施工工艺及质量控制流程图

4. 工艺步骤说明

(1)定桩位、桩机(冲锤)就位。

1)根据桩基轴线标出桩位并复测后,移动钻机至桩孔位置,完成桩机就位。

2)桩机就位时,机身应平稳,桩管或冲锤应与桩孔对正,并确保施工中不发生倾斜、位移。

3)冲击成孔时,钻机上应装有钢管导向器,导向器由壁厚10 mm以上的无缝钢管制成,内径应大于锤头直径,高度接近2倍的冲锤长度。

4)桩管和冲击钻机钢丝绳上应设醒目牢固的尺度标志,标志点间隔0.5 m。

(2)成孔。成孔施工顺序:先外排后内排,同排桩间隔1～2个孔进行,如图2-4-18所示。

图2-4-18　挤密桩成孔

1)沉管法成孔。桩机就位后将桩管对准预先埋设在桩位上的预制桩尖或将桩管对准桩位中心,并将桩尖活瓣合龙,再放松卷扬机钢丝绳,利用桩机自重将桩尖竖直地压入土中,沉管开始阶段应轻击慢沉,待桩管方向稳定后再按正常速度沉管。开始完成的2～3个桩孔,土层变化的地段或沉管贯入度出现反常现象,均应逐孔详细记录沉管的锤击数、振动沉入时间、出现的问题及处理方法。

成孔出现反常现象的原因和处治方法:

①桩锤回跳过高或桩管贯入度过小。产生原因可能是由于土的含水率偏低、遇到坚实土层或碰到砖渣、堆积层等。对此,应先模清地下情况,分别采用适量浸水、开挖排除或改用较大桩锤强制穿越等方法处治。如坚硬层面积较大且较厚时,应与有关单位共同研究处理方案。

②桩锤回弹不起及桩管贯入度过大。产生原因可能是土质松软或遇到洞穴等。如局部土的含水率过大时,可采用小直径生石灰桩以吸收土中水分,也可先将桩管沉入土中,待土中超孔隙水压力消散后再拔管。如遇到洞穴孔洞时,可设法灌入干散砂土,然后再反复沉管成孔。若发现松软土层面积较大,桩锤不能重复冲扩工作时,说明所用桩锤不适用于该场地,应改用小桩锤或加大桩管直径。桩管直径改变前应按程序修改桩孔间距以保证桩间土的挤密效果和施工顺利。

③轻微的缩颈可以削扩至能够顺利填夯施工。严重缩颈和回淤的应填入干砂、石灰块或砖渣,重新沉管成孔。若大面积均难以成孔,则应改变成孔方法,或考虑改变地基处理方案。

桩管沉至桩底位置后应及时拔出,不能在土中搁置时间过久。拔管困难时可用水浸润桩管周围土层或将桩管转出后再拔管。

2)冲击法成孔。

①为防止孔口被冲坍并保证冲击锤能垂直准确冲进,冲击钻机上应装有钢管导向器。导向器由壁厚10 mm以上的无缝钢管制成。内径略大于锤头直径,高度近2倍的冲锤长度。

②冲击钻机就位时,应准确平稳,冲锤与桩孔相互对中。开始冲孔时,应低锤勤击,待锤头全部入土后再按正常冲程锤击成孔。一般不宜多用高冲程,以免引起坍孔、扩孔或卡锤等事故。

③操作人员必须及时准确地控制送绳长度,既要勤松少松,又要免打空锤。

④经常检查钢丝绳磨损情况,卡扣松紧程度和转向装置灵和与否,防止突然掉锤。

⑤钢丝绳上应有长度标志,以及时观测冲孔的深度。钢丝绳的安全系数不小于1.2倍,长短绳连接卡扣不得少于3个。

3)钻孔夯扩法成孔。

①钻孔夯扩挤密桩采用长螺旋钻机等机械成孔,属排土性成孔法。当地下水位较浅且水量丰富时应采取有效的止水或排水措施。

该法的主要优点是长螺旋钻成孔深、钻速快、成桩直径大、噪声和振动小,扰民程度小,而且处理后地基刚度较均匀。当换用不同直径的钻头时,孔径可以变化,形成不同直径的桩。

②钻孔夯扩挤密桩对成孔质量要求不高,如有部分孔壁坍塌,可在夯填过程中弥补。长螺旋钻机成孔也较容易通过土中硬夹层。当成孔过程中遇到漂砾或其他硬层时,可改用其他种类钻头(如冲击钻头)设法

通过。

③钻孔夯扩挤密桩成桩直径较成孔直径可扩大100～200 mm。

复合地基施工过程中，需要对挤密桩施工质量及桩间土挤密效果及时抽样检验。施工结束后7～14 d内，可对桩身及桩间土进行全面检测。

(3)桩孔验收。成孔后应检查桩孔深度、桩径和垂直度，并填写验收记录。

(4)灰土拌制

1)灰土应按施工图要求的灰土配合比，采用机械拌制或人工搅拌至颜色均匀一致，并边搅边加水，直至含水率接近其最优含水率。

2)灰土填料应通过击实试验求得最大干密度和最优含水率。

(5)桩孔回填夯实。

1)夯实机要准确稳定就位，夯锤与桩孔要相互对中，夯锤应能自由下落到孔底。

2)夯填前应注意清除孔内的杂物或积水，开始填料前，孔底可填干硬性混凝土并夯实到发出清脆回升为止，然后开始分层填料夯实。填夯时，灰土的含水率应接近最优值，夯实后应达到施工图要求的夯实系数标准(或干密度不小于最大干密度与施工图要求压实系数的乘积)。

3)人工填料应按规定的数量和速度均匀填进，不得盲目快填，更不允许送料车直接倒入孔。

4)桩孔最终填料超出施工设计桩顶200～300 mm，以上桩孔可用其他土料回填并轻夯至地面。

5)为了保证夯填质量，应认真控制并记录每一桩孔的填料数量和夯实时间，同时按规定抽检一定数量桩孔的夯实质量。

5. 质量检验标准

(1)材料质量标准见表2-4-17。

表2-4-17　材料质量标准

材料	质量标准
土料	纯净黄土、一般黏性土或 I_p>4的粉土，有机质含量≤5%；粒径≤15 mm
灰土	按施工图要求，当施工图无要求时常用的配合比为2∶8或3∶7；粒径≤15 mm

(2)质量验收标准。

1)一般规定。

①施工前应进行地下水水、地基土的含水率、饱和度复核，当处理深度范围有地下水或地基土的含水率小于12%或大于24%、饱和度大于65%时，应按规定程序办理变更设计。

②成孔应按施工图要求、成孔设备、现场土质和周围环境等情况，选用沉管、冲击等方法。施工前需要在工程现场进行工艺试验，以便按实际的试验测试结果，对工艺参数进行调整，报监理单位确认后，方可进行施工。

③灰土挤密桩成孔和孔内回填夯实应符合下列要求：成孔宜在地基土接近最优(或塑限)含水率时进行。当土的含水率低于10%时，特别是在整个处理深度范围内的含水率普遍很低时，宜对处理范围内的土层进行增湿。增湿处理于地基处理前4～6 d，将需增湿的水通过一定数量和一定深度的渗水孔，均匀地浸入拟处理范围内的土层中。

成孔挤密应间隔分批进行，成孔后应及时夯填。在向孔内填料前必须夯实基底。

铺设灰土垫层前，按施工图要求，将桩顶高程以上的预留土层挖除或夯(压)密实。在施工过程中，应做好成孔及回填夯实施工记录。如发现地基土质与施工图不符，应立即停止施工，待查明情况或采取有效措施处理后，方可继续施工。

雨期或冬期施工，应采取防雨或防冻措施，防止灰土和土料受雨水淋湿或冻结。

成桩成片后，应及时填筑灰土并碾压至施工图要求。

2)主控项目施工质量要求及检验数量、检验方法见表2-4-18。

表 2-4-18 灰土挤密桩主控项目质量要求、检验数量及检验方法

主控项目	检验项目	质量要求	检验数量	检验方法
原材料	石灰	符合施工图。当施工图无要求时,石灰颗粒直径≤5 mm,活性 CaO+MaO 的含量(按干重计)≥50%,夹石量不大于5%	同一厂家,同一产地,每200 t为一批,不足200 t也按一批计,每批抽检一次	检查石灰质量证明文件,按规定的试验方法进行抽样检验
	土料	符合施工图要求,且有机质含量不应大于5%	同一取土地点、相同土性的土,每 1 000 m^3 为一批,不足 1 000 m^3 也按一批计,每批抽样检验1次	按《铁路工程土工试验规程》(TB 10102—2010)规定的试验方法进行检验
施工	填料	填料的配合比、最优含水率应符合施工图	全检	检查配料计量,轻型标准击实试验
	桩数、布桩	灰土挤密桩的数量、布桩形式应符合施工图要求	全检	观察、现场清点
	桩径、桩身	符合施工图要求	全检	孔底夯实后尺量
	孔内填料	孔内填料应分层回填夯实,其压实系数不应小于0.97(轻型击实)	抽检桩数的3%,且每台班不少于1根	在全部孔深内,每1 m取土样测定干密度,检测点的位置应距孔心2/3孔半径处,轻型击实试验按《铁路工程土工试验规程》(TB 10102—2010)的规定
成孔	桩间土	桩间土处理效果应符合施工图	沿线路每500 m抽验3点	在孔之间形心点附近、成孔挤密深度内,每1 m取土样测定干密度、进行湿陷性试验和压缩试验,计算干密度与其最大干密度的比值(最小挤密系数)、湿陷系数和压缩模量
	承载力	灰土挤密桩处理后的复合地基承载力应满足施工图要求	桩数的2‰,且每检验批不少于3根	平板载荷试验

3)灰土挤密桩的桩位、桩垂直度、桩体有效直径的允许偏差见表 2-4-19。

表 2-4-19 灰土挤密桩施工的允许偏差、检验数量及检验方法

检验项目	允许偏差	检验数量	检验方法
桩位(纵横向)	50 mm	按成桩总数的10%抽样检验,且每检验批不少于5根	经纬仪或钢尺量
桩垂直度	1.5%		成孔夯实孔底后吊垂球测量垂直度
桩体有效直径	不小于施工图设计值		开挖50~100 cm深后,钢尺丈量

4)复合地基施工质量检验。地基处理施工过程中,需对挤密桩施工质量及桩间土挤密效果及时进行抽样检查。

①前期资料。地基处理前的有关地基土物理力学性质指标可采用相应的岩土工程勘察报告,必要时作补充勘察,全面彻底了解拟作加固处理的场地土的工程性状。

②试桩施工。工程全面施工展开前,需先进行试桩施工。根据试桩检测结果,由设计单位提出正式施工时的检验和检测要求与标准,经建设单位审核同意并纳入施工图。

③桩间土的检测。挤密处理后的桩间一般可采用钻探、挖探取样,动力触探、静力触探、标准贯入等原位测试方法进行检测评价,对于重要工程,挤密处理后的桩间土尚需用载荷试验进行检测评价,载荷试验一般在成桩14 d后进行。

④桩体承载力检测。通常可采用动力触探和载荷试验等原位测试方法进行检测评价。

⑤复合地基承载性状检测。运用对加固处理后桩及桩间土的检测结果,经相应的复合地基承载力及变形计算公式计算,即可得到较为合理的复合地基承载力及变形量值。

4.1.13 水泥粉煤灰碎石(CFG)桩施工

1. 工艺概述

水泥粉煤灰碎石桩是在素混凝土桩基工艺上发展起来的新型桩体,桩体材料主要由碎石、砂、粉煤灰与适量水泥和水拌制而成。桩体与桩间土体共同作用，组成水泥粉煤灰桩复合地基。加固处复合地基承载力可达到 200 kPa 以上，具有施工简单、加固效果好、节省材料、无污染等特点，广泛应用于地基加固。

水泥粉煤灰碎石桩（CFG 桩）适用于淤泥、淤泥质土、黏性土、杂填土及湿陷性黄土地基中，是以提高地基承载力和减少地基变形为主要目的。桩长取决于对承载力和沉降的要求、土质条件和设备能力；桩径一般为 350～600 mm；桩间距一般为 3～5 倍桩径；垫层厚度一般为 100～300 mm。

水泥粉煤灰碎石桩常用的施工方法有振动沉管成桩、长螺旋钻孔灌筑成桩、泥浆护壁钻孔灌筑成桩及管内泵压拌和料灌筑成桩。长螺旋钻孔灌筑成桩适用于地下水位以上的黏土、粉土和素填土地基处理，噪声及对周边环境的污染小，但成桩成本高，成桩速度慢；泥浆护壁钻孔灌筑成桩适用于土层、砾石地层、岩层等，但施工周期长，成桩慢；振动沉管成桩适用于黏土、粉土、淤泥质土、人工填土等地基处理，无污染、成本较低、成桩速度快，但噪声较大，适合野外作业。

2. 作业内容

测量放样、钻机就位、钻孔或沉管、压灌拌和料或投料拔管、成桩验收等。

3. 施工工艺及质量控制流程

CFG 桩施工工艺及质量控制流程如图 2-4-19 所示。各种程控方法的具体工艺有所不同，图中仅给出了长螺旋钻管内泵压 CFG 桩的工艺及质量控制流程。

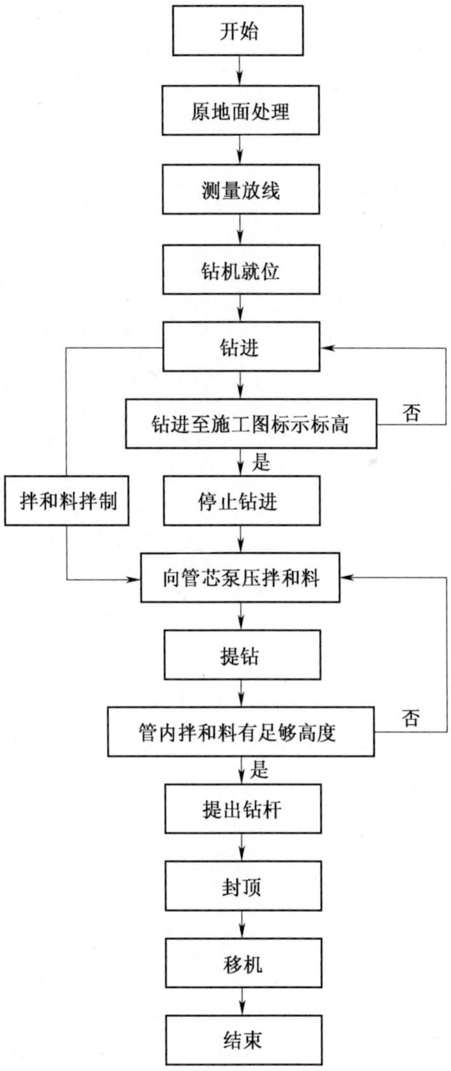

图 2-4-19　CFG 桩施工工艺及质量控制流程图

4. 工艺步骤说明

(1)开始。按照实际的机械设备、作业人员和作业环境等条件，进行实地工艺试验，验证施工技术、施工组织能达到预期的质量、进度效果，机械设备和人员配置合理，施工效率能满足施工组织确定的工期。

(2)定位布孔。

1)定桩位：放桩位后应用打入木桩、竹片桩或点白灰做标记。

2)钻机就位：钻机就位必须平整、稳固，确保在施工中不发生倾斜、移动。在钻机双侧吊锤校正调整钻杆垂直度。为准确控制钻孔深度，应在桩架上作出控制深度的标尺，以便在施工中观测、记录。

(3)钻孔。检查桩位偏差符合要求后方可开始。第一根桩钻孔时，不可进尺太快，应考察地层对钻机的影响情况，以核对在该地层条件下的钻进参数。

长螺旋钻钻孔：钻孔开始时，应关闭钻头阀门，钻杆至钻头接触地面时启动电机钻进。一般应先慢后快，减少开钻初期的钻杆晃动，防止偏孔。在钻进中钻杆晃动过大时，应放慢进尺。宜在钻机塔身作出钻机动力头底面停止位置标识，作为控制成孔深度的依据。

(4)清底验孔。

1)清底、夯实孔底。清底、夯实孔底是沉管法的关键工序，沉渣不得大于 100 mm，并用不小于 35 kg 的重锤将孔底夯实。若孔底出现少量地下水，可投入拌和料干料，并将其夯实。

2)验孔。检查孔深及垂直度偏差，填写相关记录。

(5)灌筑拌和料。

1)拌和料拌制要求按配合比进行配料，计量要求准确，拌和料坍落度控制在 160～200 mm(振动沉管法成桩的拌和料坍落度为 30～50 mm，使桩顶浮浆厚度不超过 200 mm)。先投碎石，再投水泥、粉煤灰和外加剂，最后投放石屑，使水泥、粉煤灰和外加剂夹在石屑、石之间，不易飞扬和黏附在筒壁上，也易于拌制均匀。

每盘料搅拌时间不应小于 60 s。

2)灌筑拌和料。沉管法或泥浆护壁钻孔法,孔较浅时可在孔口安放漏斗直接灌筑,孔较深则必须使用导管。

3)成桩。成桩过程应连续,避免中途停机。对于螺旋钻机法施工,尤其应避免在饱和砂土、粉土层内停机。采用振动沉管法时,灌满拌和料后,启动电机振动 5~10 s,保证灌筑密实。用振捣器具将上部 5 m 桩体捣固密实。

4)拔管。

①采用振动沉管法成桩,在灌筑拌和料后将导管拔出。拔管速度为 1.2~1.5 m/min,在淤泥质土层应放慢速度,拔管过程不得反插。如果灌筑拌和料不足,可以在拔管过程中,空中向管内投料补给导管拔出后,应确认成桩长度符合要求。

②长螺旋钻钻机采用管内泵压法灌筑拌和料,当钻杆芯管充满拌和料后开始拔管,速度为 2~3 m/min。严禁先提管后泵料。

5)长螺旋和有水的桩孔分别采用中空钻杆泵送拌和料和水下灌筑工艺。

(6)成桩验收。

1)应对灌筑的拌和料进行检查,制作 150 mm×150 mm×150 mm 规格 28 d 抗压强度试块。

2)应核对每根桩的拌和料灌筑量,确认桩长能保证有效桩体的施工图标示高程,且上端应有 0.5~0.7 m长的保护桩体,如图 2-4-20 所示。

图 2-4-20 水泥粉煤灰碎石桩(CFG 桩)

(7)施工中应注意的有关问题。

1)季节性施工。

①冬期施工。应采取措施避免拌和料在初凝前遭到冻结。泵头、泵管应采取保温措施,施工完成清除保护土层和桩头后,应立即对桩间土和桩头采用保温材料进行覆盖,防止桩间土冻胀造成桩体拉断。

②雨期施工。必须保证预留保护土层的厚度,以免扰动地基土。干作业成孔完毕后必须及时灌筑或遮盖桩孔。防止雨水进入,造成塌孔。

2)桩头的保护。

①为了达到桩顶高程及保证桩顶的强度,应设置保护桩,长度一般为 500~700 mm。采用粒料材料或黏性土对桩顶进行保护。

②桩体达到一定强度后(一般 3~7 d),方可挖槽。

③严禁挖槽时机械撞击桩头。

④截除桩头时,应使用简易锯截工具沿桩周向桩心逐次锯截多余的桩头直至桩顶设计高程,并把桩顶修凿平整。

⑤不可用重锤或重物横向击打桩体。

⑥合理安排施工顺序,避免后序桩的施工对已施工桩头的破坏。

3)桩间土保护。

①为了避免扰动桩间地基土,桩顶高程以上宜预留 300~500 mm 厚的保护土层。

②雨后钻机下应铺设碎石垫层，避免扰动地基土。

③桩顶高程以上应预留 50～100 mm 厚的土层，待验槽合格后，方可人工开挖至桩顶高程。

4)应注意的质量问题。

①密实砂层和较硬的土层，不宜选用振动沉管法成桩，以防振动挤密时使土的结构破坏，密度减小，承载力降低。

②长螺旋泵压成桩工艺应控制提钻速度，选择合适的施工顺序，并根据土层情况调整施工工艺，以防提钻过快发生断桩现象。

③在施工过程中，应控制拔管速度，始终保持均匀一致。并很好地控制留振时间，以免因拌和料产生离析，造成桩体强度不均匀。

④应严格控制活瓣打开的宽度或提钻速度，防止拌和料下落不充分，使土与桩体材料混合，导致桩身掺土等缺陷。

⑤接桩。当桩顶高程低于施工图标示高程时，如开槽或剔除桩头必须进行补桩，可采用比桩体强度高一等级的混凝土接桩至设计桩顶高程，注意在接桩过程中应保护好桩间土。

5)CFG 桩施工质量控制措施。

①拌和料配合比不合理。当拌和料中的细骨料和粉煤灰用量较少时，拌和料和易性不好，常发生堵管。因此，拌和料配合比要注意这两种材料的掺加量，特别是注意粉煤灰掺量，一般宜控制在 60～80 kg/m^3。

②拌和料拌制质量有缺陷。坍落度太大的拌和料，易产生泌水、离析，易造成堵管现象发生。坍落度太小，拌和料在输送管内流动性差，也容易造成堵管。施工时坍落度宜控制在 160～200 mm，若拌和料可泵性差，则可适量渗入泵送剂。

③施工操作不当。钻杆进入土层预定高程后，开始泵送拌和料，管内空气从排气阀排出，待钻杆芯管及输送管充满拌和料且呈连续体后，应及时提钻，保证拌和料在一定压力下灌筑成桩。

④桩体上部存气。为保证桩体因管内空气无法排出而形成空洞，施工时要经常检查排气阀是否发生堵塞，若发生堵塞应及时采取措施加以清洗。

⑤防止缩颈、断桩的措施。主要应优化拌和料配料，控制最大粒径和大粒径颗粒含量，保证适宜的工作度；采用适宜的拔管速度，在拔管的同时，应采用自动测量装置监控管内拌和料顶面高程的变化，防止管内拌和料随管上浮和空管提拔，导管的内壁应光滑，接头平顺，使用前应进行摩阻测试和灌筑模拟试验。对于振动沉管法成桩，可以附加振动装置，帮助拌和料落管。对于长螺旋钻孔成桩法，应保证芯管拌和料充盈度，保持足够的泵压。

5. 质量检验标准

(1)原材料质量标准见表 2-4-20。

表 2-4-20　原材料质量标准

材　料	质量标准
水泥	一般采用强度等级为 42.5 及以上的普通硅酸盐水泥
粉煤灰	一般采用细度不大于 45%的Ⅱ级或Ⅱ级以上的粉煤灰
石子	一般采用粒径为 20～50 mm 的坚硬碎石或卵石，含泥量不大于 3%
石屑	一般采用粒径为 2.5～5 mm 的石屑，含泥量不大于 3%
砂	宜采用中砂或粗砂，含泥量不大于 5%
外加剂	根据施工需要通过试验确定

(2)质量验收标准。

1)一般规定。

①施工前应进行成桩工艺试验(不少于 2 根)，以复核地质资料以及设备、工艺、施打顺序是否适宜，确定拌和料配合比、坍落度、搅拌时间、拔管速度等各项工艺参数，报监理单位确认后，方可进行。

②CFG 桩施工开始后应及时进行复合地基承载力或单桩承载力试验，以确认施工图给出的参数。

③采用振动沉管机成桩时，设备型号选择应根据地质条件及桩径、加固深度要求确定，其施工应符合下列要求：

a. 振动沉管机管壁表面应有明显的进尺标记，并根据桩长、沉管入土深度确定机架高度和沉管长度。

b. 沉管过程中每沉 1 m，应记录电流表电流一次，并对土层变化处予以说明。

c. 拌和料应按施工配合比经搅拌机拌制，坍落度、拌制时间应按工艺试验确定的参数指标进行控拌，拌制时间不得少于 1 min。

d. 拔管速率按工艺性试验确定，并按批准的参数进行控制，拔管中严禁反插。

e. 每根桩的投料量不得少于施工图要求灌筑量。

f. 成桩后桩顶控制高程应考虑凿除浮浆后的桩长满足施工图要求。

④采用长螺旋钻管内泵压拌和料灌筑成桩时，设备型号选择应根据桩径、加固深度要求确定，其施工应符合下列要求：

a. 施工工艺设计应有防止堵管、窜孔的措施。

b. 钻进应先慢后快。在成孔过程中，如发现钻杆摇晃或钻进困难时，应放慢进尺。

c. 拌和料应按施工配合比经搅拌机拌制，坍落度、拌制时间应按工艺试验确定的参数指标进行控拌，拌制时间不得少于 1 min；必须保证拌和料能顺利通过刚性管、高强柔性管、弯管和变径管而到达钻杆芯管内。

d. CFG 桩成孔到施工图标示高程后，停止钻进，开始泵送拌和料，当钻杆芯管充满拌和料后开始拔管，严禁先提管后泵料。

e. 钻杆应采用静力提拔，施工中应严格按工艺试验确定并经监理工程师批准的参数指标控制钻杆提拔速度和拌和料泵送量，并保证连续提拔，施工中严禁出现超速提拔。

f. 施工中应保证排气阀正常工作，施工中要求每工班经常检查排气阀，防止排气阀被水泥浆堵塞。

g. 桩机移位至下一桩位施工时，应根据轴线或周围桩的位置对需施工的桩位进行复核，保证桩位准确。

2）主控项目质量要求及检验方法见表 2-4-21。

表 2-4-21　CFG 桩施工的主控项目质量要求、检验数量及检验方法

主控项目	检验项目	质量要求	检验数量	检验方法
原材料	水泥	所用的水泥品种、规格及质量应符合施工图要求	同一产地、品种、规格且连续进场的水泥，袋装水泥 200 t 为一批，散装水泥 500 t 为一批，当袋装水泥不足 200 t 或散装水泥不足 500 t 时也为一批计	检查产品质量证明文件，在水泥库抽样检验水泥强度、安定性、凝结时间
	粗、细骨料	所用粗细骨料品种、规格及质最应符合施工图要求	同一产地、品种、规格且连续进场的粗、细骨料，分别每 400 m^3 为一批，当不足 400 m^3 时也按一批计。每批抽样检验 1 组	在料场抽样检验粗、细骨料含泥量、筛分试验检验其颗粒级配
CFG 桩	坍落度	CFG 桩拌和料坍落度应按施工工艺试验确定并经监理工程师批准的参数进行控制	每台班抽样检验 3 次	现场坍落度试验
	强度	CFG 桩拌和料强度应符合施工图要求	每台班做一组(3 块)试块	每台班制作拌和料试块，进行 28d 标准养护试件抗压强度检验
	桩数、形式	CFG 桩的数量、布桩形式应符合施工图要求	全检	观察、现场清点
	投料量	每根桩的投料量不得少于施工图要求灌筑量	全检	料斗现场计量或混凝土泵自动记录
成桩	桩身质量	CFG 桩的桩身质量、完整性应满足施工图要求	检验总桩数的 10%	低应变检测
	承载力	CFG 桩处理后的复合承载力、变形模量应满足施工图要求；柱桩的单桩承载力应满足施工图要求	总桩数的 2‰，且每检验批不少于 3 根	平板荷载试验

(3)CFG 桩施工的允许偏差、检验数量及检验方法参见前面表 2-4-14。

4.1.14　打入桩施工

1. 工艺概述

打入桩是通过锤击(部分辅以高压射水)将各种预制好的桩打入地基内所需要达到的深度,使上部结构的荷载穿过软弱土层传递到坚硬、更密实的土层或基岩上,从而达到软基处理的目的。常用的打入桩有钢筋混凝土和预应力混凝土桩、钢桩、组合桩(一种下部为 H 型钢桩上部为钢筋混凝土方桩的组合桩)等。打入桩主要适用于下述情况:

(1)荷载较大,地基上部土层软弱,地基持力层埋藏较深,采用浅基础或其他地基处理方式在技术上和经济上都不合理。

(2)水流冲刷力较大,河岸或海岸不稳定,位于基础或结构物下面的土层有可能被侵蚀、冲刷。

(3)软基上的建筑物承受较大水平荷载,需减少建筑物的水平位移和倾斜。

(4)施工水位或地下水位较高,采用其他深基础施工不便或经济上不合理。

2. 作业内容

测量定位、打桩机就位、移位、制桩、沉桩、检测等。

3. 施工工艺及质量控制流程

打入桩施工工艺及质量控制流程如图 2-4-21 所示。

4. 工艺步骤说明

(1)打入桩施工根据地质条件、桩型和承载能力等情况采取锤击法或振动沉桩法进行,此处以锤击法沉桩为主进行介绍。

混凝土预制桩严格按施工图要求进行,其自然养护期不少于 56 d,保证其施工质量。混凝土预制桩强度达到 70%以上时,方可起吊;强度达到 100%时方可进行运输,一般根据打桩进度,随打随运,减少二次倒运。运输时其支点应与吊点一致,做到桩身平稳放置。

(2)吊桩喂桩。

1)打桩就位时,桩夹应平稳地夹设在打桩部位,用钢缆拉牢。打桩机的安装,必须按照有关程序或说明书进行。

2)打桩机就位时,应对准桩位,垂直稳定,确保在施工中不倾斜、移动。

3)起吊预制桩。先拴好吊桩的钢丝绳及索具,然后应用索具捆绑住桩上端约 50 cm 处,起动机器起吊预制桩,使桩尖对准桩位中心,缓缓放下插入土中。插桩必须正直,其垂直度偏差不得超过 0.5%,再在桩顶扣好桩帽,即可卸去索具。桩帽与桩周边应留 5～10 cm 的间隙,锤与桩帽、桩帽与桩顶之间应有相应的弹性衬垫,一般采用麻袋、纸皮或木砧等衬垫材料,锤击压缩后的厚度以 120～150 mm 为宜,在锤击过程中,应经常检查,及时更换。

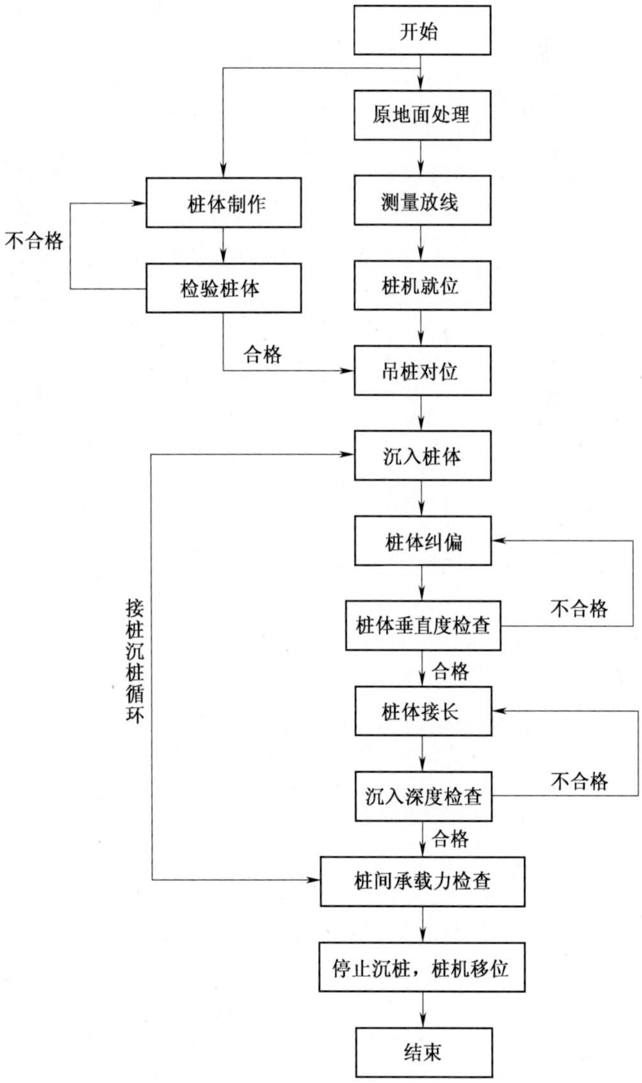

图 2-4-21　打入桩施工工艺及质量控制流程图

4)喂桩。相比较而言,预制钢筋混凝土方桩的喂桩比较困难,因此,在喂桩时,为能自由转动直立的桩身,打桩工人往往用铁板做成一个“大扳手”,扳手的钳口做成一个四方形,内口比桩边长大 20 mm 左右,钳门外配一个大手把,当钳口钳住桩身后,推动手柄,垂直的桩身能左右转动方便对中就位。

5)稳桩。桩尖插入桩位后,先用低锤击1～2下,桩入土一定深度后,再使桩垂直稳定。长度在10 m以内的短桩可目测或吊线锤纵横双向检查桩垂直度;10 m以上或打接桩则必须用线锤或经纬仪纵横双向正桩。

(3)锤击沉桩。

1)桩在入土前,应在桩架或桩身上设置尺寸标志,以便在施工中观测、记录。

2)打桩。起锤轻压或锤击,在两台经纬仪的检核下使桩保持垂直,无异常时即可正式沉桩。在开始锤击时,落距应较小,当入土一定深度并待桩稳定后,再按要求的落距沉桩。当采用柴油锤时,应保持锤的跳动正常。打桩宜重锤低击,锤重的选择应根据地质条件、桩的类型、结构、密集程度及施工条件选用。

3)打桩的顺序宜按下列原则确定。

①根据桩的密集程度,打桩顺序可采取从中间向两边对称施打;或从中间向四周施打;或从一侧向另一侧施打。

②根据基础高程,宜先深后浅进行施打。

③根据桩的规格,宜先大后小、先长后短进行施打。

④根据桩位与原有建筑物的距离,宜先近后远进行施打。

4)接桩。

①在桩长度不够的情况下,采用焊接接桩,焊接接桩的预埋铁件表面应清洁,上下节之间的间隙应用铁片垫密焊牢。焊接时,应采取措施,一般对称焊接,以减少变形,焊缝应连续、饱满。接桩方法和要求按施工图办理。

②接桩一般在距离地面1 m左右进行。上下节桩的中心线偏差不得大于10 mm,节点弯曲矢量不得大于1‰桩长。

③接桩处的焊缝应自然冷却10～15 min后才打入土中,对外露铁件应刷防腐漆。

5)送桩。送桩时,送桩(工具)的中心线应与桩身吻合一致方能进行送桩。送桩深度一般不宜超过2 m。

6)当桩的打入深度和贯入度达到施工设计要求时,应根据地质资料核对桩尖处的地质情况,即可进行控制。一般以要求最后3次10锤的平均贯入度不大于施工设计规定,并且3次10锤的贯入度不能递增。符合施工设计要求后,方可收锤,移动桩机。

7)打桩时应由专职记录员做好施工记录。开始打桩时,应记录每沉落1 m所需的锤击数并记录桩锤下落的平均高度。当下沉接近施工图标示高程和贯入度要求时,应在一定的落锤高度下。以每落锤10击为一阵锤击阶段,测量其贯入度并登记入表。

(4)振动沉桩施工要点。施工过程注意事项:振动沉桩机、机座、桩帽必须连接牢靠;沉桩和桩中心线应尽量保持在同一直线上,开始沉桩时宜用自重下沉或射水下沉,待桩身有足够稳定性后,再采用振动下沉。每根桩的沉桩作业,须一次完成,不可中途停锤过久,避免出现吸附现象。

停振控制标准:振动沉桩的停振标准,应以通过试桩验证的桩尖高程控制为主,以最终贯入度(cm/min)或可靠的振动承载力公式计算的承载力作为校核。如果桩尖已达高程而最终贯入度或计算承载力相差较大时,则应查明原因,报有关单位研究后另行确定。

出现异常情况的处理:振动沉桩过程中,出现桩的偏移、倾斜或回弹(严重时),以及其他不正常情况时,均应暂停沉桩,并查明原因,采取相应措施后方可继续沉桩。

(5)打桩时出现下沉异常现象的判断和处理。

1)打桩过程中发生下沉量突然增大,原因是桩尖穿过硬土层进入软弱土层,或桩已被打断,此时应对照地质资料进行检查,若桩尖进入软土层,应继续施打;若桩身被打断,应会同有关单位研究补桩方案。

2)桩到一定深度后打不下去,或桩锤和桩突然回弹,原因可能是桩尖碰到孤石或已打到硬土层,这时应减小桩锤落距,慢慢往下打,待桩尖穿过障碍之后再加大落距,如仍打不下去,应根据地质资料核对桩尖处的土质情况会同有关单位研究解决。

3)施打过程中,若桩头已严重破损,不得再打,待采取相应措施后方可继续施打。

(6)施工质量通病防治。

1)桩身断裂。

①现象。桩在沉入过程中,桩身突然倾斜错位,当桩尖处土质条件没有特殊变化,而贯入度逐渐增加或

突然增大，同时在桩锤跳起后，桩身随之出现回弹现象，这时可能是桩身发生断裂。

②原因。主要原因有：桩节的细长比过大，沉入又遇到了较硬土层；桩制作时，桩身弯曲超过规定，桩尖偏离桩的纵轴线较大，沉入后桩身发生倾斜或弯曲；桩入土后遇到大块坚硬的障碍物，把桩尖挤向一侧；稳桩时不垂直，打入地下一定深度后，再用移架的方法校正，使桩身产生弯曲；两节桩或多节桩施工时，相接的两节桩不在同一轴线上，产生了曲折；桩在反复长时间打击中，桩身受拉应力作用，当拉应力值大于其抗拉强度，桩身某处即产生横向裂纹，表面混凝土剥落，如拉应力过大，钢筋超过塑限，桩即断裂；制作桩的混凝土强度不够，桩在堆放、吊运过程中产生裂纹或断裂未被发现。

③预防措施。施工前应将桩位下的障碍物清理干净，必要时对每个桩位用钎探探测，对桩构件要进行检查，发现桩身弯曲超过规定（桩身弯曲度允许偏差值为 $L/1\,000$，且≤200 mm，L 为桩长）或桩尖不在桩纵轴线上的不宜使用，一节桩的细长比不宜过大，一般不宜超过 40。

在稳桩过程中，如发现桩不垂直应及时纠正，桩打入一定深度后发生严重倾斜时，不宜采用移架方法来正桩。接桩时，要保证上下两节桩在同一轴线上，接头处应严格按照操作要求处理。

桩在堆放、吊运过程中，应严格按照有关规定执行，发现桩开裂超过检验标准时不得使用。

2)桩顶碎裂。

①现象。在沉桩过程中，桩顶出现混凝土掉角、碎裂、坍塌甚至桩顶钢筋全部外露打坏。

②原因。主要原因有：施工图没有考虑到工程地质条件、施工机具等因素，混凝土强度偏低，或者桩顶钢筋网片不足，主筋距桩顶面距离过小；桩预制时，混凝土配合比不良，施工控制不严，振捣不密实等；混凝土养护时间短或养护措施不当，致使钢筋与混凝土在冲击荷载下，不能很好地协同工作，桩顶容易严重碎裂；桩顶面不平，桩顶平面与桩轴线不垂直，桩顶保护层过厚；桩顶与桩帽的接触面不平，桩沉入时不垂直，使桩顶面倾斜，造成桩顶面局部受集中应力而碎裂；沉桩时，桩顶未加衬垫或衬垫已损坏，未及时更换，使桩顶直接承受冲击荷载；锤重选择不当，桩锤小，桩顶受打击次数过多，桩顶混凝土容易产生疲劳破坏而打碎；桩锤大，打击力过大，桩顶混凝土承受不了过大的打击力，也会发生碎裂。

③预防措施。桩制作时，要振捣密实，主筋不得超过第一层网片，桩成型后要加强养护。在达到强度后，宜有 1～3 个月的自然养护，以增加桩顶抗冲击能力。

应根据工程地质条件，桩断面尺寸及形状，合理地选择桩锤。

沉桩前应对桩构件进行检查，检查桩顶有无凹凸情况，桩顶平面是否垂直于桩轴线，桩尖有否偏斜，对不符合质量标准的桩不宜采用或经过修补等处理后方可使用。

检查桩帽与桩的接触面处垫木是否平整，如不平整应进行处理方能施工。

稳桩要垂直，桩顶要加衬垫，如衬垫失效或不符合要求要更换。

3)沉桩达不到要求。

①现象。桩是以最终贯入度和最终桩长为施工的最终控制。一般情况下，以一种控制标准为主，以另一种控制标准为参考，有时沉桩达不到施工图的最终控制要求。

②原因。主要原因有：探测点不够或勘察资料不详，对工程地质情况不明，尤其是持力层的起伏高程不明，致使施工图选择持力层或选择桩有误，有时也因为施工设计要求过严，超过施工机械能力或桩身混凝土强度；勘察工作是以点带面，对局部硬夹层、软夹层不可能全部了解清楚，尤其在复杂的地质条件下，还有地下障碍物，如大块石头、混凝土块等，打桩施工遇到这种情况，就可能达不到施工图要求的控制标准；以新近代砂层为持力层时，由于其结构不稳定，同一层土的强度差异很大，桩打入该层时，进入持力层较深才能满足贯入度，但群桩施工时，砂层越挤越密，最终则会有沉不下去的现象；桩锤选择太大或太小，使桩沉不到或超过施工图要求的控制高程；桩顶打碎或桩身打断，致使桩不能继续打入。

③预防措施。详细探明工程地质情况，必要时应补勘，正确选择持力层或高程。根据工程地质条件、桩断面及自重，合理选择施工机械、施工方法及打桩顺序。防止桩顶打碎或桩身断裂。

4)桩顶位移。

①现象。在沉桩过程中，相邻的桩产生横向位移或桩身上浮。

②原因。主要原因有：桩入土后，遇到大块坚硬障碍物，把桩尖挤向一侧；两节桩或多节桩施工时，相接的两节桩不在同一轴线上，产生了曲折；桩数较多，土壤饱和密实，桩间距较小，在沉桩时土被挤到极限密实度而向上隆起，相邻的桩被浮起；在软土地基施工较密集的群桩时，由于沉桩引起孔隙水压力把相邻的桩挤

向一侧或浮起。

③预防措施。施工前应将桩位下的障碍物清理干净,必要时对每个桩位用钎探探测,对桩构件要进行检查,发现桩身弯曲超过规定或桩尖不在桩纵轴线上的不宜使用,一节桩的细长比不宜过大,一般不宜超过40。在稳桩过程中,如发现桩不垂直应及时纠正,桩打入一定深度后发生严重倾斜时,不宜采用移架方法来校正。接桩时,要保证上下两节桩在同一轴线上,接头处应严格按照操作要求作业。

采用井点降水、砂井或盲沟等降水或排水措施。

沉桩期间不得同时开挖基坑,需待沉桩完毕后相隔适当时间方可开挖,相隔时间应视具体土质条件、基坑开挖深度、面积、桩的密集程度及孔隙压力消散情况来确定。

5)接桩处松脱开裂。

①现象。接桩处经锤击后,出现松脱开裂现象。

②原因。主要原因有:连接处表面没有清理干净,留有杂质、水渍、油污等;连接件不平,有较大空隙,焊不牢;焊接质量不好,焊缝不连接、不饱满或有夹渣;两节桩不在同一轴线上,接桩处产生曲折,锤击时接桩处产生集中应力而破坏连接。

③预防措施。接桩前对连接部位上的杂质、油污等必须清理干净,保证连接部件清洁。检查连接部件是否牢固平整和符合施工图要求,如有问题必须进行修正。

接桩时,两节桩应在同一轴线上,焊接预埋件应平整,焊接后,锤击数次,再检查一遍,观察有无开裂,如有应作补救措施。

5. 质量检验标准

(1)打入桩主控项目质量要求、检验数量及检验方法应符合表 2-4-22 的规定。

表 2-4-22 打入桩主控项目质量要求、检验数量及检验方法

检验项目	质量要求	检验数量	检验方法
混凝土配合比	混凝土原材料配合比设计和施工配合比应符合相关规定的要求	全部检验	查质量文件
表面质量	(1)桩的棱角破损深度应在 10 mm 以内,其总长度不大于 40 cm;(2)预应力混凝土桩不得有裂缝(表面收缩裂缝除外);(3)普通混凝土桩表面裂缝深度不应大于 7 mm,裂缝宽度不应大于 0.15 mm,横向裂缝长度:方桩不应大于边长 1/3,管桩及多角形桩不应大于直径或对角线 1/3;纵向裂缝长度方桩不应大于边长的 1.5 倍,管桩及多角形桩不应大于直径或对角线的 1.5 倍	全部检验	观察、尺量或用刻度放大镜检查
桩数、布桩	打入桩的数量、布桩形式应符合施工图	全部检验	观察
接桩	接桩应符合施工图要求,当混凝土桩用法兰盘拼接时,应连接牢固,防锈处理符合施工图要求	全部检查	观察、测量
入土深度	桩的入土深度和最终贯入度应符合施工图要求	全部检查	观察、测量
桩顶、桩头	桩顶高程和桩头处理应符合施工要求	全部检查	观察、测量
承载力	打入桩地基处理后,按施工图要求检验桩的承载力应满足施工图要求		静载试验

(2)桩的钢筋骨架的允许偏差应符合表 2-4-23 的规定。

表 2-4-23 桩的钢筋骨架允许偏差、检验数量及检验方法

<table>
<tr><th>检验项目</th><th>允许偏差(mm)</th><th>检验数量</th><th>检验方法</th></tr>
<tr><td>主筋间距</td><td>±5</td><td rowspan="9">按桩总数的 5%抽样检验,且每检验批不少于 5 根</td><td rowspan="3">尺量不少于 5 处</td></tr>
<tr><td>箍筋间距或螺旋筋的间距</td><td>±10</td></tr>
<tr><td>钢筋保护层</td><td>+5
−2</td></tr>
<tr><td>吊环对桩中轴线的位移</td><td>±20</td><td rowspan="6">尺量或拉线尺量</td></tr>
<tr><td>吊环沿垂直于轴线方向的位置</td><td>±20</td></tr>
<tr><td>吊环露出桩表面的高度</td><td>±10</td></tr>
<tr><td>主筋顶端与桩顶净距</td><td>±5</td></tr>
<tr><td>桩顶钢筋网片的位置</td><td>±5</td></tr>
<tr><td>桩尖对中轴线的位置</td><td>±10</td></tr>
</table>

(3)桩身外型尺寸的允许偏差应符合表2-4-24的规定。

表2-4-24　桩身外型尺寸的允许偏差、检验数量及检验方法

检验项目			检验数量	允许偏差	检验方法
实心方桩	横截面边长		按桩总数的5%抽样检验，且每检验批不少于5根	±5 mm	尺量不少于5处
	桩顶对角线			±10 mm	
	桩尖对中轴线的位移			10 mm	拉线尺量
	桩身	弯曲矢高		20 mm	
		矢高与桩长比		1‰	
	桩顶平面对桩纵轴线的倾斜			3 mm	角尺和拉线尺量
	中节桩两接触面对桩纵轴线的倾斜之和			3 mm	
空心管桩	直径			±5 mm	尺量不少于5处
	壁厚			−5 mm	
	抽芯圆孔平面位置对桩中轴线的位移			5 mm	
	桩尖对桩纵轴线的位移			10 mm	拉线尺量
	弯曲矢高			20 mm	
	矢高与桩长比			1‰	
	法兰盘对桩纵轴线垂直度			4 mm	角尺和拉线尺量

(4)桩位、倾斜度的允许偏差应符合表2-4-25的规定。

表2-4-25　桩位、倾斜度的允许偏差、检验数量及检验方法

检验项目			允许偏差	检验数量	检验方法
桩位	群桩	中间桩	$d/2$且不大于250 mm	按桩总数的5%抽样检验，且每检验批不少于5根	测量和尺量
		外缘桩	$d/4$		
	排架桩	顺桥方向	100 mm		
		横桥方向	150 mm		
直桩垂直度			1%		吊线和尺量
斜桩倾斜度			15%$\tan\theta$		

注：1. d为桩径或短边，单位为mm。

2. θ为斜桩轴线与竖直线间的夹角。

4.1.15　振动沉管混凝土灌注桩施工

1. 工艺概述

本工艺适用于振动法沉入套管，在套管内灌注混凝土并同步拔出套管而成桩的施工。

沉管灌注桩又称套管成孔灌注桩，按其成孔方法不同可以分为振动沉管灌注桩、锤击沉管灌注桩。沉管灌注桩是采用振动沉管打桩机或锤击沉管打桩机，将带有活瓣式桩尖或锥形封口桩尖，或预制钢筋混凝土桩尖的沉管沉入土中，然后边灌注混凝土、边振动或锤击、边拔管而形成灌注桩。

锤击法沉管可穿越一般黏性土、黏土、淤泥、松散至中密的砂土及人工填土等土层，不宜用于标准贯入击数$N>30$的砂土、$N>15$的黏性土以及碎石土。在重流塑、大厚度的淤泥中锤击沉管法成桩直径$D\leqslant 340$ mm。

振动和振动冲击法沉管穿透砂土层的能力较强，还适用于稍密碎石土层；振动冲击法沉管也可用于中密碎石土层和强风化岩层。

2. 作业内容

施工准备、管具制备、测量定位、桩尖就位埋设、打桩机就位、振动下沉套管、贯入度检查、吊装钢筋骨架、灌注桩身混凝土、振动拔管、移位等。

3. 施工工艺及质量控制流程

振动沉管灌注桩施工工艺及质量控制流程如图2-4-22所示。

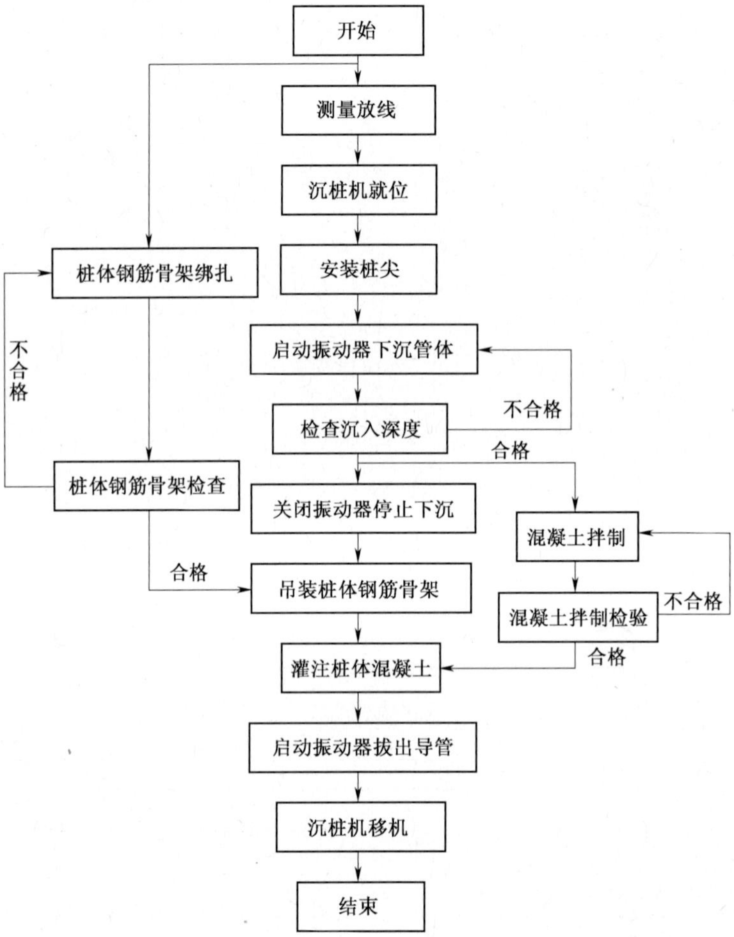

图 2-4-22　振动沉管灌注桩施工工艺及质量控制流程图

4. 工艺步骤说明

(1)打桩机就位。将桩管对准桩位中心,把桩尖活瓣合龙(当采用活瓣桩尖)或将桩管对准预先埋设在桩位上的预制桩尖(当采用钢筋混凝土、铸铁和封口桩尖时),放松卷扬机钢丝绳,利用桩机和桩管自重,把桩尖竖直地压入土中。

预制桩尖的位置应与施工图相符,桩管应垂直套入桩尖,桩管与桩尖的接触处应加垫草绳或麻袋等,管与桩尖的轴线应重合,桩管内应保持干净。

(2)振动下沉套管。开动振动锤,同时放松主钢丝绳,使桩管渐渐下沉,并开动加压卷扬机,对钢管加压。当桩管下沉到要求后,便停止振动器的振动。

振动下沉的施工方法选择:根据承载力的不同要求,可采取单打法、复打法和反插法,具有用小钢管灌注出大断面的效果。

1)单打法:即一次拔管法,拔管时每提升 0.5～1 m,振动 5～10 s 后,再拔管 0.5～1 m,如此反复进行,直至全部拔出。单打法的桩截面比钢管围成的截面扩大 30%。

2)复打法:在同一桩孔内作两次单打,或根据需要作局部两次单打,第一次沉管灌注混凝土后,拔出桩管,立即在原桩位做第二次沉管,使未凝结的混凝土向四周挤压,扩大桩径,然后灌注第二次混凝土,经测定,复打法的桩截面比沉入钢管围成的截面扩大 80%。

3)反插法:沉管灌注混凝土后,将钢管每提升 0.5 m,再下沉 0.3 m,补充混凝土(或提升 1 m,下沉 0.5 m,主要依承载力要求确定),如此反复进行,直至拔离地面。反插法的桩截面比沉管围成的截面扩大 50%左右。此种打法在淤泥层中可消除缩颈现象,但在硬土层中易损坏桩顶,不宜采用。

沉管下沉过程中,应经常探测管内地下水或泥浆,如发现地下水或泥浆过多,应拔出桩管检查活瓣桩尖缝隙是否过松而漏进泥水。如果过松应加以修理，并用砂回填桩孔后重新沉管，如再发现有少量水时，一般可在沉管前先灌入 0.1 m^3左右的混凝土或砂浆封堵活瓣桩尖缝隙再继续沉入。对于预制桩尖的情况，当发现桩管内水或泥浆较多时，应拔出桩管，采取措施，重新安放桩尖后再沉管。

必须严格控制最后 2 min 的贯入度，其值按施工图要求或根据试桩和当地长期的施工经验确定。测量贯入度时，应使配重及电压保持正常。

在饱和土层条件时，一般要求复打。复打法能使桩径增大约 1.4 倍，提高承载力。对于预制桩尖的情况，当单打施工完毕，拔出桩管后，及时清除粘附在管壁和散落在地面上的泥土，在原桩位上第二次安放桩尖，进行沉管、灌注、拔管，直至成桩。对于混凝土充盈系数小于 1.0 的桩，可以采用全复打；对于有断桩或有缩颈可能的桩，可采用局部复打。全复打时，桩的入土深度宜接近桩长，局部复打时，应超过有可能断桩或缩颈区 1 m 以上，复打施工必须在第一次灌注的混凝土初凝以前全部完成，第一次灌注的混凝土应达到自然地面，不得少灌。

(3)吊装钢筋笼。吊装时，钢筋笼顶高程允许偏差为 100 mm。

(4)灌注桩身混凝土。利用漏斗向桩管内灌注混凝土，如图 2-4-23 所示。混凝土拌制时，坍落度控制在 16～20 cm，混凝土强度等级不宜低于 C15，应使用 42.5 级以上的硅酸盐水泥，混凝土的水泥量不宜小于 350 kg/m。

图 2-4-23　漏斗混凝土灌注

(5)边拔管、边振动、边灌注混凝土。当混凝土灌满后，再次开动振动器和卷扬机，先振动 5～10 s，再开始拔管，边振动边拔管。在拔管过程中一般都要向桩管内继续加混凝土。每拔 0.5～1 m，留振5～10 s，如此反复，直至桩管全部拔出。拔管速度在一般土层中以 1.2～1.5 m/min 为宜，在软弱土层中应控制在 0.6～0.8 m/min。当采用活瓣桩尖时宜慢，当采用预制桩尖时可适当加快。在拔管过程中，桩管内至少应保持 2 m 以上混凝土，或不低于地表。桩管内混凝土高度不足 2 m 时要及时补灌，以防混凝土中断形成缩颈。

(6)桩机移位。振动沉管灌注桩宜以流水顺序，依次向后退打。对于群桩基础，或桩的中心距小于 3.5 倍桩径时，应跳打，中间轮空的桩应待新灌注桩的混凝土强度达到施工图标示强度等级的 50%以上后，方可施打。

(7)施工注意要点。

1)振动沉桩机、机座、桩帽必须连接牢靠，沉管和桩中心线应尽量保持在同一直线上。

2)沉管开始时应采用自重下沉，待管体有足够稳定性后再采用振动下沉。

3)每管下沉作业需连续一次完成，中途不宜停顿，以免土的摩阻力恢复导致沉管困难。

4)振动沉管的停振标准，应以工艺试验的桩尖高程控制为主，并以最终贯入度(cm/min)或可靠的振动承载力公式计算的承载力校核。如果桩尖到达高程，而最终贯入度或计算承载力相差较大时，则应查明原因，报有关单位研究确定。

5)振动沉管过程中，出现管的偏移、倾斜或严重回弹以及其他不正常情况时，应暂停振动，并查明原因，采取措施后继续沉管。

(8)振动沉管灌注桩施工常见问题及预防措施见表 2-4-26。

表 2-4-26　振动沉管灌注桩施工常见问题及预防措施

常见问题	产 生 原 因	预防措施及处理方法
缩颈(灌注混凝土后的桩身局部直径小于施工图标示尺寸)	(1)在地下水位以下或饱和淤泥或淤泥质土中沉桩管时,土受强制扰动挤压,土中水和空气不能很快扩散,局部产生孔隙水压力,当套管拔出时,混凝土强度尚低,部分桩体受挤缩颈。 (2)在流塑淤泥质土中,由于下套管产生的振动作用,使混凝土不能顺利灌入,被淤泥质土浸入,从而造成缩颈。 (3)桩间距过小,施工时受邻桩挤压。 (4)拔管速度过快,混凝土来不及下落,而被泥土填充。 (5)混凝土过于干硬或和易性差,拔管时对混凝土产生摩擦力或管内混凝土量过少,混凝土出管的扩散性差,而造成缩颈	施工时每次向桩管内尽量多装混凝土,使其自重抵消桩身所受的孔隙水压力。一般使管内混凝土高于地面或地下水位 1.0～1.5 m,使之有一定的扩散力,桩间距过小,宜用跳打法施工;沉桩应采取"慢插密击(振)";拔管速度不得大于 0.8～1 m/min;桩身混凝土应用和易性好的低流动性混凝土灌筑。 桩轻度缩颈,可采取反插法,每次拔管高度以 1 m 为宜;局部缩颈宜采用半复打法。桩身多段缩颈宜采用复打法施工
桩身夹泥(桩身混凝土内存在泥土层,使桩身断面减小或隔断)	(1)在饱和淤泥质土层中施工,拔管速度过快,混凝土骨料粒径过大,坍落度过小,混凝土还未流出管外,土即涌入桩身,造成桩身夹泥。 (2)采用反插法时,反插深度太大,反插时活瓣向外张开,使孔壁周围的泥挤进桩身,造成桩身夹泥。 (3)采用复打法时,套管上的泥土未清理干净,而挤入桩身混凝土内	在饱和淤泥质土层中施工,注意控制拔管速度和混凝土骨料粒径(<30 mm)。坍落度(5～7 cm),拔管速度以 0.8～1 m/min 为宜;混凝土应拌制均匀,和易性要好,拔管时随时用浮标测量,观察桩身混凝土灌入量,发现桩径减小时,应采取措施。采用反插法时,反插深度不宜超过活瓣长度的 2/3;复打时,在复打前应把套臂管上的泥土清除干净
桩身下沉(桩成形后,在相邻桩位下沉套管时,机顶的混凝土、钢筋或钢筋笼下沉)	(1)新灌注的混凝土处于流塑状态,由于相邻桩沉入套管时的振动影响,混凝土骨料自重沉实,造成桩顶混凝土下沉,土挤入混凝土内。 (2)钢筋的密度比混凝土大,受振动作用,使钢筋或钢筋笼沉入混凝土	在桩顶部分采用较干硬性混凝土;钢筋或钢筋笼放入混凝土后,上部用钢管将钢筋或钢筋笼架起,支在孔壁上,可防止相邻桩振动时下沉;指定专人清理桩顶杂物、浮浆,重新补足混凝土
超量(浇筑混凝土时,混凝土的用量比正常情况大 1 倍以上)	(1)在饱和淤泥质软土成桩,土受到扰动,强度大大降低,由于混凝土对土壁的压力作用,而使土壁压缩,桩身扩大。 (2)地下遇到土洞、坟坑、溶洞等洞穴	在饱和淤泥质软土层中成桩,宜先打试验桩,如发现混凝土用量过大,应请求变更采用其他桩型,施工前应通过钎探了解工程范围内的地下洞穴情况,如发现洞穴,预先挖开或钻孔,进行填塞处理,再行施工
桩达不到最终控制要求(桩管下沉不到施工图要求的深度)	(1)遇有较厚的硬夹层或大块孤石、混凝土块等地下障碍物。 (2)实际持力层高程起伏较大,超过施工机械能力,桩锤选择太大或太小,使桩沉不到或沉过要求的控制高程。 (3)振动沉桩机的振动参数(如激振力、振幅、频率等)选择不合适,或振动压力不够而使套管沉不下去。 (4)套管长度过大、刚度较低,在沉管过程中,产生弹性弯曲而使锤击或振动能量减弱,不能传至桩尖处	认真勘察工程范围内的地下硬土层及埋设物情况,遇有难以穿透的硬土层,应用钻机钻透,或将地下障碍物清除干净;根据工程地质条件,选用合适的沉桩机械和振动参数,沉桩时,如因正压力不够而沉不下去,可用加配重或加压的办法来增加正压力;锤击沉管时,如锤击能力不够,可更换大些的锤;套管应有足够的刚度,长细比不宜大于 40
桩尖进水、进泥砂(套管活瓣处涌水或泥砂进入桩管内)	(1)地下涌水量大、水压大。 (2)沉桩时间过长。 (3)桩尖活瓣缝隙大或桩尖垫被打坏	地下涌水量大时,桩管应用 0.5 m 高水泥砂浆封底,再灌 1 m 高混凝土,然后沉入,少量进水(<20 cm)可在灌第一槽混凝土时减小用水量;沉桩时间不要过长;桩尖损坏,不密合,可将桩管拔出,将孔回填,桩尖活瓣修复后,重新沉入
吊脚桩(桩下部混凝土不密实或脱空,形成空腔)	(1)桩尖活瓣受土挤压,拔管一定高度才张开。 (2)混凝土干硬,和易性差,下落不密实,形成空隙。 (3)预制桩尖被打碎缩入桩管内,泥砂与水挤入管中	为防止活瓣不张开,可采取"密振慢抽"的方法,开始拔管 50 cm,可将桩管回振几下,然后再正常拔管;混凝土应保持良好和易性,坍落度应不小于 5～7 cm,严格检查预制桩尖的强度和规格,防止桩尖打碎或压入桩管

5. 质量检验标准

(1)沉管灌注桩允许偏差见表 2-4-27。

表 2-4-27　沉管灌注桩允许偏差和检验方法

检验项目	允许偏差	检验方法与频率
孔位	50 mm	尺量检查不少于5处
垂直度	0.01倍桩长	吊垂线或靠尺检查
深度	−20 mm	尺量检查不少于5处
桩顶高程	±50 mm	测量检查
钢筋笼钢筋直径、主筋间距	±10 mm	尺量检查不少于5处
钢筋笼箍筋间距	±20 mm	尺量检查不少于5处
钢筋笼长度	±100 mm	尺量检查不少于5处
桩径	−20 mm	上、中、下3处
桩身混凝土强度	不小于施工标示强度等级	试件或钻芯

注:桩径负值仅限个别断面。

(2)灌注充盈系数测定。混凝土灌注充盈系数即实际灌注的混凝土体积与按桩管外径计算的体积之比。可以采用浮标法测定:在管内设浮标,使其浮在混凝土表面,每次拔管高度为 H 时,用一根刻着长度标记的浮标拉绳可测出桩管内混凝土的落下高度 h,由于混凝土要补充管壁体积,故 h 常比 H 大,h/H 的比值即充盈系数。粗略的求法是:将实际用的钢管外径 D 的平方除以内径 d 的平方。充盈系数一般为 1.3～1.4,在正常条件下近于常数。如高于常数,则表示混凝土扩散(即桩身直径 D 增大);若低于常数,则表示有缩颈现象(即 D 变小),若降低很多,应及时采取复打法或局部复打法来处理。

4.1.16　桩帽(筏)板施工

1. 工艺概述

桩帽(筏)板适用于刚性桩复合地基处理的松软土地基,桩帽板一般用于打入桩、压入桩等刚性桩桩顶。

2. 作业内容

基坑、桩孔挖填、护壁设置、模板制作安装拆除、钢筋及预埋件制作安装、桩帽混凝土灌注等。

3. 施工工艺及质量控制流程

桩帽(筏)施工工艺及质量控制流程如图 2-4-24 所示。

4. 工艺步骤说明

(1)开始。采用人工配合挖掘机开挖基坑。开挖时做好边坡防护。雨季开挖时,提前在坑口挖截水沟或设置围堰。钢筋统一加工,现场绑扎,采用大块钢模板施工。通过"顶拉结合"的方式加固,即模板内部设置拉筋,外侧支撑。混凝土集中制备,由混凝土运输车运送到位,混凝土输送泵分层浇筑,插入式振捣器具振捣,洒水覆盖养护。

(2)基坑开挖。桩基检测合格后采用挖掘机开挖基坑,靠近桩头的部分由人工开挖,避免机械损伤桩头,按规范要求放坡开挖,机械开挖时预留 30 cm 由人工清理。避免超挖。基坑底的承载力按照规范要求进行检测。若出现基底地质情况与施工图不符时应按程序办理变更设计。当地下水位较高时,在基坑四周设置截水沟或在坑底设置排水沟、集水坑。为便于钢筋绑扎和模板安装,基坑底的四周应分别留 50 cm 左右的空间。基坑开挖到位后,按钻孔桩施工中的要求凿除多余部分的桩头,并按施工图要求留出一定长度的桩头以便嵌入桩板帽。基坑检查验收合格后方可进行下道工序的。

(3)钢筋绑扎。钢筋统一加工,现场绑扎,底层钢筋绑扎前,按施工图保护层的厚度在钢筋下垫入水泥砂浆垫块。

(4)采用大块钢模板,安装前在清理干净的模板上满涂脱模剂。安装后的模板接缝小于 2 mm,大于2 mm时应重新调整模板并用胶带密封。采用“顶拉结合”加固方式。内部设 $\phi16$ mm 通长拉筋，拉筋套$\phi20$ mm 的 PVC 管。外侧用 10 cm×10 cm 方木斜撑模板外侧于坑壁上，起到双层保护作用。为防止模板向内倾斜，模板顶口用碗扣式支架支顶。模板安装后再用水准仪测量放样，确定灌注高度，检查模板的几何尺寸及接缝等，监理工程师认可后灌注混凝土。

(5)混凝土浇筑。混凝土在搅拌站集中拌制，由运输车水平运送到位，混凝土输送泵灌注，插入式振捣器具振捣。浇筑按水平方向分层进行，每层的灌注厚度 30 cm 左右。振捣器具的移动间距不应超过振捣器具作用半径的 1.5 倍，与侧模应保持 5～10 cm 的距离。每处振捣完毕后边振捣边缓慢提起振捣器具，即“快插慢拔”，插入深度不超过振捣器具长度的 1.25 倍。避免振捣器具碰撞模板及钢筋。插入点均匀排列，排成“行列式”或“交错式”振捣混凝土达到混凝土停止下沉、不再冒气泡、表面呈现平坦、泛浆为止。振捣过程防止漏振或过振发生。承台与墩台的结合面按规定设置接槎钢筋或连接石。混凝土振捣密实后 1.5～24 h 内，不得受到振动。有水基坑混凝土凝结前不得被水浸泡。

(6)混凝土养护。采用洒水覆盖的方法进行养护，养护方法与明挖基础相同。

(7)基坑回填。桩帽(筏)混凝土(图 2-4-25)养护到达施工图标示强度后，利用冲击夯分层对称夯实回填基坑，防止偏压。

5. 质量检验标准

桩帽板允许偏差、检验数量及检验方法见表 2-4-28。

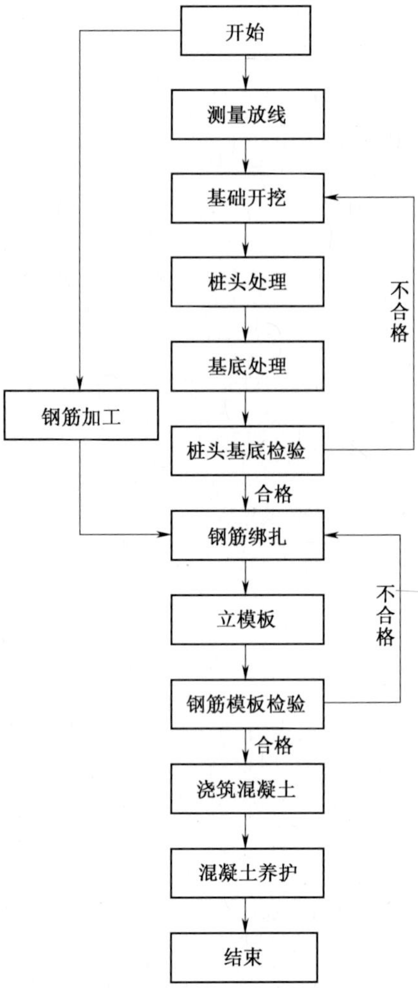

图 2-4-24　桩帽(筏)施工工艺及质量控制流程图

图 2-4-25　混凝土桩帽

表 2-4-28　桩帽板允许偏差、检验数量及检验方法

检验项目	允许偏差(mm)	检验数量	检验方法
桩帽板平面尺寸	±30	按桩帽板数量 5%抽样检验	每块长、宽各尺量 2 点
桩帽板厚度	+30 −20		每块尺量 4 点
中心位置	15		测量纵横各 2 点

4.1.17　强夯施工

1. 工艺概述

强夯是将重锤从高处自由落下(落距一般为 6～40 m)给地基以冲击力和振动，从而提高地基土的强度并降低其压缩量。该方法适用于加固从砾石到黏性土的各类地基土，具体如下：

(1)用于加固人工土石混填土、杂填土、碎石土、砂土、黏性土、粉土、湿陷性黄土和低含水率软土等地基。

(2)适用于碎石土、杂填土、低饱和度的粉土与黏性土、湿陷性黄土等地基处理。

(3)加固有效深度应通过试验确定并满足设计要求。

2. 作业内容：夯击、整平等。

3. 施工工艺及质量控制流程

强夯施工工艺及质量控制流程如图2-4-26。

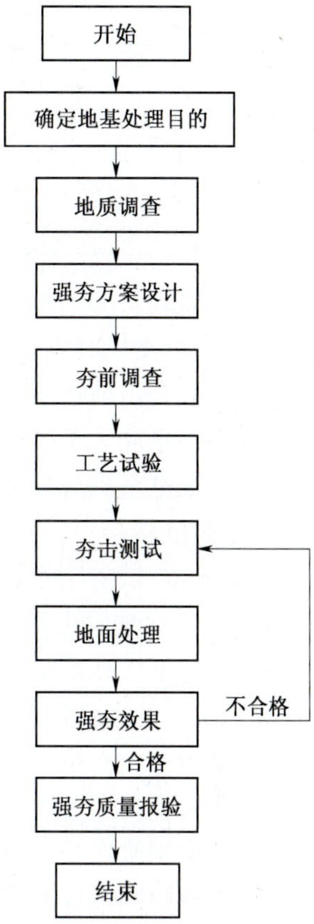

图2-4-26　强夯施工工艺及质量控制流程图

4. 工艺步骤说明

(1)施工开始的条件。

1)完成施工准备工作。

2)完成施工工艺设计。按照实际的机械设备、作业人员、工程地质和水文地质、环境等条件，进行实地工艺试验，验证施工技术、施工组织能达到预期的质量、进度效果，机械设备和人员配置合理，施工效率能满足施工组织确定的工期。

3)预定改良目的。设计不同级的单点夯击次数、有效加固深度、密实度、静力荷载及沉降变形等测试项目。

4)预先估计强夯可能产生的平均地面变形，以此确定地面高程，然后用推土机整平。

(2)强夯法设计。

1)单点最佳夯击能量方法一：埋设电阻式水压计测定夯坑下不同深度土层的孔隙水压力，当能量使加固深度内孔隙水压力等于土层土密度与其厚度乘积时，认为是最佳夯击能量。

2)单点最佳夯击能量方法二：测定夯坑下沉体积与坑侧土隆起体积之差，使夯坑土下沉体积接近坑侧土隆起体积时的能量，认为是最佳夯击能量，测出最后两击平均下沉量作为施工控制指标。

3)强夯施工时(图2-4-27)，排出土孔隙中的气体和水分，使土体密结，降低其压缩性、不均匀性，消除其湿陷性。夯击点地层周围产生裂缝，形成良好的排水通道，便于孔隙水顺利排出，加速土体固结。

图2-4-27　强夯施工

(3)施工前调查。

1)确定地基条件，不同土质的单击夯击能见表2-4-29。

表 2-4-29　不同土质的单击夯击能

单击夯击能(kN · m)	碎石土、砂土(m)	粉土、黏性土、湿陷性黄土(m)	单击夯击能(kN · m)	碎石土、砂土(m)	粉土、黏性土、湿陷性黄土(m)
1 000	5～6	4～5	4 000	8～9	7～8
2 000	6～7	5～6	5 000	9～9.5	8～8.5
3 000	7～8	6～7	6 000	9.5～10	8.5～9

2)遇到地表层为细粒土，且地下水较高时，需在表层铺 0.5～2 m 左右厚的砂、砂砾或碎石，使层表形成硬层，这样既可支承起重设备，又可加大地下水和表层面的距离，防止夯击效率降低。

3)下一遍夯击前还应进行下列调查。

①场地整平应大于强夯布点范围，夯点外边缘向外扩 3～5 m 或以外排基础边扩 8～10 m。

②高程根据基础底高程和预留夯沉深度确定。夯沉深度与地质情况、能级等有关，试夯后确定。

(4)工艺试验。

1)必须进行试夯工作，确定正式施工工艺参数。

2)测定填筑地基的单位体积质量，计算地基的密度，评价大块石填筑地基的密实度。

3)测定地基土在反复加卸载的作用下，其压力与回弹变形的关系，并根据施加的压力和对应的回弹变形值，计算地基土的回弹模量。

4)测定地基土在垂直静力作用下，压力与变形，变形与时间的关系，以评价地基土的压缩性，并根据施工的荷载和所对应的变形值，计算地基土的变形模量。

5)测量地基土在强夯冲击荷载作用下，不同深度的地基土垂直变形模量，并根据检测结果，评定强夯加固地基的有效影响深度及变形的完成程度。

6)根据夯实确定的施工参数，确定夯后间歇时间：强夯后孔隙水压消散时间长短，湿陷性黄土一般为 28 d左右；杂填土 7～14 d。孔隙水压消散时间关系到强夯的间隔停歇时间和强夯进度。

7)单点试验和区域试验，修改后综合确定的强夯施工参数。

8)颗粒大小分析检测，测定大块石填筑的各粒组占总质量的百分比，计算块碎石料的不均匀系数的曲率系数，为大面积填筑选筛料提供控制指标。

(5)施工计划。

1)根据试验数据和测试结果制定施工进度、程序和管理等实施计划。

2)宜用石灰或小木桩标示夯点，偏差不得大于 5 cm。

(6)夯击和测试。

1)第一遍夯击及测试。

①强夯机就位，使夯锤对准夯点位置。

②加固深层土关键是第一遍夯击数，相同夯击能，接地压力(锤重/锤底面积)高的强夯有效影响深度要比接地压力低的影响深度深。对非饱和土应采用高能级多击数，对饱和土应采用高能级少击数。

③根据定位、放样的结果，将夯锤起吊到预定高度，夯锤脱钩自由下落，完成一次夯击。第一遍的夯点间距不宜过小，一遍夯击时在浅层形成密实层而影响夯击能往深层传递。若各夯点之间的距离过小，在夯击时上部土体易向已夯成的夯坑中挤出导致坑壁坍塌，夯锤歪斜或倾斜，影响夯实效果。最好第一遍隔点隔行夯击(跳击)，使夯击能尽量传向深部；第二遍夯击剩余点号，最后一遍是低能量的满夯或对称搭接夯，主要是对上部土层进行夯击，一般加固深度可达到 3 m，夯击要相互搭接，确保表层地基的均匀性和较高的密实度，否则出现加固不到位。按照跳点夯击或梅花形顺序夯击，可分段进行，由边缘向中央。

2)夯击及测试内容

①对每一夯点的每一击沉降量进行观测，以最后两击平均下沉量作为控制标准，而最后两击沉降量又以单点最佳夯击能、加固地基的强度和变形要求来确定，对于土质条件较差区域，增加夯击次数或抛填片石。

②大面积施工时，夯实一遍后，如场地为粗粒土，可用推土机将场地推平压实；细粒土则要等孔隙水压力部分消散后，基坑内最好能填粗粒土，或用场地的土推平压实，最后一遍夯击后，将场地平整到施工图标示高程，并使中部略微隆起，以利于排除场区内积水。

③最后一遍为满夯，落距约为 3～5 m。

④应对每一夯点的夯击能量、夯击次数和每次夯沉量等做好详细的现场记录。

⑤地面发生隆起(一般不超过 30 cm)或夯坑内出现溢水时,需停止夯击。

(7)夯实后地面处理。

1)第一遍夯完,用新土或坑壁土将夯坑整平压实,并测量场地高程,再进行下一遍夯击。

2)控制好夯前和夯后地面高程,做表层处理,把扰动土满夯压实。

3)做好施工前后场区排水,严禁积水。

4)夯后的间歇,可通过测定前遍强夯后孔隙水压力消失的时间或其强度不再增加的时间,为夯后的间歇时间,随强夯不同参数而异。

(8)质量检验。

1)检验地基强夯后的效果包括地基密实度和承载力。

2)填写质量记录,检查施工现场交工资料和检测试验报告,整理归档。

5. 质量检验标准

(1)强夯主控项目质量要求、检验数量及检验方法见表 2-4-30。

表 2-4-30　强夯主控项目质量要求、检验数量及检验方法

检验项目	质量要求	检验数量	检验方法
夯击点	强夯处理夯击点布置应满足施工图要求	全部检验	观察、尺量
夯击搭接	低能量满夯的搭接≥1/4 夯锤直径	全部检验	观察、尺量
地基承载力和加固深度	强夯加固地基的承载力和有效加固深度应满足施工图要求	每一工点每 3 000 m^2 抽样检验 12 点,其中:标准贯入试验 6 点,静力触探试验 3 点,载荷试验 3 点	按施工图规定的检验时间进行标准贯入试验、静力触探试验及平板荷载试验

(2)强夯地基夯坑中心偏移、处理范围、横坡的允许偏差应符合表 2-4-31 的规定。

表 2-4-31　强夯地基夯坑中心偏移、处理范围、横坡的允许偏差、检验数量及检验方法

检验项目	允许偏差	检验数量	检验方法
夯坑中心偏移	≤0.1*D*(*D* 为夯锤直径)	检验总夯击点的 10%	尺量
范围	不小于施工图标准值	沿线路纵向每 100 m 抽样检验 5 处	尺量
横坡	±0.5%	沿线路纵向每 100 m 抽样检验 5 个断面	坡度尺量

4.2　路堤施工

4.2.1　基床以下路堤填筑

1. 工艺概述

本工艺适用于使用天然填料填筑土工构筑物的施工。

路基填筑的基本工艺是将一个路基施工段按一定长度划分出四个连续作业区段,组织 4 个独立作业班组承担路基填筑施工的 8 道作业工序(测量放线、地面处理、分层填土、摊铺整平、洒水晾晒、碾压夯实、检测报验、整修成型),各作业班组同时分别在其中一个作业区段进行施工,并依序转入下一作业区段,形成同一区段上各道工序流水作业,各作业班组在不同区段上平行施工的平行流水作业,优化了路基填筑的施工组织,强化了过程质量控制,加快了施工进度。

随着高速及客运专线铁路路基新标准的推出,路基作为工程构筑物的理念进一步加强,因而对其施工工艺和质量控制提出了更高的要求,工艺流程已有较大变化,每个班组的工作内容也有相应的调整。

2. 作业内容

(1)测量放线;挂边线,钉设卸土点位桩;填料挖、装、运、卸、摊铺、洒水或晾晒;填层平整、碾压;人工帮填、处理填层松散、起皱和橡皮土(弹簧土)和修整边坡等。

(2)检查、检测,填写检查检测记录及试验报告、报验。

3. 施工工艺及质量控制流程

路基填筑施工工艺及质量流程控制如图 2-4-28 所示。

4. 工艺步骤说明

(1)作业区段划分。填筑前应合理划分施工区段和作业区段,根据填料种类、压实标准和现场环境选择适宜的施工机械,组建填筑施工机械组合和作业工班。采用"区段流程法"组织施工。"区段流程法"作业循环时间是 4 个作业班组中最长时间的 4 倍。

(2)工艺试验。填筑前应进行填筑工艺性试验。通过试验验证作业组织和各施工班组施工的质量能力和施工效率,确定合理的施工机械与最佳的施工参数组合,优化工艺,形成指导大规模施工的工艺方案及参数。

(3)测量放线。每一层填筑前应进行施工放线,放出填层中线和填筑边线。为保证填层边部的压实效果,一般填层比路基结构适当加宽(每边宜加宽50 cm),填筑后按结构宽度刷坡。进入正式作业循环后,为便于平行作业,测量放线工序纳入第 4 作业组,于静压收面结束前即可开始,与压实检测同时进行。

(4)挂边线、插卸土点桩。根据测设好的填筑边线,每 5 m 插钢筋,按松铺厚度挂线,用于控制铺土边界和铺土厚度。

分层填筑厚度应根据压实机械压实能力、填料种类和要求的压实密度,通过工艺试验确定。采用碎石类土和砾石类土填筑时,分层松铺的最大压实厚度不应大于 40 cm;采用砂类土和细粒土填筑时,分层松铺的最大压实厚度不应大于 30 cm。分层填筑的最小分层厚度不宜小于 10 cm。

根据松铺厚度和运土车辆容积,计算卸土间距,并在填层面上自中线向两边插木桩或撒石灰点,以控制车辆卸土,卸土点宜按梅花形分布。

(5)挖装运土。应对填料料源场开采进行规划,测放开挖边线,并根据一次开挖深度和填料检验复查频次分块,比如挖掘机一次开挖深度 5 m,按 5 000 m^3 检验频次,用石灰划出 30 m×30 m 方格,在每个方格内取土样检验复查填料质量。取料时按一定顺序逐块开挖。填筑时应对运至现场的填料进行抽样检验,当填料土质发生变化或更换取土场(方格)时应重新进行检验。

开挖时,根据土质坚硬情况可以选择使用挖掘机、推土机、装载机或联合作业,或爆破后用装载机装车。

运输设备应为自卸汽车,并使一个班组各车辆的容积相同,便于卸土点和填土厚度控制。炎热天气,运输路线如果经过等级公路,应对车棚加盖,防止填料抛洒污染路面;对自然含水率偏低的填料,应覆盖车厢防止水分散发;雨天,对自然含水率偏高的填料,应覆盖车厢防止淋雨。

填料中不得含有草皮、垃圾、树根、腐殖土、淤泥等。

(6)填筑。应沿横断面全宽、纵向分层填筑。先从低处分层填筑,由两边向中间,路基边坡两侧超填宽度不小于 50 cm。

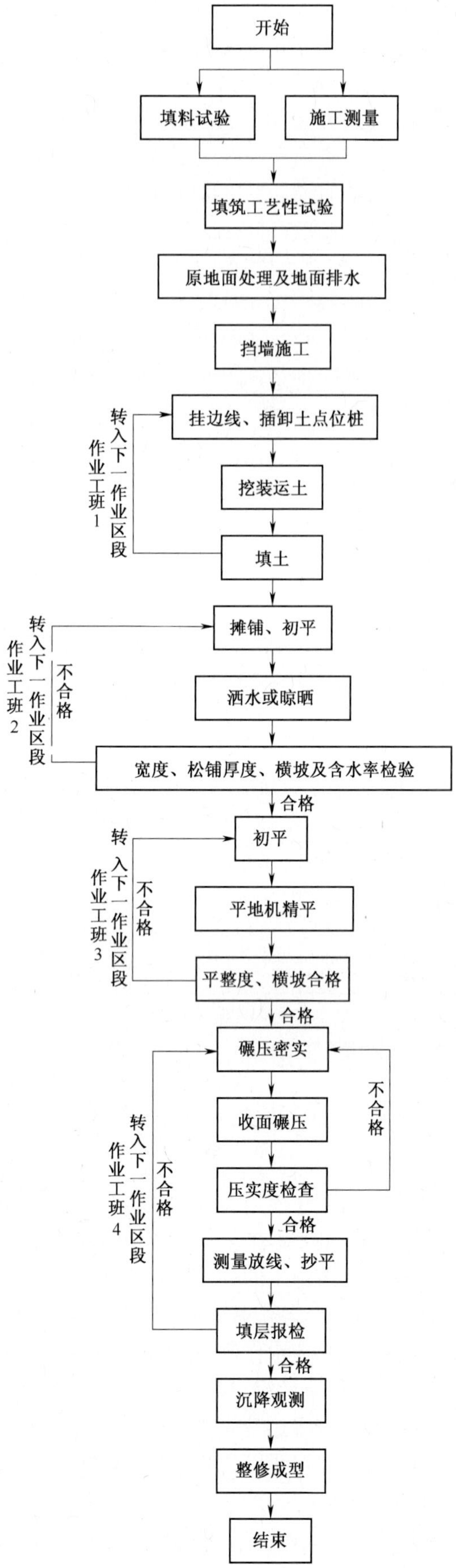

图 2-4-28　路基填筑施工工艺及质量控制流程图

现场设专人指挥车辆按照布置的卸土点卸土。填筑时，当前一填层面过干时应洒水，保持填前土面的湿润，保证填层间的结合。均匀的卸土，可以减小推土机摊铺工作量和整平难度。普通填料填筑如图 2-4-29 所示。

(7)摊铺、初平。用推土机将填筑的土推平，边部厚度以所挂的边线为准，中间各部位厚度用钢钎测量，同时人工铺填边部，对凸凹处铲平；清除填料中的草皮、树根等杂物。摊铺过程应控制横坡在 2%～4%。

图 2-4-29　普通填料填筑

(8)洒水或晾晒。填料应在最佳含水率条件下通过合理的碾压才能达到最佳压实效果。最佳含水率通过击实试验确定。

洒水作业分三步进行，填土前洒水，润湿底层；初平前按计算的需要量洒足；密实碾压前再补洒一次，防止表面水分过度散失而松散。

晾晒时间一般比较长，为加速水分散失，可使用盘耙或翻地机对填筑的填料进行 1～3 遍翻挖。雨季和降雨量大的地区的非渗水料填筑施工，必要时可使用棚盖对取土区和填筑施工段进行遮盖，保障雨季天不中断施工。

(9)初压与精平。初压的作用主要有四点：一是提高精平效果；二是为重型碾压创造条件；三是封面保水，四是防止直接振动碾压对底层的不良影响。精平应使用平地机，一般铲平 2～4 遍，期间应有水准测量指导铲平作业，普工配合低垫高铲，清除多余土料。

土料填筑和推土机初平后，推土机和洒水车在松铺层作业，轮迹非均匀分布，松铺层的密实状态不均匀。如果直接精平，一经碾压必然高低不平。重碾，特别是振动碾的压实效率高，在较松散的填层上直接施行，轮前轮后隆突、左右排挤，造成碾压阻力，破坏填筑层整体性，因此不得缺失初压过程。

(10)密实碾压。应遵循的原则是适度重压，严格掌握碾压遍数，禁止反复轻碾。用重型压路机振动碾压，各遍碾压采用不同的振动频率和振幅，振动频率先低后高，振幅先大后小。碾压速度先慢后快，最大速度不宜超过 4 km/h。按轮宽 2/3 叠加碾压，再按轮宽 1/3 叠加碾压。碾压中，检查是否出现松散和橡皮(弹簧)现象，人工及时将压松或变软的点位挖除，补填好土。碾压遍数应为 4～8 遍，可以全填幅分遍碾压，也可以全遍数错位碾压。

高振幅碾压可以在初始的几遍碾压中获得良好的深度效应，避免过早形成表面硬盖层或薄板效应。后两遍碾压再采用低幅或静碾，对表层进行补充压实。

碾轮的振动频率应接近土料的自振频率。压路机的振动频率与振动轴转速成正比，激振力与振动轴转速的平方成正比。可以调整发动机转速控制滚轮的振动频率。填层的自振频率随土料的压密而提高。

碾压速度越高，需要的碾压遍数越多。一般的碾压速度是：黏土填料采用 1～2.5 km/h，非黏性土料为 2～4 km/h；对沥青混凝土，厚层和韧性混合料采用 2～4 km/h，薄层和柔软的混合料采用 2～6 km/h。

各区段交接处，应进行重叠压实，纵向搭接长度不应小于 2 m，沿线路纵向行与行之间压实重叠不应小于 40 cm，上下两层填筑接头应错开至少 3 m。

对于桥涵等结构物边部的碾压应控制压力和振动力，保证这些结构物安全。一般可采用小型压实设备进行结构物边部的压实，如轻型或中型压路机、振动冲击夯、振动平板夯、手扶振动压路机等。

(11)收面碾压。碾压达到压实标准后用光轮压路机进行收面碾压，消除轮迹。

(12)检测与报验。实施过程检测，在洒水或晾晒到一定程度后，即行检查填层宽度、横向坡度、松铺厚度和含水率。只要符合要求，就应进行初压，起到封面作用，防止含水率变化。如果横坡或厚度不合格，可以使用推土机处理。

在平地机精平后，检查横坡和平整度。在雨季和多雨地区的非渗水土填筑施工中，一定要留足不小于 2%的横坡，保证雨后不积水，能尽快恢复施工。

在收面碾压后检查压实质量。填料为细粒土时，压实质量采用压实系数 K 和地基系数 K_{30} 控制；填料为粗粒土时，采用孔隙率 n 和地基系数 K_{30} 控制；对于基床则应增加动态变形模量控制指标。

检查合格后应及时填写工程报验单,通知监理工程师现场验收检查,完成报验工作。只有报验合格,才能进行下一填层的施工。

(13)整修成型。

1)随每层的铺筑、碾压进程同步整修,填筑边坡整齐平顺。

2)为防止雨水淋刷浸泡引起坍塌,应及时(每填筑 0.9~1.5 m)对边坡进行拍实夯实。

3)在路堤填筑完成后,按照施工图标示路基宽度和边坡坡度修整边坡,清除多余填土,并对边坡进行夯实,休整成型的边坡如图 2-4-30 所示。

图 2-4-30 休整成型的边坡

(14)路堤坡面排水。路堤填筑期和边坡防护完成前,应注意边坡、填层面的排水。主要措施有:

1)各填层及路基面按坡度 2%~4%做出人字坡,并对表面摊铺平整,碾压密实,消除轮迹。

2)填层边部设土埂,将表面雨水汇集到边坡排水槽排放,减少漫流冲刷、浸泡边坡。边坡排水槽随填层同时铺设,可采用土瓦、陶瓦、塑料管或预制混凝土槽,间距 5~10 m。

(15)冬期施工。昼夜平均气温在 0 ℃以下且连续 15 d 时,应按冬期组织施工。填筑前应清除地基和填层的冻结层;严禁冻土或掺有冻土的材料作为填料。非渗水土填料的含水率宜低于塑限,并采取加强压实的措施。施工组织应做到随挖、随运、随填、随压实。填筑铺土厚度应比一般条件下减 20%~25%。已铺土层未压实前,不得中断施工,应保证开挖、运填周转时间小于土的冻结时间,并宜选择每日的正温时段施工,当日碾压完成,松土不过夜,路基边坡修整必须在解冻后进行。必要时,对取土点和路堤的外露土层用松土或草袋覆盖。

(16)雨季施工。路堤填筑必须安排在雨季施工时,应首先完成该路堤段的涵洞和路基排水工程,必要时对施工填筑和取土区域采取覆盖措施,雨季施工应优化机械配制,组织快速施工经雨水淋后的路基面必须晾晒、刮除表面浮土和复压处理,并经密实度抽检合格后才能继续施工。严禁在中雨或连绵雨天进行非渗水土的露天填筑施工。

(17)质量控制要点。

1)由于路堤下部和基床、一般路堤和浸水路堤的填料和压实度要求不同,一定要逐层核定,防止填料和标准使用错误。

2)填料是否符合要求,是否与检验和工艺试验的填料种类、性质一致。

3)填料的含水率是否在最佳含水率范围内,是否有过湿或过干土块。

4)填层松铺厚度是否超过工艺设计厚度。

5)平整度是否符合要求。

6)碾压或夯实机具是否符合工艺设计,是否具有足够的压实能力,碾压遍数、碾压方式是否正确。

7)边角部位、桥涵等结构物近旁是否碾压到位。

8)路堤挡墙应随土工填筑进程分段修筑。

9)对于非黏性土和砂砾,尽量选用级配较好的混合料,石料宜为大范围级配,在挖、装、运、铺平过程中应防止颗粒离析。可以采用加湿或现场铺填时强制再拌制的方式控制离析。

5. 质量检验标准

(1)路堤填筑质量应符合表 2-4-32 的要求。

表 2-4-32　路堤填筑质量要求

检 验 项 目		碎石类土，砾石类土	砂类土、细粒土
填筑方法		线路纵向分区段、竖向分层、横向全宽一次填筑	
填料	种类	基床表层采用级配碎石；基床底层采用 A、B 组填料或改良土；基床以下路堤应优先选用 A、B 组填料和 C 组的碎石类、砾石类填料。当选用 C 组填料时，应根据土源性质进行改良后填筑	
		区段内每层同种类，且连续填筑压实厚度不宜小于 50 cm	
	上下层填料粒径	$D_{15}<4d_{85}$	
	最大粒径	宜≤15 cm/≤10 cm	—
填层	每层压实厚度	宜≤40 cm/≤35 cm	宜≤30 cm/≤30 cm
	每层最小压实厚度	10 cm	
	上下层接头相错量	≥3 m	
	碾压轮辐重叠宽度	≥40 cm	
	同层接头处碾压重叠长度	≥2 m	
检验数量		每层沿线路纵向每 100 m 检查 6 处(左、中、右各 2 处)	
检验方法		观察、尺量检查，并检查该层和下承层土工试验报告的筛分结果，比较其粒径是否符合 $D_{15}<4d_{85}$ 的要求	

(2)路堤填料的试验项目及频次应符合表 2-4-33 的规定。

表 2-4-33　路堤填料的试验项目及频次

填料类别及检验方法		试验项目、频率			
		液塑限	击实试验	颗粒级配	颗粒密度
填料类别	细粒土	5 000 m^3(或土性明显变化)		—	
	粗粒土、碎石土	—		10 000 m^3(或土性明显变化)	
检验方法		液、塑限联合测定法 碟式仪液限试验 搓条法塑限试验	击实试验	筛析法 密度计法 移液管法	量瓶法 浮称法 虹吸筒法

注：表列数字为进行一次试验的填料体积。检验方法按《铁路工程土工试验规程》(TB 10102—2010)的规定。

(3)路堤的压实标准应根据填料类别按表 2-4-34 的规定采用多指标控制。

表 2-4-34　路堤填筑压实标准

检验项目	压实系数 K	孔隙率 n(%)	地基系数 K_{30}(MPa/m)	动态变形模量 E_{vd}(MPa)
改良细粒土	≥0.90/0.92 /≥0.95	—	≥90/110	—/≥40
砂类土及细粒土	—	<31/<28	≥110/130	
碎石类及粗砾土			≥110/130	
沿线路纵向 100 m	每填层		每填高约 90 cm	
距路肩边线	1 m 处左、右各 2 点		2 m 处左、右各 1 点	
路基中部	2 点，反压护道地段增加 1 点		2 点	
检验方法	环刀法 蜡封法 灌砂法 灌水法 气囊法 核子射线法	瓶量法 浮称法 虹吸筒法	K_{30}平板荷载试验	E_{vd}动态平板荷载试验

注：检验方法按《铁路工程土工试验规程》(TB 10102—2010)的规定。基床以下非浸水路堤采用斜线左侧数字，浸水路堤和基床采用斜线右侧数字，横线处为无砟轨道路基标准。无砟轨道铁路路基增加 E_{v2}指标；基床和浸水填层≥60 MPa，基床以下≥45 MPa。压实系数 K 为重型击实标准。

(4)反压护道顶面高程、宽度、边坡坡率的允许误差、检验数量及检验方法应符合表 2-4-35 的规定。

表 2-4-35　反压护道顶面高程、宽度、边坡坡率的允许误差、检验数量及检验方法

检验项目	允许偏差	检验数量	检验方法
顶面高程	+100 mm,−50 mm	沿线路纵向每 100 m 护道每侧抽样检验 3 点	水准仪
顶面宽度	不小于设计值		尺量
边坡坡率	±5%设计坡度		坡度尺量

(5)路堤中线至边缘距离、厚度、宽度、横坡、平整度的允许偏差、检验数量及检验方法应符合表 2-4-36 的规定。

表 2-4-36　路堤中线至边缘距离、厚度、宽度、横坡、平整度的允许偏差、检验数量及检验方法

检验项目	允许偏差	沿线路纵向每 100 m 抽样检验数量	检验方法
中线至边缘距离	±50 mm/+50 mm,0	5 处	尺量
厚度	—/±30 mm	5 处	水准仪测
宽度	不小于设计值	3 处	尺量
横坡	±0.5%	5 个断面	坡度尺量
平整度	不大于 15 mm	10 处	2.5 m 长直尺量测

注:斜线左侧为基床以下路堤标准,斜线右侧为基床标准。

4.2.2　黄土路堤施工

1. 工艺概述

黄土是第四纪的一种特殊堆积物颜色以淡黄色为主,有黄、褐等色,颗粒组成以粉土颗粒为主,富含硫酸盐,具有大孔隙。黄土在我国主要分布在北纬 34°～41°大陆内部干旱和半干旱地区,即西北、华北、内蒙古等地区。其中以黄土高原的黄土沉积最为典型。黄土高原主要是指秦岭以北、长城以南、太行山以西、日月山以东的黄河中游地区的陕、甘、宁、豫、晋等省,河北、山东、东北、青海及新疆等地亦有所分布。按其成因分为老黄土和新黄土。不具层理的风成原生黄土为老黄土;老黄土经过流水冲刷、搬运和重新沉积而形成的次生黄土为新黄土,具有层理并含有较多的砂粒新黄土的结构强度一般较老黄土低,而湿陷性较高。

黄土的矿物组成主要为石英、黏土矿物等,颗粒组成以粉粒(0.05～0.005 mm)为主;一般有肉眼可见的大孔隙。孔隙比常在 1.0 左右,呈松散结构状态垂直节理发育;具有湿陷性,受水浸湿后结构迅速破坏而产生显著下沉变形。

2. 作业内容

现场核查、场地排水,修筑排水沟,地基和地面处理,陷穴探查和处理,路堤填筑、路基加固防护处理等。

3. 施工工艺及质量控制流程

黄土路堤填筑施工工艺及质量控制流程如图 2-4-31 所示。

4. 工艺步骤说明

(1)地表防水排水设施施工。

1)黄土地区应特别注意路基排水。对地表水应按施工图,采取拦截、分散、防冲、防渗、远接远送的措施,进行综合排水规划,布置路基外侧边缘的拦水、截水沟和急流槽等设施,以利迅速将水引离路基。填挖交接处应设置引水沟。

2)路堤范围及两侧的坑洼和松散地面均应整平、碾压密实,不得浸水、不得积水。

3)各种拦截引排设施均应进行铺砌和加固。加固类型宜用浆砌片石或混凝土板。砌石与预制混凝土板的接缝应密实、不渗水。对结构和路基下沉引起的开裂应及时修复。

4)高路堤路基施工期间,应在两侧或一侧(超高段)设置临时阻水、拦水设施,以防雨水冲毁边坡。路堤填至施工图示值标示高程后,应及时修筑外侧边缘的拦水、截水沟和急流槽,将水引至坡脚以外。

(2)实地探查。进行地基湿陷性、压缩性、承载力检测和陷穴探查,要查清陷穴的水源、水量、陷穴发展方向及对路基可能造成的危害。对通过路基基床的陷穴，要向上游追踪至发源地点。

1)目测调查：利用冬、春季的气候特点，在地面裂缝处插放树枝或草杆，于次日清晨观察其上是否有冰霜附着，以推测该裂纹下是否有暗穴存在。如树枝上附有冰霜，则下面有陷穴，冰霜愈厚，则陷穴愈大。在黄土裂缝中冒雾气，则下面有暗穴。在雨天观察地面裂缝的渗水，如不断向下渗，则其下面可能有陷穴。

2)锥探调查：以锥钎打入或用“洛阳铲”打入地层，当锥头进入陷穴中其土层阻力突然消失，锥钉下进变快，则证明其下有陷穴口。

3)电探调查：利用不同岩石具有不同的电阻率这一特征来测定地下有无陷穴。

4)挖探调查：根据地表裂隙布置挖探，可以在探坑中采取原状土样观察地层变化。

5)钻探调查：只有在所有目测调查之后，为证实问题或因其他方法不能推断的时候，才采用钻探调查。

(3)黄土陷穴施工。黄土陷穴是黄土地区路基的常见病害，应进行认真处理。

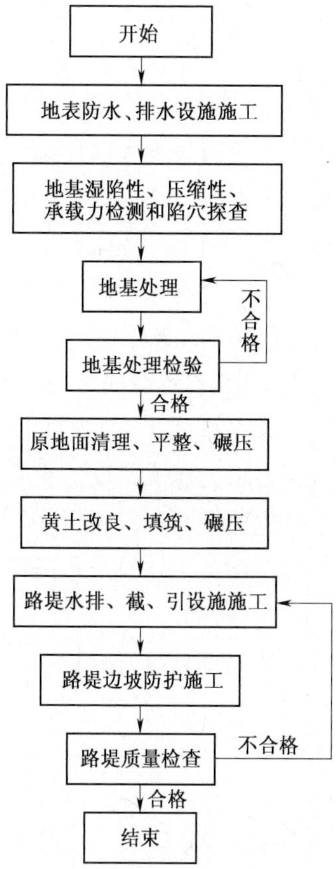

图 2-4-31　黄土路堤填筑施工工艺及质量控制流程图

黄土陷穴处理范围，应视具体情况而定，宜在路基填方或挖方边坡外，上侧 50 m，下侧 30 m。若陷穴倾向路基，虽在 50 m以外，仍应作适当处理。对串珠状陷穴应彻底进行处治。处理时，采用灌砂、灌浆、开挖回填等措施，开挖的方法可以采用导洞、竖井和明挖等。

1)按施工设计做好防排水措施，避免地表水流入。在路堑顶部及路堤的靠山侧做好排水工程，将地表水、地下水引入有防渗层的水沟内排走。在发源地点把陷穴进口封填好，并引排周围地表水，不得使其流向陷穴进口。

2)开挖夯填作业应根据陷穴的具体情况做好如下工作。

①按施工图做好防排水措施，避免地表水流入。

②开挖回填夯实适用于各种形状的陷穴，填料一般采用改良黄土分层夯实。

3)采取灰土回填施工，应将陷穴开挖分层回填、夯实。

4)灌砂法适用小而直的陷穴，将陷穴充填物清理干净后，采用干砂灌实整个洞穴。

5)灌浆法适用于洞身不大，但洞壁起伏曲折较大并离路基中线较远的小陷穴。施工应符合下列要求：

①按施工设计要求或由现场试验确定的配合比配置水泥砂浆。

②施工时先将陷穴出口用草袋装土堵塞，在陷穴顶部每隔 4～5 m 打钻孔作为灌浆孔，待灌好的土浆或水泥浆凝结收缩后，再在各孔作补充灌浆，一般需要重复 2～3 次。注浆孔深度、孔距及注浆压力等有关技术参数应通过试验确定。

③按施工设计要求布置钻孔，宜为梅花型布置，地质钻成孔。

④应按施工设计要求预留一定数量的检查孔，并按施工设计要求进行质量控制和检测。

⑤利用注浆孔进一步探明地质情况，当陷穴的范围和深度与施工设计不符时，应办理变更设计。

6)导洞和竖井法，适用较大、较深的洞穴，由洞内向外逐步回填夯实，在回填前，应将穴内虚土和杂物彻底清除干净。当接近地面 0.5 m时，采用黄土加 10%石灰的改良土回填夯实。

7)陷穴封口，采用石灰与土比例为 3∶7 的石灰土或老黄土等不透水材料夯填封闭。如施工图未要求时，其厚度不宜小于 30 cm。将流向陷穴的附近地面水引离，防止形成地表积水或水流集中产生冲刷。

(4)填筑路堤。

1)新黄土能满足施工设计要求时，可作为路基基床以下填料。

2)黄土路堤应分层填筑，分层压实，大于 10 cm 的块料，必须打碎，并应在接近土的压实最佳含水率时碾压密实。

3)黄土压实对水较敏感，含水率的施工控制相对困难。施工时，应通过击实曲线确定最佳含水率，并应在取土场控制。

4)在干旱少雨、水源缺乏的黄土地区，路基施工宜将摊铺厚度控制在 25～30 cm，可将现场含水率控制在低于最佳含水率的 1～2 个百分点以内，选用 18 t 以上的压路机进行碾压，这样在减少用水量的情况下，也可以达到要求的压实密度。在施工中为防止和减少水分的蒸发，上路的土要及时碾压，洒水后的土达到最佳含水率时也要及时进行碾压。

5)不应使用黄土填筑浸水路堤。必须使用时，应采取措施，并报请审批。

(5)压实度检测。黄土路堤施工压实度的检测要及时、快速，发现不符合要求的地段应及时通知施工负责人进行补压处理，以确保填筑质量。

(6)路基加固防护。黄土路堤的边坡应平顺夯实，及时予以防护，防止路表水冲刷。路堤填筑过程中，可以施做临时护坡和汇水、排水管槽，待填筑全部完成后即进行正式边坡防护工程。排水管槽宜直接将水引入路基侧沟。

5. 质量检验标准

黄土路堤施工，除满足相关规定外，还应符合表 2-4-37 的规定。

表 2-4-37　黄土路堤施工质量要求

检验项目	质量要求
排水、防水	(1)施工前应结合永久排水设施做好地表排水设施，排水沟应随挖随砌，铺砌必须及时完成。施工中路基范围黄土地基应不得浸水。 (2)填筑路堤前应将松散的地基表层压实至规定密实度，路堤两侧排水沟以内的坑洼和松散地面均应整平碾压密实，不得积水。 (3)过渡段基底处理过程中及处理后应严格按照施工图要求做好地面排水，应确保降水及地表水径流对施工质量无不利影响。 (4)黄土陷穴地区路基，对洞穴采取开挖回填夯实、灌(压)土浆、灌砂等处理时，应在处理范围做好排水设施，不得使地表水流入。 (5)钻孔灌砂或灌砂处理洞穴的质量检查，不可采用水压试验法
地基处理	对湿陷性、高压缩性、承载力不足和有陷穴的地基，应按施工图要求处理后才可填筑路堤

4.2.3　石灰改良土路基填筑施工

1. 工艺概述

该工艺适用于缺乏 A、B 填料地区的客运专线铁路路基改良土填筑。改良土路拌法主要有两种工艺：一是土场加灰预拌，路基上补灰、路拌机拌制；二是路基上铺土加灰，路拌机拌制。不同拌制方法的适用情况及优缺点比较见表 2-4-38。

表 2-4-38　不同拌制方法的适用情况及优缺点比较

拌制方法	施工方法概述	优　点	缺　点
集中场(厂)拌	将素土、石灰等材料集中到拌制场地堆放，由装载机将各种材料分别装入厂拌设备各料仓和容器内，经计量后进入到拌制器内进行均匀拌制，然后运往工地	拌制材料均匀度较好，材料配合、计量准确；场拌设备完整，易于操作控制	配套设备多、需要往返运输大量材料；施工成本较高，生产效率较低

续上表

拌制方法	施工方法概述	优　点	缺　点
土料场取土加灰并拌制	选择取土场或路堤填筑附近合适地点作拌制场地，按施工图配比加石灰，机械拌制后再装运到路堤并进行填筑	生产成本低、施工质量较好，能全面铺开，确保施工工期	施工质量、稳定性、配比精度不如场拌，要另外租用场地
取土场加灰预拌，路基上补灰、路拌机拌制	在取土场按 1 m^2 面积铺上适当厚度石灰层，然后用挖掘机装车做预拌，运到路基上按施工图配比进行补灰	生产成本低，往返运输材料较少，二次拌制比较均匀	施工质量、稳定性、配比精度不如场拌，工序比较复杂，生产效率较低
路基上铺土加灰、路拌机拌制	把取土场的素土运到路基上，分层按施工图配比加入石灰，用机械进行拌制	生产成本低，不用往返运输材料，生产效率较高	施工质量、稳定性、配比精度不如场拌，发现不合格返工困难

当需用改良土量大，为了确保施工质量一般采取用集中场拌，下面内容以集中场拌为例。

2. 作业内容

地基处理、填料拌制、改良土摊铺、碾压等。

3. 施工工艺及质量控制流程

石灰改良土场拌填筑施工工艺及质量控制流程如图 2-4-32 所示。

4. 工艺步骤说明

(1)施工开始条件。

1)施工准备工作全部完成。

2)试验段取得的各项技术参数符合施工图要求，机具人员已进场，施工组织设计、施工工艺设计和工序质量控制设计已编制。

(2)基面处理。

1)填筑高度大于 2.5 m 的普通路堤基底，先清理基底表层的植被、挖除树根，再做好临时排水设施。

2)原地面陡于 1∶5 时，要自下而上挖台阶，平台的宽度不小于 2 m 或高度为 0.6 m 左右。

3)对清表后的普通路堤基底应进行碾压，必要时进行翻挖、晾晒或洒水润湿，并经拌匀处理后再碾压。处理后的路堤基底压实质量与路堤相应部位的要求相同。

(3)生石灰消解。

1)应采用磨细石灰粉，粒径控制在 1 mm 以内。

2)生石灰应提前进行水化、消解、过筛。消解后沉伏 7 d，过 10 mm 筛后方可使用。

3)消解时应保持一定的湿度，每吨石灰消解需用水量一般为 500～800 kg，消解时含水率应控制在 20%以内，以免过干飞扬，但也不能过湿成团。

4)放置时间超过 1 个月的石灰，应检测有效钙镁含量后再使用或根据实际有效钙镁含量相应增加石灰用量。

(4)土块破碎。

1)检测素土的含水率，当含水率大时，可将土运至晾晒场地摊开晾晒并用三铧犁、旋耕机将尺寸大的土块破碎。在破碎前清除土中石块及树根等杂物以免损坏液压碎土机。

当含水率合适时(一般含水率控制在 15%～25%)，即可用碎土机破碎。

2)在碎土机的出料口安装好孔径为 10 mm 的筛子，人工配合清理筛余物，并装入料仓内进行二次粉碎。如土料改良混合后的含水率高于最佳含水率的 2%，则应在取土场或晾晒场地将其晾晒，再进行粉碎。将粉碎好的土料覆盖，防止雨淋或水分损失。

3)当填料天然含水率大，破碎困难，可采用预掺灰后碎土的施工方法，预掺灰量不大于 2%。预拌过程应专人检查拌和物外观，要求大面上色泽均匀一致。

4)粉碎后应及时拌制，不能及时拌制时应使用雨布覆盖防止雨淋或受潮再次结硬。

(5)配料拌制。

1)先测定素土和石灰的含水率，如混合料的含水率低于最佳含水率 2%，则按混合料最佳含水率计算需增加水量，再将土料、石灰和水通过试验和计算来确定其重量配合比。

2)采用具有自动计量的场拌设备拌制，用输送机把粉碎土运至拌制设备的料仓内，用泵把石灰泵入粉料

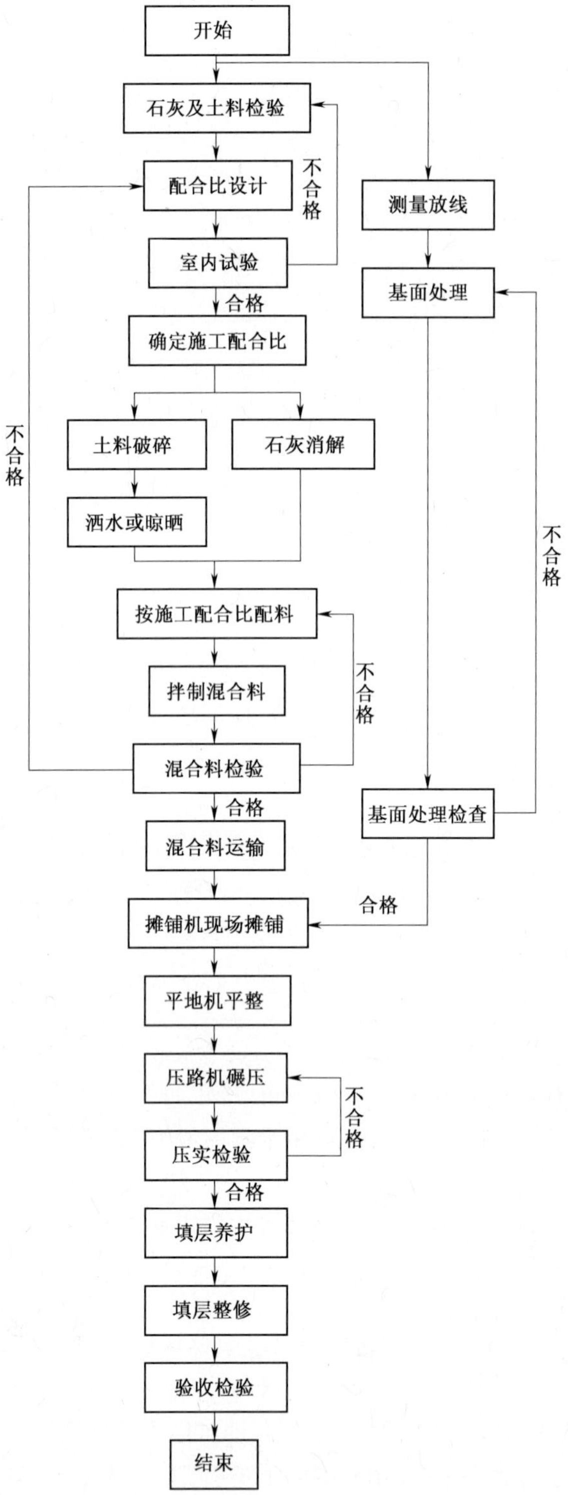

图 2-4-32　石灰改良土场拌填筑施工工艺及质量控制流程图

仓内进行配料拌制。拌制后含灰量应均匀,并定时在出料口检测掺灰比,含灰量偏差控制在-0.5%~+1%内。否则应作适当调整。

(6)分层填筑。

1)路堤填筑压实按照横向全宽、纵向水平分层填筑施工。填筑的虚铺厚度由工艺试验确定,保证压实厚度不大于 30 cm 且不小于 10 cm。

作业区段划分:底层准备区段、拌制摊铺区段、碾压整形区段、检测报验区段。

2)采用自卸车运输卸料时,首先根据摊铺层的厚度和要求达到的压实平整度,按车容量和虚铺厚度计算每车混合料的摊铺面积；再根据卸料、摊平方式确定卸料点位间距，以便均匀控制厚度。

混合料运输过程中，应采取覆盖措施，防止水分损失。

3)为保证填层边部的压实质量，填筑时宜将两侧路基各加宽 50 cm。

4)当下层土为细粒土时，应先进行拉毛处理，再摊铺混合料。

5)横向施工缝的设置和处理：施工区段的层间横向接缝应在上下层间错开 3 m 以上；下一区段填筑时应将接头处上区段的端部松土清除，挖至碾压合格处为止。挖出的化学改良的渣土不得回收直接使用。

因故中断施工超过 2 h 时，应设置横向施工缝。不得出现纵向的层面接缝。

(7)摊铺平整。

1)采用平地机平整，做出 4%的路拱，且纵向平顺。在平地机后面设一个 3 人小组，及时铲除混合料，补充新混合料。

2)平整施工步骤及作业标准。

①推土机摊铺。经推土机摊铺后层面高程宜高出计划松铺高程约 4 cm。

②用光轮压路机快速静压 1 遍。

③平地机初平。初平后层面高程比计划松铺高程高 3 cm。

④用光轮压路机中速或快速碾压 1～2 遍。

⑤测量层面高程。纵向每 20 m 设 1 个测量断面，每断面 2～3 个测点。

⑥平地机精平层面高程高于计划松铺高程 0.5 cm。

3)平整作业要点。

①先将中心线桩移置于一侧路肩上，并在桩处插立标杆扎上布条显示路肩正确高度，便于司机观察。

②平地机在立杆的对侧作业时，须有人用手水平观察指挥平地机调整刀片高度。

③平地机以较大切土深度进行粗平，切除高处补平低处，行驶到段落终端时，常以倒退行驶返回另一端，然后再用较小的切土深度进行精平。用刮刀细致刮平并用刮刀将松土压实，反复重修到符合要求标准。

④一侧平完后将中心桩及标杆移到整好的一侧，平地机在未平整的一侧按上述步骤进行平整。

⑤路拱断面须用调整刮刀角度的办法在平整时刮出路面横坡。

⑥平地机用刀片按边坡坡度在路肩以下边坡上修刮 0.5～1 m 的高度，可整出路肩线及边坡面。

(8)碾压夯实。

1)当混合料处于最佳含水率上 1～2 个百分点时，即可进行碾压。

2)采用重型、特重型压路机按平行线路方向走行，先两侧后中间顺序，先静压后弱振、再强振的步骤进行碾压。压路机的碾压速度，头两遍以 1.57～1.7 km/h 为宜，以后控制在 2.0～2.5 km/h，最大碾压速度不宜超过 4.0 km/h。

3)施工搭接碾压。各区段交接的横向施工缝处，应向报验合格一侧延长 2 m 压实。搭接碾压部分土体含水率应处于最佳含水率范围。化学改良土，当土料开始凝结后，不得搭接碾压。碾轮重叠不应小于 40 cm。按试验段确定的遍数碾压。

4)配合施工人员应观察填料的“弹簧”、松散、起皮情况，一旦发现应挖换符合要求的填料。挖换区域的周边应修正平齐，按施工缝认真处理。

(9)施工检验。质量检验工作随施工全程进行。

1)核准路基结构部位，确认所用填料符合施工图要求。

2)混合料拌制时，复核原材料质量，检查配料计量情况、拌制时间和混合料出机状况；混合料运输时，检查车辆盛器包裹覆盖情况。

3)现场填筑应控制卸料距离和卸料总量以及施工缝的处理。

4)摊铺中，应配合高程、平整度、横向坡度测量，检查混合料离散情况；平整时应检查高程、平整度和横向坡度，检查局部坑凹。

5)碾压时，应检验含水率，测定碾压走行速度、施振频率，检查碾轮搭接宽度和施工缝碾压搭接长度，对碾压遍数计数，查找“弹簧”、松散、起皮点、观察轮迹；最后，根据试验得到的数据，经经验判断是否终止碾压。

根据经验终止碾压后，应进行全面质量检查并提出质量检验报告，向监理工程师报验。

施工中，还应密切关注空气温度、湿度和风速、风向。

(10)整修养护。当一层填筑合格后,若不能立即铺筑上层的或暴露于表层的改良土必须保持养护,如果随即在其上面进行下一填层的施工可以不进行特别的养护。

养护可采用洒水或用草袋覆盖养的方法,养护期一般不少于 7 d。

养护期间要保持层面湿润,除洒水车外不准任何车辆通行。养护前 3 d 应调整洒水车喷头角度,防止对表面产生冲刷,造成局部坑槽。

(11)施工注意事项。

1)检查验收下承层的压实度、平整度、横向坡度、高程、无侧限压强,进行工序交接。

2)施工测量放样,中线每 10 m 钉一中桩,同时放出边桩,测出边桩顶高程并进行复核。

3)做好配合比设计,按配合比备足各种合格的原材料。

4)充分消解石灰(生石灰块),但不得水分过多,过筛并测定钙镁含量,如采用生灰粉只需经稳定土拌制机拌制后焖 12 h 即可。

5)选用稳定土搅拌设备设站进行集中拌制,搅拌站的位置要适宜,既要考虑原材料的进场方便,又要考虑成品料的运距。

6)做好试验段以确定施工工艺松铺系数、摊铺厚度、填料含水率,压实遍数,机械设备数量及组合,人员组织,分段长度,以指导正常施工。

7)在正式拌制混合料之前,调试场拌设备使之运转正常,配料计量准确,使混合料的颗粒组成、含灰量、含水率都达到配合比的要求,拌制成品料要均匀,颜色一致,方可正式投产。混合料的含水率控制视运距长短、气候变化情况酌情大于最佳含水率的 1%~2%,但不能太大,并及时取样做含水率检测及制作无侧限压强试件。

8)拌制料尽快运到摊铺现场并按断面所需数量均匀堆放,如运距远、天气不好,车上的混合料要覆盖以防雨淋或水分过分损失,并尽块摊铺碾压成型。

9)使用推土机将拌制料初步摊平,平地机初平并进行稳压,再根据每 10 m 的边桩高程拉线,每断面设 3 个高程点,使用木桩或白灰设置明显标志,然后平地机进行精平,在精平过程中人工随时清出高程点,并检查找补处理离析松散部位。

10)选用重型压路机,如采用振动压路机,则先静压然后振动碾压。在碾压过程中表面应保持湿润。

11)及时进行压实质量检测,压实不足时进行补压。

先行自检验收,对不合格处加以处理,符合标准要求后方可交验。

5. 质量检验标准

(1)原材料质量标准及检验方法见表 2-4-39、表 2-4-40。

表 2-4-39　改良土施工质量标准及检验方法

检验项目		质量标准及允许偏差	检验数量及方法
需改良的土料种类		用石灰改良时素土中硫酸盐含量应小于 0.8%;用水泥改良时素土中硫酸盐含量应小于 0.25%,有机质含量应小于 10%	每个土源点使用前检测两个样品,如为膨胀土壤则每个取土场应做土的自由膨胀率试验不少于 6 组。按现行《铁路工程土工试验规程》(TB 10102—2010)进行检验
外掺料	物理改良土外掺料	中粗砂应用天然级配,含泥量≤5%	同一产地、品种、规格且连续进场的砂料,每 3 000 m^3 为一批,当不足 3 000 m^3 时也按一批计。每批抽样试验 1 组。现场抽样检验砂子含泥量,并进行筛分试验,在施工过程中观察
		砂类土、碎石类土应符合施工图要求	按《铁路工程土工试验规程》(TB 10102—2010)进行检验
	化学改良土外掺料	种类及技术条件应符合施工图要求。石灰品质应达到合格标准	同一厂家、品种、批号的外掺料,每 200 t 为一批,不足 200 t 时也按一批计。每批抽样检验 1 次。石灰应进行氧化钙、氧化镁检验(消石灰应在块灰消解后进行检测)和石灰颗粒度检验。查验每批产品的生产检验报告和产品合格证,并在料场的 5 个不同部位等量取样,总计不少于 12 kg,按有关规定的试验方法进行检验
拌制水		干净河水或自来水	每个水源按规定检验不少于一次

续上表

检验项目	质量标准及允许偏差	检验数量及方法
配制、拌制	改良土应充分拌制均匀，混合料配合比应符合施工图要求	每工班每 5 000 m^3 为一批，当不足 5 000 m^3 时也按一批计。每批抽样检验 1 组，现场抽样筛分试验
填筑压实	化学改良土无侧限抗压强度应符合施工图要求	按每检验批每压实层抽样检验 3 处无侧限抗压强度(左、中、右各 1 处)。按《铁路工程土工试验规程》(TB 10102—2010)规定的试验方法检验。从已摊铺好填料的地段现场抽样，在室内按要求的压实密度成型，进行无侧限抗压强度试验，压实系数检验宜用环刀法
改良土混合料摊铺、拌制、整形及碾压	(1)改良土填料应分层填筑压实，每层填筑压实层厚度不宜超过 30 cm，具体的摊铺厚度及碾压遍数应按试验段确定并经监理确认的参数进行控制。 (2)每工作段的纵向搭接长度不应小于 2 m。 (3)混合料中不应含有大于 10 mm 的土块、为消解石灰颗粒和素土层。 (4)碾压时，各区段交接处应互相重叠压实，纵向搭接长度不得小于 2 m，纵向行与行之间的轮迹重叠不小于 40 cm，上下两层填筑接头应错开不小于 3 m	沿线路纵向每 100 m 每层抽样检验 6 处(左、中、右各 2 处)。观察、尺量
化学改良土填层掺料剂量	允许偏差为试验配合比－0.5%～＋1.0%	沿线路纵向每 100 m 每层抽样检验 3 处(左、中、右各 1 处)。滴定法或仪器法检测(含灰率采用 EDTA 剂量滴定试验测定)
改良土填筑基床以下路堤中线至边缘距离、宽度、横坡、平整度	允许偏差应符合设计和相关标准的要求	

表 2-4-40　石灰的技术指标

品　种	生石灰			生石灰粉			消石灰粉		
等级指标项目	优等	一等	合格	优等	一等	合格	优等	一等	合格
活性 CaO+MgO 含量(%)	≥90	≥85	≥80	≥85	≥80	≥75	≥75	≥65	≥60
未消化残渣含量(5 mm 圆孔筛的筛余，%)	≤5	≤10	≤15						
CO_2 含量不大于(%)	5	7	9	7	9	11			
细度 0.9 mm 方孔筛的筛余(%)				≤0.2	≤0.5	≤1.5	0	0	0
细度 0.125 mm 方孔筛的筛余(%)				≤7	≤12	≤18	≤3	≤10	≤15
含水率不小于(%)							0.4～2		
体积安定性							合格	合格	—
钙镁石灰的分类界限氧化镁含量(%)	≤5			≤5			<4		

(2)改良土填料填筑质量标准及检验方法见表 2-4-41～表 2-4-44。

表 2-4-41　改良土填料填筑质量标准及检验方法

检验项目	质量标准及允许偏差	检验数量及方法
石灰改良土液限、塑限、击实试验	7 d 浸水无侧限抗压强度标准应符合施工图要求	每 5 000 m^3 及填料有变化时做 1 组试验，无侧限抗压强度试验在同一压实标准下、同一取土场、同种填料不少于 6 组。按现行《铁路工程土工试验规程》(TB 10102—2010)检验
外掺料最佳掺料	改良土强度满足路基填筑质量要求	

续上表

检验项目	质量标准及允许偏差	检验数量及方法
石灰改良土的含灰率、颗粒粒径	应符合设计和相关标准的要求	应符合设计和相关标准的要求
石灰改良土填料含水率	一般控制在15%～25%。混合料在压实前最佳含水率为1%～2%	沿线路纵向每100 m每层抽样检验6处,按现行《铁路工程土工试验规程》(TB 10102—2010)检验
基床表层改良土压实	采用压实系数K(或孔隙率n)动态变形模量E_{vd}和地基系数K_{30}三项指标检测,同时化学改良土的无侧限抗压强度的检验符合施工图要求	按现行《铁路工程土工试验规程》(TB 10102—2010)检验
基床以下改良土压实	采用压实系数K(或孔隙率n)地基系数K_{30}两项指标检测,同时化学改良土的无侧限抗压强度的检验符合施工图要求	
基床底层及以下路堤中线至边缘距离、宽度、横坡、平整度	允许偏差符合设计和相关标准的要求	

表 2-4-42　石灰改良土填料质量检测标准

检验项目	检验方法	控制指标
含灰率	EDTA滴定法	剂量允许误差范围:−0.5%～+1.0%,每层100 m检查6处,取样时6个点均匀分布
颗粒粒径	筛分法、尺量	灰土破碎机破碎500 m^3/组(3个样),粉碎标准:灰土破碎机破碎大于15 mm颗粒含量小于20%,最大粒径控制在50 mm以内

表 2-4-43　化学改良土压实标准

压实标准	基床底层/基床以下路堤	检验方法	检测频次和取样部位
地基系数K_{30}	≥110 MPa/m ≥90 MPa/m	K_{30}荷载平板仪	沿线路纵向每100 m、每填高0.9 m抽样4点,其中:距路基边线2 m处左、右各1点,路基中部2点
压实系数K	≥0.95/≥0.90	灌砂法、环刀法	沿线路纵向每100 m每层压实抽样2个断面,每个断面左、中、右各1点(其中:左、右测点距路基边线1 m)
动态变形模量E_{vd}	≥40 MPa/—	动态平板荷载仪	沿线路纵向每100 m、每填高0.9 m抽样4点,距路基边缘2 m处左、右各1点,路基中部2点。不足0.9 m抽样4点
无侧限抗压强度	符合施工图要求	从摊铺好填料的现场抽样,在室内按要求的压实密度成型	每检验批、每压实层抽样检验3处(左、中、右各1处)
含灰量	−0.5%～+1.0%	EDTA滴定法或仪器法	施工单位每层每100 m检查6处
含水率	高于最佳含水率1%	环刀法	施工单位沿线路纵向每100 m、每层抽样检查3处
颗粒度	≤10 mm	筛分、尺量	

表 2-4-44　基床表层及以下路堤质量标准及检验方法

检验项目	允许偏差	检验数量	检验方法
基床底层厚度	±30 mm	每100 m等间距检验3点	水准仪测量
中线至路肩边缘距离	$^{+50}_{0}$ mm	每100 m等间距检验5点	尺量
宽度	不小于设计值	每100 m等间距检验5个断面	尺量
横坡	±0.5%	每100 m等间距检验5个断面	坡度尺量/水准仪测量
平整度	不大于15 mm	每100 m等间距检验10点	2.5 m长直尺量

注:基床以下路堤中心线至边缘允许偏差为±50 mm,宽度、横坡、平整度的允许偏差、检验方法同上。

4.2.4　半填半挖及不同岩土组合过渡段施工

1. 工艺概述

本工艺适用于高速铁路和客运专线的半填半挖及不同岩土组合的过渡段工程的施工。

2. 作业内容

路堤基底与路堑表层清理、开挖台阶、垫层灌注、混凝土的拌制、刚性过渡段混凝土的灌注以及养护检测等。

3. 施工工艺及质量控制流程

(1)半填半挖及不同岩土组合的过渡段施工。

1)由不同岩土(土质与软质岩或软硬岩互层)组成的非均质路基,为保证路基横向刚度及避免横向差异沉降,应按如图 2-4-33 所示施工横向过渡段。

由不同岩土(土质与硬质岩、中密～密实碎石类土)组成的非均质路基,为保证路基横向刚度及避免横向差异沉降,应按图 2-4-34 所示施工横向过渡段。

陡坡地段的半填半挖路基,为保证路基横向刚度及避免横向差异沉降,应按图 2-4-35、图 2-4-36 所示施工横向过渡段。

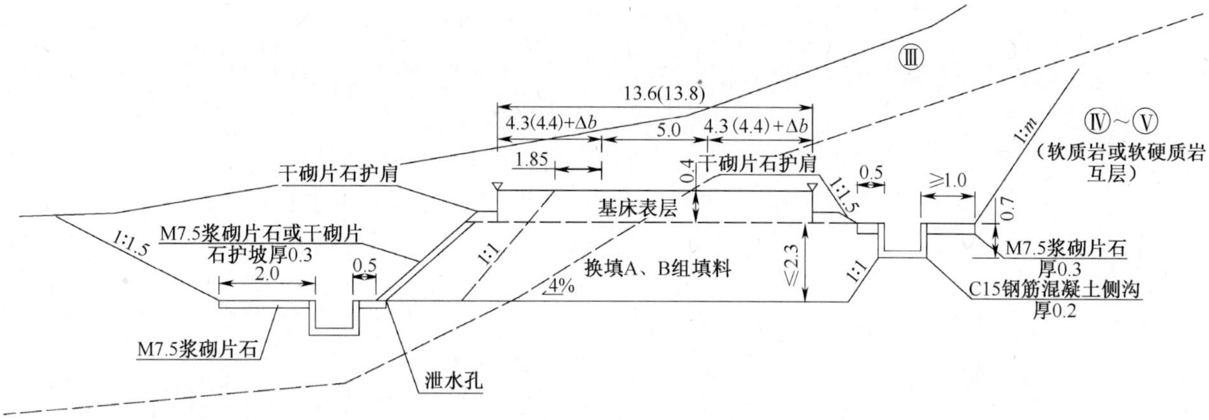

图 2-4-33　不同岩土组合的横向过渡段(土质路基基床)施工示意图(单位:m)

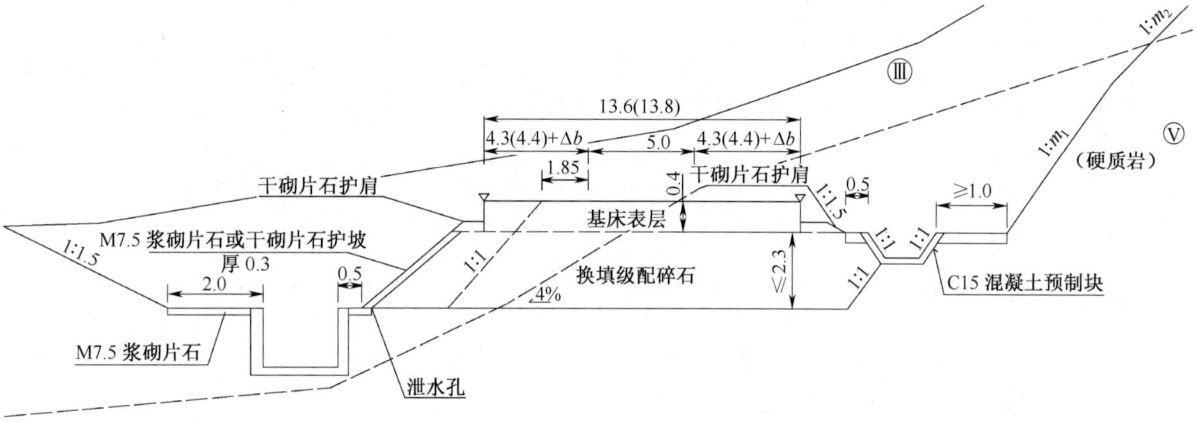

图 2-4-34　不同岩土组合的横向过渡段(石质路基基床)施工示意图(单位:m)

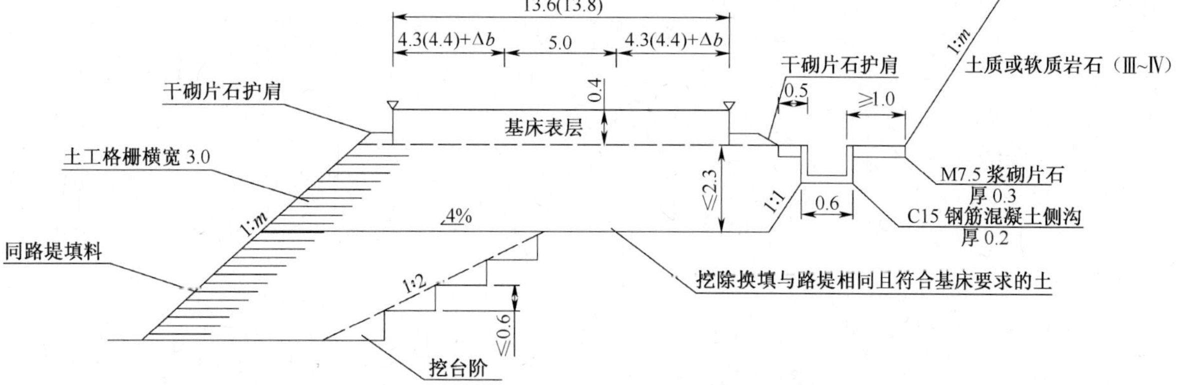

图 2-4-35　土质或软质岩石横向过渡段施工示意图(单位:m)

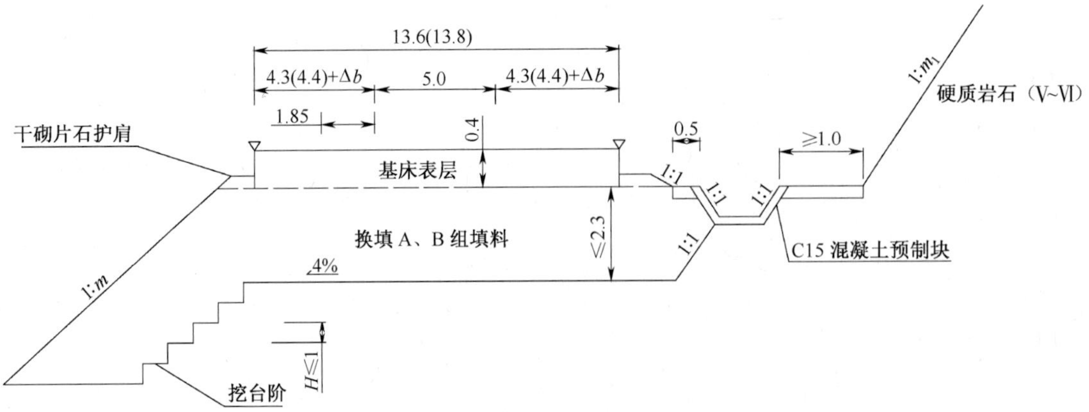

图 2-4-36　硬质岩石横向过渡段施工示意图(单位:m)

2)半挖半填路基和不同岩土组合路基施工时应按以下方法进行:路堑土方施工由机械开挖为主,按施工图要求开挖连接处台阶。路堑石方采取光面爆破或预裂爆破进行施工;路堑弃渣采用挖掘机配合自卸汽车施工,路堤分层填筑采用装载机配合自卸汽车运输填料,推土机摊铺,平地机精细平整,振动碾压密实;路堤路堑排水及防护工程紧跟填筑作业施工,采用挂线砌筑,保证路基基床不受雨水冲刷。

(2)半填半挖及不同岩土组合的过渡段施工工艺及质量控制流程如图 2-4-37 所示。

4. 工艺步骤说明

(1)路堑临时排水沟施工。路堑开挖前按施工图做临时排水沟,保证排水畅通,防止在路堑施工的过程水流等进入路堑浸泡路基基底。

(2)路堑开挖。路堑土方施工以机械开挖为主,人工负责按施工图要求开挖连接处台阶。路堑石方采用光面爆破或预裂爆破进行施工。

(3)路堑边坡整形。

(4)路基基底清理碾压。按施工图要求进行基底清理碾压,若挖除换填地基土底部以下为土质路基时应进行冲击压实,存在软弱地层时应进行稳定、变形分析。挖除换填地基土的底部应设向外倾斜 4%的横向排水坡。

(5)连接处开挖台阶。按施工图要求开挖连接处台阶,台阶连接处采取沿台阶纵向碾压,大型机械不方便施工处采用小型振动机施工。

(6)路基基床本体分层填筑碾压。填筑路堤时,按照过渡段不同土质路堤填筑技术要求,分层填筑,分层厚度按试验段确定的厚度。分层填筑时,根据自卸车的车型和规格,按试验段确定的倒土密度进行卸土,并设专人指挥倒土,确保填层厚度符合要求。填筑时应从最低一层台阶填起,均匀地将土摊铺在路堤整个宽度上。为保证过渡段边缘有足够的压实度,其两侧各加宽 50 cm 摊铺。相邻的路堤和基床底层填筑应与其填筑进度相同,每层施工过程中必须按施工图要求做好防排水措施。

(7)路基基床表层填筑。路基基床表层填料一般为级配碎石或掺加水泥级配碎石,水泥级配碎石填筑应严格控制每层厚度,采用大、小型振动机械结合进行碾压,做到不留死角,每层填压合格,同时在施工上层的过程中做好每层防水。

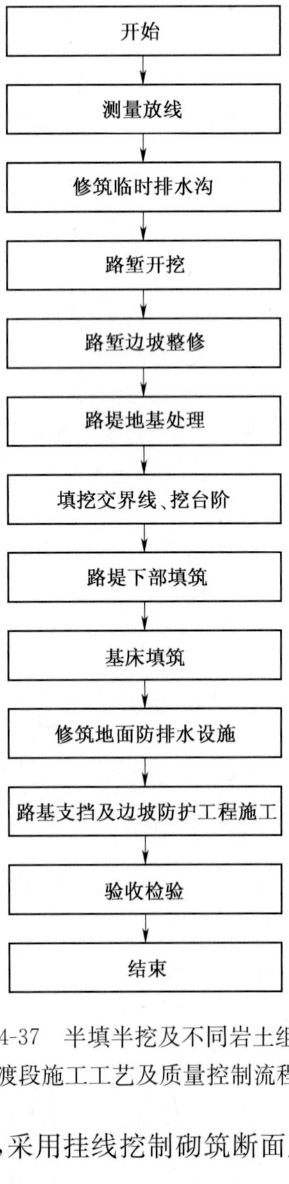

图 2-4-37　半填半挖及不同岩土组合的过渡段施工工艺及质量控制流程图

(8)砌筑排水防护工程。路堤路堑排水及防护工程紧跟填筑作业施工,采用挂线控制砌筑断面尺寸,保证顺直。

5. 质量检验标准

主要进行地基系数 K_{30}、动态模量 E_{vd} 和孔隙率 n 的检测，其操作规程均按《铁路工程土工试验规程》（TB 10102—2010）规定的试验方法检测。

4.2.5　加筋土路堤填筑施工

1. 工艺概述

该工艺适用于填层中采用土工合成材料加筋补强路堤的填筑施工。

土工合成材料是一种新型的岩土工程材料，它是以人工合成的聚合物如塑料、化纤、合成橡胶等为原料，制成各种类型的产品，置于土体内部表层或各层土体之间，发挥加强保护土体的作用。

土工合成材料的容许抗拉强度根据设计确定。

2. 作业内容

测量放桩、基底处理、铺土工合成材料、连接固定格栅、填土、摊铺平整、碾压、路堤整修及边坡夯拍等。

3. 施工工艺及质量控制流程

加筋土路堤填筑施工工艺及质量控制流程如图 2-4-38 所示。

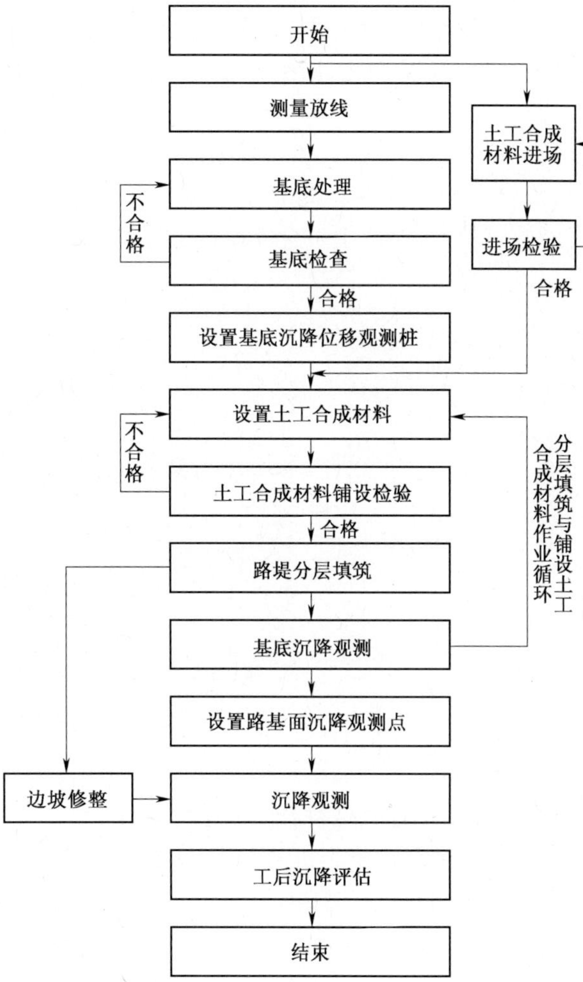

图 2-4-38　加筋土路堤填筑施工工艺及质量控制流程图

4. 工艺步骤说明

（1）施工开始条件。施工准备工作已经完成，各项技术参数已经确定；根据原地面高程计算出土工格栅的铺设高程。

（2）测量放线。根据施工图规定尺寸放出线路路堤坡脚线，并设置明显标志。

（3）基底处理。清除淤泥杂草，并按施工要求完成地基处理和垫层施工；在路堤两侧挖排水沟以降低地下水位。

(4)铺土工合成材料。

1)土工合成材料按施工图要求在填筑前铺设,路基基底在处理完地面后即铺土工合成材料,往上每层铺设间距应不小于填土最小厚度且不大于 1 m,直至基床底面。

2)土工合成材料铺设时,应将强度高的方向置于垂直于路堤的轴线方向,设计有特殊要求时,按设计铺设;应拉直、抻紧、摆正,不得有褶皱和破损。

3)土工合成材料的纵轴向应与路堤横断面一致,且不宜露出边坡面(边坡处格栅内缩 1 m),也不宜设接头。

4)铺设土工合成材料的下承层表面应整平、压实,并清除表面坚硬凸出物。土工合成材料不得直接铺设在碎石等坚硬的下承层上,应在土工合成材料和碎石之间铺设 5 cm 厚的中、粗砂保护层。

5)铺设多层土工合成材料时,其上、下层接缝应交替错开,错开距离不宜小于 0.5 m。

6)土工合成材料铺好后应按施工图要求铺回折段,并及时用砂覆盖。

(5)连接固定土工合成材料。

1)土工合成材料受力方向的连接必须牢固,受力方向连接强度不低于设计抗拉强度。另一方向应密贴排放。

2)水平铺设土工合成材料按放样位置从一头开始,沿线路纵向拉紧铺设,接头处搭接宜为 0.3～0.5 m,并记录搭接里程。铺设多层时,应使上、下层接头相互错开,错开距离不应小于 0.5 m。

3)土工合成材料的固定应按施工图位置展平后,用插钉从一端向另一端依次固定,土工格栅施工如图 2-4-39 所示。

(6)加筋土填筑如图 2-4-40 所示。

1)按"区段流程法"分层填筑,每层厚度为 10～25 cm。

2)铺好土工合成材料后应及时填筑填料,避免土工合成材料长时间暴晒。

图 2-4-39　土工格栅施工

图 2-4-40　加筋土填筑

3)水平铺设土工合成材料时,当在加筋垫层上填第一层土时,应先填两边、后填中间,避免挤动面土,使土工合成材料松弛,严禁碾压机械直接在土工合成材料表面上进行碾压。

4)填筑时,应将填料卸在施工区段的端部,由推土机向前推行铺筑。

(7)摊铺平整。用推土机或平地机将填料按层厚摊铺平整,防止铲刀深切而破坏土工格栅。每一层顶面平整,以利土工格栅与土面密贴。

(8)碾压。应采用中型、轻型光轮碾压机械,以静碾为主,不宜高频振动,碾压走行速度为中速和低速。

(9)路堤整修及边坡夯拍。路基面整修应与填土层同时进行,按标准挂线找平,碾压中若发现高低不平,应人工配合及时找平,以利土工格栅作用的充分发挥。

(10)观测。路堤填筑开始,应按设计要求设观测桩,观察和量测路基变化情况。

(11)施工注意事项。土工合成材料运至工地后,应分批整齐堆放在料棚(库)内,防止日晒雨淋,并保持通风干燥。严禁施工机械直接在土工合成材料上碾压或行走作业。加筋土路堤与两端路堤应同步施工。加筋土路堤的边坡防护宜与路堤填筑同步施工。

(12)防止土工合成材料施工期损伤的措施。国外研究表明,施工期破损可引起土工合成材料的强度降低 10%～30%，对土工合成材料的耐久性影响较大。施工期的破损主要是机械损伤，应采取措施防止土工合成材料在施工期损伤。选择采用热熔加工工艺生产的土工合成材料，节点连续韧性好，不会造成施工中的严重损伤和撕裂。不宜选用经冲孔、冷拉加工工艺生产的土工合成材料。

填料中不应夹杂大于粒径 50 mm 的石块或碎石，以免造成损伤。在铺设土工合成材料后，必须立即铺填填料，防止出现人工损伤和自然条件造成的老化。

每填层必须平整、厚度相同，达到要求的密实度，以防填料压实后凹凸不平、局部不均匀变形，造成土工合成材料的刺破、顶穿、磨损、拉伤和撕裂等损坏。严禁大型设备在尚未碾压完成的填层上行驶，推土机、压路机等在填层上作业时只能前进和后退，应避免急转弯。

填料不允许直接卸在土工合成材料上，应卸在已摊铺完毕的填料面上，且卸料高度不得超过 1 m，以防施工损伤。一般采用轻型和中型光轮静碾，不采用重型机械碾压，不宜振动夯实。

5. 质量检验标准

(1)加筋土路堤原材料质量标准及检验方法见表 2-4-45。

表 2-4-45　加筋土路堤原材料质量标准及检验方法

检验项目	质量标准	检验方法
加筋材料的种类、规格及质量	符合施工图要求	同一厂家、品种、批号的加筋材料，每 10 000 m^2 为一批，不足 10 000 m^2 也按一批计。每批抽样检验 1 组，检查每批产品的质量证明文件和性能报告单，并抽样检验抗拉强度
加筋材料的铺设位置、层数、方向及连接方法	符合施工图要求和《铁路路基土工合成材料应用技术规范》(TB 10118—2006)的规定	沿线路纵向每 100 m 抽样检验 5 处。观察，尺量

(2)加筋材料铺设的允许偏差、检验数量及检验方法应符合表 2-4-46 规定。

表 2-4-46　加筋材料铺设的允许偏差、检验数量及检验方法

检验项目	允许偏差	检验数量	检验方法
铺设范围	不小于设计值	沿线路纵向每 100 m 抽样检验 3 处	尺量
搭接宽度	$^{+50}_{0}$ mm		
层间距	±30 mm		水准仪测量
搭接缝错开距离	±50 mm		尺量
回折长度	±50 mm		

4.2.6　基床底层 A、B 组填料填筑施工

1. 工艺概述

适用于高速与客运专线铁路路基基床底层 A、B 组填料填筑施工。

2. 作业内容

A、B 组填料的强度和级配检测、验收下承层、测量放样；填料的运输、分层摊铺、平整、分层洒水与碾压、分层检测、路堤边坡及路面修正；填写检查检测记录及试验报告、报验等。

3. 施工工艺及质量控制流程

基床底层 A、B 组填料施工工艺及质量控制流程如图 2-4-41 所示。

4. 工艺步骤说明

(1)施工开始条件。施工准备工作全部完成；试验段取得的各项施工技术参数符合施工设计要求，机具、人员已进场，施工组织设计、施工工艺设计和工序质量控制计划已编制。

(2)测量放样。

1)现场交桩以后，必须完成线路中线、高程的施工复测，并与相邻地段贯通闭合，之后才施放线路中心桩和路基边桩、中线，水准、边桩的测量误差必须符合高速铁路施工测量的有关规定。测量工作必须执行复核制。

2)依据中心位置、地面高程、横断面尺寸放样两侧边桩,包括路基边缘、坡度、坡脚的具体位置,标明其轮廓并预留超填宽度。

(3)下承层处理、验收。认真按施工图及质量标准进行基床底层下承层验收,包括下承层的压实度、平整度、横坡坡度、高程。验收合格后,方可进行下一道工序施工。当基床底层的底面位于地基上时,属于需要特殊处理的情形,此时基床底层以下的地基应符合设计及《高速铁路路基工程施工质量验收标准》(TB 10751—2010)的相关要求。

(4)分层填筑。

1)填筑压实按照横向全宽、纵向水平分层填筑施工。作业区段划分:底层准备区段、摊铺区段、碾压整形区段、检测报验区段。

2)从最低层开始,逐层向上分层填筑,分层填筑厚度应根据压实机械压实能力、填料种类和要求的压实密度,填筑的松铺厚度由工艺试验确定。

3)据松铺厚度计算每车摊铺料的摊铺面积,确定堆放密度。在填筑场地按照每车土方的数量及摊铺厚度,用白灰点控制自卸车倒土密度,同时埋桩挂线,标示松铺厚度。

4)每一水平层的全宽应用同一种填料填筑,每种填料压实累计总厚不宜小于 50 cm。

5)采用碎石类土和砾石类土填筑时,分层的最大压实厚度不应大于 35 cm;采用砂类土时,分层的最大压实厚度不应大于 30 cm。分层填筑的最小分层厚度不宜小于 10 cm。

6)每一填层都应进行施工放线,放出填层中线和填筑边线。为保证填层边沿的压实效果,填筑时宜将两侧路基各加宽 30～50 cm。填筑后按结构宽度刷坡。

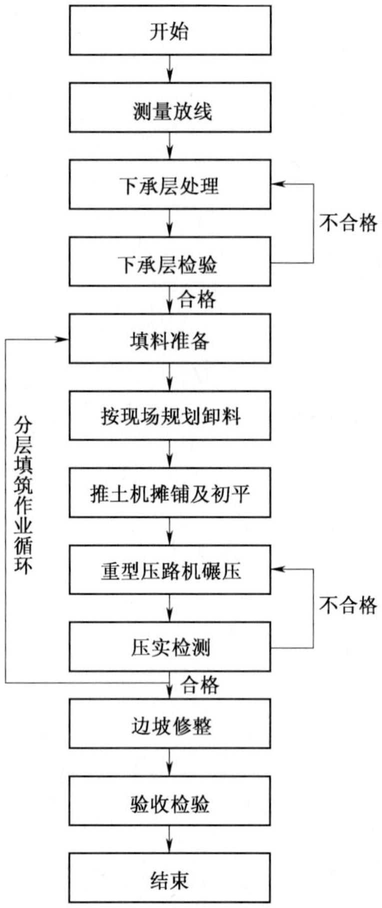

图 2-4-41 基床底层 A、B 组填料施工工艺及质量控制流程图

(5)摊铺平整。

1)平整施工步骤及作业标准。

①采用推土机按全路堤面宽均匀摊铺。经推土机摊铺后层面高程比计划松铺高程高 4 cm。

②用光轮压路机快速静压 1 遍。

③平地机初平。初平后层面高程比计划松铺高程高 3 cm。

④用光轮压路机碾压 2 遍(边部压 3～4 遍),中速或快速行进。

⑤测量层面高程。纵向每 20 m 设 1 个测量断面,每个断面 2～4 个测点。

⑥平地机精平。层面高程高于计划松铺高程 1 cm。

⑦每一摊铺层填料中的粗细料应摊铺均匀,不应有粗集料或细集料窝,并使层厚均匀、层面平整。

2)平整作业要点。具体参见本篇 4.2.3 石灰改良土路基填筑施工中相关内容。

(6)振动碾压。

1)按照重型击实确定的最佳含水率±2%的范围进行填料含水率控制,若含水率超过±2%时,应及时晾晒或洒水翻拌。当填料处于最佳含水率控制范围时,即可进行碾压。

2)采用重型、特重型压路机,按平行线路方向走行、先两侧后中间顺序,按先静压后弱振、再强振的步骤进行碾压。按照工艺试验确定的压实参数控制压实速度和压实遍数,一般压路机的碾压速度,头两遍以 1.5～1.7 km/h速度为宜,以后为 2.0～2.5 km/h,最大碾压速度不宜超过 4.0 km/h。

3)施工缝搭接碾压。各区段交接处,应互相重叠压实。直线段由两边向中间,曲线段由内侧向外侧,纵向进退式进行,边部多碾压 2～3 遍。横向轮迹重叠不少于 40 cm,前后相邻两区段纵向重叠不小于 2 m,上下两层填筑接头处错开不少于 3 m,做到无偏压、无死角。

4)重视对预埋管线等结构周围的填料摊铺整形和碾压。压路机在构造物接头处不能靠近压实时,采用小型压实机具压实。预埋管线等结构的施工与路基工程同步实施。并对各类与路基同步施工的结构物制订有针对性和详细的作业指导书,并加强检查与监测。确保路基表层和与路基同步施工的结构物的施工质量和安全。

(7)压实检测。基床底层A、B组填料压实标准根据填料类别采用地基系数 K_{30}、动态变形模量 E_{vd} 和压实系数 K 三项指标控制，对填筑压实质量可疑地段，应根据工程质量控制的需要，增加检验的点数，通过质量检测了解施工过程的质量情况，对达不到质量要求的检验项目，进行分析和研究，查明原因，改进工艺，加强施工质量管理，确保基床底层路基质量满足施工设计要求。各项检测指标合格后方可进入下一填层施工。

(8)整修成型。随每填层的铺筑、碾压进程同步整修，保证填筑边坡整齐平顺，使碾压设备能够走行到边。为防止雨水淋刷浸泡引起边坡坍塌，应及时(每填筑0.9～1.5 m)对边坡进行拍实夯压。在路堤填筑完成后，按照施工图标示路基宽度和边坡坡度修整边坡，清除多余填土，并对边坡进行夯压。

(9)基床底层完工验收。基床底层顶面的最后一层施工完成后，进行路基成型后的整平、整修作业。同时进行自检、复检，合格后报验监理工程师抽检的三级质量检测系统，严格按照验收标准要求的试验方法、试验点数、检验频次，逐层分段、分部进行试验检测。检验不合格者，不得进行下一道工序施工。

5. 质量检验标准

(1)原材料质量标准。基床底层应选用A、B组填料，填料中碎石最大粒径不得大于10 cm。A、B组填料的分类及质量标准见表2-4-47。

表2-4-47　A、B组填料的分类及质量标准

填料				说明	质量标准			填料组别
类别		名称			细粒含量	颗粒级配	二级名称	
岩块	块石类	硬块石		粒径大于200 mm颗粒的质量超过总质量的50%，不宜风化	—	—	硬块石	A
		软块石		粒径大于200 mm颗粒的质量超过总质量的50%，宜风化	—	—	Rc>15 MPa的不易风化软块石	A
							Rc≤15 MPa的不易风化软块石	B
		漂石土		粒径大于20 mm颗粒的质量超过总质量的50%，圆状为主	<5%	良好	级配好的漂石	A
						不良	级配不好的漂石	B
					5%～15%	良好	级配好的含土漂石	A
						不良	级配不好的含土漂石	B
					15%～30%	—	土质漂石	B
	碎石类	卵石土		粒径大于60 mm颗粒的质量超过总质量的50%，圆状为主	<5%	良好	级配好的卵石	A
					—	不良	级配不好的卵石	B
					5%～15%	良好	级配好的含土卵石	A
						不良	级配不好的含土卵石	B
					15%～30%	—	土质卵石	B
		碎石土		粒径大于60 mm颗粒的质量超过总质量的50%，棱状为主	<5%	良好	级配好的碎石	A
						不良	级配不好的碎石	B
					5%～15%	良好	级配好的含土碎石	A
						不良	级配不好的含土碎石	B
					15%～30%	—	土质碎石	B
粗粒土	砾石类	粗砾土	粗圆砾土	粒径大于20 mm颗粒的质量超过总质量的50%，圆状为主	<5%	良好	级配好的粗圆砾	A
						不良	级配不好的粗圆砾	B
					5%～15%	良好	级配好的含土粗圆砾	A
						不良	级配不好的含土粗圆砾	B
					15%～30%	—	土质圆砾土	B
			粗角砾土	粒径大于20 mm颗粒的质量超过总质量的50%，棱状为主	<5%	良好	级配好的粗角砾	A
						不良	级配小好的粗角砾	B
					5%～15%	良好	级配好的含土粗角砾	A
						不良	级配不好的含土粗角砾	B
					15%～30%	—	土质粗角砾	B

续上表

填料 类别	填料 名称	说明	质量标准 细粒含量	质量标准 颗粒级配	质量标准 二级名称	填料组别
粗粒土 砾石类	细砾土 细圆砾土	粒径大于 2 mm 颗粒的质量超过总质量的 50%,圆状为主	<5%	良好	级配好的细圆砾	A
				不良	级配不好的细圆砾	B
			5%~15%	良好	级配好的含土细圆砾	A
				不良	级配不好的含土细圆砾	B
			15%~30%	—	土质细砾土	B
	细砾土 细角砾土	粒径大于 2 mm 颗粒的质量超过总质量的 50%,棱状为主	<5%	良好	级配好的细角砾	A
				不良	级配不好的细角砾	B
			5%~15%	良好	级配好的含土细角砾	A
				不良	级配不好的含土细角砾	B
			15%~30%	—	土质细角砾	B
粗粒土 砂类土	砾砂	粒径大于 2 mm 颗粒的质量超过总质量的 25%~50%	<5%	良好	级配好的砾砂	A
				不良	级配不好的砾砂	B
			5%~15%	良好	级配好的含土砾砂	A
				不良	级配不好的含土砾砂	B
			>15%	—	土质砾砂	B
	粗砂	粒径大于 0.5 mm 颗粒的质量超过总质量的 50%	<5%	良好	级配好的粗砂	A
				不良	级配不好的粗砂	B
			5%~15%	良好	级配好的含土粗砂	A
				不良	级配不好的含土粗砂	B
			>15%	—	土质粗砂	B
	中砂	粒径大于 0.25 mm 颗粒的质量超过总质量 50%	<5%	良好	级配好的中砂	A
				不良	级配不好的中砂	B
			5%~15%	良好	级配好的含土中砂	A
				不良	级配不好的含土中砂	B
			>15%	—	土质中砂	B
	细砂	粒径大于 0.075 mm 颗粒的质量超过总质量 85%	<5%	良好	级配好的细砂	B

(2)基床底层填筑压实质量控制标准及检验方法见表 2-4-48,对填料虽符合要求但达不到压实标准的,应采取改良措施。

表 2-4-48　基床底层填筑压实质量控制标准及检验方法

检验项目	质量标准及允许偏差		检验方法
	砂类土及细粒土	碎石类及粗粒土	
地基系数 K_{30}(MPa)	≥130	≥150	每填高约 0.9 m,每 100 m 范围内检测 4 点,距路基边 2 m 处左右各 1 点,路基中部 2 点
动态变形模量 E_{vd}(MPa)	≥40	≥40	每填高约 0.9 m,每 100 m 范围内检测 4 点,距路基边 2 m 处左右各 1 点,路基中部 2 点
孔隙率 n(%)	<28	<28	每层沿纵向每 100 m 范围内检测 6 点,距路基边 1 m 处左右各 2 点,路基中部 2 点
压实系数 K	—	—	每层沿纵向每 100 m 范围内检测 6 点,距路基边 1 m 处左右各 2 点,路基中部 2 点

(3)基床底层外形尺寸质量标准及检验方法见表 2-4-49。

表 2-4-49　基床底层外形尺寸质量标准及检验方法

检验项目	质量标准及允许偏差	检验方法
中线至路肩边缘距离	0,±50 mm	沿线路纵向每 100 m 抽样检验 5 点,尺量
宽度	不小于施工图标示值	沿线路纵向每 100 m 抽样检验 3 点,尺量
横坡	±0.5%	沿线路纵向每 100 m 抽样检验 2 个断面,坡度尺量
平整度	不大于 15 mm	沿线路纵向每 100 m 抽样检验 10 点,2.5 m 长尺量
厚度	±30 mm	沿线路纵向每 100 m 抽样检验 3 点,水准仪测量

4.2.7　基床底层改良土场拌摊铺机法填筑施工

1. 工艺概述

适用于高速与客运专线铁路路基基床底层改良土填料摊铺机法填筑施工。

2. 作业内容

基底处理、填料拌制、改良土摊铺机摊铺、碾压等。

3. 施工工艺及质量控制流程

改良土场拌摊铺机法填筑施工工艺及质量控制流程如图 2-4-42 所示。

4. 工艺步骤说明

(1)施工开始条件。施工准备工作全部完成;试验段取得的各项技术参数符合施工设计要求,摊铺机、其他机具及人员已进场,施工组织设计、施工工艺设计已编制。

(2)生石灰消解(参见本篇 4.2.3 石灰改良土路基填筑施工相关内容)。

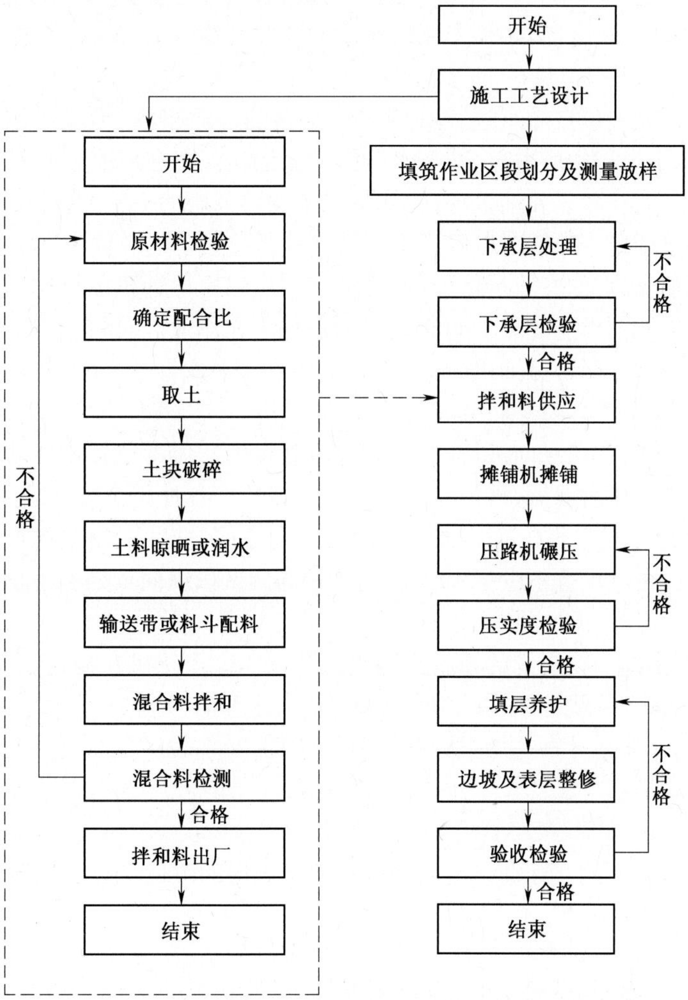

图 2-4-42　改良土场拌摊铺机法填筑施工工艺及质量控制流程图

(3)土块破碎(参见本篇 4.2.3 石灰改良土路基填筑施工相关内容)。

(4)下承层处理、验收。认真按施工图及质量标准进行基床底层下承层验收。包括下承层的压实度、平整度、横坡坡度、高程。验收合格后,根据施工图及控制桩进行放样工作,设置钢丝绳基准线,控制摊铺厚度,进行下一道工序施工。

当基床底层的底面位于地基上时,属于需要特殊处理的情形,此时基床底层以下的地基应符合设计及《高速铁路路基工程施工质量验收标准》(TB 10751—2010)的相关要求。

(5)测量放样。验收合格后,施工摊铺前,首先恢复中桩。每 10 m 设一加密点。根据中桩及摊铺宽度每侧加 50 cm 定出填层边线标示桩,把层厚或高程在标示桩上标出来作为施工控制标准。

(6)填料拌制。

1)先测定素土和石灰的含水率,如混合料的含水率低于最佳含水率 2%,则按混合料最佳含水率计算加水量,再将土料、石灰和水通过试验和计算来确定其重量配合比。

2)改良土拌和料采用搅拌设备在拌制场集中进行拌制,用输送机把粉碎土运至搅拌设备的料仓内,用泵把石灰泵入粉料仓内,进行配料拌制。拌制后含灰量应均匀,并定时在出料口检测掺灰比,含灰量偏差控制在−0.5%~+1%内,否则应作适当调整。

3)改良土拌和料最佳含水率的控制方案:如土的天然含水率距最佳含水率差距不大,在拌制时将水成雾状均匀喷洒入改良土中拌制均匀;如土的天然含水率距最佳含水率差距较大时考虑在取土场分块灌水焖土。如土料的天然含水率过大,则应事先进行适度的晾晒或加入适量的磨细生石灰对降低含水率效果较好。

4)同时配备碎土设备消除土壤的土块。按预定配合比在搅拌设备内拌制改良土拌和料。拌和料需拌制均匀,拌和料中不应含有大于 10 mm 的土块和未消解石灰颗粒,并应使拌和料的组成和含水率达到规定的要求。在正式拌制改良土拌和料之前,必须先调试所用的场拌设备,并通过试验,总结试拌、试铺的各种施工参数,调整和确定场拌工艺参数。

(7)拌和料运输。采用大吨位自卸车运输。并保证足够的运输车辆,确保摊铺机能够不间断地连续摊铺。拌制好的拌和料在运送过程中应覆盖,减少水分损失。运料汽车在摊铺机前 10~30 cm 停住,不得撞击摊铺机。卸料过程中汽车挂空挡,靠摊铺机推动前进,以确保摊铺层的平整度。

(8)摊铺。采用摊铺机铺筑。摊铺时以日进度需要量和搅拌设备的产量为度,合理计算卸料需要量。每层的摊铺厚度应按施工试验确定的参数严格控制。摊铺时,应根据摊铺机的摊铺能力及拌制场的拌制能力配置运输车辆,使摊铺机的摊铺作业能够不间断地连续进行。如作业区段较长,搅拌设备拌制能力较大,则可采用两台摊铺机梯队式作业(两台摊铺机的间距 10 m 左右),一次性全断面摊铺。

(9)振动碾压。

1)采用重型振动压路机沿线路纵向进行,按照试验段确定的压实参数控制压实速度和压实遍数。压实顺序应按先两侧后中间,先静压后弱振、再强振的操作进行碾压。各种压路机的最大碾压行驶速度不宜大于 4 km/h。各区段交接处,应互相重叠压实。直线段由两边向中间,曲线段由内侧向外侧,纵向进退式进行,边部多碾压 2~3 遍。横向轮迹重叠不少于 40 cm,前后相邻两区段纵向重叠不小于 2 m,上下两层填筑接头处错开不少于 3 m,做到无遗漏、无死角。

2)要重视对预埋管线等结构物周围的填料摊铺整形和碾压。压路机在构造物接头处不能靠近压实时,采用小型压实机具压实。预埋管线等结构的施工应与路基工程同步实施。并对各类与路基同步施工的结构物制订有针对性和详细的作业指导书并加强检查与监测,确保路基表层及与路基同步施工的结构物的施工质量和安全。

(10)养护。

1)当一层填筑合格后,若不能立即铺筑上层的或暴露于表层的改良土必须保湿养护,如果随即进行下一填层的施工,可以不进行特别的养护。

2)养护可采用洒水或用草袋覆盖的方法,养护期一般不少于 7 d。

3)养护期间要保持层面湿润,除洒水车外不准任何车辆通行。

4)当改良土分层施工时,下层检验如压实度、平整度等指标合格后,上层填土能连续施工时可不留置专门的养护期。

(11)压实检测。

1)基床底层改良土压实标准采用地基系数 K_{30}、动态变形模量 E_{vd} 和压实系数 K 三项指标控制，对填筑压实质量可疑地段，应根据工程质量控制的需要，增加检验的点数。

2)通过质量检测了解施工过程的质量情况，对达不到质量要求的检验项目，进行分析和研究，查明原因，制定改进措施和工艺，加强施工质量管理，确保基床底层路基质量满足施工图要求。各项检测指标合格后方可进入下一填层施工。

(12)基床底层完工验收。

1)基床底层顶面的最后一层施工完成后，进行路基成型后的整平、整修作业。同时进行自检、复检。合格后报验监理工程师抽检的三级质量检测系统，严格按照验收标准要求的试验方法、试验点数、检验频次，逐层分段、分部进行试验检测。

2)基床底层的压实标准及外形尺寸检验，不合格者，不得进行下一道工序施工。

(13)工程质量控制要点。

1)原材料(土、石灰或水泥)。

2)配合比(根据不同的土质需掺入的石灰或水泥量)。

3)改良土含水率控制。

4)均匀性(避免改良土中出现素土现象)。

5)压实度(通过试验段确定适宜的施工参数)。

5. 质量检验标准

(1)原材料质量标准及检验方法参见前面表 2-4-39。改良土原材料试验项目及频次见表 2-4-50。

表 2-4-50　改良土原材料的试验项目及频次

材料名称	试验项目	频　次	试验方法
土	含水率	每个土源点或每批同一料源材料使用前应取两个试样	按现行《铁路工程土工试验规程》(TB 10102—2010)执行
	液限、塑限		
	有机质和硫酸盐含量		
石灰	有效钙、氧化镁		
水泥	凝结时间		
	强度		

(2)改良土填料填筑复查项目及频次见表 2-4-51。压实质量标准参见前面表 2-4-43。

表 2-4-51　改良土填料复查项目及频次

填料类别	项　目	频　次
改良土	石灰或水泥剂量	每层每 100 m 取 3 个样品，用滴定法试验
	含水率	根据现测，异常时试验
	拌制均匀性	随时观测

(3)施工阶段沉降观测质量标准及检验方法见表 2-4-52。

表 2-4-52　沉降观测质量标准及检验方法

检验项目		质量标准	检验方法
基本要求	动态观测	路基施工应按施工图要求进行地基沉降、侧向位移的动态观测	边桩及沉降在施工期间一般每一填筑层应进行一次观测，在沉降量突变的情况下，每天应观测 2～3 次，如果两次填筑间隔时间较长，每 3 d 至少观测一次。路堤经过分层填筑达到顶压高程后，在预压期的前 2～3 个月内，每 5 d 观测一次，三个月后 7～15 d 观测一次，半年后一个月观测一次，一直观测到施工图要求的时间
	观测基桩设置	观测基桩必须设置于不受施工影响的稳定地基内，并进行定期的复核校正。观测装置的埋设应符合施工图要求，且埋设稳定。观测期间应对观测点采取有效的保护措施	
	测量等级	沉降观测应采用二等几何水准测量，观测精度不低于±1 mm	

续上表

检验项目		质量标准	检验方法
基本要求	数据处理	(1)在填筑过程中,应根据观测结果整理绘制"填土高—时间—沉降量"关系曲线图,分析土体的侧向位移值及其发展趋势,判断地基的稳定性。 (2)当路堤中心线地面沉降速率每昼夜大于10 mm,或坡脚水平位移速率每昼夜大于5 mm时,应立即停止填筑,待观测值恢复到限值以内再进行填筑	边桩及沉降在施工期间一般每一填筑层应进行一次观测,在沉降量突变的情况下,每天应观测2～3次,如果两次填筑间隔时间较长,每3 d至少观测一次。路堤经过分层填筑达到顶压高程后,在预压期的前2～3个月内,每5 d观测一次,三个月后7～15 d观测一次,半年后一个月观测一次,一直观测到施工图要求的时间
	路肩观测	路基填筑至施工图标示路肩高程,应在路肩设置观测桩,应与边桩和沉降同步进行观测,通过测量路肩观测桩的高程变化,确定路基面的沉降量	
	观测资料	(1)观测资料应齐全、详实、规范,符合施工图要求,并应及时整理、汇总分析,提供给相关单位。 (2)竣工交验前,沉降观测设备和观测资料应同时移交给工程接收单位	
	工后沉降评估	铺轨前应由建设单位、设计单位、施工单位和监理单位参加的路基验评小组对路基工后沉降进行评定	
沉降观测装置和位移边桩的构造、结构尺寸和制作材料的规格、材质等		应符合施工图要求,且无影响观测精度的缺陷	
观测断面数量及每一断面观测点布设数量、观测频次和精度		应符合施工图要求	
观测断面及每一观测断面上观测点埋设位置的允许偏差		≤20 cm	

4.2.8 基床底层改良土路拌摊铺机法填筑施工

1. 工艺概述

适用于高速与客运专线铁路路基基床底层改良土填料路拌法路基填筑施工。一般情况下不推荐采用此法,仅在特殊情况下可考虑采用。

2. 作业内容

基底处理、填料拌制、改良土摊铺、碾压等。

3. 施工工艺及质量控制流程

改良土填筑路拌法施工工艺及质量控制流程如图2-4-43所示。

4. 工艺步骤说明

(1)施工开始条件。参见本篇4.2.7基床底层改良土场拌摊铺机法填筑施工相关内容。

(2)生石灰消解。参见本篇4.2.7基床底层改良土场拌推铺机法填筑施工相关内容。

(3)土块破碎。参见本篇4.2.7基床底层改良土场拌推铺机法填筑施工相关内容。

(4)下承层处理、验收。参见本篇4.2.7基床底层改良土场拌推铺机法填筑施工相关内容。

(5)测量放样。参见本篇4.2.7基床底层改良土场拌推铺机法填筑施工相关内容。

(6)填料的运输。采用大吨位自卸车运输。根据松铺厚度计算每车拌和料的摊铺面积,确定堆放密度。在填筑场地按照每车土方的数量及摊铺厚度,用白灰点控制自卸车倒土密度,同时埋桩挂线,标示松铺厚度。

(7)摊铺、整平。摊铺由推土机及配合平地机进行。初压摊铺整平后的填层使用光轮压路机轻压1～2遍,使表面光滑并有一定的密度。

(8)按剂量摊铺石灰或水泥。采用方格网控制石灰或水泥用量,按剂量布灰,人工整形。

(9)拌制。

1)采用稳定土路拌机进行拌制。在稳定土路拌机拌制一遍后,应检查混合料的含水率。含水率过大时

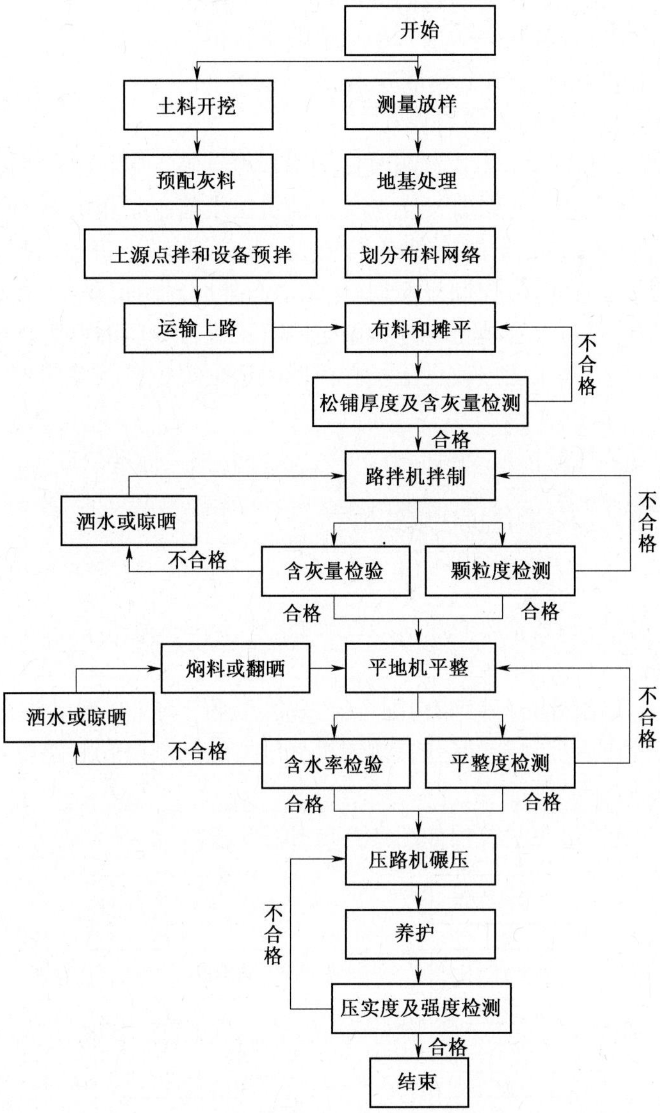

图 2-4-43　改良土填筑路拌法施工工艺及质量控制流程图

应晾晒；含水率过小时，应用喷管式洒水车洒水。洒水车不应在当天拌制的路段上调头和停留，在洒水拌制过程中，应及时检查拌和料的含水率，其值宜大于最佳含水率 1%左右。

2)稳定土路拌机拌制改良土，第一遍不宜翻拌到底，应留 2～3 cm，以防止改良剂(石灰或水泥)下沉集中在底部翻拌不上来；第二遍翻拌到底，并对下层略有破坏，宜控制 1 cm 左右；拌制遍数二遍以上，直到均匀为止。

3)石灰撒入土中后，宜不洒水进行初拌，拌均后应焖料 8～12 h，根据检查拌和料的含水率来确定是否洒水，然后进行复拌，拌匀后即进行整平、压实。

4)水泥撒入土中后，应立即进行拌制，拌均匀后即进行整平、压实，从拌制开始到压实完成不宜超过 4 h。

5)搅拌深度应深入下层承的表面 0.5～1 cm 左右，应设专人跟随稳定土搅拌机，随时检查搅拌深度，并配合稳定土搅拌机操作员调整搅拌深度，严禁在拌制层底部留有夹层。

(10)整平。

1)采用平地机平整，做出 4%的路拱，且纵向平顺。在平地机后面设一个 3 人小组，及时铲除高出挂线的拌和料，低凹处补充新拌和料。

2)平整施工步骤及作业标准。

①经推土机摊铺后层面高程比计划松铺高程高 4 cm。

②用光轮压路机快速静压 1 遍。

③平地机初平后层面高程比计划松铺高程高 3 cm。

④用光轮压路机碾压 2 遍(边部压 3～4 遍),中速或快速行进。

⑤测量层面高程。纵向每 20 m 设 1 个测量断面,每断面 2～4 个测点。

⑥平地机精平,层面高程高于计划松铺高程 0.5 cm。

3)平整作业要点。具体参见本篇 4.2.3 石灰改良土路基填筑施工中相关内容。

(11)碾压。参见本篇 4.2.7 基床底层改良土场拌摊铺机法填筑施工相关内容。

(12)养护。改良土碾压完成后,如不能连续施工应进行养护,改良土表面保湿养护不少于 7 d。养护期间勿使改良土过湿,更不能忽干忽湿,应控制好交通,除洒水车外应封闭道路。当改良土分层施工时,下层检验如压实度、平整度等指标合格后,上层填土能连续施工时可不进行专门的养护。

(13)检测。参见本篇 4.2.7 基床底层改良土场拌摊铺机法填筑施工相关内容。

5. 质量检验标准

原材料、改良土和沉降观测质量标准及检验方法符合设计和相关标准的要求。

4.2.9 基床表层级配碎石(砂砾石)摊铺机法填筑施工

1. 工艺概述

适用于高速与客运专线铁路路基基床表层层级配碎石(砂砾石)摊铺机法施工。

2. 作业内容

场拌设备的安装与调试、级配碎石(砂砾石)配合比试验、验收下承层、测量放样、安置钢丝绳基准线、设备拌制级配碎石拌和料、级配碎石拌和料的运输、摊铺机分层摊铺、分层检测、路堤边坡及路面修正等。

3. 施工工艺及质量控制流程

基床表层填筑施工工艺及质量控制流程如图 2-4-44 所示。

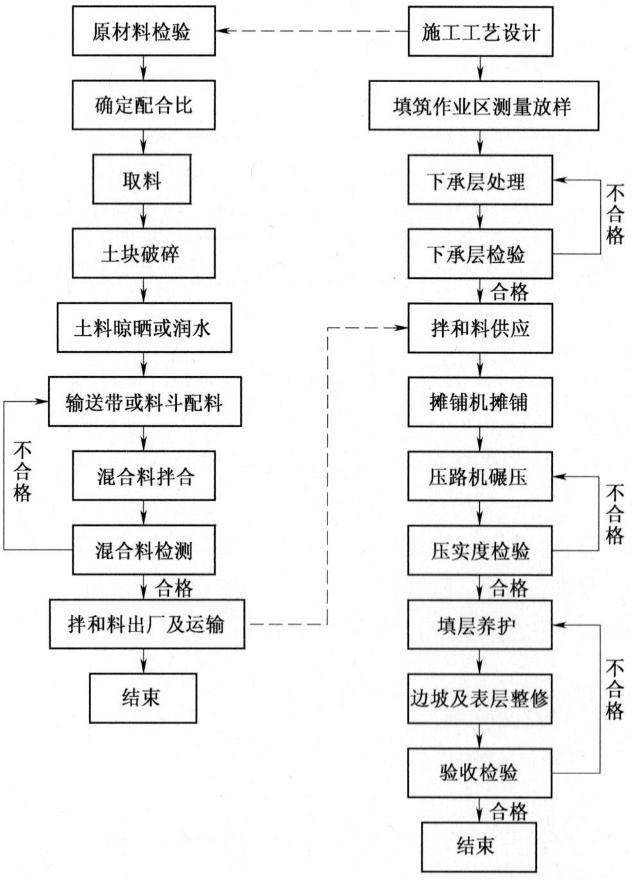

图 2-4-44　基床表层填筑施工工艺及质量控制流程图

4. 工艺步骤说明

(1)施工开始条件。施工准备工作全部完成;试验段取得的各项技术参数符合施工图要求,摊铺机、其他机具及人员已进场，施工组织设计已编制。

(2)材质及级配试验。

1)填筑前对所需的材料作全面的检查，并提前做好储料的一切准备工作，并有足够的储料场和储料设备，保证基床表层的正常铺筑。

2)基床表层级配碎石必须采用场拌法施工。搅拌设备应计量准确，拌和料必须进行材质及级配试验，材质及级配均要符合施工图和规范的要求。正式拌制前，调试场拌设备。

(3)测量放样。在施工现场附近引临时水准点，报监理审批，严格控制高程；按每10 m设置1个桩，放中线和边线，设置钢丝绳基准线。

(4)验收基床底层。基床表层填筑前应检查基床底层几何尺寸，核对压实标准，不符合标准的基床底层应进行修整，使其达到基床底层验收标准。

(5)拌制。

1)级配碎石拌和料用级配碎石搅拌设备在拌制厂集中进行拌制，拌和料需拌制均匀，采用不同粒径的碎石和石屑，按预定配合比在拌制设备内拌制级配碎石拌和料。

2)在正式拌制级配碎石拌和料之前，必须先调试所用的场拌设备，使拌和料的颗粒组成、级配和含水率都能达到规定的要求，并通过试验段的试拌、试铺总结的各种施工参数进一步合理地调整和确定拌制需要各种级配的碎石数量，以使基床表层的级配碎石填层具有更好的强度和刚度。

(6)运输。

1)装料时，车要有规律的移动，使拌和料在装车时不致产生离析，采用大吨位自卸车运输，并保证足够的运输车辆，确保摊铺机能够不间断地连续摊铺。

2)车辆运输过程中用防水篷布覆盖。运料汽车在摊铺机前10～30 cm处停住，不得撞击摊铺机。

(7)摊铺。

1)采用摊铺机铺筑。摊铺机以日进度需要量和搅拌设备的产量为度，合理计算卸料需要量。摊铺机摊铺时，应根据摊铺机的摊铺能力及搅拌厂的拌制能力配置运输车辆，使摊铺机的摊铺作业能够不间断的连续进行。

2)摊铺时应保持匀速摊铺，根据搅拌厂的拌制能力确定摊铺速度，一般规定为1.0～3 m/min。摊铺采用2台摊铺机全断面梯队式摊铺作业时，2台摊铺机前后间距8～10 m。

(8)碾压。

1)采用重型光轮振动压路机进行碾压，按试验段确定的碾压遍数和程序进行压实，使其达到规定压实度，且表面平整，各项指标符合施工图要求。

2)直线地段，应由两侧路肩开始向路中心碾压；曲线地段，应由内侧路肩向外侧路肩进行碾压。碾压遵循先轻后重、先慢后快的原则。各区段交接处应相互重叠压实，纵向搭接压实长度不小于2 m，纵向行与行之间的轮迹重叠不小于40 cm，上下两层填筑接头应错开不小于3 m。

(9)检测。每层施工完成后应进行自检，合格后报验监理工程师抽检的质量检测系统，严格按照规范要求的试验方法、试验点数、检验频次，逐层分段、分部进行试验检测，各类填料及压实标准应符合规定，凡检验不合格者，不得进行下一道工序施工。

(10)整修养护。基床表层顶面整修完成后采取措施控制车辆通行，并做好基床表面的保护工作，防止表层扰动破坏，严禁机车在基床表层顶面的路段上调头或急刹车。

(11)基床表层级配碎石(砂砾石)质量控制。

1)路基基床表层质量控制要点主要抓好三个方面：填料与原材料控制、施工过程控制、试验与检测控制。

2)严格控制填料及原材料质量，制定原材料的进货检验和进场前检查验收制度，杜绝不合格的材料进场，级配碎石选料标准应满足材料的规格、材质和级配的有关规定。路堤填料种类及原材料质量应符合施工图要求。

3)严格按试验段总结的施工工艺流程组织施工，同时在施工中，根据实际情况不断完善施工质量控制措施，确保路基工程质量。

5. 质量检验标准

(1)原材料质量检验标准及检验方法见表2-4-53、表2-4-54。

表 2-4-53　基床表层级配碎石质量标准及检验方法

检验项目		质量标准	检验方法
级配碎石	粒径级配	其不均匀系数 $C_u=d_{60}/d_{10}$ 不得小于 15,0.02 mm 以下颗粒质量百分率不得大于 3%	每 2 000 m^3 抽样检验 1 次颗粒级配、颗粒密度、黏土团及其他杂质含量、级配砂砾石中细长扁平颗粒含量、级配碎石中大于 16 mm 的粗颗粒中带有破碎面的颗粒含量;其他项目每一料场抽样检验 2 次,在料场抽样按《铁路工程土工试验规程》(TB 10102—2010)规定的试验方法进行室内试验,并在每层的填筑过程中目测检查级配有无明显变化
	与上部道床及下部填土之间	$d_{15}<4d_{85}$	
	每一层压实	采用同一种类填料	
级配砂砾石	粒径级配	颗粒中细长及扁平颗粒含量不应超过 20%,黏土团及有机物含量不超过 2%,颗粒粒径小于 0.5 mm 的细集料的液限应小于 25%,塑性指数应小于 6	每 2 000 m^3 抽样检验 1 次颗粒级配、颗粒密度、黏土团及其他杂质含量、细长扁平颗粒含量;其他项目每一料场抽样检验 2 次,在料场抽样按《铁路工程土工试验规程》(TB 10102—2010)规定的试验方法进行室内试验,并在每层的填筑过程中目测检查级配有无明显变化
	与上部道床及下部填土之间	$d_{15}<4d_{85}$	
	每一层压实	采用同一种类填料	

表 2-4-54　基床表层砂砾石级配范围

级配编号	通过筛孔(mm),质量百分率(%)									
	60	50	40	30	20	10	5	2	0.5	0.075
1	97～100	95～100	90～99	84～90	76～94	65～85	54～77	40～67	23～51	3～23
2	—	100	90～100	80～93	65～85	45～70	30～55	15～35	10～20	4～10
3	—	—	100	90～100	75～95	50～70	30～55	15～35	10～20	4～10

基床表层级配碎石级配要求参见本篇前面表 2-3-1。

(2)基床表层级配碎石(砂砾石)的压实标准应按表 2-4-55 控制。

表 2-4-55　基床表层级配碎石(砂砾石)压实标准

填料	压实标准			检验数量及检验方法
	地基系数 K_{30}(MPa/m)	动态变形模量 E_{vd}(MPa/m)	孔隙率 n(%)	
级配碎石或级配砂砾石	≥190	≥55	<18	沿线路纵向每 100 m 每压实层抽样检验动态变形模量 E_{vd} 和孔隙率 n 各 6 点,其中:左、右距路肩边线 1.5 m 处各 2 点;路基中部 2 点。检验地基系数 K_{30} 抽样 4 点,其中:左、右距路肩边线 1.5 m 处各 1 点,路基中部 2 点,按《铁路工程土工试验规程》(TB 10102—2010)规定的试验方法检验

(3)路堑基床表层换填深度及宽度应符合施工图要求。采用尺量沿线路纵向每 100 m 抽样检验 5 个断面。

(4)填料应分层填筑,每层的压实厚度不宜超过 30 cm,最小压实厚度不宜小于 15 cm,具体的摊铺厚度及碾压遍数应按工艺试验确定并经监理工程师批准的参数进行控制。每压实层路拱坡面应符合施工图要求,无积水现象。采用观察、尺量的方法,沿线路纵向每 100 m 每压实层抽样检验 6 处(左、中、右各 2 处)。

(5)过渡段基床表层级配碎石中水泥掺加剂量允许偏差为试验配合比 0～+1.0%。采用滴定法检测,每过渡段每层抽样检验 3 处(左、中、右各 1 处)。

(6)基床表层填筑厚度的质最标准及检验方法见表 2-4-56。

表 2-4-56　基床表层填筑厚度的质量标准及检验方法

检验项目	质量标准	检验方法
级配碎石或级配砂砾石厚度	−20 mm	沿线路纵向每 100 m 抽样检验 3 点,采用水准仪测量
砂垫层厚度	不小于施工图标示值	

(7)基床表层级配碎石或级配砂砾石表面中线高程、路肩高程、中线至路肩边缘距离、宽度、横坡、平整度的质量标准及检验方法见表 2-4-57。

表 2-4-57　基床表层级配碎石质量标准及检验方法

检 验 项 目	质量标准及允许偏差	检 验 方 法
中线高程	±10 mm	沿线路纵向每 100 m 抽样检验 5 点，采用水准仪测
路肩高程	±10 mm	
中线至路肩边缘距离	$^{+20}_{\ 0}$ mm	沿线路纵向每 100 m 抽样检验 5 点，采用尺量
宽度	不小于设计值	
横坡	±0.5%	沿线路纵向每 100 m 抽样检验 5 个断面，采用坡度尺量
平整度	不大于 10 mm	沿线路纵向每 100 m 抽样检验 10 点，采用 2.5 m 长直尺量

4.2.10　基床表层封闭层沥青混凝土施工

1. 工艺概述

适用于高速与客运专线铁路路基基床表面封闭层沥青混凝土施工。

2. 作业内容

沥青混凝土搅拌设备的安装与调试、沥青混凝土目标配合比和生产配合比设计与调试、验收及清扫下承层、测量放样与安置钢丝绳基准线、拌制沥青拌和料、沥青拌和料的运输、摊铺机摊铺、压路机碾压、检测等。

3. 施工工艺及质量控制流程

基床表层封闭层沥青拌和料施工工艺及质量控制流程如图 2-4-45 所示。

4. 工艺步骤说明

(1)施工开始条件。施工准备工作全部完成；试验段取得的各项技术参数符合施工图要求，摊铺机、其他机具及人员已进场，施工组织设计已编制。

(2)配合比设计。

1)沥青拌和料的矿料级配应符合设计图要求。

2)采用马歇尔试验配合比设计方法。沥青拌和料的马歇尔稳定度、流值、孔隙率、沥青饱和度等指标应符合施工图要求，并具有良好的高温稳定性、水稳定性、防渗水性能等。其技术指标应符合施工图要求。

3)沥青拌和料配合比设计通过目标配合比设计、生产配合比设计及生产配合比验证三个阶段。确定矿料级配、最佳沥青用量。在目标配合比设计时要注重材料的选材，材料不仅要合格而且要有代表性。生产配合比设计时要注重搅拌设备振动筛网规格的选择，确保计量的准确性。

(3)测量放样。在施工现场附近引临时水准点，报监理审批，严格控制高程。按 10 m 一桩，放中线和边线，设置钢丝绳基准线。

(4)拌制。

1)沥青拌和料在搅拌厂采用搅拌机械拌制。

①搅拌厂的设置必须符合国家有关环境保护、消防、安全等规定。

②考虑交通堵塞等因素，尽可能缩短搅拌厂与工地的运输距离，确保拌和料温度下降不超过要求，且不致因颠簸造成拌和料离析。

③各种集料必须分隔贮存，细集料场地应设防雨顶棚，料场和场区道路应硬化，严禁泥土等污染集料。搅拌厂应做好完整的排水设施。

2)沥青拌和料采用间歇式搅拌机，搅拌机的拌制能力应满足施工进度要求。

3)沥青拌和料的生产温度宜符合热拌沥青拌和料施工温度的有关规定。烘干集料的残余含水率不得大于1%。

4)沥青拌和料出厂时应逐车检验其重量和温度，记录出厂时间，签发运料单。

(5)运输。

1)沥青拌和料采用自卸车运输(区间狭窄地段采用小机动翻斗车倒料)，不得在级配碎石或级配砂砾石路面上急刹车、急掉头，应匀速行驶，避免对级配碎石或级配砂砾石层造成损伤。

2)运输车每次使用前后必须清扫，车厢板上涂一薄层防止沥青黏结的隔离剂或防粘结剂，但不得有余液积聚在车厢底部。从拌和机向运输车上装料时，应多次挪动汽车位置，平衡装料，减少拌和料离析。运输车

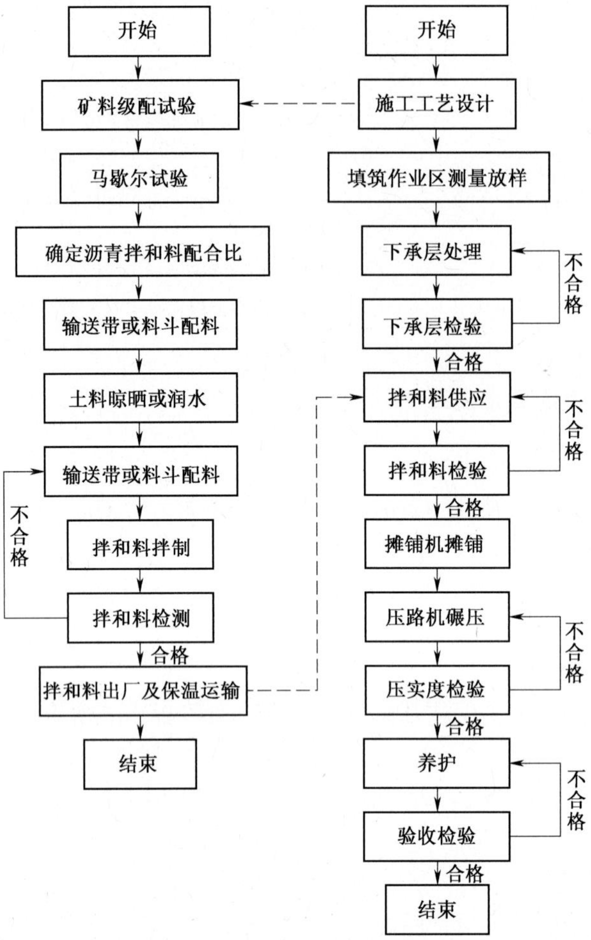

图 2-4-45　基床表层封闭层沥青拌和料施工工艺及质量控制流程图

运输拌和料时应覆盖保温、防雨、防污染。夏季运输时间短于 0.5 h 可不加覆盖。

3)在运输过程中如发现有沥青拌和料沿车厢板滴落时,应采取措施予以避免。

4)运料车每次卸料必须倒尽。

(6)摊铺。

1)站线及作业面较宽部位采用摊铺机摊铺,区间沥青混凝土封闭层宽度较窄地段则采用人工配合小型机具摊铺,或特制设备摊铺。摊铺机的受料斗应涂刷薄层隔离剂或防粘结剂。

2)摊铺机开始作业前应提前 30～60 min 预热熨平板至不低于 100 ℃。摊铺过程中选择熨平板的振捣或夯锤压实装置具有适宜的振动频率和振幅,以提高路面的初始压实度,熨平板加宽连接应仔细调节至摊铺的拌和料没有明显的离析痕迹。

3)摊铺机必须缓慢、均匀、连续不间断地摊铺,不得随意变速或中途停顿和频繁收起挡料板,以提高平整度,减少拌和料的离析。摊铺速度宜控制在 1～4 m/min。当发现拌和料明显的离析、波浪、裂纹、拖痕时,应分析原因,予以消除。

4)摊铺机应采用自动找平方式,可采用钢丝绳引导、平衡梁或雪橇式等摊铺厚度控制方式。

5)沥青拌和料的松铺系数应按工艺试验确定。

6)在局部机械作业不能到位部分可采用人工摊铺。人工摊铺拌和料应符合下列要求。

①沥青拌和料宜卸在铁板上,不得扬锹抛甩。铁锹等工具宜沾防粘剂或加热使用。

②边摊铺边用刮板整平,刮平时应轻重一致,控制次数,严防集料离析。

③摊铺不得中间停顿,并加快碾压。如不能碾压时,应停止摊铺,并对卸下的沥青拌和料覆盖保温。

④低温施工时,每次卸下的拌和料应及时覆盖保温。

(7)碾压。

1)应配备适合高速与客运专线铁路路基基床表层沥青混凝土封闭层结构特点的压路机,选择合理的压路机组合方式及初压、复压、终压的碾压步骤，以达到最佳的碾压效果。低温、风大、薄层碾压时压路机数量应适当增加。

2)压路机应以慢而均匀的速度碾压，压路机速度应符合表 2-4-58 中的要求，压路机的碾压线路、方向不应突然改变，从而导致拌和物的推移。

表 2-4-58　沥青混凝土碾压速度　(单位:km/h)

压路机类型	初压		复压		终压	
	适宜	最大	适宜	最大	适宜	最大
钢筒式压路机	2～3	4	3～5	6	3～6	6
轮胎式压路机	2～3	4	3～5	6	4～6	8
振动式压路机	2～3　静压或振动	4　静压或振动	3～5　振动	5　振动	3～5　静压	5　静压

3)压路机的碾压温度应符合热沥青拌和料施工温度表中的有关要求。在不产生严重推移和裂缝的前提下，碾压在尽可能高的温度下进行，不得在低温状态下做反复碾压。

4)压路机不得在未碾压成型的路段转向、掉头、加水或停留。初压应紧跟摊铺机进行，并保持较短区段。复压紧跟初压后进行，不得随意停顿，碾压长度宜控制在 60～80 m 内。终压紧跟复压后进行，且不少于 2 遍，至无明显轮迹为止。

5)在当天成型的沥青混凝土路面上不得停放各种机械设备或车辆，不得散落矿料、油料等杂物。

6)压路机压不到的地方，采用振动夯板或热的手锤将沥青拌和料充分夯实，已经压实过的路面不得修补表皮。

7)基床表层沥青混凝土接缝。

①沥青混凝土接缝必须紧密、平顺，不得产生明显的接缝离析。上下层纵缝应错开 15 cm(热接缝)或 30～40 mm(冷接缝)。相邻两副及上下层的横向接缝应错开 1 m 以上。

②横向接缝可采用斜接缝、阶梯形接缝或平接缝形式。

(8)基床表面封闭层沥青混凝土检测。

1)基床表层沥青拌和料的各项技术质量指标应符合施工图要求。当材料有变化时，要及时调整配合比。

2)摊铺机的摊铺速度应与拌制速度匹配，严格按照试验段确定的摊铺、碾压工序施工。

3)基床表层沥青混凝土施工必须有详细的作业指导书或技术交底，保证合理的施工工期，不得在气温低于 10 ℃、雨天、路面潮湿的情况下施工。

4)对压路机压不到的地方，如无砟轨道支撑层道床的侧面及电缆槽内侧等，采用振动夯板或热的手锤把沥青拌和料充分夯实，并作为质量检查的重点部位，以防止雨水从此部位下渗。

5)基床表层沥青混凝土施工采用人工配合小型机具摊铺时，应特别注意对摊铺设备的保温，这是保证压实质量的关键。同时，要注意对施工工序的合理安排，并尽可能安排在气温较高时施工。

5. 质量检验标准

基床表层封闭层沥青混凝土质量标准及检验方法见表 2-4-59。

表 2-4-59　基床表层封闭层沥青混凝土质量标准及检验方法

检验项目	质量标准	检验方法
原材料品种、各项技术指标	符合施工图要求	矿料按同一生产地点每 200 m^3 抽样检验 1 次，不足 200 m^3 时也按一批计。沥青按同一产地、品种、规格每 100 t 抽样检验 1 次，不足 100 t 时也按一批计
沥青含量、矿料级配和马歇尔技术指标	符合施工图要求	每台搅拌机抽样检验 1 次/d。搅拌制取样，按客运专线铁路有关沥青混凝土技术条件进行检验
沥青混凝土压实质量	符合施工图要求	沿线路纵向每 100 m 用核子密度仪法检验 6 点，其中左、右距路肩边线 1.5 m 处各 2 点，路基中部各 2 点；每 200 m 用钻芯法检验 2 点，其中路肩边线 1.5 m 处各 1 点，路基中部 1 点
沥青混凝土厚度	不小于施工图标示值	沿线路纵向每 100 m 抽样检验 3 点，采用水准仪测量

4.3　路堑施工

4.3.1　土质路堑施工

1. 工艺概述

机械开挖路堑适用于不需要爆破开挖的土质路堑、强风化和全风化的岩质路堑。机械开挖路堑岩土分类见表 2-4-60。

表 2-4-60　机械开挖路堑岩土分类表

分　类		说　　明
细粒土		黏土、粉质黏土、塑性指数不大于 3 的粉土
粗粒土		漂石土、块石土、卵石土、圆砾土、角砾土
风化岩	强风化岩	(1)结构和构造层理不甚清晰,矿物成分已显著变化,组织结构已大部分破坏。 (2)岩体被节理,裂隙分割成碎石块(2～3 cm),碎石用手可折断。 (3)用镐可以挖掘,手摇钻不易钻进
	全风化	(1)组织结构已基本或大部分破坏,但尚可辨认。 (2)有微弱的残余结构强度。 (3)用镐挖,干钻可钻进

2. 作业内容

测量放样、防排水设施修筑、分层开挖、边坡清理、基底整平等。

3. 施工工艺及质量控制流程

机械开挖土质路堑施工工艺及质量控制流程如图 2-4-46 所示。

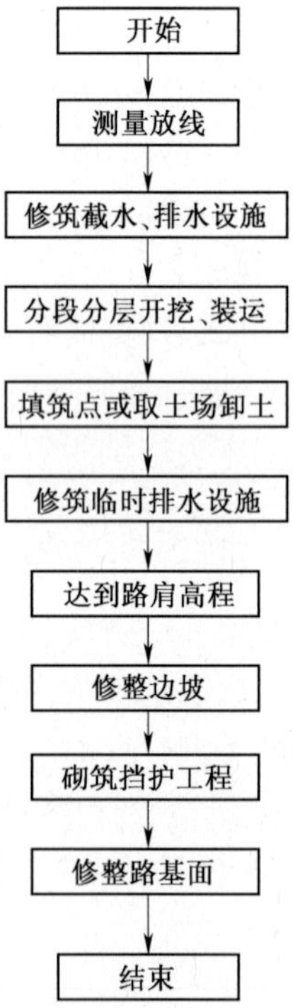

图 2-4-46　机械开挖土质路堑施工工艺及质量控制流程图

4. 工艺步骤说明

(1)开工条件。

1)施工准备工作已完成,按实施方案配置了机具设备、作业人员及修理保养环境条件,施工效率能满足工期要求,检测验证手段、施工组织能力能达到预期的质量和进度效果。

2)路堑施工按以下原则布置。

①尽可能增加开挖工作面和运输线,采用高挖高弃、低挖低弃。

②充分利用地势高差,加快装车速度。

③土质路堑施工,应优先考虑按机械施工进行工地布置和规划,较小工程宜采用机械开挖与轻轨运输配合的作业方案。

④运输道路一般应布置重车下坡,以利车辆的运行和路堑开挖时渗水和雨水的排出。

(2)测量放线。在施工前,必须按施工图要求测量放线,设置护桩,测量误差必须符合《高速铁路工程测量规范》(TB 10601—2009)有关要求,测量工作必须贯彻复核制。

(3)堑顶截、排水。

1)应首先做好堑顶截水沟、天沟,路堑开挖过程要自始至终保证排水畅通。

2)堑顶为土质或含有软弱夹层时,天沟应及时铺砌或采取其他防渗措施,其排水口应引入自然沟或排水构筑物。

3)在路堑施工期间要注意检查维护,如发现路堑或边坡内发生地下水渗流时,应根据渗流的位置及流量大小采取设置排水沟、水井、渗沟等设施,降低地下水位或将地下水引出,截排水设施要满足以下要求:

②边沟整齐,沟坡、沟底平顺,无浮土杂物。

③排水沟泄水不得对路基产生危害。

④截水沟的弃土应于路堑与截水沟间筑成土台，并分层压实，台顶设2%倾向截水沟的横坡，土台边缘坡脚距路堑顶的距离不应小于5 m。

(4)路堑开挖。

1)路堑开挖形式。

①路堑错台分层开挖。路堑开挖平均深度在10 m以上时，宜从上到下分层依次进行。待上台阶开挖到一定程度，不影响下台阶工作安全时，即可同时进行下台阶开挖作业，挖除下台阶可挖的数量。

开挖深度在10 m以内的临时性挖方边坡的坡度，考虑土质的稳定性和施工的安全性，可参考表2-4-61确定。挖方经过不同类土(岩)层或深度超过10 m时，其边坡可作成台阶形状。

表2-4-61　边坡坡度

土壤类别		边坡坡度
砂土(不包括细、粉砂)		(1∶1.25)～(1∶1.5)
一般黏土	坚硬	(1∶0.75)～(1∶1)
	硬塑	(1∶1)～(1∶1.25)
碎石类土	充填坚硬、硬塑黏性土	(1∶0.5)～(1∶1)
	充填砂土	(1∶1)～(1∶5)

②纵向分段开挖。路堑过长，运距较远，采用分层开挖仍不能满足施工期限时，可用纵向分段开挖或分层分段相结合的形式。

当傍山路堑一侧堑壁不厚，可适当地选择一处或几处将堑壁挖穿(俗称“马口”)，把长路堑变成几段进行开挖，增加工作面。分段开挖的分段长度，以不小于8～10倍的开挖深度为宜。如果马口开挖数量不大，路堑深度较浅，开挖出砟高程可一次设计在路基面高程上。如果马口开挖数量较多，路堑较深，出砟高程则分层确定。

③分层拉槽开挖。用于深度在15 m左右的石质路堑。开挖方法可分为5 m左右一层，以最上层顺线路中心拉槽开挖，槽宽能布置挖装和运输机械的工作场地为限。长路堑为了加速施工进度，可于路堑中部开挖一个横向马口，分别向两端进行分层拉槽。

2)推土机开挖路堑施工作业。

①路堑两端出土纵向开挖法。推土机作纵向开挖，从路堑的两端出土，作路堤的利用方。纵向开挖利用下坡推土作业效率较高。一般推土机作纵向弃土的运距为40～60 m，此运距通常也是移挖作填的最大经济运距。纵向开挖的路堑邻接路堤的填筑程序应为水平分层铺填，以利后续压实工序的顺利进行，不宜采用斜层铺填。

②傍山半挖堑填堤法。傍坡半挖堑半填堤，需根据地形及挖除土体的宽度，分别采取傍坡槽推或傍坡顺推作业方法，槽推法以安装斜角推土刀片较好，但这种作业方法的施工关键是路堑与路堤连接部分的挖台阶处理和半路堤部分的分层压实工艺，必须认真按工艺设计和作业细则要求进行施工。

3)铲运机开挖路堑施工作业。

①连续铲卸法。丘陵地区移挖作填施工，常用铲运机进行连续作业，如填挖土方利用数量很大，事先要用推土机开出运行路线，然后用铲运机降坡取土。当路堑逐渐下降路堤逐渐填高形成连续作业条件时，再采取连续作业路线。

②横向出土法。由于条件限制，路堑施工不能作纵向出土，则可采用横向出土法。横向出土开挖路堑的作业方法与横向取土填筑路堤的作业方法基本相似，但施工中应注意以下几点。

一是分段长度可按照路堤计算公式确定。为了减少通道数量，并适应纵向利用开挖限界的需要，路堑横向出土分段长度可比路堤分段增长10～20 m。

二是深路堑内，为了便于机械进出，在横向通道位置上一般将堑顶以下一定高度挖成锁口，以降低路堑通道的高度。此锁口一般只需做好上游排水、挡水措施，完工后可不予回填，如必须回填时，则应保证与原土的密贴和分层夯实。

三是横向出土开挖地段内铲运机应采用逐渐延伸的作业方法，保持下坡铲土的有利条件。自堑顶地面边线处斜对堑底已挖出的边线，按直线运行铲土。

路堑不论采取何种形式开挖都应随时做临时排水沟，并避免超挖和欠挖。

4)特殊土质路堑开挖。

①膨胀岩(土)路堑的侧沟、天沟、吊沟、排水沟的铺砌必须及时完成，保证铺砌前不受雨水侵入。施工、生活、工业用水应采取有效措施，禁止流入施工现场，应集中力量、快速施工，及时封闭、分段完成，应避免在大雨、连续阴雨天施工。设有支挡结构的边坡应随开随挖随砌筑；如防护不能紧跟开挖完成时，应暂留厚度不小于 50 cm 的保护层。路堑高侧山坡不应设弃土堆。需要设置弃土堆时，弃土堆距边坡顶不应小于 10 m。

②黄土路堑宜在旱季施工，确需在雨季施工，应集中力量快速施工，工作面应随时保持大于 4%的坡度，横向排水沟距路堑边坡不小于 2 m。施工前应做好堑顶截、排水和地面排水设施，各种水沟铺砌必须保证质量，严防渗漏。生产和生活用水应妥善处理，不得流入施工现场软化地基、浸泡边坡。灌浆施工时应有符合环保要求的废浆隔离与回收设施。降雨量大的地区应及早做好边坡防护和冲刷防护。

5)路堑开挖遇到下列情况时，应办理变更设计。

①边坡、基床的土石种类和构造与施工图明显不符。

②因自然灾害危及堑底或边坡稳定。

③采用新的或特殊施工方法，需改变边坡坡度。

④需增设或改变支挡、防护结构及排水设施。

(5)路堑弃土。路堑施工应尽量考虑移挖作填，符合填料使用条件的土用作路堤填料，必须弃舍时应本着“高土高弃、低土低弃、劣土废弃、优土还田”的原则，合理规划弃土场，防止堆置不当影响路堑边坡的稳定或造成水土流失、淤塞排灌沟渠等病害。弃土堆的设置及要求如下：

1)弃土堆位置与高度的确定应保证路堑边坡和自身的稳定，并考虑地形以及对附近建筑物、农田、水利、河道、交通的影响。

2)沿河岸的弃土，不得弃入河道，挤压桥孔或涵洞出入口，以防止改变水流方向和加剧对河岸的冲刷。严禁贴近桥墩台处与岩溶漏斗处及暗河口弃土。

(6)边坡整修。

1)正确标出边桩连线。经常检查边坡开挖坡度，纠正偏差。

2)坡面应平顺，无明显的局部高低差及浮石、渣堆、杂物等。

3)边坡上出现的坑、凹槽应嵌补平整。

4)平台应有向路基侧沟排水的坡度。

5)需要防护的边坡，应按施工图及时防护；当防护不能紧跟开挖进行，应留一定厚度的保护层并放缓开挖面坡度，待做护坡时再刷边坡。

(7)砌筑侧沟。

(8)基面修整。

1)路堑施工接近堑底时，鉴别核对土质，按施工图断面测量放样，开挖修整，或按施工图采取压实、换填、改良土质、排水封闭等措施。

2)填补凹坑应采用与路基面种类相同的填料，并予压实。

(9)施工注意事项。

1)大型土方机械开挖应从上至下分层分段依次进行，严禁在高度超过 3 m 或在不稳定土体之下掏挖。在挖方边坡上如发现有危岩、孤岩、滑坡等土体或岩(土)体倾向挖方一侧易引起滑移的软弱夹层、裂隙时，应及时将其清除并采取相应措施。

2)在滑坡地段挖方时，应详细了解该处地质资料，制定施工方案，明确开挖的方法、顺序和措施，防止坍滑发生。

3)在经过工程处理的地基上开挖时，不得引起过大的地基振动，挖土宜分层均匀进行。

4)开挖接近开挖控制高程时，应尽量保护好下部土层，减少扰动。使用挖掘机开挖(正铲或反铲)时，可在开挖控制高程以上保留 30 cm 的土层，待基床施工前用小型机具挖除。

5)土方边坡的加固(包括填方、排水沟和截水沟等的边坡),应遵照施工图和施工组织设计或施工工艺设计进行施工,一般应使同一个层段的开挖和防护施工在一个时间段内集中完成,挖一个层段,砌筑一个层段。

5. 质量检验标准

(1)路堑开挖高程、中线至路肩边缘距离、宽度、横坡、平整度的允许偏差及检验方法符合表2-4-62的规定。

表2-4-62　路堑基床表层允许偏差及检验方法

检验项目	允许偏差	检验数量	检验方法
中线高程	±30 mm	每100 m等间距检验3点	水准仪测量
路肩高程	±30 mm	每100 m等间距检验6点(左右各3点)	水准仪测量
中线至路肩边缘距离	$^{+50}_{0}$ mm	每100 m等间距检验3个断面	尺量
宽度	不小于设计值	每100 m等间距检验3个断面	尺量
横坡	±0.5%	每100 m等间距检验5个断面	坡度尺量/水准仪测量
平整度	<15 mm	每100 m等间距检验10次	2.5 m长直尺量

(2)开挖后路堑表面平整、密实,曲线圆顺、边线顺直、边沟整齐、沟底无阻水或积水现象。开挖后边坡质量检验标准见表2-4-63。

表2-4-63　路堑边坡坡率、边坡点位置、平台位置和宽度的允许偏差及检验方法

检验项目	允许偏差	检验数量	检验方法
边坡坡率(偏陡量)	不陡于设计坡率	沿线路纵向每100 m抽样检验6点	水准仪测量或尺量
边坡点位置	±100 mm		
平台位置	±100 mm		
平台宽度	±50 mm		尺量

4.3.2　石质路堑施工

1. 工艺概述

适用于硬质岩、软质岩、岩体结构比较稳定,需要用爆破施工的路堑地段。爆破开挖路堑岩石分类见表2-4-64。

表2-4-64　爆破开挖路堑岩石分类表

类别		强度(MPa)	代表性岩石品种
硬质岩石	极硬岩石	>60	花岗岩、花岗片麻岩、闪长岩、玄武岩、石灰岩,石英砂岩、大理岩,硅质砾石等
	次硬岩石	30～60	
软质岩石	次软岩石	5～30	黏土岩、贝岩、绿泥石、片岩、云母片岩等
	极软岩石	<5	

注:1. 强度系指新鲜岩块的饱和单轴极限抗压强度。
2. 岩石微风化、中等风化,用镐难挖掘,采用岩芯钻方可钻进。

2. 作业内容

爆破设计、修建钻孔平台、测量放线、钻机对位、装药、警戒、起爆、出渣、整修边坡、整修基面等。

3. 施工工艺及质量控制流程

爆破开挖石质路堑施工工艺及质量控制流程如图2-4-47。

4. 工艺步骤说明

(1)开工条件。

1)施工组织设计、施工工艺设计和工序质量控制设计已编制,施工准备工作已完成。

2)爆破作业区各种管线、构筑物已拆迁,或已采取相应的技术安全和环境保护措施;与当地政府取得联系,并得到行政管理部门批准。

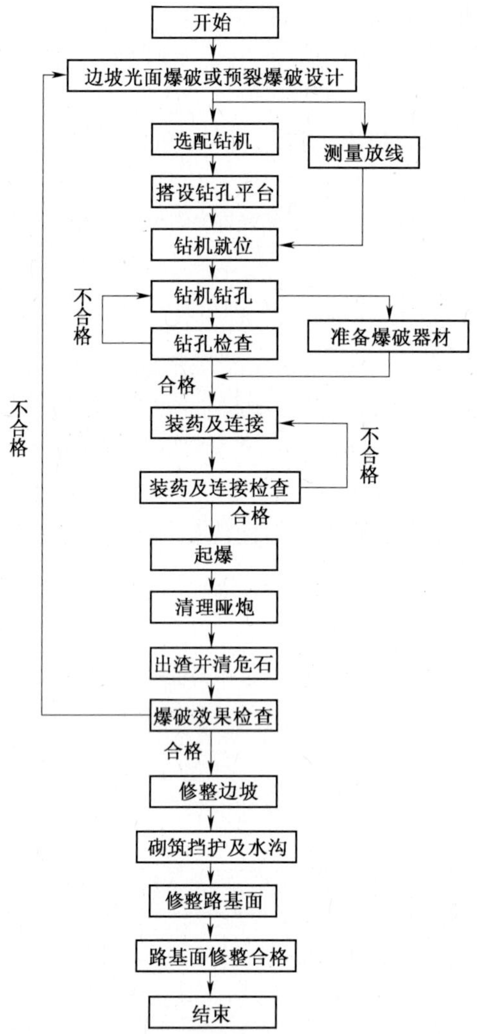

图 2-4-47　爆破开挖石质路堑施工工艺及质量控制流程图

(2)爆破设计必须对爆破参数、装药量等方面进行详细的计算。预裂爆破主要参数见表 2-4-65。

表 2-4-65　预裂爆破主要参数

岩石类别	极限抗压强度(MPa)	参数	钻孔直径(mm)				
			50	75	100	125	150
坚石	60 以上	a	0.45～0.65	0.75～0.95	1.1～1.3	1.45～1.65	1.8～2.1
		q'	215～340	355～560	390～620	485～765	555～875
		q''	孔深 $L>10$ m 时,$q''=5q'$ $L=5\sim10$ m 时,$q''=4q'$ $L=3\sim5$ m 时,$q''=3q'$				
次坚石	30～60	a	0.4～0.5	0.6～0.75	0.9～1.1	1.2～1.4	1.5～1.8
		q'	155～215	250～355	280～390	345～485	395～555
		q''	孔深 $L>10$m 时,$q''=4q'$ $L=5\sim10$ m 时,$q''=2.5q'$ $L=3\sim5$ m 时,$q''=q'$				
软石	5～30	a	0.3～0.4	0.5～0.6	0.75～0.85	1～1.2	1.2～1.5
		q'	60～155	100～250	115～280	140～345	160～395
		q''	孔深 $L>10$ m 时,$q''=4q'$ $L=5\sim10$ m 时,$q''=2.5q'$ $L=3\sim5$ m 时,$q''=q'$				

注:1. 表中:a 为钻孔间距,m;q'为线装药密度(全孔装药量扣除孔底部增加装药量除以装药段长度),g/m;q''为孔底装药密度,g/m。
2. 表列 q'值按 40%时耐冻胶质炸药计列,并以不耦合系数在 2～3 之间为选用条件。
3. 堵塞长度在 0.8～1.0 间选取。

(3)搭建钻孔平台。钻孔作业在高陡的坡顶上进行，钻机移位及架设均采用人工完成，必须保证人员和机具的安全。

钻孔精度要求高，三角架式钻机定位较难，为减少钻孔偏差，钻孔平台应有一定宽度，以利于钻机的调整。平台宽度一般为1.5～2 m。在进行多层光爆施工时应预留出下面各层的钻孔平台宽度。

(4)测量放线。光面爆破后边坡宜一次成型，因此在边坡测量放线时，应尽量将放线误差控制在最小，否则可能会因边坡的修整造成人力物力的浪费。

(5)钻机对位。钻孔精度是光面爆破成败的重要因素。要想保证钻孔精度，应把炮孔钻在同一平面上，使用三角架式钻机，除提高钻机技术外，还要按“对位准、方向正、角度精”三要点来操作。

1)钻机对位要准。为了保证钻机在同一平面上对位准，应在钻机平台上铺设钢管作为钻机移动轨道。钢管一般铺设在边坡外30 cm处，根据设计的光面爆破孔距用油漆在钢管上标明孔位。

2)钻孔方向要正。沿边坡开挖线拉一条测线，量测机架两侧至测线距离，当两者距离相同时，说明钻机安放准确。

3)钻孔角度要精确。精确的钻孔角度是光面爆破后坡面平整、光滑的保证。钻孔角度大于边坡坡度时，将使抵抗线偏小，会产生飞石；小于边坡坡度时，则抵抗线增大，会使光爆层炸而不塌。保证钻孔精度应用仪器测定钻杆角度，符合要求后，固定钻机进行钻孔作业。

(6)钻孔。按以下基本要领进行作业：

1)熟悉岩石性质，摸清不同岩层的凿岩规律。

2)孔口要完整，孔壁要光滑，保证排渣顺利。

3)软岩慢打，硬岩快打。

(7)装药。炮孔底部加强装药段，其装药长度和炸药增量可按表2-4-66确定；孔口堵塞长度应不小于最小抵抗线，一般为0.8 m。堵塞时先用纸团塞紧在堵段下部，然后用黄黏土堵实。

表2-4-66　炮孔底药增量

炮孔深度(m)	<3	3～5	5～10	10～15	>15
底药长度(m)	0.5	0.5～1.0	1.0～1.5	1.0～1.5	1.5～2.0
增量(倍)	0.5～1	1.0～1.5	1.5～2.0	2～3	>3

(8)警戒。光面爆破与主体爆破同时进行，警戒距离按主体爆破的要求确定；单独实施光面爆破的警戒范围不得小于200 m。

(9)起爆。起爆方法有两种：用设计段数的电雷管或非毫秒雷管绑于内药柱或药串上起爆。用导爆索连接起爆。

在与主炮孔同时施爆的时候，光爆孔要迟后于主炮孔50～150 ms(硬岩可取小值，软岩宜取大值)起爆。

(10)出渣。

1)路堑石方运距大于1 000 m时采用自卸汽车配合装载机械施工。

2)用装载机铲运装车在铲挖工作面与车辆间进退运行采用V形或L形循环方式，装载机进铲方向应大致与工作面垂直，避免偏载。装车行走速度控制0.7～1.8 m/s。

3)汽车运输道路车道宽度、纵坡、曲线半径应符合有关规定，路面结构要满足重载车辆运行的需要。倾卸时要采取安全防护措施。

(11)整修边坡。

1)爆破后边坡和堑顶山体稳定，边坡平顺，不破碎不振动，及时清除凸面悬危石、浮石、碴堆杂物。

2)边坡上出现的坑穴、凹槽用浆砌片石嵌补平整。

(12)整修基面。在岩石路堑的侧沟平台上应按设计图预留信号、电力电缆、排水沟槽。开挖时不得损坏边坡脚，必须保证侧沟平台和基面平整，有凹坑或损坏处用混凝土或浆砌片石补齐。

5. 质量检验标准

(1)光面爆破或预裂爆破的边坡坡面上宜保持炮孔痕迹。硬质岩石边坡炮孔痕迹率应达到85%；中硬岩达到70%；软岩达到50%。边坡坡面平顺，凹凸差应小于150 mm。

(2)路基面应平顺、无积水，路肩较整齐、曲线圆顺。爆后边坡岩壁和留下的半孔孔壁上都不应出现爆破裂纹；石质路堑路基面超爆坑应用C25混凝土补平。

(3)路堑边坡坡率、变坡点、平台位置、宽度、侧沟排水坡度允许偏差及检验方法应符合表 2-4-67 的规定。

表 2-4-67　路堑边坡坡率、变坡点、平台位置、平台宽度、侧沟排水坡度允许偏差及检验方法

检验项目	允许偏差	检验数量	检验方法
边坡坡率(偏陡量)	不得陡于设计坡率	每 50 m 每侧检查 8 点,上、下各 4 点	用坡度尺量、计算
变坡点位置	±100 mm	每 100 m 每侧检查 3 点	水准仪测量或尺量
平台位置	±100 mm		
平台宽度	±50 mm	每 100 m 每侧检查 3 点	尺量
侧沟排水坡度	不得积水	每条沟全检	目测

4.4　过渡段施工

4.4.1　路桥过渡段施工

1. 工艺概述

本工艺适用高速铁路和客运专线的路桥过渡段工程的施工。

2. 作业内容

过渡段基底的验收及处理,桥梁涵洞台背基坑混凝土回填,拌制水泥级配碎石,过渡段本体分层填筑、碾压养护以及过渡段后的倒梯形段 A、B 组填料的填筑等。

3. 施工工艺及质量控制流程

(1)路桥过渡段施工工艺。

1)对过渡段路堤范围内的地面进行清表整平碾压,按程序进行地基承载力检验,满足相关规定后,按设计图纸埋设透水软管,采用机械分层(填料分层松铺厚度不宜大于 30 cm)铺设砂层及碎石加水泥层(碎石加水泥采用机械拌制),压路机碾压。路桥过渡段主要形式如图 2-4-48 和图 2-4-49 所示。

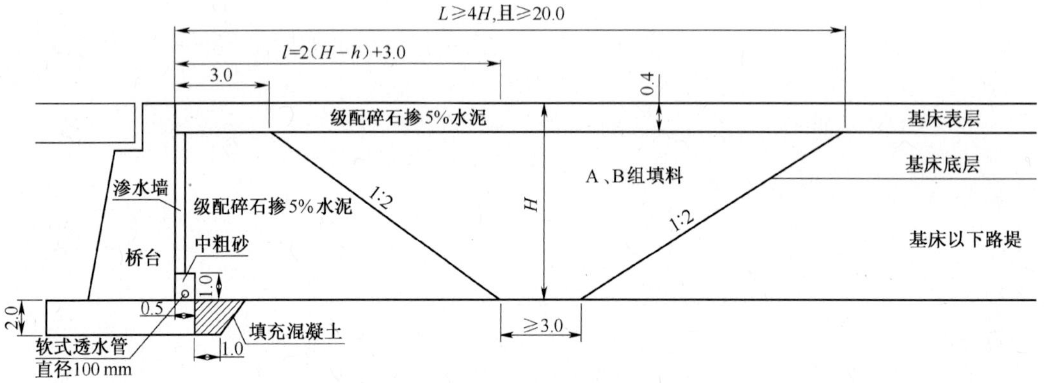

图 2-4-48　路桥过渡段主要形式示意图(单位:m)

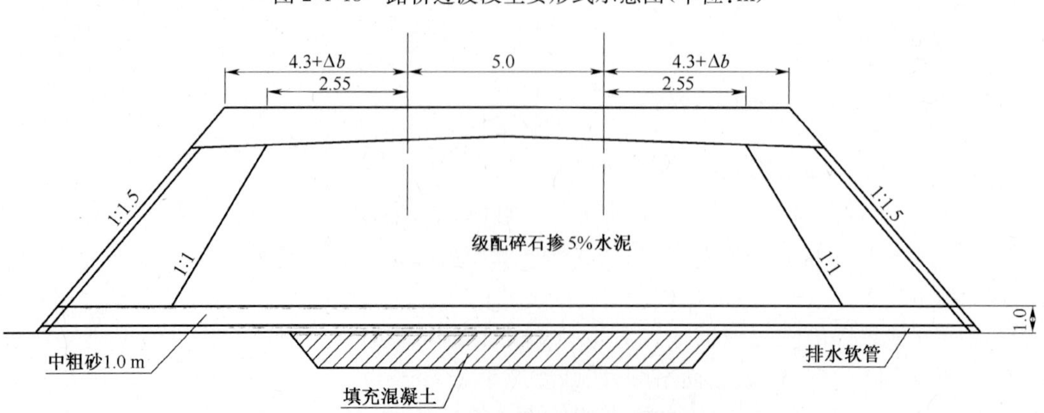

图 2-4-49　路桥过渡段主要形式断面图(单位:m)

2)压路机碾压不到的部位及在台后 2.0 m 范围内,宜采用小型振动压实设备进行碾压。

3)当桥台伸入弱～微风化硬质岩路堑时按图 2-4-50 形式设置长度不小于 20 m 的刚性过渡段。施工前应清理路堑表面,按施工图纸要求开挖台阶,泵送混凝土回填桥台基础和台背后过渡段混凝土,支立模板整体灌注刚性过渡段混凝土。

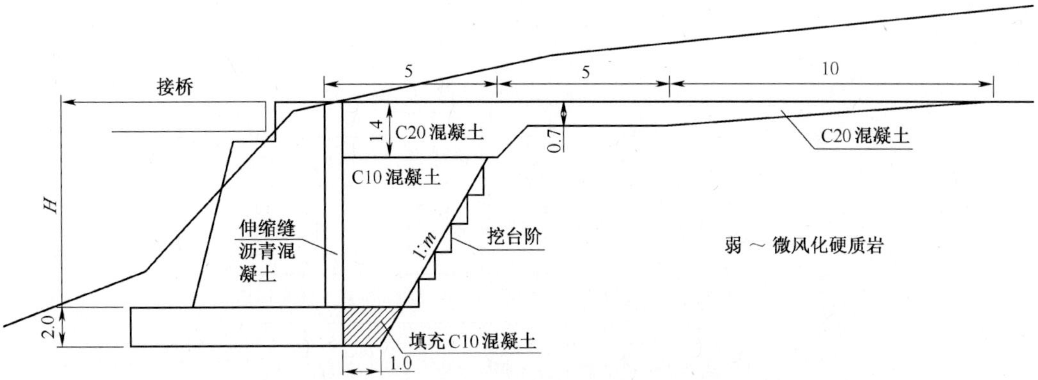

图 2-4-50　桥与路堑(硬质岩)过渡段示意图(单位:m)

4)当桥台伸入土质、软质岩及强风化岩路堑时,按图 2-4-51 形式设置长度不小于 20 m 的刚性过渡段,施工前清理路堑表层并碾压密实,开挖连接处台阶。台背基床底层挖除 30 m 长路堑,换填 A、B 组填料(换填填料施工同路堤填筑相同,按要求分层填筑碾压),桥台基础回填和台背过渡段混凝土施工采用泵送混凝土入模,插入式捣固棒振捣。路基面刚性过渡段采用支立模型整体灌注混凝土。

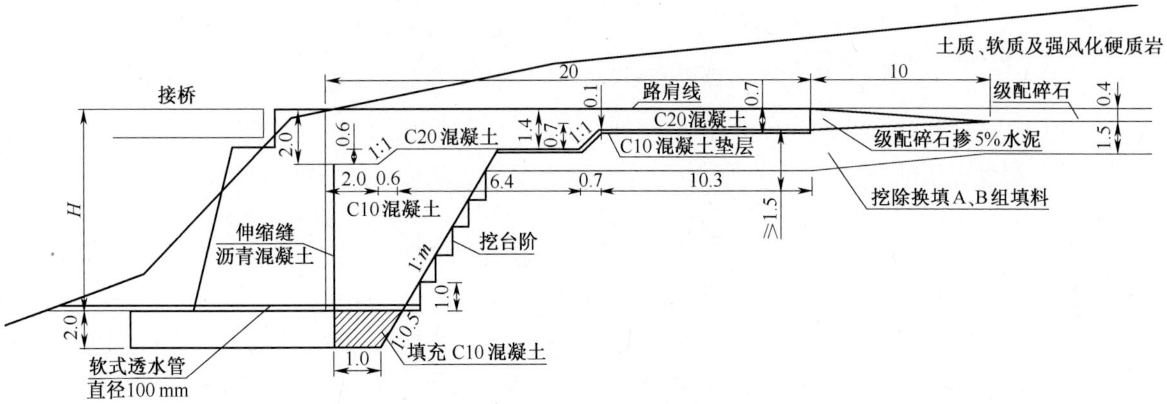

图 2-4-51　桥与路堑(土质及软质岩)过渡段示意图(单位:m)

5)沉降观测。严格按施工图要求埋设沉降观测桩并进行观测。在过渡段施工过程中以及施工完成后一定时间内应进行沉降观测,并根据观测数据判断该过渡段土体的变形趋势和稳定性。路桥过渡段沉降观测应同时对桥梁和路基过渡段同时进行观测比较,施工期间一般应每天进行一次观测,在沉降量突然变化的情况下,每天应观测 2～3 次。当两次填筑时间较长时,每 3 d 至少观测一次,路堤经过分层填筑达到预压高程后,在预压期的前 2～3 个月内。每 5 d 观测一次;三个月后每 7 d 一次,半年后一个月观测一次,一直观测到预压期末。预压期后每三个月观测一次直至移交。当沉降速率变化大时,增加观测频率;观测断面及每一次观测断面的观测点埋设位置的允许偏差应不大于 20 cm,铺轨前应对过渡段工后沉降进行评估。

(2)工艺控制流程。路桥过渡段施工工艺及质量控制流程如图 2-4-52 所示。

4. 工艺步骤说明

(1)基底处理。过渡段基底处理过程中及处理后应严格按照施工图要求做好地面排水,特别是软土、松软土、膨胀土和黄土地基地段,应确保降水及地表径流不汇入施工区和地基、基坑内;基底范围及两侧的排水、防渗和地下水拦截、引排应符合设计图要求;过渡段基底处理应按要求与桥台、横向结构物、相邻路堤、相邻隧道的基底处理同时进行,过渡段采用打入桩、挤密桩地基处理措施时,应先施工过渡段打入桩、挤密桩,后施工桥台基础桩基。

(2)基坑回填。桥台后基坑及横向结构物基坑应严格按照施工图选用回填材料及时分层回填压实,避免积水;若基坑采用混凝土回填时,泵送混凝土回填桥台基础和台背过渡段混凝土;若基坑采用碎石回填时,对

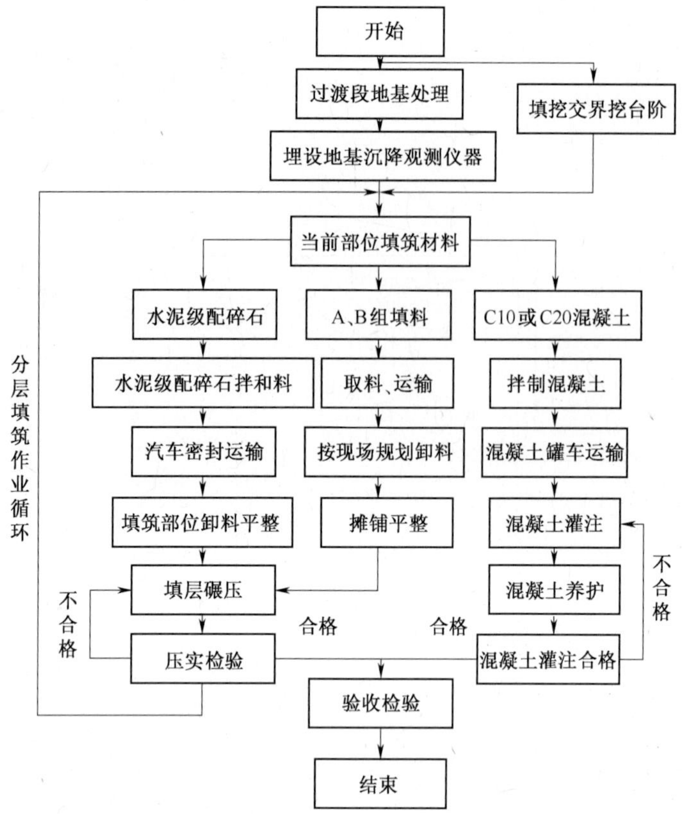

图 2-4-52　路桥过渡段施工工艺及质量控制流程图

过渡段路堤范围内进行清表整平碾压,按程序进行地基承载力检验,满足相关规定后,按施工图埋设透水软管,采用机械分层(填料分层松铺厚度不宜大于 30 cm)铺设砂层及碎石加水泥层(碎石加水泥采用机械拌制),压路机碾压。

(3)台背渗水墙砌筑。桥台与路基结合部设置厚 0.15 m 带排水槽的渗水墙,渗水墙采用无砂混凝土块砌筑,渗水墙底部设透水管,将渗流水横向排出路基外。

(4)水泥级配碎石随拌随用。水泥级配碎石拌和料按预定配合比用稳定土搅拌设备在拌制场集中进行拌制,拌和料需拌制均匀,采用不同粒径碎石和石屑。在正式拌制级配碎石拌和料之前,必须先调试所用的场拌设备,使水泥用量以及含水率均能达到规定的要求。并通过试验段的试拌、试铺总结的各种施工参数进一步合理地调整和确定拌制需要水泥、各种级配的碎石或砂砾石重量,以使过渡段水泥级配碎石或级配砂砾石填层具有更好的强度和刚度。

(5)汽车运输。装料时,运输车辆应有规律地移动,使拌和料在装车时不致产生离析。采用大吨位自卸车运输并保证足够的运输车辆。车辆运输过程中用防水苫布遮盖。

(6)过渡段本体分层填筑。填筑路堤时,按照不同土质路堤填筑技术要求,分层填筑,分层厚度按试验段确定的厚度。分层填筑时,根据自卸车的车型和规格,按试验段确定的倒土密度进行卸土,并设专人指挥倒土,确保填层厚度满足要求,填筑时应从最低一层台阶填起,均匀把土摊铺在路堤整个宽度上,为保证过渡段边缘有足够的碾压宽度,其两侧各加宽 50 cm 摊铺。

(7)分层、分区碾压。过渡段的碾压采用大、小型振动机械结合进行碾压,台背后 2 m 范围内禁止大型振动机械驶入,避免其对桥台造成挤压;碾压时先静压后振动,先慢后快,由弱至强;直线段由两边向中间,曲线段由内侧向外侧,纵向进退式进行,横向轮迹重叠不小于 40 cm,做到无漏压、无死角,碾压均匀,达到施工图及质量标准规定的压实度。

(8)养护。施工完毕后,及时进行养护并禁止任何行人和车辆在养护期间进入。

5. 质量检验标准

(1)过渡段基底验收及处理。

1)过渡段基底处理应按施工图要求与桥台、横向结构物的基底处理同时进行。

①路堤高度 $H<3$ m 的路堤,原地面处理(压实质量)应符合施工图及验收标准要求。基底无草皮、树根

等杂物，且无积水。原地面基底密实、平整；坑穴处理彻底，无质量隐患。横坡应符合施工图要求。

基床范围内的地基满足静力触探比贯入阻力 $P_S \geqslant 1.5$ MPa 或地基基本承载力 $\sigma \geqslant 0.18$ MPa 时，其基底按施工图要求进行换填处理；不足时，应提出变更进行地基加固处理。当设计对基底处理无要求时可参考表 2-4-68 进行处理。

表 2-4-68　路堤基底处理技术要求

<table>
<tr><th colspan="2">地基类型</th><th>路堤高度 $H \leqslant$ 基床表层厚度</th><th>基床表层厚度 $< H \leqslant$ 基床厚度</th><th>$H >$ 基床厚度</th></tr>
<tr><td rowspan="2">黏性土</td><td>水位距地表 >0.5 m</td><td rowspan="2">基床表层下换填不小于 1 m，填筑 A、B 组渗水性填料，$K_{30} \geqslant 130$ MPa/m</td><td>挖除表层不小于 0.5 m，并回填整平压实至 $K \geqslant 0.95$</td><td rowspan="4">按施工图要求进行处理</td></tr>
<tr><td>水位距地表 ≤0.5 m</td><td>换填不小于 0.5 m 渗水填料，并整平压实至 $K_{30} \geqslant 130$ MPa/m</td></tr>
<tr><td colspan="2">砾类土</td><td>翻挖回填不小于 0.5 m，$K_{30} \geqslant$ 130 MPa/m</td><td>整平压实至 $K_{30} \geqslant 130$ MPa/m</td></tr>
<tr><td colspan="2">砾卵石、碎石类土</td><td>翻挖回填不小于 0.5 m，$K_{30} \geqslant$ 150 MPa/m</td><td>整平压实至 $K_{30} \geqslant 130$ MPa/m</td></tr>
<tr><td colspan="2">岩石</td><td colspan="3">坚硬岩石表面应清除凹凸不平面或采用 C25 以上混凝土填平后，直接在其上填筑；强风化硬质岩应清除风化层，整平岩石面后填筑 A、B 组填料，基床底层换填厚度不小于 1 m</td></tr>
</table>

②路堤高度 $H > 3$ m 时，过渡段基底原地面平整后用振动碾压机碾压密实，地基系数 $K_{30} \geqslant 60$ MPa/m。

③路堤与路堑过渡段按施工图顺原地面纵向开挖台阶，开挖坡面的纵向坡度及台阶高度应符合施工图要求。

④按施工图要求设置沉降观测点。

2）过渡段基坑回填检测。

①基坑采用混凝土回填时，回填材料和混凝土强度等级应符合施工图要求。在灌注地点抽样制作混凝土试件进行标准养护，并进行 28 d 抗压强度试验。

②基坑采用碎石回填时，应分层填筑，并采用小型振动机械压实。

③基坑回填顶面高程采用水准仪测量，其允许偏差为 ±50 mm。

（2）基床表层以下过渡段级配碎石填层检测。

①过渡段级配碎石填料粒径、级配及质量应符合施工图要求碎石颗粒中针状、片状碎石含量应不大于 20%；质软、易破碎的碎石含量不得超过 10%；黏土团及有机物含量不得超过 2%，过渡段用碎石的级配范围在料场抽样进行室内试验，并在每层的填筑过程中目测检查级配有无明显变化，试验结果应符合前面表 2-3-2中的规定。

②级配碎石中掺入水泥的品种、规格及质量应符合施工图的要求。

③基床表层以下过渡段级配碎石填层的压实质量应按表 2-4-69 采用地基系数 K_{30}、动态变形模量 E_{vd} 和孔隙率 n 三项指标控制。

表 2-4-69　基床表层以下过渡段级配碎石填层压实标准

检验项目	地基系数 K_{30}（MPa/m）	动态变形模量 E_{vd}（MPa）	孔隙率 n（%）
压实标准	≥150	≥50	<28

按《铁路工程土工试验规程》（TB 10102—2010）及有关试验方法的规定检测，其中每压实层抽样检验孔隙率 n 至少 3 点，其中距路基两侧填筑级配碎石边线 1 m 处左、右各 1 点，路基中部 1 点；每填高约 30 cm，检验动态变形模量 E_{vd} 抽样 3 点，其中 1 点必须靠近桥台或横向结构物边缘处；每填高约 60 cm 抽样检验地基系数 K_{30}、动态变形模量 E_{vd} 各 2 点，其中距路基两侧填筑级配碎石边线 2 m 处 1 点，路基中部 1 点。

④在填筑压实过程中，应保证桥台、横向结构物稳定、无损伤。

⑤分层填筑分层压实。采用大型压路机械碾压时，每层的最大压实厚度不宜超过 30 cm，最小压实厚度不宜小于 15 cm，采用小型振动压实设备碾压时，填料的虚铺厚度不应大于 20 cm。具体的摊铺厚度及碾压

遍数应按工艺试验确定并经监理单位确认的工艺参数进行控制。每压实层应平整,无积水现象。

⑥级配碎石中水泥掺加剂采用滴定法检测,其允许偏差为试验配合比 0～+1.0%,每过渡段每填高约 90 cm 抽样检验 3 处(左、中、右各 1 处)。

⑦过渡段的允许偏差、检验数量及检验方法应符合表 2-4-70 的规定。

表 2-4-70　过渡段的允许偏差、检验数量及检验方法

检验项目	允许偏差	检验数量	检验方法
中线至边缘距离	$^{+50}_{0}$ mm	每过渡段抽样检验 3 点	尺量
宽度	不小于施工图标示值	每过渡段每检测层抽样检验 2 点	尺量
横坡	±0.5%	每过渡段抽样检验 2 个断面	坡度尺量
平整度	不大于 15 mm	每过渡段抽样检验 5 点	2.5 m 长尺量测
边坡坡率(偏陡量)	3%施工图示坡率	每过渡段每侧抽样检验 6 点	坡度尺量

⑧基床表层以下级配碎石填层的允许偏差、检验数量及检验方法应符合表 2-4-71 的规定。

表 2-4-71　基床表层以下级配碎石填层的允许偏差、检验数量级检验方法表

检验项目	允许偏差	检验数量	检验方法
横向填筑长度	不小于施工图标示值	每层抽样检验 3 点,左、中、右各 1 点	尺量
纵向填筑长度	不大于施工图标示值	每层抽样检验 3 点,左、中、右各 1 点	尺量计算

(3)基床表层以下过渡段两侧及锥体填土检测。

1)基床表层以下过渡段两侧及锥体填料应符合施工图要求,填筑前应对取土场填料进行取样检查,运至现场的填料进行抽样检验。当填料土质发生变化或更换取土场时应重新进行检验,基床表层以下过渡段两侧及锥体填料试验项目及频次符合表 2-4-72 规定。

表 2-4-72　基床表层以下过渡段两侧及锥体填料试验项目及频次

填料类别	试验项目、频次			
	颗粒级配	液塑限	击实实验	颗粒密度
细砾土	—	5 000 m^3(或土性明显变化)	5 000 m^3(或土性明显变化)	—
粗砾土、碎石土	10 000 m^3(或土性明显变化)	—	—	10 000 m^3(或土性明显变化)

注:表用数字为进行一次实验的填料体积。

2)基床以下过渡段两侧及锥体填筑压实质量根据填料类别按表 2-4-73 采用双指标控制。

表 2-4-73　基床以下过渡段两侧及锥体填筑压实质量标准

检验项目	压实标准		
	改良细粒土	砾类土及细砾土	碎石类及粗砾土
地基系数 K_{30}(MPa/m)	≥90	≥110	≥130
变形模量 E_{vd}(MPa)	≥80	≥80	≥80
孔隙率 n(%)	—	<31	<31
压实系数	≥0.90	—	—

3)在纵向压实过程中应按《铁路工程土工试验规程》(TB 10102—2010)规定的试验方法沿线路纵向每 100 m 每压实层抽样检验压实系数(改良细粒土)或孔隙率(粗粒土和碎石类土)6 点,其中左、右距路基边线 1 m 处各 2 点,路基中部 2 点;有反压护道地段每 100 m 增加 1 个检测点;每 100 m 每填高 90 cm 抽样地基系数 4 点,其中距路基边线 2 m 处左、右各 1 点,路基中部 2 点。应保证桥台、横向结构物稳定、无损伤。

4)基床表层以下过渡段两侧、相邻路基及锥体填土与过渡段级配碎石间通过筛分试验检验应符合设计和相关标准的要求。

5)浸水路堤防护高程的允许偏差、检验数量及检验方法应符合表 2-4-74 的规定。

表 2-4-74　浸水路堤防护高程的允许偏差、检验数量及检验方法

检验项目	允许偏差	检验数量	检验方法
防护高程	$^{+100}_{0}$ mm	每个过渡段抽样检验 2 点	水准仪或尺量

(4)基床表层以下续料过渡段填层。填料应分层填筑，压实。采用大型压路机械碾压时，每层的最大压实厚度不宜超过 35 cm，最小压实厚度不宜小于 10 cm，具体的摊铺厚度及碾压遍数应按工艺试验确定，并经监理单位确认的工艺参数进行控制。每压实层应平整无积水现象。

1)路堤与软质路堑岩石或土质路堑过渡段填料的种类、质量应符合施工图要求。

2)过渡段路基填筑压实度标准应按表 2-4-75 要求进行控制。

表 2-4-75　过渡段路基填筑压实标准

设计速度目标值	轨道类型	填料类型	填筑部位	压实标准			
				地基系数 K_{30}(MPa/m)	动态模量 E_{vd}(MPa)	孔隙率 n(%)	E_{v2}(MPa/m)
200 km/h	有砟	级配碎石+5%水泥或级配碎石	基床表层	≥190	—	<18%	—
			基床表层以下	≥150	—	<28%	—
200 km/h 以上	有砟		基床表层	≥190	≥55	<18%	—
			基床表层以下	≥150	≥50	<28%	—
	无砟		基床表层	≥190	≥55	<18%	≥120
			基床表层以下	≥150	≥50	<28%	≥60

4.4.2　路基与横向结构物过渡段施工

1. 工艺概述

本工艺适用于高速铁路和客运专线的路堤、路堑与横向结构物过渡段工程的施工。

2. 作业内容

过渡段基底处理，桥梁和涵洞台背基坑混凝土回填，拌制水泥级配碎石，过渡段本体分层填筑、碾压、养护以及过渡段后的倒梯形段 A、B 组填料的填筑等。

3. 施工工艺及质量控制流程

(1)路堤、路堑与横向结构物过渡段施工工艺。

1)对过渡段路堤范围内进行清表整平碾压，按程序进行地基承载力检验，满足相关规定后，采用机械分层(填料分层松铺厚度不宜大于 30 cm)铺设水泥级配碎石层(水泥级配碎石采用机械拌制)，压路机碾压。

2)压路机碾压不到的部位及在台后 2 m 范围内，用小型振动压实设备进行碾压。

3)路堤轨底距横向结构物顶部垂直高度小于等于 1.5 m 时，采用两次过渡方案，在涵洞顶面及两侧设置正梯形的水泥级配碎石过渡段，再延伸设置一段过渡段，采用 A、B 组填料；横向结构物顶部水泥级配碎石分层摊铺找平(每层松铺厚度不大于 20 cm)，小型振动夯实机压实。

4)路堑地段涵洞两侧清理基坑边坡至施工设计要求及整体回填 C15 片石混凝土，轨底横向结构物顶部垂直高度小于等于 1.5 m 时，涵顶及涵洞两侧 2 m 范围内摊铺水泥级配碎石，小型振动夯实机碾压。具体形式如图 2-4-53 所示。

5)当涵洞轴线与线路中线斜交时，采用级配碎石将斜交三角形部分填好，然后按要求施工过渡段，视级配碎石与路堤填料间接触面与线路走向垂直，消除单根轨枕下的横向刚度差异。

(2)路堤、路堑与横向结构物过渡段施工工艺及质量控制流程如图 2-4-54 所示。

4. 工艺步骤说明

路堤、路堑与横向结构物过渡段施工工艺与路桥过渡段基本一致，路堤、路堑与横向结构物过渡段的施工要点：

(1)施工前，应做好横向结构物两侧的排水施工，防止水流对填料的浸泡或冲刷，路堑地段做好结构物基坑边坡整型；路堤基地原地面平整后，用振动碾压机碾压密实，并使 K_{30}≥60 MPa/m。

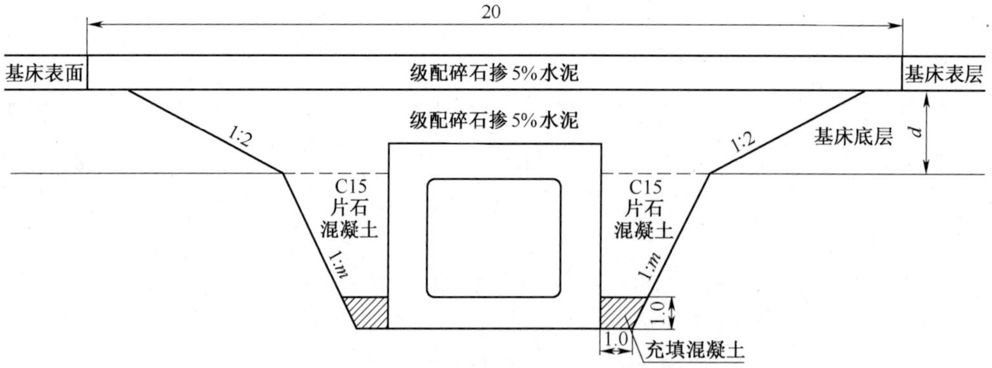

图 2-4-53　路堑与横向结构物连接处过渡段设置图(单位:m)

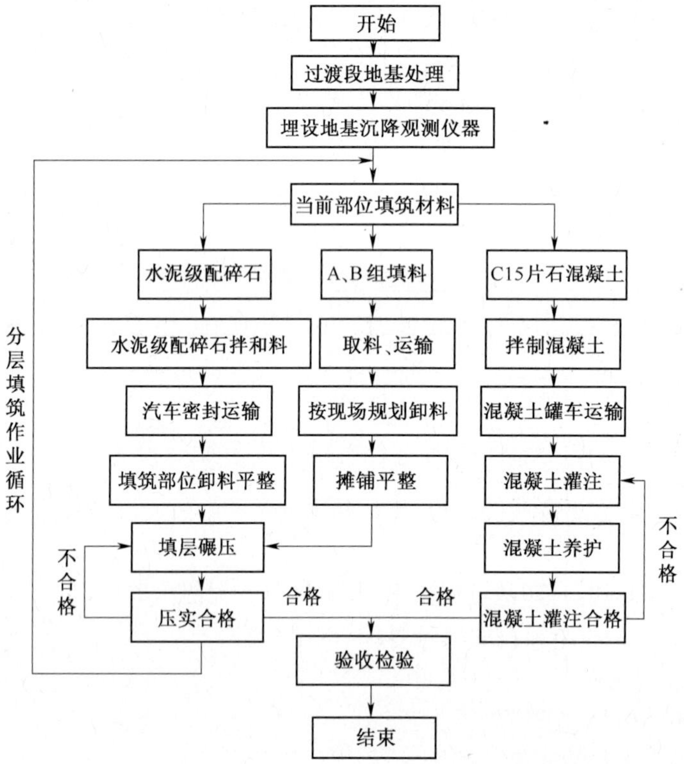

图 2-4-54　路堤、路堑与横向结构物过渡段施工工艺及质量控制流程图

(2)在路堑地段回填片石混凝土时,应做好基坑边坡防护,防止发生意外。

(3)在横向结构物两侧基础等达到施工图及验收标准强度要求后,及时进行两端过渡段填筑,其压实度要求均与一般路基一致;同时应分别对称分层填筑,防止由于不对称填筑造成对横向结构物的扰动;拌和料填筑过程中,每次填料的松铺厚度不宜大于 30 cm,碾压遍数应通过试验确定,并应与相邻路堤同步施工。

(4)横向结构物两端的过渡段填筑必须对称进行,在填筑的过程中应注意做好防排水施工,每层均应设横向人字坡和纵向排水,并与相邻路堤同步施工。

(5)靠近结构物两侧 2 m 以内及横向结构物的顶部填土厚度小于 1 m 时,必须施工小型振动机碾压。

(6)水泥级配碎石拌和料宜在 2 h 之内施工完毕。

(7)每层拌和料施工完毕后需按要求进行养护。

(8)片石混凝土施工,应填砌坚硬、无风化、无水锈、无裂缝的石块,随混凝土分层灌注而分层填筑,石块间必须有混凝土充实。

4.4.3　路堤与路堑过渡段施工

1. 工艺概述

本工艺适用高速和客运专线铁路的路堤与路堑过渡段工程的施工。

2. 作业内容

路堤基底与路堑的处理，台阶的开挖，拌制水泥级配碎石，过渡段本体分层填筑、碾压、养护以及路堤与硬质岩石路堑过渡段基床表层填筑等。

3. 施工工艺及质量控制流程

(1)路堤与路堑过渡段施工工艺。

1)路堤与弱～微风化硬质岩石路堑连接时，过渡段自路堑一侧沿原硬质岩坡面横向开挖台阶，台阶高度1 m，台阶开挖可采用小型预裂爆破方式进行。过渡段基床表层20 m范围内采用机械摊铺水泥级配碎石，表层以下自路堤一侧采用机械分层摊铺填筑、碾压级配碎石，相邻的路堤和基床底层填筑应于其填筑进度相同。级配碎石与路堤填料之间的分界线应与线路走向保持垂直，使轨道板下基础保持匀质。具体形式如图2-4-55所示。

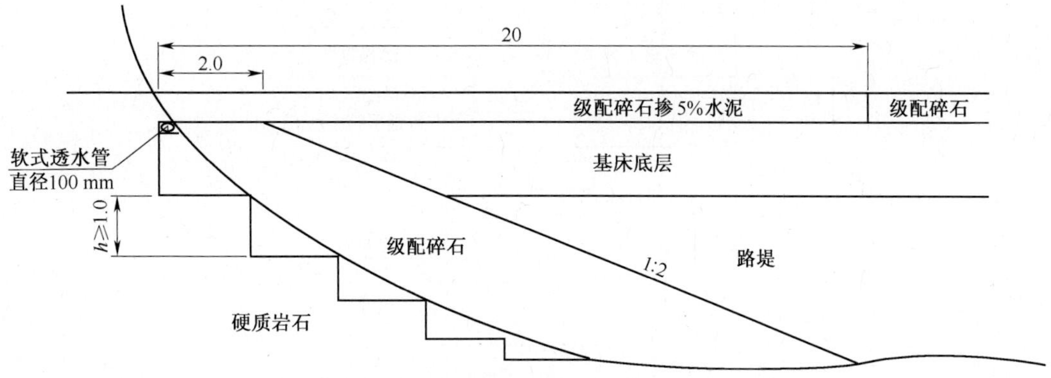

图2-4-55　路堤与路堑连接方式图一(单位：m)

2)路堤与路堑连接处横向按施工图人工埋设软式透水管，将水引入路堤坡脚排水沟中。

3)当路堤与强风化硬质岩、软质岩石或土质路堑连接时，路堑一侧沿坡面按1：2的坡率开挖台阶，台阶高度0.6 m。路堤本体和基床底层、表层均采用机械分层摊铺碾压，台阶部位采用横向碾压。具体形式如图2-4-56所示。

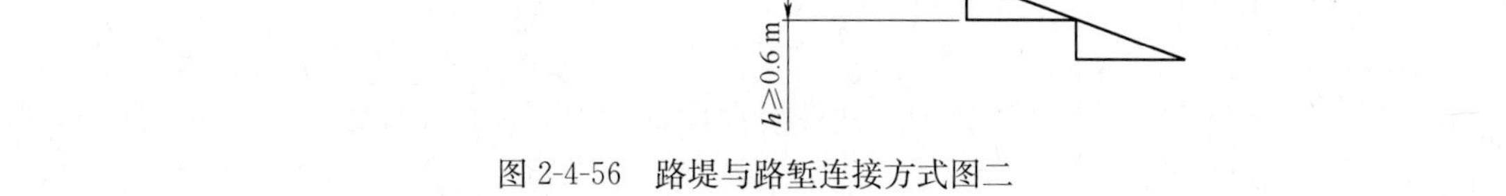

图2-4-56　路堤与路堑连接方式图二

4)硬质岩石路基与土质路基连接时，基床表层应以级配碎石或级配砂砾石由土质路基的路肩高程向硬质岩石路肩施工高程顺坡，其长度不应小于10 m。过渡段范围内的填料应满足路基各部位的填料要求，分层摊铺和碾压。

(2)路堤与路堑过渡段施工工艺及质量控制流程如图2-4-57所示。

4. 工艺步骤说明

(1)路堤基底处理与路堑表层处理。原地面处理前，应对地基地质资料进行核查，路堤地基条件应满足施工图要求。原地面处理后的外观应符合下列要求：基底无草皮、树根等杂物，无积水；原地面基底密实，平整；坑穴处理彻底，无质量隐患；横坡应符合施工图要求。路堑施工前应及时完善排水系统，做好堑顶截、排水。临时排水设施应与原有排水系统及永久性排水设置相结合。堑顶为土质或含有软弱夹层的岩层时，天沟应及时铺砌或采取其他防渗措施。开挖前应检查坡顶、坡面的危石、裂缝和其他不稳定情况并妥善处理。

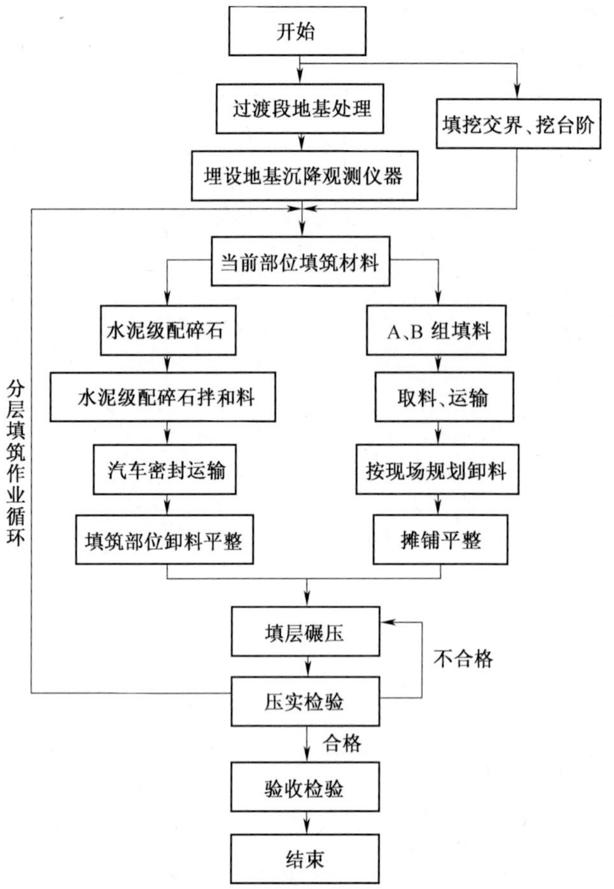

图 2-4-57 路堤与路堑过渡段施工工艺及质量控制流程图

(2)按施工图要求开挖台阶。具体参见前述路堤与路堑过渡段施工工艺中相关内容。

(3)过渡段本体分层填筑。填筑路堤时,按照过渡段不同土质路堤填筑技术要求,分层填筑,分层厚度按试验段确定的厚度。按试验段确定的卸土间距进行卸土,并设专人指挥卸土,确保填层厚度符合要求。填筑时应从最低一层台阶填起,均匀将土摊铺在路堤整个宽度上,为保证过渡段边沿有足够的压实度,其两侧各加宽 50 cm 摊铺。相邻的路堤和基床底层填筑应于其填筑进度相同,每层施工过程中必须按施工图要求做好防排水措施。

(4)分层、分区碾压。大型压路机能碾压到的部位,靠近堤堑结合处,沿堑坡边沿进行横向碾压,大型压路机碾压不到的部位,采用小型振动压实设备分层进行碾压,填料的松铺厚度不宜大 20 cm,碾压遍数应通过试验确定。

(5)养护。施工完毕后按施工图及时进行养护,养护期间禁止任何行人和车辆通行。

(6)拌制水泥级配碎石。水泥级配碎石混合料用稳定土搅拌设备在拌制场集中进行拌制,拌和料需拌制均匀,采用不同粒径的碎石和石屑,按预定配合比在搅拌设备内拌制级配碎石拌和料。在正式拌制级配碎石拌和料之前,必须先调试所用的场拌设备,使拌和料的颗粒组成、水泥用量以及含水率都能达到规定的要求。并通过试验段的试拌、试铺总结的各种施工参数进一步合理的调整和确定拌制需要水泥、各种级配的碎石或砂砾石数量,以使过渡段水泥级配碎石或级配砂砾石填层具有更好的强度和刚度。

(7)汽车运输。装料时,运输车辆车应匀速移动,使拌和料在装车时不致产生离析。采用大吨位自卸车运输并保证足够的运输车辆,车辆运输过程中用防水苫布遮盖。

(8)路堤与硬质岩石路堑过渡段基床表层填筑。基床表层填筑前应检查基床底层几何尺寸,核对压实标准,不符合标准的基床底层应进行修整,达到基床底层验收标准。基床表层必须用摊铺机摊铺,每层的摊铺厚度应按工艺试验确定的参数严格控制。

5. 质量检验标准

主要进行地基系数 K_{30}、动态模量 E_{vd} 和孔隙率 n 的检测。其操作均按《铁路工程土工试验规程》(TB 10102—2010)规定的试验方法。

4.4.4　路隧、桥隧过渡段施工

1. 工艺概述

本工艺适用于高速铁路和客运专线的路隧过渡段工程的施工。

2. 作业内容

路堤基底与路堑表层清理，开挖台阶，垫层灌注，混凝土的拌制，刚性过渡段混凝土的灌注以及养护、检测等。

3. 施工工艺及质量控制流程

(1)路隧、桥隧过渡段施工工艺。

1)当隧道与土质、全风化及强风化岩石路堑相接，桥与桥、桥与隧、隧与隧之间间距小于 150 m 时，均采用路基刚性过渡段，具体形式如图 2-4-58 所示。

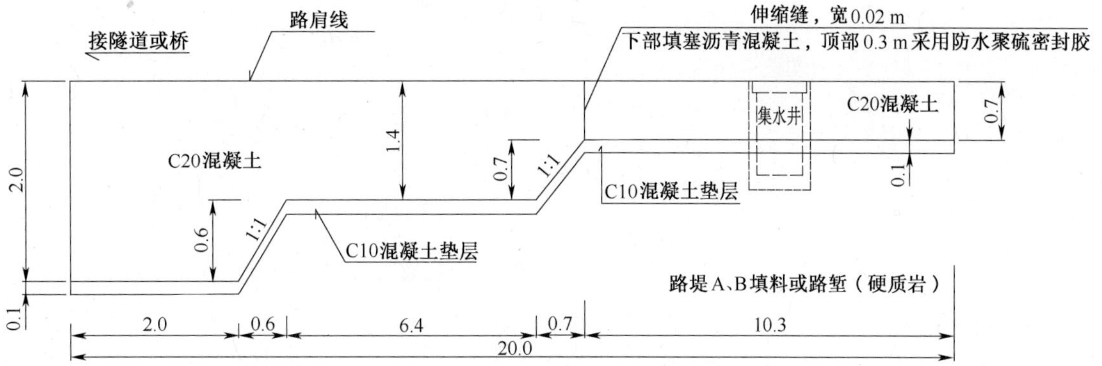

图 2-4-58　隧路、桥隧刚性过渡段纵向示意图(单位：m)

2)过渡段路堤填筑与普通路堤相同，采用机械化施工，路堑施工采用预裂爆破或光面爆破开挖。路堤、路堑按设计图标示尺寸做好台阶。

3)过渡段混凝土施工采用支立模板、机械拌制混凝土，混凝土搅拌车运输至现场，泵送入模，人工振捣。施工中按设计图标示位置设置伸缩缝。

4)隧道电缆槽与侧沟按施工图要求与路基进行顺接过渡。边沟片石砌筑采用挂线砌筑。顺接前做好坡度测量工作，严格控制边沟沟底坡度。路基挡墙和隧道翼墙连接前按施工设计坡度做好路堑整型。严格控制边坡坡度，挂线砌筑边坡，顺接扭坡地段增加挂线密度，保证坡度平顺。路堑边坡顶与隧道翼墙顶按施工图高程和坡度平滑顺接。

5)当桥隧间间距小于或等于 60 m，与桥隧相接处挖方为硬质岩时，按如图 2-4-59 所示施工。挖方地段

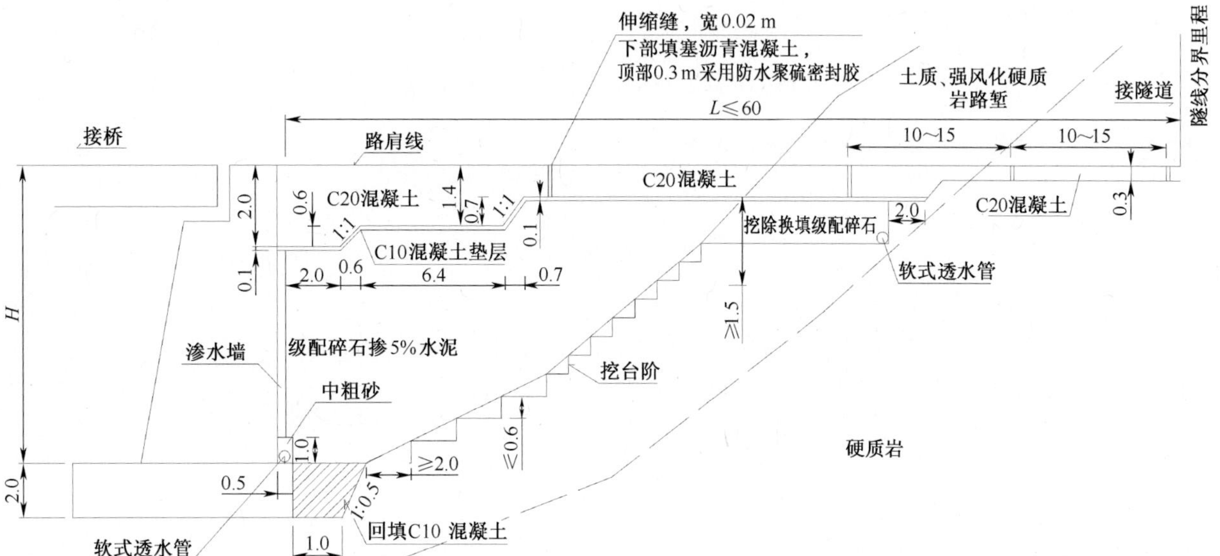

图 2-4-59　桥与隧间距≤60 m 刚性过渡段示意图(弱～微风化硬质岩)(单位：m)

地层为土质、软质岩时，按如图 2-4-60 所示施工。开挖台阶高度 0.6 m，分层摊铺水泥级配碎石，振动碾压，检验合格后进行混凝土垫层和过渡段混凝土施工。

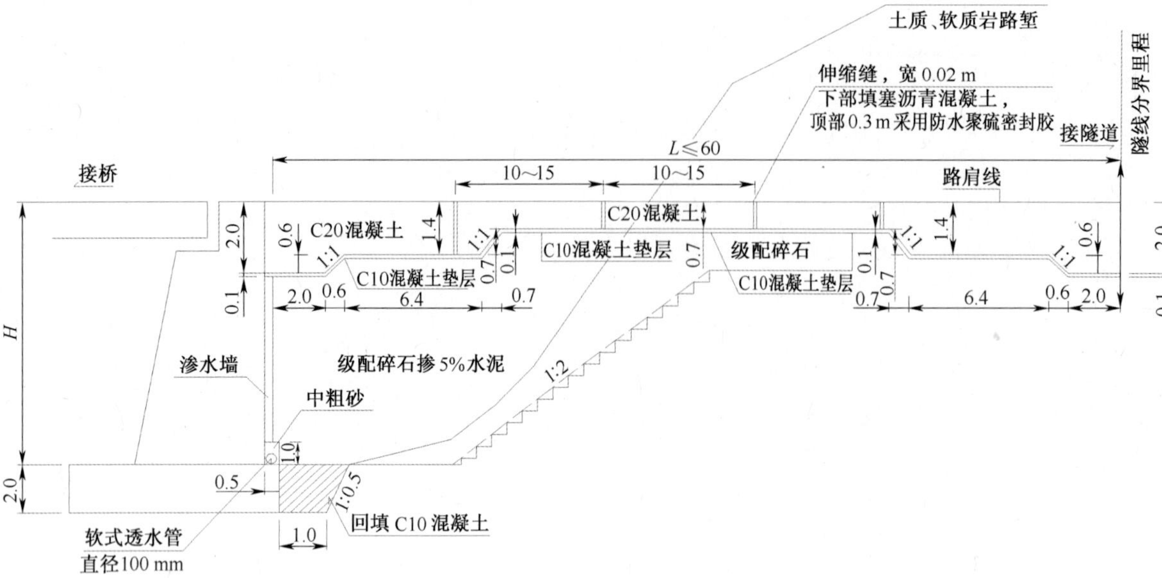

图 2-4-60　桥与隧间距≤60 m 刚性过渡段示意图(土质、软质岩、强风化硬质岩路堑)(单位：m)

6)当桥隧间间距大于 60 m，且小于 150 m，与隧道相接处为硬质岩时，按如图 2-4-61 所示施工过渡段。隧路连接处为土质、软质岩时，按如图 2-4-62 所示施工。开挖台阶高 60 cm，桥台背后正梯形过渡段与路桥

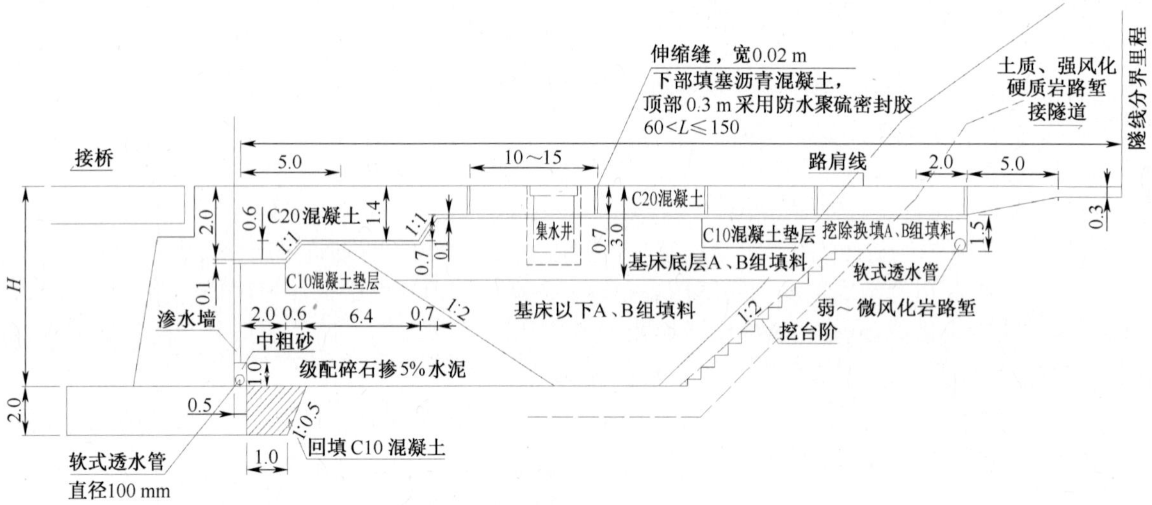

图 2-4-61　桥与隧间距 60 m<L≤150 m 刚性过渡段示意图(弱～微风化硬质岩)(单位：m)

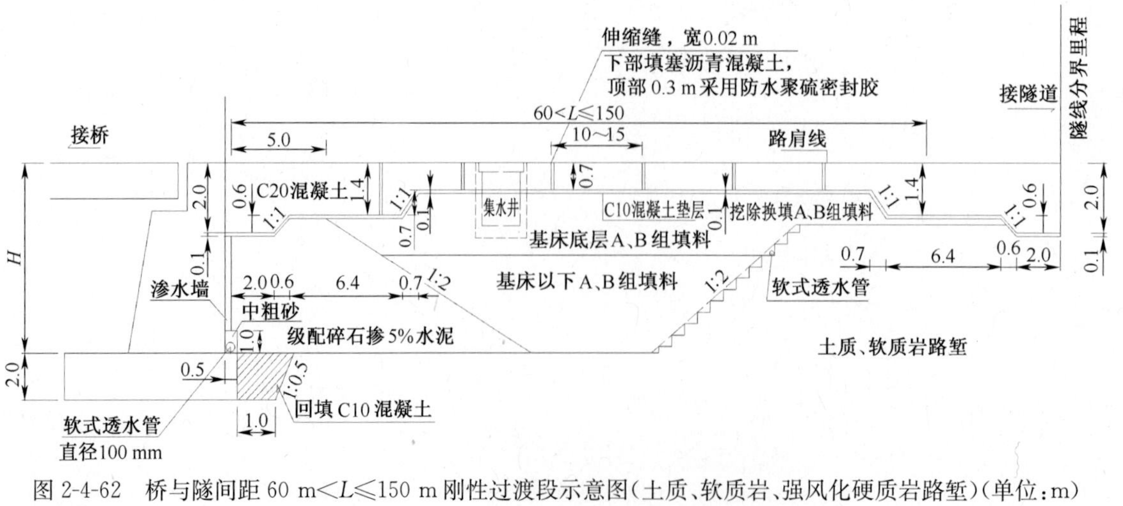

图 2-4-62　桥与隧间距 60 m<L≤150 m 刚性过渡段示意图(土质、软质岩、强风化硬质岩路堑)(单位：m)

过渡段施工方法相同。基床本体填筑在台后过渡段施工完成后采用机械分层摊铺填筑及碾压。路基面采取整体灌注进行，支立路基面模板后，首先灌注混凝土垫层，检验合格后再进行路基面整体混凝土灌注。

(2)路隧过渡段施工工艺流程如图 2-4-63 所示。

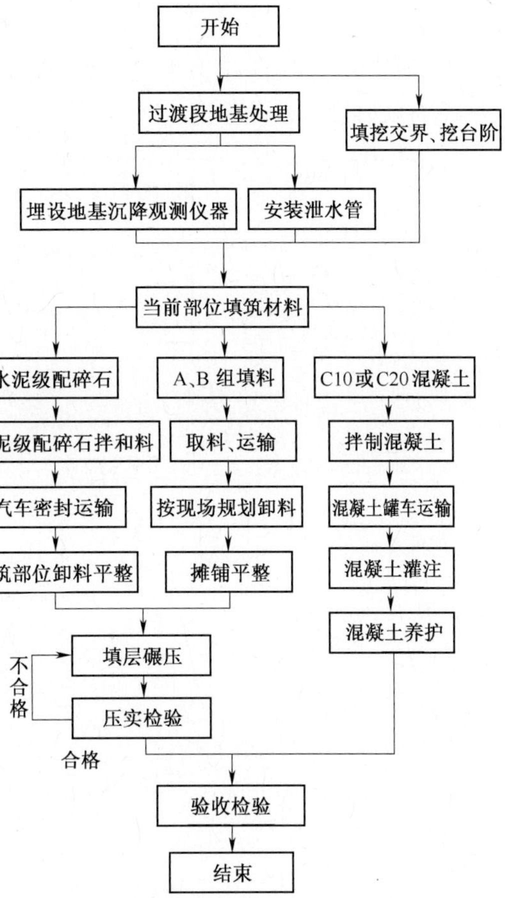

图 2-4-63　路隧过渡段施工工艺流程图

4. 工艺步骤说明

(1)路基基地清理、路堑表层处理。施工前，清理好路堤基底并碾压至设计要求，并按施工图标示要求分层填筑。清理路堑表土，按施工图标示高程开挖至设计高程，并预留好台阶。

(2)路堤分层填筑、路堑分段开挖至设计。过渡段路堤填筑与普通路堤相同，采用机械化施工，路堑施工采用预裂爆破或光面爆破开挖(施工方法可参照路堑爆破)。路堤路堑按施工图标示尺寸做好台阶。

(3)支立模板。过渡段混凝土施工采用模筑，立模前应严格检查路堤、路堑的高程，确保过渡段混凝土层的厚度。

(4)混凝土拌制及运输。过渡段混凝土采用机械拌制，混凝土搅拌车运输至现场。

(5)泵送混凝土入模。泵送入模，插入式捣固器振捣。施工中按施工设计位置放置伸缩缝。

(6)垫层灌注。路基面采取整体灌注进行，支立路基面模板后，首先灌注混凝土垫层，检验合格后再进行路基面整体混凝土灌注。

(7)养护。施工完毕后按施工图要求及时进行养护，养护期间禁止任何行人和车辆通行。

(8)刚性过渡段混凝土灌筑。

支立模型前应严格检查路堤、路堑高程，确保过渡段的混凝土厚度；刚性过渡段混凝土灌筑过程中应特别注意模型位置，防止发生模型移位，过渡段混凝土灌筑采取一次性灌筑，属大体积混凝土施工，施工中为确保混凝土质量，从混凝土原材料的选择、配合比设计、双掺技术及温控等诸方面进行控制。

5. 质量标准及检验方法

主要进行地基系数 K_{30}、动态模量 E_{vd} 等的检测，其操作均按《铁路工程土工试验规程》(TB 10102—2010)规定的试验方法检测。

4.5　路基支挡工程施工

4.5.1　重力式挡土墙施工

重力式挡土墙是以墙身自重来维持挡土墙在土压力作用下的稳定，由墙身及基础组成，也可不设基础。按墙背常用线型，可分为仰斜式、垂直式、俯斜式、凸形折线式、衡重式和台阶式，如图 2-4-64 所示。

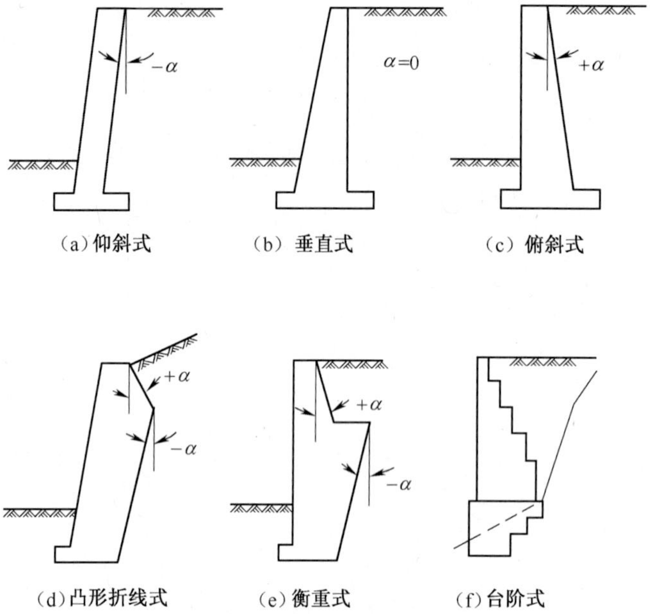

图 2-4-64　重力式挡土墙的常用类型

1. 施工质量要求

(1)基坑开挖时应采取临时支护措施保持边坡稳定。地质条件较差，基坑开挖较深，边坡稳定性较差时，为确保边坡稳定，应分段跳槽开挖，并及时灌注基础混凝土封闭。基坑开挖过程中应避免对墙趾处持力层的扰动，并应避免雨水浸泡基坑。

(2)设计无特殊要求时，基础及墙身应一次浇筑，两沉降缝间的桩基础承台(托梁)混凝土应连续浇筑一次成型。挡土墙浇筑时，应采取保护措施，防止水泥浆污染反滤层。

(3)采用沉井基础时，施工前应对山洪、泥石流等情况进行调查，并制定相应的安全措施。沉井下沉前，应按设计要求对附近影响范围内的建筑物制定防护措施，并在下沉过程中进行观测。沉井下沉过程中排出的废土，应按环保相关要求弃置于指定地点。

(4)路堤衡重式挡土墙的下墙与上墙结合部应有接槎，严禁形成水平通缝。衡重台顶面应严格按设计要求设置泄水孔。

(5)混凝土预制构件应工厂化生产，水泥砂浆或混凝土必须采用砂浆或混凝土搅拌机进行生产。

(6)明挖基坑底面应无浮渣，基坑地基承载力应符合设计要求。明挖基坑开挖高程应符合设计要求。明挖基坑坑底应完整无伤损，台面与阶壁应平顺。斜面地基应平整、无粘补。基坑基础混凝土强度等级应符合设计要求。桩基础桩孔尺寸应符合设计要求。挡土墙桩底持力层的岩土性质应符合设计要求。

(7)挡土墙所用砂、石料、水泥、粉煤灰、矿物掺合料、外加剂、钢筋和土工合成材料等的品种、规格、质量应符合设计要求，其进场检验应符合相关标准的要求。

(8)桩基础桩身、桩基础承台(托梁)、沉井的钢筋的规格、数量、钢筋骨架形式、钢筋连接方式应符合设计要求和《铁路混凝土工程施工质量验收标准》(TB 10424—2010)的规定。

(9)桩基础桩身混凝土强度等级应符合设计要求；桩基础桩身混凝土应连续、完整。桩基础承台(托梁)混凝土强度等级应符合设计要求。沉井基础底节混凝土必须达到设计强度等级，其上各节混凝土应达到设计强度等级的 70%后方可下沉。沉井混凝土强度等级应符合《铁路混凝土工程施工质量验收标准》(TB 10424—2010)的规定。

(10)换填基础所用材料的类别、规格、质量应符合设计要求;换填基础的基底高程应符合设计要求;换填基础的压实质量应符合设计要求。

(11)钢筋混凝土挡土墙的钢筋保护层垫块位置、厚度和数量应符合设计要求。

(12)挡土墙墙面应平顺整齐,墙顶、两端面与基础连接处应密贴封严。

(13)挡土墙墙身沉降缝(伸缩缝)的预留与塞缝应符合设计要求,接缝平直、塞缝严密。伸缩缝、沉降缝应为贯通缝,严禁切割墙体设置假缝。

(14)泄水孔孔径应符合设计要求,应按上下左右间隔 2～3 m 交错布置,墙背易积水处及反滤层最低处必须设置,最低一排泄水孔应设于反滤层底部,其向外排水坡不应小于 4%,进水口应用透水土工布包裹,并确保排水通畅。

(15)墙后反滤层、隔水层的材料应符合设计要求。墙后反滤层袋装砂卵砾石层、透水土工布、反滤层最低处隔水层的设置位置、构造尺寸及厚度应符合设计要求。

(16)墙背填筑应分层压实,其压实质量应符合设计要求。

2. 质量检验标准

(1)明挖基坑各部尺寸允许偏差、检验数量及检验方法应符合表 2-4-76 的规定。

表 2-4-76　挡土墙明挖基坑各部尺寸允许偏差、检验数量及检验方法

检验项目	允许偏差	检验数量	检验方法
基坑边缘距路基中线距离	+50 mm −10 mm	4 点	尺量
台阶尺寸	±100 mm	4 点	尺量
斜面基底坡率	±1%	4 点	水平尺与楔形尺量计算
起讫里程	±100 mm	截面尺寸变化处 2 点	测量仪器测量、尺量
基底高程	−50 0　mm	每个基坑检查 5 点	测量仪器测量

(2)墙前基坑回填应分层夯填密实,并应符合设计要求。

(3)基坑基础顶面高程、前边缘距路基中线距离、基础宽度、基础襟边宽度(高度)、起讫里程(长度)、沉降缝位置及宽度允许偏差、检验数量及检验方法应符合表 2-4-77 的规定。

表 2-4-77　基坑基础、沉降缝各检验项目允许偏差、检验数量及检验方法

检验项目	允许偏差(mm)	检查数量	检验方法
基坑基础顶面高程	±20	每基坑 3 点	测量仪器测量
前边缘距路基中线距离	+50	每基坑 3 点	钢尺量
基础宽度	±50	每基坑 3 点	尺量
基础襟边宽度(高度)	±20	每明挖基坑基础段 3 组	尺量
起讫里程(长度)	±100	每不同结构尺寸段 1 处	测量仪器测量、尺量
沉降缝位置	±50	每道	尺量
沉降缝宽度	±4	每基坑 6 处	尺量

注:非水平基础底面高程应检测墙趾、墙踵处高程。

(4)桩基础桩孔垂直度偏差不得大于 0.5%。

(5)桩基础、桩身钢筋骨架允许偏差、检验数量及检验方法应符合表 2-4-78 的规定。

(6)桩的平面位置、桩底高程、桩径允许偏差、检验数量及检验方法应符合表 2-4-79 的规定。

表 2-4-78　挖(钻)孔桩钢筋骨架的允许偏差、检验数量及检验方法

检验项目	允许偏差	检验数量	检验方法
钢筋骨架在承台底以下长度	±100 mm	全部检验	尺量检查
钢筋骨架直径	±20 mm		
主钢筋间距	±0.5d		尺量检查不少于5处
加强筋间距	±20 mm		
箍筋间距或螺旋筋间距	±20 mm		
钢筋骨架垂直度	骨架长度1%		吊线、尺量检查

注：d 为钢筋直径。

表 2-4-79　桩的平面位置、桩底高程、桩径允许偏差、检验数量及检验方法

检验项目	允许偏差(mm)	检验数量	检验方法
桩的平面位置	±50	全部检验	尺量
桩底高程	±100		

(7)承台(托梁)高程、边缘距路基中线距离、基础宽度，起迄里程、沉降缝位置及宽度允许偏差、检验数量及检验标准应符合设计和标准的规定。

(8)沉井承台(顶盖)高程、边缘距路基中线距离、起迄里程允许偏差、检验数量及检验方法应符合设计和标准的规定。沉井制作允许偏差、检验数量及检验方法应符合表 2-4-80 的规定。

表 2-4-80　沉井制作允许偏差、检验数量及检验方法

检验项目		允许偏差	检验数量	检验方法
平面尺寸	长、宽	±0.5%，且不大于120 mm	全部检验	测量每边不少于2处
	曲线半径	±0.5%，且不大于60 mm		尺量不少于4处
	对角线	±1%，且不大于180 mm		尺量
井壁厚度	混凝土 片石混凝土	±40 mm		尺量不少于4处
	钢筋混凝土	±15 mm		
井壁表面平整度		±5 mm		3 m靠尺量不少于4处

(9)沉井下沉至设计高程后的允许偏差、检验数量及检验方法应符合表 2-4-81 的规定。

表 2-4-81　沉井下沉至设计高程后的允许偏差、检验数量及检验方法

检验项目	允许偏差	检验数量	检验方法
底面、顶面中心位置	h/50 mm	全部检验	底、顶面至少各测量4处
倾斜度	1/50		测量仪器测量
平面扭角(矩形、圆端形)	1°		

注：h 为沉井高度。

(10)换填基础的顶面高程、换填深度、边缘距路基中线的距离、起迄里程允许偏差、检验数量及检验方法应符合表 2-4-82 的规定。

表 2-4-82　换填基础检验项目允许偏差、检验数量及检验方法

检验项目	允许偏差(mm)	检验数量	检验方法
高程	±20	3点	测量仪器测量
换填深度	±50	3点	测量仪器测量
边缘距路基中线距离	+50 0	3处	钢尺丈量
起迄里程	±100	1组	测量仪器测量、尺量

（11）墙身前边缘距线路中线距离、墙身厚度、顶面高程、泄水孔间距、起讫里程允许偏差、检验数量及检验方法应符合表 2-4-83 的规定。

表 2-4-83　墙身各检验项目允许偏差、检验数量及检验方法

检验项目	允许偏差(mm)	检查数量	检验方法
距线路中线距离	+20 0	3 处	测量仪器测量、尺量
墙身厚度(前缘至后缘)	+20 0	3 处	尺量
顶面高程	±20	3 点	测量仪器测量
泄水孔间距	±20	抽查 10%，1 组	尺量
起讫里程	±100	每不同结构长度，2 处	测量仪器测量、尺量
沉降缝位置	±50	每道缝	尺量
沉降缝宽度	±4	6 处	尺量

（12）墙面垂直度、斜度、平整度允许偏差、检验数量及检验方法应符合表 2-4-84 的规定。

表 2-4-84　墙面垂直度、斜度、平整度允许偏差、检验数量及检验方法

检验项目		允许偏差	检查数量	检验方法
垂直度	$h \leqslant 6$ m	10 mm	3 处	吊线尺量
	$h > 6$ m	15 mm		吊线尺量
斜　度		±3%设计斜度		坡度尺或吊线尺量
平整度		20 mm		3 m 直尺，尺量

（13）墙后反滤层透水土工布搭接方式和宽度应符合设计要求，宽度允许偏差、检验数量及检验方法应符合表 2-4-85 的规定。

表 2-4-85　墙后反滤层透水土工布搭接宽度允许偏差、检验数量及检验方法

检验项目	允许偏差(mm)	检查数量	检验方法
搭接宽度	+50 0	3 处	尺量

4.5.2　短卸荷板式挡土墙施工

短卸荷板式挡土墙其墙背卸荷板作用为减少墙背土压力和增加稳定力矩，从而达到减少墙体圬工的目的，主要形式如图 2-4-65 所示。

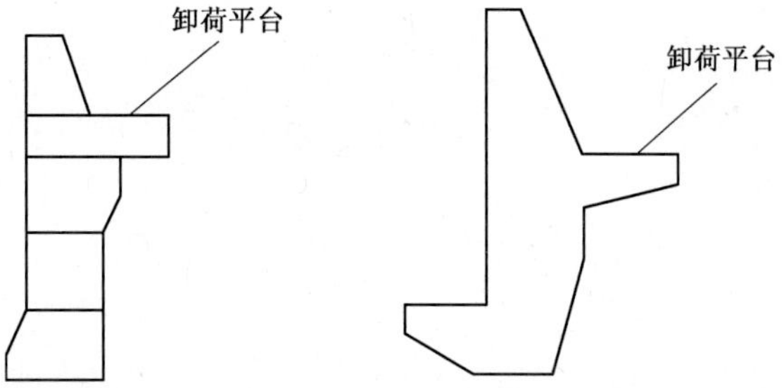

图 2-4-65　短卸荷板式挡土墙

1. 施工质量要求

（1）短卸荷板式挡土墙基坑开挖、混凝土浇筑施工应符合设计和标准的规定。

（2）挡土墙墙身应按下墙与上墙两个部分进行施工。

（3）挡土墙的下墙与上墙结合部应有接槎，严禁形成水平通缝。短卸荷板顶面应严格按设计要求设置泄水孔。

(4)短卸荷板宜采用现浇法施工。当采用预制吊装施工时,卸荷板及垫板表面应有粗糙度,铺设时应垫水泥砂浆使其与墙体连接牢固。

(5)短卸荷板挡土墙的混凝土强度、基坑的开挖与回填、卸荷板等预制和现浇构件的施工可按照高速铁路施工质量验收标准的相关规定执行。

2. 质量检验标准

短卸荷板安装高程、长度、宽度、厚度允许偏差、检验数量及检验方法应符合表 2-4-86 的规定。

表 2-4-86　短卸荷板安装高程、长度、宽度、厚度允许偏差、检验数量及检验方法

检验项目	允许偏差(mm)	检查数量	检验方法
高程	±20	3 点	测量仪器测量
长度	+10 −5	2 处	尺量
宽度	+3 −5	3 处	
厚度	+4 −2	3 处	

4.5.3　悬臂式和扶壁式挡土墙施工

悬臂式挡土墙由立壁及底板(包括前趾板和后踵板)组成,扶壁式挡土墙由立壁、扶壁、底板(包括前趾板和后踵板)组成,如图 2-4-66 所示。悬臂式挡土墙立壁顶宽不应小于 0.2 m,立壁外侧表面可设有(1∶0.02)～(1∶0.1)的仰坡,内侧面坡度宜为竖直。前趾板与后踵板的端部厚度不应小于 0.3 m。扶壁式挡土墙立壁宜采用等厚的竖直板,顶宽不应小于 0.2 m。扶壁间距宜按经济性原则确定,常用值为墙高的 1/3～1/2,扶壁的厚度宜为两扶壁间距的 1/8～1/6,但不应小于 0.3 m,扶壁应随高度逐渐向墙后加宽。底板最小厚度不应小于 0.3 m。

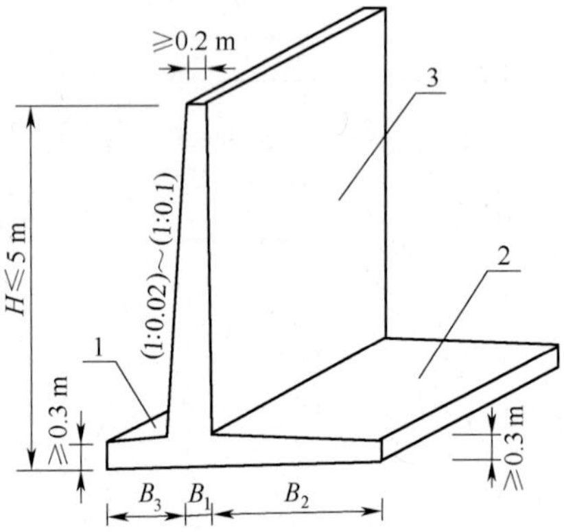

(a)悬臂式挡土墙

1—前趾板;2—后踵板;3—立壁

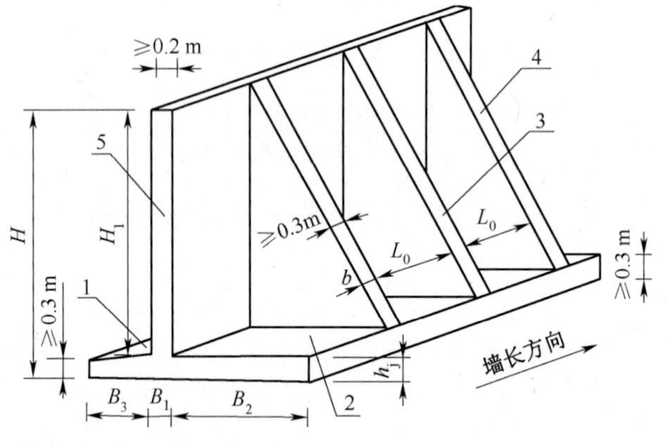

(b)扶壁式挡土墙

1—前趾板;2—后踵板;3—中扶壁;4—边扶壁;5—立壁

图 2-4-66　悬臂式和扶壁式挡土墙

施工质量要求:

(1)挡土墙凸榫必须按照设计尺寸开挖,其混凝土必须与墙底板(墙趾板、墙踵板)同时浇筑,并在底板宽度方向上不得间断,应一次浇筑完成。

(2)每段墙的墙趾板、墙踵板、面板和肋(扶壁)的钢筋应一次绑扎、安装成型。

(3)每段墙的墙趾板、墙踵板、面板和肋(扶壁)的混凝土宜一次浇筑完成。墙面板(悬臂板)在高度方向上不宜间断,否则接缝处应按施工缝处理,保证新混凝土与已浇筑混凝土粘结牢固。

(4)墙面板混凝土强度达到设计强度的 70%后,方可进行墙背填筑。

(5)悬臂式挡土墙的材料验收、结构尺寸、强度及基坑回填和墙背反滤层等的施工可按照高速铁路路基施工质量验收标准的相关要求执行。

4.5.4　锚杆挡土墙施工

锚杆挡土墙由于锚固地层、施工方法、受力状态以及结构形式的不同，有各种各样的形式。按墙面的结构形式可分为柱板式锚杆挡土墙和壁板式锚杆挡土墙，如图 2-4-67 所示。

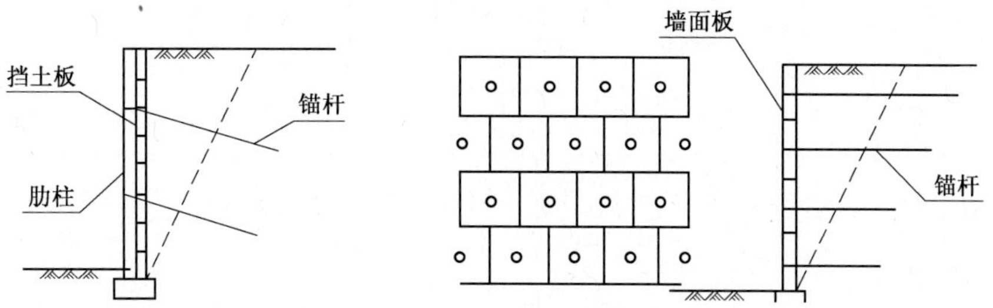

(a)柱板式　(b)壁板式

图 2-4-67　锚杆挡土墙

施工质量要求及质量检验标准：

(1)锚杆正式施工前，应采用与正式施工相同的施工方法施作试验锚杆，对锚杆做抗拔力试验并确认其能达到设计要求，确定施工参数。锚孔应用高压风、水清孔，并严格执行灌浆施工工艺要求，当用水清孔影响锚杆的抗拔强度时，应用高压风清孔。试验锚杆数为工作锚杆的 3%，且不少于 3 根。

(2)锚杆注浆应采用孔底注浆法，注浆压力应达到设计或试验所确定的参数。

(3)必须待锚固砂浆达到设计强度的 70%后，方可安装肋柱和墙面板。肋柱和墙面板在安装前应正确标注正、反面标识。

(4)锚孔位置、直径、倾角、深度允许偏差、检验数量及检验方法应符合表 2-4-87 的规定。

(5)锚杆挡土墙肋柱、墙面板等钢筋混凝土构件允许偏差、检验数量及检验方法应符合表 2-4-88 的规定。

表 2-4-87　锚孔位置、直径、倾角、深度允许偏差、检验数量及检验方法

检验项目	允许偏差	检查数量	检验方法
位置	±50 mm	每孔 2 组 4 点	测量仪器测量、尺量
直径	$^{+10}_{-5}$ mm	每孔 2 组 4 点	尺量
倾角	±3%	每孔	导杆法测量
深度	±50 mm	每孔	尺量

表 2-4-88　锚杆挡土墙肋柱、墙面板等钢筋混凝土构件允许偏差、检验数量及检验方法

<table>
<tr><th>检验项目</th><th>允许偏差</th><th>检查数量</th><th>检验方法</th></tr>
<tr><td>柱长度</td><td>$^{+5}_{-10}$ mm</td><td rowspan="6">每批成品 10%，且不少于 3 件。每件 2 点(组)</td><td rowspan="4">尺量</td></tr>
<tr><td>板、块件长度</td><td>$^{+10}_{-5}$ mm</td></tr>
<tr><td>板、柱体宽(厚)</td><td>±5 mm</td></tr>
<tr><td>板宽、高度</td><td>±5 mm</td></tr>
<tr><td>柱弯曲</td><td>$L/750$</td><td>拉线尺量</td></tr>
<tr><td>板对角线</td><td>10 mm</td><td>尺量</td></tr>
<tr><td>外面平整度</td><td>5 mm</td><td>每批成品 10%，且不少于 3 件，每件 3 点</td><td>3 m 直尺、钢尺</td></tr>
<tr><td>预埋件中心</td><td>3 mm</td><td>每批成品 10%，且不少于 3 件，每件 2 点</td><td>尺量</td></tr>
</table>

注：L 为构件长度。

(6)锚杆挡土墙肋柱高度、间距及与线路中线距离允许偏差、检验数量及检验方法应符合表2-4-89的规定。

表2-4-89 锚杆挡土墙肋柱高度、间距及与线路中心线距离允许偏差、检验数量及检验方法

检验项目	允许偏差(mm)	检查数量	检验方法
肋柱高度	+20 −10	2点	尺量
肋柱间距	±50	3～6点	
与线路中心线距离	+50 −10	2点	

(7)分级平台排水坡应符合设计要求,外观平顺,并保持纵、横排水通畅。

4.5.5 锚定板挡土墙施工

锚定板挡土墙与锚杆挡土墙不同的是将锚杆换为拉杆,在其土中的末端连上锚定板,如图2-4-68所示。

施工质量要求:

(1)肋柱应适当向填土一侧倾斜,严禁前倾,倾斜度应符合设计要求。肋柱吊装时,应在肋柱基础的杯槽内铺垫2 cm厚度的沥青砂浆。

(2)拉杆及锚定板埋设时,应在填土碾压至拉杆高度以上20 cm后再挖槽就位。锚定板前方超挖部分应用混凝土或灰土回填夯实。挖槽时,宜使锚定板比设计位置抬高3～5 cm。

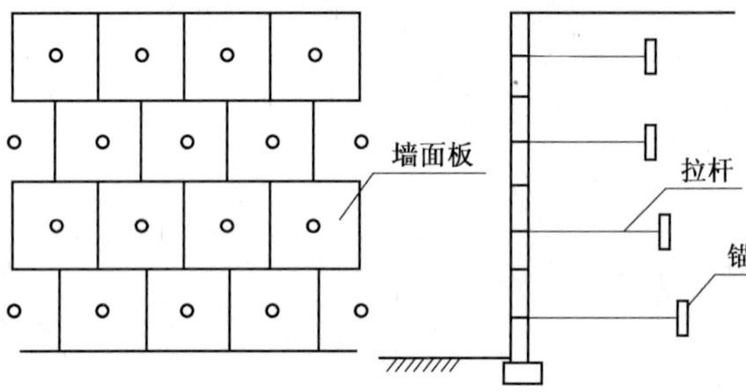

图2-4-68 锚定板挡土墙

(3)锚定板挡土墙墙后填土时,严禁直接碾压拉杆和锚定板,且碾压方向应垂直于拉杆,距挡板2 m范围内应采用小型压实机具施工。

(4)锚定板挡土墙的基坑开挖、肋柱安装、反滤层施工等可按照高速铁路路基施工质量验收标准的相关规定执行。

(5)拉杆长度、拉杆和锚定板的安装应符合设计要求。

(6)埋于土中的锚定板拉杆以及肋柱外露锚头,应按设计做好除锈、防锈处理。

(7)锚定板挡土墙墙后填料的类别、规格、质量应符合设计规定。

(8)锚定板挡土墙墙后填料必须分层压实,分层厚度宜为30 cm。

4.5.6 加筋土挡土墙施工

加筋土挡土墙是利用加筋土技术修建的一种支挡结构物,加筋土是一种在土中加入拉筋的复合土,它利用拉筋与土之间的摩擦作用,改善土体的变形条件和提高土体的工程性能,从而达到稳定土体的目的。加筋土挡土墙由填料、在填料中布置的拉筋以及墙面板三部分组成,基本结构如图2-4-69所示。

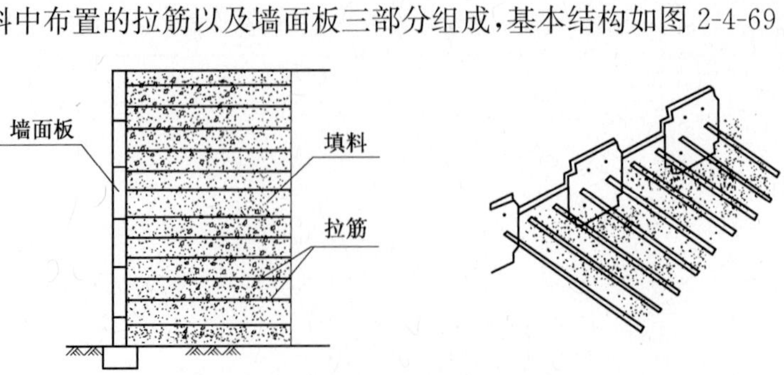

图2-4-69 加筋土挡土墙基本结构

施工质量要求及质量检验标准:

(1)加筋土挡土墙基坑开挖时,应做好基坑及地面排水,确保施工范围内无积水。严禁积水浸泡基底。

(2)墙面板在运输、吊装及存放过程中应有可靠的防止面板断裂、保护企口不受损坏的措施。

(3)墙面板安装时,应按不同填料和拉筋预设仰斜坡,板面应适当后倾,确保填土后墙面板垂直度符合设计要求,不得前倾。

(4)拉筋进场后应妥善保管,尤其是复合土工带、土工格栅、编织土工袋等土工合成材料,严禁暴晒。施工过程中,应随铺设随填筑,尽量减少拉筋在阳光下直接暴晒的时间。

(5)帽石分段应与墙身一致。

(6)挡土墙基础混凝土强度等级应符合设计要求。

(7)包裹式加筋挡土墙整体式护墙钢筋骨架形式、钢筋连接方式以及与包裹墙体锚杆连接方式可按《铁路混凝土工程施工质量验收标准》(TB 10424—2010)的有关规定验收。

(8)墙后反滤层袋装砂卵砾石层、透水土工布、反滤层最低处隔水层的设置位置、构造尺寸及厚度应符合设计要求。

(9)拉筋应铺设在平整压实的填料上。严禁施工机械在未覆盖填料的筋材上行走。

(10)满铺土工合成材料拉筋的铺设位置、层数、方向以及连接方式应符合设计要求。

(11)土工合成材料包裹压载体袋内材料应符合设计要求,装填应密实,包裹压载体结构尺寸应符合设计要求。

(12)包裹式加筋土挡墙包裹墙体内预埋锚杆位置、长度应符合设计要求。

(13)金属拉筋及拉筋与组合式墙面板、锚杆与护墙预埋钢筋的连接应符合设计要求,并应按设计要求做好防锈、防腐蚀处理。

(14)加筋土体内的泄水管孔径、埋设位置、管身小孔型式应符合设计要求,其向外排水坡不应小于4%,管身和进水口应用透水土工布包裹,并应与护墙身泄水孔连通,确保排水通畅。

(15)填料应分层填筑、碾压,填料的碾压顺序应从筋带中部压向筋带尾部,再由中部压向面板,全面静压后再振动碾压。填料未压实前碾压机械不应作90°转向操作。压实机械与面板距离不应小于2 m,在此范围内应采用小型夯实机械或人工夯实。

(16)条带式拉筋带长度允许偏差为±5%。

(17)条带式拉筋尾部不得重叠,错开距离应符合设计要求。满铺式拉筋铺设时,应绷紧、铺平,不得褶皱或损坏,包裹压载体后拉筋回折宽度应符合设计要求。

(18)帽石与墙面板应嵌接牢固,墙面板应嵌入帽石之内构成整体。

(19)帽石边缘距路基中线距离、帽石厚度及宽度、顶面高程、起讫里程允许偏差、检验数量及检验方法应符合表2-4-90的规定。

表2-4-90　帽石边缘距路基中线距离、帽石厚度及宽度、顶面高程、起讫里程允许偏差、检验数量及检验方法

检验项目	允许偏差(mm)	检验数量	检验方法
距路基中线距离	+20	每路基连续长度100 m检查3处	测量仪器测量、尺量
帽石厚度	+10		尺量
帽石宽度	±20		尺量
顶面高程	±20		测量仪器测量
起讫里程	±100	不同结构长度检查2处	测量仪器测量、尺量

4.5.7　土钉墙施工

土钉墙是由设置于天然边坡或开挖形成的边坡中的加筋杆件及护面板形成的挡土体系,用以改良原位土体的性能,并与原位土体共同工作形成以重力挡土墙式的轻型支挡结构,从而提高整个边坡的稳定性,基本结构如图2-4-70所示。

1. 施工质量要求

(1)土钉墙施工前应先检测路堑横断面,净空合格后方能进行土钉墙施工。

(2)土钉墙应按"自上而下,分层开挖,分层锚固,分层喷护"的原则组织施工,并及时挂网喷护,不得使坡面长期暴露风化失稳。

(3)施工前应按设计要求进行注浆工艺试验、土钉抗拉拔试验,验证设计参数,确定施工工艺参数。

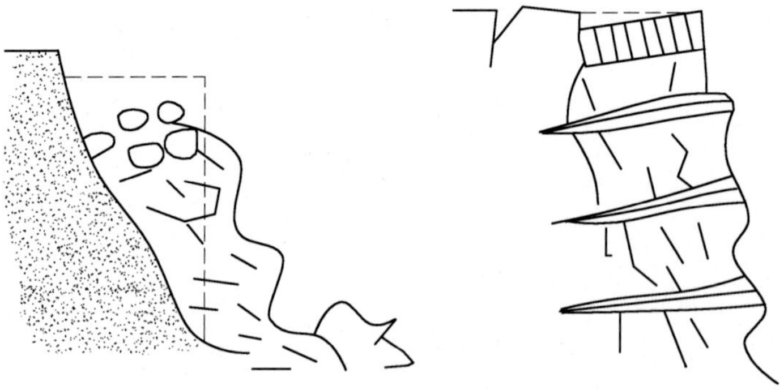

(a) 素土　　(b) 土钉墙

图 2-4-70　土钉墙基本结构

(4)土钉钻孔时，严禁灌水。钉孔注浆应采用孔底注浆法，确保注浆饱满，注浆压力宜为 0.2 MPa。

(5)土钉墙施工时应按设计要求制作支撑架。

(6)挂网材料为土工合成材料时，应采取妥善的防晒措施，防止土工合成材料老化。挂网前应清除坡面松散土石。

(7)坡脚墙基坑施工应尽快完成，同时应采取措施防止基坑被水浸泡。

(8)喷射混凝土前应进行现场喷射试验，确定施工工艺参数。

(9)喷射作业应自下而上进行，喷层厚度大于 7 cm 时，应分两层喷射。喷射过程中应采取有效措施保证泄水孔不被堵塞。

(10)土钉墙所用的土工合成材料的品种、规格、质量应符合设计要求。进场时应进行现场验收，并对其技术性能进行检验。

(11)土钉孔的布置形式应符合设计要求。

(12)土钉孔锚固砂浆强度等级应符合设计要求。

(13)网的规格尺寸、网与土钉的连接应符合设计要求。

(14)喷射混凝土强度等级应符合设计要求。

(15)喷射混凝土面层厚度在每个断面上 60%以上不应小于设计厚度，且厚度最小值不应小于设计厚度的一半；同时，所有检查孔的厚度平均值，不应小于设计厚度值。

(16)土钉墙沉降缝设置及塞缝处理应符合设计要求。

2. 质量检验标准

(1)土钉孔深、间距允许偏差、检验数量及检验方法应符合表 2-4-91 规定。

表 2-4-91　土钉孔深、间距、允许偏差、检验数量及检验方法

检验项目	允许偏差(mm)	检验数量	检验方法
孔深	±50	总数的 10%	尺量
间距			

(2)钢筋间距允许偏差为±20 mm。

(3)土工合成材料的铺设范围、搭接宽度的允许偏差、检验数量及检验方法应符合表 2-4-92 的规定。

表 2-4-92　土工合成材料的铺设范围、搭接宽度的允许偏差、检验数量及检验方法

检验项目	允许偏差(mm)	检验数量	检验方法
铺设范围	+100 0	每 100 m 等间距检查 3 点	尺量
搭接宽度			

(4)喷射混凝土应与坡面、钢筋网(土工网)紧密结合，其表面应平顺、无裂隙、无露筋。

(5)坡脚墙混凝土(砌体)应与土钉钢筋网(土工网)和喷射混凝土面层结合紧密。

4.5.8　桩板式挡土墙施工

桩板式挡土墙为钢筋混凝土结构，由桩及桩间的挡土板两部分组成，如图 2-4-71 所示，利用桩深埋部分的锚固段的锚固作用和被动土抗力，围护挡土墙的稳定。

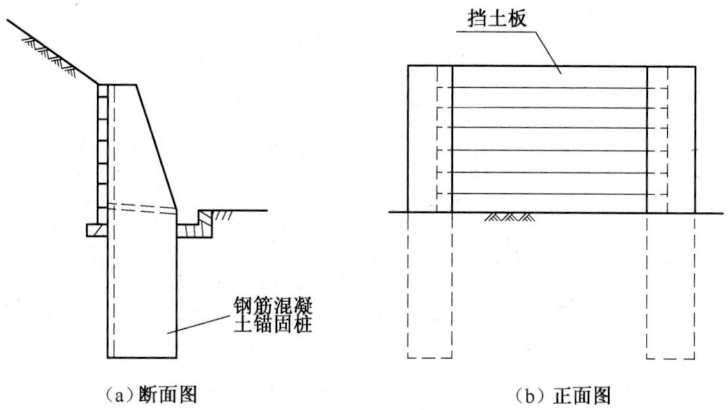

图 2-4-71　桩板式挡土墙

施工质量要求及质量检验标准：

(1)预制挡土板应在混凝土强度达到设计强度的 75%以上方可进行运输、吊装。运输、吊装时应布置好合理的支点与吊点，避免强烈振动与摔打，防止挡土板破损。

(2)墙后填土应在锚固桩混凝土强度达到设计强度 70%以后方可进行填筑。

(3)桩身地上部分应按设计预埋铁件或设置牛腿。预埋铁件或牛腿的规格、尺寸、数量应符合设计要求。

(4)挡土板与锚固桩间应连接牢固，并符合设计要求。

(5)悬挂式挡土板与锚固桩的连接处理应符合设计要求。

(6)当设计有墙背反滤层时，反滤层施工应随填筑同时进行。

(7)挡土板混凝土强度等级应符合设计要求，桩身混凝土地上部分应轮廓清晰，无蜂窝、麻面现象。

(8)挡土板尺寸允许偏差、检验数量及检验方法应符合表 2-4-93 的规定。

表 2-4-93　挡土板尺寸允许偏差、检验数量及检验方法

检验项目	允许偏差(mm)	检验数量	检验方法
长度	+10 −5	全部检查	尺量
宽度及厚度	±5		

4.5.9　抗滑桩施工

1. 施工质量要求

(1)桩孔开挖前应做好施工场地平整及地面截排水和通风设施。

(2)桩孔护壁第一节应高出地面 20 cm，加强孔口护壁，做好井口锁口，防止地面坍塌。

(3)护壁混凝土应紧贴围岩灌注；灌注前应清除岩壁上的松动石块、浮土，滑动面处的护壁应加强。在承受推力较大的护壁和孔口加强衬砌的混凝土中应加钢筋。

(4)开挖施工中应及时记录地质剖面、滑动面位置，填好地质柱状图，并根据地质情况，及时做好支护。在土石层变化处及滑动面附近，应加强支护，护壁不得分节。注意支护情况，若有变形、损坏，应立即采取加强措施，撤离井下施工人员。

(5)桩孔挖至设计高程后，应由监理、设计、施工人员会同验孔，并结合滑动面实际情况确定孔底高程。

(6)抗滑桩钢筋骨架安装就位后，应有确保混凝土灌注时钢筋骨架不得上浮的措施。

(7)地下水发育时，应采取水下混凝土灌注法。灌注混凝土前应清除孔底的松动石块、浮土，抽干积水，并应检查净空断面尺寸、钢筋骨架就位情况。

(8)地面排水设施位置、排水纵坡应与设计一致,并结合路基排水系统的布置,将水排至路基主排水沟。

(9)抗滑桩桩孔断面尺寸不得小于桩身设计断面尺寸加护壁厚度。抗滑桩桩孔孔型、孔底持力层岩土层性质、桩身混凝土强度应符合设计要求。抗滑桩桩身混凝土应连续、完整,如图2-4-72所示。

图2-4-72　抗滑桩

(10)桩顶封闭及排水设施所用混凝土(砂浆)强度等级应符合设计要求。

(11)护壁厚度应符合设计要求,护壁混凝土应紧贴围岩灌注。

(12)桩身钢筋保护层厚度应符合设计要求。

2. 质量检验标准

(1)桩孔中心位置、断面尺寸、孔底高程、桩孔垂直度允许偏差、检验数量及检验方法应符合表2-4-94的规定。

(2)抗滑桩和桩孔护壁钢筋骨架安装尺寸允许偏差、检验数量及检验方法应符合表2-4-95的规定。

表2-4-94　桩孔中心位置、断面尺寸、孔底高程、桩孔垂直度允许偏差、检验数量及检验方法

检验项目	允许偏差	检验数量	检验方法
桩孔中心位置	纵向　±100 mm 横向　$^{+100}_{-50}$ mm	纵向1处 横向1处	测量仪器测量、尺量
断面尺寸	不小于设计尺寸	6处	尺量孔上、中、下三个断面
孔底高程	±50 mm	1点	测量仪器测量、尺量
桩孔垂直度	1%	1处	吊线、尺量

表2-4-95　抗滑桩钢筋骨架安装尺寸允许偏差、检验数量及检验方法

检验项目	允许偏差	检验数量	检验方法
钢筋骨架长度	±100 mm	全部检验	用钢尺量
主筋间距	±5 mm	15点	
钢筋骨架直径	±20 mm	15点	
箍筋间距	±20 mm	20点	
钢筋骨架垂直度	2%	全部检验	吊线实测

(3)桩身顶面高程允许偏差为±50 mm。

(4)抗滑桩顶面及其周围应按设计要求用混凝土或砂浆抹面封闭。封闭地面应有排水坡,避免积水。

(5)地表排水沟设置范围、高程、坡度、平整度、宽度、深度、铺砌厚度允许偏差、检验数量及检验方法应符合表2-4-96的规定。

表2-4-96　地表排水沟检验项目的允许偏差、检验数量及检验方法

检验项目	允许偏差	检验数量	检验方法
设置范围	±200 mm	每条沟2处	测量
沟底高程	土质　±20 mm;石质　±30 mm;铺砌沟　±20 mm	每条沟6点	测量仪器测量
沟底坡度	5%设计坡度	每条沟6处	坡度尺量
沟底平整度	土质　15 mm;石质　30 mm;铺砌沟　15 mm	每条沟6处	尺量
宽度	$^{+50}_{-20}$ mm	每条沟6处	
深度	$^{+100}_{-30}$ mm	每条沟6点	
铺砌厚度	−10%设计厚度	每条沟6处	

4.5.10　预应力锚索施工

施工质量要求及质量检验标准：

(1)钻孔时应记录地层变化情况，核实地层分界面、滑动面高程及设计长度，置于稳定岩层中的锚固段长度应符合设计要求。

(2)预应力钢绞线锚索编制工艺应符合设计要求。

(3)编索前应按设计要求对预应力钢绞线进行除锈、调直等处理。

(4)锚索施工前应按工作锚索的 3% 做锚固试验，且不少于 3 根，以验证锚固段的设计指标，确定施工工艺参数。

(5)锚索张拉施工工艺应符合设计要求。张拉用设备、仪表应按检定周期送计量测试部门检定，且应配套检定、配套使用，当使用过程中张拉设备出现异常现象或设备检修后，均应重新进行检定。

(6)锚索张拉应在其锚固段砂浆强度达到设计规定强度以后进行。锚索张拉时应逐级加力，并对加力值及锚索伸长值做好记录。

(7)锚索张拉前应按设计要求安装测力计，并按设计要求进行观测，同时应做好测力计的保护工作。

(8)锁定及注浆工艺应符合设计要求。

(9)锁定及注浆前应具有经监理工程师检查签证的预应力张拉记录、检查证。

(10)预应力锚索、锚具、锚塞(夹片)、垫板的品种、规格、质量应符合设计要求和国家现行《预应力混凝土用钢绞线》(GB/T 5224—2003/XG1—2008)、《铁路工程预应力筋用夹片式锚具、夹具和连接器技术条件》(TB/T 3193—2008)的有关规定。

(11)钢绞线按设计要求编成锚索后，应按设计要求做好防锈处理。

(12)注浆体强度等级应符合设计要求。

(13)锚孔注浆应采用孔底注浆法，注浆压力应符合设计要求，并应二次补浆，确保注浆密实。

(14)锚索预应力张拉应分级加力，其最终拉力应满足设计要求。

(15)锚索张拉实际伸长值与计算伸长值之差不得超过±6%。

(16)锚索张拉时，滑(断)丝总数不得超过钢丝总数的 5‰，且 1 束内滑(断)丝不超过 1 根。

(17)锚索张拉完成 7 d 后，应对其拉力和外观进行复查，复查合格后方能切除多余的锚索，进行最后的锚固作业，如图 2-4-73 所示。

图 2-4-73　预应力锚索

(18)锚索张拉端锁定后，其回缩量及锚塞(夹片)外露量应符合设计要求。

(19)锚索孔位置、孔径、倾角、深度允许偏差、检验数量及检验方法应符合表 2-4-97 的规定。

表 2-4-97　锚索孔位置、孔径、倾角、深度允许偏差、检验数量及检验方法

检验项目	允许偏差	检验数量	检验方法
位置	±100 mm	1 处	测量仪器测量、尺量
孔径	$^{+10}_{0}$ mm	2 处	尺量
倾角	1%	1 处	导杆法量
深度	$^{+100}_{0}$ mm	1 点	尺量钻杆长度

4.6　路基边坡防护

4.6.1　基本要求

(1)路堤边坡防护工程应根据设计情况安排在适宜时间施工，堑坡防护应随施工同时完成。软土、松软土地基地段的路基防护工程应在沉降稳定后进行施工。

(2)边坡施工前,边坡基底应稳定,坡面应平整密实。

(3)边坡植物防护施工质量应符合下列要求。

1)坡面应平整、密实、湿润。铺、种植物后,应加强养护管理,直至植物成长覆盖坡面。

2)移植的草皮应与基面钉合牢固,表面平整;有骨架地段,骨架应嵌入坡面,与草皮平齐相接。

3)种草防护的草籽应均匀、全部落入坡面,及时覆盖表土并适当拍压。

4)喷播植草应按设计要求施工,喷播材料与草(灌木)籽应按配比充分搅拌均匀,清理好的坡面应提前湿润,喷洒应自下而上进行,草籽喷洒应均匀,不得流淌。

5)对不利于草类生长的土质,应按设计要求在坡面先铺一层种植土,然后再进行草籽喷洒,及时做好养护直至覆盖坡面。

(4)铺设固土网垫时,应先适量洒水湿润边坡,固土网垫应与坡面紧贴,不得出现空隙;铺网垫后及时喷播植草或撒播草籽,植草种类及数量应符合设计要求。

(5)路基坡面防护所用的砂、石料、水泥、钢筋(包括锚杆、锚索)等材料的品种、规格、质量应符合设计要求。

(6)混凝土预制件加工、移位和堆放应符合以下的规定。

1)预制所用模具应有足够的刚度,预制件不得变形。

2)浇筑前,对照设计文件核对各种预埋件的数量和布置。

3)每一构件应一次浇筑完成,振捣密实。

4)构件外露面应平整、光滑、无蜂窝麻面。

5)构件搬运时的混凝土强度应不低于设计强度的70%。

6)各种构件应分类标识、分类堆放,堆放场地应平整、硬实,并有排水措施。堆放高度应按构件强度、地面承载力、垫块强度等确定,不得因堆放不当而损坏。

7)预制件安装应平稳。

(7)预制件勾缝应于路堤沉降基本稳定后进行。勾缝前应先将松动和变形处修整平齐完好。

(8)骨架护坡一般应采用带截水槽的结构,骨架嵌入坡面一定深度,骨架表面应与骨架间植物防护衔接。

(9)混凝土预制件拼装排列应整齐、平顺、紧密、美观,并与坡面及相邻砌体衔接密贴、稳固。

(10)采用喷混植生进行坡面防护,喷层应与基面牢固结合,不得漏喷、脱层。周边与基面之间应无空隙,锚杆锚固材料应无外露现象,周边应封严。

(11)框架梁模板及支架、钢筋和混凝土的施工应符合《铁路混凝土工程施工质量验收标准》(TB 10424—2010)有关一般规定的要求。

(12)锚杆(索)钻孔时应记录地层变化情况,核实地层分界面及设计长度,置于稳定地(岩)层中的锚固段长度应符合设计要求。

4.6.2　植物防护施工

(1)边坡植物防护施工质量应符合设计要求,并按相关规定进行验收。植物防护如图2-4-74所示。

图2-4-74　植物防护

(2)边坡植物防护的种类及数量应符合设计要求。

(3)边坡植物防护的防护范围应符合设计要求,并应沿坡面连续覆盖。

(4)边坡客土填筑方法、客土厚度、边坡坡率应符合设计要求。

(5)边坡植物防护覆盖率、成活率及检验方法应符合表2-4-98的规定。

表 2-4-98　边坡植物防护覆盖率、成活率及检验方法

检验项目			覆盖率(%)	成活率(%)	检验数量	检验方法
一般地区	植草防护	土质路基边坡	85	—	每段护坡每 100 m 长抽样检验 3 条带	尺量、计面积
		石质路基边坡	70	—		尺量、计面积
	种植藤本植物、灌木防护	土质路基边坡	—	80		点数、统计计算
		石质路基边坡	—	70		点数、统计计算
旱地地区	植草防护	土质路基边坡	65	—		尺量、计面积
	种植藤本植物、灌木防护		—	70		点数、统计计算
寒冷地区	植草防护	土质路基边坡	80	—		尺量、计面积
		石质路基边坡	70	—		尺量、计面积
	种植藤本植物、灌木防护	土质路基边坡	—	75		点数、统计计算
		石质路基边坡	—	70		点数、统计计算

注：一条带指边坡上从顶至底带宽为 3 m 的护坡。

4.6.3　边坡固土网垫植草防护

(1)固土网垫的规格及性能应符合设计要求，进场时应进行现场验收。

(2)固土网垫的铺设范围、连接方式和固定方式应符合设计要求。

(3)边坡客土填筑方法、客土厚度、边坡坡率的检验应符合设计要求。

(4)固土网垫铺设的允许偏差、检验数量及检验方法应符合表 2-4-99 的规定。

表 2-4-99　固土网垫铺设的允许偏差、检验数量及检验方法

检验项目	允许偏差	检验数量	检验方法
搭接宽度	$^{+30}_{0}$ mm	沿线路纵向每 100 m 抽样检验 5 处	尺量
上、下边埋入土深度	不小于设计值		
回转长度	不小于设计值		
固定钉长度	不小于设计值		
固定钉间距	+50 mm		

4.6.4　骨架护坡防护

(1)现浇混凝土所用材料规格、品种、技术条件应符合设计要求。

(2)现浇混凝土强度等级应符合设计要求。

(3)预制件混凝土强度等级应符合设计要求。

(4)现浇或采用混凝土预制件骨架护坡应与边坡密贴，无空洞，如图 2-4-75 所示。

图 2-4-75　骨架护坡防护

(5)沉降缝、伸缩缝的设置，缝宽与缝的塞封应符合设计要求。
(6)骨架间植草防护的种类和数量应符合设计要求。
(7)边坡客土填筑方法、客土厚度、边坡坡率应符合设计要求。
(8)骨架护坡各部允许偏差、检验数量及检验方法应符合表 2-4-100 的规定。

表 2-4-100　骨架护坡各部允许偏差、检验数量及检验方法

检验项目	允许偏差	检验数量	检验方法
平面位置	+50 mm	每段护坡抽样检验 4 点	采用符合精度要求的仪器量测
基底高程	+50 mm	每段护坡抽样检验 3 点	
坡顶高程	$^{0}_{-20}$ mm	每段护坡抽样检验 3 点	
骨架净距	+50 mm	每段护坡抽样检验 6 处（上、中、下部各 2 处）	尺量
骨架宽度及边槽高度	≥设计值		
骨架厚度及嵌置深度	≥设计值		
护肩、镶边及基础厚度、宽度	≥设计值	每段护坡抽样检验 3 组	
踏步宽度、厚度	≥设计值	每踏步抽样检验 1 处	
坡面平整度	不大于 40 mm	每段护坡抽样检验 3 处	3 m 长直尺量测

注：每段护坡长不足 50 m 按 50 m 计。

4.6.5　混凝土预制件防护

(1)预制件混凝土强度等级应符合设计要求。
(2)施工用砂浆强度等级应符合设计要求。
(3)砌筑的混凝土预制件护坡应与边坡密贴，无空洞，如图 2-4-76 所示。

图 2-4-76　混凝土预制件防护

(4)泄水孔的位置、布置形式、孔径尺寸及泄水孔背反滤层设置规格应符合设计要求，且排水畅通。严禁倒坡。
(5)沉降缝、伸缩缝应按照设计要求设置，且根据现场地形适当增设。
(6)混凝土预制件防护各部允许偏差、检验数量及检验方法应符合表 2-4-101 的规定。

表 2-4-101　混凝土预制件防护各部允许偏差、检验数量及检验方法

检验项目	允许偏差	检验数量	检验方法
平面位置	±50 mm	每段护坡抽样检验 4 点	采用符合精度要求的仪器量测
基底高程	±50 mm	每段护坡抽样检验 3 点	
坡顶高程	$^{0}_{-20}$ mm	每段护坡抽样检验 3 点	
坡率	±0.5%	每段护坡抽样检验 3 点	吊垂线
护肩、镶边及基础厚度、宽度	≥设计值	每段护坡抽样检验 3 组	尺量
反滤层、垫层厚度	≥设计值	每段护坡抽样检验 3 处	
坡面平整度	15 mm	每段护坡抽样检验 3 处	3 m 长直尺量测

续上表

检验项目		允许偏差	检验数量	检验方法
混凝土板外形尺寸	边长	$^{+6}_{-3}$ mm	按混凝土预制件数量的 2%抽样检验	尺量
	对角线长	$^{+6}_{-3}$ mm		
	厚度	$^{+4}_{-2}$ mm		

注：每段护坡长不足 50 m 按 50 m 计。

4.6.6　喷混植生防护

(1)制作基材所用种植土、养生材料、水泥等材料规格、品种、技术条件应符合设计要求，进场时应进行验收。

(2)种子、挂网材料、锚杆的品种、规格应符合设计要求。

(3)锚杆加工质量应符合设计要求。

(4)锚杆的设置应符合表 2-4-102 的规定。

表 2-4-102　喷混植生锚杆孔深、间距、长度的允许偏差

检验项目	允许偏差
锚杆孔深	−50 mm
锚杆间距	±50 mm
锚杆长度	−30 mm

(5)坡面植生防护的种类和数量应符合设计要求。

(6)喷射基材厚度应满足设计要求。

(7)喷混植生防护各部的允许偏差、检验数量及检验方法应符合表 2-4-103 的规定。

表 2-4-103　喷混植生防护各部的允许偏差、检验数量及检验方法

检验项目	允许偏差	检验数量	检验方法
平面位置	±50 mm	每段护坡抽样检验 4 点	采用符合精度要求的仪器量测
底面高程	±50 mm	每段护坡抽样检验 3 点	
坡顶高程	$^{0}_{-20}$ mm	每段护坡抽样检验 3 点	
坡度	0.5%	每段护坡抽样检验 3 点	吊垂线

注：每段护坡长不足 50 m 按 50 m 计。

(8)坡面植生植物防护覆盖率、成活率应满足设计要求。

4.6.7　锚杆(索)框架梁防护

(1)混凝土强度等级应符合设计要求。

(2)框架梁浇筑护坡应与边坡密贴，无空洞，如图 2-4-77 所示。

图 2-4-77　锚杆(锚索)框架梁防护

(3)框架梁锚杆的锚杆孔深、间距、长度允许偏差参见表 2-4-102。

(4)框架梁锚索的设置应符合表 2-4-104 的规定。

表 2-4-104　框架梁锚索位置、孔径、倾角、孔深的允许偏差及检验方法

检验项目	允许偏差	检验方法
锚索位置	±50 mm	采用符合精度要求的仪器量测
锚索孔径	$^{+10}_{0}$ mm	尺量
锚索倾角	1%	导杆法量
锚索孔深	$^{+100}_{0}$ mm	尺量钻杆长度

(5)框架间植草防护的种类和数量应符合设计要求。

(6)框架梁各部允许偏差、检验数量及检验方法应符合表 2-4-105 的规定。

表 2-4-105　框架梁各部允许偏差、检验数量及检验方法

<table>
<tr><th>检验项目</th><th>允许偏差</th><th>检验数量</th><th>检验方法</th></tr>
<tr><td>平面位置</td><td>±50 mm</td><td>每段护坡每 50 m 长抽样检验 4 点</td><td rowspan="3">采用符合精度要求的仪器量测</td></tr>
<tr><td>基底高程</td><td>±50 mm</td><td>每段护坡每 50 m 长抽样检验 3 点</td></tr>
<tr><td>坡顶高程</td><td>$^{0}_{-20}$ mm</td><td>每段护坡每 50 m 长抽样检验 3 点</td></tr>
<tr><td>框架净距</td><td>±50 mm</td><td rowspan="3">每段护坡每 50 m 长抽样检验 6 处(上、中、下部各 2 处)</td><td rowspan="5">尺量</td></tr>
<tr><td>框架宽度及边槽高度</td><td>≥设计值</td></tr>
<tr><td>框架梁厚度及嵌置深度</td><td>≥设计值</td></tr>
<tr><td>护肩、镶边及基础厚度、宽度</td><td>≥设计值</td><td>每段护坡每 50 m 长抽样检验 3 组</td></tr>
<tr><td>踏步宽度、厚度</td><td>≥设计值</td><td>每踏步抽样检验 1 处</td></tr>
<tr><td>坡面平整度</td><td>不大于 40 mm</td><td>每段护坡每 50 m 长抽样检验 3 处</td><td>3 m 长直尺量测</td></tr>
</table>

注:每段护坡长不足 50 m 按 50 m 计。

4.7　路基防排水

4.7.1　地面排水

1. 施工质量要求

(1)路基边沟、侧沟、平台截水沟、天沟等地面排水设施应与天然沟渠和相邻的桥涵、隧道、车站、道口等排水设施及路基面排水、坡面排水、电缆沟槽两侧排水衔接,组成完整的排水系统。排水设施构件的布置、构成和维护都应利于地表水汇集、排泄和蒸发顺畅。边坡平台截水沟必须引入相邻排水设施。

(2)站内轨道间纵向排水沟、站台边排水沟、横向排水沟、检查井等设施应形成完整的排水系统,满足车站范围内各线间地表水及基床水排除的需求,轨道间不得积水。

(3)无砟轨道线间沟、集水井、横向排水管应形成一个完整的排水系统。站场排水设施应符合下列规定:

1)站场排水应结合自然水系、城镇排水规划、场坪排水、站内建筑排水等进行系统的规划和设计,大型站场应编制排水系统总图。

2)纵向排水槽的排水坡度不应小于 2‰,单面排水坡长度不宜大于 200 m,必要时应设置横向排水槽。

3)站场排水设施不应与接触网柱、雨棚柱基础等交叉。困难条件下可绕行,但不得降低排水能力。

4)水管、风管等管线应系统设计,避免与排水设施相互干扰。

5)无砟道岔区应采取措施避免积水。

(4)路基工程施工前,施工单位应核对全线排水系统的设计是否完善,结合实际地形和施工组织合理划分施工单元，统筹规划临时排水设施和永久性排水系统，对影响路基稳定的地表水、地下水等应予以截断、疏干、水位降低，并引排到路基范围以外。

(5)在路基施工期间，施工单位不得破坏地表植被和堵塞水路；各类排水设施应及时维修和清理，保持排水畅通、有效。路堤分层填筑时应做好路基面横、纵坡，排水应通畅；路堑开挖到位时，应及时做好排水系统，路基面不得浸水。

(6)路基排水工程应根据工程特点和实际需要及时实施、完善，形成完整、通畅的排水系统。

(7)在路基电缆槽、接触网支柱、声屏障、防护栅栏、"四电"设备等其他设备完成后，应及时完善路基面与附属设施结合部的路基处理和排水设施。

(8)混凝土预制件加工、搬运、堆放和安装应符合以下规定。

1)预制所用模具应有足够的刚度，预制件不得变形。

2)浇筑前，对照设计文件核对各种预埋件的数量和布置。

3)每一构件应一次浇筑完成，振捣密实。

4)构件外露面应平整、光滑、无蜂窝麻面。

5)构件搬运时的混凝土强度应不低于设计强度的70%。

6)各种构件应分类标识、分类堆放，堆放场地应平整、硬实，并有排水措施。堆放高度应按构件强度、地面承载力、垫块强度等确定，不得因堆放不当而损坏。

7)预制件安装应平稳。

(9)导流构筑物施工时，应调查核对坝址情况，当地质、河道、水文条件发生变化时，应及时变更设计。

(10)河道(沟)工程施工应符合下列规定。

1)改河道(沟)工程宜在枯水期施工。

2)河道(沟)开挖应先挖中段，再挖末段。必须经检查确认新河道(沟)床已符合要求后，方可挖通其上游河段。

3)利用开挖新河道(沟)的土石填平旧河道(沟)时，在新河道(沟)未通流前，不得堵断旧河道(沟)。

4)通流时，改河(沟)上游进口河(沟)段的河(沟)床纵坡应稍大于设计坡度。

(11)混凝土(或钢筋混凝土)预制件进场时应有出厂质量证明文件，外观不得破损，结构尺寸应符合设计要求。

(12)路基排水设施基底处理应符合设计要求，基底应密实、平整，且无草皮、树根等杂物，无积水。

(13)路基排水设施基底压实质量应符合设计要求。

(14)排水设施、垫层、反滤层、封闭层的结构形式应符合设计要求，并保证排水通畅。

(15)预制水沟的基础与基坑边坡应密实、平整。预制件应拼装平顺，水泥砂浆粘贴密实，接缝咬合完好，与基础和边坡间应用水泥砂浆填塞缝隙。水沟盖板尺寸及盖板间空隙应符合设计要求，铺设应平稳。

(16)浆砌水沟铺砌应密实、平顺、整齐、无渗漏水，沟内不积水，无淤塞。

(17)路堑侧沟泄水孔设置位置、布置形式、尺寸、数量应符合设计要求，且排水通畅。

(18)伸缩缝的设置、缝宽与缝的塞封应符合设计要求。

(19)垫层、反滤层的厚度应满足设计要求。

(20)水沟出水口位置与既有沟渠、自然沟渠的衔接应符合设计要求，应形成完整的排水系统。路基与桥台衔接处的排水沟应与天然沟渠衔接，不得直接冲刷桥台椎体。排水沟与涵洞衔接处的沟底高程不应低于涵洞水流面高程。

(21)天沟、排水沟靠山侧沟壁不得高出地面，沟顶与地面必须顺接，并按设计要求做好表面封闭层。地面排水如图2-4-78所示。

2. 质量检验标准

(1)路堤排水沟检验项目允许偏差、检验数量及检验方法应符合表2-4-106规定。

图2-4-78　地面排水

表 2-4-106　路堤排水沟检验项目、允许偏差、检验数量及检验方法

检验项目	允许偏差	检验数量	检验方法
沟底中心位置	±100 mm	每 100 m 抽样检验 5 处	尺量
沟底高程	±20 mm		水准仪测量
净空尺寸	±20 mm		尺量
沟底坡度	±5%设计坡度		坡度尺量
水沟铺砌厚度	−10 mm		尺量
沟底平整度	20 mm		2.5 m 长直尺和钢尺量
沟顶高程	$^{0}_{-20}$ mm		水准仪测量

(2)路堑侧沟检验项目允许偏差、检验数量及检验方法应符合表 2-4-107 的规定。

表 2-4-107　路堑侧沟检验项目允许偏差、检验数量及检验方法

检验项目	允许偏差		检验数量	检验方法
	石质沟	现浇或预制沟		
沟底中心位置	$^{+50}_{0}$ mm	$^{+50}_{0}$ mm	每 100 m 抽样检验 5 处	尺量
沟底高程	±20 mm	±10 mm		水准仪测量
净空尺寸	±20 mm	±20 mm		尺量
边坡坡度(偏陡量)	5%设计坡度	5%设计坡度		坡度尺量
铺砌厚度	−10 mm	−10 mm		尺量
沟底坡度	±5%设计坡度	±5%设计坡度		坡度尺量
沟底平整度	20 mm	10 mm		2.5 m 长直尺和钢尺量
平台宽度	$^{+50}_{0}$ mm	$^{+50}_{0}$ mm		尺量
沟顶高程	—	$^{0}_{-20}$ mm		水准仪测量

(3)预制水沟及盖板检验项目允许偏差、检验数量及检验方法应符合表 2-4-108 的规定。

表 2-4-108　预制水沟及盖板检验项目允许偏差、检验数量及检验方法

检验项目		允许偏差(mm)	检验数量	检验方法
预制水沟厚度		−10	抽样检验 2%	尺量
盖板	边长	$^{+3}_{-2}$		
	对角线长	$^{+4}_{-2}$		
	厚度	$^{+4}_{-2}$		

(4)无砟轨道集水井允许偏差、检验数量及检验方法应符合表 2-4-109 的规定。

表 2-4-109　无砟轨道集水井允许偏差、检验数量及检验方法

检验项目	允许偏差	检验数量	检验方法
平面位置	±50 mm	每个 1 处	经纬仪测量
深度	$^{+100}_{0}$ mm	每个 1 点	尺量
断面尺寸	$^{+50}_{-20}$ mm	每个 2 处	

(5)吊沟(急流槽)允许偏差、检验数量及检验方法应符合表 2-4-110 的规定。

表 2-4-110　吊沟(急流槽)允许偏差、检验数量及检验方法

检验项目	允许偏差	检验数量	检验方法
净空尺寸	$^{+50}_{0}$ mm	每 100 m 抽样检验 6 处	尺量
铺砌厚度	−10%设计厚度		

(6)平台截水沟允许偏差、检验数量及检验方法应符合表 2-4-111 的规定。

表 2-4-111　平台截水沟允许偏差、检验数量及检验方法

检验项目	允许偏差	检验数量	检验方法
净空尺寸	$^{+50}_{0}$ mm	每条沟抽样检验 6 处	尺量
沟身厚度	−10%设计厚度		

(7)天沟允许偏差、检验数量及检验方法应符合表 2-4-112 的规定。

表 2-4-112　天沟允许偏差、检验数量及检验方法

检验项目	允许偏差	检验数量	检验方法
沟底中心位置	±100 mm	每 100 m 抽样检验 5 处	尺量
净空尺寸	±20 mm		
水沟铺砌厚度	−10 mm		

4.7.2　地下排水

1. 施工质量要求

(1)地下排水设施应与地基处理、地表排水系统、自然排水系统相协调、配套，形成完整的排水体系，水路畅通。渗沟的出水口应设置端墙，出水口管底距排水沟沟底的高度不宜小于 20 cm。

(2)排水沟或暗沟采用混凝土浇筑或浆砌片石砌筑时，应在沟壁与含水地层接触面的高度处，设置一排或多排向沟中倾斜的渗水孔，沟壁最下一排渗水孔的孔底部应高出沟底不小于 20 cm。

(3)浆砌工程应采用挤浆法分层、分段砌筑，嵌缝饱满、密实，勾缝平顺无脱落。

(4)土工合成材料进场后应整齐堆放在料棚(库)内，避免阳光照射，并保持通风、干燥和远离高温源。按设计要求铺设后不得长时间受阳光直接曝晒。

(5)当土工合成材料的垫层为碎石时，应在土工合成材料和碎石之间按设计设置保护层。

(6)地下排水设施施工应符合下列要求。

1)渗沟的开挖宜自下游向上游进行，应随挖随支撑，并迅速回填，支撑渗沟应间隔开挖。

2)沟槽开挖必须保证沟槽两壁、基础表面平顺、平整，严禁出现反坡或凸凹不平现象。

3)盲沟、渗沟开挖后应疏干沟内积水，平整沟底及沟壁，清除尖石、树根等杂物。

4)渗水管铺设位置、固定和连接方法应符合设计要求。

5)严禁使用再生、褶皱、老化、污染的土工织物。土工织物铺设应平顺、松紧适度，并与沟壁土体密贴，不得褶皱和损坏。

6)渗沟沟内用作排水和渗水的填充料在使用前必须筛选和清洗，级配合理。

7)土工织物合成材料铺设后应及时回填或覆盖，回填时应防止土工织物和渗水管受到损伤。

8)沿沟槽每隔 10～15 m 或当沟槽通过软硬岩层分界处时应设置伸缩缝或沉降缝。

(7)渗水管等混凝土(或钢筋混凝土)预制件进场时应有出厂质量证明文件，外观不得破损，结构尺寸应符合设计要求。

(8)土工合成材料的品种、规格及质量应满足设计要求，进场时应进行现场验收。采用土工合成材料作为地下排水设施时，应符合以下技术条件：

1)作反滤层的土工织物宜采用耐腐蚀、抗老化的无纺土工织物，且应满足保土、透水、防淤堵的设计准则，刺破强度和撕裂强度不应小于 400 N，CBR 顶破强度不应小于 1.5 kN。

2)作为隔水防渗材料的土工膜和复合土工膜，膜厚不应小于 0.3 mm，渗透系数不应大于 10^{-11} cm/s，CBR 顶破强度不应小于 2.5 kN，在严寒地区还应有抗冻性。

3)塑料渗水管材应质量轻、耐化学腐蚀，使用寿命长，可在−25～60 ℃条件下使用，有良好的透水、渗滤、纵向排水性能，并具有较高抗拉、抗压强度和环形刚度。

(9)渗水暗沟填充碎石技术指标应符合表 2-4-113 的规定。

(10)地下排水设施基底处理应符合设计要求，基底应密实、平整，且无草皮、树根等杂物，无积水。

(11)地下排水设施的位置、开挖断面、排水坡度、出水口地点应符合设计要求，且排水通畅，无阻塞现象。

表 2-4-113　渗水暗沟填充碎石技术指标

项　　目	检 验 指 标
母岩强度	不小于 30 MPa
碎石粒径	3～8 cm
含泥量(按质量计)	＜2%

(12)排水沟或暗沟采用混凝土浇筑或浆砌片石砌筑时,沟壁最下一排渗水孔的底部应高出沟底不小于 20 cm。

(13)渗水管的布置形式、埋置深度,管径、纵坡,过反滤层结构、透水孔,防冻性和耐久性应满足设计要求。

(14)渗沟内渗水材料填充位置、厚度应符合设计要求。

(15)伸缩缝的设置、缝宽与缝的塞封应符合设计要求。

2. 质量检验标准

(1)土工合成材料搭接宽度的允许偏差为＋50 mm,0。

(2)地下排水设施允许偏差、检验数量及检验方法应符合表 2-4-114 的规定。

表 2-4-114　地下排水设施检验项目允许偏差、检验数量及检验方法

检 验 项 目	允 许 偏 差(mm)	检 验 数 量	检 验 方 法
沟中心位置	±50	沿线路每 100 m 抽样检验 3 个检查井	经纬仪测量
沟底高程	±20	沿线路每 100 m 抽样检验 4 个检查井,8 点	水准仪测量
渗沟断面尺寸	＋50 －20	沿线路每 100 m 抽样检验 2 处	尺量

(3)检查(竖)井检验项目允许偏差、检验数量和检验方法应符合表 2-4-115 的规定。

表 2-4-115　检查(竖)井检验项目允许偏差、检验数量及检验方法

检 验 项 目		允 许 偏 差	检 验 数 量	检 验 方 法
检查井位置	纵向	±50 mm	每个检查井	经纬仪测量
	横向	＋50 mm		
井底高程		±30 mm	每个检查井	水准仪测量
净空尺寸(内径、深度)		±30 mm	每个检查井	尺量
井盖直径		±10 mm	每个井盖	尺量
井盖厚度		不小于设计值	每个井盖	尺量
井盖与相邻路基面高差		$^{+10}_{0}$ mm	每个检查井	水准仪、水平尺测量

4.7.3　路基横向排水

施工质量要求:

(1)路基横向排水沟应与路基两侧排水沟、坡面排水系统等相接,形成完整的排水系统。

(2)车站范围内正线间或正线与到发线间的横向排水设施与其他排水系统应形成连通的、完整的排水系统,横向排水槽、集水井(检查井)和保护层等设置应符合设计要求。

(3)横向排水管安装后应排水通畅,接缝处理应保证不漏水,管内不得积水。

(4)土工合成材料的无砟轨道横向排水管进场后应分类存放,不得挤压或重击。

(5)混凝土所用的水泥、细骨料、粗骨料、水等原材料的品种、规格、质量应符合设计要求。

(6)路基横向排水沟基底处理应符合设计要求,基底应密实、平整、无积水。

(7)沟底垫层、反滤层、封闭层结构形式、设置位置应符合设计要求。

(8)横向排水沟沟底坡度应符合设计要求,并与路基两侧排水沟相接,且沟底相接处不得积水。

(9)预制横向排水沟的基础与基坑边坡应密实、平整。预制件应拼装平顺,水泥砂浆粘贴密实,接缝咬合完好，与基础和边坡间应用水泥砂浆填塞缝隙。水沟盖板尺寸及盖板间空隙应符合设计要求，且能满足泄水需要，铺设应平稳。

(10)伸缩缝的设置、缝宽与缝的塞封应符合设计要求。

(11)沟底垫层、反滤层厚度、材料应符合设计要求。

(12)无砟轨道横向排水管结构形式、管径及材质应符合设计要求。

(13)无砟轨道横向排水管沟底垫层结构形式、设置位置及周边回填应符合设计要求。

(14)无砟轨道横向排水管沟底坡度应符合设计要求，并与路基两侧排水沟相接，沟底不得积水。

(15)路基横向排水沟进水口和出水口位置、与其他沟渠的衔接应符合设计，应形成完整的排水系统，排水通畅，不得积水。

(16)路基横向排水沟接缝处理必须符合设计要求，不得渗漏水。

4.7.4　过渡段排水

施工质量要求：

(1)路堤与桥台过渡段排水设施应按设计要求及时完成，其设置方式应符合设计要求，铺设应平顺、整齐、牢固，排水畅通。

(2)路堤与路堑结合部过渡段排水设施应按设计要求及时完成，其设置方式应符合设计要求，铺设应平顺、整齐、牢固，排水畅通。

(3)混凝土的强度等级应符合设计，配合比设计和施工的检验应符合相关规定。

(4)路堤与桥台过渡段桥台背隔离层无砂混凝土块强度等级、规格、质量应符合设计要求，进场时应进行现场验收。

(5)路堤与桥台过渡段桥台背隔离层空心砖规格、质量应符合设计要求，进场时应进行现场验收。

(6)路堤与桥台过渡段桥台背无砂混凝土渗水板、无砂混凝土渗水板基础、软式透水管、混凝土基础等排水设施的品种、规格、质量应符合设计要求，进场时应进行现场验收。

(7)路堤与桥台过渡段桥台后隔离层设置的形式、厚度、范围、位置应符合设计要求。

(8)路堤与桥台过渡段无砂混凝土渗水板、无砂混凝土渗水板基础、软式透水管、混凝土基础等排水设施的结构形式、尺寸、设置范围、位置、坡度应符合设计要求，并保证排水通畅。

(9)路堤与路堑结合部过渡段渗水盲沟用砂、软式透水管等排水设施的材料品种、规格、质量应符合设计要求，进场时应进行现场验收。

(10)路堤与路堑结合部过渡段渗水盲沟设置位置、范围、尺寸、坡度应符合设计要求，并保证排水通畅。

(11)路堤与路堑结合部过渡段渗水盲沟设内埋设的软式透水管等排水设施的设置位置、范围、尺寸、坡度应符合设计要求，并保证排水通畅。

4.8　堆载预压填筑施工

4.8.1　工艺概述

1. 预压土与地基固结

为了加速地基固结，一般预压法多与砂垫层或竖向排水体相结合，构成排水、固结的两个因素，即加压系统和排水系统。加压系统是加速固结作用的荷载，它使地基土的固结压力增加促使软土中的水分加速排出，进而达到使地基加速固结的目的。

2. 适用范围

本工艺适用于松软土地基段，在加固处理后的地基上填筑路堤，并为加速地基的沉降固结，尽快完成地基沉降而在路堤上加筑土料荷载的施工。

4.8.2　作业内容

测量放样、观测桩的设置、路堤填筑、边坡位移观测、预压土填筑、沉降观测和数据分析、预压土卸载等。

4.8.3　施工工艺及质量控制流程

软土地基堆载预压路堤施工工艺及质量控制流程如图 2-4-79 所示。

4.8.4 工艺步骤说明

1. 开工条件

(1)施工准备工作已完成,所需的施工机械、物资及人员已进场。

(2)根据设计需要做一段试验路堤,以及进行观测所需的设备、仪器等的准备工作。

2. 测量放样

在进行施工前,必须按施工设计提供的控制桩位进行测量放线,设置好护桩,测量工作必须贯彻复核制度。

3. 填筑前交接检查

路堤填筑施工前,应对地基处理工程进行交接检查,地基处理型式、质量标准、垫层施工质量等均应满足验收标准的要求。路基两侧排水顺畅,水沟状态良好。

如果地基处理施工时未修筑侧沟,则应在路堤填筑前把侧沟修好,保证路堤两侧不积水。

4. 整修承垫层

(1)对路堤填筑范围基底进行平整,对有垫层的地段,要进行垫层施工,垫层填料应符合施工图要求。

(2)采用平地机刮平并压实,表面平整密实,无翻浆松软地段。基底高程、宽度、横坡度、平整度、密实度验收合格后,方可进入填筑施工。

5. 观测基桩埋设

(1)沉降观测断面设置。采用沉降板、观测仪、分层沉降仪等,结合精密水准测量,进行沉降、位移观测。沉降观测应采用二等几何水准测量。观测基桩应设置于不受施工和地基变形影响的稳定的地基内,路基面沉降观测桩设置于路肩上,并按观测周期的3～5倍周期进行复核校正。观测期内要保护好观测基桩和观测装置。

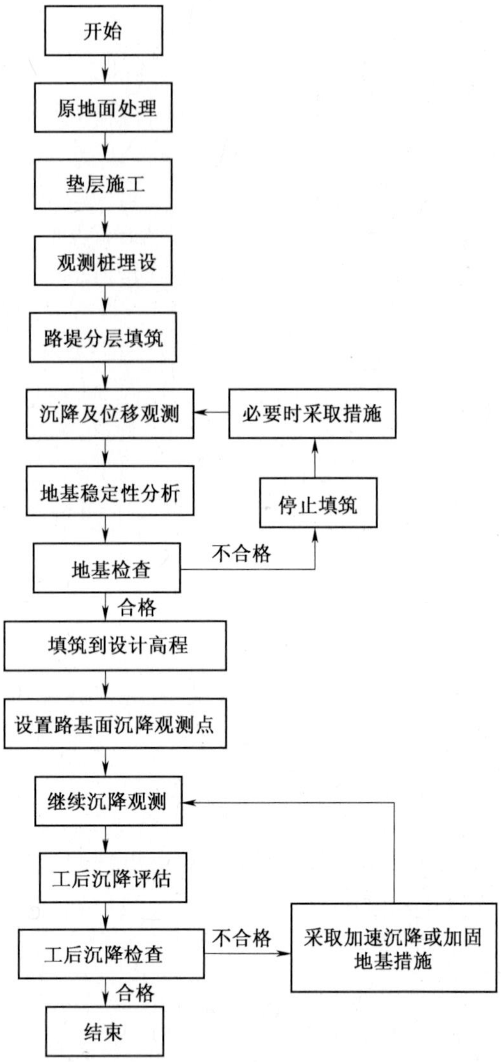

图 2-4-79 软土地基堆载预压路堤施工工艺及质量控制流程图

软土地段工点每隔100 m设一个观测断面。松软地段工点长度小于500 m时,间距150～200 m设一个观测断面;工点长度大于500 m时,每200 m设一个断面。每个工点观测断面不少于2处。

(2)边桩埋设。

1)位移桩采用C15钢筋混凝土预制,截面采用15 cm×15 cm正方形,长度不小于1.5 m,并在桩顶埋半圆形不锈钢耐磨测头。

2)边桩设置在路堤坡脚外侧2～10 m范围内,边桩的埋置深度以地表下不小于1.4 m,桩顶露出地面不大于10 cm,埋置方法采用“洛阳铲”打入设计深度,将预制边桩放入孔内,周围以C15混凝土灌注固定,确保边桩埋置稳定。

(3)沉降观测板的埋设。

1)沉降板由钢板或钢筋混凝土底板、测杆、保护套管等组成。沉降板采用尺寸为50 cm×50 cm×3 cm的C15钢筋混凝土制成,或用50 cm×50 cm的厚度1～1.2 cm的钢板制作。测杆采用ϕ40 mm的钢管,与底板焊接固定在垂直位置上,保护套采用塑料套管,套管尺寸以能套住测杆并使标尺能进入为宜。随着填土的增高,测杆的套管亦相应接高,每节长不超过50 cm,接高采用管箍连接,接高后测杆顶面应略高于套管上口,测杆顶用顶帽封住管口,避免填土落入管内而影响测杆自由下沉,顶帽高出碾压高度不大于50 cm。

2)在埋设地面挖60 cm×60 cm×20 cm的土坑,坑内铺5 cm左右的中粗砂,整平压实,将沉降板平放在坑内,四周用中粗砂填实并用水准尺校正使板面水平,再回填土整平压实。将套管垂直套进测杆标于土面上,使其与测杆底板保持10 cm以上,在套管四周用土堆实,使其立稳。水准仪观测测杆的高程,确定为初始高程。当路堤开始填筑时，应保护好沉降板(杆)不受机械损坏，在沉降板周围 1 m 范围采用人工填筑小型机具压实。测杆高程减去杆长即为沉降板高程，每次沉降差即为地表沉降值。

3)用于观测位移和沉降的基桩，必须置于不受填土荷重影响稳定的地基内，并与设计的导线基线和水准点联网测量。基桩及位移观测桩在观测期间内必须采取有效措施加以保护。

6. 分层填筑

软土路基分层填筑、摊铺平整、碾压夯实施工除按天然填料填筑路堤的有关施工工艺要求外，还应满足下列要求：

(1)施工前根据设计需要做一段试验路堤，验证和修订施工图参数，确定施工工艺，指导全段施工。

(2)反压护道与路堤同时填筑。其填料、填筑方法、压实标准应符合路堤相应部位的规定。护道顶面应平顺并有向路基两侧的排水坡，边坡应顺直无凹陷。

(3)填筑软土路堤时，均应在路堤中心及两侧坡脚外设置观测点，定期观测路基面和地面沉降量、边桩水平位移量等，以控制填筑速率和推算工后沉降量；施工过程中应及时向设计单位提供沉降观测资料，以供修正施工设计。

(4)填土速率的控制标准。坡脚水平位移速率大于每昼夜 5 mm，路基中心线地面沉降速率大于每昼夜 10 mm 时，应立即停止填筑，待位移、沉降观测值恢复到限值以内再继续填筑。等于或大于临界高度的路堤，应按施工设计规定的填土速率和静置时间组织施工。

(5)预压的堆载土也应分层填筑，一次填筑厚度不大于 50 cm，压实度 80%。防止一次填筑厚度过大，引起路基失稳破坏。

7. 沉降观测

(1)观测人员及仪器配置。观测人员由 3 人专职进行，其中由 1 名测量工程师负责。竖向沉降测量采用水准仪，要求二级中等精度几何水准测量高程，观测精度应小于 1 mm，并定期校正基点的高程。水平位移测量用全站仪进行。

(2)沉降观测频次。

1)填筑期间，每填一层每天进行 1 次观测，在沉降突变时，每天观测 2～3 次；当两次填筑时间间隔较长时，每 3 d 至少观测 1 次，特别是路基填筑达临界高度时应加强观测，密切注意路基的沉降量，每天上下班时各测量 1 次。

2)在开始第一层填筑前应按施工图要求的观测断面设置观测装置，建立基础数据，以后随填筑进程不断观测，并在填筑完成后继续观测一定时间，有的需要按照施工图要求长期观测。

3)预压期，前 3 个月内每 5 d 观测 1 次；3 个月后，7～15 d 观测 1 次；半年后，每月观测 1 次。

(3)观测资料绘制时态曲线。

1)填筑过程中，观测后及时整理资料，并绘制“填土高度—时间—沉降量”关系曲线。分析地基横向位移值及其发展趋势，判断地基的稳定性。当路堤中心线处地面沉降速率每昼夜大于 10 mm，或路堤坡脚处水平位移速率每昼夜大于 5 mm 时，应立即停止填筑，待观测值恢复到限值以内再进行填筑。

2)路堤填筑完成后，依据沉降观测资料，适时进行沉降完成情况和工后沉降(剩余沉降量)评估。在轨道工程开工前推定工后沉降量是否满足要求，如果不能满足要求，应采取增加预压荷载、加固地基等措施。

(4)为保证取得准确观测成果应采取的措施。

1)成立专职沉降观测小组，采用高精度测量仪器，确保测量精度达到设计要求。

2)对施工负责人、工程机械及运输司机进行沉降观测重要性的专项教育，设专人指挥倒车，运土车辆卸土时，确保沉降观测杆不被破坏。一旦发生损坏或丢失，要由专职人员立即恢复。

3)所有观测桩位置都要设标志旗，以提醒作业人员注意。沉降观测杆周围应改用打夯机夯实，并重点抽查该处压实质量。

4)观测杆太高时，会影响观测精度，要根据设计要求控制高度，以高出路面 0.5 m 左右为宜。

5)在整个沉降观测过程中，做好重点断面观测工作。卸载前后各进行一次沉降观测，找好两者关系；在卸载和级配碎石施工期间，认真做好沉降观测记录。

8. 沉降计算分析

沉降计算的目的主要用于估算总沉降量、预压期间的沉降值、预压时间与实际观测结果对比，确定超载预压荷载的大小及卸载后的剩余沉降量,同时还可估算施工期间因沉降造成的土方增加量及路基填筑时的预留高度,以便更好地控制施工。

4.8.5 质量标准及检验方法

(1)预压土填筑应随施工分层检测,压实度检测采用核子密度仪,检测前用灌砂法做对比试验(以灌砂法为基准,核子密度仪应定期核定)。预压土检验标准及检验方法见表 2-4-116。

表 2-4-116 预压土检验标准及检验方法

检验仪器	检验标准	检验方法
核子密度仪	湿密度≥1.8 kN/m^{2}或施工图要求	每层沿纵向每 100 m 检测 6 点,梅花形布置,距边坡 1 m 处 4 点,中间范围内检查 2 点

每层填筑压实度质量按规定检验,达到设计要求后才可进行下一填层施工。预压土检验项目允许偏差及检验方法见表 2-4-117。

表 2-4-117 预压土检验项目允许偏差及检验方法

检验项目	允许偏差	检验方法
顶面高程	±50 mm	每 100 m 水准仪检查 5 点
中线	±50 mm	每 100 m 经纬仪检查 5 点
宽度	大于设计值	每 100 m 检查 5 点
横坡	±0.5%	每 100 m 检查 2 断面
边坡	小于 3%的设计值	每 100 m 检查 3 处
平整度	≤15 mm	每 100 m,2.5 m 直尺检查 10 断面

(2)软土地基路堤填筑速率堆载预压的荷载与时间等应符合施工图要求。

(3)沉降观测质量标准及检验方法参见本篇 4.2.7 节表 2-4-52。

5　高速铁路路基施工质量检测

5.1　地基承载力检测——动力触探法

地基承载力是反映地基承受其上荷载的能力，其单位是 MPa。地基承载力的检测方法较多，这里仅介绍动力触探法。根据土质条件可采用动力触探试验中的轻型动力触探试验来测定地基承载力。动力触探试验是利用一定的锤击能量，将一定规格的探头和探杆打入土中，根据贯入的难易程度即土的阻抗大小判别土层变化，进行力学分析，评价土的工程性质。通常以贯入土中一定距离所需锤击数来表征土的阻抗，以此与土的物理力学性质建立经验关系，用于工程实践与检测。

1. 试验仪器及条件

(1)轻型动力触探试验所用仪器主要由探头、触探杆、落锤组成。探头主要参数为：质量(10±0.2)kg，重锤落距(50±2)cm，探头截面积 13 cm^2，探杆外径 25 mm。探头采用 45 号或优于 45 号碳素钢的钢材，表面淬火后硬度(HRC)为 45～50。

(2)试验前对试验仪器进行检测，需达到下列条件方可使用。

1)探头直径磨损不得大于 2 mm，锥尖磨损高度不得大于 5 mm。

2)每节探杆非直线偏差不得大于 0.6%。

3)所有部件连接螺纹完好，连接紧固无松动。

2. 试验过程及结果

(1)先使用钻具钻取所需测试土层顶面。

(2)安装动力触探试验支架，确保支架牢固，试验过程中支架不得偏移。

(3)保持 20 击/min 的锤击频率将落锤垂直贯入所测基面，在贯入深度达到 30 cm 的击打次数超过 90 击时停止击打，并记录击打次数。

5.2　地基系数检测

地基系数指施加荷载强度与对应下沉量之比值，单位 MPa/m。地基系数能够较为直观地反映路基的刚度情况，通过地基系数检测的结果可以判断路基施工的好坏，因此，在施工过程中按照要求进行地基系数的检测，能够起到控制路基施工质量的作用。

根据 1867 年捷克工程师(E. Winkler)提出的假定：地基上的任何点的沉降取决于作用在该点上所受的力，而与邻近的压力无关。该假定适用于地基压缩层很薄，即地基压缩层与受力面积尺寸相比为一个很薄的垫层。根据设计图纸，若每层摊铺厚度为 30～60 cm，则可以近似认为符合该假定，从而可以使用 K_{30} 平板载荷试验测定路基系数。

1. 试验条件

对平板载荷试验测试值大小的影响因素很多。包括填料的性质、级配、压实系数、含水率、碾压工艺、最大干密度、最佳含水率、试验操作方法及测试面平整度等。为了规范试验过程，提出了平板载荷试验的适用条件和要求。K_{30} 平板载荷试验适用于粒径不大于载荷板直径 1/4 的各类土和土石混合填料。同时，场地及环境条件必须符合以下条件：

(1)对于水分挥发快的均匀粒砂，表面结硬壳、软化或因其他原因表层扰动的土，平板荷载仪应置于扰动带以下(下挖深度限定在荷载板直径范围内)。

(2)对于粗、细均质土，宜在压实后 2～4 h 内进行试验。

(3)测试面必须是平整无坑洞的地面，对于粗粒土或混合料造成的表面凹凸，应铺设一层 2～3 mm 厚的干燥中砂或石膏腻子。此外,试验面必须远离震源,确保实验精度。

(4)雨天或者风力大于 6 级时不得进行试验。

2. 试验过程

(1)天气条件及场地准备:试验时天气条件应符合要求;在已完成摊铺的路基面根据设计要求选取试验场地,先对场地进行整平并用扫帚和毛刷去除松土,由于该试验点所处工点纵坡小,认为试验面处于水平位置。

(2)试验仪器安装。

1)安装荷载板:先在试验点铺设一层 2 mm 厚中砂作为找平及垫层用,后将荷载板安放于中砂上并轻轻敲打,并确保与地基面完全接触并使用荷载板上的水准气泡调整荷载板处于水平位置。

2)安装反力装置:一般采用压路机作为反力装置,将压路机驶于试验点上方,确保压路机滚筒和后轮与荷载板外边缘间距离在 1 m 以上。

3)安装加载装置:将千斤顶安放于荷载板上,使用水平尺保证千斤顶垂直,同时调节丝杆使千斤顶顶端球铰座紧贴反力装置承载部位。

4)安装下沉量测定装置:双横杆平行布置测桥,将测表对角线安装于荷载板上,且与荷载板中心等距离,同时保证测桥支撑座设置于距离荷载板外边缘及压路机滚筒和后轮中心点 1 m 以上位置处。

(3)加载。

1)为了稳固荷载板,先行加载 0.01 kPa 荷载并持荷 30 s,稳定后卸载,此时将测表调零。

2)以 0.04 MPa 为增量逐级加载,每增载一级,在该级荷载下的下沉量稳定之后读取荷载强度和下沉量并记录在案。

3)当下沉量超过 1.25 mm 时,停止加载,试验结束。

4)当试验过程出现异常时(如荷载板严重倾斜,荷载板过度下沉),应将试验点下挖相当于荷载板直径的深度,重新进行试验。

3. 数据处理

(1)根据试验结果绘出荷载强度与下沉量关系曲线。

(2)计算地基系数。从荷载强度与下沉量关系曲线得出下沉量基准值时的荷载强度,并按下式计算出地基系数:

$$K_{30}=\sigma_s/S_s \tag{2-5-1}$$

式中　K_{30}——直径 30 cm 的荷载板测得的地基系数,MPa/m(计算取整数);

σ_s——荷载强度与下沉量曲线中 $S_s=1.25\times10^{-3}$ m 相对应的荷载强度,MPa;

S_s——下沉量基准值,1.25×10^{-3} m。

4. 工程实例

京津城际铁路永乐车站路基(DK44+280～+420)K_{30}平板载荷试验检测地基系数。

(1)现场检测频率要求。沿线路方向每 100 m 每填高约 90 cm 抽样检验地基系数 K_{30} 4 点,其中:距路基边线 2 m 处左、右各 1 点,路基中部 2 点。

(2)K_{30}平板荷载试验现场检测如图 2-5-1 所示。

图 2-5-1　地基系数检测

(3)地基系数 K_{30} 试验报告样式见表 2-5-1。

表 2-5-1　京津城际轨道交通工程地基系数 K_{30} 试验报告

施工单位		中铁×局联合体中铁×局京津项目部			报告编号	(土表试 3B)2007-177
工程名称		永乐车站路基(DK43+900～DK45+755)			试验日期	2007-8-14
施工里程及部位		DK45+075～+300 基床表层			报告日期	2007-8-14
测点位置及高程		DK45+082 左中线左 9 m			填土层次	第 2 层
仪器设备		压力表或测力计		百分表编号		填料名称
		编号	示值范围	1	2	级配碎石(表级碎 03) 2007-023
		5031	0～10 mm	407971	103677	
加载顺序	压力表或测力计读数(MPa)	承载板荷载强度(MPa)	沉降百分表读数(0.01 mm)			累计沉降量 S(0.01 mm)
			测表 1	测表 2	平均	
预压	0.3	0.01	15	18	16.5	16.5
复位	0	0	0	0	0.0	0.0
1	1.6	0.04	14	14	14.0	14.0
2	3.3	0.08	23	29	26.0	26.0
3	5.0	0.12	38	45	41.5	41.5
4	6.7	0.16	51	62	56.5	56.5
5	8.5	0.20	68	78	73.0	73.0
6	10.2	0.24	88	96	92.0	92.0
7	12.0	0.28	102	118	110.0	110.0
8	13.7	0.32	124	135	129.5	129.5
9	15.5	0.36	145	161	153.0	153.0
沉降 1.25 mm 对应荷载(MPa)		0.311				
地基系数 K_{30} 值(MPa/m)		249				
规定值		≥190				
实测值		249				
检测环境描述： 检测面平整无坑洞						
检测评定依据： 《铁路工程土工试验规程》(TB 10102—2004)				试验意见： 实测 K_{30} 值满足设计要求		

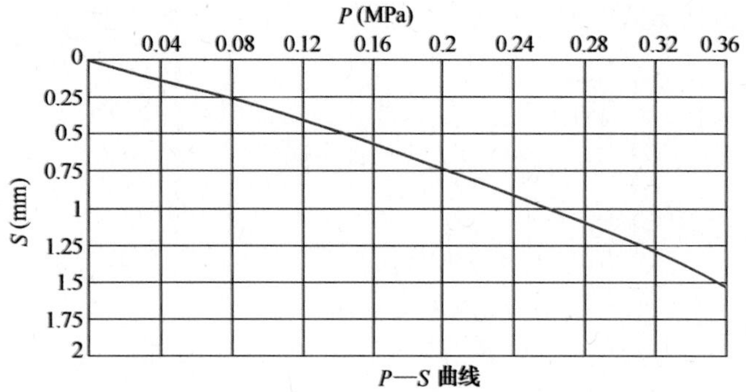

P—S 曲线

试验：　　　　复核：　　　　技术负责人：　　　　单位(章)

5.3　动态变形模量(E_{vd})检测

动态变形模量 E_{vd} 是土体在一定大小的冲击力和冲击时间的作用下，抵抗变形能力的参数。其数值能间接地反映列车在高速运行时动应力对路基的作用情况，同时，我国也把 E_{vd} 作为了路基基床压实质量标准的指标之一，因此，动态变形模量 E_{vd} 检测在控制路基施工质量方面有重大意义。

E_{vd}动态平板载荷试验是采用动态变形模量测试仪来监控检测土体承载力指标——动态变形模量E_{vd}的方法,通过落锤试验和下沉量测定直接反应土体动态特性。

1. 试验仪器及条件

(1)动态平板载荷试验仪由落锤仪和沉陷测定仪组成。

(2)落锤仪主要有脱钩装置、落锤、导向杆、阻尼装置和荷载板等部分组成。

1)落锤质量为10 kg,其误差不大于0.1 kg。

2)荷载板:圆形钢板,直径300 mm,厚度20 mm。

3)脱钩装置:必须既能保证挂住落锤使落锤定位,又能使落锤顺利脱钩自由落下;同时既能保证试验时它与导向杆之间连接牢固无位置错动,又能在标定落高时调节其在导向杆上的位置。

4)阻尼装置:必须弹性系数可调、性能稳定、形状对称,外部设置防尘罩。

5)冲击持续时间(18±2)ms。

(3)沉陷定位仪主要由传感器、信号、处理、显示、打印和电源等部分组成。

(4)沉陷测试范围:(0.1～2.0)mm±0.05 mm;E_{vd}测试范围:10 MPa<E_{vd}<225 MPa。

2. 试验过程

(1)实验前准备。

1)天气条件及场地处理与地基系数测定试验相同。

2)检查导向杆的垂直度和测试面的倾斜度不大于5°,检查仪器标明的落距。

(2)试验步骤。

1)将荷载板轻放于待测面上,安装导向杆并保证垂直。

2)将落锤提升至脱钩装置的临界点位置,然后让落锤自由落下,在阻尼装置上产生冲击力后将回弹的落锤抓住。按照上述方式进行3次冲击(预冲击),其目的在于消除实验结果中可能产生的塑性变形影响,同时使荷载板处于精确的平整面。

3)测试时避免荷载板的跳动和位移,并记录数据。

3. 数据处理

根据试验所得结果按照平板压力公式计算:

$$E_{vd}=1.5r\sigma/S \tag{2-5-2}$$

式中 E_{vd}——动态变形模量,计算值精确至0.1 MPa;

r——圆形刚性荷载板半径,即$r=150$ mm;

σ——荷载板下的最大动应力,此值通过在刚性基础上,由最大冲击力$F_S=7.07$ kN且冲击时间$t_S=18$ ms时标定所得,$\sigma=0.1$ MPa;

S——实测荷载板下沉量,mm。

动态变形模量E_{vd}是由落锤冲击施加一定大小和作用时间荷载的平板试验测得的土体变形模量。通常荷载板的直径为300 mm,锤重为10 kg,最大冲击力为7.0 kN,荷载脉冲宽度18 mm。试验记录落锤冲击时板的沉降。在假定冲击力恒定和泊松比$\mu=0.21$的情况下,由弹性各项同性半空间体上圆形局部荷载的公式计算动态变形模量:

$$E_{vd}=0.79(1-\mu^2)d\sigma/S=1.5r\sigma/S=22.5/S \tag{2-5-3}$$

式中 d——荷载板的直径,此处为300 mm;

r——荷载板的半径,此处为150 mm;

σ——路基最大动应力,由最大冲击力7.0 kN且脉冲宽度18 mm时标定所得,$\sigma=0.1$ MPa;

S——荷载板的沉陷值,mm;

1.5——荷载板形状影响系数。

4. 工程实例

京津客运专线永乐车站路基(DK44+280～+420)E_{vd}动态平板载荷试验检测。

(1)现场检测频率要求。在基床部位,沿线路纵向每100 m每压实层抽样检验动态变形模量E_{vd}6点,其中:左、右距路肩边线1.5 m处各2点,路基中线2点。

(2)动态变形模量检测如图 2-5-2 所示。

图 2-5-2　动态变形模量检测

(3)E_{vd}路基动态变形模量检测试验报告样式见表 2-5-2。

表 2-5-2　京津城际轨道交通工程 E_{vd}路基动态变形模量检测试验报告

施工单位	中铁×局联合体中铁×局京津项目部			报告编号	(土表试 3D)2007-018		
工程名称	永乐车站路基(DK43+900～DK45+755)			试验日期	2007-7-21		
施工里程及部位	DK44+230～+400 基床表层			报告日期	2007-7-21		
填料类型	(表层级碎 03)2007-014			压实方法	CA600 振动式压路机		
E_{vd}规定值(MPa)	≥60			试验方法	动态平板载荷试验		
里　程	层 次	填土厚度(cm)	试验位置	冲击顺序	沉陷值(mm)	平均沉陷值(mm)	E_{vd}值(MPa)
DK44+245	第 2 层	0.3	左中线左 4 m	1	0.201	0.165	136.4
				2	0.146		
				3	0.149		
DK44+245	第 2 层	0.3	左中线右 2.5 m	1	0.191	0.182	123.6
				2	0.177		
				3	0.178		
DK44+245	第 2 层	0.3	左中线右 9 m	1	0.146	0.136	165.4
				2	0.138		
				3	0.126		
DK44+245	第 2 层	0.3	左中线右 4 m	1	0.158	0.154	146.1
				2	0.145		
				3	0.160		
检测评定依据： 《铁路工程土工试验规程》(TB 10102—2004) 《客运专线铁路路基工程施工质量验收暂行标准》				试验意见： 依据 TB 10102—2004 规范检测，符合《客运专线铁路路基工程施工质量验收暂行标准》的要求			

试验：　　　　复核：　　　　技术负责人：　　　　单位(章)

5.4　二次变形模量(E_{v2})检测

二次变形模量 E_{v2} 是用二次加载测得的承载板下应力和与之相对应的承载板中心沉降量计算的变形模量。虽然地基系数 K_{30} 也能反映路基土体强度及变形关系的参数，但其荷载—沉降曲线是一次加载得到的，其中也包含了填料的弹性及塑性变形，而二次变形模量 E_{v2} 试验的荷载—沉降曲线是在逐级加载后逐级卸载，再二次加载得到的，可认为第一次加载消除了填料的塑性变形，而二次加载测得的变形模量 E_{v2} 试验更能代表土基的真实模量。

1. 试验仪器及试验条件

主要试验仪器包括承载板、反力装置、加载装置、荷载量测装置和沉降量量测装置。

(1)承载板直径为(30±0.2)mm、厚度 25 mm±0.2 mm 的 Q345 圆形钢板，承载板表面粗糙度 $R_a \leqslant$ 6.3 μm。

(2)反力装置承载力必须大于最大试验荷载 10 kN 以上。

(3)加载装置应符合下列要求。

1)千斤顶应通过高压油软管与手动液压泵连接。千斤顶顶端设置球铰，并配备可调节丝杆和加长杆件。

2)高压油软管长度不小于 2 m，两端应装有自动开闭阀门的快速接头。

3)手动液压泵上应装有可调节减压阀，可准确地对承载板进行分级加载、卸载。

4)千斤顶两边应固定，并确保不倾斜。千斤顶活塞的行程不小于 150 mm，试验中保证千斤顶高度不大于 600 mm。

(4)荷载量测装置的量测表量程应达到最大试验荷载的 1.25 倍，最大误差不大于 1%，显示值应能保证荷载板上的有效荷载至少达到 0.001 MPa。

(5)沉降量量测装置应符合下列要求。

1)沉降量测装置由测桥和测表组成。

2)测桥的测量臂可采用杠杆式或垂直抽拉式且有足够的刚度。

3)承载板中心至测桥支撑座的距离应大于 1.25 m，杠杆式测量臂杠杆比 $h_P : h_M$ 可在 1∶1 至 1∶2 之间选择，选定后不得改变。

4)沉降量测表最大误差不大于 0.04 mm，分辨率应达到 0.01 mm，量程不小于 10 mm。

(6)其他辅助工具包括铁锹、钢板尺(400 mm)、毛刷、刮铲、水准仪、铅锤、褶尺、干燥中砂、石膏粉、油、遮阻挡风设施等。

(7)传感器、测表应按照国家有关规定标定；变形模量 E_{v2} 测试仪必须每年标定一次。

2. 实验过程及结果

(1)天气条件与试验场地要求与地基系数测定试验相同。

(2)实验仪器安装及要点。

1)安装荷载板：先在试验点铺设一层 2 mm 厚中砂作找平及垫层用，后将荷载板安放于中砂上并轻轻敲打，并确保与地基面完全接触且使用荷载板上的水准气泡调整荷载板于水平位置。

2)安装反力装置：一般采用压路机作为反力装置，将压路机驶于试验点上方，确保压路机滚筒和后轮与荷载板外边缘间距离在 0.75 m 以上。

3)安装加载装置：将千斤顶安放于荷载板上，使用水平尺保证千斤顶垂直，同时调节丝杆使千斤顶顶端球铰座紧贴反力装置承载部位。

4)安装下沉量测定装置：安装测桥时将沉降量量测装置的触点自由放入承载板上测量孔中心位置，沉降量测表必须与测试面垂直。测桥支撑座与反力装置支撑点(即压路机滚筒及后轮中心点)的距离大于 1.25 m。

5)试验过程中测桥与反力装置严禁晃动。

6)沉降量量测装置应做遮阳挡风处理。

(3)加载与卸载。二次变形模量 E_{v2} 试验分为预加载及两次加载、卸载。

1)预加载时,预先加 0.01 MPa 荷载并持荷 30 s,稳定后卸载,此时将沉降量测表调零。

2)第一次加载分为 6 个加载等级,以大致相等的增量(0.08 MPa)逐级加载,持荷 2 min 并保证荷载恒定,当沉降量达到 5 mm 时,停止加载并卸载,卸载按照最大荷载的 50%、25%、0 三级卸除荷载,每级加载与卸载过程在 1 min 之内完成。

3)第一次卸载完成后,按照第一次加载的操作步骤进行二次加载,二次加载使用第一次加载的加载等级,直至第一次加载最大荷载的倒数第二级。

4)记录第一次、第二次加载中每级加载的载荷及相对应的下沉量。

3. 数据处理

(1)将每一级荷载的应力 σ 和所对应的沉降量测表读数填写到记录表格中。承载板中心沉降量 S 应按下式计算:

$$S=S_M\cdot h_p/h_M \tag{2-5-4}$$

式中　S——承载板中心沉降量,mm;

S_M——沉降量测表读数,mm;

h_p/h_M——杠杆比。

(2)变形模量计算。

$$E_{vi}=1.5r/(\alpha_1+\alpha_2\sigma_{1max}) \tag{2-5-5}$$

式中　E_{vi}——变形模量,MPa;

r——承载板半径,mm;

σ_{1max}——第一次加载最大应力,MPa;

α_1——一次项系数,mm/MPa;

α_2——二次项系数,mm/MPa^2。

(3)绘制应力—沉降量曲线图。按相关规定要求,根据试验结果绘制应力—沉降量曲线图,并在曲线上用箭头标明受力方向。

4. 工程实例

京津城际铁路永乐车站路基(DK44+280～+420)变形模量 E_{v2} 现场试验检测。

(1)现场检测频率要求。沿线路纵向每 100 m 每填高约 90 cm 抽样检验 E_{v2} 4 点,其中:距路基边线2 m 处左、右各 1 点,路基中部 2 点。

(2)E_{v2} 静态变形模量现场检测如图 2-5-3 所示。

图 2-5-3　E_{v2} 静态变形模量现场检测

(3)E_{v2} 路基静态变形模量检测试验报告样式见表 2-5-3。

表 2-5-3　京津城际轨道交通工程 E_{v2} 路基静态变形模量检测试验报告

施工单位	中铁×局联合体中铁×局京津项目部		报告编号	(土试 3C)2007-197	
工程名称	永乐车站路基(DK43+900～DK45+755)		试验日期	2007-6-13	
施工里程	DK44+420～+522.65		报告日期	2007-6-13	
测试部位	基床底层		压实方式	CA600 振动式压路机	
试验条件	填料名称	试验方法	测点桩号	填土层次	E_{v2}/E_{v1} 规定值
	细角砾土 B 组 (土 03)2007-009	E_{v2} 静态变形模量	DK44+433 左中线右 5 m	第 8 层	≤3.00
加卸载顺序号	荷载 F(kN)	应力 σ(MPa)	沉降量测表读数 S_M(mm)	承载板中心沉降量 S(mm)	
预压	0.71	0.01	—	—	
复位	0.00	0.000 0	0.00	0.00	
1	5.73	0.081 0	0.18	0.36	
2	11.31	0.160 0	0.32	0.64	
3	16.98	0.240 2	0.48	0.96	
4	22.62	0.320 0	0.58	1.16	
5	28.29	0.400 2	0.67	1.34	
6	31.84	0.450 4	0.76	1.52	
7	35.34	0.500 0	0.82	1.64	
卸载					
8	17.71	0.250 6	0.76	1.52	
9	8.86	0.125 3	0.66	1.32	
10	0.00	0.000 0	0.47	0.94	
第二次加载					
11	5.79	0.081 9	0.54	1.08	
12	11.29	0.159 7	0.62	1.24	
13	16.98	0.240 2	0.69	1.38	
14	22.68	0.320 8	0.75	1.50	
15	28.35	0.401 0	0.79	1.58	
16	31.82	0.450 1	0.81	1.62	
E_{v1}(MPa)	71.24	E_{v2}(MPa)	152.00	E_{v2}/E_{v1}	2.13
检测评定依据： 《变形模量 E_{v2} 检测规程(试行)》			试验意见： 实测 E_{v2} 值满足设计要求		

试验：　　　　复核：　　　　技术负责人：　　　　单位(章)

5.5　压实系数检测

路基压实度检测主要通过现场取土样测定其湿密度 ρ 和含水率 ω，从而计算得到干密度 ρ_d，再与室内重型击实试验得到的最大干密度 ρ_{dmax} 再进行比较，得到路基压实系数 K，即：

$$\rho_d = \frac{\rho}{1+\omega} \tag{2-5-6}$$

$$K = \frac{\rho_d}{\rho_{dmax}} \times 100\% \tag{2-5-7}$$

式中　ρ——现场取土湿密度，g/cm^3；

　　ω——现场取土含水率；

K——压实系数；

ρ_d——现场取土干密度，g/cm³；

ρ_{dmax}——室内试验所得土体最大干密度，g/cm³。

1. 试验仪器

(1)灌砂法试验所用仪器。

1)灌砂法密度测试仪(由容砂瓶、灌砂漏斗和底盘组成，容砂瓶溶剂 4 L，灌砂漏斗高 135 mm、直径 165 mm，颈部有孔径 13 mm 的圆柱形阀门，容砂瓶和灌砂漏斗之间用螺纹接头拼接，底盘承托灌砂漏斗和容砂瓶)。

2)天平(称量 10 kg，分度值 5 g；称量 500 g，分度值 0.1 g)。

3)小铁锹、小铁铲、盛土容器等。

(2)击实试验所用仪器。

1)击实试验用击实筒(配有钢护筒、底板和垫块)。

2)击锤(配备导筒且导筒与击锤间有间隙能使击锤自由下落，同时设有排气孔)。

3)螺旋式推土器、天平(称量 200 g，分度值 0.01 g)。

4)台秤(称量 15 kg，分度值 5 g)。

5)标准筛(孔径分别为 5 mm、20 mm、40 mm)。

6)黏土设备，喷水设备，切土刀，称量盒，烘箱等；含水率测定试验主要仪器有电热干燥箱(温度保持在 105～110 ℃)，天平(称量 200 g，分度值 0.01 g；称量 1 000 g，分度值 0.2 g)，干烘器，称量盒等。

2. 试验过程及结果

(1)现场取土灌砂法试验。

1)试验前先进行标准砂密度测定，步骤如下：

①选用粒径 0.25～0.5 mm，密度在 1.47～1.61 g/cm³ 的洁净干燥砂。

②将容砂瓶与灌砂漏斗经螺纹接头连接紧密并做以标记，以便以后使用时固定在同一位置，称量组装好的密度测定仪质量 m_1，精确至 5 g。

③将干燥洁净的密度测定仪竖立(灌砂漏斗口向上)放置于工作台，打开阀门，往测定仪中注水直至高出阀门，关闭阀门倒掉多余的水，称量注满水的密度测定仪的总质量 m_2，精确至 5 g，同时测定水温，精确至 0.5 ℃。重复以上操作 2 次，将 3 次测得的差值换算为水体积，两差值不超过 3 mL 时，视为测定合格，取此 3 值的平均值。

④将干燥洁净的密度测定仪竖立(灌砂漏斗口向上)放置于工作台，关闭阀门，向灌砂漏斗中灌满标准砂，打开阀门使漏斗中的砂漏入容砂瓶，一边继续往漏斗中添加标准砂，当标准砂停止流动时迅速关闭阀门。倒掉漏斗中多余砂，称量标准砂与密度测定仪的总质量 m_3，精确至 5 g。注意试验过程中严禁振动。

⑤按照下式计算容砂瓶容积：

$$V=(m_2-m_1)/\rho_{wT} \tag{2-5-8}$$

式中　V——容砂瓶容积，L；

m_2——注满水的测定仪总质量，g；

m_1——密度测定仪的质量，g；

ρ_{wT}——试验温度下测得的水密度，g/mL。

⑥按照下式计算标准砂的密度：

$$\rho_s=(m_3-m_1)/V \tag{2-5-9}$$

式中　ρ_s——标准砂密度，g/cm³；

m_3——灌满标准砂的密度测定仪总质量，g；

m_1——密度测定仪的质量，g；

V——容砂瓶容积，L。

2)测定灌满灌砂漏斗所需标准砂的质量按照以下步骤：

①按照标准砂密度测定步骤将容砂瓶灌满，称量总质量 m_3，精确至 5 g。

②将灌满标准砂的密度测定仪倒置(灌砂漏斗口向下)于一干燥洁净平面上，打开阀门直至砂停止流动

同时迅速关闭阀门,称量剩余标准砂与密度测定仪的总质量,用之前测定的 m_3 减去该剩余质量即为灌满漏斗所需标准砂的质量 m_4。

③重复上述步骤 3 次,取平均值。

3)灌砂法测定现场取土湿密度步骤:

①取土:将灌砂法测定仪倒置并沿灌砂漏斗画一道轮廓线,在轮廓线范围内挖一个直径略大于150 mm、深度略大于 200 mm 的土坑,所取土用作试验;将所取土全部进行称量,精确至 10 g,记录称量数据 m_p,同时留取 100 g 土进行含水率测定。

②向容砂瓶内灌注标准砂,关闭阀门,称量灌满标准砂的密度测定仪的总质量,精确至 5 g。

③将密度测定仪倒置(灌砂漏斗口向下)于挖好的坑口上,打开阀门,使标准砂流入坑内,标准砂停止流动时迅速关闭阀门。

④称量密度测定仪和仪器内剩余标准砂的总质量 m_5,准确至 5 g,计算灌满土坑所用标准砂质量:

$$m_s = m_3 - m_4 - m_5 \tag{2-5-10}$$

⑤按照下列公式计算现场取土湿密度:

$$\rho = \frac{m_p}{\dfrac{m_s}{\rho_s}} \tag{2-5-11}$$

式中　ρ——现场取土湿密度,g/cm³;

m_p——取自土坑内的土体总质量,g;

m_s——灌满试坑所用标准砂的质量,g;

ρ_s——经试验测得的标准砂密度,g/cm³。

⑥按照下列公式计算现场取土干密度:

$$\rho_d = \frac{\dfrac{m_p}{1+0.01\omega}}{\dfrac{m_s}{\rho_s}} \tag{2-5-12}$$

式中　ρ_d——现场取土的干密度,g/cm³;

m_p——取自试坑内的土体总质量,g;

ω——现场取土含水率;

m_s——灌满试坑所用标准砂的质量,g;

ρ_s——经试验测得的标准砂密度,g/cm³。

(2)现场取土含水率测定按照以下步骤进行。

1)将现场取得的土样等分为两份(每份 50 g)分别放置于两个称量盒内,并称量湿土质量 m_w。

2)打开盒盖将装有土样的试验盒放入电热干燥箱,在 105～110 ℃温度下烘干。

3)按照规定时间烘干后,取出试验盒放入干燥器内冷却至室温时称量干土质量 m_d。

4)按照下列公式计算土样含水率:

$$\omega = \left(\frac{m_w}{m_d} - 1\right) \times 100\% \tag{2-5-13}$$

式中　ω——所取土样含水率;

m_w——土样湿土质量,g;

m_d——土样干土质量,g。

5)在两次试验所得含水率 ω_1 和 ω_2 差值符合平行差值标准时,取平均值为现场所取土样含水率 ω。

(3)击实试验测定土样最大干密度步骤。

1)取天然含水率的土样碾碎过 5 mm、20 mm 筛,将筛下的土样拌制均匀,并按照含水率测定方法测定其天然含水率。根据土样的塑限估计最优含水率,取 5 份试样,一份保持天然含水率,其余 4 份分别进行风干或加水达到要求的含水率。

2)将试验仪器组装好,在击实筒和护筒内壁涂一薄层润滑油,分层装样并按照要求击数击实,保证每层试样高度基本一致,下层击实后将表面刮毛再加入上一层土再进行击实;最后一层击实后超出击实筒的余土高度不得大于 6 mm。

3)击实完成后拆除护筒，用切土刀修平击实筒顶部的土样，拆除底板，如土样底面超出筒外时也用切土刀修平，将筒外壁擦净后称量土样总质量，精确至 5 g。

4)计算击实后的试样的湿密度 ρ，并取两个代表性试样测定含水率 ω，两试样的含水率差值不得大于 1%。

5)重复进行其他含水率试样的击实试验。

6)按照下列公式计算击实后试样的干密度：

$$\rho_d = \frac{\rho}{1+\omega} \tag{2-5-14}$$

式中　ρ——现场取土湿密度，g/cm³；

ω——现场取土含水率；

ρ_d——现场取土干密度，g/cm³。

7)在直角坐标纸上以干密度为纵坐标，含水率为横坐标，绘制干密度与含水率的关系曲线。曲线上的峰值点分别表示该试样的最大干密度和最优含水率。

3. 工程实例

京津客运专线永乐车站路基(DK44+280～+420)灌砂法现场检测孔隙率 n 和压实系数。

(1)现场检测频率要求。沿线路纵向每 100 m 每压实层抽样检验压实系数 K(改良细粒土)或孔隙率(砂类土和碎石类土)6 点，其中：左、右距路肩边线 1 m 处各 2 点，路基中线 2 点，有反压护道地段每 100 m 增加处 1 个检测点。

(2)灌砂法现场检测如图 2-5-4 所示。

图 2-5-4　灌砂法现场检测

(3)灌砂法孔隙率试验报告样式见表 2-5-4。

表 2-5-4　京津城际轨道交通工程灌砂法孔隙率试验报告

<table>
<tr><td>委托单位</td><td colspan="2">中铁×局联合体
中铁×局京津项目部</td><td>报告编号</td><td>(土表试 3A)2007-029</td></tr>
<tr><td>工程名称</td><td colspan="2">永乐车站路(DK43+900～DK45+755)</td><td>试验日期</td><td>2007-8-14</td></tr>
<tr><td>取样地点</td><td colspan="2">DK45+075～+300</td><td>检测部位</td><td>基床表层</td></tr>
<tr><td>土样报告编号</td><td colspan="2">(表层级碎 03)2007-023</td><td>检验层次</td><td>第 2 层</td></tr>
<tr><td>最大干密度(g/cm³)</td><td colspan="2">2.82</td><td>规定孔隙率值(%)</td><td><18</td></tr>
<tr><td colspan="5">试　验　结　果</td></tr>
<tr><td>测点桩号</td><td>含水率(%)</td><td>湿密度(g/cm³)</td><td>干密度(g/cm³)</td><td>孔隙率(%)</td></tr>
<tr><td>DK45+085 距左中线左 9 m</td><td>3.8</td><td>2.45</td><td>2.36</td><td>16.3</td></tr>
<tr><td>DK45+085 距左中线右 2.5 m</td><td>4.0</td><td>2.44</td><td>2.35</td><td>16.7</td></tr>
<tr><td>DK45+085 距左中线右 16 m</td><td>3.9</td><td>2.45</td><td>2.36</td><td>16.3</td></tr>
</table>

续上表

试　验　结　果				
测点桩号	含水率(%)	湿密度(g/cm^3)	干密度(g/cm^3)	孔隙率(%)
DK45+135 距左中线左 6 m	4.1	2.43	2.33	17.4
DK45+135 距左中线右 2.5 m	3.7	2.46	2.37	16.0
DK45+135 距左中线右 16 m	3.8	2.47	2.38	15.6
DK45+185 距左中线左 5 m	3.8	2.48	2.39	15.2
DK45+185 距左中线右 2.5 m	3.9	2.46	2.37	16.0
DK45+185 距左中线右 10 m	3.7	2.45	2.36	16.3
DK45+185 距左中线右 30 m	4.0	2.48	2.38	15.6
DK45+235 距左中线左 4 m	4.1	2.45	2.35	16.7
DK45+235 距左中线右 2.5 m	3.8	2.48	2.39	15.2
检测评定依据：《铁路工程土工试验规程》(TB 10102—2004)		试验意见：实测孔隙率满足要求		

试验：　　复核：　　技术负责人：　　单位(章)

6　高速铁路路基沉降观测与评估

高速铁路无砟轨道要求轨道具有很高的平顺性，线路对路基沉降变形是十分敏感的，特别是工后沉降，而无砟轨道线路状态只能通过扣件系统调整，因此，与有砟轨道相比，无砟轨道对轨下基础变形要求更为严格，对路基变形控制要求更高。

高速铁路路基沉降与评估的目的主要有以下几个方面：一是评估无砟轨道铺设条件，科学确定无砟轨道铺设时间；二是为施工开展提供及时的反馈信息，验证和调整设计参数并采取措施；三是研究发展沉降变形预测方法；四是积累经验，提高工程设计水平。

6.1　路基沉降观测方案及观测技术要求

6.1.1　观测内容

路基沉降观测包括施工期、铺轨前静置期和铺轨完成运营期三个部分，主要观测内容有：路基面沉降观测、路基基底沉降观测、路基本体沉降观测。路基沉降观测项目见表 2-6-1。

表 2-6-1　路基沉降观测项目表

项　　目	观 测 元 件	测 量 仪 器	观测点数量	备　　注
路基面沉降	观测桩	水准仪	3	路基面和地基沉降观测点应设在同一横断面上，轨道铺设后每个断面观测桩减为 2 个，沉降板只保留断面中间 1 个
路基基底沉降	沉降板、单点沉降计	水准仪	1～2	
路基基底全断面沉降	剖面沉降管	PVC 管坡面沉降仪	1	
改良土填土沉降	单点沉降计	读数仪	1	

6.1.2　测点布设

(1)路基沉降观测应以路基面沉降和地基沉降观测为主。沉降变形观测断面应根据不同的地基条件，不同的结构部位等具体情况设置；测点的位置应满足设计要求，同时还应针对施工掌握的地质地形等情况调整或增设。

(2)观测点应设在同一横断面上，便于集中观测。同一观测频率，更便于观测数据的综合分析，也有利于观测点的看护。

(3)路基面观测断面沿线路方向的间距一般不大于 50 m；地势平坦、地基条件均匀良好的路堑、高度小于 5 m 的路堤可放宽到 100 m；地形条件变化较大的地段观测断面应适当加密。

(4)一般路基填筑至路基基床表层顶面，加堆载预压的路基填筑至基床底层表面后，在路基面设置观测桩，进行路面沉降观测，观测时间不小于 6 个月。根据阶段性观测结果，分析评价地基的最终沉降量、完成时间，及时调整设计措施使地基处理达到预定的控制要求。

(5)测点及观测元件的埋设位置应符合设计要求，且标设准确、埋设稳定。观测期间应对观测点采取有效的保护措施，防止施工机械的碰撞，人为因素的破坏，务必使观测工作能善始善终，取得满意成果。

观测断面的设置及观测断面的观测内容、元件的布设应根据地形、地质条件、地基压缩层厚度、路堤高度、地基处理方法、堆载预压等具体情况，结合沉降观测方法和工期要求具体确定。

6.1.3　观测频次

路基施工各阶段沉降观测频次应满足表 2-6-2 要求。

表 2-6-2 路基沉降观测频次

观测阶段	观测频次	
填筑或堆载	一般情况	1 次/d
	沉降量突变	2～3 次/d
	两次填筑间隔时间较长	1 次/3d
堆载预压或路基施工完毕	第 1 个月	1 次/周
	第 2、3 个月	1 次/10 d
	3 个月以后	1 次/2 周
	6 个月以后	1 次/月
无砟轨道铺设后	第 1 个月	1 次/2 周
	第 2、3 个月	1 次/月
	3～12 个月	1 次/3 月

6.1.4 技术要求

(1)所有高程水准测量应满足二等变形等级测量技术要求，按国家一等精密水准测量方法施测，测量精度为±1 mm，读数取位至 0.1 mm。由于沉降变形量较小，实际观测中，有必要提高标准，一般要求测量精度±0.1 mm，读数取位至 0.01 mm。

(2)单点沉降计采用人工智能频率检测仪器进行测试，单点沉降计量程 20 cm，精度 1%量程，灵敏度 0.05 mm。

(3)剖面沉降采用剖面沉降仪进行测试，适用于大变形，精度 8 mm/30 m，灵敏度 0.01 mm。

(4)静力水准仪采用智能频率检测仪器进行测试，静力水准仪量程 10 cm，精度 1 mm，灵敏度0.01 mm。垂直位移监测网的主要技术要求见表 2-6-3。

表 2-6-3 垂直位移监测网的主要技术要求

等级	相邻基准点高差中误差(mm)	每站高差中误差(mm)	往返较差、附合或环线闭合差(mm)	检测已测高差较差(mm)	使用仪器、观测方法及要求
一等	0.3	0.07	$0.15\sqrt{n}$	$0.2\sqrt{n}$	DS05 型仪器，视线长度≤15 m，前后视距差≤0.3 m，视距累计差≤1.5 m。宜按国家一等水准测量的技术要求施测
二等	0.5	0.15	$0.3\sqrt{n}$	$0.4\sqrt{n}$	DS05 型仪器，宜按国家一等水准测量的技术要求施测
三等	1.0	0.30	$0.6\sqrt{n}$	$0.8\sqrt{n}$	DS05 或 DS1 型仪器，宜按二等水准测量的技术要求施测
四等	2.0	0.70	$1.40\sqrt{n}$	$2.0\sqrt{n}$	DS1 或 DS3 型仪器，宜按三等水准测量的技术要求施测

注：n 为测站数。

6.2 路基沉降观测主要设备及器具

高速铁路路基沉降变形现场原位观测主要观测设备及器具包括观测桩、沉降板、分层沉降仪、剖面沉降仪、单点沉降计等。

6.2.1 沉降观测桩

采用 ϕ20 mm 底端带弯头的钢筋，钢筋原长不小于 40 cm，底部做成带弯钩状。一般路基填筑至基床表层顶面，加载预压路堤填筑到基床底层顶面后，挖坑埋置于设计位置，坑深 30 cm，边长 15 cm，采用砂浆浇筑固定。路基面观测桩一般设在距左右线路中心 3.2 m 处。观测点钢筋头为半球形，高出埋设表面 5 mm，表面做好防锈处理。采用水准仪按国家一等精密水准测量方法测量观测沉降观测桩高程变化。

6.2.2　沉 降 板

由钢底板(50 cm×50 cm，厚 1 cm)、金属测杆(ϕ40 mm 厚壁镀锌铁管)、及保护套管(直径不小于 ϕ75 mm，壁厚不小于 4 mm 的硬 PVC 管)组成，如图 2-6-1 所示。

(1)沉降板埋设位置应按试验设计测量确定，沉降板埋设在褥垫层顶部并嵌入其内 10 cm，采用中粗砂回填密实，再套上保护套管，保护套管略低于沉降板测杆，上口加盖封住管口，并在其周围填筑相应填料稳定保护套管，完成沉降板的埋设工作。

(2)采用水准仪测量埋设就位的沉降板测杆的杆顶高程作为初始读数，随着路基填筑施工逐渐接高沉降板测杆和保护套管每次接长高度以 1 m 为宜，接长前后测量杆顶高程变化量确定接高量。金属测杆用内接头连接，保护套管用 PVC 管外接头连接，如图 2-6-2 所示。

图 2-6-1　沉降板

图 2-6-2　接高沉降板测杆

(3)沉降板埋设后，制作相应的标示旗或保护架插在上方，凡沉降板附近 1 m 范围内土方应采用人工摊平及小型机具碾压，不得采用大型机械推土及碾压，并配备专业人负责指导，以确保沉降板不受损坏。

6.2.3　分层沉降仪

分层沉降仪由两大部分组成：一是地下埋入部分，由沉降导管和底盖、沉降磁环组成；二是地面接收仪器一钢尺沉降仪，由测头、测量电缆、接收系统和绕线盘等部分组成，如图 2-6-3 所示。

(a) **磁环式分层沉降管**　(b) **分层沉降仪测头**

图 2-6-3　磁环式分层沉降仪

分层沉降采用钻孔埋设，埋设及安置要点如下：

(1)埋设时间：砂垫层和塑料排水板打设完成之后，第一层地基土填筑以前。

(2)放线定位：采用全站仪测放定位，位置偏差控制在 20 cm 以内。

(3)造孔:在放好的点位上安放好钻机,调整钻机水平,选用 147 mm 的钻头全缎带套管钻进,直至设计要求的位置。钻孔倾斜度小于 0.5%,钻孔到位后,清理套管内的残留淤泥。

(4)安置磁环:居中放入端部封闭的塑料测管,提起钻孔套管,使空套管的下端位于需要布设磁环的位置。将磁环套在塑料测管上,注意应使磁环的弹性支撑方向向上。用特制的工具将磁环由上而下推入。

(5)堵孔固定:尽量将塑料测管保持竖直,投入粗砂将测管外壁与钻孔之间的空隙堵住,并固定测管。

(6)保护:测管顶应高出填土面小于 0.5 m,测管周边设护筒保护,护筒外表面应选用醒目的彩条布,为了防止夜间施工破坏沉降板,彩条布应涂上发光涂料。

(7)初始读数:基槽回填后应立即测度每个磁环的原始高程读数,24 h 后再进行复核,并确定其初始沉降。

6.2.4　剖面沉降仪

采用专用 PVC 塑料硬管,其抗弯刚度应能适应被测土体的竖向位移要求,柔韧性好,不易压碎,导管内十字导槽应顺直,管端接口密实。剖面沉降测量是将剖面沉降仪探头导轮卡至于预埋剖面沉降管的十字导槽内,从一端按一定间隔依次读数,起始端管口高程采用水准仪按国家一等精密水准测量方法进行测量,再通过数据处理计算求出不同位置处地基的沉降量。

剖面沉降管埋设要点如下:

(1)用全站仪测定管侧面的中心里程及埋设方向。

(2)剖面沉降管埋设在基底碎石垫层顶部,在碎石褥垫层顶面开槽埋设,在垂直线路方向开完出宽 20 cm,深 30 cm 的沟槽,槽底采用 5 cm 左右中粗砂填平,剖面管顶面回填 5 cm 中粗砂并与褥垫层相平。

(3)剖面沉降管埋设时,应按设计用螺钉进行组装,导管用外接头连接至大于埋设长度约 2 m(两端各伸出 1 m 左右),两端用管盖封住,并预先在导管内穿一条镀锌钢丝绳作测试时来回牵引沉降仪用。

(4)剖面沉降管内十字导槽方向应与地面垂直,两头应砌筑观测井(井壁厚 30 cm,井内断面尺寸 90 cm×120 cm,井深 100 cm),以方便观测并对孔口进行长期保护,同时应做好井内及其周围的排水。

(5)剖面沉降管连接时应特别注意导线槽对正,不得扭曲。连接方法是:每节测斜管上套入连接管的长度的一半,对正连接管上的槽接下一节管。检查各节管连接良好及导向槽对接正确后才能铺设。为防止泥沙从连接管段进入管内,在路堤外面的测斜管接管均应以 300 g/m^2 的无纱土工布包裹,外用塑料绳扎紧,无纱土工布接口处用电工胶布粘结。

(6)剖面沉降管铺设时(图 2-6-4),一对导槽应垂直放置,另一对导槽应水平放置,并预先在测斜管内穿入测绳(或细钢丝绳)一根,用于测量时拉测头用。

(7)待上部一层填料压实稳定后,连续监测数日,取稳定读数作为初始读数。

6.2.5　单点沉降计

1. 单点沉降计测量原理

单点沉降计由位移计、锚头、法兰沉降盘、测杆等部件组成,如图 2-6-5 所示。

图 2-6-4　剖面沉降管铺设

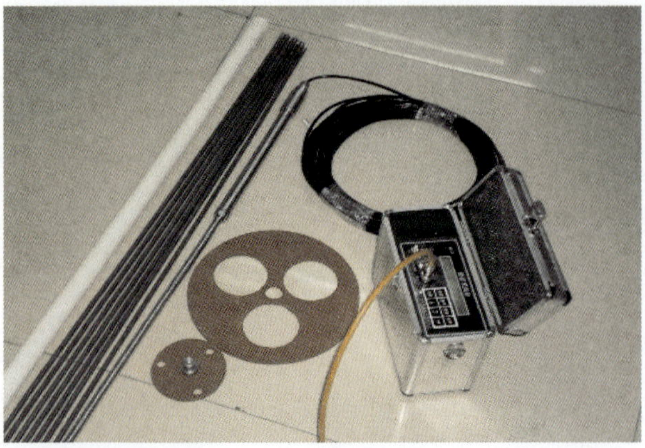

图 2-6-5　单点沉降计

单点沉降计适用于测量锚头与沉降盘之间土体的变形位移，可进行长期监测和自动化测量。其锚头设置在相对不动点（基岩），沉降盘设置在监测高程，导线从侧面引出。当地基下沉时，沉降盘与地基同步下沉，使传感器的活动导磁体在其磁通感应线圈内发生相对滑移，通过读数仪测出位移量，实现沉降观测目的。单点沉降计量程要求 200 mm，精度为 1%量程，灵敏度 0.05 mm。

2. 安装时间及位置确定

根据设计的施工图纸在需要用单点沉降计进行沉降变形观测处，利用全站仪进行测量以确定好变形观测点位置。在查看标准设计图纸时，应明确单点沉降计的沉降变形观测目的是观测路基基底沉降还是路基填筑本体的沉降，以便于适时地进行埋设。

观测路基基底沉降：在线路的线路中心处，待施工场地平整，清理好场地后，路基填筑进行前（需要进行换填时，在换填以前土工模铺设前），选择无雨雪等良好的天气情况下，进行钻孔预埋安装。

观测路基本体沉降：采用改良土施工填筑，在进行路基基床底层填筑前，清理好现场，选择无雨雪天气进行钻孔预埋安装。

3. 安装方法及步骤

（1）钻孔：在测点位置进行准确测量放样后即可进行钻孔，孔径大小以 ϕ90 mm～ϕ110 mm 为宜，使用铅垂测量钻孔的垂直情况。钻孔深度穿过软土层、大于地基压缩层厚度，直至基岩且应入岩 500 mm，应无塌孔、缩孔现象存在。若避免不了缩孔或塌孔等现象时，则应立即使用 ϕ110 mm PVC 套管护壁的方式，进行钻孔埋设。套管埋入的深度，大于缩孔或塌孔部位深度。

当进行改良土施工时，监测路基本体的沉降量，钻孔深度应钻至原地表面，这样还需要确定原地表面的高程及填筑高度。

（2）探孔：首先用等径接头连接好锚头与测杆，将接好锚头的测杆缓慢放入已钻好的钻孔内（锚头朝下，测杆朝上）。待测杆顶部离孔口高约 200 mm 时停住，且用等径接头加长测杆，再往下放置，直至锚头下放到孔底。根据下放至孔内测杆长度确定孔的实际深度。在进行探孔时要保证孔底无沉渣、淤泥等，保证单点沉降计的锚头与基岩直接接触。

（3）安装沉降计：为了更好地保护单点沉降计主体，要求法兰沉降盘应安装于地基基础面以下 10～20 cm，因此在探孔确定好孔深后，所需测杆总长应采用不同长度的测杆来配置。在确定好所需测杆后，将锚头、测杆与沉降主体连接好安装至孔内且锚头至基岩。

（4）注浆：为了将锚头与基岩更好地锚固成为整体，必须用注浆方式将锚头固定。首先，将注浆管直插到孔底，把注浆管的另一端与地质钻的出水管相连接，用地质钻进行注浆。水泥浆比例（水：水泥＝1：1），孔底浆层深度为 1～2 m。

（5）安装法兰沉降盘：由于法兰沉降盘须安装在基础面以下 10～20 cm，因此在注浆后，拉伸沉降计主体至满量程，确定法兰沉降盘安装在基础面以下的实际深度，将孔口用沉降计的包装泡膜暂时堵住，防止泥土掉入孔内，再用铲子在沉降计安装孔上部挖一个 ϕ400 mm 的孔，孔深以能安装好法兰沉降盘为准，孔口应平整。挖好孔后，取出堵孔的泡膜，安装好法兰沉降盘，并用测试仪对单点沉降计进行测试，确保单点沉降计初装位移值在 170～180 mm 之间。

（6）灌砂：单点沉降计安装好，待水泥浆沉淀 2 h 后，往孔内灌砂回填，以防止安装孔塌孔而影响测试数据。灌砂时应缓慢灌注，以防孔被堵塞，在灌砂的同时用 2 m 长的竹竿或钢管将砂稍微夯实，使灌砂至法兰沉降盘以下 10 cm 处，再用混凝土填实至法兰沉降盘（防止施工后期雨水渗入孔内而影响路基结构），法兰沉降盘上部可用中粗砂回填至地基面。

（7）保护：单点沉降计及传输电缆的保护是安装后其成活率的关键所在，因此装好单点沉降计后，将传输电缆套上 ϕ20 mm 的 PVC 钢丝波纹管进行保护，钢丝波纹管首端应插入法兰沉降盘下，并挖深 300 mm、宽 100 mm 的布线槽，集中从观测箱一侧引出路基，有条件的可引入自动采集箱内，并注意使钢丝波纹管及导线适当松弛。布线槽用中粗砂回填至地基面。

4. 观测与数据记录、整理

（1）做好单点沉降计安装记录，存档。其内容包括：该段面里程、单点沉降计埋设的具体位置、埋设锚头深度、实验编号、单点沉降计编号、埋设安装日期、天气状况及安装人员。

（2）制作好相应的标示牌，插在法兰沉降盘位置及传输电缆布线位置，以作标示。在每次工序转换施工时要安排专人负责看管,以防单点沉降计因施工或自然因素而破坏。

(3)在单点沉降计安装好后3~5天内,法兰沉降盘上部不能碾压。待缩孔后采用读数仪对安装时的初始位移量进行测试,按照要求做好单点沉降计的埋设台账。

6.3 路基沉降观测数据及其处理方法

6.3.1 一般要求

(1)观测资料应齐全、详细、规范,符合设计及规范要求。所有测试数据应真实、可靠,并有可追溯性;记录必须清晰,不得擦改;测试、记录人员必须签名。

(2)人员测试数据应当天及时输入计算机,核对无误后在计算机内保存,自动采集测试数据应及时在计算机内备份。观测中有异常情况应及时通知相关各方及时处理。

(3)按照资料要求及时对测试数据进行整理、分析、汇总,绘制有关分析曲线及完成有关报告。

(4)路基填筑过程中应及时整理中心沉降观测点的沉降量,当路堤中心地基处沉降观测点沉降量大于10 mm/d时,应及时通知工程项目部,并要求停止填筑施工,待沉降稳定后再回复填土,必要时采用卸载措施。

(5)观测数据及观测报告作为铺设无砟轨道前评判路基工后沉降是否满足要求以及工程竣工验收的依据。

6.3.2 资料整理

(1)采用统一的高速铁路线下工程沉降观测记录,做好观测数据的记录与处理。

(2)根据观测资料及时完成有关图表的绘制,主要包括每个观测点的荷载—时间—沉降曲线,沉降与时间关系如图2-6-6所示。

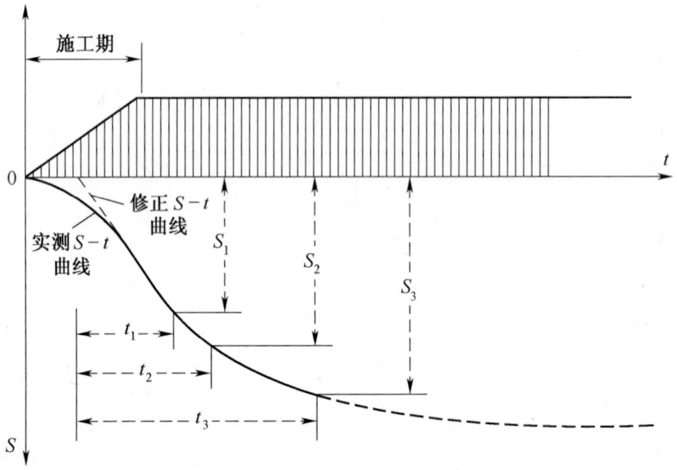

图2-6-6 沉降—时间关系图

(3)对沉降观测资料及时分析,尤其是在预压期,要对路基沉降的发展趋势进行分析,分析意见应及时上报,以便在必要时采取补救措施。

6.3.3 资料提交

(1)施工单位及相应监理单位应将高速铁路线下结构沉降观测数据以月报形式及时上报给分析评估单位(以电子文件形式),以便进行施工过程中的沉降发展情况分析,并提出意见和建议。

(2)当观测期满足设计要求,施工单位及相应建立单位可将沉降观测数据按规定的表格形式整理后提交给评估单位进行评估,以确定是否进行下一步施工,同时提交下列相关资料:

1)观测点平面、纵断面和横断面布置图及观测控制点(水准基点、基准点、工作基点)与观测点布置图。

2)标示、标志规格及埋设图。

3)仪器检测及校正资料。

4)观测记录本(簿)。

5)平差计算、测量成果质量评定资料。

(3)当观测数据不足以评估或工后沉降评估不能满足要求时,应按评估单位的要求,采取延长观测期等措施。

6.4　路基沉降预测及变形评估

地基在荷载作用下,其沉降将随时间而发展。地基的沉降变形一般通过土体固结原理,结合各种土体的模型,计算最终沉降量。但由于各种理论计算方法本身的局限及工程地质条件的复杂性,加上钻探取样、试验方法可能导致的计算参数不准确,造成了理论分析结果只能是一个估算值,因此国内外为得到较准确的沉降值,大都通过沉降原位监测的实测资料来进行最终沉降的分析与预测。高速铁路的建设,对路基的地基勘察、加固处理、路基填筑质量均提出了高标准的要求,利用实测的荷载—时间—沉降资料进行地基沉降预测与评估,使设计估算总沉降量与通过实测资料预测的总沉降量尽可能接近。这样,一方面可为路基沉降控制提供依据,确保路基的稳定安全,同时,也有利于指导施工,实施有效的沉降控制措施。

地基沉降变形的预测,需要一定的监测时间,根据国内外的经验,一般不少于6个月。当监测数据不足以评估或预测沉降不能满足设计要求时,应继续监测或者采取必要的加速或控制沉降的措施,如超载预压等。

6.4.1　路基沉降预测的常用方法

1. 双曲线法

双曲线法是假定下沉平均速率以双曲线形式减少的经验推导法。从填土开始到任意时间 t 的沉降量 S_t 可用式(2-6-1)求得:

$$S_t = S_0 + \frac{t}{a + bt} \tag{2-6-1}$$

$$S_f = S_0 + \frac{1}{b} \tag{2-6-2}$$

式中　S_t——时间 t 时的沉降量,cm;

S_f——最终沉降量($t=\infty$),cm;

S_0——初期沉降量($t=0$),cm;

a,b——将荷载不再变化后的实测数据经过回归求得的系数。

沉降计算的具体过程如下:

(1)确定起点时间($t=0$),可取填方施工结束日为起点时间,即 $t=0$。

(2)就各实测值计算 $t/(S_t - S_0)$。

(3)绘制 t 与 $t/(S_t - S_0)$ 的关系图(图2-6-7),并确定系数a,b。

(4)计算 S_t,由双曲线关系推算出沉降(S)—时间(t)曲线(图2-6-6)。

双曲线法要求恒载开始后的沉降实测时间至少6个月以上。

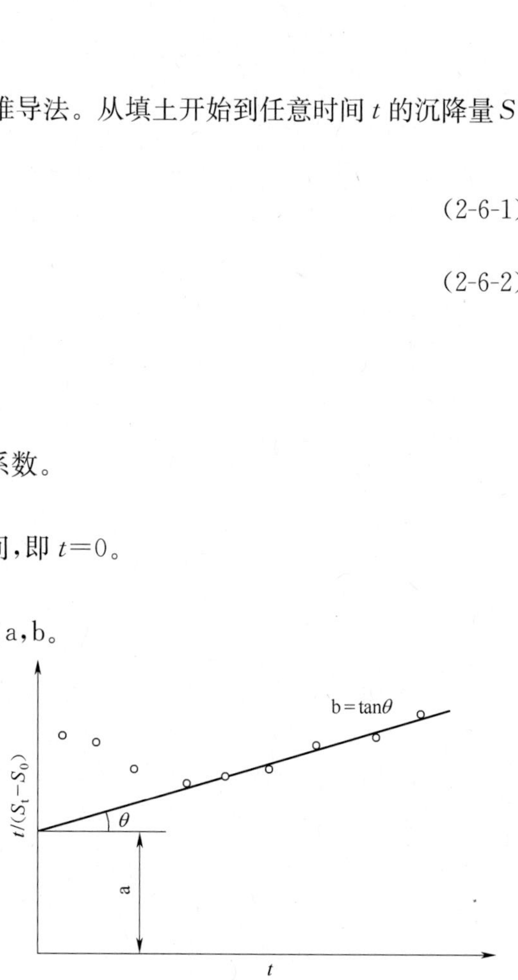

图2-6-7　a、b常数的意义

2. 指数函数法

指数函数法方程

$$S_t = (1 - Ae^{-Bt}) S_f \tag{2-6-3}$$

式中　S_f——最终沉降量($t=\infty$),cm;

A,B——常数。

指数函数法和双曲线法简单实用,但是前提是假定荷载是一次施加或者突然施加的,这与实际情况不符,因此这两种方法尚待改进。下面的修正双曲线法、修正指数函数法将路堤荷载分为若干个加载阶段,将各级荷载增量所引起的沉降叠加。

3. 修正双曲线法与修正指数函数法

对于多级加荷、路堤沉降曲线台阶状发展的情况,可把常规的双曲线或指数函数模型拓展为:

$$S_t=\sum_{k=1}^{m}\left(S_{0k}+\frac{t}{a+bt}S_k\right)\tag{2-6-4}$$

$$S_t=\sum_{k=1}^{m}(1-Ae^{-Bt})S_k\tag{2-6-5}$$

式中　m——加荷的总级数;

t——沉降预测时刻 t_i 到第 k 级荷载施加时刻 t_k 的时间间隔;

S_{0k}——未施加荷载增量的初始沉降量;

S_k——第 k 级荷载增量所引起的最终沉降量,当加荷速率与土层状况不变时,不考虑地基土的非线性特性,S_k 与荷载大小成正比,则有 $S_k=C\Delta P_k$,ΔP_k 为第 k 级荷载增量;

a,b,A,B,C——反映土体固结性质的参数,其与荷载的施加无关,视为常量。

上式(2-6-5)就变为:

$$S_t=\sum_{k=1}^{m}\left(d+\frac{t}{a+bt}\right)C\Delta P_k\tag{2-6-6}$$

$$S_t=\sum_{k=1}^{m}(1-Ae^{-Bt})C\Delta P_k\tag{2-6-7}$$

其中,$d=\dfrac{S_{0k}}{C\Delta P_k}$,根据沉降实测值,采用试算法确定式(2-6-3)中的参数 A、B;将已确定出的参数带回上述经验公式中,分别计算各级荷载在 t_i 时刻所引起的沉降量,将各级荷载在 t_i 时刻所引起沉降量进行叠加,即得 t_i 时刻总沉降量。如图 2-6-8 所示。

修正指数曲线法与修正双曲线法,还可以预测后期增加荷载(如对未设预压土地段、对后期增加的轨道及列车荷载)的沉降。设已有 m_1 级荷载有沉降监测资料,要预测 m_2 级荷载作用后的 t_i 时刻沉降,则先令 $m=m_1$,用实测资料拟合式(2-6-7)中的相关参数。再令 $m=m_2$,将拟合的参数代入,用以上两式中的任何一式可求得 t_i 时的沉降。参数拟合用 0.618 优选法,使各监测时刻的计算沉降与实测沉降之差的平方和最小者,即为所要求的参数。

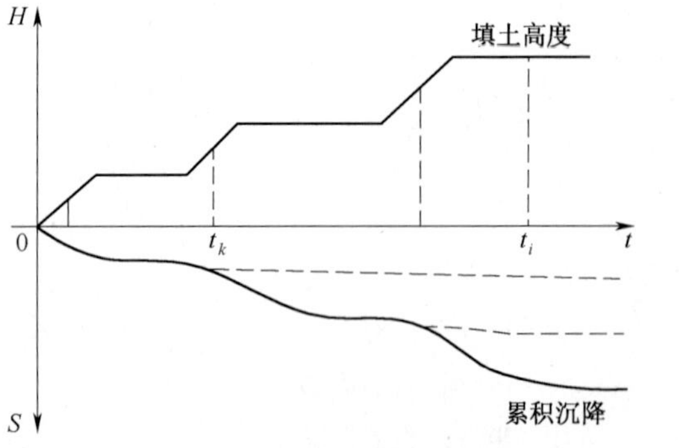

图 2-6-8　加荷与沉降发展曲线

对路堤,填土荷载宽度随路堤的升高而变小。荷载增量在地基中应力扩散影响的深度也变小。考虑这一因素,参照分层总和法计算沉降的原理,认为与沉降直接相关的是地基中的附加应力。沉降与附加应力沿深度分布图的面积成正比,而不是与作用在地面的荷载强度成正比,因此对不同荷载宽度,按在地基中相应的附加应力沿深度分布图的面积比,将上部填土荷载打折来计算沉降。

4. 泊松曲线法

泊松曲线预测模型也称 Logistic 预测模型,是一种属于增长类型的模型,反映事物发生、发展、成熟,然后达到一定极限的过程。宰金珉在研究沉降与时间的关系时发现,全过程的沉降量与时间的关系包括两个方面:一是 S—t 曲线不通过原点;二是 S—t 曲线呈"S"形。

(1)不通过原点的机理分析。对于饱和土来说,在荷载作用下会立即发生瞬时沉降(亦称初始沉降或不排水沉降)。其变形是在体积不变情况下由负载区域下的剪应变引起的。当黏土的渗透性很低时,则几乎不发生排水。在荷载中心线下,垂直压缩和侧向膨胀同时发生,这一沉降的组成部分更确切地说应是侧向的屈服。对非饱和土,荷载施加后,空隙中的气体可立即压缩,土骨架可变形,故开始荷载就由骨架、水和气三者来承担。随着水和气的排出,骨架进一步压缩,水和气的应力逐渐转移到骨架上。这表现到沉降过程线上存在一个瞬时的沉降,且饱和度愈小,初始沉降愈大。对工程上所涉及的土,通常都遭到扰动,在荷载的作用下也会存在瞬时沉降。综上所述,由于初始沉降的存在,故不通过原点。

(2)"S"形机理分析。成长曲线反映的实际上是事物的发生、发展、成熟并达到一定极限的过程。这一点和荷载逐步增加与测点逐步发生沉降的关系十分相似。加载过程中的沉降也可分为以下四个阶段。

1)发生阶段。在刚加载时,测点的土体尚处于弹性状态。随着荷载的增加,测点的沉降量近乎线性增加。

2)发展阶段。随着荷载的不断加大,测点土体所受的荷载也越来越大,并使其逐步进入到弹塑性状态。随着塑性区的不断开展,测点的沉降速率也在不断地增加,直到荷载不再增加为止。

3)成熟阶段。当荷载不再增加时,由于固结尚未完成以及土体的流变,测点的沉降将随着时间的推移而继续,但沉降速率递减。

4)到达极限。理论上讲,当时间为无穷大时,到达极限状态。事实上,取 t 足够大即可。如对于公路,t 取填筑完成后 15 年;而对于建筑物,t 取 5 年即可。

泊松曲线有人也称之为饱和曲线。在时间序列预测中,泊松曲线的表达式为

$$S_t=\frac{k}{1+ae^{-bt}} \tag{2-6-8}$$

式中　S_t——t 时刻对应的预测值,cm;

t——时间,年;

a,b,k——待定参数且为正(a 无量纲,b 的单位为时间的倒数,k 的单位为与 S_t 相对应的长度单位)。

利用时间序列求出上述三个待定参数,即可建立泊松曲线方程,从而可以对 S_t 进行预测。

5. 其他方法

路基沉降预测在实际中还可能会运用其他方法,如:三点法(固结度对数配合法)、抛物线法、沉降速率法、星野法、灰色理论和人工神经网络法等。

6.4.2　路基沉降变形评估

根据施工的进展情况,分阶段提出评估报告,可以很好地指导路基的动态设计与施工。

1. 调整预压期

路基填筑(包括预压土)完成至铺轨为预压期,设计预压期可根据理论计算的沉降量、允许工后沉降量及允许第一年沉降速率确定。此时,应满足:

$$S_{计\infty}-S_{计预}<S_{工后} \tag{2-6-9}$$

$$S_{(计预+1)}-S_{计预}<S_{速率} \tag{2-6-10}$$

式中　$S_{计\infty}$——理论计算最终沉降量,cm;

$S_{计预}$——至设计预压期时的沉降量,cm;

$S_{(计预+1)}$——至设计预压期一年后的沉降量,cm;

$S_{工后}$——允许工后沉降量,cm;

$S_{速率}$——允许工后第一年沉降速率。

施工时,根据工期安排,如实际预压期不能满足设计要求,可根据现场实测的沉降数据推算未来沉降,并据此调整预压土高度。调整预压土高度及预压土卸载时,应满足以下条件:

$$S_{推\infty}-S_{推预}<S_{工后} \tag{2-6-11}$$

$$S_{(推预+1)}-S_{推预}<S_{速率} \tag{2-6-12}$$

式中　$S_{推\infty}$——由实测资料推算的最终沉降量,cm;

$S_{推预}$——由实测资料推算至设计预压期时的沉降量,cm;

$S_{(推预+1)}$——由实测资料推算至设计预压期一年后的沉降量,cm。

2. 基床底层顶面抬高值的确定

在填筑级配碎石前,可对全线路基进行沉降分析,并根据沉降预测结果,调整基床底层顶面抬高值。抬高值的调整依据可按下面公式确定:

$$\Delta_1=S_{交验}-S_1 \tag{2-6-13}$$

式中　Δ_1——基床底层顶面抬高值,cm;

$S_{交验}$——由实测资料推算至交验时的沉降量,cm;

S_1——由实测资料推算至设置基床底层顶面抬高值时的沉降量,cm。

3. 路肩抬高值的确定

基床表层施工完和交验一般并不同时，为保证交验时路肩高程满足要求，可以设置路肩抬高值。抬高值的计算按下式进行：

$$\Delta_2 = S'_{交验} - S_2 \quad (2\text{-}6\text{-}14)$$

式中 Δ_2——路肩抬高值，cm；

$S'_{交验}$——由实测资料推算至交验时的沉降量，cm；

S_2——由实测资料推算至设置路肩抬高值时的沉降量，cm。

基床底层顶面高程和路肩高程验收标准为一范围值，实际确定基床底层顶面和路肩抬高值时，应将交验标准与计算抬高值进行比较，当计算抬高值超出交验标准的允许范围时，方设置抬高。具体设置时，既要保证满足交验标准、路基工后沉降和沉降速率的要求，又要考虑施工因素，综合分析确定。

4. 铺轨前路基评估

高速铁路交验标准较高，对基床底层、表层、路基高程及道砟厚度等都有严格标准，对土质路基的工后沉降和沉降速率同样要求严格。

根据路基沉降预测结果可以确定铺轨后的路基工后沉降。工后沉降的评估应结合路基各监测断面以及相邻桥(涵)隧的沉降预测情况，从线路整体上进行评价。当预测的路基工后沉降值满足相应的沉降、沉降速率等标准时，方可进行上部轨道结构的铺设施工。

评估工作应根据下列资料综合分析：

1)路基沉降监测资料。

2)路基地段的线路设计纵断面图、工程地质纵横断面图、设计图纸和说明书、沉降计算报告(包括不同阶段的设计沉降值与时间的关系曲线)等相关设计资料。

3)施工过程、施工核查及填料、级配、地基和压实检验情况等施工资料。

4)施工质量控制过程和抽检情况等监理资料。

根据德国高速铁路的建设经验，一般先根据实测观测数据作多种曲线回归分析，当某种曲线作为预测曲线时，曲线回归的相关系数应不低于 0.92，所确定的沉降变形趋势才是稳定的；间隔不少于一定时间(一般 3 个月)的两次预测，其最终沉降的差值不大于 8 mm 时，说明预测是可靠的。但要达到工后沉降的准确预测，还要求铺轨时间 t 应满足下列条件：

$$S(t)/S(t=\infty) \geqslant 75\% \quad (2\text{-}6\text{-}15)$$

式中 $S(t)$——预测时的沉降监测值，mm；

$S(t=\infty)$——预测的最终沉降值，mm。

6.4.3 工程实例

1. 工程概况

京津城际轨道交通工程，线路长度 116.55 km，全线共有 6 段路基，总计 16.25 km，主要分布在北京市二环以内，亦庄、永乐、武清车站以及天津市内。路堤填高 0～10 m，路基面宽度 13.6～38.5 m，地基均为软土及松软土。

结合沿线的地质、施工条件，地基主要采用 CFG 桩、PHC 管桩或钢筋混凝土灌注桩等进行加固处理，桩顶设碎石垫层加土工格栅的复合褥垫层或钢筋混凝土板结构。路基基床表层 0.4 m 范围填筑级配碎石，基床底层及以下填筑 A、B 组土，并按照要求进行分层压实。考虑到施工工期短，故采用堆载高度 3.5 m(必要时加高堆载高度)的预压方式促进路基工前沉降发生，设计要求预压时间不少于 8 个月。

2. 沉降监测断面及监测点布置

(1)根据地形地质条件、地基处理措施、路堤高度、堆载预压高度等具体情况，一般顺线路方向每 50 m 设置监测断面 1 处；每个路桥过渡段设置 2 个监测断面，分别设置于距离桥台 5 m 及 20 m 处；每个路堤与横向结构物过渡段中部设置 1 个监测断面。

(2)路堤高度 $H \geqslant 1.0$ m 时，监测断面设置剖面沉降管、监测桩及沉降板，设置挡土墙地段于线路两侧墙顶中部各设置不锈钢沉降监测标 1 处；路堤高度 $H < 1.0$ m 时不设置剖面沉降管。

(3)剖面沉降管在桩顶混凝土板或加筋垫层施工完毕后，填土至 0.6 m 高度碾压密实后切槽埋设。沉降管敷设完成后，在两头设置 0.5 m×0.5 m×0.95 m 的 C15 素混凝土保护墩。并于一侧管口处设置监测桩，监测桩采用 C15 素混凝土灌注，断面为 0.5 m×0.5 m×1.0 m，并在桩顶预埋不锈钢监测标。

(4)沉降板于预压土施工前设置，预压土卸载时随预压土一起撤除。

(5)沉降板撤除、轨道板施工后应在轨道板相应位置选择测点(可结合轨道沉降监测进行)继续进行监测。

(6)京津城际轨道交通全线路基共布置 337 个沉降监测断面。

3. 路基沉降监测方法、周期与精度

(1)监测方法。

1)横剖面沉降。采用滑动式剖面沉降测试压力计和水准仪进行横剖面沉降监测。每次监测时，首先用水准仪测出横剖面管一侧的监测桩顶高程，再把滑动式剖面沉降测试压力计放置于监测桩顶测量初值，然后用横剖仪测量各测点，每 1.0 m 测量一点。

2)沉降板。采用水准测量方法，按测量精度要求和频次定期监测沉降板测杆顶面测点高程。沉降板监测时应在测杆头上套一个专用的测量帽。测量帽下部以刚好套入测杆为宜，测量帽上部以中心为一半球型的测点。在沉降板测杆接高时应同时测量接高前后的测杆高程。

3)监测桩。采用水准测量方法，按测量精度要求和频次定期监测路肩监测桩顶面测点高程。

(2)监测频次。施工期间一般每填筑一层进行一次监测，如果两次填筑时间间隔较长时，每天至少监测一次。路堤填筑完成后前 3 个月每 5 d 监测 1 次，3 个月后每 7～15 d 监测一次，半年后一个月监测 1 次，以后根据监测情况调整监测周期，并及时整理绘制“填土—时间—沉降”曲线图，监测应持续到工程验收交由运营管理部门继续监测。

(3)监测精度。高程测量按照国家二等水准要求测量；剖面沉降监测的精度不低于 8 mm/30 m，滑动式剖面沉降测试压力计最小读数不大于 0.1 mm，剖面沉降管沿横断面方向每 1.0 m 设置一个测点。

(4)其他要求。

1)为了监测到各部位的沉降，从路基填土开始，沉降监测也随即进行。基床表层的级配碎石铺设完成后，按照相关要求埋设正式的沉降监测桩，开始监测路基沉降。

2)沉降设备的埋设是在施工过程中进行的，施工单位的填筑施工要与设备的埋设做好协调，做到互不干扰、影响。监测设施的埋设及沉降监测工作应按要求进行，不能影响路基填筑质量。

3)监测过程中发现异常必须及时查明原因，尽快妥善处理。

4. 评估方法和判定标准

(1)评估方法。京津城际轨道交通工程路基沉降监测评估，主要采用双曲线法、指数曲线法、修正指数曲线法、修正双曲线法与星野法。

(2)评估判定标准。

1)根据路基填筑完成或堆载预压后不少于 6 个月(考虑工期紧张，部分地段实际按 3 个月)的实际监测数据作多种曲线的回归分析，确定沉降变形的趋势，曲线回归的相关系数不应低于 0.92。

2)沉降预测的可靠性应验证，间隔不少于 3 个月的两次预测的最终沉降差值不大于 8 mm。

3)路基填筑完成或堆载预压后，要求开始铺轨的时间 t 应满足式(2-6-15)，即：

$$S(t)/S(t=\infty)\geqslant 75\%$$

4)路基沉降的评估应结合路基各监测断面以及相邻桥涵的沉降预测情况进行，预测的路基工后沉降值不应大于 15 mm；沉降比较均匀、长度大于 20 m 的路基，允许的最大工后沉降量为 30 mm，并且调整轨面高程后的竖曲线半径应能满足下列要求：

$$R_{sh}\geqslant 0.4v_{sj}^2 \tag{2-6-16}$$

式中　R_{sh}——轨面圆顺的竖曲线半径，m；

v_{sj}——设计最高速度，km/h。

5)桥涵基础的沉降量按恒载计算，其工后沉降量应符合如下规定。

①墩台基础工后沉降量：墩台均匀沉降量 ≤20 mm；相邻墩台沉降量之差≤5 mm。

②涵洞工后沉降量：涵洞工后沉降量≤15 mm。

6)路桥、路涵交界处的差异沉降不应大于 5 mm，过渡段沉降造成的路基与桥梁的折角不应大于1/1 000。

5. 武清站路基沉降变形评估

下面以武清站内 DK82＋600～DK83＋252 段路基的阶段评估工作为例，介绍路基沉降监测与评估的方法与过程。

(1)武清站路基概况。

1)地基的地层岩性。地表局部分布杂填土和素填土，下为河床～河漫滩相沉积层及湖沼相沉积层，主要岩性为淤泥质粉质黏土、黏土、粉质黏土、粉土及粉细砂，主要为灰褐色、黄褐色、褐黄色，底板埋深一般 4～8 m，层厚一般 4～6 m；浅海相层，主要岩性为淤泥、淤泥质黏土、黏土、粉质黏土、粉土、粉砂，以灰色、灰褐色为主，局部灰黑色，顶板埋深一般 4～8 m，底板一般埋深 12～15 m，层厚 5～10 m，含贝壳，含腐殖质；沼泽相和河床～河漫滩相沉积，主要岩性为粉质黏土、黏土、粉土，粉砂，以褐黄色、灰黄色为主，顶板埋深一般 12～15 m，底板埋深一般 25～29 m，层厚一般 3.5～18 m；滨海～潮汐带相沉积，主要岩性为黏土、粉质黏土，夹粉土、粉砂，以灰色、灰褐色、灰黄色为主，顶板埋深一般 25.0～29.0 m，底板一般埋深 30～33 m，层厚一般 2～5 m，含贝壳。

2)地基加固处理。路堤填高 4.4～6.6 m，采用 CFG 桩加固，桩径 0.4 m，深度 28 m，间距 1.5 m×1.5 m，路堤坡脚处 2～3 排桩横向间距适当加大，桩顶设置 0.5 m 厚钢筋混凝土板。

3)施工进度。预压土填筑高度 3.5 m，填筑、卸载进度见表 2-6-4。

表 2-6-4　预压土填筑、卸载时间

起讫里程	预压土填筑完成时间	卸载时间	预压时间(d)	底座板浇筑完成时间	铺轨时间
DK82＋600～DK83＋252	2007-1-8	2007-7-13	184	2007-8-9	2007-12-12

(2)沉降变形预测。分析对象主要为堆载预压实测监测数据超过 6 个月的 17 个监测断面。现仅列出 4 个代表性断面，对沉降板监测数据采用双曲线法进行沉降预测。

1)其监测数据经整理后如图 2-6-9～图 2-6-12 所示。

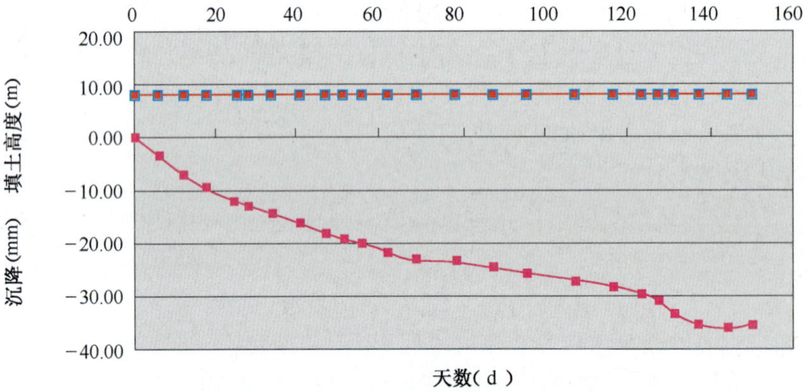

图 2-6-9　DK82＋600 沉降板时间—沉降曲线

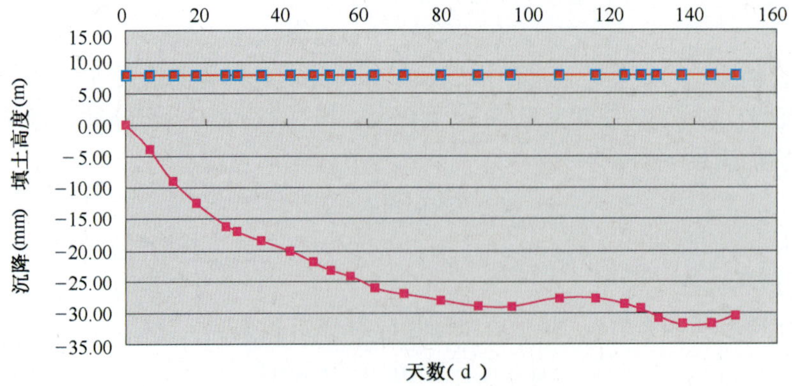

图 2-6-10　DK82＋750 沉降板时间—沉降曲线

2)预测结果见表 2-6-5、表 2-6-6。

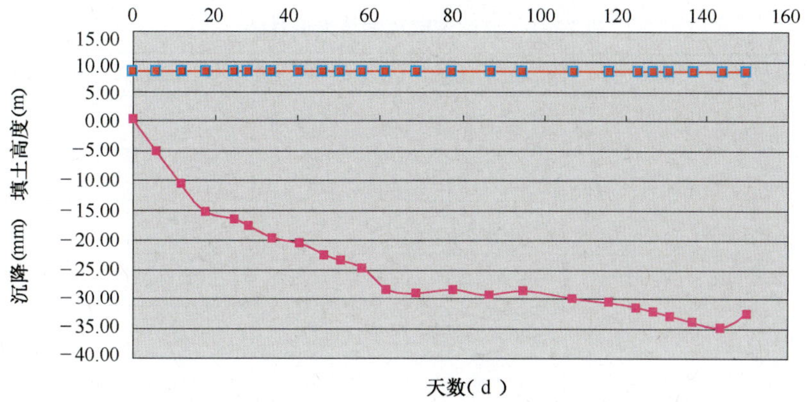

图 2-6-11　DK83＋050 沉降板时间一沉降曲线

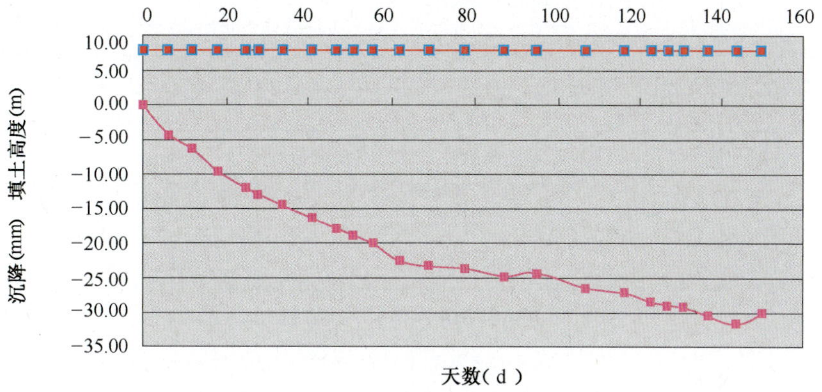

图 2-6-12　DK83＋250 沉降板时间一沉降曲线

表 2-6-5　监测资料预测结果汇总表(一)

断面里程	监测类型	测量位置	预测方法	已发生沉降(mm)	预测沉降(mm)	工后沉降(mm)	相关系数
DK82＋600	剖面管	路肩	修正指数法	27.80	32.80	5.00	0.978
			修正双曲线法		41.90	14.10	0.981
			双曲线法		41.90	14.10	0.977
		中心	修正指数法	29.70	41.60	11.90	0.971
			修正双曲线法		47.50	17.80	0.971
			双曲线法		47.10	17.40	0.950
		路肩	修正指数法	32.00	38.40	6.40	0.968
			修正双曲线法		46.00	14.00	0.974
			双曲线法		42.38	10.38	0.980
	沉降板	中心	双曲线法	35.50	54.78	19.28	0.975
DK82＋750	剖面管	路肩	修正指数法	32.30	32.70	0.40	0.993
			修正双曲线法		44.10	11.80	0.986
			双曲线法		43.82	11.52	0.980
		中心	修正指数法	30.90	30.90	0.00	0.993
			修正双曲线法		32.10	1.20	0.986
			双曲线法		42.84	11.94	0.977
		路肩	修正指数法	33.20	33.20	0.00	0.994
			修正双曲线法		44.90	11.70	0.992
			双曲线法		47.91	14.71	0.970
	沉降板	中心	双曲线法	30.80	39.67	8.87	0.992

表 2-6-6　监测资料预测结果汇总表(二)

断面里程	监测类型	测量位置	预测方法	已发生沉降(mm)	预测沉降(mm)	工后沉降(mm)	相关系数
DK83+050	剖面管	路肩	修正指数法	30.20	32.40	2.20	0.994
			修正双曲线法		43.10	12.90	0.987
			双曲线法		40.89	10.69	0.985
		中心	修正指数法	33.90	33.90	0.00	0.992
			修正双曲线法		43.10	9.20	0.987
			双曲线法		44.03	10.13	0.972
		路肩	修正指数法	37.80	37.80	0.00	0.985
			修正双曲线法		44.80	7.00	0.981
			双曲线法		42.29	4.49	0.976
	沉降板	中心	双曲线法	32.90	42.12	9.22	0.996
DK83+250	剖面管	路肩	修正指数法	28.70	30.80	2.10	0.980
			修正双曲线法		38.70	10.00	0.980
			双曲线法		36.83	8.13	0.978
		中心	修正指数法	28.30	32.80	4.50	0.987
			修正双曲线法		41.80	13.50	0.980
			双曲线法		38.92	10.62	0.978
		路肩	修正指数法	30.00	33.20	3.20	0.984
			修正双曲线法		45.00	15.00	0.981
			双曲线法		41.74	11.74	0.967
	沉降板	中心	双曲线法	30.30	44.12	13.82	0.994

3)根据以上监测、预测结果及相关资料并借助相关软件(理正软件)绘制了纵断面方向实测及预测沉降曲线,如图 2-6-13～图 2-6-16 所示。

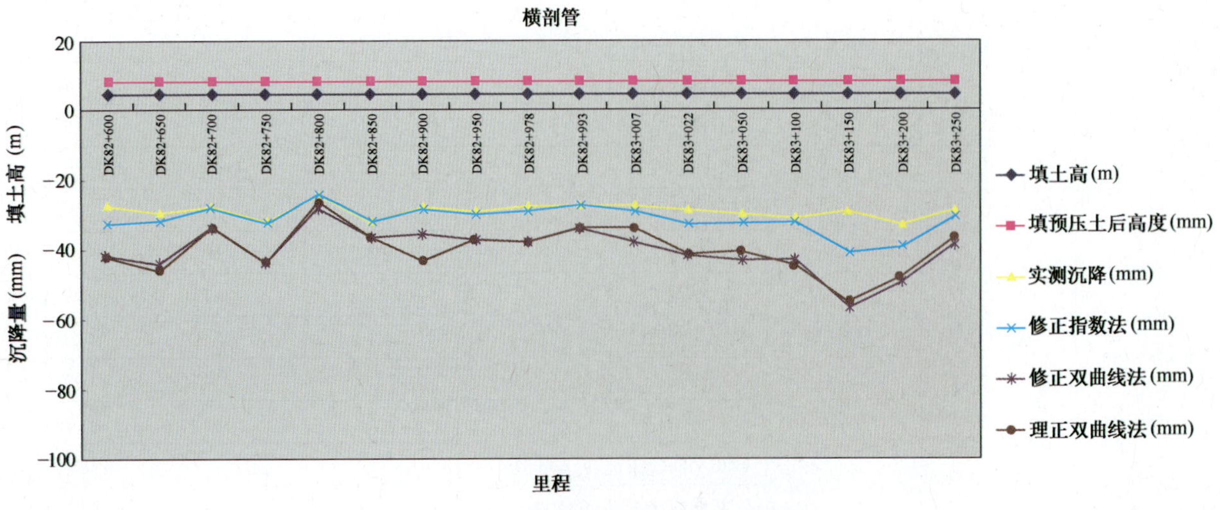

图 2-6-13　线路纵向沉降(左侧路肩)预测曲线

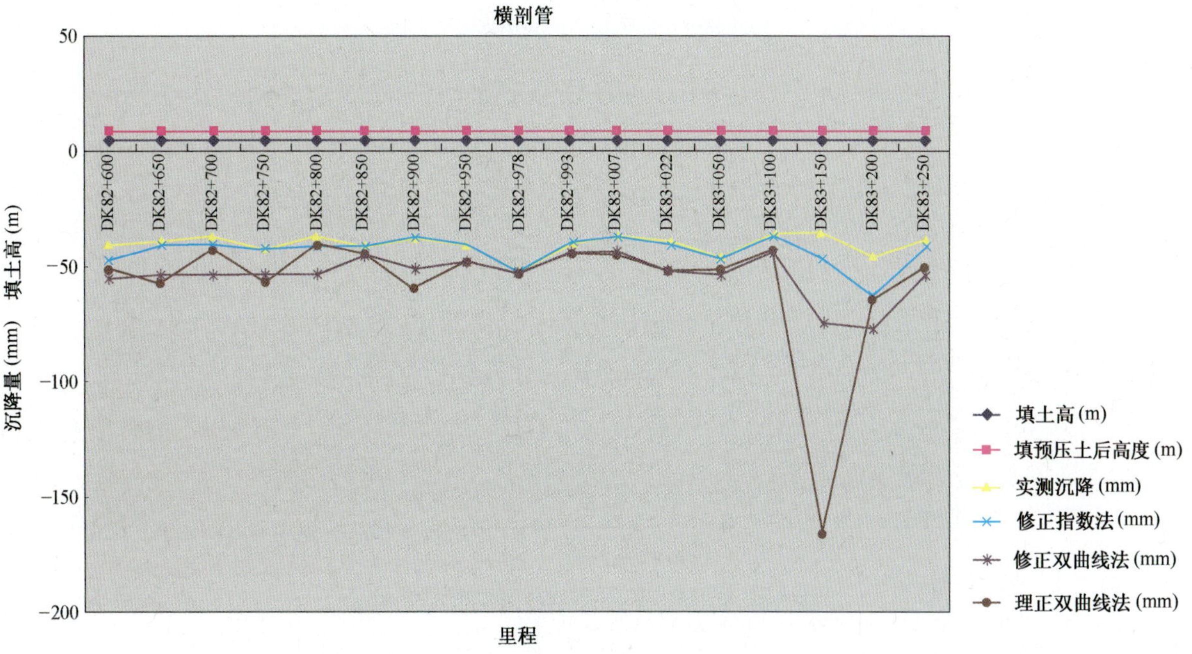

图 2-6-14　线路纵向沉降(右侧路肩)预测曲线

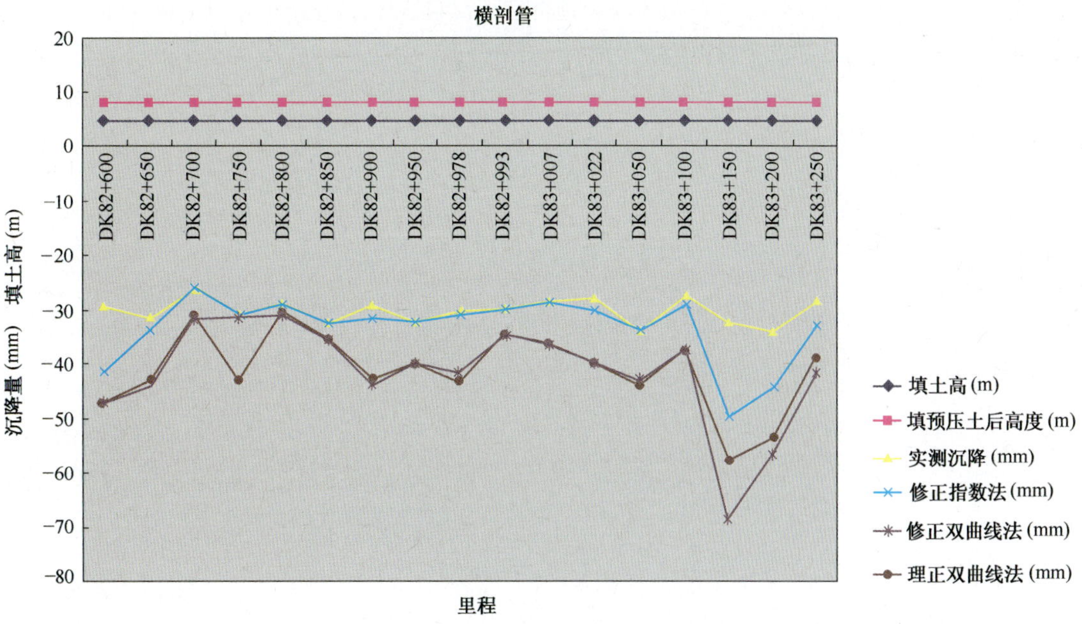

图 2-6-15　线路纵向沉降(线路中心)预测曲线一

(3)预测情况分析。

1)曲线回归相关系数验证。

①修正双曲线法、修正指数法和双曲线法剖面管监测数据曲线回归的相关系数基本大于 0.92,仅 DK83+150 右路肩双曲线法横剖管监测数据曲线回归的相关系数小于 0.92。

②双曲线法沉降板监测数据曲线回归的相关系数全部大于 0.92。

从以上数据可以看出,各种方法预测曲线回归的相关性较好,修正指数法的预测数据较其他两种方法的预测结果偏小。

2)沿线路纵向预测情况分析。根据沉降板监测数据采用双曲线法预测的填筑预压土后最终沉降值和工后沉降在线路纵向起伏相对较小;根据横剖面管监测数据预测最终沉降和工后沉降在线路纵向起伏较大。

3)预测工后沉降分析。选取横剖管对应左右路肩、线路中心三个位置的监测数据分别采用修正双曲线

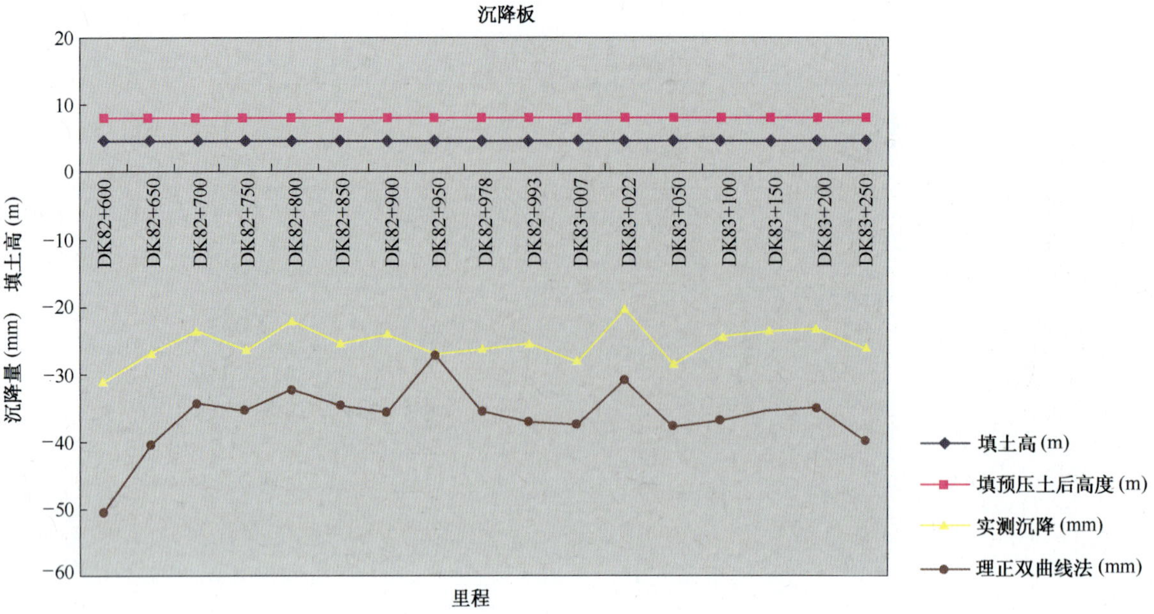

图 2-6-16　线路纵向沉降(线路中心)预测曲线二

法、修正指数法和双曲线法进行沉降预测的工后沉降值超过 15 mm 的监测点共计 23 处,占 15%。

选取沉降板监测数据采用双曲线法进行沉降预测的工后沉降值超过 15 mm 的监测断面 1 处,占 6%。

(4)结论。各种回归曲线的相关系数较好,预测工后沉降值大部分小于 15 mm,但仍有部分大于 15 mm,故本段尚未完全满足卸载条件,应继续预压一段时间。

第 3 篇

高速铁路桥梁施工技术

1　概　　述

1.1　世界高速铁路桥梁技术的发展

从 1964 年日本建成世界上第一条 200 km/h 高速铁路以来，法国、德国、意大利、西班牙、瑞典、韩国等国家也相继发展了具有自身特点的高速铁路，最高运营速度达 300 km/h。高速铁路所带来的经济和社会效益，对国民经济和科学技术的发展发挥了重要的作用。

为了保证高速铁路行车的安全与舒适，各项技术标准要求均很高，高架车站、桥梁所占比例较大。在高速铁路修建中，如何快速优质的建造满足高速铁路运营、养护维修及耐久性等特殊要求的桥梁工程结构，成为各国研究和发展中的关键问题。在大规模建设高速铁路之前，均投入了大量的人力和物力进行前期试验和研究，其目的是针对科研成果进行验证和改进。同时，也为大规模建设提供科学、实用和系统的设计标准及施工方法。

通过多年的研究和工程实践，世界各国在高速铁路桥梁的设计理论、制造工艺、架设技术、项目管理等方面取得了长足发展，同时，也为中国高速铁路桥梁建设提供了有益的借鉴。

1.2　中国高速铁路桥梁技术的发展

目前，中国的高速铁路最高设计时速可达 350 km，代表了当今世界的高铁速度。中国是世界上高速铁路发展最快、系统技术最全、集成能力最强、运营里程最长、运营速度最高、在建规模最大的国家。截止 2012 年底，中国开通运营的高速铁路里程已达到 9 356 km。

本世纪初是中国高速铁路桥梁建设的快速进步期。随着高速铁路建设的全面推进，中国的桥梁建设取得了实质性进展。目前，中国在建高速铁路规模达到 12 700 km，其中桥梁比重接近 50％。广珠城际铁路桥梁比重最高，达到 90％以上；开通运营的京津城际铁路桥梁比重达到 88％；全长 1 318 km 的京沪高速铁路桥梁总长达 1 060 km，桥梁比重为 80％，其中昆山特大桥 164.8 km，创我国桥梁长度之最。武汉天兴洲长江大桥、南京大胜关大桥，分别是目前世界上最大跨度的公铁两用斜拉桥、钢拱桥。

中国铁路不断学习借鉴世界发达国家高速铁路建设技术和成功经验，探索和积累符合我国国情的高速铁路桥梁建设的技术标准以及设计、施工技术，在桥梁设计、施工、科研以及建设管理等方面实现了重大跨越。深水大跨桥梁建造技术进入世界先进行列，大吨位桥梁建造技术取得重大突破，特殊结构桥梁广泛运用，拥有自主知识产权的高速铁路桥梁技术标准体系已基本形成。

1.3　高速铁路桥梁结构类型

1.3.1　高速铁路常用桥型

在高速铁路建设中，综合考虑建筑物与地基变形、控制工后沉降、少占良田、环境保护以及维修养护等多种因素，通过桥梁与路基工程的技术经济比较，加大桥梁比例，修建高架桥。为适应不同地区的自然环境差异，在客运专线建设中广泛采用特殊结构桥梁，数量之多在我国铁路建设史上前所未有，在世界其他国家高速铁路建设中也是少有的。同时更加重视桥梁建筑美学的理念。

针对我国国情，在高速铁路桥梁设计和施工技术方面开展大量科技攻关，研究了各种桥梁结构的技术特征和建造方案，大量采用了以跨度 32 m 为主的双线混凝土整体箱梁，形成了我国独特的常用跨度桥梁建造模式。在线路跨越山谷、河流、铁路、道路等立交工程中，通常采用混凝土连续梁、连续刚构、拱桥及组合梁等刚度大的特殊结构。

1.3.2 高速铁路桥梁主要结构型式

1.3.2.1 简支箱梁结构型式

根据我国高速铁路建设规模、工期要求和技术特点，通过深入的技术比较，确定以 32 m 简支箱梁作为标准跨度，整孔预制架设施工。预制结构分为有砟轨道整孔箱梁和无砟轨道整孔箱梁，预应力体系有先张法和后张法两种。由于中国高速铁路桥梁上广泛采用了无砟轨道结构，对桥梁的各种变形要求较为严格，因此桥梁设计大多采用无砟轨道整孔箱梁，少部分采用 12 m、16 m 跨度的 T 型梁。

1.3.2.2 特殊结构型式桥梁

特殊结构桥能有效地满足特殊地形地貌、特殊地质条件、较大跨度和较小结构高度的需求，目前我国高速铁路特殊结构桥梁以拱桥、梁桥和组合结构桥为主。我国客运专线中，修建了大量跨度达 100 m 及以上的大跨度桥梁。其中，预应力混凝土连续梁桥的最大跨度为 128 m，预应力混凝土刚构桥的最大跨度为 180 m，钢桥的最大跨度为 504 m。

1.4 高速铁路桥梁施工理念

为实现大规模高标准铁路建设目标，要全面落实质量、安全、工期、投资效益、环境保护、技术创新等“六位一体”的铁路建设管理要求，推进铁路建设标准化管理。桥梁施工中应坚持高标准、讲科学，以工程质量和安全为前提，工期和效益为目标，以施工技术和资源优化为核心，对工程项目实施抓源头、抓过程、抓细节，进行全方位、全过程控制。积极采用现代化管理手段，健全工程项目技术标准体系，推广先进施工技术，提高机械化、工厂化、专业化、信息化建设水平，卓有成效地推进工程项目标准化管理。

1.5 高速铁路桥梁设计标准

我国对高速铁路桥梁设计标准规定了以下主要内容：

(1)采用 ZK 设计活载(0.8UIC)。

(2)常用跨度桥梁的刚度和各项变形限值。

(3)车桥耦合振动检算。

(4)桥梁墩台最小纵向刚度限值。

(5)主要承重结构年使用寿命及相应的结构构造措施。

(6)便于养护维修的构造要求。

1.6 高速铁路桥梁的特点

高速铁路列车运行速度快，由轨道不平顺引起的轮轨动力响应及其对行车的安全性、平稳性和乘车舒适性的影响显著增大，作为重要的现代交通干线，桥梁作为轨道的下部结构，主要功能是为高速列车提供平顺、稳定的桥上线路，确保运营安全和乘坐舒适，并尽量减少使用期间结构的维修工作量。桥梁比例大，高架桥、长桥多是高速铁路桥梁的主要特征，桥梁已成为高速铁路土建工程主要组成部分。为此，桥梁应具备以下功能：

(1)梁体应具有足够大的竖向刚度、横向刚度和抗扭刚度，限制温差和混凝土徐变产生的上拱变形，以保证线路的高平顺性和避免不良的车、桥动力响应。

在结构型式与构造上通常有下列特点：

1)选用刚度大、整体性能好的结构，如简支梁、连续梁、组合梁、刚架及拱等。

2)优先选用双线整孔箱形梁桥。

3)选用较大的梁高以保证足够大的竖向刚度。

4)桥梁跨度不宜过大。

(2)桥梁墩台应有足够大的纵向刚度，以限制桥上无缝线路轨道的附加应力和制动时梁轨相对位移，保证线路的稳定。

为了确保线路质量和轨道的平顺性,高速铁路全部采用无缝线路。由于桥梁的纵向刚度远低于路基,列车在桥上制动时,轨道要承受较大的制动力,同时,桥梁的温度伸缩变形和外载作用下的挠曲变形也会使轨道承受附加的伸缩力和挠曲力。这些因桥梁变形而产生的轨道附加应力和梁轨间的快速位移必须采取措施予以限制,才能保证桥上无缝线路的稳定性和运营安全。其中最直接的方法是要求桥墩有足够的纵向刚度。

(3)桥型的选择应尽量避免或减少设置无缝线路伸缩调节器,建成后养护工作量要小,运营噪声应得到良好控制。

(4)桥梁结构及构造布置应符合耐久性要求,并便于检查和维修。

高速铁路作为国家的重要交道干线,桥梁所占比重很大,而且高密度的交通运营量使维修工作变得困难。因此,强调结构物的耐久性并作为主要设计原则,统一考虑桥梁的合理结构布局和构造细节处理,使其易于检查、方便维修是十分重要和必要的。

1.7　高速铁路桥梁主要施工方法及关键施工技术

随着客运专线建设的全面推进,中国高速铁路桥梁建造技术取得了快速发展,在桥梁主要施工方法、关键技术及工艺方面进行了较大的创新,形成了位于世界前列、具有中国特色及自主知识产权的先进工法。

1.7.1　大跨度桥梁设计建造技术

高速铁路桥梁通常宜采用小跨。但由于跨越大江、大河和深谷的需要,高速铁路大跨梁的修建也不可避免,而我国高速铁路大跨度桥的桥上速度目标值与其他路段保持一致,这也增加了大跨度桥梁的设计建造难度。主要设计建造技术包括:采用更高强度等级的钢材、应用新型建筑空间结构、研制大跨重载桥梁的专用装置、采用深水基础施工新工艺等。

1.7.2　大型整孔预制梁预制、运输及架设技术

为解决 32 m 整孔预制箱梁现场预制梁厂集中预制及运架施工问题,自主研制了多种形式的 450 t 级提梁机、900 t 级架桥机、900 t 级运梁车、900 t 级移动模架造桥机等,从建场、制梁、移运、架设等方面摸索出成套技术,具有较高的施工效率和安全性。形成了一系列成熟的标准梁制、运、架工艺及相应装备,高质量、高速度地实现了特长桥梁的建造。

1.7.3　大跨连续梁(刚构)等特殊桥型原位制梁施工技术

大跨预应力混凝土连续梁(刚构)等特殊桥型采用悬臂浇筑、顶推、转体施工;预应力混凝土桥梁移动模架造桥机原位浇筑和预制节段逐跨拼装;特殊跨度梁桥采用支架法原位浇筑等多种施工方法,结合高速铁路桥梁特点及对建造的严格要求,对传统施工技术进行创新和发展。

1.7.4　高性能混凝土材料应用技术

结合我国环境特点和材料、工艺及装备水平,高速铁路桥梁工程多采用高性能混凝土材质。高性能混凝土是选用优质原材料,掺加矿物细掺料和高效外加剂,采用现代技术制作的混凝土,具有低水胶比配制的特点,能满足结构耐久性、体积稳定性等要求。目前我国已初步掌握高性能混凝土工作机理、材料控制标准、工艺等主要技术,系统制定了设计、施工、验收等规范规程。

1.7.5　材料、工艺、装备技术

随着桥梁建造技术与材料技术的发展,进一步研究了采用高性能混凝土、高强度钢材等优质材料;研究高性能混凝土的应用技术,减少预应力混凝土梁徐变变形,提高混凝土结构耐久性;研究桥梁施工大型机具装备,研究顶推及转体施工工艺和施工装备,解决特殊地段桥梁施工问题。

1.7.6　无砟轨道桥梁设计建造技术

在无砟轨道桥梁设计中追求构造简洁、美观,力求标准化、便于施工架设和养护维修,确保其足够的耐

久性和良好的动力性能，重点解决梁体的刚度和变形控制技术。通过对梁体的竖向挠度、水平挠度、扭转角、竖向自振频率等主要技术参数的研究，以及对预应力混凝土梁徐变上拱的控制研究，使桥梁结构满足无砟轨道铺设条件。目前我国已基本掌握了高速铁路无砟轨道桥梁的设计建造技术。

1.7.7　桥梁建设规范体系

总结国内工程实践经验、综合科研成果，结合相关接口专业的发展完善，逐步整合高速铁路桥梁规范与接口专业规范的系统性和科学性，进一步提升我国高速铁路桥梁建设标准和规范体系。

2　基础施工技术

2.1　概　　述

高速铁路桥梁较为常见的基础形式有明挖和桩基础两大类。桩基础多采用预应力混凝土管桩和就地灌注桩两种。本章主要介绍预应力混凝土管桩施工技术、冲击反循环钻孔法施工技术、旋转钻孔法施工技术、旋挖钻孔法施工技术以及深水基础的吊箱钢围堰和双壁钢围堰施工技术。

2.2　预应力混凝土管桩施工

2.2.1　工艺与装备

2.2.1.1　预应力混凝土管桩施工工艺流程

预应力混凝土管桩施工工艺流程如图 3-2-1 所示。

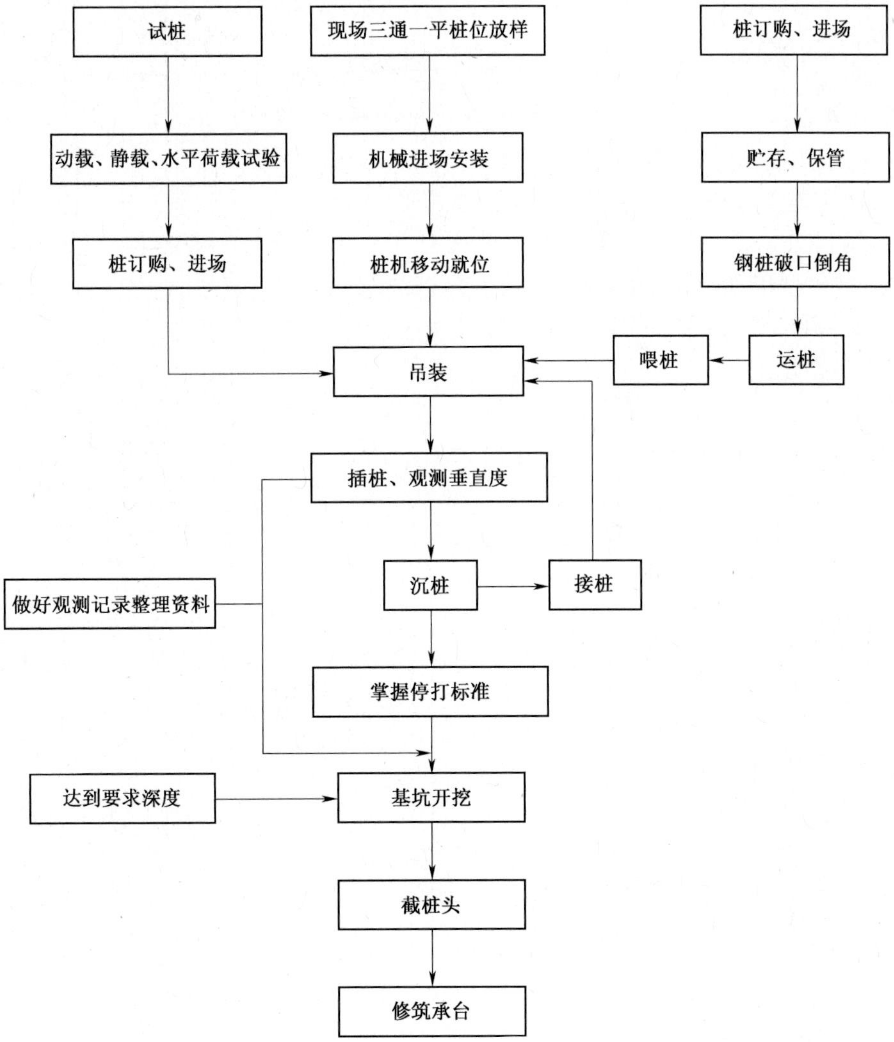

图 3-2-1　预应力混凝土管桩施工工艺流程图

2.2.1.2　预应力混凝土管桩质量检验

预应力钢筋混凝土管桩主要由具有生产资质的混凝土制品厂以先张法并采用离心成型工艺制造，其外径主要有 ϕ400 mm 和 ϕ550 mm 两种，为了运输的方便，厂制管桩的节长一般为 8 m 和 10 m，也有 4 m 和 6 m，视具体需要而定。桩的接头采用钢制法兰盘，桩尖系采用钢板卷焊而成，中填混凝土，桩尖留有 Φ70 mm 的射水孔。常见型号尺寸见表 3-2-1。

表 3-2-1　常用预应力混凝土管桩的型号尺寸

管桩型号	外径	内径	壁厚	主筋配置直径	主筋直径、根数
	D_1(mm)	d_2(mm)	T(mm)	d(mm)	
Φ400-80	400	240	80.00	336	$\Phi12\times8$
Φ400-90	400	220	90.00	336	$\Phi12\times8$
Φ550-80	550	390	80.00	486	$\Phi12\times12$
Φ550-100	550	350	100.00	486	$\Phi12\times12$

预应力混凝土管桩在进入沉桩现场前或在进入现场时，应参照预应力混凝土管桩质量检验标准对桩径、管壁厚度、桩靴对桩中心线偏距、桩身弯曲段矢高比、桩身表面等进行检查。

检查情况应按桩的编号，详细作出质量检查记录。

2.2.1.3　预应力混凝土管桩施工装备

1. 沉桩机械设备

沉桩机械要根据具体土质状况、工程量大小以及桩的种类、规格、尺寸、施工期限、现场水电供应等条件来选择。应注意考虑其适应性，使机械能够增进施工效率，提高全面的施工技术水平。

(1)桩锤。桩锤可分为坠锤、机动锤两大类：坠锤有穿心锤及龙门锤两种，机动锤有各型单动汽锤、复动汽锤、柴油打桩锤及震动打桩锤。对于预应力混凝土管桩，常使用筒式柴油打桩锤，其构造如图 3-2-2 所示，其技术规格见表 3-2-2、表 3-2-3。

(2)桩锤选择。

1)冲击能。

$$E \geqslant 250P \qquad (3\text{-}2\text{-}1)$$

式中　E——锤的一次冲击动能，N·m；

P——单桩的设计荷载，kN。

2)按桩重复核适用系数。

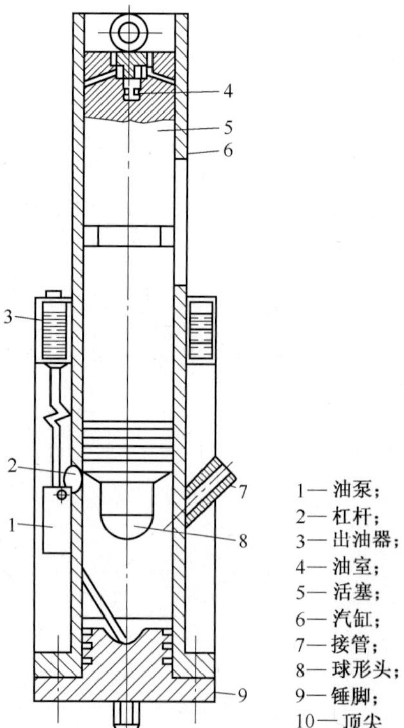

图 3-2-2　筒式柴油桩锤构造图

表 3-2-2　中国筒式柴油打桩锤技术规格

主要技术规格	单位	型　号			
		D2-12	D2-18	D2-25	东风 7135
上活塞质量	kg	1 200	1 800	2 500	3 500
上活塞行程	mm	2 500	2 560	2 500	2 500
冲击次数	次/min	42～60	40～60	40～60	40～60
冲击能量	kg·m	3 000	4 600	6 250	8 750
下活塞行程	mm	270	270	370	350
耗油量	L/h	—	9	18.5	12～16
极限贯入度	mm	0.5	0.5	0.5	0.5

续上表

主要技术规格	单位	型号			
		D2-12	D2-18	D2-25	东风7135
外形尺寸:长×宽×高	mm	730×528×3 833	730×528×3 833	730×528×3 833	730×528×3 833
质量	kg	2 700	4 200	5 750	8 000
制造商		上海工程机械制造厂	浦源程机械制造厂		大桥局桥机厂

表3-2-3　日本柴油打桩锤规格

锤型	单位	MH728	MB70	K45	MB40	K35	K25	M23	IDH45	IDH-35	KB60
外形尺寸	mm	ϕ1 520×5 905	ϕ1 960×5 950	ϕ1 009×425	ϕ970×5 640	ϕ889×4 550	ϕ789×4 550	ϕ745×4 060	ϕ985×4 698	ϕ845×4 613	ϕ1 400×5 770
总重	t	18.36	21.10	10.50	10.90	7.50	5.20	5.10	11.0	7.80	15.0
活塞重	t	7.20	7.20	4.50	4.10	3.50	2.50	2.30	4.50	3.50	6.0
冲击数	次/min	42～60	38～60	35～55	38～60	35～55	35～55	42～60	42～60	42～60	35～55
最大冲击能量	kg·m	21 600	19 500	13 500	11 000	10 500	7 500	6 200	13 500	10 500	16 000
爆炸压力	t		200	191	127	150	108	72	191	105	246
轻柴油消耗量	L/h	42～60	5～6	2.5	3～4	2.0	1.5	1.8	2.0	1.8	4
润滑油消耗量	L	5～6	158	175	65	90	48	40	58	62	50
燃油槽容量	L	158	175	65	90	48	40	58	62	50	130
润滑油槽容量	L	44	25	13.5	18	9.5	7	7.5	10	7.6	25
冷却水箱容量	L	435	450	170	170	140	80	90	175	150	350

注:K—神户制钢所　M—三菱重工株式会社　I—石川岛播磨重工业(B—斜度　H—锤　D—柴油)。

$$K=(M+C)/W \tag{3-2-2}$$

式中　K——锤的适用系数;

M——锤重(锤的总重量),kg;

C——桩重(包括送桩及桩帽、桩垫),kg;

W——锤的一次冲击动能,kg·m。

算出的K值不宜大于下列数值:

对于单动汽锤及柴油打桩锤:5.0;

对于复动汽锤:3.5;

对于坠锤:2.0。

当下沉钢板桩、工字钢及配合射水下沉管桩时,上列系数可提高50%来选择桩锤。凡使用锤击法沉桩,原则上采用重锤低打。为了充分发挥锤的效率,在选用单动汽锤或坠锤时其重量最好为桩重的1.5～2倍,如超过两倍时可调整落锤高度,如无合适的锤可辅以射水法沉桩。

(3)射水设备。射水设备必须配合锤击沉桩使用。配合方法应根据地质情况选择:以射水为主或射水与锤击同时进行;或射水和锤击交替使用。采用任何一种方法,当桩尖接近设计高程,均应停止射水。单纯用锤击下沉,使桩尖进入未冲动的土中,停止射水的高程,可根据沉桩试验确定的数据及施工情况决定,当没有资料时,不得小于2 m。

1)水压和水量计算。实际施工中需要的水量与水压,因地质条件和所用的桩锤的不同,故应在施工前经过试桩后妥慎选定。要求水泵的工作压力为:

$$H=H_1+H_2+H_3 \tag{3-2-3}$$

式中　H_1——射水嘴处需要的水压;

H_2——水在管路中上升所需的水压;

H_3——管路中压力损失。

锤击沉桩配合射水施工时要求的水压和水量可参考表3-2-4。

表 3-2-4　水压和水量

桩穿过的土层	沉桩深度(m)	射水嘴处的水压(MPa)	每根桩的用水量 L(min)	
			管桩直径 300～500 mm	管桩直径 500～800 mm
细砂、黏砂土、泥砂、淤泥、松软黏土	15～25	0.7～1.0	1 000～1 200	1 200～1 500
	25～35	1.0～1.5	1 200～2 000	1 500～2 500
	>35	1.5～2.0	2 000～3 000	2 500～3 500
原始地层的砂及黏砂土,含有卵石及砾石的砂、中等到紧密的砂黏土及黏土	15～25	1.0～1.5	1 500～2 000	2 000～2 500
	25～35	1.5～2.0	2 000～3 000	2 500～3 500
	>35	2.0～2.5	3 000～4 000	3 500～5 000
密实的砾石层		2.5～4.5		3 000～3 500

2)高压水泵。按式(3-2-3)算出射水沉桩所需的水压并查表得出每桩的耗水量就可选择高压多级离心水泵的型号和电机的功率。如单台水泵的工作性能不能满足水压的要求时,可将同类型的水泵串联使用。这样其最终出水管的水压为各泵之和,而水量为单台水泵的水量。如已有的单台水泵的水量不能满足要求时,可将多台水泵并联使用,即将各台水泵都连接在一条干管上。再连接到射水管使用,干管的水量略小于各台水泵水量之和,而水压等于并联各水泵中水压最小的一台。并联时的管路连接应尽可能的减小交角以减小水压损失。若单台水泵的水压和水量都不能满足要求,可将各台水泵先串联后并联来满足要求。

3)水管。水管分输水管和射水管两种。输水管及其配件的尺寸尽量与水泵出口管径相同,固定的节段用钢管,必需活动的节段采用胶管,与射水管连接的一段胶管可使用比固定管路细一些的胶管,但其内径不应比射水管更小。钢管和胶管如无出厂证明,应补作水压试验。射水管一般要比输水管细,要坚固,以便起吊和拼接。一般射水管内径多用 76 mm 以内。射水嘴的大小根据工作水压及水量选择见表 3-2-5。

表 3-2-5　射水嘴尺寸选择参考表

水泵外水压(MPa)			主射水孔直径(mm)
0.7	1.0	1.4	
出水量(L/min)			
610	740	830	19
1 024	1 300	1 500	25
1 520	1 880	2 200	32
1 750	2 160	2 540	35
1 950	2 430	2 800	38

2. 辅助设备

(1)桩架。桩架为沉桩的主要设备。

桩架因施工对象和使用的锤型不同可分成自行移动式和非自行移动式打桩架。而自行移动式打桩架又可分成履带式(图 3-2-3)、轨行式和轮胎式 3 种。限于篇幅仅介绍履带式打桩架,其结构系由一履带车体包括动力机、操纵系统和转盘,车身两侧有液压斜焊支撑一圆形立柱,立柱上安有单面或双面导向杆(龙门梃)单向导向杆可安装油锤。车体履带可原地横向伸出,稳定机架。机架前后设有四只悬挂的液压千斤顶,沉桩时支撑于地面。一般配套的柴油锤其锤芯自重 3.5～4.5 t。桩架的最大起重量相当于 40 t 的吊机。沉斜桩时斜率度可由液压系统微调调整。

桩架高度计算:

$$H = H_1 + H_2 + H_3 + H_4 + H_5 + H_6 \tag{3-2-4}$$

式中　H_1——滑车组高度(并包括适当的工作余量),m;

H_2——桩锤轮廓高度,m;

H_3——桩帽高度,m;

H_4——送桩高度(按最长的考虑),m;

H_5——桩长,m;

H_6——桩下端可能伸出桩架底盘以下的长度，m。

各部分互相交错长度应视具体操作情况，加以核减。

(2)桩帽。桩帽承受锤击保护桩顶，并在沉桩时保证锤击力作用于桩的中轴线而不偏心。它要求构造坚固，垫木易于拆换和整修。桩帽的尺寸应与锤底、桩顶及导向杆吻合，顶面与底面均应平整与中轴线垂直，并应附有挂千斤绳的耳环，以便起吊。柴油锤桩帽的耳环千斤绳的长度应满足桩锤铁砧在受锤击时的伸缩量。桩帽与桩顶之间必须填充缓冲材料，在锤底与桩帽间辅垫以如橡木、树脂等硬质材料，桩垫厚度取决于桩的形式和土壤的软硬程度。

(3)送桩。桩头仍须继续沉入时，则必须使用送桩。送桩器一般由钢板制成，其长度为桩锤可能达到的最低高程与预计桩顶沉入的高程之差，再加上适当的余量。焊接的钢送桩器应进行热处理增强其硬度，其结构强度应高于桩身的强度。

送桩与桩身的连接：送桩与桩头可用螺栓连接拧紧，安装送桩时必须与桩身吻合在同一中轴线上，否则送桩器和桩头受偏心锤击均易损坏。特别在锤击斜桩时更应注意。

钢送桩器在使用一段时间以后必须检查其垂直度，如偏心大于 1∶350 时应立即修理。

应尽量避免用短节混凝土管桩作为送桩器使用，已作为送桩用的短节管桩，也不应作为正式桩基。

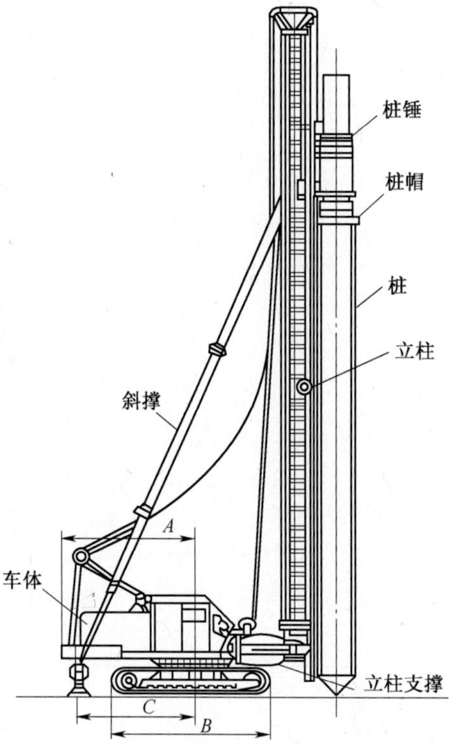

图 3-2-3　履带式打桩架示意图

2.2.2　技术要点

2.2.2.1　试　　桩

沉桩工程正式开工前应在原位处根据相关规范和设计要求先进行试桩，进行沉桩工艺试验和单桩承载力试验，原则上应由施工单位配合具有专业资质的桩基检测单位负责此项工作。

1. 试桩目的

(1)选择合理的施工方法和施工机具。

(2)决定桩的入土深度，使桩具有足够的承载力。

(3)核实最终贯入度是否符合设计要求。

(4)确定射水沉桩最后锤击的深度。

(5)验证沉桩动力公式在该工点地质条件下的准确程度。

(6)试桩所使用的设备和方法与实际沉桩所使用者应相同，并作出详细记录。

(7)确定沉桩是否需要桩靴，正确的接桩方式。

(8)查明沉桩时地质是否有“假极限”或“假吸入”现象。

2. 试桩数量

施工阶段的试桩数量：工艺试验由施工单位制定并经相关单位批准后实施；静压试验在同一地质情况时为总桩数的 1%，但不得少于 2 根，静推和静压试验根据设计部门要求办理。

3. 试桩准备

做静压试验的桩，如果桩头破损，应将破损段凿除后修补平整。按设计要求，或于直接受力部位填充混凝土。

在冬季试桩时，应将桩的侧面冻土全部融化。其融化范围：静压或静拔试验时，离试桩侧面不小于 1 m；静推试验时，应不小于 2 m。融化状态应保持到试验结束。

在结冰水域做试验时，桩与冰层之间应保持不小于 10 cm 的间隙。

试验用的各种测量仪表、千斤顶等，在使用前应进行校验。

测桩必须牢固可靠，设于不受试桩及锚桩位移影响的位置，其净距不宜小于试桩桩径的 5 倍，在任何情况下不得小于 3 倍。固定测量仪表的基准梁,应有相当的刚度。并应避免日照和雨淋。测量位移仪表在桩的对称位置设置,数量不少于 2 个。

4. 工艺试验和冲击试验

(1)目的。

1)检验桩沉入土中的深度能否达到设计要求。

2)选定桩锤、衬垫及其参数。

3)选定射水设备和射水参数。

4)查明打桩中土质有无"假极限"或"假吸入"现象。并确定是否要复打,以及从停打到复打之间的间隔时间。

5)确定施工工艺和停止沉桩的控制标准。

(2)沉桩结束至冲击试验的时间间隔。如桩尖位于紧密的砂类土,或坚硬的黏性土,不少于一昼夜;沉入砂土或粗砂的基桩,沉桩完毕至少须经过 3 昼夜;沉入饱和的粉、细砂或黏性土的基桩,沉完桩后至少经过 6 昼夜。

(3)试验程序和注意事项。

1)选用单动汽锤或筒式柴油锤,可参照表 3-2-6。

表 3-2-6　单动汽锤或筒式柴油锤

项目 \ 常用锤型			6.5 t 单动蒸汽锤	10 t 单动蒸汽锤	MB-40 柴油锤	MB-70 柴油锤
锤型资料	锤芯重(t)		3.5～4.5	6.6	4.1	7.2
	锤总重(t)		6.5	9.0	10.9	21.1
	常用冲程(m)		0.4～0.6	0.4～0.6	1.8～2.3	1.8～2.3
与锤型相适应的桩断面尺寸(桩宽)(cm)			40～50	45～55	50～60	55～60
可贯穿中密状砂夹层的厚度(m)			1.5～2.5	2.0～4.0	3.5～5.5	5.0～7.0
锤击沉桩时可打入硬土层的能力	硬黏土	可打入的深度(m)	2.5～4.0	4.0～6.0	5.0～8.0	7.0～10.0
	硬塑状亚砂土和中密至密实状的砂	桩尖所能达到的硬土层的 N 值	20～30 击	30～40 击	40～50 击	50 击左右
		可打入的深度(m)	0.5～1.0	1.0～2.0	1.5～2.5	2.5～3.5
	砾砂或极密砂	可打入的深度(m)	难于打入	难于打入	0～0.5	0.5～1.0
	风化岩	桩尖所能达到的硬土层的 N 值	20～30 击	30～40 击	40～50 击	
		可打入的深度(m)	0～0.5	0.5～1.0	1.0～2.0	
所用锤型可能达到的极限承载力值(kN)			1 500～3 000	2 500～4 000	3 000～5 000	4 000～6 000
锤的控制贯入度(cm/击)			0.1～0.5	0.2～1.0	0.3～1.0	0.5～1.5

2)射水参数可参照表 3-2-7 选用。

表 3-2-7　射 水 参 数

土　质	桩的入土深度(m)	水泵性能		射水管直径(mm)无缝钢管	水泵出水处水压	
		流量(m^3/h)	扬程(m)		(MPa)	(kgf/cm^2)
松砂中带砂层	8～16	100～140	100～150	75	0.4～0.8	4～8
	16～24	120～188	120～190	75	0.6～1.0	6～10
密实砂层夹砾石砂层	8～16	120～180	120～190	75～100	0.6～1.0	6～10
	16～24	160～190	160～240	75～100	0.8～1.2	8～12

3)试验过程记录。用坠锤、单动汽锤沉桩,记录每下沉 1 m 的锤击数和全桩的总锤击数;最后加打 5 锤,记录桩的下沉量。算出每锤平均值,作为停打贯入度,单位以 mm 计。

用柴油锤、双动汽锤沉桩。记录每下沉 1 m 的锤击时间和全桩的总锤击时间;在剩余 1 m 左右时,记录每 10 cm 的锤击时间，取最后 10 cm 的每分钟平均值作为停打贯入度，单位以 mm 计。

4)最终贯入度的取值。对于坠锤、单动汽锤，取复打最后 5 锤的平均值；对于柴油锤、双动汽锤，取复打最后锤击 10 cm 所需时间每分钟的平均值。

5)复打应用停锤时同一设备及同一落锤高度。弹性衬垫的状态也应尽量与停锤时相近。复打应达到的贯入度要小于或等于停打贯入度。

6)复打应经“休息”后进行。“休息”时间按土质不同而异，可由试验确定，一般不宜少于下列天数：

桩穿过砂类土，桩尖位于大块碎石类土或紧密的砂类土，或坚硬的黏性土上，不少于 1 昼夜；在粗、中砂和不饱和粉细砂里，不少于 3 昼夜；在黏性土和饱和粉细砂里，不少于 6 昼夜。

5. 静载试验

静载试验是用来确定桩的承载力和单桩下沉量，并校核冲击公式的实际安全系数，它应在冲击试验后立即进行。而对于斜桩在作静压试验时，应加轴向荷载。

(1)加载装置。一般的混凝土管桩的静压试验装置，可用型钢组装成简易的加载平台：一种是分次递加荷载的平台(图 3-2-4)，另一种是一次加载至破坏荷载，然后利用千斤顶逐级加载的平台(图 3-2-5)。

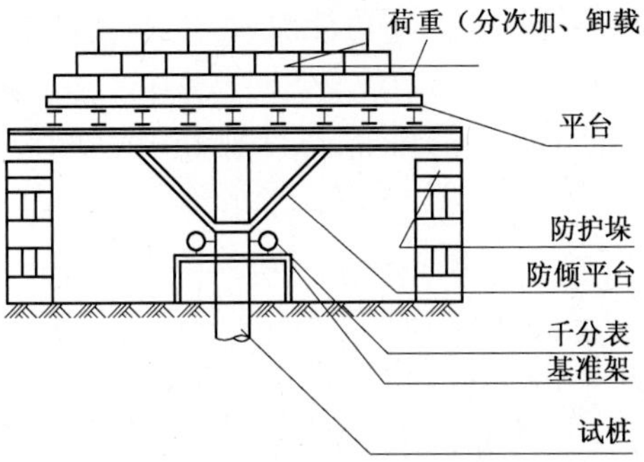

图 3-2-4　递加荷载加载平台

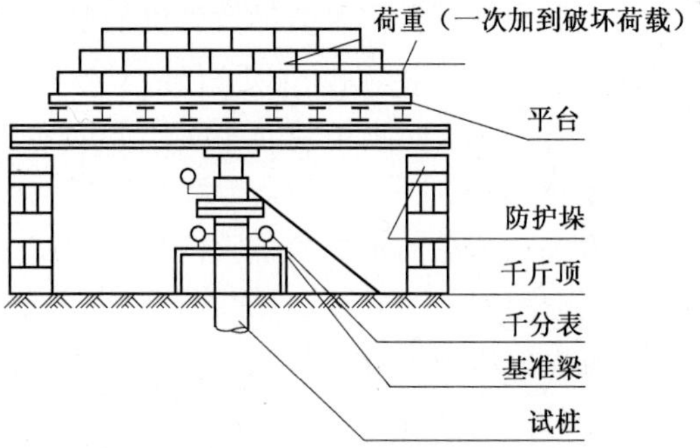

图 3-2-5　千斤顶加载平台

如要求加载较大时，可用锚桩组合梁以千斤顶加载(图 3-2-6)的方法。锚桩应不少于 4 根，如入土较浅或土质松软时，应增至 6 根，锚桩入土深度应不小于试桩的入土深度。测桩与锚桩的最小净距 1. 6 m；试桩间的最小净距为 2. 4 m。

锚、试桩的中心距：试桩直径小于 0. 8 m 时为桩径的 5 倍，桩径大于 0. 8 m 时为桩径的 2. 5 倍，经比较可取较大值。

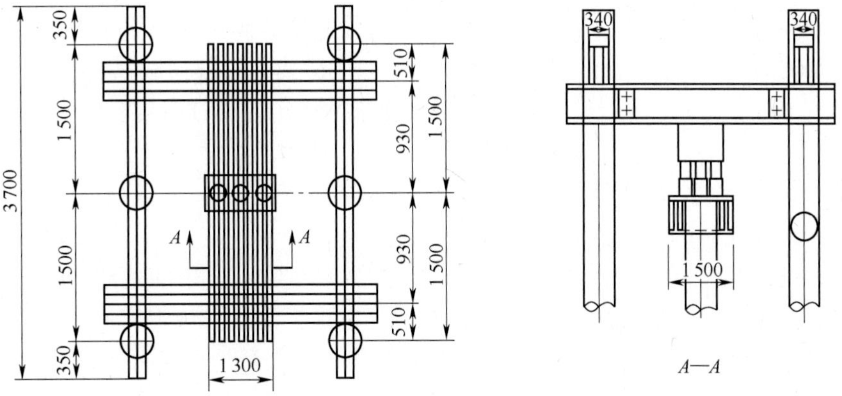

图 3-2-6　千斤顶及锚桩加载平台

测、锚桩均应设于不受干扰的地点；锚桩的允许上拔量不得超过 6 mm。以垂直桩作为斜桩的锚桩时(图 3-2-7)其斜桩必须对称布置。

如混凝土管桩的桩头已经截断而仍须做静压试验时，可将用做锚桩的正式基桩和试桩的主筋，均焊以带钢筋的完整的法兰盘(可利用截下并凿除混凝土的废桩头)，用作组拼悬挂装置。在试桩新焊的法兰盘下面与已截断的桩头之间灌注与桩身同等强度的混凝土，作为安放千斤顶的底座。待钢筋混凝土垫块达到设计强度，即可进行静压试验。试验完成后，试桩上补灌的钢筋混凝土垫块，如无损伤可不凿除，完整的留在承台座板内。其余锚桩切割法兰盘后保留原有的主筋经过检验合格后，按原设计要求的形式保留在承台座板内。

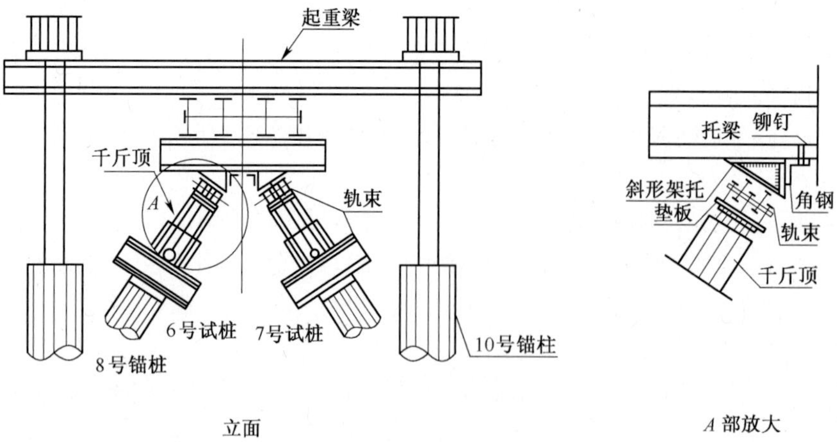

图 3-2-7　锚桩布置示意图

在河滩上用锤击辅以射水沉入的管桩，由于土壤恢复程度不同，虽经复打，过一阶段，发现有些桩仍达不到要求的承载力。再锤击可能导致管桩的破损，逐根进行锚桩的静压试验又不可能时，可采用桁架静载压试验检验方法，桁架式的压架除能走行外，其压试原理与前述基本相同。

(2)观测装置。可使用挠度仪、千分表、游标卡尺、杠杆指针或其他设备进行观测，精度要求达到 0.1 mm。观测装置应安设两套，分装于试桩的两个相反方向。

游标卡尺及圆盘的观测装置应使在试验的全部过程中能得出连续的记录。最好避免测程的中途倒换。

(3)加载及卸载。静压试验加载方法采用单循环加载法。

试桩载重可取最大设计荷载乘以安全系数。如受试验条件限制时，这一荷载可减少 10%。

试桩加载：应分阶段进行，每阶段加载一般为预计极限荷载的 10%。

位移量观测时间：位移量未达到稳定时，不得进行下一阶段的加、卸载。

每阶段的观测时间：在第一小时内加完荷载立即观测，以后每隔 15 min 观测一次；第二小时内每隔半小时观测一次；第三小时起每一小时观测一次，直至稳定。

1)稳定的标准。每一阶段载重的位移量，在下列时间内如不大于 0.1 mm 时，即可视为稳定：

砂类土最后　　30 min；

黏性土最后　　1 h；

这一阶段稳定后，即可进行下一阶段的加载。

2)加载的终止及极限荷载的取值。当试桩全部位移量大于或等于 40 mm，同时这一阶段的位移量大于前一阶段位移的五倍时，加载即可终止。取终止荷载的前一级荷载为极限荷载。

总位移量大于或等于 40 mm，本级荷载加上后一昼夜未达稳定，加载即可终止，取终止荷载的前一级荷载为极限荷载。

在大块碎石类土、紧密砂土以及坚硬的黏性土中，总位移量小于 40 mm，但荷载已大于设计荷载乘以安全系数，加载即可终止，取此时的最大荷载量为极限荷载。

3)容许荷载。容许荷载等于将极限荷载除以安全系数 m。对于永久性建筑 $m=2$；对于临时性建筑 $m=1.5$。如因结构上的要求，必须限制其下沉量时，应适当考虑下沉量来规定容许荷载。

先作静压试验，后挖基坑的桩，应以试验所得的极限承载值减去从地面至开挖后的基底面该段高度内土壤对桩身的摩擦力的极限值，再据以计算允许承载值。若是水中沉桩，计算极限承载力时也应扣除河床面至最大冲刷线间的一段高度内的摩擦力。

4)卸除载重。卸除载重应分阶段进行。每阶段卸载量可为两个阶段的加载量。卸载后桩的弹性位移值，应在每阶段卸载后 15 min 后测读。卸载至零后至少在 2 h 内，仍应每隔半小时测读一次。但因桩尖处土的类别不同，测读时间也有区别：桩尖下为砂类土则开始的半小时内，每 15 min 测读一次；桩尖下为黏性土则开始 1 h 内，每 15 min 测读一次。

(4)静载试验注意事项。

1)利用已完成的桩作锚桩，用常备式钢梁、工字钢叠合梁、特殊设计的钢梁，应根据最大试验荷载，验算反力梁的强度、刚度和结构安全稳定性。

2)如用已有的基桩作锚桩,不允许损坏桩身。

3)验算锚桩抗拔能力时,极限摩阻力的取值应取比桩受压时极限摩阻力小。

4)当采用加载平台时,每件压重以及平台的自重均应标定,需要时用颜色标明,易于计算。为了安全操作,在专设的防护垛上安置楔块,楔块在传递荷载时撤除。

5)使用的千斤顶必须逐台加以标定。在标定时所使用的压力表、油管、电动油泵等应与试验时基本相同。

6)观测桩的沉降量一般采用百分表测量。桩身位移量超过百分表量程范围时,应及时调整百分表位置。调表前后的读数必须衔接。并随时检查百分表是否灵敏,支架是否稳定。

7)预计千斤顶的顶起量,力求避免在一次试验的中途松顶加垫。应考虑 0.5～1.0 倍的观测余量。

8)为减少有效顶程的损失,可采用以下措施:试验前先用千斤顶加压,消除垫材、栓孔等处的压缩变形及空隙,然后将千斤顶松回,加填已压实的垫材、空隙,增强试验设备的结构刚度。

9)应随时检查加载设备情况,注意若有变形,倾侧或声响等异状,应立即采取补救措施。随时检查观测设备的运转与指示部分的灵敏度,有无障碍,以及固定部分的稳定性。

(5)静载试验成果评定。对已取得的到成果根据相关标准和规范组织评定。单桩静载试验记录见表 3-2-8。

表 3-2-8　单桩静载试验记录表

工程名称　　　　试验日期　　　　试桩号　　　　天气:(含温度、湿度)

加载值(kN)	观测时间 时分	间隔时间(min)	读数					沉降(mm)		备注
			表 1	表 2	表 3	表 4	平均	本次	累计	

试验:　　　　记录:　　　　计算:　　　　复核:

2.2.2.2　沉桩顺序

沉桩顺序应根据现场地形条件、土层情况、桩距的大小、斜桩的方向、桩架移动的方便性等综合因素来确定,同时应考虑使桩入土深度相差不多,土壤均匀挤密。一般当基坑不大时,打桩应从中间分向两边或周边进行;当基坑较大时,应将基坑分为几段,而后在各段内分别进行,沉桩应避免从周边向中间进行,以免中间土壤被挤密,造成桩的贯入困难,在亚黏土和黏土地区应避免按一个方向前进,使土向一边挤压,而使桩基产生不均匀沉降,当桩距大于四倍桩径时,可不受此顺序限制。如果在沉桩施工附近有建筑物或地下管线时,则沉桩顺序应背着被保护的建筑物方向进行或采取跳打的方法,以免沉桩时的挤土对其造成危害。

2.2.2.3　沉桩施工

桩机进场后,先铺设垫轨(如是履带式吊车桩架则无此道工序)安装打桩机和设备,接通电源和水源或燃炉升火试机,然后移机至起点桩就位,桩架应力求平稳。预应力管桩的起吊就位,可利用桩架附设的起吊装置吊桩就位或配备起重机送桩就位。沉桩记录见表 3-2-9。

表 3-2-9　沉桩施工记录表

工程名称:　　　　桩类型及桩长:　　　　设计桩顶高程:　(m)　　　　施工日期:　年　月　日

桩机类型及编号:　　　　压力表读数与压力值换算关系:　　　　施工单位:

序号	入土深度(m) 桩号	自地表起压桩时压力表读数(MPa)								最终压力(kN)	最终桩顶高程(m)
		2	4	6	8	10	12	14	16		
1											
2											
3											
…											

记录员:　　　　审核:　　　　技术负责人:

1. 预应力混凝土管桩的起吊、搬运和堆放

(1)起吊。预应力混凝土管桩的混凝土达到吊搬要求的强度,而且不低于设计标号的 70%后方可吊搬,达到设计标号方可使用,预应力混凝土管桩在起吊和堆放时多采用 2 个支点,较长的桩也可采用 3 个或 4 个支点,支点位置按各支点中最大负弯矩与支点间桩身最大正弯矩相等的条件来确定。

(2)搬运。可采用超长平板拖车或轨道平板车搬运,桩搬运时其支承点和吊点的偏差不大于20 cm,支承点位置如相差太大,应检验桩的应力。运输时应将桩捆载稳固,使各支点同时受力。

(3)堆放。堆存桩的场地应靠近沉桩地点,场地应平整坚实,做好必要的防水措施,防止湿陷和不均匀沉降。不同类型和尺寸的桩,应考虑使用的先后顺序,分别堆放。堆放支点和吊点位置相同,偏差不大于 20 cm。当桩须长期堆放时,为避免桩身挠曲,可采用多点支垫,各支点应均匀放置,各垫木顶面应在一水平面上,多层堆放时,各层垫木应位于同一垂直面上,堆放层一般不宜超过 4 层。

2. 预应力混凝土管桩的提升就位

预应力混凝土管桩运到桩架下,首先绑好吊索将管桩水平提升到一定的高度(桩长的一半加 0.3~0.4 m)后,提升其中的一组滑轮使管桩渐渐下降从而使桩身旋转到垂直于地面状态,桩尖离地面 0.3~0.5 m,桩身呈垂直状态后既可送入龙门导杆中,用桩架的导滑夹具或用箍筋将管桩嵌固在桩架两导柱中,垂直对准桩位中心,用手扶正使管桩缓缓插入土中,待桩位及垂直度用经纬仪校正后,即可将锤和桩帽压在管桩上,同时应在管桩的侧面或桩架上设置标尺并做好记录。

3. 打桩作业

沉桩前应对桩架、桩锤、动力机械、压缩空气管路等主要设备进行检查,如有问题立即改正处理或更换。开始沉桩时应起锤轻压,或轻击数锤,观察桩身、桩架、桩锤的垂直情况,稳定后可按要求进入正常沉桩,但在打桩过程中要注意以下几个方面的问题。

(1)锤击沉锤应用适合桩头尺寸的桩帽和桩头衬垫。桩帽的作用是保持桩头正位,避免锤击应力集中和锤击偏心,使打桩时的打击应力得到缓冲和均匀分布,以延长撞击的持续时间和桩的贯入,桩帽在桩头上要套得松些以使桩头能够转动,但也不要套的太松,以免影响桩帽、桩身和桩锤的轴线重合。

(2)适宜的打桩衬垫既可以延长桩锤打在桩头的接触时间还可以增加打桩贯入力,也不会降低贯入度,当桩身较短,桩靴下阻力一般时,可用 8~10 cm 厚的木垫,当向很软的土层施打长桩时则应用 15~20 cm 厚的木垫,当木垫被打硬、烧坏或打破砸裂等情况,都应及时更换。

(3)打桩开始时,通过观测校进桩的竖直线或斜桩的规定倾斜度,打桩一开始就应妥为保持好正确的垂直轴线,以避免桩头受偏打,建议采用固定式导杆,横轴线与导杆轴线脱离平行时,要立即纠正。除在打桩开始时,可在导杆支座处,垫进楔块以校正桩轴线之外,管桩一经打入地下后,就不能再从桩头上或从接近桩头处来校正桩的位置和方向,以免使桩受到损害。

要保证桩顶平面确实垂直桩身轴线,桩顶不得露出有钢绞线头或钢筋头,对于桩头的棱边和隅边,则要做出小斜角,打桩中要经常观察桩锤有无偏打和有无错位、衬垫有无不平、桩帽有无晃动,因为这些易引起桩头的破裂。

(4)如果打桩开始时的土层阻力很小时,要降低桩锤的锤击速度。在预估的软土层中打桩时或在出现容易打进的情况之下,都应降低锤击速度,以免产生拉应力。在施打长桩通过软土层时,降低锤速尤为有效;如果混凝土桩是采用预钻孔法或射击水法下沉就位的,则需要在肯定桩靴已确实落进孔底的有相当阻力的实土层之中,才能施以充分的打击能量,打桩落实;射水沉桩时,要避免在桩靴附近或桩靴下边射水,因为这将冲空桩靴底部或减弱阻力,对于许多砂层沉桩来说,最好使用大型桩锤打下,而不宜采用射水与锤击并用的施工法。

(5)每根桩一经开打原则上就不能中断应连续直至打完。确定“停打”问题是一项重要的控制项目,应由施工技术负责人控制,因为打桩中断一定时间或桩的深度不够,桩周土质将趋于密实,摩阻增大不易桩的贯入,同时可能导致桩被打坏。打桩的停打深度,原则上是要使桩靴贯入持力层(非岩石层)内 2~3 倍的桩径程度。

每根桩的容许打击次数随桩的规格、长度、形状、地基情况等的不同而不同,不可能作出统一规定,但一般不宜超过表 3-2-10 的数据。

表 3-2-10　桩的容许打击数

项　　目	预应力混凝土管桩
限制打击次数	2 000 以下
最后 10 m 范围的限制打击次数	800 以下

(6)为了降低打桩应力,对于所需的打击能量,要使用重锤低打,而不是采用轻锤高打。应严格控制各种桩锤的动能:用坠锤和单动汽锤,提锤高度不宜超过 50 cm(控制单动汽锤的落锤高度调整装置);用双动汽锤时,可少开汽阀降低气压和进气量,以减少每分钟的锤击数;用柴油机桩锤时,可控制供油量以减少锤击能量。以后视桩的入土中的情况,逐渐加大冲击能量,至桩的入土深度和贯入度都符合设计要求时为止。坠锤落距原则上限在 2 m 以下,单动汽锤的落距原则上不大于 0.6 m。

已沉好的各类空心管桩,应在桩顶临时加盖,防止人或物掉入以策安全。

一般不应利用已做好的基桩做地垅桩。沉完一根桩后,应立即进行检查,确认桩身无问题,再移动桩架。

(7)沉桩施工应随时注意气候的变化,如遇暴雨和大风(超过 5 级)应停止沉桩作业,并对所有设备进行检查。如风力达到 7 级时,应采取稳住桩架等措施,必要时可放倒桩架。在雷电季节施工时,应有防雷电的措施。

4. 斜桩作业

(1)斜桩施工时,桩机下必须铺垫厚钢板(30 mm),桩机履带应完全处在承垫钢板上,以补充地基承载力不足,保持桩机稳定;履带桩机前后液压支撑应支于承垫钢板上,防止桩机前后俯仰,减少沉桩时斜率变化。放桩位前,先按斜桩桩顶到地面的距离及斜桩方向,计算样桩提前量,然后再放桩位。

(2)斜桩的斜率控制,桩架上设置导向架,并确保桩身与导向架始终处于平行状态。斜桩施工中,下节桩最为关键,在桩尖入土 3～4 m 之内,应加强斜率监控,若发生垂直度和斜率变化,应及时修正;斜桩接桩时,上、下节桩应在同一轴心线上。桩起吊和插桩时,桩机导杆恢复垂直状态,方能施工。

(3)送桩器应具有足够的强度和刚度。送桩刚度宜尽量接近桩身刚度,且应考虑能尽量减小上拨时的阻力;送桩器应与管桩直径相适应,桩帽宜套入桩顶 30～40 cm。

送桩过程中,应确保桩锤、送桩器和桩身在同一中心轴线上。送桩后,很容易使桩平面位置产生偏差,尤其是送桩深度超深,桩的偏斜越大。故施工中必须保证"送桩杆"与桩身的纵向轴线保持一致。

5. 接桩作业

沉桩过程中一般都需要接桩。接桩应力求迅速,尽量缩短停打时间,如停打时间过长,则周围土壤恢复使桩不易打入。桩头构造有多种形式,目前主要为法兰式桩头和焊接式桩头。法兰式桩头接桩时,将上下两节桩的法兰螺孔对好,并将上下两节桩的纵轴线对准,然后穿入螺栓,并对称地将螺帽逐步拧紧。待全部螺栓帽均拧紧并检查上下两节桩的纵轴线符合要求后,便可将螺帽点焊固接,然后在法兰盘上涂以防锈油漆或防锈沥青胶泥。法兰式桩头的优点是接桩迅速,操作方便;但法兰式桩头构造复杂,用钢量较多。

焊接式桩头构造简单,用钢量较少,制造较方便;缺点是用手工电弧焊时,操作较麻烦,费时稍长,但如果采用管状焊丝半自动电弧焊则接桩施工也很方便。由于焊接接桩具有更好的经济性。现将其施工中一些问题介绍如下:

焊接接桩要设置脚手架和防风屏以便于接桩作业。对于接桩的焊接作业要安排有充裕的作业时间,焊接之后至少再等 5 min 才能开始锤打。

在上、下节管桩接头焊接之前,应检查接头处是否完整并将接头处的浮锈、泥土、油污等清除干净;如下一节桩的头部,由于锤击而弯曲变形的部分要切除。

上、下节管桩连接时,要校正好垂直度保持在同轴上。

焊接时不得在桩管壁上打弧,如要调整电流强度,应在电弧板上进行。

气候异常如下雨、下雪、大风和气温在 0 ℃以下,需采取有效措施,保证质量,并经技术部门批准后方可进行施焊。当气温低于 5 ℃时,不宜施焊。

接口尺寸和允许误差应符合相关规定。焊缝一般应作外观检查。当缺陷较大时,则应进一步作超声波或 X 射线检查,作出判断,进行处理。

2.2.2.4　沉桩出现的问题及处理

桩贯入度突然减少。一般是桩由软土层进入硬土层,或桩尖遇到石块等障碍物。此时不可硬打以免桩身被打坏。查明原因后,可加用射水配合沉桩将障碍物冲开,或改用能量较大的桩锤。

基础桩身突然急剧下沉,有随时发生倾斜或移位。一般是由于桩身破裂,接头断裂或桩尖劈裂。应查明情况再决定处理措施。

桩未发生急剧下沉,或发生倾斜或桩位移动。产生原因,一般是桩尖不对称,或遇障碍物;或桩的接头在土中被打坏而错动;如倾斜移位原因在桩尖或接头在土中被打坏,且倾斜移位值已超过容许限值时,可拔出换桩重打或在一旁加桩。如偏斜原因在桩顶或未入土部分或入土不深时,可用钢丝绳、链滑车等机具施加水平力纠正,桩头不平时可凿平或垫平再打。

桩不下沉,桩身颤动,桩锤回跳。为桩尖遇到障碍物、或桩身弯曲、或接桩后自由长度过大,可分析障碍物的位置和类别,采取偏移桩位、加装铁靴,射水配合等方法穿过或避开障碍物;桩身过长可加夹杆;桩身弯曲过大,须换新桩。

桩身涌起。在软黏土中沉桩,先沉下的桩能随土的涌起而上涌。涌起的桩的承载力将降低。应选择涌起量较大的桩作冲击试验,如合格可不复打;如不合格,除该桩应复打外,并应将其他涌起的桩同样再作冲击试验和必要的复打。

打桩破损问题。在打桩过程中有时可能将桩打出裂缝或将桩打坏,其破坏类型可大致下列情况:由于打击压应力过大,致桩头混凝土被打坏;由于进桩阻力太大致桩靴混凝土被打坏;由于从桩靴或再从桩头反射回来的拉应力太大,致桩身出现横向裂缝或桩身破坏;由于扭曲应力和反射拉应力的联合作用,致桩身出现横向裂缝。

其产生原因有多种:桩顶部分混凝土浇筑质量太差,桩顶面与桩轴线不垂直,未安置桩帽或已安置桩帽但桩帽内无缓冲垫或缓冲垫使用已久失去效用、连接上下两节桩的轴线不在一条直线上;贯入度已很小,但仍用重锤猛打。如果能对打桩作业进行妥善管理和严格控制,则有可能避免破损问题。下述表中列出各种打桩破损问题的产生原因及其纠正措施。

1. 桩头破损和压屈破损

桩头破损和压屈破损见表 3-2-11。

表 3-2-11　桩头破损和压屈破损

打桩破损类型	问题产生原因	纠 正 措 施
桩头破损	桩帽内径比管桩外径大出很多	使桩帽内径只比桩径大出 10～20 mm 为好
	由于桩帽上的衬垫出现倾斜不平,从而造成偏打	更换衬垫
	桩垫已失效,但仍继续锤打	常常更换衬垫
	桩身、桩锤、桩帽的轴线不在一条直线上,从而发生偏打	将桩锤、桩帽的轴线调整到与桩身轴线相重合
	桩头附近缺乏足够的螺旋筋:预应力筋的锚固作用产生的一定程度的横向拉应力	结构设计时设置足够的螺旋筋
压屈破损	桩靴达到坚硬层时,柴油锤突然起跳过高	注意调节起锤高度
	相对于管桩直径来说柴油锤锤型过大,但桩锤落程又难于调节	改用小型柴油锤
	桩靴达到填土层下的旧硬层时,或达到硬结黏土层时,由于桩靴滑偏造成折断,土从开口型桩靴挤进管桩内部胀裂管壁	将桩靴改成开口型桩靴,缩小桩靴的开口面积,限制进土量

2. 预应力混凝土管桩裂缝产生的原因和处理措施

具体见表 3-2-12。

表 3-2-12　预应力混凝土管桩裂缝产生的原因和处理措施

类　型	裂缝产生原因	纠 正 措 施
打桩中的水平裂缝;在距桩顶约 1/2 的桩长部分,可看到横向裂缝和粉尘喷出现象,缝距约半米左右,缝口有混凝土剥落现象	从悬空状态下的桩靴处有拉应力反射进入桩身	1. 增加软木衬垫的厚度 2. 降低锤击高度 3. 打桩中不在桩靴附近射水或钻孔 4. 增加锤重

续上表

类　　型	裂缝产生原因	纠 正 措 施
打桩中出现斜裂缝,有大面积的表面破裂	有扭矩和反射拉应力的联合作用	1、2、3、三项同上 4. 勿使桩帽钳制桩头,即勿使由此产生的扭曲作用 5. 勿使导杆或导钣箱钳制桩身
	返进管桩内部的泥水表面高过管外泥水表面从而造成内压	在桩身上设置适当的排水口
	在锤击水柱下的水锤效应	不在水面下锤击桩头或使用带有大开口的特制桩帽(此开口面积要大于管内面积的 60%)
打桩中的竖向裂缝	制造混凝土桩时有收缩裂缝	进行充分的水湿养护;改变混凝土的配合比设计以减少收缩量;增加螺旋筋
	向管内填灌混凝土时由于液态混凝土的液压作用将管壁撑破	降低混凝土的填灌速度;增加螺旋筋
	打桩中由于劈裂应力在桩头上产生竖向裂缝	增配桩头处的螺旋筋;增加桩头上的衬垫厚度
	由于挤入管内的土柱的劈楔作用在桩靴或桩靴上部产生竖向裂缝	通过预射水或预钻孔来避免形成土柱;在打桩中通过管内注水或管内钻孔来破坏土柱;增配螺旋筋;采用封闭型桩靴
	从管桩内射水产生内水压	在管桩内部设置排水孔口
管桩在沉桩就位后出现竖向裂缝	管桩内的积水或稀泥发生了冰冻作用	在地表面下设置排水口以使管内水能够流出;在管桩内部填充木块或泡沫塑料块;填充抗冻性材料
	高水位突然下降时管内水面高过管外水面,而管桩外表面又同时有干缩作用和低温作用	设置适当的排水口,或向管内灌满混凝土;增加螺旋筋
	由河水冲下大木块、石块,使管桩受撞开裂	向管内填满砂子或灌满混凝土
桩头混凝土在锤击下的严重破裂	在没有围筋的混凝土上进行锤击	在桩头边上作出倒角;增厚衬垫;增加桩头部分的螺旋筋;确保桩头顶面的平整度和对于桩身的垂直度

2.2.2.5　断裂桩的处理

对于沉入后已断裂破损的桩,较为严重的应拔出重打或另补新桩外,其他可根据具体情况,做修补加固处理。

2.2.2.6　管桩填充方法

管桩内填充之前应先将桩内情况查明。管桩内清理方法包括活底吸泥筒、吸泥机、射水清洗管桩内填充的长度和材料,均应按设计要求进行。如填充的桩有破损时,其填充的混凝土标号应与桩的混凝土标号相同。

(1)填充透水性土。当设计要求在桩内上面填充一段混凝土时,其下段垫层应先填充透水性土,可直接倒入填充。为避免在管内相互卡住,倒入速度不宜过快,填充料最大粒径不能大于桩内径的 1/3。结合实填材料的数量来掌握填充高度,并用吊锤探查核对填充高度,防止超填。如超填可用吸泥机吸出。

(2)填充混凝土。当桩内无水,或桩内经过封底处理将桩内水清除干净以后,可用一般灌注方法填筑混凝土,灌注不宜过快,逐层插捣密实,要掌握预计数量和实际填筑数量基本相符。每根桩应一次灌完。仅在桩头部分填充混凝土时,在桩内悬吊底模,要求底模强度能承受灌注混凝土时的荷载。

(3)填充混凝土当桩内有水,可参照灌注水下混凝土方法进行。

2.3　冲击反循环钻孔法施工

随着国民经济的发展,铁路、公路的桥梁中大多采用钻孔灌注桩基础,其成孔方法较多,而冲击钻孔法是常见的一种，它能适应各种地层，特别是冲击硬质岩层优势明显。近年来，使用冲击反循环钻孔法成孔速度大有提高，应用较为广泛。

2.3.1　工艺与装备

2.3.1.1　施工工艺

1. 工艺流程

冲击钻孔、冲击反循环钻孔施工工艺流程，见图 3-2-8、图 3-2-9。

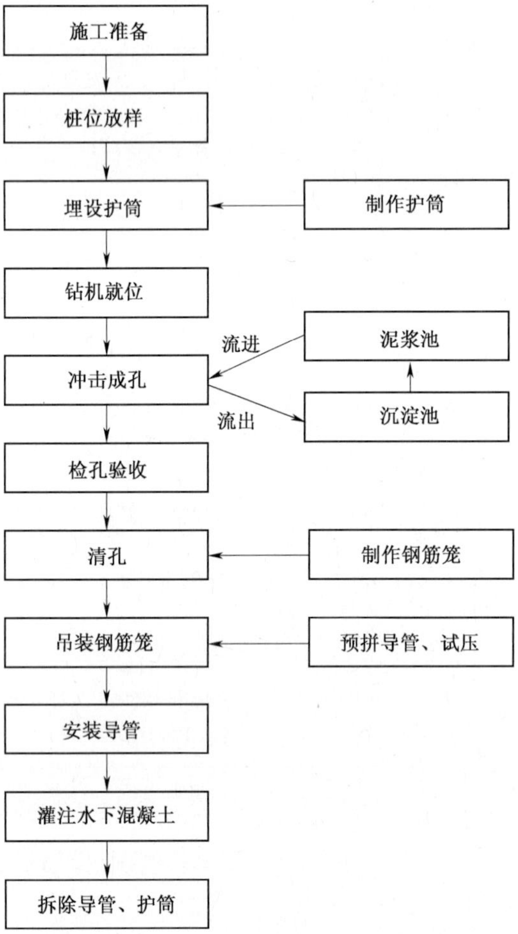

图 3-2-8　冲击钻孔施工工艺流程图

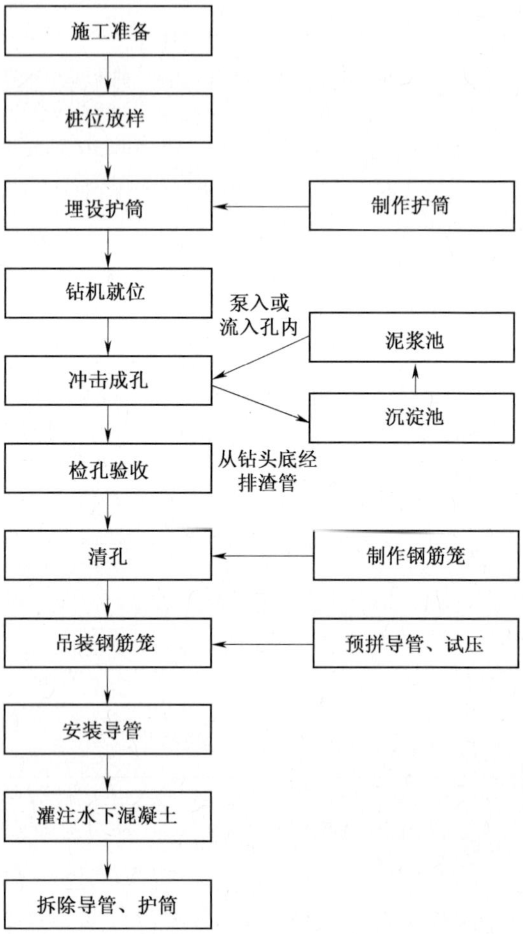

图 3-2-9　冲击反循环钻孔施工工艺流程

2. 工艺特点

(1)设备简单，操作方便。

(2)可以采用反循环冲击成孔提高效率。

(3)可以穿过漂石、卵石、砾石等地层。

(4)处理复杂地层中的基础具有一定灵活性。

(5)它可直接投入黏土块入孔自行造浆。

3. 适用范围

冲击钻孔法适用于孔径 100～300 cm。冲击钻机适用于所有土层，采用实心锤钻进时，在漂、卵石和基岩中显得比其他方法优越。

2.3.1.2　施工装备

机械性能及参数见表 3-2-13。

冲击钻孔系统设备由冲击钻头、三脚立架、卷扬机组成。冲击钻机配有 1～5 t 重的冲击锥。国产的冲击钻机主要是 CZ 型的 CZ-30、CZ-28、CZ-22 等，另外还有 YKC-31、YKC-30 等型号。

表 3-2-13　常用冲击钻机技术性能表

钻孔类型	卷筒负荷(kN)	钻头最大重量(t)	冲程(m)	冲击频率(次/min)	电动机功率(kW)	钻机质量(t)
YKC22	20	1.3	0.35～1.0	40,45,50	20	6.85
YKC20	15	1	0.45～1.0	40,45,50	20	6.18
YKC20-2	12	1	0.3～0.76	56,58		
YKC30		2.5	1,0.8,0.7,0.5	40,45,50	40	11.15
GID-1500		3	0.1～1.0	0～30	30	16
CZ30	30	2.5	0.5～1.0	40,45,50	40	13
CZ22	20	1.5	0.35～1.0	40,45,50	22	7
CZ20	20	1.5		40,45,50	20	6.18
CJF-20	240	4.0	0.65,1.0,1.35	36,46	75	

2.3.2　技术要点

2.3.2.1　*施工准备*

1. 平整场地(陆地)

平整场地应达到“三通一平”，以便钻机安装和移位；对于不利于施工机械运行的松散场地，应采取硬化、加固等措施。场地要采取有效的排水措施。

根据施工图设计，合理选择和确定进出线路和钻孔顺序，制定场地布置方案。合理安排泥浆池、沉淀池的位置，沉淀池的容积应满足 2 个孔以上排渣量的需要。

2. 围堰筑岛(浅水)

对于浅水区域的桩基施工，可采用围堰筑岛方式施工，筑岛填料宜用黏土，岛面要有足够的施工场地，岛面高程应高出施工水位 1.5～2.0 m。

3. 平台施工(深水)

对于场地为深水时，可采用钢管桩施工平台、双壁钢围堰平台等固定式平台，也可采用浮式施工平台。

4. 测量定位

桩位放样后，应埋设好护桩，并做好测量交底，随时进行检查。

5. 制作埋设护筒

护筒一般用 4～14 mm 厚的钢板加工制成，高度为 1 500～2 000 mm。钻孔桩的护筒内径应比钻头直径大 200～400 mm。护筒顶部应高出地面 250～350 mm。护筒顶高程，采用反循环时应高出地下水位 2.0 m。

护筒位置要根据设计桩位，按纵横轴线中心埋设。埋设护筒的坑不要太大。坑挖好后，将坑底整平，然后放入护筒，经检查位置正确，筒身竖直后，四周即用黏土回填，分层夯实，并随填随观察，防止填土时使护筒位置偏移。护筒埋好后应复核校正，护筒中心与桩位中心应重合，偏差不得大于 50 mm。

护筒的埋设深度：在黏土中不宜小于 1 m；在砂土中不宜小于 1.5 m，并保持孔内泥浆液面高于地下水位 1 m 以上。

6. 钻机就位安装

钻孔机就位时，必须保持平稳，不发生倾斜、位移，其下部要用方木垫平，塞牢。桅杆顶端用钢丝绳对称拉紧。为准确控制钻孔深度，应在机架上或机座上作出控制的标尺，以便在施工中进行观测、记录。冲击反循环钻孔采用液压起塔、液压步履纵、横移位安装就位。

7. 泥浆制备及指标控制

泥浆必须具备的性质：

物理稳定性。静置相当时间其性质不变化，不因重力而沉淀。

化学稳定性。不因水泥、海水等异物混入而污染。

适当的比重。比重大对护壁、浮渣有利，但比重太大会使泵的能力不足也影响钻进速度。

良好的触变性。要求泥浆在流动时,阻力很小,以便泵送。当停止钻孔时,泥浆能很快凝聚成凝胶状,避免浆中砂粒迅速下沉,同时也维持孔壁稳定。

形成薄而韧的泥皮,黏附于孔壁上,不透水,不坍塌。

能够容易从沉淀池,旋转器中分离出来。

不产生过多气泡。

泥浆性能指标见表 3-2-14。

表 3-2-14　泥浆性能指标表

钻孔方法	地层情况	泥浆性能指标要求						
		相对密度	黏度(s)	静切力(MPa)	含砂率(%)	胶体率(%)	失水率(mL/30 min)	酸碱度(pH 值)
冲击钻机	黏性土	1.05～1.2	16～22	1～2.5	<4	>95	<25	8～10
	砂土 碎石土 卵石 漂石	1.2～1.45	19～38	3～5	<4	>95	<15	8～10
测定方法		泥浆相对密度计	漏斗黏度计	静切力计	含砂率计	量杯法率	失水量仪	pH 试纸

膨润土泥浆具有相对密度低、黏度好、含砂量小、失水量小、泥皮薄、稳定性强、固壁能力高、钻具冲击阻力小、钻进率高、造浆能力大等优点,是钻孔施工的优质泥浆。其制备的主要材料是膨润土和水,外加剂有分散剂,增黏剂,防漏剂。

黏土泥浆的主要材料为:黏土,水,纯碱,外加剂(分散剂和增黏剂)。

泥浆的配合比应视地质情况、施工机械等条件选定。选定配合比后,经过配制试验并修正后确定泥浆配合比。

2.3.2.2　钻进成孔

1. 开孔钻进的控制

开孔时应扶正锤头用小冲程低锤密击。如表土为淤泥、松散细沙等软弱土层,可加黏土块夹小片石,反复冲击造壁,保证护筒的稳定,控制好桩位中心。

必须保证泥浆的供给,使孔内浆液稳定。冲击反循环钻进也应从正循环开始,待泵吸反循环系统可以正常工作时才用反循环钻进。

2. 冲击(反循环)成孔工艺

冲击钻孔法是利用电力起重力,带动卷扬机上的单根钢丝绳,通过桅杆上的导向轮提引钻头作上下冲击运动,形成瞬时冲击力破碎岩土,其钻渣由孔内泥浆承托上浮,待冲击一段时间后,提出钻头,再利用桅杆上的副绳提引抽渣筒入孔内捞渣,倾倒入泥浆槽内流入沉淀池内净化,再供使用,如此往复的成孔方法即为冲击钻孔法的施工工艺。

(1)开始钻基岩时应低锤密击或间断冲击,以免偏斜。如发现钻孔偏斜,应立即回填片石至片孔处上部 0.3～0.5 m,重新钻进。

(2)遇弧石时可适当抛填硬度相似的片石,采用重锤冲击,或中低冲程交替冲击,将大弧石击碎挤入孔壁。

(3)必须准确控制松绳长度,避免打空锤。一般不宜用高冲程,以免扰动孔壁,引起坍孔、扩孔或卡钻事故。

(4)经常检查钢丝绳的磨损情况,卡扣松紧程度、转向装置是否灵活,以免掉钻。

(5)经常检查冲击钻头的磨损情况,如磨损较大,切削角不符合要求时要及时更换修理,以提高钻进效率和防止卡钻等事故。

(6)勤松绳:防止打空锤,避免钢丝绳承受过大的意外荷载而遭受破坏。

(7)勤补浆:保持泥浆浓度,使孔内钻渣能及时排出孔外。

(8)勤取渣:使钻锤经常冲击新鲜地层。

3. 扩孔率的施工控制

扩孔率过大是钻锤摆动过大或因地层松软冲击振动力过大，或因钻头直径过大等方面原因造成。必须控制钻锤的摆动和冲程的大小，改善钻头直径的匹配，以控制扩孔率。

4. 泥浆回收及排渣处理

钻孔时，采用泥浆悬浮钻渣和护壁，因施工中水泥、土粒等混入及泥浆渗入孔壁等原因使泥浆性能改变，以及为了回收泥浆原料和减少环境污染，可使用机械、物理、化学等方法使泥浆净化与再生，可在现场设置泥浆池、沉淀池等泥浆循环净化系统，钻渣应集中运至弃渣场处理，切忌污染环境。

泥浆池、沉淀池的池面高程应比护筒低 0.5～1 m，以利泥浆回流畅顺，位置布局要合理，不得妨碍吊机和钻机行走。泥浆池的容量为每根桩排渣量的 1.5～2 倍。

应有专人清除沟槽沉淀物，多余的泥浆要及时排出坑槽，保证不淤塞，维护泥浆沟(槽)、沉淀池、泥浆池的工作性能。

5. 终孔时的清孔方法及验孔标准

冲击正循环钻孔完成后用抽渣法清孔，直至孔底沉渣厚度满足要求为止。冲击反循环钻孔采用换浆法清孔使孔内泥浆达到标准为止。清孔过程中，必须及时补给足够的泥浆，并保持孔内浆液面的稳定。冲击钻孔成孔质量标准见表 3-2-15。

表 3-2-15　冲击钻孔成孔质量标准

项　目	允许偏差
孔的中心位置(mm)	群桩：100；单排桩：50
孔径(mm)	不小于设计桩径
倾斜度	小于 1%
孔深	摩擦桩：符合设计要求；支承桩：比设计深度超深不小于 50 mm
沉淀厚度(mm)	摩擦桩：符合设计要求，当设计无要求时，对于桩径≤1.5 m 的桩，≤300 mm；对于桩径>1.5 m 或桩长>40 m 或土质较差的桩，≤500 mm； 支承桩：不大于设计规定
清孔及泥浆指标	相对密度：1.03～1.10；黏度：17～20 Pa·s；含砂率：<2%；胶体率：>98%

2.3.2.3　钻孔异常的预防及处理

1. 坍孔

坍孔不严重时，可回填片石、黏土至坍孔位置以上，同时采取改善泥浆性能、加高水头、埋深护筒等措施继续钻进；若坍孔严重时，应立即将钻孔全部用砂或小砾石夹黏土回填重钻。

为避免埋钻坍孔，应加大泥浆比重，应用小冲程，可以抛碎石土或片石，反复冲砸以加固孔壁。必要时增加护筒埋设长度。

2. 弯孔

出现孔身偏斜、弯曲，不严重者，可重新调整钻机继续钻进或在偏斜处吊挂钻头反复扫孔，使钻孔正直。偏斜严重时应回填硬质带棱的石块，反复冲击修孔。

预防措施：钻机安装牢固，机架不摆动，保证吊绳始终对准孔心；基地夯实，防止不均匀沉降引起钻机倾斜。

3. 卡钻

在冲击钻孔时，常发生卡钻。卡钻后不宜强提，应查明原因和钻头位置采取晃动大绳带动钻头，使钻头松动后再提起，也可用半圆形钻头修孔将钻头周围的钻渣松动后提出。在岩层中冲击钻孔，钻头磨损快，在更换钻头后应首先扩孔，防止卡钻。

4. 掉钻

掉钻落物时，宜迅速用叉、钩、绳套等工具打捞。埋钻时可采用空气吸泥机吸走埋钻的泥沙，再下钩、绳套打捞。

5. 溶洞

在穿透溶洞顶板时，要用小冲程反复冲击，慢慢击穿岩层，不可猛冲快进。如有填充物、溶洞较小，可回填片石、黏土块并立即加水利用钻头冲击将黏土块和片石挤入溶洞及其裂隙中形成一个封闭的环形壁，继续冲击钻进。如溶洞较大，又无填充物，可用内护筒跟进的办法穿过溶洞，继续钻进成孔。

2.3.2.4 灌注桩身水下混凝土

1. 原材料的选择和配合比

拌和站拌制混凝土所用水泥、粗骨料、细骨料、掺和物(粉煤灰、硅粉、磨细矿渣粉)、外加剂和水等原材料，其质量标准、检验方法、检验要求应符合现行标准。

混凝土配合比应根据混凝土原材料品质、强度等级、耐久性以及施工工艺对工作性的要求，通过试配、调整的步骤选定。混凝土的水胶比、胶凝材料用量、矿物掺和料用量、混凝土含碱量、氯离子总含量等配合比技术参数应符合规定。

2. 制安钢筋笼及检测管

钢筋笼在制作、运输和安装过程中，应采取措施防止变形。吊入桩孔内，将钢筋笼进行有效固定，防止灌注混凝土时钢筋笼移位和上浮。

检测管接头顺直牢靠，与钢筋笼的主筋焊接固定，安装期间检测管内注清水；检测管上、下端口用钢板密封，严禁泥浆或水泥浆进入管内，确保混凝土灌注后管道畅通。

3. 导管的配置、试压及安装

(1)导管的配置。导管是灌注水下混凝土的重要工具，用钢板卷制焊成或用无缝钢管制作。其直径按桩长、桩径和每小时需要通过的混凝土数量决定，一般 25～30 cm。

导管分节长度应便于拆装和搬运，并小于导管提升设备的提升高度。中间节两端焊有法兰，以便用螺栓相互连接。法兰厚度 10～12 mm，法兰边缘比导管外壁大出 40～50 mm。直径 12～16 mm，螺栓孔 6～8 个。上下两节法兰间应垫以 4～5 mm 厚橡胶垫圈，其宽度外侧齐法兰盘边缘，内侧宜稍窄于法兰内边缘。为防止在提升导管时卡挂钢筋骨架，可在每节导管上套装一个用 1.5 mm 厚钢板制的锥形活动护罩，罩住下法兰。

导管制作应力求坚固，内壁应圆滑、顺直、光洁和无局部凹凸。各节导管内径应大小一致：偏差不大于±2 mm。

导管上下法兰应与导管轴线垂直。为保持法兰位置正确和防止焊接时变形，焊制可在特制的胎具上进行。

(2)导管的试压。在导管使用前进行水压试验和接头抗拉试验，严禁用气压试压，禁止使用漏水导管。进行试压的水压不应小于孔内水深的 1.3 倍的压力，也不应小于混凝土对导管壁和焊缝所产生的最大内压力的 1.3 倍。

(3)导管的安装。中间节一般长 2 m，下端节可加长至 4 m，漏斗下可配长 0.5 m、1.0 m 的上端节导管，以便调节漏斗的高度。导管下口与孔底距离以 0.2～0.4 m 为宜。

(4)二次清孔的方法或措施。钻孔应经成孔质量检验合格后，方可开始灌注工作。当钢筋笼和导管好，灌注前应对孔底沉淀层厚度再进行一次测定。如沉渣厚度超过规定，可用喷射法向孔底喷射 3～5 min，使沉渣悬浮，直至合格后，及时灌注首批混凝土。

4. 导管隔水栓的方式及初始混凝土的储备

混凝土初灌时采用泡沫材料制作的圆柱形隔水栓，高 14 cm，直径比导管内径小 1 cm，用 18 号钢丝吊住该栓放置导管上口以下 20～30 cm 深处。剪球、拔栓或开阀，将首批混凝土灌入孔底后，立即测探孔内混凝土面高度，计算出导管内埋置深度，如符合要求，即可正式灌注。

5. 混凝土的灌注方式及混凝土表面的测量方法

(1)首批灌注混凝土的数量应能满足导管首次埋置深度(≥1.0 m)和填充导管底部的需要，如图 3-2-10 所示，所需混凝土数量可参考公式(3-2-5)计算：

$$V \geqslant \frac{\pi D^2}{4}(H_1 + H_2) + \frac{\pi d^2}{4}h_1 \quad (3\text{-}2\text{-}5)$$

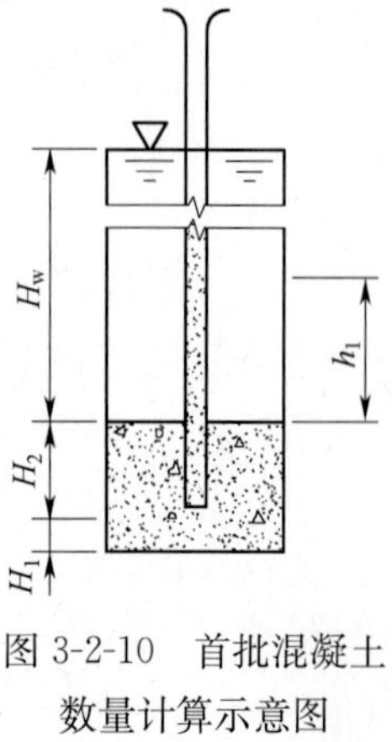

图 3-2-10 首批混凝土数量计算示意图

式中 V——灌注首批混凝土所需数量，m^3；

D——桩孔直径，m；

H_1——桩孔底至导管底端间距，一般为 0.4 m；

H_2——导管初次埋置深度，m；

d——导管内径，m；

h_1——桩孔内混凝土达到埋置深度 H_2 时，导管内混凝土柱平衡导管外(或泥浆)压力所需的高度，m；即

$$h_1 = H_w \gamma_w / \gamma_c \tag{3-2-6}$$

其中　H_w——孔内泥浆的深度，m；

γ_w——孔内泥浆的重度，m；

γ_c——混凝土拌和物的重度，取 24 kN/m^3。

(2)灌注开始后，应紧凑地、连续地进行，严禁中途停工。尽量缩短拆除导管时间，下料掌握好速度，不宜太快，以免造成气堵。

(3)灌注过程中要防止混凝土拌和物从漏斗顶溢出或从漏斗外掉入孔底。使泥浆内含有水泥而变稠凝结。灌注过程中，应注意观察管内混凝土下降和孔内水位升降情况，及时测量孔内混凝土面高度。正确指导导管的提升和拆除。

(4)深锤法测量混凝土表面。目前多采用绳系重锤吊入孔内，所示锤的沉入深度作为混凝土灌注高度。完全凭探测者手中所提测锤在接触混凝土顶面以前与接触混凝土顶面以后不同重量的感觉而判别。

测深桩的测锤的重量以重一些为好，为防止测深锤接触混凝土表面后陷入太深，以平底为宜，且底面积不宜太小。一般制成圆锥形。锤底直径 15 cm 左右，锤用铁铸成，其重量视所系绳种类、测探深度和泥浆比重等而定。一般为 6～9 kg。测绳用质轻、拉力强、遇水不伸缩、标有尺度的测绳为宜。

(5)水下混凝土的灌注一般采用泵送入孔，也有用吊车提吊斗的方式灌注，但必须连续不能间断。

6. 导管的埋深及拆卸

灌注混凝土时，导管埋入混凝土的深度，一般宜控制在 2～4 m 较好，在任何情况下，不得少于 1 m 或大于 6 m。少于 1 m 时，易发生提导管时提漏事故，大于 6 m 以上时，易发生埋管提不出来的事故。提管前须仔细探测混凝土面深度。用测深锤探测时，须由 2 人用 2 个测锤测探，防止误测。提导管及拆卸导管的高度须在测量人员的指导下进行，拆卸导管在孔口进行，要准确无误，要快。

7. 灌注超桩顶混凝土的控制

为确保桩顶质量，在施工图桩顶高程以上超灌一定高度，确保桩身混凝土的质量，灌注结束后将此段混凝土凿除。增加的高度，可按孔深、成孔方法、清孔方法确定，一般不宜小于 0.5 m，深桩不宜小于 1.0 m。

混凝土灌注到接近施工桩顶高程时，工地值班人员要计算还需要的混凝土数量(计算时应将导管内的数量估计在内)，通知拌和站按需要数量拌制，以免造成浪费。

8. 拔出导管及混凝土质量检查评定

在灌注将近结束时，由于导管内混凝土柱高度减小，压力降低，而导管外的泥浆及所含渣土稠度增加，比重增大。如出现混凝土顶升困难时，可在孔内加水稀释泥浆，并掏出部分沉淀土，使灌注工作顺利进行。在拔出最后一段导管时，拔管速度要慢，以防止桩顶沉淀的泥浆挤入导管下，形成泥心或空心。

桩身混凝土灌注完成后待强度达到要求时，进行灌注桩的无损检测。通常是利用桩身预埋的声测管以超声波检测混凝土的完整性，由此评定桩的质量。检测单位必须是有资质的专业机构。

2.3.2.5　灌注异常的预防及处理

1. 堵管

在灌注过程中，混凝土在导管中下不去，称为堵管或卡管。堵管有以下两种情况：

第一，剪球时卡管：在灌注水下混凝土时，经常会产生剪球时卡管的情况，出现这种情况的原因，是塞球制作不合理，塞球直径与导管直径差别太小，剪球前由于砂浆或细石料渗入导管与球壁之间造成堵塞。如果是这种情况，在不浪费混凝土的前提下，用一定长度(一般比漏斗长 2 m 左右)直径为 20～25 mm 的钢筋捅球塞，使混凝土下落。或利用机械振动使混凝土下落，这种方法要求操作技术娴熟，以保证混凝土在下落时导管回落到正常灌注的位置。

第二，由于混凝土本身的原因，如坍落度过小，流动性太差、夹有大粒径骨料、拌制不均匀，以及运输中产生离析或导管接缝处漏水、雨天运送混凝土未加遮盖等，使混凝土中的水泥浆被冲走，粗集料集中而造成导

管堵塞。补救方法可用长杆冲捣管内混凝土,用吊绳抖动导管,或在导管上安装附着式振捣器等使塞球下落。如仍不能下落时,则应将导管连同其内的混凝土提出孔,进行清理整修,然后重新吊装导管,重新灌注。同时必须注意:第一斗混凝土坍落度一般以控制在水下混凝土坍落度规定的高限为宜,为确保剪球顺利,可适当控制石料用量,待剪球完成后,再按正常配合比进行拌制。如果采取措施后混凝土仍不能下落,时间又长,只能放弃这一斗混凝土,适当清孔或用空压机对孔底进行扰动后重新灌注混凝土。

2. 导管漏水

(1)导管漏水主要原因。

1)首批混凝土储量不足,或虽然混凝土储量足够,但导管底口距孔底的间距较大,混凝土下落后不能埋设导管底口,以至泥水从底口进入导管。

2)导管接头不密封,接头间橡皮垫被导管高压气囊挤开,或焊缝破裂,水从接头或焊缝中流入。

(2)预防和处理方法。如果是原因1)引起导管进水,应立即将导管提出,用空气吸泥机、水力吸泥机清出。不得已时需要将导管、钢筋笼提出来采取复钻方式清除。然后重新下放钢筋笼、导管并投入足够数量的首批混凝土,重新灌注。

如果是原因2)引起导管进水,应视具体情况,拔换原管下新管,或用整修后的原导管插入重灌,但应将孔内已灌注混凝土清理干净,否则视为断桩。

3. 提漏导管

导管提升过猛,或测深出错,导管底口超出已灌混凝土面,底口涌入泥水,此时已灌注失败造成断桩,应及时提出导管及钢筋笼重钻,因此在灌注中应准确测量从而指导提导管和拆卸导管的高度,防止断桩事故的发生。

2.4 旋转钻孔法施工

旋转钻孔法由于噪声小,对土层扰动不大,振动力小,扩孔率小且使用正、反循环成孔对加快施工进度很有利,因此得到了广泛的应用。

2.4.1 工艺与装备

2.4.1.1 钻孔施工工艺

1. 工艺流程

正循环、反循环工艺流程,如图3-2-11、图3-2-12所示。

2. 工艺特点

(1)适用范围广,特别是在市区,或邻近建筑物,多优先选用。

(2)钻进速度快。

(3)护壁方法简便可靠。

(4)钻孔垂直度好,孔壁规则。

(5)清孔彻底,可提高桩尖的承载力。

3. 适用范围

旋转钻孔法适用于黏性土、砂类土及碎石类土及部分软弱岩层。

2.4.1.2 施工装备

目前部分国内大直径钻机性能及参数见表3-2-16。

2.4.2 技术要点

2.4.2.1 施工准备

1. 内容

施工准备工作如平整场地(陆地)、围堰筑岛(浅水)、平台施工(深水)、测量定位、制作和埋设护筒(直径大于桩径20 cm)、钻机就位安装等参照冲击法钻孔桩相关内容。

2. 泥浆制备及指标控制

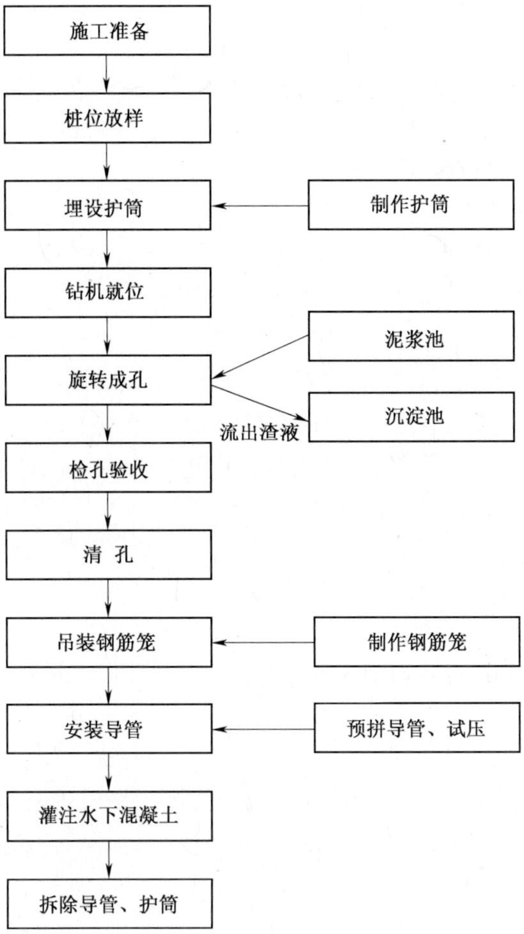

图 3-2-11　正循环工艺流程图

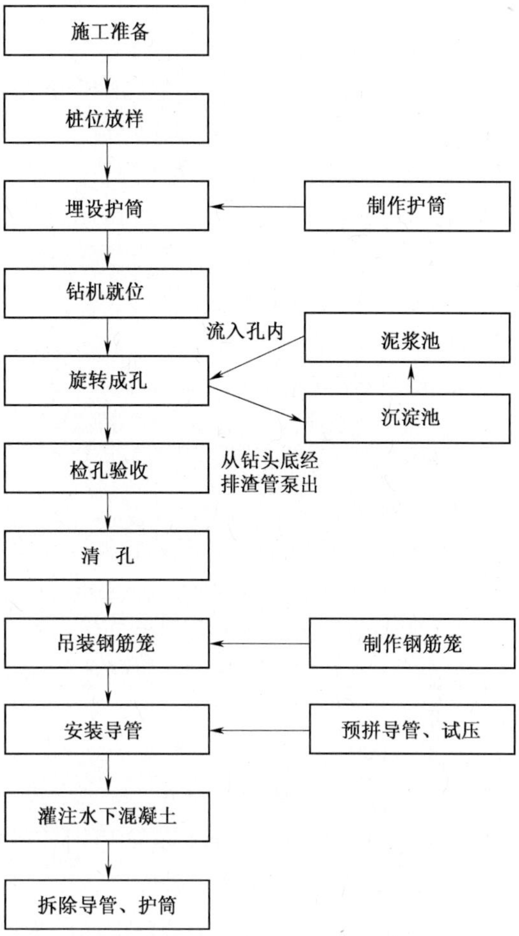

图 3-2-12　反循环工艺流程图

表 3-2-16　部分国内大直径钻机性能及参数表

序号	钻机型号	生产厂家	钻孔深度（m）	钻孔直径（m）	适应地层	扭矩（kN·m）	重量（t）	排渣方式
1	QJ250A	郑州勘测机械厂	100	3.0～6.0	黏土、砂、岩层	117	19	气举反循环
2	KP3500	郑州勘测机械厂	130	3.5～6.0	各类地层	210	47	正、反循环
3	GZY3000	洛阳矿山机械厂	90	3.0	冲积、中硬岩层	200	159	泵吸、气举反循环
4	GW-30	江西有色地质机械厂	90	3.0		120	28	泵吸反循环
5	KTY3000	武汉大桥局机械厂	130	3.0～6.0	基岩层、土层	200	50.2	气举反循环
6	GMDY-30	西安华山机械厂	80	2.0	各类地层	30	12	反循环
7	BZ1215	煤炭部和洛阳矿机厂	150	3.0～6.0	基岩层、土层	150	100	反循环
8	BZ-1	煤炭部	150	2.0～3.0	基岩层、土层	30	16	反循环

制浆最佳黏土为胶体率不低于 95%、含砂率不得大于 4%，造浆能力不低于 2.5 L/kg 的黏土。泥浆的比重以 1.1～1.3 为宜，对于松散易坍地层，适当加大泥浆比重。在沙砾层中控制在 1.3～1.45 之间，在黏土层比重控制在 1.15～1.3 之间。施工中随时测定其密度、黏度、含砂率等指标，使之达到浮渣、护壁的效果。

泥浆池的位置根据施工现场情况而定，设在钻孔附近 2～5 m 左右，孔内循环出来的带渣泥浆通过泥浆槽流入沉淀池沉淀，再流经泥浆池后进入钻孔内使用。

2.4.2.2　钻进成孔

1. 开孔钻进的控制

对正循环,应稍提钻杆,启动泥浆泵和转盘使之空转一段时间,使泥浆由泥浆泵从泥浆池输进钻杆内腔后,经钻头的出浆口在护筒内射出进行造浆,待泥浆均匀后以低挡速进行钻进,钻至护筒脚下 1 m 后,再按正常速度钻进。钻进过程中,必须保持钻孔的垂直,并保证孔内水位高于地下水位。

对反循环,先将钻头提高距孔低约 20 cm,将真空泵加足清水,然后启动真空泵,抽出管路内的气体,待泥浆泵充满水时,关闭真空泵,启动泥石泵,打开出水控制阀,把管路中的泥水混合物排到沉淀池,形成反循环后,启动钻机,慢速开始钻进。待一节钻杆钻完时,停钻沉淀,关闭泥石泵,接长钻杆钻进。

2. 旋转钻进泥浆循环方式

(1)正循环旋转钻进。泥浆由泥浆泵从泥浆池输进钻杆内腔后,经钻头的出浆口射出,带回钻渣沿钻孔上升到孔口溢进泥浆槽,返回沉淀池中净化,流入泥浆池再供使用。这种泥浆的循环方式叫正循环。

旋转钻孔法是利用电力驱动转盘转动从而带动钻杆及钻具旋转切削土体,再使用正循环方式成孔的方法即为正循环施工工艺。

(2)反循环旋转钻进。反循环与正循环泥浆运行方向相反,即泥浆由泥浆池流入钻孔内同钻渣混合,在真空泵抽吸力作用下,混合物进入钻头的进渣口,经过钻杆内腔,泥石泵和出浆控制阀排泄到沉淀池中净化,再供使用。这种泥浆的循环方式称为反循环。

旋转钻孔法是利用电力驱动转盘转动从而带动钻杆及钻具旋转切削土体,再使用反循环泥浆循环方式成孔的方法即为反循环施工工艺。

3. 扩孔率的施工控制

扩孔是钻孔灌注桩施工的常见问题,导致扩孔的原因主要有以下几个原因:地质条件差、钻机机况差、钻头过大、孔桩坍孔等。针对导致坍孔的原因,可作出以下预防和处理:

(1)地质条件差时,改善泥浆性能。

(2)钻机机况差或安装不平稳时,须从源头抓起,在开工机械进场时,严格把关,非合格钻机严禁进入,安装一定要牢固、平稳。

(3)钻头过大时,可适当减小钻头外圈的直径。根据施工经验,以 1.20 m 桩径为例,黏土地质可将钻头外圈的直径取 1.18 m,砂性地质可将钻头外圈的直径取 1.16～1.18 m。

(4)孔桩坍孔的主要原因是泥浆护壁不到位和孔内水位差为负值造成,因此,改善泥浆性能并保证孔内、外水位高差不低于 1.0 m,将很大程度避免坍孔的发生。

4. 泥浆的回收及排渣处理

在钻孔时,具有一定黏度、浓度的泥浆保持钢护筒内外的平衡,防止坍孔;另一方面把粗糙坚硬的岩石和黏性淤泥分离出来并集中排放到指定的不污染环境的地方。在灌注桩基混凝土时,将溢出的泥浆用泥浆车运至岸上泥浆池中沉淀处理。

根据上述原则,可选用法国 SOTRES-D250 型泥浆循环处理系统处理水中基础钻孔时产生的带渣泥浆,泥浆在运上岸后用化学法处理。

(1)钻孔泥浆处理。在钻 1 号桩孔前,将 2 号桩孔中的水抽至比 1 号低 4 m 左右,作为废浆临时存贮用。用泥浆泵将废浆泵入震动筛网。由震动筛网筛分出直径大于 5 mm 的砂石废渣,排放到栈桥平台的临时堆放点,堆放一定数量后,用汽车运到符合环保要求的不污染环境的地方(图 3-2-13)。

(2)灌注桩孔混凝土泥浆处理。在灌注 1 号桩时,泥浆通过废浆管道进入 2 号桩,通过 2 号桩内的泥浆泵泵入泥浆车内由泥浆车运至岸边泥浆池内沉淀。在沉淀池内出现清水后,将水完全放掉,将生石灰放入沉淀池内,搅拌、晾干后,用汽车运走。

5. 终孔时的清孔方法及验孔标准

钻孔至设计高程后采用换浆法进行清孔。其方法是向孔内注入比重较小的泥浆正循环浮出孔内泥渣或反循环抽出孔底泥渣。经检查孔底泥渣厚度满足要求后,即拆除钻头钻杆,进行钢筋笼安装。

2.4.2.3　钻孔异常的预防及处理

1. 坍孔、缩孔、流沙层

坍孔、缩孔、流沙层的预防及处理参照冲击法钻孔桩相关内容。

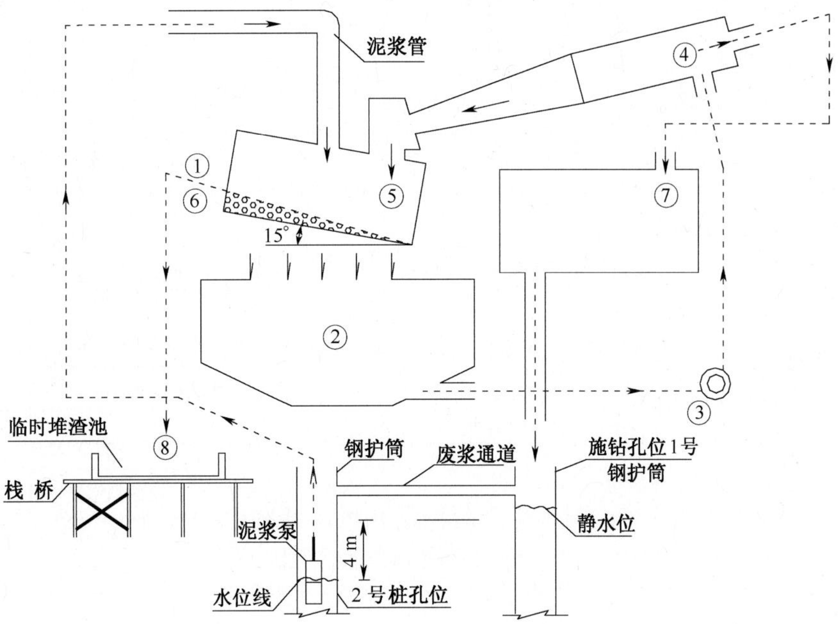

图 3-2-13　泥浆处理工作过程图

①—初级震筛网；②—泥浆储存箱；③—离心泵；④—回旋筒；⑤—漏斗；⑥—二级震筛网；⑦—水筒；⑧—废渣

2. 钻杆扭裂(断)

(1)钻杆扭裂(断)的原因。

1)钻杆接头不良或滑丝。

2)钻机养护不到位，机况无台账，导致操作人员对钻机情况不了解造成钻杆疲劳断裂。

(2)钻杆扭裂(断)的预防及处理。

1)经常检查钻具、钻杆和联结装置，并做好台账，认真检查或及时更换钻杆。

2)钻落物时，宜迅速用打捞叉、钩、绳套等工具打捞，若落体已被泥沙埋住，则应用冲、吸的方法，先清除泥砂，使打捞工具接触落体后再打捞。

2.4.2.4　*灌注桩身水下混凝土*

参照冲击法钻孔桩相关内容。

2.4.2.5　*灌注异常的预防及处理*

灌注过程中发生堵管、导管漏水、提漏导管等的预防及处理等参照冲击法钻孔桩相关内容。

2.5　旋挖钻孔法施工

旋挖钻机是一种适合在土建工程基础施工中快速成孔作业的施工机械，具有装机功率大、输出扭矩大、轴向压力大、机动灵活、施工效率高等特点，适应我国大部分地区的地质条件。

2.5.1　工艺与装备

2.5.1.1　*旋挖施工工艺*

1. 工艺流程

旋挖施工工艺流程如图 3-2-14 所示。

2. 工艺特点

(1)旋挖钻机采用动力头形式，其工作原理是用短螺旋钻头或旋挖斗，利用强大的扭矩直接将土或砂砾等钻渣旋转挖掘，然后快速提出孔外，在不需要泥浆护壁的情况下，可实现干法施工，即使在特殊地层需要泥浆护壁的情况下，泥浆也只起支护作用，钻进中的泥浆含量相当低，这使污染源显著减少，降低了施工成本，改善了施工环境，成孔效率高。噪声低、振动小、污染小，非常适于在繁华市区施工。

(2)伸缩式钻杆的使用，避免了钻杆的频繁装配，减轻了劳动强度，加快了工程进度。由于钻头的拆卸方便,可以根据土层的变化和钻进的需要随时更换钻头,加快了钻进速度,扩大了工艺的适用范围。

(3)由于旋挖钻机的特殊成孔工艺,它仅需要静压泥浆作护壁,所采用的泥浆一般用膨润土、火碱、纤维素等配置,在孔壁不形成厚的泥皮。此外由于钻头的多次上下往复,使孔壁粗糙、不易产生缩径,旋挖钻孔灌注桩的承载能力有所提高。

(4)钻机的安装比较简单,在施工场地移动比较快捷方便。

3. 适用范围

旋挖钻机一般适用于黏土、粉土、砂土、淤泥质土、人工回填土及含有部分卵石、碎石的地层。不适用的地层为含有强承压水的土层及岩层。目前,旋挖钻机的最大钻孔直径为 3 m,最大钻孔深度达 120 m。

2.5.1.2　施工装备

目前,生产旋挖钻机的厂家众多。国内生产旋挖钻孔机厂商有十余家,主要有徐工的 RD 系列钻机、山河智能 SWDM 系列旋挖钻机、三一的 SR 系列旋挖钻机、河北石家庄煤矿机械公司 XZ-20A 型旋挖钻机等,另外杭州天锐、北方重汽、哈尔滨四海等公司,国内这些公司的产品与发达国家的同类产品相比还有一定的差距。国外主要生产厂商有:德国宝峨(BG 系列)、意大利土力(R 系列)、意大利 MAIT(HR 系列)、意大利 IMT(AF 系列)以及芬兰永腾(JUNTTAN)、日本日立等公司。国外旋挖钻机产品中最大扭矩可达 620 kN · m,发动机功率达 448 kW,钻孔直径 3～4 m,钻深 120 m。

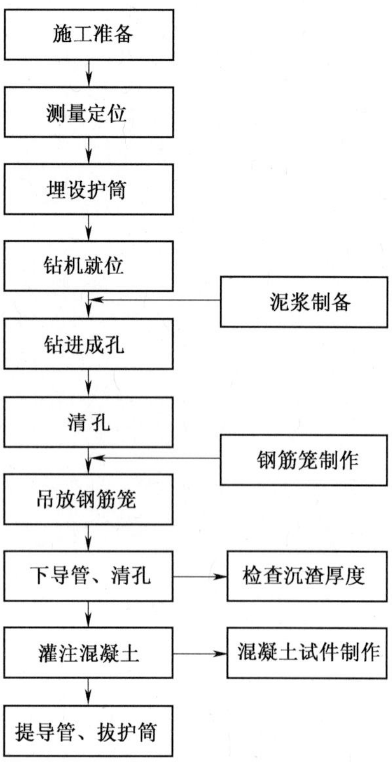

图 3-2-14　旋挖施工工艺流程图

旋挖钻机由底盘、钻桅、自行起落架、主副卷扬、动力头、钻杆、发动机系统等结构组成。

1. 底盘

旋挖钻机的底盘可分为专用底盘、履带液压挖掘机底盘、履带起重机底盘、步履式底盘、汽车底盘等。底盘一般为液压驱动,轨距可调,刚性焊接式车架,履带自行式的结构。底盘主要包括车架及行走装置,行走装置主要包括履带张紧装置、履带总成、驱动轮、承重轮托链轮及行走减速机等组成。国内外生产的旋挖钻机大多数应用的是专用底盘,轨距可调,能根据施工情况对底盘进行宽度调整,以增加钻机的整体稳定性。

2. 钻桅

目前国内旋挖钻机的变幅机构一般采用两级变幅油缸,平行四边形连杆机构,上端一级变幅油缸两端具有万向节头便于调整,钻桅截面形式为梯形截面,钻桅下端有液压垂直支腿,上端有两套滑轮机构,上下两端均可折叠,钻桅左右可调整角度为±50°前倾可调整的角度为 50°,后倾可调整的角度为 150°。国外意大利、德国制造的各类旋挖钻机可自行移动,自立桅杆,整个工作机构可在履带底盘上做±360°回转,因而现场转移、对孔位灵活方便,辅助时间少;钻架采用"平行四边形连杆机构加三角形"的支撑结构,非常适合城市狭窄场地的施工;钻架上装有垂直度检测仪,可以检测和显示钻架的偏斜度,并可通过钻机的"微动"系统调整钻架的垂直度。

3. 动力头

动力头是旋挖钻机的关键工作部件,其性能好坏直接影响钻孔机整机性能的发挥。动力头是钻机工作的动力源,它驱动钻杆、钻头回转,并能提供钻孔所需的加压力、提升力。动力头有液压传动、电机传动、发动机传动,无论何种都具备低速钻进、反转高速甩土功能。目前大都采用液压驱动,主要包括回转机构、动力驱动机构及支撑机构。动力头的钻进速度一般都具有多挡,适合在多种工况下作业。

4. 钻杆

钻杆是旋挖钻机的关键部件,是决定钻机地层适应能力的主要因素。目前旋挖钻机采用凯式伸缩钻杆,凯式钻杆可以分为摩擦钻杆和锁紧钻杆两大类。摩擦钻杆是指钻杆上的键只能传递扭矩而不能传递钻压的钻杆,而锁紧钻杆是指钻杆之间通过加压平台可以锁成一个刚性体对地层加压钻进的钻杆。摩擦钻杆用于普通地层钻进,锁紧钻杆用于坚硬地层钻进。国内外旋挖钻机的钻杆采用四节或五节伸缩内锁式钻杆,每节长度大约为 13 m,装配后总长不小于 48 m,采用高强度合金钢管,钻杆与动力头采用长压嵌内锁式连接方式。第四节上端用可滑转万向节与主卷钢丝绳相连,下端采用方形截面杆通过销轴与钻头相连,每个钻头应与方形截面杆相配,具有互换性。为了提高作业效率,一台钻机大多配备两套钻杆。

5. 钻头

钻头是决定旋挖钻机能否较好适应复杂地层、提高工效的重要部件,目前国内外旋挖钻机的钻头可分为以下几种常用的结构:

(1)短螺旋钻头。适用于地下水位以上的黏性土、粉土、杂填土、中等密实的砂土。

(2)回转斗钻头。适用于淤泥、地下水位高的黏性土、粉土、砂土、人工填土以及含有部分卵石、碎石的地层。

(3)筒形钻头。筒底带活门的锅锥钻斗,适用于流塑状土层的钻进及孔底沉渣的捞取。

此外还有捞砂斗、扩底钻头等辅助钻头。

6. 主副卷扬

国内外旋挖钻机的卷扬有主副卷扬两种,主卷扬是旋挖钻机的关键部件,在钻机的每个工作循环中,主卷扬的结构和功能都非常重要。卷扬的结构采用卷扬减速机,具有卷扬、下放、制动功能,卷筒自行设计,主卷扬应具有自由下放功能,且实现快、慢双速控制。主、副卷扬应配有压绳器。国外旋挖钻机主卷扬都采用柔性较好的非旋转钢筋绳,提高使用寿命。

7. 发动机系统

旋挖钻机的发动机系统一般包括发动机、散热器、空滤器、消音器、燃油箱等。一般旋挖钻机的发动机都选用电喷涡轮增压中冷式发动机。

8. 电子控制技术

20 世纪 90 年代国外旋挖钻机的控制技术逐步实现智能化,目前国外旋挖钻机普遍具备发动机和泵的电子控制系统,能指导主泵最佳输出,使液压负载与发动机转速相匹配,从而利用发动机的最大功率。发动机转速可在负荷较小或无负荷时实现自动控制,自动降低发动机转速,减少油耗、降低噪声和废气的排放量。桅杆垂直度自动调平系统能对桅杆进行实时监控,可实现手动和自动切换,在一定范围内自动调整角度,保证施工中桩孔的垂直度要求,提高施工质量。还具备回转倒土控制、钻孔深度测量及显示、车身工作状态动画显示及虚拟仪表显示、故障检测、报警及信息显示、整机启动前预先自动检测功能。

几种常用旋挖钻机机械性能及技术参数见表 3-2-17。

表 3-2-17　几种常用旋挖钻机机械性能及技术参数表

性能指标	宝峨 BG20	意马 AF220	土力 R-412	麦特 HR180	三一重工 220C
最大扭矩(kN·m)	191	250	122	207	220
最大钻孔桩径(m)	2.0	2.0	1.5	1.8	2.0
最大钻孔深度(m)	70	66	56	60	65
卷扬机拉力(t)	17	22	14.5	18	20
整机重量(t)	72	66	65	54	65

2.5.2　技术要点

2.5.2.1　施工准备

1. 内容

施工准备工作如平整场地(陆地)、测量定位、制作和埋设护筒(直径大于桩径 20 cm)、钻机就位安装。

2. 泥浆制备及指标控制

泥浆在钻机施工过程中可防止孔壁坍塌、抑制地下水以及悬浮钻渣等,因此泥浆是保证孔壁稳定的重要因素。旋挖钻机施工一般采用化学泥浆护壁,化学泥浆采用优质膨润土、火碱、纤维素及渗水防止剂等按一定比例配制。为了有利于膨润土和羧甲基纤维素完全溶解,应根据泥浆需用量选择膨润土搅拌机,其转速宜大于 200 r/min。泥浆拌制材料的投放顺序:应先注入规定数量的清水,边搅拌,边投放膨润土,膨润土大致溶解后,均匀地投入纤维素,然后投入分散剂,最后投入增大比重剂及渗水防止剂。泥浆性能指标见表 3-2-18。施工过程中经常检查泥浆的各项性能指标,确保泥浆对孔壁的撑护作用。

表 3-2-18 泥浆性能指标表

序号	项目名称	性能指标	备注
1	相对密度	1.1～1.15	
2	黏度(Pa·s)	18～24	
3	静切力(Pa)	1～2.5	
4	含砂率(%)	≤4	
5	酸碱度(pH)	7～9	
6	胶体率(%)	≥95	
7	失水率(mL/30 min)	30	

2.5.2.2 钻进成孔

1. 开孔钻进的控制

钻机就位后，调整钻杆垂直度，注入调制好的泥浆，然后进行钻孔。开始钻进时，采用低速钻进，主卷扬机钢丝绳承担不低于钻杆、钻具重量之和的20%，以保证孔位不产生偏差。

2. 旋挖钻进的成孔工艺

旋挖钻进的成孔工艺是通过底部带有活门的桶式钻头利用动力头驱动钻杆、钻头回转破碎岩土，并直接将其装入钻斗内，然后再由钻机提升装置和伸缩钻杆将钻斗提出孔外卸土这样循环往复不断地取土卸土，直至钻至设计深度。钻进过程中，操作人员随时观察钻杆是否垂直，并通过深度计数器控制钻孔深度。当钻头下降到预定深度后，旋转钻头并施加压力，将土挤入钻斗内，仪表自动显示筒充满时，钻头底部关闭，提升钻头到地面卸土。开始钻进时采用低速钻进，钻进护筒以下 3 m 可以采用高速钻进，钻进速度与压力有关，采用钻头与钻杆自重摩擦加压，150 MPa 压力下，进尺速度为20 cm/min；200 MPa 压力下，进尺速度为30 cm/min；260 MPa 压力下，进尺速度为 50 cm/min。钻进过程中严格控制钻进速度，避免进尺过大，造成埋钻事故。

钻进过程中要保证桩孔内泥浆高程，泥浆补充一般采用泵送方式，其速度以保证液面始终在护筒底面以上为标准。

钻孔前先用水准仪确定护筒高程，并以此作为基点，按设计要求的孔底高程计算孔深，以钻具长度确定孔深，孔深偏差不短于设计深度，超钻深度不大于 50 cm；孔径用孔径仪测量，若出现缩径现象应进行扫孔，符合要求后方可进行下道工序。

3. 扩孔率的施工控制

成孔过程中，操作人员随时观察钻杆是否垂直，钻斗进入孔内要匀速缓慢，控制钻斗提升速度，避免钻斗下产生较大负压作用，造成孔壁坍塌；钻斗挖土时转杆不能转动过快，使桩径增大。

4. 终孔时的清孔方法

当钻孔达到设计高程后，及时组织有关人员对孔径、孔深、孔位、竖直度进行检查，孔径及孔形检查用检孔器检查，孔深和孔底沉渣用标准测锤检测，检查确认合格后应立即进行清孔。清孔采用捞砂钻头将沉淀物清出孔外，要求沉渣厚度满足设计或规范要求。

2.6 钢吊箱围堰施工

钢吊箱围堰是作为深水高桩承台施工而设计的临时隔水结构，其作用是通过吊箱侧板和底板上的封底混凝土围水，为高桩承台施工提供无水的施工环境。同双壁钢围堰比较，钢吊箱具有施工工期短、水流阻力小、利于通航、不需沉入河床、施工难度小、材料用量少、经济合理等特点，因而在大跨深水桥梁的基础施工中得到广泛的应用。

2.6.1 工艺与装备

2.6.1.1 钢吊箱施工工艺

1. 工艺流程

有底钢吊箱一般均采用先桩后围堰施工方法，围堰的安装主要有墩位组拼和场外组拼两种，其施工工艺如下：

(1)墩位组拼:工厂加工钢吊箱→墩位安装底板及壁板拼装平台→安装底板→拼装壁板→安装内支撑→拉压杆安装→水平定位系统及下放导向系统安装→钢吊箱整体下放→下沉钢吊箱至设计高程→吊箱平面纠偏及竖向锁定→底板封堵与清理→封底混凝土浇筑→抽水、转换拉压杆→承台钢筋及混凝土施工。

(2)场外组拼:场地平整→搭设吊箱加工平台→钢吊箱加工拼装→钢吊箱运输至墩位→起吊下沉就位→钢吊箱锁定→堵漏→封底混凝土浇筑→承台施工。

2. 适用范围及特点

(1)钢吊箱的适用范围。当承台底面距河床面较高,或承台以下为较厚的软弱土层、且水深流急时,目前多采用有底钢吊箱作为防水措施来进行深水基础施工。

(2)钢吊箱的特点。有底钢吊箱受水深的影响相对于无底钢吊箱较小,利用护筒及其他措施定位较为容易、定位精度高;封底混凝土受底板约束,质量易于保证,数量准确;吊箱悬挂于支撑系统上,不接触河床,避免了河床高低不平的影响。

2.6.1.2 钢吊箱施工装备

机具设备配置详见表3-2-19、表3-2-20、表3-2-21、表3-2-22。

表3-2-19 钢吊箱制作机械及设备表

顺号	机械及设备名称	规格及型号	单位	数量	备 注
1	等离子切割机	LGK-8	台	1	根据工程量大小确定
2	电焊机		台	6	根据工程量大小确定
3	汽车吊	16 t	台	1	根据工程量大小确定
4	带链滑车	5 t	台	6	
5	顶杆	自制	支	4	
6	起道机或弯轨器		台	1	
7	氧气瓶		个	10	根据工程量大小确定
8	乙炔瓶		个	10	根据工程量大小确定

表3-2-20 潜水设备(浅水作业)

顺号	机械设备及名称	规格及型号	单位	数量	备 注
1	手压空压机		台	1	超过45 m为深水作业,应配备医疗和减压设备
2	潜水空气压缩机	3.0 MPa 0.3 m^3	台	1	
3	潜水服		吊	4	
4	救生服		吊	10	
5	水下通风设备				
6	轻潜设备		吊	1	
7	扩音电话	12 V	部	2	
8	高压胶管	3.0 MPaϕ13/ϕ25	m	100	

表3-2-21 水下切割设备

顺号	机械设备及名称	规格及型号	单位	数量	备 注
1	直流弧焊机	AX3-300-2	台	2	带有弧焊发电机,河北电焊机厂
2	石板闸	HRT额定电压500 V	个	2	天津低压电器厂
3	氧电弧切割水炬			2	
4	空心切割条	CDESS104φ12			根据实际需要确定
5	氧气		瓶		根据实际需要确定
6	氧压表	2.5～25 MPa	支	2	柳州自动化仪表厂

续上表

顺号	机械设备及名称	规格及型号	单位	数量	备　注
7	电缆		m		根据实际需要确定
8	胶管		m		根据实际需要确定
9	电焊墨镜		副	2	
10	橡皮手套	绝缘	副	4	

表 3-2-22　水上施工设备

顺号	名　称	规格、型号	能力	单位	数量	备　注
1	交通船			艘		根据实际需要选用
2	打桩船			艘		根据实际需要选用
3	抛锚艇			艘		根据实际需要选用
4	振动沉桩机			台		根据实际需要选用
5	浮吊			艘		根据实际需要选用
6	驳船			艘		根据实际需要选用
7	拖轮			艘		根据实际需要选用

2.6.2　技术要点

2.6.2.1　钢吊箱加工制造及拼装

1. 加工制造及拼装的总体要求及精度控制

加工制造用的钢材应满足以下要求：Q235 钢应符合现行国家标准《碳素结构钢》(GB 700)的规定；Q345 钢应符合现行国家标准《低合金结构钢》(GB 1591)的规定。

焊接材料的要求：钢吊箱加工选用的焊条、焊丝必须符合现行国家标准，包括《碳钢焊条》(GB 5117)、《低合金焊条》(GB 5118)、《碳钢药芯焊丝》(GB 10045)、《熔化焊用钢丝》(GB/T 14957—1994)及《二氧化碳气体保护焊用钢丝》(GB 8110)的规定。焊剂应符合现行国家标准《碳素钢埋弧焊用焊剂》(GB 5293)的规定。埋弧焊采用 H08H 焊丝，配焊剂 431，并满足《焊接用钢丝》(GB 1300—77)有关要求；手工焊选用结 4303 焊条，且满足《碳素钢焊条》(GB 117—85)的有关要求。

焊缝检验：

(1)焊缝高度的检验。焊缝尺寸允许偏差应符合《钢结构工程施工质量验收规范》(GB 50205—2001)附录 A 中表 A.0.2 的规定。

检验方法：用焊缝量规检查。

(2)外观检验。所有焊缝均应冷却后进行外观检查，并填写检查记录。所有焊缝不得有裂纹、未熔合、焊瘤、夹渣、未填满及漏焊等缺陷，外观检查不合格的焊接件，在未返修合格前不得进入下一道工序。

(3)内部质量检验。对钢吊箱下放吊点位置的受力焊缝应沿焊缝进行全长超声波探伤，质量等级要求为Ⅰ级。

对吊箱壁板在现场的拼接焊缝中，壁板与底板、底板防撞桁架以及内支撑之间的焊缝进行全长超声波探伤检测，质量等级要求为Ⅰ级。

检验不合格件，在未返修合格前不得进入下一道工序。

精度控制：吊箱分块制作，拼装完成后的总体尺寸必须满足以下精度要求：

外形平面尺寸偏差：$^{+60}_{0}$ mm；　　内口平面尺寸偏差：$^{+50}_{0}$ mm；

外形对角线尺寸偏差：$^{+85}_{0}$ mm；　　内口对角线尺寸偏差：$^{+70}_{0}$ mm；

壁板倾斜度：$\leqslant H/1\ 000$；　　壁板面板平整度：≤5 mm(3 m 尺)；

高度偏差：$^{0}_{-30}$ mm；　　拼装完成后吊箱轴线偏差：±100 mm。

2. 钢吊箱壁板加工制造

按照设计图纸在加工场加工成分块，并进行编号。

加工精度要求：

根据吊箱结构的受力要求，保证每层水平肋板在同一高程很关键，加工时其偏差不得大于 2 mm，保证在拼装阶段能够顺利对接。

每个壁板块段加工完成后均单独进行检验，其加工精度要求如下：

宽度方向尺寸偏差：±15 mm。　　　壁板厚度偏差：±2 mm。

外形对角线偏差：±20 mm。　　　高度方向偏差：$_{-30}^{0}$ mm。

3. 钢吊箱底板加工制造

严格按照设计图纸尺寸进行下料，先下纵、横梁，在轨道上铺设纵横梁，并焊接成骨架，然后铺设钢面板，并焊接好。严格检查焊接质量，其加工精度要求同壁板块段。

4. 钢吊箱内支撑系统加工制造

根据现场的吊装能力，对内支撑进行分块；按照设计图纸在加工场加工成分块，并进行编号。

加工精度：根据内支撑结构的受力要求，保证块之间顶、底层内支撑钢管在同一高度很关键，加工时其偏差不得大于 2 mm，保证在拼装阶段能够顺利对接。

每个内支撑块段加工完成后均单独进行检验，其加工精度要求如下：

平面长宽尺寸偏差：±20 mm。　　　高度方向尺寸偏差：±5 mm。

5. 钢吊箱整体吊装、分节吊装

钢吊箱整体吊装：当钢吊箱平面尺寸较小，重量较轻时，采用在岸上加工场分块加工，然后组拼成整体，采用缆索吊机整体吊装至墩位下沉就位。

钢吊箱分节吊装：当钢吊箱整体重量较重，高度较高时，根据吊装设备的允许吊装重量，可以在岸上分块加工，分节组拼，然后采用浮吊或缆索吊分节吊装。

6. 钢吊箱墩位处分块组拼

根据拼装钢吊箱时下方支撑形式的不同，钢吊箱墩位处分块组拼有两种形式：

(1)利用墩位钻孔平台作为拼装钢吊箱时的支撑。在墩位平台上拼装钢吊箱，接高钻孔灌注桩钢护筒，在其顶面设起吊分配梁，再由起吊系统滑车组起吊钢吊箱。并将钢吊箱临时吊挂于钢护筒支撑牛腿上。拆除墩位平台，解除临时吊挂，由起吊滑车组将钢吊箱缓缓下沉就位。然后转换吊点，由多根吊杆将钢吊箱吊挂于钢护筒支撑钢牛腿上。

(2)以钻孔灌注桩钢护筒为拼装钢吊箱时的支撑。在钻孔灌注桩钢护筒上同一水平高度焊接承重牛腿，在牛腿上放置钢吊箱底梁，然后在底梁上铺设钢吊箱底板，将侧板在底板上拼装成箱体。也可在牛腿上搭设平台，由驳船将块件运至平台上拼装。在钢护筒顶面设千斤顶支架，由千斤顶起吊钢吊箱，割除牛腿，下沉钢吊箱。此法不需要大型起吊设备，起吊时受周围环境的影响相对较小。

7. 钢吊箱水密试验

钢吊箱每个分块加工完成后，应对焊缝进行煤油渗透试验。即用刷子在焊缝两侧刷上石灰水，待其干后在围堰内侧焊缝刷上煤油，等 30～60 min 后察看围堰外侧是否有煤油渗透痕迹。

试验检查不合格的部位应进行补焊并报告监理工程师，补焊后还须进行复验，直到合格。钢吊箱壁板在现场拼装完成为整体后，对现场拼装焊缝同样要求进行煤油渗透试验，保证吊箱壁板整体密水性能。

2.6.2.2　钢吊箱的测量放线

用全站仪或经纬仪在平台上将该墩的纵、横向轴线放出，并标示于平台上。在钢吊箱的外壁板上标示出钢吊箱的中心线，下放过程中，严格控制壁板中心与平台上标示的纵横轴线对齐。

2.6.2.3　钢吊箱的下沉

1. 钢吊箱下沉(图 3-2-15)

(1)大型设备(缆索吊机、浮吊等)辅助下沉。缆索吊机辅助下沉：采用缆索吊机时，不歪拉斜吊，不准在重物上、重物下站人，与吊运无关人员隔离索道 50 m 以外。吊离地面 20 cm，停留 10 min 经检查无异常情况进行起运。当运至墩位停留，待停止摆动，徐徐下降，对位后入水。2001 年渝怀铁路溪门口大桥 8 号墩有底钢吊箱即采用此法施工。

浮吊辅助下沉：钢围堰在工厂制作好后拖运至施工现场，然后用驳船运至桥墩位置水域根据设计的吊点，用浮吊直接起吊钢吊箱下沉就位。将钢吊箱吊挂于钢护筒顶部所设钢牛腿上。

(2)墩位作业平台上简易设备(链条葫芦、铰车等)辅助下沉。当为中小型钢吊箱时,可以将在岸上分块加工的钢吊箱运至墩位作业平台上组拼。在钻孔钢护筒上设起吊分配梁,再由起吊系统滑车组起吊钢吊箱,并将钢吊箱临时悬挂于钢护筒支撑牛腿上。拆除墩位平台,解除临时吊挂,由起吊滑车组将钢吊箱缓缓下沉就位。然后转换吊点,由多根吊杆将钢吊箱吊挂于钢护筒支撑钢牛腿上。

图 3-2-15　钢吊箱下沉

2. 钢吊箱下沉时的纠偏措施

有底钢吊箱下沉时,由于底板上在钢护筒位置处均设有开孔,底部平面位置能够得到控制,下沉过程中控制的主要是顶面平面位置。因此可以用设于平台上的链条葫芦等简易设备通过系于钢吊箱四周的拉环,通过不断的调整对钢吊箱进行纠偏。

2.6.2.4　钢吊箱的定位

1. 水流流速较小时的简易定位措施

根据水流速度,计算水流冲击力,在钻孔平台每边钢管支撑桩上设置倒链葫芦,钢吊箱边下沉,边用倒链葫芦调整,以调整好吊箱水平位置。

2. 水流流速较大时的定位措施

当水流流速较大时,水面以上的水平定位可以用设置于钻孔平台钢管支撑桩上的倒链葫芦,对钢吊箱进行水平纠偏。水面以下钢吊箱底部的定位则通过倒向滑车,将钢丝绳一端系于钢吊箱底部的拉环上,一端系于平台横梁上的倒链葫芦,通过倒链葫芦进行调整。

2.6.2.5　钢吊箱底部处理

1. 有底钢吊箱底板封堵

钢吊箱底板在每个护筒周围均开有孔,以便于钢吊箱的下放。所开孔于护筒之间存在较大的孔隙。当钢吊箱下放到位后,需采用措施将该部分孔隙封堵,防止在浇筑封底混凝土的过程中出现漏混凝土的现象。底板封堵技术属于钢吊箱施工关键技术之一,是后继施工顺利进行的重要保证。

(1)底板封堵流程。

①在加工场加工封堵板。

②钢吊箱下放前,在底板上临时安放封堵板。

③钢吊箱下放到位后,由潜水员下去固定封堵板,并用混凝土堵漏。

(2)具体的封堵工艺。

1)封堵板的设计和加工。封堵板设计过程中考虑到护筒的偏位,根据护筒的不同偏位进行分类设计。偏位 0~5 cm 以内的采用一种形式的封堵板,内开孔圆心与封堵板外边缘圆心的偏差为 2.5 cm。每个护筒周围的封堵板分为 6 块进行分块加工,在现场通过螺栓连接。为了安装方便,每个封堵板上均安放有拖环。两相邻封堵板之间采用螺栓连接。螺栓孔为 70 mm×20 mm 的长圆孔,采用直径 18 mm 的螺栓。

2)封堵板的临时安放。封堵板的临时安放需在钢吊箱下放之前进行。在封堵板临时安放前,需将底板面板焊接完成。特别是护筒周围的面板必须补充完整,以便于封堵板的临时安放和最终固定。

封堵板需沿护筒周边临时安放,且要临时连接成一个圆环,各分块之间,以及板与护筒之间需留有空隙。封堵板的安装需与护筒倾斜方向和偏位方向相结合。

3)封堵板的固定与堵漏。在钢吊箱下放前,对潜水员进行交底,让其熟悉吊箱内结构,同时让其到现场了解实际情况。

当钢吊箱下放就位后进行封堵板的固定与堵漏。封堵板由潜水员在水下固定。首先将钢板安放于护筒周围,然后利用螺栓将各封堵板连接成一个整体。

当封堵板安装固定以后,各封堵板之间及封堵板与护筒之间有一定的空隙,用袋装混凝土对该部分进行封堵,混凝土的高度依封堵效果而定。

封堵底板施工时,对封堵板进行编号,依次封堵,由工区技术员统一记录,并由质检部复核检测。

4)钢护筒的除锈。当完成钢吊箱的封堵后,由潜水员对封底混凝土范围内的钢护筒进行除锈和清理其他杂物,施工过程中对每个护筒进行编号,对护筒的清理情况进行记录。

5)封堵观测。

①混凝土浇筑前,再次水下检查。

②对封底混凝土进行定期测量。当发现封底混凝土高程抬高情况与混凝土浇筑方量不吻合时,可能是堵漏出现问题,需立即检查。

③观测吊箱外侧水的颜色,当外侧出现大量与混凝土颜色相同的水后,即发现堵漏出现问题,需立即采取措施进行封堵。

④观测护筒周围水面情况,如出现翻水花现象,则可能出现了漏洞,需立即堵漏。

2. 钢吊箱封底混凝土施工

(1)封底平台的设计。封底平台作为承台封底施工的结构设施,其布置原则如下:

1)需保持封底混凝土施工的方便性和安全性。

2)充分利用内支撑及钢护筒作为支撑,保证结构可靠、经济。

3)兼顾考虑导管的布设。

4)便于各区域周转。

封底平台的主梁根据检算结果采用型钢制成,并在钢护筒顶面及内支撑顶面进行搭设。再采用小型型钢将主梁连接成整体,并在其上铺设木板形成平台,如图3-2-16所示。

图3-2-16　钢吊箱封底平台

(2)自流平混凝土的设计。为减少导管点的布设和增大混凝土的流动性,使封底混凝土表面平整均匀,需进行自流平混凝土的设计。

采用双掺技术,增大砂率,增加胶凝材料用量,使配置的混凝土具有很好的和易性和流动性,具有自流平、自密实的特点。具体性能指标要求如下:

1)强度不小于设计强度。

2)坍落度18～25 cm。(可以根据需要选定)

3)初凝时间不小于通过计算所得的混凝土最终浇筑完成需要的时间。

4)7 d强度不小于28 d强度的90%。

(3)导管的布设(图3-2-17)。封底混凝土的浇筑方式通常有全高度方向斜面推进和全平面整体均匀抬高浇筑两种方式。导管的布置以上述其中一种方式为原则进行布置。

导管的布置原则:导管远离护筒 50 cm 以上,避免混凝土直接冲击封堵板,确保护筒周围混凝土厚度。导管布置半径 3～5 m,以此确定导管的数量。

导管的转移:每根导管口浇筑到设计高程后,根据封底混凝土浇筑顶高程情况,转移至较低位置,导管底口距离混凝土顶面 15～20 cm,按照首批混凝土浇筑要求进行导管二次封口。

图 3-2-17　导管布设示意

(4)混凝土灌注。

1)首盘封底混凝土的灌注。首盘混凝土封口前,用测锤从导管内测出导管下口与吊箱底板的距离,调整为 20 cm 左右。首盘混凝土采用 8 m^3 大料斗。首先通过导管旁大料斗将导管上方 2 m^3 小料斗装满混凝土,关闭大料斗阀门,开始在大料斗内注满混凝土。大料斗快装满混凝土时,打开大料斗阀门,同时打开小料斗阀门,泵管不断放料,完成首盘封底混凝土浇筑。封底混凝土下放完后,要求导管埋深 0.4～0.6 m。在导管口及附近布设测点,及时测量其埋深与流动范围。

2)正常灌注混凝土。首盘封底成功后,即进入正常灌注阶段,此时可将大料斗提走,直接采用小料斗或导管直接灌注混凝土。

为保证导管出口有一定的埋深,在混凝土灌注顺利时尽量不提升导管;需要提导管时,采用浮吊或缆吊慢慢提升,提升高度控制在导管底口在混凝土面以下 100 cm,提升点处的混凝土高度要勤量勤测,杜绝提漏导管的现象发生,严格以实际测量深度为提管依据。

灌注位置混凝土高度达到设计要求后,根据监测结果,将导管移至需灌注位置进行循环施工。

(5)封底混凝土高程的控制。为控制混凝土的灌注高度,同时掌握混凝土的扩散情况,为导管移位提供依据,灌注过程中必须加强监测。根据吊箱的封底面积,确定测点位置。测点布置要保证每根导管和护筒附近布设测点,同时对吊箱边角位置布置测点。

测锤采用钢板焊接成三角锥形。测绳使用前要在水中浸泡 48 h,校核其长度。混凝土灌注前,沿测点逐点量测初始长度,并在平台固定位置做出标记,测出平台高程,作为控制封底混凝土顶面高程的依据。

混凝土的顶面控制在距封底混凝土顶面设计高程以下 20～30 cm 处,以上部分作为垫层混凝土。

2.6.2.6　钢吊箱抽水及内支撑安装

1. 已安装内支撑并采用整体或分节吊装的钢吊箱

对于已安装内支撑并采用整体吊装或分节吊装的钢吊箱,当封底混凝土强度达到设计强度后,即可封闭钢吊箱上所设的连通管,进行抽水施工。若在承台施工中,内支撑对其有碍,则需对内支撑进行置换(一般在钢吊箱设计时,内支撑要略高于承台顶 50 cm 左右,尽量避开承台位置)。

2. 墩位处分块组拼的钢吊箱抽水及内支撑安装

对于墩位处分块组拼的钢吊箱,当封底混凝土强度达到设计强度后,即可封闭钢吊箱上所设的连通管,根据钢吊箱内支撑的设计位置,可以将底层的内支撑用钢丝绳先下沉至封底混凝土上,并将钢丝绳引出;然后抽水,当抽水至第一层内支撑时,停止抽水,安装第一层内支撑,接着抽水安装内支撑,直至内支撑安装完毕,将吊箱内水抽干,进行承台施工。

2.6.2.7　钢吊箱的拆除

在桥墩浇筑出水面后,钢吊箱在承台顶面 50 cm 以上部分可拆除回收。根据浮吊或缆索吊机的起吊重量采用分段切割后整体吊出或分块切割解体起吊方式拆除。其具体方法是:

(1)拆除吊箱内、外相关的物件，凿开吊耳眼孔，由潜水工在外壁板用潜水氧电弧切割作业来实现。

当为双壁钢吊箱时，视其水流速度，其方法有二：

1)在水流速度<1 m/s 时，潜水工在围堰外沿着围堰下沉前焊的导向环进行切割。

2)在水流速度≥1 m/s 时，内壁板应先切割高度 1.2 m，堰内补水与堰外水位一致时由潜水工在堰内沿事前准备的切割线进行切割。

当为单壁钢吊箱时，则潜水工直接在围堰外沿着围堰下沉前焊的导向环进行切割。

每切割一段，潜水工用检查工具(自作环形铅丝)检查一遍，检查是否割通。

(2)当切割完毕，由潜水工再进行一次检查外壁板割缝，确认无一漏割后，再由潜水工挂好吊钩，待潜水工及设备撤离安全地点后，全面进行水域检查，确认无一障碍后起吊，运至岸上。

当吊箱较小时，在吊箱加工时可在承台顶面以上 20 cm 位置处分节，此处采用螺栓连接，拆除时由潜水工拧掉螺栓即可。

2.6.2.8　质量措施

(1)加工制造用的钢材应满足以下要求：Q235 钢应符合现行国家标准《碳素结构钢》(GB 700)的规定；Q345 钢应符合现行国家标准《低合金结构钢》(GB 1591)的规定。

(2)钢吊箱所用的钢材，应附有钢材的质量证明书，各项指标应符合设计文件的要求。质保材料应齐全。

(3)焊接材料的要求。钢吊箱加工选用的焊条、焊丝必须符合现行国家标准，包括《碳钢焊条》(GB 5117)、《低合金焊条》(GB 5118)、《碳钢药芯焊丝》(GB 10045)、《熔化焊用钢丝》(GB/T 14957—94)及《二氧化碳气体保护焊用钢丝》(GB 8110)的规定。焊剂应符合现行国家标准《碳素钢埋弧焊用焊剂》(GB 5293)的规定。埋弧焊采用 H08H 焊丝，配焊剂 431；手工焊选用结 4303 焊条。

(4)焊缝检验措施。

1)外观检验。所有焊缝均应冷却后进行外观检查，并填写检查记录。所有焊缝不得有裂纹、未熔合、焊瘤、夹渣、未填满及漏焊等缺陷，外观检查不合格的焊接件，在未返修合格前不得进入下一道工序。

2)内部质量检验。对钢吊箱下放吊点位置的受力焊缝应沿焊缝进行全长超声波探伤，质量等级要求为Ⅰ级。

对吊箱壁板在现场的拼接焊缝中，壁板与底板、底板防撞桁架以及内支撑之间的焊缝进行全长超声波探伤检测，质量等级要求为Ⅰ级。

检验不合格件，在未返修合格前不得进入下一道工序。

3)对加工件的各条焊缝要进行密水试验。

2.7　双壁钢围堰施工

自我国在 20 世纪 70 年代修建九江长江大桥时，首创双壁钢围堰这一新的围堰形式，这在简化施工工序、缩短工期方面有了新的突破。双壁钢围堰(图 3-2-18)钻孔桩基础已成为我国目前桥梁深水基础中较为广泛的基础形式。

图 3-2-18　双壁钢围堰

2.7.1 工艺与装备

2.7.1.1 双壁钢围堰施工工艺

1. 工艺流程

双壁钢围堰加工制作→运输→组拼→钢围堰就位与锚碇→浇筑双壁间混凝土→壁间加水下沉、着床、清淤→钢围堰顶搭设钻孔平台→钢护筒吊装→水下混凝土大封底→钻孔桩施工、抽水承台施工→桥墩施工出水面→双壁钢围堰拆除。

2. 双壁钢围堰的施工特点

双壁钢围堰是现代桥梁深水基础施工中常采用的一种挡水结构，具有以下特点：

1)能承受较大水压。

2)结构刚性大、能承受向内、向外的压力，所以不怕洪水淹没围堰，也不怕下沉时翻沙，施工可靠。

3)工序单一，施工简便，围堰在水中是以灌水下沉为主，主要工作是拼装围堰钢壳。同时圆形围堰内没有支撑，吸泥下沉和清基较为方便。

4)钻机平台可直接放置在钢围堰的顶部，适宜于大型旋转钻机。

3. 双壁钢围堰的适用范围

适用于各种河床的河流、湖泊、水库的深水基础施工。

2.7.1.2 双壁钢围堰施工装备

采用浮式平台、缆索吊机配合进行双壁钢围堰施工的机具设备配置见表 3-2-23～表 3-2-26。

表 3-2-23 钢围堰制作机械设备表

顺号	机械及设备名称	规格及型号	单位	数量	备注
1	等离子切割机	LGK-8	台	1	
2	交流电焊机		台	8	
3	二氧化碳保护焊		台	2	
4	汽车吊	8 t	台	1	
5	卷板机	20 mm	台	1	
6	机械千斤顶	15 t	个	2	
7	氧气瓶、乙炔瓶		套	10	

表 3-2-24 浮箱定位及导向平台

顺号	机械设备名称	规格及型号	单位	数量	备注
1	中-60 浮箱	6 m×3 m×2 m	个	20	
2	锚		个	8	
3	卷扬机	5 t	台	2	
4	滑车组	16 t	个	8	
5	滚筒马口		副		
6	马口		副		
7	锚链		m		按施工设计
8	锚缆钢丝绳		m		按施工设计
9	拖船	30 t	艘	1	抛锚收锚用

表 3-2-25 缆索吊机主要设备表

顺号	机械设备名称	规格及型号	单位	数量	备注
1	主索	4Φ55 封闭钢丝绳	个	m	
2	工作索道	2Φ47.5 钢丝绳	个	m	

续上表

顺号	机械设备名称	规格及型号	单位	数量	备注
3	索塔	5 t	台	2	
4	索鞍	16 t	个	8	
5	铰支座		副		
6	卷扬机	10 t	副		
7	卷扬机	8 t	m		按施工设计
8	卷扬机	5 t	m		按施工设计
9	钢卡板	30 t	块	按设计	主索卡板
10	牵引绳	$2\varphi26$			
11	起重绳	$2\varphi20$			
12	搬运跑车	40 t 大搬运跑车			
13	搬运跑车	5 t 大搬运跑车			
14	滑车组	20 t、30 t			

表 3-2-26　其他机械设备

顺号	机械设备名称	规格及型号	单位	数量	备注
1	空压机	12 m^3	台	2	
2	吸泥机		台	1	
3	混凝土拌和机	400 L	台	4	
4	混凝土吊罐	1.7 m^3	个	4	

2.7.2　技术要点

2.7.2.1　双壁钢围堰的主要结构组成

双壁钢围堰是一个带有刃脚的圆形或其他形状双壁水密钢结构井筒，底部以环形刃脚封闭，施工时有自浮能力。内外壁板间由水平桁架连接，整圈平面被隔仓板等分成互不连通的隔仓。如图 3-2-19 所示。

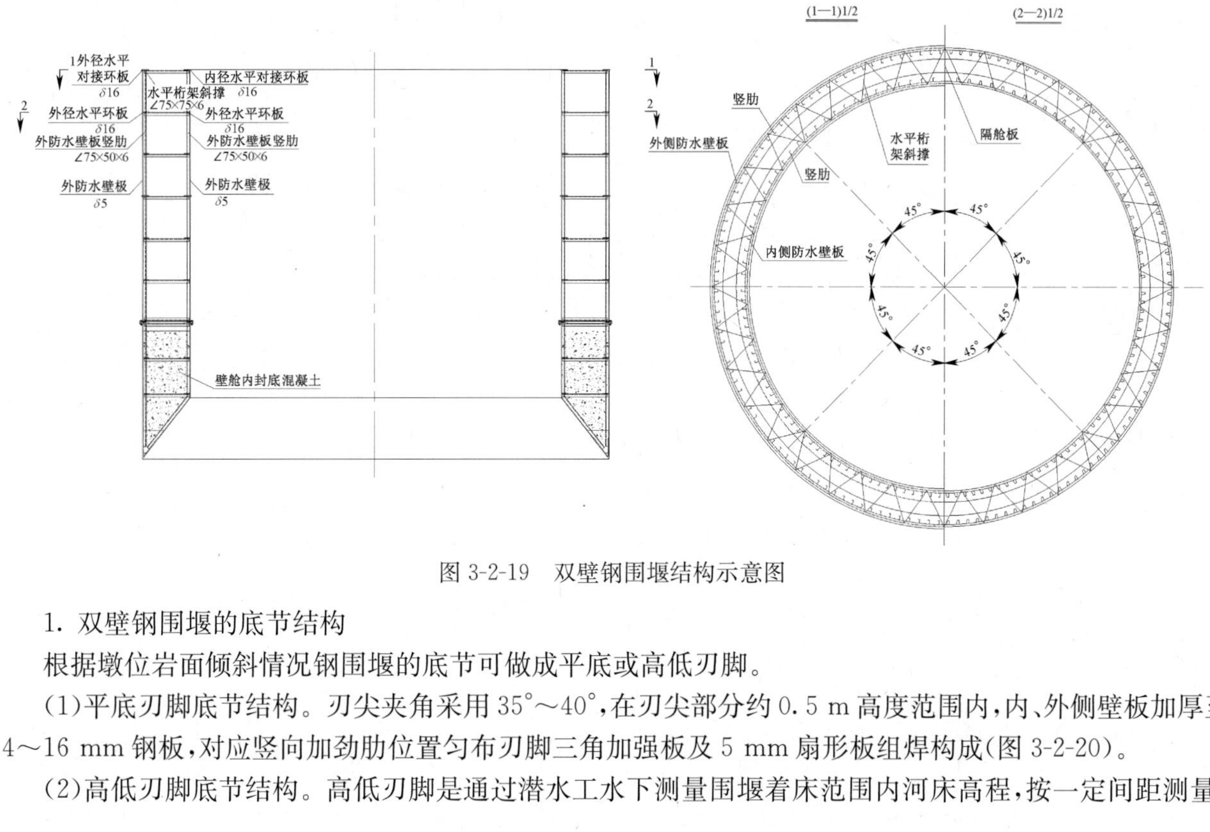

图 3-2-19　双壁钢围堰结构示意图

1. 双壁钢围堰的底节结构

根据墩位岩面倾斜情况钢围堰的底节可做成平底或高低刃脚。

(1)平底刃脚底节结构。刃尖夹角采用 35°～40°，在刃尖部分约 0.5 m 高度范围内，内、外侧壁板加厚至 14～16 mm 钢板，对应竖向加劲肋位置匀布刃脚三角加强板及 5 mm 扇形板组焊构成(图 3-2-20)。

(2)高低刃脚底节结构。高低刃脚是通过潜水工水下测量围堰着床范围内河床高程，按一定间距测量，绘出刃脚展开图。加工厂根据展开图沿平底刃脚下部加焊一块 16 mm 钢板，在钢板上每隔 500 mm 焊接 22 号竖向槽钢以增加钢板下插时的刚度(图 3-2-21)。

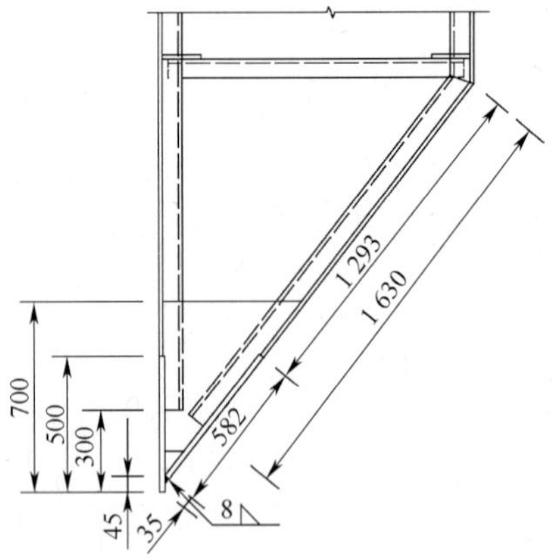

图 3-2-20　刃脚结构图(单位:mm)

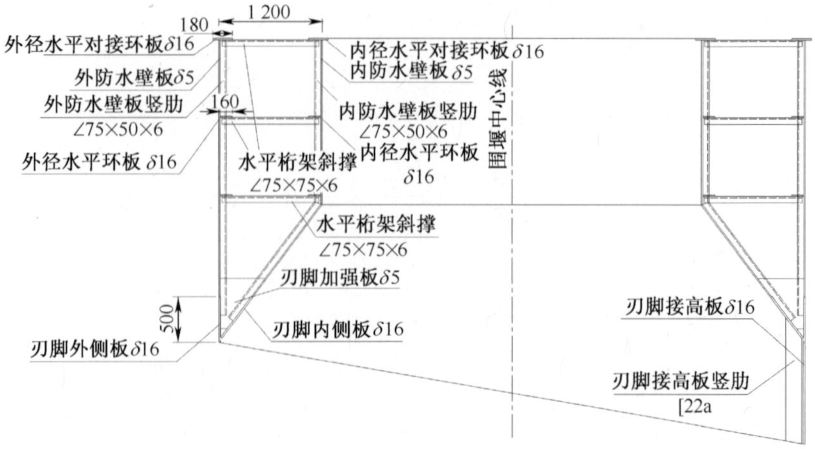

图 3-2-21　高低刃脚围堰结构示意图(单位:mm)

2. 双壁钢围堰的一般节段结构

双壁钢围堰一般节段与刃脚底节不同之处在于一般节段无刃脚，壁板竖肋直接与下一节顶层对接环板对接。

(1)一般节段构造。双壁钢围堰根据直径大小在设计时确定分仓，直径在 16 m 以下时分为 8 个仓。钢围堰一般在钢结构加工厂用卧式台架分节分块制造，也可在现场预设混凝土加工平台制造。

(2)节间连接构造。钢围堰整节间连接的方式通常分为焊接和拴接(图 3-2-22)两种。

焊接连接优点:结构简单。缺点:潜水工水下工作时间长，拆除费用高，不能重复利用。

拴接连接优点:结构简单，潜水工只需潜入水下拆除第一节与第二节螺栓，钢围堰即可依靠第二节的底板自浮上来，在水面以上切割拆除第二节以上围堰，以利倒用。

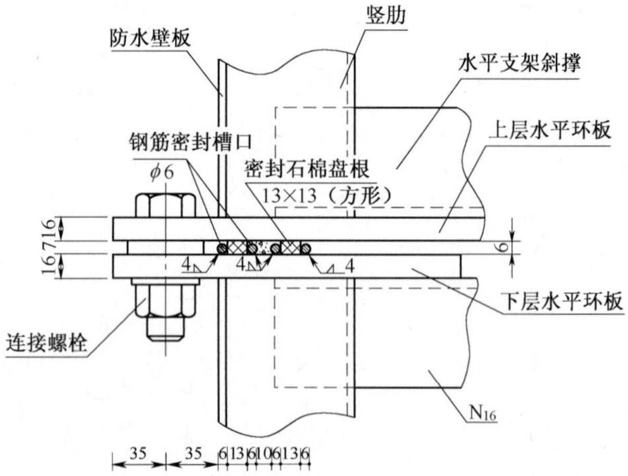

图 3-2-22　围堰拴接构造图(单位:mm)

(3)隔仓板构造。隔仓板的功能是将围堰分成几个互不连通的封闭空间，保证水中悬浮阶段于壁仓内灌水下沉时围堰的稳定，以及沉落至河床时能分仓灌水或灌注混凝土，以及沉落至河床时能分仓灌水或灌注混凝土，以适应河床面的高差和调整围堰的倾斜度。隔仓板由 5 mm 钢板且有∠75×75×6 等边角钢进行加劲，加劲角钢间距为 500 mm。

3. 双壁钢围堰顶节结构

(1)顶节构造:双壁钢围堰顶节构造与其他节段大致相同。只在围堰顶部设有支座，用它支承钻机施工平台。

(2)顶节与作业平台连接构造:一般通过型钢构件将顶节与作业平台连接。

2.7.2.2　双壁钢围堰的加工制作及检查验收标准

1. 双壁钢围堰的加工制作

双壁钢围堰加工工序为:材料进场→材料检查验收→编制加工工艺指导书→加工工艺交底→下料→水平桁架加工→1/8 单块骨架加工→底节整节钢围堰拼装→焊缝水密检查→整节质量验收合格→吊装下放入水→第二节整节加工完成→第二节质量验收合格→吊装至现场→第二节与底节现场对接→对接焊缝水密检查→第三至最后节对接完成。

(1)单根(块)构件的下料。双壁钢围堰单个构件包括水平桁架内、外环板、水平桁架斜杆、刃脚内、外侧壁板、刃脚扇形板、隔仓板、隔仓板加肋、吊耳构件。

板件均采用半自动氧、乙炔火焰切割机下料，杆件采用冲床和手工乙炔火焰切割下料。

(2)单元结构的加工。单元构件加工应根据设计图纸结合起吊能力分块加工。加工应遵循先加工刃脚构件后加工其他普通段。单块水平桁架加工是用钢板作胎模组焊，胎模上应设压板，控制水平桁架与水平斜杆焊接时板面波浪变形；整节分块构件加工是将焊接好的单块水平桁架按设计图纸规定的层间间距在钢靠模上布置好，与竖肋焊接，组焊为整节分块。组焊分块构件时应严格控制层间距离，防止围堰整拼装时接头错位；刃脚加工时刃脚内、外侧厚板应用卷板机分块压制成形。

整节拼装应在混凝土样台上进行，样台基础要牢固，在内、外壁板范围内应预埋钢板，样台表面应平整，并分点对样台抄平。组拼应注意内、外防水壁板，水平环板，水平斜撑分块断面应错缝。

2. 检查验收标准

(1)焊缝质量的检查验收标准。水平环板和刃脚处的内、外侧板组焊焊缝质量应达到国标二级焊缝，其余焊缝均应达到国标三级焊缝及以上标准。

所有内、外壁板焊缝，隔仓板焊缝均应按图纸施焊，并要求水密。必须通过煤油渗透试验并符合要求。

(2)结构尺寸的检查验收标准。

1)双壁钢围堰轴中心线偏差不得大于 1/500，每节直径误差：顶面不超过 ±20 mm，底面不超过：−20 mm。

2)环形板焊接后翘曲变形不得超过 ±5 mm。

3)每节的倾斜度不大于 2‰。

4)拼装要求。

上、下隔仓板对齐，各相邻水平环形板对齐，上、下层竖向加劲肋角钢必须和水平对接环板焊牢。

(3)水密性能的检查验收标准。钢围堰的水密性能检查用煤油渗透试验，即在壁板焊缝外侧刷石灰，壁仓内焊缝刷煤油进行检查，不允许有渗油痕迹，渗漏处必须重焊。

2.7.2.3　双壁钢围堰的测量放线

双壁钢围堰拼装时以平台中心为基准。底节钢围堰拼装时通过下口中心与刃脚平面的垂线作中心线，控制钢围堰上口半径，以后各节接高皆以此中心线进行放样和校核。

双壁钢围堰底节吊放入水后，测量人员应根据线路的中心在钢围堰顶层环板上标注出中心十字线，并应将钢护筒定位架中心线测量引至顶面。分节加工成型的钢围堰应在内壁对称作四条高度标尺，以便于下沉时观测钢围堰入水深度和垂直度。

2.7.2.4　双壁钢围堰的运输

整体(底节)双壁钢围堰运输的方式一般有以下几种。

1. 大吨位缆索吊机整体吊运

根据钢围堰分节最大吊重和水下切割拆除吊运至解体作业场的高度要求对缆索吊机进行设计、施工、检查，试吊后方可投入使用。缆索吊机设计时的缆索中心线应与线路中心线设计一致，钢围堰的拼装平台中心与缆索中心线一致。围堰吊离地面 0.2 m 后停留 10 min，经检查无异常后进行起运。运至墩位停止摆动后徐徐下放，对位入水。吊运第二节及以后各节段时，待上、下节拨正对齐，上节轻轻搁在下节钢围堰上，等上、下节连接牢固后才能摘走挂钩。

2. 岸滩处滑道入水方式的浮运

在岸滩处将已加工好的双壁钢围堰利用滑道和慢速卷扬机牵引下水其施工步骤如下：

首先施作滑道，滑道应伸入河床一定距离，设置约 −0.5% 的纵坡，以便围堰节段下滑。水上滑道可用圆木或型钢作架，排架上以 20 cm×20 cm 的方木作横梁，横梁上铺设工字钢作纵梁，纵梁上再铺设横向枕木，纵向用钢轨作滑行轨道。

用千斤顶顶升围堰，将滑道伸入其下，推入运输平车就位固定好，然后放松千斤顶，使围堰节段落在平台上，再解除平台制动，卷扬机牵引拖至滑道尽头，再用浮吊吊离滑道浮运就位。

3. 船坞入水方式的浮运

在船坞上拼装好钢围堰，船坞退出，围堰自浮，然后浮运至墩位处。

2.7.2.5　双壁钢围堰的组拼

1. 缆索吊机辅助组拼

若钢围堰在施工现场加工,可利用缆索吊机辅助组拼。一般是在索道下设拼装场地,吊车将拼装好的分块件吊至索道下方进行。但通常索道不能歪拉斜吊,索道的吊装范围较小,一般不常用。

2. 水上浮吊辅助组拼

钢围堰采用在墩位现场原位制作时,由驳船将块件运至墩位的平台上拼装。钢围堰由水上浮吊吊装单块块件,在加工拼台上拼装为整节,如图 3-2-23 所示。

图 3-2-23　水上浮吊组拼钢围堰

3. 墩位处龙门吊机辅助组拼

在大型桥梁双壁钢围堰施工时,钢围堰的拼焊、下沉、定位,是一座由两艘大型铁驳用上、下游连接梁和仓面平面连接系组成的双体浮式平台。上设两台大型龙门吊机。工厂制造的钢壳底层块件即在拼装船上拼焊成整体,再随同导向船浮运到墩位,钢壳底节上部节段由龙门吊吊装组拼。围堰用龙门吊起吊下沉,起吊前应调整各吊点的吊绳,使围堰顶面保持水平,再吊至定位框内匀速徐徐下放。

2.7.2.6　双壁钢围堰水上定位锚碇系统

钢围堰锚碇系统布置与施工区的水流向、流速和河床表层土质有关。

1. 水流流速较小时的简易锚碇系统

(1)浮箱平台(兼作钢围堰组拼平台)定位锚碇系统。

(2)两艘一般吨位船舶(兼作钢围堰组拼平台)选择及抛锚定位。

泸纳铁路沱江大桥 6 号墩双壁钢围堰采用的是缆索方式吊装围堰,围堰的锚碇系统由锚缆设施、导向船组成。锚碇系统设备材料见表 3-2-27,具体布置如图 3-2-24 所示。

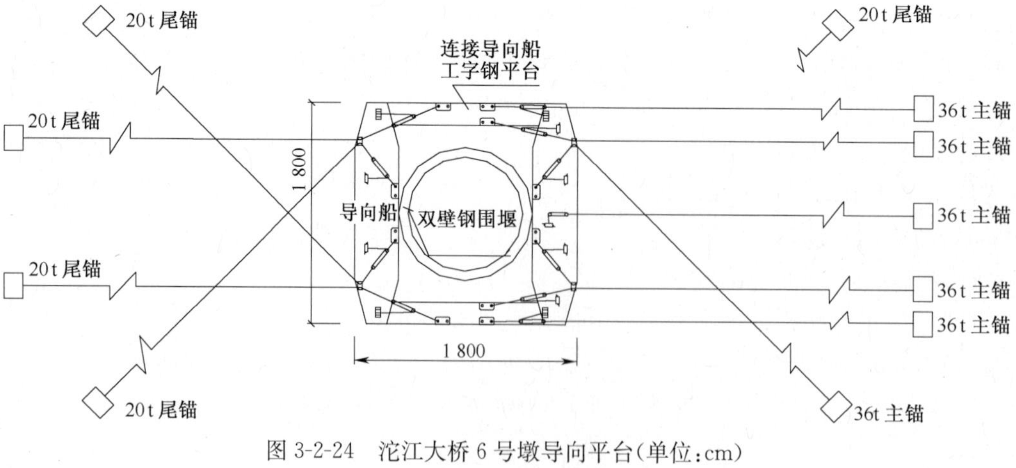

图 3-2-24　沱江大桥 6 号墩导向平台(单位:cm)

表 3-2-27　锚碇系统设备材料表

序号	名　称	规　格	单位	数量	备　注
1	导向船		只	2	
2	主　锚	36 t 钢筋混凝土锚	个	14	
3	尾　锚	20 t 钢筋混凝土锚	个	8	用于导向船固定

续上表

序号	名　称	规　格	单位	数量	备　注
4	纠偏锚	10 t 钢筋混凝土锚	个	4	用于钢围堰纠偏
5	钢丝绳	Φ37.5 mm,L=150 mm	根	20	主要受力构件
6	钢丝绳	Φ37.5 mm,L=300 m	根	4	纠偏锚
7	钢丝绳	Φ37.5 mm,L=150 m	根	8	用于边锚
8	钢丝绳	Φ21.5 mm,L=120 m	根	20	用于滑车组
9	木　材		m^3	24	用于导向船上平台
10	工字钢	Ⅰ45a	t	20	连接导向船
11	滚筒马口	双筒	个	16	
12	马　口			16	
13	缆　桩		个	16	
14	手摇绞车	5 t	台	16	
15	电动卷扬机	5 t	台	8	
16	千斤绳	Φ21.5 mm,L=400 m	条	40	

2. 水流流速较大时的定位措施

图 3-2-25 为芜湖长江大桥双壁钢围堰锚碇系统布置图。芜湖长江大桥 9～12 号墩位于长江主河槽内。水深流急,其基础均采用圆形双壁钢围堰施工,10 号墩钢围堰外径 30.5 m,内径 27.7 m,壁厚 1.4 m,10 号墩钢围堰总高度 52 m,总重 862 t。双壁钢围堰锚碇系统由导向船及拉缆、边锚;前后定位船及其主锚、尾锚、边锚和下兜缆组成。

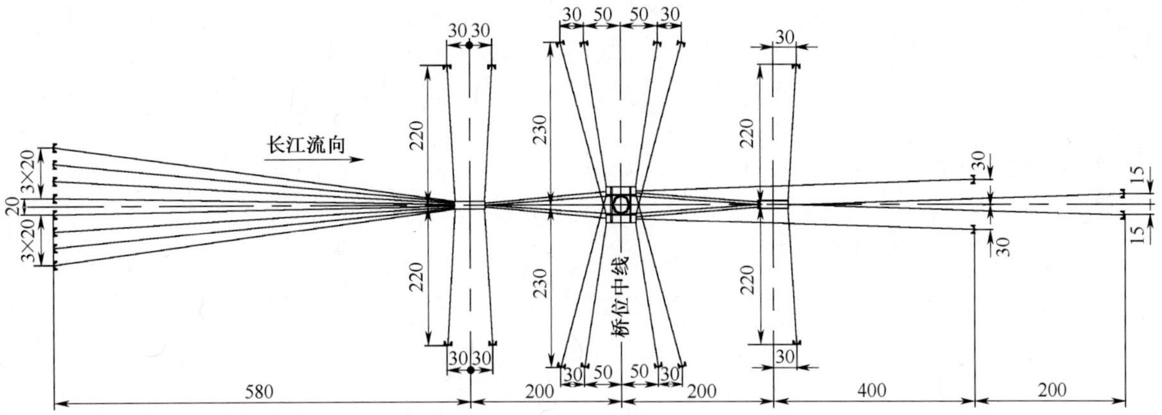

图 3-2-25　芜湖长江大桥 10 号墩双壁钢围堰锚碇系统布置图(单位:m)

(1)定位船的选择及抛锚定位。

1)定位船的选择。该锚碇系统前、后定位船各一艘,均为 400 t 工程铁驳,前定位船设在桥位上游距桥轴线约 200 m 处,后定位船设在桥位下游距桥轴线约 200 m 处,定位船起到确定、调整导向船组和钢围堰的位置,调节主锚受力的作用。

2)定位船主锚抛设。用驳船将锚、锚链、钢丝绳等运至施工现场靠定位船。浮吊将锚缆吊放至定位船上→将驳船拖靠至指定位置→在1 000 kN浮吊船首立棱镜,用全站仪测定主锚锚位,浮吊抛锚定位,两侧边缆需考虑覆盖主锚宽度范围→浮吊理顺锚及锚链,并用卸扣连接,浮吊移船将锚在测量确定的锚位处抛下→逐根调整锚缆的松紧并锁住。

(2)导向船组(兼作钢围堰组拼平台)选择及抛锚定位。

1)导向船组的选择。钢围堰采用 2 艘 800 t 工程铁驳作为导向船,两艘铁驳由 2 组万能杆件联结梁连成整体,在导向船体系既作为调整、确定钢围堰位置的约束体系,也作为基础施工的辅助工作平台,如图 3-2-26 所示。

2)导向船组抛锚定位。牵引导向船就位并临时锁住→挂设 2 根临时缆,导向船两侧各抛 4 根侧锚,并抛

2 只尾锚后,即可依次挂设上拉缆。

3)捋锚、锚拉力试验。在锚体抛设完毕后,进行捋锚作业,将各锚的锚链进行调整、理直、理顺。先以钢丝绳从下方穿过并兜住锚缆,然后将钢丝绳沿锚缆向下移至锚链位置,再利用钢丝绳将锚链提起,然后再收紧锚缆,将锚缆拉直,全面调整锚碇系统的受力,使同一类型的锚绳受力均匀。利用定位船主锚和尾锚对拉测试主锚拉力。

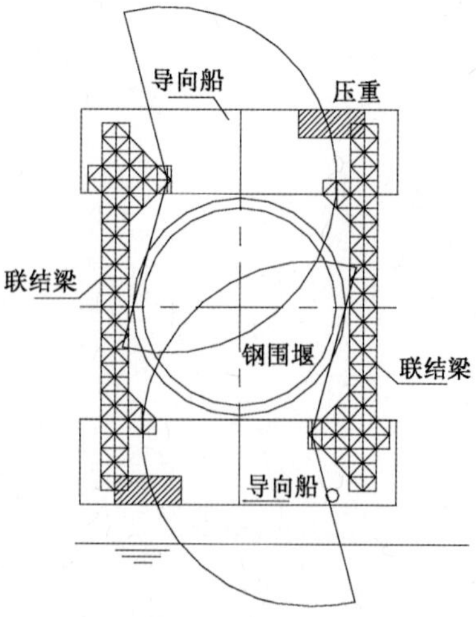

图 3-2-26 导向船与万能杆件联结梁工作平台

2.7.2.7 双壁钢围堰壁仓混凝土浇筑

1. 壁仓混凝土浇筑高度确定

壁仓混凝土浇筑高度由以下两方面确定:一是水平环板及内、外壁板强度需要,二是抗浮。

2. 壁仓混凝土浇筑

壁仓混凝土浇筑分直接浇筑和水中浇筑两种形式。

2.7.2.8 双壁钢围堰加水、下沉、着床、清淤就位

1. 双壁钢围堰加水下沉

在首节钢围堰锁定后,向其隔仓内灌注混凝土或加水等措施以压重下沉和调平围堰,并预留一定的干舷高度,使其处于待拼次节段围堰的状态。以后每一节段船运到围堰旁,由浮吊起吊与前一节进行焊接,每接高一节即均匀下沉,并预留相应的干舷高度,以便接高下一节时施焊作业。

(1)抽水设备选择。抽水设备根据施工工况配制。一般是依据快速着床是所需时间和所抽水的量确定。

(2)下沉速度控制。围堰在加水下沉中,当刃脚距河床面 0.5 m 左右时,停止灌水下沉进行纠偏。当位置正确,经一夜观测未发生变化,河床无大的改变时即迅速灌水,使围堰迅速下沉着床。

2. 双壁钢围堰纠偏

钢围堰在下沉过程中由于受水流及风力等的影响,围堰要偏离设计位置,应对钢围堰进行纠偏。

(1)纠偏措施选择及实施。双壁钢围堰常采用的纠偏方法如下:

1)在钢围堰刃脚上方水平桁架处设围堰纠偏缆,下方纠偏锚上设转向滑车和定位平台上的卷扬机连接。将两侧纠偏缆同时收紧、放松,或一侧松、一侧紧达到纠偏目的如图 3-2-27 所示。

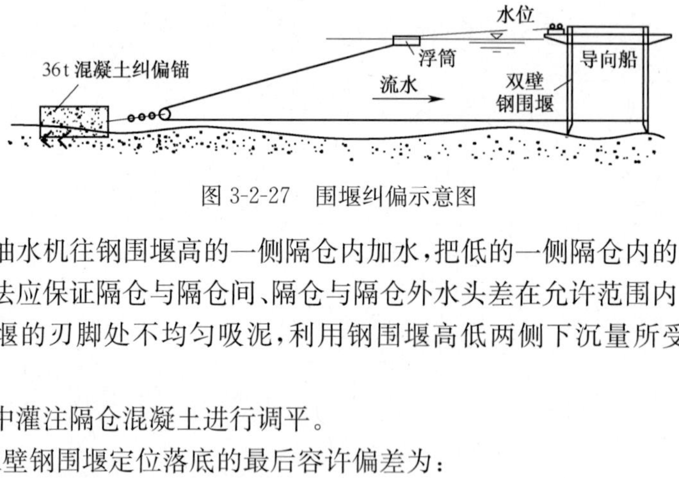

图 3-2-27 围堰纠偏示意图

2)调整隔仓水。用抽水机往钢围堰高的一侧隔仓内加水,把低的一侧隔仓内的水抽出,利用两侧重力不同,使钢围堰水平,此方法应保证隔仓与隔仓间、隔仓与隔仓外水头差在允许范围内。

3)用吸泥机在钢围堰的刃脚处不均匀吸泥,利用钢围堰高低两侧下沉量所受阻力不同,而使钢围堰纠正。

4)采用在 8 个隔仓中灌注隔仓混凝土进行调平。

(2)纠偏的标准。双壁钢围堰定位落底的最后容许偏差为:

1)倾斜度不得大于围堰高度的 1/50。

2)中心位移不得大于高度的 1/50+25 cm。

3)平面扭角不得大于 2°。

3. 围堰吸泥下沉

(1)吸泥下沉工艺和控制标准。围堰着床后下沉初期,入土围堰嵌固较浅,重心偏高,最易产生水平滑移和倾斜。围堰的倾斜如不及时调整就会偏位,随着入土加深调整更加困难,偏位更加严重,所以在下沉初期应以纠正围堰底口中心偏位为主,调整倾斜为辅。控制围堰底口中心偏位不大于 20 cm;此时围堰的倾斜率可适当放宽,控制在 2%以内。

在围堰下沉中期,刃尖入土深度较深时围堰嵌固深度逐渐增加趋于稳定。此期间调整围堰偏位比较困

难，为保持偏位不再增加，应控制围堰倾斜为主。控制围堰倾斜在 1%以内，最大不超过 1.5%。

在围堰下沉后期，要采用均匀吸泥方法，严格控制泥面高差不大于 1 m。控制围堰最大倾斜不大于 1%，保证围堰均匀稳定地下沉，当刃尖高程接近圆砾土顶面时，应以清基为主。在围堰顶面布置方格网，按方格网坐标点布置吸泥机逐点均匀吸泥、清基。

围堰下沉过程中要随时测量记录围堰总高度、刃尖高程、中心偏位、顶面高差、围堰内外泥面、河床高程变化情况、围堰内外水头差等有关资料，发现问题要及时分析总结，制定对策。

钢围堰着床后，要继续灌水压重，使刃脚切入覆盖层，稳定在河床上。

(2)钢围堰一点(多点)接触河床后的支垫。钢围堰下沉局部触岩后，其余悬空部位用工字钢或者钢板焊成的楔形盒子支垫，用麻袋混凝土填塞围堰内刃脚，围堰外周围抛填片石钢筋笼护脚，保持钢围堰位正、平稳，并防止水流、泥沙进入围堰内。

(3)钢围堰快速着床的技术措施。在刃脚距河床面 0.5 m 时停止下沉，用全站仪观测围堰顶上顺桥向上两个点，调整围堰的倾斜和偏位。直到两点的实际坐标与设计计算坐标相符合为止实现围堰精确定位后，应同时启动抽水机加速对称在围堰内灌水，使围堰尽快落入河床。围堰入河床进入稳定深度后，解除下层拉缆。

4. 双壁钢围堰内清基

围堰清基(图 3-2-28)是为了水下封底混凝土与基岩面结合紧密，避免出现泥砂夹层，防止钻岩时产生漏沙现象。离围堰内壁较近的桩位是清基的重点范围，不可忽视。

图 3-2-28　双壁钢围堰内清基

(1)吸泥机清基。围堰内清基一般采用 2 台 Φ250 mm 直管吸泥机吸出围堰内壁范围内的淤泥和泥沙。利用 1 台 Φ420 mm 吸泥机吸出较大的卵石和砂砾胶结块；配备 1 个弯头吸泥机辅助吸出刃脚斜面下的泥砂。直管吸泥机的清基顺序是从围堰中部开始，逐渐向围堰内壁移动吸泥；弯头吸泥机吸泥时，注意弯头不要直接对着刃脚与岩面的接缝长时间地吸泥，以免将刃脚处的堵物吸走，引起涌水翻砂。封底混凝土厚度范围内钢围堰内壁上的淤泥由潜水员用高压水管冲洗，并用钢刷拉毛封底混凝土范围内钢围堰的内壁，以利于封底混凝土与围堰壁结合紧密。

清基时，注意保持围堰内外水位一致，必要时采用水泵补水，防止翻砂影响清基效果。在清基过程中，应防止围堰倾斜扩大。清基后期，潜水工要配合吸泥和打捞，采用逐段清理、逐段检查的方法。清基后要达到以下标准：

1)清基后露出岩面的范围不小于围堰内壁直径，围堰刃脚斜面露出长度不得小于 1.4 m。

2)岩面淤砂厚度小于 5 cm，且成片面积小于 2 m^2，且各片之间不能相通。

清基完毕，要按方格网坐标点逐点量测岩面的高程，然后绘出等高线，以供封底前布设钢护筒用。

(2)挖土船(吸泥船)吸泥清基。当围堰内工作空间较为空旷时，可采用挖土船(吸泥船)清除围堰内淤泥，但应配备 1 个弯头吸泥机辅助吸出刃脚斜面下的泥砂。

(3)潜水工水下射水辅助作业。在较坚硬的土层中利用抓斗或吸泥机在围堰内除土时，一般需辅助以高压射水松动及冲散土层，以便吸出，提高吸泥效率。在吸泥下沉时，当局部地段难于定点定向射水时，可用潜水工水下掌握操作，同一个围堰内仅能同时开动一套射水设备，且不应同时进行除泥或其他吊装作业。

射水深度的控制，原则上与除泥深度相同，特别是在近刃脚处射水时，射水嘴不宜低于刃脚底面。射水压力一般在 1～2.5 MPa。

2.7.2.9　双壁钢围堰钻孔作业平台搭设

1. 作业平台的选择

双壁钢围堰钻孔作业平台直接支承在钢围堰顶面，根据围堰尺寸及工地现场材料确定作业平台形式，作业平台形式拼装有三种形式：万能杆件组拼承重结构形式、贝蕾梁、军用梁组拼承重结构形式、型钢承重结构三种常用作业平台。

(1)万能杆件作业平台。南昆铁路左江大桥 2 号墩、湘黔铁路渠江大桥 2 号墩均用万能杆件组拼。

左江大桥钻机作业平台是用万能杆件拼装成的网架结构，有三十六个支点。万能杆件平台顶上方以两根一组的钢轨作纵梁，纵梁上密布枕木作铺板如图 3-2-29 所示。

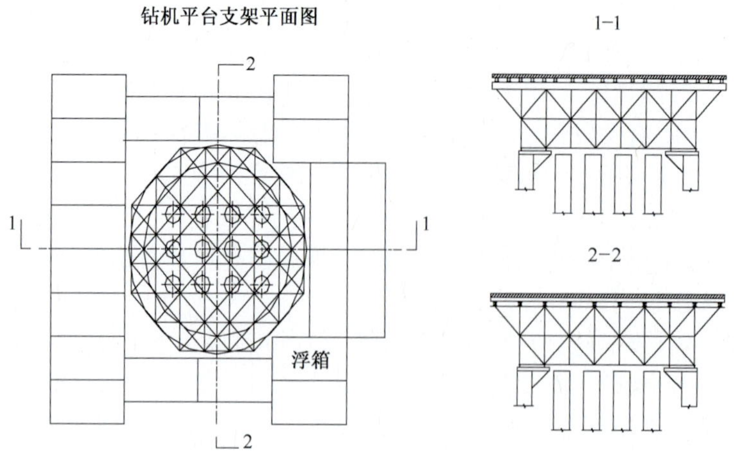

图 3-2-29　左江大桥钻机作业平台

(2)贝雷梁、拆装梁、军用梁作业平台。贝雷梁支架桁架单元为 3 m×1.5 m，每片由上、下弦杆(2[10)，竖杆和斜杆(Ⅰ8)组成，抗弯性能优于抗剪。桁架单元纵向连接是销接，安装方便快捷。横向标准间距有 450 mm 和 250 mm 两种。若选用不同横向间距时应加工横向连接件。贝雷梁支架计算可参照黄绍金、刘陌生编著的《装配式公路钢桥》多用途使用手册，贝雷梁支架已大量应用于钻机作业平台。

拆装梁、军用梁抗弯、抗剪性能优于贝雷梁，常常用于施工荷载大的便桥、现浇支架等。但由于它在市场的存量较少，租赁价格贵，很少使用于钻孔作业平台。

(3)型钢作业平台。型钢作业平台(图 3-2-30)是相对较为简便，布置形式为纵、横向双层工字钢布置支承在围堰上，工字钢顶面布置方木。型钢作业平台适用于钻机荷载较小或尺寸较小钢围堰，型钢作业平台可用简化法计算。

图 3-2-30　西江大桥施工作业平台

2. 作业平台搭设

作业平台搭设可以利用现场起吊设备采用整体吊装、墩位散件组拼两种方式。

2.7.2.10　钢护筒吊装

1. 钢护筒定位导向系统

为保证钢护筒安装位置正确，应在围堰内安装钢护筒定位架。钢护筒定位架设计时根据桩的排列位置设计成高度 1～1.5 m 的空间桁架结构。在导向架顺桥向与横桥向的轴线方向焊有 4 个与钢围堰连接的拉带，下放时与预先在第二节钢围堰内壁的纵、横轴线方向焊上的 4 个牛腿相连。4 根拉带的长度根据定位后的钢围堰平面偏差以及钢围堰的垂直度而定，以免除钢围堰就位后的偏差对钢护筒定位产生的影响。

浮吊或其他吊装系统把导向架整体吊入钢围堰内，临时用钢绳悬挂在钢围堰井口处并调整其水平位置满足要求，把导向架缓慢下放到设计高度，放在围堰内壁牛腿上。由潜水员入水把第一层导向架拉带与牛腿相连。再安装第二层护筒定位架。

2. 钢护筒整根吊装或分节吊装

钢护筒整根吊装工艺：定位架安装好后，直接吊插钢护筒入定位架内，下沉至岩面。

钢护筒分节吊装工工艺：钢护筒若需分节吊装，首节以现场起吊能力控制，工厂加工完成后运往施工现场以前，在钢管适当位置处设置吊耳，对接处应开V形坡口，用于护筒对接。

钢护筒下沉到岩面后，由潜水员下水将护筒底与基岩表面有空隙的地方用砂袋封堵严实。然后可在护筒内填一定厚的砾砂，以防止灌注封底混凝土时，混凝土挤压护筒。

3. 缆索吊机辅助吊装

采用缆索吊机吊插钢护筒时，在钢护筒吊离地面20 cm，停留10 min经检查无异常情况后进行起运。当运至墩位待钢护筒停止摆动后徐徐下降，对位后入水。

4. 浮吊辅助吊装

2.7.2.11　双壁钢围堰水下混凝土封底

1. 水下混凝土封底方案

武汉军山长江大桥主塔5号墩钢围堰水下封底混凝土均采用刚性导管进行灌注，导管直径为Φ273 mm，其平面布置如图3-2-31所示。共布设封底混凝土导管20根，20根导管的作用半径覆盖全部钢围堰底部。每根导管的顶部设均设有一个容量为1 m^3 的漏斗，每个漏斗下端接上阀门管。

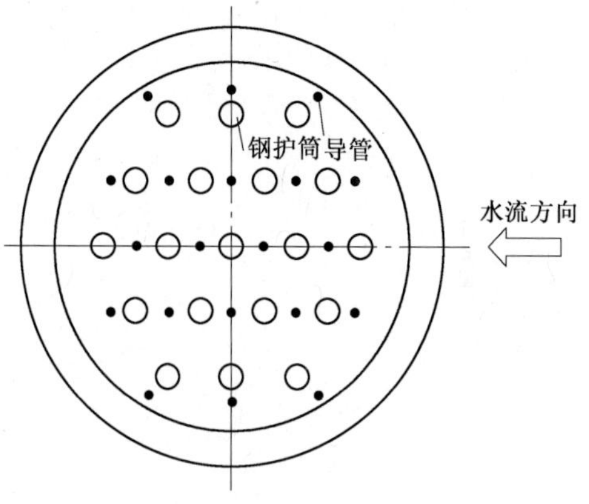

图3-2-31　导管平面布设图

导管在工作平台上预先分段拼装，吊放时再逐渐接长，下放时应保持轴线顺直。导管口下放至岩面后，提升到距离岩面20～40 cm，然后固定在工作平台上。漏斗上方的工作平台上设置4个容量为12 m^3的储料斗，储料斗出口处设置溜槽，直接通到导管上方的漏斗内。

2. 水下混凝土封底实施

水下封底混凝土灌注前应进行多次试验，根据混凝土的缓凝时间、坍落度、强度设计值，确定封底混凝土的配合比，并根据混凝土灌注数量确定混凝土的供应方式。

封底混凝土在灌注是时应连续在尽可能短的时间内完成灌注。根据围堰封底的面积，确定测点，灌注过程中随时用测绳进行测量，以此来掌握混凝土的流动情况，控制导管的埋深、封底混凝土的顶面高程。灌注后期适当增加混凝土坍落度，使混凝土形成较平坦的顶面，封底混凝土的灌注高程一般比设计高程提高15～20 cm，待钻孔灌注桩完成后，再抽水凿除封底混凝土顶面的松弱层至设计高程。

封底混凝土施工的关键工艺：

(1)导管布设。封底混凝土灌注方式常用全平面整体抬高浇筑方式，导管布设合理，导管布置半径不能考虑得过于保守。

(2)封底混凝土高程控制。测点布置应在每根导管和护筒附近及钢围堰边角布置测点。测绳使用前用江水浸泡48 h，校核其长度。

测量时应先测初始深度、平台高程。测量过程应每30 min对各测点进行监控测量，每3 h将各测点数值在相应的施工控制断面图中反映，以便全面分析掌握浇筑情况。

2.7.2.12　双壁钢围堰拆除

在桥墩浇筑出水后，双壁钢围堰在承台以上部分钢壳应进行拆除，拆除的方法很多，根据实际情况而定。

1. 水下分块切割拆除

水下钢壳拆除时，事先应根据起吊能力计算分块重量，并在加工时在分块的横向设置切割线标识。

(1)潜水工水下大块切割。围堰钢壳的切除工作一般应安排在低水位时进行，这时围堰内外水头差小。若经过计算此时仅靠外壁即可承受水压，先在无水时切割内壁。然后，围堰内灌水，由潜水员在围堰内切割钢壳外壁，施工操作较为容易且安全。

切割线应设在两层水平桁架之间，为便于以后潜水员工作。内壁切割完毕后，用木条镶固在外壁板内侧，形成周圈切割线，潜水员下水沿线进行水下切割。

(2)缆索吊机辅助吊装出场。围堰钢壳沿整圈切割后由潜水员水下挂好挂钩，待潜水员及设备撤离到安全地点，全面进行水域检查，确认无一障碍后，指挥索道起吊，并牵引至规定地点。

(3)浮吊辅助吊装船运出场。围堰切割完成后，用起吊能力满足要求的浮吊吊装钢壳至驳壳船上，船运至规定处。

2. 整节抽水上浮拆除

深水施工中若围堰高度较大，且要求多墩位重复围堰，无水中切割设备时，应在设计围堰时考虑抽水后围堰部分节段上浮方式拆除。

结构设计时需要明确围堰中可拆出和不可拆除部分，并在分界处各有一块隔水板，在第二节封水板上每仓设一个 φ400 mm 混凝土浇筑口，以便灌注刃脚混凝土。浇筑口上焊接排气管，待刃脚混凝土灌注成功及注水后焊接封闭灌注口，以利第二节隔仓灌水及后期抽水上浮。

钢围堰第一节(刃脚)与第二节采用 M16 螺栓拴接。拴接处的防水措施为螺栓连接处内外环板共设四道石棉盘根封水，两道盘根之间压浆形成一道密封环，压浆口设在在第二节底板上。

(1)潜水工水下拆除螺栓连接及加设底板。潜水工入水拆除螺栓工工艺：

1)拆除钢壳前的施工全部完成后，根据计算往第二节壁板隔仓内抽水，灌水重量大于第二节浮力，确保第二节与第一节螺栓拆除后不上浮。

2)潜水工入水，拆除壁板内、外连接螺栓。

(2)抽水上浮后拆除。第一、二节连接螺栓拆除后，开始抽出壁仓内水使围堰上浮，继续抽水调整围堰干弦高度至合适位置，在水面上逐段切割拆除钢壳。

3　墩台身施工技术

3.1　概　　述

墩台身施工技术相对比较成熟，墩台身高度在 15 m 以下时一般采用整体模型，一次浇筑成型的方式施工，墩身高度较大时一般采用翻模或爬模施工技术。

3.2　墩身翻模法施工

翻模施工工艺是一种常见的施工方法，模板多采用大块钢模，塔式吊机或汽车吊机辅助模板安装和拆除，桥梁外观质量较好，空心高墩施工中多采用翻模施工工艺。

3.2.1　工艺与装备

3.2.1.1　*施工工艺*

1. 工艺流程

墩身翻模施工工艺流程简图如图 3-3-1 所示。

2. 施工特点

空心墩翻模施工是利用已浇筑成型的钢筋混凝土为支承主体，内外模板通过拉杆与混凝土实现密贴，由下层模板与混凝土之间的黏结力和摩擦力支承上层模板及操作平台。随着墩身钢筋骨架的接高，通过起重设备逐节提升操作平台，并带动模板不断上翻，完成每次预定高度的墩身混凝土浇筑任务，如此反复循环直至墩顶。

(1)采用大块钢模板施工，混凝土表面平整度、垂直度易于调整、控制，墩身外观质量好，同时避免了施工误差的积累，轴线能够得到控制。

(2)翻模施工工艺对混凝土损伤小，能够很好地保护混凝土表面及棱角。上、下层模板通过螺栓紧密连接，新老混凝土接缝好，无错台。

(3)采用小块定型钢模板组拼成大块模板作为内模，通过起吊设备吊装，加快了施工进度，且劳动强度低，安全系数大。

(4)采用桁片作为施工平台，并作为模板的加固背杠，增强了模型刚度，从而节约了材料，降低了施工成本，方便施工人员操作，设计更加趋于人性化。

(5)翻模施工工艺有利于清理模板，涂刷脱模剂，不易污染钢筋和混凝土。

(6)翻模施工工艺简单、易掌握，一两个循环后操作人员就能熟练操作。

3. 适用范围

适用于铁路圆形，圆端形及矩形空、实心桥墩施工。

3.2.1.2　*施工装备*

见表 3-3-1。

3.2.2　技术要点

(1)根据模板设计高度，从墩顶往下排，不足整节模板高度者称为零节，零节模板可单做，亦可用整节模板代用，但需注意脱模后重新立上一节模的支垫和与零节混凝土的锁固，不得出现接缝错台、漏浆。

(2)翻模施工过程中，起吊前仔细检查模板与混凝土之间是否完全脱离，起吊扣件是否牢固，操作平台上的机、具、料是否清理干净，防止出现安全隐患。

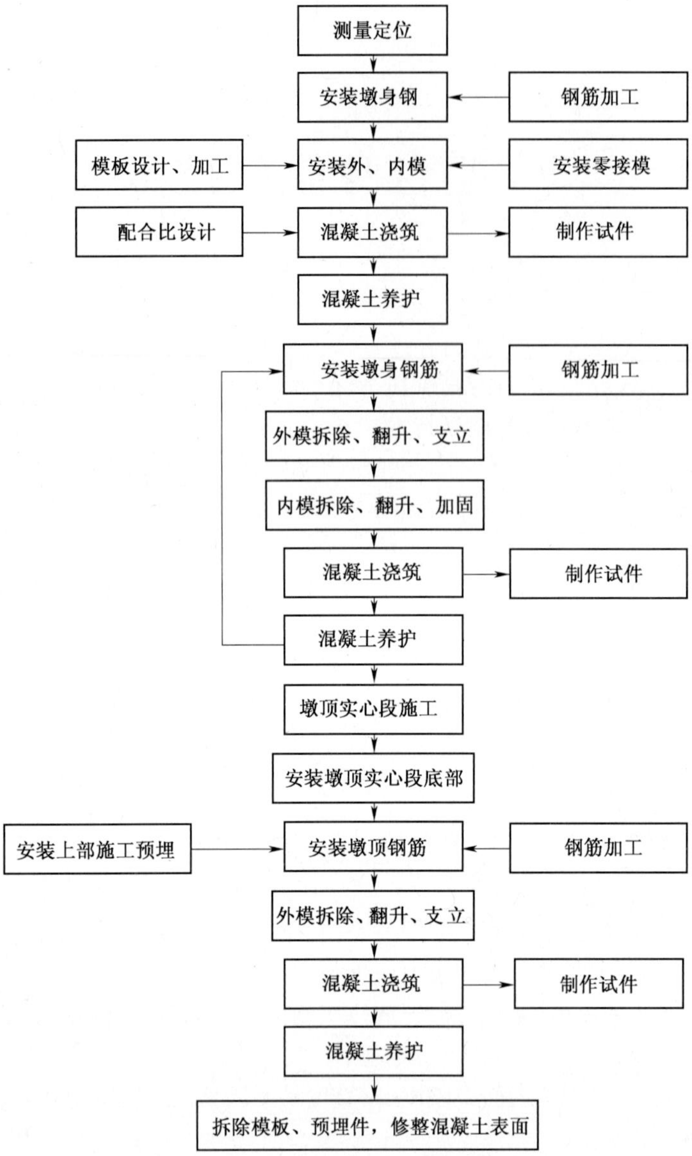

图 3-3-1　翻模施工工艺流程图

表 3-3-1　机、料具计划表

序号	名　称	规　格	单　位	数量
1	内、外模型		套	1
2	起重设备		台	1
3	钢筋切割机		台	1
4	闪光对焊机		台	1
5	车丝机		台	1
6	扭力扳手		把	4

(3)墩顶实心段施工时，提前做好预埋件或预留孔的准备工作，预埋件的位置要准确，定位要牢固，并防止混凝土浇筑过程中位置移动。

(4)内模板支撑加固必须牢固，相邻模板之间的连接翻升过程中须断开，拼装时应连接成整体。

3.2.2.1　模板工程

1. 模板设计

翻模施工工艺外模采用的是大块钢模板或小块钢模板组拼成的大块模板，内模采用小块定型钢模和木模组拼；内外模之间采用内撑外拉方式加固。施工时配备起重设备辅助作业，施工方法如图 3-3-2 所示。

(1)外模设计。采用大板模设计，根据墩身高度、墩身断面尺寸和起重设备的起吊能力，以及施工时钢筋长度综合考虑来确定模板尺寸。从节约成本、加快施工进度方面考虑，多采用2～3节模板，每次向上翻升1～2节，保留一节作为接头模。同时，设计也需考虑上部结构的尺寸，以便模板倒用。

(2)内模设计。采用定型钢模板和木模组拼，用枋木或钢管作为内撑杆加固模板。竖向倒角连接处应有一侧设计为锐角，以便脱模。

(3)操作平台和安全设施。采用桁片结构为施工平台，并作为模型加固的背杠，增强模型刚度。设计时主要根据承受小型机具、周转材料和操作人员的重量进行设计，在桁片上安装竖向钢管作为栏杆立柱，加横杆两道，并挂设1.2～1.5 m高安全网作防护，平台上铺步板。内、外竖向设挂梯，确保施工人员安全。

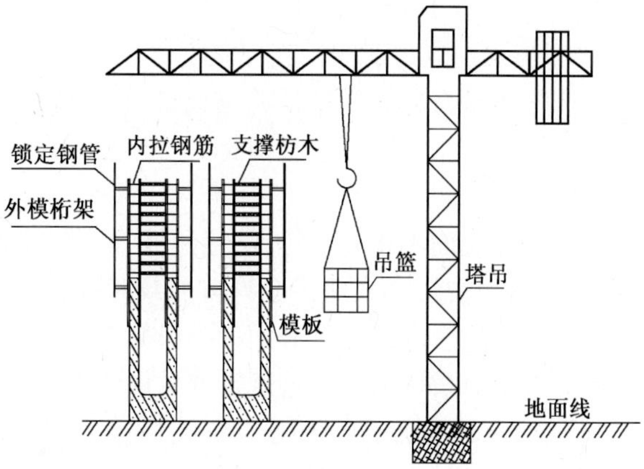

图3-3-2　翻模施工结构形式图

(4)内、外模板和其他受力构件均需作强度、刚度和稳定性检算。

2. 模板加工

(1)加工标准。按照批准的加工图和《钢结构工程施工质量验收规范》(GB 50205—2001)进行加工。

(2)质量验收。在厂家或施工现场进行自由状态下预拼装，根据设计图纸和《钢结构工程施工质量验收规范》(GB 50205—2001)进行验收，检查模板的长、宽、高、螺栓孔直径、大面平整度、接缝错台(含节间接缝)、焊接质量等。检查合格后，对模板编号，并在模板上标注中心线、控制基准线等标记。

(3)运输存放。根据模板的长度、重量选用车辆；模板在运输车辆上的支点、两端伸出的长度、绑扎和包装方法均须保证模板不产生变形、不损伤涂层。

模板存放场地平整坚实，无积水。按照规格、型号、安装顺序分区存放；模板底层垫枕须有足够的支承面，防止支点下沉。相同型号的模板垫放时，各层的支点在同一垂直线上，防止模板被压坏或变形。

3. 模板安装

(1)墩底零节处理。为了方便脱模，翻模施工工艺要求在墩底设置零接模板。零接模板上端与墩身翻模模板相连接，下端直接支承在承台上，最先拆除的一块模板下端与承台的接触边设计为锐角，方便脱模。

(2)模板的安装与支撑。采取先安装外模、再安装内模的安装顺序。内撑外拉、节间螺栓锁紧，防止浇筑混凝土过程中移位、漏浆。

在浇筑底部两节墩身混凝土时，模板的校正采取拉缆风绳的方式，从第三节开始，采用预埋于底节顶面混凝土中的预埋扣环进行校正。

(3)预留孔、预埋件的安装。钢筋拉杆采用PVC管做套管，以便重复使用；通风孔采用PVC管安设，用U型或井字形钢筋牢固定位在主筋上。

4. 模板拆除、翻升、整修、涂刷脱模剂

钢筋安装好后，进行模板的拆除、翻升、整修、涂刷脱模剂，顺序为先外后内、先下后上逐块逐节进行。具体过程如下：

(1)预松拉杆、模板于墩身分离，拆除相邻模板的连接，并把操作平台上的机具材料提前清理干净。

(2)起吊扣件锁紧后，将模板吊至地面并支垫。

(3)用平刮刀清除模板板面残留的混凝土，注意不要将板面挂伤。如肋边发生翘曲、弯折、板面发生变形时，需进行矫正平直，开焊处要补焊牢固，并将面板清理干净。

(4)在模板表面均匀涂刷同一品种的脱模剂。

(5)提升并安装模板。

5. 墩顶实心段(横梁、系梁)的衔接处理

墩顶实心段施工前，预埋螺栓及其加固件，拆除模板后，安装施工平台中的三角托架，在三角托架上布置工字钢，铺设枋木，形成施工平台进行墩顶实心段施工。并在墩顶预埋U型钢筋，为模板、三角托架拆卸设备安装提供条件。(图3-3-3)。

3.2.2.2　钢筋及预应力筋工程

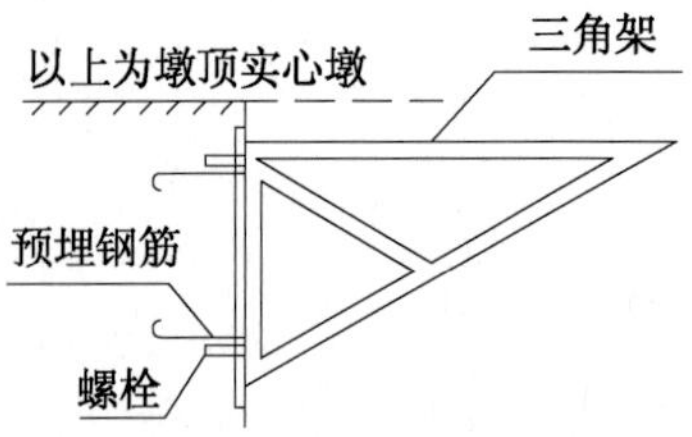

图 3-3-3　墩顶实心段示意图

1. 钢筋及预应力筋的检查与验收

钢筋进场检查出厂质量证明书或试验报告,每捆(盘)钢筋的标牌,并分批验收堆放。验收内容包括对标牌、外观质量检查及力学性能,合格后方可使用。

热轧钢筋表面不得有裂缝、结疤和折叠。钢筋表面的凸块不允许超过螺纹的高度;冷拉钢筋表面不允许有裂纹和缩颈;预应力筋表面不得有折断、横裂和相互交叉的钢丝,表面无润滑剂、油渍和锈坑。

钢筋进场时按国家标准的规定取试件做力学性能检验,其质量必须符合有关标准的规定。

2. 钢筋及预应力筋的加工

钢筋一般在加工场加工,然后吊运至墩身现场安装或绑扎。墩身主筋采用直螺纹套筒连接,箍筋、钩筋等采用闪光对焊连接,然后按照设计图纸尺寸及规范要求进行下料、弯曲。

预应力筋按照设计尺寸,采用圆盘锯切割下料,预先编束穿入波纹管道内,整体吊装至施工现场进行安装。严禁使用电或氧弧焊切割。

3. 钢筋及预应力筋的安装

钢筋的安装应与模板安装配合,墩身钢筋安装一般在模板安装前进行。用起吊设备吊运至施工现场,直立钢筋采用先调直上、下钢筋轴线,采用扭力扳手拧紧直螺纹套筒,两头旋入套筒的长度一致。箍筋、钩筋安装应按照设计先划线,然后摆料、绑扎。

按照设计或规范要求设置钢筋的保护层厚度。工地常采用预制水泥砂浆垫块或购置给定高度的塑料垫块支垫在钢筋与模板间,控制保护层厚度。

预应力筋多设计在墩顶实心段位置,后张法施工。严格按照设计图纸位置、尺寸、间距等采用U型钢筋对波纹管定位,张拉端采用锚盒保护,防止漏浆;在模板上开窗伸出墩外,确保张拉所需要的工作长度。预应力筋安装时,要求线形顺直、定位牢固,防止混凝土浇筑过程中移位。

4. 主筋架立的稳定性及其采取的技术措施

墩身主筋架立时,因主筋购置长度一般为7～9 m,单根接长时,稳定性较差,未绑扎成型之前,必须采取相应的防倾倒措施。可按照墩身断面尺寸及钢筋位置,用角钢或钢管制作骨架立于墩身适当位置,在骨架顶标出钢筋位置,采用U型钢筋准确定位,主筋从骨架上方的U型钢筋内直接穿入,实现与前一节段主筋连接。

5. 预应力筋的张拉控制

待墩身混凝土达到设计要求的强度时,方可进行预应力筋的张拉。预应力筋以应力和伸长量双控,多以应力控制为主,用伸长量进行校核,实际伸长值与理论伸长值的差值应控制在±6%范围内。

3.2.2.3　混凝土工程

1. 混凝土配合比设计

空心墩翻模施工工艺所采用的混凝土,要求和易性能好,不易产生离析、泌水现象,并且墩身内、外侧钢筋密集,因此细骨料比例稍大,粗骨料的粒径应小一些,坍落度控制在120～160 mm即可。

2. 混凝土材料的采购与质量控制

(1)水泥。采购与要求配置的混凝土强度等级相适应的水泥。要求收缩小并节约水泥。

(2)粗骨料。采购坚硬的卵石或碎石。按产地、类别、加工方法和规格等不同,按现行《公路工程集料试验规程》(JTGE 42—2005)分批进行检验。

(3)细骨料。采购级配良好、质地坚硬、颗粒洁净、最大粒径小于5 mm的中粗砂。

(4)水。选择的水必须不含有影响水泥正常凝结与硬化的有害杂质或油脂、糖类及游离酸类等。

(5)外加剂。采购改善混凝土拌和物流动性能的高效减水剂,其掺量不得大于水泥质量的5%。

3. 混凝土拌制、运输、入模浇筑程序与捣固

(1)混凝土拌制。使用强制式搅拌机进行集中搅拌,搅拌延续时间根据搅拌机类型、混凝土坍落度等情况确定,时间不足时拌和物将达不到均匀要求,时间过长时拌和物可能产生离析。

搅拌机搅拌的转速须严格控制,以减少拌和物的离心作用,不得为缩短搅拌延续时间而使转速超过该机

规定的转速。

(2)混凝土运输。根据混凝土的浇筑数量、混凝土凝结时间、浇筑速度、运输时间限制、搅拌机生产率等情况，确定运输机具的类型和数量。必须使浇筑工作不间断，并使混凝土拌和物运到浇筑地点时不离析并保持良好的均匀性。

(3)混凝土入模浇筑程序。下节混凝土顶面经过凿毛处理，洒水湿润后浇筑上节混凝土。

混凝土采用输送泵泵送至墩顶，通过漏斗、挡板等防离析装置，再由串筒缓慢入模，串筒一般用多节上大下小的管筒连成，可用薄钢板制作，各管筒之间用钩环连接。分层浇筑混凝土，每层最大厚度 30 cm。串筒上口挂在漏斗上或焊接在一起，通过起吊设备一起移动。

(4)混凝土捣固。采用插入式捣固器捣固，按照直线行列移位或交错行列移位，一般以振动作用半径的1.5 倍作为移动间距。振动器的移动距离，保持一定的规律，防止漏振或过振。振动棒与侧模保持 50～100 mm 的距离，并避免碰撞模板、钢筋以及其他预埋件。

振动深度一般不超过振动棒长度的 2/3～3/4 倍。振动时不断上下移动振动棒，以便捣实均匀；插入下层混凝土的深度 50～100 mm，并在下层混凝土初凝前振动完成其相应部位的上层混凝土，使上下层混凝土紧密联结。

振动时间一般根据现象判断，当出现混凝土不再有显著的沉落，不再出现大量的气泡，混凝土表面均匀、平整、并已泛浆，即可停止。

4. 混凝土养护

混凝土浇筑成型后水泥硬化时，及时洒水养护，养护用水条件与拌和用水相同。墩顶裸露面可用麻布覆盖，并经常洒水，使覆盖物湿润。墩身模板在翻升前，应经常洒水，确保模板湿润。

混凝土的浇水养护时间，根据水泥品种、气候条件及养护方法确定。在相对湿度大于 60%的潮湿环境中养护，不宜少于 7 d；在相对湿度小于 60%的干燥环境中养护，应延长至 14 d。

5. 混凝土拆模

内、外模板的拆除，在混凝土强度能够保证其表面及棱角不因拆模而受损坏后方可拆除，一般须达到2.5 MPa 的抗压强度。

先外后内、先下后上逐节逐块进行模板翻升施工。当上节钢筋安装好后，起吊扣件必须扣紧模板的吊点，相邻模板之间无连接的情况下，方可拆模翻升。

6. 预埋件拆除、预留孔封堵与混凝土表面修整

在墩顶预埋吊点，方便人员、机具材料运输。进入上部施工阶段方可拆除墩顶预埋件，然后凿除表面 5 cm混凝土，切割外露的预埋部分，用与墩身相同标号的水泥配置泥胶补填空洞，保证墩身表面色泽一致。

7. 安全注意事项

(1)进入施工现场人员必须戴安全帽，高空作业人员必须系安全带。

(2)工作面上的荷载(包括人员、工具、材料等)，不得超出设计的规定；且应分布均匀，避免荷载集中超出设计范围。

(3)工作面上的材料应及时清理，保持工作面规整畅通，不得乱堆乱放工具材料，以免影响作业安全和发生坠物伤人。

(4)模板翻升作业时，必须正确选择模板吊点的位置，合理穿挂索具，由专人负责指挥、检查。必须待模板完全脱离混凝土面，相邻模板之间无连接的情况下，才能起吊翻升。

(5)墩身下方设警戒区，禁止人员进入。模板翻升时，应配有专人指挥和监护，并做好相邻模板之间的防护工作。

(6)6 级以上大风应停止模板翻升作业，冬天下雪后须清除积雪并经检查确认，确保安全操作时，方可作业。

3.2.2.4　质量控制标准

(1)严格控制主筋机械接头丝头的加工质量，对中径尺寸、螺纹加工长度、螺纹牙型严格检查，不合格的丝头必须切割重新加工。安装过程中，应使两个丝头在套筒中央相互顶紧，套筒每端外漏不得超过一个以上的完整螺纹。

(2)严格控制闪光对焊焊接接头的加工质量，对钢筋轴线、接头质量等严格检查，不合格的焊接接头必须

切割重新焊接。

(3)为保证两节混凝土墩身接头处表面光滑平顺,在模板设计时上下模板块数应相等,按照预拼装时的编号顺序安装。当采用两层以上的模板时,下层模板安装完成并整体连接好后,方可进行上层模板的安装。

(4)为保证墩身截面尺寸准确,内模撑杆必须撑紧,其尺寸误差不得超过±2 mm。

(5)模板安装好后,采用全站仪对墩身中线及水平进行复核,如有偏差,需校正好后方可进行混凝土的浇筑。模板安装偏差及检验方法见表 3-3-2,预应力钢束制作、安装允许偏差见表 3-3-3,混凝土施工质量标准见表 3-3-4。

表 3-3-2 墩身模板安装允许偏差和检验方法

序号	项目	允许偏差(mm)	检验方法
1	前后、左右距中心线尺寸	±10	测量检查每边不少于 2 处
2	表面平整度	3	1 m 靠尺检查不少于 5 处
3	相邻模板错台	1	尺量检查不少于 5 处
4	空心墩壁厚	±3	尺量检查不少于 5 处
5	同一梁端两垫石高差	2	测量检查
6	墩台支承垫石顶面高程	0～5	经纬仪测量
7	预埋件和预留孔位置	5	纵横两向尺量检查

表 3-3-3 预应力钢束制作、安装允许偏差

项目		允许偏差(mm)
管道坐标	长度方向	30
	高度方向	10
管道间距	同排	10
	上下层	10

表 3-3-4 混凝土施工质量标准

项目	规定值或允许偏差(mm)
混凝土强度(MPa)	在合格标准内
轴线偏位	10
断面尺寸	+10
锚固点高程	±10
锚具轴线与孔位轴线偏差	5

3.3 墩身爬模法施工

空心墩爬模法是由内、外侧模板,爬架与作业平台等组成的成套施工设备进行墩身施工的一种方法。在大量运用中主要是爬架和模板的提升动力的不同引起了施工操作的变化,常见的有液压式、牛腿顶升式、架空索道或塔吊提升、依靠墩身钢筋或结构体用手动葫芦提升或用模板、爬架互为依托爬升等多种形式;其模板爬架的制造可采用专业厂家定制,也可采用工地自制,但需控制结构体外型大面平整、线条顺直、错台小、板缝密贴不漏浆。空心墩爬模法施工具有制造成本低、施工速度快、操作安全、质量高、劳动强度低等特点。

3.3.1 工艺与装备

3.3.1.1 施工工艺

1. 工艺流程

墩身爬模法施工工艺流程如图 3-3-4 所示。

2. 使用特点

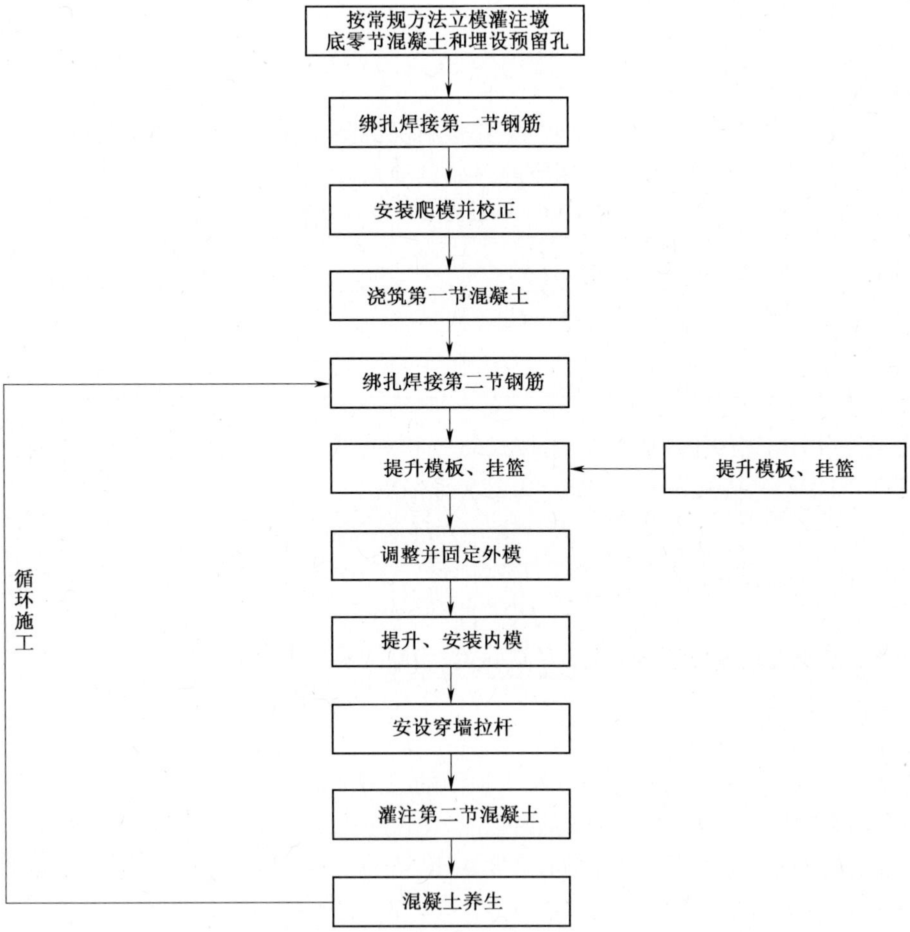

图 3-3-4　墩身爬模施工工艺流程图

(1)各种爬模,其结构特性不同,使用时有不同的特点。

(2)减少垂直运输机械,减少模板及支架的重复支设,节省劳动力,降低劳动强度。

(3)设置预埋件、预留孔,操作简单,只需一般工人即可。

(4)爬模施工投资小,节约大量机具、材料和人工,经济效益高。

(5)模板附有吊架及全封闭安全网,施工安全可靠。

3. 适用范围

适用于各种墩身截面,不同的墩身坡率和高度。

3.3.1.2　施工装备

机、料具计划表见表 3-3-5。

表 3-3-5　机、料具计划表

序号	名　称	规　格	单　位	数　量
1	爬架系统设备		套	1
2	起重设备		台	1
3	内、外模型		套	1
4	钢筋施工设备		套	1
5	混凝土施工设备		套	1

3.3.2　技术要点

3.3.2.1　模板工程

爬模施工工艺外模采用的是大块钢模板或新型维萨板材料,内模采用小块定型钢模和木模组拼,内外模加固,采用内撑外拉。通过在已浇节段混凝土的预留件(或预留孔)安装托架来锁定模板下端,利用模板爬架动力提升模板。

1. 模板设计

(1)外模设计。

1)空心墩墩柱施工采用内部振捣器振捣时,主要受新浇混凝土对它的侧压力、冲击力,模板设计时所采用的荷载设计值,应取荷载标准值分别乘以相应的荷载分项系数 γ_1(表 3-3-6),然后组合而得。

表 3-3-6　荷载分项系数 γ_1 取值

荷载类型	荷载分项系数 γ_1
新浇混凝土时对侧模板的压力	1.2
倾倒混凝土时产生的水平荷载	1.4

①新浇筑混凝土作用于模板的最大侧压力按式(3-3-1)和式(3-3-2)计算,并取两式中的较小值:

$$F=0.22\gamma_c t_0\beta_1\beta_2 v^{1/2} \tag{3-3-1}$$

$$F=\gamma_c H \tag{3-3-2}$$

式中　F——新浇筑混凝土对模板的最大侧压力,kN/m^2;

γ_c——混凝土的重力密度,kN/m^3;

t_0——新浇混凝土的初凝时间,h;可按实测确定;当缺乏资料时,可采用 $t_0=200/(T+15)$;

T——混凝土的温度,℃;

v——混凝土的浇筑速度,m/h;

H——混凝土侧压力计算位置至新浇混凝土顶面的总高度,m;

β_1——外加剂影响修正系数,不掺外加剂时取 1.0;掺具有缓凝作用的外加剂时取 1.2;

β_2——混凝土坍落度影响修正系数,当坍落度小于 30 mm 时,取 0.85;50～90 mm 时,取 1.0;110～150 mm 时,取 1.15。

②混凝土下料对模板的冲击力,按表 3-3-7 采用。

表 3-3-7　倾倒混凝土时产生的水平荷载

序号	向模板内供料方法	水平荷载(kN/m^2)
1	用溜槽、串筒或导管输出	2.0
2	用容量 0.2 m^3 及小于 0.2 m^3 的运输器具倾倒	2.0
3	用容量小于 0.2～0.8 m^3 的运输器具倾倒	4.0
4	用容量大于 0.8 m^3 的运输器具倾倒	6.0

2)模板主要是由钢面板、槽钢或角钢纵肋、两根槽钢组合的横肋和穿墙拉杆等组成,其结构如图 3-3-5 所示。

模板按照五跨连续梁计算,模板承受弯矩值和挠度值需要的厚度按式(3-3-3)～式(3-3-6)计算,取两者最小值。

弯矩需要的厚度计算:

$$M=0.105ql_1^2 \tag{3-3-3}$$

整理得:

$$h=\sqrt{\frac{6\times 0.105ql_1^2}{bf_m}} \tag{3-3-4}$$

挠度需要的厚度计算:

$$\omega_A=\frac{0.664ql_1^4}{100EI}\leqslant[\omega]=\frac{l_1}{400} \tag{3-3-5}$$

整理得:

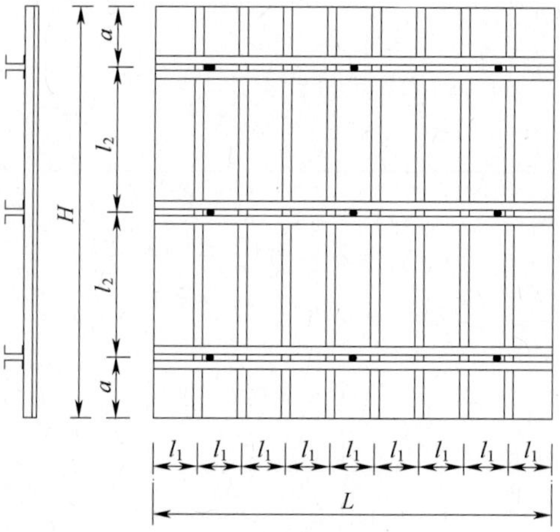

图 3-3-5　模板构造

$$h=3\sqrt{\frac{31.9ql_1^3}{b}} \tag{3-3-6}$$

式中　M——模板承受的弯矩，N·m；

q——模型所承受的设计线荷载，N·m；

l_1——肋的间距，mm；

b——模板的宽度，mm；

h——模板的厚度，mm；

E——模板的弹性模量；

I——模板截面惯性距，$I=1/(12bh^3)$；

f_m——模板的强度设计值；N/m^2；

ω_A——模板的计算挠度，mm；

$[\omega]$——模板结构容许挠度。

3)纵肋或背楞检算。纵肋为模板的支承，其间距 l_1 由侧模板刚度来控制，纵肋由横肋来支撑，按两跨连续梁计算，其挠度按式(3-3-7)、式(3-3-8)计算。

$$\omega=K_f q l_2^4/(100E_t I)\leqslant[\omega]=l_2/500 \tag{3-3-7}$$

整理得：

$$l_2=(E_t I/4K_f q_1)/3 \tag{3-3-8}$$

式中　l_2——横肋间距，mm；

ω——模板挠度，mm；

$[\omega]$——模板容许挠度 $l_2/500$；

E_t——槽钢弹性模量；

I——模板截面得惯性距，$I=1/(12bh^3)$；

b——模板宽度，mm；

h——模板厚度，mm；

K_f——系数，两跨连续梁，$K_f=0.521$；

q_1——侧压力线荷载，N/m。

4)横肋的截面选择。横肋结构可按图 3-3-6 所示计算模型进行选择(可根据各自墩身截面另行设计)：

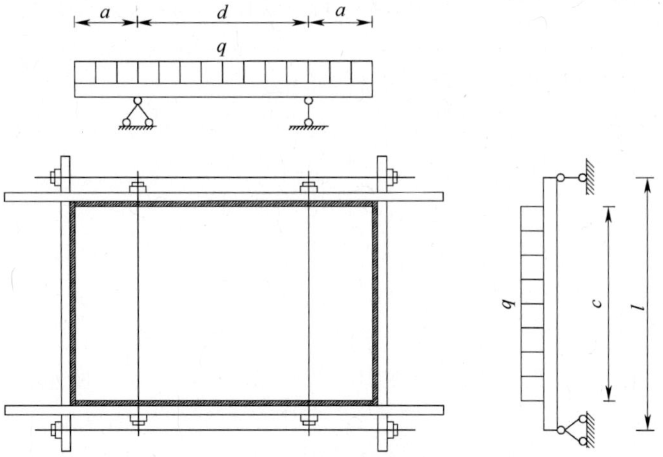

图 3-3-6　横肋长短边计算简图

对于长边，假定设置钢拉杆，则按悬臂简支梁计算，对于短边，不设钢拉杆，则按简支梁计算：

$$M_{max}=(1-4\lambda^2)q_1 d^2/8 \tag{3-3-9}$$

横肋长边需要的截面抵抗矩

$$W_1=M_{max}/f_m=(d^2-4a^2)q_1/1\,508 \tag{3-3-10}$$

对于短边按简支梁计算，其最大弯矩按下式计算：

$$M_{max}=(2-\eta)q_2 cl/8 \tag{3-3-11}$$

横肋短边需要的截面抵抗距：

$$W_2=M_{max}/f_m=(2l-c)q_2/1\,508 \tag{3-3-12}$$

式中　M_{max}——横肋长、短边最大弯矩,N·m;

d——长边跨中长度,mm;

λ——悬臂部分长度 a 与跨中长度 d 的比值,即 $\lambda=a/d$;

q_1——作用于长边的线荷载,N/m;

q_2——作用于短边的线荷载,N/m;

c——短边线荷载分布长度,mm;

l——短边计算长度,mm;

η——c 与 l 的比值,即 $\eta=c/l$;

W_1,W_2——横肋长、短边截面抵抗矩,mm;

f_m——槽钢抗弯强度。

5)拉紧螺栓的选用。横肋多采用双根槽钢组合成"工"字形,拉紧螺栓从两槽钢之间穿过,配合垫板利用螺母拉紧。螺栓受的拉力 N,等于横肋处的反力。拉紧螺栓的拉力 N 和需要的截面积 A_0 按下式计算:

$$N=q_3 l_1/2 \tag{3-3-13}$$

$$A_0=N/f_{tb}=q_3 l_1/(2\times 170) \tag{3-3-14}$$

式中　q_3——作用于横肋上的线荷载,N/m;

l_1——横肋的计算长度,mm;

A_0——螺栓需要的截面面积, mm^2;

f_{tb}——螺栓抗拉强度计算值,采用 Q123 钢,$f_{tb}=170$ MPa。

(2)内模设计。一般采用小块定型钢模板和模板组拼,由枋木或钢管作内支撑杆、并设横向支撑加固模板。竖向倒角连接处应有一侧为锐角,便于脱模。

按侧模进行相应检算。

(3)爬架设计。爬模施工爬架根据爬升动力不同主要有三大类:液压式爬模、牛腿顶升爬模、托架定位提升爬模(通过架空索道、塔吊、手动葫芦等提升模板)。

1)液压式爬模。液压式爬模采用内爬外挂、分离模板、整体双臂双吊钩塔吊、液压爬升式爬模,主要由网架工作平台、中心塔吊、L 形支架、内外套架、内爬支脚机构、液压顶升机构和模板体系组成。如图 3-3-7 所示。

工艺原理:以空心墩已凝固的混凝土墩壁为承力主体,以内爬支脚机构的上下爬架及液压顶升油缸为爬升设备,通过油缸活塞与缸体间一个固定一个上升,上下爬架间也是一个固定一个作相对运动,从而达到内套架交替爬升带动外套架爬升,最后形成整体的上升。

2)牛腿顶升爬模。该型爬模为内架托、外挂架,由爬升架支腿、承重梁、内井架、顶面桁架网片结构、外吊架组成。如图 3-3-8 所示。

工作原理:在已浇混凝土墩身内壁预埋爬窝,利用内井架底部设置的双层伸缩梁爬升架,通过螺旋千斤顶交替爬升形成整个爬架上升。(也有不设螺旋千斤顶,在具有一定强度的新浇混凝土顶面设过梁,用链条葫芦提升。)

3)托架定位提升爬模。托架定位提升爬模采用外架托、内落地井架,由爬模托架系统、外模及工作架系统、内模及内井架系统和塔吊、手动链条葫芦等动力系统组成。如图 3-3-9 所示。

工作原理:在已浇混凝土墩身外壁预埋托架锥窝,利用爬模托架支托外模,对穿拉杆锁紧内、外模板,其动力是通过塔吊或架空索道或依附钢筋笼或劲性骨架用手动链条葫芦分块提升模板和爬架上升。

(4)预埋件(预留孔)设计。在爬模设计中,主要通过预埋件或伸入预留孔的支承杆来支撑爬升架和固定模型,因此其设计至关重要。

根据爬架设计,不同受力情况的预埋件计算:

1)承受剪切荷载的预埋件计算。

$$K_1 V_j \leqslant \mu(A_{s1}+A_{s2})f_{sv} \tag{3-3-15}$$

式中　K_1——抗剪强度设计安全系数;

V_j——用于预埋件的剪切荷载;

μ——摩擦系数,$\mu=1$;

A_{s1},A_{s2}——下部及上部钢筋截面积,当为双排锚筋时 $A_{s1}=A_{s2}$;

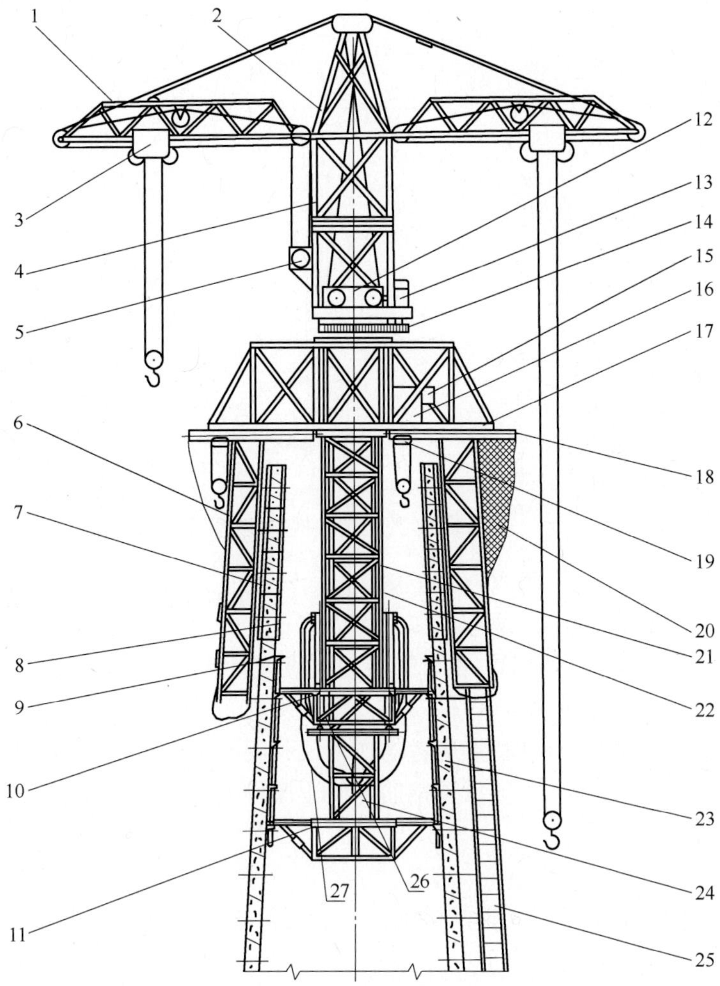

图 3-3-7　液压式爬模

1—塔吊顶架；2—吊臂；3—水平走行小车；4—塔吊井架；5—电动葫芦；6—外挂 L 支架；7—外模板；8—内模板；9—附壁爬靴支座；10—上爬升梁；11—下爬升梁；12—主卷扬机；13—回转机构；14—回转支承；15—控制箱；16—配电柜；17—网架工作平台；18—水平导轨；19—环链电葫芦；20—安全网；21—外套架；22—内井架；23—模板拉杆；24—液压泵站；25—爬梯；26—顶外油缸；27—油管

f_{sv}——钢筋在混凝土中抗剪强度设计值，取 $0.7f_{sv}$。

2)承受纯弯荷载的预埋件计算。

$$K_2M_j \leqslant h_0A_{s1}f_{st} \qquad (3\text{-}3\text{-}16)$$

式中　K_2——抗弯强度设计安全系数；

M_j——作用于预埋件的纯弯矩，$M_j=FL$；F 为预埋件承受压力，kN/m^2；L 为预埋件计算长度，m；

h_0——加荷牛腿顶点至受拉锚筋的距离；

f_{st}——锚筋抗剪强度设计值。

3)承受轴心受拉荷载的预埋件计算。

$$K_3F_j \leqslant A_sf_{st}/[\sin\alpha+\cos\alpha/(\mu_1\mu_2)] \qquad (3\text{-}3\text{-}17)$$

式中　K_3——抗剪力强度设计安全系数；

F_j——作用于预埋件的拉力；

A_s——总锚筋面积，为 $A_{s1}+A_{s2}$；

α——外力 F 与预埋件的轴线夹角；

μ_1——系数，与 α 角的大小有关，当 $\alpha=30°$，$\mu_1=0.9$；$\alpha=45°$；$\mu_1=0.8$；$\alpha=60°$；$\mu_1=0.7$；

μ_2——摩擦系数，$\mu_2=1$。

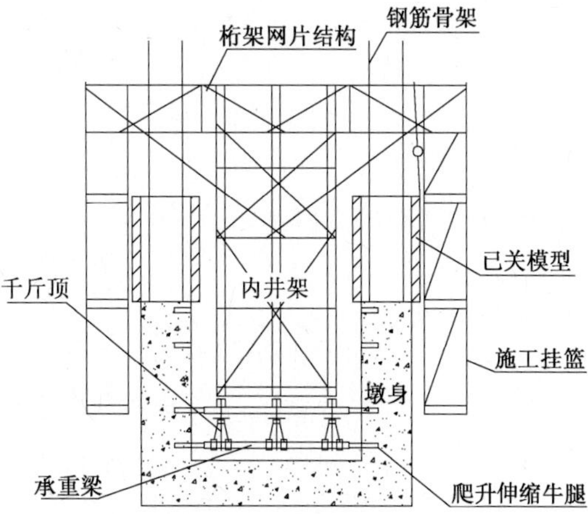

图 3-3-8　牛腿顶升爬模

4)承受弯剪荷载的预埋件计算。

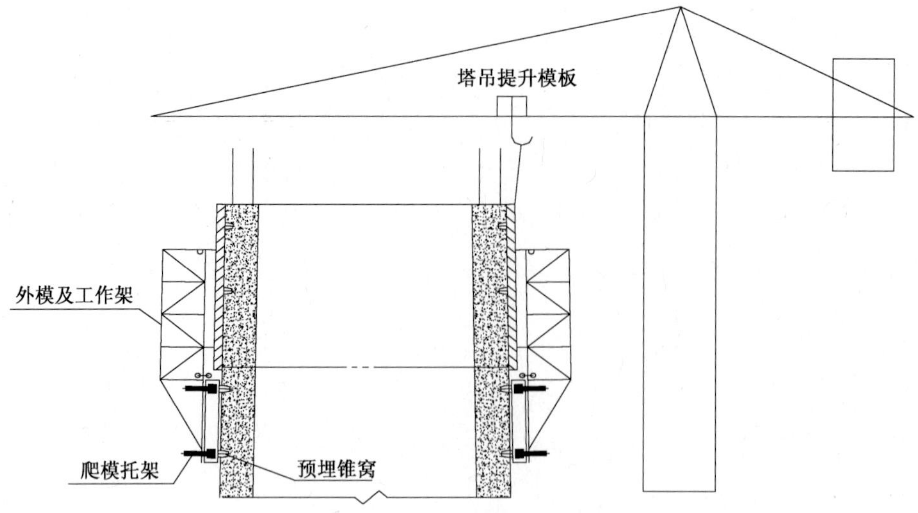

图 3-3-9　托架定位提升爬模

$$K_1V_j \leqslant 1.5A_{s1}f_{st1} + A_{s2}f_{st2} \qquad (3\text{-}3\text{-}18)$$

$$K_2M_j \leqslant 0.85h_0A_{s1}f_{st1} \qquad (3\text{-}3\text{-}19)$$

式中　f_{st1}，f_{st2} ——分别为锚筋 A_{s1}、A_{s2} 的计算抗拉强度设计值。

5)操作平台和安全设施。爬模拆除、预埋件安、拆，钢筋绑扎，混凝土浇筑、养护、修整，均需施工人员在相应的平台来实现，因此根据爬模设计的特点应考虑在外模和爬架上设置相应的操作平台和内外挂架，外架外侧挂密目安全网防止坠落事故。内、外架设置钢筋梯便于操作人员上下，在已成型的部分墩身上应将爬梯固定。

2. 模板加工

(1)加工标准。按照批准的加工图和《钢结构工程施工质量验收规范》(GB 50205—2001)进行加工。质量标准如下：

外形尺寸：−3 mm；　　对角线：−5 mm；

板面平整度：2 mm；　　板边平直度：±2 mm；

螺孔位置：±2 mm；　　螺孔直径：+1 mm；

焊缝：按图纸要求。

(2)质量验收。在厂家或施工现场进行自由状态下预拼装，根据设计图纸和《钢结构工程施工质量验收规范》(GB 50205—2001)进行验收，检查模板的长、宽、高、螺栓孔直径、间距、大面平整度、接缝错台(含节间接缝)、焊接质量等。检查合格后，对模板编号，并在模板上标注中心线、控制基准线等标记。

(3)运输存放。根据模板的长度、重量选用车辆；模板在运输车辆上的支点、两端伸出的长度及绑扎和包装方法均须保证模板不产生变形、不损伤涂层。

模板存放场地平整坚实，无积水。按照规格、型号、安装顺序分区存放；模板底层垫枕须有足够的支承面，防止支点下沉。相同型号的模板垫放时，各层的支点在同一垂直线上，防止模板被压坏或变形。

3. 模板安装

(1)墩底零节处理。为了方便配板和脱模，爬模施工工艺要求在墩底设置零节模板。零节模板上端与墩身爬模模板相连接，下端直接支承在承台上，最先拆除的一块模板下端与承台的接触边设计为锐角，方便脱模。采用塔吊或汽车吊配合安装外模、内模，混凝土浇筑至计算零节高度。

(2)附墙件的埋设。根据爬架设计，在零节钢筋绑扎完成、模型安装前将附墙件对应的位置精确测设标注，并将制作好经检查合格、通过验收的附墙件埋设在对应位置，保证深度、方向、高程一致。在附墙件周围设置 U 型或井字形钢筋牢固定位在主筋上。

(3)爬架与模板的安装。在零节模型拆除后，清理干净附墙件，以保证爬架的安装精度。按爬架设计要求先安装托架、牛腿等支撑结构，由下而上依次吊装爬架。对照设计检查各系统是否安装准确，并运作正常。

然后按先安装外模、再安装内模的安装顺序架立模板。按设计板块进行组拼，定位、钻拉杆孔位；模板组拼好后清除面板锈迹，打磨平整刻痕，涂刷脱模剂。在背面安装固定外模施工挂篮，悬挂安全网。钢筋施工结束后，利用塔吊或汽车吊吊装至设计高度，以 3 t 链条葫芦微调悬挂固定，收紧连接螺栓、穿墙拉杆将模板固定在墩身混凝土上。模板内支撑主要靠搭接部分的混凝土和钢筋骨架上设置的支撑垫块来实现。为防止板缝漏浆，将模板的每边均设 1 cm 搭接，墩身混凝土与模板的搭接处设厚度 1.5 cm 的海绵，用万能胶将其固定在模板上。

4. 模板的拆除、整修、涂刷脱模剂、爬模的爬升

钢筋安装好后，进行模板的拆除、整修、涂刷脱模剂和爬升，顺序为先外后内、先上后下逐块进行。

(1)预松拉杆、脱模板，拆除相邻模板之间的连接，把操作平台上的机具料清理干净。

(2)起吊扣件锁紧后，利用托架和链条葫芦将模板悬吊后移固定。

(3)用长把平刮刀清除模板板面残留的混凝土，注意不得将板面挂伤。如肋边发生翘曲、弯折、板面发生变形时，需进行矫正平直，开焊处要补焊牢固，并将面板清理干净。

(4)用滚筒在模板表面均匀涂刷同一品种的脱模剂。

(5)利用爬架的提升动力提升模板。

5. 墩顶与实心段(横梁、系梁)的衔接处理

参照翻模法相关内容。

3.3.2.2　钢筋及预应力筋工程

钢筋及预应力筋的检查与验、钢筋及预应力筋的加工、钢筋及预应力筋的安装、主筋架立的稳定性及其采取的技术措施、预应力筋的张拉控制等参照翻模法相关内容。

3.3.2.3　混凝土工程

1. 混凝土配合比设计

混凝土材料的采购与质量控制、混凝土拌制、运输、入模浇筑程序与捣固、混凝土养护、预埋件拆除、预留孔封堵与混凝土表面修整等参照翻模法施工的相关内容。

2. 拆除模板

内、外模板的拆除，在混凝土强度能够保证其表面及棱角不因拆模而受损坏后方可拆除，一般须达到 2.5 MPa 的抗压强度。

先外后内、先下后上进行拆模板。当上节钢筋安装好后，起吊扣件必须扣紧模板的吊点，相邻模板之间无连接的情况下，方可拆模爬升。

3. 安全注意事项

参照翻模法施工的相关内容。

3.3.2.4　质量控制标准

墩身模板允许偏差和检验方法、预应力钢束制作、安装允许偏差、混凝土施工质量标准参照翻模法施工的相关内容。

空心墩爬模施工工艺是很多高墩施工常规选择的一种施工方法。在实际施工中，只有经过系统和全面的准备，作好施工设计，且在每一道施工工序中严格按照工艺要求进行作业；并应根据其自身的特性和条件进行调整，以满足施工要求和质量标准，才能控制好墩身质量、加快施工进度，降低施工成本、确保施工安全。

4 预应力混凝土简支梁预制施工技术

4.1 预应力混凝土后张法简支箱梁预制施工

4.1.1 预应力混凝土后张法简支箱梁预制场的规划

4.1.1.1 场地的规划

1. 制梁场地选择的基本原则

(1)制梁场紧邻线路(或具有良好的预制梁体出运条件)且尽可能选在箱梁架设范围的中间位置,并结合架梁工期,充分考虑影响架梁的障碍物和控制性工程对制梁的影响。

(2)场地的面积能满足需要,场地内拆迁量小,尽量避开基本农田。

(3)场地处于地质情况较好区域以减少基础处理工作量。

(4)良好的水电供应、交通、通信条件。

(5)良好的材料运输、设备采购、员工生活及社会治安状况等条件。

(6)预制的综合成本低。

2. 场地的规划布置

(1)制梁场布置方式。制梁场布置根据地形条件及设备配置情况一般分为横列式和纵列式两种方式,也可以采用两种布置的组合方式。

1)横列式布置方式。横列式一般采用制梁区与存梁区平行布置的方式。其优点为梁场布置紧凑,工效高,产量大,适用于地形方正,面积较大,配备有桥梁搬运机或摆渡设备的梁场。横列式布置方式如图 3-4-1 所示。

2)纵列式布置方式。纵列式一般采用制梁区与存梁区按一列纵队布置的方式。其优点是可直接采用轨行龙门起重机移梁,节省用地,适用于地形狭长,产量较小的梁场。纵列式布置方式如图 3-4-2 所示。

图 3-4-1 横列式布置梁场

图 3-4-2 纵列式布置梁场

(2)制梁场分区。制梁场按功能划分主要由生产区、生产辅助区、办公生活区三大部分组成。

1)生产区。生产区主要分为制梁区、存梁区、混凝土拌和区、桥梁换装区、运梁通道等。

①制梁区。主要布置有制梁台座、钢筋加工区、钢筋预扎台架、内模拼装台座等。

a. 制梁台座。按照合同工期的要求,考虑特殊季节等影响,计算出制梁场的月生产能力,结合箱梁的规格及型号分别配置。制梁台座的周转是依据箱梁初张拉的时间确定的,一般制梁台座使用周期为 4~6 d。如跨度较小的箱梁数量较少,可采取与跨度较大的箱梁共用制梁台座的方式。如需冬期施工,可将蒸汽养护管道接入每个制梁台座内。

制梁台座需设置于龙门吊工作覆盖范围内,并根据龙门吊的跨度进行台座的布置,制梁台座的间距以满足搬运机走行安全、张拉等作业方便为宜。

b. 钢筋加工区。钢筋加工区包括钢筋加工房和钢筋堆放区。钢筋加工房可采用大跨度钢棚架，面积以满足箱梁最大日产量时钢筋加工吨位为宜。钢筋堆放区应紧邻钢筋加工房，以减少搬运距离，面积以能存放 0.5～1 个月箱梁产量为宜。

c. 钢筋预扎台架。钢筋预扎台架配置数量根据箱梁日产量确定，一般为：(日产量＋1)配置；当采用分体预扎工艺时，底腹板、顶板预扎台架按 1∶1 配置。

d. 内模拼装台座。内模拼装台座设置数量一般为制梁台座的一半，其位置设置于两个制梁台座之间，一般采用钢架结构。

②存梁区。存梁区一般由二次张拉台座、存梁台座、静载试验台座组成。

a. 二次张拉台座。二次张拉台座设置数量需根据箱梁月产量及混凝土弹性模量发展情况(一般为 10～14 d)计算确定。

b. 存梁台座。存梁台座设置数量需根据箱梁月产量及架梁工期综合计算确定，存梁台座一般采用双层存梁基础，以节约用地。

c. 静载试验台座。同种梁型可设置一座静载试验台座(不同跨度可共用)，一般设置于存梁场边角处，以减少对其他台座的影响。

③混凝土拌和区。混凝土拌和区由混凝土搅拌站、砂石料存放区、洗石场和筛砂场组成。

a. 混凝土搅拌站。根据梁场设计生产能力，配备足够的搅拌设备，包括供应箱梁、小预制件、桥面系等施工所需的混凝土；散装水泥及矿物掺和料储存罐的储备能力，均需满足连续 5 d 以上的混凝土浇筑能力所用量的要求。应选择卧轴式、行星式或逆流式强制搅拌机，并应适当准备应急的完好搅拌设备。搅拌站的电子秤计量系统，应在使用前经法定计量检定部门进行检定。搅拌站系统设施应满足以下要求：水泥、粉煤灰、矿渣粉应采用散料仓分别储存；水泥在储存中应采取措施降低温度或防止水泥升温；储存水泥、粉煤灰、矿渣粉、外加剂的容器应悬挂标识牌，标识牌至少应标明材料产地、名称、规格、进场日期、代表数量和检验状态等；储存液体外加剂的容器应避免外加剂污染和蒸发，寒冷地区在冬季应有防冻措施；砂石料存放场与搅拌楼之间、搅拌站周边地面均应以混凝土进行硬化处理，并设置必要的排水设施；搅拌站应防风、防雨；每个搅拌站至少应配备三个骨料仓(一个砂仓和两个碎石仓)；搅拌站应采用重量法配料，各料仓材料的重量均应采用电子秤计量系统分别计量。

b. 砂石料存放区。砂石料存放区的能力要充分考虑本项目工期及该地区影响施工的特殊因素(如冬季封冻、夏季洪水、运输距离、道路受阻等)，设置规模一般按 1～2 个月的用量储备考虑。

砂、石应有固定的储存地点并悬挂标识牌，标识牌至少应标明其产地、名称、规格、进场日期、代表数量和检验状态等。

砂、石应有明确的堆放界限，砂、石或不同级配碎石间有可能产生混杂时应以砖墙或混凝土墙等进行分隔。

砂、石堆场应设置规范的厂棚，一般采用大跨度钢架棚，三面围壁，以达到防晒、防雨和防尘等目的。

砂、石堆场地面应以混凝土进行硬化处理，并设置不小于 2%的排水坡和排水沟。

二级配的碎石应分开堆放并加以标识。骨料存放区如图 3-4-3 所示。

图 3-4-3　骨料存放区

c. 洗石场和筛砂场。若砂、石料源地不具备冲洗、分筛条件，则需在砂、石的存放场内设置专门的筛砂场和洗石场，配置相应的筛砂和洗石设备，以及沉淀池等相应的设施，并做好相应的环保工作。

d. 箱梁混凝土泵送方式。箱梁由于混凝土方量较大，一般都采用泵送的方式进行混凝土浇筑。泵送方式一般又分为拌和站直泵和罐车运输泵送两种方式。

拌和站直泵方式是将混凝土输送泵机安放在搅拌站下，通过输送管道直接将混凝土输送到每个制梁台座处的箱梁内。其优点为泵送成本低(同时还可降低建场成本)，混凝土浇筑时间短；缺点是输送管道长，容易造成堵管。拌和站直泵方式适用于拌和站设置于制梁区中部，泵送距离不超过泵机最大泵送能力的梁场。

罐车运输泵送方式是将拌和站混凝土通过混凝土罐车运送到制梁台座处，再由混凝土泵机通过输送管道将混凝土浇筑到箱梁内。其优点为混凝土泵送距离短，不易堵管，缺点是成本高，混凝土坍落度损失较大，混凝土浇筑时间较长，并需要考虑混凝土罐车运输通道。罐车运输泵送方式适用于由于受地形限制，拌和站设置距制梁区较远或泵送距离超过了泵机最大泵送能力的梁场。

④桥梁换装区。桥梁运输上桥方式一般分为马道运输上桥和提梁上桥两种方式。

a. 马道运输上桥。马道运输上桥一般适用于梁场附近具备路基上桥条件的情况，其优点为安全经济、运输方便，为后道工序(如桥面系、轨道工程施工等)提供方便，是架梁时首选的运输上桥方式。采用运梁车运梁，搬运机可在通向马道的纵向运梁通道上直接装梁完成换装；采用运架一体机运梁，则需要在通向马道的纵向运梁通道旁设置换装台座来完成换装。马道应根据线路路基高度并结合运梁设备的限制坡度，以尽量减少制梁场建场土石方工程数量来确定制梁场的高程和马道的长度。马道运输上桥如图 3-4-4 所示。

b. 提梁上桥。提梁上桥一般适用于不具备马道上桥条件或马道上桥的成本太高的情况。制梁场需紧邻线路，并配置大型跨线起重设备。该方案设备投入大，设备走行基础处理费用高，提梁成本也高。提梁上桥如图 3-4-5 所示。

图 3-4-4　马道运输上桥

图 3-4-5　提梁运输上桥

c. 桥梁不同运输上桥方式对搬运设备的选择。搬运机根据桥梁上桥方式又分为宽式和窄式两种工作状态。宽式搬运机适用于运梁车马道运输上桥方式；窄式搬运机适用于提梁机提梁上桥和采用运架一体机运架梁方式。

⑤运梁通道。运梁通道是采用搬运机搬运箱梁工艺时设置的搬运机专用通道，由纵向和横向通道组成。若采用轨道走行设备移梁时，则设置轨道走行设施。

横向通道为连通制梁区与存梁区之间的走行通道，其宽度一般设置为：(1 m＋搬运机横向行走工作宽度＋1 m)；纵向通道为连通制梁区各横向通道至桥梁换装区的工作通道，其宽度一般设置为：(1 m＋搬运机纵向行走工作宽度＋1 m)。运梁通道压实度、平整度须满足桥梁搬运机安全走行要求，一般采用混凝土或级配碎石路面结构，并在搬运机转向支撑机构处对地面进行局部加固处理，避免损坏通道路面。

横向通道的中心距根据搬运机的走行跨度确定。

2)生产辅助区。生产辅助区包括试验室、小件预制区、钢筋存放区、锅炉房、钢构件存放区、材料库房、机修区、工具房、发配电房、变电房等，生产辅助区地面需全部硬化。

生产房屋一般采用彩钢板活动板房或彩钢棚结构，根据箱梁月产量结合场地规划总体情况进行规划设计。

试验室执行《铁路建设项目工程试验室管理标准》(TB 10442)。试验室房屋一般采用彩钢板房或砖木结构，距混凝土搅拌站不宜太远。需配备力学室、标养室、混凝土室、胶凝材料室、集料室、样品室、耐久性室、计量室、资料室、办公室等相关设施。每个操作间的面积不小于 12 m^2，标准养护室不小于 30 m^2，操作间分区明确，布局合理，环境温、湿度等应满足标准要求。其中，混凝土室、胶凝材料室、化学分析室、力学室等应配备空调，标准养护室应配备自动养护系统。试验室仪器设备应合理安置，设备精度、数量符合要求，相互有影响的仪器设备应采取有效地隔离措施。

3)办公生活区。办公生活区应与生产区域分开设置，并各自设有专门的通道，以便管理和安全。房屋一般采用彩钢板活动板房，办公室修建面积一般按 8 m^2/人设计、员工宿舍一般按 4 m^2/人(用地困难时可采用双层铺位)设计。办公生活区内的通道应采用混凝土硬化，其余空地可结合现场实际进行绿化处理。

4.1.1.2　主要设施、设备的配置

1. 模型工装配置

模型工装主要包括：底模、侧模、端模、内模、连接配件等。

(1)底模。底模采用固定式钢结构，与制梁台座按照 1∶1 的比例配置。

(2)侧模。侧模可采用固定和滑移式两种钢结构形式。

1)固定式。侧模与底模按照 1∶1 的比例配置，通过两侧连接拉杆实现侧模调整，并在模型外侧相应位置安装附着式振动器。其优点为工序简单，功效高，但模型投入较高。

2)滑移式。侧模与底模按照 1∶2 的比例配置。该方式是在两个纵向一条线上的台座两侧铺设连接轨道，一个台座上的模型拆除后通过轨道滑移至另一个台座使用，以实现两个台座共用一套侧模，降低模型投入数量。但缺点是工序较多，功效相对较低。

(3)端模。端模可采用整体式或组合式钢结构，与侧模、底模按照 1∶2 的比例配置，通过连接螺栓实现与底模及侧模的连接，并在端模外侧相应位置安装附着式振动器。

(4)内模。内模采用伸缩式液压台车结构，分节长度为 4 m 左右。内模与外模按 3∶5 的比例配置。

2. 主要设备、机具配置

梁场设备、机具配置应根据设计生产能力、梁场规划布置、制梁工艺及制梁单位设备储备等情况确定。配比原则：性能先进实用、数量充足完好。主要设备及机具配置见表 3-4-1。

表 3-4-1　月产 60～80 件箱梁主要施工机械设备、机具配置表(采用搬运机吊梁方式)

序号	名　称	型 号 规 格	单位	数量	备　注
一、动力设备					
1	电力变压器	400～500 kVA	台	2	根据梁场设备配置情况计算确定
2	柴油发电机组	300～500 kW	组	2	满足停电状况下制梁所需基本用电量
二、混凝土设备					
1	混凝土搅拌站	HZS90、90 m^3/h	台	3	
2	混凝土输送泵	HBT80	台	3	
3	混凝土布料机	HGY18、18 m	台	3	
4	蒸养锅炉	DZL4-1.25-AⅡ	台	1	冬期施工采用蒸汽养护工艺时
三、起重、运输设备					
1	龙门起重机	50 t/38 m	台	2～3	吊装模板及钢筋骨架等
2	龙门起重机	10 t/17 m	台	1～2	钢材存放等
3	轮胎式搬运机	900 t	台	1	箱梁搬运
四、金属加工设备					
1	交(直)流电焊机	BX1-400	台	10～20	钢筋、桥配加工及日常修理等
2	钢筋对焊机	UN1-100	台	2～3	
3	钢筋调直切断机	GT4/14ϕ4/14 mm	台	1～2	
4	钢筋切断机	GQ50A	台	3～4	
5	钢筋弯曲机	GW50A	台	5～6	
五、张拉灌浆设备					
1	张拉千斤顶	YCW300C-200	套	12～16	
2	真空泵	MBV80	台	2	

续上表

序号	名　称	型 号 规 格	单位	数量	备　注
五、张拉灌浆设备					
3	高速压浆台车	JS-300	台	2	
4	连续式压浆泵	SQG45A	台	2	
5	静载试验千斤顶		台	11～16	根据箱梁的静载试验参数确定型号
6	电动卷扬机	JK-5 t	台	2～3	抽拔橡胶管
六、其他设备					
1	电子汽车衡	SCS-150	台	1	骨料、钢材等计量
2	轮式装载机	ZL50、3 m^3	台	2～3	
3	叉车	CPCD60H、6 t	台	1	
4	静载试验架		套	1	
5	洗石机	XS50-50 m^3/h	台	1	

注:表仅供参考,具体配置应结合各自梁场不同情况而定。

4.1.2　后张法箱梁预制

4.1.2.1　施工工艺

1. 施工工艺流程

(1)钢筋采用分体预扎工艺。后张法箱梁预制施工工艺流程图如图 3-4-6 所示。

(2)钢筋采用整孔预扎工艺。后张法箱梁预制施工工艺流程图如图 3-4-7 所示。

2. 操作要点

(1)钢筋工程。

1)钢筋加工。钢筋加工成型在钢筋车间内完成,采用专门的钢筋加工设备,在特制的胎膜卡具上加工成型,检验合格后方可进行绑扎。

2)梁体钢筋绑扎。梁体钢筋绑扎应在胎模上进行,可分为分体式预扎和整孔预扎两种方式,两种方式各有优缺点,应结合各自实际,因地制宜的选择使用。

①分体式预扎。即腹板与底板一同绑扎,桥面钢筋另行绑扎,待内模就位后,再将桥面钢筋与腹板底板钢筋拼装绑扎。

其优点在于桥面筋与底、腹板钢筋可同时预扎,功效高,内模吊装就位时中线控制较好;但与整体预扎比较占地要多一些,每孔梁钢筋吊装次数也多一次,同时桥面钢筋与腹板钢筋连接就位时的绑扎作业不如整孔预扎方式容易操作。

a. 箱梁底、腹板钢筋绑扎胎模。纵向和横向钢筋的间距按照图纸设计要求,在角钢竖直面上设置卡口,以保证钢筋的绑扎质量。为保证纵向和横向钢筋的位置正确及两侧腹板钢筋的保护层厚度满足规定的允许误差,在胎模的两外侧底边分别焊一 75 mm 的等边角钢,用其竖直肢作支挡,在绑扎时,将横向筋的弯钩及腹板箍筋贴紧此肢背,即可保证钢筋的正确位置及外侧钢筋的整齐。如图 3-4-8 所示。

b. 箱梁桥面钢筋绑扎胎模。胎模的主体是用 50 mm×30 mm 方钢焊接而成。由于桥面钢筋的截面形状决定了桥面钢筋不适合在平面上操作,因此,根据桥面钢筋的截面形状,在绑扎胎模的底部加焊了 500～800 mm 长短不等的支腿,使作业平面正好在 900 mm 左右,既满足了设计要求,又方便了操作。箱梁桥面钢筋绑扎胎模如图 3-4-9 所示。

②整孔预扎。钢筋整孔预扎就是在绑扎工装台座上将整孔桥梁的钢筋一次性绑扎完成。其优点在于钢筋绑扎质量较好,特别是梁体底、腹板钢筋与桥面钢筋连接处的绑扎质量控制较好,同时可节约场地,减少吊装次数;缺点是绑扎速度慢,且桥面筋绑扎处于高空作业,工效低。另外,整孔预扎钢筋的工艺会导致内模就位后中线调整困难,两侧腹板钢筋保护层厚薄不均。

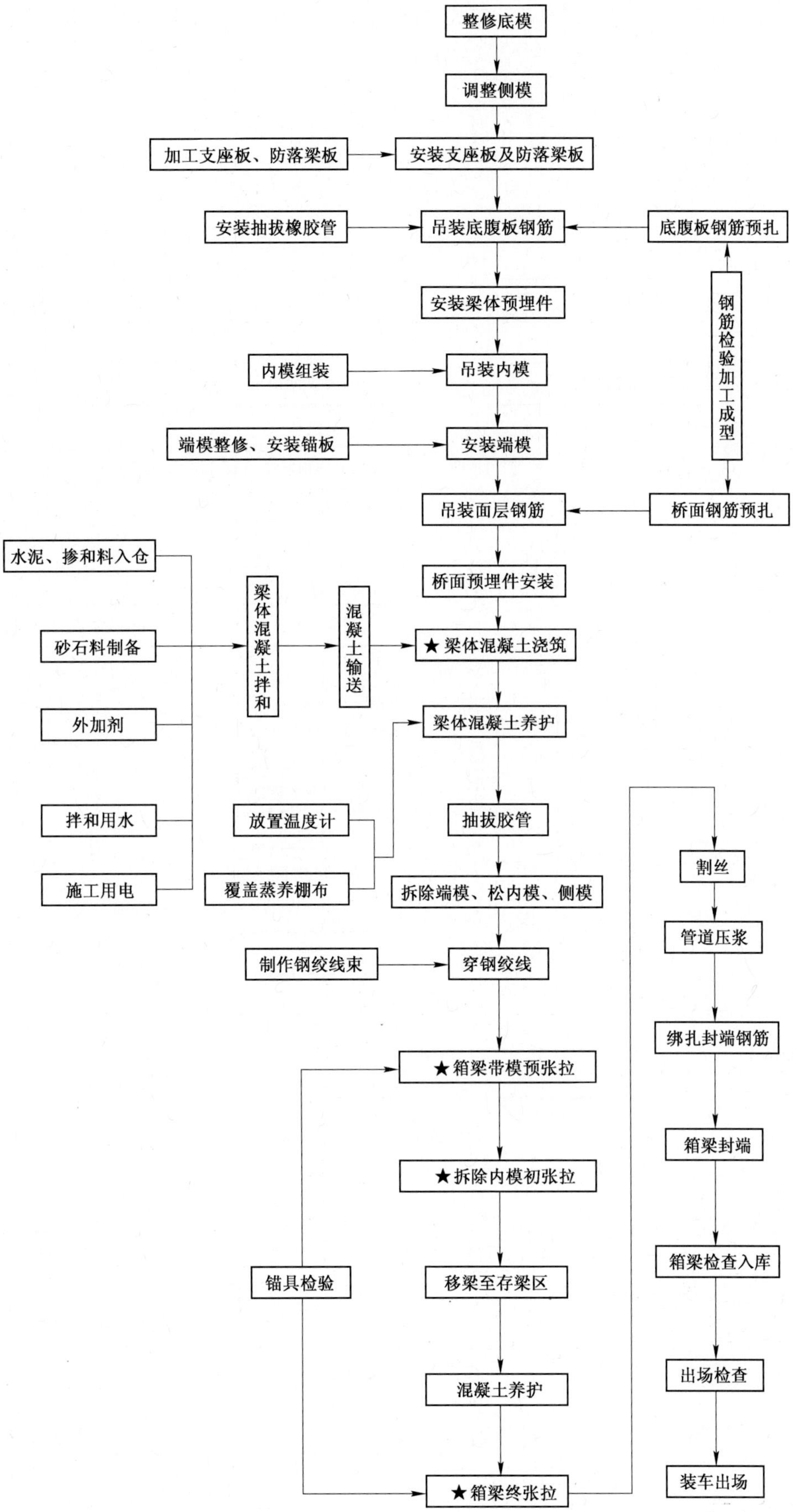

图 3-4-6　后张法箱梁预制施工工艺流程图(钢筋分体预扎工艺)

注:"★"为关键工序

按照设计图纸规定的箱梁纵向和横向钢筋的间距要求,将底、腹板及桥面钢筋轮廓尺寸由槽钢和角钢加工成绑扎工装台架,并采用钢管支架或其他支撑工具充当"假内模",以便于桥面钢筋绑扎时支撑顶面钢筋,从而一次性完成整孔箱梁钢筋的绑扎作业。箱梁整孔钢筋绑扎胎模如图 3-4-10 所示，整孔箱梁钢筋吊装如图 3-4-11 所示。

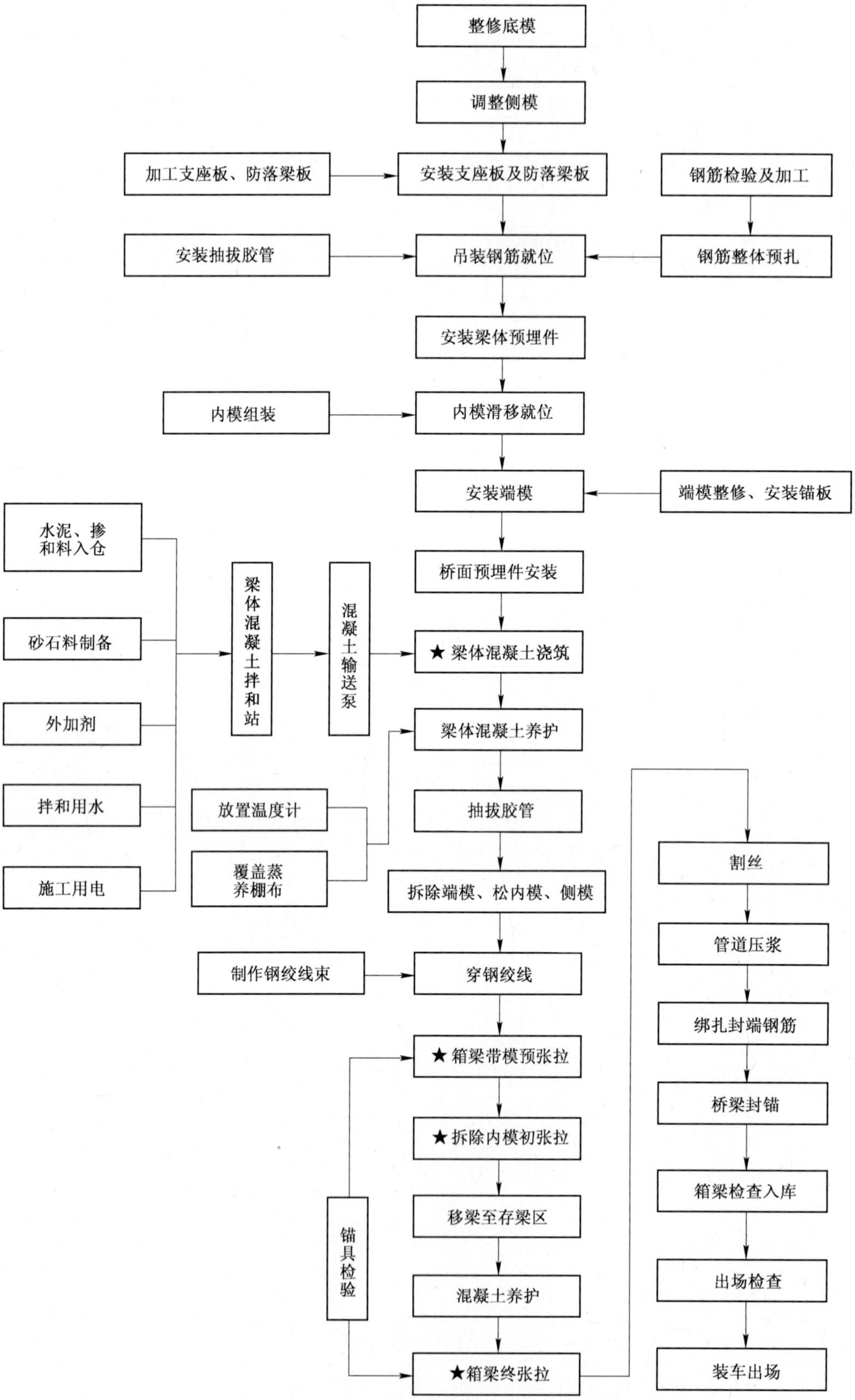

图 3-4-7　后张法箱梁预制施工工艺流程图(钢筋整孔预扎工艺)

注:“★” 为关键工序

图 3-4-8　箱梁底、腹板钢筋绑扎胎模图

图 3-4-9　箱梁桥面钢筋绑扎胎模图

图 3-4-10　整孔箱梁钢筋绑扎胎模图

图 3-4-11　整孔箱梁钢筋吊装图

3)箱梁钢筋吊具。箱梁钢筋面积大、重量大,要求吊具具有较大的刚度,起吊时吊具及钢筋不得发生过大变形。同时吊具须具有通用性,既能起吊梁体底腹板钢筋,又能起吊桥面钢筋。

吊具的结构形式采用工字钢桁架结构,根据吊架的受力情况采用不同型号工字钢。吊架上每隔 2 m 悬挂一吊勾,起吊时钢筋笼表面穿入钢管以分散集中力。

(2)预应力管道制孔。

1)橡胶管及接头处理。制孔使用高强橡胶管,管内穿 7ϕ5 的钢绞线作芯棒,跨中采用内径比橡胶管外径大 5 mm、厚度为 0.5 mm、长度为 300 mm 的短铁皮管套接,套接处必须用封口胶缠紧,并用扎丝扎紧。

2)管道定位。采用定位网法控制张拉管道坐标,为此将定位网焊接在箱梁的钢筋上,间距为 0.5 m。当主筋预扎完毕后,将制孔管穿入设计位置,待主筋吊入制梁台位后,再全面检查并细调制孔管,使其完全满足设计要求。

3)拔管。拔管时间与混凝土强度等级、水泥品种及气温有关。拔管过早则混凝土容易塌陷或造成孔道变形,拔管过晚则可能拔断胶管,因此拔管应在混凝土初凝之后、终凝之前进行。抽拔胶管应先试拔,即胶管拔出后孔道壁光滑,孔道内无落沙或残渣,孔道不发生变形及塌孔,胶管上不附着湿水泥浆即可。拔管采用卷扬机抽拔,拔管顺序应先拔芯棒,后拔胶管;先拔下层胶管,后拔上层胶管;先拔灌注梁体的起始端,后拔灌注梁体结束端。

(3)模型工程。

1)液压内模。

①液压内模系统组成。该系统由模板系统、车架系统(含支撑)和液压系统组成。其中,模板系统为大块钢模组拼结构,分下模、边模和顶模三个部分。车架系统包括车架桁架、走行支架、走行轮组成。内模系统组成方案如图 3-4-12 所示。

②液压内模安装及拆除工艺。内模安装首先是在内模拼装平台上整体预拼,当箱梁钢筋采用分体式预扎时,内模在内模拼装台座上按打开方式分节组装好,待底腹板钢筋骨架就位后整体吊装入模;当箱梁钢筋采用整体式预扎时,内模在内模拼装台座上按蜷缩方式组装好,待钢筋骨架就位后整体推入,再启动液压装置将其打开并调整到位。

内模是通过台车上的螺旋撑杆支撑于箱梁底板泄水孔预留孔中使之稳定安装于底模上的。

液压内模拆除既可通过液压装置使之蜷缩后整体向一端推出,也可分节同时向两端推出。其主要步骤如图 3-4-13 所示。

2)侧模。侧模采用双槽钢骨架、8 mm 面板组合而成,分 4 m 一节加工,然后在配套底模上安装就位并

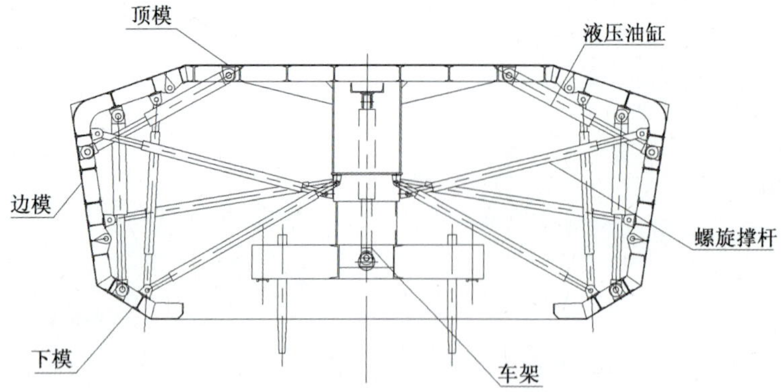

图 3-4-12　液压内模系统组成示意图

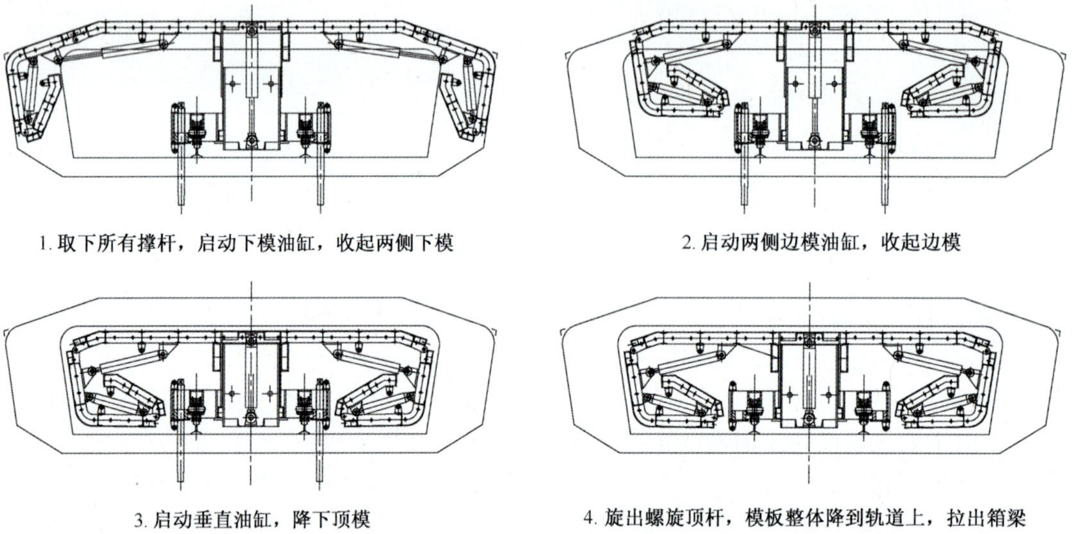

图 3-4-13　液压内模拆除步骤示意图

分侧焊成一个整体，并将焊缝磨平使模型侧面形成一个无缝平面，侧模微调时采用螺旋撑杆交替顶升就位，侧模下缘与底模必须密贴，且用螺栓连接并拧紧。侧模上设有走行道板和栏杆，保证施工安全。

侧模的加工和安装应按设计预留压缩量和反拱，并根据终张拉后梁体实际压缩和上拱情况进行验证并及时调整，使梁的全长和跨度以及上拱控制在允许的误差范围内。

3)底模。底模采用双槽钢组合梁、槽钢肋，20 mm(端节)及 10 mm 面板分节加工而成，制梁台座基础施工完毕后即可安装底模。从中部向两端安装，根据预留反拱值按抛物线设置反拱。底模两端支座板及防落梁挡板固定孔要设置精确，以保证支座板和防落挡板的准确位置。对于底板在端部向下加厚的箱梁，应在底模上设置活动节或压缩胶条，避免对梁体施加预应力造成阻碍。

底侧模及内模安装如图 3-4-14 所示。

图 3-4-14　底侧模及内模安装示意图

4)端模。端模采用 14 号工字钢、10 mm 面板组合而成。端模制作时应注意梁端倒角的构造，防止带模张拉引起梁端混凝土劈裂。端模采用龙门吊人工配合安装和拆除。端模安装的要领为:保证端模中线和底模中线重合、满足梁体高度和设计垂直度。

(4)混凝土施工。

1)原材料选择。混凝土所需的所有原材料,如水泥、粉煤灰、矿渣粉、砂、石、外加剂等均须按《客运专线高性能混凝土暂行技术条件》(科技基〔2005〕101 号)规定的试验方法进行检测,试验合格后方可用于混凝土的配制。

2)高性能混凝土配合比设计。根据箱梁设计图纸及现行有关规定,按照《铁路混凝土结构耐久性设计规范》(TB 10005)要求,进行高性能混凝土配合比设计。配合比设计程序:配合比参数的限值→强度等级、耐久性指标的确定→工作度的确定→原材料的选定→配合比参数的选择及碱、氯离子和三氧化硫含量的测算→混凝土的试拌和调整→拌和物性能、力学性能和耐久性的测试。

经过混凝土配合比试验确定多种配合比供试验选用,在正式施工前通过与箱梁混凝土浇筑相同条件的工艺性能试验,对所选定的配合比工作性能进行验证,验证合格后方可用于箱梁施工。

3)开盘前准备工作。

①取得施工配合比通知单,确认本次浇筑混凝土的骨料、水泥、掺和料、外加剂等已到达拌和站,不得采用边运输材料边开盘搅拌的方法进行梁体混凝土浇筑作业。

②核对并检查骨料、水泥、掺和料、外加剂品种和检验状态。

③混凝土搅拌站和输送设备处于正常状态,衡器已检查校正。

④机具应进行试运转,并确认状态良好。附着式振动器(包括备用振动器),插入式捣固棒已准备,测试完毕。水电供应系统保证,意外停水、停电的备用措施已落实。

⑤模板、钢筋、制孔管和各种预埋构件等工序的检查签证及整修手续均已办妥。气象预报落实,适应各种气候的施工措施完备。

⑥梁场在初始制梁时,应掌握梁体混凝土水化热变化情况,需在梁体钢筋就位后埋设温度传感器,温度传感器布设一般为:在箱梁跨中和梁两端的端截面按顶板、底板和腹板分三层,每孔箱梁内共布置 24 个温度传感器。测点在断面厚度方向等间距布置。若采用蒸汽养护时,还需在蒸养棚内布设环境温度测点 9 个:梁体两侧各三个(布置在端头和跨中),内箱中共三个(布置在距端头 4 m 和跨中)。混凝土水化热温度测点布置和编号如图 3-4-15 所示。

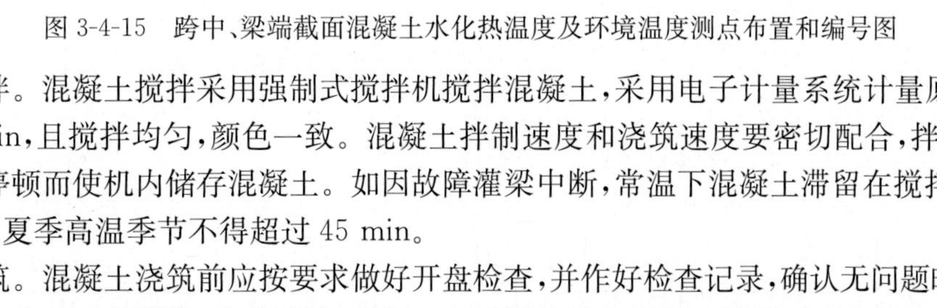

图 3-4-15　跨中、梁端截面混凝土水化热温度及环境温度测点布置和编号图

4)混凝土搅拌。混凝土搅拌采用强制式搅拌机搅拌混凝土,采用电子计量系统计量原材料。混凝土搅拌时间为 2～3 min,且搅拌均匀,颜色一致。混凝土拌制速度和浇筑速度要密切配合,拌制服从浇筑,以免浇筑工作因故障停顿而使机内储存混凝土。如因故障灌梁中断,常温下混凝土滞留在搅拌机内的时限一般不宜超过 60 min,夏季高温季节不得超过 45 min。

5)混凝土浇筑。混凝土浇筑前应按要求做好开盘检查,并作好检查记录,确认无问题时才可开盘。梁体混凝土浇筑采用三套独立的搅拌、浇筑系统(混凝土自动搅拌站＋混凝土输送泵＋布料杆＋振捣设备)配置。混凝土浇筑采用斜向分段、水平分层的方式连续浇筑,布料先从箱梁两侧腹板同步对称均匀进行,先浇筑腹板与底板结合处混凝土,再浇筑腹板混凝土,当两侧腹板混凝土浇筑到与顶板面结合部位时,改用从内模顶面预留的下料孔补浇底板混凝土,最后浇筑桥面板混凝土。在浇筑腹板混凝土时,为防止混凝土在箱梁内上涌,可采用木板堵截混凝土或采用较小的坍落度以降低混凝土的流动性。浇筑顺序如图 3-4-16 所示。

6)混凝土捣固。箱梁浇筑时采用侧振、底振、插入振工艺。在侧模和底模两端安装工频振动器,在箱梁

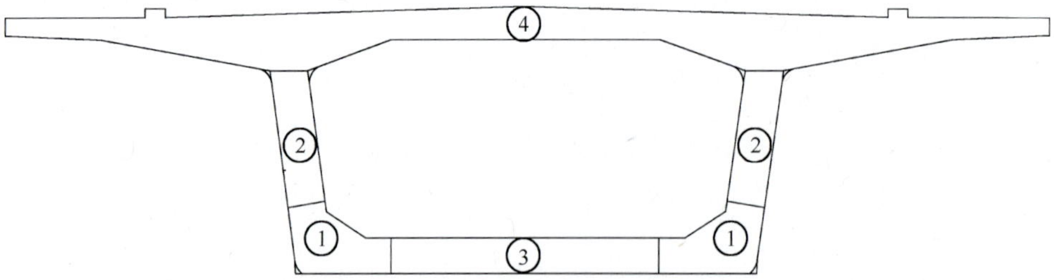

图 3-4-16　梁体混凝土灌注

①—底腹板交界处混凝土;②—腹板混凝土;③—底板中部混凝土;④—顶板混凝土

两端内模上安装高频振动器。梁端混凝土体积大、钢筋密集,为保证该部位混凝土的灌注质量,采用底振、侧振、内模高频振动器和插入式振动器同时开启的方式加强振动。梁体混凝土浇筑时一般情况下工频和高频振动器每次振动时间开启约为 80 s 左右,以混凝土密实为准。对桥面和内箱表面应在适当时候进行第一次整平抹面和第二次收浆抹平,使之平整,排水通畅。梁体混凝土浇筑如图 3-4-17 所示。

图 3-4-17　梁体混凝土浇筑

7)混凝土养生。梁体混凝土养护可根据气候条件采用蒸汽养护和自然养护两种方式。

①蒸汽养护:蒸汽养护采用养护罩封闭梁体,然后通蒸汽养护。为防止梁体裂纹及损失强度,混凝土浇筑完成后应静养 4 h 以上,升温速度不得大于 10 ℃/h;恒温养护期间蒸汽温度不宜超过 45 ℃,混凝土芯部温度不宜超过 60 ℃;降温速度不得大于 10 ℃/h;拆模时,梁体混凝土芯部与表层、表层与环境温差均不宜大于 15 ℃。在蒸养过程中,通汽以后应定时测温度,并做好记录。恒温时每 2 h 测一次温度,升、降温时每 30 min 测一次。根据实测温度调整蒸汽放入量。

②自然养护:梁体拆模后进行自然养护时,箱梁表面应予以覆盖,洒水次数以混凝土表面湿润为度。洒水养护 7 d 以上。当气温低于 5 ℃时,不得对梁体进行洒水。

(5)预应力张拉。

1)张拉前的准备工作。

①本工序为特殊工序,操作人员应持证上岗。锚具按规定检验合格,预应力钢绞线应符合标准要求。千斤顶和油压表均已校正并在有效期内。确认孔道已通过检孔器检查,钢绞线束数与孔道设计相符,各束顺直不绞缠,两端外露长度相等。确认梁体内孔道积水和污物已被清除。

②严格核查预应力钢绞线批接口"三对应",即:钢绞线试验弹模与伸长量计算对应;钢绞线线径与限位板槽深对应;前批剩余钢绞线穿入管道编号技术指定与现场实际操作对应。

穿入同片梁的两批钢绞线试验弹模值相差应不大于 5 GPa,穿入同一束钢绞线的两批钢绞线试验弹模值相差应不大于 3 GPa。

2)预应力张拉条件。

①预张拉。为防止梁体混凝土开裂,当梁体混凝土随梁养护试件强度达到设计强度值的 50%加 3.5 MPa时,松开内模,对梁体进行预张拉。张拉数量、位置及张拉值应符合设计要求。

②初张拉。当梁体混凝土随梁养护试件强度达到设计强度值的 80%加 3.5 MPa 时,方可进行初张拉。张拉数量、位置及张拉值应符合设计要求,初张拉后梁体方可吊离台座。

③终张拉。终张拉实施混凝土强度、弹性模量、混凝土龄期“三控”：即梁体混凝土随梁养护试件强度达到设计强度值加 3.5 MPa，弹性模量满足设计要求，且龄期不少于 10 d。

④梁体混凝土预施应力部分有较大缺陷者，应征得监理工程师同意后在预施应力前修补并达到规定强度后才可预施应力。

⑤锚具安装前应将锚垫板上的灰浆清除干净，检查管道是否偏心，若偏心则必须扩孔，并检查孔道轴线与锚垫板平面是否垂直。穿上钢束后应再次核对钢束根数。

⑥预制梁试生产期间，应至少对两件梁体进行各种预应力瞬时损失测试，确定预应力的实际损失，必要时请设计方对张拉控制应力进行调整。正常生产后每 100 件进行一次损失测试。需测试的各项瞬时损失有：管道摩阻、锚口摩阻、锚垫板喇叭口摩阻、锚具回缩损失等。

⑦张拉前应布置测量梁的上拱度及弹性压缩的测点。

3)预应力钢绞线伸长值计算。张拉前，应根据箱梁设计图纸，结合实测的管道摩阻和钢绞线弹性模量，计算出每束钢绞线的理论伸长值，作为预应力钢绞线张拉质量的判定依据。钢绞线伸长值计算公式：

$$\Delta L=\frac{P_{\mathrm{p}}\cdot L}{A_{\mathrm{p}}\cdot E_{\mathrm{p}}} \tag{3-4-1}$$

$$P_{\mathrm{p}}=\frac{P_1\left[1-\mathrm{e}^{-(kx+\mu\theta)}\right]}{kx+\mu\theta} \tag{3-4-2}$$

$$P_1=P\mathrm{e}^{-(kx+\mu\theta)} \tag{3-4-3}$$

式中　ΔL——钢绞线伸长值，mm；

P_{p}——钢绞线的平均张拉力，N；

L——钢绞线束长度，mm；

A_{p}——钢绞线截面面积，mm^2；

E_{p}——实测钢绞线弹性模量，$\mathrm{N/mm}^2$；

P——钢绞线张拉端的张拉力，N；

P_1——从张拉端至计算截面的管道长度 L 处的总的角变化为 θ 时该点处的张拉力；

k——孔道每米长度局部偏差的代表实测摩擦系数；

μ——钢绞线与孔道壁之间的代表实测摩擦系数；

θ——张拉端至计算截面曲线孔道部分切线的夹角之和(rad)；

x——张拉端至计算截面的孔道长度。

注意：钢绞线长度应根据直线段和弯曲段分段进行计算；注意竖弯角和平弯角是否重合在同一“段”内，如此，应将角度合成；管道长度不应只考虑水平投影长度；理论计算值应便于施工测量时符合性使用，尽量避免现场进行大量计算；应注意初张拉与终张拉时，千斤顶内的钢绞线伸长值的区别。

4)预应力钢绞线张拉伸长实测值计算。

$$\Delta K=\delta_{油缸K}+\delta_{夹片K}-\delta_{油缸初}-\delta_{夹片初}$$

式中　ΔK——两端工具锚之间的钢绞线在 $P=P_{控}-P_{初荷载}$ 作用下的伸长值(包含千斤顶内钢绞线伸长)；

$\delta_{油缸K}$——张拉控制荷载下，油缸伸出长度；

$\delta_{夹片K}$——张拉控制荷载下，工具锚夹片外露长度；

$\delta_{油缸初}$——张拉初始荷载下，油缸伸出长度；

$\delta_{夹片初}$——张拉初始荷载下，工具锚夹片外露长度。

注意：张拉中钢绞线伸长值的控制与张拉锚固后钢绞线实际伸长值含义的区别：张拉中伸长值与工具锚夹片外露量、管道摩阻、喇叭口与锚口摩阻有关；而锚固后钢绞线实际伸长值与工作锚夹片外露量、限位板槽深、管道摩阻、喇叭口与锚口摩阻等因素有关。

5)预施应力程序及工艺。张拉中实施张拉应力、应变、时间、同步率“四控”：即张拉时以油压表读数为主，以钢绞线的伸长值作校核，在 σ_{k} 作用下持荷 2 min，梁两端张拉不同步率不大于 10%。

①梁体纵向钢绞线束张拉程序。

预张拉：0→初应力 0.2σ_{k}(作伸长值标记)→张拉至预张拉设计要求的控制应力(测伸长值)→回油、锚固(测量总回缩量)。

初张拉:0→初应力 0.2σ_k(作伸长值标记)→张拉至初张拉设计要求的控制应力(测伸长值)→回油、锚固(测量总回缩量)。

终张拉:0→初应力 0.2σ_k(作伸长值标记)→1.0σ_k(测伸长值、持荷 2 min)→回油、锚固(测量总回缩量、测夹片外露量)。

②张拉操作工艺:梁体钢绞线束张拉应按照设计规定的张拉顺序进行。

a. 安放锚板,把夹片装入锚板,再将短钢管套在钢绞线上,沿着钢绞线把夹片敲击整齐,然后装入限位板。限位板必须与本批实测钢绞线直径相对应,配套发放。

b. 安装千斤顶,使之与孔道中心对准。安装工具锚,夹紧钢绞线,务必使钢绞线顺直无扭结。

c. 千斤顶缓慢进油至初始油压,在此过程中要拨正千斤顶,使千斤顶与锚具对中,管道、锚具、千斤顶三者同心。

d. 两端同时对千斤顶主缸充油,加载至初始应力 0.2σ_k,测量千斤顶油缸伸出长度,作为测量钢绞线束伸长值的起点。

e. 梁体两端张拉千斤顶按左右对称方式,采用同步分级加载,最大不平衡束不得超过 1 束。两端同步张拉时,应保持两端千斤顶升、降压速度相近,使两端同时达到同一荷载值。张拉的不同步率不大于 10%。

f. 加载至张拉设计控制应力,测量千斤顶油缸伸出长度并计算钢绞线束实测伸长值,检查钢绞线束实测伸长值与按实际钢绞线弹模计算的伸长值相差是否在规定的±6%范围以内,若超出规定允许范围,应查明原因后重新张拉。但每束钢绞线张拉不得超过三次,否则,换束重新张拉。

g. 持荷 2 min,在持荷状态下,如发现油压下降,应立即补至张拉控制应力。

h. 千斤顶回油,测钢绞线束总回缩量和测夹片外露量有无超标。否则,应查明原因后重新张拉。

i. 终张拉完成后,在锚圈口处的钢绞线束做上记号,24 h 后检查确认无滑丝、断丝现象方可割束,切断处距夹片尾 3~4 cm。钢绞线束切割应采用砂轮角磨机作业,严禁使用氧焰切割。

j. 张拉完毕,应填写张拉记录,有关人员签字,原始记录不得任意涂改,并及时将记录交技术部门。张拉作业如图 3-4-18 所示。

图 3-4-18　箱梁张拉作业

(6)管道压浆。

1)管道压浆前准备工作。

①管道压浆采用真空辅助压浆工艺,在终张拉完毕 48 h 内进行。

②管道压浆材料,使用前应进行验证试验。

③采用自动压浆台车,搅拌机的转速不低于 1 000 r/min,浆叶的最高线速度限制在 15 m/s 以内。搅拌设备必须有具有搅拌功能的储料罐,储存搅拌均匀的浆体。压浆机采用连续式压浆泵。其压力表最小分度值不得大于 0.1 MPa,最大量程应使实际工作压力在 25%~75%的量程范围内。水泥、压浆剂、水的称量应准确到±1%。

2)搅拌工艺。

①搅拌前,必须清洗施工设备,不得有残渣。清理后,湿润施工设备,随后排除设备中多余的积水,使设备中无可见明水。并检查搅拌机的过滤网,在压浆料由搅拌机进入储料罐时,须经过过滤网,过滤网空格不得大于 3 mm×3 mm。

②浆体搅拌操作顺序为:首先在搅拌机中先加入实际拌和水的 90%,开动搅拌机,均匀加入全部压浆剂,边加入边搅拌,然后均匀加入全部水泥。全部粉料加入后搅拌 2 min;然后加入剩下的 10%的拌和水,继续搅拌 2 min。搅拌均匀后,检验搅拌灌内浆体流动度,每十盘进行一次检测,其流动度在规定范围内即可通过过滤网进入储料罐。浆体在储料罐中继续搅拌,以保证浆体的流动性。

3)压浆工艺。

①工艺流程。

清除管道内杂物及积水→清理锚垫板上的灌浆孔→安装密封罩→确定抽真空端及灌浆端,安装引出管和接头→搅拌水泥浆→抽真空→灌浆泵灌浆→出浆稠度与灌入的浆体相同时，关闭抽真空端所有的阀→灌浆泵持压→关闭灌浆泵及灌浆端阀门→拆卸外接管路、灌浆泵→浆体初凝后拆卸并清洗密封罩。

②准备压浆前，应开启压浆泵，使浆体从压浆管中排出，以排除压浆管中的空气、水和稀浆。当排出的浆体流动度和搅拌罐中的流动度一致时，可以开始压浆。

③压浆的最大压力一般不宜超过 0.6 MPa。压浆应达到管道另一端饱满和出浆，并应达到排气孔排出与规定流动度相同的浆体为止。关闭出浆口后，应保持不小于 0.5 MPa 的一个稳压期，该稳压期不宜少于 3 min。压浆后应从出浆孔检查压浆的密实情况，如有不实，应及时补灌，必须使压浆孔完全密实。管道压浆采用真空辅助压浆工艺，在压浆前应首先进行抽真空，使孔道内的真空度稳定在－0.06～－0.08 MPa 之间。真空度稳定后，应立即开启管道压浆端阀门，同时开启压浆泵进行连续压浆。压浆顺序先下后上，如有串孔现象，应同时压浆。同一管道压浆应连续进行，一次完成。

④压浆时浆体温度应在 5～30 ℃之间，压浆及压浆后 3 d 内，梁体及环境温度不得低于 5 ℃；当昼夜平均气温低于＋5 ℃或最低气温低于－3 ℃时，按冬期施工办理。压浆作业如图 3-4-19、图 3-4-20 所示。

图 3-4-19　压浆台车压浆作业

图 3-4-20　预应力管道抽真空作业

(7)封锚。箱梁终张拉后，应在 3 d 内进行封锚。封锚采用与梁体强度等级相同且不低于 C50 的补偿收缩混凝土进行填塞。

1)工艺流程。锚具穴槽表面凿毛处理→锚具防水处理→安装封锚钢筋→填塞基层混凝土→表层混凝土封堵→养护→对新旧混凝土结合部防水处理。

2)封锚工艺。封锚前，应对锚具穴槽表面进行凿毛(宜在梁端钢模拆卸后立即进行)处理，并将灰、杂物以及支承板上浮浆清除干净。然后在预应力筋、锚具及与锚垫板接触处四周采用聚氨酯防水涂料进行防水处理。安装封锚钢筋后，采用低流动度的补偿收缩混凝土对锚孔进行填塞。混凝土凝固后，采用保湿养护，以防止封堵混凝土四周及表面出现收缩裂纹。最后在梁端底板和腹板的表面满涂聚氨酯防水涂料，厚度不小于 1.5 mm。封锚作业如图 3-4-21、图 3-4-22 所示。

图 3-4-21　安装封锚钢筋

图 3-4-22　封堵混凝土

(8)箱梁静载试验。

1)简支箱梁在下列情况下应进行静载弯曲试验。

①采用新结构、新材料、新工艺进行试生产时。

②生产条件有较大变动时。

③出现影响承载能力的缺陷时。

④交库资料不齐全或对资料产生怀疑时。

⑤正常生产条件下,同类别、同跨度梁 60 件或连续三个月产量(三个月产量不足 60 件时)计一批,每批抽检一件。

2)试验设备。箱梁静载试验通常采用自力平衡式钢结构加力架配合千斤顶加载的试验方式。

①自力平衡式钢结构加力架。自力平衡式钢结构加力架为活动式静载试验台架,结构简单,拆卸、运输、拼装均较为方便,基本消除了基础沉降对试验结果的影响,是目前最常用的静载试验台座方式。

a. 结构组成。箱梁静载试验台架主要由主梁、端梁、拉杆、上枕梁、下枕梁、垫梁、千斤顶、电动油泵等组成,主梁分为三个节段,以便于运输和吊装。自力平衡式钢结构加力架静载试验台座示意如图 3-4-23 所示。

b. 工作原理。在提梁机下方选择较好工作场地作为试验台位,把下枕梁安放在平台上测平,按放线尺寸就位,进行相对固定;把梁体吊放在下枕梁上,把上枕梁放置在梁体之,穿上拉杆锁紧;把两主梁组装在上枕梁之上拴紧,安装垫梁并在检测主梁自然状态下的平直度之后,装入液压千斤顶加压进行加载试验。

图 3-4-23　自力平衡式钢结构加力架静载试验台座布置图

②测点布置及主要仪器、设备。静载试验中,布置挠度测点 6 个(采用百分表)。6 个挠度测点分别布置在 4 个支座中心的侧面及跨中两侧底面。

静载试验中,一台千斤顶配一套电动油泵,加载速度较快且能保证各顶力基本一致。静载试验主要仪器、设备见表 3-4-2。

表 3-4-2　静载试验主要仪器、设备汇总表

序号	名　称	型　号	性 能 指 标	数　量
1	静载试验架			1套
2	电动油泵	ZB4-500		10～15 台
3	千斤顶	YCWC150-300C		10～15 台
4	百分表		测试范围:0～50 mm,测试精度:±0.01 mm	6 个
5	放大镜			3 个

3)试验方法及评定标准。执行《预应力混凝土铁路桥简支梁静载弯曲试验方法及评定标准》(TB/T 2092)。

对于双线箱梁静载试验按照如下公式来进行计算:梁体自重、二期恒载、活载和防水层计算时乘以 K_q/K_p系数;补偿乘以 $1/K_p$ 系数;加载设备不考虑系数。

其中:K_q 为综合剪力滞修正系数,K_p 为集中剪力滞修正系数。

(9)箱梁吊装及存放。制梁场箱梁吊装采用两台 MQ450 t 提梁机或 900 t 搬运机进行作业,梁体在进行初张拉后即可吊离制梁台座。箱梁采用双层存梁方案,梁上存梁,以节约场地。采用双层存梁时,应对存梁台座基础进行设计,保证箱梁四个支座板相对高差不超过 2 mm。轮轨式提梁机吊移箱梁及存放如图3-4-24所示,搬运机吊移箱梁如图 3-4-25 所示。

4.1.2.2　工程实例

中铁二局集团新运工程有限公司海城东四方台制梁场承担了哈尔滨至大连铁路客运专线 TJ-1 标段 DK256+920～DK283+737 范围内的 768 孔预应力混凝土简支箱梁的预制任务。桥梁产品交货日期为:2007 年 9 月～2009 年 11 月。制梁场位于辽宁省海城市东四方台镇东粮村,中心里程为 DK268+720,占地面积 220 亩,最大生产能力 75 孔/月,最大存梁能力 120 孔。工程造价约 4.4 亿元,合同工期为 2007 年 9 月～2009 年 11 月。

图 3-4-24　轮轨式提梁机吊移箱梁及存放

图 3-4-25　搬运机吊移箱梁

场地规划：梁场采用横列式布置。设置 32 m 制梁台座 12 座，(其中 1 座 32 m/24 m/20 m 共用)，存梁台座 81 个。配备 3 台 90 m^3/h 全电脑控制混凝土搅拌站以满足施工需要。钢筋加工房占地面积 1 500 m^2，钢筋底腹板、顶板预扎台座各设置 3 个。内模拼装台座设置 11 个，小件预制区 1 处，试验室占地面积 432 m^2。场区设有提梁机走行道和架桥机掉头区。生产辅助区包括：锅炉房、存煤场、钢构件存放区、钢绞线存放区、材料库房、机修区、工具房、发配电房、变压房等。生活办公区占地面积 12 041 m^2。

主要设备配置：350 kW 柴油发电机组 2 台，500 kVA 电力变压器 2 台，DZL4-1.25-A 蒸汽锅炉 1 台，HZN90 型混凝土搅拌站 3 套，混凝土输送泵及布料机各 3 套，45 m/50 t 龙门起重机 4 台，16 t/17 m 龙门起重机 3 台，900 t 轮胎式搬运机 1 台。

箱梁采用现场制梁方案。箱梁模板采用整体式外侧模、液压收缩式内模；钢筋采用底腹板钢筋、面筋分别预扎安装；混凝土灌注采用输送泵一次灌注成型及蒸汽养护工艺；箱梁初张拉完成后由 900 t 轮胎式搬运机从生产台座吊移至存梁台座进行终张拉；采用真空辅助压浆，补偿混凝土封锚。

梁场于 2007 年 10 月 27 日开始筹建，2008 年 5 月 23 日成功预制了首孔 32 m 双线整孔箱梁。2008 年 9 月 20 日通过生产许可证审查，2009 年 10 月 10 日完成 768 孔箱梁预制。

4.2　预应力混凝土先张法简支箱梁预制施工

4.2.1　预应力混凝土先张法简支箱梁预制场的规划

4.2.1.1　制梁区规划

先张法箱梁生产区主要分为制梁区、存梁区、混凝土拌和区。存梁区、混凝土拌和区与后张梁相同，本节不作介绍，着重介绍制梁区规划。

制梁区主要布置有制梁台座、钢筋加工区、钢筋预扎台座、内模拼装台座等设施。

(1)制梁台座。制梁台座由台座基础、传力柱、导向装置构成。先张箱梁制梁台座如图 3-4-26 所示。

图 3-4-26　先张箱梁制梁台座

1)台座基础。先张法箱梁预应力的张拉、混凝土的浇筑及放张作业均在制梁台座上完成。制梁台座采用 C30 钢筋混凝土结构，由混凝土作业区基础和张拉作业区基础两部分组成。制梁台座在设计上需要实现以下功能：

承受混凝土梁在预制过程中的自重荷载；

为模板系统提供工作面,固定预应力束转向装置;

承受传力柱、张拉横梁的自重荷载,并允许传力柱和张拉横梁沿纵向做短距离滑动。

2)传力柱。传力柱采用C50钢筋混凝土结构,端部扩宽以便安装千斤顶和螺旋支撑。端部千斤顶作用位置采用30 mm厚钢板、弹簧筋和4层钢筋网片加强,牛腿上设置上横梁滑道。传力柱安装在台座张拉作业区中部基础上,采用钢板隔开,传力柱受力时可以滑动,为防止传力柱受压时产生旁弯,在传力柱中部和端部设有限位装置。

3)导向装置。导向装置主要由埋入梁体内的一次性使用部分和梁体外重复使用部分组成。

埋入梁体内的一次性使用部分包括导向辊、支承侧板、连接螺栓等;梁体外重复使用部分包括连接环、连接销、底座机架、固定轴、滑套、轴夹板、地脚螺栓等。导向装置如图3-4-27、图3-4-28所示。

图3-4-27　导向装置预埋部分

图3-4-28　导向装置梁体部分

(2)配置数量。按照合同工期的要求,考虑特殊季节等影响,计算出制梁场的月生产能力,结合箱梁的规格及型号分别配置。制梁台座的周转是依据箱梁预应力放张的时间确定的,一般制梁台座使用周期为6～7 d。如需冬季施工,可将蒸汽养护管道接入每个制梁台座内。

制梁台座需设置于龙门吊工作覆盖范围内,并根据龙门吊的跨度进行布置;纵向可根据地形条件分为两列箱梁并列或相错两种方式布置。纵向两列制梁台座间隔距离以满足搬运机走行安全及穿丝、张拉作业方便为宜(一般不小于30 m)。

(3)钢筋加工区、钢筋预扎台座、内模拼装台座等设施与后张梁相同,本节不作介绍。

4.2.1.2　主要设备的配置

1. 模型工装配置

模型工装主要包括:底模、侧模、端模、内模、连接配件等。

(1)底模。底模与制梁台座按照1∶1的比例配置,设置相应预留压缩量和反拱,并在底模两端相应位置安装附着式振动器。箱梁底板在端部向下加厚,先张梁预应力放张时混凝土强度尚未达到100%设计强度,梁体压缩量较大,要求端部底模构造能够适应梁体压缩,不应对施加预应力造成阻碍。放张时,为避免放张速度的不均匀性,要求底模可活动。

(2)侧模。侧模采用固定式钢结构,与底模按照1∶1的比例配置,由于传力柱占用了侧模板的理想支撑区,因此侧模支撑系统需绕过传力柱,将先张梁侧模板进行顶板和竖向加劲肋设计,采用螺杆支撑的方式分别在传力柱顶面和制梁台座基础上设置支撑,并在模型上设置合理的梁体预留压缩量。侧模外侧相应位置安装附着式振动器。

(3)端模。端模采用整体式钢结构,与侧模、底模按照1∶2的比例配置,通过连接螺栓实现与底模及侧模的连接,并在端模外侧相应位置安装附着式振动器。端模上的预留眼孔应较预应力筋直径偏大5 mm为宜,并逐一进行编号。

(4)内模。内模采用液压式台车结构,分节组装好后采用整体吊装,与侧模按3∶5的比例配置,以实现模板的优化组合。

2. 主要设备、机具配置

梁场设备、机具配置应根据设计生产能力、梁场规划布置、制梁工艺及制梁单位设备储备等情况确定。配备原则:性能先进实用、数量充足完好。

根据先张梁施工工艺特点，月产60～80件箱梁主要施工机械设备、机具配置见表3-4-3(采用搬运机吊梁方式，其中张拉设备按每一个制梁台座配置)。

表3-4-3　主要设备、机具配置表

序号	名　称	型　号　规　格	单位	数量	备注
一、动力设备					
1	电力变压器	400～500 kVA	台	2	根据梁场设备配置情况计算确定
2	柴油发电机组	300～500 kW	组	2	满足停电状况下制梁所需基本用电量
二、混凝土设备					
1	混凝土搅拌站	HZS90、90 m^3/h	台	3	
2	混凝土输送泵	HBT80	台	3	
3	混凝土布料机	HGY18、18 m	台	3	
4	蒸养锅炉	DZL4-1.25-AⅡ	台	1	冬期施工采用蒸汽养护工艺时
三、起重、运输设备					
1	龙门起重机	50 t/38 m	台	2～3	吊装模板及钢筋骨架等
2	龙门起重机	10 t/17 m	台	1～2	钢材存放等
2	轮胎式搬运机	900 t	台	1	箱梁搬运
四、金属加工设备					
1	交(直)流电焊机	BX1-400	台	10～20	钢筋、桥配加工及日常修理等
2	钢筋对焊机	UN1-100	台	2～3	
3	钢筋调直切断机	GT4/14ϕ4/14 mm	台	1～2	
4	钢筋切断机	GQ50A	台	3～4	
5	钢筋弯曲机	GW50A	台	5～6	
五、张拉设备(每一个制梁台座)					
1	液压千斤顶	YD600-180型	台	24	
2	超高压油站	(32 MPa 20 L/min 80 MPa 8 L/min)	台	3	
3	超高压油站	(32 MPa 10 L/min 80 MPa 4 L/min)	台	3	
4	超高压电磁阀及液压单向阀		件	2	
5	先张梁钢横梁轮轴		套	8	
6	先张梁保护		套	16	(支撑下横梁)
7	先张梁保护		套	16	(支撑上横梁)
8	千斤顶	YDC 380型	台	8	
9	压力传感器	CZLYB-4B/4 000 kN	只	2	
10	显示仪表	AMPV-WA	台	2	
11	油站	32 MPa 4 L/min	台	6	
12	超高压油管、阀件及各种接头		套	1	
13	张拉钢横梁		套	4	其中上、下横梁各2套
六、其他设备					
1	电子汽车衡	SCS-150	台	1	骨料、钢材等计量
2	轮式装载机	ZL50、3 m^3	台	2	
3	叉车	CPCD60H、6 t	台	1	
4	静载试验架		套	1	
5	洗石机	XS50-50 m^3/h	台	1	

注：表仅供参考，具体配置应结合各自梁场不同情况而定。

4.2.2　先张法箱梁预制

4.2.2.1　施工工艺

1. 施工工艺流程

先张法箱梁预制施工工艺流程图如图 3-4-29 所示。

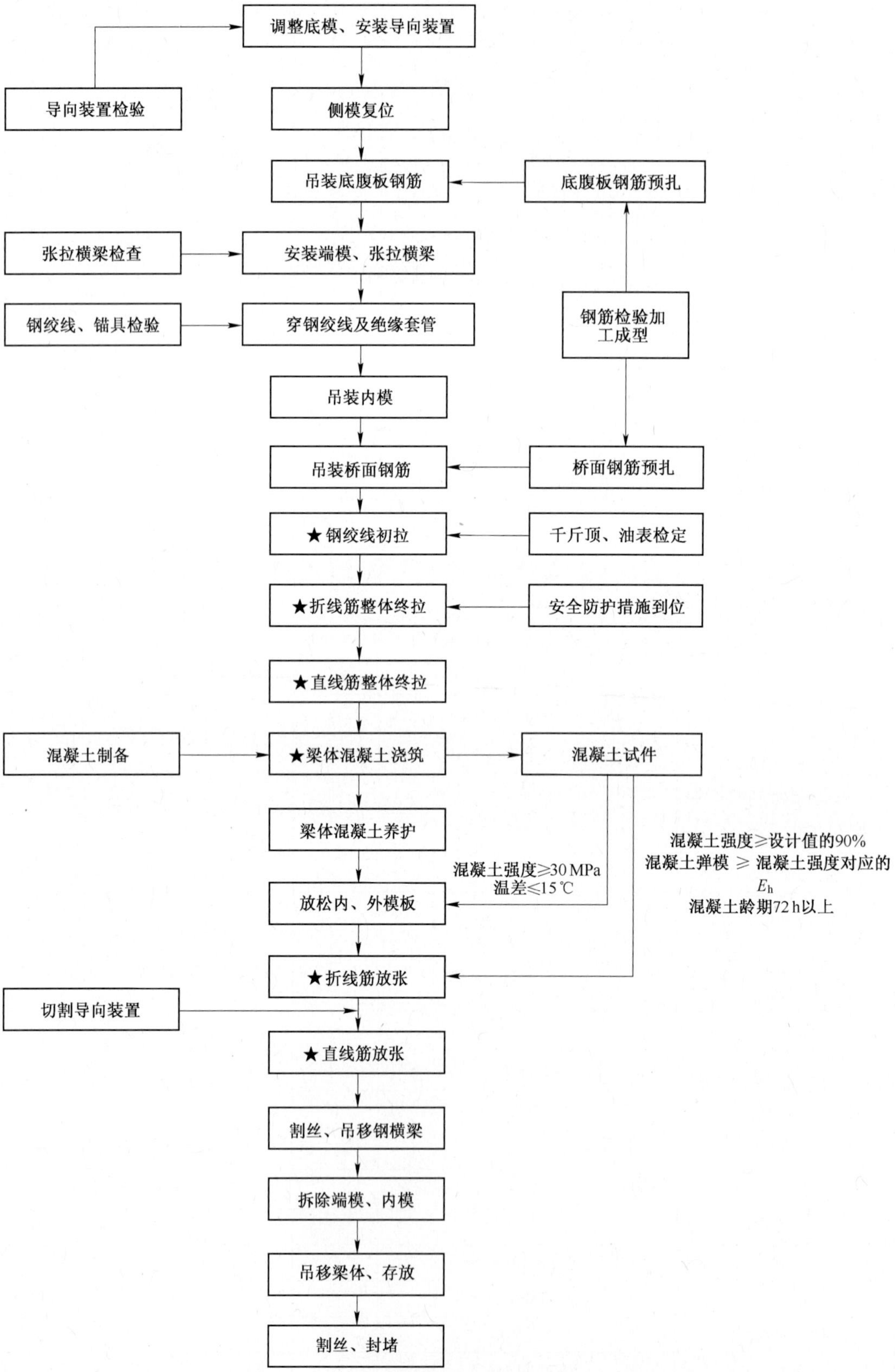

图 3-4-29　先张法预应力铁路简支箱梁工艺流程图

注:"★"为关键工序

2. 操作要点

(1)钢筋工程。先张法箱梁钢筋加工、面筋安装与后张梁相同,下面重点介绍底腹板钢筋安装。

底腹板钢筋在预扎架上预扎,底模修整及导向装置安装完成后即可吊装底腹板钢筋。为方便安装折线筋,两端端部的部分钢筋待折线预应力筋安装完毕后绑扎。安装底腹板钢筋采用的吊架应有足够的刚度,吊点设置合理并均衡,以防钢筋变形。底腹板钢筋安装到位后,即可安装端模和张拉横梁,以便安装钢绞线。钢筋施工如图 3-4-30 所示。

(2)模型工程。先张法箱梁在每孔梁设置 8 个导向装置,导向装置下部通过预埋螺栓锚固于底模下的制梁台座基础上;在底模上开口,安装导向装置上半部分,为防止漏浆和脱模后便于修补,采用穴模封堵缝隙。导向装置安装应定位准确,其安装误差应符合设计规定。端模上预留小孔,便于钢绞线穿过。侧模在构造上需预留传力柱空间。

(3)钢绞线安装。钢绞线布筋穿孔前,应在钢绞线、钢横梁上相应孔位按设计顺序进行编号标识,避免出现眼孔错位、钢绞线交叉等现象,影响张拉。钢绞线安装应自下而上,分列、分层进行,先穿直线预应力筋,再穿折线预应力筋;折线预应力筋应通过导向装置相应的槽口。预应力筋伸出端横梁的长度以满足初调前卡式千斤顶工作长度为宜,穿好的钢绞线应采用张拉应力 10%左右的拉力进行拉直锚固,防止钢绞线相互缠绕、交叉。预应力筋连同隔离套管应在钢筋骨架完成后一并穿入就位,钢绞线应根据图纸要求套上相应长度的隔离套管,即按要求设置预应力筋的失效长度。隔离套管内端应堵塞严密,隔离套管应紧贴端模防止进浆,其长度及位置允许偏差为±20 mm。预应力筋穿入就位后,可通过桥面观察折线筋是否有相互缠绕交叉,否则应及时进行纠正;同时通过侧模上预留的观察窗口对导向装置处钢绞线的安装情况进行检查。预应力筋穿入就位后,严禁使用电弧焊在梁体钢筋骨架及模板的任何部位进行焊接或切割作业。钢绞线安装如图 3-4-31 所示。

图 3-4-30　先张法箱梁底腹板钢筋绑扎

图 3-4-31　先张法箱梁钢绞线安装

(4)预应力张拉。

1)张拉体系。张拉体系由张拉横梁、张拉设备、锚具、钢绞线及安全防护设施构成。

①张拉横梁。箱梁两端分别设置上、下两个横梁,采用阶梯式设计,形成 2 个张拉体系,分别用于折线筋及直线筋张拉。张拉横梁分为下横梁和上横梁。

a. 下横梁用于支撑直线束的锚具及锚下垫板,采用双箱形结构组合而成,两箱形结构采用 M30 高强螺栓进行连接,下横梁结构如图 3-4-32 所示。

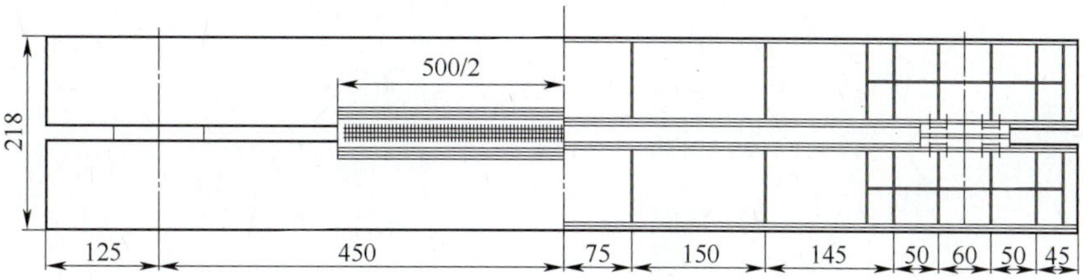

图 3-4-32　下横梁结构图(单位:cm)

b. 两钢箱结构之间穿有三排钢管,便于穿束,钢管分别固定在钢箱梁前后的锚垫板和端垫板上,垫板由 4 层 50 mm 钢板叠合而成,锚下压力可按 45°方向传递至横梁的腹板上。

c. 下横梁为钢结构,为便于拼装和吊运,在下横梁上设有吊板;为保证下横梁在张拉时平稳移动,在下横梁设有走行轮，可沿台座上的轮轨移动；在下横梁上设置滑道上摆，保证张拉横梁做活塞运动而不翻转。

d. 上横梁采用箱形截面，张拉孔道位置用 50 mm 钢板补强，腹板厚 20 mm，上横梁结构如图 3-4-33 所示。设计翼缘板焊缝为 15 mm 坡口焊。

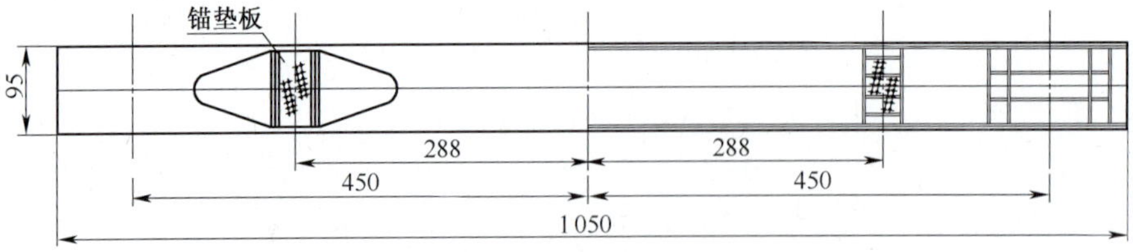

图 3-4-33　上横梁结构图(单位：cm)

e. 上横梁底部安装有滑道上摆，张拉时可沿传力柱上的预埋滑道移动，保证上横梁两端位移同步。上横梁端部锚板由 3 层 50 mm 钢板叠合而成，锚下压力可按 45°方向传递至横梁的腹板上。

②张拉设备及保护支撑。在箱梁两端传力柱和张拉横梁之间各安装 12 台 600 t 千斤顶和 16 个螺旋支撑，实现张拉和放张作业。

a. 张拉千斤顶。张拉千斤顶是先张梁预制施工中的重要施工设备，分为整体张拉使用的顶推式液压千斤顶和初调使用的前卡式千斤顶两种类型。顶推式千斤顶应选用公称顶推力较大的液压千斤顶，以减少千斤顶的数量，千斤顶张拉吨位应为张拉力的 1.5 倍，且不得小于 1.2 倍，千斤顶的最大张拉行程应为实际张拉力行程的 1.2 倍。张拉千斤顶在张拉前必须经过校正，校正系数不得大于 1.05，并建立油表压力与千斤顶张拉力标定曲线。校正有效期为一个月且不超过 200 次张拉作业，拆修更换配件的张拉千斤顶必须重新校正。预应力设备应定期检查并建立台账及卡片备查。

b. 张拉油泵。张拉油泵应采用超高压液压系统泵站，泵站设置数量可按两端上、下钢横梁分别进行并联、锁定设计。每个泵站可将两台油泵并联供油，以确保供油安全和供油效率。油泵的油箱容量应为张拉千斤顶总输油量的 1.5 倍，额定油压数为使用油压数的 1.4 倍。油泵、压力表必须处于良好工作状态，并与张拉千斤顶配套校正使用。

c. 张拉油表。采用防震型压力油表，其精度等级不低于 1.0 级，最小分度值应不大于 0.5 MPa，油压表表盘量程应在工作最大油压的 1.25～2.0 倍之间；油压表检定有效期不得超过 7 d，当采用 0.4 级精度的精密油压表并由计量管理部门按 0.4 级精度进行检定时，其有效期不应超过一个月。压力表发生故障后必须重新校正。

d. 超高压电磁阀及液控单向阀。使用液控单向阀组成的连锁回路，方便实现任意位置上的锁紧，确保张拉安全。采用超高压电磁阀，保证在高油压下油不外泄，控制反应更灵敏，使用更安全。

e. 支撑螺杆保护。为保证千斤顶作业安全及张拉质量，必须在上、下横梁与反力墙间设置支撑螺杆保护。当千斤顶整体张拉至 σ_k 时，锁定千斤顶，及时安装支撑螺杆，辅助千斤顶以支撑钢横梁和反力墙，避免千斤顶失效或因长时间支撑而产生泄压等意外发生。支撑螺杆应采用 T 型螺纹设计构造，其设计承载能力为张拉力的 1.5 倍。支撑螺杆布置如图 3-4-34、图 3-4-35 所示。

图 3-4-34　下横梁千斤顶及保护支撑布置图

图 3-4-35　上横梁千斤顶及保护支撑布置图

f. 工具锚。采用单孔夹片工具锚，其技术要求应符合《预应力筋用锚具、夹具和连接器》(GB/T 14370)，工具锚在使用前应经过逐个进行外观和探伤检验，工具夹片的使用次数不得超过50次。

2)张拉千斤顶安装。下横梁每端10台YD 600-180型自锁式液压千斤油顶采用并联回路供油，增设液压锁，该回路使用两个液控单向阀组成的连锁回路，方便实现任意位置上的锁紧。只有在H型电控换向阀通电切换时，压力油向液压千斤顶供油，液控单向阀在压力油的作用下单向打开，千斤顶才能运动。上横梁两端各2台YD 600-180型自锁式液压千斤油顶也是采用并联回路供油及相同的两个液控单向阀组成的连锁回路，方便实现任意位置上的锁紧。千斤顶连接原理如图3-4-36、图3-4-37所示。

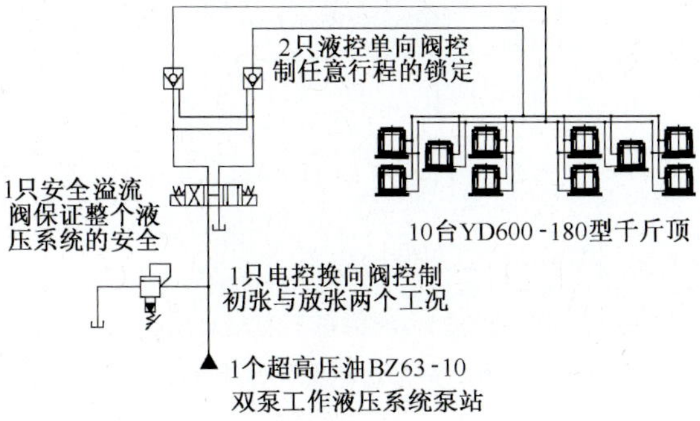

图3-4-36　下横梁千斤顶油路连接

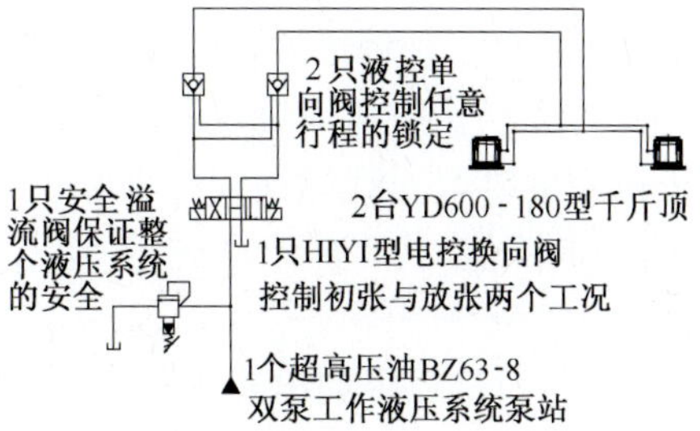

图3-4-37　上横梁千斤顶油路连接

3)张拉工艺。

①钢绞线摩阻测试。预制梁试生产期间，应至少对两件梁体进行各种预应力瞬时损失测试，确定预应力的实际损失，必要时应由设计方对张拉控制应力进行调整。正常生产后每100件进行一次损失测试。

②千斤顶校正。千斤顶标定有效期不得超过一个月，在张拉作业前必须经过校正，确定其校正系数。除此之外，千斤顶在下列情况下还必须重新进行校正：

a. 已张拉作业达200次。

b. 千斤顶使用过程中出现异常现象时。

c. 千斤顶经过拆修之后。

③张拉程序。直线预应力筋及折线预应力筋均采用两端同步分级张拉方式，按照“单根初调、整体终拉”的张拉工艺施工。张拉顺序：先初调直线预应力筋，再初调和张拉折线预应力筋，最后张拉直线预应力筋，其程序如下：

初始状态观测→初调直线筋(0.2σ_k)→初调折线筋(0.2σ_k)→折线筋(0.6σ_k)→折线筋(1.0σ_k)→直线筋(0.3σ_k)→直线筋(0.8σ_k)→直线筋(1.0σ_k)→补足折线筋(1.0σ_k)→结束。σ_k为张拉控制应力。

a. 单根初调。每根钢绞线均采用0.2σ_k进行初调，以保证其受力均匀，单根初调的顺序为：

折线筋采用两端对称初调，顺序由内侧向外侧、从上至下、两侧对称依次进行初调；直线筋采用单端初调，顺序从中间向两边，按照左、右对称的方式进行初调。

初调前须在折线筋及直线筋的中部和两侧的钢绞线上安装测力传感器，以观侧其应力损失情况。

钢绞线初调完成后，由于钢横梁产生变形，可能会导致部分钢绞线预应力损失，如果应力损失超过2%时，应及时补拉。单根初调如图3-4-38所示。

图3-4-38　先张法箱梁预应力筋单根初调

b. 整体终张拉。单根钢绞线应力初调完成后，进行钢绞线整体终张拉。整体终张拉采用两端同步分级整体张拉工艺。

整体张拉顺序为：先张拉折线筋、后张拉直线筋。

在梁体两端分别采用顶推式液压千斤顶同步分级张拉至σ_k，持荷3 min，测钢绞线伸长值，检查钢横梁、锚具受力情况，最后锚固，锁定千斤顶，安装支撑螺杆。

在张拉的过程中，支撑螺杆须不断跟进。

控制张拉应力以油表读数为主，以预应力筋的伸长值作为校核。如实测伸长值与理论计算伸长值相差超过6%时，应查明原因并处理后再重新张拉。

钢绞线理论计算伸长值应按预应力筋实测弹性模量计算，实测伸长值宜以30%张拉力值作为测量的初始点。

张拉的过程中，如每端上、下张拉横梁两侧的钢绞线伸长值之差>10 mm时，应立即进行调整，从而达到同步张拉。整体终张拉如图3-4-39所示。

c. 张拉观测。钢绞线初调及整体终拉观测内容：钢绞线实测应力值、钢绞线伸长值、夹片回缩量、钢横梁变形观测、传力柱压缩量观测。

d. 张拉质量要求。测量钢绞线伸长值，每侧钢绞线的实际伸长值与理论计算伸长值相差不超过6%。

图3-4-39　先张法箱梁整体终张拉

每片梁在张拉过程中如出现断丝、滑丝现象，应及时进行放松换束处理。

锚固后夹片外露量应不小于3 mm，且平齐，夹片不得错牙。并应在夹片与锚圈、夹片与钢绞线啮合处划线标记，在混凝土灌注前检查有无夹片跟进或钢绞线内缩。

e. 张拉注意事项。由于各台千斤顶之间的内摩阻系数不完全一致，在张拉过程中，同一端两侧的预应力筋可能出现不同步的情况，因此必须采用分级张拉的工艺。

张拉时应两端同步加载，保持千斤顶升、降压速度相近，两端操作人员相互报数，使两端同时达到同一荷载值。

张拉至控制应力后，持荷3 min，在持荷状态下，如发现油压下降，应立即补至张拉控制应力。

张拉过程中，如发现钢绞线实测应力值与张拉油表值出入较大时应查明原因并经处理后方可继续张拉。

张拉完毕后，应及时浇筑混凝土，从张拉完毕至开始浇筑混凝土时间不宜超过2 h。混凝土浇筑前，应对预应力筋应力进行抽查，当应力损失超过2%时，应及时补拉。

混凝土浇筑前，须将两端模上预留眼孔与钢绞线间的缝隙进行封堵。

(5)混凝土施工。先张法箱梁混凝土施工与后张箱梁相同。

(6)预应力放张。

1)放张条件。

①梁体混凝土强度应达到设计值的90%以上。

②弹性模量达到相应值，即≥34.5 GPa。

③混凝土龄期不少于72 h。

2)技术准备工作。放张前应认真检查核对下列准备工作是否已完成：

①箱梁内模液压已收起，内模离开梁体，端模和侧模固定牢固；两端预埋支座板、防落梁板的安装螺栓已拆除。

②解除所有导向装置支撑侧板，使其梁体预埋部分和基础固定部位分开。

③放张前底模两端变截面活动底模已拆除。

④放松应力前，如梁体预应力部分的混凝土有缺陷，必须及时进行修补，并养护达到设计强度后方可放松预应力。

⑤放张施工人员已到位，所有设备已检查、处于完好状态，备用电源已到位。

⑥放张前应在梁体上布置上拱度及弹性压缩的观测点，观测人员将测量设备、标尺已安装完毕，测量初始读数已记录。

⑦放张安全措施已检查，符合安全规定。

3)放张程序。采用两端整体同步分级缓慢放张工艺，放张时应先放张折线筋，后放张直线筋。

折线筋($1.0\sigma_k-1.0$ MPa)→试松螺栓支撑→折线筋($1.0\sigma_k+0.5$ MPa)千斤顶顶松支撑螺杆→从$1.0\sigma_k$降到$0.6\sigma_k$→折线筋($0.3\sigma_k$)→折线筋($0\sigma_k$)→切割导向装置→直线筋($1.0\sigma_k-1.0$ MPa)→试松螺栓支

撑→直线筋(1.0σ_k+0.5 MPa)千斤顶顶松支撑螺杆→直线筋从1.0σ_k降到0.8σ_k→直线筋(0.6σ_k)→直线筋(0.3σ_k)→直线筋(0)→结束。

4)放张注意事项。

①放张时，需进行适当超张拉，使螺栓支撑和钢横梁产生微量间隙，旋松螺旋支撑，若1.0σ_k+0.5 MPa不能松开螺旋支撑，继续按每级0.5 MPa加力直至螺旋顶能松开，但应力值不得超过钢绞线抗拉极限强度的75%。

②梁体两端油路卸载速度必须保持同步，两端油路系统压力差值不得大于0.5 MPa，以免梁体窜位。

③折线筋放张完成后，及时切割导向装置。先切割中部的四个导向装置、再切端部的四个导向装置。

④在放张过程中，采用分级放张，并采用测力传感器随时对预应力筋放张控制应力进行监控，对张拉横梁位移的同步性、梁体的压缩量等进行数据观测统计，如果出现偏差，应及时调整。

⑤放松应力后应实测梁体弹性上拱度和梁体压缩量，实测弹性上拱值不应大于1.05倍设计计算值。

5)割丝封堵。

①先张箱梁放张完毕后，先将两端端模外的钢绞线用砂轮片切除，退出工具锚和钢绞线，以利端模、内模及张拉横梁的拆除。

②张拉横梁采用龙门吊整体吊移，然后拆除端模、退出内模。

③封堵。

预制梁吊移至存梁台座后即可对梁端预应力筋和梁底导向装置凹穴部位进行封堵。封堵前，应对预应力筋及导向装置凹穴部位的混凝土进行凿毛并清洁湿润，封堵采用补尝收缩混凝土，混凝土强度等级与梁体相同。封堵后，在新旧混凝土结合部位采用聚氨酯防水涂料进行防水处理厚度不小于1.5 mm。箱梁封堵前后如图3-4-40、图3-4-41所示。

图3-4-40　先张箱梁梁端封堵前图

图3-4-41　先张箱梁梁端封堵后图

(7)箱梁静载试验。先张法箱梁静载试验与后张梁相同，此不赘述。

4.2.2.2　工程实例

中铁二局股份有限公司在新建铁路西安南京线合肥至南京段工程的全椒制梁场，于2006年在全路率先现场预制了3孔时速250 km客运专线铁路32 m先张法预应力混凝土双线简支箱梁。

由于制梁场推行全面质量管理，实施标准化作业，严格按照客运专线技术要求和规范进行原材料质量和试验检测工作，以工序质量来保证产品质量，实行"三检"制度，产品质量深受原铁道部有关领导和专家好评，并分别通过了原铁道部和四川省专家评审。通过近6年的运行，箱梁质量状况良好，满足设计及运营使用要求，填补了我国大吨位先张法预应力混凝土箱梁施工技术空白。

4.3　预应力混凝土后张法简支T梁预制施工

4.3.1　预应力混凝土后张法简支T梁预制场的规划

4.3.1.1　场地的规划

1. 梁场场地选择的基本原则

后张法简支T梁预制场场地选择的基本原则与后张箱梁基本一致，但采用边架边铺方案时梁场应尽量选择在线路的铺架起点位置附近；对于长大干线，可根据经济比选在中间适当位置的线路旁边增设梁场。

2. 场地的规划布置

(1)制梁场布置方式。制梁场布置同后张箱梁一样，或采用横列式，或采用纵列式，也可采用两种布置的组合方式，这主要根据地形条件及企业自有设备的情况进行确定。

(2)预制梁场分区。预制梁场按功能划分主要由生产区、生产辅助区、办公生活区三大部分组成。由于生产辅助区和办公生活区的布置原则与后张箱梁基本一致，因此这里重点阐述生产区的布置。

生产区主要分为制梁区、存梁区、混凝土拌和区、T 梁换装区和运梁通道。

1)制梁区。主要布置有制梁台座、钢筋加工区、定位钢筋网片预扎台、模型整修区等。

①制梁台座。按照全线总体工期的要求，考虑特殊季节等影响，计算出制梁场的月生产能力，结合 T 梁的规格及型号分别配置。制梁台座的周转是依据 T 梁初张拉的时间确定的，一般制梁台座使用周期为 4～5 d。如跨度较小的 T 梁数量较少，可采取与跨度较大的 T 梁共用的方式。如需冬季施工，可将蒸汽养护管道接入每个制梁台座内。

制梁台座需设置于龙门吊工作覆盖范围内，并根据龙门吊的跨度进行台座布置，横向可根据地形条件按 2～4 列 T 梁并列方式设置。纵向两列相邻台座一般按错列方式布置，以方便拔管；台座间隔距离以便于张拉作业为宜。制梁台座布置如图 3-4-42 所示。

图 3-4-42　制梁台座

②钢筋加工区。钢筋加工区包括钢筋加工房和钢筋堆放区，钢筋加工房可采用大跨度钢棚架，面积以满足 T 梁最大日产量时钢筋加工吨位为宜。室外堆料区应紧邻钢筋加工房，面积以能存放 0.5～1 个月 T 梁产量为宜。钢筋加工区如图 3-4-43 所示。

③定位钢筋网片预扎台。定位钢筋网片应在固定的工作台上预制，以确保定位钢筋网片各部尺寸的准确。定位钢筋网片预扎台的配置应满足 T 梁最大日产量的进度要求。定位钢筋网片预扎台如图 3-4-44 所示。

图 3-4-43　钢筋加工区

图 3-4-44　定位钢筋网片预扎工作台

④模型整修区。模型整修区设置在制梁台座旁的侧模临时存放区域。模型整修区如图 3-4-45 所示。

图 3-4-45　模型整修区图

图 3-4-46　混凝土拌和站

2)存梁区。存梁区一般由终张拉台座、存梁台座、静载试验台座等组成。

①终张拉台座。终张拉台座设置数量需根据 T 梁月产量及混凝土弹性模量发展情况(一般为 10～14 d)而定,若兼做存梁台座时可设置为双层存梁基础结构。

②存梁台座。存梁台座设置数量需根据 T 梁月产量及架梁工期综合确定,存梁台座宜采用双层存量基础,以节约用地。

③静载试验台座。同种梁型可设置一座静载试验台座(不同跨度可共用),一般设置于存梁场边角处,以减少对其他台座的影响。

3)混凝土拌和区。混凝土拌和区由混凝土搅拌站、砂石料存放区、洗石场和筛砂场组成。

由于后张法简支 T 梁单片梁的混凝土数量不大,一般一套 60 m^3/h 或 90 m^3/h 的拌和站即可满足生产需要。为防止在桥梁灌注过程中拌和站发生故障,通常另配一套拌和站做备用。

后张法简支 T 梁混凝土使用的骨料要求与后张箱梁相同,骨料存放区、洗石场和筛砂场的设计布置原则也基本一致,在此不再重复介绍。混凝土拌和区如图 3-4-46 所示。

4)T 梁换装区。对于边铺边架方式,直接将工程线引入存梁区,采用龙门吊换装梁,机车牵引平板车运梁出场;对于先架后铺方式,则将运梁便道引入存梁区,采用龙门吊换装梁,轮胎式运梁车运梁出场;对于高架桥边的梁场,则采用在桥位处安装跨墩提梁龙门吊提梁上桥。

5)运梁通道。T 梁可采用搬运机运梁,也可采用轮轨式龙门吊或运梁台车运梁。采用搬运机运梁时,需设置纵、横混凝土或级配碎石路面的运梁通道;采用轮轨式龙门吊或运梁台车运梁时,需设置相应轨道走行系统。

4.3.1.2　主要工装、设备的配置

1. 模型工装配置

模型工装主要包括:底模、侧模、端模、连接配件等。

(1)底模。底模采用钢结构,与制梁台座按照 1∶1 的比例配置,按要求设置预留压缩量和反拱。

(2)侧模。侧模采用钢结构,附着式振动器安装在侧模外侧相应位置。侧模一般使用周期为 3～4 d,一套侧模生产 T 梁 7.5～10 片/月。

(3)端模。端模采用整体式钢结构,与侧模按 1∶2 的比例配置,通过连接螺栓与底模及侧模的连接。

2. 主要设备、机具配置

主要施工机械设备、机具配置见表 3-4-4(采用龙门吊吊梁方式)。

表 3-4-4　主要施工机械设备、机具配置表

序号	名　称	型　号　规　格	单位	数量	备　　注
一、主要动力设备					
1	电力变压器	400～600 kVA	台	1	按梁场生产、生活用电高峰配置,通过计算确定
2	柴油发电机组	300～500 kW	组	1	满足停电状况下制梁所需基本用电量
二、主要混凝土设备					
1	混凝土搅拌站	HZS90、90 m^3/h	台		按满足日最大生产量+1 套备用配置
2	混凝土输送泵	HBT80	台		采用泵送混凝土时,按满足日最大产量+1 套备用配置
3	混凝土布料机	HGY18、18 m	台	2	采用泵送混凝土时
4	蒸养锅炉	DZL4-1.25-AⅡ	台	1	冬期施工采用蒸汽养护工艺时
三、主要起重、运输设备					
1	龙门起重机	10 t/30.5 m	台	2	吊装模板及钢筋骨架等。跨度宜与吊梁龙门起重机一致
2	龙门起重机	10 t/17 m	台	1～2	钢材存放等
3	龙门起重机	80 t/30.5 m	台	2	T 梁搬运。采用钢筋预扎台架整体预扎钢筋体时吊运整体钢筋架。跨度根据梁场布置确定
四、金属加工设备					
1	交(直)流电焊机	BX1-400	台	10～20	钢筋、桥配加工及日常修理等
2	钢筋对焊机	UN1-100	台	2～3	

续上表

序号	名　称	型　号　规　格	单位	数量	备　　注
四、金属加工设备					
3	钢筋调直切断机	GT4/14ϕ4/14 mm	台	1～2	
4	钢筋切断机	GQ50A	台	3～4	
5	钢筋弯曲机	GW50A	台	3～6	按日最大生产量配置
五、张拉灌浆设备					
1	张拉千斤顶	YCW300C-150	台	6～10	
2	真空泵	MBV80	台	2	
3	高速压浆台车	JS-300	台	2	
4	连续注浆泵	SQG45A	台	2	
5	静载试验千斤顶		台	5	根据T梁的静载试验参数确定型号
6	电动卷扬机	JK-5 t	台	2～3	抽拔橡胶管
六、其他设备					
1	电子汽车衡	SCS-150	台	1	骨料、钢材等计量
2	轮式装载机	ZL50、3 m^3	台	2	砂、石料场内运输
3	叉车	CPCD60H、6 t	台	1	桥配件及小型设备场内运输
4	静载试验架		套	1	
5	洗石机	XS50-50 m^3/h	台	1	对含泥量超标的砂、石料进行水洗

注:表仅供参考,具体配置应结合各自梁场不同情况而定。

4.3.2　后张法简支T梁预制

4.3.2.1　施工工艺

1. 施工工艺流程

详见后张法简支T梁预制施工工艺流程图3-4-47。

2. 操作要点

(1)钢筋工程。

1)钢筋加工。钢筋加工成型在钢筋车间内完成,采用专门的钢筋加工设备,在特制的胎膜卡具上加工成型,并按规定的质量标准和频次检验合格后方可进行绑扎。

2)梁体钢筋绑扎。梁体钢筋绑扎可分为在制梁台座上现场绑扎和在钢筋预扎台架上整片预扎两种方式,两种方式各有优缺点,应结合各自实际,因地制宜的选择使用。

①在制梁台座上绑扎。将加工好的钢筋在制梁台座的底模上进行绑扎。由于该方法具有施工方法简单、不需专用机具和设备的优点,为目前钢筋绑扎的主要施工方法。该方法的缺点为钢筋绑扎需占用制梁台座的周转时间。制梁台座上绑扎如图3-4-48所示。

②整片预扎。钢筋整片预扎就是在钢筋预扎台架上将一片梁的钢筋一次性绑扎完成后,由龙门吊吊运到制梁台座的底模上。该施工方法具有钢筋绑扎质量控制较好、占用制梁台座的周转时间少的优点,但需配置专用机具和吊运设备,适用于产量较大的梁场或固定的桥梁工厂。

(2)预应力管道制孔。

1)制孔。纵向预应力孔道采用高强橡胶抽拔管成孔,橡胶管的绑扎要求及接头处理与箱梁相同。横向采用波纹管或橡胶抽拔管成孔。

2)管道定位。按设计图采用胎模制作钢筋定位网片,采用定位网法控制张拉管道的坐标。定位网片焊接在T梁的钢筋上,间距为0.5 m。当主筋预扎完毕后,将制孔管穿入设计位置,安装侧模前再全面检查并细调制孔管至完全满足标准要求。

3)拔管。拔管技术要求、拔管顺序及拔管方法同后张箱梁,这里不重复介绍。

4)孔道检查及问题处理。胶管拔出后,应立即用直径比胶管外径小5 mm的橄榄形检孔器进行孔道通

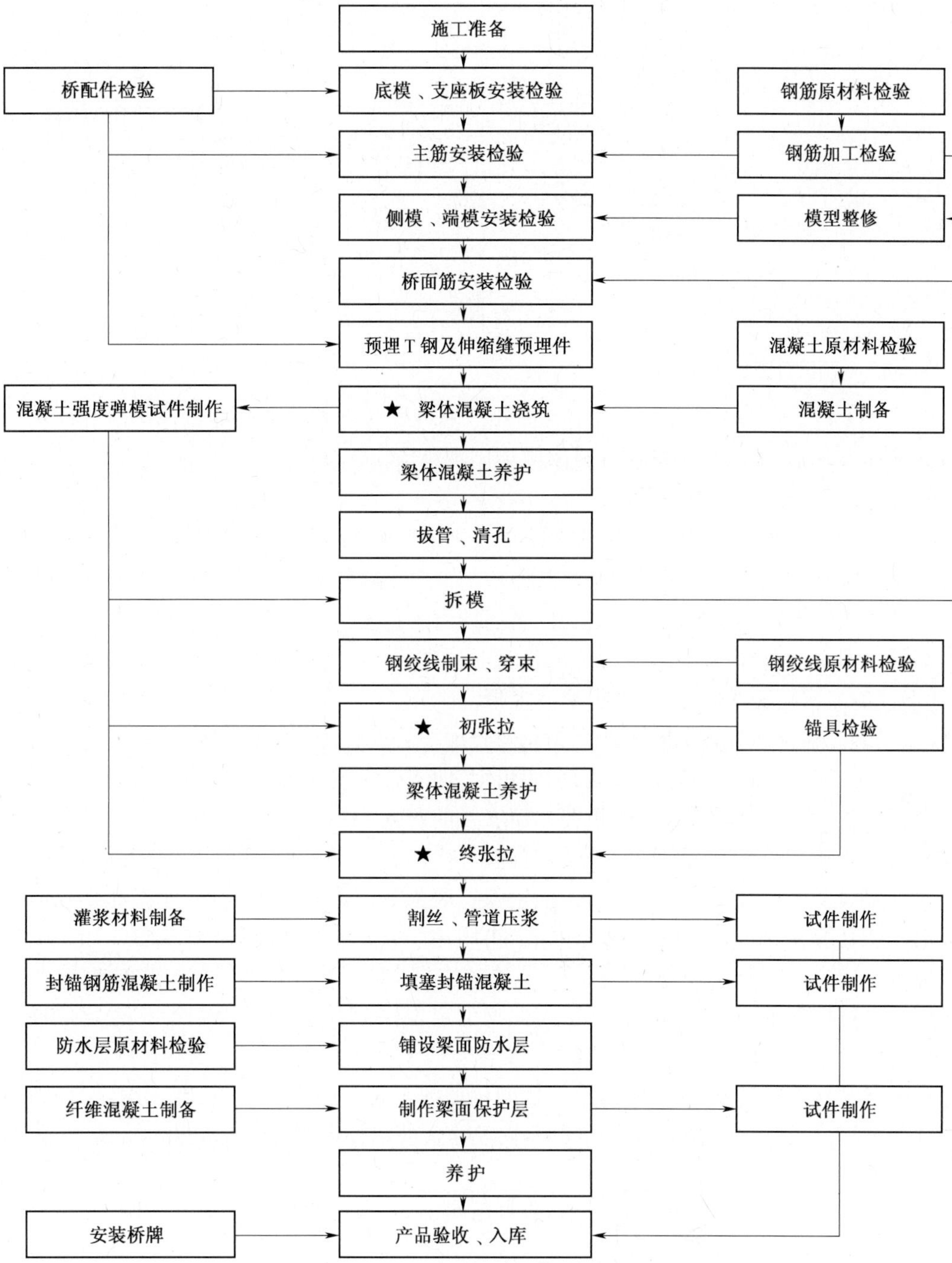

图 3-4-47　后张法 T 梁预制施工工艺流程图

注:"★"为关键工序

过检查,并趁混凝土强度尚不太高时进行扩孔处理。若胶管被拔断,可用烧红的铁钩插入残留胶管内并立即灌水冷却,然后拉拔;如果失败,可找准部位,凿开混凝土进行处理。

(3)模型工程。

模型构造:制梁模板采用钢模,钢模板由侧模、底模、端模、拉杆及联结件组成,侧模上安装附着式振动器。

侧模:侧模采用非固定形式,由龙门吊安装就位。模型采用双槽钢骨架、8 mm 面板组合而成,每 4 m 一节,面板采用底面焊接,顶面打磨的加工方法,以保证模型表面的平整。

底模:底模采用双槽钢组合梁、槽钢肋,20 mm(端节)及 10 mm 面板分节加工而成。每套底模设置活动节以满足梁体起吊或梁的横移。制梁台座施工完毕后即可安装底模。从中部向两端安装,根据预留反拱值设置反拱。底模两端支座板要设置精确,以保证支座板的位置准确。底模端部设置如图 3-4-49 所示。

图 3-4-48　在制梁台座上绑扎钢筋

图 3-4-49　梁端设置活动节图

端模:端模采用 14 号工字钢、10 mm 面板组合而成。端模安装的要领是保证端模中线和底模中线重合以及保证梁体高度和设计垂直度。端模与底模、侧模采用螺栓连接。

1)主要施工方法:

①模型安装前的准备工作。模型安装前,应清除模板上的灰渣和端模管道孔内的杂物,检查模型板面的平整度、振动器支架和模板焊缝以及预埋件的安装;模板与混凝土接触面上应均匀涂刷脱模剂。

②底模安装。新制底模在制梁台座强度达到要求后即可进行安装,按照预留反拱抄平,先点焊使之与台座预埋的工字钢临时固定,安装检查全部符合规定要求后再进行全面焊接。底模预留反拱值按二次抛物线设置,底模顶面形成的二次抛物线应光滑、不得呈波浪形。

③端、侧模型安装。在梁体骨架钢筋绑扎完成和橡胶抽拔管安装完毕并检查合格后,先立端模,后立侧模,端、侧模校正后,再安装桥面挡砟墙、端边墙、预埋角钢、伸缩缝模板等,最后穿抽拔管芯棒。

④安装纵向张拉锚垫板。纵向张拉锚垫板在端模安装前安装,压浆孔方向朝上,并在压浆孔中塞入海绵以防止水泥浆进入压浆孔。锚固螺栓须安装齐全、牢固。

⑤横向张拉锚垫板及制孔管安装。横向张拉锚垫板安装固定于边梁外侧模板,并将灌浆孔向上。先用海绵将锚垫板上压浆孔塞紧,制孔管与锚垫板紧贴后,再用透明胶将制孔管与锚垫板缠在一起,以防止水泥浆进入锚垫板。

⑥横向张拉孔定位板安装。定位板定位标记与模型上定位标记重合。紧固螺栓,检查定位板与钢模是否密贴,如缝隙过大,应用海绵塞紧,以防止漏浆。

将隔墙处横向联结钢筋穿过定位板,露出定位板的钢筋数量必须准确,外露长度正确,保证钢筋间距均匀、顺直,用海绵塞紧定位板与横向联结钢筋孔间隙,防止水泥浆沿横向联结钢筋流出。

2)模型校正:

①端模校正。端模横向校正:从端模顶部中心线点吊线锤,采用撬棍或千斤顶进行调节,使端模中心线与底模中心线吻合。

端模纵向校正:测量两端模间的距离,用撬棍或千斤顶进行调节。

②侧模校正。两头端模校正完毕后,将两块端扇模板的第一根水平拉杆上紧;从两端模顶部梁体中心线点拉线,拉紧,从一端向另一端逐扇测量首尾立柱处中心线至内、外边墙的距离;用样杆一端靠紧模板,与模板垂直,一端与中线靠齐,检查中线是否与样杆上的刻度重合,并用模板两侧斜拉杆进行调整,同时检查相邻侧模间有无错台现象。已校正的模板应将所有紧固件再次检查、紧固(包括斜撑、铁楔子、联结螺栓等)。校正完毕后,进行桥面钢筋的绑扎、安装配件等。完毕后对桥面宽度、中线偏离设计位置等进行复尺检查。

3)桥面模型安装。内、外侧模型复尺校正后,即可安装端边墙模板、泄水孔成孔模具、伸缩缝预埋件、挡砟墙断缝模具、T 型钢等模具。模板安装如图 3-4-50 所示。

4)拆模。拆模时梁体混凝土强度不应低于 25 MPa,且能保证构件棱角完整,连接板根部、隔墙根部及梁面板与腹板转角处不开裂时方可拆模。

如混凝土采用蒸汽养护时,拆除保温设施后至拆模的时间间隔不应少于 2 h,以防止混凝土产生早期裂缝。

气温急剧变化时不宜拆模。拆模后及时清除锚板口、连接角铁上附着的混凝土块，及时对锚穴处凿毛。拆模工艺如图 3-4-51 所示。

图 3-4-50　模型安装

图 3-4-51　拆模工艺

(4)混凝土工程。梁体混凝土按客运专线高性能混凝土的标准和要求进行设计和配置。混凝土一般按入模坍落度不小于 120 mm 进行控制。因此，混凝土的出机坍落度一般按(160±20) mm(斗送混凝土)或(180±20) mm(泵送混凝土)进行控制，30 min 静置坍落度损失控制一般不超过 60 mm，最大不超过 80 mm。

1)混凝土搅拌。混凝土搅拌一般采用 90 m^3/h 拌和站搅拌混凝土，电子计量系统计量原材料，总搅拌时间为 120～180 s，以保证混凝土搅拌均匀，颜色一致。在混凝土拌制和浇筑过程中，注意拌制和浇筑速度的配合，避免浇筑工作因故障停顿而使机内储存混凝土。如因故障灌梁中断，常温下混凝土滞留在搅拌机内的时间一般不宜超过 60 min，夏季高温季节不超过 45 min。

2)混凝土浇筑与捣固。梁体混凝土浇筑施工期间，模型表面的温度应控制在 5～35 ℃之间，混凝土入模温度应控制在 5～30 ℃之间。

①采用斗送混凝土。用小平车从拌和站将混凝土料斗运输至制梁台位，龙门吊吊料斗进行浇筑(或用龙门吊从拌和站将混凝土料斗运输至制梁台位)。梁体混凝土采用斜向分段水平分层连续浇筑的方法，由梁的一端灌注至另一端。水平分层浇筑厚度不得大于 300 mm，其工艺斜度以 30°～45°为宜，先后两层混凝土浇筑间隔时间，在常温下不宜超过 60 min 或根据试验混凝土初凝的时间确定。

梁体腹板混凝土采用附着式振动器与插入式捣固棒相配合的振捣方式，以侧振为主。在混凝土灌注点前后 4 m 必须上、下、前、后同时开启振动器，以保证混凝土密实。一般混凝土振动时间为 1～2 min，以混凝土不再下沉，不出现气泡，表面泛浆为度。

插入式捣固棒只是配合侧振进行振捣，只能用于没有橡胶管的梁体部位，如腹板上部、隔板。严禁将捣固棒插入胶管部位振动，也不得将捣固棒靠在钢筋上振动，以免钢筋，胶管、预埋件位移或变形。捣固棒上应设有用于梁体各部振捣时插入深度的警界标示。

梁体腹板灌注到一段长度后，即可从开始端向另一端浇筑桥面。浇筑桥面混凝土时，从开始端桥面倾倒的混凝土开启振动器，同时人工先给端墙装入适量的混凝土，依次是挡砟墙、端边墙。再用插入式捣固棒插振各个部位，操作插入式捣固棒要做到快插慢拔，一般插点距离约 50 cm，每点振动时间约 30～60 s，确保振动密实。对桥面表面应在适当时候进行第一次整平抹面和第二次收浆抹平，使之平整，排水通畅。斗送混凝土灌注如图 3-4-52 所示。

图 3-4-52　梁体斗送灌注混凝土

②采用泵送混凝土。每次浇筑采用一套搅拌设备，一台输送泵，一台布料杆按照斜向分段、水平分层的方式从一端向另一端连续灌注。泵送混凝土的浇筑和捣固工艺要求与斗送混凝土相同。

泵送时输送管路的起始水平直线段长度设为 15 m以上，输送管路全部采用铸铁钢管，转弯角度尽量大于 90°,并尽量减少弯管。输送管路用支架、吊具牢固固定,且不得与模板或钢筋直接接触。泵送过程中,混凝土拌和物始终连续输送。高温或低温环境下输送管路分别采取降温或保温的措施。

采用泵送浇筑宜一次连续浇筑多片桥梁,以降低制梁成本。

3)混凝土养护。

①梁体混凝土前期蒸汽养护后期自然养护。

蒸汽养护:蒸汽养护采用养护罩封闭梁体,然后通蒸汽养护。为防止梁体裂纹及强度损失,应静养 4 h 以上。升、降温速度均不得大于 10 ℃/h,恒温养护期间蒸汽温度不宜超过 45 ℃,混凝土芯部温度不宜超过 60 ℃。拆模时,梁体混凝土芯部与表层、表层与环境温差均不宜大于 15 ℃。在蒸汽养护过程中,通汽以后应定时测温度,并做好记录。压力式温度计的分布宜在梁体跨中和靠梁端 4 m 处,恒温时每 2 h 测一次温度,升、降温时每 1 h 测一次。根据实测温度调整蒸汽放入量。

自然养护:梁体拆模后进行自然养护时,梁表面应予以覆盖,洒水次数以混凝土表面湿润为度。洒水养护 7 d 以上。当气温低于 5 ℃时,不得对混凝土洒水。

②全自然养护。梁体灌完后 1～2 h 采用草袋或土工布等覆盖桥面,以保温保湿。梁体脱模后,立即对梁体进行洒水养护,洒水次数以保持混凝土湿润为度,连续洒水养护时间 7～14 d;当环境温度低于 5 ℃时,不得对混凝土洒水。

(5)预应力张拉。

1)准备工作。后张法简支 T 梁的张拉必须在拆模后进行,不得带模张拉。同时,张拉前还应将桥面及挡砟墙断缝内的填充物剔除。其他准备工作和需要检查确认的事项与箱梁一致。

2)预应力张拉条件。

①初张拉。当梁体混凝土随梁养护试件强度达到设计强度值的 80%加 3.5 MPa 时,方可进行初张拉。张拉数量、位置及张拉值应符合设计要求,初张拉后梁体方可吊离制梁台座。

②终张拉。

a. 同一孔中各片梁终张拉时,混凝土龄期差不宜超过 5 d,预施应力时间差不宜超过 5 d。

b. 张拉前实施混凝土强度、弹性模量、混凝土龄期"三控",即梁体混凝土强度随梁养护试件强度达到设计强度值加 3.5 MPa,弹性模量达到设计值,龄期符合标准要求。

c. 梁体混凝土有较大缺陷者,应在预施应力前修补并达到规定强度后才可预施应力;梁体混凝土表面有轻微缺陷或非预施应力部分的缺陷(如横隔板、挡砟墙等),允许在预施应力后进行修补处理。

d. 预制梁试生产期间,应至少对 2 件梁体进行各种预应力瞬时损失测试,确定预应力的实际损失,必要时请设计方对张拉控制应力进行调整。正常生产后每 100 件进行一次损失测试。

e. 其他张拉要求与后张箱梁一致。

3)预施应力程序。

①初张拉:0→初应力 $0.2\sigma_k$(作伸长值标记)→张拉至设计要求的控制应力(测伸长值)→回油(测量总回缩量)。

②终张拉:0→初应力 $0.2\sigma_k$(作伸长值标记)→$1.0\sigma_k$(测伸长值、持荷 2 min)→回油、夹片自行锚固(测量总回缩量、测夹片外露量)。

③经初张拉过的钢绞线张拉:0→初张拉控制应力(作伸长值标记)→$1.0\sigma_k$(测伸长值、持荷 2 min)→回油、夹片自行锚固(测量总回缩量、测夹片外露量)。

4)操作工艺要求。操作工艺要求同后张箱梁,这里不重复介绍。

(6)桥面防水层与保护层工艺。桥面防水层、保护层在场内施工,湿接缝处防水层、保护层在梁体架设后施工。

1)混凝土基层面的验收。

①防水层施工前应先对基层面进行验收,基层应作到平整、无尖锐异物,不起砂、不起皮及无凹凸不平现象,平整度的要求:用 1 米长靠尺测量,空隙不大于 3 mm,空隙只允许平缓变化,每米不应超过一处。

②桥面基层无浮渣、浮灰、油污等,同时挡砟墙根部应无蜂窝、麻面。

③采用水泥基黏结剂,应对基层进行湿润检查,如太干燥应对基层进行表面湿润,如遇雨季施工,只要雨停表面无积水即可施工。

2)防水卷材的铺贴。

①备好防水卷材、黏结剂、圆形拌和桶、220 V 电源、手提式搅拌机、量具、剪刀及刮板等。

②黏结剂的配制。

a. 水泥基胶黏剂的配制。水泥基胶黏剂的配比:水泥 100 kg、水 30 kg、专用胶粉 120 g,增强剂 800 g。配制方法:先将胶粉倒入清水内搅拌约 5～8 min,再加入增强剂搅拌约 2 min,再加入水泥搅拌约 10 min 即可使用。对配制好的水泥基胶应在 4 h 内使用完,超过 4 h 禁止使用。

b. 聚氨酯防水涂料的配制。防水涂料由甲、乙两种组分组成,使用时必须按产品使用说明进行配比,每种组分的称量误差不得大于±2%,配制时按照先主剂、后固化剂的顺序将液体倒入容器,并充分搅拌使其混合均匀,搅拌时间 3～5 min。

③防水卷材铺贴应按水流方向,从低到高,从下到上,挡砟墙根部及泄水管处应先做防水附加层,附加层卷材厚度不小于 0.5 mm(不含无纺布)。

④铺贴防水卷材时,黏结剂应做到涂刮均匀,厚度应控制在 1.2～1.5 mm。搭接处两层防水卷材之间的黏结剂厚度不得小于 1 mm。

⑤防水卷材铺贴时,应边涂黏结剂边铺贴卷材,同时用橡皮刮板在卷材上部来回刮实。严禁有起鼓,起泡等现象,卷材铺贴应做到平直,卷材的搭接应用聚氨酯防水涂料或水泥基胶黏剂进行密封。

⑥防水层完工后,在胶黏材料固化前不得在其上行走或进行后道工序作业。

⑦预制梁顶横向应采用整幅卷材,当梁的跨度大于 16 m 时,允许防水卷材纵向搭接一次,搭接宽度不得小于 120 mm。

⑧质量检查:对铺贴的防水卷材应及时进行质量跟踪检查,可用肉眼观察其是否有空鼓、起泡、翘边等现象,如出现空鼓、起泡等现象应及时进行补救处理。每 300～500 m^2,应做一次防水层与混凝土基层的剥离强度试验,保证防水层与梁体的黏结牢固。

⑨铺贴防水卷材气温不得高于 35 ℃,不得低于 5 ℃,超出其温度范围应采用相应措施。

桥面防水层施工如图 3-4-53 所示。

图 3-4-53　桥面防水层施工

3)桥面保护层。桥面保护层采用 C40 聚丙烯纤维混凝土。

①准备工作:桥面保护层施工应在防水层铺设完成 24 h 后进行;制作保护层前,将泄水管模具装入泄水孔内,用海绵塞紧缝隙,以免混凝土堵塞泄水孔;制作保护层时,施工用具、材料必须轻吊轻放,严禁损坏已铺设好的防水层。

②聚丙烯纤维网细石混凝土的拌制:将聚丙烯纤维网与石子(粒径为 5～10 mm)、砂、水泥、减水剂按配比要求倒入搅拌机中预先搅拌,然后加水拌和。搅拌时间为 2～4 min,控制坍落度为 140～180 mm;将混合均匀的纤维网混凝土均匀铺在梁体防水层上,然后用平板震动器捣实,在拉动平板震动器时速度应尽量缓慢,混凝土的震动时间不小于 20 s,直至无可见的空洞为止,以有利于纤维网的三维分布。

③在桥面纵向每隔 4 m 作一宽约 10 mm,深约 20 mm 的横向断缝。纤维网混凝土的厚度应控制在 30～37 mm。

④保护层施工结束后 1～2 h,将泄水管内钢管模具取出。

⑤冬期施工时,应在混凝土中加入适量的防冻剂。

⑥当保护层混凝土强度达到设计强度的 50%以上时,用聚氨酯防水涂料将断缝填实、填满。同时用防水涂料对泄水孔壁混凝土表面进行防水封边处理,对端边墙和内边墙与防水层结合部采用防水涂料进行封边处理,并不得污染保护层及梁体。

⑦尽量避开夏季中午高温时间施工保护层,并不得冒雨进行保护层施工。

⑧混凝土面浇筑完成后,应采用必要的保水养护措施,避免失水太快。自然养护时,桥面应采用草袋或麻袋等覆盖,并在其上覆盖塑料薄膜,桥面混凝土洒水次数应能保持表面充分潮湿。

桥面保护层施工如图 3-4-54 所示。

图 3-4-54 桥面保护层施工

(7)T 梁静载试验。

1)简支 T 梁在下列情况下应进行静载弯曲试验。

①采用新结构、新材料、新工艺进行试生产时。

②生产条件有较大变动时。

③出现影响承载能力的缺陷时。

④交库资料不齐全或对资料产生怀疑时。

⑤正常生产条件下,同类别、同跨度梁 60 件或连续三个月产量(三个月产量不足 60 件时)计一批,每批抽检一件。

2)试验设备。T 梁静载试验通常采用自力平衡式加力架配合千斤顶加载进行试验。

自力平衡式加力架为活动式静载试验台架,全部采用钢架结构,结构简单,拆卸、运输、拼装均较为方便,是目前最常用的静载试验台架。

①结构组成。T 梁静载试验台架主要由主梁(钢箱梁或万能杆件组成)、拉杆、上枕梁、下枕梁、垫梁、千斤顶、电动油泵等组成。万能杆件静载试验架如图 3-4-55 所示,钢箱梁静载试验架如图 3-4-56 所示。

图 3-4-55 自力平衡式 T 梁万能杆件静载试验台架

图 3-4-56 自力平衡式 T 梁钢箱梁静载试验台架

②工作原理。在龙门吊下方选择较好工作场地作为试验台位,把下枕梁按放线尺寸安放在平台上测平,并进行相对固定;把梁体吊放在下枕梁上,把上枕梁放置在梁体之上,穿上拉杆锁紧;把主梁拴接在上枕梁之上,安装垫梁并检测主梁自然状态下的平直度,然后装入液压千斤顶加压进行加载试验。

静载试验主要仪器、设备见表 3-4-5。

表 3-4-5 静载试验主要仪器、设备汇总

序号	名 称	型 号	性 能 指 标	数 量
1	静载试验架			1套
2	电动油泵	ZB4-500		5(或 3)台
3	千斤顶	YCW150-200C		5(或 3)台
4	百分表		测试范围:0～50 mm,测试精度:±0.01 mm	6 个
5	放大镜			3 个

3)试验方法及评定标准。执行《预应力混凝土铁路桥简支梁静载弯曲试验方法及评定标准》(TB/T 2092)。

(8)桥梁的储存、搬运技术要求。

1)顶梁和落梁。

①桥梁在顶梁、存梁和运输施工中,其支点和最大悬臂长度应符合设计规定。

②顶落梁采用液压千斤顶,其标记载重量不小于实际受载量 1.5 倍。

③顶梁时梁体两端高差不宜过大,每次交替顶梁高度不应超过 2 cm,在梁体下落过程中,必须使两端交

替下落，严禁同时落下，每次下落高度也不应超过 2 cm，同时加强梁体侧向支护(侧向支护参见图 3-4-57)，防止梁体侧向倾覆。

④存梁台座在初次存梁时，应动态观测存梁台座的沉降情况，同时，在梁体底面搭设保护枕木跺，防止地基不均匀沉降造成梁体的倾斜。

2)横移梁。

①横移梁通常采用移梁台车来完成。

②移梁滑道须设在桥梁最大允许悬臂长度范围以内，滑道应水平并与桥梁纵轴线垂直，滑道轨宜选用不小于 43 kg/m 的钢轨。

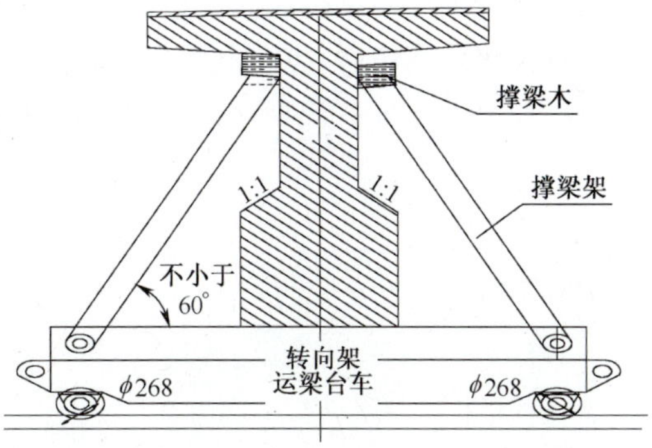

图 3-4-57　移梁台车上撑梁架示意图

③在移梁过程中，保持两端运梁台车走行速度均匀一致，确保梁体稳定。

3)捆梁。

①捆梁千斤绳应采用 6×37+1 或 6×61+1 型交互捻制的钢丝绳，破断安全系数不得小于 10。

②千斤绳不得误用，各股千斤绳应受力均匀，没有绞花、两股互压现象。

③千斤绳与桥梁底面转角接触处，必须安放护梁铁瓦以免混凝土被挤碎、千斤绳被割伤。

4)吊梁。

①起吊桥梁时应注意保持左右两侧龙门吊卷扬机升降速度一致、受力均匀。

②吊梁脱空前，两端不得同时起吊。桥梁吊离支撑面 20～30 mm 时，应暂停起吊，对各重要受力部位和关键处所进行观察，确认没有问题时才能继续起吊。落位时也不得两端同时落位。

③桥梁起落过程中应保持水平，横向倾斜最大不应超过 2%。

④桥梁的重心线必须与吊梁架的重心线相重合。

龙门吊吊梁如图 3-4-58 所示。

图 3-4-58　龙门吊吊梁

5)装车。

①验收交库后的梁，才能装车发运。配装的同一孔梁的两片，其浇筑混凝土及预施应力的日期应基本接近，制成日期(指预应力终张拉时间)之差不得大于 5 d。装车时注意方向性，并核对梁的种类和梁号是否与通知单相符。

②桥梁重心的垂直投影必须在负重车底板的纵向中心线上。

③在运输途中如果梁纵向窜动在 50～100 mm 内、横向移动在 10 mm 以内，车辆旁承无变化，则应重新加固左右两侧的支护设备后再继续挂运。

④押车人员在停车时，应认真检查桥梁及支撑、转向架等有无窜动、位移现象。一经发现，立即纠正。

6)桥梁存放及防护。桥梁存放应按规格类型分区配对存放。可采用双层存梁。

①第一层桥梁存放完毕后，用厚度为 8 mm 的钢板将台位两侧最靠外的一孔桥梁连接角进行焊接加固。

②第二层桥梁与下层桥梁的中心线必须重合且梁端悬出长度相同。

③必须待下层桥梁桥面砂浆层强度达到设计强度100%后方可实施双层存梁。

④桥梁存放完毕后,应在上层最外侧的两片桥梁端头悬挂铅垂线,设专人观察其变化情况。

单层存梁如图3-4-59所示,双层存梁如图3-4-60所示。

图3-4-59　T梁单层存梁

图3-4-60　T梁双层存梁

(9)桥梁横向联结及张拉施工工艺。T梁横向联结板及张拉施工在T梁架设后进行。采用细石混凝土湿接缝,其混凝土强度等级同梁体。

1)施工程序:穿横向预应力筋→绑扎中间隔板、桥面钢筋→安装模板→灌注中间隔板混凝土→灌注桥面混凝土→张拉横向预应力筋→压浆→聚氨酯防水涂料封缝→封锚。

2)施工工艺。

①中间隔板湿接缝施工。

a. 两片梁架设后,对已就位的两片桥梁先焊接梁端及跨中的三个横隔板。其余隔板预穿上横向预应力钢筋。全部联结板焊牢后,穿上波纹管,绑扎横隔板钢筋,再安装接缝模板。

b. 模型采用铁皮木模,按照先下后上的顺序施工。

c. 混凝土浇筑:混凝土采用人工灌注,并用Φ30 mm振动棒振捣密实,混凝土二次收面后采用麻袋覆盖,洒水养护直至达到设计强度。

d. 冬季应对混凝土掺加防冻剂,并采取保温措施。

②桥面连接板施工。中间隔板湿接缝施工完成后,接着施工桥梁桥面连接板,混凝土捣固采用平板式振动器。当混凝土强度达到设计要求后张拉横向预应力钢筋,然后采用聚氨酯防水涂料将联结板处缝穴封好刷防水涂料,每侧宽度≥8 cm。

③横向预应力施工。当中间隔板湿接缝、桥梁桥面连接板混凝土强度达到设计要求后,进行横向预应力筋张拉。

横向预应力采用一端张拉。

4.3.2.2　工程实例

中铁二局集团新运工程有限公司鄯善制梁场承担了新建兰新铁路第二双线LXTJ5标464孔(每孔4片)16 m跨度T梁预制工作。其中非风区梁285孔,风区梁179孔。

场地规划。鄯善制梁场设于DK1568+025左侧约50 m,位于吐鲁番市鄯善县第一水源附近,制梁场采用纵列式,梁场中部为制梁区,两边为二次张拉区和存梁区。制梁场建制梁台座40个;共有制梁模型32套,其中非风区梁模型20套,风区梁模型12套,边梁和中梁模型各一半;月最大生产能力75孔。梁场最大存梁能力122.5孔。梁体预制采用泵送施工,一次浇筑一般不少于五片。梁场冬季不预制桥梁。

梁场于2010年1月开始建场工作,桥梁预制于2010年8月15日完成首片梁预制,并于2010年11月13日通过生产许可证审查,2011年10月3日完成464孔梁的预制任务。

4.4　预应力混凝土后张法简支槽形梁预制施工

4.4.1　预应力混凝土后张法简支槽形梁简介

槽形梁是铁道部为保证新建兰新铁路第二双线通车后在百里风区的运营安全而设计的一种特殊梁型。桥梁全长16.5 m,宽度6.48 m,重230.0 t,其断面形式如图3-4-61～图3-4-63所示。

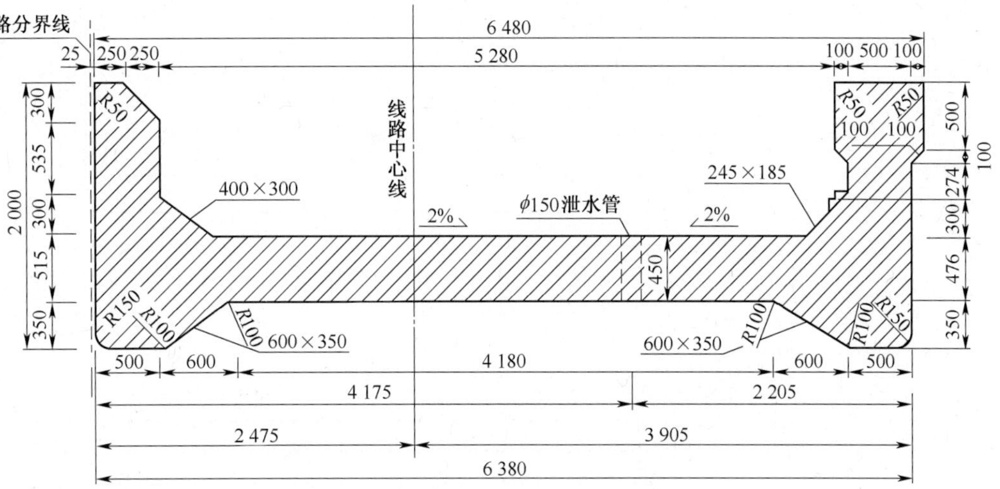

图 3-4-61　槽形梁跨中断面图(单位：mm)

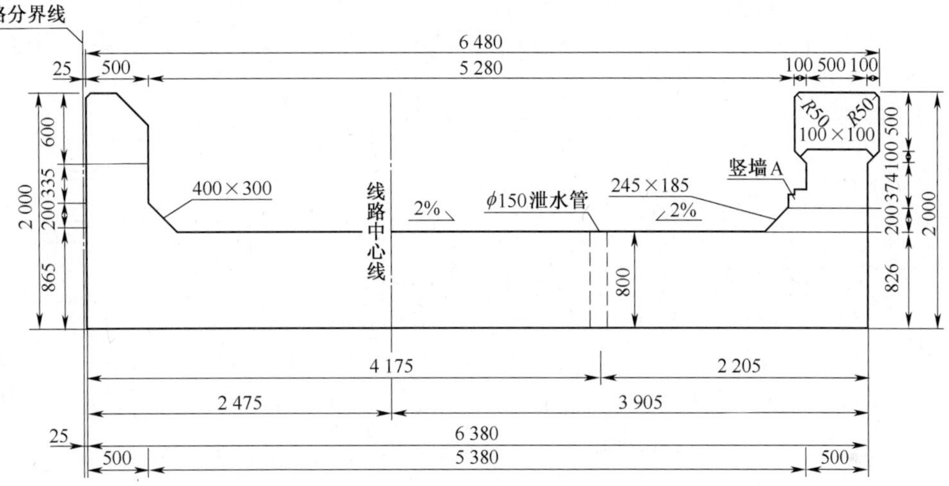

图 3-4-62　槽形梁梁端断面图(单位：mm)

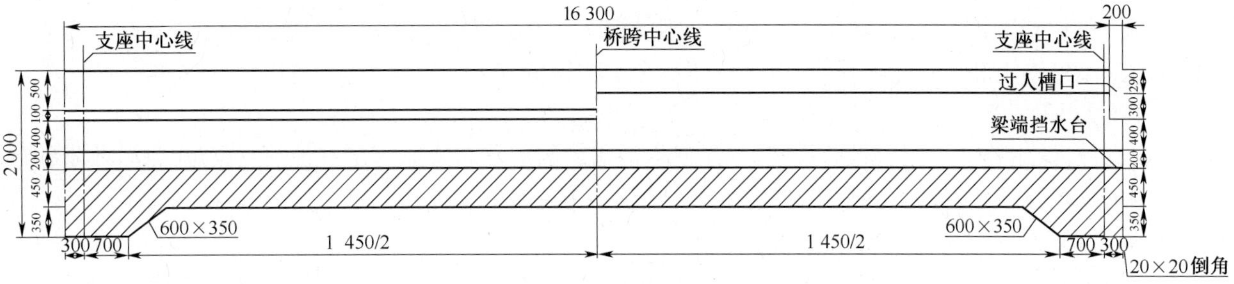

图 3-4-63　槽形梁纵断面图(单位：mm)

4.4.2　后张法槽形梁预制场的规划

4.4.2.1　场地的规划

1. 制梁台位

槽形梁制梁台座采用 C30 钢筋混凝土扩大基础，每个制梁台座分为底层扩大基础和上部条形基础，单个制梁台座基础宽 7.92 m、长 18.5 m。槽形梁底层基础采用端部下沉，中部上凸，其外形尺寸为：端部条形基础宽 0.4 m、高 0.80 m；中部两侧条形基础宽 0.5 m、高 0.45 m，中部内部条形基础宽 0.4 m、高 0.8 m。如图 3-4-64、图 3-4-65 所示。

2. 存梁台位

槽形梁存梁台座采用 C30 钢筋混凝土扩大基础，每个存梁台座由 4 个扩大基础组成，单个下层基础长宽均为 2.5 m，上层基础宽 0.6 m、长 0.8 m。存梁台座间横向间距 4.38 m，纵向间距 15.3 m。如图3-4-66

所示。

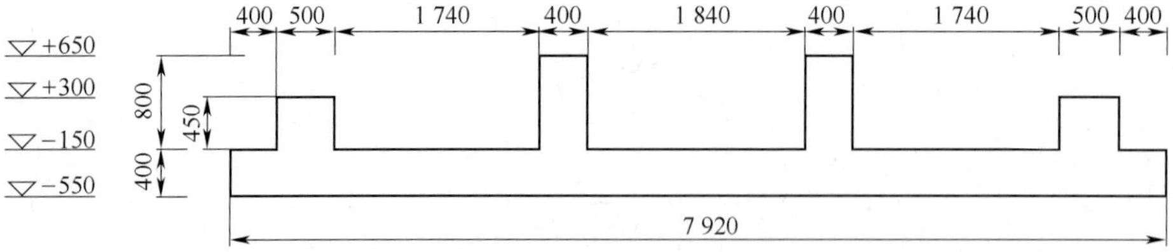

图 3-4-64 制梁台座中部横断面图(单位：mm)

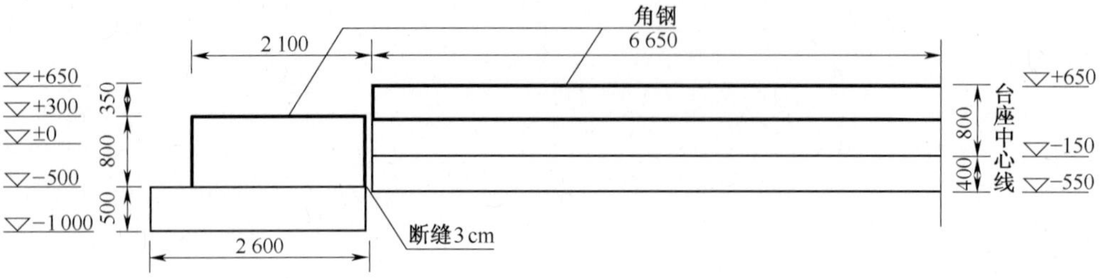

图 3-4-65 制梁台座半侧面图(单位：mm)

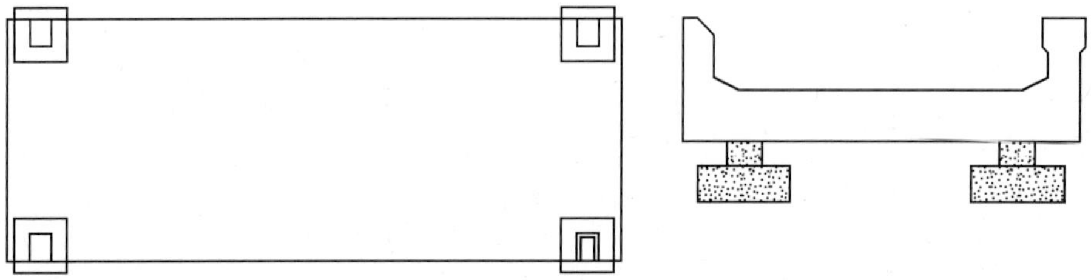

图 3-4-66 存梁台座存梁平面、断面图

3. 张拉台位

槽形梁张拉台座采用 C30 钢筋混凝土扩大基础，每个存梁台座由 4 个扩大基础组成，单个下层基础长宽均为 2.5 m，上层基础宽 0.6 m、长 0.8 m。存梁台座间横向间距 4.38 m，纵向间距 15.3 m。

4. 混凝土拌和站

槽形梁单片 C55 混凝土用量为 83.6 m^3，一般情况下 1 台 ZHS90 混凝土搅拌站即可满足施工要求，但为保证槽形梁混凝土灌注过程的连续性，另配置 1 台 ZHS90 混凝土搅拌站作为备用。

5. 其他区域

钢材存放区、钢筋加工区、料场以及其他生产生活房屋的规划布置原则与其他简支梁场一样，此不赘述，但鉴于槽形梁场位于新疆著名的百里风区，必须进行抗风设计。

4.4.2.2 主要设备及工装的配置

1. 主要设备配置

在工期上确保、技术上可行、经济上合理的原则下，制梁场通常配备 2 台 225 t/34 m 龙门吊，1 台 16 t/17 m 龙门吊、2 台 HZS90 型拌和站、2 台混凝土输送泵、2 台布料机等，主要机械设备配备详见表 3-4-6。

表 3-4-6 月产 30 件槽形梁主要机械设备配置表

序号	设备类型	设备名称	型号规格	数 量
1	钢筋调直机	钢筋调直液压切断机	GT4-14	1
2	钢筋切断机	钢筋切断机	GQ50	2
3	钢筋弯曲机	钢筋弯曲机	GW50	5
4	滚丝机	钢筋直螺纹滚丝机	BLGS-32C	1
5	钢筋对焊机	固定式对焊机	UN-100	1
6	混凝土搅拌站	混凝土搅拌站	HZS90	2

续上表

序号	设备类型	设备名称	型号规格	数　量
7	压浆设备	高速搅拌压浆台车	JS-300	2
		灌浆泵	SQG45A	3
		真空泵	MBV80	1
8	混凝土灌注设备	混凝土输送泵	HBT90	2
		混凝土布料机	HGY18	21
9	振捣机具	高频振动器控制柜	ZBPD5/160-6	3
		高频附着式振动器	ZGKF6-160/380	123
		插入式振动器	ZN-50	15
10	张拉设备	电动油泵	ZB4-500	8
		千斤顶	YDCW2000B	5
		千斤顶	YCW60B	2
		千斤顶	YCW150C-200	9
		千斤顶	YDCW2500B	4
		千斤顶	YCW250B	1
11	起移梁设备	MG 双梁门式起重机	MG225-34	2
12	电焊机	交流电焊机	BX1-500	3
		逆变直流弧焊机	ZX7-400D	2
13	电力设备	柴油发电机组	BV-350	1
		柴油发电机组	HD200GF	1
		油浸变压器	S9-400/35	1
		低压配电屏	GGD	2
14	其他必需设备	轮式装载机	LG855B	2
		全电子汽车衡	SCS-120T	1
		洗石机	XS50-50 m^3/h	1
		静载试验架	SJ07B	1
		电动卷扬机	JM-3	2

注：此表仅供参考，具体配置应结合各自梁场不同情况而定。

2. 模型配置

根据桥梁预制施工周期分析，底模周转期为 4 d，侧模周转期为 2.5 d，底模与侧模的配置比例为 2∶1。端模与侧模按 1∶1 配置。

4.4.3　后张法槽形梁预制

4.4.3.1　施工工艺

1. 施工工艺流程

后张法槽形梁预制施工工艺流程图如图 3-4-67 所示。

2. 操作要点

(1)模型施工工艺。

1)模型构造。16 m 槽形梁模板采用钢模，由底模、外侧模、内侧模、端模、撑杆等构件组成。底模采用整体固定式，侧模采用螺栓连接组装方式，外侧模、底模中间段和端模安装附着式高频振动器，在底模端头下安装附着式工频振动器。预留反拱值为 2 mm，预留弹性压缩值为：上缘 0 mm、下缘 3.8 mm。如图 3-4-68 所示。

2)模型施工方案。槽形梁模板采用固定底模，侧模拆卸倒用方式。底模分节焊接组装固定于制梁台座，侧模采用螺栓连接组装方式，端模采用整体钢模板成型。采用底模包端模、侧模包端模的方式。先安装底

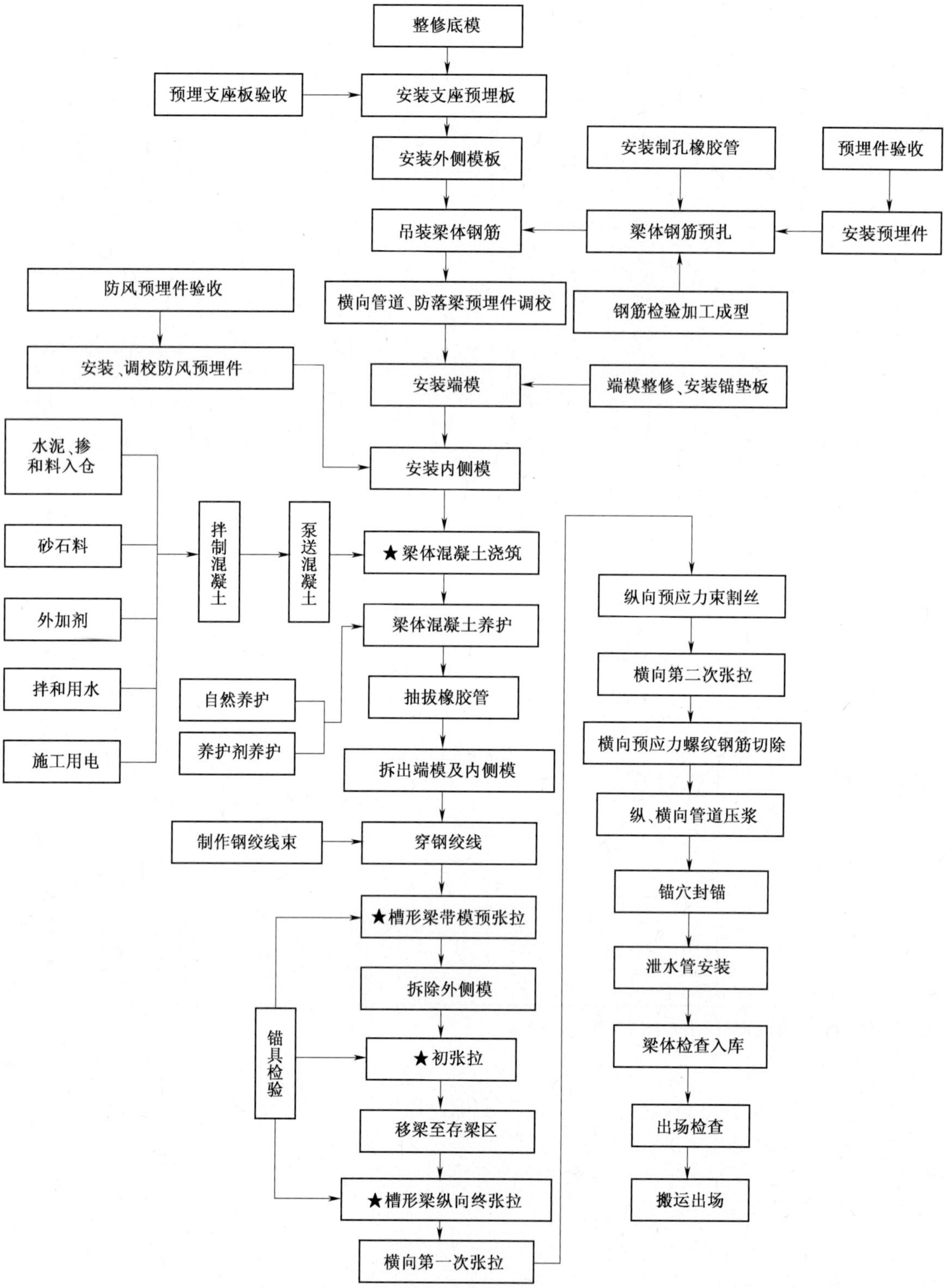

图 3-4-67　后张法槽形梁预制施工工艺流程图

注:"★"为关键工序

模、外侧模,然后吊装底腹板钢筋入模并安装端模,到位后安装内侧模,内侧模安装后安装泄水管工装、调校防风预埋件等其他桥配件。当混凝土达到脱模强度后,松开侧模连接螺栓,转动侧模拉杆,先拆除端模、内侧模,最后拆除外侧模。

3)模型安装工艺。

①底模安装。制梁台座施工完毕后即可安装底模。先将底模面板按顺序朝下放置在制梁台座上,根据设计位置放线并焊好底振架和横挡,然后将底模面板朝上,按照预留反拱抄平,再与制梁台座焊接。安装要求底模中线与台座中线必须重合。预留反拱值按二次抛物线设置,每制一片梁用水平仪检查一次底模板的

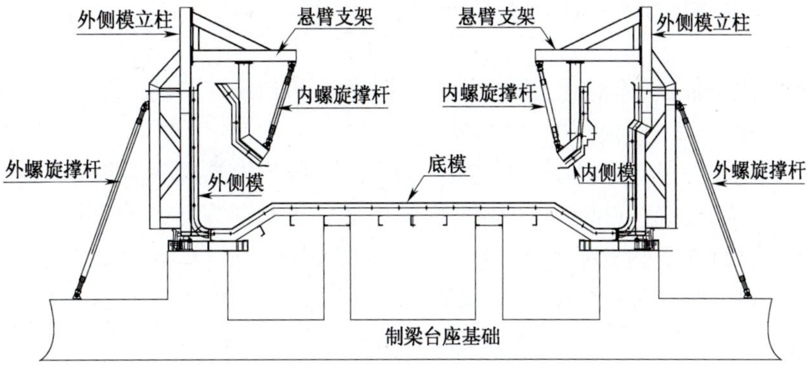

图 3-4-68　槽形梁模型构造图

反拱及下沉量，不符合规定的及时整修。槽形梁底板底面向上凸起，为解决凸起部分在施加预应力时底模对梁约束，在槽形梁底模凸起变截面处设置压缩橡胶条，使底模变截斜面在槽形梁张拉受力压缩后可相应向跨中方向压缩位移，有效地防止了梁体和底模的损伤。如图 3-4-69 所示。

图 3-4-69　底模反拱检测

②外侧模安装。用龙门吊将侧模中扇吊至安装位置后，在两端扶住模型缓慢落至元宝垫上，初上斜撑；在一头用撬棍将模型撬到位，使扇端对齐底模分节线；初打铁楔、安装斜撑并打好铁楔后，再吊装同一侧相邻扇侧模。前后两扇模型接缝在高度和水平方向要调整一致，并用千斤顶将两扇模型顶紧。以此方法逐扇安装。

③端模安装。利用龙门吊将端模稍起离底板，向跨中方向走动，并借助撬棍将端模下边脚贴靠底模端面，校直锚垫板处的胶管，落钩使端模支承于支座板上，安装连接螺栓。端模就位后，调整螺旋弹簧圈，使之处于设计位置。

④内侧模安装。用龙门吊将内侧模中扇吊至安装位置后，在两端扶住模型缓慢下落至模架位置，用弯头撬棍从模架连接丝杆孔眼处穿入，接着上紧联结螺栓；随后吊装同一侧相邻端扇侧模。以此方法逐扇吊装。如图 3-4-70 所示。

图 3-4-70　内侧模安装

⑤横向张拉锚垫板及铁皮管安装。横向成孔采用内径 40 mm 铁皮管。用直径 25 mm 钢管与内径 40 mm 铁皮管焊接成压浆管和通气管。在端模安装前，将横向张拉锚垫板安装在外侧模横向锚穴上，锚垫板中心与模型上定位标记重合，允许偏差不大于 3 mm，管道与锚垫板应垂直，锚垫板顶边偏移不大于1 mm。主筋就位后用螺栓将锚穴固定于外侧模上，将铁皮管插入锚垫板内，用玻璃胶将铁皮管与锚垫板间的缝隙堵严，以防止漏浆。再从侧面穿入直径 25 mmPSB 螺纹钢筋，调整固定端位置及螺纹钢筋露

出量,并将锚固端和张拉端螺母拧紧,横向预应力钢筋采用交错锚固。

4)模型拆除工艺。

①拆除模型应满足的条件:梁体混凝土随梁养护试件强度达到设计值的 60%,梁体混凝土芯部与表层、表层与环境温差均不大于 15 ℃;气温急剧变化时不应脱模。

②拆模顺序:松开紧固件→拆除端模→堵塞预应力孔道→拆除内侧模→拆除外侧模。

③端模拆模:拆端模前,先确认端模与外侧模、内侧模及锚垫板的连接螺栓已拆除。在端模上安装好吊具,用龙门吊持一定的力(以绷直钢丝绳为度);在端模下部均匀布置 4 台 10 t 螺旋千斤顶进行脱模,在槽形梁两端腹板上防风预埋件安装挡板用 2 台 10 t 螺旋油顶向外顶。施顶时 6 台 10 t 螺旋千斤顶要同步,防止将梁体损伤;油顶将端模顶出混凝土面 1～5 cm 后,采用龙门吊将端模吊离台座。

④内侧模拆除:拆除紧固件后,先用斜向螺旋撑杆将模型向上拉起,使模型松动脱离梁体混凝土面。然后,拆除内侧模与外侧模模架上的连接螺栓,用龙门吊将模型吊离。如不能将模型拉离梁体,则采用两台螺旋千斤顶同时平行顶内侧模立柱,直至脱离梁体。

⑤外侧模拆除:拆除紧固件后,在模型上安装好吊具并持有一定的力,打掉元宝垫支撑,使模型落在元宝垫上,用斜向支撑杆将模型拉离梁体,再用龙门吊将模型吊离。如不能将模型拉离梁体,处理方法与内侧模相同。

(2)钢筋施工工艺。

1)钢筋绑扎。钢筋弯制成型主要在钢筋加工棚内完成,钢筋绑扎在预扎架上进行。腹板与底板钢筋(含防落梁挡块、防风预埋件、接触网基础预埋件、制孔胶管、竖墙预埋钢筋、防护墙预埋钢筋)一同在预扎架上实施预扎。如图 3-4-71 所示。

2)钢筋吊装入模。钢筋吊装采用两台 225 t 龙门吊施工。采用特制吊具,吊具的结构形式采用斜拉框架结构,框架结构拉杆选用 10 号槽钢,吊绳采用 Φ10.5 mm 钢丝绳配以相同数量的紧线装置,形成若干吊点。起吊时钢筋骨架内穿入短钢筋以分散集中力,并将各吊点钢丝绳调平,使其均匀受力。如图 3-4-72 所示。

图 3-4-71　绑扎成型的槽形梁钢筋

图 3-4-72　槽形梁钢筋吊装入模

(3)混凝土施工工艺。

1)槽形梁各部位混凝土强度等级、弹性模量及混凝土性质见表 3-4-7。

表 3-4-7　槽形梁各部位混凝土强度等级、弹性模量及混凝土性质

梁体混凝土			封锚混凝土		压　浆	
强度等级	混凝土性质	弹性模量	强度等级	混凝土性质	强度等级	性质
C55	高性能耐久性	36.0 GPa	C55	干硬性补偿收缩	抗压 M50 抗折 M10	高性能无收缩防腐

2)梁体混凝土配合比的选择。根据《铁路混凝土》(TB/T 3275)、《客运专线预应力混凝土预制梁暂行技术条件》(铁科技〔2004〕120 号)、原材料品质及槽形梁采用的主要生产工艺,C55 混凝土配合比见表 3-4-8。

表 3-4-8　C55 混凝土配合比

水泥	砂	5～10 mm 碎石	10～20 mm 碎石	粉煤灰	矿粉	水	外加剂
400 kg	716 kg	215 kg	860 kg	40 kg	50 kg	149 kg	4.9 kg

3)混凝土搅拌。采用HZS90型搅拌站搅拌混凝土,采用电子计量系统计量原材料;搅拌混凝土的下料顺序:依次先投入骨料、水泥、矿物掺和料,搅拌均匀后,加水和外加剂,直至搅拌至均匀为止。自全部材料装入搅拌机开始搅拌至搅拌结束开始卸料止,其总搅拌时间为2～3 min,且混凝土必须搅拌均匀,颜色一致。

4)混凝土浇筑和振捣。

①槽形梁混凝土采用拌和站直泵浇筑方式,浇筑按照"一端向另一端、左右腹板及底板交错对称分层分段"的原则进行,即采用布料机以水平分层(分层厚度不大于300 mm)、斜向分段(工艺斜度为(1∶4)～(1∶5))的工艺从槽形梁一端向另一端、左右腹板底板交错对称布料、连续浇筑,一次成型。浇筑时间应控制在6 h以内,并不能超过混凝土的初凝时间。

②浇筑顺序:首先浇筑第一节段腹板与底板倒角处(1、2、3、4层)混凝土,再进行底板第一层混凝土浇筑(5层),然后继续浇筑腹板(6、7、8、9层),随后浇筑第二节段腹板与底板倒角处混凝土,之后浇筑第一节段腹板及底板(10、11、12层),当腹板浇筑到顶面后,进行最后一层底板混凝土的浇筑,第二节段及后续节段的浇筑顺序依此类推,按4 m的分段长度在左右侧腹板及底板之间交错布料完成浇筑。梁体混凝土浇筑顺序及工艺图如图3-4-73～图3-4-75所示。

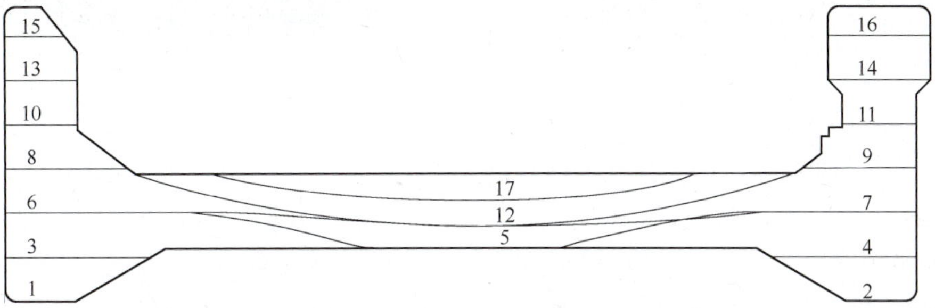

图3-4-73　槽形梁混凝土浇筑横截面顺序图

图3-4-74　槽形梁腹板混凝土浇筑

图3-4-75　槽形梁底板混凝土浇筑

③梁体混凝土主要采用插入式振动棒振捣,并辅以侧振和底振。浇筑过程中注意加强槽形梁端头、倒角、腹板与底板的交界面处以及钢筋密集部位的振捣。为达到混凝土质量要求,在底模上支座位置安装有工频振动器,侧模和端模上安装有高频振动器,在混凝土浇筑过程中根据下料情况开启使用。

④槽形梁底板厚度采用标尺及拉高程线控制。

⑤选择模板温度在5～35 ℃的时段浇筑预制梁混凝土。在炎热气候下浇筑混凝土时,应避免模板和新浇混凝土受阳光直射,入模前钢筋温度以及附近的局部气温不应超过40 ℃。应尽可能安排傍晚浇筑而避开炎热的白天。在相对湿度较小、风速较大的环境下,应采取喷雾、挡风等措施或在此时避免浇筑有较大面积混凝土暴露的桥面板。夏季应掌握好天气预报,避免暴雨天气浇筑混凝土。当室外温度超过35 ℃,应按夏季施工办理,应改变混凝土浇筑时间,尽量安排在上午11:00以前浇筑完或下午18:00以后开盘灌注。

⑥当昼夜平均气温低于5 ℃或最低气温低于－3 ℃时,采取保温措施,按冬期施工处理。

5)混凝土养护。由于槽形梁预制位置处于大风干燥环境,因此预制梁混凝土在环境日平均气温高于5 ℃或日最低气温高于－3 ℃情况下采用养护剂加覆盖养护和洒水自然养护两种养护方式,确保混凝土良性发展。

①槽形梁根据设计要求在梁面轨道范围进行了拉毛处理,养护剂无法涂刷,因此,梁面采用覆盖土工布洒水自然养护工艺。

②槽形梁内外侧模型拆除后,对梁体表面缺陷修补处理完成后,洒水 2~3 次,以此补充混凝土内水分,待混凝土面上无明显水渍后,即可涂刷养护剂。养护剂的涂刷采用滚筒刷由上而下均匀涂刷。养护剂涂刷完成 1 h 后,用土工布对梁体进行覆盖,避免阳光直晒,造成梁体局部温度过高。槽形梁底板底面在移梁后涂刷养护剂。如图 3-4-76、图 3-4-77 所示。

图 3-4-76　槽形梁涂刷养护剂养护

图 3-4-77　槽形梁涂刷养护剂后覆盖养护

(4)预应力施工。槽形梁纵向锚固体系采用自锚式拉丝体系,锚具采用夹片式群锚,预应力钢绞线为1×7-15.2-1860《预应力混凝土用钢绞线》(GB/T 5224—2003)。根据气温和混凝土施工情况采用三次张拉工艺;横向预应力筋采用直径 25 mmPSB830 预应力混凝土用钢筋,采用单端张拉工艺。

1)预应力张拉条件。

预张拉:梁体混凝土随梁养护试件强度达到设计值的 65%加 3.5 MPa,即 39.25 MPa。

初张拉:梁体混凝土随梁养护试件强度达到设计值的 80%加 3.5 MPa,即 47.5 MPa。

终张拉:梁体混凝土随梁养护试件强度达到设计值的 100%加 3.5 MPa,即 58.5 MPa,弹性模量 E_h 应达到 36.0 GPa,且龄期不少于 10 d。

2)梁体纵向钢绞线束张拉程序及工艺。槽形梁纵向钢绞线束张拉的程序及工艺与后张箱梁相同,此不赘述。如图 3-4-78 所示。

3)梁体横向精轧螺纹钢张拉程序。

①横向精轧螺纹钢筋的张拉在纵向张拉完成后进行。

②横向张拉采用二次张拉工艺,以确保横向预应力钢筋的预应力值。第二次张拉时间应符合设计要求,在第一次张拉完成 1 d 后进行。

第一次张拉:0→初应力 $0.1\sigma_k$(测油缸外露量)→$0.2\sigma_k$→张拉至 $1.0\sigma_k$(持荷 2 min,测油缸外露量、计算伸长量)→锚固、回油(测量总回缩量)。

二次张拉:0→初应力 $0.5\sigma_k$→$1.0\sigma_k$(持荷 2 min)→锚固、回油(测量总回缩量)。如图 3-4-79 所示。

图 3-4-78　槽形梁纵向预应力筋张拉

图 3-4-79　槽形梁横向预应力筋张拉

(5)管道压浆。槽形梁终张拉完成后,满足割丝要求情况下,宜在 48 h 内进行管道压浆;横向预应力螺纹钢筋二次张拉完成后及时进行压浆、封锚。管道压浆采用真空辅助压浆工艺,压浆材料由水泥、高效减水剂、微膨胀剂、矿物掺和料等多种材料干拌而成的混合剂。压浆工艺流程及压浆工艺同后张箱梁，这里不重复介绍。压浆流动度测试如图 3-4-80 所示，压浆密封罩及出浆口如图 3-4-81 所示。

图 3-4-80　浆体流动度测试

图 3-4-81　压浆密封罩及出浆口

(6)封锚。槽形梁终张拉后，应尽快进行封锚。槽形梁的封锚与后张箱梁的封锚除封锚混凝土略有差异外，其他完全一样。槽形梁封锚采用的是强度等级不低于 C55 干硬性补偿收缩混凝土进行填塞。混凝土的拌和物性能：维勃稠度 0～30 s；含气量控制在 2%～4%；限制干缩率≤3.0×10^{-4}；限制膨胀率≥1.5×10^{-4}。

(7)槽形梁吊装存放。

1)槽形梁结构重心。槽形梁结构重心位于跨中截面线路中心线偏向外侧腹板 0.794 m，距跨中梁底 0.762 m 处。

2)存梁、吊装及运输支点。吊点设在梁端腹板内侧梁底板上，吊点面积不小于 300 mm×300 mm；存梁、顶梁及运输支点应设置在梁端横梁下方，并应避开支座，距梁端距离≤0.6 m，距腹板外侧距离≤1.0 m。

3)存梁、吊装及运输。

①槽形梁存梁及吊装采用 2 台 225 t 龙门吊，初张拉后吊离制梁台座，终张拉完成并且管道内浆体强度达到设计强度后才能出库。

②利用配置的专门吊梁器具在桥梁预制时预留的吊装孔处安装吊梁机构，在四个吊梁孔位均连接可靠后才能均匀起吊。各种工况下梁体四支点应位于同一平面，误差不应大于 2 mm。

③当梁吊离制、存梁台位支承面时(通常为 20～30 mm)应一度停止，待检查确认各部无异常，梁体不倾斜(横向倾斜小于 2%)后才能继续吊梁上升。吊梁上升到一定高度后，两台龙门吊沿走行线向目标位置移动，龙门吊走行速度不大于 5 m/min，龙门吊行走过程中，其走行机构应有专人负责监视走行情况。移梁时必须设专人检查桥梁支承位置是否正确，桥梁倾斜是否超限，否则应重新吊装。槽形梁场内吊移梁如图 3-4-82 所示，墩上存梁如图 3-4-83 所示。

图 3-4-82　槽形梁场内吊移梁

图 3-4-83　墩上存梁

(8)槽形梁静载试验及横向验证试验。

1)试验目的。

①检验 16 m 简支槽形梁设计荷载作用下竖向刚度是否满足设计要求。

②检验 1.2 倍设计弯矩作用下梁体的受力状况和纵向抗裂安全性。

③检验设计验证荷载作用下梁体底板的横向受力状况。

2)试验依据及评定标准。

①《预应力混凝土铁路桥简支梁静载弯曲试验方法及评定标准》(TB/T 2092—2003)。

②《兰新第二双线铁路槽形梁施工图审查意见》(工管施审〔2011〕45 号)。

③《关于印发〈兰新铁路第二双线预应力混凝土简支槽形梁技术条件〉的通知》(铁工管〔2012〕106 号)

④兰新第二双线预应力混凝土简支槽形梁技术条件、预应力混凝土简支槽形梁试验验证大纲(新铁工管〔2011〕206 号)。

3)试验设备。槽形梁静载试验采用自力平衡式钢箱梁加力桁架配合千斤顶加载试验方式。

①自力平衡式钢箱梁加力架。槽形梁静载试验台架是根据槽形梁静载试验需要而专门设计制造的自力平衡式钢箱梁加力架。

根据槽形梁施工及运营底板偏心受载特点,槽形梁静载试验台架采用偏心结构,主要由 1 根主梁、2 根垫梁、5 根上横梁、3 根下横梁组成,主梁偏离桥梁中心线与轨道中心重合,可完成静载弯曲试验和横向加载验证试验。槽形梁自力平衡式钢箱梁加力桁架静载试验台座横截面布置如图 3-4-84 所示。

图 3-4-84　槽形梁自力平衡式钢筋梁加力桁架静载试验台座横截面布置图

②测点布置及主要仪器、设备。槽形梁是新型桥梁,在首次静载弯曲试验和横向验证试验中,外贴振弦式应变传感器测试数据均由数据采集模块自动记录并传入计算机,试验数据实现了自动化采集,每级数据采集时间可控制在 3 min 之内。静载试验主要仪器和设备见表 3-4-9。

表 3-4-9　试验主要仪器和设备

序号	名　称	型　号	性 能 指 标	数　　量
1	便携式计算机	IBM		1 台
2	数据采集单元	BGK-MICRO-40	测试范围:0～5 000 με 测试精度:0.1 με	2 个
3	GK 振弦式读数仪	GK-403	测试范围:1 000～5 000 με 测试精度:0.1 με	1 台
4	振弦式应变计	GK4000	测试范围:1 000～5 000 με 测试精度:0.1 με	90 个
5	2 500 kN 压力传感器		最大负荷:2 500 kN 测试精度:±0.5%FS	6 个
6	百分表		测试范围:0～50 mm 测试精度:±0.01 mm	11 个
7	精密水准仪	TG—2	测试精度:±0.1 mm	1 台
8	裂缝宽度测试仪		测试精度:±0.02 mm	1 台
9	静载试验架		自力平衡式	1 套
10	油泵	2YBZ2-55		8 台
11	千斤顶	YCW150C-200		9 台

4)静载弯曲试验和验证试验方案。槽形梁是一种新型桥梁,选取 1 片 16 m 预应力混凝土槽形梁进行静载弯曲试验和横向加载验证试验。静载弯曲试验方案采用在两侧腹板上分别施加三点等效集中力来模拟槽形梁纵向受力特征;横向加载验证试验方案采用在底板局部施加两点等效集中力来模拟槽形梁横向受力特征,二期恒载采用预制混凝土板模拟。

①静载弯曲试验。采用在腹板上施加三点等效集中力来模拟槽形梁纵向受力特征,加载点纵向间距 4 m,千斤顶分别放置在腹板中心线上。具体布置如图 3-4-85 所示。

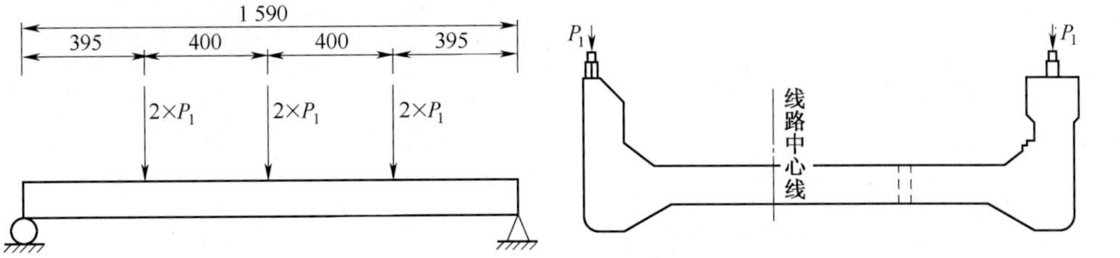

图 3-4-85　腹板纵、横向加载示意图(单位: cm)

②横向加载验证试验。跨中加载:槽形梁横向采用两点加载方式,采用预制混凝土板模拟二期恒载(纵向线荷载集度 q=55 kN/m),活载采用两个集中力设置在跨中底板上,作用点位于线路中心线两侧轨道位置。加载方式如图 3-4-86 所示。

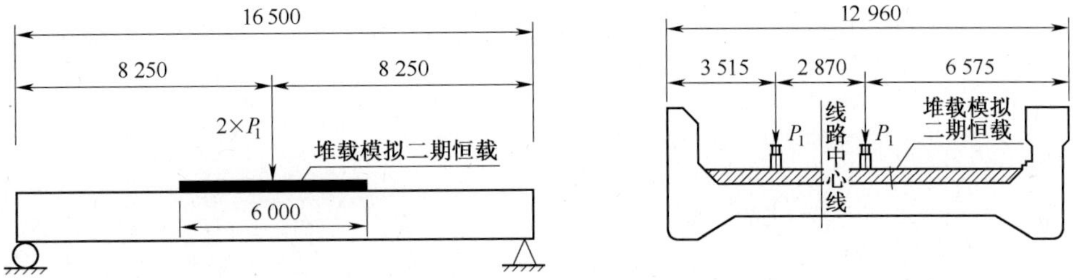

图 3-4-86　跨中底板纵、横向加载位置示意图(单位: mm)

支点加载:槽形梁横向采用两点加载方式,采用预制混凝土板模拟二期恒载(纵向线荷载集度 q=55 kN/m),活载采用两个集中力设置在梁端支点处底板顶面,作用点位于线路中心线两侧轨道位置。加载方式如图 3-4-87 所示。

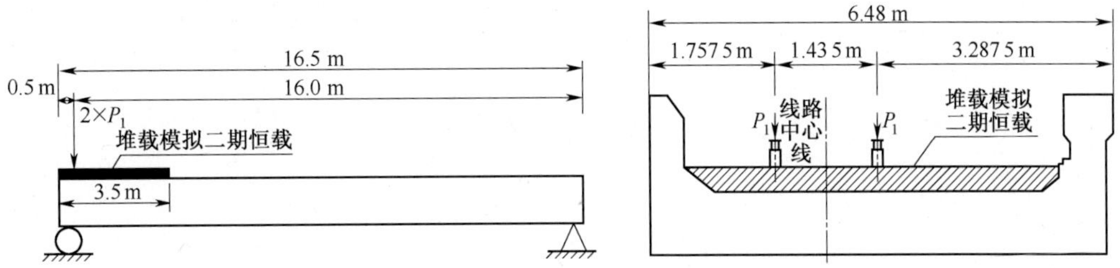

图 3-4-87　支点底板纵、横向加载位置示意图

5)兰新铁路槽形梁静载和验证试验。

①试验简介。兰新铁路第二双线 16 m 预应力混凝土简支槽形梁静载试验选取鄯善七克台制梁场的第 8 片梁(梁号:SQC15.9-008)进行。该片梁灌注日期为 2011 年 7 月 13 日,终张拉日期为 2011 年 8 月 2 日,试验日期为 2012 年 3 月 19 日,试验距终张拉完成时间为 230 d。通过槽形梁的静载试验和跨中、梁端横向试验,对 16 m 简支槽形梁的设计、施工质量、抗裂性能和底板受力性能进行试验验证。

②静载弯曲试验。槽形梁静载弯曲试验采用 6 点加载方式,加载点纵向间距为 4 m,横向间距 5.88 m,加载点作用于槽形梁腹板中心线处。弯曲静载试验分 2 个加载循环进行,第 1 循环荷载加载至设计弯矩,共分为 4 级,每个加载点最大荷载为 395.6 kN;第 2 循环荷载加载至 1.2 倍设计弯矩,共分为 8 级,每个加载点最大荷载为 522.3 kN。每级加载间隔(包括测读时间)为 3~5 min,加载到 1.0 和 1.2 倍设计弯矩时,持荷 20 min。第 1、2 循环换算至截面形心位置处的静活载纯弯曲竖向变形分别为 2.18 mm 和 2.14 mm,小于设计计算值 2.28 mm。实测静活载作用下纯弯曲挠跨比分别为 1/7 294 和 1/7 430,均小于设计抗弯挠跨

比 1/6 974,梁体实际抗弯刚度大于设计刚度。在弯曲试验加载全过程中,梁体未出现开裂迹象,借助放大镜观察,也未发现任何受力裂缝,槽形梁的抗裂性能满足规范要求。如图 3-4-88 所示。

图 3-4-88　槽形梁弯曲静载试验

③跨中横向验证试验。槽形梁跨中横向验证试验采用跨中截面横向 2 点加载,加载点作用于模拟二期恒载的预制混凝土板顶面。考虑到技术条件所列本项目运梁车产生的底板横向弯矩(142 kN · m)比设计验证弯矩(136 kN · m)偏大 4.4%,在试验荷载加到设计验证荷载 175 kN 后,增加 183 kN 一级,用于模拟运梁车产生的横向弯矩。试验分 2 个加载循环进行,试验加载过程中,荷载与挠度基本保持线性关系(相关系数大于 0.99),且底板下缘布置的所有应变测点均没有出现应变突增现象,说明在 183 kN 试验荷载作用下跨中截面底板下缘没有开裂,仍处于弹性工作状态。如图 3-4-89 所示。

④梁端横向验证试验。槽形梁梁端横向验证试验采用距梁端 0.5 m 的截面横向 2 点加载,加载点作用于模拟二期恒载的预制混凝土板顶面。梁端横向验证试验最大荷载为《兰新第二双线预应力混凝土简支槽形梁技术条件》提供的支点截面验证荷载 P_2=207 kN,试验分 10 级逐级加载。试验加载过程中,荷载与挠度基本保持线性关系(相关系数大于 0.99),说明在试验验证荷载作用下测试截面底板仍处于弹性工作状态。如图 3-4-90 所示。

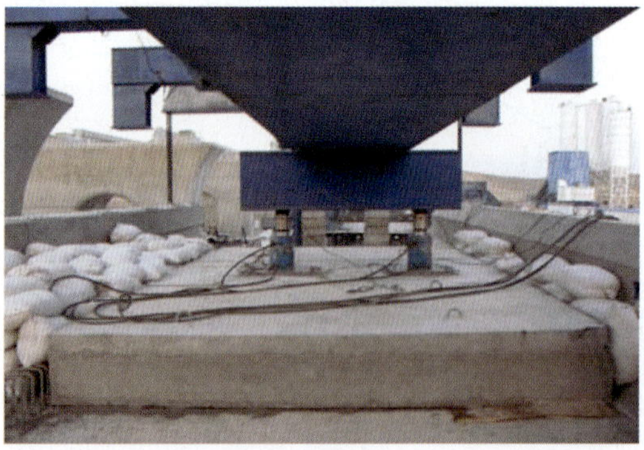

图 3-4-89　槽形梁跨中横向静载试验

图 3-4-90　槽形梁梁端横向静载试验

⑤槽形梁试验结论。通过对 16 m 预应力混凝土简支槽形梁的静载和横向验证试验,对槽形梁受力性能得出以下结论:

a. 由于槽形梁截面和荷载的不对称,梁体设计抗弯刚度 1/6 974(梁单元计算值)和静活载挠跨比 1/4 444(实体单元计算值)是 2 个不同的值。

b. 槽形梁静载弯曲试验采用腹板上施加 3 点等效集中力方式,可以模拟到梁体跨中截面的弯矩,但模拟不了截面相应的扭矩。此现象并不影响对梁体抗弯刚度的判定,通过该试验方法模拟槽形梁纵向受力特征是可行的。

c. 槽形梁截面形心不在梁体中心线上,而是略偏向了外腹板侧,弯曲试验荷载作用下梁体有扭转效应存在,内腹板挠度要大于外腹板挠度。

d. 在静载弯曲试验中,第 1、2 加载循环换算至截面形心位置处的静活载纯弯曲竖向变形分别为 2.18 mm 和 2.14 mm,实测纯弯曲挠跨比分别为 1/7 294 和 1/7 430,均小于设计抗弯挠跨比 1/6 974,梁体实际抗弯刚度大于设计刚度。

e. 加载至 1.2 倍设计弯矩时,梁体跨中截面仍为全截面受压状态,分布于梁体跨中腹板下缘两侧 2 m 范围内各应变测点的实测应变与试验荷载、跨中挠度与试验荷载、跨中截面下缘应力与试验荷载均保持线性关系,证明试验梁跨中下缘拉应力最大区域仍处于弹性工作状态。持荷 20 min 内,梁体跨中下缘未出现受力裂缝。梁体的抗裂性满足设计要求。

f. 在横向试验验证荷载作用下,梁体跨中截面和支点截面底板下缘混凝土均没有出现开裂,槽形梁底板横向受力是偏于安全的。

综上所述，设计和生产的槽形梁能够满足现行铁路设计规范对结构使用性能要求。

4.4.3.2　工程实例

工程概况：中铁二局集团新运工程有限公司七克台制梁场承担了兰新铁路第二双线 LXTJ5 标 DK1496＋167～DK1514＋416 范围内，共计 6 座大中桥 75 孔 150 片 16 m 槽形梁。

梁场规划：槽形梁制梁场布置分为 5 个区域，即生活办公区、制梁区、存梁区、混凝土生产区、生产辅助区。占地面积 80 亩，配置制梁台座 6 座，存梁台座 60 个（含墩上存梁台座 48 个），月制梁能力 30 片。梁场采用纵列式，2 台 225 t 龙门吊跨桥墩布置，制梁区、存梁区、钢筋预扎区、模型修整区均涵盖在龙门吊吊装范围内。梁场冬期不预制桥梁。

主要设备：2 台 225 t 龙门吊用于梁场内吊运作业；混凝土供应采用 2 套 90 拌和站（1 套为备用）；柴油发电机组 2 台共 400 kW，电力变压器 1 台 400 kVA。

槽形梁模板采用整体式底模、活动拼装端侧模；混凝土浇筑采用输送泵泵送一次浇筑成型；由于当地缺水及气候干燥，采用梁体表面涂刷养护剂和覆盖土工布养护工艺；槽形梁按设计要求进行预、初张拉后，由 2 台 225 t 龙门吊从制梁台座吊移至存梁台座存放，混凝土强度、弹模及龄期达到设计值后进行终张拉，采用真空辅助压浆。

梁场于 2011 年 3 月 6 日开始组织人员和设备进场，2011 年 6 月 16 日成功预制了首片 16 m 槽形梁。由于槽形梁的静载试验方法不能确定，梁场于 2011 年 8 月至 2012 年 3 月停工，2012 年 4 月复工预制桥梁，2012 年 6 月 6 日通过生产许可证审查，2012 年 10 月 8 日完成 150 片槽形梁预制。

5 预应力混凝土简支梁架设技术

5.1 概 述

随着铁路客运专线与高速铁路建设的快速发展，混凝土预制梁品种越来越多，结合预制梁和桥梁特点，为满足不同的施工环境和施工模式，施工单位联合工程机械设计单位、生产厂家相应地研发、生产或改造了多种运架梁施工设备。

铁路混凝土预制梁架设施工设备众多，型式各异。按架桥机过孔方式一般分为：步履式、全轮走行一跨式、导梁式、辅助导梁式等架桥机；按架桥机落梁方式一般分为：拖拉起吊落梁、定点起吊落梁、运架一体式等架桥机；按所架梁横断面形状一般分为：箱梁、T 梁等架桥机；按适架梁型吨位一般分为：170 t、230 t、450 t、600 t、900 t 级等架桥机；按可架设线路形式一般可分为：双线整孔箱梁、单线整孔箱梁、双线并置箱梁、单线 T 梁、双线 T 梁等架桥机。这些架桥机一般适用于 20 m、24 m 和 32 m 三种跨度梁型，部分可适用 16 m、20 m、24 m 和 32 m 四种跨度梁型。

国内客运专线和高速铁路所使用的架桥机，被公认为性能、效率都不错的代表性的机型主要有：中铁科工生产的 JQ900A 步履式架桥机、北京万桥生产的 WE-SC900H 运架一体式架桥机、秦皇岛天业通联生产的 TLJ450 架桥机和中铁科工生产的 JQ170 架桥机。

JQ900A 步履式架桥机用于 900 t 级双线整孔箱梁架设施工，其过孔作业步骤简洁、操作简单、且架梁效率高，可以方便地架设首孔、末孔梁，对墩台无特殊要求，能自行实现桥间转移；但纵移过孔重心过高，遇到大坡道过孔整机稳定性较差，需采取多重防护措施。

WE-SC900H 运架一体式架桥机是集桥梁运输与架设为一体的架桥机，适用于穿越隧道的 900 t 级双线整孔箱梁的运输和架设，其克服了步履式和下导梁式 900 t 级架桥机不能通过隧道的缺陷。但桥墩需增加精轧螺纹钢等预埋件，通过连接紧固以保证架桥机的稳定性，远距离工作效率较低，首末孔施工较困难。

TLJ450 架桥机主要用于 450 t 级双线并置箱梁架设施工，其采用轮轨走行进行纵移，整机能通过隧道架梁。

JQ170 架桥机主要用于 170 t 级 T 梁架设施工，其采用主机轮轨走行过孔方式，架梁作业步骤简洁，效率高，但架设小曲线边梁时，需人工移梁，且在未改造前铁路运输受限。

以下将对 JQ900A 步履式架桥机、WE-SC900H 运架一体式架桥机、TLJ450 架桥机和 JQ170 架桥机四种设备施工技术进行详细阐述。

5.2 JQ900A 步履式架桥机施工

JQ900A 步履式架桥机由中铁二局联合中铁工程机械研究设计院研制，用于客运专线和高速铁路双线整孔箱梁的架设，其主要特点为步履式行进、尾部喂梁、起重小车吊梁拖梁方式取梁、跨一孔简支梁架梁。可以架设 32 m、24 m、20 m 双线整孔箱梁，适应架设最小曲线半径为 5 500 m，适应架设最大纵坡 20‰，额定起重量 900 t。

5.2.1 设备配置

5.2.1.1 主要设备及工具配置

主要设备及工具配置见表 3-5-1、表 3-5-2。

表 3-5-1　主要设备配置表

序号	设备名称	设备型号	单位	数量	备注
1	步履式架桥机	JQ900A	台	1	
2	轮胎式运梁车	YL900	台	1	

表 3-5-2　主要小型机具及工具配置表

序号	名称	型号规格	单位	数量	备注
1	搅拌机	JC-180 L	台	2	
2	千斤顶	600 t	台	6	
3	电动油泵	ZB4-500	台	2	
4	电动扳手	PID-LP-2 000	把	2	
5	人工扭力扳手	750～2 000 N·m	把	2	
6	链条葫芦	5 t、10 t	个	10	

5.2.1.2　主要设备技术参数

主要设备技术参数见表 3-5-3 和表 3-5-4。

表 3-5-3　JQ900A 步履式架桥机主要技术参数表

序号	参数名称	技术参数	序号	参数名称	技术参数
1	额定起重量	900 t	8	梁起吊方式	“三吊点”起吊
2	适应线路纵坡	20‰	9	单件最大重量	16.5 t
3	最小工作曲线半径	5 500 m	10	架桥机纵移	0.1～3.0 m/min
4	吊具底面至桥面净空	7.5 m	11	重量	498 t
5	吊点数	4 个	12	桁车起升速度	0.1～0.96（空载）m/min、0.1～0.48(重载)m/min
6	整机配电功率	280 kW			
7	驱动方式	液压驱动	13	桁车运行速度	0.1～4.78（空载）m/min、0.1～2.21(重载)m/min

表 3-5-4　YL900 轮胎式运梁车主要技术参数表

序号	参数名称	技术参数	序号	参数名称	技术参数
1	运载能力	900 t	8	充气压力	8 bar
2	空载运行速度	0～8 km/h	9	接地比压	0.6 MPa
3	重载运行速度	0～4 km/h	10	轴间距	1 900 mm
4	适应最大坡道	4%	11	轮胎	64 个
5	最小转弯半径	R60 m	12	整机功率	2×447 kW
6	空载高度	3 662 mm	13	整机自重	253 t
7	重载高度	3 552 mm			

5.2.2　架梁工艺

5.2.2.1　运架设备组装、解体

由于占用场地较大，同时考虑到充分利用梁场起重设备，减少设备投入，运架设备的组装、解体一般选择在梁场内或附近进行。

1. YL900 轮胎式运梁车组装、解体

YL900 运梁车组装流程图如图 3-5-1 所示,其解体步骤与组装相反。

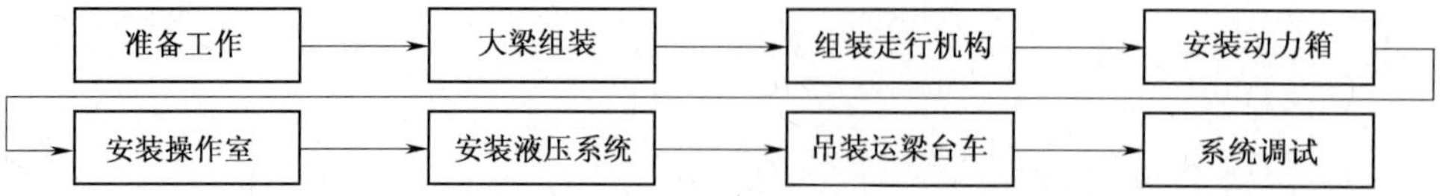

图 3-5-1 YL900 运梁车组装流程图

2. JQ900A 架桥机组装、解体

1)JQ900A 架桥机组装流程图如图 3-5-2 所示。

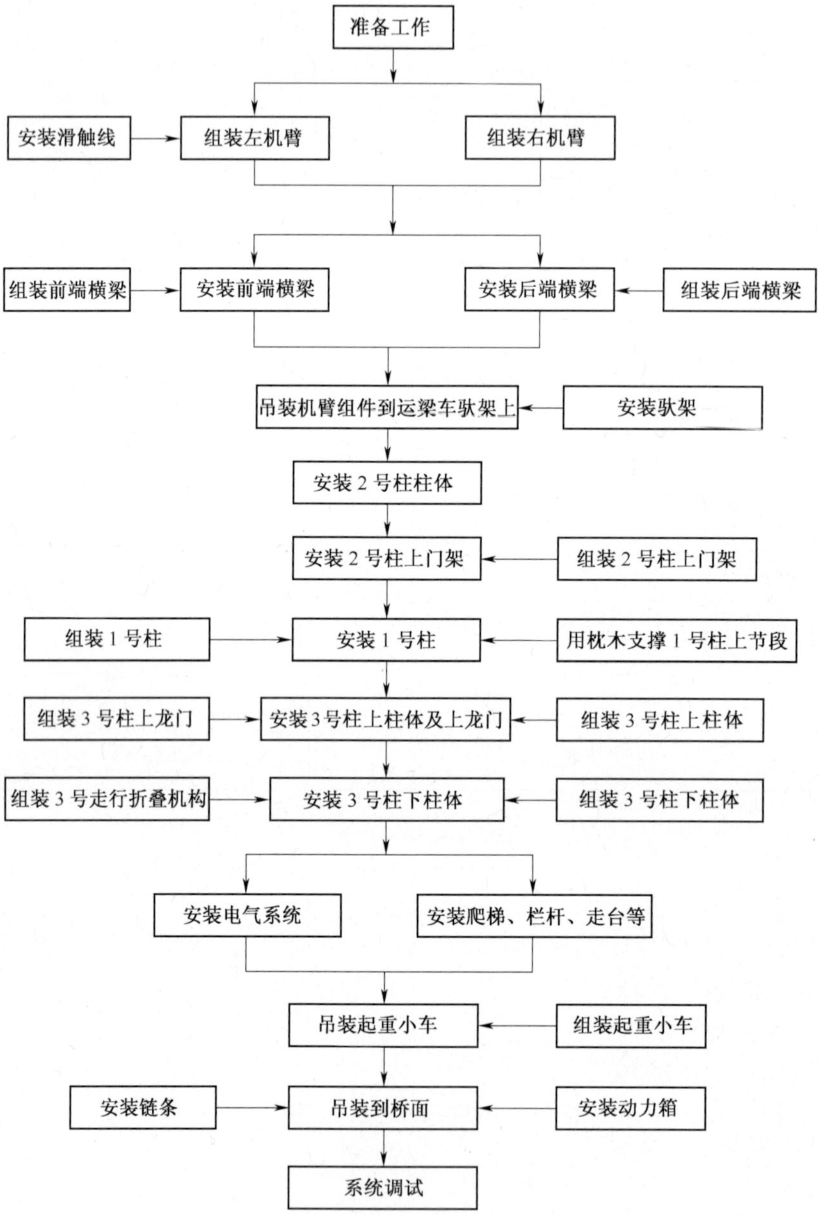

图 3-5-2 JQ900A 架桥机组装流程图

2)JQ900A 架桥机组装步骤如图 3-5-3 所示。

3)架桥机的解体。JQ900A 型架桥机长途运输采取大解体,通过公路或铁路运输车辆运输,JQ900A 型架桥机解体作业与其组装程序相反。

5.2.2.2 架桥机驮运

架桥机在梁场组装完毕,由运梁车驮运至架梁工地前必须进行试运转,第一次架梁前必须根据国家相关规定,由国家指定机构对架桥机进行型式试验,试验合格后方可进行架梁作业。JQ900A 架桥机桥间转移或

短距离转移一般通过运梁车驮运进行。(图 3-5-4)

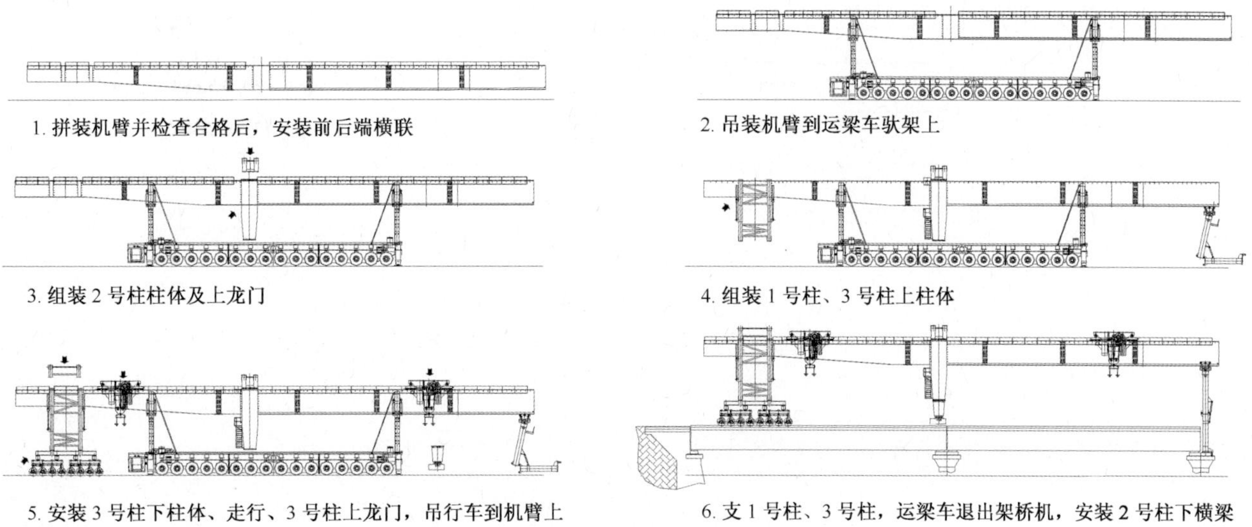

图 3-5-3　JQ900A 架桥机组装步骤图

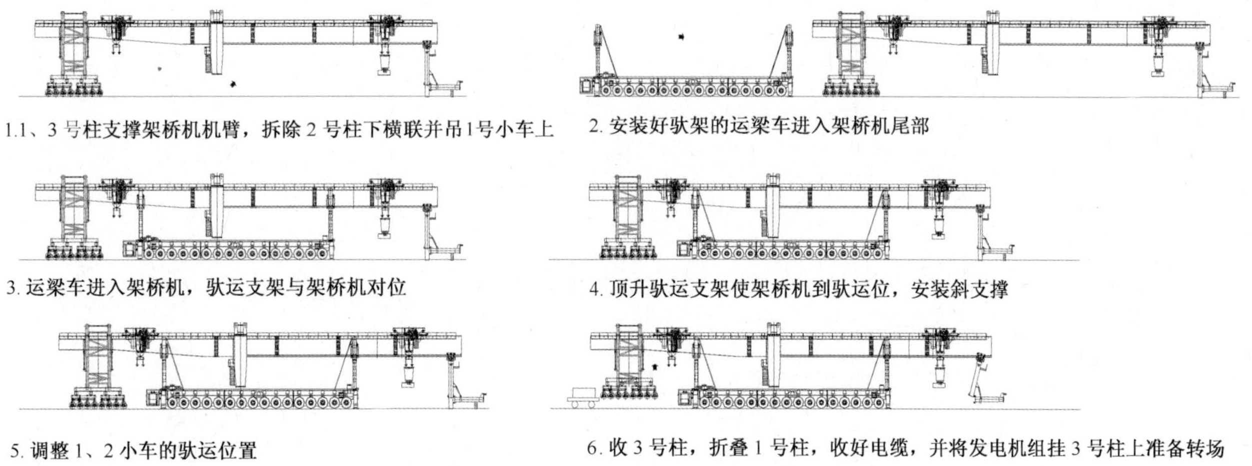

图 3-5-4　JQ900A 架桥机短距离转移图

5.2.2.3　施工工艺流程

施工工艺流程如图 3-5-5 所示。

5.2.2.4　施工作业程序

架梁施工作业主要包括桥梁运输、架桥机纵移过孔、喂梁、吊梁纵移并落梁、安装支座以及架设末跨梁等工况。

1. 桥梁运输

(1)箱梁吊装。通过梁场搬运机或提梁机，起吊箱梁并落放到运梁车上。

(2)箱梁运输。运梁车走行时两侧对角需设专人监护，避免由于走行方位误差过大造成就位困难或倾覆危险。

2. 架桥机纵移过孔

(1)架桥机由宽式变窄式：1、2 号小车走行到落梁位，联结 3 号柱下横联，操作 3 号柱的液压系统，拔出 3 号柱柱体定位销，提升 3 号柱，操作折叠机构由宽式变窄式，走行轮组内摆至走行位置，穿好柱体定位销成窄式支撑。(图 3-5-6 中 1)

(2)架桥机纵移：2 号小车退到机臂尾部，用刚性横联将 1 号柱与已架箱梁吊梁孔张紧并用手动葫芦拉紧 1 号柱保险缆风绳，拆除 2 号柱支撑垫木，拔出 1 号柱定位销，驱动 3 号柱走行机构纵移架桥机。(图3-5-6

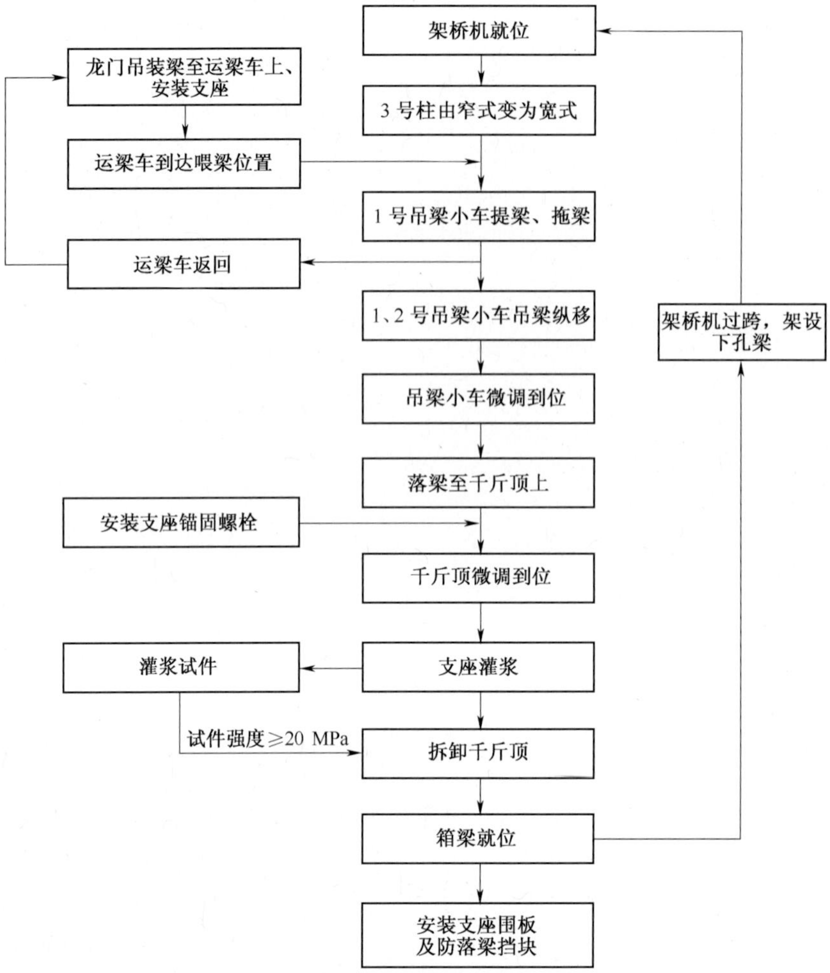

图 3-5-5　施工工艺流程图

中 2)

(3)支撑 2 号柱:架桥机纵移到位后,垫好 2 号柱支撑垫木,1 号小车退到机臂尾部准备纵移 1 号柱。(图 3-5-6 中 3)

(4)1 号柱纵移:操作 1 号柱液压系统,拔出 1 号柱下升降油缸定位销,将 1 号柱下柱身上提,纵移 1 号柱,走行至 1 号柱机臂上定位销座穿定位销,在桥墩上支撑 1 号柱并穿定位销,拧好 1 号柱附助螺旋支腿。(图 3-5-6 中 4)

(5)架桥机窄式变宽式:1、2 号小车走行到机臂前端,操作 3 号柱的液压系统,拔出 3 号柱升降的定位销,提升 3 号柱,操作折叠机构使走行轮组外摆至宽式支撑并穿好定位销,打开 3 号柱下横联。(图 3-5-6 中 5)

(6)准备吊梁:1、2 号小车走行到后机臂取梁位置,让 1 号小车距 2 号柱中心 2.8 m 处等待吊梁。(图3-5-6 中 6)

3. 喂梁

运梁车继续前行至 1 号桁车吊梁位,运梁车停车,支起运梁车前机组液压辅助支腿受力。(图 3-5-7 中 1)

4. 吊梁纵移并落梁

(1)1 号小车取梁:将 1 号小车运行到待架梁的前吊梁孔,安装吊架起吊箱梁。(图 3-5-7 中 2)

(2)拖梁:1 号小车吊起箱梁,使箱梁底面高出运梁车支承面 50 mm,1 号吊梁小车与运梁台车同步运行,将箱梁拖行到 2 号小车取梁位。(图 3-5-7 中 3)

(3)2 号小车取梁,运梁车退出:将 2 号小车运行到待架箱梁的后吊梁孔,安装吊架起吊箱梁;运梁车退出,到梁场装运下一孔箱梁。(图 3-5-7 中 4)

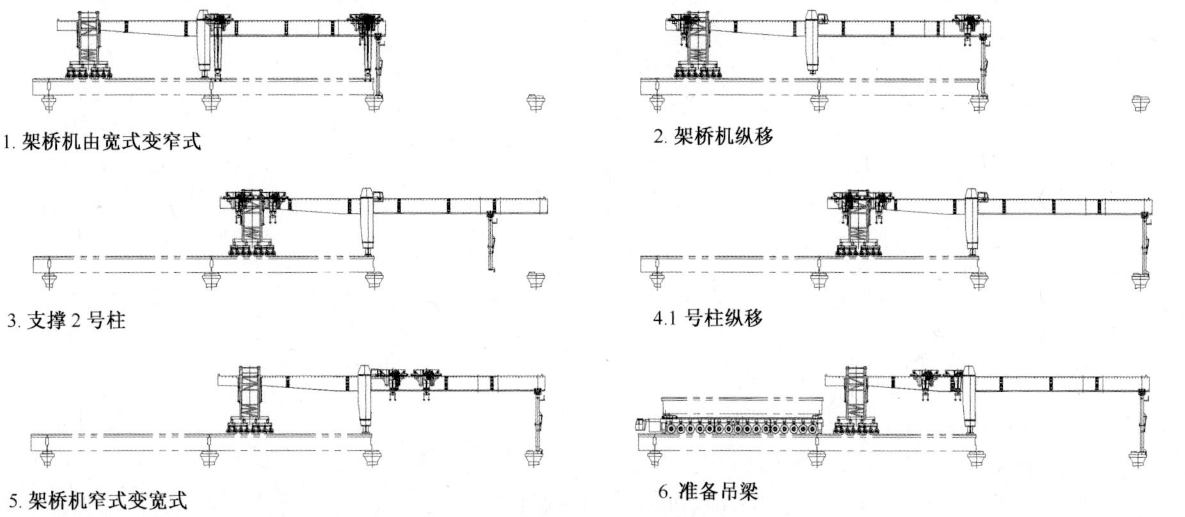

图 3-5-6　架桥机纵移过孔

(4)落梁：1、2 号小车走行到落梁位置，落梁至箱梁底面距支座上平面 1.5 m 停止，安装支座板预埋螺栓。(图 3-5-7 中 5)

(5)调整梁位，落梁就位：利用吊梁小车纵横移功能精确调整落梁位置，落梁到临时支撑千斤顶上，通过千斤顶调整梁体位置及高程，达到设计要求。(图 3-5-7 中 6)

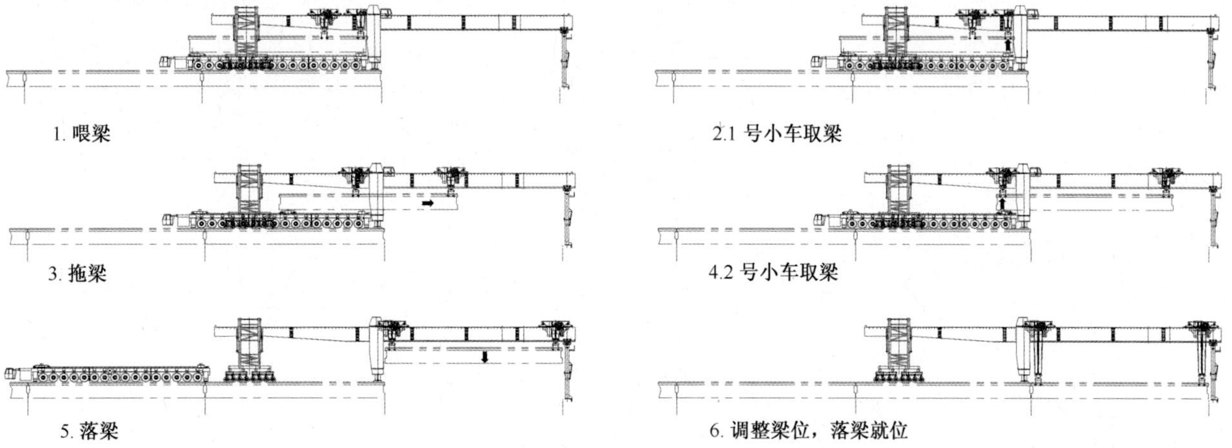

图 3-5-7　架桥机架梁施工

5. 支座安装

(1)支座。以成渝客运专线 900 t 级箱梁运架为例，支座采用客运专线铁路桥梁盆式橡胶支座，图号为"专桥(2010)8360"《客运专线铁路桥梁盆式橡胶支座》，支座型号为 KJQZ-Ⅰ-5500 型(32 m 梁)和 KJQZ-Ⅰ-4500 型(24 m 梁)，每孔箱梁采用固定支座(GD)、纵向支座(ZX)、横向支座(HX)和多向支座(DX)各一个的支座方式布置。(图 3-5-8)

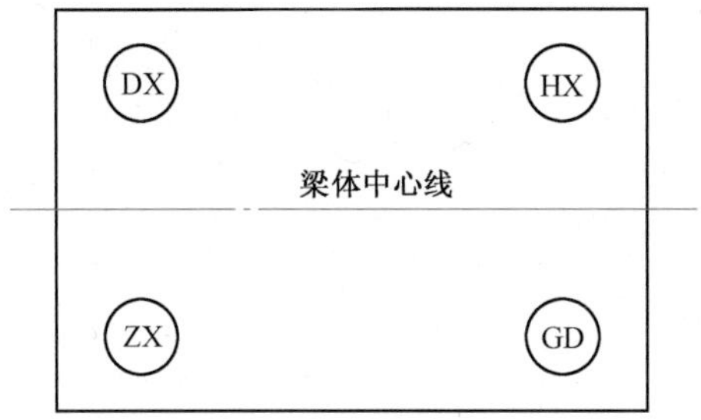

图 3-5-8　支座示意图

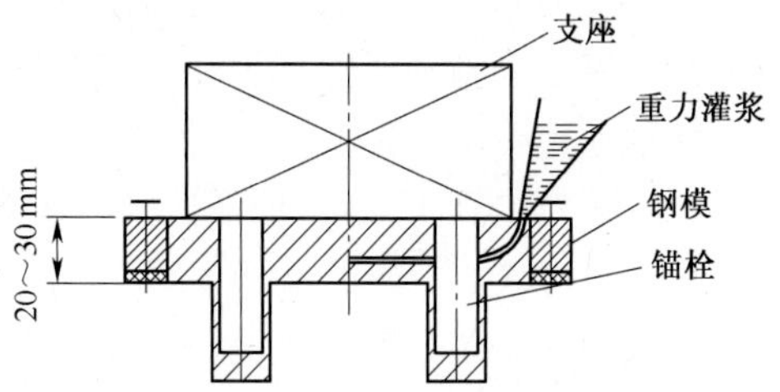

图 3-5-9　重力灌浆示意图

(2)支座灌浆材料。支座灌浆采用CM-W-Ⅱ早强、高强支座灌浆砂浆,主要技术指标为:24 h抗折强度不应小于10 MPa ,28 d抗压强度不应小于50 MPa,弹性模量不应小于30 GPa,浆体水胶比不宜大于0.34,且不得泌水,流动度不应小于320 mm,30 min后流动度不应小于240 mm;标准养护条件下浆体28 d自由膨胀率为0.02%~0.1%。

(3)支座安装工艺。

1)架梁前应复核:跨度,垫石的高程、位置、尺寸,锚栓孔的位置、深度、十字线等是否满足设计要求。

2)凿毛支承垫石支座就位表面、清除预留锚栓孔中的杂物,安装灌浆用模板,并用水将支承垫石表面浸湿。灌浆用模板可采用预制钢模,底面边角处设一层4 mm厚橡胶防漏条,通过钢模螺栓联结固定在支承垫石顶面。

3)支座安装时,采用测力千斤顶,保证每个支点的反力与四个支点反力的平均值相差不超过±5%。

(4)支座锚栓重力灌浆。

1)灌浆前,应初步计算所需的浆体体积,灌注实际浆体数量不应与计算值产生过大误差,应防止中间缺浆,配料时要准确计量,严格控制水料比,搅拌时间不得少于3 min。每个支座灌浆时间不宜超过15 min,浆体出现初凝现象时不得使用。

2)为增大灌浆的压力及方便施工,灌浆剂在桥面采用强制式搅拌机现场拌合,利用Φ100 mm PVC直管作漏斗,从桥面引至桥墩并利用特制梭槽从支座一侧的中部向四周灌浆,直至4个锚栓孔内及支座沿灌浆模板四周全部灌满浆体为止。(图3-5-9)

3)浆体强度达到20 MPa后,拆除钢模板,检查支座周围是否有漏浆现象,必要时对漏浆部位进行补浆。拧紧下支座板螺栓,并拆除上、下支座板的连接角钢及螺栓,拆除临时支承千斤顶,安装支座钢围板及防落梁板。

6. 架设最后一孔箱梁

架设最后一孔箱梁时,架桥机纵移到位后,先拆除1号柱折叠机构间的连接螺栓,收缩折叠油缸,收起折叠机构,然后1号柱走行过孔到前方桥台。伸出1号柱上柱体上的伸缩柱,支撑到桥台上,然后将3号柱由窄式支撑变换为宽式支撑,起重小车运行至取梁位置,架桥机即完成纵移作业,处于待架梁状态,其余架梁工况与常规架梁一致。(图3-5-10)

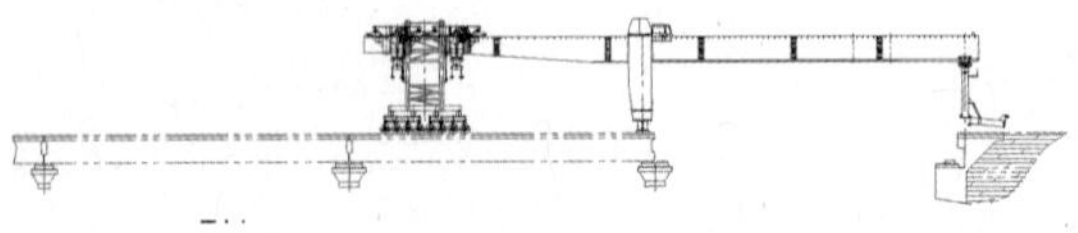

图3-5-10　最后跨箱梁架设

5.2.2.5　安全技术要点

1. 使用前的班前检查和准备

(1)架桥机每班作业前,应进行下列各项检查,并填写班前检查表,合格后方可进行作业:

1)检查各部件紧固情况,特别是起升机构、制动机构、各柱联结螺栓等。

2)检查轮胎磨损情况,轮胎轮辋螺栓紧固情况。检查起升钢丝绳、拖拉链条的磨损情况。拖拉链条链片是否有裂纹,销轴是否有弯曲、磨损严重。

3)各传动机构工作是否正常。

4)液压系统油面高度是否符合要求。

5)走行回路主泵补油压力是否在22~26 bar范围内。

6)运行制动是否可靠,液压系统各连接部分是否牢固。

7)发动机工作是否正常,机油油位是否正常,各连接部位是否松动,冷却系统、空气滤清器是否正常,各仪表指示是否正确。

8)柴油机燃油系统是否有泄漏、松动,燃油量是否足够。

9)发电机蓄电池液面高度和比重是否符合规定。

10)发电机、电压调节器、起动机等各接头和联结线路是否良好。

11)照明、警示系统工作是否正常。

(2)架桥机安全风险高,作业前,除进行上述技术检查外,还应做到:

1)岗位人员配备齐全。

2)检查急停遥控器、急停开关、操作遥控器动作是否可靠,电池的电量是否充足。

3)操作时,由队长统一指挥,但每个岗位的人员均有权叫司机停机。

4)架梁作业开始时,所有在岗人员必须关闭手机。

5)对讲机用于现场指挥交流通信,说话应简明扼要,禁止将对讲机用于聊天等与操作及安全无关的用途,以免占用频道。

6)采用对讲机指挥时,每个指令应有回应,在得到确认后方可执行,确保动作准确无误(停机要求除外)。

7)指挥及操作时,精力应高度集中,严禁其他人与指挥及操作员谈论与正在执行的动作无关的事情。

8)超过6级风时严禁过跨、架梁作业。

2. 箱梁运输安全技术

(1)施工技术要求。

1)运梁车装梁时应确保箱梁在运梁车上的支撑位置符合箱梁支撑要求,箱梁支撑截面中心与运梁车中心线横向误差不大于±25 mm、纵向误差不大于±50 mm。

2)运梁前确认拖梁小车定位销已锁定。

(2)安全操作要点。

1)所有操作人员必须培训合格并取得特种设备操作证,作业时必须严格遵守操作规程。

2)运梁车不得带病作业。

3)不能擅自改变运梁车的功能、性能参数和部件。

4)严格遵守运梁车的组装、使用和维护规定。

5)在接近目标和定位时,应放慢速度。

6)驾驶员离开驾驶室时,应打开停车制动。

7)运梁车运行中出现故障时,应立即停车并报告负责人,由负责人对运梁车进行检查和测试。

8)严格遵守运梁车定时保养检修规定,并做好记录。

9)发现危险情况,任何人应立即按下紧急停止按钮;运梁车经技术检测后,驾驶员确定故障已排除,方可重新启动运梁车。

10)运梁车应按预先划定的标识线前进。

11)冰雪天气运梁应有运梁车防滑措施,包括支点与梁体接触面和路面防滑。

3. 喂梁作业安全技术

运梁车运送箱梁接近和进入架桥机时,应低速走行。在运梁车前端面距架桥机2号柱中心1.8 m处时停车,支撑运梁车前后支腿,连接运梁车与架桥机的主电源、控制通信接口。

(1)施工技术要求。

1)应在架桥机2号柱后方划运梁车运行标识线,方便运梁车对位运行,划线长度应延长至3号柱后方一个运梁车车长位置。

2)运梁车喂梁对位时,注意观察架桥机尾部有无障碍物与运梁车碰撞,运梁车前端通过架桥机3号柱后,前司机室应转至车体侧面。在运梁车停车位置放置不低于200 mm高的止轮器,防止运梁车因操作不当等原因继续前进冲撞架桥机。

3)应有专人观察运梁车与3号柱走行轮组间的侧向间隙,观察运送的箱梁与3号柱柱体间的侧向间隙,严禁冲撞架桥机。

(2)安全要点。

1)作业前应对架桥机进行日常保养与维护,对起升钢丝绳、吊杆、吊杆螺母、起重小车拖拉链条等进行重点检查。

2)运梁车停车对位后应打好止轮器,支撑好运梁车前后支腿。

4. 取梁、吊梁前行安全技术

运梁车运梁到位,1号起重小车吊具下降,将吊杆插入箱梁前端吊孔内,安装垫块,拧紧吊杆螺母。1号起重小车吊起箱梁前端,与运梁车拖梁小车协同作业,使箱梁呈半悬挂半支撑状态运行前进。当箱梁尾部到达 2 号起重小车取梁位置时，2 号起重小车取梁，两台起重小车吊梁同步运行。

(1)施工技术要求。

1) 1 号起重小车取梁位置距 2 号柱中心 2.8 m，2 号起重小车取梁位置距 2 号柱中心 5.1 m。

2)1 号起重小车取梁吊起箱梁前端，取下支撑柱上的支撑橡胶垫，使箱梁底面与支撑柱顶面保持在 20～50 mm 距离。箱梁由 1 号起重小车及运梁车拖梁小车拖动，以半悬挂半支承状态前进。待箱梁后端进入 2 号起重小车取梁位置时，2 号起重小车吊起箱梁后端，两台起重小车同步吊梁前进对位落梁。

3)吊梁运行接近 1 号柱时，应以低速行走，并有专人在前端监视对位，严禁箱梁碰撞 1 号柱。必要时按下 1 号柱上的急停开关，紧急停车。

4)吊梁运行或落梁时，应保持箱梁水平。

(2)安全操作规范。

1)1 号起重小车取梁后拖梁前，应确认已拔出拖梁小车上的定位销。

2)起重小车起吊箱梁时应对起升机构的制动性能进行确认，制动试验不得少于两次，确认制动可靠后方可吊梁拖拉运行。

3)吊梁拖拉通过 2 号柱时应注意观察箱梁与 2 号柱内侧盖板的侧向间隙，当一侧间隙过小影响吊梁运行时应停车，启动横移机构，调整箱梁与 2 号柱间的间隙。

4)起重小车起吊箱梁时应确认横移小车处于中位，避免产生碰撞。

5)起重小车上应设专人观察起升卷扬机钢丝绳、排绳器、制动器等工作情况，防止钢丝绳跳槽、缠绕混乱现象。

6)经常检查链条的磨损情况，发现有链片裂纹、磨损超过规定限度时应及时更换；经常检查链条固定销是否有弯曲等现象，如有应及时更换。

7)应有专人观察 1、2 号柱支撑情况。

5. 箱梁就位安装安全技术

箱梁下降到安装位置后，通过起重小车纵向和横向微调，精细调整箱梁支座的位置，使之符合箱梁安装的有关技术要求。

(1)施工技术要求。

1)落梁就位时，严禁无约束地横向顶、拉箱梁，防止意外事故发生。

2)落梁就位时，应严格按箱梁的安装技术要求进行。

(2)安全操作规范。

1)架梁作业过程中应有专人观察 1 号柱、2 号柱的支撑情况。

2)设专人负责 1 号柱，观察箱梁运行情况，防止冲撞 1 号柱。

3)吊梁运行及落梁过程中，支座垫石上、桥下禁止站人。

4)纵向调整箱梁位置时，起重小车必须以低速走行，而且应以单台起重小车交替走行来调整箱梁纵向位置。

6. 架桥机纵移过孔安全技术

箱梁安装完毕，3 号柱由宽式支撑变换窄式支撑，1 号起重小车后退至机臂尾部，拆除 2 号柱支撑枕木，架桥机纵移过孔，到位后支撑 2 号柱；1 号柱纵移过孔并支撑，3 号柱变换成宽式支撑，起重小车运行至取梁位置，架桥机完成纵移作业，处于待架梁状态。

(1)施工技术要求。

1)安装好 3 号柱支撑横联，提升 3 号柱，摆动 3 号柱走行轮组，以窄式支撑形式支撑 3 号柱。

2)拆除吊杆螺母，提升起重小车吊具，2 号起重小车后退至机臂尾部。同时，1 号起重小车后退 7.0 m。

3)拉好 1 号柱防护缆绳(用 10 t 葫芦拉到挡砟墙钢筋上)，连接好 1 号柱与已架箱梁吊孔(或桥台漏水孔)间的支撑拉杆。回缩 1 号柱插销油缸，拨出 1 号柱与机臂间的定位销轴。

4)支撑 2 号柱支腿油缸，拆除 2 号柱支撑枕木，收回 2 号柱支腿油缸，2 号柱呈悬空状态。架桥机开始纵移，1 号起重小车同步后退。

5)2 号柱纵移到位(纵移过程中需变换 1 号柱防护缆绳固定位置，使 2 号柱能越过 1 号柱防护缆绳)。

6)支撑 2 号柱支腿油缸，放置 2 号柱支撑枕木，收回 2 号柱支腿油缸。

7)回缩1号柱下伸缩柱升降油缸，提升下缩柱；拆除1号柱防护缆绳和与箱梁间的支撑拉杆，1号柱沿机臂下耳梁纵移过孔。

8)1号柱走行到前方墩台(架设最后一孔箱梁时，1号柱与机臂的连接位置应前移400 mm)，伸出插销油缸，将1号柱定位插销插入机臂上定位支座。

9)伸出下伸缩柱支撑油缸，使1号柱中心线位于桥墩中心前方600 mm处支撑(架设最后一孔箱梁时，1号柱支撑在桥台上，距桥台中心1 000 mm)。

10)将1、2号起重小车运行到2号柱前方，提升并摆动3号柱，使3号柱成宽式支撑。解除3号柱支撑横联，将支撑横联摆动至纵向位置。

11)起重小车后退至取梁位置，架桥机完成纵移作业，处于待架梁状态。

(2)安全要点。

1)架桥机纵移时应确认3号柱变换成宽式支撑。

2)确认2号起重小车已退回至机臂尾部。

3)确认2号柱支腿油缸缩回。

4)确认1号柱与机臂间定位插销已拔出，防护缆绳拉好。

5)架桥机纵移到位，1号柱纵移前应确认2号柱支撑枕木支牢垫实。

6)确认两台起重小车都位于机臂尾部。

7. 曲线架梁作业安全技术

(1)施工技术要求。架桥机架梁完毕进行纵移作业程序。

1)提升3号柱，摆动走行轮组并支撑成窄式支撑。

2)拆除2号起重小车吊杆下螺母，取下垫板。提升起重小车吊具，2号起重小车后退至机臂尾部，1号起重小车后退7.0 m。

3)回缩1号柱插销油缸，拔出1号柱与机臂间的定位销轴，拉好1号柱防护缆绳。

4)支撑2号柱支腿油缸，拆除2号柱支撑枕木，收回2号柱支腿油缸。

5)架桥机开始纵移，1号起重小车同步后退。

6)2号柱纵移到位(纵移过程中需变换1号柱防护缆绳固定位置，使2号柱能越过1号柱防护缆绳，1号起重小车亦后退至号起重小车前)，拆除1号柱防护缆绳。支撑2号柱支腿油缸，放置2号柱支撑枕木，收回2号柱支腿油缸。

7)提升1号柱下柱体升降油缸，收回下伸缩柱，1号柱悬挂在机臂下耳梁上。

8)2号柱支腿总成的横移机构横向横移动，使架桥机机臂摆头到位。

9)1号柱纵走行移过孔，运行到前方墩台(架设最后一孔箱梁时，1号柱与机臂的连接位置应前移400 mm)后伸出插销油缸，将1号柱定位插销插入机臂上定位支座。

10)伸出折叠柱支撑油缸，1号柱在桥墩中心前方600 mm处支撑(架设最后一孔箱梁时，1号柱支撑在桥台上，距桥台中心1 000 mm。拆下下柱体，将下柱体放在桥台上，伸出上柱体的伸缩柱，支撑在桥台上)。

11)将1、2号起重小车运行到2号柱前，提升并摆动3号柱，使3号柱成宽式支撑。

12)起重小车后退至取梁位置，架桥机完成纵移作业，处于待架梁状态。

(2)安全要点。

1)架桥机纵移时应确认3号柱变换成宽式支撑，并确定3号柱走行线路。

2)确认2号起重小车已退回至机臂尾部。

3)确认2号柱支腿油缸缩回。

4)确认1号柱与机臂间定位插销已拔出，防护缆绳拉好。

5)2号柱横移机构横移前，应确认1号柱已经悬空，防护缆绳已经拆除。

6)架桥机机臂摆头到位后，应将2号柱支腿总成的横移底架回移至中位。

7)1号柱纵移前，应确认2号柱支撑枕木支牢垫实。

8. 架桥机调头安全技术

(1)施工技术要求。

1)在进行驮运作业时运梁车速度应控制在低速挡位上运行，同时观察驮架的支撑情况，有无滑动，偏载等情况。

2)运梁车驮运架桥机在调头通道上运行时,应设专人对运梁车行驶路线上运行严密监护,观察通道路基承载情况,有无下沉开裂。

3)在弯道上行驶时注意架机机臂尾部与桥墩之间的间距,严禁冲撞。

4)运梁车在坡道上行驶时,必须注意观察1号柱与地面的离地高度,避免1号柱与地面擦挂。

(2)安全注意事项。

1)在驮运和调头作业中必须设专人进行监护。跟随运梁车行进,特别是进入坡道时应加强监护,避免1号柱与地面擦挂。

2)运梁车托运架桥机调头通行场地,必须严格按照运梁车通行要求碾压密实,承压强度≥0.7 MPa。

5.2.3 工程实例

5.2.3.1 工程概况

新建成渝铁路,中铁二局股份有限公司成渝客运专线CYSG-5标项目经理部架梁项目分部承担562孔桥梁制造、运输、架设的任务,项目部建于重庆璧山正兴镇。主要架梁设备是JQ900A运架设备,通过梁场装梁后上马道运梁,最后完成架设任务。

5.2.3.2 关键工序照片

关键工序照片如图3-5-11~图3-5-18所示。

图3-5-11　架桥机架设最后一跨

图3-5-12　运梁车驮运架桥机

图3-5-13　运梁车喂梁

图3-5-14　同步拖梁

图3-5-15　落梁

图3-5-16　3号柱变宽式支撑

图 3-5-17　架桥机纵移

图 3-5-18　1号柱过孔

5.3　WE-SC900H 运架一体式架桥机施工

WE-SC900H 架桥机是针对我国多山地区，特别是桥隧相连的路段和中心城市附近双桥并行路段施工特点及要求而设计制造的，具有过隧道快捷、转场方便、可以双桥并行架设等其他分离式架桥机所不具备的特点，适用于铁路客运专线 32 m、24 m、20 m 整孔双线箱梁的架设安装工作，适应架设最小曲线半径 R 2 000 m，适应架设最大纵坡 30‰，额定起重量 900 t。

5.3.1　设备配置

5.3.1.1　主要设备及工具配置

主要设备及工具配置见表 3-5-5 和表 3-5-6 所述。

表 3-5-5　主要设备配置表

序号	设备名称	设备型号	单位	数量	备注
1	运架一体机	WE-SC900H	台	1	
2	叉车	CPCD60H	台	1	

表 3-5-6　主要小型机具及工具配置表

序号	名称	型号规格	单位	数量	备注
1	液压油顶	600 t	个	4	
2	液压油泵	ZB4-500	个	2	
3	搅拌机	JW180	个	2	
4	链条葫芦	1 t、3 t、5 t、10 t	个	若干	
5	电焊机	400 A	台	2	

5.3.1.2　主要设备技术参数

主要设备技术参数见表 3-5-7。

表 3-5-7　WE-SC900H 运架一体机主要技术参数表

序号	参数名称	技术参数	序号	参数名称	技术参数
1	额定起重量	900 t	9	单件最大重量	不大于 50 t
2	适应线路坡度	纵坡≤30‰，横坡≤40‰	10	主机最大速度	空载 7 km/h；重载 4 km/h
3	最小工作曲线半径	2 000 m	11	整机重量	主机 490 t；导梁机重量 310 t
4	主机最小转弯半径	132 m	12	轮胎接地比压	≤6 bar
5	架梁机发动机功率	40 kW	13	提升速度	空载 0～1 m/min； 重载 0～0.5 m/min
6	主机功率	2×419 kW			
7	纵向走行时转向角	±15°	14	架梁小车走行速度	空载 0～5 m/min； 重载 0～2.5 m/min
8	起吊高度	6.1 m(吊具行程 6.9 m)			

5.3.2 架梁工艺

5.3.2.1 设备组装、解体

由于占用场地较大,同时考虑到充分利用梁场起重设备,减少设备投入,运架设备的组装、解体一般选择在梁场内或附近进行。

1. WE-SC900H 运架一体机组装、解体

WE-SC900H 运架一体机组装流程图(图 3-5-19),其解体步骤与组装相反。

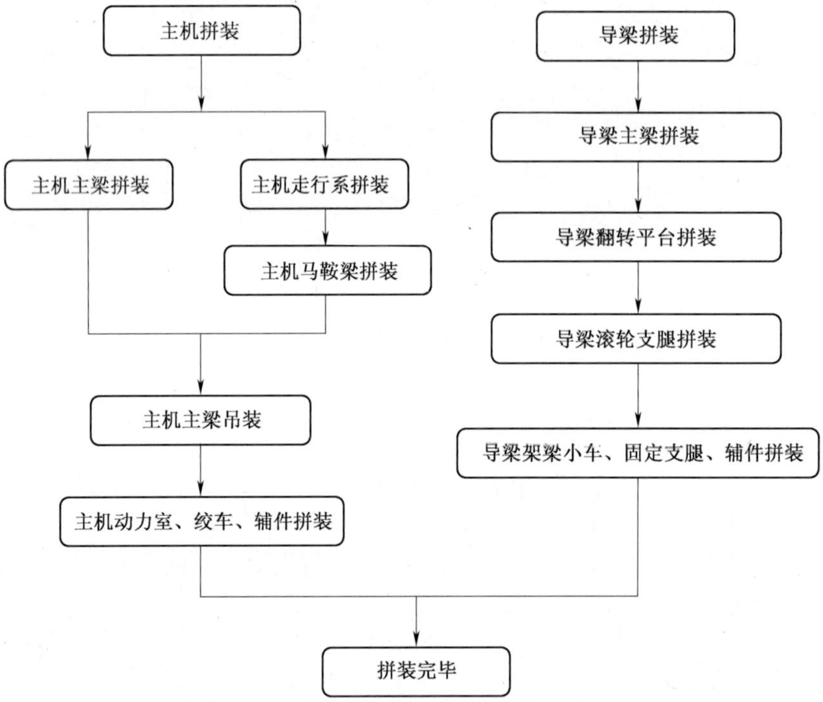

图 3-5-19 WE-SC900H 运架一体机组装流程图

2. WE-SC900H 运架一体机组装步骤

1)拼装主机主梁,并检查验收预拱度、旁弯,螺栓扭矩是否符合要求(图 3-5-20(a))。

2)在主梁梁端组装走行梁并调整到预先测量位置(图 3-5-20(b))。

3)安装主机马鞍梁(图 3-5-20(c))。

4)起吊主机主梁(图 3-5-20(d))。

5)移动前端走行梁,并使马鞍梁与主梁销接安装(图 3-5-20(e))。

6)在主梁前后端,分别安装绞车、动力泵站及其他辅件(图 3-5-20(f))。

7)拼装导梁机主梁并检查验收旁弯,螺栓扭矩是否合格(图 3-5-20(g))。

8)将轮组走行平台总成安装在导梁机总成上(图 3-5-20(h))。

9)安装前鼻梁,并将滚轮支腿吊装在前鼻梁上(图 3-5-20(i))。

10)安装架梁小车、固定支腿及其他辅件(图 3-5-20(j))。

3. 架桥机的解体

WE-SC900H 型架桥机长途运输采取大解体,通过公路或铁路运输车辆运输,其解体作业与其组装程序相反。

5.3.2.2 施工工艺流程

1. 施工工艺流程(图 3-5-21)

2. 施工作业程序

(1)箱梁吊装。

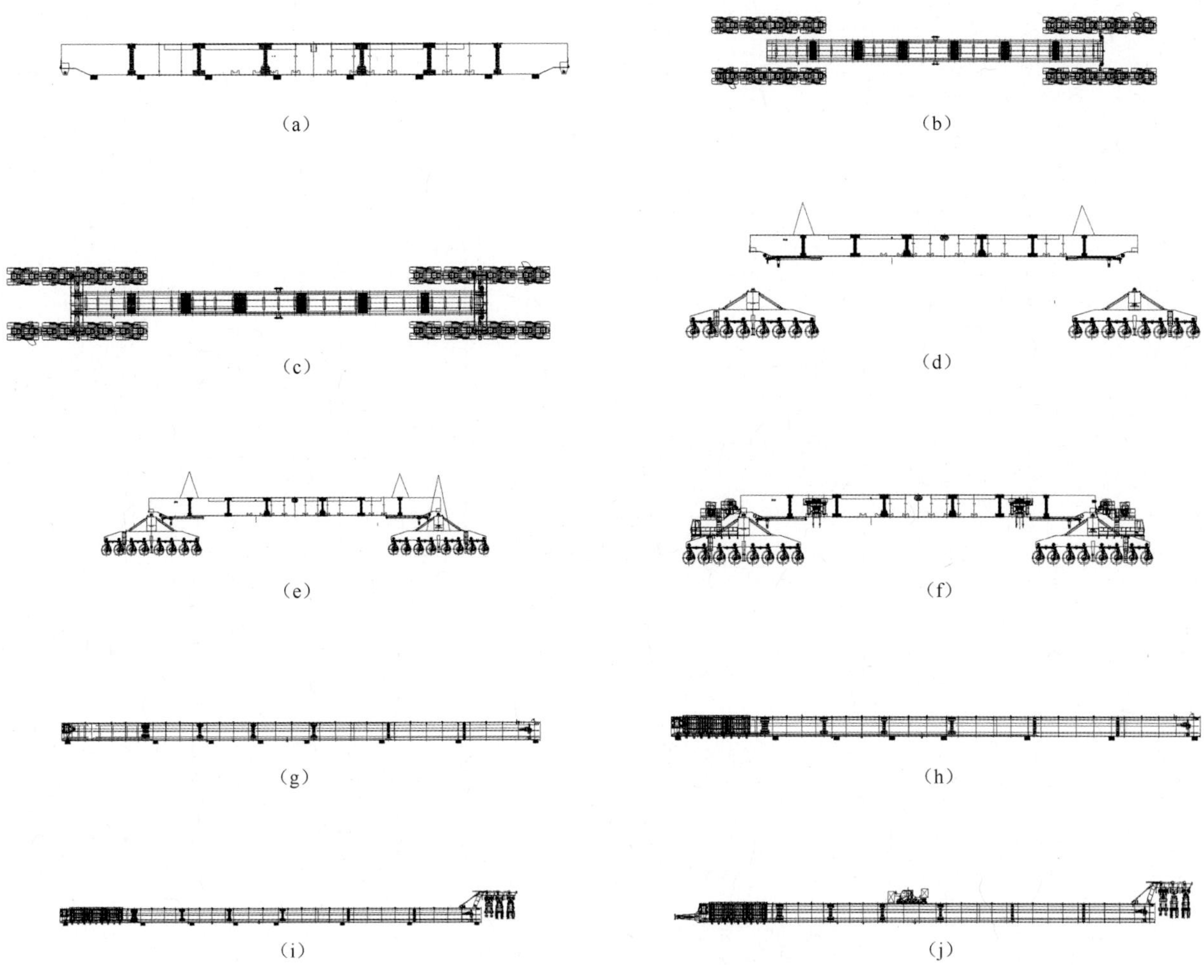

图 3-5-20　WE－SC900H 运架一体机组装步骤图

1)主机按照吊装指挥的命令,缓慢运行至吊梁区域对位,监护人员应时刻监护主机停靠位置,保证主机横向走行时与箱梁不会发生擦挂或碰撞。

2)主机纵向走行到位后,吊梁指挥下达指令,放下轮组支腿油缸,进行轮组原地 90°转向。转向完成后,回收支腿,主机横向走行至吊梁位(图 3-5-22(a)),监护人员监护吊具位置是否满足吊梁要求,利用吊点纵横移油缸调整吊具对位。

3)各项工作准备就绪后,吊装指挥下达指令起吊箱梁。箱梁起吊时,梁面要基本保持水平,各吊点在调平后,两机联动,以相同起吊速度匀速起吊,在起吊高度达到 200 mm 时,进行 2～3 次制动检查,制动正常后,主机起升箱梁至正常作业位置。在起升过程中,如遇箱梁明显偏斜,应立即停止起升,查明原因(如遇故障,还应解除故障)并调平后,方可继续起升梁片。主机吊梁后,需将吊点纵横移油缸调整至中位(图 3-5-22(b))。

4)主机取梁后,横向走行至运梁通道上,主机支撑轮组支腿油缸,轮组进行 90°转向后,收回轮组支腿油缸,主机吊梁上马道(图 3-5-22(c))。

(2)箱梁运输。主机吊运箱梁沿运梁通道行驶,主机走行时,两侧需设专人监护,避免由于走行方向误差过大擦碰已架箱梁两侧防撞墙钢筋。

(3)主机喂梁。

1)主机吊运箱梁至导梁机尾部一度停车,顶升轮组均衡油缸,准备与导梁机进行对接,如图 3-5-23(a)所示。

2)主机前车轮组驶入翻转平台,收缩主机轮组均衡油缸,使前车轮组悬空,完成主机前车与架梁小车对接,如图 3-5-23(b)所示。

3)主机后车与架梁小车同步前行至落梁位,如图 3-5-23(c)所示。

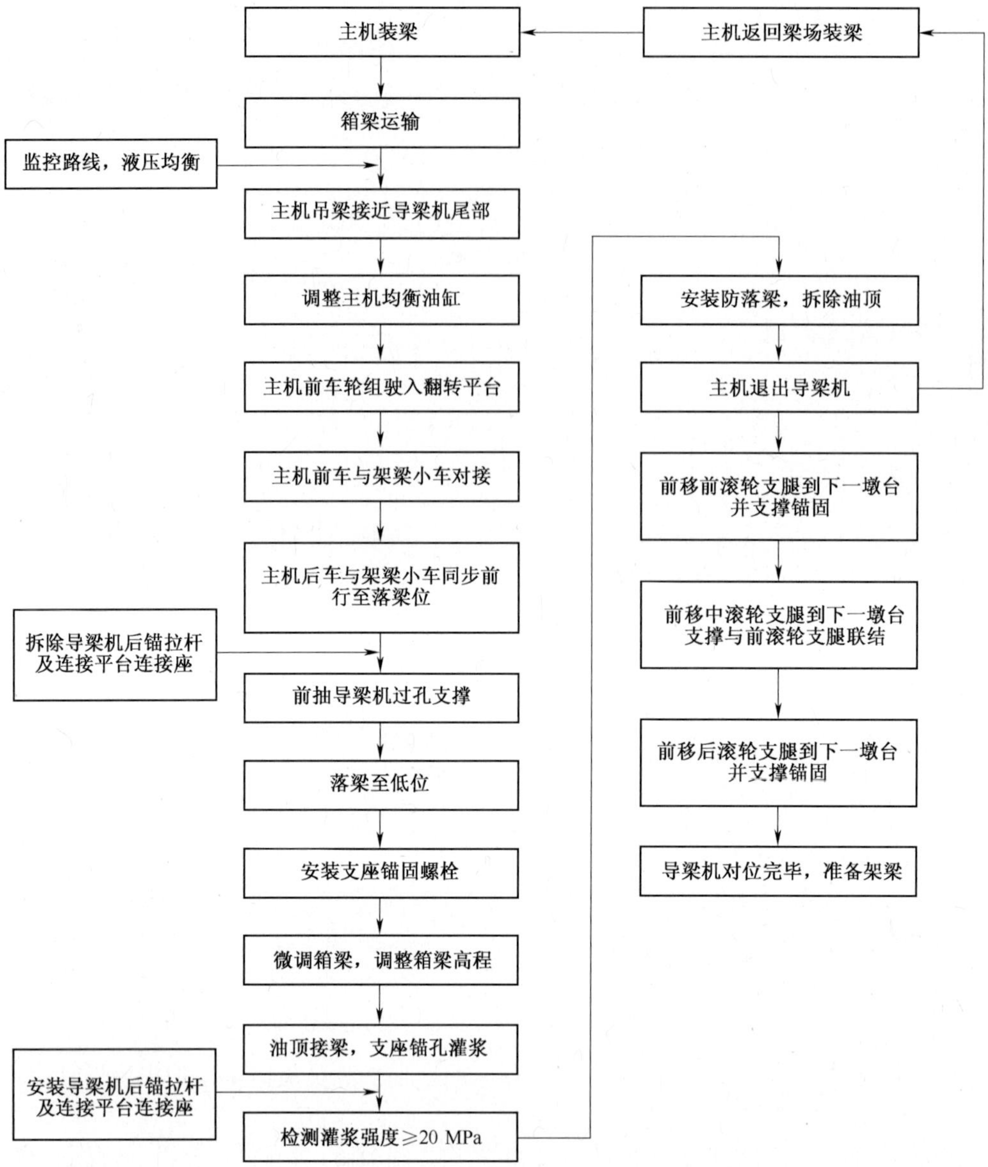

图 3-5-21　施工工艺流程图

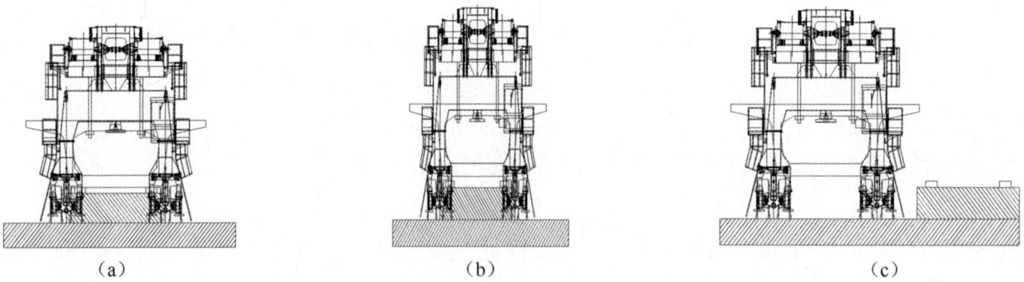

图 3-5-22　箱梁吊装图

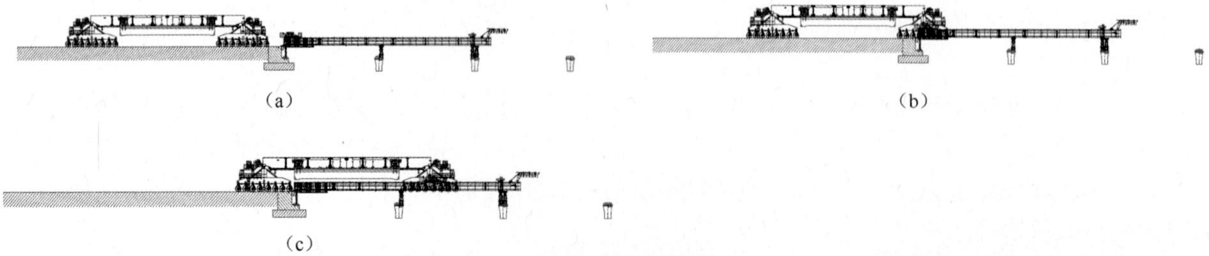

图 3-5-23　主机喂梁图

(4)箱梁架设。

1)拆除导梁机后锚固拉杆和连接平台连接座,利用架梁小车抽送导梁机过孔,如图 3-5-24(a)所示。

2)主机两吊点同步落放箱梁至支座底面距桥墩垫石面 1.5 m 处停止落梁,安装支座板预埋螺栓,如图 3-5-24(b)所示。

3)箱梁落至低位,调整箱梁纵横向位置,落放箱梁至千斤顶上,调整箱梁高程,灌注支座砂浆,如图 3-5-24(c)所示。

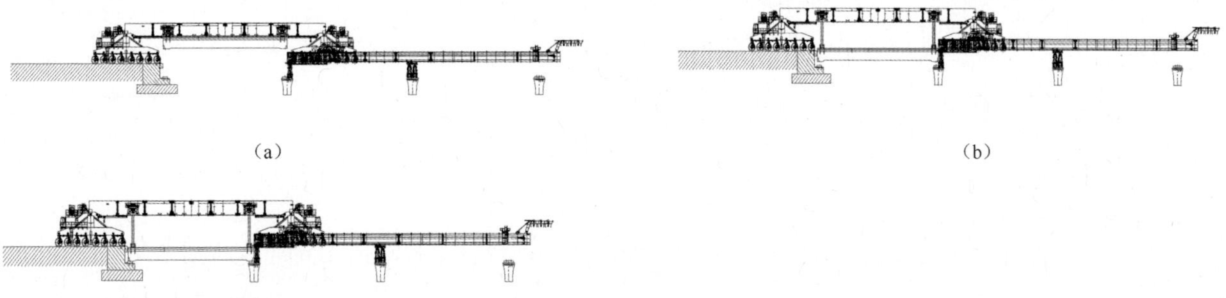

(a)　(b)　(c)

图 3-5-24　箱梁架设图

(5)导梁机滚轮支腿对位。

1)待支座砂浆强度达到 20 MPa 后,拆除主机吊具,提升主机均衡油缸,使主机前车脱离架梁小车,主机返回梁场装梁,如图 3-5-25(a)所示。

2)前移前滚轮支腿到下一墩台并支撑锚固,如图 3-5-25(b)所示。

3)前移中滚轮支腿到下一墩台支撑,与前滚轮支腿连接,如图 3-5-25(c)所示。

4)前移后滚轮支腿到下一墩台并支撑锚固,导梁机呈待架状态,如图 3-5-25(d)所示。

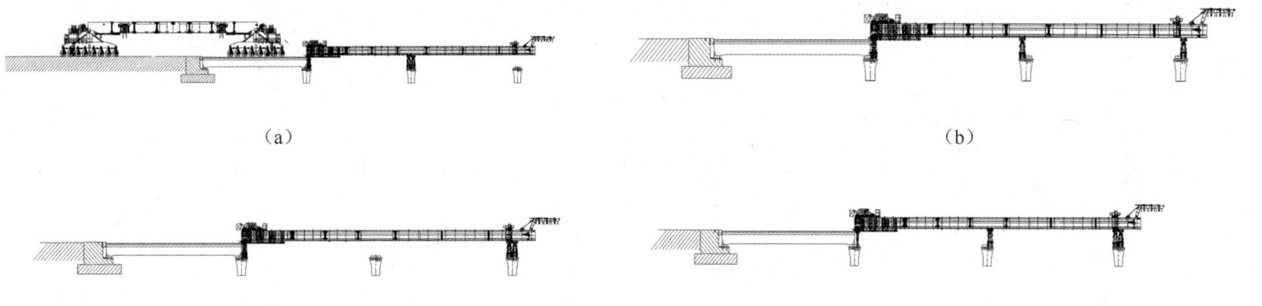

(a)　(b)　(c)　(d)

图 3-5-25　导梁机滚轮支腿对位图

(6)运架一体机架设最后一孔箱梁。运架一体机架设最后一孔箱梁前,需回抽导梁机,利用导梁机前鼻梁依次将前滚轮支腿、中滚轮支腿吊挂。最后一孔箱梁架设时,需翻转导梁机后支腿,收回导梁机翻转平台,抽送导梁机上路基后方可进行最后一孔箱梁架设,如图 3-5-26 所示。

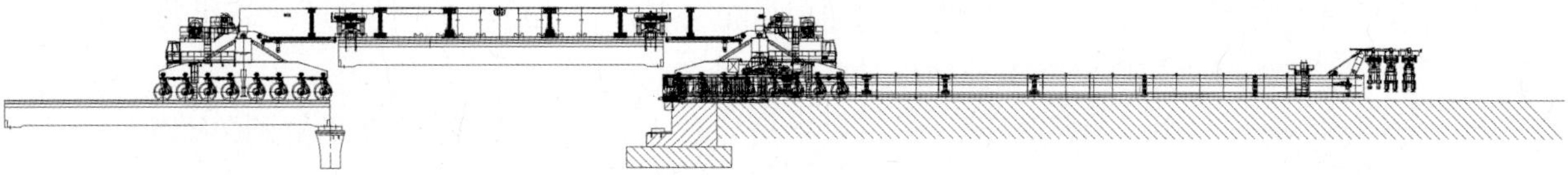

图 3-5-26　运架一体机架设最后一孔箱梁图

5.3.2.3　安全技术要点

1. 主机装梁

(1)作业技术要求。

1)吊杆安装前,检查调整通绳吊点的两个卷筒上的钢丝绳圈数必须基本一致,以免造成落梁至低位时一个卷筒上钢丝绳安全圈数不足。

2)吊杆螺帽应紧固到位,8 颗螺帽在吊杆上出丝应基本一致,并在吊杆上留出一定的保险丝数。

3)箱梁起吊时,梁面要基本保持水平,各吊点在调平后,两机联动,以相同起吊速度匀速起吊,在起吊高度达到 20～30 cm 后,进行 2～3 次吊重制动检查。在吊重制动正常后,主机才能进行装梁作业。

4)主机装梁时,4 个提升卷筒应保持同速匀速起升,卷筒监护人员应注意钢丝绳的磨损情况和在卷筒上的排绳情况,操作司机和指挥人员应注意箱梁起升情况。在起升过程中,如遇箱梁明显偏斜,应立即停止起升,查明原因(如遇故障,还应解除故障)并调平后,方可继续起升梁片。当梁面距主机主梁下底面约 20 cm 时,停止起升梁片。

5)主机吊梁前,需将走行轮组均衡油缸调整至中位;主机吊梁后,需将吊点纵横移油缸调整至中位。

6)主机如需 90°转向进行装梁时,需确保转向区域接地比压不小于 0.6 MPa,必要时在轮组转向区域垫放 20 mm 以上的钢板。

(2)安全要点。

1)发动机启动前应检查发动机油量应充足,各连接件应紧固,结构件无变形和裂纹,特别是主梁与支腿的连接销应加强检查和运行中的观察。

2)装梁人员在仔细检查确认吊杆、吊梁垫板、吊杆螺帽、动滑轮组及箱体无异常后,应手扶吊具吊杆缓慢通过吊装孔,以免碰伤吊杆丝牙。

2. 主机运梁

(1)作业技术要求。

1)运梁车按照规定速度行驶,空载最大速度不超过 8 km/h,重载最大速度不超过 4 km/h 为宜;风力超过 6 级时,停止运梁作业。

2)在运梁作业过程中,禁止无关人员进入作业区域,同时,在运梁车前后方各设一名监护人员检查沿路道路情况及运梁车走行情况,发现通道上有障碍物时,应立即清除,发现轮组两侧 0.5 m(最小安全距离)内存在其他作业设备或人员时,应立即停车处理或低速通过。

3)在运梁作业过程中,如遇两箱梁间或箱梁与现浇梁间连接缝超过 20 cm 时,则需采用 10 mm 以上钢板铺垫接缝,监护人员在运梁过程中,应检查钢板是否错位、翘曲,发现异常,及时处理。

(2)安全要点。

1)主机运梁前,监护人员应检查对讲机的性能,确保通信可靠。

2)主机运梁前,操作司机应进行鸣笛警示施工人员。

3)主机行驶前首先检查停车制动是否已解除,轮组方向是否一致,辅助支腿油缸是否缩回,低速试运行确认无异常后再继续前移。

4)主机行驶、停车时,严禁高速起步和高速急停。

5)在运梁作业过程中,遇到严重危及人员、设备安全时应立即按下紧急停机按钮。在查明停机原因并完全排除后,方可继续作业。由于冲击载荷大,必须慎用紧急制动,严禁以紧急制动代替行车制动。

3. 主机对位喂梁

(1)作业技术要求。

1)主机运梁接近导梁前,校正主机中轴线与主机导向线的偏差,接近导梁机尾部约 5 m 时,主机一度停车。

2)回收走行轮组缓冲油缸,使前车轮胎脱离地面约 50 mm,监控马鞍梁下的支承柱落在架梁小车的挡槽内,连接主机与架梁小车快速接头,电控插头对接。

3)关闭前车发动机,启用遥控控制,使主机与架梁小车以 3 m/min 的速度同步前行到落梁位。

(2)安全要点。

1)主机对位喂梁前,需检查导梁机后锚拉杆及各导梁滚轮支腿锚固牢固、后滚轮支腿链条葫芦拉挂可靠,并重点检查后支腿的支撑位置应正确可靠。

2)在距导梁 30 m 以外处提前减速停车,并在主机预停车位置设置防溜木楔,得到机长命令后时方可进入施工现场,由监护人员手扶急停开关,护送主机对位。

3)在距导梁 5 m 以外处需减速停车,确认箱梁底面可以越过导梁机主梁顶面最高点固定物、箱梁中线与导梁机中线对齐后方可缓慢对位,出现异常需进行调整后再次对位,严禁主机重载在翻转平台上进行伸均衡油缸的动作。

4)主机喂梁整个过程需由监护人员全程手扶主机后车急停开关，出现异常，及时按下紧急停机按钮，查明原因并排除故障后方可再次动机。

4. 主机抽送导梁、落箱梁

(1)作业技术要求。

1)主机与架梁小车走行至落梁位后，拆除导梁后锚拉杆，将搭接平台上的搭接座塞入搭接平台内。拆除导梁固定支腿油缸护套回收支腿油缸，使其悬空。

2)用架梁小车前抽导梁到位，支撑好导梁固定支腿于墩上，安装油缸护套。

3)前、后吊梁小车以不高于 3 m/min 的速度低速、平稳、同步落梁，当箱梁下底板距离墩台支撑垫石顶面约 1 m 时，停止下落，安装支座地脚螺栓(严禁边落边上)并在支座顺桥方向和横桥方向的安装参照线位置吊线坠，参照支撑垫石表面的支座安装十字线对箱梁落梁位置进行引导，检查支座与垫石中心的偏差量，横桥向偏差不超过±5 mm，顺桥向偏差不超过±10 mm。

4)下落箱梁至支座下底板距支撑垫石表面约 20 cm 时，通过主机调整箱梁前后、左右位置，对正箱梁位置以及地脚螺栓和支撑垫石上的锚栓孔位置。

5)位于桥墩顶上的 4 个千斤顶，前方 2 个千斤顶用高压油管串联，后方 2 个千斤顶用高压油管并联，以保证落位后的箱梁四点支撑三点受力。依靠千斤顶调整四个支座的高程和水平，位于同一端墩台上的两支座高差不超过 1 mm。

(2)安全要点。

1)主机喂梁到位后，应确认后车轮组制动木楔安装稳当可靠；确认导梁后锚拉杆完全拆除；确认连接平台连接块已塞入连接平台内；确认导梁上无异物。

2)抽送导梁时应保证导梁抽送平稳，在导梁即将到位时，应降低抽送速度，严禁限位块撞击后滚轮支腿。

5. 导梁支腿对位、退主机

(1)作业技术要求。

1)拉出搭接平台搭接座，将导梁与箱梁通过拉杆锚固，取出后走行轮组间木楔。主机与架梁小车同步后退至导梁末端，拆除快速接头及电控插头，将前走行轮组缓冲油缸升起约 550 mm，使主机与架梁小车脱离，主机退出导梁机，返回梁场取梁。

2)将前、中滚轮支腿依次前移一个桥墩，调整好位置和高度，锚固前滚轮支腿于桥墩上，用拉杆将前、中滚轮支腿连接。

3)将后滚轮支腿前移一个桥墩，并锚固于桥墩上。

(2)安全要点。

1)退主机前，应确认导梁后锚拉杆锚固稳当，待砂浆强度达到 20 MPa 后方可松吊具退主机。

2)在中后滚轮支腿牵引过程中，观察支腿挂轮的滚动应顺畅，支撑时导梁应落于支撑滚轮槽内。

3)各滚轮支腿对位时，需确认前、后滚轮支腿锚固可靠，后滚轮支腿支撑位置正确，链条葫芦拉挂牢固，前、中滚轮支腿连接可靠；确认各支腿支垫平顺，必要时需利用细沙、薄铁皮或胶皮垫平。

4)各滚轮支腿对位时，需确认油缸护套螺栓全部穿齐、螺母拧紧。

6. 运架一体机隧道口箱梁架设

(1)作业技术要求。

1)主机提导梁到隧道前 30 m 处停车，降低整车均衡油缸高度至 180 mm，调整主机两吊点使导梁底面距地面 500 mm。

2) 主机携带导梁穿越隧道，当主机前车轮组距桥台边缘约 8 m 处停止前行，进行后滚轮支腿在桥台的对位。

3)主机携导梁继续前行 8 m，前车轮组到达桥台边缘处停止前行，导梁前端支撑在辅助滚轮上，导梁后端吊具落放在地面上，导梁后端支撑在导梁吊具上，防止导梁溜移。

4)拆除主机前后吊点吊杆销子，取出前吊点扁担，拆除架梁小车栏杆，主机后退 29 m，利用主机前吊点吊导梁后吊点扁担。

5)主机前吊具吊杆吊导梁，主机前行 22 m 后停车，落放中滚轮支腿，并支撑锚固。

6)主机前吊点下降，导梁支撑在落放于地面的吊具扁担上，拆除主机前吊具吊杆，调整主机前车均衡油缸高度(马鞍梁托盘迈过架梁小车高度)主机前行 7 m 与架梁小车对接。

7)抽送导梁前行约 26 m(到达导梁机反锚点与桥台预埋孔可以锚固位置)后停车。

8)利用反锚固拉杆锚固导梁,降低主机前车均衡油缸,使前车轮组全部悬空,主机与架梁小车同步前行约 22 m。

9)拆除反锚固拉杆,抽送导梁前行约 4 m,落放前滚轮支腿,并支撑锚固。

10)继续抽送导梁前行 10 m,利用导梁后锚固拉杆锚固导梁。

11)主机与架梁小车同步前行约 28 m(前车中心距中滚轮支腿 9.7 m)。

12)拆除导梁后锚固拉杆,抽送导梁前行约 4 m,翻转导梁固定支腿。

13)回抽导梁 4 m,安装导梁机械限位挡块,恢复限位开关,支撑固定支腿,安装前、中、后滚轮支腿挂轮,展开翻转平台,并用后锚固拉杆锚固导梁。

14)主机退回梁场装梁,纵移中、后滚轮支腿,导梁对位。

15)主机携梁到达隧道进口外 30 m 处停车,降低整车均衡油缸高度至 180 mm,调整前后吊点使箱梁底面距地面 900 mm。

16)主机携梁到达隧道口,按正常工况提梁对位,走行至前车轮组到达桥台边缘处停车,调整前车均衡油缸高度,使其上升至 580 mm。

17)主机继续提梁对位,走行至待架箱梁前端距导梁后端 200 mm 处停车。

18)同步调整主机两吊点高度,箱梁后端起升 900 mm(箱梁起升过程中,监护箱梁翼缘板与隧道不会产生擦挂),箱梁前端起升 1 294 mm,使起吊箱梁前高后低,呈 12‰上坡,箱梁前端高度越过导梁高度。

19)主机喂梁前行约 6 m,箱梁后端出隧道口后,调整主机前后吊点,使起吊箱梁处于水平。后续架梁步骤按照正常架梁步骤进行。

(2)安全要点。

1)运架一体机携导梁机及箱梁通过隧道前,对所有参与人员进行施工技术、机械技术、安全措施交底,并做好交底记录。

2)运架一体机吊装箱梁通过隧道前,对设备进行一次彻底的检查,排除设备本身存在的安全隐患。

3)根据隧道交接表,对隧道断面、隧道引导线进行复核,并检查路基的密实度和承载力,保证运架一体机隧道内通过及隧道口对位的尺寸和技术要求。

4)运架一体机吊装箱梁通过隧道时,在箱梁梁面四个角各设一名监护人员,主机四个走行梁各设一名监护人员,主机主梁前后两端各设两名监护人员,全程监护主机与隧道的位置关系,与隧道最小净空尺寸小于 200 mm 时,应立即报告指挥人员,停车处理。

5)运架一体机通过隧道前,应根据运架一体机的宽度在隧道进出口 30 m 范围及隧道内划线标记,作为运架一体机隧道内走行的参照标准,防止主机跑偏;同时,对沿途路基上面障碍物进行清除。

6)导梁对位时,必须确保导梁下轨道正确支撑在辅助滚轮滚子上,并时刻监护导梁滚轮支腿牵引装置位置,对位过程中不允许与辅助滚轮发生擦挂。

7)导梁对位时必须保证导梁的平顺,后、中滚轮支腿及导梁后支腿要同时受力,不得有悬空现象,各支腿底部用铁皮、橡胶垫或细沙垫平、垫实,后滚轮支腿对位后,利用两个 5 t 链条葫芦拉挂在锚固转换架上,增大后滚轮支腿的锚固力。

8)运架一体机吊装箱梁进入隧道时,应慢速通过,时速控制在 1 km/h 以内。

9)吊装箱梁时,确保吊具和吊具垫板与箱梁密贴,减少调整箱梁倾斜度时对吊杆的损伤。

10)必须严格遵守"导梁未锚固或未采取防溜措施前,主机不能脱离导梁"、"移动导梁前,应解除导梁锚固或防溜装置"的作业要求。

11)起吊和落梁速度控制在 0.5 m/min 以内。

12)各滚轮支腿及后支腿在每次对位后,油缸护套螺栓应紧固。

13)在班前讲话时,做好分工和安全讲话,针对运架一体机过隧道进行针对性的安全布置,确保安全工作万无一失。

7. 运架一体机导梁机调头作业(利用调头装置调头)

(1)作业技术要求。

1)主机携带导梁机行驶到待架桥头前约 200 m 处,放下导梁机。

2)利用 50 t 汽吊车分别将前、中、后滚轮支腿拆下并放至一旁,留出主机走行通道。

3)拆除前鼻梁及各附属件,将架梁小车停放在导梁机前端。

4)利用 50 t 汽吊车将调头装置吊至主机走行线路中间进行组装。

5)主机携导梁机对位进入调头装置,在导梁机尾端距调头装置中心约 25 m 处停下,将导梁机落放到调头装置上并锚固好。

6)提升调头装置至距地面约 100 mm 时停止,主机携导梁机行驶到可以进行 180°调头的空旷桥面,调头装置四角对好梁面吊装孔落放。

7)在导梁机前端下方搭好井字形枕木垛子(高度约 750 mm),松开吊具使导梁机前端下落至枕木垛子上,退出主机。

8)安装调头装置轨道座、油缸滑道座、下锚固装置;安装轨道拉杆装置及油缸,将油缸连接到电动油泵上。

9)将架梁小车移至调头装置中心 5.8 m 处停止,观察导梁机前端上升情况(如若不能上升可在导梁机后端翻转平台上添加适量配重,使导梁机前端距梁面约 780 mm 即可开始调头)。

10)拔出拉杆装置滑块定位销,插入油缸滑块定位销,收缩完油缸导梁机顺时针旋转了 30°。

11)插入拉杆装置滑块定位销,拔出油缸滑块定位销,伸出油缸使油缸滑块滑行到下一滑道座,再插入油缸滑块定位销,拔出拉杆装置滑块定位销,收缩油缸,导梁机再次顺时针旋转 30°。按上述原理操作使导梁机再次顺时针旋转 30°,经如此 6 次动作后可实现导梁机 180°调头。

(2)安全要点。

1)汽车吊吊装作业前,需检查车况是否良好,吊装用钢丝绳是否完好,有无破损。

2)落放导梁机到调头装置上时,需注意导梁机下方的牵引钢丝绳不要被联结板螺栓压住。

3)到达调头场所时,要确保调头装置四角对准吊装孔落放,并锚固在箱梁上。

4)为保证调头装置放置在桥面处于水平状态,落放前在其四角位置铺上一层细沙,防止因地面不平引起导梁倾斜。

5)为保证在调头时,导梁处于平衡状态,架梁小车需缓慢在导梁机上移动到相对平衡位置。如不满足平衡要求,必要时增加配重。

5.3.3 工程实例

5.3.3.1 工程概况

在新建广西沿海铁路钦州至北海段扩能改造工程建设中,采用该架桥机进行 32 m/900 t 级预应力混凝土箱梁运输、架设施工,成功地解决了钦南区制梁场穿越隧道箱梁运输、架设的施工难题。截止 2010 年 7 月 1 日,该施工工艺已成功完成钦南区制梁场 123 孔箱梁运输和架设,工程合格率达到 100%,优良率达到 97%,期间无安全事故发生,实践证明,采用该工艺作业安全、可靠,值得在国内外进行广泛推广。

5.3.3.2 关键工序照片

关键工序照片如图 3-5-27～图 3-5-34 所示。

图 3-5-27　梁场装梁

图 3-5-28　桥面运梁

图 3-5-29　主机吊导梁对位

图 3-5-30　隧道口架梁

图 3-5-31　导梁机中桥对位

图 3-5-32　导梁机桥上调头施工

图 3-5-33　运架一体机吊运导梁机穿越隧道

图 3-5-34　运架一体机运输箱梁机穿越隧道

5.4　TLJ450 并置箱梁架桥机施工

TLJ450 型箱梁架桥机用于架设铁路 32 m、24 m、20 m 等跨或不等跨双线并置混凝土箱梁。架桥机除了能够进行标准架梁作业外，还能满足首末跨架设，曲线架设，变跨架设，跨连续梁、结合梁、连续刚构等既有桥梁架设，简支变连续架设等工况的施工。架桥机在移位时可通过运梁车驮运实现桥间短途运输、转向要求，经简单拆解或不拆解后由运梁车驮运可以通过铁路客运专线双线隧道，且适应隧道口零距离架梁工况。架桥机可架设最小曲线半径 2 000 m，适应架设最大纵坡 30‰，额定起重量 450 t。

5.4.1　设备配置

5.4.1.1　主要设备及工具配置

主要设备及工具配置见表 3-5-8 和表 3-5-9 所述。

5.4.1.2　主要设备技术参数

主要设备技术参数见表 3-5-10 和表 3-5-11。

表 3-5-8　主要设备配置表

序号	设备名称	设备型号	单位	数量	备注
1	架桥机	TLJ450	台	1	
2	运梁车	TLC450C1	台	1	
3	提梁机	MG450	台	2	

表 3-5-9　主要小型机具及工具配置表

序号	名称	型号规格	单位	数量	备注
1	液压油顶	YD200-200	个	4	
2	液压油泵	ZB4-500	个	2	
3	搅拌机		个	2	
4	链条葫芦	5 t、10 t	个	10	
5	电焊机	400 A	台	2	

表 3-5-10　TLJ450 型架桥机主要技术参数表

序号	参数名称	技术参数	序号	参数名称	技术参数
1	额定起重量	450 t	9	单件最大重量	10 t
2	适应线路坡度	纵坡≤30‰，横坡≤20‰(人字)	10	架桥机纵移	0～3 m/min
3	最小工作曲线半径	2 000 m	11	重量	345 t
4	倾覆稳定系数	≥1.5	12	工作外形尺寸(长×宽×高)	70 m×9.7 m×9.2 m
5	隧道口架梁高度	8.4 m	13	桁车起升速度	0～1 (空载) m/min、0～0.5(重载)m/min
6	整机配电功率	200 kW			
7	驱动方式	电驱动	14	桁车运行速度	0～6 (空载) m/min、0～3(重载)m/min
8	梁起吊方式	三点平衡起吊			

表 3-5-11　TLC450C1 轮胎式运梁车主要技术参数表

序号	参数名称	技术参数	序号	参数名称	技术参数
1	运载能力	450 t	8	充气压力	0.8 MPa
2	空载运行速度	0～10 km/h	9	接地比压	0.6 MPa
3	重载运行速度	0～5 km/h	10	轴间距	1 900 mm
4	适应最大坡道	纵坡 5%，横坡 4%	11	轴数/悬挂数量	18/36
5	最小转弯半径	34 m(外侧)23.4 m (内)	12	整机功率	2×269 kW
6	悬挂行程	±300 mm	13	整机自重	160 t
7	工作环境最大风	6 级			

5.4.2　架梁工艺

5.4.2.1　设备组装、解体

由于占用场地较大，同时考虑到充分利用梁场起重设备，减少设备投入，运架设备的组装、解体一般选择在梁场内或附近进行。

1. TLC450 运梁车组装、解体

TLC450 运梁车组装流程图(图 3-5-35)，其解体步骤与组装相反。

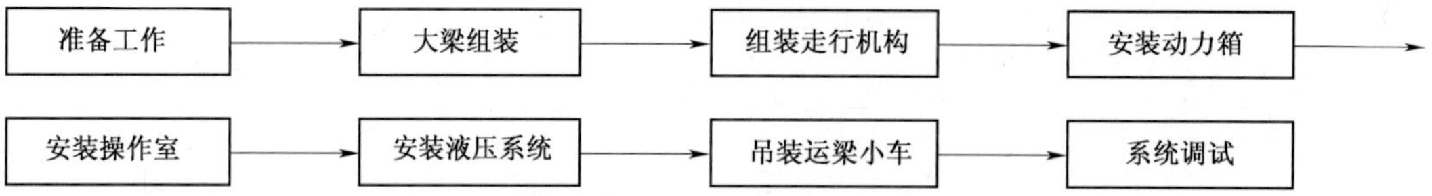

图 3-5-35　TLC450 运梁车组装流程图

2. TLJ450 架桥机组装、解体

(1)TLJ450 架桥机组装流程图(图 3-5-36)。

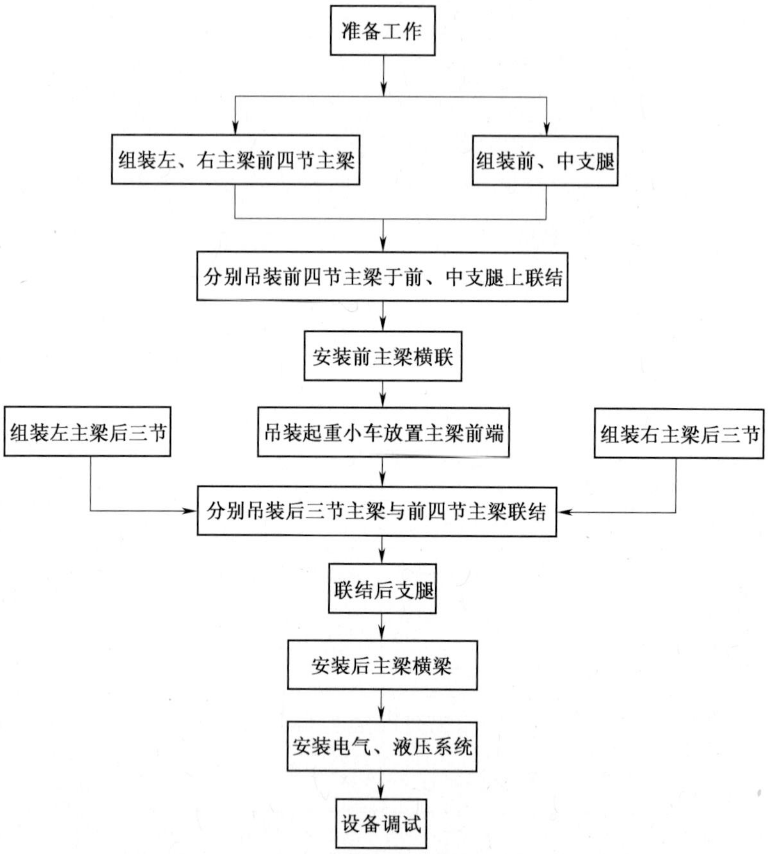

图 3-5-36　TLJ450 架桥机组装流程图

(2)TLJ450 架桥机组装步骤。

1)确定前、中、后支腿位置,在后支腿位置铺设 3 m 长左右钢轨 2 根,轨道横向间隔 8 000 mm,在地面组装后支腿,平放暂不立。

2)在中支腿位置铺设钢轨,轨道中心距 8 000 mm,组立中支腿拉缆风绳。

3)在前支腿位置组立前支腿,注意前、中、后支腿中心应在同一直线上,挂轮先不装,拉好缆风绳。

4)在地面组装前四节主梁,吊装与前、中支腿连接。(图 3-5-37(a))

5)在地面组装起重小车,吊装到前四节主梁前端作配重。(图 3-5-37(b))

6)安装后三节主梁及主梁联系梁。(图 3-5-37(c))

7)安装后支腿、后平台及电气、液压系统,梯子等。(图 3-5-37(d))

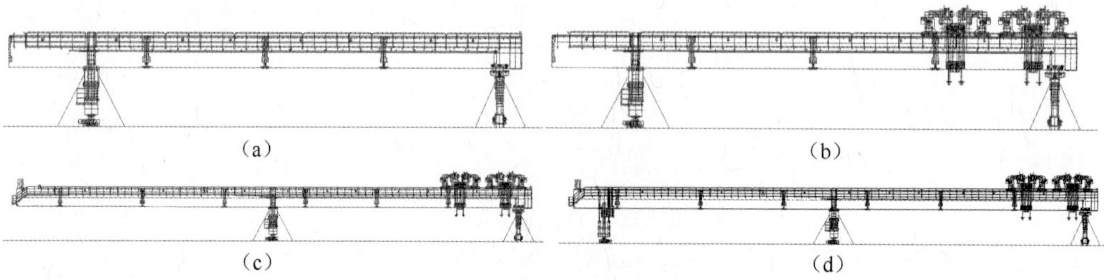

图 3-5-37　TLJ450 架桥机组装步骤图

8)缠绕钢丝绳并调试架桥机各空载动作。

(3)架桥机的解体。TLJ450 型架桥机长途运输采取大解体,通过公路或铁路运输车辆运输,解体TLJ450 型架桥机解体作业与其组装程序相反。

3. 架桥机驮运

架桥机在梁场组装完毕,由运梁车驮运至架梁工地前必须进行试运转,第一次架梁前必须根据国家相关规定,由国家指定机构对架桥机进行型式试验。试验合格后方可进行架梁作业。

架桥机试验完毕由运梁车驮运至架梁工地。TLJ450 架桥机短距离转移通过运梁车驮运进行(图 3-5-38)。

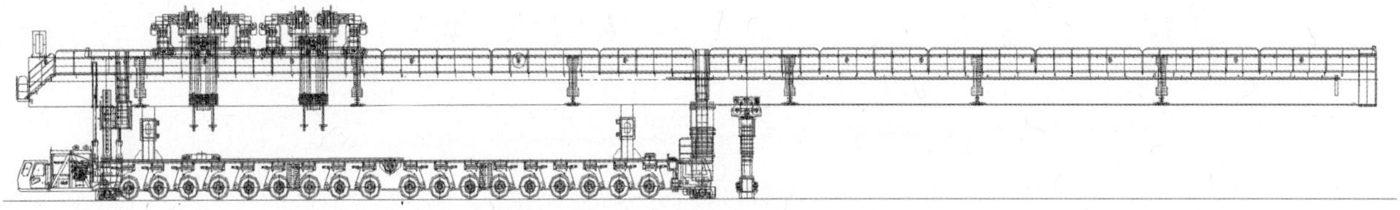

图 3-5-38　TLJ450 架桥机驮运图

5.4.2.2　施工工艺流程

1. 施工作业程序(图 3-5-39)

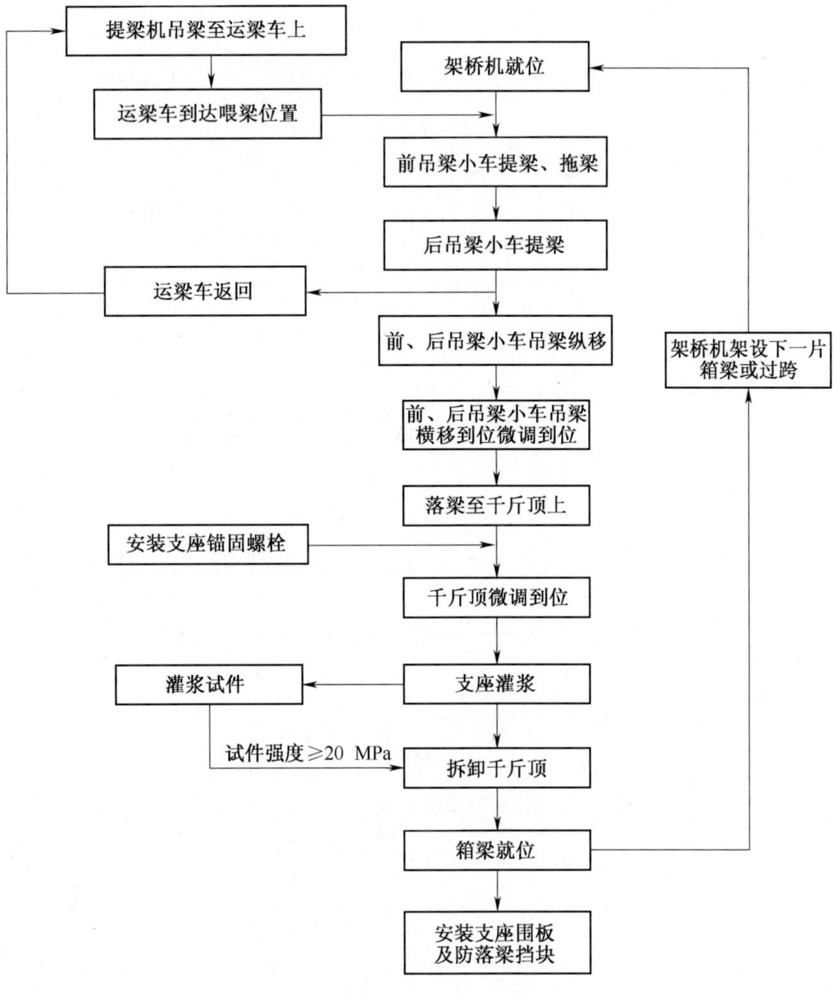

图 3-5-39　施工工艺流程图

2. 施工作业程序

(1)桥梁运输。

1)箱梁吊装。通过梁场提梁机,起升箱梁并吊梁到运梁车装梁预定区域,吊梁桁车落放箱梁到运梁车上。

2)箱梁运输。运梁车走行时两侧对角设专人监护,避免由于走行方位误差过大造成就位困难或造成倾覆危险。

(2)架桥机纵移过孔。

1)铺中支腿台车轨道,两吊梁小车开至架桥机尾部做配重,钢丝绳拉紧前支腿,拔下前支腿定位销轴(图3-5-40(a))。

2)同时开动中后支腿台车,架桥机前移,快靠近前支腿时需慢速(图3-5-40(b))。

3)定位后支腿和中支腿,解除前支腿钢丝绳,收起前支腿,走行至前方桥墩上并支撑(图3-5-40(c))。

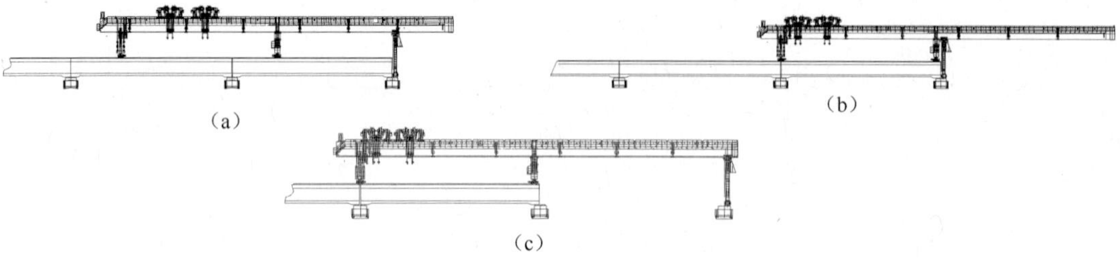

图3-5-40　架桥机纵移过孔图

(3)架桥机架梁。

1)运梁车喂梁进入架桥机腹内,到中支腿后部300 mm停止,前吊梁小车起吊箱梁前吊点(图3-5-41(a))。

2)前吊梁小车与运梁车上的后驮梁小车配合同步拖梁,到达第二吊点后,后吊梁小车起吊箱梁后端(图3-5-41(b))。

3)运梁车返回梁场装梁,前后吊梁小车吊梁前行到达落梁位置(图3-5-41(c))。

4)两吊梁小车同时将梁体落到主梁下平面以下,并左横移梁体到位后开始落梁,第一片箱梁架设完成(图3-5-41(d))。

5)同孔第二片箱梁架设前3步骤与第一片梁相同。第四步右横移梁体到位后落梁,第二片箱梁架设完毕,准备过孔(图3-5-41(e))。

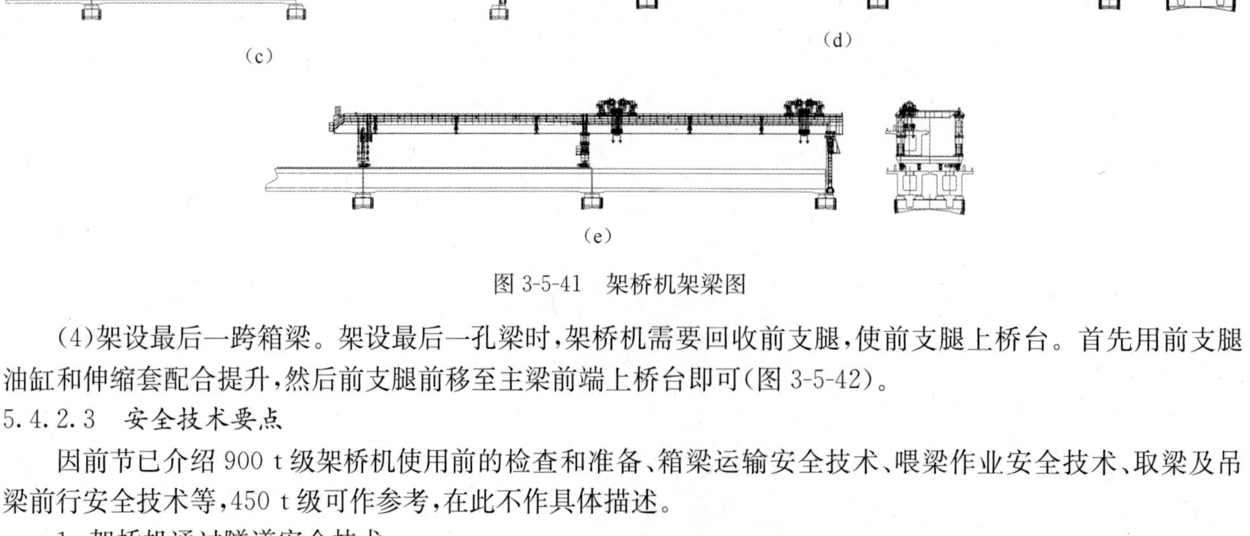

图3-5-41　架桥机架梁图

(4)架设最后一跨箱梁。架设最后一孔梁时,架桥机需要回收前支腿,使前支腿上桥台。首先用前支腿油缸和伸缩套配合提升,然后前支腿前移至主梁前端上桥台即可(图3-5-42)。

5.4.2.3　安全技术要点

因前节已介绍900 t级架桥机使用前的检查和准备、箱梁运输安全技术、喂梁作业安全技术、取梁及吊梁前行安全技术等,450 t级可作参考,在此不作具体描述。

1. 架桥机通过隧道安全技术

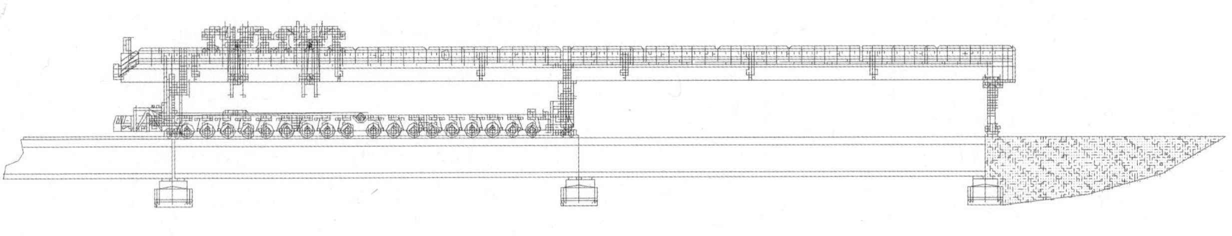

图 3-5-42　架设最后一跨箱梁图

(1)操作要点。

1)隧道前最后一片箱梁同步拖梁完成后,运梁车退回提梁站安装驮架,拉好斜拉杆,两端活动节向内回转并固定好。

2)两台吊梁行车退回机臂尾部配重,支撑前支腿呈纵移状态。

3)顶升前、后支腿拔出中支腿伸缩柱销轴。使用前吊梁行车起吊中支腿下横梁,将伸缩柱收至最短位置(缩 800 mm)插好销轴。交替收缩前、后支腿油缸,每次行程 200 mm,各需四次。

4)拆卸中支腿下横梁与伸缩柱连接螺栓,使用前吊梁行车将中支腿下横梁吊移至靠近前支腿位置。

5)收缩运梁车均衡油缸至低位后与架桥机对位。整个对位过程以低速进行,注意监护驮架两端是否与架桥机发生干涉。

6)运梁车到位后将驮架活动节向外旋转,连接好螺栓。运梁车升到中高位,使驮架托住机臂。

7)后支腿四根油缸垫墩各拆掉一节,并将拆下垫墩做好固定。收缩前、后支腿,完全悬空。

8)使用手拉链条葫芦将走行轨挂在机臂下方。驮运运行前将吊梁行车横移台车行至中部,并用木楔卡好。对拆卸的部件做好固定,防止运行过程中掉落伤人。

9)运梁车驮运架桥机到达隧道出口,将前支腿支撑到墩台垫石面,后支腿支撑到钢轨面。前支腿高度为 7 015 mm,后支腿高度为 3 700 mm。

10)运梁车退至中支腿后方,将运梁车均衡油缸升至高位用前驮架托住架桥机,安装中支腿下横梁。

11)连接好中支腿,成最低位置状态(高度 3 700 mm)支撑在走行轨上。收缩运梁车均衡油缸至最低位,退出架桥机。

12)根据线路曲线调整好两根走行轨,按一般工况作业流程纵移架桥机过孔支撑到位。

13)运梁车装载箱梁前取掉前后支撑点四块高度为 150 mm 刚性垫块,且箱梁不能安装橡胶支座。卸下架桥机吊梁行车动滑车吊杆。

14)运梁车驮运箱梁与架桥机对位喂梁。在前吊梁行车取梁位置将卸掉吊杆的动滑车下降到梁面上,调整纵横向使用吊杆孔与箱梁吊装孔对齐。

15)将吊杆从箱梁内部向上穿过动滑车,拧紧吊杆螺母连接箱梁。前吊梁行车起吊梁,与运梁车上的驮梁小车配合前移箱梁,到后吊梁行车够第二吊点,用相同方法连接箱梁起吊。

(2)安全措施。

1)在架桥机通过隧道前,应组织技术人员查阅即将通过隧道的有关资料,进行施工现场调查,实地测量隧道的净空高度的宽度。

2)架桥机通过隧道前,应指派专人再次对隧道内的安全情况进行检查、确认。确认安全情况良好,符合架桥机通过作业时,方可进行架桥机通过隧道作业。

3)检查隧道内及前后地段的路基质量,路基的承载力必须满足运梁车及驮运架桥机总重的设计要求。

4)在隧道进口端标示 50 m 运梁车走行线,确保整机在线路中心区域进入隧道内。

5)进入隧道前对运梁车照明系统进行检查,保证可清楚看见前方障碍物,影响架桥机通过的施工机具、电力线路必须撤除。机臂上方监护人员必须携带好随身照明装置,行进过程中注意观察架桥机部件与隧道内壁间距变化。

6)架桥机通过隧道时,必须指定专人进行全程监护。

7)司机发现有影响或危及人身和行驶安全情况时，必须立即减速停车。一般情况下禁止采取紧急制动，以防止架桥机发生移位。行驶过程中司机必须加强瞭望，在接近桥梁或接近终止位置应减速。

8)作业前必须确定专人指挥，操作人员必须听从指挥，不得擅自进行操作，行走时操作司机要确认走行线路两侧有专人监护走行线路状况后可作业。

9)运梁车在驮运架桥机通过隧道时，必须保持运梁车司机与现场指挥和监护人员的通信联络畅通。

10)监护人员必须坚守岗位、认真负责，及时向司机报告运梁车侧面、后部及上部与隧道的间隔距离情况，发现问题及时通知司机停车。

11)运梁车驮运架桥机通过隧道时，行驶速度不得超过 2 km/h。遇困难地段应适当减低行驶速度。

5.4.3 工程实例

5.4.3.1　工程概况

在新建贵广铁路工程建设中，采用该架桥机进行了 450 t 级预应力混凝土箱梁运输、架设施工，成功地解决了穿越隧道箱梁运输、架设的施工难题。截止 2013 年 1 月，该施工工艺已成功完成了 180 片梁运输和架设。

5.4.3.2　关键工序照片

关键工序照片如图 3-5-43～图 3-5-46 所示。

图 3-5-43　运梁车驮运架桥机

图 3-5-44　运梁车喂梁

图 3-5-45　同步拖梁

图 3-5-46　落梁

5.5 JQ170 T 梁架桥机施工

JQ170 型 T 梁架桥机是在 JQ130 型架桥机基础上，为满足新建时速 200 km 及以下铁路建设需求而研制的新一代铁路 T 梁架桥机。其适用于架设曲线半径 400 m 以上、自行爬坡度 20‰以内 T 梁架设，其额定荷载 170 t。

5.5.1 设备配置

5.5.1.1　主要设备及工具配置

JQ170 型架桥机主要设备和工具详见表 3-5-12 和表 3-5-13。

表 3-5-12　主要设备配置表

序号	设备名称	设备型号	单位	数量	备注
1	架桥机	JQ170	台	1	
2	机动平车	N15	台	1	
3	换装龙门吊	YD85	台	2	

表 3-5-13　主要小型机具及工具配置表

序号	名称	型号规格	单位	数量	备注
1	液压油顶	YD-100	台	4	
2	链条葫芦	5 t、10 t	个	10	
3	电焊机	400 A	台	2	
4	氧气乙炔设备		套	1	

5.5.1.2　主要设备技术参数

主要设备技术参数见表 3-5-14、表 3-5-15 和表 3-5-16。

表 3-5-14　JQ170 型架桥机主要技术参数表

序号	参数名称	技术参数	序号	参数名称	技术参数
1	额定起重量	170 t	14	机臂前端 0 号柱处最大摆动量	±2 000 mm
2	自行爬坡度	≤20‰	15	自行速度	0～6 km/h
3	最小工作曲线半径	2 000 m	16	全悬臂时机臂前端下挠度	600 mm
4	隧道口架梁高度	8.4 m	17	简支架桥时(32 m)机臂跨中下挠度	130 mm
5	整机配电功率	150 kW	18	全悬状态(打支腿)轴重	28 t
6	摆头速度	10 m/min	19	半悬状态(高位、过孔走行)轴重	35 t
7	吊梁走行速度	6 m/min	20	半悬状态(低位、长途走行)轴重	29 t
8	吊梁升降速度	0.63 m/min	21	悬臂铺轨(打支腿)轴重	26 t
9	吊梁横移速度	0.25 m/min	22	液压系统最大工作压力	20 MPa
10	吊轨走行速度	19.3 m/min	23	工作状态时整机重心高度	3.45 m
11	吊轨升降速度	7 m/min	24	重量	260 t
12	拖梁(拖轨排垛)速度	6 m/min	25	最大持续牵引力	69 kN
13	最大横移量	±1 180 mm	26	工作外形尺寸(长×宽×高)	64.3 m×3.84 m×7.4 m

表 3-5-15　N15 机动平车主要技术参数表

序号	参数名称	技术参数	序号	参数名称	技术参数
1	额定载重量	170 t	7	最大持续牵引力	69 kN
2	空载运行速度	12 km/h	8	整机功率	176 kW
3	重载运行速度	6 km/h	9	整机自重	90 t
4	自行最大爬坡能力	≤20‰	10	柴油机	四冲程、风冷
5	允许通过最小转弯半径	180 m	11	工作外形尺寸(长×宽×高)	30.9 m×3.2 m×2.5 m
6	通过最小道岔	9 号			

表 3-5-16　YD85 换装龙门架主要技术参数表

序号	参数名称	技术参数	序号	参数名称	技术参数
1	额定载重量	86 t	4	起升高速	2 100 mm
2	额定起升速度(电动泵)	0～0.92 m/min	5	整机功率	30 kW
3	额定起升速度(柴油机泵)	0～1.28 m/min	6	工作外形尺寸(长×宽×高)	5.74 m×3.2 m×5.9 m

5.5.2　架梁工艺

5.5.2.1　设备组装、解体

由于占用场地较大,同时考虑到充分利用梁场起重设备,减少设备投入,运架设备的组装、解体一般选择在梁场内或附近进行;如为购置 T 梁,则一般选择在铺轨基地股道或桥头岔线的直线地段进行,直线有效长度不少于 80 m,组装地段线路应经过仔细整道,并在轮组所在位置进行适当加固。

1. JQ170 架桥机组装、解体流程

JQ170 架桥机组装流程图(图 3-5-47),其解体步骤与组装相反。

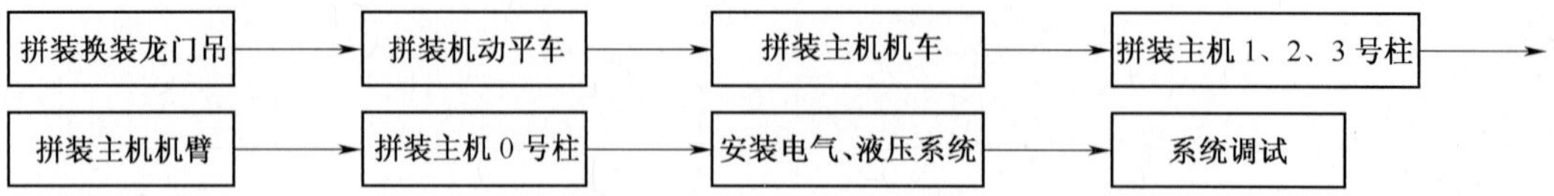

图 3-5-47　JQ170 架桥机组装流程图

2. JQ170 架桥机组装

(1)换装龙门吊拼装(图 3-5-48 换装龙门吊)。

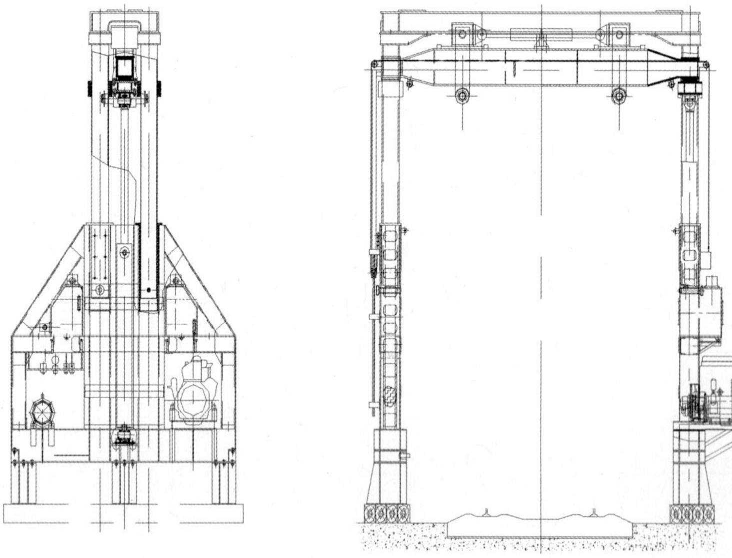

图 3-5-48　换装龙门吊

1)将换装龙门吊的 4 个垫箱分别吊放到枕木垛上。

2)吊立换装龙门吊,将 4 个垫箱与龙门吊用螺栓连接完毕。

3)安装吊具和顶部横移油缸。

(2)机动平车拼装(图 3-5-49)。

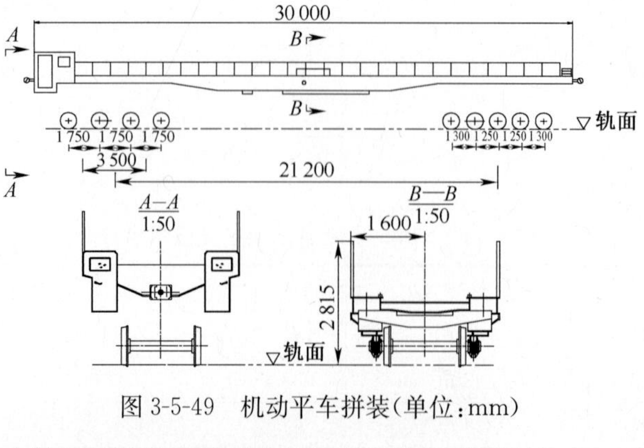

图 3-5-49　机动平车拼装(单位:mm)

1)先在组装线轨道上画出转向架的定位线(转向架中心线),吊装转向架于画线点。

2)80 t 龙门吊吊装车体,人工推转向架对位,落放车体。

3)安装走行的制动、电路,安装排障器,调试试车。

4)机动平车退出换装龙门吊。

(3)架桥机主机拼装(图 3-5-50 架桥机主机拼装)。

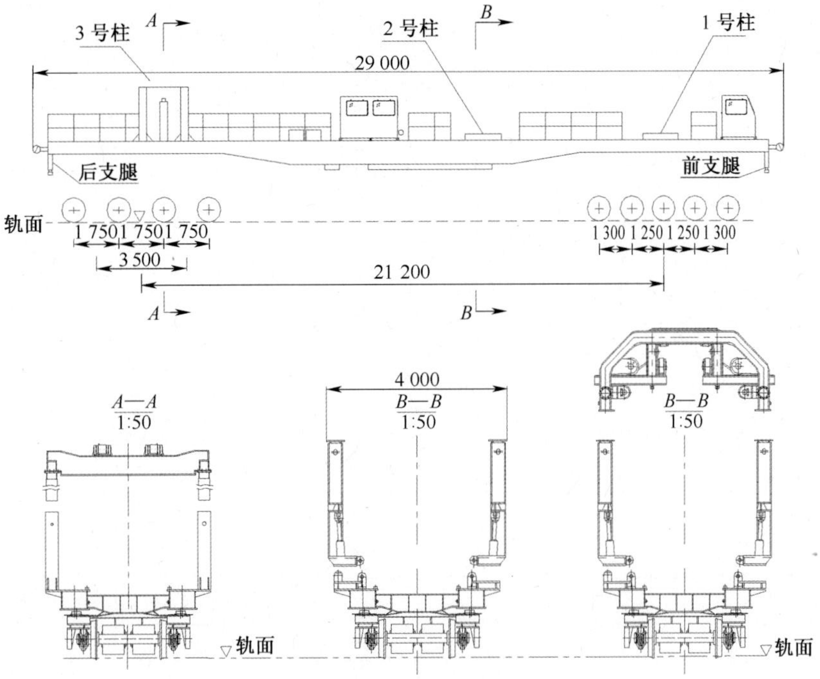

图 3-5-50　架桥机主机拼装(单位:mm)

1)先在组装线轨道上画出转向架的定位线(转向架中心线),吊装转向架于画线点。

2)80 t 龙门吊吊装车体,人工推转向架对位,落放车体。

3)安装走行的制动、电路,调试试车。

4)吊装 3 号柱,1 号、2 号柱的折叠柱体,吊装 1 号、2 号柱的柱顶盖,安装支腿油缸和排障器。

5)接通电路和油路,调试、试车,主机退出换装龙门吊。

6)采用 80 t 龙门吊吊机臂,机臂尾部靠架桥机主机端(机臂只有从尾部才能穿插进入架桥机柱顶盖且注意卸下机臂尾部的卷扬电机)。

7)吊够高度后,用架桥机主机作动力对位,调整间隙,将机臂穿入 1 号、2 号柱顶盖。

8)主机带机臂退出,安装机臂拖拉、桁车电路,安装 0 号柱及电路(图 3-5-51)。

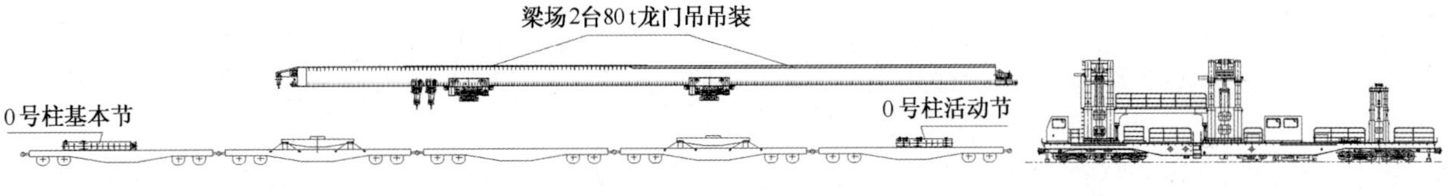

图 3-5-51　机臂安装图

9)整机调试、试车。

10)安装主机 0 号柱(图 3-5-52)。

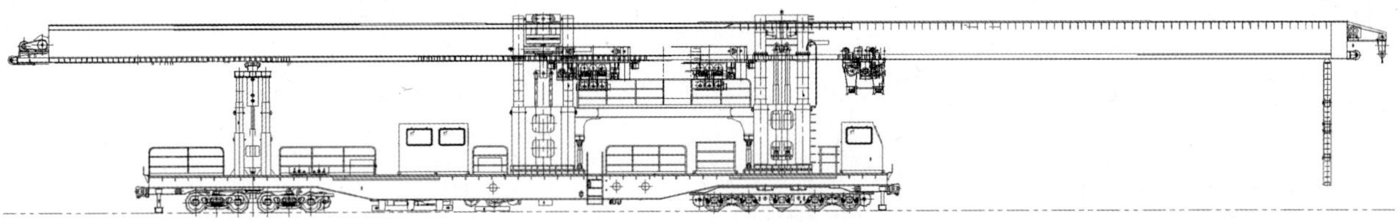

图 3-5-52　0 号柱安装图

(4)架桥机的解体。运架一体机拆卸流程及步骤与拼装流程及步骤顺序相反。

3. 架桥机驮运

架桥机组装完毕,自行走行至桥头架梁工地。JQ170 架桥机短距离转移通过自力走行实现转移(图 3-5-53)。

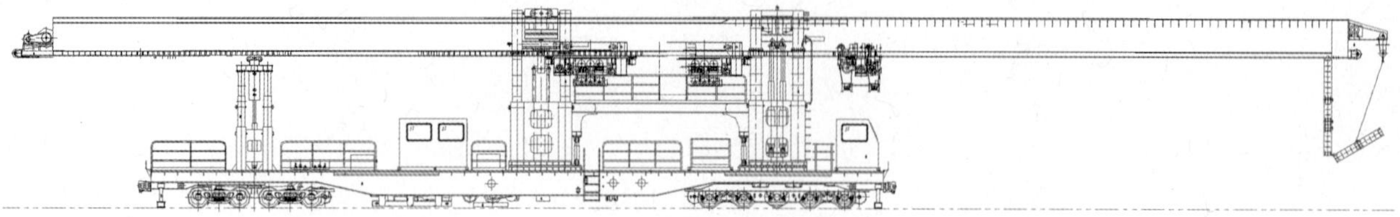

图 3-5-53　架桥机驮运图

5.5.2.2　施工工艺流程

1. 施工作业程序(图 3-5-54)

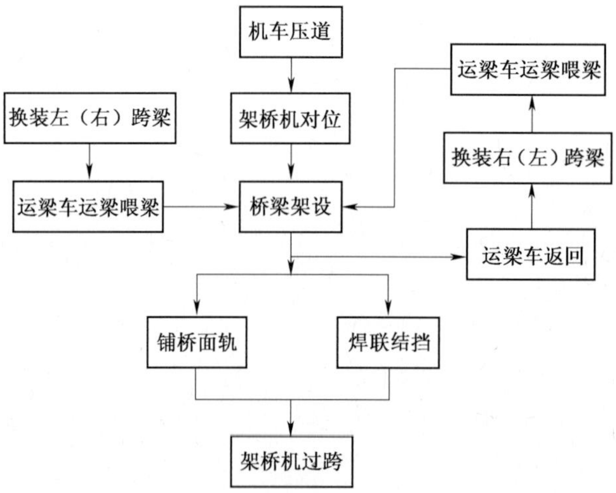

图 3-5-54　施工工艺流程图

2. 施工作业程序

JQ170 施工作业主要包括桥梁运输、架桥机桥头对位、架桥机取梁及架梁、和铺桥面轨及焊横隔挡等几个方面。

(1)桥梁运输。

1)T 梁吊装。通过机车运梁至换装龙门吊,由换装龙门吊起吊 T 梁,机动平车进入换装龙门吊腹部,换装龙门吊吊梁落放到机动平车上(图 3-5-55)。

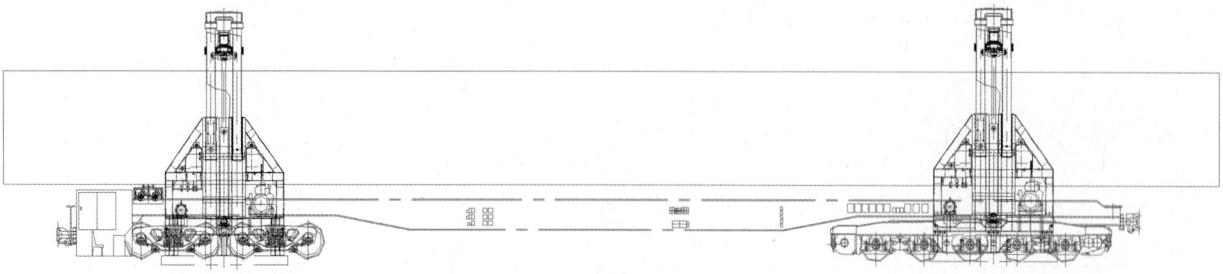

图 3-5-55　换装龙门吊吊装 T 梁到机动平车

2)T 梁运输。机动平车走行时两侧设专人监护,确保线路通畅,无障碍物。

(2)架桥机桥头对位。

1)架桥机主机在半悬状态下自轮行驶到桥头,对位,支好液压支腿(图 3-5-56(a))。

2)架桥机机臂前伸,支立 0 号柱(图 3-5-56(b))。

(3)架桥机取梁、架梁。

图 3-5-56　架桥机桥头对位图

1)机动平车驮运梁片行驶到桥头,与架桥机对位(图 3-5-57(a))。

2)吊轨小车行驶到机臂前端,紧靠 0 号柱。梁片拖拉系统工作,与 2 号车顶梁结构配合将梁片拖拉到主机上(图 3-5-57(b))。

3)1 号吊梁小车捆梁,起吊(图 3-5-57(c))。

4)在 1 号吊梁小车和拖梁小车的拖动下,梁片继续前行,到达 2 号吊梁小车起吊位置(起吊位置也应在 1 号柱中心附近)(图 3-5-57(d))。

5)两台吊梁小车共同运梁至落梁位(图 3-5-57(e))。

6)梁片过渡到主机后,机动平车驾驶回换装龙门吊处,倒运梁片(图 3-5-57(f))。

7)吊梁小车落梁,低位移梁,然后落梁到桥墩支座上(图 3-5-57(g))。

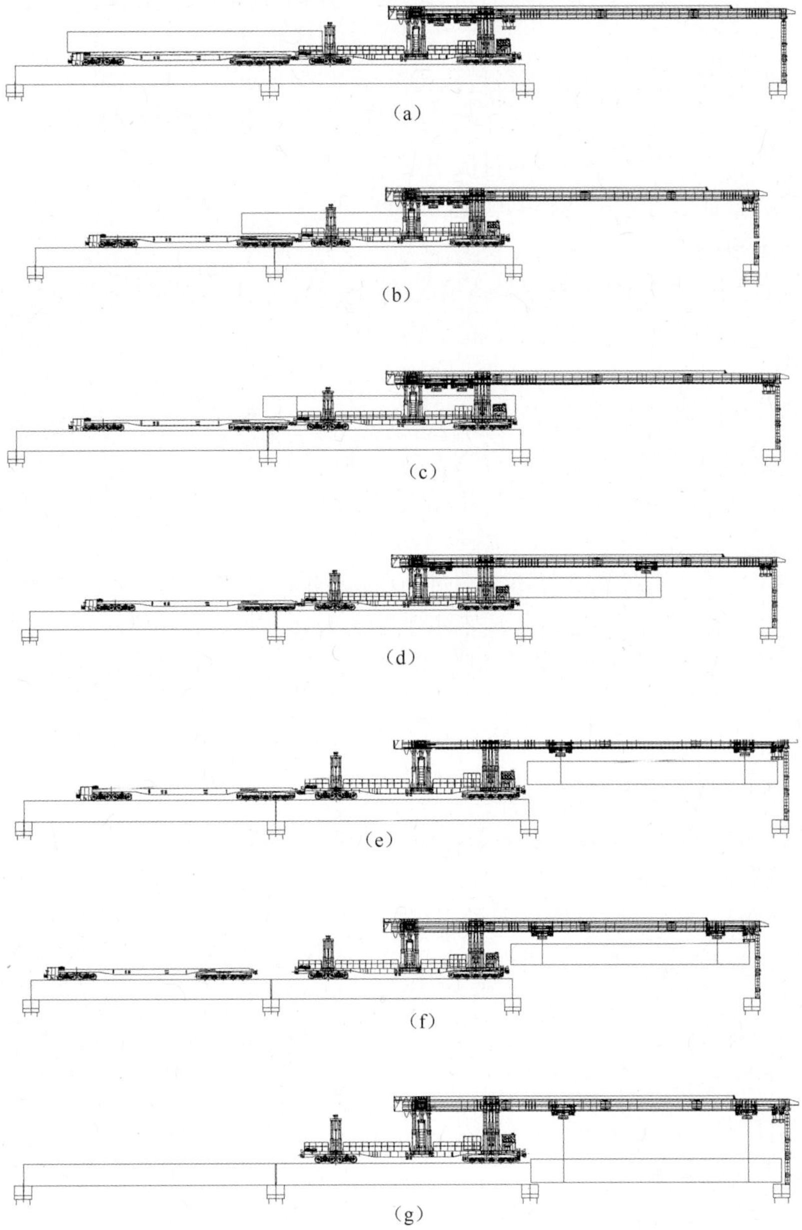

图 3-5-57　架桥机取梁、架梁图

8)重复第2片梁的架设。

(4)铺桥面轨、焊横隔挡。

1)把机动平车的轨排托运到主机,准备起吊。

2)吊轨小车吊运轨排,落轨排。

3)电焊横隔挡。

5.5.2.3 安全技术要点

1. 组装架桥机

(1)施工技术要求。

1)组装时应特别注意2号柱连接螺栓及油缸固定螺栓必须紧固到位,确保受力均匀,防止在悬臂走行时发生事故。

2)组装前应检查各联结处有无损伤变形情况,各联结部件的螺栓、销子等有无脱落、丢失、损坏等情况,应检查润滑情况。

(2)安全要点。

1)竖立0号柱要系好揽风绳,防止倾倒。

2)机臂升高后,要及时穿好1、2号柱插销;机臂缩回后要插好固定销;机臂抬头时应及时用止轮器将后吊梁小车止住,防止向后滑行。

3)用起重机配合组装时,注意起重机不得侵入行车限界,保证邻线行车安全。

4)组装作业必须有专人防护,机车、平板车、架桥机1、2号车要随时作好防溜措施。

5)过既有线时,必需一站二看三通过,通过股道不得停留。

6)导电物品不得直接放置在股道两根钢轨上。

2. 架桥机运行至桥头

架桥机由停放地点至架桥工地,可根据具体情况编组运行。一般采取主机在前、机动平车居中,机车再推送龙门吊车、梁车,桥面轨节车在后跟踪运行的方式。

(1)施工技术要求。

1)架桥机通过地段,距线路中心两侧各2.2 m,距轨面以上8 m范围内不得有障碍物,否则应排除。

2)通过线路不得有死弯,反超高,三角坑等病害,以防脱轨。

3)主机自力走行速度宜保持在6 km/h以内,通过侧向道岔和曲线时为0.5~5 km/h;进入隧道前应暂停,检查无碍后再行进。

4)主机及机动平车自力走行地段坡度不得超过20‰,超过时请用机车推送。

5)架桥机通过地段的高压线距轨面以上应不小于8.5 m。

6)主机需在三角线转头时,三角线半径不得小于250 m,并须在机臂组装完毕后进行。

(2)安全要点。

1)架桥机运行前必须试闸,确认制动良好。试闸前必须先移除止轮器并检查周围无障碍物后,检查机上电缆、钢丝绳等是否伸出车外,并将大臂上的安全绳、栏杆等拆除。

2)架桥机运行时应有人随车护送,专人观察路基、限界和无障碍物等情况。通过线路不良地段时应降低速度,并密切监视车轮和轨面接触情况,防止掉道。

3)架桥机经过线路必须按《铁路架桥机架梁规程》(TB 10213—99)要求进行压道和加固;压道车(严禁使用已组装的架桥机压道)轴重不得小于架桥机轴重;压道后线路不得有明显下沉;检测合格后架桥机方可通过。

4)通过曲线和隧道时,要注意0号柱摆头,卷扬机构以及司机室是否超出限界。

5)通过便桥时要检查便桥承压受力情况,确认安全后方准通过。

6)架桥机停放时,应打好前后止轮器,防止溜车。

7)禁止架桥机在高位走行。

8)近距离低位走行时,应将机臂1、2号柱固定;将主动吊梁小车置于2号柱后,并与2号柱固定,被动吊梁小车与主动吊梁小车相固联;两吊轨小车靠近主动吊梁小车。

9)架桥机较长距离走行时,应将0号柱各活动节卸下,置于主机尾部拖梁小车上,机臂前端只悬挂基本节。

3. 架梁准备工作

架梁准备工作主要包括桥头线路加固、接短轨等。为保证架桥机安全生产，桥头线路必须按《铁路架桥机架梁规程》(TB 10213—99)要求进行压道和加固。压道后根据路基稳定情况，采取适当的加固措施以确保安全。

(1)作业技术要求。

1)桥头线路条件必须满足道床厚度不小于 250 mm，顶宽不小于 3 500 mm。

2)压道范围。前方压上桥台 1 m，后方压到主机架梁作业停车位置尾部以外 15 m。对桥台尾端与路基衔接处和主机停留地段，应放慢速度或在该处停留一段时间让其自然沉降。压道后线路不得有明显下沉，左右钢轨高差不大于 2 mm，总下沉量应小于 5 mm；压道不得少于 3 个往返。检测合格后架桥机方可进行架桥作业。

3)压道后有变形的线路应进行起道维修，并认真捣固。比较松软的路基，必须重新压道后方可架梁。

4)桥台尾部路基和主机前轮停留地段一般情况下可用单穿枕木加固；下沉量超过 5 mm 时应采用对穿枕木加固。特殊情况应酌情采取特别加固措施。

5)加固时，加固枕木应保持水平，枕木与钢轨间的间隙应用木板垫实，使其受力均匀。

6)接短轨的长度要保证架桥机对位位置不小于 1.5 m 的安全距离，并在轨端打上止轮防爬器。接短轨铺设木枕标准为 1 600 根/km，每块垫板 3 个道钉，上足并拧紧鱼尾板螺栓。

(2)安全要点。

1)压道时应派专人观察线路，并用道尺检查线路变形，根据实际情况确定加固措施。

2)所有桥头线路必须穿枕加固，轨距水平检查合格后才允许主机上道作业。

4. 主机对位、伸机臂、立 0 号柱

架桥机主机应准确地停在架梁位置上，根据梁型伸出机臂合适长度。抵达桥墩后立好 0 号柱，使主机处于简支状态，即可开始架梁。

(1)作业技术要求。

1)主机对位时停车位置必须准确。主机第一轮对中心到胸墙或已架桥梁前端间的距离见表 3-5-17。

表 3-5-17　主机第一轮对中心到胸墙或已架桥梁前端间的距离

需架桥梁跨度(m)	32	24	20	16
前轮中心至胸墙或梁端距离(m)	2.9	10.9	14.9	18.9

2)对位后制动风压应随时保持 600 kPa 以上，并在车轮下安装铁鞋、木楔和止轮防爬器，确保架桥机不发生溜动。

3)机臂伸臂前准备工作。

①一号车前端液压支腿扁担落压在钢轨面上。必须在支腿的钢轨下横穿质量好的枕木，并在钢轨两端外侧横梁下支垫两根硬质枕木头，同时用木板或楔木抄平，使支垫的枕木头与钢轨同时受力。

②将吊梁小车退到 1 号柱处并插好固定销。

③将吊轨小车退回 1 号柱前紧靠吊梁小车位置。

④插好 2 号柱固定销。

4)机臂宜在水平状态前伸，0 号柱抵达桥墩时再翘头。

5)伸机臂时，机臂与机身应成一条直线。伸完机臂插好 2 号柱销和 1 号柱顶上的固定销后方可摆头。进行摆头作业时必须拔除 1 号柱顶与吊梁小车插销。

6)进行翘头作业时，应注意将 2 号柱插销全部取出后方可进行，并尽可能缩短油缸进行翘头作业时间。

7)大臂伸出并立在桥墩(台)后，吊轨小车方可进行吊运作业。所用工具材料吊放墩(台)后，再翘大臂，垫枕木或木板，支垫完后再压大臂，严禁大臂在悬空时吊装运行或把吊轨小车开到前端。

8)桥墩顶面立 0 号柱时，必须用硬质木板和木楔填平垫稳，支垫尺寸应大于柱底尺寸，避免柱底受力不均。

9)0 号柱支垫的厚度应根据线路坡度和桥梁跨度进行调整，尽量做到 0 号柱立好后机臂处于水平状态

(0 号柱柱底两侧高差不得大于 10 mm)。

10)在桥台托盘上立 0 号柱时,为避免压坏托盘斜边,应搭设悬臂式枕木垛将 0 号柱的压力直接传到实心部分。在 T 型桥台上立 0 号柱时,为避免压坏桥台挡砟墙,横放的枕木底部应高出两侧挡砟墙边的道砟,让 0 号柱压力直接传到桥台实心部分。

11)立好 0 号柱后,应将 2 号柱插销全部拔出,2 号柱油缸反顶,使 0 号柱受力。

12)立好 0 号柱后,插上 1 号柱柱顶机臂中心插销,并旋紧柱顶螺杆。

13)架完一孔桥后,回缩机臂,铺设桥面轨排,收起前液压支腿。

(2) 安全要点。

1)主机对位前,应在钢轨上标识停车位置,对位速度为 0.5 km/h,并派专人安放止轮器和放风制动。在下坡对位时,一定要带闸对位,操作人员要精力集中,认真操作。

2)伸缩机臂时,机臂下面及 0 号柱前后禁止站人。

3)在桥头伸大臂时,要有专人观察路基变化情况。

4)进行翘头作业时应在 0 号柱下垫枕木,避免油缸失灵时发生事故。

5)0 号柱压实后必须处于垂直状态,不得偏斜,应再次检查支垫情况,确保柱底四角密实,并再次检查拧紧活动节螺栓。

6)严禁机臂全悬臂状态走行对位。

5. 组立换装龙门吊并换装梁片

机车推送桥梁、桥面轨节及换装龙门吊到达工地后,一般在距桥头约 200 m 远的适当地点组立换装龙门吊。

由换装龙门吊将平车上的梁片吊起,落放在机动平车上,进行换装梁片作业。

(1)施工技术要求。

1)换装龙门吊一般应组立在坡道不大于 6‰的直线线路上或半径不小于 1 000 m 的曲线线路上,不得已在小曲线线路上组立时,应将线路拨直 50 m 左右。组立换装龙门吊处的线间距不小于 5.3 m,若不足必须将线路拨移至 5.3 m。组立后靠近既有线一侧最外侧到既有线中心的距离不得少于 2.2 m。

2)换装龙门吊至桥头的距离应满足换装需要,同时又须尽可能缩短机动平车的走行距离,一般确定在 200～500 m 之间为宜。

3)换装龙门吊应组立在基底坚实且线路条件较好的地方,并尽量避开高填方路基,基底要整平夯实,基底上垫置 2～3 层枕木,均分压力。

4)换装龙门吊底面宜高出轨面 1～2 层枕木,组立后应保证吊钩底部距轨顶面的高度不小于 5.3 m,保证机动平车及运梁机车能自由通过,满足换装梁片作业要求。

5)换装龙门吊支承面要垫密实,两侧支承面应安处于同一水平上,误差不得超过 4 mm。

6)换装龙门吊中心与线路中心应保持一致,误差不超过 10 mm。

7)换装龙门吊起吊不同跨度梁片时,两台换装龙门吊的中心距离见表 3-5-18。

表 3-5-18 起吊不同跨度梁片时两台换装龙门吊的中心距离

需换装的梁片跨度(m)	32	24	20	16	25 m 轨排
两台龙门吊的中心距离(m)	29	21	13.6	12	13.6

两台换装龙门吊的中心距离应根据梁片型号、跨度、吊梁时允许悬出的长度和运梁转向架位置等适当安排。要以对准吊点、不损坏桥梁,便于捆梁和换装为原则。

8)一座桥有几种跨度时,必须严格按桥梁悬出长度调整换装龙门吊位置,严禁用一台换装龙门吊起吊桥梁。

9)机动平车装梁时,桥梁重心一般应落在机动平车纵向中心线上,偏差不得超过 20 mm。在曲线上架桥时,可使梁片中心线与机动平车纵向中心线略成斜交,梁片前后两端各向机动平车中心线偏离少量距离,以不超过 150 mm 为宜。

10)梁片落在机动平车上时,梁前端应超出端梁 3.5～3.8 m。

11)在顶梁扁担下放置支垫,顶梁扁担落放到支垫上。

(2)安全要点。

1)组立换装龙门吊应统一指挥，运转和升降过程中不准动车，禁止换装龙门吊悬空骑在升降安装架上进行对位作业。

2)组立好换装龙门吊后，应再次检查各支腿支撑情况，用硬木楔将空隙处塞实，确保四角受力均匀。

3) 起吊桥梁一定高度后，静止 5 min，检查换装龙门吊是否有下沉、变形等现象，观察油缸是否保压及有无漏油，确认安全后再继续作业。

4)机车推送桥梁对位时，要对准吊点位置，并提前将吊绳放好，防止桥梁挂碰。

5)梁上纵横向防水盖板、焊接板、挡砟块、横向张拉钢筋等配件要整理放平，以免进入主机时碰落伤人。

6)捆梁钢丝绳应先挂双头后挂单头，铁瓦要正放牢固，钢丝绳要上下垂直，不得有绞花和两股互压等现象。

7)吊梁高度以支座上摆能安全通过机动平车为准，保证桥梁两端水平，并确认两侧无障碍物后机车退出。

8)桥梁在机动平车上落实后，应及时加设前后支撑，拖梁小车要用木楔止动，确认桥梁装载合格后方可运行。前后支撑均宜采用可调式钢支撑。

6. 机动平车运梁到位

(1)施工技术要求。

1)机动平车载梁片运行速度为 0～6 km/h，接近主机时降速为 0.5 km/h。距主机 15 m 处一度停车，确认机动平车制动系统工作正常后，再向主机缓慢推进。

2)机动平车送送梁片时应设专人监护，防止梁片支撑松动。与主机对位时，注意观察障碍物，防止梁片悬出部分与主机碰撞。

3)机动平车对位时应设专人施制动阀，并在主机与机动平车之间留有间隙，严防冲撞，在主机落梁过程中禁止联挂。

4)机动平车运载梁片走行时，线路地段不得有死弯、反超高、三角坑等病害，曲线外股不设超高。

5)机动平车后退时，由司机负责瞭望，前进时由机长用信号旗领车。

(2)安全要点。

1)机动平车停车点应与机车推行的运梁平车、轨节车间隔不小于 30 m。

2)机动平车运行前，应先试闸检查制动是否良好，去掉止轮器确认两侧无障碍物后方可动车。

3)与主机对位前，应先减速鸣笛，取得主机指挥人员同意后方可对位。

4)机动平车对位停车后要打好止轮器或铁鞋，制动风压保持在 600 kPa，处于制动状态。

5)拖梁小车卸载后应退到机动平车后端，并防止溜放。禁止在机动平车前进的排障器上站人(领车人员除外)。

6)机动平车在下坡道对位喂梁时，应带闸对位，操作人员必须集中精力，认真操作。

7)机动平车作业期间，司机不离车，不熄火，必须短时离车时要打上 4 只上铁鞋，并抄紧木契(或正反方向打铁鞋)。

7. 梁片拖拉、捆梁、吊梁、运梁

梁片的拖拉、捆梁、吊梁等作业是交叉进行的，主要包括以下过程：机动平车前端的顶梁扁担顶起梁片前端，使之落到主机的主动拖梁小车上。拖梁小车被拖拉系统钢丝绳牵引，梁片在跨装状态下前进。待到达 1 号柱附近前吊点位置时，前吊梁小车捆梁、吊梁。然后梁片在前吊后支状态下由吊梁小车牵引前进。待梁片后端前进到位时，顶梁扁担再顶起后端，并落实到主机被动拖梁小车上，由吊梁小车牵引继续前进。当梁片后端到达后吊点位置时，后吊梁小车再捆梁、吊梁，两小车吊梁走行到落梁位。

(1) 施工技术要求。

1)机动平车拖拉梁片前，支好主机前端和后端液压支腿扁担。扁担下平面距轨面 20～25 mm，防止主机后端受压过大。前端液压支腿扁担下平面距轨面 20～25 mm，分担前转向架轴重。

2)机动平车顶梁扁担顶梁时，左右油缸应同步上升，注意及时调整可能出现的偏差。梁片顶起后，主机拖梁小车未垫好前，不得抽去支垫或移动机动平车拖梁小车。

3)拖梁小车上应放硬质木板垫，梁片装上拖梁小车后应及时设支撑支护。

4)吊点应符合有关规定,前吊梁小车的捆梁位置应适当。

5)梁片吊起后,梁身应保持水平向前移动。架 32 m 梁时,两端吊起后,可将前端逐渐落低,以免与停在机臂前端的吊轨小车相碰撞。

6)机臂上应设专人,其任务是:

①防止吊梁小车卷筒钢丝绳跳槽、乱绳;

②插拔机臂中心销;

③插拔吊梁小车与 1 号柱的连接销轴;

④后吊梁小车卸载后打木楔止动。

(2)安全要点。

1)梁片进入主机前,应先检查梁顶物品是否超高影响拖拉。

2)检查 1 号柱柱顶机臂中心插销和柱顶螺杆压紧情况。

3)拖梁小车运行时,拖梁人员负责清除影响小车和桥梁前进中的障碍物,并观察有无碰挂和小车动行不良情况。

4)吊梁小车吊梁运行前须清除 1 号柱与机臂上的障碍物。

5)在曲线上拖拉时,注意观察拖梁小车的转向,如发现转向不灵、车轮卡钢轨等现象,应及时顶起梁片,调整小车方向以免掉道。

6)车体上的拖拉循环钢丝绳应保持适度的张拉力,发现松弛,应立即调紧。

7)拖梁时禁止在梁后端随梁前进,防止梁顶坠物伤人。并由专人照看吊钩及小车电缆,避免拖梁时碰挂。

8)要主意监护支座,防止与架桥机相碰,桥梁拖拉到前端时,要防止碰撞吊钩或捆梁钢丝绳。

9)拖梁小车卸载后应退到主机后端打楔止动。

10)捆梁片时两边铁瓦要对正放牢,捆梁钢丝绳应垂直,无绞花和两股互压现象,并置于铁瓦中间。

11)用钩盒吊梁片时,应将钩盒上的合页盖好,插上销轴,钩盒要平正,与捆梁钢丝绳保持垂直。

12)梁片起吊后应将卷扬机试制动两次,确认良好后方可继续作业。

13)吊梁走行时,应注意观察梁片支座上摆和螺栓能否通过拖梁小车及一号车前端的滑轮,注意观察主机两侧电缆线,避免拉伤电缆。

14)经常检查钢丝绳的磨损情况,超过限度时应及时更换。

8. 吊梁走行及落梁就位

吊梁小车吊梁运行到落梁位置后开始落梁,当梁片落至低位后横移。吊梁小车横移量为 1 180 mm,一般在直线线路上可以一次落梁就位;在小曲线或双线架梁时,需要在墩顶移梁。墩台移梁一般采用葫芦或专用液压移梁装置。

(1)施工技术要求。

1)两台吊梁小车横移时应保持一致,在移梁过程中随时注意调整梁片的位置。两台吊梁小车的横移行程差小于 50 mm。

2)吊梁小车运梁时,应有专人在 0 号柱监视对位,防止梁片撞碰 0 号柱,必要时应立即拉限位器止动。

3)吊梁走行或落梁时,应保持左右水平,同时应注意卷扬机的升降量,防止出现卷扬机受力不均衡现象。

4)第二片梁下落时要防止撞伤或碰动第一片梁。偏差量不大时可用撬棍引导,偏差量过大时必须将架桥机退回重新改正拨道量,准确对位。

5)就位时,应对正十字线,质量应符合有关技术要求。

(2)安全要点。

1)跨越道路、河道架梁时,必须提前联系封闭道路、河道,禁止行人及过往车船通过,以保证行人及过往车船安全;架设时必须将梁面不稳定道砟清除,以防道砟坠落伤人;落梁后,须清理架设时落在公路上的道砟等,以保证过往车辆安全。

2)吊梁小车在吊梁横移前,主机前端的液压支腿必须支撑在木枕和钢轨上。应保证液压扁担支撑距离在 2.5～2.7 m 之间;同时机臂和 1 号柱之间必须用 1 号柱设置的螺旋千斤顶固联,并派专人检查和操作。

3)落梁完成后摘取钢丝绳时,防止钢丝绳、铁瓦碰人或落在桥下。

4)吊梁小车返回时要设专人监护捆梁钢丝绳,防止擦挂。

5)吊梁小车空载起升或降落时,要有专人整理钢丝绳,防止乱绳或跳槽。

6)为防止二号吊梁小车或吊轨小车自行溜动,须及时打楔止动。

7)墩台移梁时,在梁片的前后端采取保护措施,并派专人检查。在移梁过程中应注意防止发生以下情况:

①梁片在落放或移动过程中翻倒;

②移梁滚棒破损引起梁片倾斜;

③桥梁保护层或墩帽边缘受压破裂。

9. 桥梁落位安装支座

落梁就位时,支座底面中心线应与墩台顶面十字线相重合。支座底面和墩台顶面应密贴,上下支座板间无缝隙,整孔桥梁无三支点现象,符合有关规定要求。

10. 铺设桥面轨和焊接横隔板

整孔桥梁就位后,应施工的桥面工作包括:安装防水盖板、泄水罩、平整道砟、铺轨整道、穿横向预应力束、锁紧大螺帽等。同时,还应按设计图规定焊接横隔板,将两片梁联成整体。

(1)施工技术要求。

1)一孔桥架设完毕后,机臂回缩至半悬臂状态(悬臂 25 m)进行铺轨作业。将吊梁小车和吊轨小车退回到机臂的后部,将主动吊梁小车与 1 号柱固定。机臂翘头并折起 0 号柱活动节,再将机臂调平,插上 2 号柱销轴后方可回缩机臂。

2)架桥机压在桥头短轨地段时,主机需退出短轨地段。拆除短轨后,架桥机铺设正式轨排。采用拨道对位的线路应先恢复到设计中线后再铺新轨排。正式轨排前端铺设的短轨排轨端距离架桥机对位后第一位轴不得小于 1 m。

3)整孔桥梁安全就位后应先盖好纵横向防水盖板,平整桥面道砟。

4)桥面铺轨质量应符合有关规定。

5)铺轨后应进行整道作业,注意消除硬弯、反超高、三角坑等,并将枕木用道砟填密实,不得悬空。

6)桥面轨枕下道砟厚度以 150 mm 为宜,以不压断轨枕和满足架桥需要为原则。

7)对已就位的两片梁应及时焊接三个横隔板,穿上横向预应力束,扣紧锚具,方可进行下步架梁作业。

(2)安全要点。

1)整孔梁未完全就位前,禁止盖防水盖板或平整道砟等桥面作业,禁止电焊工进入梁内作业。

2)主机拖拉轨排时要注意轨排是否偏斜,有无超长枕木影响拖拉,否则应进行处理。

3)桥面作业人员应思想集中、动作平稳,避免相互干扰,起钉、拔道和在外侧上螺栓时更应注意。

11. 特殊情况下架梁

(1)曲线架梁。

1)根据曲线半径,换装梁片时,通过换装龙门吊的横移装置将梁片预偏一定角度放置在机动平车上。

2)架设曲线梁时应先架曲线外侧梁片,后架内侧梁片,以方便一次就位。

3)在小曲线半径线路上,一般采用拨道、摆头和临时加宽墩台相结合的办法,解决 0 号柱支撑和横移量不足的问题。

4)在小曲线半径上,架桥机自力走行阻力较大,宜用机车顶送,应尽量避免自力走行。

(2)在坡道上架梁。

1)根据线路纵坡和桥梁跨度,调整 0 号柱高度,使机臂尽量保持水平。

2)立 0 号柱,应尽量与机臂保持垂直(而不是与墩台面垂直)。

3)架桥机在大坡度上走行、对位或停车时,应防止制动力不足发生溜放事故,一般制动风压应保持在 600 kPa 以上,还需要有可靠的外部防护,确保不溜车。

4)在大坡道上为避免架桥机溜车,应在桥头适当线路上安放脱轨器。

(3)T 型台架梁。T 型台架梁时,采用只立一次 0 号柱、多移梁的方法施工,但对于 T 型台立 0 号柱有特别的要求:

1)预先将桥台挡砟槽底砟平好,两边托盘上底砟应略低于台身实心部分 50 mm,自胸墙向台尾方向 200 mm 外开始,横摆 1 根长 2 m 的枕木,最上一层为两头各横放 4 根长度为 80 mm 以上的枕木(靠紧,纵向压住下面长枕)。

2)立 0 号柱时应垂直,用木楔将缝隙抄实,再压大臂。0 号柱下枕木边缘不应超过桥台翼缘的 200 mm,

超出部分枕下必须悬空,以免压裂翼墙。

3)检查 0 号柱及柱底枕木等各层受力情况。

(4)既有线换梁。既有线换梁由两个部分组成:旧梁回收和新梁架设。新梁架设程序同前述,旧梁回收程序与新梁架设程序相反。旧梁回收前应充分了解被更换桥梁的梁型、线路和周边情况;如线路为双线时,要了解线距、行车密度等情况,必须在天窗时间内进行作业。同时应制定周密的换梁方案,做好各方面准备工作,施工技术要求及安全要点如下:

1)施工技术要求。

①拆除待换梁片上方的钢轨,清除道砟;拆除梁片的所有附属物如栏杆、防水盖板等。

②架桥机低位运行至换梁地点。

③0 号柱立在相邻的梁片线路上,轨道中间和两侧应垫枕木。枕木范围应略宽于 0 号柱底面,枕木高度略高于轨面,使轨道与枕木受力均匀。立 0 号柱处轨道被拆除时,应清除道砟,在桥面上垫枕木立 0 号柱。

④割开两梁片相连的横隔板;拆除桥面两梁片之间的连接;拆除梁片与支座的连接。

2)安全要点。

①检查架桥机,不得超出限界。在既有线运行,若经过小曲线会影响到邻线列车正常运营时,应申请天窗。

②确认待换梁片完全与周边脱离联系后才能起吊。

③梁片吊起离开支座后应暂停,检查 0 号柱和主机支腿扁担受力状态。如有严重侧倾现象,应采取措施。

④整个回收过程都应有人专门观察。

(5)大风下架梁。当最大风力等级超过 6 级时不应架梁。在 4～6 级风中架梁应区别顺风、横风、经常或间歇风等具体条件进行操作,并应符合下列规定。

1)架桥机背风面轮压增加较大,对线路偏沉和拨道量有一定的影响。检算背风侧梁的允许拨道量,应包括轮压增加量在内。布置拨道曲线时,应将最大拨道处放在迎风侧的梁上。

2)预防突发性大风侵袭,应在对位后用枕木支垫架桥机背风面。架桥机半伸臂时,应让摆臂钢丝绳处于受力状态,以平衡风压。

3)作业人员在风中架梁时,墩台顶面应设置安全网。

4)应与气象部门及时联系,掌握风向、风力情况。架桥机上应配备风速仪。

(6)雨中架梁。雨季架梁应根据路基质量、连续下雨天数、总降雨量和排水等情况采取下列措施:

1)雨中应派专人对架桥机停留地点的路基进行监测,如有下沉应及时将架桥机撤离危险地带。已经压道的路基在暴雨或久雨后必须重新压道后方可继续架梁。

2)雨后应对架桥机所经路线进行全面检查,重点是桥头、涵洞,路基有无下沉坍塌,洞口处有无滑坡,发现异常应及时采取措施。

3)久雨后已成橡皮土状态的路基,如基底稳定,应在表面覆盖 20 cm 厚黄砂层;较为严重的可每隔 10～15 m 填筑含砂垫层的卵石盲沟,并采取线路加固措施,改善路基受力情况。

4)架桥机雨中作业易发生漏电及电器短路故障,应加强检查防护。

(7)冰雪气候中架梁。

1)做好防寒工作,防止因操作人员手脚僵硬影响工作。

2)及时清除影响工作的积雪积冰。

3)雪中视线不好,要注意力集中,确认指令,避免误操作。

4)工作人员特别是机臂上的工作人员在积雪表面行走时要注意防滑。

(8)隧道内(口)架梁。

1)施工技术要求。根据梁型确定机臂高度,隧道高度不能满足架梁高度时,可采取以下措施满足架梁:

①调整 1、2 号柱插销孔位置,降低有效起升高度。

②降低架桥机占用段道砟高度直至完全清除道砟。

③用钢板代替轨枕。

2)安全要点。

①保证洞内有良好的通风,避免柴油机废气的伤害。

②洞内昏暗视线不好,工具物品要放置有序,不要妨碍设备运行、掉落伤人或遗失。

③各处照明要齐全，损坏的要及时更换；照明亮度要适当。

④隧道高度低，高处作业人员应特别注意安全，避免磕碰挤伤。

5.5.3　工程实例

5.5.3.1　工程概况

在中铁二局湘桂铁路扩改工程Ⅳ标工程建设中，采用该架桥机进行了T梁运输、架设施工，成功地解决了灵川制梁场既有线T梁运输、架设的施工难题。截止2012年7月1日，该施工工艺已成功完成了灵川制梁场213孔T梁运输和架设，工程合格率达到100%，优良率达到98%，期间无安全事故发生，实践证明，采用该工艺作业安全、可靠，值得在国内外进行广泛推广。

5.5.3.2　关键工序照片

关键工序照片如图3-5-58～图3-5-62。

图3-5-58　架桥机桥头对位

图3-5-59　龙门吊换装T梁

图3-5-60　机动平车与主机对接

图3-5-61　主机拖梁对位

图3-5-62　落梁

6　桥位制梁施工技术

6.1　概　　述

在高速铁路建设中,因梁体结构特点或桥位交通运输条件限制不适合采用预制架设或悬臂浇筑等施工方法时,通常采用桥位制梁施工技术。高速铁路桥位制梁施工技术主要有支架法桥位制梁和移动模架桥位制梁两种。

支架法桥位制梁适用于地基条件较好,跨越旱地或浅水河流且桥墩高度不太大的预应力混凝土简支梁、车站道岔区连续梁、工期特别紧张的正线连续梁、钢筋混凝土刚架桥等。支架法桥位制梁可根据现场施工条件选择原位浇筑、旁位浇筑或高位浇筑方法施工。支架法桥位制梁的主要优点是:不需预制场地和大型起吊、运输设备,不受梁体结构尺寸限制。它的主要缺点是:施工条件复杂多变,梁体质量控制难度较大,施工安全风险较高;人工和支架、模板材料耗用量大,施工费用高;支架搭设对梁下交通、排洪等影响较大。

移动模架制梁可适用于连续多孔标准跨度(24 m、32 m 跨度)或 50 m 以下等跨径非标准跨度预应力混凝土简支梁施工。移动模架制梁的主要优点是:不需要预制场地和大型运输设备;对梁下交通、排洪影响较小;移动模架可周转使用,利于降低施工费用;施工环境较好,宜于保证梁体质量。它的主要缺点是:设备一次性投资大;受梁体结构尺寸和孔跨数量限制;设备操作较复杂,安全风险较高。

6.2　支架法桥位制梁施工

6.2.1　支架结构分类及选型

支架结构按结构形式可分为满堂式支架、梁柱式支架和满堂式与梁柱式组合支架三种结构类型。

满堂式支架主要采用碗扣式钢管支架,较少采用门式钢管支架,不应采用扣件式钢管支架。碗扣式钢管支架结构由基础、立杆(含底座、顶托)、纵横向连接系(含水平杆、剪刀撑等)、立杆顶分配梁、模板等部分组成,如图 3-6-1 所示。

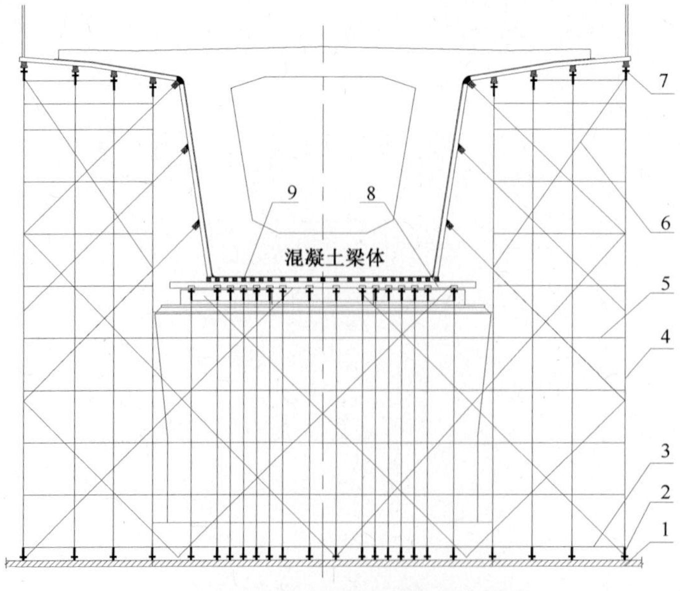

图 3-6-1　碗扣式钢管支架结构示意图

1—基础;2—底座;3—扫地杆;4—立杆;5—水平杆;6—剪刀撑;7—顶托;8—横梁 ;9—模板及分配梁

梁柱式支架结构由基础、支墩（含支墩顶分配梁和落架装置）、纵梁、横梁、模板等部分组成，如图 3-6-2 所示。基础应根据地质条件、荷载、孔跨布置等选择明挖基础或桩基础。支墩可使用钢管、钢管混凝土、型钢格构柱、万能杆件、六五式铁路军用桥墩和八三式铁路轻型军用桥墩等。承重梁可使用型钢、六四式军用梁及加强型六四式军用梁、贝雷梁、钢箱梁等。

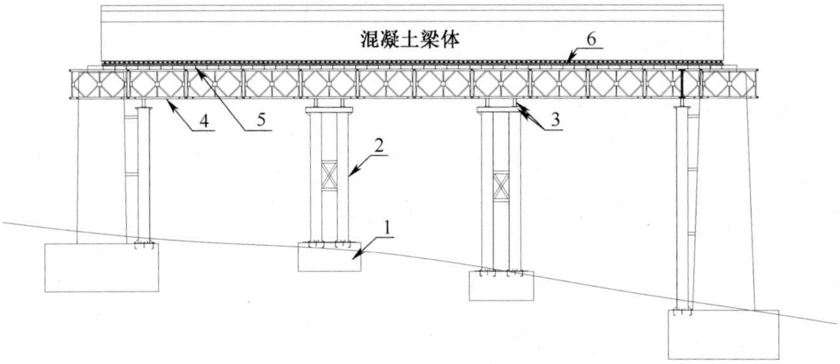

图 3-6-2　梁柱式支架结构示意图

1—基础；2—支墩；3—横梁；4—纵梁；5—分配梁；6—模板

支架结构类型应根据水文、地质、地形、梁体结构、荷载和施工条件等因素合理选用。满堂式支架、梁柱式支架适用范围应符合表 3-6-1 的要求。

表 3-6-1　支架结构适用范围

支架类型	适用范围
满堂式支架	1）支架高度不宜大于 20 m； 2）梁体高度不宜大于 7 m； 3）地基不需特殊处理即可满足承载力和沉降变形要求
梁柱式支架	1）地形高差大； 2）跨越铁路、公路、河道、管线； 3）特殊地质条件

6.2.2　支架结构设计要点

（1）高速铁路支架法桥位制梁的支架结构应主要依据《铁路混凝土梁支架法现浇施工技术规程》（TB 10110—2011）有关规定进行专项设计。支架结构专项设计内容包括模板、支架、地基和基础；支架结构设计成果应包括支架总体结构及细部结构设计图、材料数量表、设计计算书和设计说明书等。支架结构设计的一般顺序：制定基本方案→绘制初步支架结构图→分析支架承受的荷载→按工况对支架进行强度、刚度和稳定性计算→根据计算结果绘制详细支架结构图。

（2）支架结构根据施工环境、荷载和施工条件等因素合理选用，其结构型式应简单，便于制作、安装和拆除，宜尽量采用贝雷梁、军用梁、碗口式钢管等常用器材。支架结构材料应以钢结构为主、竹木结构为辅，材料选用和设计强度取值应符合相关标准的规定。

（3）支架结构应根据受力情况分别计算其强度（抗弯强度和抗剪强度）、刚度及稳定性。支架结构的地基及基础应根据荷载、地基承载力及沉降要求进行设计。高位或旁位现浇支架设计时，应考虑预应力张拉后，梁体荷载重分布对支架强度、刚度和稳定性的影响。

（4）支架顶面（既现浇梁体的底模板）经过计算合理设置预拱度，以保证现浇梁体的线形符合设计要求。支架的预拱度计算需考虑梁体在自重、二期恒载、混凝土收缩徐变、预应力施加引起的竖向挠度和支架及其地基基础在梁体荷载作用下的弹性、非弹性变形。

（5）支架结构设计时应明确支架的构造要求，保证支架构件间结合紧密，连接系设置合理比连接牢固，成为稳定整体。

（6）水中支架需考虑水流作用、漂浮物、冰凌等的影响，并采取必要的防冲刷措施；有船舶近邻支架作业或通行时，应设置防撞设施。

(7)跨越既有铁路、公路或其他建筑设施的支架结构应按规定进行安全防护设计。支架下净空必须满足既有设施的安全限界要求；支架结构应按规定设置导向、限高、限宽、减速、防撞等设施及标识、标示；既有设施上方的支架底部应全部封闭，两侧应设置安全网等防护设施；跨电气化铁路的支架，应设置静电屏蔽防护和安装接地防护装置。

6.2.3　支架施工

(1)支架施工一般按：施工准备→地基处理→支架搭设→检查验收→支架预压等工艺流程进行。

(2)支架施工前应完成下列准备工作。

1)对现场管理、技术和作业人员进行技术交底，明确支架施工方法、工艺流程、安全质量标准等相关要求和高处作业、起重吊装等安全措施及注意事项。

2)对支架材料进行质量检查验收；经检验合格的支架材料按品种、规格分类存放，并挂设材料标识牌；将检查不合格的支架材料及时清理出施工现场。

3)测量复核桥梁墩台位置、高程是否符合设计图要求。

4)跨越公路、铁路或通航河道的支架施工前应办理施工许可相关手续，完成导向、限高、限宽、减速、防撞等附属设施及标志、标示。

(3)支架地基处理前，对处理范围测量放样，标示出处理边界；处理范围比支架平面投影周边宽 100 cm 以上。支架范围内地面附着物和腐殖土、淤泥、冻融循环深度内的冻土等软弱土质应全部清除，将清理后的坑槽及时填筑、避免积水浸泡。地基表层清除后的坑槽填筑到原地面以上；桥梁墩台的基坑填筑到承台顶面以上，且不低于地下水位。地基填筑分层进行、逐层压实，严格按支架设计要求控制填筑材料质量和填筑密实度。对处理完成后的地基经承载力检测合格后施工支架基础硬化层。

(4)支架基础施工时控制其顶面高程和平整度。在支架基础周边设置排水沟，将地表水引排到基础 5 m 以外。排水沟及基础至排水沟之间采用砂浆抹面封闭，避免地表水渗入支架地基中。

(5)满堂式支架施工方法及质量控制要点。

1)先按照支架设计图在支架基础顶面标示出支架立杆的平面位置线，然后将垫木和底座应准确地放置在位置线上。底座的轴心线应与地面垂直，垫木与垫层之间空隙应填塞密实。支架从一端向另一端或从跨中向两端延伸，按照垫木、底座、立杆、水平杆、剪刀撑的顺序自下向上逐层搭设，每层高度一般不大于 3 m。

2)碗扣式钢管支架的首层应采用不同长度的立杆交错布置，使相邻立杆的接头设置在不同步距内。支架立杆在 1.8 m 高度内的垂直度偏差不得大于 5 mm；支架全高的垂直度偏差应小于支架高度的 1/600、且不得大于 35 mm。

3)支架的水平杆安装时应控制直线度和水平度；各层水平框架的纵、横向直线度应小于立杆间距的 1/200，相邻水平杆的高差应小于±5 mm。

4)支架的剪刀撑、交叉支撑等加固件应与立杆和水平杆等同步安装，扣件、锁臂等应安装齐全并及时拧紧，扣件螺栓的拧紧扭力矩不应小于 40 N·m 且不应大于 65 N·m。

5)立杆顶托上的下层承重方木接头一般应设置在顶托上，否则应采用绑条钉牢，并加垫木支垫；同一断面上的承重方木接头数量不应超过 50%。上层方木应交错搭接在下层方木上。

6)各层支架安装过程中，应及时校正立杆间距、垂直度、纵横向直线度和水平杆水平度等，避免误差累积导致支架质量不合格。

(6)梁柱式支架施工方法及质量控制要点。

1)支架的支墩预埋件位置及高程应准确设置，满足支墩安装精度要求。支墩安装过程中应及时校正，垂直度偏差不应大于支墩高度的 1/500，且柱顶偏移值不得大于 50 mm。

2)支墩安装应根据施工现场吊装设备能力和场地条件分节、逐层安装；支墩的立柱接头及立柱与基础之间应连接牢固，接头空隙应采用适当厚度的钢板填塞紧密。立柱之间的剪刀撑安装之前，应采取临时措施稳定立柱；下层立柱的剪刀撑安装完成后方可进行上层立柱安装。

3)支架的横梁和纵梁安装前应准确标识安装位置，安装误差不得大于 20 mm。组合式横梁宜拼接成整体后吊装就位。横梁与支墩应连接牢固；横梁与其支承之间有空隙时，应采用适当厚度的钢板填塞密实并焊接牢固。

4)贝雷梁、万能杆件、军用梁等桁架梁应在平整、坚实的场地上拼装,并采取临时稳定措施。桁架梁应拼装成一跨及以上长度的节段,根据吊装能力采用单片或多片组合进行吊装;吊点位置应设置在距桁架梁两端约 0.2 倍长度的节点上。桁架梁就位后,应采取措施保证其横向稳定后方可松脱吊钩。

5)纵、横梁安装时应严格控制侧向弯曲,侧向弯曲矢高应小于跨度的 1/1 000 且不大于 20 mm。

(6)支架预压前或进行梁体施工前,施工单位应对支架地基、基础、立杆(支墩)、纵横梁、模板等结构的施工安装质量进行全面检查,并形成书面检查验收资料,经相关责任人签字确认。

(7)支架预压。

1)支架预压应在支架结构检查合格后进行。地基条件、基础、构造型式相同和高度相近的支架,可选择代表性浇筑段进行预压,首次浇筑段的支架必须进行预压。

2)支架预压荷载应符合设计要求;当设计无具体要求时,不应小于支架所承受梁体荷载的 110%。支架预压一般按支架承受的梁体荷载的 60%、100%、110%三级进行;预压荷载分布应与支架实际承受的梁体荷载分布基本一致,按照对称、分层、分级的原则进行,加载重量偏差应控制在同级荷载的±5%以内,避免集中加载和卸载。加载过程中如发生异常情况时应立即停止加载,经查明原因并采取措施保证支架安全后方可继续加载。

3)支架预压时应对支架竖向位移、水平位移、基础沉降等设置观测点进行观测,每级加载完成 1 h 后进行支架的变形观测,以后间隔 6 h 监测记录各监测点的位移量,当相邻两次监测位移平均值之差不大于 2 mm 时,方可进行后续加载。全部预压荷载施加完成后,应间隔 6 h 监测记录各监测点的位移量;当连续 12 h 监测位移平均值之差不大于 2 mm 时,方可卸除预压荷载。支架卸载 6 h 后,应监测记录各监测点位移量。

4)预压完成后,应根据监测数据计算分析基础沉降量和支架弹性变形量、非弹性变形量及平面位移量,评价支架安全性和确定立模高程,形成支架预压报告。

6.2.4　梁体施工

(1)混凝土梁支架法现浇施工流程如图 3-6-3 所示。

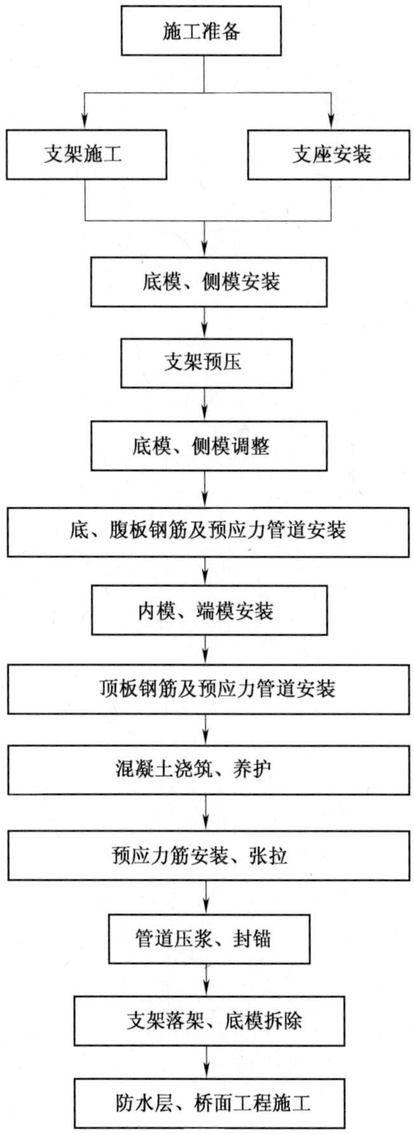

图 3-6-3　混凝土梁支架法现浇施工流程图

(2)原位现浇施工时,支座及其与梁体连接的预埋件安装在梁体底模安装前完成;若在高位或旁位现浇时,则先安装预埋钢板和锚栓,待梁体就位时完成支座安装。梁体施工前应对支座的类型、规格、方向、平面位置及高程进行检查确认。

(3)梁体模板。

1)梁体端模宜采用整体钢模,并按设计位置、尺寸和角度设置张拉槽口,将锚垫板固定在端模上;底模、侧模和内模一般采用竹胶板。当模板能够多次周转使用时,底模和侧模也可采用厂制大块钢模板。

2)梁体模板安装应按照底模→外侧模→内模→端模的顺序进行。底模和外侧模在支架预压或钢筋绑扎前安装,外侧模安装过程中及完成后,均应采用临时锚固或支撑措施防止其失稳。内模安装应在梁体底板、腹板钢筋及腹板内预应力钢筋安装完成后进行。内模在箱梁底板顶面部分不应封闭,梁体内箱下倒角宜设置约 50 cm 宽度的压脚模板;内模的支架立杆应采用架立钢筋支撑,不得直接插入梁体底板混凝土内。

3)梁体底模和外侧模应根据计算预拱度值并结合支架预压成果设置施工预拱度,确保梁体线形符合设计要求。预拱度一般按梁体两端支点为零、跨中为最大值、其余按二次抛物线分配的原则进行设置。

(4)钢筋及预应力管道安装。

1)钢筋及预应力管道在梁体底模和外模安装完成后同步协调进行安装。安装顺序为:先安装底板、腹板钢筋及预应力管道(含竖向预应力筋),经检查合格后安装内模,最后安装顶板钢筋及预应力管道(含横向预应力筋)。

2)预应力管道接头位置宜避开孔道弯曲处。金属波纹管接长可采用大一号同型波纹管作为接头管,接头管长度不得小于 30 cm,且接头管两端应采用密封胶带或塑料热缩管封裹严密;塑料波纹管接长可采用专门焊接机焊接或采用本身具有密封性能的塑料连接器连接。梁体混凝土浇筑前,应在纵向预应力管道中穿入内衬塑料管;在混凝土浇筑过程中应安排专人抽动内衬塑料管,防止预应力管道堵塞。

3)预应力管道安装前,应按照设计规定的管道坐标进行放样,并应采用定位钢筋将管道固定在梁体钢筋骨架上。定位钢筋的结构形式、间距应符合设计要求;设计无要求时,定位钢筋间距不宜大于 0.5 m,对于曲线管道应适当加密。

4)钢筋焊接时应对焊接影响部位的模板和预应力管道采取保护措施,并配备灭火器材,防止焊渣灼伤预应力管道或引燃非钢质模板。

(5)梁体混凝土施工。

1)简支梁的混凝土应一次性连续浇筑成型,连续梁的混凝土宜划分成节段分别连续浇筑、一次成型。各跨或各节段的梁体混凝土宜在最先浇筑的混凝土初凝前完成。

2)梁体混凝土浇筑前应按施工组织安排,对施工场地布置、施工人员配置及职责分工、混凝土原材料储备、施工设备 (含电源)配置和应急预案进行检查落实,并认真做好技术交底和浇筑预演,确保混凝土浇筑施工连续不间断进行。

3)梁体混凝土纵桥向浇筑应按“斜向分段、水平分层”的方法从低端往高端浇筑;斜向分段长度宜为 4~5 m;分层厚度根据混凝土生产供应能力、浇筑速度、捣固能力和梁体结构特点等条件确定,一般不宜超过 40 cm。横桥向应按“先底板与腹板倒角,后底板,再腹板,最后顶板”的顺序进行浇筑;两侧腹板混凝土的高度应保持基本一致。

4)梁体混凝土浇筑时,对于钢筋密集的支座顶部、预应力锚垫板周围和横隔梁等区域,应加强其混凝土捣固质量控制。对于高度较大的梁体,其腹板与底板倒角区混凝土浇筑时,宜安排人员进入腹板进行混凝土捣固。

5)梁体混凝土浇筑过程中,应安排人员对支架、模板随时检查,如有异常情况,应立即暂停混凝土浇筑,待查明原因并妥善处理后方可继续施工。

6)梁体混凝土浇筑完成后应及时采用保湿材料覆盖并保湿、保温养护。

(6)预应力筋张拉及管道压浆。

1)预应力张拉前,施工单位应对预应力混凝土梁的锚具、喇叭口及管道摩阻等进行现场测试;设计单位根据实测数据调整预应力筋张拉控制有关参数。

2)两端张拉的纵向预应力筋宜在混凝土浇筑后安装;如在混凝土浇筑前安装,则应采取可靠措施防止混凝土浇筑过程中管道堵塞。

3)预应力筋终张拉时,混凝土强度、弹性模量及龄期应符合设计要求;张拉顺序及控制应力应符合设计规定。预应力筋初始张拉应力应结合管道几何参数和实测摩阻系数确定,宜在终张拉控制应力的 10%~25%取值。

4)为防止混凝土产生早期裂纹,支架法现浇的混凝土梁宜采取预张拉措施;预张拉前应拆除端模、松开内模。当设计无要求时,可在梁体顶板和底板(或腹板)各选取 2~3 束对称的预应力束作为预张拉束,在混凝土强度达到设计强度的 60%时进行预张拉,预张拉应力宜为设计终张拉应力的 30%。

5)预应力管道压浆应按照设计要求的方法进行;当设计无具体要求时,应采用真空辅助压浆工艺。压浆应在预应力筋终张拉完成后 48 h 内完成,按先纵向、再竖向、后横向的顺序进行。纵向预应力管道应自下而上进行压浆;竖向预应力管道应从最低点向上压浆;同一管道应连续压浆、一次完成。

6)管道压浆过程中及压浆后 3 d 内,梁体温度不应低于 5 ℃,否则应采用保温养护措施使其满足规定温度。

(7)支架落架及拆除。

1)支架的落架和拆除应根据设计文件要求编制专项施工技术方案，并对操作人员进行技术交底，明确支架落架、拆除顺序和安全措施。

2)钢筋混凝土梁的支架落架和拆除应在混凝土强度达到设计强度后方可进行；预应力钢筋混凝土梁的支架落架和拆除应在梁体预应力施工完成后方可进行。

3)支架落架应按设计要求的顺序进行；当设计无要求时，宜按照"从梁体跨中向梁端"的顺序和"纵桥向对称均衡、横桥向基本同步"的原则分阶段循环进行支架落架。

6.2.5　落梁和横移梁

(1)采用支架法现浇施工的铁路混凝土简支梁，受施工条件限制不能原位浇筑时，应在高位支架上或旁位浇筑后，采用落梁、横移梁方式安装到设计位置。落梁或横移梁施工前，应编制专项施工方案，并进行施工技术和安全交底。专项施工方案中应根据施工工况对落梁或横移梁装置进行详细设计，保证装置的强度、刚度和稳定性满足相关要求。

(2)采用支架法高位现浇施工的铁路混凝土简支梁，一般通过高位落梁方式安装到设计位置。高位落梁分为门式提升架落梁和梁底支墩落梁两种方式，如图3-6-4和图3-6-5所示。

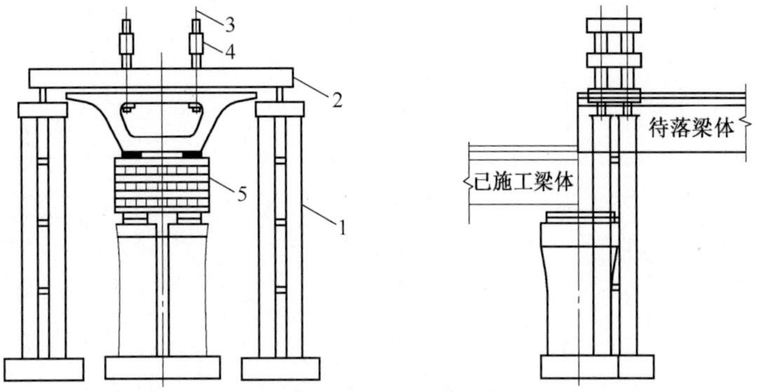

图3-6-4　门式提升架落梁装置示意图

1—门式支墩；2—横梁；3—吊杆；4—千斤顶；5—保险支墩

(3)门式提升架落梁和梁底支墩落梁施工流程分别如图3-6-6和图3-6-7所示。

(4)落梁装置设计。

1)支墩结构除按梁柱式支架支墩的相关规定进行设计外，还应按照四个支点中的三点承受梁体荷载的最不利工况对支墩及其基础进行检算。支墩立柱顶部应合理设置纵、横向分配梁，横梁、分配梁和支墩立柱之间应连接牢固。

2)门式提升架落梁装置的横梁宜采用组拼型钢或钢箱梁结构，并应根据局部稳定性检算设置加劲肋和缀板；其最大挠度不得大于跨度的1/500。

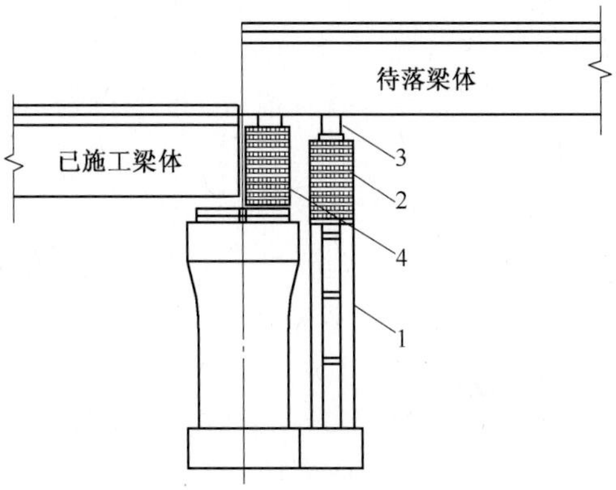

图3-6-5　梁底支墩落梁装置示意图

1—梁底支墩；2—换顶支墩；3—千斤顶；4—保险支墩

3)门式提升架落梁装置的吊杆宜采用钢绞线或钢棒等材料，按4根吊杆中的3根承受梁体荷载的最不利工况进行检算，吊杆应力应小于其强度设计值的50%。吊杆孔的位置及数量应满足梁体受力要求；吊杆孔应在梁体现浇施工时预留，预留孔周围应设置加强钢筋。吊杆下端锚固螺栓与梁体顶板之间应设置厚度不小于30 mm的钢垫板；钢垫板应水平放置，且与梁体顶板之间密贴。

4)门式提升架落梁和梁底支墩落梁应在梁体与桥墩(台)顶之间设置保险支墩。保险支墩可采用型钢或方木构筑，其顶部千斤顶行程高度内设置钢垫块。保险支墩宜与连体现浇支架同步安装。

5)落梁千斤顶设置位置应满足梁体受力要求，宜设置在靠近梁体两端的腹板下区域；千斤顶和梁体之间应设置钢垫板和工程橡胶板，其底部应设置限位和稳定装置。落梁千斤顶的额定起重能力不得小于其设计荷载的1.5倍。

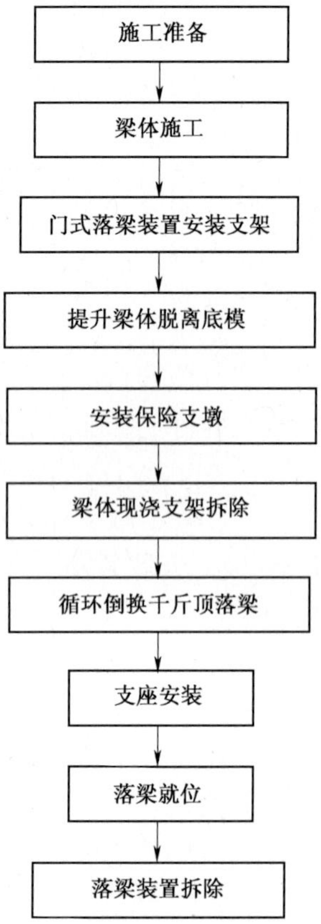

图 3-6-6　门式提升架落梁施工流程图

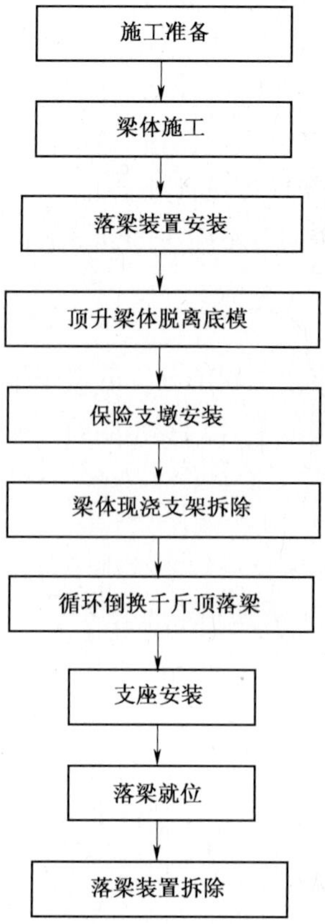

图 3-6-7　梁底支墩落梁施工流程图

6)梁体两端的落梁千斤顶应分别采用单泵双顶方式并联，并在每个千斤顶上设置截流阀，与油泵上截流阀共同对落梁过程进行双控。并联千斤顶的规格、高压油管的长度及规格均应相同，确保梁体一端的千斤顶终端压力和顶升力相同且同步运行。

(5)落梁作业关键工艺措施。

1)落梁千斤顶安装完成后，应将梁体提升(顶升)脱离底模板 5～10 mm 并停留半小时，检验落梁装置承载能力和工作状况。

2)落梁装置经检查合格后，将千斤顶油路锁闭，并用保险支墩抵紧梁底，然后从跨中向两端拆除其余梁体现浇支架和模板。

3)梁体两端应交替落梁，每端每次下落高度不得大于 100 mm，保证梁体两端高差不大于 50 mm；落梁过程中应及时抽换保险支墩上的钢垫板，始终保持钢垫板顶面和梁底面的距离不大于 20 mm；梁体一端稳固支承在保险支墩的钢垫板上并锁闭该端千斤顶油路后，梁体另一端方可进行落梁作业。

4)千斤顶回缩至其最大行程的 80%时，应暂停落梁作业并锁闭油路，将保险支墩减低约一个千斤顶行程高度后，重新安装保险支墩顶的钢垫块，再按照上述方法进行落梁。

5)落梁至梁体支座安装高度后，应停止落梁作业，锁闭千斤顶油路，然后拆除保险支墩。

6)清理桥墩顶支承垫石和锚栓孔，将组装好的梁体永久支座安装就位，落梁至设计高程，保持千斤顶受力状况，对支座下座板和支承垫石之间、锚栓孔内进行压力注浆；待浆体达到设计强度后，方可松脱千斤顶，完成落梁施工。

7)落梁过程中应有专人观测落梁支墩(或门式提升架)及其连接系等临时设施变形情况，发现异常情况应暂停落梁，待查明原因并妥善处理后方可继续落梁。

(6)采用支架法旁位现浇施工的铁路混凝土简支梁，宜采用横移梁和低位落梁方式安装到设计位置。简支梁横移梁施工流程如图 3-6-8 所示。

(7)横移梁装置结构设计。

1)横移梁应采用摩擦型滑道，横移梁装置由滑道支墩、滑道、滑板、顶推或拖拉设施等组成。横移落梁装置如图 3-6-9 所示。

2)滑道支墩结构对应滑道设置,并与桥墩连接牢固;滑道结构除按梁柱式支架设计外,应将梁体荷载作为活载,选取最不利工况对支墩及其基础进行检算。如移梁荷载需直接传至桥墩,应验算桥墩结构的承载力是否满足要求。

3)应采用组拼型钢或钢轨作为滑道的轨道梁,在梁体两端允许范围内垂直于梁体中心线各设置一股,单股轨道梁应连接成一条稳固、等高、平顺的整体,且与支墩连接牢固;同一轨道顶面的任一点高程差应不大于 2 mm。两股滑道应相互平行,其间距误差不应大于 10 mm、顶面高差不得大于 50 mm。

4)轨道梁应采用组拼型钢或钢轨,在最不利荷载工况下最大挠度不得大于 2 mm;轨道梁顶面应设置厚度不小于 3 mm通长不锈钢板,钢板表面应平顺无突变点,平整度误差不得大于 1 mm/m。

5)滑板宜采用聚四氟乙烯板,且应支承在梁体腹板区域,并与滑道的中心线保持一致,其数量宜与梁体支座数量相同。在滑板与梁体之间应加设工程橡胶板。

6)横移梁的动力装置应采用千斤顶(或链条葫芦);动力装置的额定动力不应小于设计顶推力(或拖拉力)的 1.5 倍。顶推(或拖拉)装置的顶推力(或拖拉力)应根据滑道结构、梁体荷载计算确定。反力座应根据顶推(或拖拉)装置的行程设置在轨道梁上,保证顶推力(或拖拉力)与梁体垂直。千斤顶与梁体间应采用弹性材料支垫。T 形梁还需设置横向稳定措施,防止梁体侧向失稳。

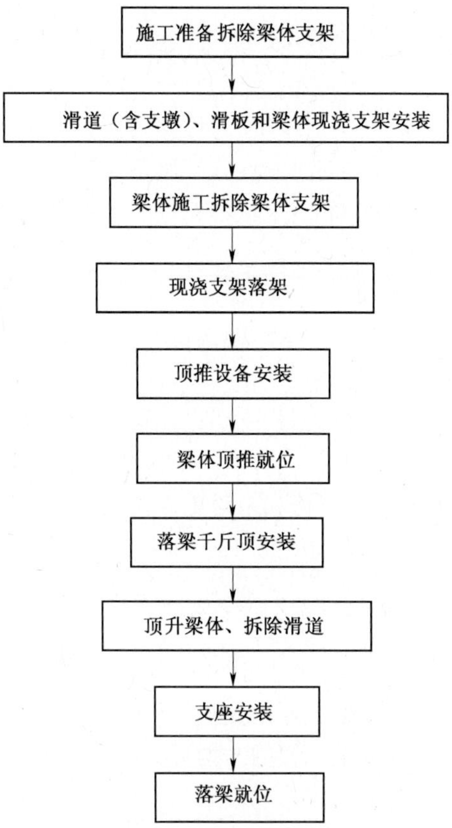

图 3-6-8　简支梁横移梁施工流程图

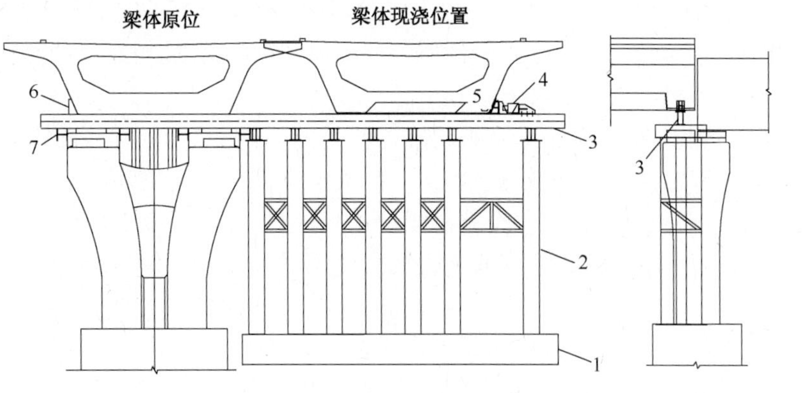

图 3-6-9　横移落梁装置示意图

1—支墩基础;2—支墩立柱;3—滑道;4—顶推装置;5—滑板;6—梁体限位装置 ;7—滑道限位装置

(8)落梁作业关键工艺措施。

1)梁体施工完成后,应先拆除滑道上方的支架、模板,然后从跨中向两端拆除其他支架及模板,使梁体荷载平稳地转移到滑道上。支架拆除过程中应观测滑道和支墩受力及变形情况,如有异常,应立即终止支架拆除作业,待查明原因并采取加固措施后方可恢复支架拆除施工。

2)支架拆除完成并安装好顶推(或拖拉)装置后,应将滑道滑动面清理干净、涂上润滑油脂。

3)梁体横移过程中,两端应同步行进,行程差不应超过 20 mm,行进速度不大于 10 cm/min。可采取滑道上预先标志 20 mm 刻度尺,安排专人观测梁体横移进程并及时报告指挥员。

4)梁体横移就位后,应仔细复核梁体纵向、横向位置偏差,如果发现偏差超标,应调整至合格。

5)梁体位置调整合格后方可拆除顶推装置,然后在支承垫石范围外的桥墩顶帽上适当位置安装落梁千斤顶,按照梁底支墩落梁技术顶升梁体、拆除滑道、安装支座和落梁就位。

6.3 移动模架施工

移动模架造桥机(简称移动模架)是一种自带模板,利用承台或墩柱作为支承,对桥梁进行现场浇筑的施工机械。其主要特点:施工质量好,施工操作简便,成本低廉等。在国外,已广泛地被采用在公路桥、铁路桥的连续梁施工中,是较为先进的施工方法。国内已开始在高速公路、铁路客运专线上使用。

6.3.1 移动模架施工特点

(1)跨中无支撑,模架位于桥梁上部,不受墩高、地形限制,不需进行地基处理,不影响通车通航,社会经济效益显著。

(2)能自行完成支腿过孔移位,无需地面其他辅助吊机设备,机械化程度高,操作简单,安全可靠。

(3)结构受力明确,一次拼装成型预压后可逐孔进行施工,周期短且所需人员少。

(4)施工首跨和末跨更方便,跨连续梁施工不需要拆除主梁,可以进行短距离转场,拆除外模可直接通过隧道。

6.3.2 移动模架构造及类型

6.3.2.1 移动模架造桥机构造

移动模架主要由支腿机构、支承桁梁、内外模板、主梁提升机构等组成。可完成由移动支架到浇筑成型等一系列施工。根据结构形式和主梁所处位置、承载方式和传力路径、支撑模式和过孔模式等不同,移动模架又分为上承式移动模架和下承式移动模架两种。

上承式移动模架主梁位于桥面上,支撑点即支腿位于桥面和墩顶上,通过后走行机构可实现自动走行。模板系统及梁体荷载通过悬挂系统传递到主梁上,纵移过孔时通过横移开启悬挂系统和外模系统或横移打开底模系统或旋转张开底模系统以避开桥墩。

下承式移动模架利用桥墩安装支撑托架,支腿设置剪力键,受力体系明确,采用精轧高强螺纹钢筋对拉连接,安装方便,较大的方便施工。外模模板随主梁一同横向和纵向移动,对桥梁两侧净空尺寸要求较低。

6.3.2.2 上承式、下承式移动模架主要特点

上承式移动模架特点:施工时移动模架造桥机在已浇筑的混凝土梁上走行,操作简便,对桥梁下部结构无影响,在水域施工时优势较明显。主要缺点:施工时混凝土梁上部活动空间有限;移动模架造桥机下导梁通过吊杆吊挂于主梁上,混凝土梁须预留多个孔洞以便吊杆穿过,增加了施工环节,对混凝土主梁结构预应力布置影响较大;由于在梁面上施工,移动模架造桥机所受风阻力较大,6 级风以上结构限制走行,对施工工期影响较大。

下承式移动模架主要特点:施工时混凝土梁上部无遮拦,上部活动空间大;模板支承容易,拆装模板自动化程度高;对已浇筑好的混凝土梁无影响;地面配合作业容易,风阻力小。主要缺点:移动模架造桥机支腿支撑在承台上,预埋件量大,要求精度高,上水时对施工工期影响较大。

6.3.2.3 单导梁和双导梁移动模架特点

上承式移动模架分单导梁和双导梁两种结构型式。上承式单、双导梁施工方法相似,均是采用桥面上支承,模架通过吊杆、吊臂及挑梁悬吊模板系统,再通过模板开合、模架纵移等功能,实现对混凝土原位现浇、逐孔成桥的施工方法。此方法为大型桥梁施工向机械化、自动化和标准化的方向迈进了成功的一步。

单导梁、双导梁移动模架结构共同点:承重主梁及导梁均是位于桥面上,利用后支腿支撑于已浇梁面受力,前支腿支撑于墩顶受力,通过吊臂、挑梁悬吊外模及底模系统。走行时均是通过支腿间受力转换完成模架整机前移。区别:单导梁移动模架仅有一组承重主梁及导梁,走行时单导梁移动模架需要在尾部配重,并且需要分两次走行方能完成过跨前移。单导梁移动模架图如图 3-6-10 所示。

双导梁移动模架有两组承重主梁及导梁,走行时双导梁移动模架不需要配重,一次走行到位。双导梁移动模架图如图 3-6-11 所示。

单导梁移动模架优点:整机重量轻,长度短,占用地方小,拼装方便快捷;缺点:中支腿支撑位置需要提前在墩顶预埋螺栓,精度要求高;走行时需要在模架尾部配重,需要分两次方能完成过跨前移,安全隐患大,施

图 3-6-10　单导梁移动模架图

图 3-6-11　双导梁移动模架图

工风险高。

双导梁移动模架：优点：受力明确，稳定性好，整机前移时一次到位，不需要在模架尾部配重，不需要在中支腿支撑位置预埋螺栓，施工稳定性好。缺点：整机重量较重，总体长度较单导梁模架长，拼装时占用场地相对较大，拼装耗时长。

6.3.3　工作原理

上行式移动模架采用桥面上承重，利用后支腿支撑在已浇筑梁面，中支腿支撑在墩顶，钢箱主梁通过吊杆、吊臂及挑梁悬挂模板系统，再通过模板开合、模架纵移等功能，实现对混凝土原位现浇、逐孔成桥的施工。按其支承方式的特点，整个模床由前后支腿支撑，然后传力于梁面或墩身上。

1. 制梁

模架钢箱主梁通过吊杆及挑梁悬吊模板系统，在模板内进行一跨箱梁的钢筋绑扎及混凝土浇筑，模板系统通过前后支腿支顶油缸进行高度调节，以保证梁型正确。混凝土箱梁的重量及模架的自重通过前后支腿传递到墩身上。

2. 脱模

前后支腿支顶油缸收缩，下降约 10～20 cm 整体脱模，底模及外侧模在横移油缸作用下，实现开合并拢，底模板可通过底模撑杆调整预拱度。

3. 走行过孔

移动模架施工技术关键环节是纵向走行过孔：当模床打开让出桥墩空间，锁定横移油缸，在已浇箱梁梁面安装轨道，后走行系统落于轨道上受力，缩回中支腿液压油缸，此时整个模架的重量由后走行系统及前支腿受力，通过后走行轮驱动移动模架整机前移至下一施工梁位，这样就完成了整个移动模架过孔工作。

6.3.4　移动模架施工工艺

施工工艺流程如图 3-6-12 所示。

6.3.5　拼装及预压要点

6.3.5.1　移动模架拼装方案

一般情况下，先安装主框架，再安装外模板，在绑扎钢筋的过程中安装内模，最后安装前辅助支腿与导

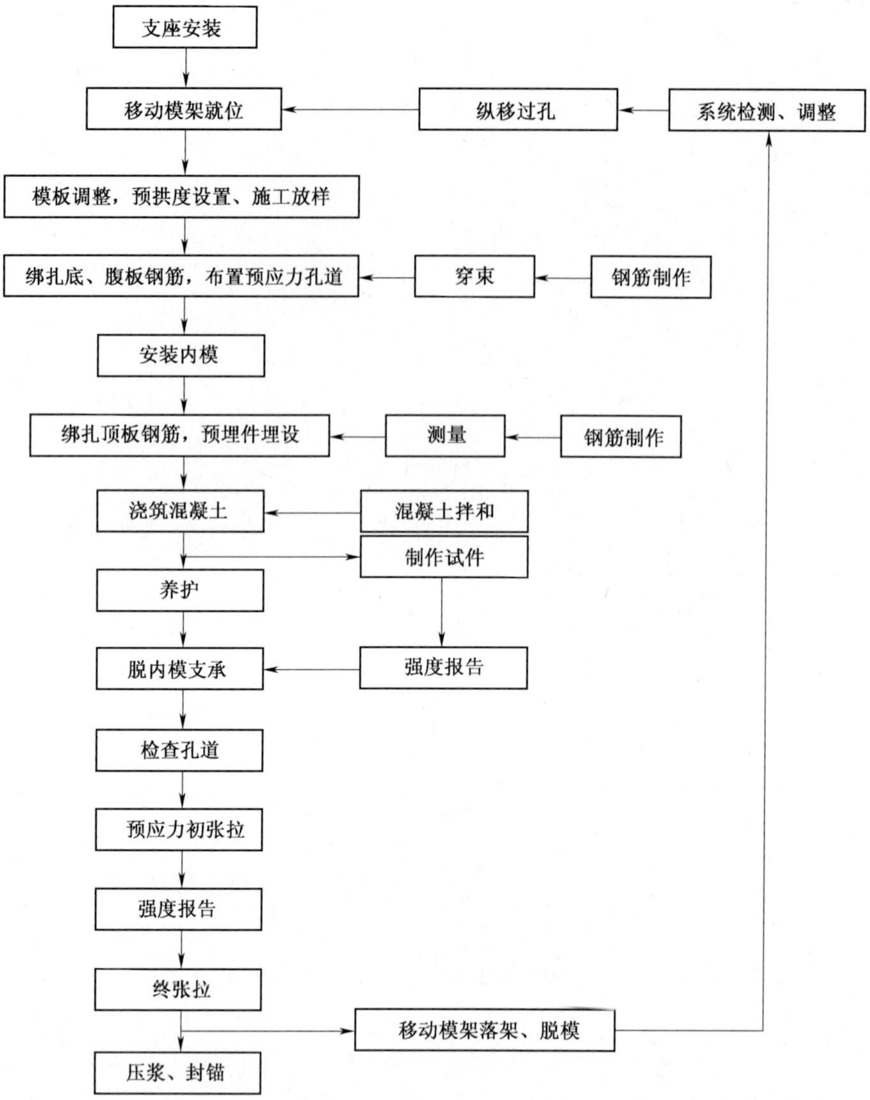

图 3-6-12　施工工艺流程

梁。常规的安装顺序如下。

(1)安装临时后支架与两桥墩之间的临时拼装支架。

(2)安装后主支腿、各节主梁、连接系。

(3)安装中主支腿。

(4)安装主梁、连接系栏杆，主梁中部爬梯、中主支腿爬梯。

(5)安装四个泵站及其电气控制系统。

(6)安装挑梁与吊挂外肋，并将吊挂外肋合龙。

(7)安装底模及其支撑，预调拱度。

(8)安装腹模、翼模、吊杆。

(9)安装吊挂外肋横向锁定机构。

(10)安装其余栏杆、爬梯、通道。

(11)同时安装电气、横移液压系统，并驱动调试液压缸。

(12)安装前支腿，安装导梁与梁端连接系。

(13)安装导梁起吊小车。

(14)适时安装端模与内模。

(15)过孔前安装后走行机构与爬梯。

根据中铁二局四公司厦深铁路、贵广铁路移动模架施工经验，重点总结贵广铁路坪寨双线特大桥双导梁移动模架在非标状态下的后退式拼装方法。该方法特别适用于桥隧相连隧道出口或者路基桥梁相连的情况，节约大量的拼装成本，已被受理国家发明专利。其中单导梁、双导梁移动模架的调试及预压程序是一样的，该处合并总结。

基本情况：坪寨双线特大桥 0 号台距离胡家寨隧道出口仅 0.31 m，0 号台～1 号墩间原地面为陡坡，1 号墩高 14 m，该处无法摆放大型吊车位置，无足够的拼装空间，经过反复论证之后确定了非标状态下移动模架的拼装方案：采用后退式拼装方法进行移动模架主梁及导梁的拼装，充分利用隧道口现有场地及隧道内净空，逐节拼装移动模架主梁及导梁，每拼装一节之后将模架往隧道内退，待主梁、导梁拼装完成后再整体将模架走出隧道，进行外挂及模板系统的安装。移动模架与隧道横截面尺寸如图 3-6-13 所示，移动模架与施工现场立面关系如图 3-6-14、图 3-6-15 所示。

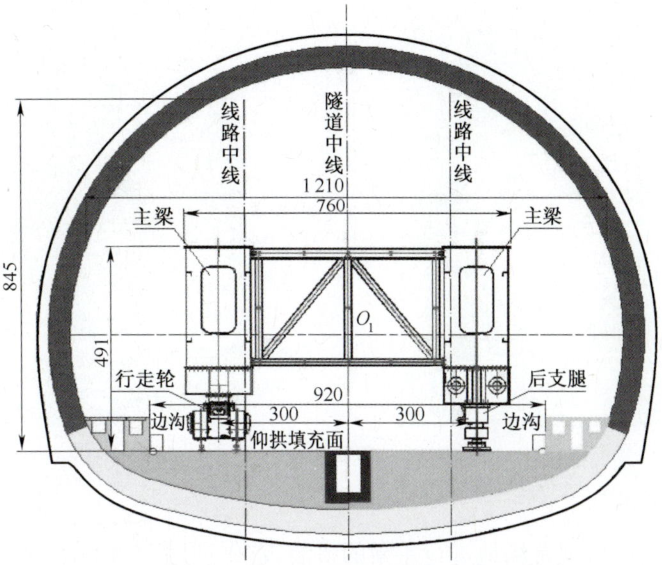

图 3-6-13　移动模架横截面与隧道净空尺寸(单位：cm)

图 3-6-14　移动模架立面现场关系图(后端)

图 3-6-15　移动模架立面现场关系图(前端)

6.3.5.2　移动模架拼装要点

1. 搭设临时支墩

对胡家寨隧道出口处场地进行平整、碾压。预留吊车摆放位置,安设临时支墩及临时加工的辅助走形滑轮,支墩高度 1.9 m,每侧主梁下设置一组临时支墩,在单层双排贝雷梁上垫 14 cm×20 cm 方木进行调节,方木上放置 YDC300 型液压千斤顶,作为移动模架主梁拼装时支撑的转换点。临时辅助走形滑轮在现场利用废旧型钢焊接而成,每侧主梁下设置一组走行滑轮,在一节主梁拼装完成后辅助后走行系统完成主梁后退。临时支墩和辅助辊轮分别如图 3-6-16 和图 3-6-17 所示。

图 3-6-16　临时支墩

图 3-6-17　辅助辊轮

2. 主、导梁拼装

步骤一:利用胡家寨隧道口现有场地进行主梁的拼装,首先利用 50 t 汽车吊配合人工安装后行走机构,安装位置必须经过测量放线,确保后行走机构的对称中心线与大桥中心线一致,然后安装临时辅助走形滑轮。利用 50 t 吊车吊装 1 号(左右)主梁分别放置于行走机构和辅助走形滑轮上,并固定后行走机构上球座与主梁连接螺栓,避免移动。接着安装 1 号(左右)主梁之间的连接构架及后支腿支撑油缸,后支腿油缸由螺栓带螺母与主钢箱梁相连固定。完成后启动后行走电机将已拼装加固好的第一节主梁后退至隧道洞内。

步骤二:在隧道洞门外场地上对称安装贝雷梁临时支撑及 YDC300 型辅助液压千斤顶,50 t 吊车依次吊装左右侧 2 号主梁与 1 号主梁对接,对接位置四周用螺栓节点板和 M10.9 高强螺栓连接。纵向主梁对接过程动作要慢,并确保对接口紧密性和连接螺栓的垂直性。所有的螺栓螺帽用气动扳手拧紧,确保螺杆均匀受力。主梁螺栓连接方式如图 3-6-18 所示。

图 3-6-18　主梁间采用螺栓连接板连接

步骤三:对称顶起左右侧液压千斤顶将主钢箱梁与辅助走形滑轮脱空,5 t 葫芦牵引辅助走形滑轮后移跨越 1 号主梁与 2 号主梁螺栓连接板至 2 号主梁位置(图 3-6-19),接着缩回液压千斤顶,使主梁平稳缓慢地落在走形滑轮上，启动后行走机构电机使1号、2号主梁同步向胡家寨隧道内后退，后退时同时观察走形滑轮及后行走轨道有无异常，是否偏位；后退行走时确保模架移动速率不超过1.5 m/min。

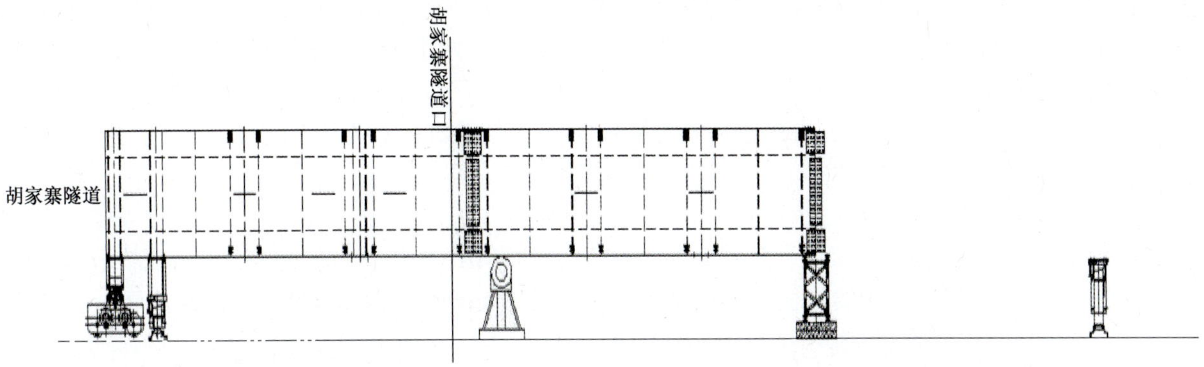

图3-6-19　辅助走行滑轮越过1号主梁与2号主梁螺栓连接板位置

步骤四：用步骤二、三同样的方法吊装3号主梁及连接构件，完成主梁拼装，将主梁全部后退至隧道内，以便有足够的空间拼装导梁。

步骤五：在3号主梁下方安装中支腿液压油缸，由中支腿和后支腿承受模架主梁自重，撤除贝雷梁临时支撑及辅助走形滑轮，准备导梁拼装。

每节导梁重10 t，在0号台～1号墩之间利用20 t汽车吊进行悬拼，同时在1号墩顶安装前支腿。如图3-6-20所示。

图3-6-20　0号台～1号墩间悬拼导梁

3. 其他构件的拼装

待移动模架导梁拼装完成后，模架整体前移，将主梁位置移至0号台～1号墩间简支梁梁位处，利用20 t汽车吊进行外挂梁及模板系统的拼装，完成模架的剩余拼装工作。如图3-6-21和图3-6-22所示。

图3-6-21　左右侧对称拼装外挂梁

图3-6-22　完成模架的整体拼装

6.3.5.3　移动模架预压

1. 空载试验

(1)移动模架整体拼装完成后对整个模架进行开合模调试试验，两侧外挂梁在横向油缸的推动同时打开,再同步合龙,检查模架的工作性能,并进行同步调试。

(2)对整个移动模架进行一次全面测量,检查几何尺寸及工作性能。测量两组承重钢箱梁梁底相对高差;同步顶升中、后支腿竖向液压油缸,让整个模床上升 100 mm,等待 15 min,观察其中、后支腿油缸的保压性能。然后驱动走行系统使模架向前移动,测试其移动速度,观察两主梁是否保持同步前移。以上测试均正常后,回位至第一跨简支梁梁位。

(3)移动模架空载试验完成后,再次检查电气系统、液压系统及机械系统是否运行正常,同时记录各油压表的读数。

2. 加载预压

移动模架按照 32 m 简支梁梁体自重的 1.1 倍进行全断面预压,预压总重量为 896.8 t,现场采用装水和堆码砂袋的方式进行预压,其中翼缘板、墩顶、变截面 1.5～4.5 m 处采用砂袋,普通节段采用防水板垫底装水。其中砂袋重 466.4 t,水重 430.4 t。

3. 各节段各部位堆载重量计算

(1)普通节段。普通节段底板位置全部抽水预压,用防水板铺底, 32 m 梁普通节段(23.6 m)预压堆砂袋及水重量分布如图 3-6-23 所示。

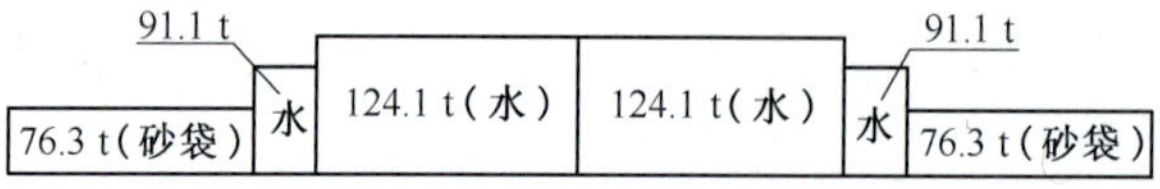

图 3-6-23　普通节段预压荷载分布图

(2)墩顶。32 m 梁单侧墩顶(1.5 m)预压砂带重量分布示意图如图 3-6-24 所示。

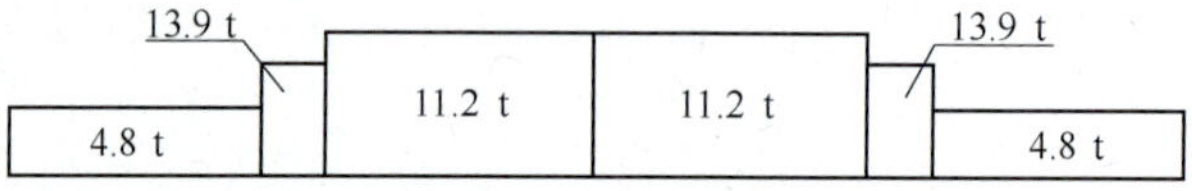

图 3-6-24　墩顶段预压荷载分布图

(3)由墩顶渐变至普通节段。32 m 梁渐变段(1.5 m)预压砂袋重量分布示意图如图 3-6-25 所示,预压照片如图 3-6-26 所示。

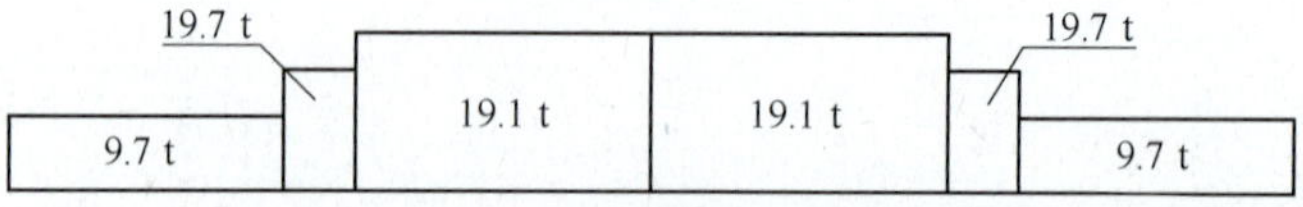

图 3-6-25　渐变段预压荷载分布图

图 3-6-26　预压图

4. 预压观测

堆放荷载时沉降观测点位如图 3-6-27 和图 3-6-28 所示,测量点位在底板、顶翼板、腹板布置准确,预压过程中测量共计 6 次。在堆载前分别对底板、翼缘板顶、腹板位置测量高程;测量堆载 50%、堆载 100%、堆载 110%静置 24 h、卸载 50%、卸载 110%的各布置点高程,如图 3-6-27 和图 3-6-28 所示。

5. 预压结果

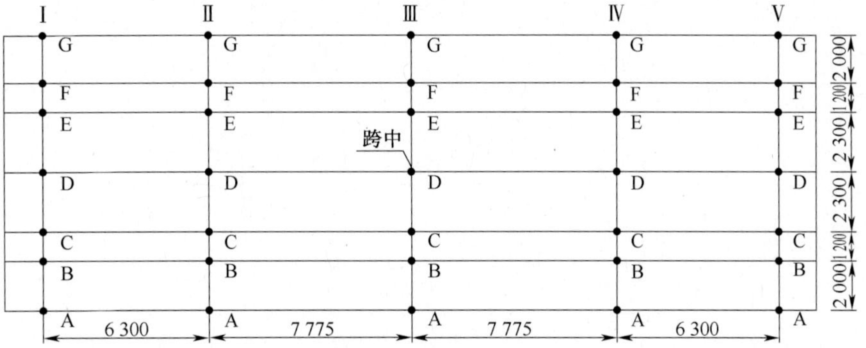

图 3-6-27　预压加载点平面布置图(单位:mm)

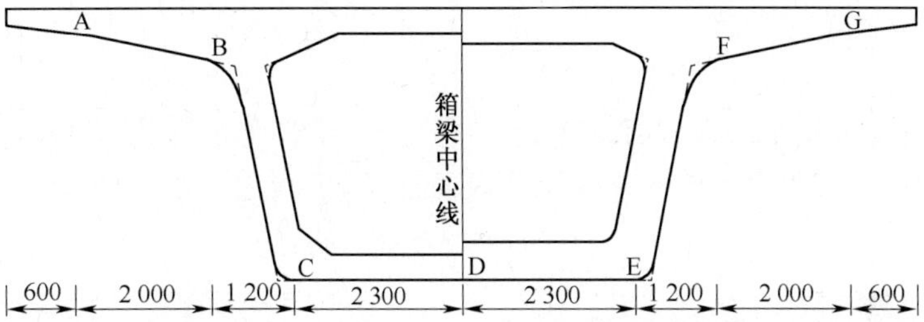

图 3-6-28　预压加载点截面布置图(单位:mm)

(1)堆载完成后移动模架底板各点平均下沉量 28 mm,卸载完成后各点平均上弹量 11 mm,非弹性变形为 17 mm。

(2)腹板处移动模架平均下沉量 33 mm,卸载完成后各点平均上弹量 13 mm,非弹性变形为 20 mm。

(3)翼缘板处移动模架平均下沉量 10 mm,卸载完成后各点平均上弹量 3 mm,非弹性变形为 7 mm。

6. 预拱度设置

根据预压测量数据、预应力产生的上拱度设计值、静荷载挠度、徐变挠度及理论计算跨中的反拱值设置预拱度,以此调整现浇梁底模高程。32 m 简支箱梁移动模架预拱度设置值如图 3-6-29 所示。

二次抛物线公式:$y=4\delta x(L-x)/L^2$

x:建立的直角坐标系,以 0 号台支座中心为原点,0 号台～1 号墩为 x 轴。预拱度对应值见表 3-6-2。

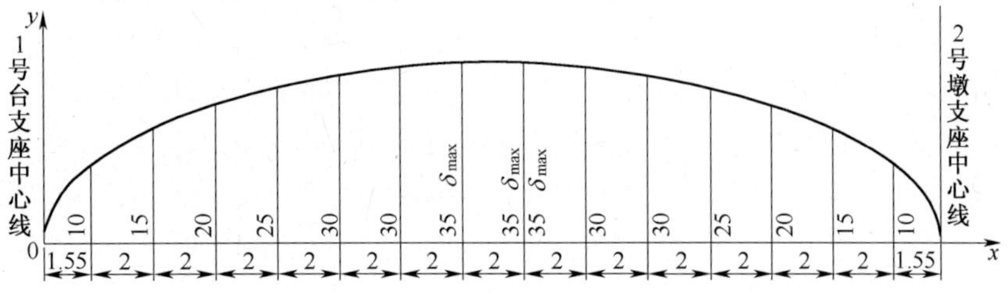

图 3-6-29　简支箱梁移动模架预拱度布置图

表 3-6-2　预拱度对应值

x(m)	1.55	3.55	5.55	7.55	9.55	11.55	13.55	15.55	17.55	19.55	21.55	23.55	25.55	27.55
y(mm)	10	15	20	25	30	30	35	35	30	30	25	20	15	10

6.3.6　移动模架原位现浇简支梁

6.3.6.1　支座安装、灌浆及端头模安装

支座安装采用重力式灌浆法,如图 3-6-30 所示。灌浆料由普通灰浆搅拌机拌制,辅助灌浆专用设备采用高位漏斗。

支座安装工艺及注意事项:

(1)盆式橡胶支座和灌浆材料进行检验,确保符合设计规范要求方能施工。支座安装前检查支座连接是

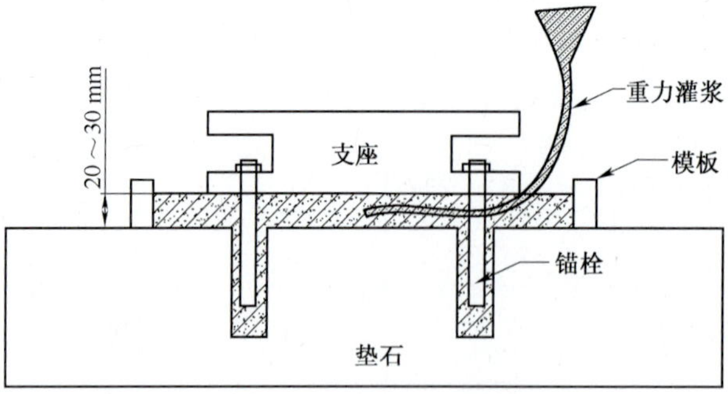

图 3-6-30　支座重力式灌浆图

否正常及检查活动支座的预偏量值，不得任意松动支座上、下支座板连接螺栓。制作安装如图 3-6-31 所示。

(2)测量放样，精确定位支座位置。支座安装前检查桥梁跨距、支座位置及预留锚栓孔位置、尺寸和支座垫石顶面高程、平整度，并均应符合设计规范要求。

(3)凿毛支座安装部位的支承垫石表面，清除预留孔中的杂物，安装灌浆用模板，并用水将支承垫石表面浸湿，灌浆用模板采用钢模，底面设一层 4 mm 厚橡胶防漏条，模板之间牢固连接。端头模安装如图 3-6-32 所示。

图 3-6-31　支座安装

图 3-6-32　端头模安装

(4)支座四角采用钢垫块调整高程，就位后，在支座板与支承垫石顶面之间留有 20～30 mm 的空隙，以便灌注高强度无收缩灌浆料。

(5)仔细检查支座中心位置、高程、支座型号及对应支座安装位置，经监理工程师检查合格后方可进行灌浆作业。灌浆采用重力灌浆方式，灌注支座下部及锚栓孔处空隙，估算浆体体积，备料充足，一次性连续灌满。灌浆口不低于梁底面，灌浆实用体积数量不应与计算值产生过大误差，应防止中间缺浆。

(6)灌浆过程应用导管及漏斗从支座中心部位向四周注浆，直至从钢模与支座底板周边间隙观察到灌浆材料全部灌满为止。

(7)强度达到 20 MPa(8 h)后，拆除钢模，检查是有否漏浆处，拧紧下支座锚栓。

移动模架端头模采用厂制大块钢模，并预留预应力管道锚穴位置。模板安装时应注意：立模前将模板表面清理打磨干净，无污渍，浮锈，并涂刷干净脱模剂；模板缝处理采用双面胶粘在两块模板中间，防止漏浆，模板与模板之间突出的缝用腻子灰抹平处理；按要求将模板与模板之间的螺帽上满、拧紧。锚具注浆孔必须用透明胶封严，防止混泥土浆液流入。

6.3.6.2　底板、腹板钢筋绑扎

(1)箱梁钢筋绑扎，先进行底板及腹板钢筋的绑扎，检查修正钢筋间距。保证钢筋安放位置准确，做到纵横向平直，竖向钢筋垂直度满足要求。如图 3-6-33 所示。

(2)钢筋保护层用同等级垫块在钢筋与模板之间设置，梁体侧面和底面保护层垫块数量不得少于4 个/m^2。

6.3.6.3　预应力管道定位

施工时根据设计图纸《预应力筋定位网坐标表》制做定位网片，每 50 cm 设置一道，确保预应力管道定位准确。如图 3-6-34 所示。

图 3-6-33　底、腹板钢筋绑扎

图 3-6-34　预应力管道定位

6.3.6.4　内模安装

移动模架内模采用厂制钢模。立模时先安装底板倒角模，再安装横撑以固定倒角模。在依次往上立模，模板与模板之间用螺栓连接。安装至腹板顶时，安装内模支撑骨架，骨架固定后再进行顶模安装，模板高度、腹板厚度通过骨架上的丝杆调节。如图 3-6-35 和图 3-6-36 所示。

图 3-6-35　模架内模安装及加固

图 3-6-36　安装成型的内模顶板

6.3.6.5　顶板钢筋绑扎及预埋件安装

顶板钢筋绑扎前仔细核对核对钢筋的型号、规格、直径、长度和数量，如有错漏，及时纠正、增补。钢筋绑扎时，钢筋的交叉点处采用铅丝呈梅花状绑扎结实。钢筋与模板之间设置混凝土垫块，垫块与钢筋之间用铅丝扎紧，并互相错开，保证每平方米不少于 4 个，确保其保护层厚度满足技术规范和设计要求，并确保箱梁外观质量。钢筋一次绑扎成型，为确保钢筋绑扎的准确性，在进行防护墙、轨道板预埋钢筋，接触网支柱钢筋施工时必须根据测量放样线放出钢筋安装位置及高度，同时注意预留泄水孔位置。如图 3-6-37 和图 3-6-38 所示。

图 3-6-37　模架顶板钢筋绑扎

图 3-6-38　顶板预埋件安装

6.3.6.6　混凝土浇筑及养护

优化浇筑工艺，薄层浇筑，“内排”并“外保”，降低内外温差。具体实施办法如下：

(1)移动模架浇筑为一次性浇筑完成，并保证混凝土初凝之前完成混凝土浇筑，减少混凝土水化热的影响。混凝土分层浇筑，分层振捣，每层浇筑厚度控制在 30 cm。

(2)简支箱梁端头处梁高 3.05 m，钢筋密集并且直径大，必须保证在下层混凝土初凝前进行一次振捣，使混凝土具有良好的密实度和整体性。

(3)浇筑过程中设专人检查钢筋和模板的稳固性,发现问题及时处理。

(4)混凝土在浇筑振捣过程中会产生一定量的泌水,需及时排出泌水。浇筑过程中还要注意及时清除黏附在顶层钢筋表面的松散混凝土。

(5)由于底板上设计有倒角,浇筑完底板后,为避免腹板内灌注混凝土时内箱上浮或造成倒角与底板连接处出现浮浆,因此需要暂停 1 h 后再浇筑腹板混凝土。

(6)由于腹板内预应力波纹管较多,浇筑过程容易出现下料不均匀的现象,将导致局部地方出现空洞,因此在浇筑过程中,需要值班人员用手锤敲击内腹板,根据声音来判断是否有空洞。

(7)平整度采取两次收面,在混凝土浇筑完和混凝土初凝前进行抹面。

移动模架属于大体积混凝土,混凝土养护是保证梁体混凝土质量,防止混凝土裂纹的关键。混凝土要求保温、保湿、防晒养护不少于 7 d,尽量减少收缩,温差的影响,确保混凝土质量。养护措施如下:

1)箱梁顶板混凝土浇筑完成初凝后覆盖土工布并洒水养护,养护以保持混凝土表面湿润为宜,土工布固定牢固,避免刮风吹走。

2)混凝土浇筑完后使箱室两端正常通风,避免内外温差过大产生裂纹,内箱混凝土也洒水养护,养护与顶板相同。

6.3.6.7 现浇箱梁预应力施工

预应力施工按预张拉、初张拉、终张拉三个阶段进行。预张拉时混凝土强度达到设计强度的 60%,拆除端头模,并保证梁体棱角完整。初张拉在梁体混凝土强度达到设计强度的 80%后进行,初张拉时松开内模,张拉完成后方可拆除内模。终张拉必须在梁体混凝土强度及弹性模量达到设计值后,方可进行。

(1)张拉按照设计图纸的顺序进行。

(2)张拉控制力应准确,使预应力筋的永存应力达到设计要求。张拉作业,按照两端张拉并锚固的方法进行。所有纵向预应力束张拉均按“左、右对称、两端同时”的原则进行。

(3)千斤顶安装就位后,开动油泵向张拉油缸缓慢进油,使钢绞线略为拉紧后调整千斤顶位置,使其中心与预应力管道轴线一致,以保证钢绞线的自由伸长,减少摩阻,同时调整夹片使其夹紧钢绞线,以保证各根钢绞线受力均匀。然后两端千斤顶以正常速度对称加载到初始张拉力后停止加油,测量并记录钢绞线初始伸长量,完成上述操作后继续加载至控制张拉力,量测实际伸长量并与计算伸长量相比较。

(4)采取双控法控制,即在张拉力满足设计要求的情况下,预应力筋伸长量与设计计算伸长量之差在 ±6%内。

为提高张拉准确性及预应力质量张拉时应注意以下几点:

1)根据要求的预张拉应力、初张拉应力、终张拉应力换算成油泵油表读数,并让操作人员熟悉。人员进行分工、分组、明确协作关系。箱梁终张拉时要求混凝土养护 5 d 并在强度达到 100%以上,纵向预应力采取两端同时张拉,同时观测张拉应力与伸长量实行两项指标双控。

2)张拉机具应与锚具配套使用,应在每次使用时进行检查,所用压力表的精度不得低于 0.5 级,表盘直径不小于 150 mm,应具有大致两倍于工作压力的满载能力,检验千斤顶活塞的运行方向与实际张拉工作状态是否一致。使用千斤顶须按规范要求定期进行检定。

3)钢绞线在张拉前,均应对钢束按照张拉吨位对张拉伸长量进行计算、复核,确保张拉质量。

6.3.6.8 预应力封锚、压浆

张拉结束经检查合格后,将锚头密封好,待封锚水泥浆凝固后方可进行压浆,水泥浆严格按照实验室配合比进行。压浆前先向每个管道内压水,确保管道通畅无阻并清除管道内杂物及积水,安装压浆头,并认真检查其阀门是否阻塞;水泥浆在使用前和压注过程中连续搅拌,压浆工作应一次性连续压浆,压浆顺序自下而上、由低处往高处进行。压入管道的水泥浆应先计算每根管道所需的浆液体积,确保每根管道饱满密实,且水泥浆搅拌结束至压入管道的时间间隔不能超过 40 min,压浆时最大应力为 0.5~0.7 MPa,冬季压浆后 48 h 内,结构混凝土的温度不得低于 5 ℃,否则应采取保温措施。当气温高于 35 ℃时,压浆宜在夜间进行。

6.3.7 移动模架过孔作业

6.3.7.1 单导梁移动模架过孔

单导梁移动模架过孔如图 3-6-39 和图 3-6-40 所示。

图 3-6-39　移动模架过孔状态图 1

图 3-6-40　移动模架过孔状态图 2

1. 第一次过孔作业

(1)箱梁张拉完毕,拆除墩顶散模及墩顶处侧模对拉设施。

(2)拆除吊杆、拆除底模及侧模纵横向连接螺栓,拆除模架横向对接螺栓。

(3)辅助支腿油缸伸出与桥面顶紧,后支腿油缸收回脱空并吊挂前移至指定位置。

(4)辅助支腿及前支腿支承油缸收回脱空,整机下降 0.27 m。

(5)底模架横移开启并临时锁定,准备第一次前移过孔。

(6)启动造桥机纵移机构,整机前移 10.7 m 后停止。

2. 第二次过孔作业

(1)第一次过孔完毕后,造桥机后支腿油缸伸出与主梁转换支点牛腿顶紧,解除前支腿与墩顶间锁定。

(2)后支腿油缸伸出顶升 0.1 m,前支腿脱空,准备吊挂前移。

(3)辅助支腿与桥面竖向预应力筋或桥面预留吊杆孔锁定。

(4)前支腿脱空后吊挂前移至前墩顶指定位置安装,并将立柱与墩顶临时斜拉杆张紧,与墩顶预埋件间锁定,经检查确认无误后,后支腿油缸收回,准备第二次前移过孔。

(5)启动造桥机纵移机构,整机前移 22 m 后到位。

(6)横移关闭底模架,连接左右模架间连接螺栓。

(7)前后支腿油缸顶升 0.27 m 至工作状态并锁定。

(8)安装吊杆并调整,模板测量并调整,拆除前支腿立柱临时斜拉杆。

6.3.7.2　双导梁移动模架过孔

双导梁移动模架过孔如图 3-6-41 和图 3-6-42 所示。

图 3-6-41　双导梁移动模架过孔(一)

图 3-6-42　双导梁移动模架过孔(二)

(1)混凝土浇筑完毕后并达到张拉强度后,拆除内模撑杆,张拉预应力束。在桥面铺设轨道,拆除吊杆,拆除底模、外肋中缝处的对接螺栓;中、后支腿垂直支承油缸回收使模架整体下落 10 cm 脱模(每次下降 5 cm,2 次到位),后走行轮作用在轨道上,前辅助支腿托辊与导梁下轨道接触(此时,后支腿垂直支承油缸仍然支承);操作泵站横移油缸顶推外肋,外模系统横移开启。

(2)拆除中支腿连接系;操作泵站使中、后支腿垂直支承油缸脱空,驱动后行走机构使模架前移一跨;此时前、中支腿位于同一桥墩上。

(3)顶升后支腿、中支腿液压油缸,由后支腿、中支腿受力;起吊小车将前支腿吊挂前移一孔,并在墩顶就位;操作泵站使横移油缸循环回收,外模系统横向合拢就位。

(4)各支腿系统竖向高程调整、锁定;外模系统横向调整、锁定。

(5)钢筋绑扎,立内模,浇筑混凝土。

6.3.8 移动模架拆除

6.3.8.1 单导梁移动模架拆除

单导梁移动模架拆除顺序与拼装顺序完全相反,为:附属设施→底模、侧模→吊臂→液压、电力系统→导梁→主梁→前、后支腿,如图 3-6-43 所示。

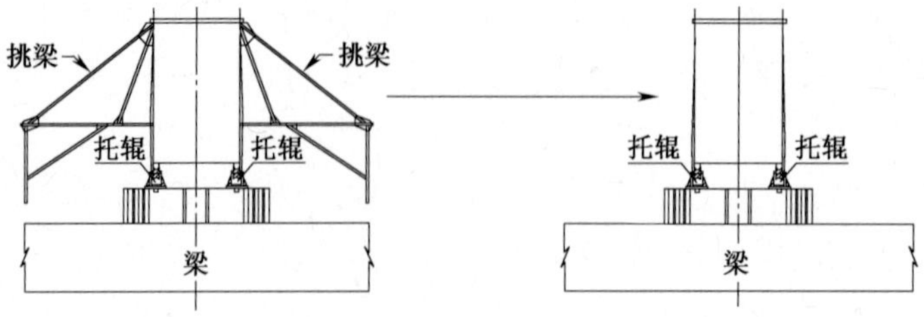

图 3-6-43 拆除挑梁示意图

1. 底模、侧模拆除

两台 50 t 吊车和模架本身的电葫芦,两侧对称单节拆除底模和侧模,并存放在梁下的场地。

2. 挑梁拆除

待最后一孔箱梁模板脱除完毕后,将电动葫芦走道系统及跟挑梁有连接的所有构件(施工过程中的后加的辅助施工结构)与挑梁进行分离并分解回收;然后才将挑梁从主梁上拆除,拆除时,先用辅助施工的门吊将待拆除的挑梁临时提挂,然后拆除由上节点板至下节点板逐一螺栓,拆除后将挑梁放置于梁面进行分解回收;拆除施工时,不应对主梁造成损伤。

3. 导梁拆除

待最后一孔箱梁模板除完毕后,利用 50 t 吊车在路基上分节吊装导梁。

4. 主梁拆除

启动走行装置,使主梁向后纵移走行,在走行过程中应控制走行速度,速度不易过快,要保证主梁的稳定,同时要在前、中、后三个支腿处设专人检查主梁轨道与轮槽的咬合情况,如有偏移现象或有脱轨预见,要及时打出信号,停止卷扬机,停止一切纵移操作,特别是在走上前托辊时,要有专人用钢撬棍引导钢轨顺利进入轮槽。待主梁行走至路基或梁面上时,即可拆除螺栓,分节用 50 t 吊车拆除。

5. 前后支腿拆除

待主梁拆除后,用 50 t 吊车拆除前后支腿、辅助支腿,至存放场地。

6.3.8.2 双导梁移动模架拆除

拆除顺序与拼装顺序大致相反,施工完成最后一跨后模架横向开启拆除外模、底模架及吊挂。

然后模架整体移动至路基或梁面上,安放临时支墩,模架整体下落,使支腿脱空,拆除电气、液压系统,再按顺序分节段拆除导梁、主梁、连接梁。

6.3.9 劳动力配置

劳动力配置见表 3-6-3。

表 3-6-3 劳动力配置表

类 别	数 量	类 别	数 量
管理	2 人	电、焊工	5 人
技术	2 人	钢筋工	20 人
测工	3 人	模板工	15 人
机械司机	5 人	过孔	10 人
钳、铆工	5 人	普通工人	20 人

6.3.10　机械配置

机械配置见表 3-6-4。

表 3-6-4　机械配置表

机械名称	单位	数　量	备　注
25 t 汽车吊	台	1	平时施工用
50 t 汽车吊	台	1	拼装、拆除时用
300 t 液压千斤顶	台	4	
张拉配套油泵	台	4	
灌浆机	台	1	
0.8 m^3 空气压缩机	台	1	
混凝土振捣棒	条	10	
钢筋切割机	台	1	
钢筋弯曲机	台	1	
电焊机	台	4	
钢绞线切割无齿锯	台	1	
电动扳手	把	4	
手动扳手	把	4	

6.3.11　质量控制

(1)移动模架的加工和拼装质量严格按照其相关的规范控制。

(2)钢筋、水泥、地材、钢绞线、锚具等原材料的检验与试验均按现行规范有关规定执行。

(3)梁体钢筋工程、预应力工程、混凝土工程等质量检查和质量标准都按《铁路混凝土工程施工质量验收标准》(TB 10424—2010)中预应力混凝土工程有关规定执行。

6.3.12　安全措施

(1)防止出现吊机、汽车泵倾覆事故。

(2)浇筑混凝土施工过程中,定时检测设备的各部分的变形及有无焊缝开裂现象。

(3)每浇完一跨箱梁,需对主梁支点处和跨中段连接螺栓进行检查,发现异常及时补强。

(4)施工现场的各种安全防护措施、安全标志和警告牌应标准化,不得擅自拆动,施工机械必须指定专人操作,特殊工种必须持证上岗。安全设施有专人按规定统一设置,其他人不得随意拆动。因工作需要须拆动时,要经过有关人员允许,事后要及时恢复,安全员要认真检查。

(5)机械设备的操作人员必须经过专业培训考试合格,在取得有关部门颁发的操作证或特殊工种操作证后,方可独立操作。不懂电气和机械的人员,严禁使用和玩弄机电设备。机械作业时,操作人员不得擅自离开工作岗位或将机械交给非本机操作人员操作,严禁无关人员进入操作区和操作室内。机械进入作业地点后,施工技术人员向机械操个人员进行施工任务及安全技术措施交底,操作人员应熟悉作业环境和施工条件,遵守现场安全规则。

6.3.13　环保措施

(1)所有运输车卸料溜槽处必须装设防止遗撒的活动挡板,并清理干净后方可出现场。

(2)确保道路畅通,为过往车辆、行人提供方便。严防施工污水直接流出施工区域污染环境。

(3)施工现场设立废弃物临时贮存场地,废弃物分类存放,对有可能造成二次污染的废弃物进行单独贮存、设置安全防范措施且有醒目标志。

7　预制节段逐跨拼装制梁施工技术

7.1　概　　述

自20世纪后期以来,预应力混凝土桥梁预制节段逐跨拼装法(segmental construction span by span)在欧洲、日本、美国等工业化发达国家得到广泛应用。桥梁施工朝着构件生产标准化、工厂化,结构拼装化、装配化,施工设备机械化的方向发展,预制拼装施工已逐步成为预应力混凝土桥梁主要施工方法之一。在我国,预应力混凝土桥梁节段预制拼装的研究、应用始于20世纪60年代,由于受到当时施工设备及技术的制约,节段预制拼装施工技术发展缓慢。近年来,随着铁路、公路及市政建设的蓬勃发展,预制节段逐跨拼装技术在该领域得到了长足的进步。利用移动模架造桥机实作了大量的32 m以上预应力混凝土简支及连续箱梁。

目前梁段的预制方法主要分为长线法和短线法。就其桥梁施工速度,工程质量控制,采用短线法进行预应力混凝土桥梁预制节段逐跨拼装方法,更具有一定的优越性。

7.2　技术特点

(1)采用专用架梁设备进行节段逐跨拼装,施工速度快。节段预制与拼组架设平行作业,按流水作业安排流程,便于施工管理。

(2)梁体分节段在预制场预制,工程质量可控。

(3)移动模架造桥机设备性能可靠,自动化程度高,循环周期短,节段拼装方便,安全可靠。

(4)适用于中等跨径(30～50 m)的长大桥梁施工,尤其对跨越深沟峡谷的高桥及城市轨道交通具有优越性。

(5)对桥址周围自然生态环境破坏小,对桥下交通及周边环境干扰较小。

7.3　施工原理

预应力混凝土桥梁预制节段逐跨拼装法是根据拼装机具、运输车辆的能力等,将桥梁沿纵轴线方向分成若干个适当长度的节段,在工厂或桥位附近的场地进行节段预制施工,在桥墩施工完成并达到设计强度后,利用运输车将预制好的节段运送至桥位,利用移动模架造桥机为依托,将预制节段逐跨拼装到位,采用先"化整为零"后"集零为整"的一种施工方法。其施工技术原理是通过将一孔混凝土梁分成若干段,先预制节段,然后用接缝现浇混凝土(湿接缝)或涂环氧树脂胶(干接缝)将节段连接在一起,借助临时预应力作用于混凝土节段上的压力,预应力张拉成梁、孔道压浆和封锚等工序,使各节段形成整体结构, 完成整孔梁建造。

7.4　移动模架造桥机

7.4.1　移动模架造桥机结构类型

移动模架造桥机按其主承载结构(主梁)的位置不同可分为上行式和下行式两种。

主梁在待拼混凝土梁段上方的为上行式移动模架,预制节段通过悬吊系统悬挂在承重主梁上。承重主梁支撑在桥墩或已成混凝土梁上。

主梁在待拼装梁段下方的为下行式移动模架,这种结构型式需在模架上设置专门的吊机等辅助起重设备的配合。预制节段通过调节装置支撑在主梁上的为上行式移动模架。上行式移动模架造桥机按主机过孔时前端支承方式的不同分为借助下导梁过孔和借助辅助支腿过孔两种。

7.4.2　移动模架造桥机构造及特点

(1)下行式移动模架造桥机。主要由主桁、连接系、横梁、走行结构、墩旁托架及提梁吊机组成。主桁是移动支架的主要受力结构,设于两侧;两侧主桁之间设横梁,用以支承节段箱梁;连接系为主桁之间连接杆件,用以增加支架的稳定性;提梁吊机设于主桁上弦。移动支架两端支承于墩旁托架上,通过走行结构前移就位,走行结构包括锚梁、滑道。施工时,通过桁梁顶安装龙门吊机将后端运梁小车运送的预制节段吊运到指定位置。节段箱梁运至移动支架下,提梁吊机吊装就位。

(2)上行式移动模架造桥机。一般支承在桥墩上或后方已成混凝土梁上,适合预制节段干法拼装。目前应用较多的是桁型和箱形移动模架造桥机两种。桁架型结构主要由承重主梁、节段起吊运输调位装置、支腿、过孔移位装置等部分组成。箱型移动摸架与桁架型移动模架结构基本类似,区别仅在于其承重主梁采用整体性更好的钢箱梁,并且节段通过吊杆悬吊系统直接挂在钢箱梁内。节段箱梁运至移动支架下,提梁吊机吊装就位。

7.4.3　移动模架造桥机选型

移动模架造桥机应满足节段拼装施工所需的起重能力、跨越能力、转弯半径以及节段拼装满荷载时的刚度、承载能力及稳定性等要求。同时应符合国家对同类设备的有关安全及防护规定。

上行式与下行式移动模架造桥机各有特点,当进行设备选择时,应综合考虑桥梁结构形式、既有设备情况、安全、施工方便、适应能力、经济效益等多种因素,因地制宜选择合适的形式。原则上湿节缝节段拼装宜采用下行式移动模架造桥机,节段干接缝拼装采用以上两种形式移动模架造桥机均能适应。

移动模架造桥机设计单位应具有相应的资质,应由具有相应资质的单位制造。移动模架造桥机应具有足够的强度、刚度和稳定性。在各种工况下稳定系数均不得小于1.5,主梁挠度不应大于$L/550$(L为主梁支撑跨度)。

7.4.4　移动模架造桥机支承及滑移装置

支承移动模架造桥机的墩旁托架、过孔移位装置、移动模架拼装使用的临时支墩等,应经过设计计算,具有足够的强度、刚度和稳定性。墩旁托架及落地支架上设置的移动模架下滑道应具有足够的强度、刚度和宽度。过孔移位装置应做到位置准确、安装牢固。

7.4.5　移动模架造桥机拼装

7.4.5.1　移动模架造桥机进场

移动模架架桥机采用汽车运输至现场,主要部件的运输,均满足普通公(铁)路的运输界限要求,重要部件如电机、电气部件等采用包装箱整体运输,避免运输途中损坏或遗失。运输汽车到达现场后必须有专人指挥和防护,防止乱停乱放或倒车无人指挥。

7.4.5.2　移动模架造桥机组拼前准备

(1)现场施工人员施工组织完整、责任分工明确,进行了吊装技术交底工作,做好安全检查、做好安全施工的物资准备,包括安全帽、安全带、安全警戒、应急准备需要。测量人员到位、测量仪器满足施工需要。

(2)大型吊车司索工、指挥员、司机对吊装场地做过勘查,对安装方案进行过讨论;已确认安装场地的地基及通道满足吊车的提升和站位;预吊部件的重量不超越吊车的起吊能力。

(3)造桥机的地面拼装工作已验收,具备吊装要求。

(4)吊车提前进场,吊车自身的安全检查合格,是运行正常。

(5)提吊安装一周内的天气预报满足吊装要求,风力小于5级。

7.4.6　移动模架造桥机拼装

移动模架造桥机安装应遵循《铁路移动模架制梁施工技术指南》(TZ 323—2010)相关规定及要求。

7.4.7　移动模架造桥机荷载试验

移动模架造桥机组装完成后应按《铁路移动模架制梁施工技术指南》(TZ 323—2010)相关要求进行预

压荷载试验,每套移动模架造桥机首次预压荷载应为最大施工荷载的 1.2 倍,应分级进行加载。对模架各工作机构进行全面检查和试运行,以考核结构的受力行为和安全度。符合要求并经质量技术监督局部门确认合格后方可投入使用。

7.5 预制梁场设计与建设

7.5.1 预制梁场规划

(1)节段预制梁场应根据现场地质、地形情况布置,以尽量减少拆迁、少占耕地、减少临时工程量为原则。预制场规模可根据工程任务量,生产工艺、进度要求进行规划。

(2)预制梁场规模应根据桥梁节段分布情况、接缝形式、运梁速度、运送半径、梁段架、拼速度、预制工艺、建设总工期等综合考虑确定。

(3)预制梁场应设于箱梁节段相对集中地段。

(4)节段预制及存梁台座数量根据架设进度及生产效率确定。

7.5.2 节段预制梁场设置

预制场主要由生产区、生产辅助区、办公生活区三大部分组成。

生产区:分为预制区、存梁区、节段出运区。制梁区主要布置有钢筋制作区、钢筋存放区、钢筋绑扎区、制梁台座、模板清理存放区、蒸养蓬罩存放区;存梁区包括节段存放台座行走便道;出梁区包括箱梁节段装车区及吊装设备。

生产辅助区:布置有混凝土拌和站、砂石料存放区、锅炉房、存煤场、钢构件存放区、钢铰线存放区、材料库房、机修区等。

办公生活区:主要为生活区、办公区、停车场等设施。

7.6 干接缝节段预制拼装

7.6.1 节段短线法匹配预制(match cast)

根据箱梁的结构型式及成桥的线性特点,箱梁节段选用短线匹配法进行预制,即在预制场设置多个台座,各台座平行作业,所有梁段都在预制台座上进行浇筑。浇筑时,只采用一套模板(有一端为固定端模)进行节段预制。预制从第 1 个节段开始,第 1 个节段在固定端模和浮动端模之间浇筑,第 1 个节段为起始节段;然后将该节段前移作为匹配梁(充当浮动端模)进行第 2 节段浇筑,这样能保证相邻节段之间的匹配质量。重复这个过程,将第 i 节段前移进行第 $i+1$ 节段浇筑,确保了相邻梁段匹配接缝的拼接精度,当新浇梁段初步养生、拆模后,匹配梁段即运走存放,而把新浇梁段转移到该位置上作为新匹配梁段,完成下一箱梁梁段的预制,并依此循环完成整跨梁段的预制。如图 3-7-1 所示。

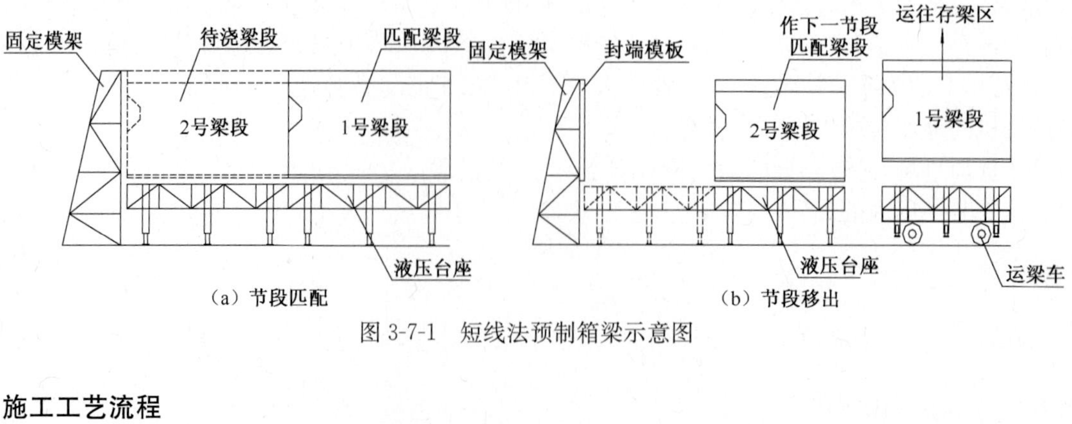

图 3-7-1　短线法预制箱梁示意图

7.6.2 施工工艺流程

混凝土箱梁节段预制施工流程如图 3-7-2 所示。

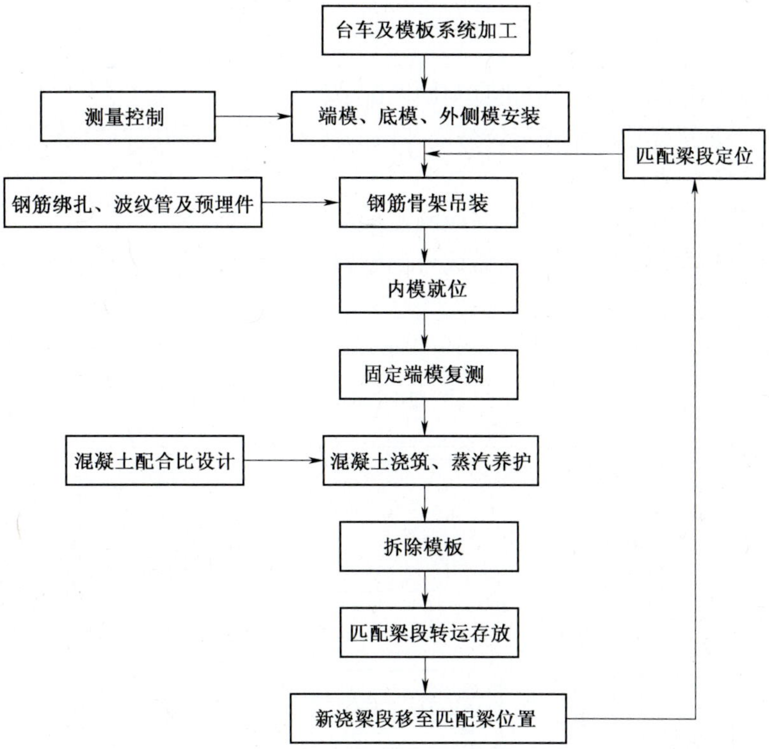

图 3-7-2　混凝土箱梁节段预制施工流程图

7.6.3　节段预制模板

与预制台座相匹配，箱梁梁段预制模板全部为钢模。为了方便操作，模板系统配置了液压千斤顶与顶伸螺杆装置，并带有三维数字定位液压系统。钢模板系统委托专业厂家设计、制造。模板系统包括底模、侧模、固定端模和内模，其总体结构型式如图 3-7-3 和图 3-7-4 所示。

图 3-7-3　模板系统示意图

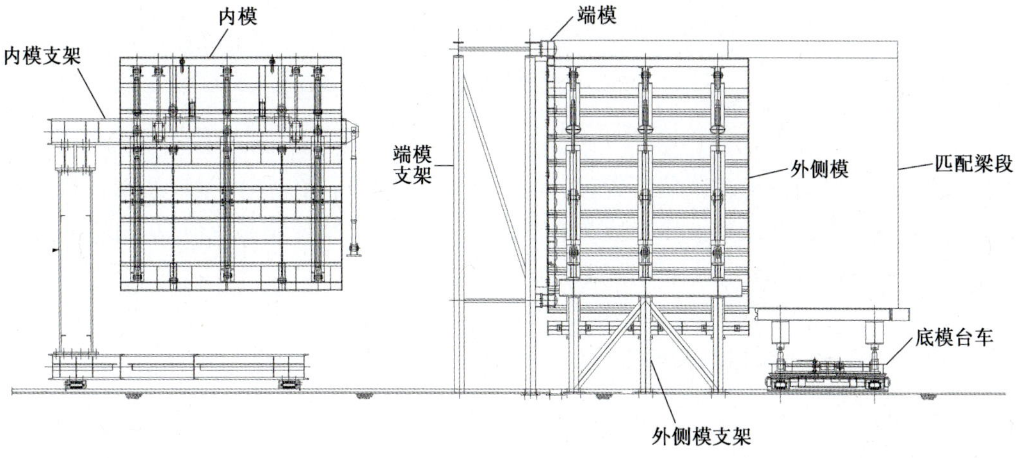

图 3-7-4　模板系统示意图

7.6.4 模板系统设计原则

(1)端模及侧模应采用钢模板,端模应铅直牢固匹配节段。

(2)移出就位时应根据梁体曲线精确定位待浇节段的侧模及底模,均应符合节段的线形要求,匹配节段应有可靠精确的空间调整装置。

(3)模板应与匹配节段连接紧密,无漏浆并应满足反复使用的质量要求。

(4)内模宜安装在可移动的台车支架上,做成可调整的模板系统,应保证其刚度及承载能力满足节段预制的精度要求。

侧模及内模总体布置图如图 3-7-5 和图 3-7-6 所示。

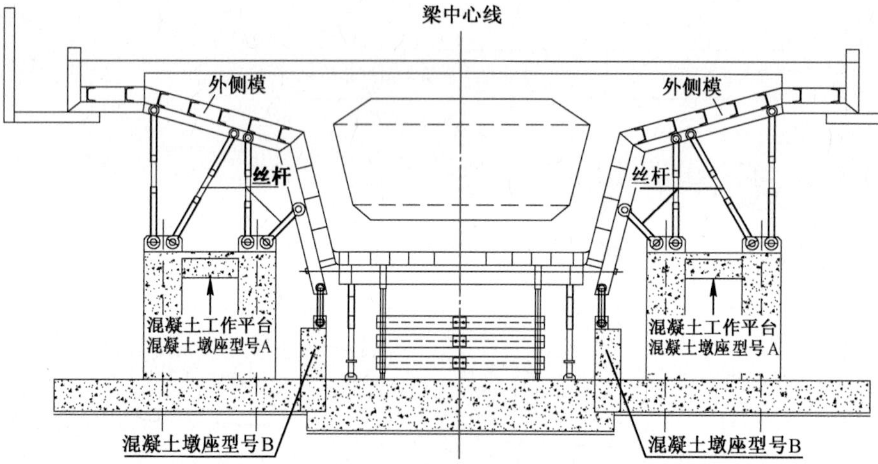

图 3-7-5 侧模总体布置图

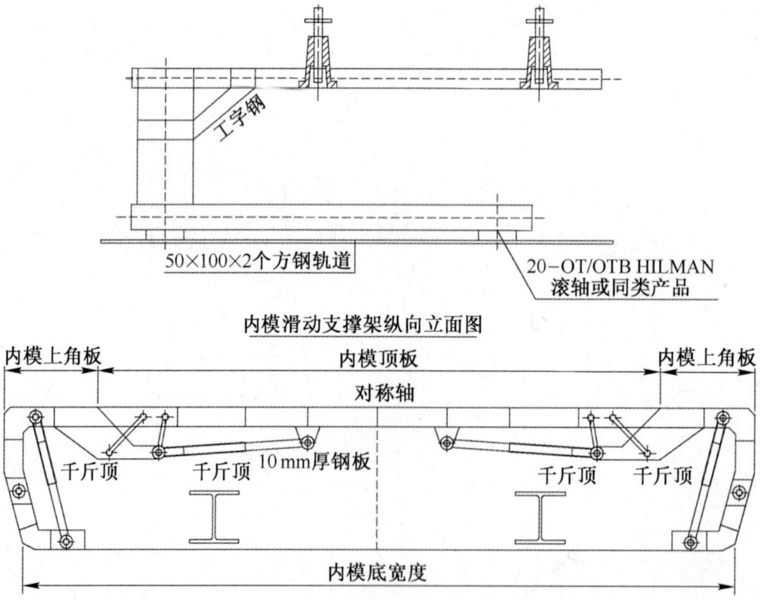

图 3-7-6 内模总体布置图

(5)运梁台车。走行系统应考虑限位装置,以确保行走时不偏位,确保匹配梁段线形调整准确。

(6)液压控制系统。液压系统的液压顶应具有双向自锁功能,油路控制系统应具有良好的稳定性。

7.6.5 节段预制

标准梁段预制程序。标准梁段预制的程序(一个循环)示意图如图 3-7-7 所示。

7.6.6 节段预制顺序

简支梁预制顺序一般从第 2 节段或第 4 节段开始预制,从第 4 节段开始可以同时向两个方向预制,可以

步骤	图　　例	说　　明
A	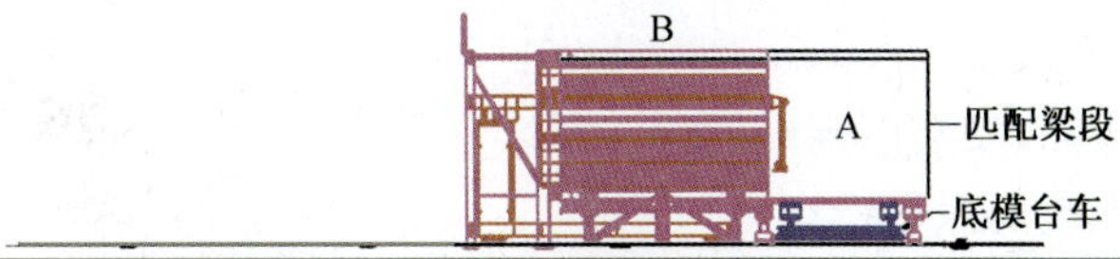	节段B混凝土浇筑完成，对其进行养护
B	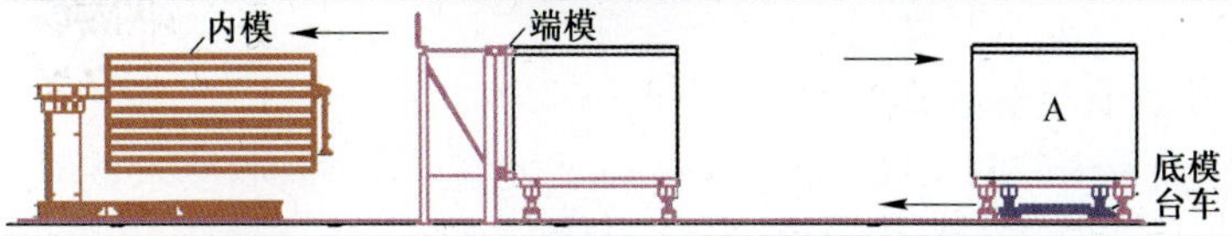	拆除节段B外侧模，将匹配梁段A与节段B分开，移走内模
C	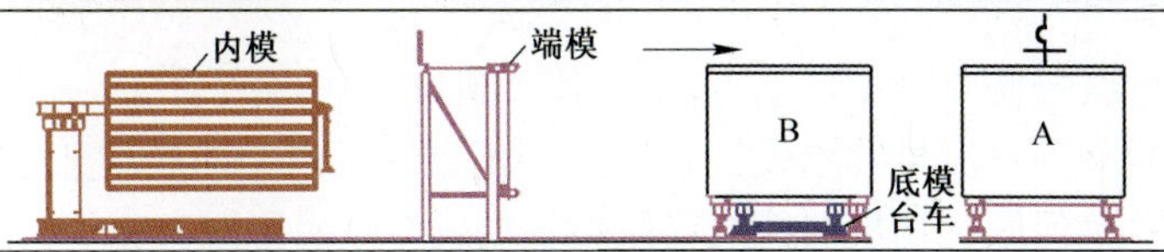	将梁段B与固定端模分开，并移开一定的距离，同时，将梁段A吊走存放
D	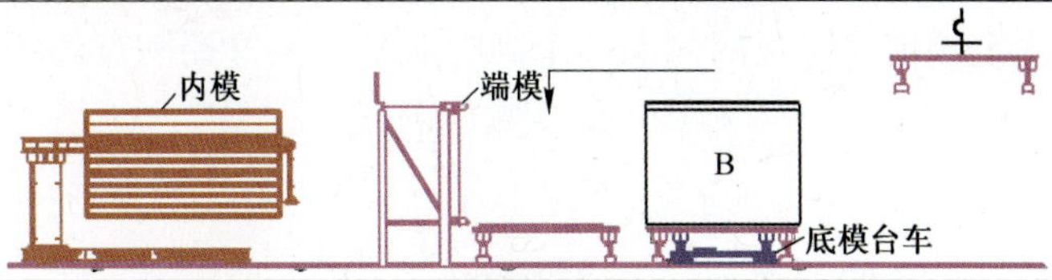	用吊机将节段A的底部调整平台及底模吊到固定端模处，撑起并调整底脚
E	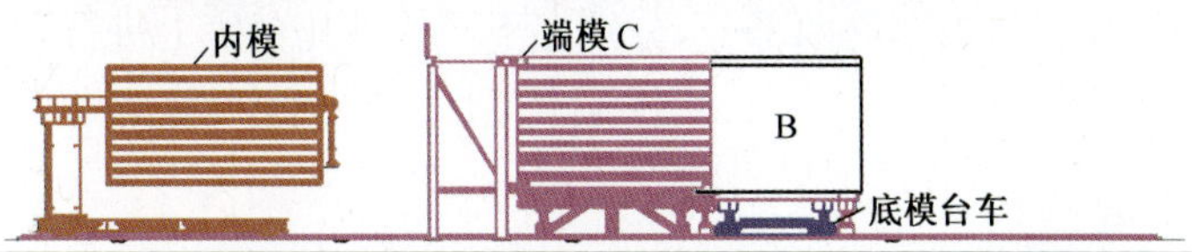	将节段B移至匹配梁段位置，并精确调整其平面位置及高程；安装并定位待浇节段（节段C）的外侧模；将各模板相互固定
F	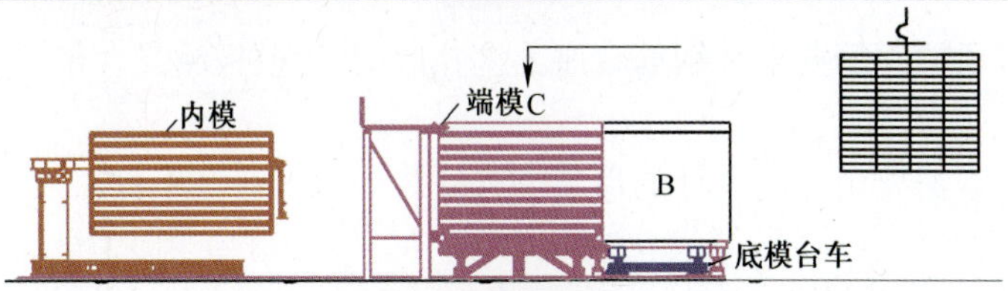	将节段C的钢筋骨架吊入钢模，对其进行定位
G	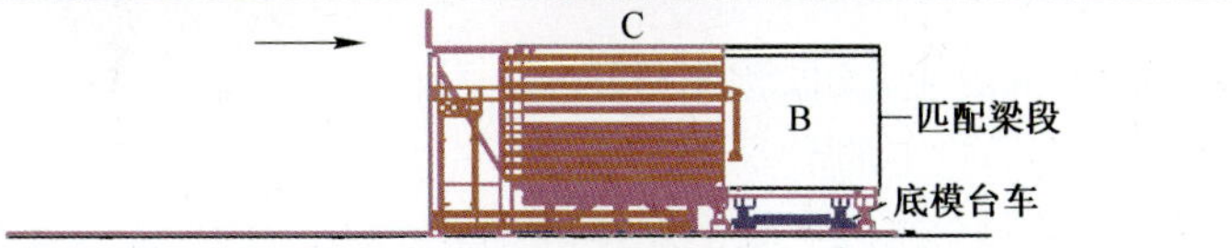	移进内模，将其与节段B内面及固定端模之间固定
H	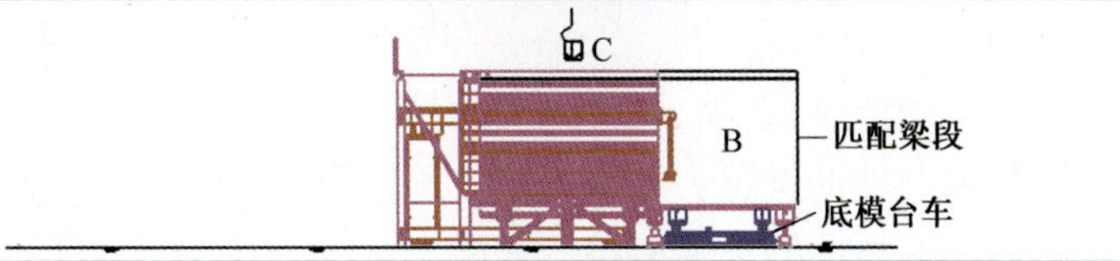	浇筑节段C混凝土

图 3-7-7　标准梁段预制的程序(一个循环)

加快同一孔梁的预制速度，标准节段预制完成后，最后预制两个端节块。节段预制顺序如图 3-7-8 所示。

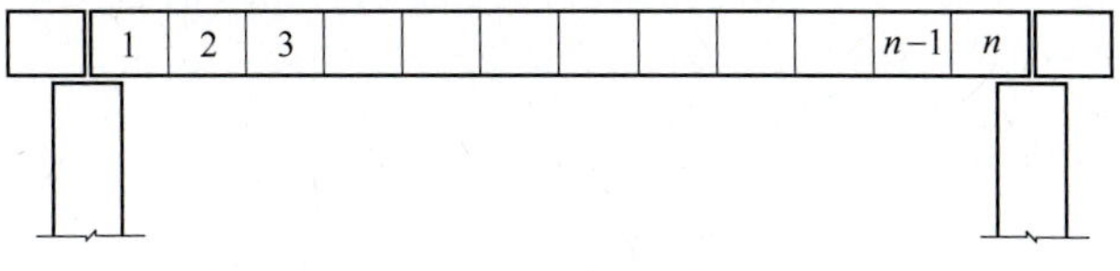

图 3-7-8　节段预制顺序示意图

7.6.7　模板的安装

模板的安装顺序为：底模安装、侧模安装、(吊入钢筋骨架)、内模安装。由于固定端模的位置是固定的，每次模板安装时，测量校核其平面位置、水平度及垂直度即可。边跨起始梁段预制时，两端均需端模(固定端模和移动端模)，其他梁段的端模为固定端模和匹配梁段的端面。

端模待浇梁段的端模包括固定端模和匹配梁段的匹配面(每联起始梁段除外)。

(1)固定端模。固定端模加劲后与固定在地面的支撑锚固支架连接。固定端模上设有剪力键,由于预制梁段所处位置不同,剪力键数量也会出现差异。因此对需要更换的部分剪力键设计为螺栓固定,便于拆卸。其余部分则采用焊接固定。

在整个模板系统中,固定端模精度要求最高,安装固定端模时注意以下几点:

1)端模模面与待浇梁段中轴线垂直,且在竖向保持铅直。

2)端模上翼缘要进行高程检测,确保其水平度。

3)端模支撑必须牢固,模板自身具有足够的刚度。

(2)中线控制:在固定端模上顶面及内腔的下底面各设一个轴线控制点,测量时,要求该两个控制点与两测量塔之间的测量基线重合。

(3)垂直度控制:测量上、下两个中线控制点至测量基点(测量仪器架设点)的水平距离,并调整使其距离相等,确保竖向中轴线垂直(水平距离相等)。测量对称设置在固定端模翼缘板两侧的高程兼平面位置控制点至测量基点的距离并调整使其相等,确保固定端模与待浇梁段中轴线成90°(水平距离相等)。

(4)水平度控制:测量对称设置在固定端模翼缘板两侧的2个高程兼平面位置控制点的相对高程,控制固定端模顶面水平度。

7.6.8　钢筋加工

钢筋绑扎时将梁体钢筋分成桥面板和底腹板钢筋两部分,分别在不同的绑扎台座上进行,对于其他局部少量钢筋则采用在制梁台座上补充绑扎的方法。

7.6.9　钢筋安装

(1)为了提高节段梁生产速度,节段梁钢筋要求在钢筋台座上绑扎成型,待模板测量合格后,利用吊机将整段梁钢筋整体吊装就位。

(2)钢筋吊装时为防止其吊装变形,需要用专门设计的吊具进行吊装。

7.6.10　混凝土施工

混凝土制备。箱梁混凝土为C50高性能混凝土,梁段预制施工前,其配合比由试验室严格试配,混凝土性能必须满足设计及规范要求,并要求满足现场施工的需要。

混凝土由设置于预制场的拌和站生产,混凝土通过混凝土搅拌运输车运输至前场,泵送入模或采用料斗入模。

(1)底板浇筑。底板浇筑时采取中央往两侧浇筑,以插入式振捣器振捣为主。在底板与腹板交接处的钢筋密集区,在底板两端各加装2台附着式振捣器辅助振捣。

(2)腹板浇筑。腹板采用两边对称下料。振捣以插入式振捣器振捣为主,在腹板底部可借助附着式振动器辅助振捣。

(3)顶板浇筑。顶板混凝土由一侧向另一侧连续浇筑,采用插入式振捣器振捣。

(4)测量测点埋设。在混凝土终凝前,进行测量测点埋设。测点共设有6个,2个轴线控制点,4个高程控制点。轴线控制点为U型钢筋埋件,高程点为"十"字头镀锌螺栓。在混凝土终凝后梁段拆模前,及时对测点进行测量并输入线形监控程序。

7.6.11　混凝土养护

符合冬期施工条件时,应按冬期施工要求进行养护,通常采用蒸汽养护。非冬期施工时,也可采用蒸汽养护,以缩短制梁台座周转周期,加快施工进度。

蒸汽养护。蒸汽养护在混凝土浇筑完静置4 h后开始加温,养护时应实施跟踪养护,升温速度不得大于每小时1 ℃。恒温宜控制在45 ℃以下,恒温时间由试验确定。降温速度不得大于每小时1 ℃,拆模时梁体内部温度与表层温度差、梁体表层温度与环境温度之差不得大于15 ℃。

自然养护。一般情况下采用洒水养护,使混凝土表面的潮湿状态保持在15 d以上。混凝土浇筑完毕终凝后开始洒水或保温养护,在箱梁顶板及底板上覆盖土工布,并使土工布保持潮湿,模板未拆除前向模板表面洒水降温。箱梁梁段吊入修整区后，如果养护时间还不足 15 d，则需要对其继续洒水养护。

7.6.12　梁段转运和存放

当匹配梁段完成匹配任务后，即可转运及存放。匹配梁段转运时，先利用布置在底模上的千斤顶将其与新浇梁段分离，再利用运行小车通过牵引系统将其牵引至合适的位置，然后利用龙门吊起吊吊运至储存区存放。

当箱梁节段分三层存放，为避免在堆存过程中产生过大的拉应力使箱梁损伤，支点采用条形支垫形式。

箱梁梁段存放原则为：

(1)梁段存放时梁底应放置均布支承垫块，均布支承垫块可采用橡胶垫板或其他能使梁段堆放时匀布承重的材料。

(2)预制梁段上面只能堆放同类型的梁段，不允许堆放其他类型的梁段。

一般情况下，由于先堆存的梁段在安装时需先安装，为了按顺序出梁，防止梁在出运时上、下层梁反复翻倒，梁按每相邻两梁段堆存一次，即一梁段在作为匹配梁段施工完下一梁段时，吊到修整台座上临时存放和修整，待下一相邻梁段作为匹配梁施工完成后，先将下一相邻梁段吊至堆存区台座上进行存放。

7.6.13　节段预制线形控制

预制节段拼装工法的线形控制主要在预制过程中完成，精确浇筑出具有特定几何线形的所有梁段是短线预制法的关键。箱梁节段预制阶段线形控制主要集中体现在箱梁模板精度控制和匹配梁段精确定位两个环节，测量精度控制也是确保线形符合设计要求的必要条件。在预制场内设置稳定的观测塔和目标塔，采用三维定位软件及测量软件控制系统，调控匹配节段与新节段模板之间的相对位置。

(1)控制采用“六点坐标”法，根据坐标转换原理，当第一个节段已浇筑了混凝土，顶板抹面平整后，即在每一节段前后端顶面距梁端分别布置四个高程标钉和两个中线标钉，匹配预制之前再次对上述 6 点测量并做好记录。

(2)当匹配节段移到密接匹配预制位置后，依据控制程序计算的结果重设方位，直线桥中线保持不变，曲线桥，则有偏移量，竖曲线还要作竖向的调控。

(3)测量观测塔的设置。两测量塔控制点间连线应与其所控制的预制台座上的待浇梁段的中轴线相重合。测量时，一个塔作测量塔，另一塔作目标塔。为防止在阳光照射作用下塔身阴阳面因温差而产生变形，测量塔塔身采用土工布双层包裹。测量塔塔身四周不接触其他任何物体，包括人员上、下的楼梯、操作平台。为了给测量作业创造良好作业环境，提高测量精度，操作平台除预留仪器观察窗外其余均进行封闭。

7.6.14　节段运输

节段在预制场内可利用存梁区龙门吊装车。节段箱梁场外运输车辆采用平板运梁车运送至架桥机下方，如果条件允许，可直接通过成形路基。每一台运梁车一次可运输 1 个节段箱梁。节段拼装在运梁车上配备专用托架，并配备专用紧固装置以避免在运输过程中预制节段与运梁车之间发生相对位移。

7.6.15　节段架设及拼装

预制梁段由运梁车从梁段预制场运送到造桥机的尾部喂梁，通过造桥机龙门吊将梁段吊运到安装位置进行梁段的拼装，并调整预制梁段三维方向的位置，使其达到设计的线形。在梁段调整中，最重要的是起始节段的测量控制，它是整跨梁的起点，直接控制着整跨梁的线形，所以起始节段要在里程、轴线、高程 3 个方向上进行精确定位，并将其直接支撑于永久支座上，后续梁段均以此为标准进行调整。由于存在拼装过程的累计误差或起始梁段定位的不准确，梁的最后一个节段难免出现一定的偏差，为纠正偏差，可先采用临时支座支撑，在梁体完成预应力束张拉后进行整体调整。实现逐跨采用上行式架桥机现场胶接拼装、整孔架设。

节段箱梁架设流程：施工准备→架桥机拼装→架桥机检验→节段梁吊装及调整→节段梁胶拼及临时束张拉→整孔预应力张拉→整孔落梁就位→架桥机纵移过孔→架桥机调整进行下一孔架设。

梁体拼接相关质量满足《预应力混凝土桥梁预制节段逐跨拼装施工技术规程》(CJJ/T 111—2006)标准及设计要求。

7.6.15.1　试　　拼

为保证两梁段拼接面高程、倾斜度保持一致,减少涂胶后的梁段位置调节时间,在胶拼前应进行试拼装。试拼过程中节段应依据 YWL 张拉前目标拼装数据,调整待拼节段高程,将梁段拼接面靠拢,进行预拼装定位。同时检查梁段块件高程、中线和匹配面的情况,预应力孔道接头对位情况,临时预应力钢筋及张拉设备是否完好。

7.6.15.2　涂　　胶

1. 胶接缝材料

黏结材料应采用无溶剂型改性环氧树脂胶黏剂,由改性环氧树脂及其改性环保固化剂组成,应具有以下特性:

(1)高弹性模量:具备良好的抗弯、抗剪与抗扭曲性能,抗挠度性铤也应符合要求,同对也具备了耐久的结合力。

(2)高度成胶性:在有效施工寿命(硬化之前)内,在高温、低温状态下,都不会呈现高流动性。

(3)良好的应力转移特性:使胶结结合面可以有效地转移预应力传递过来的高应力,并均匀分散到整个结合面,使整个结合面整体均匀受力,避免压坏局部结构。

黏结膜无垂滴性:黏结膜厚度宜为 1.5～3.0 mm 时,黏结剂不会发生滴落现象(一般厚度约为 1～2 mm),即使超过这一厚度范围而发生的滴落现象也不会影响黏结力。

(4)潮湿表面黏结特性:即使在潮湿(无浮水)的构件表面施工也有较好的黏结力。

2. 拌胶

根据施工环境温度、固化时间和强度要求选定环氧树脂胶浆配方。环境温度宜为 5～30 ℃,使用电钻(钻头垂直焊接约 15 cm 长 ϕ16 钢筋)将环氧树脂在约 400 r/min 状态下搅拌 2～3 min,直到颜色均匀为止,搅拌过程中尽量避免引入空气,尽量使用扁平工具拌胶,便于散热延长使用时间。

3. 涂胶

涂胶作业按照“顶板、腹板、底板”三个作业面分工,自下而上快速均匀进行。涂胶厚度应均匀、平整,单个面以 1 mm 为宜,但不得出现缺胶现象。混凝土凹进部分要填平,涂刷过程以及拼装后 2 h 之内采取措施,防止雨水侵入和阳光照射。涂胶的混凝土表面温度不宜低于 5 ℃。

树脂胶涂好后,在接触面的每个预应力孔道周围贴一块厚约 5 mm 的环型海绵密封圈,以保证预应力孔道的密封,防止孔道压浆时串浆,当节段相接面涂完胶后,采用水准仪和全站仪按照转换后的六点坐标控制节段梁的空间位置,调整节段姿态,使中线、高程、接缝完全吻合后,进行临时预应力张拉。

7.6.16　临时预应力张拉

临时预应力张拉分顶板和底板两部分,张拉过程中应做到“对称、均匀、先外侧、后内侧、先顶板、后底板”的顺序。单端张拉,张拉前预应力孔道内如有异物或孔口边缘有环氧树脂胶,应立即清除。

节段接合面上涂抹环氧树脂胶后,以首个节段为基准,将相邻节段密贴,挤胶临时张拉力及张拉顺序应符合设计要求,设计无要求时节缝胶结面压力不小于 0.3 MPa。临时预应力采用单根 ϕ32 mm 精轧螺纹钢进行单端张拉,使之串联成一段梁体,当桥梁处于曲线上时应调整临时张拉锚座角度,以适应接缝间临时连接。张拉完毕后用刮刀刮除周边受压挤出的胶液,按同样方法依次安装其余节段施工,完成一孔梁的涂胶和临时张拉工作。临时预应力筋应在结构永久预应力施工完成后方可拆除。

7.6.17　预应力张拉及预应力孔道压浆

预应力张拉及预应力孔道压浆技术及工艺应遵循《高速铁路桥涵工程施工技术指南》(铁建设〔2010〕241号)及相关现行标准的规定和要求。

7.7　预制节段湿接缝拼装

相对于干接缝节段拼装方法,湿接缝预制节段相对较简单,对相邻节段无匹配精度要求,节段预制的误差可以通过后浇混凝土湿接缝来调整。预制节段采用湿接缝,它不仅适于体内索,也适于体外索。湿接缝能弥补节段接合面的细小缺陷，密封性好，能有效防止水汽入侵，有利于结构的耐久性，施作工艺已较成熟，质量可控，近年来已较多地应用于铁路客运专线及高速铁路桥梁工程。

7.7.1　工艺流程图

预制节段湿接缝拼装施工流程如图 3-7-9 所示。

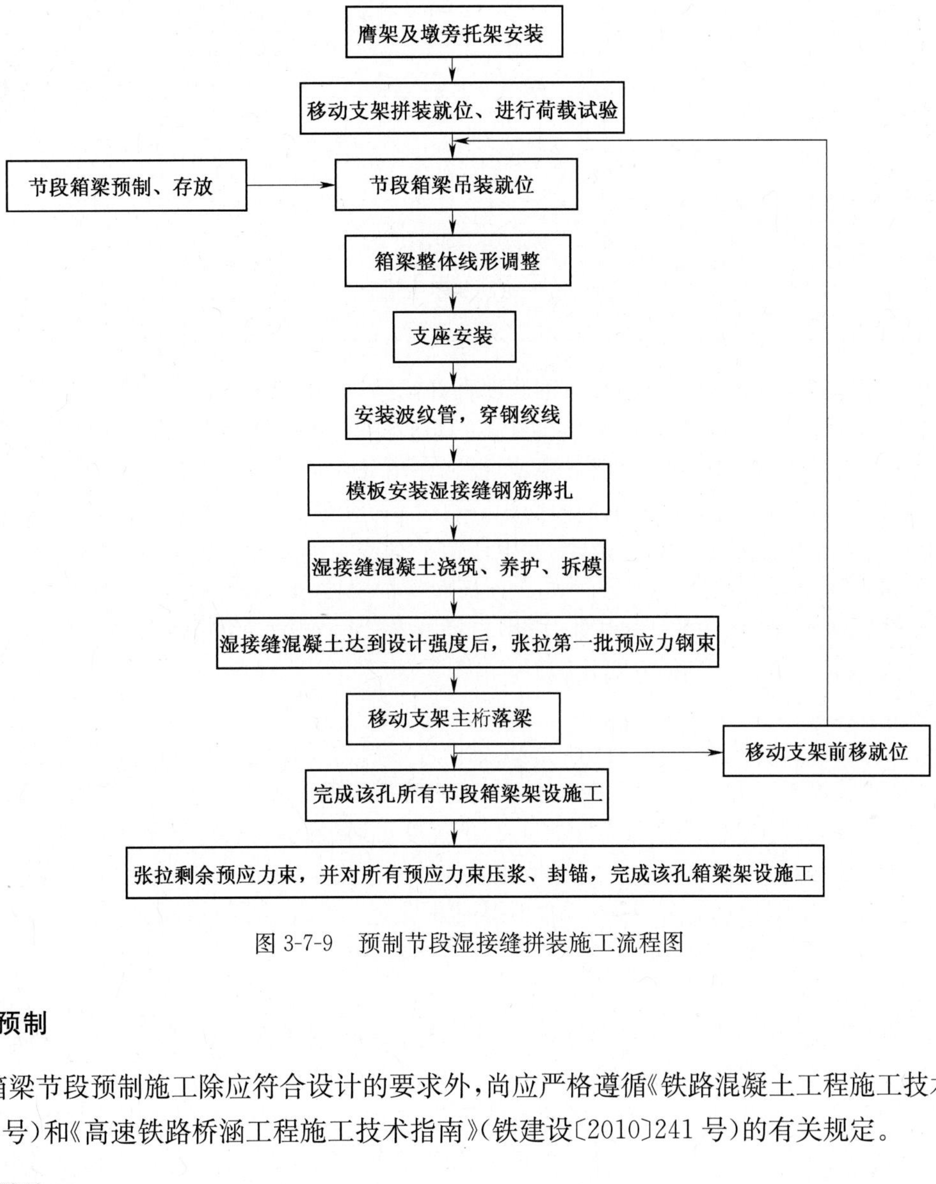

图 3-7-9　预制节段湿接缝拼装施工流程图

7.7.2　节段预制

混凝土箱梁节段预制施工除应符合设计的要求外，尚应严格遵循《铁路混凝土工程施工技术指南》(铁建设〔2010〕241 号)和《高速铁路桥涵工程施工技术指南》(铁建设〔2010〕241 号)的有关规定。

7.7.3　湿接缝施工

7.7.3.1　预应力管道及预应力筋安装

钢绞线穿放安排在湿接缝混凝土浇筑前进行。穿钢束前应进行预应力管道清理，孔内应畅通，无水和其他杂物。波纹管安装采取与穿钢绞线作业同时进行。即当钢绞线穿至湿接缝处时，即时安装该处波纹管。波纹管与节段梁预应力管道采用内接，并用水泥浆或腻子将波纹管与预留孔接触缝隙填堵塞实，确保接头不漏浆。波纹管位置必须严格控制，除顺直外还要求其各方向偏差不得大于 4 mm。穿入孔道内绞线应整齐顺直。在绑扎钢筋、浇筑混凝土过程中，严禁踏压波纹管。预应力管道、钢筋加工及安装允许误差见表3-7-1。

7.7.3.2　湿接缝钢筋绑扎

(1)钢筋品种、规格、数量、形状、位置、间距、接头等均应符合设计图纸和施工规范的要求，并严格做好原材料抽检和接头试验工作。

表 3-7-1 预应力管道、钢筋加工及安装允许误差表

项次	检 查 项 目		规定值或允许偏差(mm)
1	预应力预留管道位置与设计位置的偏差	距跨中 4 m 范围内	4
		距跨中 4 m 范围外	6
2	受力钢筋全长		±10
3	弯起钢筋的弯折位置		20
4	箍筋内净尺寸		±3
5	桥面主筋间距及位置偏差(拼装后检查)		15
6	底板钢筋间距及位置偏差		8
7	箍筋间距及位置偏差		15
8	腹板钢筋的不垂直度(偏离垂直位置)		15
9	保护层厚度		+5 0
10	其他钢筋偏移量		20

(2)钢筋绑扎前应将梁段两端伸出的纵向钢筋理直并修整好,将其表面的混凝土、油渍、浮皮、铁锈等清除干净;将相邻梁段两端伸出的纵向钢筋搭接绑扎,对具有接地功能的纵向钢筋则按接地要求采取焊接连接。除纵向主筋外,其他钢筋接头应满足以下规定:设置在承受应力较小处,并应分散布置;配置在"同一截面"内受力钢筋的截面面积,占受力钢筋总截面面积的百分率,应符合设计及规范要求。钢筋骨架应绑扎牢固并有足够的刚度,且在混凝土灌注过程中,不发生任何松动或大的变形。钢筋保护层采用水泥砂浆垫块,其强度不应小于混凝土的设计强度,间距约 1 m。顶板净保护层按 50 mm,其余净保护层按 55 mm,施工允许偏差值为 0～+5 mm。在钢筋的交叉点处,应用直径 0.7～2.0 mm 的铁丝,按逐点改变扎丝方向(8 字形)交错扎结,或按双对角线(十字形)方式扎结。

7.7.3.3 湿接缝模板安装

模板应具有足够的强度、刚度和稳定性;应满足梁体外形尺寸及预埋件的准确位置。湿接缝外模板采用钢模板,内模采用竹胶模板。底模采取在接缝两侧节段梁底板顶面布置扁担梁抬拉固定,使底模顶面与底板底面结合紧密。底模铺设时应考虑梁体线性平顺,其下挠度可通过底模调整。外侧模下端与底模螺栓连接,上端利用扁担梁抬拉固定在顶板翼缘上。内腹板侧模与外侧模对拉固定;顶板模板利用扁担梁抬拉固定在顶板上。模板安装时应确保模板与节段梁密贴,不得因漏浆造成接头不平顺及污染梁体。模板安装前,应除锈,并涂刷脱模剂。

7.7.3.4 湿接缝混凝土浇筑

(1)高性能耐久混凝土性能及品质,应符合《铁路混凝土结构耐久性设计规范》(TB 10005—2010)的规定。混凝土必须具有良好的和易性,坍落度在 16～18 cm 范围内。

(2)湿接缝混凝土和管道压浆用水泥应采用品质稳定、强度等级不低于 42.5 的低碱硅酸盐或低碱普通硅酸盐水泥(掺和料仅为粉煤灰或矿渣),其技术标准应符合《硅酸盐水泥、普通硅酸盐水泥》(GB 175—1999)的规定。

(3)混凝土的浇筑:每孔梁共有多条湿接缝,湿接缝混凝土应从两端向跨中对称浇筑,整孔梁所有湿接缝应一次连续浇筑完成,灌注顺序由远及近逐个浇筑,浇筑顺序是先底板,再腹板,后顶板和防护墙,混凝土应在初凝之前浇筑完成。为减少温度变化对湿接缝混凝土产生拉应力,混凝土浇筑时间宜安排在气温较低时进行,浇筑时控制新老混凝土温度差小于 15 ℃。

(4)混凝土灌注完毕后,应抽动预应力钢绞线,防止波纹管漏浆造成孔道堵塞。

(5)混凝土强度满足脱模要求,且表面温度与环境温度之差不超过 15 ℃时,方可拆模,拆模后喷养护剂进行养护。混凝土在体系转换未完成前不得直接承受施工荷载和外界扰动。

7.7.3.5 混凝土养护、拆模

(1)混凝土养护:混凝土浇筑完成后混凝土未终凝前加强混凝土表面的收浆、抹面工作,终凝后进行表面土工布覆盖并洒水保湿保温养护。拆模前,湿接缝混凝土养护采取自然养护,以保持混凝土表面充分潮湿为度。养护的时间从浇筑完开始计时,当环境相对湿度小于 60%时,自然养护的时间一般不少于 28 d;相对湿度在60%以上时，自然养护的时间一般不少于14 d。拆模后，采取内外表面均喷涂养护液养护，养护液应表面全面喷涂，不得漏喷或喷涂不足量。日平均气温低于+5 ℃时混凝土表面严禁洒水。

(2)模板拆除：内模须在混凝土强度达到设计强度的60%以上方可拆除；当混凝土强度达到设计强度的50%，混凝土芯部与表层、箱内与箱外、表层温度与环境温度之差不大于15 ℃，且能保证构件棱角完整时方可拆除外侧模、底模。气温急剧变化时不宜进行拆模作业。拆除外模时，不宜使梁体混凝土与外界直接骤然接触。可先将模板松动，使空气进入梁体与模板之间流动，然后再脱开模板。拆卸模板时，严禁重击或硬撬，避免造成模板局部变形或损坏混凝土棱角。

7.7.3.6 预应力施工

预应力筋张拉过程中，部分自重将转为由梁体自身承受，同时模架结构承受的梁段重量将逐渐减轻，主梁反弹受力发生变化。随着预应力钢束逐步张拉，箱梁自承能力逐步增大，最后梁的重量由主梁承受转为箱梁承受。为防止上托力过大而顶裂梁体，在每批预应力筋张拉过程中及时调整支承高度，以减少的模架结构上托力。

为保证在预应力张拉过程中移动模架结构和箱梁的安全和工程质量，在张拉过程中预应力筋必须分批张拉，保证在预应力混凝土节段必须多支点支撑在模架结构上。另外预应力混凝土梁在张拉后将发生上拱，摆放梁段时应该预留反拱度，施工时应严格控制箱梁的下挠度。箱梁预应力钢绞线分批张拉，分次调梁，每次的回调量分四次调整悬吊螺纹钢筋的长度即小行程多次调整。

为了解箱梁预应力孔道成型情况，验证孔道摩阻系数和孔道偏差系数以及锚圈口的实际预应力损失，与设计提供数据比较后确定最终张拉控制力，应委托有资质的单位按相关要求，对预应力管道的孔道摩阻系数及锚圈口预应力损失进行试验。

7.7.3.7 预应力孔道压浆及封锚

管道压浆应在预应力钢束张拉完成后24 h内完成，应采用真空辅助压浆工艺，管道压浆过程中及压浆3 d内，梁体温度不应低于5 ℃，否则应采用养护措施使其满足规定温度。压浆材料及工艺满足《客运专线预应力混凝土预制梁暂行技术条件》(铁科技〔2004〕120号)的各项规定。压浆前用砂浆对钢绞线及锚具间各部分的缝隙进行封堵，并在封堵砂浆表面用聚氨酯防水涂料进行涂刷，防止砂浆表面的微小裂缝在压浆过程中造成漏浆。

当全部预应力筋张拉完毕，并确认合格后，方可切割超长的预应力筋并封锚。封锚混凝土灌注前应对锚穴处进行凿毛处理，并将承压板表面的黏浆和锚板外面上部的灰浆铲除干净，对锚具进行防锈处理，同时检查确认无漏压的管道后，才允许灌注封锚混凝土。为保证封端混凝土与梁体的连接，应在锚垫板外侧焊短钢筋前用砂浆对钢绞线及锚具间各部分的缝隙进行封堵，并在封堵砂浆表面用聚氨酯防水涂料进，使之与封锚钢筋绑扎在一起。封锚混凝土采用与梁体同标号混凝土。

7.7.3.8 落 梁

两端吊挂同步提升，解除中间吊挂与梁段之间的连接，整跨梁由两个端吊挂承重。启动端吊挂纵横移携梁至落梁位，并同步落梁至预先放置在墩顶的四台临时千斤顶上，将整梁重量全部转移到四台临时千斤顶上。

端吊挂落梁时，利用落梁千斤顶的液压系统控制，形成四点落梁三点平衡，即端吊挂一端的四个千斤顶为一组，另一端的四个千斤顶被分为两组。利用吊挂的上、下层吊梁扁担，三点提梁，保证梁体下落过程中不产生扭曲。

落梁到位后，基于端节段顶面六点坐标数据，通过调整三维千斤顶整跨梁的空间姿态，使其达到设计要求。在支座板与垫石之间灌浆强度达到20 MPa后，拆除临时千斤顶，安装支座围板，完成落梁。

落梁工作完成后，天车将各个吊挂的下层横梁(辅助吊架)由前跨落放至运输车上运回梁场。

7.7.3.9 线形控制

在梁段摆放时、预应力张拉过程中及完成后定期进行挠度监控。移动支架主梁对箱梁主体结构存在顶升反力，为避免该顶升反力与预应力共同作用造成箱梁主体结构上部受拉开裂，应根据实测的模架结构挠度曲线与设计提供的理论值，对各预应力钢束张拉过程与移动支架反力工况进行检算，合理确定混凝土梁预留反拱度，并将该检算结果上报设计单位审核确认。以确定首批预应力钢束的张拉数量、张拉时间，及合理的张拉分区、分批顺序，明确合理的移动支架主梁调落梁时机，结构预应力张拉过程中及完成后定期进行挠度监控,确保箱梁主体的结构安全。

7.8 移动模架造桥机纵移过孔

梁段模架设完毕各支腿转换为过孔状态,2 号腿、3 号腿托辊驱动整机前移一孔就位,期间四条支腿配合支撑,利用天车将 2 号腿、3 号腿前移。各支腿转换为架梁模式,完成一个过孔循环。

模架移动造桥机到位后,应对其平面位置进行测量,确定需纵、横移微调的量,然后用纵横移千斤顶对移动模架主桁的平面位置进行调整,调整时要保证纵横移千斤顶支点受力满足要求。

在移动模架造桥机前移就位后,对移动支架造桥机主桁进行顶升,减小因不同步造成的主桁受力不均或产生扭曲内力等不利影响,模架移动到位后,应进行平面位置测量,对模架主桁的平面位置进行调整,调整时应保证纵横移千斤顶支点受力满足要求。

7.9 移动模架造桥机拆除

移动模架造桥机拆除应编制专项施工方案,可根据模架结构型式、桥位处地形条件、末孔桥墩高度、起吊能力确定。拆除方法可采用支架法或整体法。支架法适用于场地开阔,墩身不高时,整体法适用于高桥墩,支架搭设困难时。拆除前应对模架结构主要受力杆件解体及吊装顺序、整体稳定性进行检算,对临时支墩等辅助设施进行检查验收。当采用整体法拆除时,吊杆宜采用钢绞线或钢棒等材料,应按 4 根吊杆中的 3 根承受结构荷载的最不利工况进行检算。模架拆除过程中应始终坚持对称拆卸的原则,防止拆卸时整体结构失衡失稳。

8　预应力混凝土连续梁(刚构)施工技术

8.1　概　　述

预应力混凝土连续梁(刚构)桥施工方法使用较多的有悬臂浇筑、悬臂拼装、顶推法、转体法、支架法等,其中悬臂浇筑施工因其具有不受季节、河道水位、建筑物或市区交通的影响,不需大量的支架和临时设备的优点,在国内外都得到广泛应用,成为大跨连续梁桥主要施工方法。

悬臂施工是以已完成的墩顶节段(0 号梁段)为起点,通过挂篮的前移,以桥墩为中心对称地向两侧跨中逐段浇筑混凝土,待混凝土达到设计强度后,张拉预应力束与已成梁段形成整体,再移动挂篮,进行下一节段的施工的循环施工方法。悬臂浇筑每个节段长度一般 2~5 m。

预应力混凝土连续梁桥悬臂施工时墩和梁为非刚性连接,不能承受施工荷载产生的不平衡弯矩,在悬臂施工前在 0 号梁段与桥墩间实施临时固结支承措施,以承受梁体的压力和施工荷载产生的不平衡弯矩。连续梁悬臂施工时,结构呈 T 形刚架,待合龙后拆除临时固结完成体系转换形成连续梁,在施工过程中存在体系转换,但在合龙施工时不需顶推;连续刚构因其墩梁刚性连接,所以在施工时不设临时支座,少一次体系转换。但连续刚构桥在全桥合龙后,在二期恒载、混凝土收缩徐变以及温度的影响下,有整体向中跨跨中移动的趋势,另一方面在张拉跨中底板束时主墩会向跨中方向发生水平位移,对桥墩受力不利,同时会产生跨中下挠等问题,一般应在合龙前在合龙端口施加一定的预顶力,给主墩一个背向跨中的水平位移。

8.2　连续梁(刚构)施工方法

8.2.1　一般施工方法

(1)施工墩顶梁段且墩顶梁段与桥墩实施临时固结(连续刚构墩顶梁段与桥墩整体浇筑)形成 T 构施工单元。

(2)采用挂篮在 T 构两侧按设计梁段长度,对称浇筑混凝土。

(3)在梁段混凝土达到设计要求的强度、弹性模量及养护龄期后施加预应力。

(4)挂篮前移进行下一梁段施工,直到 T 构两侧全部对称梁段浇筑完成。

(5)边跨非对称梁段施工。

(6)按设计要求合龙顺序进行合龙梁段现浇施工。

8.2.2　主要施工项目

(1)0 号节段施工包括支架搭设、连续梁临时支座或临时支墩、0 号节段浇筑施工。

(2)标准节段施工包括挂篮拼装及预压、标准节段施工、拆除挂篮。

(3)边跨现浇段施工。

(4)合龙段施工包括边跨(次边跨)合龙、中跨合龙及体系转换。

8.3　0 号节段施工

8.3.1　0 号段总体施工方案

0 号段是连续梁施工的起始段,梁段高、节段长、混凝土浇筑数量大、各向预应力管道及钢筋布置密集交错,整体结构复杂,施工前应制定完善的施工技术方案。0 号节段总体施工技术方案如下:

(1)0 号节段混凝土原则上应连续浇筑一次成型。当梁体高度大、混凝土数量多或梁体结构复杂时,需要进行竖向分层浇筑。分次浇筑的时间不能过长,一般不超过 10 d,以避免因前、后浇筑的混凝土收缩和徐变不一致,使后浇筑的混凝土产生裂缝。施工缝的设置应合理。两次安装的外模宜一次安装到位,内模可按混凝土浇筑要求分段安装。连续刚构墩顶梁段混凝土宜与桥墩整体浇筑,梁体与墩身施工缝位置应符合设计要求。

(2)0 号段现浇施工采用的方法一般为支架现浇或在墩上预埋托架、采用型钢或常备式构件拼装为现浇平台。施工时支架选择原则为墩高小于 20 m 时可采用落地支架,当墩高大于 20 m 或跨越流河、沟谷及地基承载力差难于处理时则采用在墩身预埋托架施工。

(3)当 0 号段长度较短,若在其梁段长度上拼装挂篮有困难时,原则上可考虑主梁 1 号节段与 0 号节段同时浇筑施工,若不能一次浇筑时,应提前对挂篮联体施工进行结构设计。

(4)预应力混凝土连续梁在墩顶梁段施工时,应按设计规定设置墩梁临时固结装置,与 0 号梁段一起施工。

(5)连续梁永久支座应在底模安装前安装,固定支座和活动支座安装位置及方向应符合设计和规范要求。

(6)连续梁(刚构)悬臂浇筑施工应尽量避开冬期施工。

8.3.2 0 号节段施工流程

1. 连续梁

墩顶中线、高程测量检查→桥墩预埋件检查→支架及托架拼装、预压→临时及永久支座安装→底模安装→内、外侧模安装→底板及腹、隔板钢筋安装→底、腹板预应力管道安装→顶模、端模安装→顶板钢筋及预应力管道安装→混凝土浇筑、养护→端模及侧模拆除、梁端凿毛→预应力筋张拉→预应力孔道压浆、封锚→底模、内模及托架拆除。

2. 连续刚构

墩顶中线、高程测量检查→桥墩预埋件检查→支架及托架拼装、预压→墩顶混凝土凿毛清理、预埋钢筋调直整理→悬臂梁段底模安装→内模、外侧模安装→底板及腹、隔板钢筋安装→底、腹板预应力管道安装→顶模、端模安装→顶板钢筋及预应力管道安装→混凝土浇筑、养护→端模及侧模拆除、梁端凿毛→预应力筋张拉→预应力孔道压浆、封锚→底模、内模及托架拆除。

8.3.3 0 号节段现浇支架设计

(1)0 号段施工常用的支(托)架形式如图 3-8-1、图 3-8-2 所示。现浇支架类型选择时应根据桥墩高度、墩台断面大小、基础情况及梁体悬臂长度、墩旁地形、地质、水文、交通和现有常备材料等情况,综合比选后确定。模板结构应简单、牢固、便于安装、拆除和周转使用。

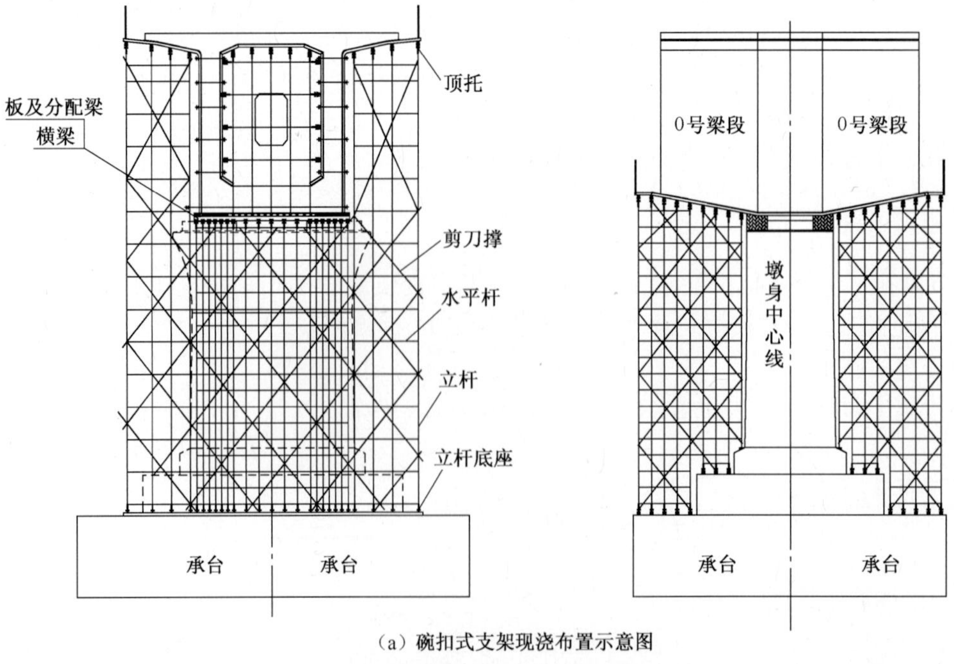

(a) 碗扣式支架现浇布置示意图

图 3-8-1

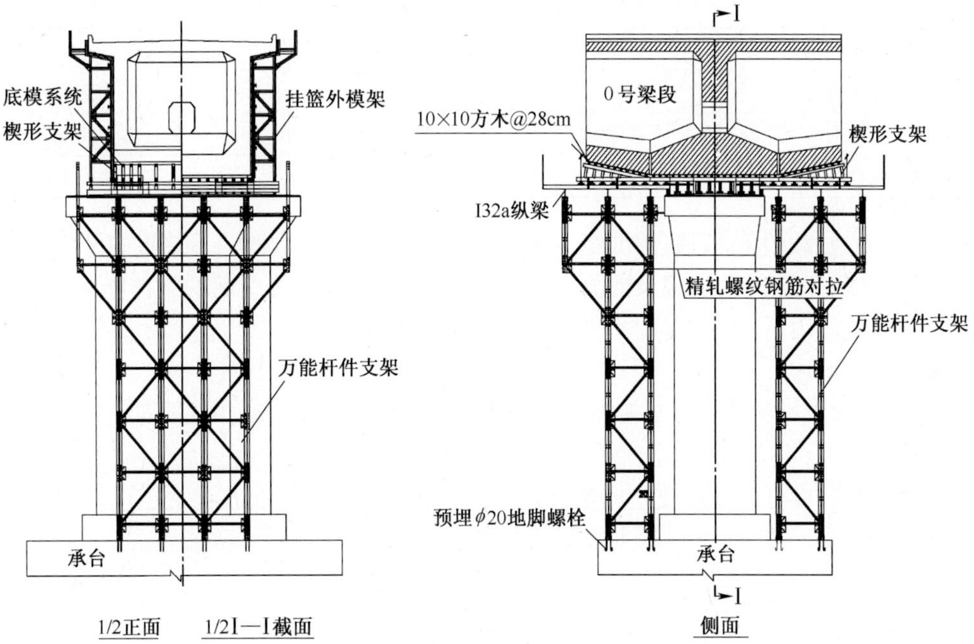

（b）万能杆件支架现浇示意图

图 3-8-1　0 号节段现浇支架布置示意图

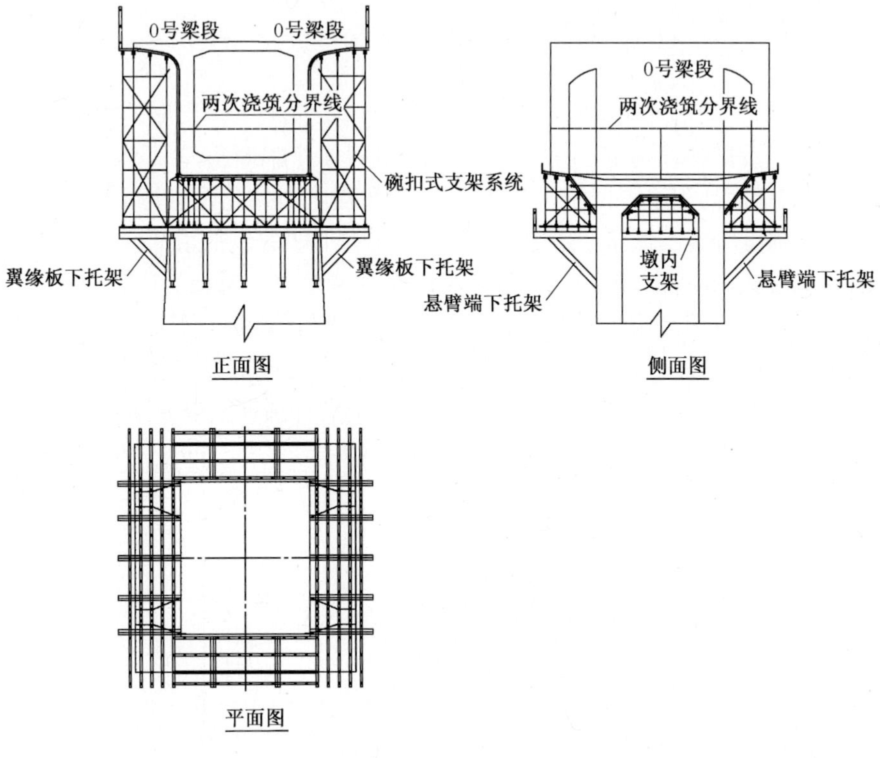

图 3-8-2　连续刚构 0 号梁段现浇托架示意图

(2)0 号段支(托)架设计时应按不利组合确定最大荷载。主要计算荷载包括现浇梁体、模板及支架的重量,施工荷载、风荷载、水中施工时的流水压力,冬期施工时的雪荷载及保温养护设施荷载。

(3)支(托)架强度计算构件应力安全系数不小于 1.3,稳定性安全系数应大于 1.5。

(4)支(托)架结构受弯构件弹性挠度允许值应符合表 3-8-1 要求。

(5)采用落地式支架的立杆或支墩基础应尽量布置在承台上,并应检算承台的局部强度;对于未支撑在承台上的梁柱式支架的支墩基础,采用的基础形式应根据计算确定,特别是旱地采用浅埋明挖基础时,应注意考虑浸水对地基承载力的影响,作好地面防排水设计。

表 3-8-1　支(托)架结构受弯构件弹性挠度允许值表

构件类型	挠度允许值	备　注
结构表面外露模板	≤L /400	L 为模板跨度
结构表面隐蔽模板	≤L /250	L 为模板跨度
支架受弯构件	≤L /400	L 为模板跨度

(6)梁体底模板应在加载预压前设置预拱度,并根据加载预压结果进行调整。预拱度的设计应考虑下列因素:

1)由梁体自重、二期恒载、1/2 活载及混凝土收缩徐变、预应力施加等引起的梁体竖向挠度;

2)支(托)架在荷载作用下的弹性和非弹性变形;

3)支架基础沉降变形。

(7)支(托)架设计时应进行落架设计和落架量计算,落架装置可采用碗扣式支架、组合木楔、钢楔、砂箱或机械千斤顶等设施。

(8)支(托)架上的纵、横分配梁应支垫密实、节头合理搭接布置,以防止在混凝土浇筑和施工荷载不均匀作用下发生突变。

8.3.4　临时支座(支墩)

混凝土连续梁在 0 号节段施工时,应按设计规定设置墩梁临时固结装置。墩梁临时固结既要求能在永久支座不承受压力的情况下能承受梁体压力和施工过程中产生的不平衡弯矩,又能在承受荷载的情况下容易拆除。按其结构布置位置分为两种:一是在桥墩顶面永久支座的两侧设置临时支座;二是当桥梁的跨度很大或者桥墩顶面长、宽尺寸较小时宜在桥墩纵向两侧设置临时支墩(或支架)以支撑悬臂浇筑梁体。

临时支座或支墩的抗倾覆计算稳定系数不得小于 1.5。

8.3.4.1　临时支座结构

连续梁墩顶临时支座,一般对称设置在永久支座两侧的箱梁腹板下。支座的承载能力及结构尺寸应根据梁底宽度及腹板数量经设计计算确定,一般每一桥墩上设置 4 个临时支座。墩顶临时支座应在 0 号梁段立模前安装,临时支座的顶面高程不得低于永久支座,与永久支座高差允许值为了 0～2 mm。

临时支座结构采用强度等级不低于 C40 混凝土浇筑,在上下两块钢筋混凝土块间夹垫厚度约为 10 cm 硫磺砂浆(或用油毡纸等作隔离),墩顶临时支座,应按设计要求设置竖向钢筋使其与墩梁连接,竖向钢筋在梁体及墩顶的预埋锚固长度应满足构造要求。在临时支座所对应的墩顶及梁底混凝土内均设有不少于三层水平钢筋网片予以加强。墩顶临时支座结构如图 3-8-3 所示。当设计采用在桥墩内设置预应力锚固钢筋与梁体实施预应力张拉连接时,应在桥墩施工时按设计要求准确穿管预埋竖向连接钢筋如图 3-8-4 所示。

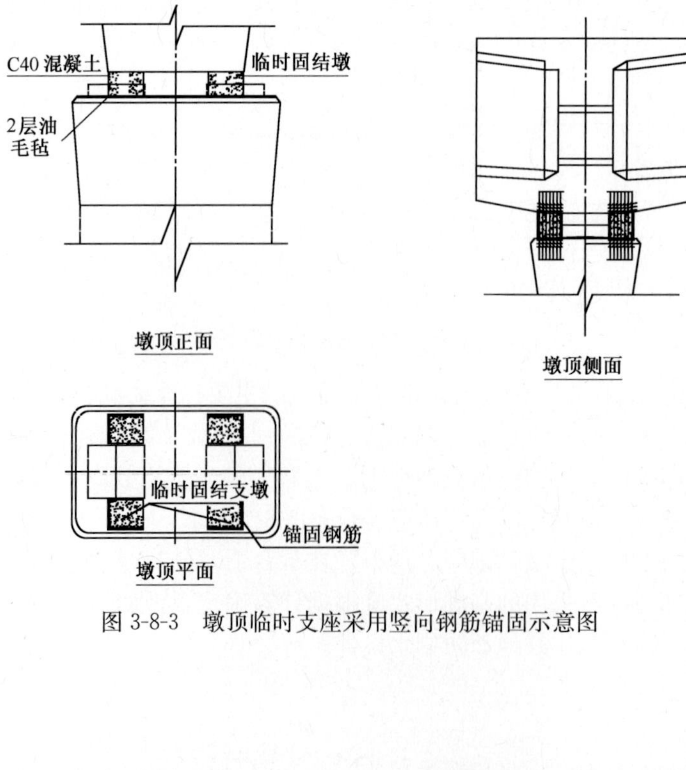

图 3-8-3　墩顶临时支座采用竖向钢筋锚固示意图

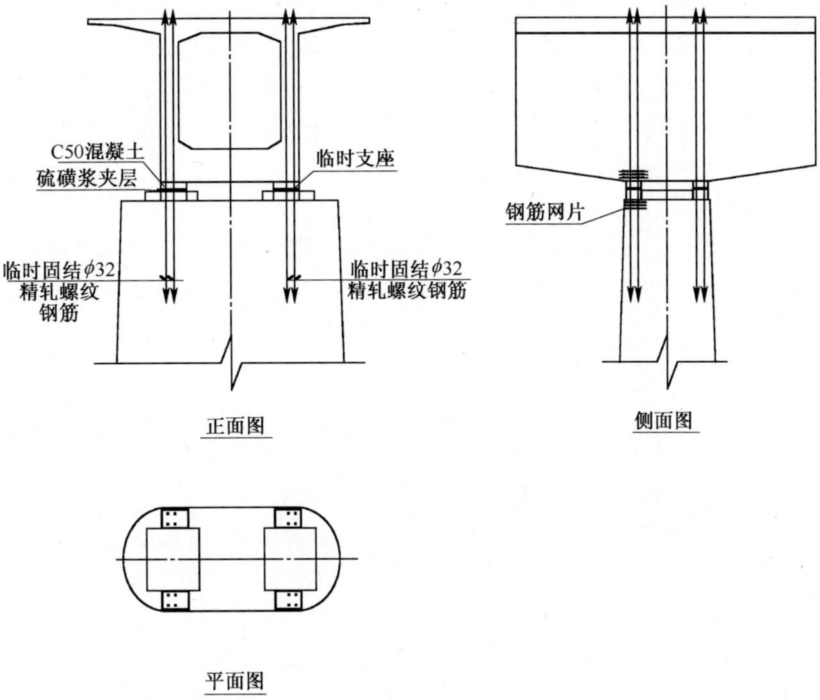

图 3-8-4　临时支座采用预应力锚固示意图

临时支座拆除时可用喷灯烧化硫磺砂浆，也可用切割器切割拆除等。

8.3.4.2　临时支墩

临时支墩一般是在桥墩纵向两侧采用钢管、钢管混凝土或支架作墩梁临时锚固体系支承。具体采用形式需要根据桥梁自重和不平衡弯矩经计算确定。每墩一般对称设 4 根。钢管支墩柱底与承台固结形成整体，支墩顶和底部钢管内四周布置足够竖向抗拉钢筋，钢筋伸入梁体和承台锚固长度应符合设计要求。临时支墩结构如图 3-8-5 所示。钢管支墩柱应尽量支撑在主墩承台范围内。

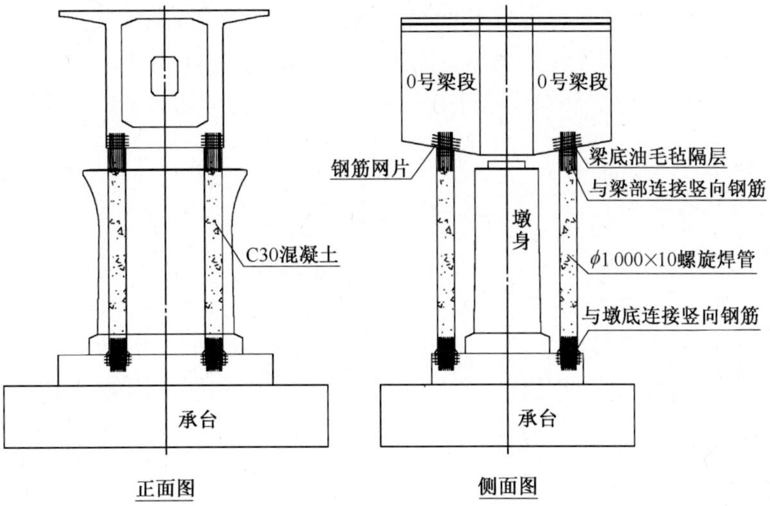

图 3-8-5　临时支墩结构示意图

8.3.5　0 号节段现浇支架施工

8.3.5.1　墩旁托架

0 号节段现浇托架结构是采用预先在墩身预埋钢板和锚筋（也可在墩身预留孔洞），在预埋钢板上焊（栓）接而成。托架由型钢组拼焊接。托架的数量、布置根据箱梁结构进行计算确定。托架施工顺序如下：

（1）在浇筑墩身最后一至二节段混凝土前，应预先预埋好所有牛腿托架的预埋锚板。

（2）测量牛腿托架预埋位置尺寸，校核牛腿斜杆长度，组焊牛腿托架。

(3)施工人员预先站在搭设好的临时工作平台上,在塔吊、倒链的配合下,将单片牛腿托架吊运就位,先临时固定在预埋板的托板上,然后调整每侧托架到同一水平高程后,再与预埋板进行焊接。托架安装过程中要严格检查托架顶面高程是否符合设计,与预埋件焊接应牢固,焊缝长度、厚度应满足设计要求。

(4)在牛腿托架上安装分配梁,尺寸调整到位后进行整体焊接联结,形成施工平台。

(5)对托架平台进行加载预压试验,形成预压结果。

(6)在墩身内、外侧托架平台上放线,安装碗扣式支架。

(7)在支架上划出立模边线,用塔吊、倒链配合,调整底模到位。安装0号段外模并将其固定在支架上。

(8)绑扎墩身钢筋、0号段底板、腹板、横隔板钢筋,安装固定预应力管道,安装内模,安装对拉拉杆及内撑杆,将内、外侧模加固成整体,并按照施工需要预留进人和振捣孔。

(9)待全部钢筋和模板安装调试好后,由上至下安装固定端模。

8.3.5.2 落地支架

1. 基础处理

当采用满堂式落地支架现浇时,地基处理范围应比支架平面投影周边宽100 cm以上;基础范围内地面附着物和腐殖土、淤泥、冻融循环深度内的冻土等软弱土质应全部清除,清理后的坑槽应及时填筑、避免积水浸泡;桥梁墩台的基坑应填筑到承台顶面以上,且不低于地下水位;地基表层清除后的坑槽应填筑到原地面以上。填筑应分层进行、逐层压实;填筑材料及其压实度应满足地基承载力要求;处理完成后的地基应进行承载力检测,合格后方可施工垫层;基础周边应设置排水沟,排水沟及基础至排水沟之间宜采用砂浆抹面封闭,地表水引排到基础5 m以外。梁柱式支架的明挖基础和桩基础应按相关规范进行施工。

2. 支架搭设

(1)碗扣式支架搭设。根据设计图纸按支架设计高度,及基础高程对所需要的杆件数量及型号进行配置。支架搭设施工前应计算并放出梁体各控制点的高程,并在垫层顶面标识出支架立杆的平面位置。支架安装按一端向另一端或从跨中向两端延伸,按照垫木、底座、立杆、水平杆(水平加固件)、剪刀撑的顺序自下向上逐层搭设,每层高度不宜大于3 m。支架整体搭设应横平竖直,顶、地托支垫平稳,横杆入碗口,碗扣须锁紧,要严格控制立杆的垂直度和纵、横剪刀撑的搭设间距和数量,确保支架整体稳定。支架四周及中间竖向剪刀撑均应从底到顶连续设置。

(2)梁柱式支架搭设。支墩预埋件位置及高程应准确设置,并根据施工现场吊装设备能力和场地条件分节、分层安装;剪刀撑应随支架立柱安装进程及时进行安装,在剪刀撑未安装之前,应采取临时措施稳定立柱。立柱顶纵、横梁应与立柱连接牢固,横梁与支座之间有空隙时,应采用适当厚度的钢板填塞密实并焊接牢固。当采用钢楔、砂箱或机械千斤顶等作落架设施时,应采取措施,确保其安装牢固。

8.3.6 0号节段模板安装

底模安装前,应严格按照梁体结构尺寸要求控制顶面分配梁的高程,在固定平台上分段整体吊装底模;底模的分配梁的间距、规格应严格按设计要求布置,当底梁设有楔块时,应有保险措施确保其安装牢固。

侧模可采用挂篮的外模,辅以木模拼装。若采用木模,板面之间要求平整,接缝采用平缝,模板缝隙采用双面胶密封,防止漏浆。侧模在拼装台上拼装好,根据0号段的侧面面积,分块加工进行吊装。侧模应采取对拉和在内箱对撑的方式加固,以克服混凝土产生的侧压力。侧模加固所用的对拉拉杆和背杠的规格及纵、横布置间距应符合设计要求。模板在安装时还应与浇筑工作相结合。当竖向采用分次浇筑时,应将外模一次安装到位,内模按浇筑要求分阶段安装,以方便插入振捣器和施工缝处理。内模与底模间应设置拉杆牢固定位,防止浇筑混凝土时内模上浮。

端模安装宜采用侧模夹端模的形式安装,端模的预应力管道位置应按设计要求准确布置。在安装纵向预应力管道和钢筋时,将其从端模预留孔的相应位置穿入和穿出。在混凝土浇筑前,用棉纱堵塞端模上预留孔的缝隙,以防止漏浆。

模板与混凝土接触面均应涂刷脱模剂。钢模板宜选用具有防锈作用、不含水分的脱模剂;木模板宜选用石蜡油、机油类或滑石粉—洗衣粉混合液作脱模剂。

8.3.7 支架预压

支架加载前,应按规定设置好支架及基础的监测断面和监测点,每个横断面一般布置5个监测点。预压材料一般选用砂袋和钢材，加载方式为堆载。当采用托架施工且施工场地受限造成堆载困难时，可在承台或墩顶预埋锚筋，通过竖向钢铰线(或精轧螺纹钢筋)反拉方式对托架平台进行加载。预压荷载应符合设计要求，当设计无要求时，不应小于支架所承受最大施工荷载的110%。加载位置和顺序尽量与梁体荷载一致；加载按施工荷载的60%、100%、110%分三级加载；加载和卸载均应对称、均匀、分层、分级进行，严禁集中加载和卸载；各级加载完成1 h后进行支架的变形观测，第三级荷载加载后，应间隔6 h监测各监测点的位移量，当连续12 h监测位移平均值之差不大于2 mm时，方可卸除预压荷载。

8.3.8　钢筋及预应力管道安装

1. 0号梁段钢筋及预应力管道安装施工要点

(1)钢筋绑扎的交叉点应靠紧焊牢。当采用绑扎搭接时，相邻绑扎点的钢丝扣，应呈八字绑扎，钢丝扣头应弯入内侧，不得伸入钢筋保护层中。

(2) 梁体底面及侧面的钢筋保护层厚度垫块应使用与梁体同强度及耐久性的细石混凝土垫块，并与梁体钢筋绑牢，每平方米不少于4个，呈梅花状布置。

(3)底板及顶板上下两层钢筋网片间连接筋数量和间距应严格按照设计要求支承焊牢。

(4)锚头垫板端面应与螺旋钢筋的中轴线垂直焊接并与预埋管道垂直安装，锚头垫板与端模板固定应牢固，以防止振捣混凝土时松动而偏斜。

(5)预应力管道的定位钢筋应采用井字筋，并与底板钢筋网牢固焊接，以确保管道在混凝土浇筑和振捣过程中不上浮和旁移。定位钢筋间距应严格按设计要求，当设计无要求时，对金属波纹管道安装直线段不大于50 cm，曲线段还应适当加密，定位筋与管道四面间隙不大于2 mm。

(6)采用金属波纹管成孔时，接头管应采用大一号的同类波纹管套接，长度不应小于30 cm，接头管两端应用密封胶带封闭严密，防止漏气、漏浆。纵向预应力管道中应在混凝土浇筑前穿入内衬塑料管，在混凝土浇筑过程中应安排专人抽动内衬管，防止预应力管道堵塞。

(7)先安装的下部管道，当上方的钢筋安装完毕后，应再次对管道及位置进行检查，确保其质量和线形符合设计要求。

2. 0号节段钢筋安装的主要施工顺序

(1)绑扎底板下层钢筋网片，安装底板管道定位钢筋。

(2)绑扎底板上层钢筋网片，采用[形钢筋将上下层钢筋网片按设计要求的间距布置卡住并将上、下钢筋网片支承焊牢。

(3)腹板钢筋骨架插入底板钢筋网片定位，安装腹板根部的倒角钢筋，安装腹(隔)板的竖向预应力钢筋、安装底(腹)板纵向预应力筋的锚头垫板，穿入预应力管道。

(4)安装顶板及翼缘板下层钢筋网片，再安装腹板上部的倒角钢筋，然后安装顶板管道定位井字筋、锚头垫脚板及螺纹钢筋，穿顶板预应力管道。

8.3.9　混凝土施工

1. 原材料选择及配合比设计

水泥进场后，应按其品种、强度、证明文件以及出厂时间等情况分批检查验收，各项指标均需达到国标要求，同一结构部位应使用同一种水泥，以保证混凝土外观、色泽一致；细骨料宜采用中粗河砂，细骨料应级配良好、质地坚更、颗粒洁净、粒径小于5 mm；粗骨料粒径应控制在5～25 mm范围内，含泥量必须满足规范要求方可使用；外加剂应注意与水泥及矿物掺和料的相容性试验。

梁体为高性能混凝土，具有高强、早强、缓凝等特性，同时应具有良好的工作性能。

混凝土按以下原则配制：

(1)满足高强(高性能)混凝土的各种特性指标；

(2)浇筑后3 d强度应达到90%，弹模达到设计要求；

(3)混凝土初凝时间不小于8 h，保证混凝土在最先浇筑的混凝土初凝前全部浇筑完成。

(4)入模坍落度为16～18 cm，扩展度不小于50 cm。

2. 混凝土浇筑

(1) 连续梁 0 号段混凝土浇筑的顺序应按从悬臂端开始向桥墩方向水平分层，进行纵、横向对称连续浇筑；连续刚构按照中部底板→悬臂端底板→中部腹板→悬臂端腹板→墩顶隔板→顶板的顺序施工纵、横向对称施工。翼缘板浇筑时应先将顶板与腹板相连部位的混凝土填满捣实后，然后从两侧悬臂向中间对称浇筑混凝土。

(2)混凝土应采用输送管、溜管、串筒等下料至工作面，混凝土自由落体高度不应大于 2 m。

(3)混凝土振捣采用插入式振捣器进行，移动间距不应超过振动器作用半径的 1.5 倍，与侧模应保持 50～100 mm 距离，插入下层混凝土 50～100 mm。每处振动应垂直、自然地插入混凝土中，该处振捣完毕后应边振动边慢慢提出振动棒，应避免振动棒碰撞模板、钢筋和其他预埋件。每一振动部位，必须振动到该处混凝土密实为止，一般为 20～30 s，以混凝土不再下沉及出现气泡、表面呈现平坦、泛浆为止。浇筑腹板混凝土时还应用木棰敲击模板，以保证混凝土内实外美。

3. 混凝土养护

顶板混凝土浇筑完，待混凝土收浆时进行抹面，然后对混凝土外露面进行严密覆盖，实行保温保湿养护，养护时间不得小于 14 d。在养护过程中，通过预先埋设的测温元件对梁体混凝土的温度进行监控。拆模时梁体混凝土表面温度与环境温度相差不宜大于 15 ℃，梁体拆模后，当环境温度低于 5 ℃或高温天气时，梁体内、外暴露表面应喷涂混凝土养护剂。

4. 梁段接缝处理

梁端模板拆除后，需对梁端接缝面进行凿毛，凿毛时混凝土强度要求为人工凿毛应不小于 2.5 MPa，机械凿毛不小于 10 MPa，凿毛后应使梁体接缝面露出不小于于 75%新鲜混凝土面积。

8.3.10 预应力施工

(1)预应力筋在使用前施工单位必须作张拉、锚固试验，并应进行管道摩阻、喇叭口摩阻等预应力损失测试，对设计单位提供的钢筋张拉控制应力进行适当调整，调整值应经设计确认，以保证预应力准确。

(2)预应力筋张拉顺序应按先纵向、再竖向、后横向顺序进行预应力筋张拉。

(3)预应力筋张拉应在梁段混凝土强度达到设计值的 95%、弹性模量达到设计值的 100%后进行，且必须保证张拉时混凝土的龄期不小于 5 d；纵向预应力筋应两端同步且左右对称张拉，最大不平衡束不超过 1 束。张拉顺序应为先腹板再顶板后底板，从外向内左右对称进行。

(4)竖向预应力筋应左右对称单端张拉，宜从已施工端顺序进行。竖向预应力筋应采用两次张拉方式，即在第一次张拉完成 1 d 后再补张拉。

(5)横向预应力筋应从梁体两侧交替单端张拉，宜从已施工端顺序进行。每一梁段伸臂端的最后 1 根横向预应力筋，应在下一梁段横向预应力筋张拉时进行，防止由于接缝梁段两侧横向压缩不同引起开裂。

(6)竖向和横向预应力筋张拉滞后纵向预应力筋不宜大于 3 个悬浇梁段。预应力施加完毕后，应及时压浆。

(7)采用夹片锚具时预应力筋的张拉方法：

0→初始应力(终张拉控制应力的 10%～20%)→张拉控制应力(测预应力筋骨伸长值)→静停 5 min，校核到张拉控制应力→主油缸回油锚固→副油缸供油卸千斤顶。

(8)预应力张拉时应采取预应力筋张拉应力与预应力筋伸长值双控措施，预施应力值以油压表读数为主，以预应力筋伸长值进行校核。实际伸长值与理论伸长值之差，不得超出理论值的±6%。

8.3.11 预应力管道压浆

(1)孔道压浆应尽量采用真空辅助压浆工艺，压浆应在预应力筋终拉完成后 48 h 内完成。

(2)孔道压浆应按先纵向、再竖向、后横向的顺序进行。纵向预应管道压浆顺序应从下而上进行压浆；竖向预应力应从最低点开始向上压浆，同一孔道压浆，应连续进行一次完成。

(3)压浆时，浆体温度应在 5～30 ℃之间。冬期压浆过程中及压浆后 3 d 内，梁体温度不应低于 5 ℃，否则应采取预热和保温措施。

8.3.12 梁体封锚

(1)封锚处混凝土表面应凿毛和清理干净，并对锚具进行防锈处理。

(2)应按设计要求对封锚(端)进行防水处理。

(3)锚穴内应按设计要求设计钢筋网。

(4)封锚(端)混凝土应符合设计要求,当设计无要求时,应采用与梁体同等级及以上的混凝土封锚,并应采用保湿、保温养护。

8.3.13　支架拆除

0号梁段支架的落架和拆除应在梁体预应力施工完成后方可进行,支架的落架应按纵桥向对称均衡、横桥向基本同步的原则分阶段循环进行支架落架。

8.4　悬臂浇筑节段施工

8.4.1　悬臂浇筑节段施工流程

施工准备→挂篮安装→底、外模板调整→底、腹板钢筋及预应力管道安装→内、端模安装→顶板钢筋、预应力管道安装→混凝土浇筑、养护→拆端模、穿预应力筋→预应力筋张拉、压浆→落底模、挂篮前移。

8.4.2　挂篮结构构造、结构设计及施工工艺

挂篮是悬臂浇筑混凝土施工的主要施工设备,它是一个能沿梁顶轨道移动的活动承重结构。其作用原理是锚固悬挂在已施工的前端梁段上,在挂篮上进行下一梁段的模板、钢筋、预应力管道的安设,混凝土浇筑和预应力张拉,压浆等作业。完成一个节段的循环后,挂篮即可前移并固定,进行下一节段的悬灌,如此循环直至悬臂浇筑完成。挂篮结构的主要特点是其主要承重桁架均应放于箱梁的腹板位置。采用挂篮悬臂浇筑梁段如图3-8-6所示。随着连续梁(刚构)桥的普及,挂篮的结构形式也越来越多,其结构设计日益先进,结构受力更趋合理。

图3-8-6　采用挂篮悬臂浇筑

8.4.2.1　挂篮的分类、结构特点及其适用性

挂篮按构造形式可分为:桁架式、斜拉式、型钢式及复合式挂篮四种;挂篮按倾覆平衡方式分为压重式、锚固式和压重与锚固结合式三种;挂篮按走行方法分为一次走行到位和两次走行到位两种,下面主要介绍按构造形式的分类:

1. 桁架式挂篮

桁架式挂篮在挂篮使用中是最为常用的,根据其不同结构,不同受力特点,又分为平行桁架式挂篮、弓弦式挂篮、菱形挂篮和三角式挂篮。

(1)平行桁架式挂篮。平行桁架式挂篮的上部结构一般为等高桁架,采用万能杆件或贝雷梁组拼作为挂篮的承重结构。如图3-8-7所示。由于其主桁为标准构件,所以具有拼装快捷、简便、成本低等优点,但是该挂篮由于其自身载荷大,承重能力低,适合小跨度、节段重量较轻的连续梁或连续刚构桥。

(2)弓弦式挂篮。弓弦式挂篮结构的主桁外形似弓形,如图3-8-8所示。其结构主要由弓弦桁架、前吊杆及后锚栓,走行系统、模板系统等四部分组成。弓弦桁架的弧杆全为拉杆,腹杆为压杆,一般由万能杆件组拼而成。为消除桁架拼装时产生的非弹性变形,在桁架拼装时对桁架施加预应力使弦杆上翘,同时改变了桁架的受力。

弓弦式挂篮的受力与菱形挂篮基本相同,不同的是曲面桁架弓弦杆除后锚杆外,还需要在中部提供预应力锚固,以减少局部杆件的受力。

由于其杆件以常备式构件为主,桁高随弯矩大小而变化,受力较为合理,但是缺点是杆件数量多,制作安装精度要求高。

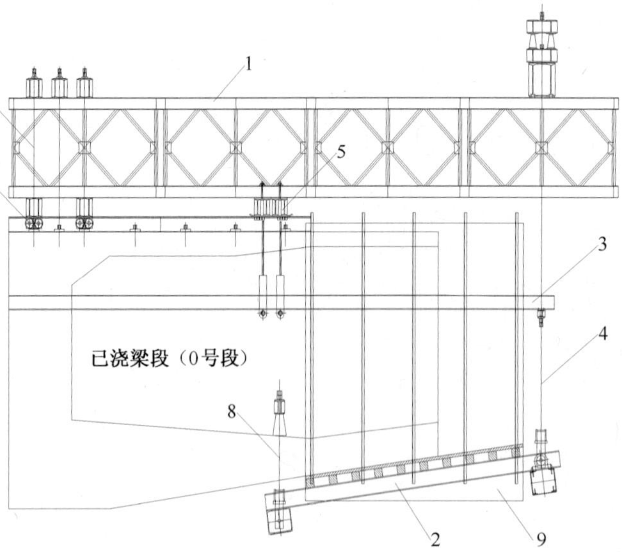

图 3-8-7　桁架式挂篮

1—贝雷梁主桁架;2—底模;3—内外滑梁;4—底模前吊杆;5—前走船;
6—主桁后锚杆;7—走行装置;8—底模后锚杆;9—外模模板

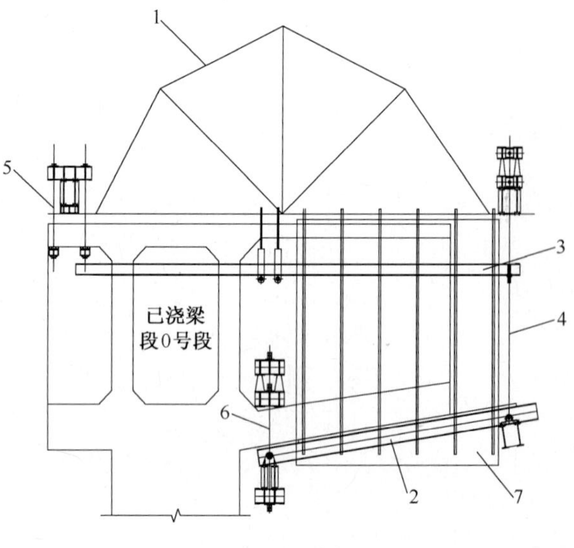

图 3-8-8　弓弦式挂篮

1—弓弦式主桁架;2—底模;3—内外模滑梁;
4—底模前吊杆;5—已浇梁体杆;6—底模后锚杆;7—外模模板

(3)菱形挂篮。菱形挂篮主要由菱形桁架、悬吊系统、走行系统、模板及张拉等操作平台五部分组成。菱形桁架是挂篮的主要承重结构,其构件一般用型钢组焊成箱型结构;其走行系统一般分为主桁走行系统,底模、外模、内模走行系统,如图 3-8-9 所示;菱形挂篮具有结构简单,受力明确,挂篮前、后部分施工操作空间大等优点,是较为常用的挂篮。但挂篮主桁前横梁离桥面较高,施工人员上、下调整立模高程时不便。

挂篮受力特点为挂篮荷载约一半通过后吊杆传至桁架上节点,另一半荷载通过底模后锚传至已浇梁体底板。

(4)三角式挂篮。三角式挂篮结构除主受力结构采用三角架外,其余各部结构均与菱形挂篮相同。挂篮三角形组合系统主要由纵梁、立柱、斜拉杆等组成,如图 3-8-10 所示。三角架下为支座和走行反扣及轨道等。纵梁根据刚度和强度计算需要可用钢板或型钢组焊。在三角挂篮设计的早期,因斜杆只受拉力所以常用钢带组成,由于钢带横向刚度较小,因此将斜拉钢带改为型钢组焊成的方形截面梁,这样有利于将两片三角架间的横向连接系设置在后斜拉杆间。立柱为型钢组焊件,立柱在实际设计时一般比理论长度短 20 mm 左右,装上立柱和斜拉带后需要千斤顶顶起立柱,用钢板垫塞在柱底与纵梁结合处,以消除三角桁架的非弹性变形。

三角式挂篮由于悬吊结构简单,受力明确,承重能力大,和弓弦式、菱形挂篮相比,其前横梁靠近梁面,重心低,施工、走行稳定性较好,常用于单节梁段重的大跨度连续梁(刚构)桥或斜拉桥悬灌施工。但由于其前横梁靠近桥梁面,不适用于施工设计要求先张拉竖向预应力筋后移挂篮的悬臂施工。

三角式挂篮的受力特点与菱形挂篮基本相似。

2. 斜拉式挂篮

(1)滑动斜拉式挂篮。滑动斜拉式挂篮的主要结构包括纵梁、各种横梁、斜拉带系、模板系统、滑梁、上下限位装置等,如图 3-8-11 所示。

滑动斜拉式挂篮其上部采用斜拉体系代替梁式或桁架式结构的受力,而由此引起的水平分力,通过上下

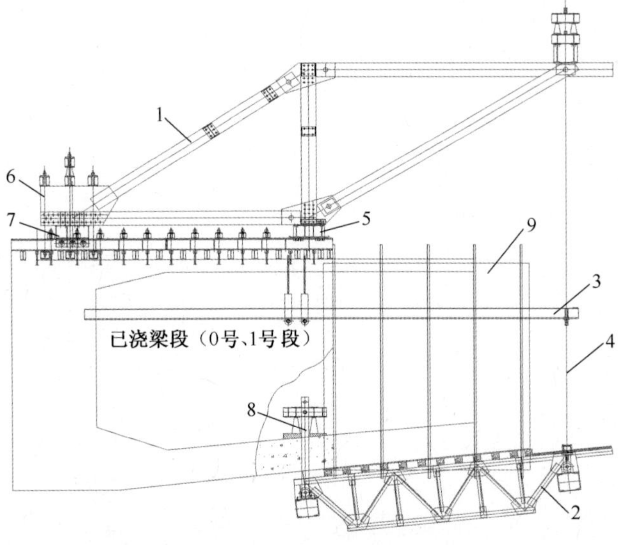

图 3-8-9　菱形挂篮

1—菱形主桁架；2—底模；3—内外滑梁；4—底模前吊杆；5—前走船；6—主桁后锚杆；7—走行装置；8—底模后锚杆；9—外模模板

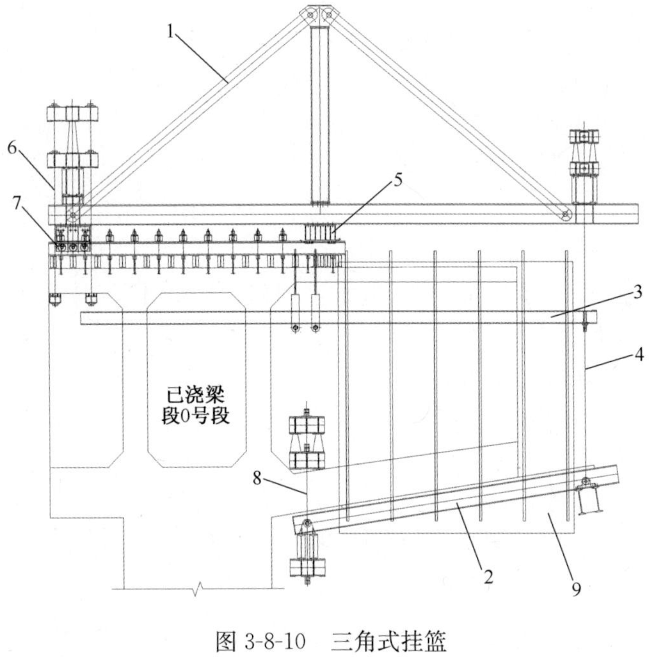

图 3-8-10　三角式挂篮

1—三角主桁架；2—底模；3—内外模滑梁；4—底模前吊杆；5—前走船；6—主桁后锚杆；7—走行装置；8—底模后锚杆；9—外模模板

限位装置(或称水平制动装置)承受，主梁的纵向倾覆稳定由后端锚固压力维持。该挂篮由于轻且无平衡重等特点，可以说是国内目前最轻的挂篮之一。但当跨度和梁高都较大时，由于斜拉杆长度较大，弹性伸长较大，而且上下限位装置的水平力随之增大，故其应用受到限制。

滑动斜拉式挂篮的受力特点是浇筑的梁段混凝土重力传至斜拉杆，后端通过后锚杆将垂直力传至箱梁底板混凝土上。由于斜拉杆为拉力杆，故其轴向力分解为垂直力和水平力，其水平力通过底平台纵梁传至尾部，由下限位器承担。斜拉杆在上部将轴向力传给上主梁，将垂直力由主梁传给箱梁顶板，水平分力由主梁传给上限位器，并由竖向预应力筋压紧限位拉板与混凝土桥面间产生的摩擦力平衡。

(2)预应力斜拉式挂篮。预应力斜拉式挂篮的最大特点是利用梁体内腹板的预应力筋拉住模板，从而使得挂篮结构简化，重量变轻。但该挂篮系利用梁部结构自身的预应力束锚固刚性模板，使得临时设施数量减少，但因属永久结构和临时结构相结合，需设计同意方可采用。

3. 复合式挂篮

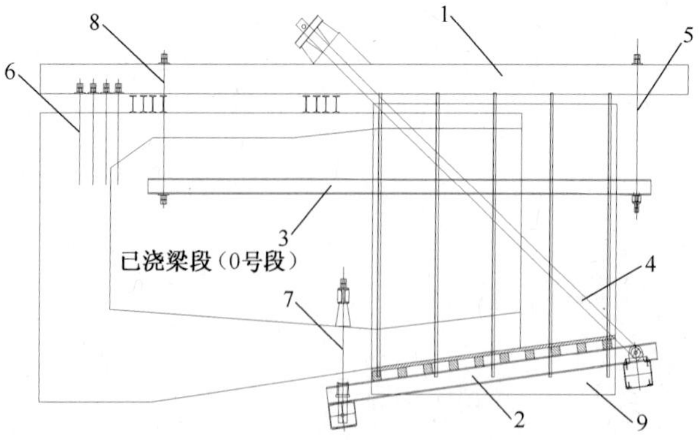

图 3-8-11 滑动斜拉式挂篮

1—主梁;2—底模;3—内外滑梁;4—底模斜拉杆;5—内外模前吊杆;
6—主桁架后锚杆;7—底模后锚杆;8—内外模后吊杆;9—外模模板

复合式挂篮有些类似菱形挂篮,其结构受力明确,具有较大的承载能力,重量也比较轻,但因其前端主桁架悬空,前吊点位置升高,起降吊杆用人工不方便,宜采用液压提升系统控制,施工简便,但这样会增大一次性投入,复合式挂篮出现较晚,但该型挂篮具有较大的承载能力,适用型广,操作迅速简便,可反复多次使用。

8.4.3 挂篮结构设计与检算

挂篮是悬臂施工方法中的专用装备,应按保证挂篮结构形式简单、受力明确、强度可靠、安全稳定、重量轻、变形小、装拆移动方便的原则进行设计。

挂篮的横断面布置,取决于桥梁的宽度和箱梁的横断面形式,当梁体横断面为单箱时,全断面布置一个挂篮施工即可,当梁体较宽且为单箱多室时,一般应设计为大型宽体双主桁形式,箱梁一次浇筑施工。

(1)高速铁路对挂篮的要求比较严格,挂篮的设计除应符合强度、刚度及稳定性要求外尚应满足以下方面规定:

1)挂篮设计重量应控制在连续梁设计要求的限重之内,当设计无要求时,挂篮设计总重量应控制在梁段重量的0.3~0.5。

2)挂篮长度按悬灌梁段最大长度进行设计。

3)挂篮的支承平台应有足够的宽度,应能满足梁段现场施工作业的需要。

4)模板高度应能适应最高梁段施工。

5)挂篮施工及走行的抗倾覆稳定系数不得小于2。

6)挂篮锚固系统、限位系统等结构的安全系数不得小于2。

7)挂篮主桁最大变形应小于20 mm。

8)主桁前支点离梁段端面、底模后模距底板梁端面距离均应不小于0.5 m。

9)主桁位置应作用在箱梁的腹板位置或附近。

10)施工时挂篮总重量的变化,不应超过设计重量的10%,且挂篮总重不得超过设计限重。

11)吊带与下前横梁联结应设双向铰设计。

12)挂篮各主要集中受力点承重结构处要进行局部加强。

(2)挂篮设计荷载及荷载组合。

1) 挂篮设计荷载包括最大节段混凝土重量、挂篮自重(含平衡配重)、施工人员及机具重(含冬季保温设施重)、风荷载及混凝土偏载。

2)浇筑混凝土时的动力系数取1.2,挂篮空载行走时冲走系数取1.3。

3)荷载组合。

①荷载组合Ⅰ:混凝土自重+动力冲击荷载+挂篮自重+人群和施工机具荷载,荷载组合Ⅰ用于计算浇筑混凝土时挂篮各构件强度。

②荷载组合Ⅱ:混凝土自重+挂篮自重+人群和施工机具荷载,荷载组合Ⅱ用于计算浇筑混凝土时挂篮刚度。

③荷载组合Ⅲ:挂篮自重+冲击附加荷载+风载,荷载组合Ⅲ用于计算空载走行。

(3)挂篮结构计算。箱梁荷载是根据横截面结构分为底板、腹板、顶板和翼板等进行荷载计算,底板和腹板荷载由底模系统承担,顶板荷载由内模系统承担,翼板荷载由外模系统承担,通过前后吊杆吊带传递到前上横梁和已浇梁段上。各个部分传递到前上横梁的所有荷载都传递到主桁架上,主桁架再通过前支点和后锚点把力传递到已浇梁段顶板,底模上传递到底模后横梁上的荷载,通过后横梁上的后锚点将力传至已浇梁段的底板上。悬吊系统部分在整个挂篮受力中起到力系转换及挂篮传力作用。挂篮设计荷载传递线路如图3-8-12所示。

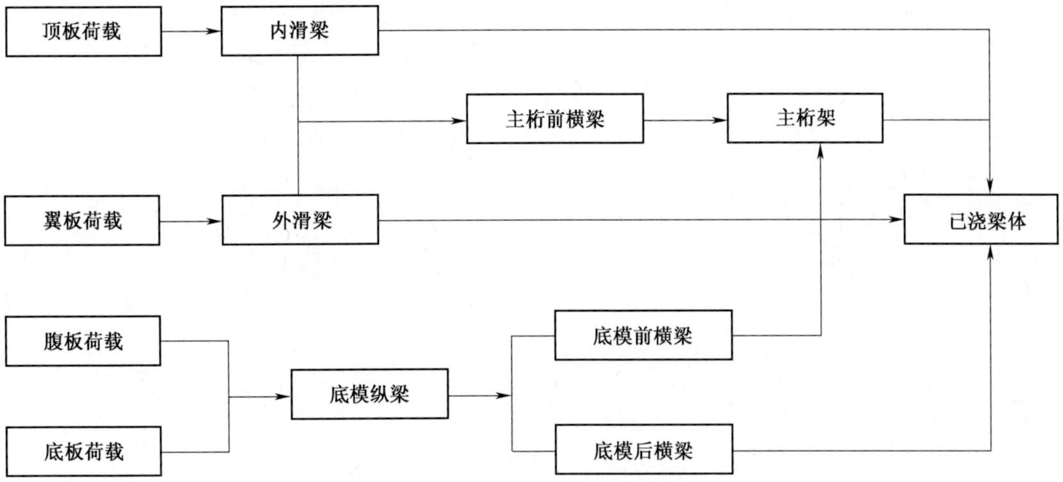

图 3-8-12　挂篮设计荷载传递线路图

挂篮宜按空间结构进行建模计算。计算内容应包括挂篮各杆件及锚杆的内力计算和截面设计、挂篮的变形和倾覆稳定计算。

挂篮的变形主要计算挂篮在最大荷载作用下挂篮前端的挠度值,挂篮设计时应预留下沉量,以抵消下挠变形值。

(4)挂篮结构设计步骤。

1)确定挂篮结构形式。

2)确定荷载。

3)拟定挂篮结构(包括构件长度及截面形式)。

4)建模计算。

5)修正挂篮结构断面形式,并重新检算。

6)连接及局部检算。

(5)挂篮现场安装及验收。

1)挂篮制作与安装技术要求

①挂篮制作加工完成后应进行试拼装。

②挂篮在现场组拼后,应全面检查其安装质量并进行加载试验,符合设计要求后方可正式投入使用。

③挂篮构件及模板的制作与安装应准确、牢固,安装误差应符合相关规范要求;挂篮所需要的各吊杆和下限位拉杆孔道应按设计尺寸预埋准确。

④挂篮走行轨道铺设严格按整长布置。

⑤挂篮前支座下垫应为钢性支垫,并应支垫牢实。

2)挂篮验收。挂篮验收的内容包括原材料及半成品、焊接工程、紧固件连接工程、零件及部件加工工程等的质量证明文件;对重要焊接结构除应进行探伤外,还需要进行必要的拉力试验。挂篮在施工过程中应进行质量控制检查,符合要求后才能进行下一工序的施工,各阶段的检查结果均应形成书面记录。挂篮安装完成后应组织进行系统全面质量检查,满足设计要求后才能准备加载试验。

8.4.4　悬臂浇筑节段施工

在0号梁段施工时,应按挂篮施工设计要求精确预埋预留孔和预埋件,在挂篮安装前检查确认符合要求后可进行挂篮安装。

1. 挂篮安装

(1)挂篮应在0号梁段的纵向预应力筋张拉压浆完成后开始进行对称安装。当0号梁段的长度不满足独立挂篮安装要求时,应采用两个挂篮联体安装,浇筑首个悬臂施工节段。应提前编制挂篮联体、解体及加长的施工作业指导书。

(2)挂篮拼装前,可将各部位大件如主桁片、主桁横向联结系、内外模桁架等预先组拼,组拼件大小可根据起吊设备的起重能力确定。挂篮拼装应保证拼装过程的强度和稳定性。

(3)拼装主要顺序为:安装轨道→吊装主桁架及主桁横向连接系→安装主桁后横梁及后锚→锚固主桁→安装前横梁及前吊系统→安装底模前后横梁及底模后吊系统→安装底模板→安装内外模及滑梁悬吊系统→安装挂篮纵向张拉平台及安全防护结构→调整挂篮中线及立模高程。

(4)挂篮在浇筑梁段中所产生变形的调整,可采用调整前吊杆高度,也可通过装在后锚梁处的千斤顶朝下压主桁后横梁来实现。

2. 挂篮加载试验

(1)加载试验目的。挂篮组拼完成投入使用前,应全面检查安装质量,并应进行走行试验和加载试验。加载预压的目的是为了消除挂篮的非弹性变形和掌握挂篮实际承载情况,并在挂篮的加载过程中测得挂篮的弹性和非弹性变形值,为箱梁施工线形控制提供数据。

(2)挂篮加载试验方案。挂篮预压可采用砂袋堆载法、水箱加压法等。砂袋堆载法是在已安装完成的挂篮上铺设好底模,用砂袋按与箱梁的混凝土荷载一致施加压重于底模上,实施分级压重。使用该法时要严格称量每袋砂的质量,并防止雨水进入已称量过的砂袋中,要有防雨措施。

挂篮预压荷载为最大施工荷载的1.2倍。预压时可按60%、75%、100%、120%分四级进行加载。前三级加载完毕分别持荷30 min后进行变形测量,最后一次加载完毕持荷60 min后进行各项测试。加载过程中,记录挂篮各级荷载的变形数据,经过分析得出挂篮实际挠度,为箱梁施工控制提供准确的数据。变形稳定后再分级卸载。

3. 钢筋与预应力管道施工

挂篮安装锚固完成并验收合格后,开始主梁的悬臂梁段钢筋施工。悬臂浇筑梁段的钢筋加工、连接及安装和预应力管道施工与0号段钢筋及预应力管道施工基本相同,同时还应注意以下施工要点:

(1)底板钢筋与腹板钢筋的连接应牢固,且宜采用焊接;底板上、下两层钢筋网应采用两端带弯钩的竖向筋进行连接,使之形成整体,连接筋的数量和规格应符合设计要求;顶板底层的横向钢筋宜采用通长筋。

(2)钢筋与预应力管道相互影响时,钢筋仅可移动,不得切断。若挂篮的预埋件与梁体钢筋位置发生冲突需要切断钢筋时,应在工序完成后,将切断的钢筋连接好再补孔。

(3)悬浇节段预应力束管道在浇筑前,应在金属波纹管内插入硬塑料内衬管,以防管道被压瘪和损伤;管道的定位钢筋应用短钢筋作成井字形,并与箱梁钢筋网焊接牢固,定位钢筋网架间距直线段宜为0.5 m,曲线段还应适当加密,以防止混凝土振捣过程中波纹管道上浮,引起预应力张拉时产生沿管道的法向分力,轻则产生梁体的内力不合理,重则产生混凝土崩裂,酿成质量事故。

4. 混凝土悬臂浇筑施工

(1)在梁段混凝土浇筑前,应提前对混凝土原材料进行检查、验收。预先作好梁段高性能混凝土配合比设计。

(2)主梁悬灌节段采用全段面一次性浇筑,纵桥向从悬臂远端开始,向已完成的梁段分层浇筑,并在最先浇筑的混凝土初凝前完成本梁段的混凝土浇筑;横桥向按先浇筑箱梁底板倒角,再浇底板,再浇筑腹板,最后浇顶板混凝土,同一端梁中心线两侧左右对称下料浇筑。

(3)浇筑混凝土时两个悬臂端应对称均衡地进行浇筑,两端施工不平衡偏差不得超出设计允许值,设计未规定时,不得超过梁段一个底板的重量,以保证T构平衡稳定。

(4)混凝土连续梁(刚构)悬臂节段浇筑施工,应制定线形控制工作计划和措施,以便及时进行每一梁段的施工监测和全桥施工联测工作。并根据梁段施工线形误差,及时进行预拱度计算和采取跟踪调整预拱度措施,保证全桥施工线形符合设计要求。

(5)悬臂浇筑施工跨越既有铁路、公路等时,应采取有效的安全防护措施。

(6)安装并调试前移动力设施。

(7)挂篮移位过程中,T 构两端的挂篮应同步前移,挂篮移动速度不宜大于 0.1 m/ min,就位时中线偏差不应大于 5 mm。

5. 预应力张拉及压浆施工技术同 0 号段

6. 挂篮施工移位

已浇筑梁段的纵向预应力筋张拉压浆完成后,T 构两端的挂篮需前移至下一梁段,挂篮移位时主要技术要求:

(1)测量标出已施工梁段的中线及高程,并宜按间距不大于 0.5 m 测量标出移位横向间距标线,以观测 T 构两端挂篮对称同步前移。

(2)在已浇筑梁段铺设滑道等走行设施,并锚固牢固。

(3)确认挂篮各走行的前、后吊杆及后锚反扣走行轮等已安装完成,并处于承力状态。

(4)解除挂篮主桁架及底模后锚、各吊杆支点处的锚固。

(5)在挂篮主桁架尾端设返向导链一组可制动挂篮,在走行轨道前支座到位处设限位块。

7. 挂篮拆除

挂篮拆除一般应在浇筑梁段的位置拆除,当桥下条件受限时,应考虑退至 0 号梁段进行拆除。拆除顺序为:

底模→内、外侧模→滑梁→吊杆→前横梁→横联→主桁架→走行装置→走行轨道→钢枕。

8.5　边跨现浇段施工

8.5.1　边跨现浇段支架设计

1. 支架设计原则

(1)铁路预应力混凝土连续梁(刚构)边跨现浇段的长度一般不大于 10 m,一般采用落地支架、托架或挂篮悬臂浇筑施工。支架法一般适用于地基条件较好、跨越旱地或浅水河流、墩高较低的边跨现浇段施工。遇高墩、深水、深谷以及不适合搭设支架时,可采用墩旁托架或挂篮悬吊浇筑施工。

(2)现浇支架设计的长度、宽度应满足模板安装等施工作业要求。

(3)当遇高墩、深水、深谷以及不适合搭设支架且边跨段较长时,应与设计沟通取得同意后可先中跨合龙,再悬臂浇筑一段边跨现浇段,以缩短边跨现浇段的长度。

(4)当采用挂篮悬臂浇筑边跨现浇段时,由于挂篮锚固在已浇筑的 T 构悬臂端,易受温度变化引起墩身和悬臂端梁体变位影响,因此应采取措施以防止边跨现浇混凝土开裂,同时应对墩身进行偏载验算。

(5)为便于支架的拆卸,应根据需要设置碗扣立杆或楔块、砂筒等落架设施。

2. 支架及模板结构设计

(1)落地支架。落地支架可分为梁柱式支架和满堂式支架两大类。满堂式支架根据所用立杆材料不同,主要有碗扣式支架和门式支架等,不允许使用扣件式钢管支架作现浇梁的承重支架。碗扣式钢管支架结构由基础、立杆(含底座、顶托)、纵横向连接系(含水平杆、剪刀撑等)、立杆顶分配梁、模板等部分组成,如图 3-8-13 所示。

梁柱式支架结构应由基础、支墩(含支墩顶分配梁和落架装置)、纵梁、横梁、模板等部分组成,如图 3-8-14所示。

(2) 挂篮平台支架。利用已浇筑的箱梁节段悬浇施工所用的挂篮作边跨现浇段现浇支架,挂篮底模前端纵梁接长后支承在边跨交界墩盖梁顶面(当边跨长度较短时可直接支承主桁架底模纵梁的前端,不需接长)中间利用挂篮的前吊点悬吊,挂篮底模后端锚固在已浇筑梁段底面,由于现浇段和合龙段截面尺寸与标准段不等,其承载情况不同,因此需要适当根据计算修改底模,具体结构布置如图 3-8-15 所示。

(3)墩身预埋托架。墩身预埋托架是在施工交界墩时,根据现浇段底面高程,按照一定的高度预埋牛腿托架在交界墩上,墩身施工完成后拼装为托架平台,其结构与 0 号块现浇托架基本相同,但应注意以下施工要点:

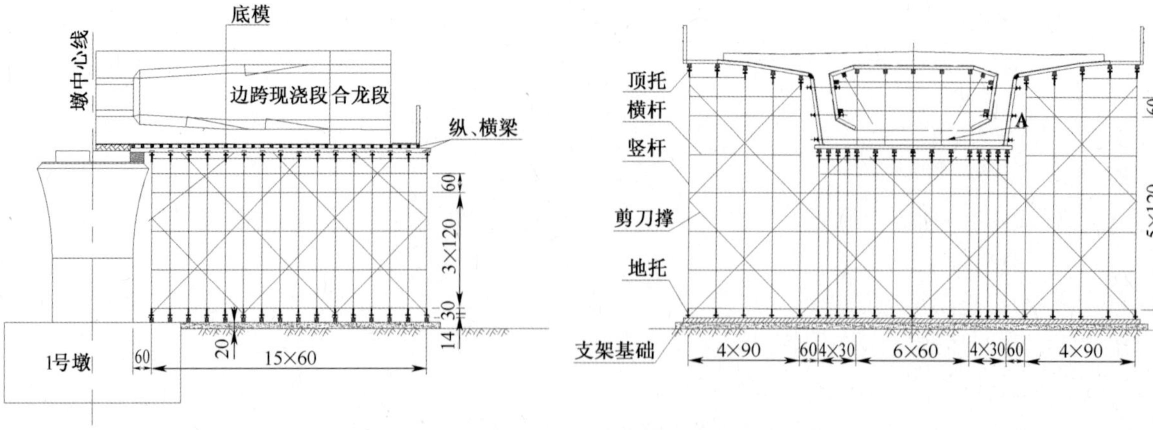

图 3-8-13　边跨段落地式支架纵、横断面图（单位：cm）

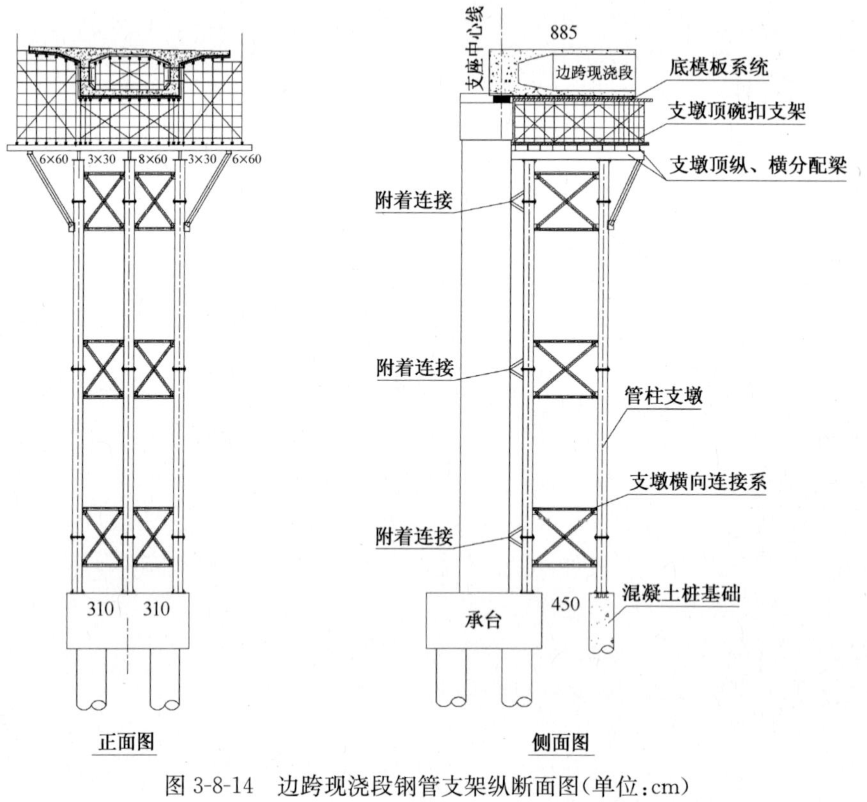

图 3-8-14　边跨现浇段钢管支架纵断面图(单位：cm)

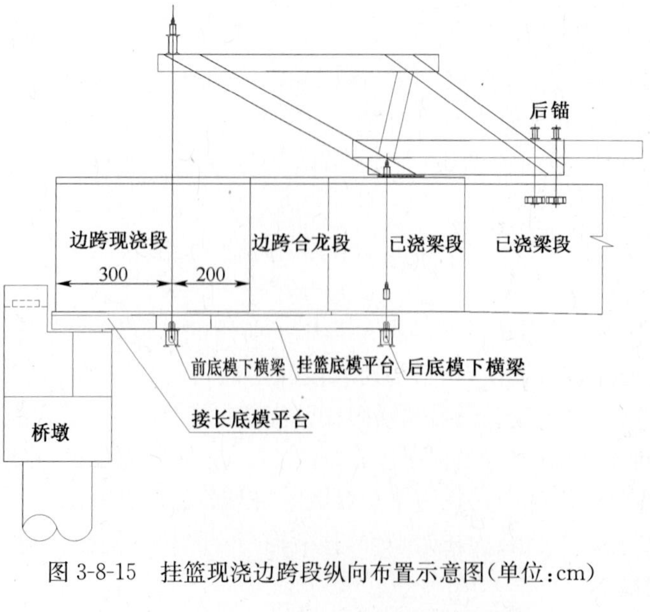

图 3-8-15　挂篮现浇边跨段纵向布置示意图(单位：cm)

1)边跨现浇梁段总体宽度一般会比交界墩盖梁宽,而预埋牛腿支架宽度不能完全解决梁体施工,翼缘板部分的施工需要考虑预先在施工盖梁的时候预埋锚环在盖梁顶面,锚固外挑杆件来满足施工需要,具体结构如图 3-8-16 所示。

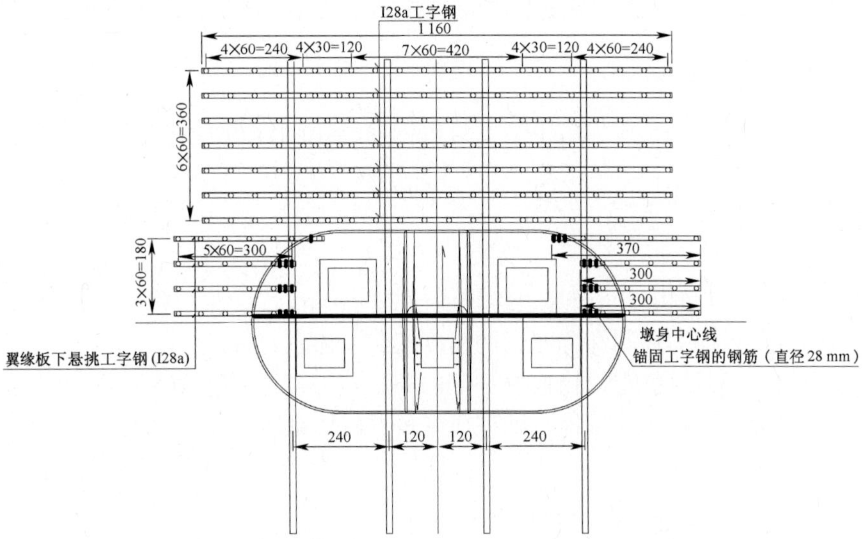

图 3-8-16　边跨翼缘板下悬挑梁平面布置示意图(单位:cm)

2)在墩身预埋托架现浇施工边跨现浇段会使盖梁及墩柱处于单边受力状态,应对墩柱进行偏压计算,若墩柱结构不能满足偏载要求时,需在引桥侧考虑反拉等措施来使墩柱受力平衡。

3. 支架结构及模板系统计算

(1) 支架结构及模板应经过设计计算具用足够的强度、刚度和稳定性,各构件的应力安全系数应不小于 1.3,稳定安全系数应大于 1.5;当采用悬吊式支架应对与其连接的桥墩进行偏载抗拉强度检算梁段较长时,支架还需要考虑纵向预应力张拉后,造成支架局部受力的影响。(且相接桥墩的)采用落地支架时基础必须具有足够承载力,不得出现不均匀沉降。

(2)支架应预留施工预拱度,确定施工预拱度时应考虑以下几方面:

1)支架承受全部荷载下的非弹性变形。

2)各构件接头处的非弹性变形挤压值。

3)结构自重和 100%梁体荷载作用结构产生的弹性变形。

4)基础沉降产生的非弹性变形。

4. 支架结构结构系统的加载预压

(1)支架系统安装完成后,应进行检查验收合格后方可进行预压。支架预压的荷载应符合设计要求,当设计无要求时应不小于最大施工荷载的 110%。

(2)预压加载部位及顺序应与边跨梁段施工时支架实际受力相一致。

(3)支架预压荷载可按照预压总荷载的 60%、100%、110%分级次加载。每级加载完成 1 h 后进行支架的变形观测,测点纵向布置在边跨段的两端、$L/4$、$L/2$、$3L/4$ 处(L 为梁段长度),横桥向测点布置在边跨截面的底板、腹板中间位置。支架预压加载完毕后宜每 6 h 测一次变形值。当连续 12 h 监测位移平均值之差不大于 2 mm 时,方可终止预压,卸除预压荷载。支架预压加载和卸载应按照对称、分层、分级的原则进行,严禁集中加载和卸载。

(4)支架预压荷载卸载时,应按预压加载时的分级逐步卸载,并在卸载的过程中进行沉降量观测。

5. 支架拆除

(1)待混凝土强度、弹模达到设计要求后,外侧模、端模和内模可拆除,底模及支架系统必须待边跨合龙段施工完成后,按照体系转换施工的总体要求进行。支架拆除时间应在边跨合龙施工完成之后,根据设计要求混凝土强度等级、混凝土养护时间和混凝土与环境之间的温差等决定。

(2)支架拆除顺序应严格按照设计要求进行,当设计无要求时,应从梁体变形最大处的支架节点开始按横桥向同步卸落,然后向两端对称、均匀卸落相邻支架节点。

(3)落架应分级、对称循环进行。

(4)拆除悬吊式支架时,应预先制订好拆架专项措施,宜按从下至上的原则进行拆除。

(5)拆除满堂式支架应按自上往下,后搭先拆的原则进行拆除。

(6)支架拆除过程中,应注意观察梁端支架变形,如发现异常,应立即停止落架并及时采取加固措施。

8.5.2 钢筋、混凝土和预应力施工

边跨现浇段的钢筋、混凝土和预应力施工与0号段钢筋、混凝土和预应力施工技术相同。

8.6 合龙段施工及体系转换

合龙段是连接各悬臂施工结构之间或与边跨现浇段之间的节段,合龙段的长度一般为1.5~2.0 m。合龙段施工阶段的关键是线形、应力控制和合龙口的精度控制及体系转换。

悬臂浇筑的桥梁结构,由悬臂静定结构按照一定的顺序施工合龙并解除主墩临时固结措施后,悬臂施工的静定结构转换为成桥状态的连续梁(刚构),即完成了桥梁的体系转换。

8.6.1 合龙顺序

不同的悬灌和合龙顺序,引起的结构恒载内力不同,体系转换时引起的应力重分布也不相同,因此,合龙及体系转换顺序一般由设计单位在施工图中明确。合龙顺序确定主要从结构内力合理、施工组织与安排及采用的机具、环境气温及施工技术等方面进行考虑。常见的合龙顺序有下列几种情况:

1. 从一端顺序悬灌、合龙

合龙顺序是从一端开始向另一端逐跨进行。这种方法可使施工所用的设备、材料从一端通过已成结构直接运输到作业面;另外在施工期间,单T构悬灌完成后很快合龙,形成整体,使结构的稳定性和刚度不断加强,常在多跨连续梁或较大跨桥上使用,但存在作业面较少的缺点,如图3-8-17所示。

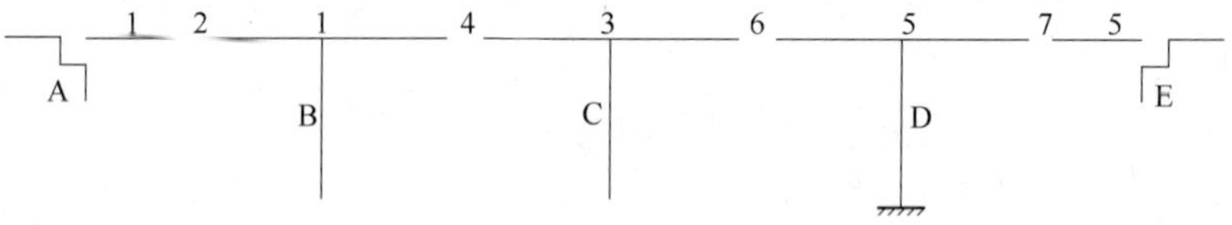

图3-8-17 从一端顺序合龙示意图

2. 从两边向中间悬灌、合龙

此法与从一端顺序悬灌、合龙的区别在于其可增加一个作业面,对加快施工进度有积极作用。

3. 按先T构后连续梁顺序合龙

此法是将所有悬臂施工部分由简单到复杂连接起来,最后在边跨或次边跨合龙。其优点是对于大跨或多跨连续梁桥施工,能尽快可能多地布置工作面,也可对称地悬灌和合龙,故对工期较紧的长联连续梁较不适用,此外,由于可对称悬灌合龙,对结构受力和后期的收缩徐变控制较好。其缺点是在结构合龙前单元呈悬臂状态的时间较长,结构的稳定性较差,如图3-8-18所示。

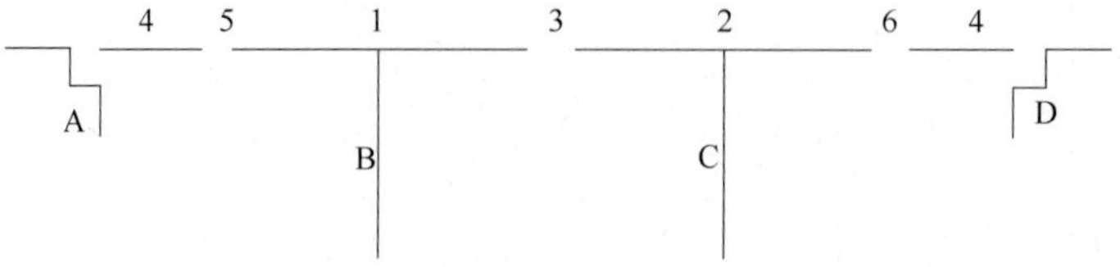

图3-8-18 先T构后连续梁顺序合龙示意图

4. 高速铁路三跨连续梁(刚构)施工中常用的合龙方式

此法是先边跨、后中跨合龙的方式,如图3-8-19所示。

8.6.2 合龙段及体系转换施工工艺流程

桥面清理→测量观测→安装合龙段支架(或吊架)→底腹板钢筋及预应力管道安装→设置压重→劲性骨

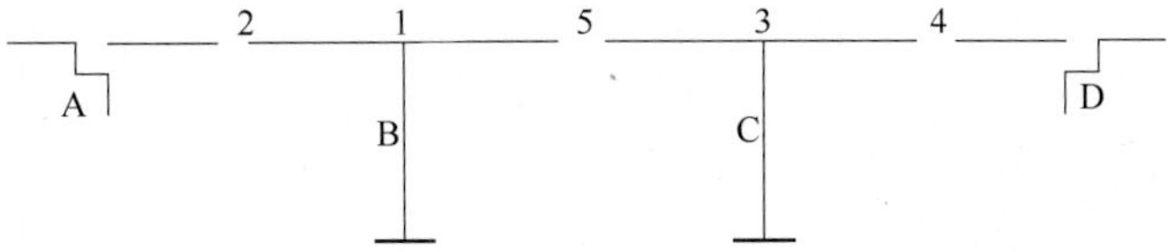

图 3-8-19　三跨连续梁(刚构)常用合龙顺序示意图

架锁定及临时锁定预应力束张拉→解除边墩永久支座锁定(只边跨合龙)→内模及顶板钢筋骨架安装→合龙口位移变形测量→合龙段混凝土浇筑及换重→梁体养护→外部劲性骨架拆除→解除主墩临时支座约束及拆除现浇支架。

8.6.3　临时结构设计

1. 合龙段劲性骨架、临时预压力束设计

合龙临时锁定一般包括焊接锁定劲性骨架和张拉临时预应力束;连续刚构桥合龙后,由于张拉合龙钢束以及在混凝土长期收缩、徐变等因素引起梁的压缩变形,墩顶将发生纵向水平位移,并引起墩内不利的附加弯矩,对此位移,可在合龙段合龙支架锁定前对合龙段梁端施加水平顶推力来达到使墩顶预偏的目的,以部分抵消这种位移对桥墩的影响,具体的顶推力由设计确定。常用的合龙口锁定有以下两种:

(1)外(或内)劲性骨架和张拉临时束共同锁定。这种结构设计是在箱梁顶、底板的顶面预埋钢板,用型钢支撑焊接(或拴接)在预埋钢板上锁定,再利用永久性的预应力束临时张拉,以抵抗升降温时产生的梁端错动及合龙段因温度升高而产生的压应力、降温时产生混凝土收缩变形。

(2)仅设外(或内)劲性骨架支撑。当边跨采用膺架法浇筑混凝土时,其合龙另侧的悬灌长度一般较小,加之低温合龙及膺架对边跨的摩阻力作用,根据实际受力要求仅布置外(或内)劲性骨架即可抵抗升温时的膨胀力。现场施工中,多采用外劲性骨架工,如图 3-8-20 所示。

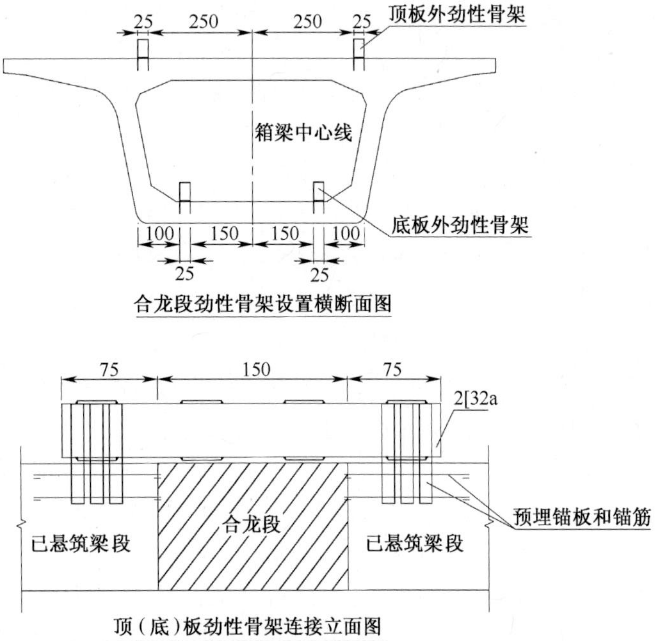

图 3-8-20　连续梁合龙段劲性骨架示意图(单位:cm)

1)当连续梁合龙施工顺序采用先边跨后中跨时,且在合龙口锁定后立即释放一端的支座约束时,合龙口劲性骨架受力情况为

当升温时:

$$N = Qf + N_y \tag{3-8-1}$$

当降温时:

$$N = Qf - N_y \tag{3-8-2}$$

式中　N——合龙口劲性骨架所受的压力,kN;

Q——合龙半跨及相连自由伸缩段梁的自重,kN;

f——支座摩阻系数,对盆式橡胶支座可取 0.06 左右;

N_y——预应力临时张拉束提供的预压力,kN。

2)当连续梁合龙施工顺序采用先中跨后边跨或连续刚构合龙,由于合龙口两侧支座在温度变化时约束未解除,且假设两端墩身无位移,劲性骨架的计算应考虑升温引起的轴向力

$$N = \frac{\alpha \Delta t l}{\left[\dfrac{l_g}{E_g A_g} + 2\sum_{i=1}^{n} \dfrac{l_h^i}{E_h A_h^i}\right]} \tag{3-8-3}$$

式中　N——梁因升温所受的轴向力,kN;

Δt——升温值,℃;

α——混凝土的线膨胀系数；

l、l_h、l_g——合龙段总长及悬臂浇筑段长度和合龙口和劲性骨架长度，m；

E_g、E_h——钢和混凝土的弹性模量，kN/m^2；

A_g——劲性骨架的截面面积，m^2；

A_h^i——箱梁的第 i 段平均截面积，m^2；

l_h^i——箱梁的第 i 段分段长度，m。

2. 合龙段配重、换重设计与施工

配重按其作用分为基本配重和附加配重：基本配重是指等量代换合龙段混凝土重量的配重(换重)，除基本配重之外的即为附加配重(调节高程)。

(1)边跨合龙段换重设计。当边跨合龙段在落地支架上现浇施工时，不考虑配、换重；当边跨合龙段采用吊架合龙(或挂篮)时会造成边中跨荷载不对称，这时应考虑换重和加设配重。加设配重量(G)＝中跨挂篮重量－边跨挂篮重量或(吊架重量)＋其他原因引起的额外配重；换重重量(G)＝合龙段混凝土引起增加的悬灌段重量＋临时施工荷载。

(2)中跨合龙段换重设计与检算。若采用挂篮进行中跨合龙段施工，需将另一套挂篮拆除或后移；若采用吊架合龙，需将挂篮拆除或对称后移。无论采用挂篮合龙或吊架合龙，中跨合龙段施工一般只需换重，不需要加配重，只有在高程超过允许范围需要调整线形时才增加配重。换重重量为合龙段混凝土重量的一半。

以上配、换重计算适应于重量加在桥轴线上，且放置位置靠近合龙段；如换重物体位置远离合龙段，那么换重重量需按间距进行计算。合龙段配重和换重应在劲性骨架锁定和临时预应力索张拉前进行。配重和换重一般均采用水箱或混凝土块或钢材，但应提前有计量标记，以便于在混凝土浇筑过程中按同步换重的方法进行卸载，使合龙段两悬臂端在混凝受力保持一致，从而使合龙段两边悬臂高差保持不变。

3. 合龙段支架模板设计

(1)边跨合龙段支架及模板系统常有挂篮、吊架和落地支架三种结构形式。其支架、模板的结构设计原则上同 0 号段，其设计和施工应注意如下几点。

1)吊架和挂篮方案：采用吊架或挂篮作为合龙段施工支架时，在最后两个悬灌段施工时应注意挂篮或吊架的预留孔道埋设，同时应提前处理好挂篮底模系统与边跨现浇段支架的干扰；二是处理好合龙段底模与边跨现浇段、悬灌段梁底之间的紧密接触；若是边跨现浇段在落地支架上，不会因为浇筑合龙段混凝土而影响线形，因此，换重只需考虑悬灌段上设置。

2) 落地支架方案：采用落地支架施工合龙段时，支架地基处理、搭设可参照边跨现浇段落地支架施工，并与边跨现浇支架同时进行。采用该方案也应注意处理好挂篮底模系统与落地支架的干扰，在浇筑混凝土施工时不必考虑换重。

3)合龙段模板。

①底模系统：采用挂篮作为合龙段施工支架时，底模系统直接利用悬灌段施工的底模系统，随挂篮一起就位；采用落地支架施工合龙段时，底模系统一般采用木模结构(胶合板面板＋方木加劲肋＋分配梁)，人工由下至上安装。

②外侧模系统：外侧模系统一般情况下直接利用悬灌段施工的外侧模系统，随挂篮一起就位。

③内模系统：内模系统在底、腹板及横隔墙钢筋、预应力管道安装完成后进行，一般采用组合钢模与木模相配合的结构，在进行安装时应注意腹板倒角处的加固，可防止内箱模板上浮。

8.6.4 合龙段钢筋及预应力管道安装

合龙段长度设计一般为 1.5～2 m，其结构尺寸复杂、钢筋、预应力管道、预埋件较多，为了保证其施工质量，必须按照制定好的工序及工艺进行实施：

(1)钢筋加工制作及安装严格按设计和施工规范要求进行施工。

(2)波纹管制作和安装。

1)布置波纹管时首先用钢筋加工井字架作为波纹管的定位架，纵、横向位置按设计图纸所尺寸定位，波纹管中穿内衬塑料管，为保证波纹管的成孔质量，在浇筑混凝土时派专人来回拉动内衬管。

2)在波纹管接头处一定要将波纹管接口剪平后外套接头管，用胶带裹紧，以防止漏浆或在穿束时引起波纹管翻卷导致管道堵塞。

3)浇筑混凝土前应检查波纹管是否有孔洞或变形,尤其是接头处是否密封好。

4)浇筑混凝土时应尽量避免振捣棒直接接触波纹管,以防损坏波纹管,漏浆堵孔。

8.6.5　合龙施工主要技术措施

(1)掌握合龙期间的气温预报情况,测试分析气温变化规律,以确定合龙时间并为选择合龙锁定方式提供依据。

(2)合龙前几天连续观测昼夜温度、合龙口高程及长度变化,掌握其变化规律,选定日气温较低、温度变化幅度较小的时间安装劲性骨架锁定合龙口,一般为早晨 0:00～5:00。

(3)合龙口的锁定,应迅速、对称地进行,先将外刚性支撑一段与梁端预埋件焊接(或拴接),而后迅速将外刚性支撑另一端与梁连接,临时预应力束也应随之快速张拉。在合龙口锁定后,立即释放一侧的固结约束,使梁一端在合龙口锁定的连接下能沿支座左右伸缩。

(4)连续刚构桥中跨合龙段顶推施工应严格按照设计要求进行,一般应按照应力和变形双控。

(5)合龙口混凝土宜比梁体提高一级,并要求早强,最好采用微膨胀混凝土。

(6)为保证浇筑混凝土过程中,合龙口始终处于稳定状态,必要时浇筑之前可在各悬臂端加与混凝土重量相等的配重,加、卸载均因对称梁轴线进行。

(7)混凝土达到设计要求的强度后,先部分张拉预应力钢索,然后解除劲性骨架,最后按设计要求张拉全桥剩余预应力束,当利用永久束时,只需按设计顺序将其补拉至设计张拉力即可。

(8)临时束的张拉力一般宜在(0.45～0.5)R_{jy},以防在合龙过程中预应力束过载报废而需要重新更换新束。

8.6.6　合龙段验收标准

合龙段施工质量验收标准应符合表 3-8-2 要求。

表 3-8-2　连续梁(刚构)悬臂浇筑段(合龙段)允许偏差和检验方法

序号	项目名称	允许偏差(mm)	检验方法
1	梁段高程	+15 −5	测量检查
2	合龙前两端相对高差	合龙段长度的 1/100,且不大于 15	测量检查
3	轴线偏差	15	测量检查
4	梁顶面高程差	±10	测量检查
5	竖向高强精轧螺纹筋垂直度	1/1 000	测量检查
6	竖向高强精轧螺纹筋间距	±10	吊线尺量,不少于 5 处

8.6.7　体系转换施工

桥梁体系转换施工主要包括永久支座约束解除、临时支座拆除(预应力混凝土连续刚构桥无临时支座)和后期预应力张拉等内容,其施工顺序应严格按照设计文件规定进行。在桥梁合龙段施工过程中,主梁由悬臂状态向固定状态转变,桥梁体系转换施工同步进行。

9　拱桥施工技术

9.1　概　　述

拱桥是公路、铁路、市政桥梁中常用桥型，在高速铁路(客运专线)中，常见的有下承式钢管混凝土系杆拱、钢箱拱，连续钢桁拱、上承自锚式混凝土系杆拱、中承式钢箱拱等结构。下承式系杆拱桥是拱与梁的组合结构，一般为刚性梁，采用钢箱梁、钢一混结合梁、预应力混凝土简支梁、预应力混凝土连续刚构梁或连续梁等不同材料和形式；拱以钢管混凝土桁架结构为主，部分采用钢箱拱、钢筋混凝土拱等。两条拱肋之间有平行拱和提篮拱两种形式。下承式尼尔森体系钢管混凝土系杆拱在京沪高速铁路、宁杭客运应用较多。部分已建拱桥跨度及结构形式见表 3-9-1。

表 3-9-1　高速铁路部分拱桥跨度统计表

桥梁名称	桥跨(m)	结构形式
宜万铁路宜昌长江大桥	130＋2×275＋130	连续刚构与柔性拱组合结构
沪杭铁路跨沪杭高速公路桥	88.8＋160＋88.8	自锚上承式混凝土拱桥
广珠城际轨道小榄水道桥	100＋220＋100	V 型刚构与柔性拱组合结构
广深港铁路沙湾水道特大桥	76＋160＋76	连续梁与钢管混凝土拱组合结构
哈大铁路新开河大桥	138	下承式钢箱系杆拱桥
武广铁路汀泗河大桥	140	下承式钢箱系杆拱桥
贵广铁路东平水道特大桥	85.75＋286＋85.75	连续钢桁梁拱桥
京沪铁路大胜关长江大桥	108＋192＋336＋336＋192＋108	连续钢桁梁拱桥
京沪铁路青阳港大桥	96	尼尔森体系钢管混凝土拱桥
京沪铁路跨京开高速公路	32＋108＋32	中承式钢箱拱，结合梁桥面
南广铁路西江特大桥	450	中承式钢箱提篮拱桥
宁杭客专西苕溪大桥	132	尼尔森体系钢管混凝土提篮拱桥
钦北铁路钦江大桥	128＋128	下承式钢管混凝土系杆拱桥

拱结构施工一般采用支架或少支架、转体、无支架缆索吊机与临时斜拉索斜拉扣挂悬臂拼装、吊索塔辅助悬臂拼装等施工方法和工艺，具体需要根据不同结构构造和施工条件进行选择和确定。不同类型拱桥及其施工方法见表 3-9-2。

表 3-9-2　铁路拱桥类型及施工方法

拱桥类型		主要施工方法
混凝土拱桥	下承式系杆拱	按先梁后拱的顺序，拱、梁结构分别采用支架法现浇施工
	上承自锚式拱	拱、梁采用支架现浇，水平转体到位后形成连续体系
钢管混凝土拱桥	下承式推力拱	先拱后梁，拱一般采用无支架缆索吊装斜拉扣挂悬臂拼装法施工
	下承式系杆拱	一般采用支架法先梁后拱；先拱后梁时，拱采用支架或无支架吊装，梁利用挂篮进行浇筑
	上承式拱	先拱后梁，拱采用无支架缆索吊装或旁位拼装，通过转体施工就位
	中承式拱	先拱后梁，拱采用无支架缆索吊装或旁位拼装，通过转体施工就位
钢箱拱		钢箱拱与简支梁组合结构一般采用支架法，先梁后拱的顺序施工
		大跨钢箱拱一般采用无支架缆索吊装法施工
钢桁拱		吊索塔架单悬臂拼装或水平索辅助双悬臂拼装法施工

支架法用于混凝土拱的现场浇筑；少支架法适用于系杆拱桥采用先梁后拱施工顺序时，钢管桁架拱或钢箱拱的现场节段吊装，在下承式系杆拱桥施工中应用较多；转体施工适用于上承式自平衡拱结构平转、钢管桁架拱转体施工，在大跨连续刚构(连续梁)拱组合桥及大跨钢管混凝土桁架拱施工应用较多；无支架缆索吊装与斜拉扣挂悬臂拼装技术适用于大跨度钢拱桥节段预制吊装施工；吊索塔辅助悬臂拼装适用于大跨度连续钢桁拱桥拼装施工。

9.2　系杆拱桥的类型与施工

系杆拱桥在高速铁路(客运专线)拱桥中应用相对较为广泛，并多采用下承式结构。一般为拱与钢或预应力混凝土简支梁的组合结构，大致可分为钢管混凝土系杆拱、钢箱系杆拱、混凝土系杆拱等形式，下承式钢管混凝土尼尔森体系提篮拱是下承式钢管混凝土桥中的一种特殊形式。针对钢管混凝土系杆拱、钢箱系杆拱、混凝土系杆拱和下承式尼尔森体系钢管混凝土提篮式系杆拱桥的施工技术分别做以下介绍。

9.2.1　钢管混凝土系杆拱桥施工

9.2.1.1　支架法先梁后拱施工

下承式钢管混凝土系杆拱桥一般采用支架法，按先梁后拱的顺序进行施工，过程包括预应力混凝土系梁在支架上现浇施工、钢管桁架拱支架上安装、钢管内混凝土灌注、桥面吊杆安、装张拉和支架拆等五个主要阶段，分别经过成梁、成拱、成桥等体系的转换。

施工基本程序为：施工准备→系梁现浇支架拼装搭设→支架预压、调整→系梁及拱脚模板、钢筋及预应力管道安装定位→系梁及拱脚混凝土分节段浇筑施工→系梁后浇带混凝土浇筑→部分张拉系梁预应力索→系梁上搭设拱部安装支架→拱肋节段现场组拼成吊装节段→节段起吊安装、支架上合龙并焊接成型→顶升压注管内混凝土→卸落拱肋支架→吊杆安装张拉→张拉系杆剩余预应力索并压浆→卸落系梁支撑架→桥面系及二期恒载施工→调整吊杆索力→桥梁验收。

系梁一般设计为预应力混凝土箱梁。采用支架上分段浇筑施工的方式，必要时划分若干节段，节段间预留后浇带采取分次浇筑，以解决混凝土收缩开裂问题。支架设计根据具体施工环境条件和支架高度确定，一般跨越公路或河流地段采用钢管立柱和贝雷梁组合形式支架，陆上地质条件较好地段可采用满堂式支架，具体可参考本书铁路现浇梁施工技术部分内容。与普通现浇梁支架相比，系杆拱桥中系梁现浇支架具有一定特殊性，设计过程中需要考虑系梁施工荷载外，还要考虑梁拱肋施工阶段作用于梁上的荷载，同时考虑到梁部支架支撑时间较长，需要在拱部吊杆安装张拉，拱梁结构体系转换完成后，方能拆除，因此设计时应充分考虑施工过程中不良条件和可变因素条件的影响，确保施工全过程中的安全。

系梁施工时要充分考虑与拱脚段施工的协调和统一，拱脚处拱肋预埋段利用搭设的临时支撑架进行安装、调试和定位，混凝土可分两次浇筑，具体浇筑时间不同设计有不同要求，一般第一次浇筑在系梁施工后进行，第二次在钢管混凝土浇筑完成后进行。系梁预应力索的张拉是施工中的关键，需要按工况进行分批、分级张拉，具体应按设计方案进行。系杆施工完成后，在其顶面布置安装拱肋支撑架、节段组拼胎架及节段吊装、运输的辅助设施，为拱结构施工创造条件。

钢管拱肋采用工厂集中加工制造，按制造节段长度运至现场，在固定胎架上组拼、焊接成吊装节段长度，通过起吊方式安装在支撑架上，后进行精确调整、对位和焊接。工厂制造节段长度由运输条件确定，节段组拼接长胎架一般设在梁面之上，节段利用桥面提升架或其他起吊设备提升至桥面运输小车上，纵向运输至安装位置后，由桥面上吊机将节段转吊至胎架上组拼焊接。

拱肋支撑架采用常备式杆件，一般使用钢管立柱、万能杆件等。支撑架主要为拱肋节段安装期间提供临时支撑和稳定，同时也可作为拱肋节段竖向提升吊装的支撑架。起吊提升装置布置支架顶部，一般悬挂起重滑轮组和吊具，起重卷扬机布置在桥面之上，节段起吊到位后，安装支撑横梁，对节段提供竖向支撑，发挥起吊和支撑的双重作用。支架布置间距及位置要与拱肋节段划分长度、数量相一致。

拱肋节段焊接成型后，进行钢管混凝土浇筑，浇筑采用连续顶升工艺，按设计顺序和左右对称、两端均衡、同步浇筑的原则进行。拱内混凝土达到设计要求强度后，按对称的原则开始卸落拱肋支架，实现成拱体系转换。吊杆的安装张拉同样需要上下游、桥跨两侧同步对称进行，吊杆张拉的同时进行系梁纵向预应力索的张拉，将支架承受的荷载向拱梁结构转移，逐步完成系杆拱桥成桥体系的转换。

9.2.1.2 工程实例

以钦北铁路钦江大桥主桥施工为例，介绍主要支架法施工的方法及工艺。

1. 工程概况

钦江双线特大桥全长 2 225.221 m，为广西沿海铁路钦州北至北海段高速(时速 250 km)铁路的一部分，主桥采用 2 孔 128 m 系杆拱结构。结构布置如图 3-9-1 所示。

结构设计为刚性系梁刚性拱，主梁全长 131.9 m，采用预应力混凝土简支箱梁，横截面为单箱三室截面。梁高 2.5 m，梁顶宽 17.80 m；底宽 11.80 m，梁端拱脚处局部范围内梁顶加宽至 19.00 m，梁底加宽至 19.00 m；边腹板厚 45 cm，拱脚处加厚至 185 cm；吊杆处隔墙厚 40 cm，隔墙开设 0.80 m×1.0 m(中室)的纵向过人洞。箱梁梁顶设 2%的横坡。

图 3-9-1　钦江大桥布置效果图

主桥设两道拱肋，拱肋采用悬链线，矢跨比 1/5，横断面为等截面哑铃型外径 130 cm，壁厚 20 mm 的钢管混凝土；上下弦管中心距 2.3 m，拱肋截面高 3.6 m。拱肋上下弦管之间连接缀板 δ=20 mm，缀板间距 80 cm，缀板间灌注 C55 混凝土。两拱肋间共设 5 道钢结构横撑，其中拱顶处设米字形撑，其余均为 K 字形撑。结构布置采用刚性系杆刚性拱，吊杆间距为 8 m，由 163 根 ϕ7 平行钢丝束组成，冷铸镦头锚。

本桥采用先梁后拱的顺序，梁采用支架法现浇，拱采用少支架法安装。

2. 箱梁施工

37 号～38 号跨主桥箱梁在岸区，在地基平整碾压处理后，采用碗扣式满堂支架现浇施工，支架高度 15 m；38 号～39 号跨支架处于钦江水中，采用插打钢管桩＋贝雷梁组合支架。支架在吊杆调索完毕后，开始拆除。

箱梁采取纵向预留 3 个长度 2 m 的后浇带，分 4 个长度 30～32 m 的节段分别进行混凝土浇筑施工的方式。

3. 钢管拱施工

钢管拱肋由专业厂家加工制造，先在厂内制作成拱肋运输节段，节段长度分为 12 m，重量约为 20 t，通过汽车将拱肋运输节段运输至 37 号墩线路右侧；然后通过在 37 号墩线路右侧设置的高低腿提升支架将拱肋节段吊至箱梁顶面的移动平车上，通过移动平车将拱肋节段运至安装拱肋的对应位置；再利用桥面上汽车吊(汽车吊也通过高低腿提升支架上桥)将拱肋节段移至拱肋拼装胎架上，组拼成吊装节段，再通过设置在桥面的拱肋提升支架将吊装节段提升至设计位置，进行焊接合龙。组拼顺序为从拱脚到拱顶。

拱肋节段在吊装过程中，拱脚 1 号吊装节段采用单肋吊装，其余节段均采用双肋吊装，即桥梁左右侧拱肋同时吊装，在吊装之前须将横撑安装到位，2 号吊装节段和 3 号吊装节段横撑为 K 字形撑，4 号吊装节段(合龙段)为米字形撑，同时在各节段上安装临时横撑，以增加吊装拱肋节段的整体稳定性。拱肋合龙完成后，进行拱脚固结，然后按照设计要求灌注钢管混凝土和吊杆安装、张拉。支架按照从上到下、先中部后两边的顺序，对称均匀有序地拆除。

4. 关键技术及工艺措施

38 号～39 号跨越钦江，由于桥址上游水闸及季节性洪水影响，支架安全风险较大，施工采用 60 t 振动

锤振动插打 ϕ529×10 mm 钢管，在两排钢管(14～16 根)插打完成后，焊接支架第一层连接系，确保支架施工过程稳定性，然后焊接接长钢管桩，完成连接系安装，最后安装钢管桩顶部横向分配梁及贝雷梁的安装，如此循环形成水中支架体系。对于水中部分处于河床面裸露岩面上的钢管桩，采取增加锚固钢筋，浇筑水下混凝土等方式对钢管桩进行加固和稳定，保证支架渡洪安全。

水中支架采用简易水箱灌水预压，即利用废旧钢模，在支架上拼装水箱结构，然后铺设塑料薄膜形成储水池，分级加水预压，施工简捷方便。

大跨度箱梁采用分节段现浇技术。大跨度现浇箱梁施工，存在混凝土浇筑方量大，浇筑面积广等难题，为了确保混凝土的浇筑质量以及混凝土在后期不产生收缩裂纹等质量缺陷，在浇筑过程中采取了分节段现浇、箱梁节段预张拉等控制措施。节段长度确定在 30.0 m 左右，节段之间设置 2.0 m 后浇段，施工时，先将各节段施工完成后再浇筑后浇段。

拱节段上桥方案采用高低腿提升架，提升架前后支腿分别设置在主桥梁体线路右侧的地面和桥面上，支撑腿高度分别为 15 m 和 4 m。提升架采用万能杆件、钢管立柱和加强型贝雷梁等构件组成，设计荷载 40 t，拱肋节段最大重量为 24 t，35 t 汽车吊重量约为 35 t。

拱肋吊装支架采用万能杆件拼装，并在箱梁混凝土施工完成后进行拼装，起重钢丝绳通过滑车组引导，卷扬机牵引实现对拱肋的吊装。

9.2.2　钢箱系杆拱桥施工

伴随着高速铁路和客运专线的建设，在消化吸收发达国家先进经验基础上，我国自主设计建造了部分大跨度钢箱系杆拱桥，如福厦铁路木兰溪和丘后特大桥都选用了跨度 128 m 钢箱系杆拱桥，并采用刚性吊杆、正交异性刚桥面板。京沪高速铁路在济南市区跨济兖公路时，设计采用了跨度 96 m 的四线下承式钢箱系杆拱桥。武广客运专线汀泗河特大桥采用 140 m 跨度的钢箱系杆拱桥，其结构构造如图 3-9-2 所示。

图 3-9-2　武广客运专线汀泗河特大桥主桥钢箱系杆拱桥结构效果图

9.2.2.1　钢箱系杆拱原位拼装

钢箱系杆拱桥上部主体结构一般由钢箱拱、钢箱梁、拱肋之间横撑、吊杆及锚点构造、两端支座及横向限位装置、现浇混凝土桥面板等部分组成。

施工一般采用支架法或少支架法原位拼装的方式，按先梁后拱的顺序进行。

拱梁钢结构拼装支架一般选用杆件组拼式桁架或钢管作为临时支墩，并在墩顶设置调整装置，满足高度和水平位置的调整要求。拱梁安装阶段所使用的起吊设备以大吨位履带式起重机为主。节段运输到现场后，在临时支墩上进行拼装、主梁结构体系拼装完成后，在系梁上拼装刚性吊杆及吊杆间的临时支撑，利用系梁上临时支撑或刚性吊杆作为拱肋拼装平台，对拱肋节段和横向支撑进行逐段安装，拱肋合龙后将临时支墩由两侧向跨中方向拆除。

施工的基本步骤为：钢结构加工制造→临时支撑施工→系梁拼装→吊杆及临时支撑安装→拱肋及横撑安装→拱梁体系转换。

系梁、拱肋、横梁、吊杆及横撑等钢构件采用工厂分段加工制作，要求进行预拼装，检查验收合格后运至现场，按设计顺序进行安装。并对施工变形进行严格观测和控制，包括结构拼装过程中的变形观测与控制；

无砟轨道施工过程中的变形与控制。

在拱肋安装支撑方式上,不同桥梁各有特点。方式一:拱肋支撑架一般选用钢管或军用墩等常备式杆件,拱肋节段重量全部由支承架承担;方式二:刚性吊杆与拱肋支撑架临时连接形成刚性支撑,共同承担;方式三:通过对刚性吊杆进行横向连接,提高吊杆承载力,依靠吊杆对拱肋安装节段进行支撑。

钢系梁从支座端开始向跨中方向分段依次对称吊装至临时支墩上,待全桥钢系梁全部吊装到位并调整至规定误差范围后,进行各吊装节段的现场焊接。

9.2.2.2 工程实例

京沪高速铁路在山东济南跨济兖公路时,设计采用了 2×96 m 的四线下承式简支钢箱系杆拱桥,也是国内首次采用;中间双线为高速铁路,两边为联络线。

拱肋采用箱形截面,箱宽 1.2 m,高度由跨中处 2.8 m 变化至拱脚处 5.5 m,两主拱间中心距 11.68 m,通过 5 道钢箱横撑连接,吊杆索水平投影间距 5 m。钢箱梁长 98 m,采用梁高 3 m 等截面单箱 9 室截面,顶面宽 25.7 m,底宽 22.5 m,桥面采用正交异性板构造。

受桥下净空限制,该桥采用了支架原位拼装施工的方案,即钢梁在支架上拼装焊接,钢箱拱利用梁上支架进行安装。总体施工顺序为:施工准备→搭设钢梁拼装支架→架设钢梁→搭设拱肋支架→安装拱肋及横撑结构→吊杆安装、张拉→钢结构涂装→拆除支架→浇筑桥面混凝土→施加二期恒载。

钢箱梁临时支撑利用 ϕ559 mm×10 mm 的钢管,横桥向分左右两组,每组 4 根,横向利用型钢进行交叉连接,形成整体,钢管立柱支承在处理后的基础上。吊装钢箱梁之后,在梁上搭设拱肋吊装支架,单片拱肋下布置 10 个临时支柱,支柱采用 ϕ630 mm×10 mm 的螺旋钢管,立柱间通过 20a 槽钢进行连接,形成桁架结构,立柱底部设置钢板支垫,顶端安装可调试的托撑,依此解决拱肋节段高程的精确调整和支架的卸落,也可通过垫板进行线形调整,调整到位后即可对节段焊接。

支架结构根据施工工况和荷载进行计算分析,保证临时支撑结构满足拱、梁线形要求,临时结构和永久结构的施工变形控制在规范范围之内,同时满足结构安全施工要求,在满足功能条件下,支架构造尽可能简洁,便于施工。

9.2.3 下承式尼尔森体系钢管混凝土提篮式系杆拱桥施工

下承式尼尔森体系钢管混凝土提篮式系杆拱桥具有建筑高度小、结构竖向横向刚度大、跨越能力强等优点。

铁道部科技司于 1999 年开始组织“高速铁路大跨度提篮式系杆拱桥设计实验研究”,内容包括拱桥的拱肋、吊杆、系梁的构造,结构空间分析,拱脚及吊杆的受力与疲劳,施工方案研究等。设计研究的桥型为铁路下承式尼尔森体系钢管混凝土提篮式系杆拱桥,桥梁全长 116 m,计算跨径 112 m,系梁采用全预应力混凝土单箱三室截面,桥面全宽 16.5 m,梁高 2.5 m。

9.2.3.1 先拱后梁施工

系杆拱施工可按先梁后拱的顺序,采用支架法进行施工,其技术工艺相对比较成熟。但部分工程受客观环境条件制约,不具备拱、梁支架搭设条件,而选用先拱后梁的方法。拱采用无支架缆索吊装或大节段竖向提升的方法,成拱体系完成并安装吊杆后,利用牵索式挂篮进行系梁施工。

施工基本程序:拱肋钢管采用节段工厂制造,现场无支架缆索吊装,依靠临时斜拉索进行悬臂拼装,跨中合龙,焊接分段接头形成无铰拱;灌注管内混凝土,形成复合钢管混凝土结构;将拱脚与墩台固结,安装系杆并张拉;两拱脚处搭设一段支架浇筑部分钢筋混凝土系梁,系梁上安装吊杆,后利用吊杆安装挂篮;利用挂篮从系梁两端向跨中方向分段悬臂浇筑系梁混凝土直至合龙。系梁浇筑过程中同步安装吊杆,并张拉吊杆和临时系杆索力,合龙后张拉系梁内索,施加二期恒后调整吊杆及系杆索力,达到设计成桥状态。

先拱后梁施工法总体上相对较为复杂,适用于通航河道,不具备水中支架施工的项目。

9.2.3.2 工程实例一

宣杭铁路增建二线工程东苕溪特大桥

1. 工程概况

宣杭铁路增建二线工程东苕溪特大桥,位于杭州市,横跨东苕溪(斜交角度 20°)。东苕溪为太湖Ⅰ级支流,桥址处河段为Ⅴ级航道,要求通航静宽 45.0 m,静高 5.0 m。

主桥为单孔 112 m 跨度尼尔森体系提篮式钢管拱桥，计算跨度 $L=112$ m，拱肋采用悬链线线形，横桥向向内倾角度 13°，形成提篮式。拱肋横断面采用哑铃形钢管混凝土截面，截面高度 $h=3.0$ m，等高布置。钢管直径为 1 000 mm，板厚 16 mm，两钢管之间腹板板厚 16 mm。钢管、腹板内填充 C50 补偿收缩混凝土。两拱肋间设 5 道横撑，分别为 K 形撑、直形撑和拱顶的 X 形撑。系梁采用单箱三室预应力混凝土箱型截面，桥面箱宽 15.0 m，梁高 2.5 m，底板厚度为 28 cm，顶板厚 30 cm，边腹板厚 35 cm，中腹板厚 30 cm。拱脚顺桥向 8.0 m 范围内设成实体段。吊杆布置采用尼尔森体系，除边吊杆采用 139 根 $\phi 7$ mm 的平行钢丝束外，其余吊杆均采用 127 根 $\phi 7$ mm 的平行钢丝束。本桥设计有 16 束 25-7ϕ5 mm 成品体外索，顺桥向布置，对称施加于拱脚处。大桥结构布置图如图 3-9-3 所示，系梁断面如图 3-9-4 所示。

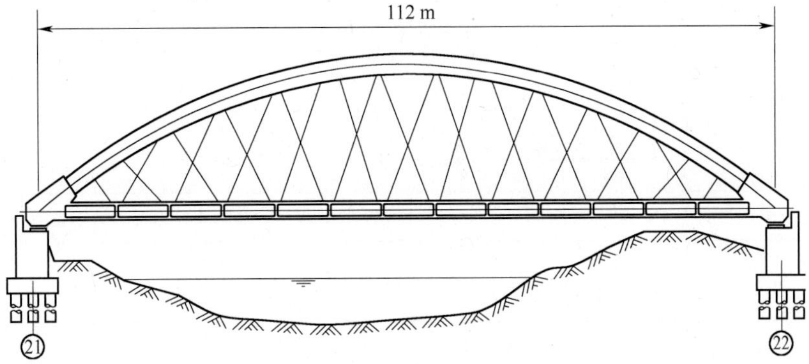

图 3-9-3　宣杭铁路东苕溪特大桥立面图

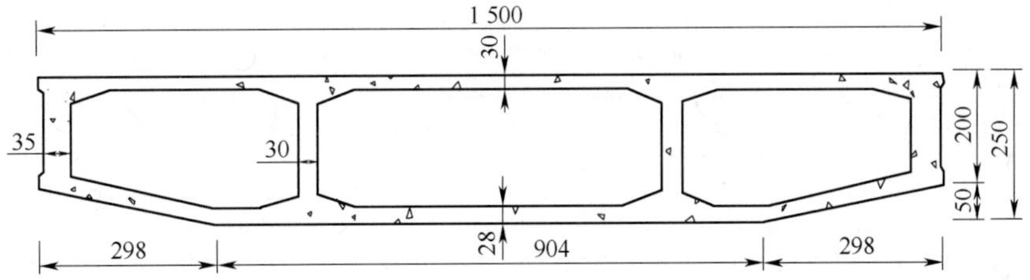

图 3-9-4　系杆箱梁横断面图(单位:cm)

2. 总体施工方案

由于东苕溪河道通航的需要，系杆箱梁不具备支架法施工条件，而采用施工墩柱，先灌注拱脚混凝土将拱脚与墩顶固结，然后安装拱肋、张拉系杆体外索，最后施工系梁的顺序进行施工。采用的大型临时设施有 239.1 m 跨、双线吊重 800 kN 的缆索吊机、扣索系统、拱脚现浇段支架、系杆箱梁悬臂施工挂篮等。方案布置图如图 3-9-5 所示，施工流程如图 3-9-6 所示。

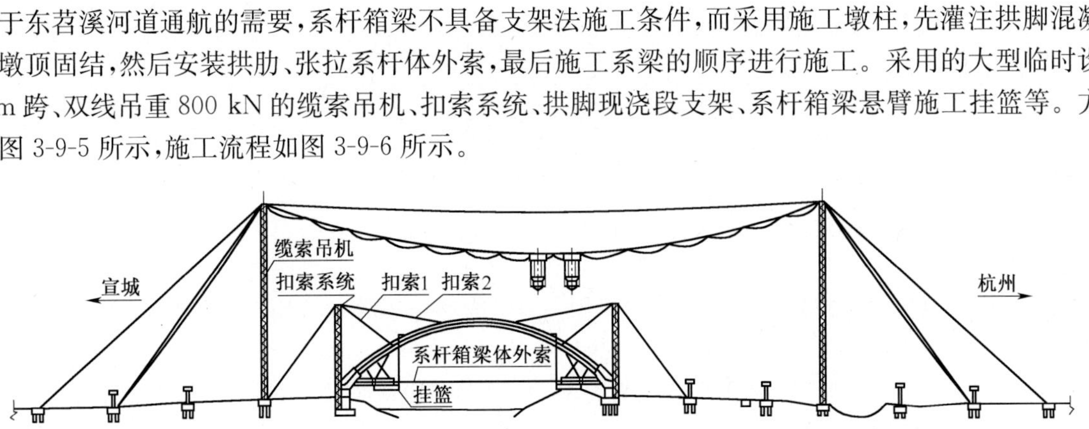

图 3-9-5　施工方案总布置图

3. 拱脚与墩顶的固结

主梁悬臂浇筑在拱肋已经完成并将部分系杆体外索张拉后进行。为改善结构的受力状态，需要在主梁施工之前将拱脚与墩顶进行固结，由主墩承受部分顺桥向水平位移和弯矩，并在每个系梁节段施工过程中逐步张拉系杆体外索，使主墩的受力控制在容许范围内。主要措施：在拱脚支座周围设置墩顶与拱脚间的钢筋混凝土临时固结结构，用于克服拱脚与墩顶间的水平剪力；在拱脚支座后方墩顶与拱脚间设置竖向无黏结预应力筋，主要为减小由于系杆箱梁节段施工对拱肋产生的附加弯矩。墩梁临时固结处在后续系杆梁施工中受到严密监控，确保结构上没有受力裂纹的产生，墩顶的纵向位移也在 1 cm 的控制范围之内。固结措施在

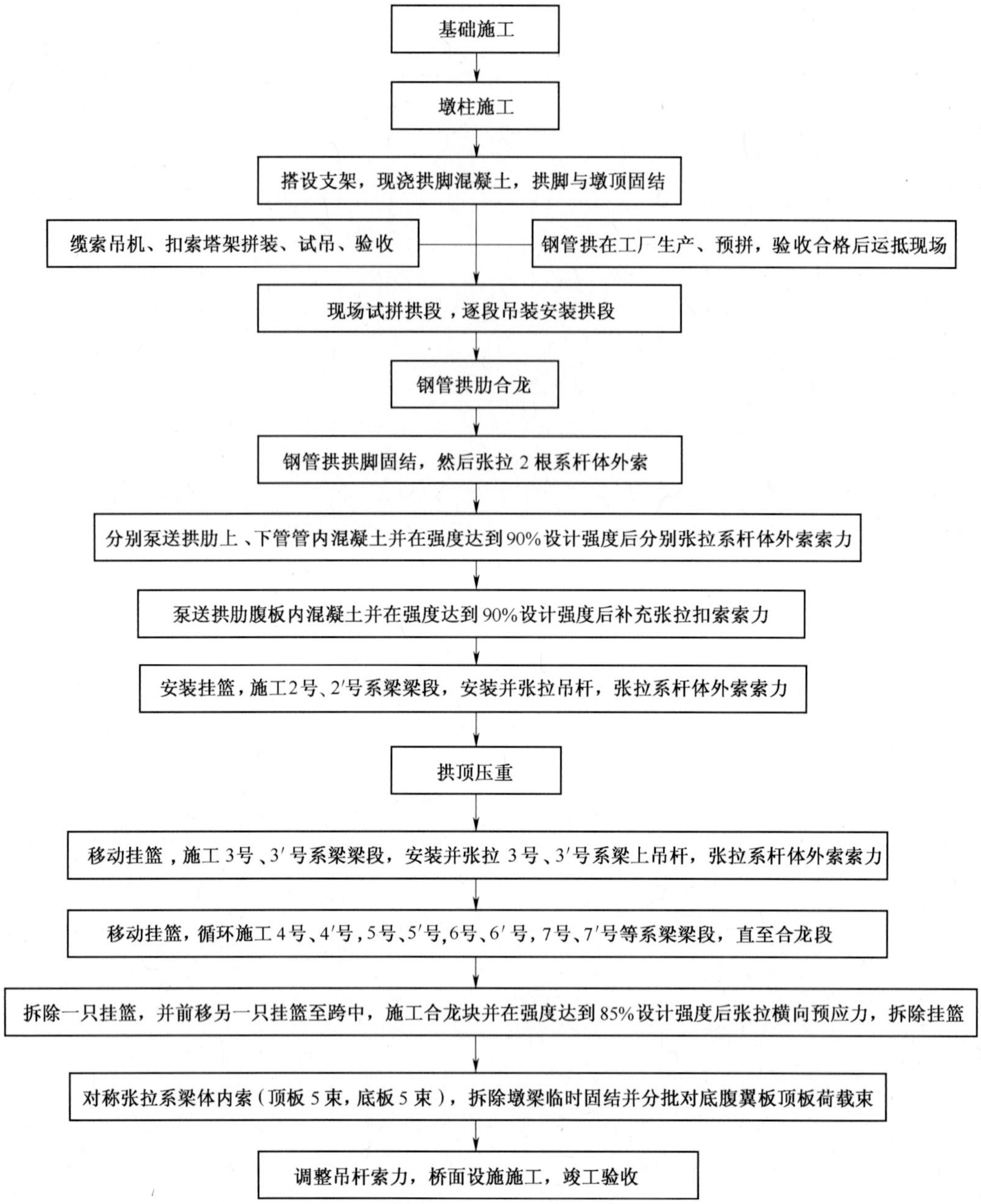

图 3-9-6　施工流程图

系杆箱梁合龙并张拉系杆箱梁全部体内、体外索后，采用人工风枪凿除，实现体系转换。

4. 钢管拱施工

缆索吊机缆索吊机采用双线吊装。每组主索均设有 2 台 20 t 起吊小车(间距 16 m)，并设有独立的牵引和起重系统。塔架为万能杆件结构，缆索吊机布置跨度为(96.7＋239.1＋96.7)m，两岸保持对称。

扣索塔架为万能杆件结构，扣索在拱肋端为固定端，扣索塔架顶为张拉端。扣索采用 ϕ15.24 mm 的钢绞线，在张拉端设有夹片防松装置。在每侧拱肋上设置 2 根扣索。

钢管拱施工主要由拱节段制造、节段预拼装和现场对接、节段吊装安装、拱内混凝土灌注 4 个部分组成，技术和工艺相对比较成熟。

5. 系梁、系杆索及吊杆施工

本桥的系杆索采用两种形式：一种为体外索，共有 16 束，每束采用 12ϕ15.2 mm 的环氧涂层高强度低松弛预应力钢绞线，每束控制张拉力为 2 000 kN。另一种为体内索，共有 40 束，每束采用 12ϕ15.2 mm 的高强度低松弛预应力钢绞线，每束控制应力为 1 300 MPa。体外系杆索为水平索，在系杆梁施工之前即需要安装，施工时采用导索法安装：先在桥面上方左右两边各安装一根纵向钢绞线导索，经张拉后使其绷直；系杆索挂在导索上由一侧牵引至另一侧进行安装。在导索和系杆索之间设置多个挂点可减小系杆索的垂度，方便安装。系杆索张拉采用穿心式千斤顶,施工中应注意采用环氧涂层钢绞线的专用夹片,钢绞线表面的环氧层不必剥掉即可安装夹片。

系杆梁采用挂篮施工,每次施工长度为 8 m,由于挂篮悬浇系梁是在拱肋拼装完成后进行的,挂篮的前吊点可直接吊挂在拱肋上,从而使挂篮的结构大为简化。挂篮由纵梁、横梁、横梁上的小纵梁及其上模板组成,不设专门的走行系统。挂篮的走行通过拱肋上的斜向牵引、缆索吊机的辅助起吊来完成。外模板采用大块整体钢模板,内模采用竹胶模板。悬臂浇筑方法和工艺与混凝土连续梁挂篮悬臂施工基本一致。

9.2.3.3　工程实例二

京沪铁路青阳港系杆拱桥全长 100 m,计算跨长 96 m,采用了下承式钢管混凝土系杆提篮拱结构。因跨越航道,该桥拱肋采用三节段安装法,即单条钢管拱肋分三个节段进行运输吊装。

施工步骤及方法:先浇筑墩柱与拱脚现浇段(预埋拱脚),然后搭设支架,在支架上对拱肋边段进行安装;再在水中搭设提升架,拱肋中段通过船舶运至现场后,利用水中支架将中段提升至安装位置,拱焊接成型后浇筑拱肋内混凝土,然后将箱梁与墩顶临时锚固,采用牵索式挂篮分块段现浇主梁,期间通过系杆分级张拉来平衡由于恒载增加而不断增加的水平推力,最后进行桥面系施工。

9.2.4　钢筋混凝土系杆拱桥施工

钢筋混凝土系杆拱桥跨度相对较小,拱肋一般采用钢筋混凝土箱形结构,系杆为预应力钢筋混凝土简支箱梁。施工顺序上采用先梁后拱,拱、梁结构分别在支架上现浇施工。

箱梁支架通常需要考虑桥下车辆通行,采用多跨连续门式支架或门式支架与满堂支架相结合的方法,按照预应力混凝土支架现浇的方式进行施工。支架布置如图 3-9-7 所示。

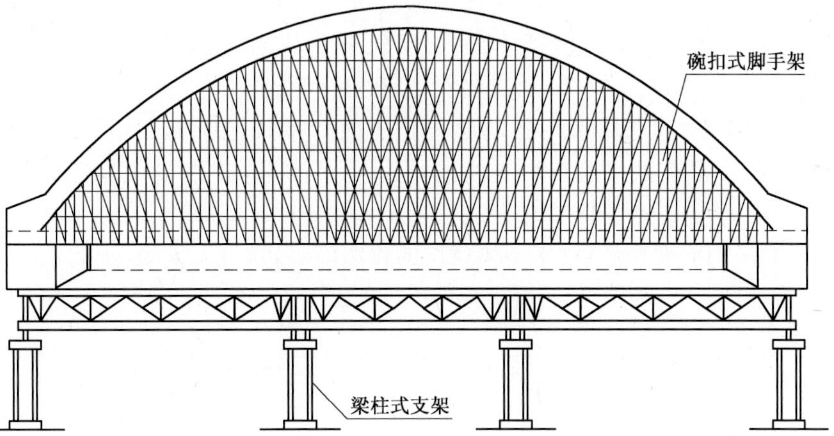

图 3-9-7　钢筋混凝土系杆拱桥现浇支架结构示意图

箱梁浇筑后混凝土达到设计强度的 50%～60%时,对梁体实施预张拉;达到设计强度 90%以后,按要求进行箱梁预应力的初张拉,桥面之上进行混凝土拱肋支架的安装。拱肋支架一般采用碗口式支架为主的支撑体系,在预应力混凝土箱梁顶板铺设用于支承支架立杆的方木和垫板,根据拱肋、肋间横撑的设计位置和结构形式进行支架安装,并形成稳定体系。支架架顶部设置可调装置,铺设横向楔形方木和模板,模板采用“侧包底”方式,先调整底模使其达到设计线形要求,后进行钢筋施工,安装内模系统及吊杆钢管预留孔,再进行外模及其加固支撑系统的安装,外模加固一般采用型钢抱箍的形式。支架及模板安装完成后进行检查验收。

拱部混凝土按先浇筑拱肋后浇筑横向连接系的顺序。两拱肋混凝土采用分环分段的方法一次连续浇筑成型,浇筑过程中按照纵、横向对称、同步的原则,从拱脚向拱顶按照底板→腹板→顶板的浇筑顺序分段分层对称浇筑,尽可能在混凝土初凝前完成混凝土的浇筑。拱肋横撑在拱肋混凝土浇筑完成 7 d 内进行混凝土浇筑,所有横撑一次浇筑完成。

拱肋混凝土达到设计强度要求后,安排拆除拱肋支架。支架拆除前利用支架可调试的顶托,通过调整高程的方式进行落架,落架原则和顺序为:横桥向同时均匀卸落,纵桥向从拱顶向拱脚逐排卸落,保持左右两侧同步对称进行。并采取分部卸落,卸落前做好每次卸落量的标记,卸落量开始小,以后逐步增大,保持混凝土拱和支架整体受力均匀,变形基本协调一致,使支架所承受的荷载均匀、平稳地转移给混凝土拱。落架后可利用吊机进行吊杆安装和调试 。在吊杆初张拉前,先对拱脚处竖向预应力进行张拉,竖向预应力紧张拉遵循“先中间后两端,两拱脚同时长拉”的原则,吊杆初张拉是以箱梁横截面为中心左右对称,两拱肋同时张拉,并分次进行,吊杆初张拉完成后,拆除箱梁支架。

9.3 其他类型拱桥与施工

下承式系杆拱桥是高速铁路(客运专线)建设中应用较为广泛的拱桥类型,同时自锚上承式混凝土拱桥,大跨度钢管混凝土拱和钢桁拱也得到进一步发展和提高,钢管混凝土拱与预应力混凝土连续梁(刚构)组合结构,将在本书组合桥章节中介绍。本章节重点介绍自锚上承式混凝土拱桥转体施工和钢拱桥无支架缆索吊装技术。

9.3.1 自锚上承式混凝土拱桥

自锚上承式拱桥属上承式自平衡系杆拱结构,与下承式系杆拱一样属于无推力拱结构,但系杆的布置和张拉与下承式系杆拱有较大差异,相应带来拱结构施工上的变化。重点以沪杭客运专线上(88+160+88) m自锚上承式拱桥为例,介绍该类型桥的施工技术。

9.3.1.1 自锚上承式混凝土拱桥结构设计特点

自锚上承式拱桥由基础、中拱、边拱、拱上立柱及拱上连续梁等部分组成的三跨连续结构,主桥立面布置如图 3-9-8 所示。其中拱肋及拱上连续梁直接作为桥面承受设计荷载,边拱主要作为系杆的锚固段,以平衡主拱的推力。主拱跨度 160 m,计算跨度为 153 m,边跨跨度 88 m,拱肋轴线为二次抛物线,拱肋矢跨比 1/6,拱肋采用预应力混凝土结构,单箱单室截面,拱肋横向宽度 7.5 m,截面高度由拱脚处 6.0 m 变化至跨中 3.0 m。拱与墩及拱与梁之间相互固结。拱上采用预应力混凝土连续梁结构,截面高度在 3~4.5 m 间,拱上立柱采用圆端形实心界面。系杆包括施工阶段的临时系杆和永久系杆两部分。其中永久系杆采用单根可检查可更换的预应力索体系,分别设置在连续梁箱体内,锚固在边跨拱肋端部。

该桥适宜于对拱梁采用支架现浇,水平转体就位的方法施工,具有工期短,干扰小的特点。

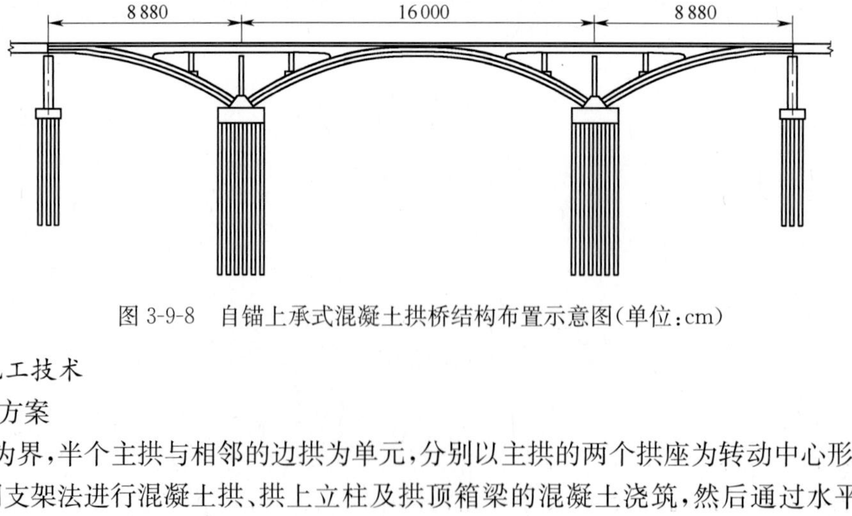

图 3-9-8 自锚上承式混凝土拱桥结构布置示意图(单位:cm)

9.3.1.2 主要施工技术

1. 总体施工方案

以主拱跨中为界,半个主拱与相邻的边拱为单元,分别以主拱的两个拱座为转动中心形成两个独立的施工单元,分别采用支架法进行混凝土拱、拱上立柱及拱顶箱梁的混凝土浇筑,然后通过水平转体进行合龙。施工方案示意图如图 3-9-9 所示。

主要程序和步骤:基础施工→承台下部分施工→安装转铰→承台上部分施工→拱座施工→拱肋现浇支架拼装、预压→拱肋混凝土分段浇筑施工→拱上立柱施工→支架上施工拱上简支梁→张拉临时系杆及相关预应力索→拆除拱上箱梁及拱肋施工支架→现浇连续梁湿接缝,形成拱梁固结→转体施工准备→水平转体并到位→封铰→边跨合龙→中跨合龙→张拉永久系杆,同步拆除临时系杆→桥面附属及二期恒载施工。

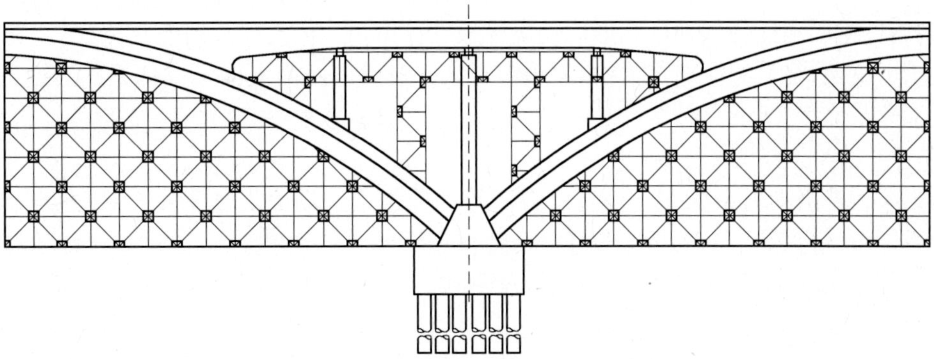

图 3-9-9　施工方案示意图

2. 转盘和球铰施工

转体结构承担转动前上部结构施工部分的全部荷载，同时完成拱梁固结的水平转体。转体结构由下转盘、球铰、上转盘、转体牵引体系、助推系统、限位及调整装置等部分组成，转铰布置如图 3-9-10 所示。

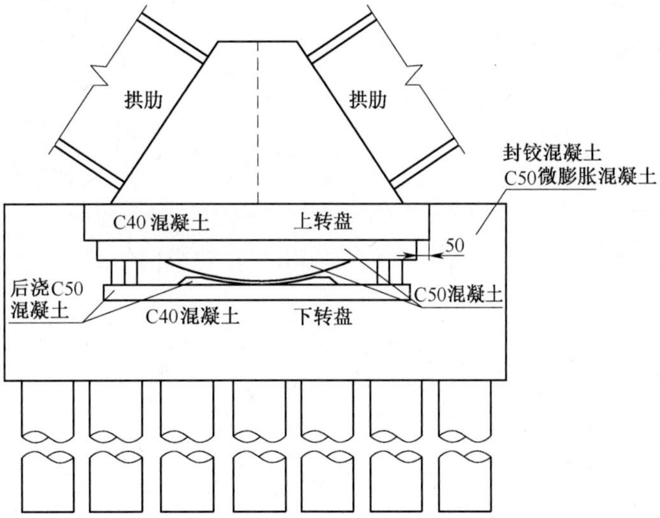

图 3-9-10　转铰结构示意图

为保证滑道及球铰安装精度，下转盘部分承台混凝土分次浇筑：浇筑承台底部混凝土→安装球铰定位底座→第二次浇筑承台混凝土→安装下球铰→浇筑球铰下混凝土→安装环道→浇筑环道下以及反力座部分混凝土。浇筑过程中既要保证预埋件和安装构件的精度和位置的准确，防止过程中出现扰动，同时要充分保证混凝土的浇筑质量，保证结构整体性。

球铰安装：清理上下球铰面→在下转盘中心销轴套管中放入黄油四氟粉等润滑材料→将销轴放入套管中，调整垂直度及周边间距→在下球铰凹面上由里到外安装四氟乙烯板，间隙利用黄油四氟粉填充平整→将球铰吊装到位套入中心销轴内→上下球铰之间利用胶带缠绕包裹，密封保护。

滑道安装：环形滑道中心直径 12 m，采取现场分节段拼装，平整度要求较高，必须保证滑道面处于同一水平面。

上转盘施工：上转盘有多组钢管混凝土支撑脚。撑脚在工厂制造后运至现场进行安装，重点保证撑脚与滑道面的间隙控制在 14 mm，为铺设不锈钢板和四氟乙烯板创造条件。转体前，用砂箱作为临时支撑。

转体临时锁定：下承台施工期间，预留钢筋深入上承台，上承台混凝土施工时同步浇筑临时支墩。转体前，凿除临时支墩、切断钢筋，解除临时约束。

3. 上部结构支架现浇

拱肋采用碗扣式满堂支架，沿拱肋长度方向划分节段、预留后浇带，分段浇筑，每节段按底板、腹板、顶板的顺序浇筑完成。

拱上连续梁采用先简支后连续、支架现浇的方式进行。梁部现浇支架充分利用拱上立柱，在立柱之间增加钢管立柱，利用贝雷梁和柱旁预埋牛腿形成现浇模板支撑体系。简支梁逐跨浇筑完成后，安装张拉临时系杆，落梁，拆除拱上支架，浇筑湿接缝，张拉相关预应力索完成梁体由简支向连续体系的转换，拆除拱肋下现浇模板及其支承体系。

4. 转体施工

转体牵引系统由牵引动力系统、牵引索、反力座等部分组成。动力设备采用全液压、自动、连续运行系统。牵引动力系统由2台200 t连续型千斤顶、两台液压泵站和一台主控台通过高压油管路和电缆组成。两台连续千斤顶分别水平、平行、对称地布置在转盘两侧，千斤顶的中心线与上转盘外圆相切，中心线高度与钢绞线齐平。牵引索上转盘设置两束牵引索，逐根顺次沿着既定索道排列缠绕3/4圈以后穿过千斤顶。牵引索固定端设置在上转盘预埋件上，用千斤顶对钢铰线预紧，使同一束牵引索各钢铰线持力基本一致。牵引索安装完到使用期间注意保护，防止电焊打伤或电流通过，防潮防淋避免锈蚀。千斤顶放置在反力座上，安装后，进行系统调试，达到同步、连续运行的最佳状态。

转前准备：解除临时约束，凿除临时支墩，切割连接钢筋。称重试验，掌握两侧不平衡重量。根据称重试验，在梁部进行配重，保持两端平衡。

转体实施：(1)检查滑道和转体设备是否完好，做好试转的准备工作；(2)进一步做好人员分工，根据各个关键部位、施工环节，对现场人员做好周密部署，各司其职，分工协作，由现场总指挥统一安排；(3)先使千斤顶达到预定吨位，启动动力系统设备，并使其在“自动”状态下运行；(4)单个转体使用的两对称千斤顶的作用力始终保持大小相等、方向相反，避免不平衡力偶产生。在转体就位处设置限位装置，并安排技术人员在两个转盘附近负责读转盘上标识的刻度，随时与总指挥联系。为防止超转现象，在转体接近设计位置时，停止自动牵引操作，采用点动控制精确定位。轴线偏差主要采用连续千斤顶点动控制来调整，点动时间为0.2 s一次，每次点动千斤顶行程为1 mm，换算梁端行程。每点动操作一次，测量人员测报轴线走行现状数据一次，反复循环，直至转体轴线精确就位。若转体到位后发现有轻微横向倾斜或高程偏差，则采用千斤顶在上下盘之间适当顶起拱，进行调整。

转铰固结：转体精确定位后，立即进行撑脚走板与环道钢板，中心转轴上下钢板焊接，然后焊接上转盘伸出钢筋与下转盘预埋钢筋，立模浇筑上下转盘间混凝，将转铰固结。

5. 拱部构造合龙

合龙包括边跨合龙和中跨合龙两个步骤。根据设计要求先进行边跨合龙，然后再进行中跨合龙。利用槽钢作为边、中跨合龙段下承重梁，槽钢上横桥向再铺设10 cm×10 cm方木做底模梁，并利用ϕ32预应力粗钢筋(吊杆提前进行预拉以减少由于吊杆伸长造成承重梁的下移)将承重梁固定在拱肋的顶板、底板混凝土上做为合龙段的承重体系，由拱肋混凝土面来扩散吊杆受力。根据设计要求，中跨合龙前需施加7 000 kN的顶推力，顶推采用4台400 t千斤顶同时完成。

9.3.2 钢拱桥无支架缆索吊装

无支架缆索吊装、临时索斜拉扣挂节段悬臂拼装技术是大跨度钢箱拱、钢管混凝土桁架拱施工中常用的方法，可不受现场桥下地势地形、河流、沟谷和道路设施等条件的限制，适应性、灵活性较强，适用于拱结构采用节段预制吊装法建造施工。

9.3.2.1 无支架缆索吊装

施工中主要临时设施包括缆索吊装系统、临时索斜拉扣挂系统、侧向缆风系统等。吊装布置如图3-9-11所示。缆索吊装系统主要承担安装节段的起吊和空中运输，一般采用固定式索塔，塔顶布置双组缆索，每组缆索具备独立工作能力，双组联合吊装提高起吊能力。塔顶索鞍可根据吊装需要采用固定式或横向移动式，横移式能够有效拓展缆索吊机横向起吊范围和起吊能力，灵活性较强，具有明显的技术经济优势。缆索吊机承载索一般采用密封式钢丝索，提高承载能力和使用耐久性；临时塔架一般采用万能杆件，当索塔承高度较高、荷载较大时，可采用钢管或钢管与杆件的组合，形成组合式索塔，以提高技术经济性。缆索地垄根据地形地质条件进行选择，桩式或桩锚式地垄的经济性和适用性更强。为提高缆索吊装系统中多台起重或牵引卷扬机操作的同步性和微量调整，部分工程已经开始引应用PLC技术和视频、索力监控技术，同时缆索吊装系统安全性也得到很大提高。

图 3-9-11　南广铁路西江特大桥无支架缆索吊装施工

临时斜拉索扣挂系统一般采用预应力钢绞线扣挂体系，为悬臂拼装过程中的拱节段提供弹性支承，保证节段在施工阶段的临时稳定和空间位置满足要求。扣挂体系主要由扣索塔架、扣索、锚索、扣点、锚碇、扣锚索调整装置等组成。其中扣索塔架作为主要承载结构，一般利用缆索吊装系统中塔架，实现“吊塔、扣塔合一”。其中的吊装系统布置在塔架顶部，扣挂系统布置在其下方，两部分之间的塔架可通过铰接方式进行连接，以减少塔架索锚固区的变形和位移；也可将索塔架底部与基础间进行固结，同时增加塔架上部前后索锚固系统，以加强塔顶位移控制。扣锚索支承塔也可根据需要单独设置，一般采用万能杆件进行拼装，塔架锚固区采用型钢结构，根据扣索、后锚索的布置方式、索力大小以及张拉要求进行单独设计。

扣索和后锚索采用高强度低松弛钢绞线。扣锚索均应设置防振措施。

扣锚索张拉采用千斤顶，按对称、均衡、分级加载的方式在塔架上进行，保持塔架偏移量处于控制范围之内。侧向缆风索根据地形进行布置，目的是为拱肋节段提供横向稳定支撑，提高结构施工阶段的横向稳定性。

9.3.2.2　工程实例：宜万铁路野三河大桥

1. 工程概况

野三河大桥位于湖北省巴东县和建始县交界处，是宜万铁路线上的重难点工程之一，全长 147.8 m，其主桥为跨度 124 m 的非对称平行双肋复合钢管混凝土桁架坡拱桥，两拱脚高差 15.85 m，拱顶两侧采用不同拱轴系数的悬链线；行车道采用预应力混凝土纵横梁格构式飘浮体系，呈半中承半下承形式。结构布置示意图如图 3-9-12 所示。

图 3-9-12　宜万铁路野三河大桥效果图

该桥起点紧接隧道，桥址处峡谷深窄、山坡陡峭，地形极其复杂；其桥型结构设计新颖独特，被誉为“适合桥址处地形的最佳桥型”。

本桥的拱肋采用 4ϕ800 mm 钢管组成的桁架式结构，高 3.8 m，单片拱肋横向宽 2.2 m，两侧拱脚拱肋为实腹板截面，中间均为横哑铃形桁架截面。弦管、上下平联、腹板灌注 C50 无收缩微膨胀混凝土。横梁采用全预应力结构，梁高 2.0 m，长 14.6 m，I 字形截面重 55 t。横梁设 5 束 17ϕ15.24 mm 高强低松弛钢铰线，分别在横梁预制、桥面板现浇及二期恒载施工等三个阶段完成方进行预应力钢铰线张拉施工。桥面横向共设 5 片纵梁，纵向按(3×9.75+11.25+10×9.75)m 跨径布置。纵梁采用部分预应力结构。纵梁纵向布置有三种预应力索，在台座上按先张梁预制张拉 ϕ15.24 mm 高强低松弛钢铰线；在纵梁安装中，逐孔交错张拉 ϕ32 mm 预应力精扎螺纹钢筋；完成全部纵梁安装及桥面板现浇后，张拉纵梁通长预应力钢铰线。横梁、吊杆、纵梁形成纵横梁格构漂浮体系。

2. 施工技术

大桥钢管桁架分节段由专业厂家加工制造，通过水上及公路运输至现场，利用缆索吊机起吊，临时斜拉索斜拉扣挂悬臂拼装，拱肋合龙后浇筑钢管及隔仓内混凝土，安装吊杆。预应力混凝土纵、横梁现场预制，并分别由缆索起重机起吊安装。施工的主要技术如下：

(1)复杂山区后锚移动式缆索起重机设计优化及应用技术

根据现场复杂地形和两岸不同的地势特征，进行合理布置设计，缆索吊装系统中主索道最大净吊重 55 t，工作缆索净吊重 5 t。塔架均采用 N 型万能杆件拼装门框型结构，塔架宽度 B=18 m。缆索吊机主跨长度 284 m，万州侧边跨长度 110 m，临时索塔高度 58 m，设塔下铰支 6 个，后锚采用固定式桩式地垄；万州岸边跨长度 20 m，塔高高度 h=7.2 m，设塔下固定支座 12 个，后锚采用横向移动式锚固系统。

通过优化，将缆索吊装系统由双组索鞍固定式缆索起重机优化为单组索鞍横移式缆索起重机，减少钢丝绳、动力卷扬机的投入，缆索起重机通过塔顶索鞍的横向移动、满足上下游拱肋节段和纵横梁吊装；因地制宜，结合地势地形条件差异，缆索吊装系统的两端分别采用固定式和移动式后锚。在保证缆吊系统结构安全和使用功能的前提下，通过技术创新，降低了施工成本。

(2)非对称钢管桁架坡拱桥临时斜拉索少扣塔锚固张拉技术

钢管拱肋采用缆索吊装、钢铰线斜拉扣挂、上下游交错、两岸对称，横撑紧跟安装合龙的施工方案。拱肋拱脚 10 号段、0+1 号段采用支架法施工，其他段采用钢铰线斜拉扣挂法施工；万州侧采用万能杆件塔扣，即通过临时塔扣对扣索、后锚索进行张拉锚固；宜昌侧采用通扣，即扣索钢铰线宜昌侧直接在桩式地垄上进行张拉锚固。钢管拱肋设计为不对称，两侧高差 15.75 m，拱肋分 11 段进行安装，为了保证拱肋安装精度和稳定，采取了拱肋仿真计算，确定扣索控制张拉力、数量和长度；利用侧缆风稳定拱肋，确保拱肋安全。在不进行二次调整扣索索力的情况下实现了拱肋准确合龙。节段吊装施工如图 3-9-13 所示。

图 3-9-13　钢管拱节段吊装

(3)非对称钢管桁架坡拱桥钢管混凝土顶升灌注技术

拱肋和横撑焊接完成并检验合格后，浇筑拱脚混凝土和钢管混凝土。施工采用泵送顶升法浇筑，全桥上、下游左右岸对称泵送，拱肋混凝土分两级施工，并按先上弦管，然后灌注下弦管；再灌注上平联、下平联，再灌注实腹段腹板混凝土的顺序。针对野三河大桥两拱脚高差较大的特殊结构，对桁架拱建立空间有限元模型分析计算，准确模拟混凝土灌注施工过程中各工况之间的相互影响，确定了分两级灌注钢管混凝土的方案及各级灌注高度、灌注顺序，保证了混凝土浇筑质量和拱结构的应变、应力和线形满足设计及规范要求。

(4)预应力混凝土纵横梁格构式漂浮体系施工技术

预应力混凝土横梁和纵梁在万州侧预制并施加一级预应力，横梁吊装完成后用桁架梁将其临时锁定；纵梁分两批从万州端向宜昌端逐次吊装，边吊装边安装二级预应力筋、浇筑湿接缝、解除临时锁定和施加二级预应力，实现先简支后连续转换、形成格构体系。在桥面铺装完成后安装张拉纵梁的通长预应力筋，上道砟后施加纵梁和横梁的横向预应力；最后解除桥墩上的临时固定支座，形成漂浮体系。

10　斜拉桥施工技术

10.1　概　　述

斜拉桥又称斜张桥，是将梁用若干根斜拉索拉在塔柱上的桥，是由承压的塔、受拉的索和承弯的梁体组合起来的一种结构体系。其可看作是拉索代替支墩的多跨弹性支承连续梁。按梁所用的材料不同可分为钢斜拉桥、结合梁斜拉桥和混凝土梁斜拉桥。

现代斜拉桥可以追溯到 1956 年瑞典建成的斯特罗姆松德桥，主跨 182.6 m，如图 3-10-1 所示。历经半个世纪，斜拉桥技术得到空前发展，世界上已建成的主跨在 200 m 以上的斜拉桥有 200 余座，其中跨径大于 400 m 的有 40 余座。尤其 20 世纪 90 年代后，世界上建成的著名铁路斜拉桥有：南京长江二桥南汉桥钢箱梁斜拉桥（主跨 628 m），1999 年日本建成的世界最大跨度的多多罗大桥（主跨 890 m），2008 年建成通车的苏通大桥（主跨 1 088 m）。

图 3-10-1　瑞典的斯特罗姆松德(Stromsund)桥

中国至今已建成各种类型的斜拉桥 100 多座，其中有 52 座跨径大于 200 m。但修建的铁路斜拉桥却不多。我国于 1981 年建成了国内第一条铁路斜拉桥——红水河铁路斜拉桥，其后铁路斜拉桥的发展一直很缓慢，很少修建铁路斜拉桥。近年来由于桥梁技术的发展逐渐修建了几座大型的铁路斜拉桥，已建成通车的最大跨的铁路斜拉桥是公铁两用的武汉天兴洲长江大桥，如图 3-10-2 所示；目前正在建设的安庆长江大桥建成后将是世界上跨径最大的铁路斜拉桥。

图 3-10-2　武汉天兴洲长江大桥

10.2　主塔施工

10.2.1　施工方法概述

作为斜拉桥的重要组成部分之一的索塔，是全桥的主要承重构件，具有造型富于变化、建筑高度大、安装精度高、施工技术复杂、安全威胁大等特点，是斜拉桥施工的关键结构之一。斜拉桥索塔以结构形式可分为：独柱式索塔、门式索塔、A 字形索塔、H 形索塔、倒 Y 形索塔、钻石形索塔等，以施工材料可分为：钢结构索塔、钢—混凝土结合索塔、预应力混凝土索塔等。

目前斜拉桥塔柱施工工艺，按模板的提升方法可分为整体模板逐段提升法、翻模法、爬模提升法和滑模法四种。这四种均可实现无支架施工。整体逐段提升法在设备能力满足要求的前提下，能同爬模提升法一样适用于各种塔形。整体模板逐段提升法由于要求塔柱的截面尺寸和阶段长度相同，因此应用范围收到严重的限制。滑模法因滑模提升要求在混凝土凝结时间不长的时间内进行，此时混凝土还未达到较高的强度，对向外倾斜索塔而言，在模板滑升大了以后，由于材料设备和模板自重的作用，将使新浇混凝土内侧出现拉应力而引起开裂，故多用于垂直塔柱。翻模法因成本高，高空作业安全度低，接缝不易处理等，应用也不是很多；爬模法由于其具有制造简单，构件种类少，大小可以根据起重能力和索塔的造型进行分块的特点而得到广泛应用。

10.2.2　翻模施工

10.2.2.1　翻模施工工艺原理

翻模系统依靠混凝土对模板的黏着力自成体系，且制造简单，构件种类少，模板的大小可根据施工能力灵活选用，混凝土接缝较易处理，施工速度快。但模型本身不能爬升，要依靠塔吊等起重设备提升。每套翻转模板由内外模、对拉螺杆、护栏及内工作平台等组成，不另设内外脚手架。模板分节高度及分块大小，根据起重设备吊装能力和塔柱构造要求确定。一般情况下，每套模板沿高度方向分为三节，每节高度为 1～3 m。由下至上依次交替上升循环浇筑，直至达到设计的高度为止。如图 3-10-3 所示。

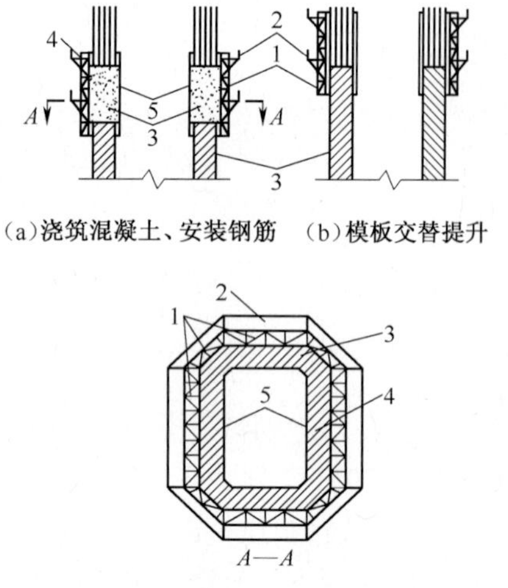

图 3-10-3　翻模系统示意图
1—模板桁架；2—工作平台；
3—已浇索塔；4—外模板；5—内模板

10.2.2.2　翻模施工工艺流程

翻模施工工艺流程如图 3-10-4 所示。

10.2.3　爬模施工

10.2.3.1　爬模的主要工作原理

爬模的主要工作原理就是利用自身的动力系统，架体系统和模板系统在限位系统的作用和控制下，使其相互限位，互为依托，交替爬升或自行交替下降。无架体爬模与有架体爬模工作原理基本相同，其不同点在于前者爬升时动力着力点在系统外，即依靠于塔吊；而后者动力着力点则在模板与架体之间，即自身的相互爬行。

10.2.3.2　爬模(有架体)的组成及作用

架体式爬模系统，由架体系统、模板系统、限位系统、提升动力系统 4 部分组成。

(1)架体系统：由附墙段、工作架、悬挂脚手架、接长架几部分组成。附墙段又叫附墙框固定架，由固定螺栓，配以相应的螺母将其固定在已浇筑的塔柱上，分两个操作层，便于拧紧或拆卸固定螺栓。工作架，分 4 个操作层，便于扎钢筋装模、承放氧气瓶等。悬挂脚手架分 2 层高为 4 m，专用于修补螺孔的脚手架。接长架高度为 2 m，为了绑扎钢筋和对接劲性骨架而设置的一道安全带。

(2)模板系统：模板采用钢模，分平模、角模、凹槽模 3 种类型，每套模板为 3 节，每节通常为 3 m，混凝土每次浇筑 2 节模板高度，重复翻转，其中 1 节总是固定在已浇完的塔身处，作为支承接口模板用。使浇出来的混凝土没有接头。

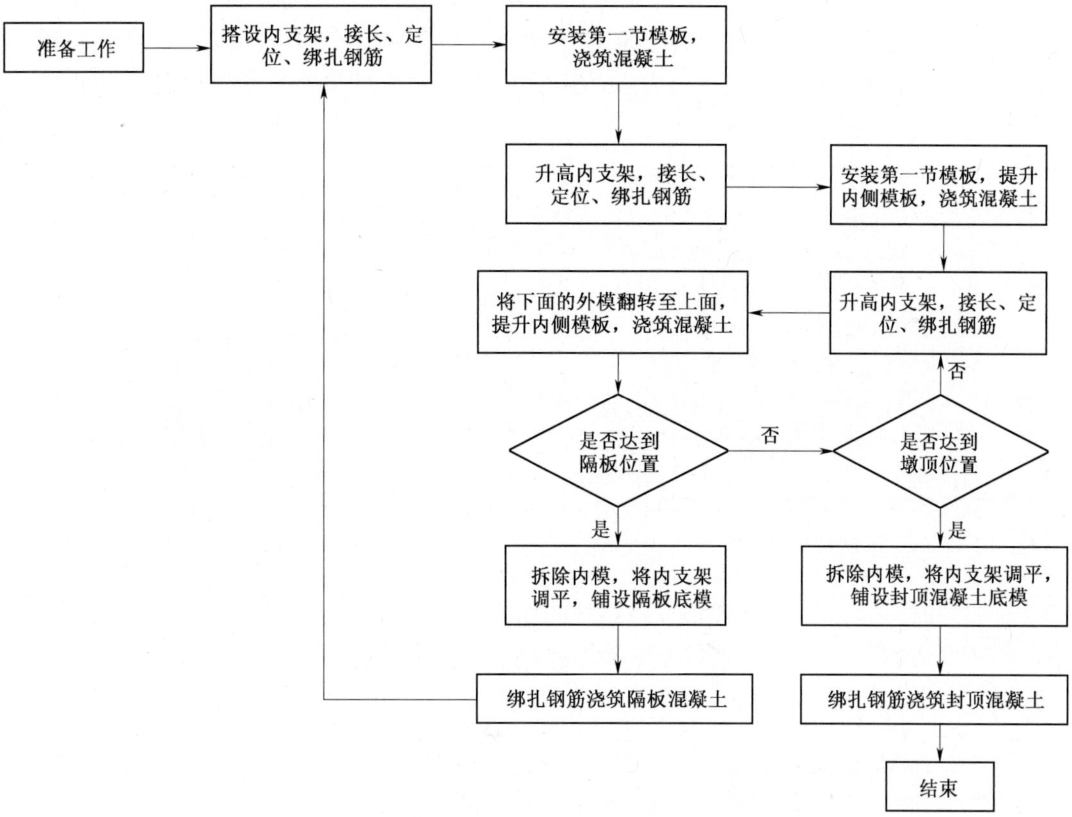

图 3-10-4　翻模施工工艺流程图

(3)限位系统:该系统是保证架体和模板按一定方向向上或向下爬的主要机构,它包括双向限位轮、伸缩脚轮。其中:

1)双向限位轮:用于爬架在提升过程中不偏位,它控制方向,控制着各架体交替提升过程中的提升轨道和动态平衡。

2)伸缩脚轮:安装在架体的附墙框上,由橡胶轮和螺杆组成。它的作用是:当架体提升时,脚轮伸出 3 cm,使架体与混凝土保持一定的距离,保护已浇混凝土塔柱免遭碰撞和摩擦;提升时转轮在混凝土面上行走以减少提升摩阻力。

(4)提升动力系统:它是模板和爬架提升的主要动力,一般采用 5 t 手拉葫芦或电动葫芦。

10.2.3.3　施工平台

模型施工平台是附着在模板上的,采用型钢焊接,下部设置斜支撑杆,横梁采用型钢于斜支撑杆焊接成一整体。

横梁面铺设钢筋网片或者木板,并与横梁固定牢固。围栏立杆焊接横向钢筋,并在其上面挂安全网。平台上严禁堆放钢材,施工机械等重物。

10.2.3.4　加工过程的工艺要求

在模型加工前对加工平台用水准仪抄平,加工过程中,严格控制几何此尺寸和平整度,保证焊接质量。使用前要进行整体组装,模板面要平整、光滑,无凹凸现象;模板之间的接缝要闭合严密、平直,无错台现象,合格后才能投入使用。

10.2.4　横梁结构施工

一般而言,横梁均应该与该段索塔同时施工,这样索塔整体性好,同时便于支架搭设和横梁预应力施工。横梁的施工支架通常可以采用大直径钢管支撑加贝雷架或万能杆件两种落地形式;目前也有采用比较先进的悬空式支架法施工。

落地支架可设计成图 3-10-5 和图 3-10-6 形式。横梁一般采用两次浇筑一次张拉工艺,这样不仅可以保证混凝土外表光滑,且下横梁与相应高度的塔柱的连接不会因浇筑混凝土过程中的沉降变化而产生裂缝。

但当横梁混凝土体积很大时,为了减少支架所承担的恒载,避免搭设非常强大的施工支架,使支架和第一次浇筑的混凝土共同承受第二次浇筑的混凝土重力,而两次张拉预应力工艺,即在第一次浇筑混凝土强度达到80%设计强度时对称张拉一部分底板预应力索,待第二次混凝土达到强度后,在张拉完全部的预应力索。

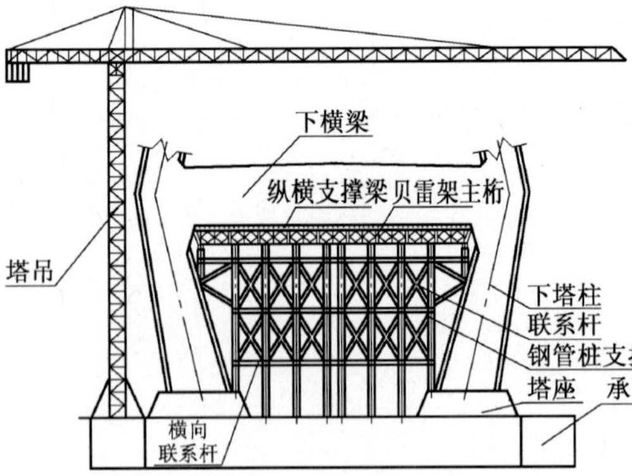

图 3-10-5　下横梁支架示意图

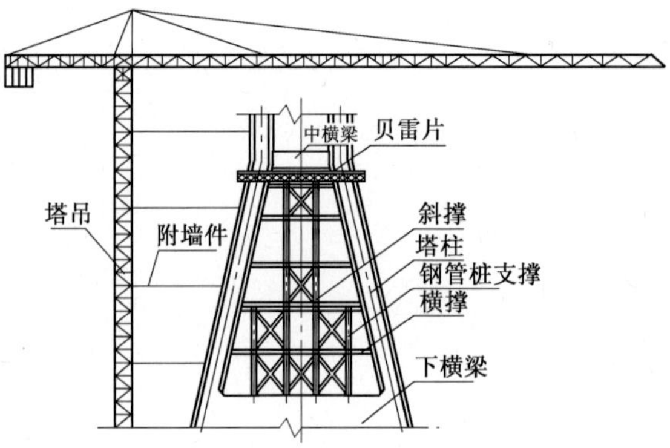

图 3-10-6　中横梁支架示意图

横梁底模安装时,必须综合考虑模板支撑系统的连接间隙,压缩变形,支撑的不均匀沉降变形、混凝土构件与钢支撑间不同线膨胀系数的影响,以及日照温差对混凝土和钢构件的不同时间效应产生的不均匀变形等影响,合理设置预拱度,同时在安装底模后,通过水箱压重等方法消除非弹性变形。

10.3　混凝土主梁悬臂施工

10.3.1　挂篮设计与施工

斜拉桥悬灌施工可采用后支点挂篮,也可采用前支点挂篮。一般而言,如果梁体截面尺寸不大,节段不长(6 m 以内),重量不大,以选择后支点挂篮为佳;前支点牵索式挂篮适用于主梁现浇节段长,重量大,横向宽度大的斜拉桥,主要是考虑工期问题和经济问题,如果采用后支点挂篮,受一次悬浇梁段长度和后支点挂篮重量的限制,常常会将混凝土主梁的一个合理斜拉索节间长度分成两次浇筑,而每梁段现浇混凝土需要一定的养护期,致使每一个索距的工期中梁段的混凝土养护期占到相当大的比例,使得整个斜拉桥的主梁施工期拖得很长。另外斜拉桥最不利状态及截面内力控制设计状态往往发生在施工阶段,而不是发生在运营阶段,为了满足受力要求,需要增加一些运营阶段不必要的而且有时对运营阶段不利的预应力钢筋来克服施工中出现的内力峰值,甚至不得不加大梁高来满足施工要求,因此需采用牵索式挂篮来解决这些问题。在本施工工艺中详细地介绍牵索式(前支点)挂篮的设计、安装及验收情况。

10.3.2　牵索式挂篮的分类、特点及适用性

10.3.2.1　牵索挂篮的分类

(1)牵索挂篮按平台的长短可分为长平台挂篮和短平台复合型挂篮。

长平台牵索挂篮一般在已成梁段或待浇梁段的混凝土主梁下均设置挂篮平台,且已成梁段下的挂篮平台长度一般要略长于待浇梁段下的挂篮的平台长度,因而使挂篮的总长度很长,其目的一是为了挂篮的走行,二是为了保证挂篮在顺桥向的刚度。由于自重较大,将导致挂篮挂钩处在走行时集中力较大而需增大主梁截面,增加工程费用。

短平台复合型牵索挂篮是在已成梁段上设三角桁架作为挂篮行走的吊挂受力结构,从而大大减小了挂篮的后挂钩作用于主梁上的反力,同时,挂篮平台的长度相应减小,可减轻挂篮自重。但由于此样的结构,其平台与主梁的连接刚度非常小,且在挂篮和模板等自重作用下的牵索刚度也较小,所以,为了保证灌注主梁时的竖向刚度,除了在挂篮平台前设牵索外,同时将平台端通过吊杆吊挂于三角架上,并在施工中保持适当的拉力,以保证灌注主梁的高程准确和线型匀顺。

(2)牵索挂篮按接杆件来源可分为常备杆件组拼式挂篮和型钢组焊式挂篮。

常备杆件组拼式牵索挂篮的平台和挂钩的大部分杆件均采用万能杆件等常备式杆件组拼而成，故其可随受力不同而增减杆件，以适应不同的结构，且摊销成本也较小，杆件易得；但外形较庞大。

型钢组焊式定型牵索挂篮其平台及挂钩和三角架基本都用钢板或型钢组焊或组拼而成，结构简洁紧凑，但由于是专门制作，故费用较高，且后续在其他不同的桥上使用时，可能出现大马拉小车或承载力不足需加强或改制等问题。

10.3.2.2　牵索挂篮的特点

1. 牵索挂篮的力学特点

牵索挂篮不再采用单纯吊挂传力给主梁的方式，而是采用吊挂和牵拉相结合的传力方式。这种传力方式将荷载分别传给主梁和塔，大大减小了主梁的受力，避免了因施工原因加大主梁截面和增加钢筋用量，使得大跨斜拉桥的一个索间梁段一次悬浇施工成为可能。

长平台牵索挂篮在灌注混凝土时，前端荷载靠牵索拉力的竖向分力抵消，后端荷载主要靠锚固系统的竖吊杆承受，锚固系统的斜拉杆则主要是为了平衡牵索拉力产生的水平分量。而其在前移走行时，则主要由吊挂牛腿承担挂篮重量，此外，由于平台在牛腿前部重，后部轻，则后部的走行轮紧抵主梁底面滚动，使挂篮稳定的平行前移。总的来说，挂篮的刚度和整体性是较强的。

短平台复合型牵索挂篮在灌注混凝土期间，前端荷载由牵索拉力的竖直分量与前吊杆的有限拉力抵消，这里前吊杆的主要作用是弥补挂篮由于底平台较短而竖向刚度不足的缺陷。由牵索拉力产生的水平分力则由水平支承系统传给主梁，而后吊杆则承担挂篮后端荷载并将其传给主梁底板。前移行走时，则除了挂篮后端由 r 形挂钩系统代替了滑梁吊挂系统外，其与普通的三角斜拉式挂篮的前移走行方式基本相同。

2. 牵索挂篮的使用特点

就挂篮的走行而言，长平台牵索挂篮为一步到位，而短平台复合型牵索挂篮分两步；就施工控制而言，前者因纵向长度较大，要求更严些；而对灌注混凝土而言，由于后者前端由前吊杆和牵索共同受力，故应严格控制吊杆的受力，以防超载。

10.3.2.3　牵索挂篮的结构设计

1. 长平台牵索挂篮的结构构造

长平台牵索挂篮的基本结构构造主要由主桁承重系统、模板系统、牵索系统、锚固系统、调高系统及走行系统 6 大部分组成，总体方案如图 3-10-7 所示。

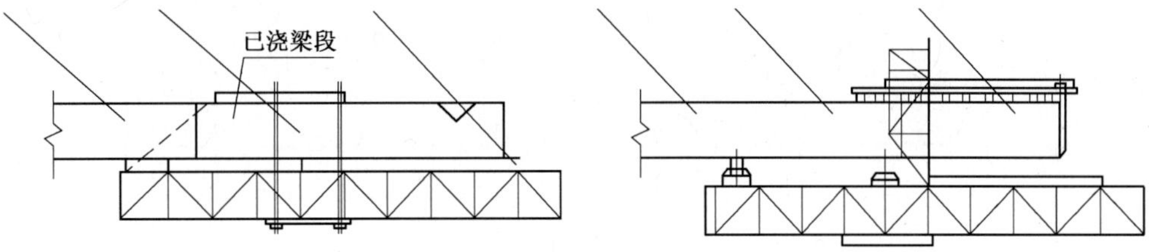

图 3-10-7　组拼式牵索挂篮结构图

(1)主桁承重系统。根据梁段的尺寸及自重，主桥纵、横向可分别由数榀组拼式桁梁组成，其各榀桁梁之间的间距可根据需要调整。在外侧桥梁前端一定长度范围内设置与牵索系统连接的锚固滑槽，在纵向桥梁中间区域设置吊挂式走行牛腿。在灌注梁段期间，施工荷载传于主塔及已灌梁段上，挂篮通过走行牛腿及尾端横梁上的走行轮前移时，其自重全部传给梁部。

(2)模板系统。模板系统由底模、外侧模、内模等组成。底模一般采用型钢及钢板焊成的整体格构。外侧模在标准节段采用钢模，在牵索锚块附近一般宜采用钢木模结合。内模一般也采用钢木模结合。模板系统主要承受灌注混凝土时的各种压力，并按设计梁线性成型。在模板系统中一般应设置锁定及调整部件，主要是锁定、调整模板到设计位置。

(3)牵索系统。牵索系统由异形接头、牵引杆、吊耳、水平调整螺杆、扁担梁、元宝梁及千斤顶等组成，如图 3-10-8 所示。

吊耳位于固定在主桥上的锚固滑槽内，元宝梁与吊耳之间采用销轴连接。异性接头一端与拉索冷铸锚连接，另一端与牵引杆连接。牵引杆通过元宝梁和扁担梁进行锚固。在元宝梁与扁担梁之间安装千斤顶。

千斤顶的作用是调整缆索至正确的位置和完成体系转换。牵索系统主要作用是将挂篮前端的垂直荷载直接传至斜拉桥主塔，以减小挂篮作用在斜拉桥主梁上的垂直荷载。牵索系统的另一作用是完成体系转换，即施工时缆索锚固在挂篮上，施工后拉索锚固在斜拉桥主梁上。

(4)锚固系统。锚固系统由侧锚、中锚和后锚组成。侧锚由垫梁、垂直吊杆、斜向拉杆、锚梁、分配梁、扁担梁及千斤顶组成。垫梁搁放在已成主梁的顶板上，前端连在主梁的混凝土上，垫梁与主梁间垫橡胶垫以增加水平摩擦力。垂直吊杆与斜向拉杆一端锚固在主桁处的锚梁上，另一端锚固在垫梁上，并与扁担梁连接。在垫梁与扁担梁间设有千斤顶，用以安装和拆除锚固系统。该系统主要承受主桁两侧的垂直反力及由牵索系统传来的水平反力，并将这些力传至斜拉桥主梁上。在挂篮前移时，垂直吊杆通过千斤顶将挂篮主桁落在走行滑槽内。

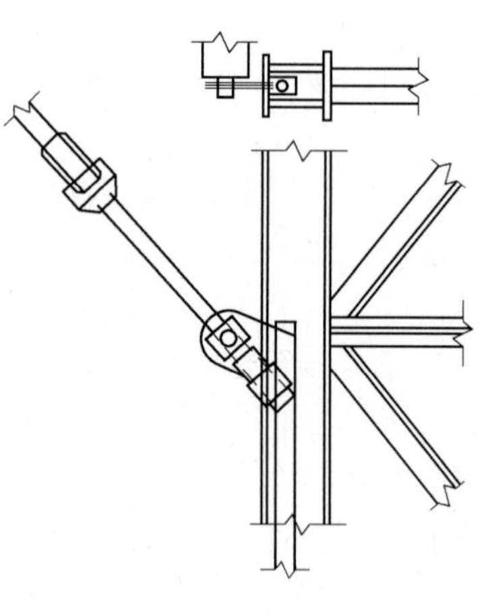

图 3-10-8　牵索系统结构图

中锚一般由上下锚梁、分配梁、扁担梁、垂直吊杆、斜拉杆、扁担梁及千斤顶等组成。上锚梁安放在主梁顶面，分配梁及下锚梁安装在主桁架上。垂直吊杆及斜拉杆一端锚固在下锚梁上，另一端锚固在上锚梁上，并与扁担梁连接。千斤顶安装在上锚梁与扁担梁之间，用来安装及拆除锚固系统，该系统主要是将桁梁中部垂直荷载传至斜拉桥主梁上，水平力自相平衡。

后锚由小锚梁和拉杆等组成，它位于挂篮的尾部。小锚梁安放在主梁面上，拉杆上端锚固在小锚上，下端锚固在桁梁上。该系统的作用是将挂篮的尾部与斜拉桥主梁进行锚固连接。

(5)走行系统。走行系统由滑块、滑槽、走行轮、牵拉杆及穿心式千斤顶等组成，滑块安装在走行牛腿上，滑槽铺在主梁顶面，走行轮安装在尾端调高楔块上。当挂篮灌注完一梁段后，用千斤顶通过牵拉杆牵引挂篮移动到下一段。

(6)调高系统。调高系统由模块组成，其位于挂篮的中间和尾端横梁上，该系统的作用是调整挂篮高程到设计位置，而且挂篮走行时尾部调高楔块可兼作走行轮安装架。

2. 短平台复合型牵索挂篮结构构造

短平台复合型牵索挂篮由挂篮平台、三角架和伺服系统(牵索系统、悬吊系统、走行系统、锚固系统、水平交承系统、微调定位系统等)三大部分组成，总体方案如图 3-10-9 所示。

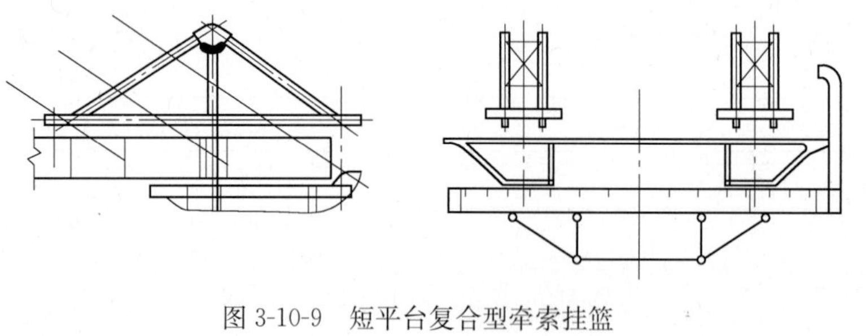

图 3-10-9　短平台复合型牵索挂篮

(1)挂篮平台。挂篮平台是牵索挂篮的主体，它由前横梁、后横梁、牵索纵梁、吊杆纵梁、普通纵梁、安全尾梁、水平桁架和纵梁平联组成，前、后横梁为箱形截面的刚性主梁与平弦桁架的组合结构。

(2)三角架。三角架的结构是刚性的下弦梁用三角式桁架加劲后的组合结构。

(3)伺服系统。伺服系统由牵索系统、悬吊系统、走行系统、锚固系统、水平交承系统、微调定位系统等组成。牵索系统由斜拉索和其梁下锚具以外的其他锚具及连杆组成，其作用是把挂盘前端的荷载传给主塔。悬吊系统由前后横梁上以销轴安装的四根吊杆、扁担梁及千斤顶组成，千斤顶用作调整高程及升降挂篮，在灌注梁段时，两根后吊杆承受挂盘后支点的全部荷载，而前吊杆则通过测力系统在一定受力范围内与牵索共同承受挂篮前端的荷载。走行系统分为三角架走道和挂篮后端挂钩走道系统，三角架走道设于三角架下弦梁下，由槽钢和聚四氟板组成，固定在桥面上。后端走行系统由 r 形挂钩及走道组成。水平支承系统由抗剪柱、水平螺旋支顶及滚轴等组成，其垂直穿入箱梁的预留孔中，以抵抗牵索产生的水平分力，水平支撑系统构造如图 3-10-10 所示。微调定位系统的功能是靠安装在三角架走道上的纵横向千斤顶和三角架后支座处的可调高结构，以及安装在挂篮后横梁上的手动千斤顶实现的。锚固系统包括弧形承压锚碇系统和三角架后端锚固系统。如图3-10-11所示，弧形承压锚底系统是由牵索纵梁前端的弧面及锚座等组成的，锚座在一定角度范围内滑移时，牵索施力方向均在弧面法向线上。三角架后端锚固系统由预埋在主梁中的锚板、夹板及吊耳和接至三角架尾端的后锚杆等组成，其作用是抵消三角架在施工时产生的倾覆力矩。

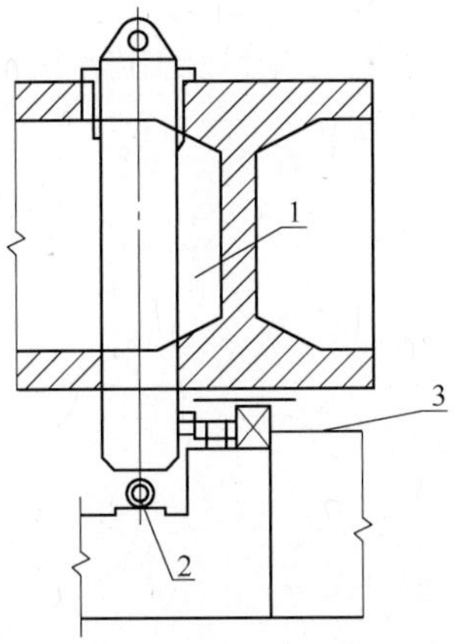

图3-10-10　水平支撑系统

1—抗剪柱；2—滚轴；3—水平螺旋支顶

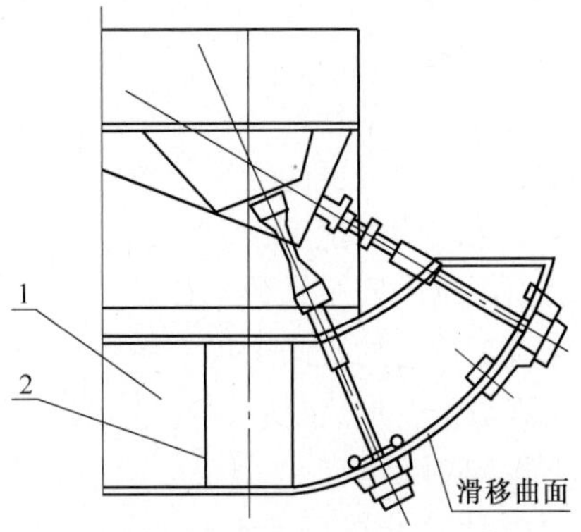

图3-10-11　弧形承压锚定系统

1—挂篮平台；2—前横梁

10.3.3　挂篮的结构计算

10.3.3.1　荷载系数

有关荷载系数依据铁道部颁发的铁路桥涵设计和施工规范，荷载系数取值如下：

(1)考虑箱梁混凝土浇筑时胀模等因素的超载系数：1.05。

(2)浇筑混凝土时的动力系数：1.2。

(3)挂篮空载行走时的冲击系数：1.3。

(4)浇筑混凝土和挂篮行走时的抗倾覆稳定系数：2.0。

10.3.3.2　作用于挂篮的主要荷载

根据浇筑梁段的最大重量，考虑浇筑混凝土时动力因素和挂篮施工安全方面的重要性(施工机具及人荷载考虑取5 t)，控制设计最大荷载为1.2倍重量。

荷载组合1：挂篮自重+1.2混凝土自重；用于混凝土浇筑时挂篮结构的强度验算。

荷载组合2：挂篮自重+混凝土自重；用于各结构的挠度验算。

荷载组合3：挂篮自重+挂篮移动时的冲击荷载+风荷载；用于挂篮走行中挂篮走行计算。

10.3.3.3　结构计算

根据悬灌梁段的实际情况，挂篮分以下几种情况进行受力检算：梁段施工时挂篮受力最不利情况下的整体结构检算；结构细部受力计算；挂篮走行时的受力检算。

1. 整体结构计算

挂篮的结构计算可采用整体建模计算，也可采用分部计算，分部计算这里不做详细介绍，只对整体结构骨架结构计算做进一步介绍。

结构计算的目的是通过对结构各构件的受力和变形计算，调整构件尺寸，使所有的构件满足刚度和强度的要求，从而使得结构既安全可靠，又降低了挂篮的自重，计算时根据各工况时挂篮的实际受力情况，建立理想的计算模型，采用电算程序(MIDAS、SAP、桥梁博士等软件)对挂篮各主要构件进行了受力分析，然后进行配杆，再进行结构验算。

计算说明：根据确定的挂篮结构，先简化成计算模型，再将计算模型进行单元分类，然后将杆件相应的材料数据以及根据挂篮施工各工况所受荷载分配到节点或者杆件上的受力荷载输入计算机，进行各工况的结构内力计算，并根据内力分析结果对结构再次进行配杆，然后将相应的杆件材料数据重新输入计算机再次计算，反复调整满足要求的杆件数据。

2. 计算工况的划分

根据斜拉桥设计要求，斜拉索在施工时不能一次预拉到位，而是在施工过程中不断调整索力，进行施工控制。要求在挂篮就位后，混凝土浇筑前，混凝土浇筑 30%、50%、70%时，浇筑混凝土完成后需进行斜拉索索力调整来保证各浇筑梁段混凝土顶面高程。根据要求分工况进行计算。

3. 计算结果整理

可以将近计算结果用表格和文字的形式表现出来，并找出每部分结构受力最大的位置和数值，与规范相对比。

根据受力计算，各杆件必须满足以下的力学指标：

(1)各主要杆件强度的安全系数：>1.2。

(2)各梁系结构的挠度：<1/400。

(3)锚固系统的安全系数：>2。

(4)挂篮走行时的抗倾覆稳定系数：>2。

(5)挂篮最大变形(包括吊杆变形的总和)：<20 mm。

4. 细部结构计算

(1)面板计算。按双向板计算，选用区格中三面固结，一面简支的最不利情况进行计算，区格 $l_x=300$ mm，$l_y=300$ mm，由 $l_x/l_y=1$ 查《建筑结构静力学手册》得：泊松比 $\mu=0.3$ 时，$K_w=0.001\ 6$，$KM_x=0.027$，$KM_x^0=-0.060$，$KM_y^0=-0.060$。

取宽度梁 $l=1$ mm 荷载，计算荷载 $q=Ql$

板抗弯模量 W：$W=bh^2/6$

支座弯矩：

$$M_x^0=KM_x^0\times q\times l_x^2$$
$$M_y^0=KM_y^0\times q\times l_y^2$$

跨中弯矩：

$$M_x=KM_x\times q\times l_x^2$$
$$M_y=KM_y\times q\times l_y^2$$

跨中弯矩修正：泊松系数 $\mu=0.3$

$$M_x^\mu=M_x+\mu M_y$$
$$M_y^\mu=M_y+\mu M_x$$

面板强度计算

支座弯矩应力：

$$\sigma_{\max}=\frac{M_x^0}{W}<[\sigma]=182\text{ MPa}$$

跨中弯矩应力：

$$\sigma_{\max}=\frac{M_x^\mu}{W}<[\sigma]=182\text{ MPa}$$

面板挠度计算

$$\omega_{\max}=K_w\times\frac{FI^4}{B_0}<[\omega]=\frac{1}{500}$$

式中 F——混凝土最大侧压力，N；

K_w——挠度计算系数；

B_0——构件刚度：$B_0=Eh^3/[12(1-\mu^2)]$；

h——钢板厚度，mm；

E——钢材弹性模量，N/mm²；

μ——钢材泊松系数。

(2)横肋验算。横肋上荷载间距 $H=300$ mm 采用[5 槽钢，支承在竖向桁架上。横肋上荷载 $q=F\cdot H$；按三跨连续梁受力分析如图 3-10-12 所示。

利用 MIDAS 计算软件计算得：$M_{\max}$、$Q_{\max}$、f_1；

强度验算：

$$\sigma_{\max}=\frac{M_{\max}}{W}<[\sigma]=182\ \text{MPa}$$

$$\tau_{\max}=\frac{Q\cdot S_x}{I_x b}<[\tau]=110\ \text{MPa}$$

$$f_1<[f]=\frac{l}{400}$$

式中　I_x——构件对形心轴 x 轴的惯性矩。

(3)竖肋验算。竖向大肋[10 组焊成 1 m 桁架。竖向荷载 $q=F\cdot l$，按 800 mm 一组背杠固定。竖肋上荷载 $q=F\cdot l$；按三跨连续梁受力分析如图 3-10-13 所示。

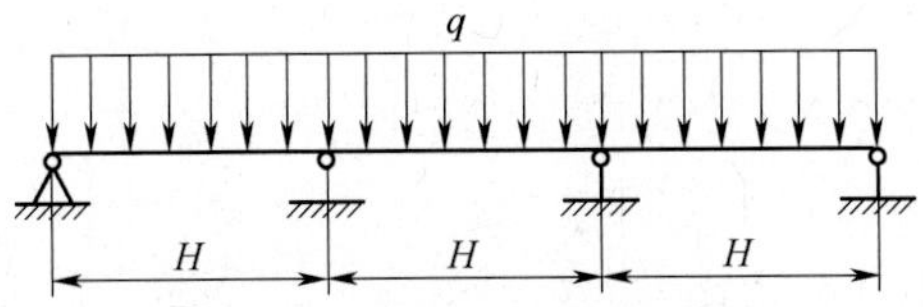

图 3-10-12　横肋荷载分布图

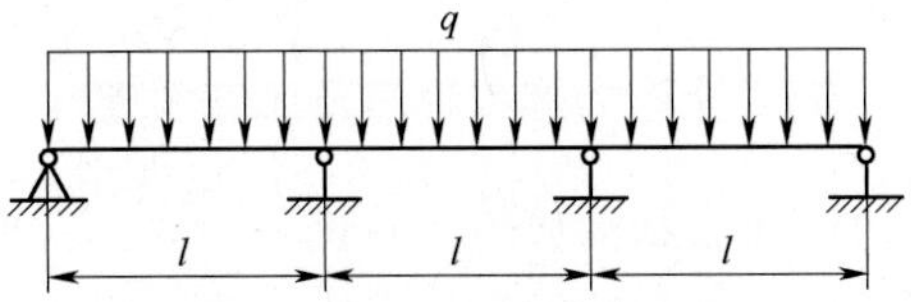

图 3-10-13　竖肋荷载分布图

利用 MIDAS 分析软件计算得：$M_{\max}$、$Q_{\max}$、f_2；

强度验算：

$$\sigma_{\max}=\frac{M_{\max}}{W}<[\sigma]=182\ \text{MPa}$$

$$\tau_{\max}=\frac{Q\cdot S_x}{I_x b}<[\tau]=110\ \text{MPa}$$

$$f_2<[f]=\frac{l}{400}$$

面板与横肋组合挠度：

$$\omega=\omega_{\max}+f_1<3\ \text{mm}$$

面板与竖肋组合挠度：

$$\omega=\omega_{\max}+f_2<3\ \text{mm}$$

(4)销子、斜杆销孔削弱计算。由整体结构计算出与销子相连的杆件轴力的剪力，然后对销子、斜杆销孔削弱进行计算，根据材质选取容许应力。

销孔承压应力：

$$\sigma=\frac{N}{A_1}=\frac{N}{2dt}<[\sigma]=300\ \text{MPa}$$

销子剪应力：

$$\tau=\frac{\sigma}{A_2}<[\tau]=290\ \text{MPa}$$

销子所受弯应力：

$$\sigma=\frac{M}{W}=\frac{Nt}{2W}<[\sigma]=290\ \text{MPa}$$

式中　d——钢销直径，mm；

t——钢带厚度，mm；

A_2——钢销的截面积，mm^2；

W——钢销的抗弯模量。

斜杆强度检算斜杆所受的最大拉力由整体结构计算可得。

在销接接头中，带销孔的受接杆件其销孔各部尺寸应符合下列规定：

1)垂直受力方向销孔直径处的净载面积应比杆件计算所需的面积大 40%。(对于临时结构，容许应力提高系数最小为 1.3，见《桥梁施工常用数据手册》)

计算最小面积为：$A_j=N/(1.3[\sigma])$。

所配杆件面积为：$A \geqslant 1.4A_j$。

2)由销孔边缘至斜拉板端的截面积应不小于杆件的计算截面积。

(5)立柱稳定性计算。对于短平台牵索式挂篮，还应对三角架立柱的稳定性进行计算，三角架立柱的轴力由整体结构计算出来，然后对稳定性进行计算。

三角架所受轴向力为 N，立柱两端按铰接计算，有效长度为 l_0，Q235 钢容许应力为 182 MPa。

长细比计算：$\lambda = l_0/l_y < [150]$，由 λ 查得 ψ 值。

强度计算：$\sigma = N/(\psi \cdot A) < [\sigma] = 182$ MPa，A 为立柱截面积。

缀板沿柱纵向的长度不小于 $2a/3$（a 为柱肢轴线间距）；厚度 t 不小于 $a/40$，并不小于 6 mm。缀板宽度 b 可以取 $b=a$。缀板和立柱的焊接采用三面围焊，两缀板之间的距离应不小于 $40i$（i 为单肢对垂直于缀板轴的回转半径）。

10.3.4 牵索挂篮的施工程序及工艺要点

10.3.4.1 牵索挂篮的体系转换

为了利用斜拉桥的斜拉索作为挂篮的前支点，首先必然性要解决斜拉索与挂篮前端的临时连接方式，对于普通的扇形索，由于每一根索与梁的夹角都是不同的，所以索与挂篮的前端联结角度也应该可以调整，以适应夹角的变化。而对于空间索面的斜拉桥，由于拉索位置在三维空间变动，牵引杆固定端相对于挂篮也要能够在三维空间移动，帮需要在挂篮内设置一特殊转动锚座以满足这一要求。

牵索式挂篮设计中需要考虑如何将斜拉索在挂篮上引起的水平分力传递给主梁，这一水平分力相当大，也是牵索式挂篮成败的关键，必须设置足够多的反向斜拉杆来传递这种水平力(也可设置挡块来传递水平力)。

牵索式挂篮还应该具有底模可调功能，当挂篮与斜拉索连接并张拉之后，挂篮本身不能再作调整(临时索力值与主梁高程也是相对应的)。但可以将底模系统与挂篮主桁结构脱开，调整底模而不影响挂篮上的临时索力，使得这一问题简化，以适应每一节斜拉桥的高差可能不同的情况，还需要解决的一个主要问题是如何进行体系转换，当用斜拉索作为挂篮前端点的临时支承后，在现浇梁段预应力张拉完成后，必须将斜拉索从挂篮口转换到斜拉桥主梁上去，体系转换可以采用：先将千斤顶顶开，再旋紧斜拉索锚头的螺母，放松千斤顶，即完成体系转换。

10.3.4.2 长平台牵索挂篮的施工程序及工艺要点

1. 挂篮安装

在主梁的 1 号、2 号梁段适当位置预设 4 个吊孔，用倒链或千斤顶将组拼成整体的主桁承重系统和底模板整体提升到安装位置(如果主桁承重系统未拼装成整体，则先起吊安装承重系统的前、后横梁，再安装纵梁和底模板。)，然后安装牛腿顶端部分，若主桁未到安装位置，则安装走行系统，使其走行到位。同时安装梁上的锚固部件，并拆除走行轮，将主桁锚固。之后安装外侧模、开箱内模，绑扎钢筋，并安装牵索系统，经精确调整后即可灌注混凝土。

2. 挂篮前移

梁段混凝土等强张拉预应力束后，解除锚固系统的斜拉杆及有关模板的连接，铺好梁顶走行滑槽，用锚固系统的垂直吊杆将挂篮主街等缓缓下落，直至梁侧牛腿落在滑槽内。之后解除垂直吊杆，卸去梁底楔块，换装走行轮，在主梁上用千斤顶和牵拉杆带动牛腿将挂篮缓缓平行前移，并在后方设倒链作保险制动。

3. 挂篮就位及调整

挂篮到位后，先将两侧中间的垂直吊杆临时锚固，再将有关的锚固件和模板前移安装，再用中间的中锚吊杆将主桁提升并进行相应锚固，然后精确调整后即可施工完一梁段。

4. 挂篮施工要点

(1)锚固吊杆及斜拉杆的预留孔一定要准确，以保证各杆不受弯。

(2)锚固系统的垫梁及滑道与主梁的接触面一定要平整，必要时进行整修，以保证受力合理可靠。

(3)主梁底部的调高楔块要与梁底顶紧，以保证梁段间顺接。

10.3.4.3 平台复合型牵索挂篮的施工程序及工艺要点

1. 安装

将挂篮三角架及其后锚等构件吊上桥面安装就位，然后用倒链或卷扬机将整体组拼的挂篮平台提升(如果主桁承重系统未拼装成整体，则先起吊安装承重系统的前、后横梁，再安装纵梁和底模板），并安装相关的伺服系统，检查无误后灌注混凝土。

2. 平台挂篮前移

梁段混凝土等强张拉预应力束后，解除挂篮牵索并与主梁锚连，将挂篮平台下放一定高度，然后将挂篮三角架向前移动一个梁段长度，到位后再将挂篮平台沿梁顶滑道和三角架下弦梁下翼级前移就位，上述为两次走行，适应梁宽且重的情况。若梁较窄和较轻时，也可一次走行到位，即利用梁顶滑道将两个三角架和其悬吊的平台同步前移。

3. 挂篮就位及调整

利用倒链将平台提起，安装吊杆及牵索等，然后精确调整后即可施工下一梁段。

4. 挂篮施工要点

灌注混凝土时，由于挂盘前端荷载由牵索和前吊杆共同承受，为保证前吊杆不超载，利用千斤顶和特设的数字式压力传感器测其杆力，超出其设计受力的部分通过分次调整临时牵索来平衡。

10.3.5　0号现浇段施工

斜拉桥0号段施工标志着全桥工序转换，正式开始了主梁及斜拉索施工。主梁0号段采用支架法施工，具有设计结构复杂、施工要求精度高、难度大，混凝土灌注量大等特点。斜拉桥0号段施工主要通过在承台（系梁）上或在已施工塔柱下横梁上设置钢管或万能杆件支架平台，全桥体系转换前通过底部正式支座或临时支座（撑）体系承受其自重和其他施工荷载。适用于塔梁结合、塔梁分离的非漂浮、漂浮、半漂浮体系的预应力混凝土斜拉桥0号段施工。

10.3.5.1　施工设计

1. 支架设计

主梁0号段在支架或塔下托架上施工时，应根据其结构型式，重量及支撑高度设置可靠的模板和支撑体系，考虑弹性和非弹性变形，支撑下沉、温差及日照的影响，同时应考虑设置落架装置。

0号段支架设计应根据现场实际情况来确定，一般采用落地式现浇支架（图3-10-14）。对于塔梁结合的斜拉桥在施工0号段时支架设计应结合临时支撑（固结）方案充分考虑相互的位置关系，并按设计提供的不对称拉、压力进行设计。支架设计时应与0号节段、桥墩中心重合。支架应进行设计计算，确保施工时有足够的强度、刚度和稳定性，且变形应在允许范围内。

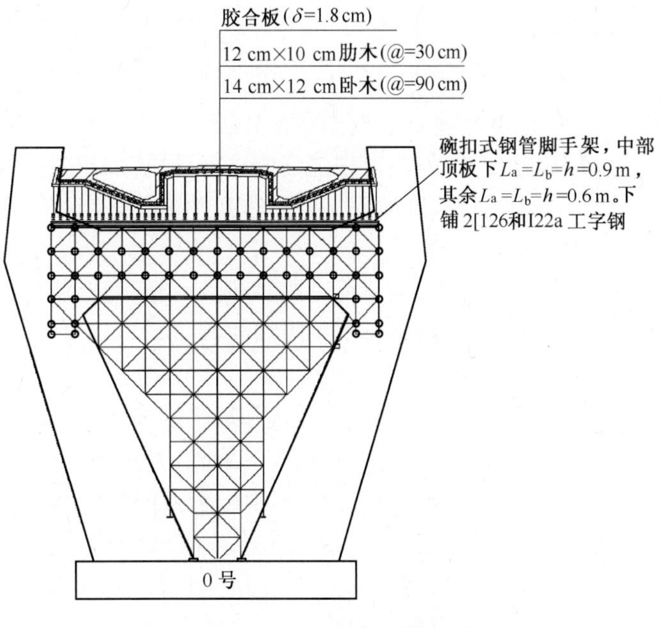

图3-10-14　0号段施工支架示意图

2. 临时支座（承）设计

在主梁悬臂施工过程中，索塔两侧的梁体因自重荷载的不平衡将产生一定的倾覆力矩，且两侧斜拉索张拉索力的不对称亦将产生一定的水平推力。当飘浮体系的斜拉桥采用悬臂法进行主梁施工时，为确保结构在施工阶段的安全，一般在施工中都需采取适当的措施进行塔梁临时固结，待施工完毕后再拆除。对于塔梁墩固结的斜拉桥则不需临时固结。

10.3.5.2　施工工艺及操作要点

1. 施工工艺流程

0号段施工工艺流程如图3-10-15所示。

2. 支架搭设及预压

0号节段设计轴线与横梁轴线重合，因此在按方案支架时，为保证支架受力均衡、对称，施工前要求测量

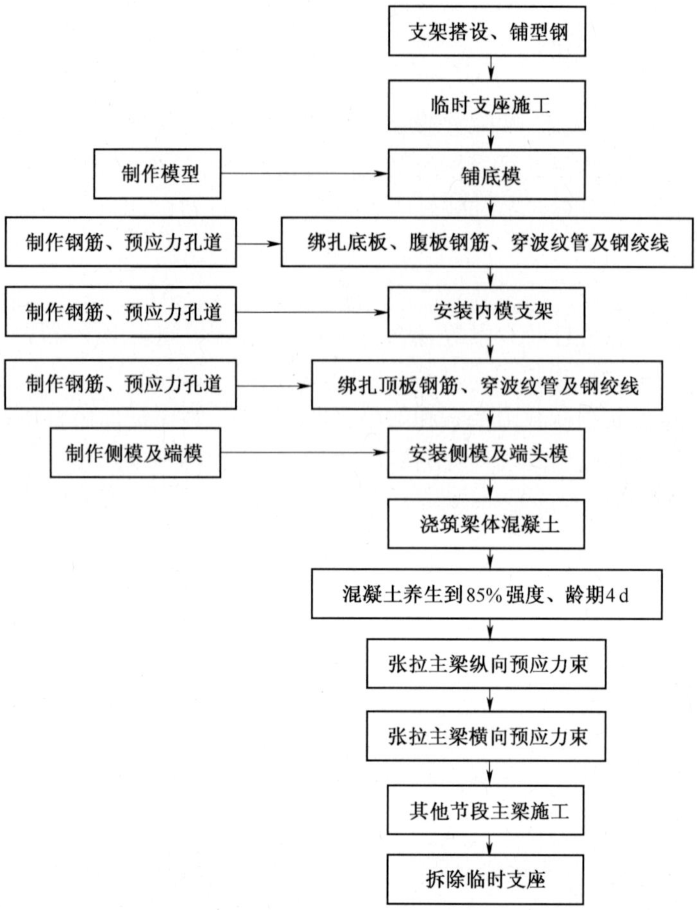

图 3-10-15　施工工艺流程图

出塔身纵、横轴线，对称布置支架点位并搭设。

在支架施工完成后，应对现浇支架进行预压，加载时应根据主梁荷载分布进行加载。预压荷载为设计荷载的 110%，分级加载，以消除支架的非弹性变形，验证支架结构的稳定性，并测定弹性变形，为设定底模高度提供参考。

每一次加载完成时，应持荷一段时间，待支架变形稳定后，对支架进行检查，并对支架的变形进行测量，在确认支架稳定后，才可进行下一级加载。

3. 大吨位盆式橡胶支座安设

盆式橡胶支座与桥梁连接有焊接和地脚螺栓两种。焊接时，应在下横梁顶部和主梁底部相应的支座位置预埋比支座顶板和底盆的钢板大些的钢板，并在预埋钢板背面焊接锚固钢筋使其固定，支座就位后用跳动的焊接方法将支座顶板、底板分别与预埋钢板焊接在一起。使用地脚螺栓时，则是将顶板和底板分别固定在梁体底面和下横梁顶面上。用预留螺栓孔的地脚螺栓连接时，须用环氧树脂砂浆将地脚螺栓埋置于混凝土内。

施工阶段主梁为悬臂受力状态，支座受力很小，当合龙后体系转换为成桥受力状态时，梁体自重全部作用在支座上，在体系转换前将盆式支座的安装连接板全部拆除，解除约束，使支座按设计受力状态正常发挥作用功能。支座安装过程中注意：

(1)安装前相对各滑移面用丙酮或酒精仔细擦拭干净，支座其他部件也应擦洗干净。

(2)安装支座除高程符合要求外，还应保证两个方向的水平，其四角高差不得大于 2 mm。

(3)支座上各个部件纵横向必须对中，当安装温度与设计温度不同时，纵向支座各部件错开的距离必须与计算值相等。

(4)安装纵向活动支座时上下导向挡块必须保持平行，交叉角不得大于 5′。

(5)支座中心线与主梁中心线应重合或平行。

(6)安装地脚螺栓时，其外露螺母顶面的高度不得大于螺母的厚度。

(7)模板和废弃混凝土要随时清除干净,防止积水导致钢盆锈蚀,影响支座使用功能。

4. 临时支座(承)安设

非与索塔结构固结的主梁施工时,必须使塔梁临时固结,并按要求的程序解除临时固结。临时固结主要为:加临时支座并锚固主梁和设临时支撑两种措施。如图3-10-16所示。

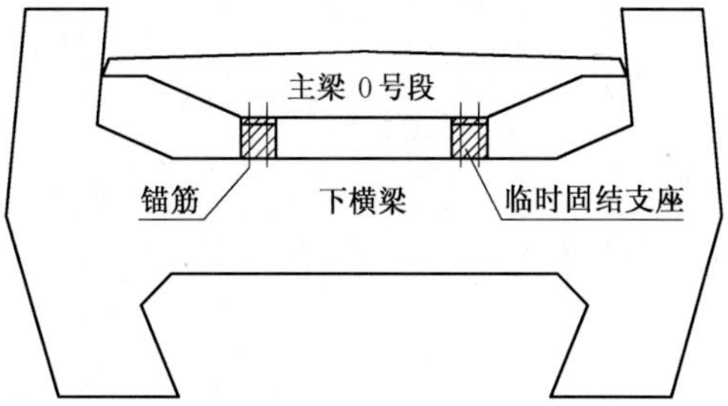

图 3-10-16　临时支座示意图

该措施构造简单,制作和装拆方便、安全可靠。即在下横梁上设置四个混凝土临时支座,将粗螺纹钢筋的下端预埋在主塔下横梁中,钢筋中段穿过支座和梁体并锚在0号梁段顶部,钢筋的数量由施工反力计算确定。为便于拆除,在每个支座中间设按设计要求加硫磺砂浆夹层,并按试验确定的溶化方案布置电阻丝,待达到临时支座拆除条件时通电解除临时固结;实际施工中设置硫磺砂浆夹层方案很难控制,现场多采用沿支座四周设置厚 20 cm 的同标号混凝土环,中间填塞中粗砂,顶部铺设油毛毡防水隔离层,待达到临时支座拆除条件时用小型空压机拆除四周混凝土环,高压水冲洗中粗砂后即可解除临时固结。

设临时支承通常设立在塔墩两旁与临时支座共同承担施工反力,临时支承常用钢管桩、钢护筒或混凝土立柱,在下塔柱上设置预埋件作为临时支承的锚座。

5. 模板工程

底模受自重作用,其安装重点在于模型底部、支架顶部的纵横向分配梁的调平,同时应保证天地托有一定的调节空间,便于拆除底模支架。

在有临时支座或盆式橡胶支座的施工时,安装底模应保证其与支座之间无空隙,并特别加固支撑,防止该处发生爆模、漏浆。

0 号节段侧模受侧向压力,横向端为外露面,采用表面光滑的胶合板或钢模,可通过设置的单头拉杆加背杠固定,也可用方木或钢管通过支撑在两侧塔柱与背杠上达到固定作用;而纵向端为 1 号节段的交界面,必须为粗糙面,因此采用木板封面、单头拉杆加背杠固定。

为保证底板混凝土密实无空洞,内模安装时应根据捣固器的左右半径和钢筋、预应力的位置适当预留空洞用于振捣和排气,待混凝土逸出见粗颗粒时再封闭。

0 号节段模型加固重点是内模和侧模。为防止施工混凝土内箱结构变形和顶板钢筋上浮,对穿拉杆通过底板将底模和内模底部相连,内箱加方木或钢管支撑加固。侧模采用单头拉杆背杠加固,防止结构变化。

6. 钢筋及预应力工程

主梁设计复杂,预埋管线和钢筋密集,模型、钢筋、部分预应力施工须交叉进行。底板模型施工结束后开始底板钢筋和纵、横隔板钢筋施工,然后进行底板和纵、横隔板预应力及竖向预应力施工;接着进行内箱模型铺设和加固;再进行顶板钢筋施工和顶板纵、横预应力施工。0 号段有挂索时,梁上的索管定位要确保准确。

10.3.6　悬臂段施工

10.3.6.1　主梁悬臂浇筑施工工艺

目前我国斜拉桥主梁常用的施工方法有支架法、转体法以及悬臂浇筑等方法,其中以悬臂施工法运用最为广泛。在悬臂现浇施工中,最为典型且有成熟经验的施工方法是采用预应力混凝土梁段对称平衡悬臂挂篮法施工。本工艺重点对于主梁梁段悬臂浇筑施工方法、施工工艺等技术进行阐述。

10.3.6.2　梁段混凝土施工

主梁采用挂篮对称平衡悬浇施工,因结构设计需要,主梁结构多为预应力混凝土箱型结构,结构中钢筋数量大、型号多,预应力束纵横向布置,因此主梁混凝土施工难度较大,工艺复杂,必须制定详细的施工方法来保证混凝土的施工质量。

1. 基本原则

主梁悬浇混凝土施工时必须进行施工控制,对梁体每一施工阶段加强过程控制,并对结果进行检测分析,以确定下一阶段的索力和主梁线形,周而复始直至全桥合龙。

2. 施工工艺

主梁节段混凝土通常采用挂篮悬灌施工，目前常用的有三角挂篮和菱形挂篮。通常情况下挂篮按其受力情况分为前支点挂篮(牵索式挂篮)、后支点挂篮。悬臂施工时挂篮的选型根据设计要求或梁段的重量来选择，下面以三角挂篮施工为例介绍悬臂施工步骤及注意事项。

3. 混凝土施工工艺流程

混凝土施工工艺流程如图 3-10-17 所示。

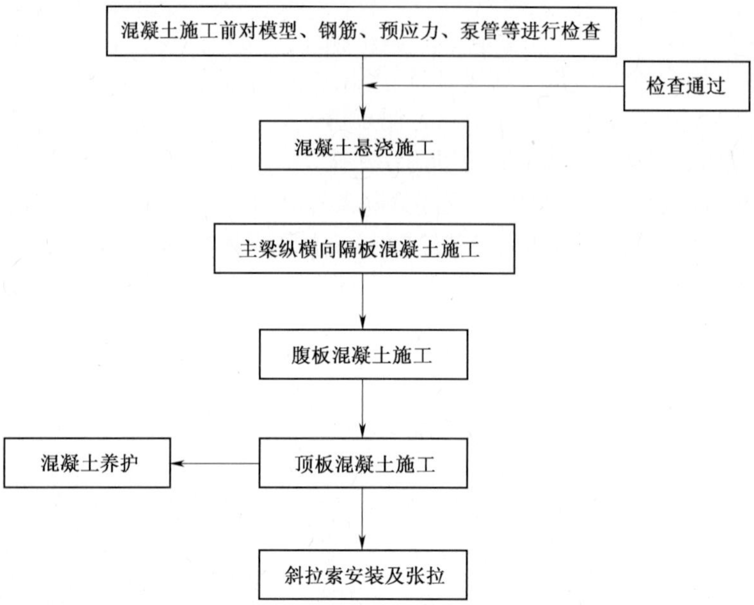

图 3-10-17　混凝土施工工艺流程图

4. 主梁斜拉索预埋管的精密定位

主梁斜拉索钢管的中心定位利用梁面上建立的双索面对称中心线及里程控制线进行，由于主梁节段施工中的线性变化的动态特性，钢管定位中难度较大的是钢管倾斜角度的确定。

由于在施工中主梁线型随时发生变化，同时成桥后主梁线型与施工时线型不同，导致梁上斜拉索钢管与水平面的夹角在施工中为一不定值，因此拉索钢管安装进行动态分析。钢管倾角定位以运营节段的斜拉索倾角为目标值，在挂篮高程经过初调后，对挂篮高程进行测量，根据挂篮实测坡率，考虑混凝土灌注过程中的梁段下沉、挂篮变形以及斜拉索垂度等影响因素，确定施工阶段钢管倾角值，精确安装钢管，并在混凝土施工过程中不断修正。

10.3.7　合龙段施工

预应力混凝土斜拉桥合龙段施工方案、施工工艺及体系转换是斜拉桥施工的重难点之一，其施工的质量直接影响全桥的施工质量和结构安全。合龙段长度一般是 1.5～2.0 m，但受到施工场地条件、支座安装和边跨现浇段施工的影响，其施工有一定技术难度。施工时应根据预应力混凝土斜拉桥结构设计情况，将合龙段劲性骨架、临时预应力索、临时支座等结构与桥梁墩、塔、斜拉索及梁部结构一起建立计算模型，综合分析合龙段劲性骨架、临时预应力索、临时支座(只有飘浮或半飘浮体系斜拉桥才需临时支座，下同)等结构的最不利受力情况，据此进行其结构设计和施工；合龙段施工支架根据现场实际情况灵和选择挂篮或搭设落地支架方案；模板除内模外均悬灌段施工的外侧模和底模；按照等载替换原则配置换重荷载；在设计规定的温度范围进行合龙段劲性骨架和混凝土浇筑施工；按照设计要求的程序进行体系转换施工。

10.3.7.1　合龙段及体系转换施工设计与检算

合龙段及体系转换施工设计与检算的内容主要包括合龙段劲性骨架、临时预应力索、换重设计和墩顶临时固结(临时支座)以及支架、模板系统等部分内容。

1. 合龙段劲性骨架、临时预应力索、临时支座设计与检算

受温度应力的影响，合龙段劲性骨架、临时预应力索、临时支座设计与检算很难准确，必须根据预应力混

凝土斜拉桥结构设计情况，将合龙段劲性骨架、临时预应力索、临时支座等结构与桥梁墩、塔、斜拉索及梁部结构一起建立计算模型，结合环境温度监测情况综合分析合龙段劲性骨架、临时预应力索、临时支座等结构的最不利受力情况（包括边、中跨合龙口轴力、剪力和弯矩值，以及临时支座承受的最大不平衡弯矩值），据此进行其结构设计和施工。一般情况下，可委托桥梁监控单位或设计单位负责该项工作。

2. 合龙段换重设计与检算

（1）边跨合龙段换重设计与检算。当边跨合龙段落地支架上进行时，可不考虑换重；当边跨合龙段采用吊架合龙或挂篮时会造成边中跨荷载不对称，此时边中跨受力不对称，这时不仅要考虑换重的重量，还要考虑加设配重。加设配重量计算为：加设配重量（G）＝中跨挂篮重量－边跨挂篮重量（吊架重量）＋其他原因引起的额外配重；换重重量计算为：换重重量（G）＝合龙段混凝土引起增加的悬灌段重量＋临时施工施荷载。

（2）中跨合龙段换重设计与检算。若采用挂篮进行中跨合龙段施工，需将另一套挂篮拆除或后移；若采用吊架合龙，需将挂篮拆除或对称后移。总之，无论采用挂篮合龙或吊架合龙，中跨合龙段施工一般只需换重，不需要加配重，当然，必须保证高程控制在规范允许范围内，否则，为调整线形需要时应增加配重。换重重量计算为：换重重量（G）＝合龙段混凝土重量÷2；以上算式适用于换重重量放置位置靠近合龙段，并且重量加在桥轴线上。如换重重量放置位置远离合龙段，那么换重重量需重新计算。

10.3.7.2　合龙段及体系转换施工工艺流程及操作要点

1. 施工工艺流程

斜拉桥合龙段及体系转换施工顺序一般是：先边跨，后中跨，最后进行体系转换；当边跨现浇段采用挂篮悬浇时，施工顺序为：先中跨，后边跨，最后进行体系转换。体系转换施工主要包括滑动支座约束解除、限位支座安装、临时支座拆除和后期预应力张拉等内容，其施工顺序应严格按照设计文件规定进行。边跨、中跨合龙段施工工艺流程如图 3-10-18 所示。

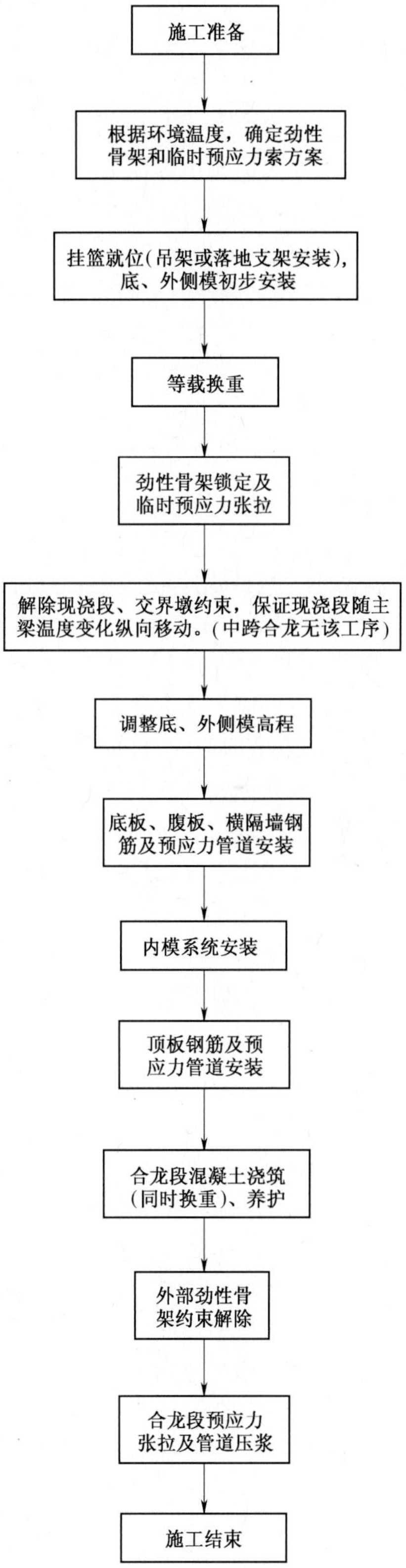

图 3-10-18　边跨、中跨合龙段施工工艺流程图

2. 施工操作要点

（1）施工准备。合龙段施工前应积极做好各项准备工作，包括技术准备（施工技术方案编制及报批、技术交底和施工测量等）和施工组织准备（施工人员安排、设备及物资准备及进度安排）以及各项施工预案编制等。

（2）合龙段施工前的施工量测。在最终的合龙段施工技术方案确定前，应安排专人负责进行环境气温监测、合龙口空间变形（纵、横、竖向）监测以及关键控制截面应力监测，以此确定最终的合龙段施工技术方案。

3. 挂篮就位或支架安装

（1）边跨合龙段施工：采用挂篮作为合龙段施工支架时，在最后一个悬灌段施工时应注意预留孔道，待悬灌完成后即可将挂篮走行就位并锚固好；采用落地支架施工合龙段时，支架地基处理、搭设可参照边跨现浇段落地支架施工。

（2）中跨合龙段施工：中跨合龙段施工一般采用挂篮作为合龙段施工支架，在最后一个悬灌段施工时应注意预留孔道，待悬灌完成后即可将一个挂篮后退或拆除，另一个挂篮走行就位并锚固好。

4. 合龙段配重、换重施工

合龙段配重和换重施工应在劲性骨架锁定和临时预应力索张拉前进行。配重和换重一般均采用水箱或砖砌水池装水，便于加载和卸载计量；也可以采用混凝土块或钢材，但应注意准确计量。采用水箱加水换重具体方法为：在劲性骨架锁定前，在梁端加设水箱与合龙段混凝土换重(每端水箱装水重量与吊点承受的重量一致，水箱重心位置与吊杆合力作用点重合)。在浇灌合龙段混凝土时，根据混凝土浇筑量，边浇筑混凝土边放水，放水速度根据混凝土浇筑速度而定，原则是使同一时段内浇筑的混凝土重量尽可能与放出的水重量相等(灌注混凝土前先要在水箱上作好标志，以便控制放水量，放水量与合龙段混凝土浇筑量相差不超过5 t)。通过水箱放水使合拢段两端悬臂在混凝土浇灌过程中受力保持一致，从而使合龙段两边悬臂高差始终保持不变，尽可能避免因施工原因而使结构引起附加应力，实现"无应力"合龙。

边跨合龙采用挂篮合龙时由于中跨挂篮与边跨的重量可能不一致，此时应根据实测高程及边中跨挂篮的重量经过计算在边跨应加配重，配重加设完成后重新测量高程，高程确定后再根据合龙段混凝土的重量确定需要加设的换重重量。边跨合龙采用落地支架时，由于合龙段混凝土的重量直接由支架传递给地面，对梁部线形无影响，不必考虑换重。

5. 合龙段劲性骨架安装及临时预应力束施工

合龙临时锁定有两个步骤：首先是焊接锁定劲性骨架，然后张拉临时预应力束。

劲性骨架用来连接两端梁，保证合龙段净空，防止在浇筑合龙段混凝土的过程中及合龙段混凝土未达到设计强度的养护过程中梁两端错动，同时用来抵抗合龙段因温度升高而产生的压应力及梁体可能错动而起的竖向剪应力。

由于劲性骨架采用焊缝连接，焊缝抗拉能力低，故采用临时预应力来抵抗合龙段两端梁体因温度降低收缩而在合龙段混凝土中产生的拉应力。临时预应力竖一般采用设计的正式的合龙段预应力束。根据混凝土因温度降低而产生的拉应力确定每根束临时张拉预应力，临时预应力束张拉力未达到设计张拉力，待合龙施工完成、合龙段混凝土强度达到设计强度后，再将其补拉至设计吨位。

劲性骨架安装时应注意以下事项：

(1)合龙前几天连续观测昼夜温度变化、合龙口高程变化、合龙口长度变化，确定温度变化与高程、长度的关系，选定适当的安装时间。

(2)安排技术水平高的焊工负责焊接，确保劲性骨架焊缝质量。

(3)认真做好施工组织，尽量缩短劲性骨架的安装时间。

6. 合龙段混凝土施工

合龙段混凝土强度设计要求一般与其他悬灌节段强度一样，但是为了保证合龙段的施工质量，一般情况下合龙段的混凝土强度等级实际施工中要提高一个等级。

合龙段混凝土采用拌和站集中生产、罐车运输，要求与一般悬灌段混凝土生产、运输相同，此略。混凝土浇筑时间定在全天最低温度、温差变化小的时段进行，一般选择在晚上的12点～第二天清晨6点。合龙段混凝土浇筑完成后，应加强混凝土养护，减小混凝土收缩，顶板持续洒水达至80%强度，降低顶底板温差影响；合龙段混凝土养护期间，应禁止施工荷载上桥，避免扰动开裂。

7. 桥梁体系转换施工

桥梁体系转换施工主要包括滑动支座约束解除、限位支座安装、临时支座拆除和后期预应力张拉等内容，其施工顺序应严格按照设计文件规定进行。在桥梁合龙段施工过程中，主梁由悬臂状态向固定状态转变，桥梁体系转换施工也同步进行，此时梁段是处于比较复杂的受力状态，其施工的好坏将直接影响到整个桥梁的结构安全和质量，因此在施工时需注意以下事项：

(1)保证劲性骨架及临时预应力束的施工质量，因为劲性骨架及临时预应力束锁定的好坏将决定着合龙段的施工好坏。

(2)滑动支座和现浇段的约束应及时解除，保证现浇段能随主梁温度变化自由伸缩。

(3)限位支座安装和临时支座拆除应严格按照设计要求的时间和方法进行，确保桥梁整个体系与设计一致。

(4)后期预应力束一般比较长，制索、穿索及张拉施工均比较麻烦，应认真做好施工组织安排和施工质量控制工作,确保成桥质量。

10.4　钢桁梁主梁施工

10.4.1　概　　述

钢桁架和钢箱梁是斜拉桥及钢—混凝土叠合梁斜拉桥的主要受力构件。钢桁架和钢箱梁一般先在工厂加工制作,在运至现场吊装就位,钢梁在出厂前需按设计精度进行预拼装。钢梁预制阶段的长度从方便架设考虑,以布置1～2根斜拉索和2～4根横梁为宜,节段过长会引起架设时需要用临时斜拉索的麻烦。

斜拉桥钢主梁的悬臂安装与预应力混凝土斜拉桥的主梁的悬臂安装方法基本相同,具有施工快捷方便的特点。常用的起重设备有悬臂吊机、缆索吊机、大型浮吊、千斤顶及各种自制吊机,并结合挂篮进行悬臂拼装工作。

10.4.2　斜拉桥钢主梁悬臂拼装法施工关键技术

10.4.2.1　斜拉桥钢主梁与节点连接

斜拉桥钢主梁块段之间连接的接头往往会成为结构的薄弱点,其质量可靠与否直接关系到钢主梁斜拉桥施工的成败,是斜拉桥钢主梁悬臂拼装施工的关键技术,一般分为全断面焊接连接和全断面高强螺栓连接两种。

1. 全断面焊接连接工艺

全断面焊接连接工艺是目前斜拉桥钢主梁节段连接常用的一种工艺,具有施工操作方便,施工完成后主梁整体性好等特点,如武汉军山长江大桥就是采用这种工艺进行施工的。钢主梁现场焊接连接时须严格执行经焊接工艺评定确定的焊接规程,施工过程要注意天气条件对焊接的影响,采用工装设施防风避雨,焊接工艺方法位衬垫单面焊接双面成形工艺,采用CO_2气体保护焊打底,埋伏自动焊盖面。梁段间的焊接采用半自动CO_2气体保护焊和手工电焊。

2. 高强螺栓连接工艺

高强螺栓连接工艺具有施工快捷、方便等特点,亦是目前斜拉桥钢主梁最为常用的一种成熟工艺,采用此工艺施工的钢主梁受力性能稳定,耐疲劳,能承受动力荷载。适用于承受应力交变和应力急剧变化的连接点,受力均匀,无应力集中现象。高强螺栓的安装一般分为:初拧及初拧检查;终拧及终拧检查。

(1)螺栓安装。高强螺栓安装前,除全面检查其外观质量并复验扭矩系数外,还要对连接处的接触面进行清理,用钢丝刷清除油污垢、浮锈等,如有毛刺,则用电动砂轮打磨,使接触面保持洁净和干燥。

安装之前,按规定还需先装冲钉。主梁之间连接时,冲钉数量是该节点孔眼数的50%,其余钢梁之间连接时,冲钉数量是该节点孔眼数的30%。安装冲钉是先在连接四角处各打入一个冲钉,进行固定,然后间隔安装成梅花形冲钉群。安装冲钉的过程中随时调整钢梁间隙,并调整钢梁的高程和轴线,确认结构位置无误,接着在剩余的孔眼中安装高强螺栓,并随时初拧(注意在穿高强螺栓时,不允许强行敲打),然后用高强螺栓逐个换下冲钉并及时初拧。

(2)初拧和初拧检查。初拧螺栓的顺序,是从螺栓群中央向四周逐渐扩展施拧,因此,用高强螺栓替换冲钉时,也是从中间开始换起。根据螺栓的部位和操作环境条件,电动扳手和手动扳手都可使用,初拧扭矩为终拧扭矩值的60%～70%。

初拧检查,主要是检查螺栓安装的外观质量以及有无漏拧情况,外观检查是指查看有没有将螺母和垫圈装反,查看螺栓的朝向是否一致。这一检查主要是在初拧前进行,但为确保螺栓的安装质量,在终拧前还应安排一次外观检查,以免因装错螺栓和垫圈方向而影响螺栓的拧紧。

(3)终拧和终拧检查。终拧是使高强螺栓的轴向预应力达到并保持设计值最重要的施工步骤,终拧施工一般在初拧结束2 h后进行。终拧的施拧顺序为先中间,再向四周扩展,终拧过的螺栓都应做好标记,以免漏拧或重复施拧。在施拧过程中,为防止螺栓跟转,在另一侧螺栓头部用开口扳手卡住,终拧时,一律拧螺母,对个别位置上的螺栓无法拧螺母时,可采用拧螺栓头的方法施拧。终拧用的扳手,应在试验室标定,并应出具书面标定书作为依据,再经现场标定后才能使用。连接主梁之间的螺栓在终拧之前不准安装钢横梁,这样，终拧后的主梁连接接头才能形成很好的刚性接头。使用电动扳手终拧螺栓时必须是连续地施拧，中途不得停顿，否则容易造成超拧。

终拧检查是在每个节点内高强螺栓全部终拧完成之后，由专检人员进行检查。终拧检查所用的扳手，是带有示功表盘的专用检查扳手。对于超拧的螺栓应及时换下来，重新安装螺栓并做相应的终拧检查。

10.4.4.2　合龙段施工

合龙段施工是钢梁安装施工的关键，顺利与否，轻则影响结构内力的分配以及桥面的平顺；重则影响结构的安全。钢梁的合龙常用的是自然合龙和强制合龙。

强制合龙一般用于边跨合龙，它是在合龙段位置上事先留出稍大于合龙段钢梁实际长度的距离，先行吊装合龙段，然后用千斤顶将尾段钢梁向已安装好的合龙段顶进，最终实现合龙。采用这一工艺，可以避免产生因季节、昼夜温度变化使钢梁涨缩带来的确定合龙段钢梁尺寸的困难，并且可根据现场施工进度等条件适时选择合龙时间。但技术上要求很高，必须配备专门设计，并要对受力情况作详细地计算和分析。

自然合龙又称降温合龙，即先设定一个合龙的温度，然后根据各种边界条件计算这个温度下的合龙段钢梁加工长度，施工时，当准备工作就绪后，待大气温度上升或降低到顶先设定的要求时，即将钢梁安装就位。自然合龙成功的关键是合龙温度和合龙段钢梁长度的确定，合龙温度应选在气温变化较缓慢的阴天或夜晚，并要在温度再次出现急剧变化前留有足够时间以完成主梁间节点的连接和梁塔临时固结装置的解除。

10.4.3　斜拉桥钢主梁悬臂拼装法施工要点

以武汉白沙洲大桥(图 3-10-19)钢主梁悬臂拼装施工为例对钢主梁悬臂拼装施工要点进行简单介绍。

图 3-10-19　武汉白沙洲大桥

10.4.3.1　武汉白沙洲大桥工程简介

武汉白沙洲大桥主桥设计为钢—混凝土混合梁斜拉桥，桥梁全长 1 078 m，钢梁长 904 m，混凝土梁长 87 m，梁宽 30.2 m，梁高 3 m，主跨跨径 618 m，边跨 230 m。钢梁为正交异性板箱形梁，除 68 块标准段外，非标准段有：HL 段(中跨合龙段)，GD 段(边跨合龙段)，JH 段(钢—混凝土结合段)，和两个 0 号块。标准梁段长 12 m，每段设斜拉索一对。全桥共有平行钢丝束斜拉索 192 根，共分五种类型：73ϕ7，91ϕ7，127ϕ7，16ϕ7 和 167ϕ7。

10.4.3.2　武汉白沙洲大桥主梁悬臂拼装施工要点

武汉白沙洲大桥主梁施工共包括 0 号块支架安装、标准梁段悬臂拼装、JK 块段在混凝土梁端预埋安装、边跨合龙 GD 段采用加劲钢梁悬臂安装及中跨合龙 HL 段采用加劲钢梁悬臂安装等五部分。

1. 箱梁 0 号块安装

武汉白沙洲大桥主梁 0 号块段无斜拉索支撑，施工过程中采用钢管桩群桩支撑体系配万能杆件托架格梁，来承受 0 号块重量。0 号块梁段各分块提升到位后，利用万能杆件托架上铺设的滑道、临时顶落调节支座、水平移动牵引平车及千斤顶顶推装置将梁段平移就位，0 号块梁段各分段均采用浮吊和特制吊具吊装完成。

武汉白沙洲大桥 0 号块吊装块段多，梁段起吊就位时水平位移量大，浮吊起吊高度、水平作业半径受水位影响较大，浮吊换位吊装相对次数较多。施工荷载比较集中，250 t 浮吊不能旋转吊装，作业半径小，导致 0 号块存梁托架拼装不能一步到位，只能采取边吊装边拼装托架的方法，即吊完 01 号块后才能拼装 02 号、03 号块存梁托架。0 号块吊装施工时，采用 250 t 浮吊起吊，托架上平车纵向平移到下横梁侧面，纵向牵引滑移到横梁中部，横向牵引边梁（01-2Z，01-2）到位，最后起吊中梁（01-1）并纵向移梁到位，测调梁体位置并采用高强螺栓三向连接，拼接成一体形成全断面 01 号块。02 号块段起吊后纵移调整与 01 号块拼接，03 号块直接吊装对位后与 02 号块拼接。0 号块具体施工顺序如图 3-10-20 所示。

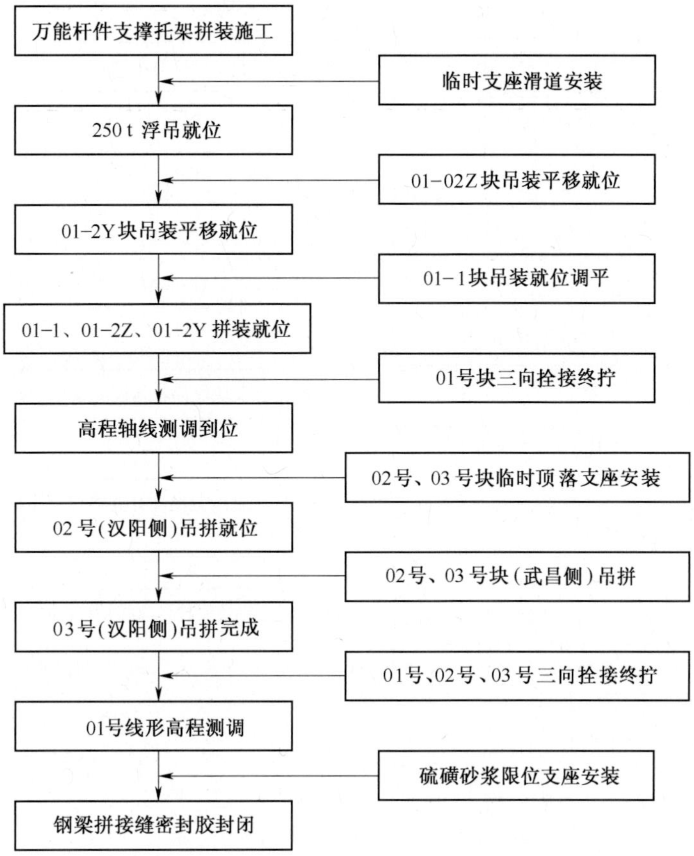

图 3-10-20　主梁 0 号块施工顺序

2. 标准段安装

武汉白沙洲大桥主梁标准段尺寸：30.2 m×12 m×3 m，采用 170 t 步履式悬臂吊机进行标准梁段悬臂拼装施工。考虑 170 t 步履式悬臂吊机拼装占用施工场地较多不能同时拼装两台的实际情况。先拼一台悬臂吊机对首节标准块采用不对称吊装，施工过程采用配不平衡重的办法克服不平衡力矩；从第二段标准梁段起，对称平衡吊拼钢梁。标准段每段分布料拉索一对，吊梁前先完成塔端挂索，主梁就位后即开始进行高强螺栓安装工作，高强螺栓终拧工作完成后进行梁端挂索并松开悬臂吊机吊钩，实施紧前块段斜拉索伸长量控制张拉和拼接块段索力控制张拉。标准梁段以此循环施工。

标准梁段采用 170 t 步履式悬臂吊机进行吊拼施工时，先使悬臂吊机行走到位并锚固，然后调正吊机吊梁角度，将起吊钢绳理顺，不能打绞。将运梁船根据吊点位置定位，吊点与吊环垂宜对位销接，塔柱两侧对称梁段同时起吊至待拼位置，将拼板与梁板眼孔对中后先打入冲钉，分别在底面腹板上打冲钉 50%后，在面板、底板拼缝下分别终拧 100 套螺栓，腹板上分别终拧各 40 套，共 960 套螺栓。拼缝至此已固定，吊机松钩，然后先完成穿挂索工作，待拼缝全部螺栓终拧后进行索力控制张拉工序。标准段具体施工顺序如图 3-10-21 所示。

3. JH 段（钢—混凝土结合段）安装

JH 段为预埋在混凝土箱梁端部与边跨 GD 合龙段的连接过渡段钢梁，属于主梁体系转换的一部分，其尺寸为 30.20 m×1.94 m×3.0 m，重 556 kN。利用边跨混凝土梁施工用轻型挂篮吊点，卷扬机导向空线下放起吊 JH 段，提升就位后送入挂篮控制部位由挂篮底板承托重量，并对梁体进行测调，定位，并固定。锚固端锚栓及混凝土堵头板安装后，进行复测，使轴线高程完全符合要求，浇筑混凝土锚固，振捣孔处要求采用开口模板且顶面高于钢梁顶面，意在增大压力使混凝土与钢箱接触面处混凝土密实无空洞。

4. 边跨合龙段（GD 段）安装

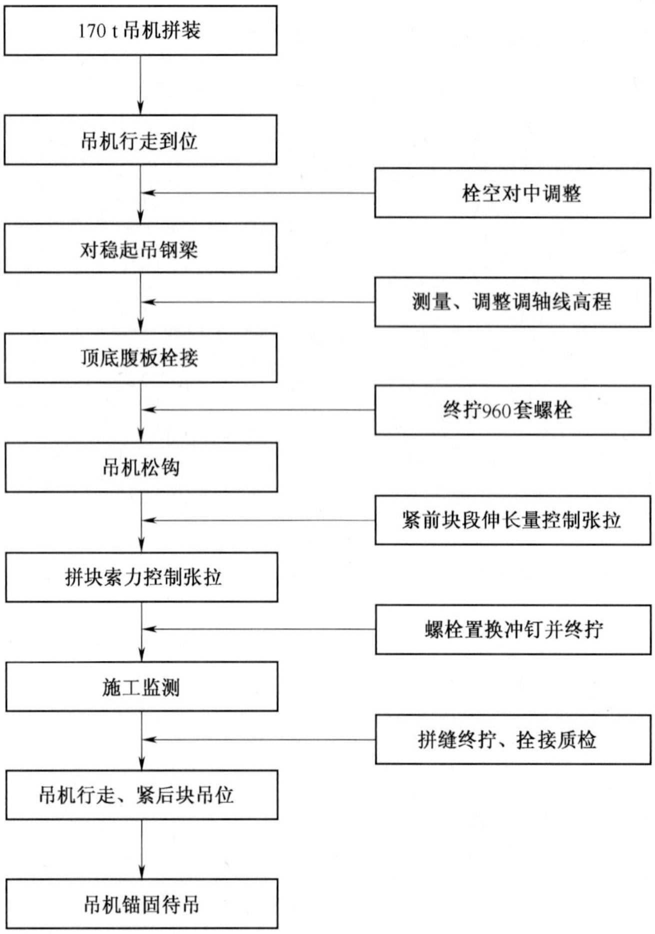

图 3-10-21　标准段施工顺序

武汉白沙洲大桥斜拉桥主梁边跨合龙段长 4.68 m,宽 30.20 m,高 3.0 m,重 769 kN。边跨合龙段为钢箱梁与混凝土箱梁体系转换梁段,是全桥施工难度较大的关键部位之一:对梁体拼接合龙口尺寸,梁休长度,合龙温度,线形等技术要求严格,须使高次超静定钢梁的扭力、转角等在相应的调整措施控制下与混凝土梁端相吻合,以提高合龙段施工质量,使体系转换平稳进行,整体结构安全可靠。

边跨合龙前对已完成梁段的斜拉索进行全面调索。目的是为了保证合龙段线形(轴线,高程)顺畅,索力分布合理,调正梁体,清除梁休转角及扭力,初步达到拼接合龙要求。

安装纠偏导向顶推设施纠正钢梁与混凝土梁间的轴线错位,通过顶推使合龙段桥轴线与混凝土梁桥轴线重合。纠偏导向顶推设施安装时,根据线形测量结果在 JH 混凝土端焊接顶推梁(上下游方向各一根梁),在钢箱梁端拴接顶推反力梁与顶推梁平行,其间距略大于顶推千斤顶高度,当千斤顶顶推时钢箱梁端可发生水平位移。

混凝土梁刚度大,自重大,稳定性好,线形控制精度高,是顶推梁安装的理想场地。钢箱梁相对于混凝土箱梁刚性小,弹性大,悬臂长,虽然每一根索都相当于一个弹性支座,在铅垂方向对梁体的限位控制作用较好,但在水平方面限位控制作用相对较弱,柔性相对较大,有利于轴线纠偏。施工过程中配备两台 500 kN 千斤顶顶推就比较轻松地完成了纠偏工作。

温度对混凝土梁,钢梁的线性膨胀影响较大,由热胀引起的伸长和变形对拼接合龙段十分重要,因此选择温度相对稳定的时段吊拼合龙段对结构的安全是有利的。混凝土的线性膨胀系数略小于钢梁的线性膨胀系数,二者之间差距不大,可视为同步膨胀。

5. 中跨(HL)段合龙安装程序

中跨合龙段(HL 段)为主跨合龙段,宽 30.20 m,长 6.98 m,高 3 m,重 920 kN。为主桥竖曲线顶点位置,用 170 t 步履式悬臂机吊装。具体施工顺序如图 3-10-22 所示。

合龙前准备工作:清理桥面系施工荷载,绘出合龙施工时桥面临时荷载图;进行全桥线形、索力测最并反

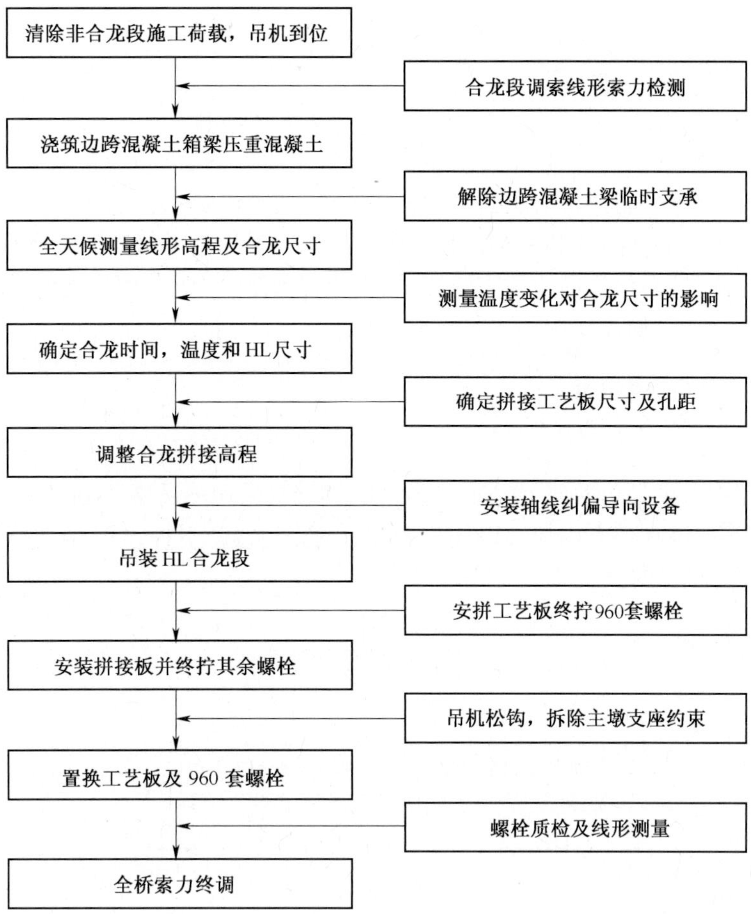

图 3-10-22　中跨合龙段施工顺序

馈到设计单位;全桥全面调索测索及线形塔位测量;浇筑混凝土箱梁压重混凝土,拆除边跨混凝土梁临时支承,解除主桥永久性支座临时约束螺栓及钢构件;合龙段温度,长度及时间的确定。分别在中跨合龙段两侧5个梁段端头各设3～5个,24 h测量高程、轴线位置、合龙口长度、温度梯度等。

10.4.3.3　施工监控

1. 线形控制

(1)主桥塔、墩完成后,对其平面位置、高程,支座断面尺寸等进行检测。

(2)每完成一对钢梁节段架设,对其高程、轴线、塔柱位移进行测量并反馈给设计方。

(3)主梁线形测量受温度影响较大,应选在气温相对稳定的时段(如凌晨)进行。

2. 索力控制

(1)每完成一对钢梁架设及斜拉索张拉后,对该梁段附近5对拉索进行索力测量(少于5对时,按实际情况测量),即可反映主梁在各工况变化时的索力变化情况。测量索力时间安排在每天零时温度相对稳定时段。

(2)每根索均采取二次张拉法张拉,以控制协调结构内力及线形变化,首次张拉为索力控制张拉,第二次张拉,为伸长量及索力双控张拉。

(3)调索根据工况状态进行,主要有:边跨合龙调索、中跨合龙调索及主桥贯通全桥调索。在架设过程中当索力变化与设计值误差较大时也要进行阶段性调索。

3. 索力与线形控制原则

实行索力、线形双控原则,以保障索力及线形达到设计状态,使各施工阶段的索力、线形得到有效控制。

4. 其他测试

大跨度斜拉索,相对结构柔性大,受混凝土收缩、徐变、索力和变位的影响因素多,除索力,线形,塔位移监测外,还需对温度场、应力、支反力等进行测试,目的是为设计校核提供参数,并为施工控制提供依据。

10.5 斜拉索施工

10.5.1 斜拉索安装基本原则

斜拉索是一种柔性拉杆,是斜拉桥的主要受力构件之一。目前国内外斜拉桥所用的斜拉索主要采用经过多种防腐处理制作的高强平行钢丝和平行钢绞线两种形式。无论是平行钢丝索或平行钢绞线索在安装过程中所要遵循的基本原则是:在保证斜拉索安装质量、安全的前题下,所采用的安装方法、程序、工艺及动力牵引系统力求做到简单、方便、易操作。

10.5.2 平行钢丝束(冷铸锚)斜拉索

10.5.2.1 施工工艺

斜拉索由平行高强钢丝束外包两层 PE 防护套而成,其端头采用冷铸镦头锚具进行锚固,且锚具有张拉端和锚固端之分,张拉端的锚杯带有内螺纹以便与大吨位的张拉或牵引杆连接、而锚固端的锚杯较短且无内螺纹。施工工艺流程图如图 3-10-23 所示。

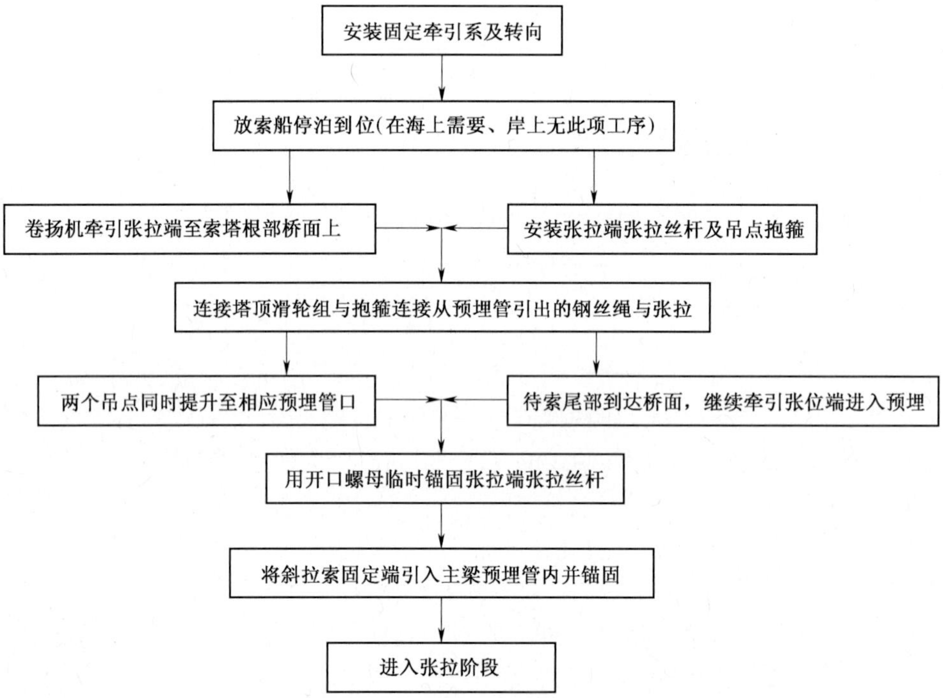

图 3-10-23 工艺流程图

10.5.2.2 成品索运输

成品索单根质量 1 t 以下的可以脱胎成盘,大型拉索应用钢盘打盘包装运输,其盘绕内径≥20 倍拉索直径,且 $D>1.8$ m,最大外形尺寸应满足相应的运输条件。锚具应有保护措施,包装好的拉索露天存放时应加遮盖,在运输装卸过程中,应防止碰伤锚具和聚乙烯(PE)保护层。

10.5.2.3 斜拉索的牵引与安装

根据塔式起重机仅能承受竖向荷载的特点,原则上拉索张拉应设在塔上,锚固端设在梁上的思路,即使用塔吊先将斜拉索张拉端临时悬挂于塔柱上并便将张拉端导入塔上的索管,然后在 0 号梁段上布置 5 t 双筒卷扬机,并将牵引索引至已浇梁段端头倒向后与斜拉索锚固端相连,锚固端牵引到位后安装,然后使用液压穿心千斤顶在塔柱内牵引张拉端就位,安装张拉端螺母,按设计吨位要求张拉斜拉索后锚固。总体安装示意图如图 3-10-24 所示。

1. 锚固端的安装

将斜拉索厂家提供的专用放线盘安装在塔柱附近，在塔柱上设操作平台和弧形保护架。在已浇梁段端头安装牵引倒向架并穿绕牵引索和滑车，在索管口附近设简易龙门吊。使用塔吊将斜拉索张拉端吊至塔柱弧形保护架上，再用10 t手拉葫芦将牵引张拉端临时锚固。在主梁上铺设保护滚筒(间距3～6 m)，安装牵引索夹，牵引锚固端到索管口，使用简易龙门吊调整锚固端位置和方向至索管一致，牵引锚固端到位，安装锚固螺母。如图3-10-25所示。

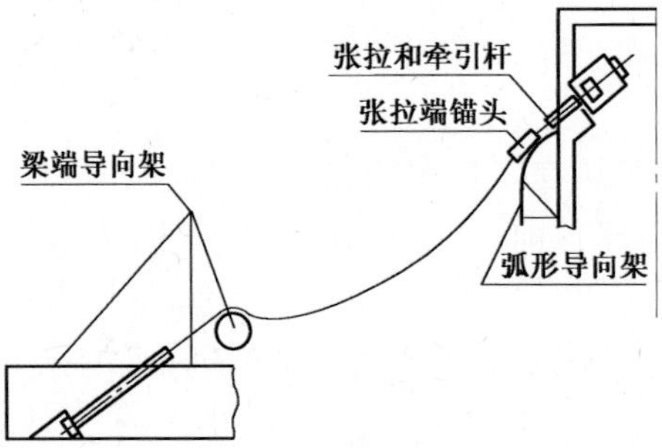

图3-10-24　安装示意图

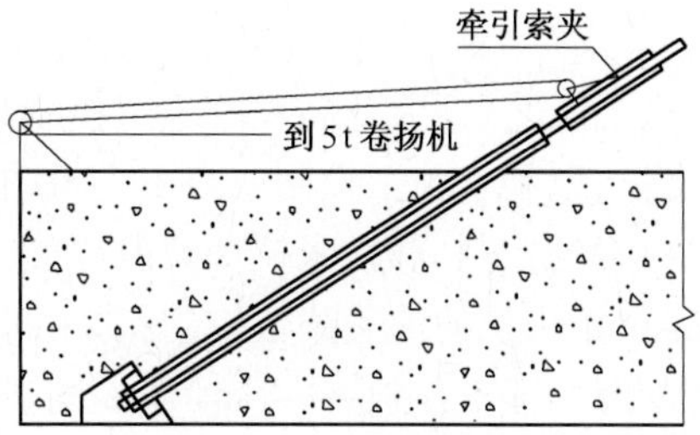

图3-10-25　锚固端的安装

2. 张拉端的安装

将张拉变径接头和张拉杆安装在张拉端上，从塔内将牵引杆穿过索管安装在张拉杆上。为避免单根牵引杆过长而满足不了操作空间要求，牵引杆可用连接螺母分段接长(图3-10-26)。使用穿心千斤顶逐段牵引张拉端，当张拉杆能用螺母临时锚固时(螺纹旋合4扣以上)，拆除全部牵引杆。用张拉杆继续牵引张拉端直至张拉锚固螺母能全部旋合，拆除张拉杆底螺母。按照设计要求的索力张拉后锚固张拉端。如图3-10-27所示。

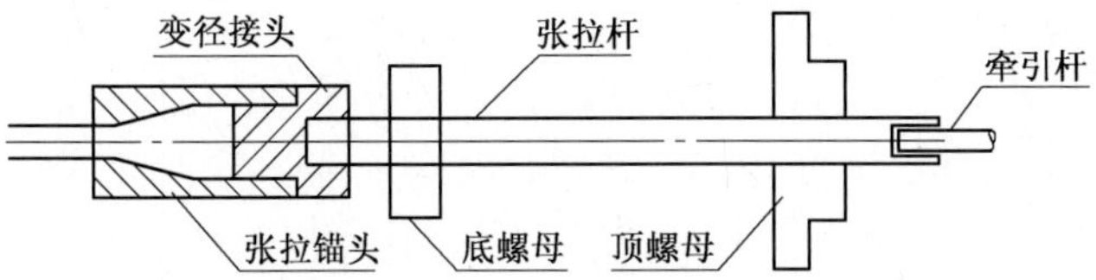

图3-10-26　牵引张拉构件组装

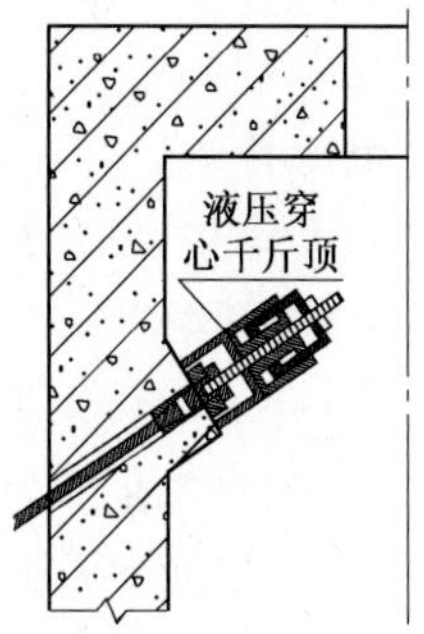

图3-10-27　张拉端的安装

3. 牵引提升系统的布置和安装

斜拉索施工最常用的牵引装置为卷扬机，卷扬机的型号及卷扬机的额定拉力可以根据索的重量来确定。选用与卷扬机相匹配的钢丝绳及转向滑轮。

4. 斜拉索牵引阶段施工要点

(1)斜拉索安装及张拉应注意施工对称性，避免塔柱承受过大的不均衡荷载、塔柱倾斜度超过规范要求。

(2)所有起重用钢丝绳、卸扣、转向轮等均应符合起重行业施工规范，具有足够的安全系数。

(3)斜拉索放索架应安装配重，并有制动装置。张拉端冷铸锚杯被牵引出索盘后，当固定端锚具转至索盘最高点。由于力矩不平衡，索盘会发生突然加速转动，使得放索速度时快时慢很不安全，也容易损坏斜拉索，因此应根据固定端锚杯重量在其所处直径的另一端加配相同重量铁块以平衡力矩，使得索盘能匀速转动。

(4)张拉端锚杯通过前端转向架时，应尽量使其从平辊中间位置通过，以不受阻碍的到达桥面。

(5)为保护斜拉索外包装，应在桥面上斜拉索经过的沿途设置平辊，平辊过索槽净宽度应大于最大直径的锚杯5～6 cm。

(6)张拉端被牵引至索塔根部附近处，即开始安装吊点抱箍及引伸张拉丝杆，准备向上提升。这个工作很关键,必须认真细致地完成。抱箍应有足够的长度,其夹紧用的螺栓应有足够的强度,拧紧后应使抱箍与斜拉索之间(垫有橡胶皮)产生足够的摩擦力,以防止抱箍受力后滑移。张拉丝杆通过一个内外有螺纹的接头与冷铸锚杯连接,另一端与牵引钢丝绳连接。

(7)拉索张拉端被提升至所需高度后,主要由从预埋管引出的滑轮组(单门滑轮、2 根丝)牵引进入,此时塔顶主滑轮组应及时调整锚头倾角,使张拉丝杆基本沿套筒轴线方向牵引进入,丝杆前端超出锚垫板一定高度后,即可用开合螺母临时锚固,待安装千斤顶准备张拉。

(8)当张拉端被临时锚固后,即可用卷扬机组滑轮组,将固定端引入锚箱,此状况下,所需牵引力较大,滑轮组仍通过抱箍与斜拉索连接。为防止抱箍滑移,可在抱箍前加一根套筒,将力传至冷铸锚杯根部。

10.5.2.4 张　　拉

拉索张拉工艺、索力及高程的施工控制是斜拉桥施工的关键所在。拉索的张拉,应在主桥两侧平行、对称、同步张拉,以利于施工控制或减少主桥附加内力。每组拉索张拉前,由技术部门提供张拉设备的配套关系以及斜拉索的控制应力、张拉伸长值等施工控制参数。

(1)斜拉索张拉的油表读数控制张拉力,以伸长值校核。斜拉索在塔上进行、两肢塔柱上的拉索张拉应同步进行。经保证千斤顶、油泵,油压表同步工作,并配备必须的通话设备。

(2)千斤顶进油表张拉时,按相应的张拉分级吨位,测量缆索伸长值。

(3)各索应同步张拉、分级加载、检查张拉装置的安装是否正确,油泵、千斤顶是否漏油。张拉时应边控边旋紧螺帽、分级加载过程中,锚杯螺母达到各载荷点随即旋紧。另外、油泵操作人员应随时注意索体动态,以确保安全。

(4)为消除斜拉索由于黏弹性滞后对索力的影响,宜在张拉完成后静止适当时间再张拉一次,并待千斤顶完全卸载后,通过索力测试校核,以满足索力小于±2%的误差。

(5)拉索锚具和孔道未封之前应临时予以防护、防止雨水侵入索体和撞击锚头。所有机具、设备、连接件,均应根据技术设计或负荷选用。

(6)为了减少温度、日照对张拉和梁体高程的影响,斜拉索张拉应在当日最低温度下进行。

10.5.2.5 *索力调整*

主梁全桥合龙前或合龙后应进行一次线形、索力以及关键断面的应力测量。为控制索力,一般应至少进行一次全桥索力调整。调整方案由设计计算确定,调整后还应进行全桥索力与高程的测量。索力的调整可采用四种方法:一次张拉法、多次张拉法、设计参数识别法和卡尔曼滤波法。

索力调整时,可从超过设计索力最大或最小的拉索开始(放或拉),直到调至设计索力。应对塔和相应梁段进行位移检测,并做出存档记录,记录内容包括日期、时间、环境温度、索力、索伸缩量、桥面荷载状况、塔梁的变位量及主要相关控制断面应力等。索力调整时,可根据不同的设计要求,在梁上或塔上进行,若塔上不便安装千斤顶,则可在施工脚手架上进行。在空心塔内进行调索施工时,需在塔内设置施工支架或升降平台,调索设备可通过塔吊、卷扬机、升降平台等运送。H 形带隔板的塔上调整,调索设备可设在塔外。在梁上调索时,宜将斜拉索锚固在箱型梁的箱内,以方便施工,而将斜拉索锚固在箱型梁的悬挑翼板或肋板梁的肋板处,则需要安装吊篮或其他形式的施工支架作工作平台。利用卷扬机、手拉葫芦等将调索设备吊运到位,千斤顶等设备可用手拉葫芦等工具定位、固定。调索一般用穿心千斤顶进行。

斜拉索、撑架、千斤顶、张拉杆在调索施力的过程中位置要居中,以免拉索、张拉杆受力不均匀;索力调整的过程中,应注意保护拉索不受伤害;张拉和索力调整过程中,要及时校核索力的增量和拉伸量值之间的对应关系(按上述公式进行);索力调整的过程中,必须同时进行梁段和索塔变位观测并与设计变位校核。超过设计规定范围或出现其他不正常的情况时,应停工,检查原因,并与设计单位研讨,采用适当疗法进行修正;调索过程中要密切注意油泵的压力表值,如遇压力突升应及时关机,查明原因并解决后才能继续工作。

10.5.3 平行钢绞线索(夹片锚)斜拉索

10.5.3.1 *施工工艺流程*

平行钢绞线索是采用七丝钢丝扭绞成束后,镀锌或(环氧喷涂)+油脂+外包热挤 PE 层形成单根低松弛预应力钢绞线,由张拉端锚具组件、中间自由段索体和锚固端锚具组件构成。其中:张拉端锚具组件、锚固端锚具组件均由锚具+n 根钢绞线+柔性填充物质+密封装置+防松装置+减振装置+防腐油脂等组成;

中间自由段索体由平行钢绞线＋索箍＋整体 HDPE 护套组成。安装工艺流程(图 3-10-28)。

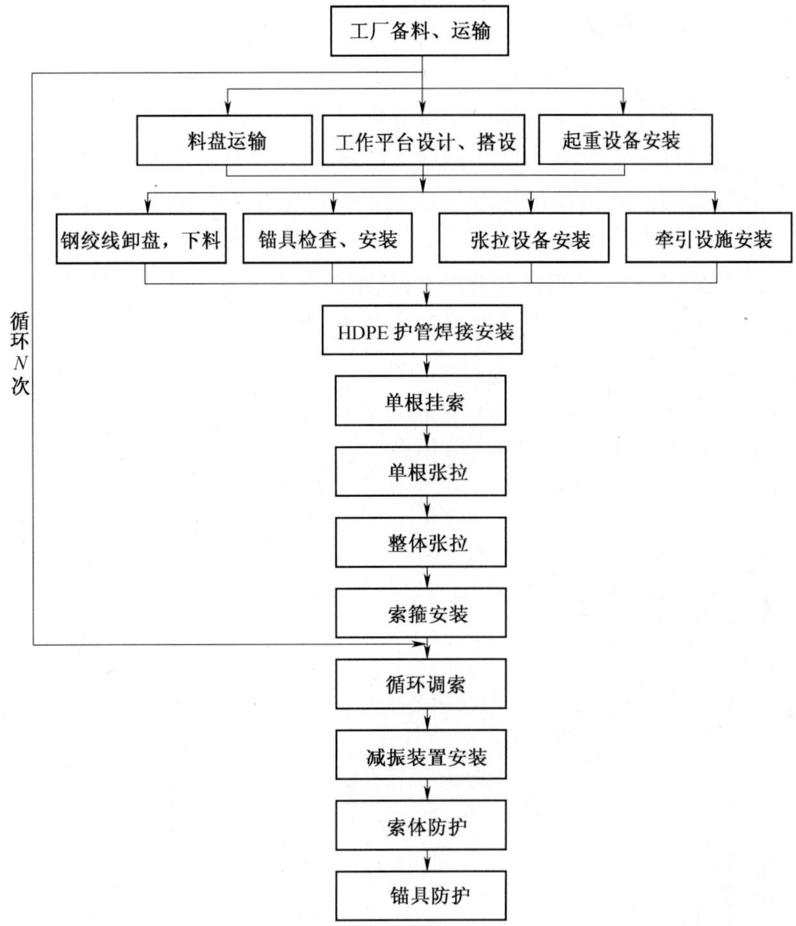

图 3-10-28　平行钢绞线索安装工艺流程图

10.5.3.2　循环牵引动力系统安装方法工作原理

循环牵引动力系统安装图如图 3-10-29 和图 3-10-30 所示。

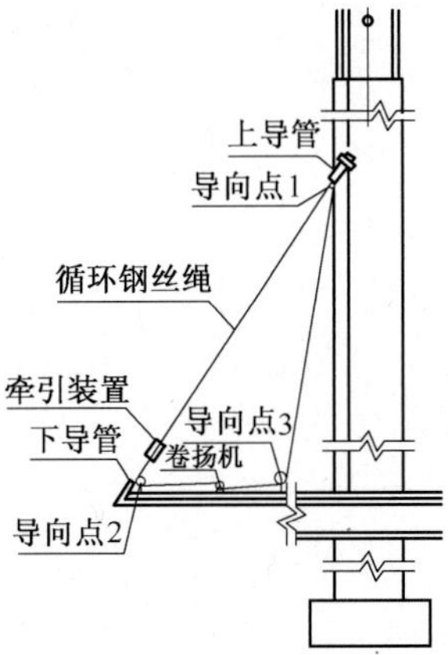

图 3-10-29　循环牵引动力系统安装图

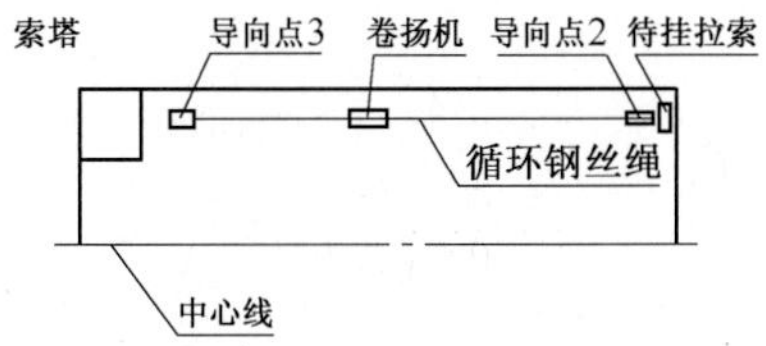

图 3-10-30　循环牵引动力系统

循环系统安装步骤如下：

(1)设置导向、并将卷扬机移动到位。

(2)从塔外将循环钢丝绳一端加配重，穿过 HDPE 护管放到桥面，桥面人员将它与牵引器连接。

(3)另一端通过塔外导向后，沿索塔向放到桥面。

(4)在桥面将它通过桥面导向后，引入卷扬机，从卷扬机引出循环钢丝绳，通过挂索点导向后与牵引器另一端连接在桥面导向出。

(5)用 2 t 葫芦对循环钢丝绳进行预紧,操作卷扬机进行试循环,没有问题,循环装置安装完成。

10.5.3.3　安装程序

(1)钢绞线运输到施工现场后,将索盘吊装于放线架上,考虑挂索时从 PE 管下端向上牵引,将放线方向朝向梁端预埋管处,放线架与预埋管之间应设铺垫及导向,以防钢绞线 PE 损伤。

(2)将盘好的钢绞线放盘打开张拉端与循环钢丝绳上的专用牵引装置连接,启动循环系统将钢绞线顺着 HDPE 护管牵引至上端管口,将已牵引出的钢绞线从盘上全部放出,与穿过下端锚具的牵引索连接,用人工穿过锚孔,安装夹片锚固。

(3)在塔外将钢绞线和从锚具孔穿过的牵引索连接,解除循环系统上的牵引装置通过塔柱内的葫芦等工具将钢绞线拉出锚板孔,塔内作业人员相应辅助直到满足单根张拉所需的工作长度后锚固,准备牵引下一根钢绞线。

(4)单根挂索时,注意 PE 护套的保护、严防打绞、旋转,扭曲现象发生。

(5)利用循环牵引钢丝绳可同步一次牵引两根钢绞线。

(6)安装工艺原理如图 3-10-31 所示。

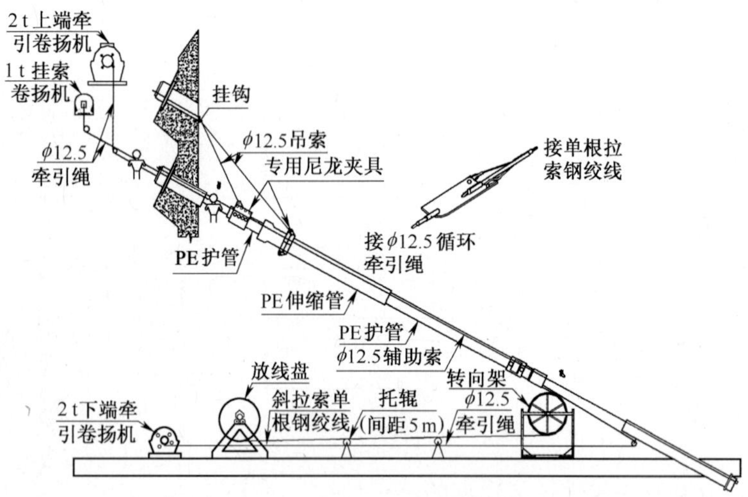

图 3-10-31　安装工艺示意图

10.5.3.4　安装顺序

不同桥跨的斜拉桥斜拉索采用的锚具型号不同,穿索时按先上游,后下游,先上排孔,后下排孔的顺序进行;各号索均按主、边跨四个工作面同时进行。安装顺序如图 3-10-32 所示。

图 3-10-32　平行钢绞线斜拉索安装顺序图

10.5.3.5　斜拉索架设及张拉

1. 单根张拉

为了保证单束拉索中每根钢绞线应力满足设计要求,保证索力均匀度控制在 2%范围内,张拉时严格按工艺控制进行,做好张拉记录而且施工前必须提供以下项目:

(1)斜拉索安装控制张拉力,该值由监控单位以监控指令形式提供给安装施工单位。

(2)斜拉索安装控制张拉力作用下,斜拉索锚固点计算相对位移量(或变形量),是该索所在竖直平面内下端锚点竖向位移和上锚点水平位移,由监控单位临时给出。

(3)主梁相应截面的相关物理参数,该参数一般根据设计而定。

(4)斜拉索索体几何和物理参数,由斜拉索产品供方提供。

2. 单根张拉力计算

斜拉索第一次张拉是通过单根张拉索力累积达到整束设计第一次张拉索力的,实际施工操作时按以下原则:

(1)第一、二根:为减少 HDPE 外套管对单根张拉力造成过大的非线性影响,第一、二根钢绞线用来承受 HDPE 外管的自重,所以张拉力由该管的垂度确定。

(2)第三根:根据整束拉索索力平均之后由主梁及索塔的变形量进行修正,使安装完成之后单根索力累计值与设计接近,避免单根挂索之后索力大调整。

(3)第 i 根:$T_i=T_{i-1}-\Delta_i$,Δ_i是第 i 根安装时传感器变化值。

(4)第一、二根补拉时按 $T_i=T_{i-1}-\Delta_i$控制方法确定。

3. 张拉力控制

单根钢绞线索力均匀性控制是平行钢绞线拉索制作安装的关键,张拉过程采用振弦式传感器控制,该传感器使用时安装在第三根钢绞线上,通过单孔锚具临时锚固,待该整束斜拉索安装完成之后拆除。其中传感体通过导线与显示仪相连,压力变化值从显示仪中读取。

4. 单根钢绞线张拉锚固

钢绞线采用 YDCS160-150 张拉,选用配套标定的油压表控制,单根张拉工艺(图 3-10-33)。

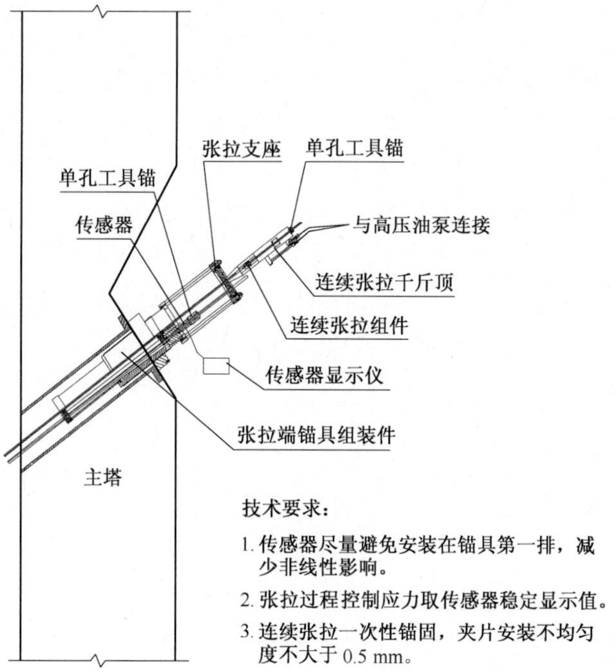

图 3-10-33　单根钢索张拉示意图

5. 整体张拉

整体张拉时,必须根据索号选择千斤顶,并配套张拉连接套、张拉杆和张拉撑脚,安装工艺图(图 3-10-34)。在塔内进行设备安装可利用塔吊将撑脚、千斤顶、张拉杆、连接套吊至塔内平台上,然后利用活动平台移动到相应索号张拉端位置,借助于手拉葫芦将连接套、张拉杆、千斤顶及撑脚、张拉螺母依次安装固定,千斤顶安装时对中误差≤5 mm。

6. 整体张拉力控制

该工况下张拉配合性工作较强,此次张拉主要是服从监控指令,除控制拉索在该工况下有效应力外,还顾及相应的主梁段及挂篮控制点高程,控制技术措施如下:

(1)根据监控指令进行张拉。

(2)为保证张拉时克服张拉部件的变形量对有效应力的影响,张拉到控制应力之后,锚固卸压。

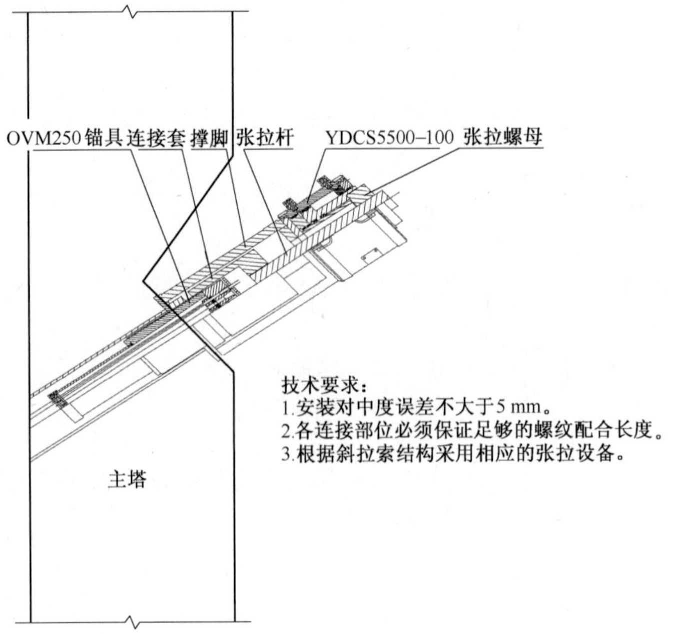

图 3-10-34　整体张拉工艺流程图

(3)按照监控指令要求调整索力。

(4)整体张拉时四个工作点进行同步分级张拉，各点同级索力相对误差控制在 2%之内，拉索最终索力误差控制在控制索力的 2%以内，做好张拉记录。

10.5.4　索体防护

索体材料采用带 PE 环氧涂层钢绞线，PE 层与钢绞线间涂专用油脂，如在下料、挂索等过程中发现 PE 有破损处，立即用焊枪修补，谨防钢绞线锈蚀。

索体外用 HDPE 套管防护，成桥调索结束，减振器固定后，固定已预先套在管外的防水罩，与两端预埋管连接，可有效防止水分进入 PE 管内，并隔绝了紫外线照射，进而起到保护索体的作用。假如预埋管因偏心过大造成防水罩无法顺利连接，预埋管安装方可考虑将预埋管接长，只要保证该接长段与索体同心即可。

10.5.4.1　锚头防腐

1. 锚头内防腐

锚头内钢绞线由于挂索、张拉需要，两端 PE 需剥除，剥除段钢绞线必须进行有效防护，需在锚具内灌注油脂。注油设备采用 OVM 活塞式注浆泵，待调索结束后，用该泵把油脂压进锚具内。

2. 锚头端面、夹片、外露钢绞线的防腐

(1)一方面为了整体防腐，一方面为了方便螺母旋动，在锚具安装时预先在支承筒外螺牙上涂上防腐油脂。

(2)整体张拉后，支承筒外露部分、锚板、夹片等都涂上防腐油脂，而且支承筒外露部分锚板用封箱带缠绕密封。

(3)调索结束后，锚具外安装保护罩，罩内注油对裸露钢绞线、夹片、锚板等进行防护。

(4)上、下锚箱内必须预设防水、防潮措施，下端锚垫板应设有排水槽。

10.5.4.2　HDPE 套管焊接

HDPE 管焊接时，应对段管编号、段管长度、焊接头预热温度、预热压力、加热时间、切换时间、焊接压力、冷却时间和焊接时间等进行记录。

(1)HDPE 套管焊接。HDPE 套管的连接采用专用发热式工具对焊方式，如图 3-10-35 所示。

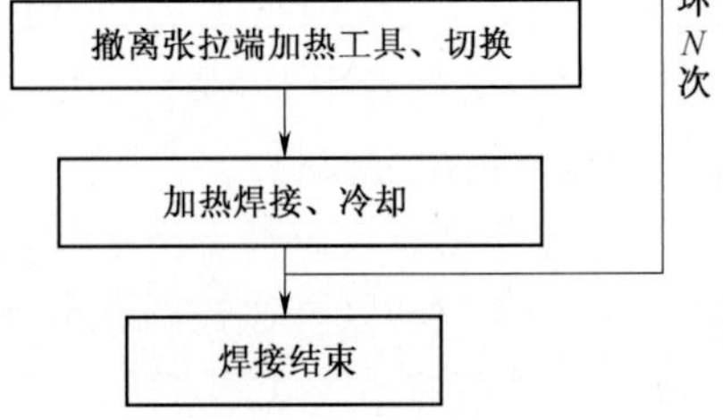

图 3-10-35　焊接工艺流程

(2)HDPE管焊接时，根据管材规格，其焊接条件见表3-10-1。

表3-10-1　焊接条件表

管材规格	预热温度（℃）	H=1.0 mm时的预热压力(bar)	预热完成后加热时间(s)	允许最大切换时间(s)	焊接压力(bar)	冷却时间(min)	备注
ϕ180×10	210±10	90±10	80±5	5	90±10	13	
ϕ200×10	210±10	90±10	80±5	5	90±10	13	
ϕ235×10	210±10	100±10	90±5	5	100±10	15	

注：HDPE管焊接前，将管材旋转于夹紧装置内并将之夹紧，在压力作用下用平行机动旋刀削平两个管材的被焊端面。在焊接过程中，无论如何焊接压力都必须保持至焊缝完全满足冷却时间且硬化后才能撤去。

10.5.4.3　HDPE套管安装

在桥面上按设计要求的长度将HDPE套管焊接好，焊接要做好焊接记录。运输至塔下，以备起吊，HDPE套管安装(图3-10-36)。摆放时用支架或枕木将套管架立，防止HDPE管损伤。

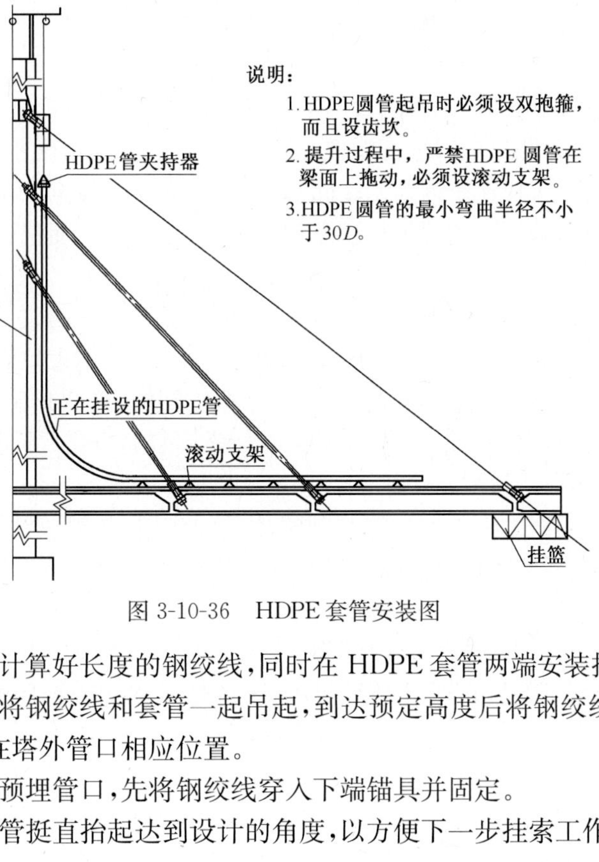

图3-10-36　HDPE套管安装图

(1)在套管内穿入一根已计算好长度的钢绞线，同时在HDPE套管两端安装抱箍。

(2)利用塔吊等起吊设备将钢绞线和套管一起吊起，到达预定高度后将钢绞线穿入塔上锚具并固定，利用千斤绳和葫芦将套管吊挂在塔外管口相应位置。

(3)套管下端牵引至下端预埋管口，先将钢绞线穿入下端锚具并固定。

(4)通过张拉钢绞线使套管挺直抬起达到设计的角度，以方便下一步挂索工作的进行。

10.5.5　索力测试及控制

斜拉桥的斜拉索索力是设计的重要参数，也是施工监控实施中需要监测与调整的施工控制参数之一，索力量测效果将直接对结构的施工质量和施工状态产生影响。要在施工中比较准确地了解索力实际状态，选择适当的量测方法和仪器，并设法消除现场量测中各种误差因素的影响非常关键。

10.5.5.1　主要测试方法

目前可供现场量测的方法主要有三种：

1. 压力表量测法

目前，索结构通常使用液压千斤顶张拉，由于千斤顶的张拉油缸中的液压和张力有直接的关系，所以，只要测定张拉油缸的压力就可求的索力。使用0.3～0.5的精密压力表，并事先经过标定，求得压力表所示液压和千斤顶张拉力之间关系，则利用压力表测定索力的精度也可达到1%～2%。

千斤顶的液压也可用液压传感器来测定，液压传感器感受液压后输出相应电信号，显示仪表在接收到信号后即显示出压强或换算后直接显示张拉力。由于电信号可通过导线传输，能进行遥测，使用就更为方便。

由于液压换算索力的方法简单易行，可直接借助施工中使用的千斤顶，故是施工控制中索力量测最实用的方法之一。

2. 压力传感器量测法

该法是指在悬索桥主缆索股或斜拉桥斜拉索等锚下安装压力传感器，通过二次仪表读取拉索索力。这种方法量测的准确性高、稳定性好，易于长期监测，选择恰当的传感器除满足施工控制监测需要外，还可用于桥梁使用过程中的索力量测。

3. 振动频率量测法

这种方法是利用索力与索的振动频率之间存在对应关系的特点，在已知索的长度、两端约束、分布质量等参数时通过量测索的振动频率，进而计算出索的拉力。

10.5.5.2 测试仪器

(1)ZX-300 系列智能型振弦式压力传感器，精度±0.1 kN。

(2)IFZX-300 振弦式检测仪，频率精度 0.1%±0.1 Hz。

(3)索力动测仪，频率精度 0.5%±0.01 Hz，测力精度±2%。

(4)数据传导线、集线器等。

10.5.5.3 数据采集及分析

桥梁施工工序较多，相应的施工控制实测数据量相当大，时间较集中，且具有明显的时效性、阶段性。因此，采用专用数据管理软件来对测试数据进行管理，其优点在于数据赘余度小、可以对数据的一致性和完整性进行统一控制，实现数据共享、快速查询等。在此基础上，建立测试数据分析、评价与处理程序，快速完成各项线形、应力等项目的计算、分析和评价工作以及相应的通报工作，从而保证桥梁施工控制工作的效率和质量。

10.5.5.4 施工控制

斜拉索索力控制是斜拉桥施工中的主要控制要素之一，为了保证单束拉索中每根钢绞线应力满足设计要求，保证单根索力均匀度控制在 2%范围内。单根张拉过程采用振弦式传感器控制，该传感器使用时安装在第三根钢绞线上，通过单孔锚具临时锚固，待该整束斜拉索安装完成之后拆除。其中传感体通过导线与显示仪相连，压力变化值从显示仪中读取。

斜拉索的整体张拉对钢绞线的索力值将起到削峰填谷的作用，各钢绞线的索力值将会变得更加均匀。而且在荷载作用下，各钢绞线的索力值也会随时间变得越来越均匀。

整体张拉时，必须根据索号选择千斤顶，并配套张拉连接套、张拉杆和张拉撑脚。在塔内进行设备安装可利用塔吊将撑脚、千斤顶、张拉杆、连接套吊至塔内平台上，然后利用活动平台移动到相应索号张拉端位置，借助于手拉葫芦将连接套、张拉杆、千斤顶及撑脚、张拉螺母依次安装固定，千斤顶安装时对中误差≤5 mm。

10.5.5.5 抗风阻尼器安装

利用专用紧索器按设计截面将整束紧固成形。索箍和减振器按设计位置进行安装，拧紧索箍紧固螺栓，为方便施工过程中监控测量索力，减振装置不作最后固定，待整体张拉、全桥调索结束后再进行。

10.5.6 斜拉索索力调整

10.5.6.1 概　　述

斜拉桥的一个重要特点是设计和施工高度耦合。如何通过施工中的索力和主梁高程调整获得预先设计的应力状态，是斜拉桥施工中最为关键的问题之一。

施工控制的基本特点，就是根据实际的施工工序以及现场获取的参数和数据，建立施工控制计算文件，对桥跨结构进行实时理论分析和结构验算；对每一施工阶段，根据分析验算结果给出其主梁悬臂端的挠度(每阶段施工挂篮的立模高程)、斜拉索张拉力等施工控制指令；在施工全过程中，根据各阶段的斜拉索索力、结构应力与变形等实时测试数据，实时分析实测数据与理论预测值的差异并找出原因，提出修正对策，采用应力预警体系对施工状态进行安全度评价和灾害预警。这样，才能保证结构的受力和变形始终处于安全的范围内，成桥后的结构内力和线形接近设计的理想状态。

施工控制的内容主要包括：结构变形控制；结构应力控制；结构稳定性控制。

现场观测变量为高程、索力、塔顶水平位移、主梁及塔身的局部温度场和关键截面应力场。

1. 结构变形控制

桥梁结构尺寸的控制是施工控制的基本要求。但结构在施工形成过程中均要产生变形，加之施工过程中各种误差的积累，因此任何一个结构不可能达到与设计尺寸准确无误的吻合，故要尽量减少结构尺寸与设计尺寸的偏差，使结构在施工中的实际位置状态之间的误差在容许范围，成桥线性状态符合设计要求。

2. 结构应力控制

结构应力控制好与否，在外观检查时不易发现。但是，如果结构实际应力状态与设计应力状态不符，将会给结构造成危害，并较之结构变形的影响为大，所以，在对桥梁进行施工控制时，尤其要注意对结构应力的监控。

(1)张拉机具与锚具应在进场时进行检查和校验。千斤顶与压力表应配套校验，以确定张拉力与压力表读数之间的关系曲线。所用压力表的精度不宜低于1.5级；校验千斤顶用的试验机或测力计的精度不得低于±2%。

(2)预应力钢材用预应力控制方法张拉时，应以伸长值进行校核，实际伸长值与理论伸长值之差应控制在6%以内。

(3)斜拉桥复测斜拉索张拉力允许偏差为±5%。

3. 结构稳定控制

桥梁结构的稳定关系到桥梁的安全，它与桥梁的强度有着同等重要的意义。

桥梁施工过程中不仅要严格控制变形和应力，而且更要严格控制施工各阶段结构的局部和整体稳定。施工中应建立一套完整的稳定监控系统，通过稳定分析计算，并结合结构应力、变形情况来综合评定，控制其稳定性。施工中，除桥梁结构本身的稳定性必须得到控制外，施工过程中所有支架、挂篮、缆吊系统等施工设施的各项稳定系数也应满足要求。

10.5.6.2 *施工控制方法*

近20年来，桥梁的施工控制已逐渐被工程界所重视，并形成了一些实用的控制方法，目前主要有两种：一是采取纠偏终点控制的方法，即在施工过程中，对产生对主梁线形偏差的因素跟踪控制，随时纠偏，最终达到理想线形，这种方法常用Kalman滤波法灰色理论等；但这种方法工作量大，有时控制效果并不一定理想。二是应用现代控制理论中的自适应控制方法，即对施工过程中的高程和内力的实测值与预计值进行比较，对桥梁结构主要基本设计参数进识别，找出产生实测值现预计值(设计值)产生偏差的原因，从而对参数进行修正，达到双控的目的。

1. 影响参数

(1)结构参数。结构参数是控制中结构施工模拟分析的基本资料，其准确性直接影响分析结果的准确性。事实上，实际桥梁结构参数一般很难与设计所采用的结构参数完全吻合的，总是存在一定的误差，施工控制中如何恰当地计入这些误差，使结构参数量尽量接近桥梁的真实结构参数，是首先需要解决的问题。结构参数主要结构构件截面尺寸、结构材料弹性模量、材料容重、材料热膨胀系数、施工荷载、预加预应力或索力等。

(2)施工工艺。施工控制是为施工服务的，反过来，施工的好坏又直接影响控制目标的实现。除要求施工工艺必须符合控制要求外，在施工控制中必须计入施工条件非理想化而带来的构件制作、安装等方面的误差，使施工状态保持在控制之中。

(3)温度变化。温度变化对桥梁结构的受力与变形影响很大，这种影响随温度的变化而改变，在不同的环境温度下对结构状态(应力、变形)进行量测，其结果是不一样的，如果施工控制中忽略了该项因素，就必然难以得到结构的真实状态数据(与控制理想状态比较)，从而也难以保证控制的有效性，所以，必须考虑温度变的影响。温度变化相当复杂。包括季节温差、日照温差、骤变温差、残余温差、不同温度场等。而在原定控制状态中又无法预先知道温度的实际变化情况。通常都是将控制理想状态定位在某一特定温度下，从而将温度变化对结构的影响相对排除。一般是将一天中温度变化较小的早晨作为控制所需实测数据的采集时间。但季节性温差和桥体内温度残余影响要予以重视。

(4)材料收缩、徐变。对混凝土桥梁结构而言，材料收缩、徐变对结构内力、变形有较大影响，这主要是由于桥梁施工中混凝土普遍存在加载龄期小、各阶段龄期相差大引起的，控制中要予以认真研究，以期采用合理的、符合实际的徐变参数和计算模型。

2. 施工控制系统的建立

随着桥梁跨径的不断增大，建设规模也相应地增大，施工中所受到的影响也越来越多，要使桥梁施工安全、顺利地向前推进，并保证成桥状态符合设要求，就必须将其作为一个大的施工系统工程予以严格控制。由于桥梁施工控制的实施牵涉到方方面面，所以，必须事先建立完善、有效的控制系统才能达到预期的控制目标。

桥梁施工控制系统的建立及其功能的确定要根据不同工程的实际分别考虑，但不论是哪种类型的桥梁施工控制系统，都必须具备管理和控制的功能，即施工控制系统一般应由施工控制管理与施工现场(微机)控制两个分系统组成，而分系统又由多个支系统组成，图 3-10-37 为施工控制系统图。

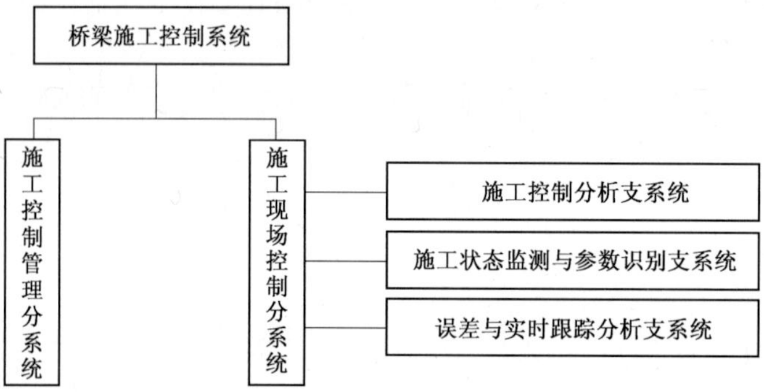

图 3-10-37　施工控制系统图

3. 施工控制结构理论计算方法

大跨度斜拉桥的施工均采用分阶段逐步完成的施工方法，结构的最终形成，必须经历一个漫长而又复杂的施工过程以及结构体系转换的过程，对施工过程中每个阶段的变形计算和受力分析，是桥梁结构施工控制中最基本的内容。

为了达到施工控制的目的，我们必须对桥梁施工过程中每一个阶段的受力状和变形情况进行预测和监控。因此，必须经过合理的计算方法和理论分析来确定桥梁结构施工过程中每个阶段在受力和变形方面的理想状态，以便控制施工过程中每个阶段的结构行为，使其最终的成桥线形和受力状态满足设计要求。从这个意义上讲，施工控制中的结构计算方法不仅能对整个施工过程进行描述，反映整个施工过程中结构的受力行为，而且还能确定结构各个阶段的理想状态，为施工提供施工中间状态。为此，现阶段施工控制中桥梁结构的计算方法主要包括：正装计算法、倒装计算法、无应力状态计算法、桥梁结构分析的有限元法等。

在大跨度桥梁施工控制中，由于桥梁结构的非线形性问题和混凝土的收缩、徐变问题，无论倒装计算法还是无应力状态法都不会与正装计算法的结果完全闭合，因而在施工控制中，一般将倒装计算法或无应力状态法与正装计算法交替使用，直到计算结果闭合为止。

(1)正装计算法。正装计算法是按照桥梁结构实际施工加载顺序来进行结构受力和变形分析，它能较好地模拟桥梁结构的实际施工历程，能得到桥梁结构在各个施工阶段的位移和受力状态，这不仅可用来指导桥梁设计和施工，而且对桥梁施工控制提供了依据。同时，在正装计算中，能较好地考虑一些与桥梁结构形成历程有关的影响因素，如结构的非线形问题和混凝土收缩、徐变问题。正因为如此，正装计算法在桥梁结构的计算分析中占有重要的位置，对于各种形式的大跨度桥梁，要想了解桥梁结构在各个施工阶段的位移和受力状态，都必须首先进行正装计算。

为了计算出桥梁结构成桥后的受力状态，只有根据实际结构配筋情况和施工方案设计逐步逐阶段地进行计算，最终才能得到成桥结构的受力状态，这种计算方法的特点是：随着施工阶段的推进，结构形式、边界约束、荷载形式在不断地改变，前期结构将发生徐变，其几何位置也在发生改变，因而，前一阶段结构状态将是本次施工阶段结构分析的基础。我们将这种按施工阶段前后次序进行的结构分析方法称为正装计算法，也称为前进分析法。

(2)倒装计算法。倒装计算法是按照桥梁结构实际施工加载顺序的逆过程来进行结构行为分析。倒装计算的目的就是要获得桥梁结构在各施工阶段的理想安装位置(主要指高程)理想的受力状态。

正装计算法可以严格按照设计好的施工步骤进行各阶段内力分析，但由于分析中结构节点坐标的迁移，最终结构线形不可能完全满足设计线形。

实际施工中桥梁结构线形的控制与强度控制同样重要，线形误差将造成桥梁结构的合龙困难，影响桥梁建成后的美观和运营质量。为了使竣工的结构保持设计线形，在施工过程中用设置预拱度的方法来实现。而对分阶段施工的连续梁桥、斜拉桥、悬索桥等复杂结，一般要给出各个施工阶段结构物控制点的高程(预抛高)，以便最终使结构物满足设计要求，这个问题用正装法难以解决，而倒装计算法能够解决这一问题。它的基本思想是：假设 $t=t_0$ 时刻结内力分布满足正装计算 t_0 时刻的结果，线形满足设计要求。在此初始状态下，按照正装分析的逆过程，对结构进行倒拆，分析每次卸除一个施工段对剩余结构的影响，在一个阶段内力分析得出的结构位移、内力状态便是该阶段施工的理想状态。

所谓结构施工的理想状态，就是在施工各阶段结构应有的位置和受力状态。每个阶段的施工理想状态都将控制着全桥最终的形状和受力特性。

正因为倒装计算法有这些特点，所以它能适用于各种桥型结构的安装计算，尤其适用于以悬臂施工为主的大跨度连续梁桥、钢构桥和斜拉桥。这是相对于无应力状态法而言的。

(3)无应力状态计算法。我们通过倒装计算法来确定大跨度桥梁结构在施工各阶段的中间理想状态。倒装计算法是通过分析桥梁结构的内力来建立起各施工阶段中间状态与桥梁结构成桥状态之间的联系，由于结构的内力与结构的形成历程密切相关，是一个相对不稳定、不独立的量，因而用倒装计算法确定结构的中间理想状态是比较困难的。我们能否通过其他的方式来确定桥梁结构施工各阶段中间理想状态，或者说，能否找到一种相对稳定或恒定不变的量来建立起各施工阶段中间状态与成桥状态之间的联系呢？答案是肯定的，这就是我们要讲的无应力状态计算法。

设想将一座已建成的桥梁结构解体，结构中各构件或单元的无应力长度和曲率是一个确定的值，在桥梁结构施工中或建成后，不论结构温度如何变化，如何位移以及如何加载，即在任何受力状态下，各构件或单元的无应力长度和曲率恒定不变，只是构件或单元的有应力长度和曲率不相同而已。我们用构件或单元的无应力长度和曲率保持不变的原理进行结构状态分析的方法叫做无应力状态计算法。

桥梁结构无应力状态只是一个数学目标，通过它将桥梁结构安装中间状态和终结状态之间联系起来，为分析桥梁结构各种受力状态提供了一种有效的方法。

(4)桥梁结构分析的有限元法。有限元法就是将连续体分成有限个单元，单元间相互由结点连接的理想结点系统。分析时，先进行单元分析，用结点位移表示单元内力，然后将单元在合成结构，进行整体分析，建立整体平衡关系，由此求出结点位移。

有限元法是随着计算机的发展以及为适应复杂的结构分析需要而发展起来的一种有效的数值分析方法。目前，有限元法已成为结构分析的通用方法，采用有限元计算机程序进行结构分析可大大减轻劳动强度、缩短计算时间、提高工作效率；桥梁结构属于空间结构，且结构越来越复杂，超静定次数越来越高，如采用解析法手算，就必须进行结构简化，而这些简化与实际结构之间往往存在较大差别，从而使计算机结果与实际不符，只有采用空间有限元法分析才能得出较精确的结果；随着建桥材料性能的提高，桥梁跨径越来越大，如对大跨径桥梁也采用中小型桥梁分析所用的弹性结构线性分析法，已不能反映结构的真实受力情况，而必须考虑非线性的影响(包括材料、几何非线性)，要进行桥梁结构非线性分析，只有通过电算来实现；大跨径桥梁除必须满足强度、刚度要求外，结构的稳定性、动力特性往往成为控制因素，结构的稳定与动力分析也需要借助有限元分析来完成；桥梁施工的方法多样，一般情况下桥梁结构分析计算必须考虑结构施工与形成过程，而结构施工过程仿真分析计算复杂、量大，绝非简单的解析手算所能完成。

采用有限元法进行施工控制中的结构分析计算与通常的结构分析计算一样，首先要建立数据文件。数据文件准备按照采用的分析软件的具体要求进行，一般分为四步：

1)桥梁结构的模型化。桥梁结构的模型化就是将实际结构理想化为有限个单元的集合。计算模型建立的正确与否(是否与实际结构相符)是保证计算分析结果是否正确的关键，其中，根据结构的受力特性与工作行为选择恰当的单元形式来模拟实际结构以及选择正确的约束模拟形式尤为重要。

就结构分析模拟来看，与一般的已成桥梁分析不同的是施工控制的结构分析模拟一般是随着施工的不断推进而不断变化的，这是由于桥梁在形成过程中的结构体系是在不断变化的。实际工作中，可对不同的施工状态建立不同的分析模型，但其工作量大，不够方便。通常可考虑建立一个统一的模型，而对某个施工状态的结构模拟则可通过某些单元的是否激活来实现。

计算模型中单元的选择应以能准确描述施工过程中结构受力与变形状态为准。有限元分析中的单元类型较多,根据不同的结构体系、构造形式以及受力情况,模型中的单元可以是杆元、梁元、板元、体元、索元等,一个模型可以由一种单元组,也可以由几种单元组成。

2)桥梁结构的离散化。桥梁结构的离散化就是在模型化处理后,将结构离散为带有有限个自由度的结构。单元大小与节点位置确定应充分考虑结构受力情况与施工单元的划分。

3)按所用软件的输入要求形成数据文件。

4)检查、校正数据文件。

计算模型最终体现为数据文件,数据文件正确方能保证计算模型的正确,乃至才能保证计算结果的正确性。

其次,进行软件分析。一般的结构分析软件种类较多,可以是自己开发的专用软件,也可以是通用软件(如 SAP、ADINA、NASTRAN 等)。选择何种软件关键是看分析的对象的实际受力情况、分析内容等。对于桥梁施工控制中的结构分析,由于计算模型随着施工过程的改变,同时要求分析跟踪进行,采用常规通用软件来分析是有一定困难的,应采用具有施工控制跟踪、仿真分析功能的软件,也可将通用软件作为一个平台,通过作必要的前后处理来适应施工控制结构分析的需要。

最后,对分析结果进行分析和处理。

10.5.6.3　施工监测及信息反馈

由建设、设计、施工监控、监理、施工单位人员组成施工控制协调小组,以施工监控单位组织的施工控制组为主体,设计、施工单位配合、监理部实施监理、监控协调小组进行协调,完成整个控制工作。

在施工控制工作组的日常工作中,信息传递的时效性、准确性、可靠性和通畅性是保证施工控制工作顺利进行的基本前提。施工控制信息传递机制如图 3-10-38 所示,其以控制报表体系为核心进行施工控制的日常工作。

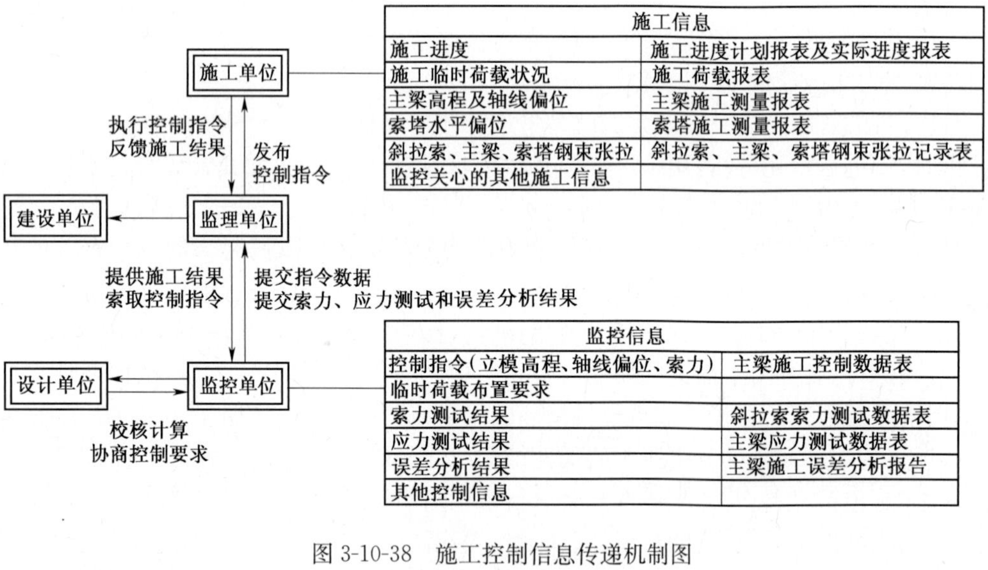

图 3-10-38　施工控制信息传递机制图

实时测量数据的采集、传递主要通过施工控制报表体系进行。施工控制组拟制定一系列施工控制表格,要求施工测量人员在关键施工环节中进行数据测量,并将结果填写于表格中交由施工负责人及监理签字认可后及时传送给施工控制组进行分析。对其中一些明显有误或可疑数据经提出后应进行及时复测。施工控制组采用现场测试参数和实时测量数据进行计算分析,将结果以指令的形式发布于施工控制表格中,指导施工单位进行下一步施工。

10.5.6.4　索力监测

斜拉索的张拉力可以直接影响到主梁的内力和线形,斜拉桥的索力状态是反映全桥内力状态的重要指标。索力量测将直接对结构的施工质量和施工状态产生影响。选择适当的量测方法和测试仪器,并设法消除两者量测中各种误差的影响非常重要。也是斜拉桥施工控制过程中的主要工作之一。

目前，现场索力量测的方法有三种：①压表量测法；②压力传感器量测法；③振动频率量测法。

对平行钢绞线斜拉索体系，这种体系具有防护好、换索方便的优点，但其带来的问题是斜拉索安装时张拉索力的准确性和保证每根钢绞线受力的均匀性，以及整个施工过程中索力的实时测量等均有相当的难度，也是长期以来没能很好解决的技术问题。我们通过反复研究和试验，总结了一整套测试和控制这类斜拉索体系的方法和经验，并已取得了较好的效果。拟采用索力动测仪辅以压力盒进行整索的索力测试，同时采用振弦式穿心力压力传感器进行单根钢绞线的索力控制，三者配合使用。后者是依据弦振法原理通过传感器测定斜拉索的张力，其索力测试精度为±2%。要说明的是，由此需增加监测成本，而这项费用的增加是由于这种斜拉索体系尚不够完善带来的。

对索力的测试以索力的通测和张拉索索力的单根测量相结合。在斜拉索张拉后对其进行索力测量，主要是希望能及时发现并纠正由于施工中油表读数误差及斜拉索锚固引起的较大的索力误差。对斜拉索索力的通测主要是为及时分析各阶段施工后的索力误差，以评价索力和梁的内力状态，研究消除误差的对策。对索力的通测应根据实际施工中出现的情况在较为关键的施工阶段中进行。在每次斜拉索张拉完成后均应对相邻局部5对左右的斜拉索进行索力局部测量。

10.5.6.5　预应力监测

预应力水平是影响预应力桥梁（如连续梁、连续钢构桥等）施工控制目标实现的主要因素之一。在监测中主要是对预应力筋的张拉真实应力，预应力管道摩阻损失及其永存预应力值进行测定。对于前者，通常在张拉时通过在张拉千斤顶与工作锚板之间设置压力传感器测得。对于后两者，可在指定截面预应力筋上贴电阻应变片测其应力，张拉应力与测得应力之差即为该截面的预应力管道摩阻损失值。

10.5.6.6　温度监测

对于大跨度桥，特别是斜拉桥，其温度效应是十分明显的。如斜拉桥斜拉索在温度变化时其长度将相应伸长或缩短，直接影响主梁高程，悬索桥主缆线形及失高将随温度的变化而变化，索塔也可能因温度的变化而变位，这些都将会对主缆的架设、吊杆下料长度计算确定等产生很大影响，悬臂施工连续钢构（梁）桥高程也将随温度变化发生上（下）挠。因此，在大跨度桥梁施工过程中对结构温度进行监测，寻求合理的立模、架设等时间，修正实测的结构状态的温度效应，对桥梁按目标施工和实施施工监控是十分重要的。

目前结构温度的测量方法很多，包括辐射测温法、电阻温度计测温法、热电偶测温法等。每种方法的测量范围、精度和测量仪器的体积及测量繁杂程度都有所不同，通常应选用体积小、附着性好、性能稳定、精度高且可进行长距离传输监测的测温元件。

由于大跨度桥梁结构的结构温度是一个复杂的随机变量，它与桥梁所处的地理位置、方向，自然条件（如环境气温、当时风速风向、日照辐射强度）、组成构件的材料等等因素有着密切的关系，设计中很难预测施工期间的结构实际温度，因此，为保证大桥达到设计要求的内力状态和线形，必须对结构实际温度进行实地监测。监测时要特别注意结构局部温度与整体温度的共同作用效应，只有准确地掌握了施工结构整体温度分布状态才能有效地克服温度对施工结构行为的影响，这就要求进一步开展对结构整体温度场监测方法的研究。

10.5.6.7　数据采集与分析

计算预测、误差分析和调整工作是施工控制的核心工作内容。它通过对桥梁施工全过程实时模拟的结构计算，结合各设计参数的识别、修正以及其他测量数据的分析评价工作，进而求得各施工阶段施工控制参数的理论计算值，形成施工控制指令并对各施工阶段结构状态作出实时预测，从而达成对桥梁施工实施软控制的最终目的。这部分工作依序包括以下几个方面。

1. 施工控制初期的设计复核计算

施工控制在实施时的第一步工作是要形成施工控制的目标文件。施工控制的预测计算首先采用设计计算参数对施工过程进行分析，计算出控制目标的理论真值。理论真值由主梁理论挠度、主梁理论轴线、斜拉索索力以及主梁截面理论应力等系列数据组成。在这一计算过程中要与设计计算进行相互校核，以确保控制的目标不与设计要求失真。

在大跨度桥梁施工控制初期，首先要进行施工控制对设计文件的复核计算工作，以校核施工控制计算结果与设计计算结果的闭合性，达到使施工控制指导的结构实际状态与设计的理想状态相一致。施工控制复核计算依据设计文件所提供的资料，独立于设计方建立施工控制计算模型，同时根据实际施工情况做进一步细化。复核计算中采用设计计算的主要参数和设计计算中假定的施工时间进行计算，利用此过程下的施工控制计算结果与设计计算结果相核对，以校核二者在计算模型及施工模拟等方面是否存在实质性差异。只有当二者计算结论基本一致时才开展后续的施工控制工作。否则，通过与设计人员一起仔细核对两种计算过程，找出并解决存在的问题。施工控制复核计算流程及与设计计算的比较框图如图 3-10-39 所示。

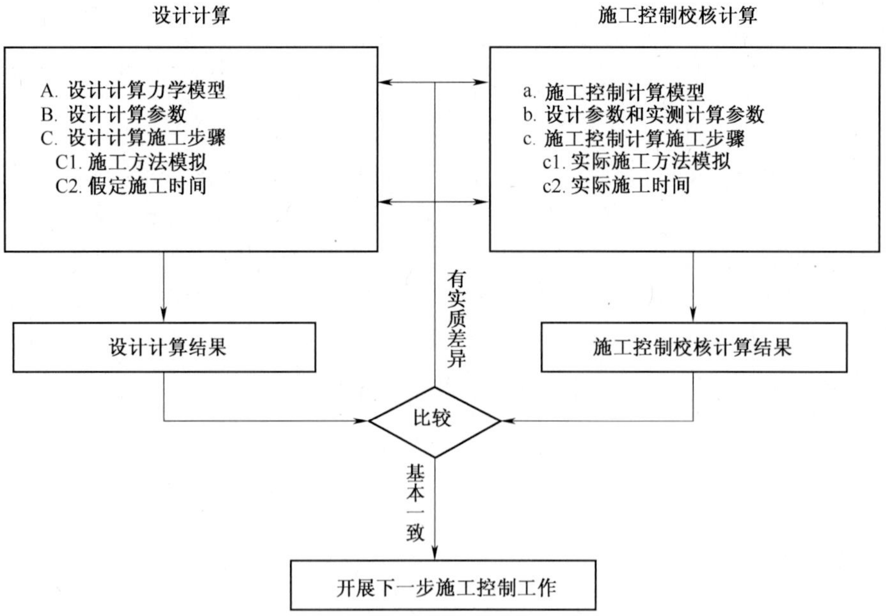

图 3-10-39　施工控制复核计算流程及与设计计算的比较框图

2. 施工进程中施工模拟的结构实时分析

桥梁施工控制的目的就是使施工与设计尽可能一致。在桥梁的设计计算中通常会采用一些预设或假定的参数用于计算，它们所依据的是既有的施工经验和设计标准参数，并不一定完全真实地反映当前桥的实际施工情况。比如，实际的施工阶段、时间进度安排会因施工的具体条件而有所调整；主梁等结构部件的尺寸及材料参数(弹性模量、容重、加载龄期、混凝土收缩徐变系数等)的实测值与设计取值会有不同；而一些指定的设计参数如张拉力等可能会视施工控制需要做个别修正。在桥梁的施工控制计算中必须采用实际施工参数用于计算，以尽可能真实地反映结构实际内力变形状态，亦即施工模拟的结构实时分析。这一计算工作在桥梁整个施工过程中需要实时调整，这些调整既包括各个直接的实时测量参数，也包括根据实测数据通过反馈分析等而得的辨识参数，还要视实际施工情况对计算模型、计算方法及计算内容等作出调整。

施工控制实时计算与设计计算的区别和联系以及施工控制的基本流程和控制目标如图 3-10-40 所示。

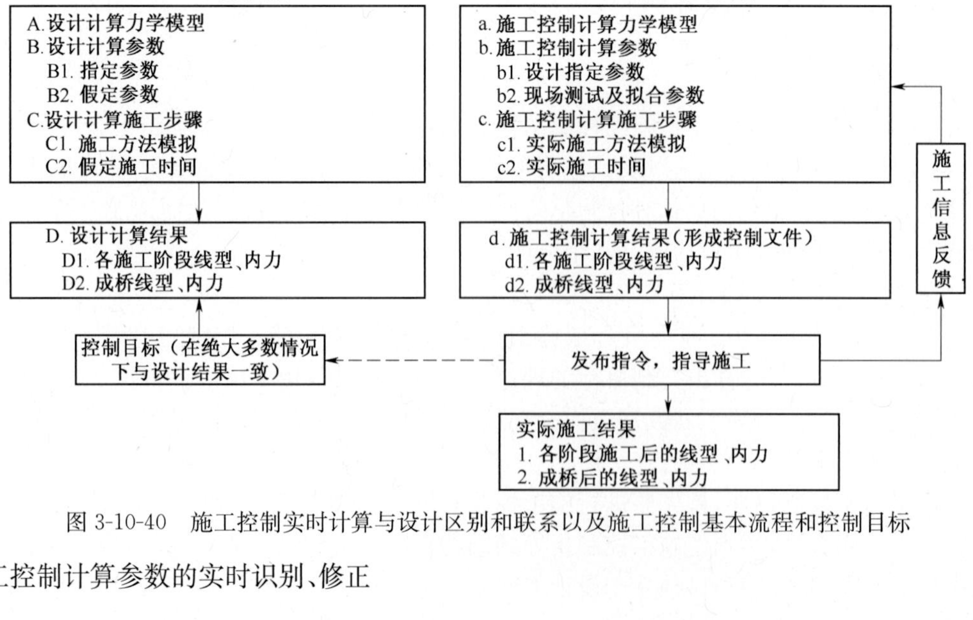

图 3-10-40　施工控制实时计算与设计区别和联系以及施工控制基本流程和控制目标

3. 施工控制计算参数的实时识别、修正

对于一些主要的计算参数如主梁刚度、梁段自重、混凝土收缩徐变系数等,必须确保它们尽可能的准确、才能从根本上达成施工控制实测值与理论计算值的一致。而企望硬性通过改变立模高程等来硬性消除这类实测值与理论值的差异,并不能解决本质问题,也扰乱了结构的内力变形状态。设计参数的识别、修正工作就是根据施工中结构的实测值对主要的设计参数进行估计,然后将被修正过的设计参数反馈到施工控制计算中去,重新给出施工中索力和位移的理论期望值,以消除理论值与实测值之差值中的主要部分。

4. 测试数据的组织管理及分析评价工作

大跨度桥梁的施工工序较多,相应的施工控制实测数据量相当大,时间较集中,且具有明显的时效性、阶段性。因此,采用专用数据管理软件来对测试数据进行管理,其优点在于数据赘余度小、可以对数据的一致性和完整性进行统一控制,实现数据共享、快速查询等。在此基础上,建立测试数据分析、评价与处理程序,快速完成各项线形、应力等项目的计算、分析和评价工作以及相应的通报工作,从而保证本桥施工控制工作的效率和质量。

10.5.6.8　调索施工

1. 基本原则

无论是平行钢丝斜拉索还是平行钢绞线斜拉索其调索基本原则一是满足索力的需要,二是满足线形的需要。总的原则是在主梁悬臂施工过程中,确保主梁线形平顺、正确是第一位的,施工中的高程控制为主,二期恒载施工时,为保证结构的内力和变形处于理想状态,拉索再次张拉时以索力为主。

2. 调索施工

桥梁合龙后,为使全桥的索力及线型达到最优化,进行全桥调索。全桥调索张拉工艺与整体张拉工艺相同,按监控要求的顺序进行调整。

(1)调整步骤。

1)施工过程中进行调索,此次调索根据桥梁线形情况而定,不一定每根索都进行调整,如需要调整,主要以线形为主,索力为辅。

2)桥梁全桥合龙后进行调索,此次调索主要以索力控制为主,线形控制为辅。

3)二期恒载完成后进行调索,此次调索不一定全部索力都进行调整,主要是根据索力监测情况,对需要调整的索力进行调整。

(2)操作要点及注意事项。桥梁调索时,需要注意如下事项:

1)选择配套的整体张拉设备,安装整体张拉设备注意对中,千斤顶对中误差≤5 mm。

2)严格按监控指令进行张拉。

3)为保证张拉时克服张拉部件的变形量对有效应力的影响,张拉到控制应力之后,锚固卸压(即不超张拉,由于斜拉索上摩阻损失较小,应尽量减少持荷时间)。

4)锚固后监控即进行频率测量,按照监控指令要求进行二次索力微调。

5)调索过程始终坚持对索力进行油压和频率的双控,同时以斜拉索张拉伸长量和主梁线型进行辅助控制。

6)整体张拉时四个工作点进行同步分级张拉,各点同级索力相对误差控制在2%之内,拉索最终索力误差控制在控制索力的2%以内,做好张拉记录。

(3)设备及检测仪器。

1)ZX-300系列智能型振弦式压力传感器,精度±0.1 kN。

2)IFzx-300振弦式检测仪,频率精度0.1%±0.1 Hz。

3)索力动测仪,频率精度0.5%±0.01 Hz,测力精度±2%。

4)基康BGK4900锚索计。

传感器类型:	振弦式
额定张力:	0～10 000 kN
超量程张力:	125%F. S.
近似分辨率:	±0.025%F. S.
精度:	±0.5%F. S.
线性度:	<0.5%F. S.

工作温度：	−40～65 ℃
有效信号长度：	2.5 km

5)基康 BGK408 读数仪。

主要技术指标：

振弦读数：

激励范围：	400～6 000 Hz,5 V 矩形波
测量分辨率：	0.25 μs/225
测量精度：	0.05 Hz
时基精度：	0.002 5%

温度读数：

传感器温度：	±0.5 ℃
测量范围：	−50～150 ℃
测量分辨率：	0.1 ℃
测温精度：	1%FSR

6)数据传导线、集线器等。

10.5.6.9 结束语

桥梁施工控制是桥梁建设的优质和安全保证,介绍的桥梁施工控制的基本方法主要内容,可供施工技术人员参考。对于从事专业监控工作的技术人员,此内容远远不能满足需要,应结合桥梁结构具体形态及特点,进行更详细的深入学习,并在实践中进行总结与提高。

11　结合梁施工技术

11.1　概　　述

11.1.1　钢—混结合梁概述

钢—混结合梁是一种将钢梁和钢筋混凝土结构通过牢固的剪切联系紧密结合在一起，并按要求共同作用的新型组合结构。其中，钢梁可以是型钢梁或钢箱梁或钢桁梁结构，钢筋混凝土结构可以是简单配筋或设置预应力筋的结构。钢—混结合梁的主要特点如下：

(1)充分利用钢和混凝土材料的特性。钢材和混凝土材料的强度及弹性模量等力学指标可按照相关标准取值。但混凝土的时间特性应高度重视，即混凝土长期使用过程中会收缩，在长期荷载作用下会徐变，将导致超静定结构截面应力发生重分布，特别是在具有预应力钢筋或安装预应力的桥梁中，这种应力重分布和内力的改变必须精确地计算，以确保结构应力、稳定性和变形检算能满足要求。

(2)截面各组成部分之间按照要求设置键销连接。键销连接是保证钢—混结合梁各部共同受力的关键技术措施，必须根据结构不同部位的受力状态进行相应设计。

(3)钢—混结合梁可以通过不同的方式来建造。钢—混结合梁施工比较方便，其钢结构部分可以按照适用钢梁施工的所有施工方法建造；混凝土部分可以采用预制安装方案，也可采用现场浇筑方案。

(4)钢—混结合梁具有良好的适应性。钢—混凝土结合梁桥在中等跨度(20～90 m)桥梁中已在世界各地广泛应用。它与钢桥相比，具有能节省钢材和减少钢梁腐蚀、降低建筑高度、减少冲击和耐疲劳、减少噪声以及维修养护工作量较少等明显优点；与混凝土桥相比，具有重量较轻、制造安装较为方便和施工速度快、工期短等优势。

按照钢梁与混凝土结构的不同组合形式以及钢梁的结构形式，结合梁主要可分为钢桁梁结合梁、钢箱梁结合梁和钢板梁结合梁三种类型。根据混凝土桥面板形式结合梁主要可分为预制钢筋混凝土桥面板结合梁和现浇钢筋混凝土桥面板结合梁两种类型。其中预制钢筋混凝土桥面板结合梁的钢梁一般多采用钢桁梁和钢板梁，现浇钢筋混凝土桥面板结合梁的钢梁一般多采用钢箱梁。钢—混组合梁可划分为表3-11-1所示的各种形式。

表3-11-1　钢—混组合梁的形式及特点

序号	名　称	形　式	特　点
1	组合钢板梁桥	钢板梁＋混凝土桥面板	抗弯刚度增大
2	组合箱梁桥	闭合截面钢箱梁＋混凝土桥面板 槽形截面钢箱梁＋混凝土桥面板 波折钢腹板＋混凝土上下翼缘板	抗弯、扭刚度增大，顶钢板未充分利用 省去顶钢板、施工难度加大 自重减轻，预应力能有效施加
3	组合桁架桥	钢桁架梁＋混凝土桥面板 钢桁架腹杆＋混凝土上下翼缘板	抗弯刚度增大，连接件设置较困难 省去上下弦杆，施工难度加大
4	组合刚构桥	钢板梁＋混凝土墩 钢箱梁＋混凝土墩 钢桁架梁＋混凝土墩	省去支座，负弯矩区性能改善，抗震性能提高，悬臂施工法能够使用
5	混合梁桥	钢梁＋混凝土梁	跨度增大，连接较难处理
6	组合拱桥	钢管混凝土拱 型钢混凝土拱	施工容易，质量难保证 施工容易，无钢材维护的问题
7	组合梁斜拉桥	钢板梁＋混凝土桥面板 钢箱梁＋混凝土桥面板 钢桁架梁＋混凝土桥面板 钢梁＋混凝土梁	抗弯刚度增大 抗弯、扭刚度增大 上下层车道处理方便 塔墩附近加劲梁抗压性能提高

11.1.2 国内普通铁路结合梁的历史回顾

以钢筋混凝土桥面板与钢板梁共同组合的铁路结合梁，我国于 1958 年开始使用，第一孔 $L=32$ m 结合梁架设在京广线信阳车站附近的十字江桥上。1959 年在川黔线白沙沱跨线桥及乌江桥分别架设了单孔及双孔 44 m 结合梁。20 世纪六、七十年代修建贵昆线、成昆线、襄渝线时，在弯道上又修建了 32 孔 44 m 跨度的结合梁。普通铁路结合梁当年在铁路建设，特别是山区铁路桥梁建设中发挥了相当重要的作用。结合梁在短短的数年内就得到了推广应用是由于它所具有的一些明显的优点，主要是：

(1)充分利用了钢梁制造简单、承重能力好和钢筋混凝土桥面板行车条件好的长处。

(2)桥面板既承担局部载重，又能在结构的整体中作为主截面的有效部分，且能代替平联，比较经济合理。

(3)便于适应弯道超高，能较好地承受离心力，细节简单，也有利于在斜交桥及大坡度桥上使用。

(4)可先安装较轻的钢梁，再在上面现浇或拼装钢筋混凝土桥面板，适宜在既有道路上做跨线桥，施工简便，对桥下行车干扰少。

但是，结合梁在我国继初期的辉煌之后使用减少，也有其内在原因：一是在特别注重节省材料的年代，结合梁比钢梁省钢不多，与预应力混凝土梁更不能相比。二是我国大量使用的 32 m 预应混凝土梁(PC 梁)更适合工厂生产、架桥机架设，工期短，计算成本低。三是结合梁预架、预灌工作量大，在边远山区施工具有一定难度。四是栓焊钢梁设计成钢托盘有砟桥面、也能适用弯道桥之后，结合梁的曲线及坡道专长已经有了有力的竞争对手。可以说，我国早期的结合梁的优点和弱点都很明显。20 世纪中叶是结合梁的少年时代，其优点固然不容忽视，其缺点却是与我国特定时期(钢材紧缺)、特定的建设环境条件(普通山区铁路)息息相关，条件变了，认识也应该会随着改变。

11.1.3 国内高速铁路(客运专线)结合梁的技术现状

近 10 年来，随着高速铁路(客运专线)大规模的建设，我国对钢—混凝土结合梁桥的应用给予了高度重视，进行了较为系统的试验研究，已建成和正在设计、建造中的钢—混凝土结合梁桥较多，形式多种多样。主要形式有钢板梁(钢梁)—混凝土结合梁桥(包括简支梁和连续梁桥)、上承式钢桁梁—混凝土结合梁桥、下承式钢桁梁—混凝土结合梁桥、下承式系杆拱结合梁桥。其中超大跨度的桥梁有芜湖公铁两用长江大桥、武广客运专线武汉天兴洲公铁两用长江大桥、京沪高速铁路南京大胜关长江大桥和石郑客运专线郑州黄河大桥等。我国普通铁路线上的钢桥一般是明桥面桥。高速铁路和客运专线的桥要求刚度大、噪声小，明桥面钢桥不再适用。当桥下净空和桥头线路高程受限制时，因混凝土桥梁建筑高度较高不能采用，而采用钢—混凝土结合梁桥较为合适。

11.1.3.1 铁路钢—混凝土结合梁桥技术应用概况

1. 钢板梁(钢箱梁)—混凝土结合梁桥

钢板梁(钢箱梁)—混凝土结合梁桥是在传统的钢板梁或钢箱梁上加上混凝土板，混凝土板与钢梁之间用剪力连接件相连，分为简支梁桥和连续梁桥。

在简支结合梁中，混凝土板处于受压状态，受力最为合理，应用最早。在连续结合梁中，中支座处于负弯矩，混凝土板受拉，受力不甚合理。但就整体而言，连续结合梁的刚度和承载能力优于同等跨度的多跨简支梁，因此得到广泛的应用。20 世纪 80 年代，我国一些铁路桥采用简支板梁和钢箱结合梁，简支梁最大跨度 48 m，剪力连接件为刚性连接器及高强度螺栓。2003 年建成的京哈线秦沈段修建了 14 座 16 联钢—混凝土连续结合梁桥，用于公(道)路、铁路、航道等立交工点桥梁中。根据现场布跨的需要，这些连续结合梁桥的主跨为 32 m、40 m、50 m，既有直线梁，也有曲线梁，钢梁截面既有工字形，也有箱形。剪力连接件主要为栓钉结构，其中个别桥上采用了马蹄型传剪器。跨 102 国道的(32＋40＋32)m 钢板梁与混凝土连续结合梁桥桥面宽 12.4m，两片工字形钢板梁中心距 6.0 m，这样的结构形式在我国客运专线上首次采用，取得了较好的效果。钢板梁(钢箱梁)—混凝土结合梁桥在客运专线和高速铁路上将会得到更加广泛的应用。图 3-11-1 为合宁铁路襄滁河特大桥 305 号～308 号(32＋40＋32)m 钢—混凝土连续结合梁。

2. 上承式钢桁梁—混凝土结合梁桥

芜湖公铁两用长江大桥是上承式钢桁梁—混凝土结合梁桥的一个典型(图 3-11-2)。该桥 2000 年建成通车，主跨为(180＋312＋180)m 的斜拉板桁结合梁桥，该桥为双层结构，上层公路桥采用混凝土桥面系与钢桁结合梁，钢材采用板厚 50 mm 的 14MnNbq，剪力连接件采用 22 栓钉。这是钢—混凝土组合结构在我国铁路桥梁上第一次大规模应用。芜湖公铁两用长江大桥采用了钢筋混凝土桥面板与钢桁梁共同受力的结合梁结构，与武汉长江大桥、南京长江大桥和九江长江大桥相比，减少了公路桥面伸缩缝的数量，提高了行车舒适度，降低了桁高，缩短了引桥长度，取得了很好的经济效益和社会效益。

图 3-11-1　合宁铁路襄滁河特大桥 305 号～308 号(32＋40＋32)m 钢—混凝土连续结合梁

图 3-11-2　芜湖公铁两用长江大桥

郑州黄河公铁两用桥是跨越黄河的一座公铁两用桥(图 3-11-3)，上层为双向 6 车道公路，下层为双线铁路客运专线，公铁合建段总长 9.177 km。主桥第 1 联采用(120＋5×168＋120)m 的六塔单索面部分斜拉连续钢桁结合梁，第 2 联采用 5×120 m 连续钢桁结合梁。主桁采用边桁倾斜的三片桁结构，桁高 14 m，节间距 12 m。横向布置为 3 片桁，中桁垂直，边桁倾斜，下弦桁间距 8.5 m，上弦桁间距 12 m。主桁钢材采用 Q370qE。中主桁布置桥塔，桥塔采用钢箱结构，主塔立面布置为人字形，塔高 37 m。斜拉索采用 7 mm 平行钢丝索。公路桥面为混凝土板，采用分块预制拼装(图 3-11-4)。铁路桥面为正交异性整体钢桥面板，道砟槽板与整体桥面采用剪力钉联结。

图 3-11-3　郑州黄河公铁两用桥

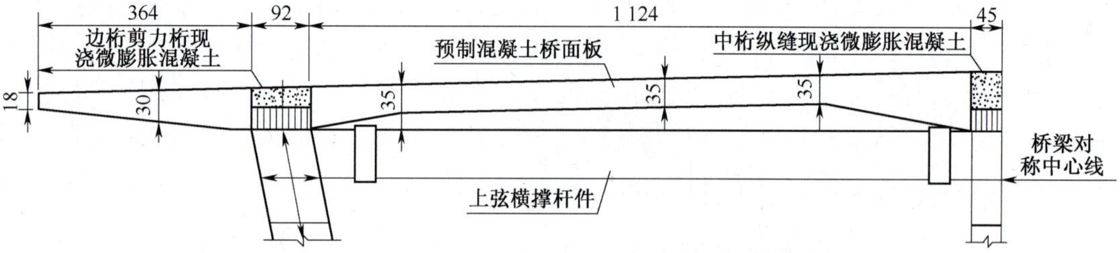

图 3-11-4　郑州黄河公铁两用桥公路桥面布置(单位:cm)

3. 下承式钢桁梁—混凝土结合梁桥

国内修建的下承式钢桁梁—混凝土结合梁桥有武广客运专线武汉天兴洲公铁两用长江大桥、京沪高速铁路南京大胜关长江大桥，另外武广、福厦等客运专线上还有一些下承式系杆拱—混凝土桥面结合梁桥。天兴洲公铁两用长江大桥主桥为(98+196+504+196+98)m 的双塔三索面三主桁斜拉桥(图 3-11-5)，上层为 6 车道公路，下层为 4 线铁路(2 线客运专线、2 线Ⅰ级铁路)，采用纵横梁体系，有砟桥面，混凝土桥面板在纵梁上方加托，只与纵梁结合，不与主桁和横梁结合，又称为道砟槽板结合桥面。

图 3-11-5　天兴洲公铁两用长江大桥

京沪高速铁路南京大胜关长江大桥是一座三主桁(拱)6 线铁路桥梁(2 线高速正线、2 线Ⅰ级铁路干线、2 线地铁)，设计行车速度 300 km/h。主桥采用(108+192+336+336+192+108)m 连续钢桁拱桥(图 3-11-6)，浅水区域边孔用 2 联 2×84 m 跨连续钢桁梁，主桥和边孔为 3 片主桁或 3 片钢桁拱。

图 3-11-6　京沪高速铁路南京大胜关长江大桥

经过多种方案比选，桥面采用由正交异性钢桥面板和主桁的下弦杆焊连在一起的整体钢桥面结构。混凝土道砟板与正交异性钢桥面板相结合，形成道砟整体结合桥面。整体钢桥面采用多横梁体系，顺桥向每节间设置 1 根大横梁和 3 根小横梁，大横梁在主桁节点处与主桁连接，小横梁与主桁下弦杆焊连。钢桥面板上横桥向每隔 440～530 mm 设一道倒 T 形纵肋，纵肋腹板为 12×200 mm，翼缘为 12×120 mm，在每条线路下焊有两道倒 T 形纵梁，纵梁腹板为 12×472 mm，翼缘为 12×240 mm，两纵梁相距 1.5 m。

太中线中宁黄河特大桥和永宁黄河特大桥分别采用了 6—96 m 双线简支钢桁结合梁和 13—96 m 单线简支钢桁结合梁。其横断面结构形式如图 3-11-7 所示。钢梁主桁采用无竖杆三角桁式，桁高 11.6 m，节间长度 12 m，主桁中心距 7.5 m，上下主桁采用箱形截面，上弦杆高 830 mm，下弦杆高 1 200 mm，翼板宽

750 mm。斜腹杆采用箱形截面和H形截面，杆件宽600 mm，高520～700 mm。主桁节点采用整体节点形式，上、下弦杆在节点外拼接，斜腹杆采用插入形式与整体节点拼接。纵、横梁除端横梁采用箱形截面外均采用工形截面，横梁与弦杆、纵梁拼装处上盖板工地焊接，主桁与斜腹杆采用M27高强度螺栓连接，其他均采用M22高强度螺栓连接。桥面板采用C45聚丙烯纤维网微膨胀混凝土现浇施工，相邻节段设置后浇带。

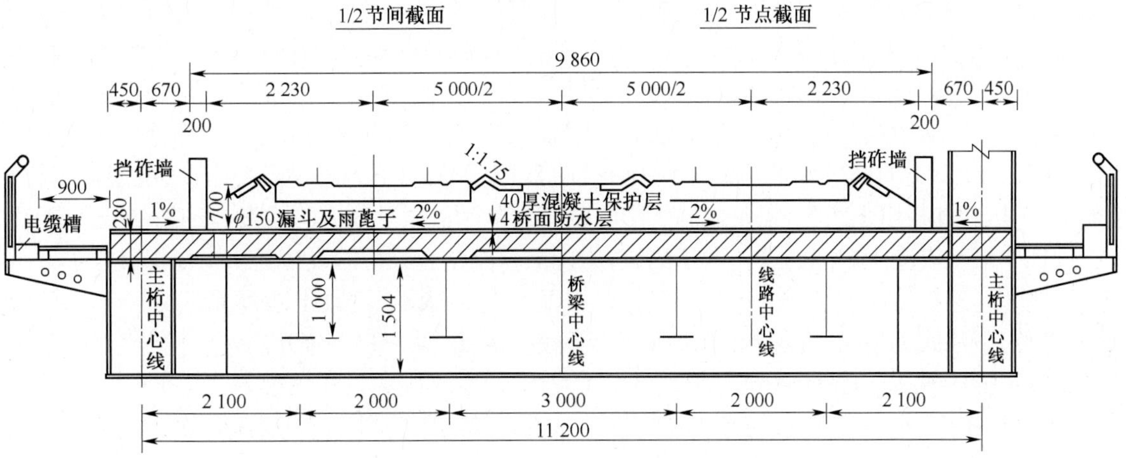

图 3-11-7　太中线中宁黄河特大桥和永宁黄河特大桥横断面图(单位：mm)

4. 下承式系杆拱结合梁桥

武广客运专线汀泗桥(图 3-11-8)，是一座跨度为140 m的下承式钢箱系杆拱桥，拱肋和系杆为钢箱梁，桥面为纵横梁体系结合桥面，采用无砟轨道。

图 3-11-8　武广客运专线汀泗桥

11.1.3.2　铁路钢—混凝土结合梁桥技术研究现状

近10年来，国内高等院校、研究机构和设计院等，结合我国铁路桥梁工程建设，对钢—混凝土结合梁桥进行了较多的试验研究。1996年～2000年，结合芜湖公铁两用长江大桥的设计和建造，中铁大桥集团有限公司和中南大学对上承式钢桁梁—混凝土结合梁桥进行了试验研究。在芜湖公铁两用长江大桥之前，我国组合结构桥梁主要采用板梁或箱梁结合梁，而无板桁组合结构。芜湖公铁两用长江大桥板桁组合结构研究的主要问题如下：

(1)除局部荷载引起的竖向弯曲外，还要受主桁整体变形引起的巨大纵向力，需要确定这种纵向力在钢与混凝土之间的分配、传力区和连接件的布置。

(2)主跨无索区和边跨各中间墩附近的上层结合梁混凝土板受拉，需要有效地控制混凝土板中的裂纹宽度。

(3)为减少混凝土的现场浇筑量，上层公路桥面采用预应力混凝土预制板，预制混凝土板纵向、横向都有现浇混凝土湿接缝。钢与混凝土之间的传力为钢梁—连接件—现浇混凝土—预制混凝土。在结构构造上要保证预制混凝土和现浇混凝土之间的有效结合，并控制新老混凝土结合处的裂纹宽度。

(4)栓钉连接件的采用和承载力的确定。当时国内尚无组合结构设计规范，在《铁路结合梁设计规定》中只有刚性连接件，而无栓钉。如果采用栓钉连接件，需要确定其设计承载力、疲劳承载力和布置方式。而且希望采用国产的焊机和栓钉,以免焊机出现故障维修不便,延误工期。

针对上述问题,课题组采用国产焊机和栓钉,进行了大量的试验研究,制定圆柱头栓钉及其焊接质量检验标准,为芜湖公铁两用长江大桥结合梁撰写了设计条文和条文解释。

2000 年～2001 年,结合京哈线秦沈段的建设,中铁工程设计咨询(集团)有限公司和中南大学等单位对钢—混凝土连续结合梁桥进行了大量研究。研究的主要内容:一是混凝土受拉情况下栓钉的承载力及其与配筋率的关系;二是结合梁中栓接头处设置近 1 m 长的无钉区,而在其两侧栓钉密集布置情况下,钢与混凝土之间的滑移,以及其对结合梁刚度、疲劳性能、极限承载力、混凝土裂缝分布和裂缝宽度等的影响。

2002 年～2003 年,中铁工程设计咨询(集团)有限公司、中南大学和铁道科学研究院等单位结合青藏铁路的建设,通过－50℃下的极限承载力试验和疲劳试验,研究了低温下钢材、栓钉和钢—混凝土组合结构的疲劳性能、破坏机理和极限承载力,以及低温下影响疲劳性能和极限承载力的因素,模拟昼夜温度变化,对升温和降温过程中钢与混凝土之间的温差做了测试,为青藏铁路结合梁桥的设计提供了依据。

客运专线和高速铁路跨度较大的桥梁一般将采用下承式钢桁梁—混凝土结合桥面或下承式系杆拱结合桥面,因此,要对下承式钢桁梁—混凝土结合桥面给予较多关注。从 1999 年开始,结合高速铁路、客运专线建设和既有线路提速改造,以及天兴洲公铁两用长江大桥、南京大胜关长江大桥等工程,铁道第四勘察设计院、中铁工程设计咨询(集团)有限公司和中铁大桥勘测设计院有限公司、中南大学等单位对不同跨度、不同结构体系的下承式钢桁梁—混凝土结合梁桥进行了分析与试验研究。研究的主要结构形式如下:

(1)混凝土桥面板只与纵、横梁相结合的道砟槽板结合桥面,包括混凝土板与横梁全部结合的全结合方案;混凝土板只与横梁夹在纵梁之间的区段相结合的半结合方案。

(2)混凝土桥面板只与纵梁结合,而不与横梁和下弦杆结合的桥面结构形式(混凝土板一般在纵梁上方加托)。

(3)混凝土桥面板不仅与纵、横梁结合,还与主桁下弦结点相结合的桥面结构形式。

(4)混凝土桥面板不仅与纵、横梁结合,还与整个下弦杆相结合的桥面结构形式。

(5)正交异性钢桥面板与混凝土道砟板相结合的整体桥面结构形式。

(6)多横梁体系的结合桥面形式。这种结构不仅结点处设有横梁,节间内还设有多根横梁。

11.1.3.3 *铁路钢—混凝土结合梁桥需解决的关键技术*

上述研究,为我国铁路钢—混凝土结合梁桥的设计和建造提供了科学依据和参考。但还有许多问题有待于进一步的试验研究,主要有:

(1)受拉区混凝土裂缝分布和裂缝宽度控制的新方法。下承式钢桁梁—混凝土结合梁桥桥面系和连续结合梁桥中支座附近混凝土板都受拉,虽然以前对此已做了一些研究,提出了采用高配筋混凝土、施加预应力、调整施工顺序以减少混凝土板中的拉应力等措施,但随着服役时间的增长、混凝土收缩徐变的发展、预应力损失等因素,混凝土裂缝将如何变化、结合梁的耐久性等问题有待于进一步考察,新的控制方法和措施有待于进一步研究。

(2)各种结合梁桥中,钢结构各部分之间、钢与混凝土之间温差的取值和钢与混凝土之间应力的重分配问题。

(3)下承式钢桁梁—混凝土结合梁桥面中,桥面系与主桁下弦杆(或系梁)纵向刚度的分配和变形的协调问题,这涉及横梁的面外弯曲和混凝土板中拉应力的大小问题。

(4)不同结构形式的钢—混凝土结合梁桥经济合理的跨度或节段长度(相邻 2 个伸缩纵梁间的长度)。

(5)结合梁桥中整体道床(无砟轨道)的应用研究,这涉及桥面变形的控制,包括前期施工中桥面变形的控制和后期混凝土徐变的控制。前期变形虽然可以用混凝土厚度来调整,但也不能太大。后期变形虽然肯定优于混凝土桥,但由于结合梁桥通常跨度都较大,所以后期徐变不可忽视。

(6)新型连接件的应用研究,如 PBL 键等,包括承载能力、疲劳性能和合理布置等。

(7)新型组合结构、新材料的应用,钢板表面新型防护涂层等的试验研究。

11.2 结合梁总体施工方案及步骤

11.2.1 结合梁总体施工方案

结合梁总体施工方案:首先利用结合梁钢结构部分的可拼装性,完成钢梁的架设,在就位后的钢梁上支立模板、绑扎钢筋，进行混凝土板的施工，最后通过体系转换，形成钢—混凝土结合梁。其中，钢梁部分可根据结构设计情况和施工环境条件，选用适用钢梁施工的支架上节段拼装、悬拼架设、拖拉(顶推)架设、整体(或大节段)提升等方案；混凝土桥面板可根据设计情况采用预制安装后现浇湿接头和原位整体现浇施工两种方案。

11.2.2　结合梁总体施工步骤

结合梁施工主要包括钢梁制造、钢梁拼装架设、钢梁支座安装、钢梁涂装、混凝土桥面板预制安装或现场浇筑、预应力工程及桥面铺装施工等工作内容，按照其桥面板采用预制安装或现浇方案，其施工步骤有所差别，对于简支梁桥分别按照图 3-11-9 和图 3-11-10 所示流程组织施工；对于钢—混凝土连续结合梁桥和其他超静定桥，其施工流程如图 3-11-11 所示。

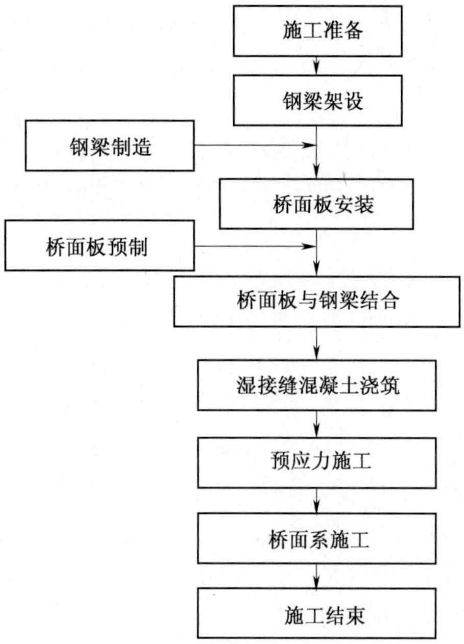

图 3-11-9　预制钢筋混凝土桥面板结合梁施工工艺流程图

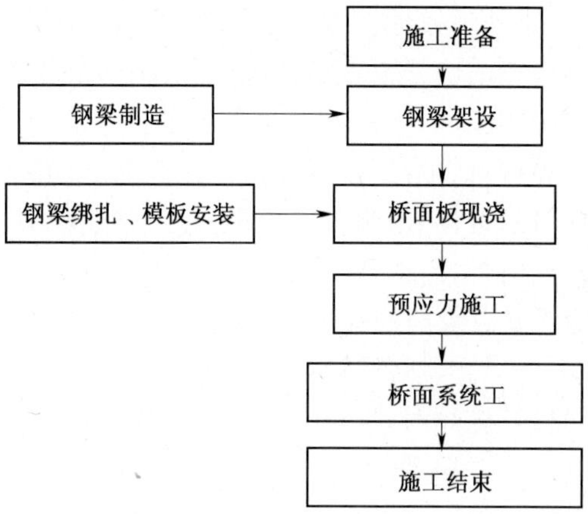

图 3-11-10　现浇钢筋混凝土桥面板结合梁施工工艺流程图

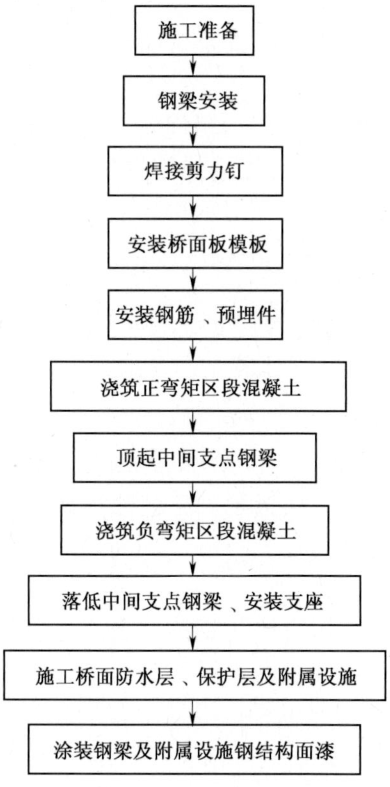

图 3-11-11　钢—混凝土连续结合梁施工流程图

11.3　结合梁施工

11.3.1　结合梁钢梁制造、运输及现场施工技术要求

根据结合梁钢梁的结构设计情况(包括结构形式、桥梁跨度和宽度等)和施工环境条件(包括桥址水文、地质、地形等条件),钢梁可以采用钢梁施工的支架节段拼装、悬拼架设、拖拉(顶推)架设、整体或大节段架设或提升等方案。结合梁施工所涉及的钢梁制造、运输及现场安装、涂装施工技术与现行铁路钢梁(含钢桁梁、钢板梁和钢箱梁)施工的技术要求相同,此不赘述。此仅对简述钢梁剪力联结器施工技术要求。

(1)钢梁剪力联结器一般在钢梁制造厂焊接,联结器焊接位置、尺寸必须符合设计要求;制造厂应对栓钉柔性联结器进行栓钉30°弯曲试验;钢梁上翼缘顶面及剪力联结器均不涂装,但应采取措施防止在桥面板安装前锈蚀。

(2)工地焊接栓钉柔性联结器(剪力钉)时,应按设计要求施焊,设计无要求时应符合下列规定:

1)焊接前应根据铁道部现行《铁路钢桥制造规范》(TB 10212)规定,进行焊接工艺评定试验和焊接栓钉30°弯曲试验。

2)焊接材料应通过焊接工艺评定确定,并应有生产厂家质量证明书,焊接材料型号应与焊件材质相匹配。栓钉的规格、质量应符合现行国家标准《圆柱头焊钉》(GB 10433)的规定和设计要求。

3)栓钉焊接前,栓钉应除去锈污、水分及其他不利于焊接的物质;配套使用瓷环应在150℃烤炉中烘干2 h;钢梁上翼缘应处在平焊位置,焊钉位置及大于栓钉直径2倍范围应打磨清理,清除铁锈、氧化皮、油污等,使表面显露金属光泽。

4)栓钉施焊时,栓钉与钢板应保持垂直,焊枪保持稳定不动直至焊接金属完全固化,焊缝冷却过程中不得受到冲击或振动。

5)栓钉位置应符合设计要求,沿钢梁纵向栓钉根部与顶部偏差应不大于±3 mm,沿钢梁横向偏差根部不大于±3 mm、顶部不大于±5 mm,栓钉高度偏差应不大于栓钉公称长度±1.5 mm,栓钉底角应保证360°周边挤出焊脚。30°弯曲试验抽检合格的栓钉,可保留其弯曲位置。

6)栓钉焊接工作,必须由经过栓钉焊接培训考试合格的焊工担任,严格按栓钉焊接工艺焊接,并应在每班开始正式焊接前先在试板(应与钢梁材质相同)上试焊2个栓钉,经外观检查及弯曲试验合格方可进行正式焊接。

(3)钢梁剪力联结器采用高强度螺栓联结器时,预埋联结器套管的种类、规格、位置、数量均应符合设计要求,套管应使用螺栓固定,确保其与钢梁上翼缘板垂直和桥面板混凝土浇筑过程中不变位。桥面板混凝土强度达到设计要求后安装联结器时,应按设计要求施工。

11.3.2　结合梁预制混凝土桥面板施工技术

11.3.2.1　桥面板预制

1. 施工准备

根据设计预制桥面板数量、存放的时间、重量来规划预制场地及桥面板存放场地,配置相应的起重机械。桥面板预制工艺流程如图3-11-12所示。

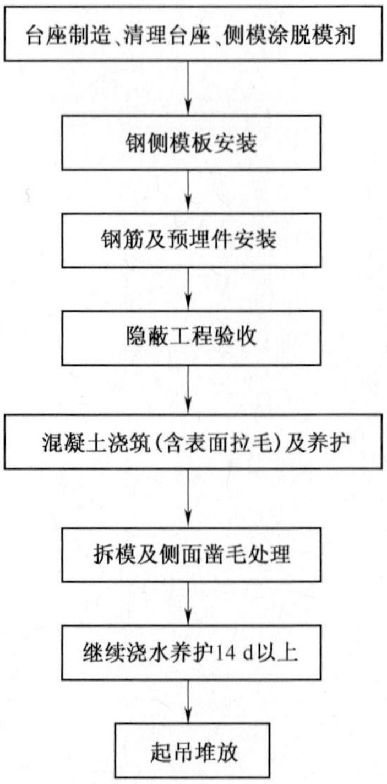

图3-11-12　桥面板预制工艺流程图

2. 预制台座

桥面板预制台座可采用混凝土台座,也可采用钢结构台座。台座作为预制桥面板的底模,需反复承受桥面板的重量和其他施工载荷,其地基应有足够的承载力,确保预制出来的桥面板拱度偏差不大于3 mm。混凝土台座面层应采用水磨石然后进行打磨,钢结构台座应有足够的刚度,台座的表面平整度用1 m靠尺测量不大于1 mm。

3. 侧模板

预制桥面板侧模一般采用钢模板。为了保证预留钢筋及预应力管道位置的正确性，需要在侧模上开预留槽口。钢模板应有足够的刚度，接缝平顺，板面平整，转角光滑。

4. 预制桥面板钢筋混凝土施工

预制桥面板钢筋混凝土施工按照普通钢筋混凝土施工方法进行。为确保桥面板后续安装的顺利进行，剪力钉槽口内的部分桥面板钢筋应根据剪力钉预留位置适当调整。混凝土振捣密实，混凝土灌注完毕后，及时整平收浆，并进行表面拉毛，拉毛宽度为 4 mm，深度 3～4 mm，拉毛结束后覆盖麻袋浇水养护。

为了保证预制桥面板与钢梁通过湿接缝结合的可靠性，预制桥面板各方向湿接缝侧面必须在脱模后凿毛处理。

5. 预制板的存放

预制桥面板一般存放在专用的存放台座上，存放台座应确保地基的承载力，防止台座产生不均匀沉降。当混凝土强度达到设计起吊强度时，桥面板可以起吊堆放。起吊时采用四点起吊，起吊设备起吊能力应考虑混凝土板与台座黏结力的影响。预制板起吊和存放时，其吊点和支点位置需符合设计要求。存放台座首先进行抄平，选择合适的支承枕木（方木）或砂袋支承，为了保证叠置一起的预制板间各支点受力传递，所有支承枕木（方木）或砂袋要保证在同一铅垂线上。预制板的存放时间应根据设计要求确定，一般与混凝土板的弹性模量和收缩徐变有关，存放时间达 6 个月。图 3-11-13 所示为一桥面板存放场实景。

图 3-11-13　桥面板存放场实景图

11.3.2.2　桥面板安装

1. 桥面板安装前的准备

桥面板架设前需完成预制并达到设计要求存放时间，检查钢梁杆件上剪力钉的焊接质量及位置是否准确，检查桥面板架设位置的钢梁涂装质量（对未要求涂装的位置检查钢梁杆件除锈情况），检查待吊装的桥面板板四周的凿毛情况。

2. 桥面板吊装

桥面板吊装机械需要根据桥面板的重量和工作的现场环境确定。为防止桥面板吊装变形及混凝土开裂，需要设计专用吊具，起吊需制定详细的操作细则。为了满足检测、监控要求，一般在桥面板吊装前需要对其进行称重。

3. 桥面板就位

桥面板就位一般采用吊机直接吊装就位。一般钢梁各杆件顶板厚度根据受力不同有厚薄，对应桥面板支承处底面距钢梁杆件顶板面空隙也不同，为了确保桥面平整，通常在混凝土桥面板与钢梁接触处垫不同厚度的硬橡胶条。为了确保桥面板与钢梁之间结合面密实，针对之间的间隙处理一般有两种方法：一种是在桥面板安装前先铺一层水泥砂浆；另一种方法是在桥面板安装完成后采用自流平砂浆进行灌注填充。

4. 现场浇筑桥面板接缝

桥面板就位后，对桥面钢筋及钢梁剪力钉进行最后一次检查，合格后安装桥面板现场接缝钢筋及模板，钢筋、模板报验合格后浇筑桥面板现场接缝混凝土，一般采用微膨胀混凝土。接缝的施工要求：缝内无油污杂物,钢筋搭接整齐,钢筋位置正确,钢筋接头错开。浇筑前对桥面板侧面及模板要冲洗湿润。混凝土浇筑前需认真检查防止漏浆污染钢梁杆件,采用彩条布等覆盖杆件。浇筑完毕后及时平整收浆,使接缝表面平整并作拉毛处理。

5. 桥面板预应力施工

桥面板现场接缝混凝土达到设计张拉条件后,即可开始准备桥面板预应力张拉。桥面板预应力张拉应严格按照设计要求步骤进行张拉,张拉施工工艺与普通箱梁预应力张拉相同。

11.3.2.3　桥面铺装施工

根据设计要求不同,结合梁桥面有多种结构形式,铁路桥面有无砟路面、道砟路面结构形式。桥面架设完成后即已完成结合梁的主体结构施工,按照设计图纸要求进行桥面铺装施工。

11.3.2.4　施工机械设备配置

结合梁预制钢筋混凝土桥面板施工机械及工艺装备主要包括钢筋、模板、混凝土、预应力施工设备及运板车、剪力钉焊接机、吊机等专用机械,可根据预制板结构设计、工程数量、工期要求等因素综合选用。

11.3.3　结合梁现场浇筑混凝土桥面板施工技术

在安装完成的钢梁顶现浇钢筋混凝土桥面板,其工艺原理为:利用就位后的钢梁上支立模板、绑扎钢筋,进行桥面板的混凝土现浇施工,形成钢—钢筋混凝土结合梁。其施工工艺流程如图 3-11-14 所示。

11.3.3.1　桥面板模板施工

一般情况下,现浇桥面板的模板利用已安装完成的钢梁作支撑,即在钢箱梁腹板上预留上下两排栓孔(纵向间距 2.0 m),为托架安装做好准备工作。钢托架不仅要有足够的强度、刚度,而且要便于操作;其与箱梁腹板的连接采用高强度螺栓,应满足抗剪承载力要求。模板施工方案示意图如图 3-11-15 所示。三角托架安装工作与钢箱梁拼装同步进行,箱室内部则采用吊挂法进行立模。

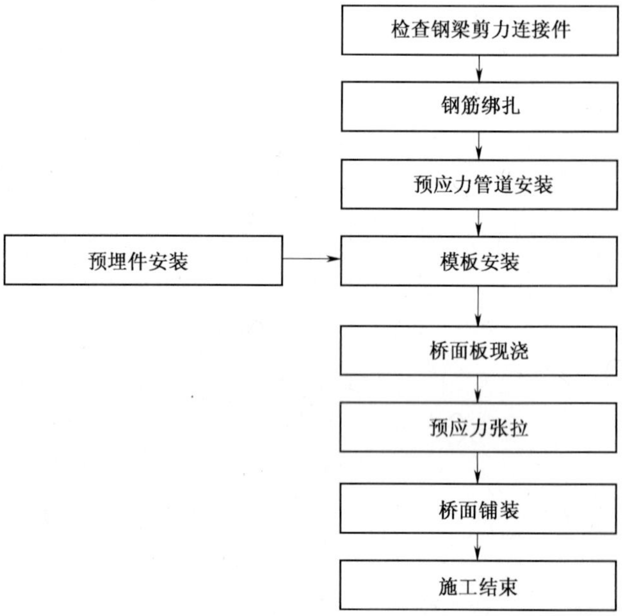

图 3-11-14　结合梁现浇钢筋混凝土桥面板施工工艺流程图

11.3.3.2　桥面板钢筋安装

桥面板钢筋分段整体绑扎,根据桥面板混凝土浇筑顺序和工期安排,先绑扎正弯矩区三段,钢筋最小净保护层:桥面板面为 30 mm,其余均为 35 mm。施工中为确保钢筋位置准确,应根据实际情况加强架立钢筋的设置,可采用增加拉筋数量等措施,同时应注意桥面板挡砟墙、竖墙预埋钢筋和预埋件的位置;桥面泄水孔处钢筋可适当移动,并增设螺旋筋和斜置的井字形钢筋进行加强;当采用垫块控制净保护层厚度时,垫块应采用与桥面板同等寿命的材料,且须保证其耐久性。桥面板钢筋施工场景如图 3-11-16 所示。

11.3.3.3　桥面板混凝土浇筑

桥面板混凝土等级一般不低于 C50,应严格按照设计要求和现行《铁路混凝土工程施工质量验收标准》(TB 10424)要求组织施工。混凝土应采用拌和站集中生产(或商品混凝土)、罐车运输、汽车泵浇筑的施工方案。在现场浇筑施工时应采取如下措施:

(1)灌注桥面板混凝土前,应清除钢梁上翼缘和剪力钉上的锈蚀和污垢,桥面板上的模板应用清水冲洗干净,使其表面清洁,增强钢与混凝土之间的结合作用。在浇筑桥面板时应采取措施避免钢梁受到混凝土污染。

(2)连续结合梁桥面板在灌注混凝土时应按设计要求分段,先同时灌注正弯矩区段(长度按设计要求)的混凝土,形成组合截面,待混凝土达到 100%设计强度后在两个中间墩位置顶起主梁(支顶高度按设计要求确定),待正弯矩区混凝土龄期大于 20 d 后再同时灌注负弯矩区(长度按设计要求)的混凝土,接缝处混凝土应进行凿毛处理。待负弯矩混凝土达到 100%设计强度后即可落梁,安装中间墩支座。

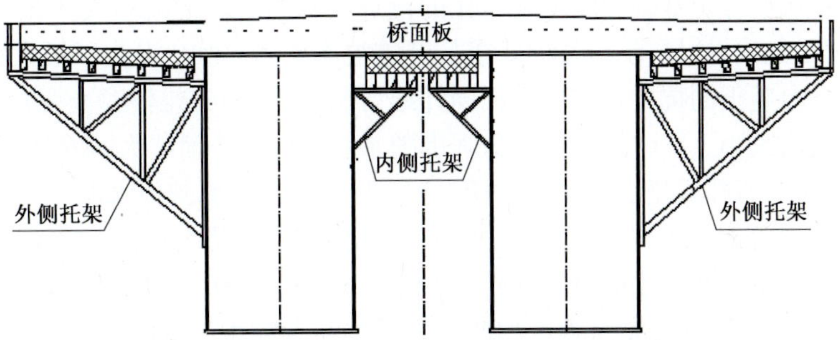

图 3-11-15　现浇桥面板模板施工方案示意图

图 3-11-16　现浇桥面板钢筋施工实景图

(3)桥面板混凝土浇筑及养护。按设计划分区段，混凝土应连续浇筑，浇筑方式为泵送。混凝土在初凝前浇筑完成，时间不宜超过 6 h。桥面板浇筑时环境温度应保持在 0 ℃ 以上。当昼夜平均气温低于 5 ℃或最低气温低于－3 ℃时，应采取保温措施，并按冬季施工处理。桥面板混凝土。采用插入式振捣灌注工艺。并在灌注混凝土过程中，应随机取样制作混凝土强度、弹性模量试件，试件应随桥面板在同样条件下振动成型；施工试件随桥面板同条件养护，28 d 标准试件按标准养护处理。

10.3.3.4　桥面板预应力及桥面铺装

现浇桥面板的预应力及桥面铺装桥面板应严格按照设计要求组织施工，其施工技术要求与预制安装的桥面板基本相同。

10.3.3.5　施工机械设备配置

结合梁现浇钢筋混凝土桥面板施工机械及工艺装备主要包括钢筋、模板、混凝土、预应力施工设备及剪力钉焊接机、吊机等专用机械，可根据现浇桥面板结构设计、工程数量、工期要求等因素综合配置。

11.3.4　纤维混凝土保护层施工技术

11.3.4.1　纤维混凝土保护层设计说明

铁路结合梁一般未设置纤维混凝土保护层，但作为公铁两用桥时，公路行车道部分在桥面板上设有纤维混凝土保护层。纤维混凝土保护层一般采用钢纤维混凝土或聚丙烯纤维混凝土，两者除纤维材料及配合比设计时有所差别外，施工工艺流程基本相同，可参照以下施工工艺组织施工。

11.3.4.2　纤维混凝土保护层施工技术

1. 纤维混凝土的基本性能

纤维或聚丙烯纤维在混凝土中的掺加，可以有效防止混凝土裂缝的形成和扩散，即使混凝土在开裂之后也能得到有效的控制。纤维混凝土材料是一种较为新型的水泥基复合材料，它拥有比普通的混凝土更加强的抗压性能，掺入纤维后，桥面抗冲击的韧性、抗弯性和抗拉韧性可以提高几倍甚至几十倍，因而其耐久性也有显著的提高，总之，相关性能参数比普通的混凝土材料都高很多。纤维与钢筋相比，其优势在于它能够很好地控制固化收缩，使混凝土的强化程度较均匀。

2. 纤维混凝土的配合比设计

影响纤维混凝土性能的材料因素，主要包括纤维类型、长径比、纤维材料掺量、粗骨料粒径、砂率、添加减水剂和掺和料的种类和比例等。纤维混凝土配合比的设计步骤与普通混凝土大体相同,所配置的纤维混凝土要进行实验,同时满足抗拉、抗压、抗折强度要求。纤维混凝土当水胶比及集料最大粒径变化不大时,纤维含量特征参数影响纤维混凝土的抗拉强度。在相同纤维含量情况下,纤维混凝土强度随纤维的强度增大而增大。随纤维直径增大而减小。纤维混凝土抗剪强度随水胶比的减小而增大,随纤维体积率的增大而增大。

(1)水泥。优先选用普通硅酸盐水泥和硅酸盐水泥，尽量避免选用其他水泥。

(2)骨料。粗骨料的直径对纤维在混凝土中的均匀分布影响明显,最大粒径不宜大于纤维长度的 1/2;纤维混凝土的黏聚性较小,用比表面积较小的中砂可增加水泥的胶凝作用,所以宜选用中砂,但不得使用海砂。

(3)纤维。纤维应选择与水泥等基材强度相匹配的纤维品种和类型,纤维的长度、长径比、表面性状、截面性能和力学性能等应符合国家有关标准及设计要求规定,纤维材料掺量应按设计要求和施工规范要求办理。施工前除对纤维原材料进行相应几何尺寸和物理力学性能试验,抗拉强度、长度、等效直径、长径比、弯曲性能等各项指标必须满足设计和施工规范要求。

(4)相关要求。为确保纤维材料同基体材料结合牢固密实,纤维细石混凝土的砂率应高于同等强度的普通混凝土,通常情况下以采用小粒径主骨料为宜,骨料最大粒径不超过 20 mm;为改善纤维混凝土拌和料的施工和易性,减少水泥用量和用水量,可添加适量的减水剂和其他掺和料。

3. 纤维混凝土的关键工艺

(1)施工准备。在确保现场施工人员和设备安全的前提条件下,选择对桥面铺装施工影响最低的施工场地,将施工过程中各种需要采用的施工设备进行调试和试运行;确定混凝土的搅拌方式和运输时间,尽量避免不必要的振动和扰动,保证纤维混凝土材料在施工前的各项指标均符合要求;科学安排铺筑施工现场不同区域位置的混凝土铺筑方式。

(2)铺设钢筋。钢筋安装应严格按照设计图纸中配筋设计要求进行施工。

(3)模板安装。绑扎好钢筋网后,选用专用钢模预先支立。钢模板的水平位置和高程应严格按设计要求确定,模板支设应足够牢靠,接头处平顺、紧密,与梁顶接触部位确保不出现漏浆现象,在钢模内侧表面应预先喷涂相应的隔离剂。

(4)纤维混凝土制备。纤维混凝土材料在制备生产的各个环节(通常情况下包括投料、搅拌、运输及现场浇筑等),都要确保纤维混凝土混合料中纤维分布的均匀性和混合料的密实性。只有纤维分布充分均匀,才能充分发挥其对混凝土结构增强、增韧、阻裂的效应,这是制备生产纤维混凝土材料最为关键的问题。纤维混凝土的具体制备工艺如下:

1)为了保证纤维混凝土拌和均匀,必须使用强制型混凝土拌和机。

2)每次搅拌量不大于搅拌机额定搅拌量的 80%。

3)纤维在投入前,必须开袋抖散后方可投入,杜绝成堆倒入。为保证纤维在搅拌中不结团,分布均匀,投料顺序也是保证纤维混凝土施工质量的重要环节,一般为:将纤维与水泥、矿物掺和料和粗细骨料投入搅拌机干拌 60～90 s,而后再加水和外加剂搅拌 120～180 s。施工中要注意,若混凝土中纤维体积率超过 1.5%时,需要延长搅拌时间。

4)尽量采用混凝土运输车运输。

(5)铺筑。桥面铺筑混凝土施工时应尽量采用泵送混凝土,为防止混凝土严重离析,应采用专用拉板或铁铲将混凝土摊开、初平。实际施工时，应按相应的顺序分区铺筑,采用振捣棒或振捣板充分振捣密实。纤维混凝土的具体铺筑工艺如下:

1)在混凝土铺筑施工前，桥梁面板结构顶面应处于饱和湿润状态,在铺筑施工开始前约 3～4 h 内应不停洒水,至即将开始施工前 0.5～1 h 停止洒水,使整个桥面板结构始终处于饱和状态,确保桥梁面板结构在桥面混凝土铺装施工时始终处于湿润状态。

2)混凝土摊铺与振捣:摊铺混凝土,先采用人工方式进行初平,在边角区域部位应采用振动棒轻微振捣,中间区域可采用平板振捣器按横向方向平行振捣密实,平板重叠压边约 1/2 ,严禁在某一区域停滞或久振不前,防止纤维混凝土产生过振、振捣不均或出现臌包等现象。

3)采用专用的三轴混凝土提浆整平机在面层表面进行提浆施工，使纤维混凝土表面充分均匀、平整、密实,直至满足设计和相关规范要求为止。

4)整平、抹光:采用长度约 3～4 m 的铝合金尺装上调节推柄作为水平面刮尺，整平表面施工应反复多次进行，使纤维混凝土面层的平整度符合要求。

5)刻槽：桥梁表面刻槽的质量对桥面的抗滑性能有直接影响，刻槽的宽度、深度和相邻刻槽的间距，应根据桥面道路设置的公路等级要求而定。相关研究结果表明，桥面槽宽通常情况下可取值 3～5 mm，槽深以5～6 mm为宜，刻槽间距控制在 20～30 mm 范围内。考虑到桥面行车的舒适性及刻槽使用寿命，槽宽也可选用宽度为 2～4 mm 的窄槽，刻槽表面积比设定为 12%～15%时相对合理。

(6)切缝。桥面铺装横向缩缝应和防撞栏缩缝对齐。切缝时间可按混凝土初凝时气温同浇筑完成时间的乘积为 250～300 ℃·h 来控制，切缝深度为 2 cm，并选择专用填缝料灌缝。

(7)养护。纤维混凝土具有坍落度低、早期强度较高的特点，施工中必须在混凝土初凝后，即进行土工布覆盖洒水养护，养护时间不少于 7 d 。养护过程中要保证土工布的持续湿润。

11.3.5　结合梁施工质量控制

11.3.5.1　一般要求

(1)结合梁施工前应编制专项施工方案和安全操作细则；钢梁工地焊接拼装前应进行焊接工艺试验，合格后方可正式焊接施工。

(2)结合梁施工的支架、模板、钢筋、混凝土和预应力施工应符合设计要求和现行《铁路混凝土工程施工质量验收标准》(TB 10424)的有关规定。

(3)结合梁施工的钢梁制造、运输及现场安装质量控制应符合现行铁路钢梁(含钢桁梁、钢板梁和钢箱梁)施工的有关规定。

11.3.5.2　钢梁制造、运输及现场安装质量控制

(1)钢梁剪力联结器数量及质量应符合设计要求和相关标准规定，应检查其弯曲检验合格证。

(2)钢梁存放及拼装场地应坚实平整、排水良好，支承点应设在不因自重而产生过大永久变形的地方，应防止部件积水锈蚀和拴接板面磨损、污染；带有剪力连接器的部件存放和运送时，不应损伤剪力连接器的质量。

(3)钢梁拼装架设采用满布式支架时，应考虑支架基础沉陷和支架变形对调整钢梁拱度的影响，并留出调整钢梁拱度和起顶钢梁的设顶位置。采用悬臂拼装钢梁时应有平衡梁和主梁杆件拼装顺序图，平衡梁抗倾覆稳定系数应大于 1.3。

(4)工地焊接栓钉柔性联结器(剪力钉)时，应按设计要求施焊，设计无要求时应符合下列规定：

1)焊接前应根据铁道部现行《铁路钢桥制造规范》(TB 10212)规定，进行焊接工艺评定试验和焊接栓钉30°弯曲试验。

2)焊接材料应通过焊接工艺评定确定，并应有生产厂家质量证明书，焊接材料型号应与焊件材质相匹配。栓钉的规格、质量应符合现行国家标准《圆柱头焊钉》(GB 10433)的规定和设计要求。

3)栓钉焊接前，栓钉应除去锈污、水分及其他不利于焊接的物质；配套使用瓷环应在 150 ℃烤炉中烘干 2 h；钢梁上翼缘应处在平焊位置，焊钉位置及大于栓钉直径 2 倍范围应打磨清理，清除铁锈、氧化皮、油污等，使表面显露金属光泽。

4)栓钉施焊时，栓钉与钢板应保持垂直，焊枪保持稳定不动直至焊接金属完全固化，焊缝冷却过程中不得受到冲击或振动。

5)栓钉位置应符合设计要求，沿钢梁纵向栓钉根部与顶部偏差应不大于±3 mm，沿钢梁横向偏差根部不大于±3 mm、顶部不大于±5 mm，栓钉高度偏差应不大于栓钉公称长度±1.5 mm，栓钉底角应保证 360°周边挤出焊脚。30°弯曲试验抽检合格的栓钉，可保留其弯曲位置。

6)栓钉焊接工作，必须由经过栓钉焊接培训考试合格的焊工担任，严格按栓钉焊接工艺焊接，并应在每班开始正式焊接前先在试板(应与钢梁材质相同)上试焊 2 个栓钉，经外观检查及 30°弯曲试验合格方可进行正式焊接。

(5)钢梁剪力联结器采用高强度螺栓联结器时，预埋联结器套管的种类、规格、位置、数量均应符合设计要求，套管应使用螺栓固定，确保其与钢梁上翼缘板垂直和桥面板混凝土浇筑过程中不变位。桥面板混凝土强度达到设计要求后安装联结器时，应按设计要求施工。

11.3.5.3　钢梁施工质量标准及检验方法

钢梁及支座施工质量标准及检验方法见表 3-11-2～表 3-11-5。钢梁涂装等施工时允许偏差及检验方法

按照相应的施工验收标准执行。

表 3-11-2　钢板梁(开口钢箱梁)施工允许偏差及检验方法

序号	项　　目		允许偏差(mm)	检验方法
1	梁高(H)	$H \leqslant 2$ m	±2	尺量两端腹板处
		$H > 2$ m	±4	
2	主梁中心距		±3	尺量两端腹板中心距
3	相邻梁段上下翼缘错边量		焊接≤1、拴接≤2	尺量
4	相邻梁段腹板错边量		焊接≤1、拴接≤2	
5	拼接梁段两端边孔中心距		1.0(采用工地扩孔为 2.0)	尺量中间段之两端连接孔的中心距
6	连续梁长度		±15	拼接后尺量全长
7	主梁上拱度		$^{+10}_{-3}$	尺量或测量跨中
8	横断面对角线差		4	尺量两端断面
9	腹板平面度		板梁 $h/350$、箱梁 $h/250$,均不大于 8	尺量
10	旁弯		板梁 $L/5$,箱梁 $3+0.1L$,且均不大于 8	拉线尺量
11	支点高差		5	测量
12	主梁、纵横梁盖板对腹板的垂直度		0.5(有孔部位)、1.5(无孔部位)	直角尺测量

表 3-11-3　钢桁梁施工允许偏差及检测方法

序号	项　　目		允许偏差(mm)	检验方法
1	墩台处横梁中线与设计线路中线偏移		10	测量检查
2	两孔(联)间相邻横梁中线相对偏差		5	
3	墩台处横梁顶与设计高程偏差		±10	
4	两孔(联)间相邻横梁相对高差		5	
5	每孔梁对角线支点的相对高差		5	
6	固定支座处钢梁节点中心线与设计里程纵向偏差	连续梁、两跨≥60 m 简支梁	±20	
		梁跨<60 m 简支梁	±10	
7	主桁平面弦杆节点对梁跨节点中心联线的偏移		跨度的 1/5 000	
8	主桁平面弦杆节点对两个奇数或偶数节点中心联线的偏移		5	
9	立柱在钢梁的横断面内垂直偏移		立柱理论长度的 1/700	
10	主桁平面拱度偏差	设计拱度≤60 mm	±4	
		设计拱度≤120 mm	设计拱度的±8%	
		设计拱度>120 mm	按技术文件中规定	
11	两主桁相对节点位置	支点处相对高差	梁宽的 1/1 000	
		梁跨中心节点处相对高差	梁宽的 1/500	
		跨中其他节点处相对高差	根据支点及跨中节点高差按比例增减	

表 3-11-4　支座安装允许偏差和检验方法

序号	项　　目		允许偏差(mm)	检验方法
1	支座下座板中心与墩台纵向错动量	墩台高度<30 m	20	尺量
		墩台高度≥30 m	15	
2	支座下座板中心与墩台横向错动量	墩台高度<30 m	15	
		墩台高度≥30 m	10	
3	同端支座中心横向距离	偏差与桥梁设计中心对称时	$^{+30}_{-10}$	
		偏差与桥梁设计中心不对称时	$^{+15}_{-10}$	

续上表

序号	项　　目		允许偏差(mm)	检验方法
4	铸钢支座	固定支座的上座板与下座板中线的纵横错动量	3	尺量
		活动支座的横向错动量	3	
		活动支座中线的纵向错动量(按设计温度定位后)	3	
		支座下座板中心十字线的扭转	1	
		上下座板及摇、辊轴的扭转	1	
5	板式橡胶支座	同一梁端两支座相对高差	1	
		每一支座板的边缘高差	2	
		上下座板十字线扭转	2	
		活动支座的纵向错动量(按设计温度定位后)	±3	
6	盆式橡胶支座	支座板四角高差	1	
		上下座板中心十字线扭转	1	
		同一梁端两支座高差	1	
		一孔箱梁四个支座中,一个支座不平整限值	3	
		固定支座上下座板及中线的纵、横错动量	1	
		活动支座中线的纵横错动量(按设计气温定位后)	3	

表 3-11-5　钢梁涂装施工质量要求和检验方法

序号	项　　目	质 量 要 求	检 验 方 法
1	涂装前钢件表面处理	涂装前钢件表面污泥、油垢、铁锈等必须清除干净	观察和查试验记录
2	杆件结合点缝隙封填	缝宽不大于 0.3 mm 的用底层涂料封填,缝宽大于 0.3 mm 的用腻子封填	观察和尺量
3	涂装体系和涂料品种、质量	符合钢桥保护涂装要求	观察和查出厂合格证
4	作业间隔时间要求和作业环境要求	符合钢桥保护涂装要求	观察和查施工记录
5	涂装体系干膜厚度	不得小于设计要求厚度	观察和仪器检测
6	涂装附着力	符合钢桥保护涂装要求	观察和仪器检测
7	涂装表面质量	平整光滑,颜色均匀,无漏底等缺陷	观察和尺量

11.3.5.4　桥面板施工质量控制

1. 桥面板钢筋、混凝土、预应力施工及桥面板现场安装质量控制

(1)预制安装的桥面板。

1)桥面板应采用工厂化预制。

2)预制安装的钢筋混凝土桥面板的规格和质量应符合设计要求。

3)桥面板现场安装时钢梁与桥面板的结合面及剪力联结器应清理干净,剪力联结器应无变形、锈蚀等缺陷,并应采取措施防止在浇筑混凝土时污染钢梁。

4)桥面板分段安装顺序、桥面板接缝方法、桥面板预留剪力联结器窗孔的钢筋规格、质量及安装位置和现浇混凝土的材料种类、质量及强度等级、桥面板与钢梁间缝隙处理方法均应符合设计要求。

5)连续结合梁钢梁中间支点顶升高度及方法和落低钢梁施工时间及方法等应符合设计要求和施工工艺设计。

6)连续结合梁桥面板应按设计要求的顺序浇筑混凝土,桥面板混凝土的顶面应抹平。

7)连续结合梁中间支点负弯矩区,应按设计要求施加预应力。

8)预制桥面板应严格控制预留孔的位置和尺寸,确保预留孔和钢梁连接器之间的精确对位。

9)预制桥面板在架设安装时,应优先确保预应力孔道的精确对位,确保后续预应力施工质量。

(2)现浇施工的桥面板。

1)现浇桥面板混凝土分段浇筑顺序及方法、预应力张拉顺序等应符合设计要求。

2)桥面板现场安装时钢梁与桥面板的结合面及剪力联结器应清理干净,剪力联结器应无变形、锈蚀等缺陷,并应采取措施防止在浇筑混凝土时污染钢梁。

3)现浇混凝土桥面板的模板及支架、钢筋、混凝土、预应力施工除应满足现行《铁路混凝土工程施工质量验收标准》(TB 10424)的有关规定外,尚应符合下列要求:

①桥面板的悬臂板采用支架支立模板时,可将角钢支架安装在钢梁上,宜委托钢梁制造厂在钢梁腹板(杆)上预钻孔眼。

②桥面板的底模板无法拆除时,宜采用钢板底模与钢梁焊接严密并应对其进行防锈蚀处理。采用钢筋混凝土预制板做底模时,预制板应有足够的承载力,与钢梁间接缝应封严密确保不漏浆。

③桥面板上预埋件数量、位置、结构、规格、尺寸应符合设计要求,预埋件安装时应采取可靠措施牢固定位,保证在浇筑混凝土过程中不变位,外露部分应采取措施防止锈蚀和损伤。

④连续结合梁桥面板的正、负弯矩区段混凝土浇筑顺序及间隔时间和分段浇筑混凝土时接缝处理方法应符合设计要求,混凝土浇筑方法应符合施工工艺设计要求。桥面板混凝土顶面应按设计坡度抹平压实以利铺设防水层。

⑤混凝土浇筑时,模板及钢梁顶面温度宜在 5~35 ℃,混凝土拌和物入模温度宜在 10~30 ℃,环境温度应在 0 ℃以上。当昼夜平均气温低于 5 ℃或最低气温低于−3 ℃时,应按冬期施工办理。

⑥混凝土养护,在环境相对湿度小于 60%时自然养护应不少于 14 d,相对湿度在 60%以上时自然养护不少于 10 d,混凝土强度达到 80%设计强度方可拆模。

⑦连续结合梁桥面板施加预应力方式必须符合设计要求,顶落梁及张拉预应力筋方法应符合施工工艺设计。

(3)桥面板防水层及保护层。桥面板防水层及保护层施工应符合设计要求和有关技术标准要求。

2. 桥面板施工质量标准及检验方法

桥面板预制、现场安装及桥面板现浇施工质量标准及检验方法见表 3-11-6~表 3-11-8。混凝土桥面板钢筋、混凝土、预应力、桥面铺装等施工时允许偏差及检验方法按照相应的施工验收标准执行。

表 3-11-6 混凝土桥面板预制施工质量要求及检验方法

序号	项目		允许偏差(mm)	检验方法
1	受力钢筋顺桥长度方向全桥的净尺寸		±10	尺量
2	弯起钢筋的位置		±20	尺量
3	箍筋内边距离尺寸差		±3	
4	桥面板长		±10	尺量检查不少于 5 处
5	桥面板高		$^{+10}_{0}$	
6	桥面板宽		$^{+10}_{0}$	
7	模板表面平整度		1	1 m 靠尺测量不少于 5 处
8	模板表面垂直度		每米不大于 4	吊线尺量不少于 5 处
9	底模拱度偏差		3	测量检查
10	底模同一端两角高差		2	
11	预留孔洞	中心位置	10	尺量
12		尺寸	$^{+10}_{0}$	尺量不少于 2 处
13	预埋件中心位置		3	尺量

3. 纤维保护层施工质量标准及检验方法

(1)纤维的质量是纤维混凝土质量保证的关键之一。施工中,必须由专业的材料试验室提供试验报告,检测项目包括的抗拉强度、长度、等效直径、长径比、弯曲性能等必须全部达标。

(2)纤维混凝土的拌和质量是纤维混凝土质量保证的关键之二。施工中要注意投料顺序及各阶段的搅拌时间,同时,要注意安排专人指导、督促工人投放纤维,投入时必须抖散,以保证纤维在混凝土中拌和均匀；施工中要对成品混凝土进行观察，若有结团，必须剔除。

(3)纤维混凝土的拌和工艺是纤维混凝土质量保证的关键之三。实行首段首件制，正式施工前，必须进行试验段方案的报批和试验段施工，以确定最终的机械组合方式及相关施工参数。

表 3-11-7　混凝土桥面板安装允许偏差及检验方法

序号	项　　目	允许偏差(mm)	检验方法
1	桥梁全长	±15	尺量，检查桥面及钢梁
2	梁高	+15 −5	尺量，检查梁端桥面板顶至钢梁底
3	桥面板中心线与钢梁中心线	10	尺量，检查梁端和跨中
4	桥面挡砟墙内侧宽度	+10 −5	
5	上拱度(与设计值相比)	+10 −3	测量检查跨中

表 3-11-8　结合梁施工质量允许偏差及检验方法

序号	项　　目	允许偏差(mm)	检验方法
1	桥梁全长	±15	尺量，检查桥面及钢梁
2	梁高	+15 −5	尺量，检查梁端桥面板顶至钢梁底
3	桥面板厚度	+10 −5	尺量，检查跨中及两端
4	桥面板中心线与钢梁中心线	10	
5	桥面挡砟墙内侧宽度	+10 −5	
6	桥面平整度	5	1 m 靠尺检查不少于 5 处
7	接触网支柱基座钢筋位置	5	尺量
8	上拱度(与设计值相比)	+10 −3	测量，检查跨中

12　组合桥施工技术

12.1　预应力混凝土斜拉桥与连续刚构组合桥

12.1.1　预应力混凝土斜拉桥与连续刚构组合桥技术现状

12.1.1.1　预应力混凝土斜拉桥与连续刚构组合桥的概念

预应力混凝土斜拉桥与连续刚构组合桥是将预应力混凝土斜拉桥与两侧(或单侧)连续刚构进行纵向组合形成的新型桥梁。其中,斜拉桥部分一般采用独塔结构,也可采用双塔结构。

斜拉桥与其他桥型协作形成的桥梁应用较为广泛,有多方面的原因,首先,斜拉桥是在很宽广的跨径范围里(70～1 600 m)具有强大竞争力的桥型;其次,关于斜拉桥的研究已相当深入,目前设计施工均积累了丰富的经验;而且,其经济性能优越,采用协作体系后,则有可能进一步节约投资。

12.1.1.2　独塔预应力混凝土斜拉桥与预应力连续刚构桥的发展现状

1. 独塔预应力混凝土斜拉桥

独塔预应力混凝土斜拉桥是我国修建最多的斜拉桥,据不完全的统计,有 88 座。表 3-12-1 列出了 47 座主跨跨径大于等于 100 m 的桥及其参数特点。独塔斜拉桥的技术特点如下:

(1)独塔斜拉桥相对双塔斜拉比较经济。

1)可以省掉一个基础。

2)独塔斜拉桥往往在总体布置上,设较长的无索区,使拉索用量减少。

(2)独塔斜拉桥受力性能比较有利。

1)活载挠度较双塔为小,最大挠度发生在拉索区内,对受力有利;而双塔斜拉索最大挠度发生在无索区,会形成拉弯区。

2)对于混凝土收缩徐变以及温度梯度的影响,无论是梁的挠度和塔顶的水平变位,独塔斜拉桥均比双塔为小。

3)塔梁墩固结时,梁可采用变高,两过渡墩采用滑动支座,施工方便,完成后不必转换体系,也不过多增加温度应力,更适合斜拉桥的受力。这是独塔斜拉桥采用最多的体系,也是最值得推荐的结构体系。

(3)独塔斜拉桥布置上较为灵活。独塔斜拉桥便于与 T 构配合形成组合体系,以进一步扩大跨径。广东金马大桥采用斜拉桥与 T 构的组合体系,使跨径增大 60 m,达到 283 m。宁波招宝山大桥和攀枝花炳草岗金沙江大桥也采用了该体系,由于主墩及 T 构均为固结,因此要特别注意温度作用力的问题。

(4)独塔混凝土斜拉桥梁桥跨与两高、塔高关系。独塔斜拉桥跨比一般都在 1/106～1/44.8 范围内变化,并随跨径的减小而有增大的趋势。除特别小的广东金马大桥为 1/141.8 及两层交通的沈阳公和桥为 1/38.0外。独塔混凝土斜拉桥梁的高跨比大体上为双塔的 2 倍。桥面以上的塔高与主跨之比,大致为双塔斜拉桥塔高跨比的 2 倍,塔的形式与双塔斜拉桥相同。

表 3-12-1　我国独塔混凝土斜拉桥($L \geqslant 100$ m)

序号	桥　名	跨径组合(m)	建成年代	体系	索面	梁截面	梁高(m)	梁宽(m)	高跨比	宽跨比	索距(m)	塔高(m)
1	广东金马大桥	60＋283＋283＋60	1998	塔梁墩固结,与 T 构组合	2	肋板式	2	28.5	1/141	1/9.9	7	102.7
2	泸州泰安长江大桥	208＋270	2007	塔梁墩固结	2	三室箱	3	29.5	1/90	1/9.2	6	145.2
3	宁波招宝山大桥	74.5＋258＋102＋40.5＋42.5＋49.5	2003	漂浮,与 45mT 构组合	2	边箱中板	2.5	29.5	1/103	1/8.9	8	103.8

续上表

序号	桥　名	跨径组合(m)	建成年代	体系	索面	梁截面	梁高(m)	梁宽(m)	高跨比	宽跨比	索距(m)	塔高(m)
4	宜宾中坝金沙江大桥	252+105+2×35	2003	漂浮	2	肋式板加纵梁	2.68	30	1/94.0	1/8.4	6	117.4
5	温州飞云江三桥	240+170+60		塔梁固结	2	三室箱	3.2	36.8	1/75	1/6.5	6	122.2
6	株洲建宁大桥	240+134+2×42	2004	塔梁墩固结	1	三室箱	3.5	30	1/68.6	1/8	7	114.4
7	广西云龙西江大桥	240	1998		2							
8	福州市三县洲闽江大桥	238+76+56+47	1999	塔梁墩固结	1	三室箱	3.28	30	1/72.6	1/7.9	7	105
9	武汉市江汉四桥	232+75.4+34+28.6	1999	塔梁墩固结	2	三室箱	2.2	23.5	1/105	1/9.9	8	110.5
10	重庆石门大桥	200+230	1988	塔梁墩固结	1	三室箱	4	24.5	1/57.5	1/9.4	8	106
11	攀枝花炳草岗金沙江大桥	149+200+51	1999	塔梁墩固结，与T构组合	2	肋板式	2.2	23.9	1/90.9	1/8.4	6	74.5
12	台湾基隆河桥	137+200	1999		1	四室箱	2	17.5	1/100	1/11.4		
13	黄山太平湖大桥	190+190	1996	塔梁墩固结	1	三室箱	3.5	18.2	1/54.3	1/10.4		86.3
14	浙江湖州南太湖大桥	67.5+92.5+190+38	1996		2	双主梁	2.8	40.5	1/67.9	1/4.7	6	约100
15	杭州钱塘江三桥	188+188	1996		1	五室箱	3.5	29.5	1/53.7	1/6.4		80
16	贵州红枫湖大桥	31.34+102+185	2004		2	肋式板		31		1/6.0		
17	重庆沙溪庙嘉陵江大桥	180+180	2001	塔梁墩固结	2	边箱	2.6	27.5	1/69.2	1/6.5	6	
18	广东三水大桥	110+180	1993		1	肋板式	1.7	20.5	1/106	1/8.8		88
19	湖北仙桃汉江大桥	50+82+180	2002	塔梁墩固结	2			25.6		1/7.0	8	
20	四川内江沱江三桥	2×28+32+175+30	1998		1	五室箱	2.6	33	1/67.3	1/5.3	10	78.7
21	通化西昌大桥	170+92.85+37.15			1	五室箱	3.645	28.5	1/46.6	1/6.0	6	83.2
22	南昌新八一大桥	168+168	1997		2	肋板式	2.5	28.4	1/64	1/5.6		86
23	浙江丽水紫金大桥	160+160			2	肋板式	2.5	30.5	1/64	1/5.2	8	
24	浙江临海大桥	36+110+160			1	梯形三室		31.2		1/5.1		80.77
25	广东九江大桥	160+160	1988	塔梁墩固结	2	四室箱	2.8	17.7	1/57.1	1/9.0	8	80
26	云南景洪西双版纳大桥	156+156	1999	漂浮	2	箱梁	2.5	14.82	1/62.4	1/10.5		85
27	云南三达地桥	145+145	1994	半漂浮	2	单室箱	1.6	12.4	1/90.6	1/11.7		87
28	山西十里河大桥	145+145		塔梁墩固结	1	三室箱	1.8	28.5	1/80.6	1/5.1		29
29	恩施施州大桥	30+100+145		塔梁墩固结	1	箱		21.5		1/6.7		66.65
30	绵阳涪江四桥	140+140	1999		1	梯形三室	3	31	1/46.7	1/4.5	6	89
31	青岛丹山水库桥	43+96+136	2001	半漂浮	4	肋板式	2	17.5	1/68	1/7.8		73.4
32	兰州开发区飞虹桥	133+133	1999	漂浮	2	四室箱	2.25	2.5	1/59.1	1/5.3		72.5
33	吉林市临江门大桥	132.5+132.5	1994		2	肋板式		27.5		1/4.8		67
34	广东西樵山大桥	125+110	1987		2	箱梁	1.25	16	1/100	1/7.8		60
35	浙江上虞人民路大桥	125+125	1995		2	边箱中板	2.2	26.5	1/56.8	1/4.7		76
36	金华金婺桥	100+125	1997		1	三室箱	2.2	24.7	1/56.8	1/5.1		57.5
37	南宁邕江三桥	122.5+122.5	1995		2	肋板式	1.76	26.5	1/69.6	1/4.6		
38	沈阳公和桥	114+120	2002	塔梁墩固结	1	五室箱	3.16	3.2	1/38.0	1/3.8	6.66	69.13
39	广西柳州壶西大桥	120+120	1994		2	肋板式	2.2	22	1/54.5	1/5.5		62
40	四川桐子林大桥	104+120	1990		2	三室箱	2.5	12.7	1/48	1/9.4		52

续上表

序号	桥　名	跨径组合(m)	建成年代	体系	索面	梁截面	梁高(m)	梁宽(m)	高跨比	宽跨比	索距(m)	塔高(m)
41	珠海横琴大桥	120+120	1999	塔梁墩固结	2	梁板	2.2	35.4	1/54.5	1/3.4		60
42	台湾集鹿大桥	120+120	1998		2							
43	齐齐哈尔扎兰屯桥	90+120			2	箱	1.1	13.5	1/109	1/8.9		51
44	衡阳湘江三桥	112+112	1998		2	肋板式	2.5	33.8	1/44.8	1/3.3		33.6
45	广东花县江村大桥	110+110	1997		2	肋板式	2	32.3	1/55	1/3.4		51.4
46	宁波甬江大桥	97+105	1991		2	三室箱		18		1/5.8		58
47	陕西咸阳渭河大桥	100+100	1995	漂浮	2	三室箱	2	24	1/50	1/4.2		69.6

2. 预应力混凝土连续刚构桥

预应力混凝土连续刚构桥是一种通用桥梁,无论在公路、铁路及市政道路工程中均得到广泛的应用。在公路工程中,世界上最大跨度的连续刚构桥为1998年建成的挪威Raft Sundet桥,该桥采用了(86+202+298+125)m四跨组合结构,全长711 m,298 m跨中部224 m采用了轻质混凝土;广东虎门大桥辅航道桥采用(150+270+150)m结构,是国内最大跨度的连续刚构桥。在铁路工程中,广珠西江容桂水道特大桥(108+2×185+114.7)m连续刚构,为国内铁路最大跨度连续刚构,其效果图如图3-12-1所示。

图3-12-1　广珠西江容桂水道特大桥主桥效果图

3. 预应力混凝土斜拉桥与预应力连续刚构组合桥的发展现状

独塔斜拉连续刚构组合结构在实际应用中并不多见,国内仅广东金马大桥、宁波招宝山大桥和攀枝花炳草岗金沙江大桥采用该组合结构,上述均为公路市政桥梁。而斜拉桥在铁路工程中的应用本来就少,广珠城际西江特大桥主桥的独塔斜拉连续刚构组合结构作为高速铁路桥梁,属于世界首创。

我国最大的独塔混凝土斜拉桥为广肇高速公路跨西江的金马大桥,主跨为2×283 m,由斜拉桥悬臂施工的223 m梁与T构60 m悬臂梁刚接组成,是斜拉桥与T构的组合体系(图3-12-2)。283 m的跨径已超过主跨274.3 m的美国东Huntington桥而居独塔混凝土斜拉桥的世界首位。双索面,塔梁墩固结,梁为肋板式截面,高2 m,宽28.5 m,梁高跨比为1/141.5。

预应力混凝土斜拉桥与双侧T型刚构组合桥首次在广肇高速公路跨西江的金马大桥成功应用后,在广珠城际铁路铁路创造性地应用于大型预应力混凝土斜拉桥。

广珠城际铁路西江特大桥主桥跨越西江,西江为国家Ⅲ级航道,规划Ⅰ级航道,两孔通航,水深30 m,通航3 000 t级海轮,净高不小于22 m。为满足通航要求和尽可能地降低线路高程,主桥采用(100+2×210+100)m独塔斜拉连续刚构组合结构,为国内铁路桥梁首次采用,其效果图如图3-12-3所示。

12.1.2　预应力混凝土斜拉桥与连续刚构组合桥结构设计特点

1. 多个基本结构形成的组合体系桥梁

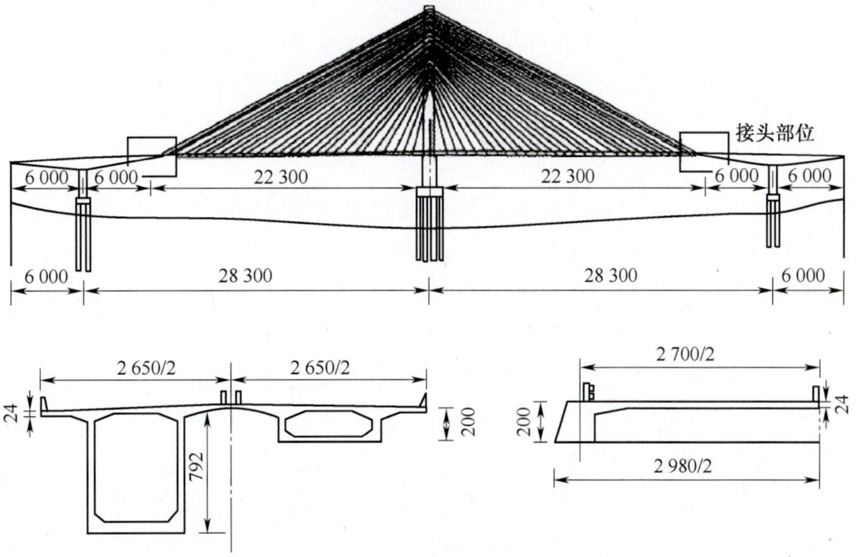

图 3-12-2　广东金马大桥主桥总体布置图(单位:cm)

图 3-12-3　广珠城际铁路西江特大桥主桥效果图

相对于基本结构体系的桥梁而言,组合体系桥梁一般是为满足一定的功能,由多种基本结构体系共同受力形成的结构。广义的组合体系的概念宽泛,除梁桥、拱桥、索桥为基本结构体系外,其他桥式均可以看成组合体系,如连续梁可以看成简支梁之间的组合, 而组合后形成的体系可以作为新的结构体系参与组合,构成多层次的组合,如连续梁可与拱桥组合构成系杆拱桥。如果把常见的、相对固定的桥梁结构形式看作基本结构体系,包括简支梁桥、连续梁桥、悬臂梁桥、拱桥、斜拉桥、悬索桥、刚构桥等,那么由这些分体系相互组合形成的桥梁新体系就形成了通常意义上的组合体系,如系杆拱桥、悬索拱桥、斜拉—悬索组合桥梁、刚架拱桥、部分斜拉桥 (低塔斜拉桥、矮塔斜拉桥)、斜拉拱桥、连续刚构—连续梁桥、斜拉—T 构组合桥梁等。

2. 不同荷载条件下的荷载分配不同

在不同的组合体系中,体系各基本结构参与受力的模式和承当的荷载比例是不同的,当各基本结构承当的荷载有明显的几何界限时,称为分载组合,否则可称为共载组合。承受不同的荷载,其组合方式可能不同,考察各个方向的力和力矩的传递方式,就可明确组合体系中各个分体系之间是如何具体组合承当荷载的。对斜拉桥同 T 构的组合体系桥梁,如金马大桥,在竖向恒载和横向风荷载作用下,由连接部位形成几何分界,斜拉桥和 T 构相对独立地承当自己结构上的荷载,使得跨径得到延伸,为分载组合;在水平荷载作用下,斜拉桥和 T 构按照抗推刚度比共同承水平推力,为共载组合。

3. 各基本结构的长度、刚度、比例及连接部设计是组合体系设计的关键

分载组合体系的结构长度比例确定、连接部位设计,以及共载组合体系中刚度比例优化都直接影响到体系的协同作用的程度以及基本结构承受荷载的大小,进而影响到结构尺寸的拟定、构件间内力的传递、组合体系经济性能等,是组合体系设计的关键。对于分载组合, 位于几何界限处的连接部位是保证力能够顺利传递的关键部位,必须精心设计接头,保证力的传递和接头部位的安全性;根据对整体结构的研究,可以确定各种主要荷载的组合方法, 也就决定了连接部位的连接形式;在共载组合情况下,需要考察荷载按刚度分配的规律, 结构的相对刚度比决定了各结构分配到的荷载,然后对分体系计算荷载响应,从而得到结构的力学

特性。在部分斜拉桥的设计中,最关键的参数是斜拉索部分和受弯连续梁部分承当荷载的比值,它直接影响到结构的总体布置和初步尺寸拟定。由此可见,对组合体系的各种荷载的分配方式进行考察,将组合类别区分为分载组合和共载组合,有利于掌握结构组合的关键,方便设计人员把握基本体系间的相互关系,弄清协同作用通过哪些部件实现,以怎样的方式承当和传递各种荷载等,然后可按照常规体系桥梁进行设计。

4. 组合体系桥梁结构受力合理,具有良好的经济性

斜拉桥与连续梁或刚构的组合,如广珠城际铁路西江特大桥主桥,其采用(100+2×210+100)m 独塔斜拉连续刚构组合结构,为国内铁路桥梁首次采用。斜拉桥塔梁墩固结,刚构采用双薄壁柔性墩,斜拉桥主梁同刚构主梁固结连接,通过组合,在不增加塔高和斜拉索用量的情况下增大了主跨,减少了深水墩数量,有利于通航、泄洪及抗船撞,也降低了施工难度和工程投资,具有良好的经济性。

理论分析结果表明:由于斜拉索的竖向加劲作用,结构受力状态明显改善,主梁长期变形得到有效控制,结构总体竖向刚度主要受索塔及主梁刚度的共同影响,塔柱旁主梁截面剪力、计算弯矩以及中跨中收缩徐变挠度,组合结构均明显优于普通连续刚构。由于斜拉索的加劲作用,与普通连续刚构比较,组合结构减小了主梁结构高度,主梁和下部结构混凝土减少,主梁纵向预应力索减少,只是索塔混凝土和斜拉索数量增加。总体而言,组合结构经济效应明显优于普通连续刚构。

12.1.3　预应力混凝土斜拉桥与连续刚构组合桥总体施工步骤

12.1.3.1　依托工程简介——广珠城际铁路西江特大桥主桥

1. 工程地理位置

广珠城际轨道工程为广州至珠海的新建铁路,是融合城市市内轻轨、城间快速交通和客运专线、路网于一体的新型交通工程。广珠城际铁路西江特大桥位于广珠城际轨道交通工程江门支线,起于中山市古镇,止于江门市外海镇,起讫里程 JDK53＋599.87～JDK57＋394.75,中心里程 JDK55＋504.365,全长 3 809.99 m,线路呈东西走向,沿途主要经过苗圃、村镇、鱼塘,主桥横跨西江。

2. 西江特大桥主桥总体设计

西江特大桥主桥桥跨组合为(100+2×210+100)m,主桥长 620 m;结构形式采用独塔斜拉连续刚构组合。西江主桥共 5 个桥墩,其中 71 号墩位于陆地上;72 号～75 号墩位于西江河道中:72 号墩位水深约 6 m,73 号墩位水深约 30 m,74 号墩位水深约 26 m,75 号墩位水深约 3 m;73 号、74 号墩承台位于水面以下约14 m,为高桩承台基础。

73 号墩为主索塔墩,采用塔、梁、墩固结。索塔为曲线钻石形结构,下塔柱采用单箱双室渐变截面,中塔柱采用两分离的单箱单室等截面,上塔柱采用单箱单室渐变截面。

72 号、74 号墩采用墩梁固结的刚构体系,墩身为双薄壁墩;71 号、75 号墩为实心墩。主梁采用 C60 低徐变、抗开裂高性能混凝土,截面为单箱双室,两边腹板为直腹板,如图 3-12-4 所示。主桥立面位于 ±25‰ 纵坡上,对称于索塔中心。斜拉索采用 Φ_j15.24 高强低松弛环氧钢绞线,其标准强度 1 860 MPa,要求单根可调可换。设计为空间双索面。桥面系设计为双线有砟轨道桥面。

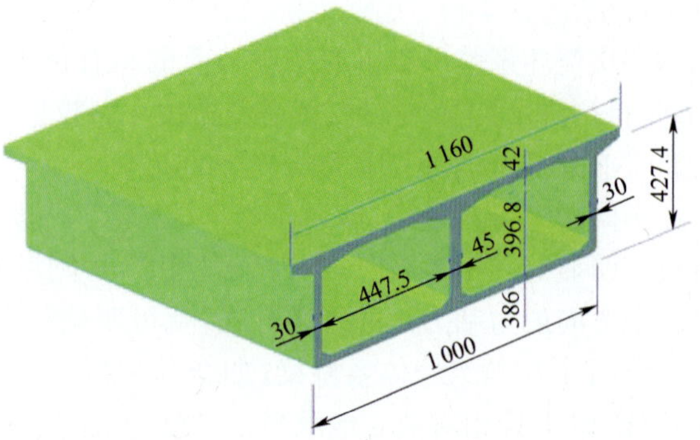

图 3-12-4　主梁一般构造图(单位:cm)

3. 基础

西江主桥基础设计均为钻孔桩,每墩布置 12 根桩,71 号、75 号墩为 ϕ1.5 m 桩,桩长分别为 54 m、56 m;72 号～74 号为 ϕ2.8 m 桩,桩长分别为 80 m、85 m、80 m。

4. 承台

71 号、75 号墩承台结构尺寸相同,承台分上下两层,下层为 17.6 m×10.6 m×3 m 的长方体,上层为 2m 高的四棱台体,单个承台圬工总量为 775.5 m^3。72 号、73 号、74 号墩承台采用相同的设计,分上下两层,下层尺寸为 22.6 m×16.6 m×5 m(倒角为 R=1.5 m 的圆倒角),圬工量 1 866.1 m^3,上层为 H=2 m 的台阶,圬工量 323.3 m^3,单个承台圬工总量为 2 189.4 m^3。其中 73 号、74 号墩承台位于西江河道中,墩

位处水深分别约为 30 m、26 m，承台底距水面约 14 m。

5. 墩身及塔柱

71 号、75 号墩柱为普通大体积矩形实心墩，形状一样，其中 71 号墩高 22.5 m，75 号墩高 29.5 m；72 号、74 号墩为连续刚构主墩，墩身为双薄壁墩，均为 27 m 高；73 号墩为主索塔墩，索塔采用曲线钻石形桥塔，塔高 109 m(高程−2.594～+106.406)，其中桥面以下高约 39 m，埋入水面以下约 14 m；桥面以上塔高 70.0 m，桥面以上塔的高跨比为 1/3；上塔柱高 28 m，为单箱单室截面，顺桥向宽 7.0 m，横桥向宽 5.000～7.330 m，纵向壁厚 1.2 m，横桥向厚 0.8 m，设直径 32 mm 的精轧螺纹钢环向预应力，井字形布置；中塔柱为两分离的单箱单室截面，顺桥向宽 7.0 m，横桥向宽 3.0 m，纵向壁厚 1.0 m，横向壁厚 0.7 m；下塔柱采用单箱双室截面，顺桥向宽 7.0 m，横桥向宽 10.0～13.0 m，壁厚 1.5 m。索塔四周设 20 cm×20 cm 切角，在索塔侧面自上而下设 240 cm 宽、20 cm 深的嵌槽，在索塔之上塔柱正面设置 100 cm 宽、10 cm 深的嵌槽，并与上塔柱以圆弧连接。上塔柱和中塔柱由半径为 368.55 m 的圆弧连接而成。上塔柱与中塔柱间设置上横梁，高 2.5 m。

6. 主梁

全梁共分 141 个节段，包括 3 个 0 号段、2 个(6 个节段)边跨现浇段，4 个合龙段及 128 个悬臂浇筑梁段，节段长度分 18 m、15.8 m、2.0 m、3.0 m、4.0 m、6.0 m 六种，最大悬臂浇筑块重 3 007.5 kN。根据梁段所处位置，边跨依次编号为 S1 ～S24，中跨为 M1′～M20′及 M1 ～M25，72 号、74 号墩墩梁结合部编号为 S0，73 号墩墩梁塔结合部编号为 M0。主梁对称于索塔 M12～M24 梁段为有索区悬灌段，其余为无索区悬灌段。具体设计如图 3-12-5 所示。

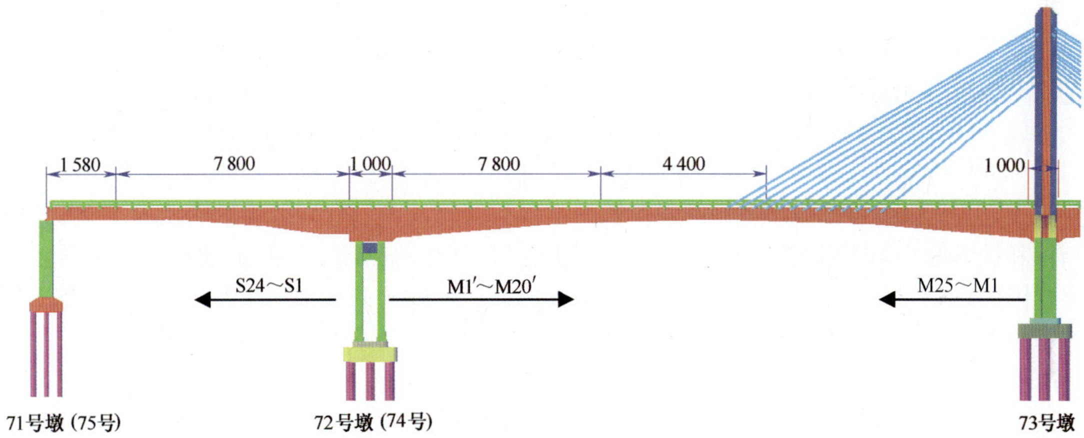

图 3-12-5　梁段布置示意图(单位：cm)

箱梁中支点处梁高 11.0 m，端支点处及中跨中央处梁高 4.5 m，其中中支点处(梁高 11.0 m)平段长 10.0 m，边跨直线段(梁高 4.5 m)平段长 15.8 m，中跨中央(梁高 4.5 m)平段长 44.0 m，中间 78.0 m 长度变高段梁底曲线为二次抛物线。

箱梁为单箱双室截面，腹板均为直板，腹板厚度分 0.3 m，0.45 m，0.6 m 三种，局部加厚至 0.75 m；箱梁顶板除索梁锚固区局部加宽至 13.8 m 外，其余宽度均为 11.6 m，顶板厚 42 cm；箱梁底板宽 10.0 m，底板厚度由 4.5 m 梁高处的 0.35 m 渐变至 11.0 m 梁高处的 1.2 m，局部加厚至 1.4 m，按二次抛物线规律变化。

箱梁采用纵、横、竖三向预应力体系。纵、横向采用低松弛钢绞线，竖向采用直径 32 mm 的精轧螺纹钢。纵横向采用塑料波纹管成孔，真空辅助压浆；竖向采用铁皮套管成孔。所有预应力张拉时，混凝土强度不低于设计强度的 90%且龄期不得少于 7 d。

7. 斜拉索体系

斜拉索采用空间双索面体系，全桥共设 52 根斜拉索，其中单个索面分别设置 13 根。桥面斜拉索穿过箱梁并锚固于箱梁外侧。按设计要求，其张拉端设在主塔上塔柱锚固段，固定端设置在箱梁顶部外侧。斜拉索梁上间距为 6.0 m，塔上间距为 1.6 m 和 1.7 m。

索体采用 Φ15.24 高强低松弛平行环氧涂层钢绞线群锚拉索，锚具采用 OVM250 拉索体系。钢绞线标准强度为 1 860 MPa,弹性模量为 1.95×10^5 MPa;延伸率≥3.5%,其疲劳性能为:应力上限为 $0.45\sigma_b$,应力幅为 250 MPa 的情况下,受 200 万次荷载作用后不断裂。斜拉索用钢绞线共计约 222.7 t。斜拉索设计参数见表 3-12-2。

表 3-12-2　斜拉索设计参数表

序号	斜拉索号	锚具规格(孔)	设计初张拉力(kN)	设计调整力(kN)	序号	斜拉索号	锚具规格(孔)	设计初张拉力(kN)	设计调整力(kN)
1	C01	22	1 375	1 500	8	C08	37	2 000	2 750
2	C02	22	1 375	1 500	9	C09	37	2 000	2 750
3	C03	27	1 750	2 000	10	C10	37	2 000	2 750
4	C04	27	1 750	2 000	11	C11	43	2 000	3 000
5	C05	31	1 900	2 250	12	C12	43	2 000	3 000
6	C06	31	1 900	2 250	13	C13	43	2 000	3 000
7	C07	31	1 900	2 250					

12.1.3.2　预应力混凝土斜拉桥与连续刚构组合桥总体施工步骤

预应力混凝土斜拉桥与连续刚构组合桥施工步骤应按照设计要求的施工顺序进行,一般按照"先各墩独立平行施工、后分步合龙成整体"的原则进行。

12.1.4　预应力混凝土斜拉桥与连续刚构组合桥关键施工技术

12.1.4.1　预应力混凝土斜拉桥与连续刚构组合桥塔梁同步施工技术

1. 塔梁同步施工的必要性

由于预应力混凝土斜拉桥与连续刚构组合桥结构的特点,一方面,中间斜拉桥的主墩(含塔身)比两侧(或单侧)连续刚构的墩身结构设计和施工环境更复杂,再加上塔身施工需要,中间斜拉桥的主墩(含塔身)施工时间长得多;另一方面,悬灌施工的中间斜拉桥的主梁长度比两侧(或单侧)连续刚构的主梁长度大,且存在横梁结构和挂索施工等因素的影响,中间斜拉桥的主梁长度比两侧(或单侧)连续刚构的主梁悬灌施工时间长得多。因此,基于同时开工,中间斜拉桥施工均成为整个工程的关键工期线路。鉴于上述原因,塔梁同步施工对有效地缩短关键线路工期具有重要的价值。

2. 塔梁同步施工的技术可行性

由于塔、墩、梁固结的斜拉桥的梁部一般存在一定长度的无索区,该区段梁部理论上可与塔同步施工;塔梁同步施工存在线形控制、施工安全控制等方面的相互影响,但可以通过采取针对性的技术措施进行有效地控制。

3. 塔梁同步施工的技术控制要点

(1)线形控制。

1)塔身施工对主梁线形的影响及控制。塔梁同步施工时,塔身施工对主梁线形的影响主要在于后期施工的塔身自重引起索塔基础沉降和下塔柱压缩变形,导致主梁顶面高程变化。该影响可以通过精确计算后期施工的塔身自重引起索塔基础沉降和下塔柱压缩变形值,在 0 号段施工时预设抬高值的方法进行控制。

2)主梁施工对塔身线形的影响及控制。主梁施工对塔身线形的影响主要在于梁面上不对称的临时堆重、主梁两侧混凝土悬灌不一致、挂篮前移时两边进度不均衡及纵向预应力张拉未保证大小里程、上下游对称均衡等因素。针对上述情况,制订相应的控制措施消除不平衡荷载对塔柱施工线形的影响:

①严格控制梁面堆重,只能堆放在 0 号段范围内,且对称堆放。

②悬灌施工中混凝土入模位置以及灌注的顺序,必须两边对称。灌注前检查模型加固情况,避免跑模、胀模、漏浆,同时严格控制两边灌注的进度,误差控制在 2 m^3 以内。

③挂篮移动时统一指挥,移动的距离必须分段划线标明,移动中用对讲机保持联系,严格控制挂篮的均衡移动,误差控制在 50 cm 以内。

④纵向预应力张拉采用 8 台千斤顶同步张拉,保证大小里程、上下游张拉绝对均衡。

⑤塔柱测量放样时尽量安排在悬灌段等强养护期间(主梁等强龄期要求为 7 d),除养护之外停止一切梁

面施工。

(2)安全控制。塔梁同步施工时，存在上下交叉作业现象，应针对高空作业、坠物打击等重大危险源，采取合理布置作业区域、优化施工方案和设置防护棚架、安全通道等技术措施，按照"安全第一、预防为主、综合治理"方针，确保施工安全。其中，理布置作业区域的目的是尽量减少上下交叉作业的重叠区域，优化施工方案的目的是从技术措施上塔身施工对主梁作业的影响，设置防护棚架、安全通道等。

12.1.4.2　斜拉桥与连续刚构组合桥低收缩徐变的高性能混凝土施工技术

1. 采用低收缩徐变的高性能混凝土的必要性

由于预应力混凝土斜拉桥与连续刚构组合桥结构的特点，其属于多次超静定结构，混凝土收缩徐变对结构受力性能必将产生不利的影响，具体表现在以下几个方面：

(1)混凝土收缩徐变导致结构次应力产生。因预应力混凝土斜拉桥的塔、墩、梁固结和连续刚构的墩、梁固结，再加上斜拉索的作用，结构为复杂的超静定结构，主梁混凝土收缩徐变必将导致结构次应力产生，并且随着混凝土收缩徐变值的增加而增加，因此，从结构受力而言应严格控制混凝土的收缩徐变。

(2)混凝土收缩徐变导致主梁产生裂纹。预应力混凝土斜拉桥与连续刚构组合桥主梁一般采用单箱双室或多室结构，由于箱梁腹板影响和已浇筑节段箱梁的横向约束作用，新浇筑节段箱梁底板在各箱室中心区域易产生纵向裂纹，并且随着混凝土收缩徐变的增加和节段施工间隔时间越长而加剧。

2. 低收缩徐变的高性能混凝土的技术控制要点

高性能混凝土一般采用常规的水泥、砂石作为原材料，使用常规的制作工艺，主要依靠外加高效减水剂，或同时外加一定数量的矿物掺和料，使拌和物具有良好的工作性能，并在硬化后具有高性能特性的水泥混凝土。其中，配制高性能混凝土的技术主要包括高效减水剂、外掺料、高强度等级水泥的原材料技术和低水胶比(0.20～0.30)、最佳集料级配(砂率适中，36％～40％)的配制技术。需达到的目标为：

(1)确保低水胶比(≤0.29)混凝土工作性和力学性能优良。

(2)避免低水胶比引起的混凝土开裂。

(3)保证混凝土的高耐久性。

(4)有效降低混凝土收缩徐变，减小预应力损失，保证混凝土结构安全。

在广珠城际铁路西江特大桥主桥的工程实践中，采用常规材料及通用工艺，通过低水胶比、低胶凝材料用量，成功研究了C60大流动性、28 d龄期抗压强度超过80 MPa、耐久性优异的高性能混凝土，试验内容包括配合比的设计、拌和物性能、抗裂试验、抗压强度、劈裂强度、轴心抗压强度、静力学弹模、电通量、抗渗性、徐变等，从而解决长期困扰混凝土结构物各种缺陷，制定合理的施工方案，确保了工程质量全面创优。

低收缩徐变混凝土配合比设计思路：

1)选用优质、适用和经济合理的原材料，优化混凝土配合比，确保混凝土工作性、力学性能、耐久性。

2)使用广西华润42.5普通硅酸盐水泥，掺入台山电厂Ⅰ粉煤灰和东莞华润水泥厂S95磨细矿渣粉(矿粉)活性矿物材料，并保证一定的掺量，大幅度提高混凝土的内部结构致密性，降低混凝土渗透性，增加耐久性能。

3)使用与水泥等胶凝材料具有较好相容性的江苏博特新材料有限公司生产的JM-PCA(Ⅰ)聚羧酸高效减水剂，保证混凝土拌和物有良好的工作性，降低用水量，既保证混凝土拌和物有良好的工作性，又提高混凝土强度，减少收缩和徐变。

4)降低混凝土水胶比。水胶比的大小反映了混凝土抗渗透性能差异，水胶比越小，混凝土的密实性越好，抗渗透性越好，耐久性越好。

低收缩徐变混凝土配合比设计思路如图3-12-6所示。

低收缩徐变混凝土制备及性能检测：

1)原材料的选择。

水泥：广西华润水泥厂生产的"红水河"牌P·O42.5普通硅酸盐水泥，主要技术指标见表3-12-3。

矿渣粉：东莞华润水泥厂出厂的S95磨细矿渣粉，主要技术指标见表3-12-4。

粉煤灰：台山电厂出厂的Ⅰ级粉煤灰，主要技术指标见表3-12-5。

外加剂：经过试验比对，优选江苏博特新材料有限公司生产的JM—PCA(Ⅰ)聚羧酸高效减水剂，其减水率高达30％，其余各项指标均满足《客运专线预应力混凝土预制梁暂行技术条件》(铁科技函〔2004〕120

号)的要求,掺量1.0%。主要技术指标见表3-12-6。

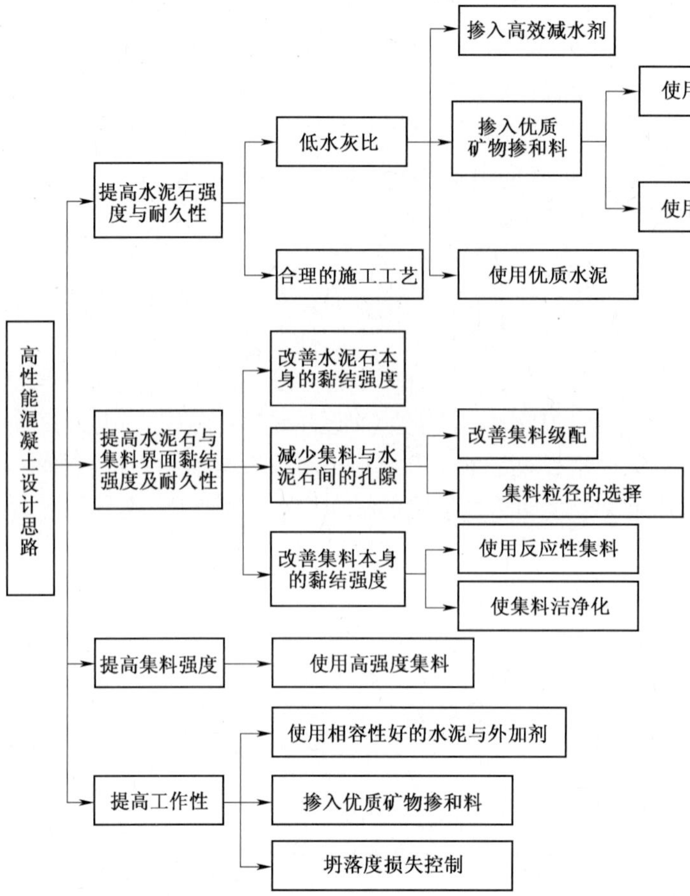

图3-12-6　低收缩徐变混凝土配合比设计思路

表3-12-3　水泥的主要技术指标表

检测项目	细度(%)	烧失量(%)	游离CaO含量(%)	Cl^-含量(%)	碱含量(%)	抗压强度(MPa)		抗折强度(MPa)	
						3 d	28 d	3 d	28 d
实测结果	2.6	4.19	0.56	0.007	0.47	30.5	50.2	5.7	8.1

表3-12-4　矿渣粉的主要技术指标表

检测项目	SO_3含量(%)	烧失量(%)	比表面积(cm^2/g)	Cl^-含量(%)	碱含量(%)	需水量比(%)	密度(g/cm^3)	28 d活性指数(%)
实测结果	2.0	1.73	460	0.009	0.50	96	2.84	115

表3-12-5　粉煤灰的主要技术指标表

检测项目	SO_3含量(%)	烧失量(%)	体积安定性	Cl^-含量(%)	碱含量(%)	需水量比(%)	游离氧化钙(%)	细度(%)
实测结果	2.2	1.54	合格	0.011	0.90	93	0.69	6.6

表3-12-6　减水剂的主要技术指标表

检测项目	减水率(%)	含气量(%)	对钢筋锈蚀作用	Cl^-含量(%)	碱含量(%)	抗压强度比(%)			28 d收缩率比(%)
						3 d	7 d	28 d	
实测结果	30	3.5	无锈蚀	0.01	2.24	276	265	227	120

粗骨料:选用质地坚硬的珠海洪湾5～25 mm连续级配花岗岩反击破碎石,分别由粒径为5～10 mm和10～25 mm两种规格按3∶7复合而成,主要技术指标见表3-12-7。

细骨料：选用级配合理、质地均匀坚固、吸水率低、空隙率小的肇庆西江中砂，细度模数2.6～2.9，主要技术指标见表3-12-8。

表3-12-7　粗骨料的主要技术指标表

检测项目	含泥量(%)	泥块含量(%)	压碎指标(%)	针、片状颗粒量(%)	Cl^-含量(%)	坚固性(%)	母岩强度与混凝土设计强度之比	碱—硅酸反应砂浆膨胀率(%)
实测结果	0.3	0	4.5	2.8	0.003	3	2.5	0.08

表3-12-8　细骨料的主要技术指标表

检测项目	含泥量(%)	泥块含量(%)	云母含量(%)	轻物质含量(%)	Cl^-含量(%)	坚固性(%)	有机物含量	碱—硅酸反应砂浆膨胀率(%)
实测结果	0.8	0	0	0.1	0.012	3	不深于标准色	0.06

水：广东江门自来水。

2)配合比设计方案。高性能混凝土胶凝材料用量一般在500 kg/m^{3}左右，这种较大胶凝材料用量会给混凝土的使用带来许多问题，如水化热大、收缩徐变增大，耐久性降低等。由于水胶比一般较小，混凝土中有一部分水泥没有水化，这部分水泥只能起填充作用，因此，掺加矿物掺和料粉煤灰、矿粉置换部分水泥，利用掺和料填充并细化混凝土孔结构，提高了混凝土的密实度，改善水泥浆与粗集料间的界面结构，不仅可以解决这些水化热大、收缩徐变增大，耐久性降低等问题，还能改善混凝土的工作性能，提高混凝土的后期强度，降低混凝土成本，满足可持续发展的要求，具有重要的经济和环保意义。根据设计文件要求要求，结合高性能混凝土的特点，本文采用粉煤灰和矿粉双掺，以新拌混凝土的工作性和硬化混凝土力学耐久性等控制指标来配制满足要求的高性能混凝土，确定粉煤灰和矿粉掺量的适宜比例。配合比设计的主要原则如下：

①根据对矿物掺和料密实填充性的分析，配制高性能混凝土时，最好将不同种类的矿物掺和料复合使用，本研究采用的方案是Ⅰ级粉煤灰＋磨细矿渣粉的掺入方式。

②胶凝材料用量和掺量的确定：为保证所配制的高性能混凝土具有较好的流动性，所以必须要保证混凝土中浆体体积必须要足够大，在多次试拌的基础上，本研究选用胶凝材料500 kg/m^{3}的技术路线。在胶凝材料中，按照水泥＋粉煤灰＋矿渣粉的复合体系，最大掺和料掺量不得大于30%(《客运专线预应力混凝土预制梁暂行技术条件》的规定)，本研究水泥用量确定为胶凝材料的70%。

③水胶比：水胶比是混凝土材料的强度大小的决定因素。水胶比的降低，最直接的结果是混凝土孔隙率的降低，密实度提高，其他力学性能指标也得以大幅度提高。参照设计要求：C60低徐变高性能混凝土的水胶比不大于0.29。

④砂率：砂率对混凝土的弹性模量有较大影响，随着砂率的增大，弹性模量有减小的趋势。在满足混凝土工作性的前提下，应尽量采用较小的砂率，故砂率选择38%。

根据初步试验结果，以粉煤灰、矿粉分别单掺和双掺配制C60高性能混凝土，新拌混凝土坍落度控制在(220±20) mm，选取有代表性的混凝土配合比试验方案见表3-12-9。

表3-12-9　配合比试验方案表

编号	水泥(kg)	矿粉(kg)	粉煤灰(kg)	砂(kg)	砂率(%)	石(kg)		小石/大石	外加剂(kg)	水(kg)	水胶比
						小石	大石				
CF0S0	500	0	0	661	38	216	863	2∶8	5.0	145	0.290
CF0S10	450	50	0	661	38	216	863	2∶8	5.0	145	0.290
CF0S20	400	100	0	661	38	216	863	2∶8	5.0	145	0.290
CF0S30	350	150	0	661	38	216	863	2∶8	5.0	144	0.288
CF10S0	450	0	50	661	38	216	863	2∶8	5.0	144	0.288
CF20S0	400	0	100	661	38	216	863	2∶8	5.0	144	0.288
CF30S0	350	0	150	661	38	216	863	2∶8	5.0	144	0.288
CF10S20	350	100	50	661	38	216	863	2∶8	5.0	144	0.288
CF10S10	400	50	50	661	38	216	863	2∶8	5.0	143	0.286
CF20S10	350	50	100	661	38	216	863	2∶8	5.0	143	0.286

3)混凝土性能检测和结果分析。混凝土性能检测包括混凝土工作性测试、力学性能测试、耐久性能测试等内容,检测结果见表 3-12-10。从试验结果可以得出以下结论:

①JM-PCA(Ⅰ)聚羧酸高效减水剂和胶凝材料的适应性很好,即使是在单掺粉煤灰或矿粉的情况下,混凝土工作性也很好。

②随着龄期增长,掺粉煤灰混凝土力学性能和耐久性都大幅度提高;粉煤灰对混凝土力学性能和耐久性的影响随龄期增长而不同,7 d 以前,随粉煤灰掺量增加,混凝土性能降低;但水化 28 d 时粉煤灰掺量 10%、20%的混凝土与纯水泥混凝土性能相近;至 90 d,掺 20%粉煤灰混凝土比掺 10%粉煤灰和纯水泥混凝土性能好,即粉煤灰的最佳掺量在 20%左右。

③随着龄期增长,掺矿粉混凝土力学性能和耐久性都大幅度提高;矿粉对混凝土力学性能和耐久性的影响随龄期增长而不同,7 d 以前,随矿粉掺量增加,混凝土性能降低;但水化 28 d 和 90 d 时,掺 10%矿粉混凝土比掺 20%和 30%矿粉及纯水泥混凝土性能都好,即矿粉的较适宜掺量在 10%左右。

④双掺 20%粉煤灰和 10%矿粉混凝土工作性、力学性能和耐久性都比其他混凝土好,进一步表明:配制高性能混凝土时,粉煤灰最佳掺量在 10%左右,矿粉最佳掺量在 20%左右。

⑤高性能混凝土弹性模量偏大,与使用反击破碎石和低水胶比有密切的关系。

表 3-12-10 配合比试验结果表

编号	坍落度(mm)	扩散度(mm)	电通量(C)	抗蚀系数	劈裂抗拉强度(MPa)	弹性模量(GPa)			标养抗压强度(MPa)		
						7 d	28 d	90 d	7 d	28 d	90 d
CF0S0	210	480	620	0.85	4.8	38.5	42.5	44.7	68.4	79.1	85.2
CF0S10	220	500	550	0.91	5.6	41.3	47.3	49.8	66.6	83.5	96.4
CF0S20	215	470	440	0.89	5.3	39.4	44.8	46.1	64.5	82.3	93.5
CF0S30	200	450	390	0.86	4.5	37.0	41.5	43.9	63.8	80.8	91.2
CF10S0	210	500	500	0.94	5.7	37.8	43.8	47.6	65.9	77.8	90.3
CF20S0	220	520	400	0.95	5.6	36.2	45.3	48.5	62.1	79.1	94.5
CF30S0	205	480	330	0.88	5.2	34.4	41.0	46.2	59.0	76.3	83.4
CF10S20	225	500	250	0.97	6.0	40.2	44.6	49.0	67.1	84.2	98.8
CF10S10	220	490	290	0.96	5.8	38.5	45.5	50.1	66.8	86.0	101.5
CF20S10	230	520	235	0.98	6.2	37.3	46.8	52.4	65.5	88.3	105.2

4)配合比优选。由于矿粉的单价较高,造成混凝土的成本偏高,为了有效降低成本,进一步提高混凝土的技术性能,在总结工艺试验的基础上,进行了混凝土配合比优选。优选按下列路线进行:

①尽量降低胶凝材料的总量,特别是降低水泥的用量,有利于降低混凝土收缩徐变。

②遵循配合比设计方案的成果,对各种性能满足设计和施工要求配合比进行经济性分析,节约成本。

试验结果分析,CF10S20、CF10S10 、CF20S10 三个配合比胶凝材料都为 500 kg/m^3,矿物掺和料比例不同,水胶比接近(0.286~0.288),粗、细骨料相同,混凝土工作性、力学性能和耐久性都优良,都能满足设计和施工要求,可在本工程中使用,但 CF20S10 配合比 28 d 后的力学性能和耐久性更优异,作为最终使用的配合比(表 3-12-11)。

混凝土配合比经济对比分析(表 3-12-12)指标表明,CF20S10 配合比最经济,较 CF10S20 和 CF20S10 配合比成本分别低 11.5 元和 3 元,优选 CF20S10 配合比进行施工。

表 3-12-11 低徐变 C60 高性能混凝土优选配合比

编号	水泥(kg)	矿粉(kg)	粉煤灰(kg)	砂(kg)	砂率(%)	石(kg)		小石/大石	外加剂(kg)	水(kg)	水胶比
						小石	大石				
CF20S10	350	50	100	661	38	216	863	2∶8	5.0	143	0.286

5)工艺试验。利用施工 73 号~75 号桥墩的机会,采用 CF20S10 配合比,组织进行了 C60 配合比工艺性能试验,试验结果见表 3-12-13。

表 3-12-12 混凝土配合比经济对比分析表

编号	单位	水泥	矿粉	粉煤灰	砂	石子	水	外加剂	单价(元)
CF10S20	kg	350	100	50	661	1 079	144	5	303.91
	元/t	320	410	190	50	65	5	7 500	
	元	112	41	9.5	33.1	70.1	0.72	37.5	
CF10S10	kg	400	50	50	661	1 079	143	5	299.41
	元/t	320	410	190	50	65	5	7 500	
	元	128	20.5	9.5	33.05	70.14	0.72	37.5	
CF20S10	kg	350	50	100	661	1 079	143	5	292.41
	元/t	320	410	190	50	65	5	7 500	
	元	112	20.5	19	33.05	70.14	0.72	37.5	

表 3-12-13 CF20S10 工艺试验混凝土性能统计表

配合比编号	抗压强度(MPa)			弹性模量(×10⁴MPa)			电通量(C)	坍落度(mm)			扩散度(mm)		
	R_4	R_7	R_{28}	E_7	E_{28}	E_{56}	56(d)	0 h	0.5 h	1 h	0 h	0.5 h	1 h
CF20S10	56.6	65.8	82.8	3.82	4.62	5.23	275	220	210	205	600	580	550

从试验情况来看：

①搅拌站配料精度满足规定要求，在规定的时间内能拌制满足要求的混凝土。

②CF20S10 可泵性能良好。

③现场混凝土强度和弹模与室内标准试验差别不大，满足设计和施工要求。

④混凝土浇筑后 17 h 左右芯部温度最高为 59.5 ℃，未超过 60 ℃，具有更好的抗裂性能。

6)混凝土收缩徐变性能。在恒载作用下，混凝土的变形随时间延长而不断增加，这种变形称为徐变，又称蠕变。徐变在加载初期发展特别快，而后逐渐减慢，其延续时间可达数年。一般在加载的第一个月内完成全部徐变量的 40%，3 个月完成 60%，一年到一年半约完成 80%，在 3～5 年内基本完成。对于高性能混凝土与普通混凝土的徐变认识得出了一些共性的看法：一是骨料对限制收缩徐变起重要作用；二是高性能混凝土徐变比普通混凝土徐变显著降低，主要归因于高性能混凝土的低水胶比以及低的干燥徐变；三是收缩徐变主要发生在浆体区，其不均匀性主要集中在浆体富集区；四是最大的应变以及最大的应变差主要发生在界面过渡区。高性能混凝土由于采用低水胶比以及掺加矿物掺和料改善了界面过渡区结构，使得混凝土更趋于均匀。

①相对湿度对收缩徐变的影响显著。环境越干燥，收缩徐变越大。这主要是由总收缩徐变中的干燥收缩徐变引起的，在其他条件相同时，水中或相对湿度 100%空气中的混凝土结构徐变为 1，在相对湿度为 65 时，徐变增大 2.3 倍。

②加荷龄期对收缩徐变的影响。在其他条件相同条件下，混凝土的收缩徐变随着加荷时间的延后而减小，也就是说，混凝土加荷时强度越高，收缩徐变越小，3 d 加荷的收缩徐变系数为 28 d 加荷的 2.0 倍。

③混凝土组成对徐变的影响。粉煤灰和矿粉双掺对混凝土收缩徐变的作用主要有两个方面。一方面是，粉煤灰和矿粉双掺发挥优势互补效应，增强了混凝土的强度、改善混凝土内部孔结构、降低孔隙率，毛细管通道阻力增大，进而提高了混凝土抵抗变形的能力，降低了混凝土的收缩徐变。另一方面是，低水胶比高性能混凝土中，有较多未参与水化的颗粒，颗粒的弹性模量对混凝土收缩徐变也有一定的影响。充分表明：双掺适量矿粉和粉煤灰的高性能混凝土较不掺和少掺矿物掺和料的混凝土收缩徐变小。

在胶凝材料相同水胶比相近的情况下，水泥用量越低，矿粉和粉煤灰掺量之和越大，混凝土收缩徐变越小；配合比混凝土 CF20S10 比 CF10S10 各个加荷龄期的收缩徐变都小，进一步表明矿粉的最佳掺量为 10%，粉煤灰最佳掺量为 20%；配合比混凝土 CF20S10 比 CF10S10 徐变在加荷后 90 d 内增长较大，在 120 d 后趋于稳定。

12.1.4.3　预应力混凝土斜拉桥与连续刚构组合桥合龙施工技术

1. 主梁合龙顺序

预应力混凝土斜拉桥与连续刚构组合桥合龙施工顺序与一般连续梁(刚构)相同,即先边跨合龙,再次中跨(若有),最后中跨合龙。

2. 边跨合龙施工技术

预应力混凝土斜拉桥与连续刚构组合桥边跨合龙可利用挂篮合龙,也可在支架上合龙。该施工技术与一般连续梁(刚构)相同,此略。

3. 中跨合龙施工技术

(1)中跨合龙段总体施工方案(以广珠城际铁路西江大桥主桥为例)。中跨合龙段 M25 施工前,中跨挂篮前移,并改装成吊篮。在 M24、M20 号梁段采用水箱压重。在合龙段两侧的主梁施加对顶力 12 500 kN(在两个边腹板的上下缘采用四个千斤顶,每顶 3 125 kN,该值大小由设计和监控单位共同确定)。然后安装合龙段劲性骨架,在温度最低时将中跨大悬臂临时锁定,张拉临时预应力索两束 SM1 及两束 MB8,每束张拉控制力为 1 500 kN(两中跨同时张拉)。施工合龙段,实现全梁合龙。

(2)中跨合龙段挂篮的利用和改装。

第一步:在 M20′和 M24 梁段施工时,预留中跨合龙预留孔道以满足挂篮锚固需要。

第二步:拆除悬灌 M20′梁段的挂篮和悬灌 M24 梁段的挂篮的内滑梁及内模,保留底模、侧模(含外滑梁)及三角桁架,如图 3-12-7 所示。

第三步:拆除 M24 梁段挂篮的中间的 4 根前吊杆,保留最外侧的两根前吊杆并加上钢丝绳保险装置,然后挂篮前移至合龙段 M25 梁段,如图 3-12-8 所示。

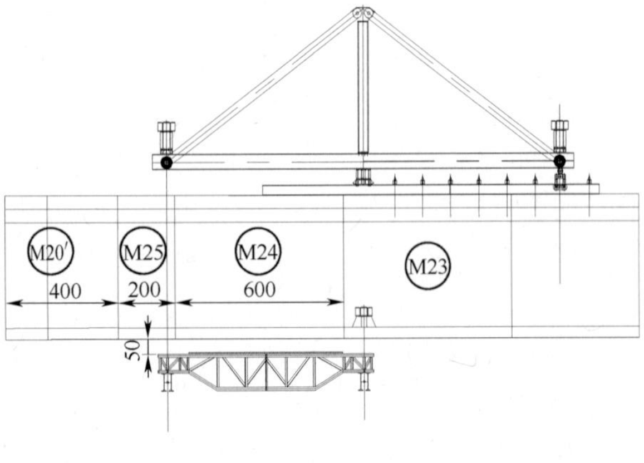

图 3-12-7　中跨挂篮转换成吊篮图(1)

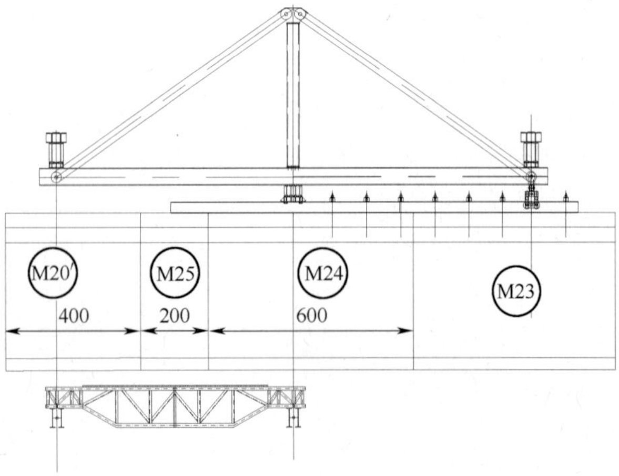

图 3-12-8　中跨挂篮转换成吊篮图(2)

第四步:底模前吊杆穿过在 M20′梁段上的预留孔,并用分配梁锚固在梁面上,后锚锚固于 M24 梁段预留孔上,从而形成合龙吊架,如图 3-12-9 所示。外滑梁与外侧模也同步走行到位。

第五步:内模组拼及加固同边跨合龙段。

第六步:在 M24、M20′梁段端部附近配重,重量为 M25 梁段重量的一半,即 340 kN。配重施加到位后,在清晨日出前测量 M24～M20、M20′～M16′梁段顶、底板高程,并及时报监控单位。监控单位根据测量结果,提出高程调整措施。

第七步:高程调整完成后,施加对顶力 12 500 kN。监控单位可根据合龙时实际温度情况对顶力大小做出调整。

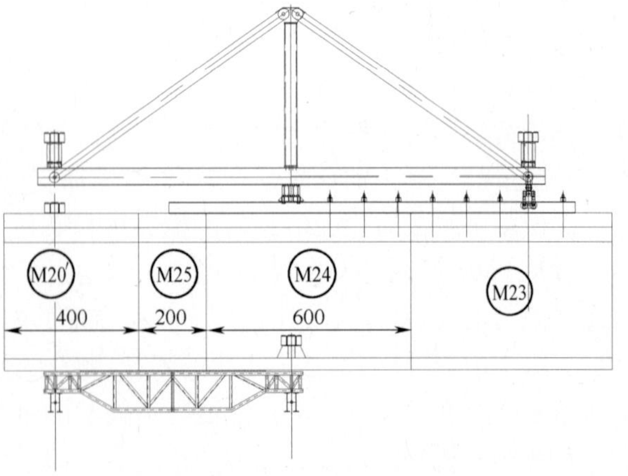

图 3-12-9　中跨挂篮转换成吊篮图(3)

第八步:清晨日出前测量 M24～M20、M20′～M16′梁段顶、底板高程,并及时报监控单位。监控单位根据测量结果，提出高程调整措施。测量频率由监控单位根据实际情况确定。

第九步：高程调整完成后，中跨临时锁定：在合龙处安装劲性骨架，选择一天中温度最低和温差变化最小的时间（晚上 0 点左右），将合龙段临时锁定。锁定时两个中跨合龙段劲性骨架的支撑宜同时焊接，并在升温之前完成，避免由于温度不同而在构件内产生附加内力。

第十步：绑扎中跨合龙段钢筋，张拉临时预应力索。

第十一步：浇筑中跨合龙段混凝土：在合龙段模板及钢筋安装并检查后，选择一天中温度最低和温差变化最小的时间（晚上 0 点左右），采用换重法浇筑合龙段混凝土（根据已浇混凝土重量逐步去除 M24、M20′梁段端部附近配重）。

第十二步：待混凝土达到 90%设计强度且养护时间不少于 7 d 后，解除中跨临时锁定，张拉相应纵向预应力钢束。

第十三步：拆除全部施工挂篮和合龙吊篮。

（3）合龙段体外支撑的设计与施工。由于梁体受温度影响较大，在合龙段施工过程中，合龙时的实际温度同设计合龙温度会有偏差，此温差将会使梁体产生位移，导致主梁同合龙段连接处产生裂缝，给运营状态带来危害。在升温时梁体伸长，在降温时梁体缩短，昼夜温差变化大，梁段位移变化就更大，因此合龙段的施工是施工过程的关键之处。

梁体的伸长和缩短，在合龙段混凝土达到足够强度前，使合龙段的混凝土处于受压或受拉状态，这样极为不利。为减小梁体因温度变化而使合龙段的混凝土引起的纵向力、竖向剪力及风荷载、施工荷载等引起的侧向及竖向剪力，必须设置劲性骨架或临时预应力钢束锁定合龙段两端的梁体。劲性骨架可以抵抗合龙段压力、拉力或剪力，临时预应力钢束可以抵抗合龙段拉力。

广珠城际铁路西江大桥主桥中跨合龙采用体外临时支撑锁定（图 3-12-10）。由于该桥所处环境气温较高，很难在合龙时将气温降到设计值，为了使刚浇筑完的合龙段混凝土不至于受环境温度影响而被拉裂或压坏，所以必须尽可能地控制好合龙口间距。

图 3-12-10　广珠城际铁路西江大桥主桥中跨合龙体外支撑示意图

（4）劲性骨架设计计算。

1）计算模型。对广珠城际铁路西江大桥主桥结构进行数值模拟，建立有限元模型如图 3-12-11 所示。

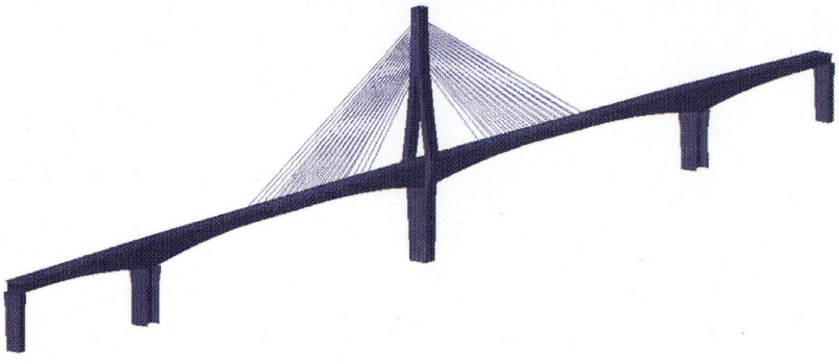

图 3-12-11　有限元计算模型

2)劲性骨架合龙前温度变化时结构的受力与变形。根据当地气候条件,体系升温采用+15 ℃,劲性骨架合龙前温度变化时结构的受力与变形如图 3-12-12 和图 3-12-13 所示。

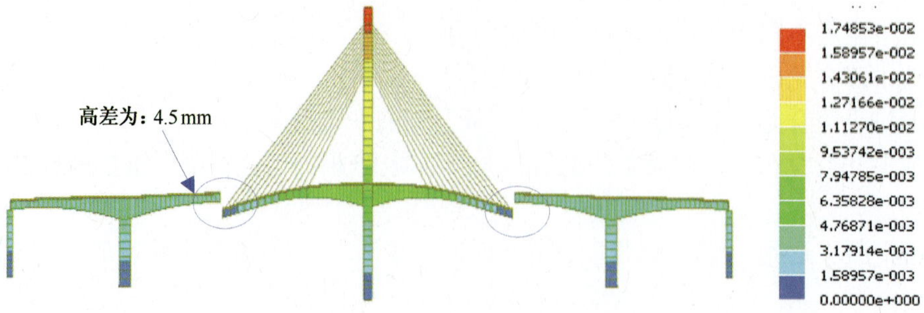

图 3-12-12　结构竖桥向位移变化(单位:m)

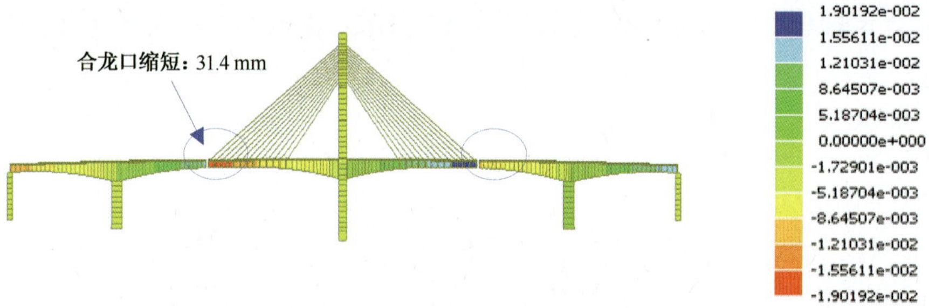

图 3-12-13　结构顺桥向位移变化(单位:m)

主梁顶底板、索塔江侧与岸侧日照温差+5 ℃,结构竖桥向和顺桥向变形分别如图 3-12-14 和图 3-12-15 所示。

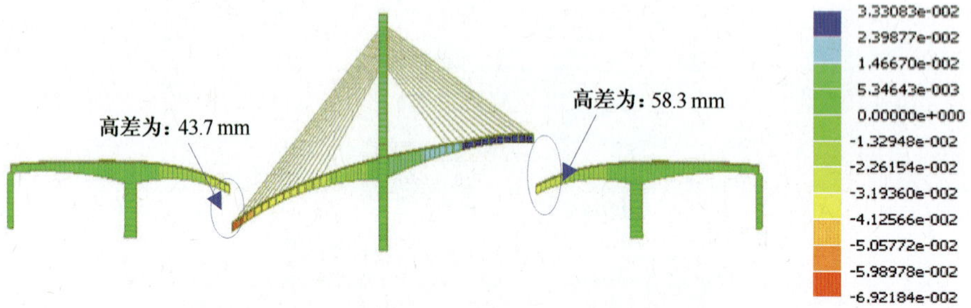

图 3-12-14　结构竖桥向位移变化(单位:m)

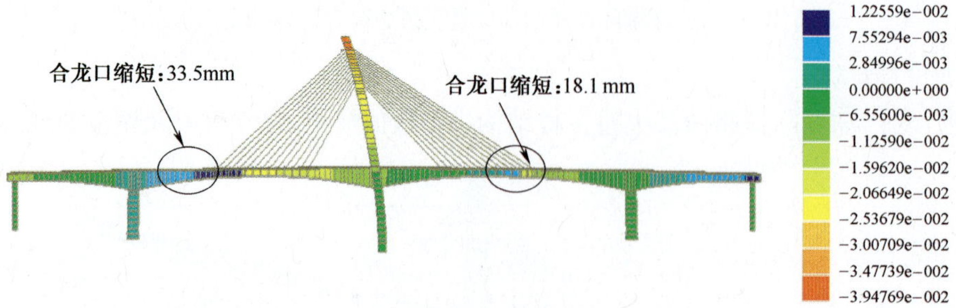

图 3-12-15　结构顺桥向位移变化(单位:m)

3)劲性骨架合龙后温度变化时结构的受力与变形。

①劲性骨架设计方案。

方案 1:劲性骨架采用 H 型钢材,型号为 HW450×300,其布置如图 3-12-16 所示。

方案 2:两根横着的 H 型钢在重叠通长方向不焊接成一根型钢,为两根独立的型钢,其布置如图 3-12-17 所示。

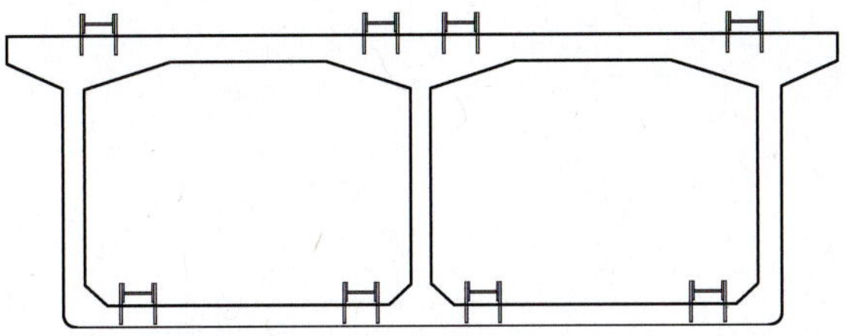

图 3-12-16　劲性骨架布置方案 1

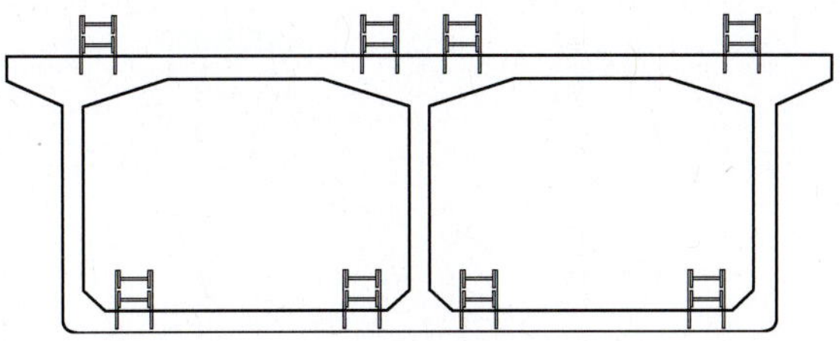

图 3-12-17　劲性骨架布置方案 2

方案 3:两根横着的 H 型钢在重叠通长方向不焊接成一根型钢,为两根独立的型钢,其布置如图 3-12-18 所示。

方案 4:两根横着的 H 型钢在重叠通长方向不焊接成一根型钢,为两根独立的型钢,其布置如图 3-12-19 所示。

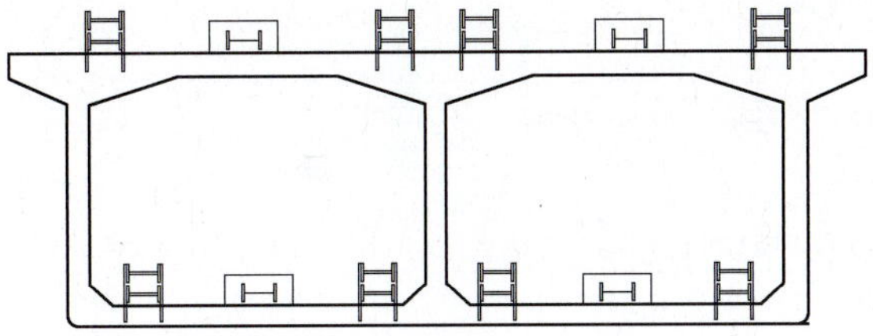

图 3-12-18　劲性骨架布置方案 3

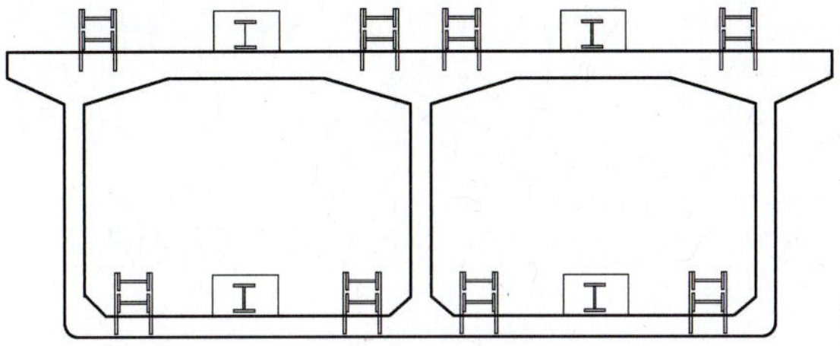

图 3-12-19　劲性骨架布置方案 4

方案 5:在方案 1 的基础上添加 4 道剪刀撑,其布置如图 3-12-20 所示。

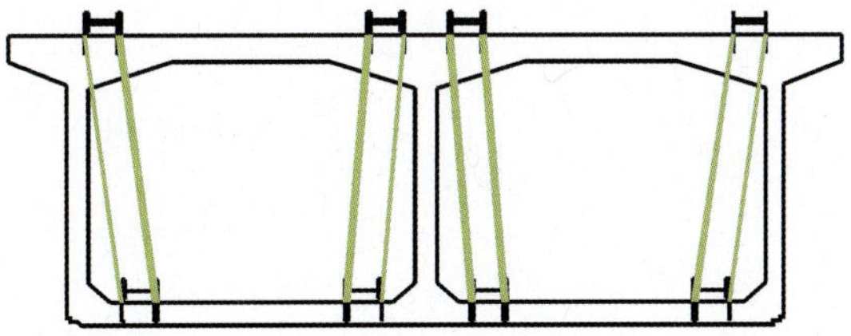

图 3-12-20　劲性骨架布置方案 5

②劲性骨架计算结果。根据项目部记录的施工期温度情况,大气昼夜温差不超过 10 ℃(测试最大为 9 ℃),夜晚的梁体温度小于大气温度,白天梁体温度大于大气温度,因此,梁体温度的变化大于大气温度的变化,实测的梁体温度变化一般超过 10 ℃,计算取为 15 ℃,实测梁体温差为 3 ℃,计算取为 5 ℃。主桥结构为对称结构,温差计算时取主塔小榄一侧为 10 ℃,新会一侧取为 15 ℃。

结构位移变化、劲性骨架应力变化主要考虑,锁定劲性骨架→释放顶推力(顶推力为水平方向)→张拉临时预应力→温度变化之后的计算结果。

方案 1:体系升温采用+15 ℃和主梁顶底板、索塔江侧与岸侧日照温差+5 ℃(主梁顶板、主塔新会侧 15 ℃,主梁底板、主塔小榄侧 10 ℃,斜拉索 10 ℃)的结构位移及劲性骨架应力变化分别如图 3-12-21～图3-12-24 所示。

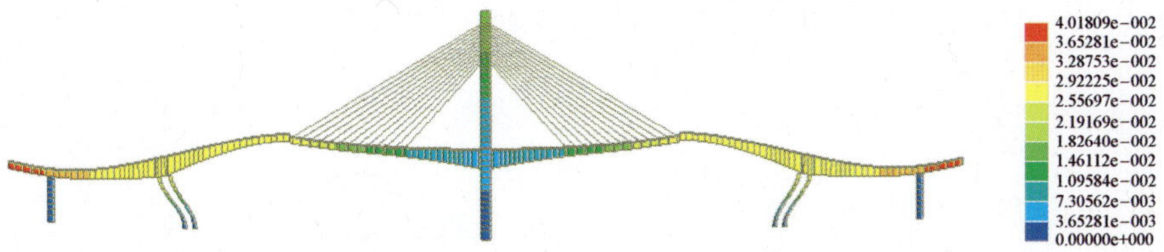

图 3-12-21　结构位移变化(单位:m)

方案 2:体系升温采用+15 ℃和主梁顶底板、索塔江侧与岸侧日照温差+5 ℃(主梁顶板、主塔新会侧 15 ℃,主梁底板、主塔小榄侧 10 ℃,斜拉索 10 ℃)的结构位移及劲性骨架应力变化分别如图 3-12-25～图 3-12-28所示。

方案 3:体系升温采用+15 ℃和主梁顶底板、索塔江侧与岸侧日照温差+5 ℃(主梁顶板、主塔新会侧 15 ℃,主梁底板、主塔小榄侧 10 ℃,斜拉索 10 ℃)的结构位移及劲性骨架应力变化分别如图 3-12-29～图 3-12-32所示。

图 3-12-22 劲性骨架应力变化云图(单位:kPa)

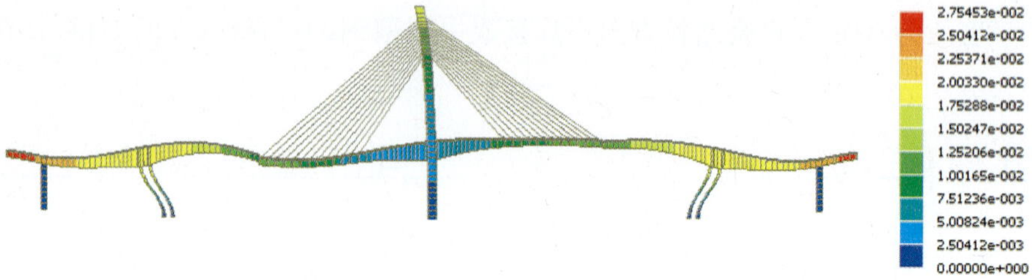

图 3-12-23 结构位移变化(单位:m)

图 3-12-24 劲性骨架应力变化云图(单位:kPa)

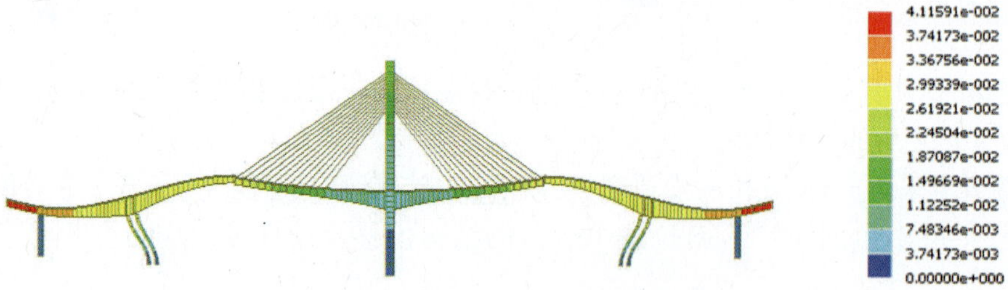

图 3-12-25 结构位移变化(单位:m)

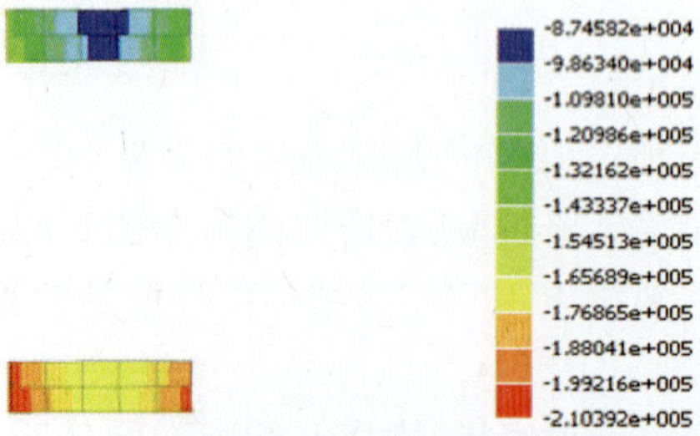

图 3-12-26 劲性骨架应力变化云图(单位:kPa)

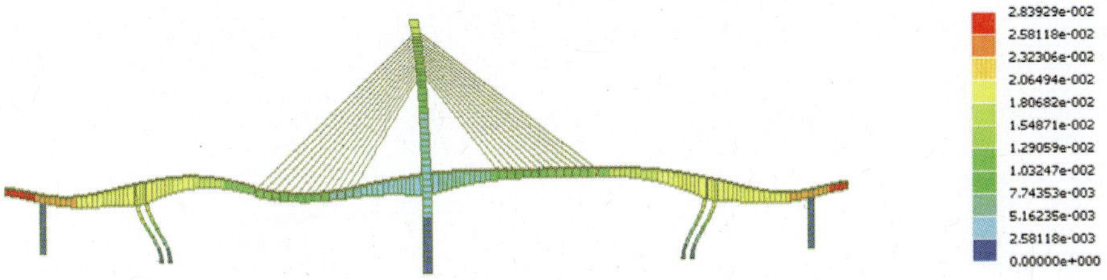

图 3-12-27　结构位移变化(单位:m)

图 3-12-28　劲性骨架应力变化云图(单位:kPa)

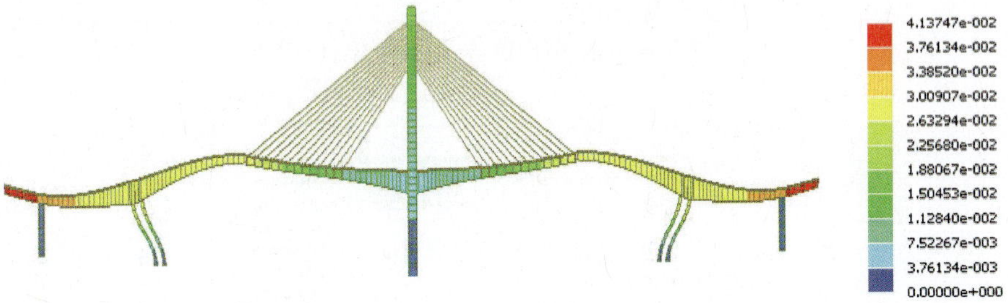

图 3-12 -29　结构位移变化(单位:m)

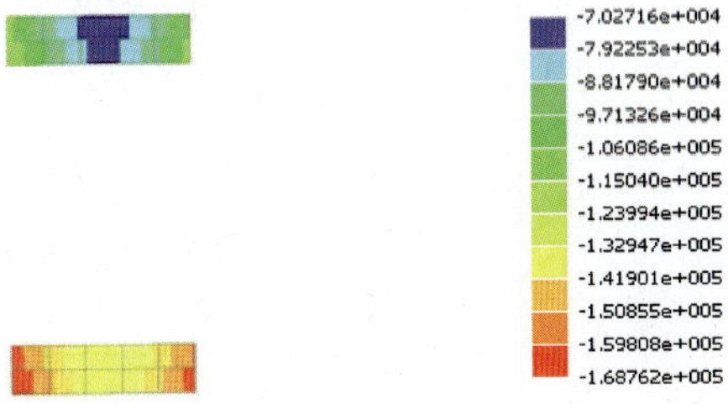

图 3-12-30　劲性骨架应力变化云图(单位:kPa)

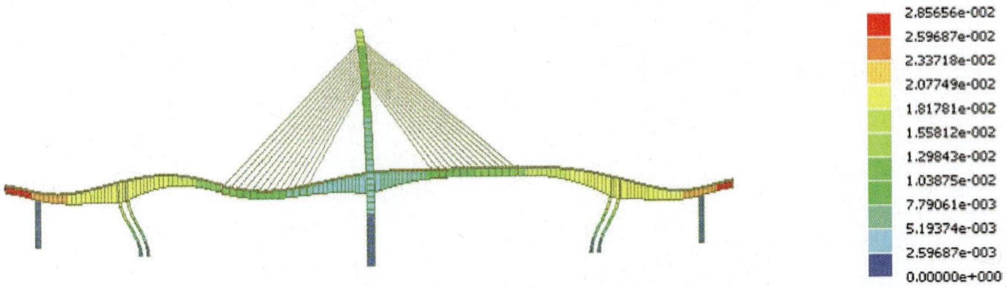

图 3-12-31　结构位移变化(单位:m)

图 3-12-32　劲性骨架应力变化云图(单位:kPa)

方案 4:体系升温采用+15 ℃和主梁顶底板、索塔江侧与岸侧日照温差+5 ℃(主梁顶板、主塔新会侧 15 ℃,主梁底板、主塔小榄侧 10 ℃,斜拉索 10 ℃)的结构位移及劲性骨架应力变化分别如图 3-12-33～图 3-12-36所示。

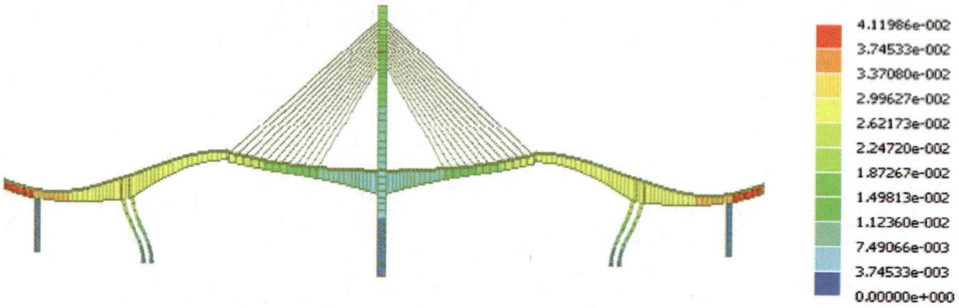

图 3-12-33　结构位移变化(单位:m)

图 3-12-34　劲性骨架应力变化云图(单位:kPa)

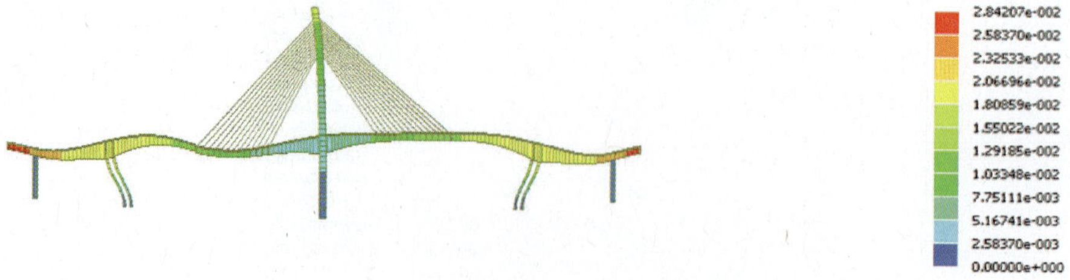

图 3-12-35　结构位移变化(单位:m)

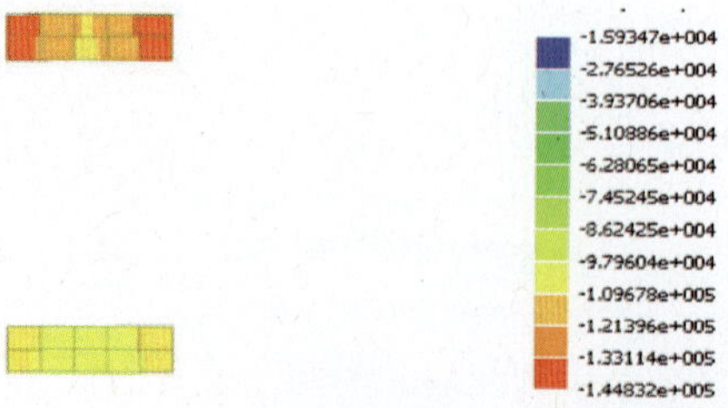

图 3-12-36　劲性骨架应力变化云图(单位:kPa)

方案 5:体系升温采用+15 ℃和主梁顶底板、索塔江侧与岸侧日照温差+5 ℃(主梁顶板、主塔新会侧 15 ℃,主梁底板、主塔小榄侧 10 ℃,斜拉索 10 ℃)的结构位移及劲性骨架应力变化分别如图 3-12-37～图 3-12-40所示。

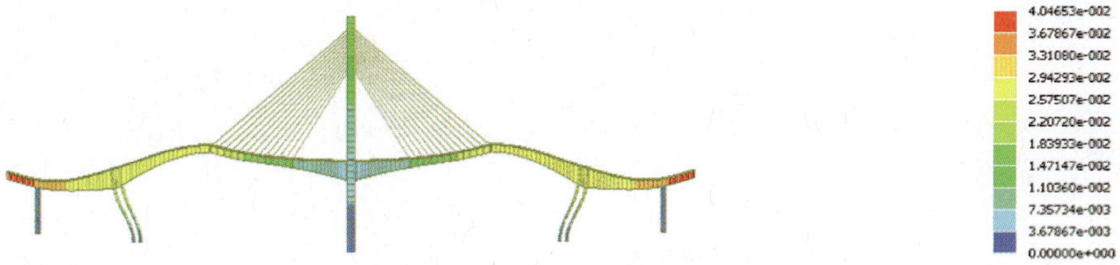

图 3-12-37　结构位移变化(单位:m)

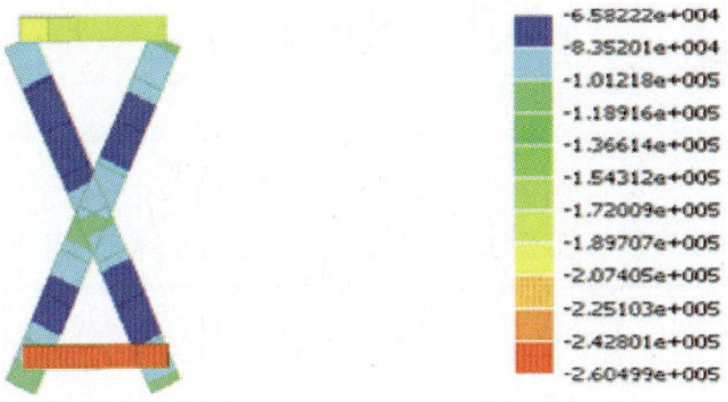

图 3-12-38　劲性骨架应力变化云图(单位:kPa)

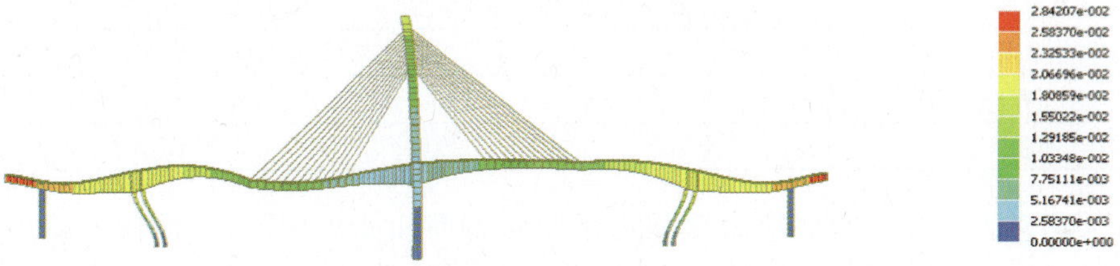

图 3-12-39　结构位移变化(单位:m)

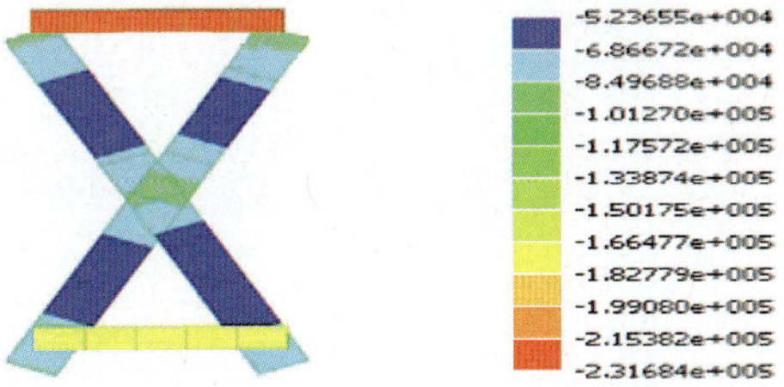

图 3-12-40　劲性骨架应力变化云图(单位:kPa)

③结果分析。水平顶推力变为轴向力时,水平分力变化不到 1 t,竖向分力变化不到 18 t,顶推力变为轴向力劲性骨架的受力变化很小,因此,采用了顶推力为水平方向力的计算结果(表 3-12-14)。

表 3-12-14　计算方案中应力最大结果表

序号	方案内容	最大应力(轴应力+弯曲应力)(MPa)	安全系数	合龙口两端高差最大变化(mm)
方案 1	上下各 4 根 H 型钢(H 形放置)	379	0.62	
方案 2	上下各 8 根 H 型钢、每两根重叠放(H 形放置)	210	1.12	
方案 3	上下各 10 根 H 型钢(H 形放置)	168	1.4	3
方案 4	上下各 10 根 H 型钢,其中上下各有两根 I 形放置,其余 H 形放置	198	1.2	
方案 5	上下各 4 根 H 型钢,4 道剪刀撑(8 根 H 型钢)	260	0.9	

根据上面的计算结果，按照容许应力法的安全系数要求(安全系数≥1.7)，上述只有方案 3 的安全系数接近于 1.7。

4)顶推阶段分析。

①合龙口高程变化。顶推结束时小里程合龙口高程上升变化 38 mm，大里程合龙口高程下降 7 mm，如图 3-12-41 所示。

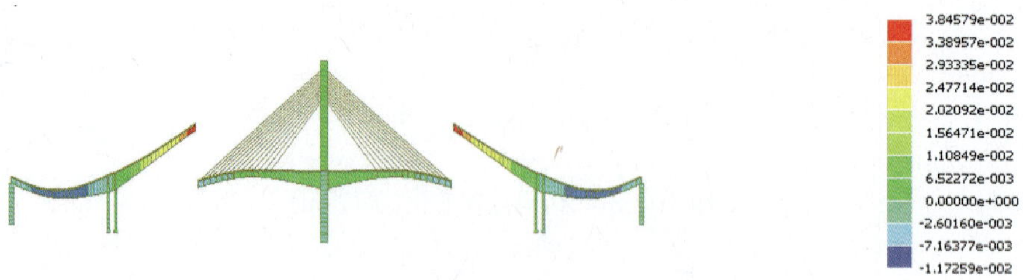

图 3-12-41 结构竖桥向位移变化云图(单位:m)

②主要测点高程变化(表 3-12-15)。

表 3-12-15 顶推结束时主梁主要测点高程变化表

梁段号	竖桥向(mm) +为上升 −为下降		顺桥(mm) +江侧偏移 −岸侧偏移	
	施工单位	设计院	施工单位	设计院
边跨 S12 梁段前端	−12			
71 号、75 号墩顶	−1		−28	
72 号、74 号墩顶			−30	
合龙口(小里程)	+38	+43	−34	−48
合龙口(大里程)	−7	−5	2	4

③72 号、74 号墩应力变化。墩底应力变化为岸侧应力增加 8.7 MPa，江侧应力减小 8.7 MPa，如图 3-12-42所示。

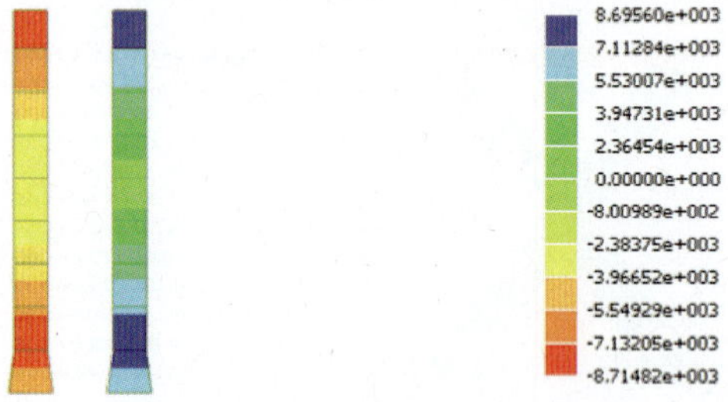

图 3-12-42 70 号、72 号墩应力变化云图(单位:kPa)

5)卸载顶推力阶段分析。

①合龙口高程变化。卸载顶推力时小里程合龙口高差变化 0.5 mm，如图3-12-43所示。

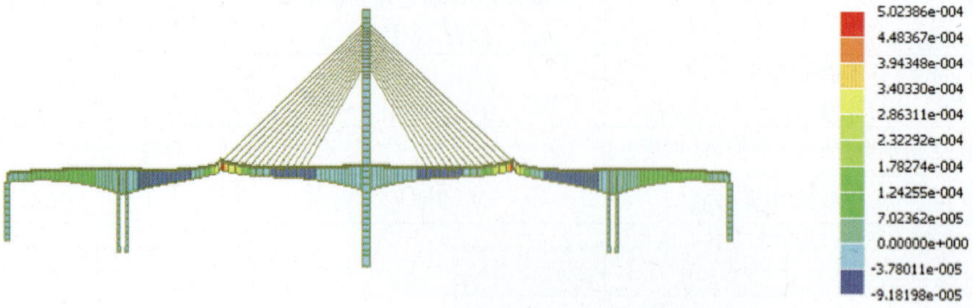

图 3-12-43 结构竖桥向位移变化云图(单位:m)

②主要测点高程变化(表 3-12-16)。

表 3-12-16　卸载顶推力时主梁主要测点高程变化表

梁段号	竖桥向(mm) (+为上升,-为下降)	顺桥(mm) (+江侧偏移,-岸侧偏移)
边跨 S12 梁段前端	0.1	
71 号、75 号墩顶	0	0.4
72 号、74 号墩顶		0.4
合龙口(小里程)	0.2	0.4
合龙口(大里程)	0.5	0

③72 号、74 号墩应力变化。墩底应力变化为岸侧应力减小 0.12 MPa,江侧应力增加 0.12 MPa,如图 3-12-44所示。

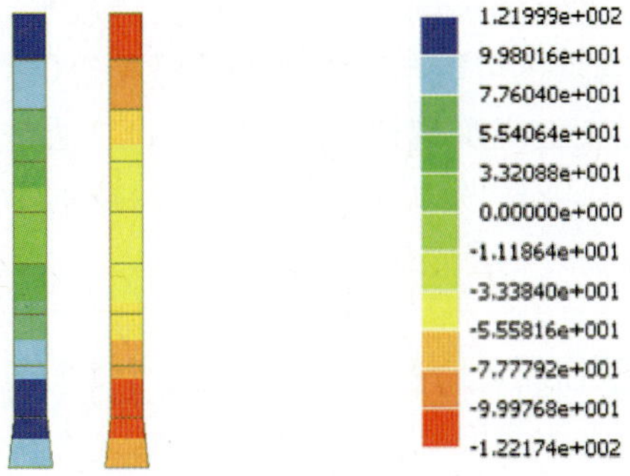

图 3-12-44　70 号、72 号墩应力变化云图(单位:kPa)

6)劲性骨架应力计算。针对方案 2 中每组两根横着的 H 型钢在重叠通长方向全焊成一根型钢,临时预应力为 600 t,升温采用 10 ℃,温差采用 3 ℃。计算结果如图 3-12-45 和图 3-12-46 所示。

①体系升温采用+10 ℃。

图 3-12-45　劲性骨架布置图(单位:kPa)

②主梁顶底板、索塔江侧与岸侧日照温差(主梁顶板、主塔新会侧 10 ℃,主梁底板、主塔小榄侧 7 ℃,斜拉索 10 ℃)。

图 3-12-46　劲性骨架应力变化云图(单位:kPa)

由此,可以看出方案 2 中每组两根横着的 H 型钢在重叠通长方向全焊成一根型钢的计算结果最大应力为 146 MPa,其中,每组预埋件受到的内力:轴力为 430 t,弯矩为 10 kN·m 计算,计算时安全系数要达到 1.7。满足要求。

7)中跨合龙段水平顶推力施工。按照设计要求,中主跨合龙前,在合龙口两侧的主梁断面上施加 12 500 kN的水平顶力。根据梁截面特性,作用点分别为边腹板中线与顶板和底板的中线相交的地方,同时作用四个千斤顶,利用油压千斤顶加载,以分级形式进行,共分为 5 级,分别是顶推力的 10%、20% 、50% 、80% 、100%,两中跨顶推同步同级对称施加顶推力。

8)加设换重。在其他所有工序完成后,开始灌注混凝土前,在合龙段两侧梁端各水池注水配重并与合龙段混凝土换重(每端水箱装水重量与吊点承受的重量一致,水箱重心位置与吊杆合力作用点重合)。单个合龙段混凝土共 26.3 m^3,重量为 68.4 t。每个悬臂端采用 2 个水箱换重,一个水箱的长×宽×高=4 m×2.85 m×1.5 m,体积为 17.1 m^3。

在浇灌合龙段混凝土时,根据混凝土浇筑量,边浇筑混凝土边放水,放水速度根据混凝土浇筑速度而定,原则是使同一时段内浇筑的混凝土重量尽可能与放出的水重量相等(灌注混凝土前先要在水箱上作好标志,以便控制放水量,放水量与合龙段混凝土浇筑量相差不超过 5 t)。通过水箱放水使合龙段两端悬臂在混凝土浇灌过程中受力保持一致,从而使合龙段两边悬臂高差始终保持不变,尽可能避免因施工原因而使结构引起附加应力,尽量实现"无应力"合龙。

12.2 预应力混凝土连续梁(刚构)与钢管混凝土拱组合结构

12.2.1 概　　述

将钢管混凝土拱应用于连续梁(刚构)形成拱梁组合式结构,实现拱—梁整体而共同工作,最大限度发挥两种不同材料和结构的受力性能,具有造型美观、结构刚度大、技术经济优良等优势,是建桥技术的发展和创新。

2007 年建成的宜万铁路宜昌长江大桥为主跨(130+2×275+130)m 的连续刚构柔性拱,其跨度和规模居国内同类型桥梁之首,其结构布置如图 3-12-47 所示。京津城际客运专线北京特大桥跨四环线主桥采用了(60 + 128 + 60) m 的钢管混凝土拱加劲的连续梁;广珠城际小榄水道特大桥主桥采用了(100+220+100)m的 V 型连续刚构柔性拱组合结构。

预应力混凝土连续梁(刚构)与钢管混凝土拱组合结构一般采取"先梁后拱"的方法施工,连续梁(刚构)采用支架现浇或悬臂浇筑法施工完成后,以梁体为依托,对钢管拱采用支架法或竖向转体的方式进行施工,其中支架法通常采用少支架支承方式分节段进行吊装,其施工方法可参见下承式系杆拱桥施工部分内容,下面结合宜万铁路宜昌长江大桥拱结构施工介绍桥面上钢管拱竖向转体施工技术。

图 3-12-47　宜万铁路宜昌长江大桥主桥效果图

12.2.2 总体思路及方法

拱部钢结构由专业单位集中加工制造,距离施工现场有一定距离,为满足运输和吊装要求,对拱肋进行合理分段,节段运至现场后由起吊设施吊至桥面运输车上,并顺桥向运输至安装位置,依靠桥面提升设备将运输节段转至于拼装架上进行逐段组拼焊接,分别形成半跨拱结构;通过墩顶位置桥面上临时索塔、临时斜拉索、后锚索及张拉牵引系统,使钢管拱竖向转动到位,调整后进行合龙。

工厂制造节段的运输方式可选择陆上或水上运输,根据具体施工条件进行确定,采用水上运输时,节段到达桥位后,可通过安装在桥面的固定式起吊装置提升至桥面;采用陆上运输,可利用大吨位吊机或墩旁高低腿龙门吊将节段提升至桥面以上。为方便拱结构在桥面上安装组拼,桥面上布置起吊设备,大吨位起重吊车或龙门吊机。

预应力混凝土连续梁施工期间,可安排拱结构加工制造、临时索塔的拼装、临时结构及相关预埋件的安装等。

临时结构中临时索塔、拱肋组拼支架、桥面走形龙门吊等均可利用常备式材料。

12.2.3　主要施工程序

(1)预应力混凝土连续梁施工,同步安排拱结构的加工制造、后锚索锚固系统以及混凝土梁面上相关预埋件的安装。

(2)连续梁施工完成后,进行临时索塔、桥面提升设备、拱肋桥面组拼支架、桥面运输车以及拱铰装置的安装,做好相关准备工作。

(3)节段分批提升至桥面,开始在支撑架上进行安装组焊,拱肋节段与风撑同步安装,安装过程中适时调整安装线形满足施工工况计算要求。

(4)对拱铰处铰轴及拱肋腹杆进行混凝土浇筑填充,完成结构局部加固。

(5)安装临时索塔缆风装置和扣、锚索以及液压动力装置。

(6)解除拱肋与支架间的约束和联系,通过启动扣、锚索张拉千斤顶开始拱结构竖向转体。

(7)竖转到位后,通过竖向、横向线形调整,满足要求后进行合龙焊接,形成两铰拱。

(8)逐步解除扣、锚索,锁定并焊接拱铰处合龙口,拱铰处混凝土浇筑,转换为无铰拱。

(9)拆除桥面上临时结构,进行吊杆安装。

转体施工临时设施布置如图 3-12-48 所示。

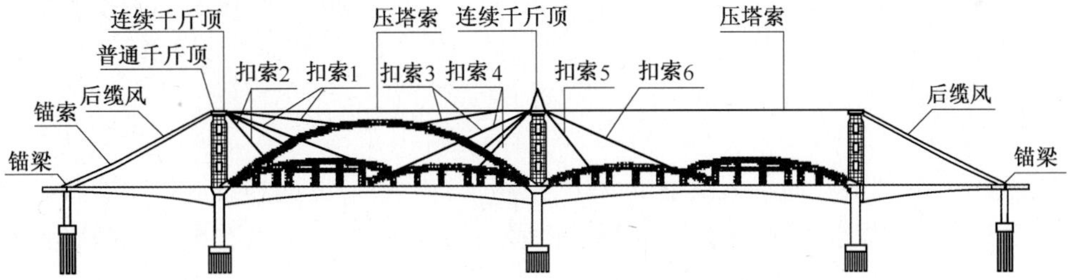

图 3-12-48　钢管拱拼装转体布置示意图

12.2.4　主要施工方法

1. 钢管拱节段运输

节段利用船舶或载重汽车运输至现场后,利用梁上提升装置将节段提离运输船并放置在桥面运输车运至安装位置,后利用桥面上起吊设备将节段放于拱肋组拼支架上。

2. 拱肋组拼要点

拱肋节段按顺序组拼,肋间横向风撑及时安装,形成稳定桁架体系;对组拼支架上部鞍座的位置、高程进行检查,通过过程反复测量和精确调整,保证拱肋组拼线形。对拱肋铰轴进行临时锁定,防止拼装阶段出现位移或转角。

3. 临时索塔安装

临时索塔是拱肋竖转过程中重要支撑结构,为扣索和后锚索张拉提供支撑。索塔布置在混凝土梁 0 号段拱铰处,通过梁顶面预埋件与混凝土梁体形成固结。塔架采用万能杆件或其他常用材料进行安装。索塔上部安置用于扣、锚索锚固、张拉的临时钢结构,包括纵、横向分配梁、预应力钢铰线锚箱等,通过栓结方式与塔架形成一体。塔顶安装索塔侧向缆风系统和平衡索,使索塔处于平衡稳定状态。

4. 后锚固系统

后锚索采用预应力钢绞线，张拉端在索塔上部与扣索相对应，利用P锚通过锚箱固定在分配梁上。锚固端布置于连续梁边跨端隔墙实心端位置，并利用预埋钢绞线方式将后锚固梁固定在箱梁顶面。边跨桥墩施工期间提前在墩顶预埋部分钢绞线，通过预埋管道延长至箱梁顶面，拱肋竖转之前在箱梁顶面进行张拉锚固。

5. 扣索系统

扣索同样采用预应力钢绞线材料，共两组。其锚固段分别布置在拱肋上弦杆与腹管之间的锚固梁上。为适应竖转过程中扣索转角的不断变化，在拱肋锚固前端设置转向设施。张拉端布置在索塔上部与后锚索位置相对应的锚箱上。

6. 拱肋竖转

钢管拱竖转以铰轴为中心，同时也是钢管拱的支承点，铰轴一般采用壁厚大衣20 mm的钢管，铰轴及与其相连的加劲腹管内灌注高标号微膨胀混凝土，以增强铰轴的强度和刚度。竖转过程中对索塔的水平位移、扣锚索索力进行重点监测和控制，防止索塔偏位过大，造成塔架结构破坏，竖转动力后锚索采用普通穿心式千斤顶，扣索采用连续顶升千斤顶，并采用计算机同步控制技术，张拉在索塔上部锚固区作业平台操作。扣、锚索张拉遵循分级、对称、均匀同步的原则，将索力分成10个等级，按先扣索、后锚索，交替进行，级差不超过1级。后锚索采取单根一次张拉到位，通过张拉根数实现分级加载。两个半跨竖转到位后，对合龙口三维坐标及转角进行观测，利用扣索、合龙口端面纠偏设施以及4各微调千斤顶装置对合龙口偏差进行调整。线形满足设计要求后，立即进行合龙锁定。

12.2.5　施工要点

(1)临时索塔塔顶变形和位移、扣锚索索力、拱肋合龙口对接精度等是施工过程中重点控制项目。

(2)对临时扣索、后锚索采取防振措施，避免因索振动造成夹片松动和滑脱。张拉完成后对夹片进行顶压，增加盖板，保证夹片紧固牢靠。

(3)塔顶张拉时，千斤顶应同步操作，避免因加载不均，造成索塔扭转。

(4)合理确定拱肋上前后两组扣索索力的比例关系，保持拱肋线形，同时保持2条拱肋的相对误差在允许范围之内。

12.2.6　支架法施工案例

京福铁路客运专线跨西岭互通特大桥主桥设计为(70＋136＋70)m的连续梁拱组合桥。该桥采取先梁后拱法施工，连续两采用常规方法施工，如图3-12-49所示；待连续梁合龙后，在梁面上搭设门式支架安装钢管拱，拱肋节段利用梁上支架进行提升和定位，如图3-12-50和图3-12-51所示；风撑采用汽车吊安装，钢管拱形成后，进行管内混凝土浇筑，后安装吊杆，逐步形成完整体系。

图3-12-49　连续梁悬灌施工

图3-12-50　钢管拱节段安装

图 3-12-51　支架上合龙段施工

——

13　桥梁施工控制技术

13.1　桥梁施工监控概论

13.1.1　桥梁施工监控重要性

衡量一座桥的质量标准就是看保证已成桥的线形以及受力状态是否符合设计要求。如何实现这一要求需通过桥梁施工监控来控制，因为桥梁在施工过程中，将会受到许多确定和不确定因素的影响，包括设计计算、使用材料性能、施工精度、荷载、大气温度等诸多方面在理想状态与实际状态之间存在差异，施工中如何从各种受误差影响而失真的参数中找出相对真实的数值，对施工状态进行实时识别(监测)、调整(纠偏)、预测，使施工系统处于控制之中，对设计目标安全、顺利实现是至关重要的。

13.1.2　桥梁施工监控的现状和发展

国外在桥梁施工控制技术方面已形成了较完善的桥梁施工控制系统，但国内在该领域还有差距，主要表现在对桥梁施工控制的理论与实践研究还不够、监测手段落后、对影响施工控制的因素研究不透，预测和判断精度不高，还未建立起一套完善的施工控制技术系统和组织管理系统。因此，深入研究桥梁施工控制理论，研究更加合理、实用的控制软件以及更加方便、精确的监测设备，建立完善的桥梁施工控制技术系统和组织管理系统是今后桥梁建设事业发展迫切需要进行的工作。

13.2　桥梁施工监控的内容和方法

13.2.1　桥梁施工监控的内容

13.2.1.1　结构变形控制

桥梁结构尺寸的控制是施工控制的基本要求。但结构在施工形成过程均要产生变形，加之施工过程各种误差的积累，因此任何一个结构不可能达到与设计尺寸准确无误的吻合，但要尽量减少结构尺寸与设计尺寸的偏差，并将其降低到允许的程度。常用高速铁路桥梁施工的尺寸偏差控制列于下面，以便参考。

(1)预应力混凝土预制梁体允许偏差见表 3-13-1。

表 3-13-1　预应力混凝土预制梁体允许偏差

项　　目	允许偏差(mm)
Δ梁全长	±20
Δ梁跨度(L_P)	±20
腹板厚度	$^{+10}_{-5}$
底板宽度	±5
梁高	$^{+10}_{-6}$
梁上拱	$L/3\ 000$
顶板厚	$^{+10}_{0}$
底板厚	$^{+10}_{0}$

(2)悬臂浇筑混凝土梁允许偏差见表3-13-2。

表3-13-2　悬臂浇筑混凝土梁允许偏差

项　目			允许偏差(mm)
悬臂浇筑段	悬臂梁段高程		$^{+15}_{-5}$
	合龙前两悬臂端相对高差		合龙段长的1/100,且不大于15
	梁段轴线偏差		15
	梁段顶面高程差		±10
合龙段	轴线偏位	$L\leqslant 100$ m	10
		$L>100$ m	$L/10\ 000$
	顶面高程	$L\leqslant 100$ m	±20
		$L>100$ m	$L/5\ 000$
		相邻节段高差	10
	断面尺寸	高度	$^{+5}_{-10}$
		顶宽	±30
		顶底腹板厚	$^{+10}_{0}$
	同跨对称点高程差	$L\leqslant 100$ m	20
		$L>100$ m	$L/5\ 000$

(3)悬臂拼装混凝土梁允许偏差见表3-13-3。

表3-13-3　悬臂拼装混凝土梁允许偏差

项　目	允许偏差(mm)
Δ梁全长	±20
Δ梁跨度(L_P)	±20
梁高	$^{+10}_{-5}$
梁段纵向中线偏差	5
相邻梁段中心线偏差	3
梁垂直度每米不大于	4
相邻梁段高差	±3
跨中梁段高程	$^{+2}_{-5}$
相邻梁段间预应力孔道位置偏差	3

(4)结合梁施工允许偏差见表3-13-4。

表3-13-4　结合梁施工允许偏差

项　目	允许偏差(mm)
梁全长	±15
梁高	$^{+15}_{-5}$
桥面板中心线与钢梁中心线	10
桥面挡砟墙内侧宽度	$^{+10}_{-5}$
桥面平整度	3

续上表

项　目	允许偏差(mm)
接触网支柱基础钢筋位置	5
上拱度(与设计值相比)	$^{+15}_{-3}$

(5)斜拉桥施工控制允许偏差见表 3-13-5。

表 3-13-5　斜拉桥施工控制允许偏差

项　目			允许偏差(mm)
索塔	轴线偏位		±10
	断面尺寸		±20
	倾斜度		<H/1 500
	塔身横向挠曲半径		R 不小于 20H(塔高)
	塔顶高程		±10
主梁	悬臂浇筑	轴线偏位	±10
		挠度	±20
		梁顶面宽度	±30

(6)拱桥施工控制允许偏差见表 3-13-6。

表 3-13-6　拱桥施工控制允许偏差

项　目			允许偏差(mm)
现浇混凝土拱	拱圈	拱圈平面中心位置	1/1 000 计算跨度,并不大于 30
		拱圈侧面位置	$^{+20}_{-10}$
		拱圈厚度	10 mm,拱圈厚度 3%设计厚度
		工字形、箱形、T 形现浇拱圈(肋)的翼缘、腹板、顶板、底板的厚度	$^{+10}_{-5}$
		拱圈(肋)底面高程	±20
	拱上结构侧面位置	混凝土拱	±20
		钢筋混凝土拱	$^{+20}_{-10}$
	道砟槽中心线处拱上结构顶面高程		±20

13.2.1.2　结构应力控制

桥梁结构在施工过程中以及在成桥状态的受力情况是否与设计相符合是施工监控要明确的重要问题。通常通过结构应力的监测来了解实际应力状态,若发现实际应力状态与理论(计算)应力状态的差别超限就要进行原因查找和调控,使之在允许范围内变化。结构应力控制的好坏不像变形控制那样易于发现。若应力控制不力将会给结构造成危害,严重者将发生结构破坏,所以,它比变形控制显得更加重要,必须对结构应力实施严格监控。对应力控制的项目和精度还没有明确的规定,需要根据实际情况确定,通常包括:

(1)结构在自重下的应力(实际应力与设计相差宜控制在+5%)。

(2)结构在施工荷载下的应力(实际应力与设计应力相差宜控制在+5%)。

(3)结构预加应力。结构预加应力除对张拉实施双控(油表控制和伸长量控制,伸长量误差允许在±6%以内)外,还必须考虑管道摩阻影响(对于后张结构)。

(4)斜拉桥拉索张力,允许偏差宜为±5%。

(5)温度应力,特别是大体积基础,墩柱。

(6)其他应力,如基础变位、风荷载、雪荷载等引起的结构应力。

(7)施工中用到的对桥梁结构施工安全有直接影响的支架、挂篮、缆索吊装系统等的应力在安全范围内。

13.2.1.3　结构稳定性控制

目前主要通过稳定分析计算(稳定安全系数),并结合结构应力,变形情况来综合评定、控制其稳定性(在现行规范中尚未详细列出不同材料的不同工况下的最小稳定系数,有待今后完善)。

13.2.2　桥梁施工监控的方法

桥梁施工控制的方法随桥梁结构形式、施工特点及具体控制内容不同,方法也不同。总体可分为以下几种:事后控制法、预测控制法、自适应控制法、最大宽容法等。

(1)事后调整控制法是指在施工中,当已成结构状态与设计要求不符时,即可通过一定手段对其进行调整,使之达到要求。这种方法仅适用于那些结构内力与线型能够调整的情况,斜拉桥就算是一种。事后调整根据情况又分两种:①在施工过程中每个施工阶段(或节段)完成后,当发现结构状态与设计不符时,即可通过调整斜拉索力来调整结构状态,然后继续施工,直到施工完成。这种方法工作量很大,并且索力调整本身也较麻烦,调整效果也不一定好。②在桥梁结构形成后,检查结构状态,如果与设计不符,则可对斜拉索力进行一次性调整,这种方法从理论上讲也是可行的,但其实实施困难。因对施工过程中的结构内力状态不清楚,容易出现安全事故,且最终的线形往往难以达到理想状态。所以,事后调整不是一个好的控制方法,特别是对于上述②只能算是一个"补救措施"。

(2)预测控制法是指全面考虑影响桥梁结构状态的各种因素和施工所要达到的目标后,对结构的每一个施工阶段(节段)形成状态进行预测,使施工沿着预定状态进行,由于预测状态与实际状态间免不了有误差存在,某种误差对施工目标的影响则在后续施工状态的预测予以考虑,以此循环,直到施工完成和获得与设计相符合的结构状态。这种方法适用于所有桥梁,而对于那些已成结构的状态具有不可调整性的桥梁施工控制必须采用此方法。

(3)自适应控制法也称为参数识别修正法。它是指在控制开始时,控制系统的某些设计参数与实际情况不完全相符,系统不能按设计要求得到符合实际的输出结果,但是,在系统的运行过程中,通过系统识别或参数估计,不断地修正参数,使设计输出与实际输出相符,从而实际问题得到控制。

(4)误差的容许值法是在设计时给予主梁高程和内力最大的宽容度。这做法减少了控制的难度,但会产生其他问题,如斜拉索的制作长度问题等。对于现有支架施工中的支架安全控制则主要通过支架应力、变形进行跟踪监测,并将其监测值与相应计算值比较,判断是否在安全范围内,查找原因,确保施工安全。

13.2.3　各种桥梁施工监控的特点

由于桥梁结构型式和施工方法有许多,因此不同的桥梁其施工控制侧重点不同。斜拉桥施工时,在主梁悬臂浇筑或悬拼装过程中,确保主梁线形和顺、正确是第一位的,施工中以高程控制为主。二期恒载施工时,为了保证结构的内力和变形处于理想状态,拉索再次张拉时以索力控制为主。预应力混凝土连续梁或连续刚构相对斜拉桥而言,没有斜拉索,其施工控制与斜拉索主梁相同。大跨度混凝土拱桥同样按安全、线形和恒载内力的要求进行施工控制。由于大跨度混凝土拱桥拱肋截面多采用底板、侧板、顶板分次浇筑完成的组合截面,必须造成结构挠度和内力的重分布,为确保拱肋应力和变形符合设计要求,要严格进行双控,但拱肋的形成一般要靠劲性骨架进行浇筑,其拱肋各段是在工厂放样加工制作的(无应力长度),骨架一经合龙,今后无法进行大的调整,所以大跨度混凝土拱桥的施工控制,首先要把好骨架无应力长度控制这一关,然后,做好拱肋混凝土的跟踪控制,确保拱肋应力和高程符合要求。拱桥是以受压为主的结构,对于施工过程结构的稳定性要给予关注。

13.3　桥梁施工控制系统

13.3.1　桥梁施工控制系统

由于施工中所受到的不确定性影响因素很多,要使桥梁施工安全、顺利地向前推进,并保证成桥状态符合设计要求,就必须将其作为一个系统工程予以严格控制。由于桥梁施工控制的实施牵涉到很多方面,所以,必须事先建立完善、有效的控制系统才能达到预期的控制目标。

桥梁施工控制系统的建立及其功能的确定要根据不同的工程施工实际分别考虑,但不论是哪种类型的桥梁施工控制系统，都必须具备管理与控制的功能。如图 3-13-1 所示的施工控制系统图。

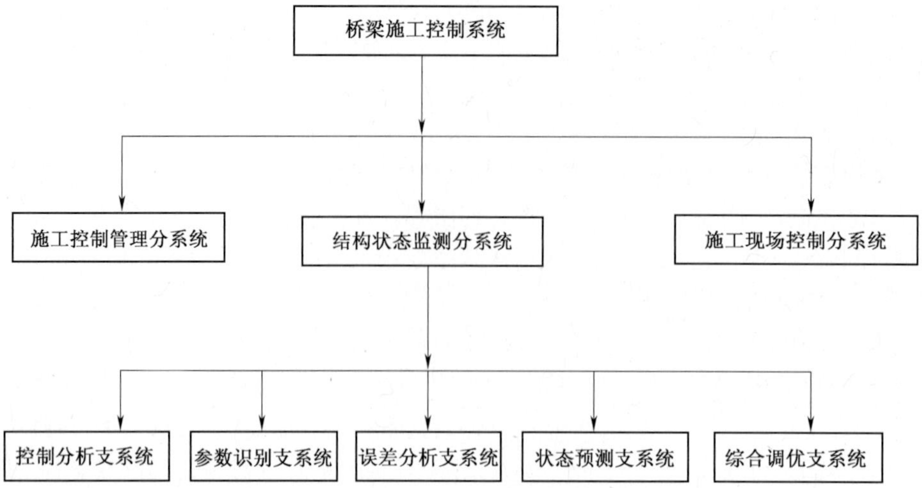

图 3-13-1　桥梁施工控制系统

13.3.2　桥梁施工控制影响因素

13.3.2.1　结构参数

不论何种桥梁的施工控制，结构参数都是必须考虑的重要因素。结构参数是施工控制中结构施工模拟分析的基本资料，其准确性直接影响分析结果的准确性。事实上，实际桥梁结构参数一般是很难与设计所采用的结构参数完全吻合，总是存在一定的误差，施工控制中如何恰当地计入这些误差，使结构参数尽量接近桥梁的真实结构参数，是首先需要解决的问题，结构参数主要包括：

(1)结构构件截面尺寸。任何施工都可能存在截面尺寸误差，验收规范中也允许出现不超过限值的误差，而这种误差将直接导致截面误差，从而直接影响结构内力、变形等的分析结果。所以，控制过程要对结构尺寸进行动态取值和误差分析。

(2)结构材料弹性模量。结构材料弹性模量和结构变形有直接关系，对通常遇到的超静定结构来讲，弹性模量对结构分析结果影响更大。但施工成品构件的弹性模量(主要是混凝土结构)总与设计采用值不完全一致，所以，在施工过程中要根据施工进度作经常性的现场抽样试验，特别要注意混凝土强度波动较大的情况，随时在控制分析中对材料弹性模量的取值进行修正。

(3)材料容重。材料容重是引起结构内力与变形主要因素，施工控制中必须要计入实际容重与设计取值间可能存在的误差，特别是混凝土材料，不同的集料与不同的钢筋含量都会对容重产生影响，施工控制中必须对其进行准确识别。

(4)材料热膨胀系数。热膨胀系数的准确与否也将对施工控制产生影响，尤其是钢结构要特别注意。

(5)施工荷载，在所有自架设体系中，都存在施工荷载，这部分临时荷载对受力与变形的影响在控制分析中是不能忽略的，一定要根据实际取值。

(6)预加应力或索力。预加应力是预应力混凝土结构内力与变形控制考虑的重要结构参数，但预加应力值的大小受很多因素的影响，包括张拉设备、管道摩阻、预应力钢筋断面尺寸、弹性模量等，施工控制中要对其取值误差做出合理估计。斜拉桥索力直接影响结构变形与受力，真实了解各阶段索力是非常必要的。预加索力是斜拉桥施工控制中要考虑的重要因素。

13.3.2.2　施工工艺

施工控制是为施工服务的，反过来，施工的好坏又直接影响控制目标的实现，除要求施工工艺必须符合要求外，在施工控制中必须计入施工条件非理想化而带来的构件制作、安装等方面的误差，使施工状态保持在施工控制中。

13.3.2.3　施工监测

监测包括结构温度监测、应力监测、变形监测等，是桥梁施工控制最基本的手段之一。因测量仪器、仪器安装、测量方法、数据采集、环境情况等存在误差，所以结构监测总是存在误差。该误差一方面可能造成结构实际参数、状态与设计或控制值吻合较好的假象，也可能造成将本来较好的状态调整得更差的情况，所以，保证测量的可靠性对施工控制极为重要。在控制过程中，除要从测量设备、方法上尽量设法减小误差外，在进行控制分析时必须将其计入。

13.3.2.4　结构分析计算模型

无论采用什么分析方法和手段，总是要对实际桥梁结构进行简化，建立计算模型。这种简化使计算机模型与实际情况之间存在误差，包括各种假定、边界条件处理、模型化本身精度等。控制中需要在这方面做大量工作，必要时还要进行专门的试验研究，以使计算模型误差所产生的影响减到最低限度。

13.3.2.5　温度变化

温度变化对桥梁结构的受力与变形影响很大，这种影响随温度的改变而改变，在不同时刻对结构状态(应力，变形状态)进行量测，其结果是不一样的，如果施工控制中忽略了该项因素，就必然难以得到结构的真实状态数据(与控制理想状态比较)，从而也难以保证控制的有效性。所以，必须考虑温度变化影响。温度变化相当复杂，包括季节温差、日照温差、骤变温差、残余温度、不同温度场等，而在原定控制状态中又无法预知温度实际变化情况，所以在控制中是难以考虑的(要考虑也将是非常复杂的)。通常都控制理想状态定位在某一特定温度下，从而将温度变化对结构的影响相对排除(过滤)。一般是将一天中温度变化较小的早晨作为控制所需实测数据的采集时间。但对季节性温差和桥内温度残余影响要予以重视。

13.3.2.6　材料收缩、徐变

对混凝土桥梁结构而言，材料收缩、徐变对结构内力、变形有较大的影响，这主要是由于施工中混凝土普遍存在加载期短、各阶段龄期相差大等引起的，控制中要予以认真研究，以期采用合理的、符合实际的徐变参数和计算模型。

13.3.2.7　施工管理

桥梁施工控制的对象就是桥梁施工本身，施工管理好坏直接影响桥梁施工质量、进度等。特别是施工进度一旦不按计划不进行，必然给施工控制带来一定难度。以悬臂施工的混凝土连续梁、连续刚构桥为例。如果梁相对悬臂施工进度存在差别，就必然使两悬臂端在合龙前等待不同的时间，从而产生不同徐变变形较难准确估计，所以容易造成最终合龙困难。

13.4　桥梁施工控制结构分析方法

13.4.1　桥梁施工过程模拟分析方法

13.4.1.1　前进分析法

为了计算出桥梁结构在成桥后的受力状态，只有根据实际结构的配筋情况和既定施工方案逐个阶段地进行计算，最终才能得到成桥结构受力状态和变形情况。前进分析法的特点是：

(1)桥梁结构在正装计算之前，必须制定详细的施工方案，只有按照施工方案中确定的施工加载顺序进行结构分析，才能得到结构中间阶段或最终成桥阶段的实际变形和受力状态。

(2)在结构分析之初，要确定结构最初实际状态，即以符合设计要求的实际施工结果(如跨径、高程等)倒退到施工的第一阶段作为结构正装计算分析的初始状态。

(3)本阶段的结构分析必须以前一阶段的计算结果为基础，前一阶段结构位移是本阶段确定结构轴线的基础，以前各施工阶段结构受力状态是本阶段结构时差，材料非线形计算的基础。

(4)对于混凝土徐变、收缩等时差效应在各施工阶段中逐步计入。

(5)在施工分析过程中严格计入结构几何非线性效应，本阶段结束时的结构受力状态用本阶段荷载作用下结构受力与以前各阶段结构受力平衡而求得。前进分析法在一个施工阶段中，新拼装的杆件用激活两个结点间的新单元进行模拟，计算是对施工阶段循环进行，循环结束时分析结果可以是成桥若干年后结构的受力状态。

13.4.1.2　倒退分析法

前进分析可以严格按照设计好的施工步骤进行各阶段内力分析，但由于分析中结构节点坐标的改变，最终结构线形不可能完全满足设计线形的要求。实际施工中桥梁结构线形的控制与强度控制同样重要，线形误差将造成桥梁结构合龙困难，影响桥梁建成后的美观和运营质量。为使竣工后的结构保持设计线形，在施工过程中用设置预拱度的方法来实现。而对于分阶段施工的连续梁桥、连续刚构桥，一般要求给出各个施工阶段结构物控制点的高程(预抛高)，以便最终使结构满足设计要求，这个问题用前进分析法是难以解决的。倒退分析法可以解决这一问题，它的基本思想是，假定 $t=t_0$ 时刻结构内力分布满足前进分析 t_0 时刻的结果，轴线满足设计线性要求。在此初始状态下，按照前进分析的逆过程，对结构进行倒拆，分析每次拆除一个施工节段对剩余结构的影响，在一个阶段内分析得到的结构位移，内力状态便是该阶段结构理想的施工状态。倒退分析法具有以下几个特点：

(1)倒退分析时的初始状态必须由前进分析来确定，但初始状态中的各杆件的轴线位置可取设计轴线位置。

(2)拆除单元的等效荷载，用被拆单元接缝外的内力反方向作用在剩余主体结构接缝处加以模拟。这些内力值可由前进分析计算来得到。

(3)拆除杆件后的结构状态为拆除杆件前结构状态与被拆除杆件等效荷载作用状态的叠加。换言之，本阶段结束时，结构的受力状态用本阶段荷载作用下的结构受力与前一阶段的结构受力状态叠加而得，即认为在这种情况下线性叠加原理成立。

(4)结构件应满足零应力条件，剩余主体结构出现新的接缝应力等于此阶段对该接缝面施工加的预加应力，这是正确进行倒退分析的必要条件。混凝土的收缩徐变与结构的形成历程有着密切的关系，徐变应变不仅与混凝土的龄期有关，而且与作用在混凝土构件上的应力应变有关。因而结构在进行倒退分析计算时，一般是无法直接进行徐变计算。为了解决这一问题，一般是应用下述的方法：在进行前进分析时，先不计入混凝土收缩徐变的影响，计算出结构的内力与变形值，然后再计算出结构计入混凝土收缩徐变后的内力与变形值，两者相减则可以得到每一阶段混凝土收缩徐变产生的内力与位移值，将其保存起来。接着进行倒退分析，按阶段扣除前进分析时相应阶段混凝土时效的影响。

桥梁施工监控一般采用前进法进行模拟计算，用后退法进行施工监控。

13.4.2　桥梁施工控制结构分析方法

13.4.2.1　有限元法

有限元法就是将连续体分解成有限个单元，单元间相互由结点连接的理想结点系统。分析时，先进行单元分析，用节点位移表示单元内力，然后将单元再结合成结构，进行整体分析，建立整体平衡关系，由此求出结点位移。

有限元法目前为结构分析的通用方法，主要是因为：一是计算机使用基本普及，采用有限元计算程序进行结构分析可大大减轻劳动强度，缩短计算时间，提高工作效率；二是桥梁结构属于空间结构，且结构越来越复杂，超静定次数越来越高，如采用解析法手算，必须进行结构简化，而这些简化与实际结构之间往往存在较大的差别，从而随着建桥材料性能的提高，桥梁跨径越来越大，如对大跨径桥梁也采用中小桥梁分析所用的弹性结构线性分析法，已不能反映结构的真实受力情况，而必须考虑非线性的影响(包括材料、几何非线性)，要进行桥梁结构非线性分析，只有通过电算来实现；三是大跨径桥梁除必须满足强度、刚度要求外，结构的稳定性、动力特性往往成为控制因素，结构式的稳定与动力分析也需借助于有限元分析来完成；四是桥梁施工方法多样，一般情况下桥梁结构分析计算必须考虑结构施工与形成过程，而结构施工过程仿真分析计算复杂、量大，绝非简单地算所能完成。

采用有限法进行施工控制中的结构分析计算步骤：

(1)桥梁结构模型化。桥梁结构模型化就是将实际结构理想化为有限个单元的集合。计算模型建立的正确与否是保证计算分析结果是否正确的关键，其中，根据结构的受力特性与工作行为选择恰当的单元形式来模拟实际结构以及选择正确的约束模拟形式尤为重要。通常考虑建立一个统一的模型，而对某个施工状态的结构模拟则可通过某些单元的是否激活来实现。

计算模型中单元的选择应以能够准确描述施工过程中结构受力与变形状态为准。有限元分析中的单元类型较多，根据不同的结构体系，构造形式以及受力情况，模型中的单元可以是杆元、梁元、板元、体元、索元等；一个模型可以是由一种单元组成，也可是由几种单元组成。

(2)桥梁结构的离散化。桥梁结构的离散化就是在模型化处理后，将结构离散化为带有有限个自由度的结构。单元大小与节点位置确定应充分考虑结构受力情况与施工单元的划分。

(3)按所用的软件输入要求形成数据文件。

(4)检查、校正数据文件。计算模型最终体现为数据文件,数据文件正确方能保证计算模型的正确,乃至能保证计算结果的正确性。

13.4.2.2　解 析 法

解析法也是一种结构方法。用解析法对于一般的复杂结构分析是难以实现的,但对于悬索桥施工过程模拟结构分析采用基于恒定无应力索长发展的解析法则不失为一种较好方法。

13.5　桥梁施工监测系统

13.5.1　施工监测系统的建立

施工监测系统是大跨度桥梁施工控制系统中的一个重要部分,各种桥梁施工控制中都必须根据实际情况与控制目标建立完善的施工监测系统。不论何种类型的桥梁,其施工监测系统中一般都包括结构设计参数监测、几何状态监测、应力监测、动力监测、温度监测等几个部分。通过施工监测系统的建立,跟踪施工过程并获取结构的真实状态,不仅可以修正理论设计参数,保证施工控制预测的可靠性,同时又是一个安全警报系统,通过警报系统可及时发现和避免桥梁结构在施工过程中出现的超出设计范围的参数(如变形、截面应力等)以及结构的破坏。另外,该监测系统还可在桥梁使用中对其安全状况进行监测,为科学的管理与维护提供数据资料。图3-13-2为施工监测系统示意。

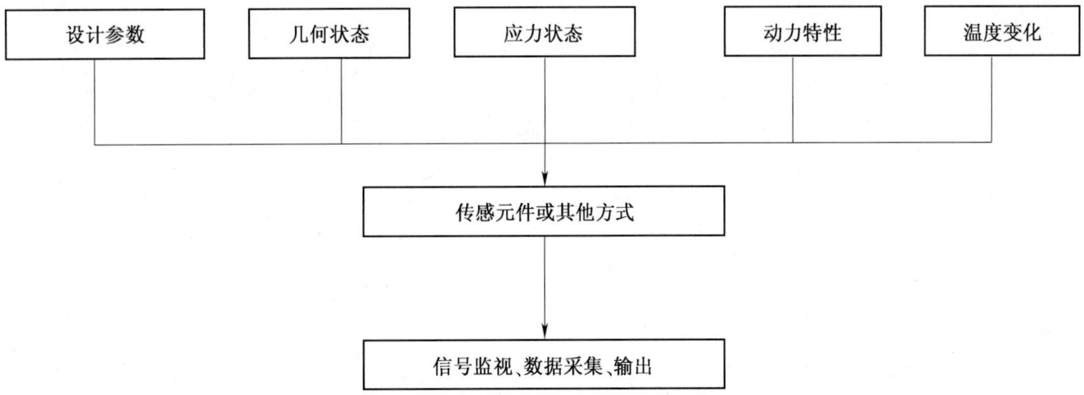

图3-13-2　施工监测系统图

13.5.2　施工监测内容

施工监测方法很多,具体应根据监测对象、监测目的、监测频度、监测时间长短等情况选定最方便实用、最可靠的监测方法。

1. 几何形态监测

几何形态监测的目的主要是获取(识别)已形成的结构的实际几何形态,其内容包括高程、跨长、结构的线形、结构变形或位移等。它对施工控制、预报非法关键。

2. 应力监测

结构截面的应力(包括混凝土应力、钢筋应力、钢结构应力)监测是施工监测的主要内容之一,它是施工过程的安全预警系统。各种桥的指定点的应力同几何位置一样,随着施工的推进、其值是不断变化的。在某一时刻的应力值是否与分析(预测)值一样,是否处于安全范围是施工控制关心的问题。解决这些问题的办法就是监测。一旦监测发现异常情况,就立即停止施工,查找原因关及时进行处理。应力监测是一个长时间连续的量测过程,要实时、准确监测结构的应力情况,采用方便、可靠和耐久的传感器件非常重要。

3. 预应力监测

预应力水平是影响预应力桥梁施工控制目标实现的主要因素之一。监测中主要是对预应力筋的张拉真实应力、预应力管道摩阻损失及其永存预应力值进行测定。预应力筋的张拉真实应力通常在张拉千斤顶与工作锚板之间设置压力传感器测得;对于预应力管道摩阻损失及其永存预应力值可在指定截面的预应力筋上贴电阻应变片测其应力，张拉应力与测得应力之差即为该截面的预应力管道摩阻损失值。

4. 温度监测

温度监测方法：辐射测温法、电阻温度计测温法、热电偶测温法以及其他各种温度传感器等。每种方法的测量范围、精度和测量仪器的体积及测量繁杂程度都有所不同，通常选用种类小、附着性好、性能稳定、精度高且可进行长距离监测传输的测量组件。

对于连续梁(刚构)梁体的混凝土结构测量，包括表面温度测量和体内温度测量两方面。对结构表面测试采用表面温度点测计测量，点测计测量灵活性大，可对任意点处的表温进行测量；对体内温度测量通常是将选好的温度传感器贴在钢筋上。在作防潮和防机械损伤处理后埋入指定截面的混凝土内并引出导线，通过温度测量显示仪读取测量值。

对于斜拉桥，温度测量包括索、塔、梁三个部分。塔、梁温度测试断面及测点布置通常与预应力测试相同，测量阶段也一样。索的温度块变化与梁不同，索表面温度与索内芯温度不同，索的平均温度与索表面温度的关系也不确定，为此，需对各种直径的索制作 1～2 根测温试验段，测温的长度一般为 2～3 m。在测温段的内部和表面均布置感温元件，在现场条件下测出索段表面温度和内部温度以及平均温度的关系曲线。在测得实桥工作索表面温度后，利用测温试验段的标定结果换算工作索的内部温度及平均温度，以供索的调控使用。

13.5.3 施工监测仪器

1. 桥梁结构几何形态监测的仪器

用于桥梁结构几何形态监测的主要仪器包括测距仪、水准仪、经纬仪、全站仪、光电图像挠度仪等。通常采用测距和测角精度不低于规定值的全站仪并结合固定高亮度发光体照准目标作为需要全过程动态跟踪监测的三维几何形态参数(如斜拉桥索塔位置、斜拉索锚固位置、加劲梁平面位置(线形)等；拱桥轴线线形，拱桥轴线线形，拱上结构位置等；连续刚构桥墩位、悬臂施工箱梁的平面位置等)的监测手段；采用精密水准仪和铟钢水准尺水准联测，活动砧标视准线法观测和精密电子倾角仪倾角测量等激光挠度仪等作为高程、变形(位)等的监测手段。

2. 桥梁结构应力监测的仪器

目前应力监测主要采用电阻应变片传感器、钢弦式传感器等。电阻应变片传感器只能用于短暂的荷载增量下的应力测试，并且使用不便、耐久性差，所以，一般用于辅助应力测试与校核。对于适合于现场复杂情况、连续时间较长且量测过程始终要以初始零点作为起点的应力监测，目前基本采用钢弦式传感器，主要是钢弦式传感器具有较好的稳定性，自然具有应变累计功能，抗干扰能力较强，数据采集方便等。

图 3-13-3 所示为常用的钢弦式传感器，其中图 3-13-3(a)为钢筋应力传感器，用于监测钢筋混凝土结构内的钢筋应用；图 3-13-3(b)为埋入式应变传感器，用于混凝土结构内部的应变(应力测量)；图 3-13-4 为 JMZX-300X 综合测试仪。配合钢弦式传感器直接测量构件的应力、应变。

(a) 钢筋应力传感器　　(b) 埋入式应变传感器

图 3-13-3　钢弦式传感器

钢筋应力传感器的技术指标：

量程：±300 MPa　灵敏度：0.1 MPa　精度：≤1%F · S

使用环境温度：－10～70 ℃　温度测量范围：－20～110 ℃

温度灵敏度：0.1 ℃　温度精度：± 0.5 ℃

ZX-215XX 型埋入式智能弦式数码应变计技术特点：采用振弦理论设计制造，具有高灵敏度、高精度、高稳定性的优点，适于长期观测；应变计内置智能模块，全数字检测，信号长距离传输不失真，抗干扰能力强；应变计内置智能模块，仪表自动识别型号、编号、温度(带温度时)，对大量埋设；传感器的工程，此功能能防止因测试线线头被剪断或因测试线编号丢失，致使传感器无法使用的现象，保证工程监控长期顺利的实施；绝缘性能良好，防水耐用；采用脉冲激振方式激振。测试速度快；配备本公司 CDJM-ZHX 振弦测试仪即可直接显示应变值($\mu\varepsilon$)，也可显示振弦频率(Hz)，测量直观、简便、快捷；配接本公司多点自动振弦测试仪可实现无人值守测量和远程监测；应变计内置温度传感器可直接测量测点温度(温度型)。

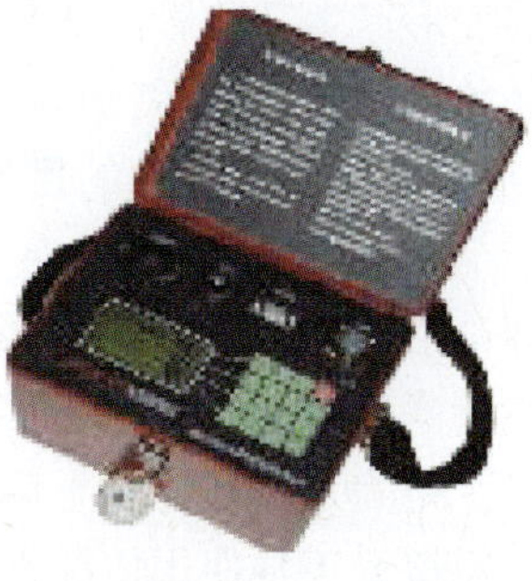

图 3-13-4　JMZX-300X 综合测试仪

JMZX-300X 综合测试仪是一种便携式智能型多功能检测仪，其仪器技术指标如下：

测量范围：振弦频率：600～3 000 Hz　温度：−40～125 ℃

测量精度：频率精度：(0.1%±0.1)Hz　温度精度：±0.5 ℃

存储容量：2 500 个测量记录(每个记录包含传感器编号、测量时间、温度和物理量)

使用环境温度：−10～40 ℃，相对湿度小于等于 90%

电源：8 节 2 号镉镍电池　电能贮量：2 Ah

工作电流：80 mA　充电时间：12～14 h

(1)传感器的安装方法。在传感器的安装过程中，要尽量保证安装精度。使安装的传感器受力状态能尽量反映梁体的实际受力情况。由于在有限元模型计算中，模拟出的结果是每一个梁体单元的顶缘应力和底缘应力，因此安装混凝土传感器时，顶板的传感器要绑扎在顶层钢筋上，底板的传感器要绑扎在底层钢筋上。遵循的原则是使传感器尽量靠近梁体顶板的顶部和底板的底部。在传感器的绑扎过程中，传感器要用扎丝牢靠绑扎在顺桥向的主筋上，禁止焊接。由于每根传感器和长导线连接，在混凝土浇筑过程中为了不使导线损坏，导线要顺着钢筋走，用扎丝固定。为了保证埋设的成活率和测量的高精度，需对埋设质量进行细致检查，防止由于混凝土浇筑过程中对传感器的破损、移位，防止导线断路，走线位置尽量避免各种施工干扰因素。在施工过程中，要做好相应的防护工作。

(2)传感器的测试。传感器安装好后，对各个工况要进行测试。一般是三个工况，即混凝土浇筑前、混凝土浇筑后以及混凝土张拉后(一般测试两个工况即可)。测试过程很简单，用一根数据线把测试仪器和传感器连接好后，读数即可，主要是测试时间的选择。根据以往大量的实际测试数据，经过对比分析，测试时间最好选择在早上 9 点之前。因为这个时间段测试温度相对较低，此时传感器受温度影响相对较小，测试结果相对准确。如果在一天中温度比较高的时候(比如中午太阳很大的时候)进行测试，测试结果和早上测试结果对比应力变化值约为 1～2 MPa。因此，在施工现场采集应变数据的时候，要尽量在早上测试。

3. 斜拉索索力监测的仪器

目前可供现场索力量测的方法主要有三种，不同的测量方法采用的仪器不相同。

(1)采用压力表量测法。目前，索结构通常使用液压千斤顶张拉，由于千斤顶的张拉油缸中的液压和张力有直接的关系，所以，只要测定张拉缸的压力就可求得索力。这是施工控制中索力测量最实用的方法之一。

(2)压力传感器。压力传感器法是指在斜拉索等锚下安装压力传感器，通过两次仪表读取索索力。这种方法量测的准确性高，稳定性较好，易于长期监测。

(3)振动频率量测法。索力测量一般采用脉动法(或称频谱分析法)，利用附着在拉索上的高灵敏度传感器拾取拉索在环境激励振动下的振动信号，经过滤波、放大和频谱分析，再根据频谱图来确定拉索的自振频率，然后根据自振频率与索力的关系确定索力。

13.6　桥梁施工控制管理

13.6.1　预应力混凝土连续梁(刚构)桥悬臂施工

13.6.1.1　立模高程的确定

在主梁的悬臂浇筑过程中，很多因素会与事先估计的理想状态有差别，如：混凝土模量、混凝土的收缩徐变、箱梁截面尺寸、张拉预应力的效果，施工温度等，不可能与设计理论变形值完全符合。这些偏差必然会对桥梁的变形产生某些影响,使实际变形与理论变形存在一定的差异,从而影响成桥竣工高程,偏离设计意图。因此必须根据施工实际,随时调整理论计算模型使之与施工实际情况相符,再按修正后的模型确定新的立模高程,从而达到高程控制的目的。

1. 设计理论高程

理论上,设计高程即为桥梁正常使用情况下的高程,在总体上服从线路纵断面的线型设计。或者说,桥梁的设计高程就是桥梁竣工多年以后,在承受 1/2 静活载情况下的高程。这里要求"竣工多年(一般 3～5 年)以后"是为了保证混凝土后期收缩叙徐变大体完成,桥梁不再发生明显的后期变形;承受 1/2 静活载则是近似模拟桥梁正常使用情况下的活载工况。

高程监控的目的就是要使大桥的线形满足设计要求。因此设计高程是高程监控的依据。

2. 竣工高程

竣工高程即为桥梁刚刚竣工时的成桥高程。

如前所述,桥梁在竣工后还要发生后期徐变变形及活载变形,因此可得:

$$H_{竣工}-H_{后期徐变}-H_{1/2静活载}=H_{设计} \tag{3-13-1}$$

式中 $H_{竣工}$——桥梁竣工高程;

$H_{后期徐变}$——桥梁竣工后由于混凝土后期徐变而引起的变形,以向下为正;

$H_{1/2静活载}$——桥梁承受 1/2 静活载所引起的变形,以向下为正;

$H_{设计}$——桥梁设计高程。

3. 立模高程

立模高程即施工时模板的放样高程。对不同的施工工艺,立模高程的计算方法不同,当然也就对应不同的立模高程。此处仅讨论悬臂浇筑施工的立模高程。

$$H_{立模}=H_{设计}+H_{计算预拱度}+H_{挂篮变形} \tag{3-13-2}$$

式中 $H_{设计}$——箱梁顶面(底面)中轴处设计高程,采用设计值;

$H_{计算预拱度}$——采用施工控制计算分析值,主要包括恒载、施工期间收缩徐变、温度影响、二期恒载、成桥后收缩徐变以及 1/2 静活载等产生的竖向变形;

$H_{挂篮变形}$——挂篮变形调整值,一般由试验确定。

在主梁的悬臂浇筑过程中,梁段立模高程的合理确定,是关系到主梁的线形是否平顺,是否符合设计的一个重要问题。如果在确定立模高程时考虑的因素比较符合实际,而且加以正确控制,则最终桥面线形较为良好;如果考虑的因素与实际情况不符,控制不力,则最终桥面线形会与设计线形有较大的偏差。

13.6.1.2 挠度观测

挠度观测在每个施工块件上布置两个对称的高程观测点,这样不仅可以测量箱梁的挠度,同时可以观察箱梁是否发生扭转变形。在施工过程中,对每一截面需进行立模、混凝土浇筑前、混凝土浇筑后、预应力钢筋张拉前,预应力钢筋张拉后的高程观察,以便观察各点的挠度及箱梁曲线的变化历程,保证箱梁悬臂的合龙精度及桥面线形。高程控制点布置在离块件前端 10 cm 处,采用 ϕ16 钢筋在垂直方向与顶板的上下层钢筋点牢固,并要求竖直。测点(钢筋)露出箱梁混凝土表面 5 cm,测头磨平并用红油漆标记。

13.6.1.3 测试数据的处理

由于几何形态参数监测结果将直接反馈给施工控制系统,所以,不但要求其结果具有准确性,同时还要求数据整理及时,这可通过监测数据实时处理分析系统完成。对于定期监测的数据,按照不同等级水准测量的国家规范等有关标准规定的作业成果记录整理方法,采用手记录、现场外业手簿联测的闭合差,测量中误差以及观测点的变形或变形位移,对全过程动态跟踪的几何参数监测,首先对现场手工记录的角度、距离等原始观测值进行 100%的检查,在观测数据满足有关规定,标准规定的限差要求的前提下,对观测成果进行必要的改正,并将其结果直接与施工控制系统相联系。

13.6.1.4 应力控制措施

1. 主要设计参数实施控制

在施工过程中,对影响桥梁结构应力状态的主要设计参数实施有效的控制。对于梁的截面尺寸、混凝土的容重、混凝土的弹性模量、预应力钢筋的张拉控制应力、混凝土的收缩徐变和施工临时荷载是影响结构应力的主要设计参数,在施工过程中通过严格控制主要设计参数使之尽可能接近理论值以达到对结构应力的控制。对主要设计参数实施控制的具体施工操作方法分述如下：

(1)箱梁的截面尺寸。安装模板时确保严格按设计尺寸进行施工，特别要保证模板的刚度，使之在浇筑混凝土过程中不变形。采取必要的施工措施保证浇筑混凝土的部位与高度。

(2)混凝土的容重、弹性模量。对主要材料混凝土的材料特性应反复进行实验，确保施工材料的材性稳定，施工过程中通过现场测试、反馈、调整确保混凝土的容重、弹性模量符合设计要求。

(3)预应力钢筋的张拉控制应力。严格按双控张拉预应力钢筋，通过现场测试确定预应力的损失值，进而调整张拉控制应力。

(4)混凝土的收缩徐变。对于连续梁(刚构)桥，混凝土的收缩徐变对结构内力影响较大，到现在为止从理论上还不能作出十分精确的分析，在施工过程中主要是控制混凝土的加载龄期、结构应力的大小。

(5)施工临时荷载。施工临时荷载对结构内力影响很大。所以，在施工控制计算中应尽可能使施工临时荷载与实际一致，在施工过程中避免临时荷载变化过大以引起较大的内力误差。

2. 应力监测

应力监测主要测试大桥的桥墩和箱梁的截面应力，还有墩梁临时固结构件的应力观测。一般来说，桥墩上测点布置在墩底、横系梁及墩顶截面处，主梁上测点布置在悬臂跟部、$L/4$、$L/2$ 等关键截面上。在施工过程中，节段立模、混凝土浇筑，预应力张拉前后均需要进行测试，并与分析预测值作比较，如相差较大并超过设计要求，则必须进行详细的理论分析且通过对预应力钢筋张拉控制应力的调整来实现对内力的调整使之符合结构内力的设计要求。由于设计误差、施工误差的存在，结构应力的理论值永远不可能与实测值一致。当结构应力理论值与实测值的差值在允许范围之内时，结构内力不予调整。当理论值与实测值的差值超限时，则通过施工监测获得的结构真实状态参数，对结构重新进行分析，确定一个合理的预应力钢筋的张拉控制应力使结构内力符合设计要求。

13.6.2　斜拉桥施工

1. 立模高程的确定

同预应力连续梁，不再重述。

2. 变形观测

(1)主塔变位测量。主塔变位测量包括顺桥向和横桥向两个方向变位值的测量。

主塔在施工和成桥状态通过斜拉索承担相当部分的梁体重量，在不平衡荷载和大气温差及日照影响下，均会使主塔产生不同程度的变位。为了不影响主梁架设施工，必须研究掌握主塔在自然条件下的变化规律以及在索力影响下偏离平衡位置的程度。

(2)梁体线型测量。同预应力连续梁，不再重述。

3. 应力与索力的测试

(1)索塔的应力测试。索塔主要承受斜拉索传下来的竖向力与桥塔两边拉索水平分力差引起的弯矩，同时，施工过程中的施工荷载以及突发施工事故将使桥塔产生较大变形与应力，所以在施工过程中应对这些状态的应力进行监测，根据监测情况提出相应的对策，以确保施工中结构的安全。通常应在索塔塔柱底部截面、桥面处塔柱截面以及其他可能出现较大应力的截面，观测塔施工至下横梁、中横梁、塔柱完成、架设斜拉索以及悬臂浇筑过程中关键工况等施工阶段的应力。另外，还应对塔在施工中可能承受的包括风荷载在内的其他荷载引起的应力进行监测。

(2)主梁应力测试。斜拉桥应力监测包括梁的安装应力监测和塔的施工应力监测两类。主要目的是了解梁塔控制控制截面的应力状况，并对梁体重量及其他荷载变化情况进行判断，确保结构施工安全。

施工应力测试截面一般由设计单位根据施工计算的控制截面确定。原则上应包含以下方面：安装阶段的最大正、负弯矩截面，成桥状态的最大正、负弯矩截面，主塔及其横梁的应力控制截面以及设计考虑的其他控制截面。

施工中，对主梁控制性截面应力进行跟踪观测。观测阶段划分为：每个梁段吊装就位、斜拉索张拉前后；全桥合龙前后；二期恒载作用后。

(3)斜拉索索力测试。索力测试阶段划分一般与主梁应力测试相同。索力测试分为三个状况：监控状况、调索状况、成桥状况。

监控状况是指控制分析提供所需的数据,当挂篮行走到位后,测量前几对索的索力(一般为三对),为控制分析提供初始数据。即是当要进行($N+1$)号梁段施工时,测量 N 号、($N-1$)号、($N-2$)号梁段对应的索力值,然后通过控制分析计算出($N+1$)号梁段的索力和线形应达到的目标值,从而发出($N+1$)号梁段施工的有关指令。

调索状况是指当梁段施工完成以及索力张拉到位后,测量前三对及本对索的索力,各持索力偏离设计值(或目标值)的大小,以便及时进行必要的调整,避免影响后续梁段的正常施工。

成桥状态是指全桥合龙、二期恒载完成后对每一根斜拉索进行一次索力测量,为因内力(主梁内力以及索力)或线形调整需要进行调索时提供依据。

13.6.3 钢管混凝土拱桥施工

1. 主拱施工监测

主拱肋是本桥在施工和使用阶段的主要受力构件,拱肋实际轴线若偏离设计值,将引起拱肋内力变化。施工过程中拱肋局部偏离拱轴线过大将会引起施工安全隐患或安全事故。特别是在钢管拼装、拆除扣索和灌注混凝土阶段必须严格控制拱轴线的偏移量,根据监测数据及时调整。主拱的施工监测总体来说分线形监测、应变监测两部分。线形监测采用 TCA1800 型全站仪,可以方便地测得各测点的竖、纵向位移和拱轴的横向偏移;测点布设在截面上缘;应变监测主要采用钢弦应变计,可灵敏地反映结构在施工各阶段因受力体系的变化以及温度的影响而发生的应力变化。

(1)应变监测。由于截面以承受压应力为主,根据理论计算的结果,一般取拱脚、$L/8$、$L/4$、$3L/8$、$L/2$、$3L/4$ 和布置应力测点。综合考虑轴力和弯矩的影响,在梁体侧面和顶、底面分别布置测点。

(2)线形监测。线形测点布置和监测总体分为两阶段,其中空钢管吊装为第一阶段,吊装完毕后各工况为第二阶段。第一阶段测点布置在各拱肋阶段节点处,分别在每一阶段拱肋的上下节点和中部分别布置线形控制点。第二阶段考虑到钢结构材料力学性能的稳定性,并注意到主跨结构非对称性,为准确测试结构在施工过程中的受力变形规律和状态,分别在一侧拱脚、$L/8$、$L/4$、$3L/8$、$L/2$、$3L/4$ 和另一侧拱脚 14 布置线形测点。

2. 吊杆力监测

吊杆起到连接拱肋与桥面系的作用,桥面荷载通过横梁传至吊杆并传至拱肋。横梁即是支撑在吊杆上的简支梁,吊杆力也就是横梁的支反力,通过监测吊杆力可以明确横梁和拱肋的受力状态,吊杆力采用伸长量法和频率法综合测定。

14　支座及桥面附属施工技术

14.1　支　　座

一般桥梁支座安装施工流程如图 3-14-1 所示。

其他的如连续梁、钢梁等的支座施工在此不作描述。

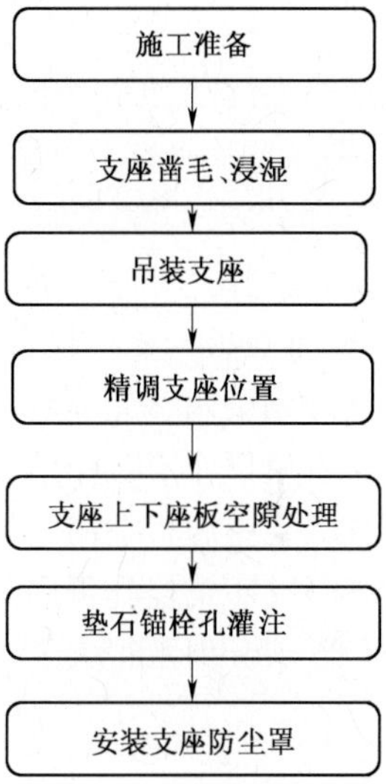

图 3-14-1　一般桥梁支座安装施工流程图

14.1.1　一般规定

支座到达现场后,必须检查产品合格证,附件清单和有关材质报告单或检验报告。并根据现行桥梁支座的规范和技术条件的有关规定,对支座外形尺寸、外观和组装质量进行全面检查,支座品种、类型、性能、规格、结构和涂装质量均应符合设计要求和相关规定。

支座下的支承垫石,混凝土强度应符合设计要求,顶面平面要求高程准确,表面平整,在平坡情况下同一片梁两端支承垫石水平面应尽量处于同一平面内,其相对误差不得超过规定,以免支座发生偏歪,不均匀受力和脱空现象。

安装支座前应检查桥梁跨度、支座垫石尺寸和高程、预留锚栓孔位置和尺寸等,并将墩、台支座垫石处清理干净,用干硬性水泥砂浆抹平,并使其顶面高程符合设计要求。

将设计图上标明的支座中心位置标在支座垫石及支座上,支座准确安放在支座垫石上,要求支座中心线相重合。

当顺桥向有纵坡时,支座安装方向应按设计规定办理。

14.1.2　橡胶支座的安装

支座规格和质量应符合设计要求,埋置于墩顶和梁底面的钢垫板,必须埋置密实。垫板与支座间应平整密贴,支座四周不得有缝隙,严格保持清洁。活动支座的聚四氟乙烯板和不锈钢板不得有刮伤、撞伤。氯丁橡胶板块密封在钢盆内,要排除空气,保持紧密。

活动支座安装前用丙酮或酒精仔细擦洗各相对滑移面,擦净后在四氟滑板的储油槽内注满硅脂类润滑剂,并注意硅脂保洁;坡道桥注硅脂应注意防滑。

盆式橡胶支座的顶板和底板可用焊接或锚固螺栓拴接在梁体底面和墩台顶面的预埋钢板上;采用焊接时,应防止烧坏混凝土;安装锚固螺栓时,其外露螺杆的高度不得大于螺母的厚度;现浇梁底部预埋的钢板或滑板,应根据浇筑时的温度、预应力张拉、混凝土收缩与徐变对梁长的影响,根据设计支承中心设置预偏值。

支座安装前,应对墩台锚栓孔进行检查,合格后方可安装。架设箱梁时,箱梁落梁暂不落在正式支座上,待支座下座板与支承垫石之间、锚栓孔内进行压力注浆,注浆材料的强度不应低于垫石混凝土的设计强度,弹性模量不小于 30 GPa,待浆体填实并达到强度后,方可落梁。箱梁就位后,4 个支座应方向正确,受力均匀,活动支座的方向应符合设计规定。

梁体就位后,方可拆除橡胶支座上下连接板。

14.1.3　钢支座的安装

支座材质和制造精度应符合设计要求,应有制造厂的成品合格证、供货单位监理签证的铸件探伤记录和缺陷焊补记录,及支承密贴性检查记录,并应作外观检查和对组装后的轮廓尺寸进行复核。负梁支座质量及检验方法就符合现行《铁路桥涵工程施工质量验收标准》(TB 10415)的规定。

钢梁支座安装前应将支承垫石表面凿毛凿平，上铺一层薄细砂抹平，并防止砂子掉入锚栓孔内。支承垫石高度应预留 20～40 mm 的缝隙，以保证灌浆的质量。当垫层厚度大于 40 mm 时，应设钢筋网，水泥砂浆强度等级应符合设计要求。

固定支座安装时，上、下摆接触部分应密贴，上摆槽形与下摆弧形部分，其顺桥方向的前后空隙应一致，其公差为±1 mm 当上、下摆之间设铰轴承压时，弧面接触应密贴，并设置注油槽。

活动支座安装应符合下列规定：

(1)固定支座定位(即钢梁定位)后，活动支座底板安装应符合设计要求，并以施工气温(温度计挂在支座所在的弦杆)为准。当钢梁二期恒载末上足或施工气温不同于设计温度时，应按设计图提供的资料进行计算后，确定辊轴和底板的安装位置。底板顺桥方向安装的允许偏差为±3 mm。

(2)辊轴与下摆及底板之间应密贴，间隙不大于 0.1 mm，辊轴均应与桥中线垂直，辊轴位置偏差不得大于 1 mm。

(3)当活动支座上下摆采用钢铰轴铸钢，移动部分采用聚四氟乙烯和不锈钢板(简称铰轴滑移钢支座)，应特别注意移动部分的防尘清洁，严防碰伤污染。滑动面应涂硅脂。不锈钢板轧制方向宜与顺桥向一致。当具有可更换的摩擦副时，应予检查是否更换方便。正式支座安装完毕后，应立即设置密封性能良好的配有拉门的透明防尘围裙(罩)。

支座底板与支承垫石的缝隙可用位能法灌浆，并符合下列规定：

(1)钢梁调整完毕后，将支座用倒链吊在钢梁上，顶起钢梁使支座比设计高程稍高，支座底打入钢楔块定位(钢楔块仅作定位作用，钢梁大部分重量应由千斤顶支承)，经全面检查签证后方可灌浆；

(2)支座底板下的定位钢楔块，就在灌的砂浆达到设计强度后取出，填充砂浆；

(3)支座锚栓孔可用细石混凝土或水泥砂浆分层捣实填塞，锚栓在拧紧螺母后，栓杆顶至少应高出螺母顶面 25 mm 但不得大于 40 mm。

14.1.4　质量标准

支座安装后，其允许误差应符合表 3-14-1。

表 3-14-1　支座安装允许误差表

序号	项　　目		允许误差(mm)
1	支座中心线与墩台十字线的纵向错动量		≤15
2	支座中心线与墩台十字线的横向错动量		≤10
3	支座板每块板边缘高差		≤1
4	支座螺栓中心线位置偏差		≤2
5	同一端两支座横向中心线间的相对错位		≤5
6	螺栓		垂直梁底板
7	四个支座顶面相对高差		2
8	同一支座纵向中线间的距离	误差与桥梁设计中心线对称	$^{+30}_{-10}$
		误差与桥梁设计中心线不对称	$^{+15}_{-10}$

支座上下板螺栓的螺帽应安装齐全，并涂上黄油，无松动现象。

支座与梁底、支座与支承垫石应密贴，无缝隙。

14.2　桥面附属设施施工

14.2.1　一般规定

防护墙、电缆槽竖墙、接触网支柱基础、遮板、栏杆(挡板)、电缆槽盖板、声(风)屏障基础、桥面伸缩装置、防落梁挡块、桥面排水设施和桥上救援疏散设施等桥面附属设施的材料、结构尺寸应符合设计要求。

桥面附属设施现浇混凝土宜采用钢模板，具有足够的强度、刚度和稳定性，能保证混凝土结构和构件各部分设计形状、尺寸和相互间的位置正确，安装拆卸方便，保证接缝不漏浆。

桥面排水设施应部件齐全、固定牢靠，无破损、无漏水。泄水管的接头连接方式、坡度、设置范围和位置应符合设计要求。桥面泄水孔的细部处理就严格按设计施工。

接地端子的安装位置以及与钢筋的连接应符合设计要求。接地端子应安装防护盖子予以保护。

桥面附属设施的钢结构外露表面防锈涂装应符合设计要求。

14.2.2　防护墙、竖墙、接触网支柱基础

施工前应清除预埋钢筋上的油污、水泥浆等杂物，并按设计要求调整其位置、间距、形状。

混凝土浇筑前，应对桥面部分凿毛处理，并清理干净。

过水孔和电缆预留孔位置就准确，接地端子端面应竖直并与模板顶紧。

防护墙、竖墙应按设计要求设置断缝。

对于有砟道床，竖墙和挡砟墙外侧拐角处共同支撑盖板，为保证盖板安装的平稳性，竖墙顶面高程应与挡砟墙外侧拐角高程一致，因而在安装竖墙模型时，可采用水平尺控制竖墙模型顶面高程。竖墙采用钢模板，每 2 m 设置一个断缝，先施工边竖墙，边竖墙顶面高程与遮板倒角高程一致，施工边竖墙时，不得影响遮板位置，A 墙施工完毕后，可施工 B 墙，B 墙顶面高程与 A 墙以及挡砟墙拐角处高程一致，可采用水平尺控制。竖墙混凝土灌注完毕后对其表面进行二次收面，保证表面平整。电缆槽内保护层采用 C40 纤维混凝土，施工保护层前要清除挡砟墙和竖墙角浮砟，便于作防水层，钢纤维混凝土表面用抹子抹平以利排水。

竖墙施工注意事项：

竖墙 A 墙梁端接地端子与梁体预留钢筋焊接且焊接高度高出竖墙顶面 2 mm 以上，焊缝饱满且焊缝厚度不得小于 4 mm，焊缝长度单面不得小于 200 mm，双面不得小于 100 mm。并对端子端头用封口胶包裹防止混凝土进入。

拆模时混凝土强度宜达到设计值的 50%，拆模后应加强成品保护，防止磕碰损伤。

接触网支柱基础应表面平整，预埋螺栓位置准确。

14.2.3　遮板、栏杆(挡板)、电缆槽盖板、声(风)屏障基础

遮板、栏杆(挡板)、电缆槽盖板、声(风)屏障基础预制构件应进行工厂化集中生产。栏杆立柱采用塑钢模型，振动台震动的方式进行混凝土浇筑施工，每次震动台可以放 4 跟立柱同时震动，震动时间不超过 30 s(具体以混凝土表面翻浆为宜)。

预制构件在搬运过程中应轻起轻落，严禁抛掷，避免碰撞磕损，存放应堆码整齐、支垫牢靠。

安装前应对预制构件进行外观检查，不得有蜂窝、孔洞、疏松、露筋、缺棱掉角、断裂等缺陷。

遮板应采用吊装施工，并在遮板预留钢筋与桥面竖墙预留钢筋交叉处根据需要穿入几根钢筋并绑扎固定，支撑稳固，及时与竖墙钢筋连接。待架设完成后对其进行调平、调直。安装完成后要保证遮板与遮板顶面错台不大于 3 mm ，遮板外部一条线、地面一条线、顶面一条线。调整好之后，尽快浇筑 A 墙混凝土，使之与遮板连成整体。

栏杆(挡板)内侧间距应满足设计要求。栏杆的连接、安装必须牢固顺直，高度应保持一致。

盖板安装应符合设计要求，铺设应齐全、稳固、无损坏、板间空隙均匀一致。

14.2.4　防水层和保护层

(1)防水层、保护层所用材料的品种、规格、性能必须符合有关客运专线铁路桥梁混凝土桥面防水层的有关规定及设计要求。

(2)防水层施工部位、构造形式、厚度、坡度和细部做法等必须符合有关客运专线铁路桥梁混凝土桥面防水层的规定和设计要求。

(3)保护层施工部位、构造形式、厚度、坡度和段缝处理必须符合设计要求，并符合有关客运专线铁路桥梁混凝土桥面防水层的规定。桥面保护层表面裂缝宽度不得大于 0.2 mm，保护层应表面平整，周边新旧混凝土黏结牢固，结合紧密，厚度均匀一致。表面平整密实，不得有疏松、起砂、脱皮、损伤等现象。

(4)防水层不得渗水,防水层的基层应平整、清洁、干燥、不得有空鼓、松动、蜂窝麻面、浮渣、浮土和油污。防水层的表面质量应达到涂层厚薄一致,黏贴牢固,搭接封口正确。不得有滑移、翘边、起泡、损伤等现象。边坡平顺,排水通畅。

(5)桥面防水层及保护层采用符合《客运专线桥梁混凝土桥面防水层暂行技术条件》(科技基〔2007〕56号)要求的防水涂料和混凝土(纤维)保护层,防水层、保护层类型及构造应符合设计图纸要求。

14.2.4.1　防水层铺设

防水层施工前应先对基层面进行验收,基层应做到平整、无尖锐异物,不起砂、不起皮及无凹凸不平现象,平整度的要求:用1 m长靠尺测量,空隙不大于3 mm,空隙只允许平缓变化,每米不超过一处。桥面基层无浮渣、浮灰、油污等,同时挡砟墙根部应无蜂窝、麻面。

采用高聚物改性沥青基层处理剂,涂刷时基层应干燥。

1. 施工程序

施工准备→基础基层处理→涂刷基层处理剂→细部附件防水层施工弹线、铺贴卷材防水层→卷材收头固定→保护层施工。

2. 铺设防水卷材

(1)铺贴配备。备好防水卷材、高聚物改性沥青基础处理剂、喷灯(液化气喷灯或者汽油喷灯)等。

(2)防水卷材铺贴时的注意事项。

1)高聚物改性沥青基层处理剂每平方米用量控制在0.2～0.3 kg。

2)采用多台喷灯同时烘烤热熔铺贴卷材。

3)在基层上涂刷高聚物改性沥青基层处理剂时应涂刷均匀、不露底面、不堆积;当基层处理剂干燥不粘手时,方可进行卷材的铺贴。

4)防水卷材、横向的搭接长度均不得小于100 mm。在已涂刷基层处理剂并干燥的基层表面,留出搭接尺寸,将铺贴卷材的基准线弹好,以便按此基线进行卷材铺贴施工。

5)卷材铺贴应从一端开始,桥面横向由低向高顺序进行,点燃喷灯,烘烤卷材底面的沥青层及基层上的处理剂,烘烤要均匀,将卷材底面沥青基层融化后,即可向前滚铺。为确保卷材和基层的黏结,卷材热熔铺贴过程中,应边铺边液压排气黏合。

6)卷材底面溶化以沥青接近流淌,呈黑亮为度,不得过分加热或烧穿卷材。

7)卷材搭接处的上层和下层卷材应完全热熔黏合,以保证搭接处黏结牢固,搭接缝处应有自然溢出的熔融沥青。

8)卷材铺贴到梁体周边收口部位时,滚压后应有自然溢出的熔融沥青。采用刮板磨平密封收口。

9)防水层铺设施工环境温度不宜低于零下20 ℃。防水层铺贴完成后30 min,即可浇筑保护层。

10)制作防水层时不得因流溅或其他原因而污染梁体。防水卷材应在桥面铺设至挡砟墙根部。

14.2.4.2　桥面保护层

桥面保护层采用C40聚丙烯腈纤维细石混凝土。

1. 准备工作

(1)桥面保护层施工应在防水层完全固化后方能进行。

(2)施作保护层前,将泄水管模具装入泄水孔内,以免混凝土堵塞泄水孔。模具采用长300 cm,直径Φ160原木制作成略带楔形,使其刚好能密封无缝隙的插入泄水管内。

(3)浇筑保护层时,施工用具、材料必须轻吊轻放,严禁损坏已铺设好的防水层。

2. 聚丙烯腈纤维细石混凝土的拌制

(1)将聚丙烯腈纤维与石子(粒径为5～10 mm)、砂、水泥、减水剂、掺和料按配比要求倒入搅拌机中预先搅拌,然后加水拌和。搅拌时间为不少于3 min,控制坍落度为70～90 mm。

(2)将混合均匀的纤维混凝土均匀铺在梁体防水层上,然后用平板震动器捣实,在拉动平板震动器时速度应尽量缓慢,混凝土的震捣时间不小于20 s,直至无可见的空洞为止,有利于纤维的三维分布。

(3)在桥面纵向每隔4 m作一宽约10 mm、深约保护层厚度的横向断缝。在桥面保护层混凝土震实后用长1 500 mm、高40 mm的钢板(钢板用砂轮机打磨出粗刀口)嵌入,然后用抹刀抹平,使混凝土横向断缝齐整。纤维混凝土的厚度应满足设计要求。

(4)保护层浇筑结束后1～2 h,将泄水管内钢管模具及伸缩缝钢板取出。

(5)纤维混凝土面层作好后,应采取保水养护措施,避免失水太快。自然养护时,桥面应采用草袋或麻袋覆盖,并在其上覆盖塑料薄膜,桥面混凝土洒水次数应能保持表面充分潮湿。当环境相对湿度小于60%时,自然养护应不少于28 d;相对湿度在60%以上时,自然养护应不少于14 d。

(6)保护层表面应平整、流水通畅。防水层构造、排水坡度、桥面泄水管位置应符合设计要求。泄水管与桥面防水层间应密封、不渗水。

(7)当保护层混凝土强度达到设计强度的50%以上时,用聚氨酯防水涂料将断缝填实、填满,同时用防水涂料对泄水孔壁混凝土表面进行防水封边处理,并不得污染保护层及梁体。

(8)尽量避开夏季中午高温时间施工保护层,并不得冒雨进行保护层施工。

14.2.5　桥梁伸缩装置、防落梁挡块

为使桥面排水系统在桥面接缝处连续,并保证大型养护机械的施工作业,在梁体就位后在梁端接缝处设置伸缩缝装置。伸缩缝在桥面防水层施工完成之后保护层浇筑之前施工。为保证伸缩缝装置安装位置准确,在梁端梁体顶面预埋连接钢板以满足伸缩缝安装要求。待伸缩缝装置与梁体预埋钢板连接后,现浇该处保护层混凝土。

桥梁伸缩装置和防落梁挡块所用原材料和部件的品种、规格、质量等应符合设计要求和现行有关标准的规定。

桥梁伸缩装置橡胶止水带应在库房存放,环境温度应在－15～35 ℃范围内,产品远离热源1 m以上,离地面0.3 m以上,严禁与酸、碱、有机溶剂接触。

桥梁伸缩装置移运过程中,应保持清洁,防止碰撞或受力变形,注意防火。

伸缩缝施工方法和注意事项:

(1)安装时应将安装区清理干净。

(2)吊装伸缩装置,调整伸缩装置中心线与梁端间隙中心基本重合,型钢通过拉线调直。

(3)按梁体保护层顶面或梁端挡水台高程控制型钢顶面高程。

(4)布置横穿钢筋并将锚筋等焊牢,然后及时解除固定型钢间隙的弓形板。

(5)用泡沫条填塞型钢型腔,并用封箱胶带将型腔封贴,安装梁端模板。

(6)浇筑混凝土保护层时必须保护伸缩缝装置表面不受损伤,型腔内不得漏入砂浆。

(7)待混凝土达到设计强度的70%以上时清理型腔,嵌装防水橡胶条,安装胶条时应用专用工具进行安装,不能损伤胶条,且嵌装部位必须完全嵌入到型钢的型腔内。

(8)有砟轨道梁伸缩缝装置安装,应在混凝土浇筑前将定位钢管与梁顶预埋件焊接,所有定位钢管的中心按图纸设计要求位于伸缩装置平行的同一直线上,且定位钢管垂直于梁体顶面,然后将定位钢筋插入定位钢管内,最后浇筑混凝土,待嵌装防水橡胶条后将挡砟盖板与定位钢筋焊接,并用防水材料将定位钢筋与定位钢管之间的间隙密封,挡砟盖板之间的间隙也用防水材料密封。

桥梁伸缩装置和防落梁挡块的安装位置和范围应符合设计要求,部件应齐全完整,且连接可靠,安装后能满足梁位移及转动需要,并能可行防水。

14.2.6　桥上救援疏散设施

(1)基础和立柱的结构形式、位置应符合设计要求。

(2)疏散通道的栏杆高度、踏步形式应符合设计要求。

(3)防护罩的结构形式、设置范围、安装质量符合设计要求。

(4)安全门应开启灵活、方向正确。

(5)钢部件应按设计要求涂装。

(6)指示标志设置应位置准确、牢固。

(7)桥上救援疏散设施的部件应齐全、完整、有效。

第 4 篇

高速铁路隧道施工技术

1 概　　述

高速铁路行车速度高，基础设施技术标准高，尤其是线路平纵断面曲线半径远大于一般铁路，在山岭地区选线设计时必然出现大量的桥隧工程方案，隧道工程在线路总长度中所占比例和长大隧道数量也随之提高。以我国云、贵、川山岭地区新建高速铁路为例，隧道长度占线路长度的比例高达70%以上。就隧道建造施工技术而言，高速铁路隧道与一般铁路隧道之间的差异主要体现在隧道净空断面面积大小、洞口结构和轨道结构形式等方面。

1.1 高速铁路隧道的发展现状

随着世界高速铁路的迅猛发展，高速铁路隧道的建设规模越来越庞大。截至2005年底，全世界已建成的高速铁路隧道总长度已超过1 300 km，其中日本784 km、法国50 km、德国210 km、西班牙15.8 km、意大利71 km、英国26 km、韩国116 km、中国台湾地区44 km。

世界上建设高速铁路最早的国家是日本，1964年建成运营的日本东海道新干线是世界上第一条高速铁路。考虑工程建设的经济性，也因当时对隧道空气动力学缺乏相关的实践经验，日本新干线隧道的净空断面积较小，单洞双线隧道断面净空有效面积只有62～64 m^2，是目前世界各国双线高速铁路隧道中断面积最小者。为了与已建成的新干线相匹配，在适应较小的隧道净空断面积条件下，日本高速列车头部都设计为流线型，车体也加强了密封性，扩大隧道断面的方法至今没有采用。考虑到高速铁路空气动力学特性，日本高速铁路隧道都采用单洞双线断面，较少采用双洞单线的断面。即使长度大于20 km的隧道，如八甲田隧道、岩手一户隧道、饭山隧道等，也没有采用两座单线隧道方案。早期的新干新隧道内一般采用碎石道床，后来修建的隧道内一般采用无砟轨道，并且以板式无砟轨道居多。

除日本外，德国、韩国、法国、意大利、英国、西班牙、荷兰、瑞士等国家和中国台湾地区已建成高速铁路隧道。其中，德国规定高速铁路单洞双线隧道的净空有效面积，客货共线铁路为82 m^2，客运专线铁路为92 m^2，是世界各国高速铁路中较大的，且基本上都采用无砟轨道；韩国首尔至釜山高速铁路单洞双线隧道净空有效面积采用107 m^2，是世界各国高速铁路隧道中断面最大的。一般隧道内采用有砟轨道，特长隧道和后期修建的高速铁路隧道多采用无砟轨道。

我国高速铁路建设起步较晚，但发展更为迅速，已经是世界上高速铁路运营总里程最长的国家。进入21世纪以来，目前已建、在建和拟建的铁路隧道总长度超过5 000 km，其中，高速铁路隧道2 000 km以上，超过世界其他国家高速铁路隧道的总和。我国各客运专线中，长度大于10 km的特长隧道共有8座，分别是石太线的太行山隧道（27 839 m）和南梁隧道（11 526 m）、合武线的大别山隧道（13 256 m）和金寨隧道（10 766 m）、温福线的霞浦隧道（13 099 m）、武广线的大瑶山一号隧道（10 081 m）、广深港线的狮子洋隧道（10 800 m）、厦深线的大南山隧道（12 701 m）。其中狮子洋采用盾构法施工，其他隧道均采用钻爆法施工。

我国在充分研究和吸取国外高速铁路隧道建设经验基础上，制定了高速铁路隧道的净空有效面积标准（表4-1-1），是世界上高速铁路隧道净空有效面积较大的国家，仅次于韩国。采用较大的隧道净空有效面积增加了隧道建设期的资金投入和施工难度，但降低了对机车车辆密封性和牵引能力等方面的技术要求，更利于保障列车的舒适度和安全性，降低运营成本。同时，我国规定设计行车时速小于等于250 km、长度小于6 000 m的高速铁路隧道内的轨道结构与全线轨道结构一致，一般采用有砟轨道；设计行车时速高于250 km、长度大于6 000 m的高速铁路隧道内采用无砟轨道。

表 4-1-1 中国高速铁路隧道净空有效面积标准 (单位:m^2)

序 号	类 别	单 线	双 线
1	200 km/h 客运专线兼顾货物运输	52(53.6)	80(85)
2	250 km/h 高速铁路	58(60)	92
3	300～350 km/h 高速铁路	70	100

注:括号内数值为客运专线兼顾双层集装箱运输条件下,考虑特定接触网高度等因素的面积。

1.2 高速铁路隧道的特点

高速铁路的主要服务对象是旅客,高速铁路建设的首要目标是保证乘客在列车高速运行过程中的舒适度和安全性,并且能保证列车以设计的运行速度按时到达目的地。

相对于普通铁路隧道,高速铁路隧道的特点主要是与列车空气动力学相关。当列车进入隧道时,原来占据着空间的空气被排开,空气的黏性及隧道壁面和列车表面的摩阻作用使得被排开的空气不能像在隧道外那样及时、顺畅地沿列车两侧和上部形成绕流。于是,列车前方的空气受到压缩,列车后方则形成一定的负压,产生一个压力波过程。这种压力波又以声速传播至隧道口,形成反射波,回传、叠加,产生一系列复杂的空气动力学效应。

表 4-1-2 列示了高速铁路隧道空气动力学效应,这种空气动力学效应对旅客的舒适感、列车运行速度和安全性产生重大影响。

表 4-1-2 高速铁路隧道空气动力学效应及影响

空气动力学效应		对隧道设计和运营的影响
瞬变压力	车内瞬变压力	旅客舒适度,洞内养护人员危害
	车内压力波动幅度与频率	旅客和乘务员的健康
	隧道内压力峰值	隧道衬砌和设施的气动荷载
	车体内外压差	车辆结构的气动荷载
洞口微气压波(爆破噪声)		隧道口声环境和建筑物安全
列车空气阻力	平均阻力	牵引计算
	过程阻力	限坡
空气流动	列车风	洞内维护人员和隧道设施的安全
	空气动压	

相对于普通铁路隧道,高速铁路隧道的研究必须考虑空气动力学效应,更突出以下几个方面的特殊性。

(1)隧道净空有效面积和列车横截面积。瞬变压力是高速铁路隧道空气动力学效应的主要指标,影响瞬变压力的因素包括隧道净空有效面积、隧道长度、隧道壁面摩擦系数以及列车横截面积、车形、列车长度、列车表面摩擦系数等。试验表明,诸因素中列车速度 v 和阻塞比 β 是对隧道内压力及列车上压力波动程度起主导作用的因素。在线路设计行车速度确定的情况下,阻塞比是主要可变因素。

阻塞比 $\beta=A_t/A_v$,由隧道净空有效面积 A_v 和列车横截面积 A_t 决定。

隧道净空断面还对列车的牵引动力产生影响。对于高速铁路空气阻力是总阻力的主要组成部分。在隧道中这种阻力又将比在明线运行时有明显的增加,这是线路设计时需要考虑的。按非恒定流模型计算高速列车的空气阻力,在隧道内的空气阻力最大可达到明线阻力的 2.05 倍(双线)和 2.42 倍(单线)。在其他计算条件不变的情况下,列车速度越大,空气阻力最大值越大;隧道断面越大,对降低空气阻力的作用越大。

(2)隧道的洞口形式。高速铁路隧道洞口形式对隧道洞口的微气压波影响重大。高速列车进入隧道,前方的空气受到挤压以声速传播至隧道出口,骤然膨胀,产生一个被称为微气压波的次生波。由于微气压波的产生伴有影响环境的爆破噪声,并会对邻近建筑物产生危害。因此,与消减瞬变压力一样,微气压波成为高速铁路隧道设计中的重要课题。

列车从无边界的空间骤然进入被轮廓所限定的有限空间，致使前方空气受到挤压是产生微气压波的根本原因。在隧道洞口设置净空断面积大于隧道净空断面积的缓冲结构，可以缓解列车运行空间条件骤变的程度，从而起到消减微气压波的作用。缓冲结构的形式按断面变化的规律可分为两类：断面渐变的喇叭形和断面突变的阶梯形。此外，研究还表明，在缓冲结构上开窗能显著改善或缓解微压波的作用，最佳开口率为0.3左右。对不开口的缓冲结构断面积取隧道断面积的1.55倍最佳；开窗的缓冲结构断面积取隧道断面积的1.3倍时即有显著效果；缓冲结构的长度宜在隧道洞径的2倍之内。

(3)列车头部形状。高速铁路隧道洞口产生的影响环境和危害邻近建筑物的爆破噪声由微气压波造成，而微气压波主要取决于列车进入隧道诱发的第一个压缩波(或称“首波”)。试验表明，列车头部形状(主要指标是其细长比)对第一压缩波峰值的影响很大。以 $v=350$ km/h 为例，长细比为1、2和3的流线型车头，压力峰值分别为钝形车头的73%、58%和50%，压力梯度也呈下降趋势。因此，选择长细比大的流线形车头是缓解微气压波的一个重要措施。

(4)车辆密封性。车辆内部的瞬变压力与旅客乘车舒适度有直接关系，隧道内瞬变压力向车辆内传递的规律取决于车辆的密封性和车体的刚度两个因素。当车辆完全不密封，即车内外空气的质量交换完全无阻尼时，车外压力与车内压力相等；当车辆完全密封，即车内外空气无质量交换、车体的刚度又较大时，则车外的压力瞬变对车内无影响。实际上，以上两种极端情况都是不存在的。车辆密封性对缓解压力波动程度的作用可以归为滞后和衰减，在线路条件一定的情况下，车辆的密闭性往往决定了旅客乘车舒适度。

采用较小的隧道净空有效面积，如日本新干经线，可以节约前期建设投资，但需要在车辆的密封性和车体的刚度方面加大投入，从全寿命周期成本角度考虑不一定经济。因此，国际上较晚修建的高速铁路隧道，如德国、韩国、中国等，一般采用较大的隧道净空有效面积。

(5)隧道结构的耐久性。试验表明，高速列车运行引起的冲击振动和空气压力波动是影响结构耐久性的主要因素。隧道内空气动力荷载最大值都为kPa量级，作用在衬砌法向方向的荷载为纵向方向荷载的2～6倍，对隧道衬砌的安全性不会产生明显影响，但对隧道衬砌结构的瑕疵和缺陷的反应较为灵敏。在气动压力正压、负压的反复作用下，有初始裂纹的衬砌结构将产生疲劳，裂纹不断扩展，直到断裂破坏；刚性的无砟轨道和仰拱是隧道内的主要承载结构，在列车振动荷载的作用下，也容易出现疲劳性破坏。

(6)洞内设施。高速铁路隧道行车对洞内配套设施的影响主要是列车风。试验表明，在隧道断面面积 $A_t=101\ m^2$，行车速度 $v=350$ km/h 的情况下，隧道结构边墙附近最大风速可达48.6 m/s。这种动态反复荷载对洞内设施的设计、安装质量和抗疲劳能力提出挑战。

(7)轨道结构类型。高速铁路隧道内轨道结构类型分有砟轨道和无砟道两种。这两种类型的轨道结构由于结构高度和施工工艺要求不同，将影响隧道结构的断面尺寸、施工工期和施工设备，以及运营维护工作量等。对高速铁路隧道而言，还有一个重要影响是有砟轨道的碎石是吸声材料，可以降低微气压波。试验表明，压缩波在板式道床隧道中的传播规律与在碎石道床隧道中的情况有所差别。在碎石道床条件下，随着隧道长度的增加，不但首波峰值有较明显的衰减，而且压力变化梯度在传播过程中逐渐变得平缓。而对于无砟轨道，当隧道长度增加时，压力梯度反而有一定程度的加大。日本早期修建的东海道新干线隧道全部采用有砟轨道，以后修建的大多为无砟轨道，后者产生了较为明显的微气压波，导致洞口产生爆破声公害。究其原因是新干线隧道净空断面积相对于新干线列车的截面积和列车运行速度来说取值过小，而采用不能吸收或消散微气压的无砟轨道也是一个重要原因。

1.3 高速铁路隧道的分类

随着讨论角度和考量指标的不同，高速铁路隧道有多种分类方式。

(1)按洞线设置方式分为单洞双线隧道和双洞单线隧道。通常情况下，高速铁路隧道考虑空气动力学效应和经济性，多采用单洞双线断面，较少采用双洞单线断面。在特殊条件下，如隧道很长，考虑养护维修、防灾救援等需要，采用双洞单线断面。综合比较，采用双线断面比采用单线断面有利。

从运营和维护条件看，采用单洞双线隧道方案，阻塞比较小，可有效提高乘车舒适度；而采用双洞单线隧道方案十分有利于防灾救援。从地质条件看，在软弱破碎围岩地段，考虑施工难度和风险，宜选用跨度较小的双洞单线隧道方案；当地质条件好时，可选用单洞双线隧道方案。从施工方法看，当采用TBM或盾构施工时,考虑施工风险,采用直径较小的双洞单线隧道方案较为稳妥,施工风险相对较小。从运营通风看,双洞单线隧道方案可以充分利用列车活塞风改善隧道内的环境条件,而单洞双线隧道方案利用活塞风效果较差。就工程投资而言,双洞单线隧道方案通常较单洞双线隧道方案造价高 20%～40%,特别在硬岩地段,单洞双线隧道方案具有明显的价格优势(表 4-1-3)。

表 4-1-3　单洞双线和双洞单线隧道方案比较

比较项目	单洞双线隧道方案	双洞单线隧道方案
施工难度及风险	断面大,在软弱围岩中发生坍塌、变形的概率大,风险较大	断面较小,发生坍塌、变形的概率较小,风险较小
运营通风	难以利用活塞风	可以充分利用活塞风
防灾救援	当隧道内发生火灾时,消防灭火与救援难度大,线路将中断运营	当一座隧道内发生火灾时,可通过另一座隧道帮助灭火,并利用横通道紧急疏散人员,仅中断一条运营线
空气动力学影响	相对小	相对大
环境影响	相对小	相对大
工程投资	较低	增加 20%～40%

我国高速铁路隧道设计时,选择单洞双线隧道方案还是选择双洞单线隧道方案,通常遵循下列原则:

1)当隧道长度小于 10 km 时,一般采用单洞双线隧道方案,可利用施工时的辅助坑道作为防灾救援和人员疏散的紧急出口。

2)当隧道长度为 10～20 km 时,应结合隧道两端引线,车站布点等相关工程情况进行系统的经济技术比选,也可结合防灾救援及养护维修考虑,采用双线隧道加贯通平导的方案进行比较。

3)当隧道长度大于 20 km 时,从防灾救援方面考虑,一般采用双洞单线隧道方案,如已竣工通车的兰武二线乌鞘岭隧道(长 20 050 m)和在建的石太客运专线太行山隧道(长 27 839 m)等。

(2)按隧道长度分为短隧道、中长隧道、长隧道、特长隧道。我国《铁路隧道设计规范》(TB 10003—2005)将隧道按其长度分类如下:

特长隧道　全长 10 000 m 以上;
长 隧 道　全长 3 000 m 以上至 10 000 m;
中长隧道　全长 500 m 以上至 3 000 m;
短 隧 道　全长 500 m 及以下。

(3)按隧道穿越的地理环境分为山岭隧道、下穿城市隧道、跨越江河湖海的水下隧道等。

山岭隧道是高速铁路隧道的主要类型。但是与普速铁路比较,高速铁路更容易出现下穿城市隧道和穿越江河湖海的水下隧道。

高速铁路穿过城市,城市景观、建筑物的拆迁和噪声控制是最关键的问题,解决这些问题最好的方式是以隧道下穿城市人口密集地区。武广客运专线长沙市浏阳河隧道、天津站至天津西站连接线下穿市区隧道,京郑客运专线下穿石家庄市区隧道等就是此类隧道的典型案例,今后下穿城市的铁路隧道会越来越多。

以往修建行车速度目标值较低的铁路时,一般采用桥梁方案跨越江河湖海。随着高速铁路行车速度目标值的提高,大跨度的桥梁较难解决振动和舒适度问题,同时部分通航标准要求较高的大江大河对水中设墩特别敏感,防洪也提出较高要求,水下隧道的优势逐渐增大。所以,我国已经开工和规划的许多高速铁路项目中,大量采用了隧道方式穿越江河,这将对我国水底隧道修建技术的发展起到促进作用。

(4)按隧道施工采用的开挖方法分为钻爆法开挖隧道、非爆矿山法开挖隧道、TBM 法(盾构法)施工隧道。

由于我国劳动力资源丰富、人力成本低廉,隧道工程预算投资相对较低,加之我国对大型隧道施工机械的核心技术掌握不足,引进使用成本高昂,隧道掘进机(盾构和 TBM)等先进技术并未能在山岭隧道施工中得到较好的发展。从目前的实际来看,在今后很长一段时期内,钻爆法施工仍然是我国修建隧道的主流,必须及时总结经验,适应和开发应用新技术、新工艺,改进和完善技术体系,不断提高钻爆法施工技术和管理水平。

在修建工程地质条件很差的大断面高速铁路隧道，或隧道附近有对爆破振动有较敏感的建(构)筑物时，为减小开挖对围岩的扰动，避免爆破振动，在地质条件适宜的隧道开挖施工中，采用铣挖机、单臂掘进机、液压破碎锤、大功率挖掘机等装备将是一个新技术发展趋势。

TBM掘进机(盾构)以其掘进速度快、施工质量高、沉降控制好、劳动强度低等优越性，在特长铁路隧道中的应用越来越广泛。随着大规模高速铁路隧道的修建，对地质和作业条件适宜的特长山岭隧道、下穿城市建筑物的隧道、水下隧道中会更多地采用掘进机(盾构)施工。

(5)按隧道在运营过程中是否排水分为排水型隧道、控制排水型隧道和完全防排水型隧道。

我国高速铁路隧道防排水遵循防、排、截、堵结合，因地制宜，综合治理的原则，在设计时需要考虑水文地质条件、地下水排放对周围生态环境影响、隧道开挖方法和隧道衬砌结构防水能力等因素。

在地下水不发育、排水对地面生态环境影响不大的地区，一般不进行特殊的控制排水设计，利用衬砌背后的盲管等排水设施，让水流入隧道内的排水沟排出洞外。

在地下水发育或隧道内大量排水可能造成地表水流失、影响地表植被和居民正常生活等不允许过量排放地下水的环境下修建隧道时，应采取控制排放的原则，使隧道修建对原有区域水环境的影响降到最低。当隧道穿过岩溶发育带、断裂破碎带，预计围岩中地下水水量丰富，采用以排为主可能影响生态环境和隧道正常运营时，应根据实际情况采用以堵为主，限量排放的原则，达到堵水有效、防水可靠、经济合理的目的。在岩溶地下水径流贯通地段，则采用以疏为主，以堵为辅的原则，强调尽量维系岩溶暗河等地下水径流的既有通路，不随意封堵溶洞、暗河，避免地下水环境的局部突变，对隧道工程造成次生病害。

在下列条件下，需优先设计完全防排水型隧道：

1)下穿江河湖海和城市特殊地段的倒人字形或U形纵断面隧道，洞内运营期人工排水的成本高昂；

2)地面生态和社会环境敏感，要求严格限制排水，特别是在隧道所在地区居民分布密集或存在地下水供水水源，大量排水会对环境等造成重大影响的场合；

3)因对地下水排放引起的地层沉降影响敏感，危及地表结构物正常使用的场合；

4)地下水具有腐蚀性，需要将地下水与隧道结构混凝土隔离的场合。

(6)按运营期隧道内是否为自然排水分为自然排水隧道和人工排水隧道。

一般情况下，隧道设计为单向坡度或人字形双向坡度便于施工期和运营期的自然排水。但在特殊情况下，如下穿江河湖海、绕避重要建筑物等，可能出现倒人字形或U形纵断面隧道，这就需要在施工期和运营期设置抽排水设施保证洞内排水需求。为减小施工安全风险和运营成本，此类人工排水隧道往往设计为全防水隧道，须严格控制防排水施工质量。

(7)按衬砌结构类型可分为单层衬砌、复合式衬砌、预制拼装式衬砌。

隧道衬砌结构类型的选择应综合考虑地质及埋深等环境条件、断面形状与大小、防水要求、使用功能、施工方法和工程概预算等因素。目前，高速铁路隧道常用的衬砌结构类型有单层衬砌(模筑混凝土衬砌)、复合式衬砌、预制拼装式衬砌等。

单层衬砌多用于围岩稳定性较好的隧道，一般由单层或多层混凝土构成承载结构。单层衬砌与复合式衬砌的本质区别就是各支护层间不设置隔离层(防水板)，其支护层与衬砌层是一体的，共同组成支护体系，各层间能够充分传递剪力。

复合式衬砌结构一般由中间设置隔离(防水)层的内、外两层结构组成，内层结构与外层结构之间可以传递压力，但不传递剪力。外层结构一般采用喷锚支护，内层结构一般采用模筑混凝土(或钢筋混凝土)衬砌。复合式衬砌具有以下优点：

①防水性能好，在地下水发育地段，复合式衬砌的防水性能明显优于单层衬砌；

②外层结构采用喷锚支护，能适应围岩变形和充分发挥围岩自身的承载能力，具有良好的经济性；

③内层结构采用模筑混凝土，既可保证隧道内表面光滑平整，也进一步地提高了结构的安全性。

目前复合式衬砌已成为世界各国高速铁路隧道衬砌结构的主流。

拼装式衬砌一般用于TBM或盾构掘进法施工的隧道，隧道开挖后，利用管片拼装机将预制好的管片按规定的形状拼装成隧道衬砌结构。管片的类型有钢筋混凝土管片、钢管片、铸铁管片、钢—混凝土复合管片等，目前最常用的是钢筋混凝土管片。拼装式衬砌结构断面形状一般为圆形，也有矩形、单拱形、连拱形等形式。

1.4 我国高速铁路隧道施工需要应对的主要技术难题

我国规划了世界上规模最庞大的高速铁路网，高速铁路隧道的建设规模更是世界之最。但是客观地讲，如同汽车、家电等产业一样，我国只能算是隧道大国，还称不上隧道强国，主要原因就在于隧道施工的机械化水平、安全质量管理水平、环境保护和以人为本的建设理念落实等方面与国外先进水平的差距。当前正值我国高速铁路建设的高潮，为我国高速铁路隧道施工技术的进步和创新提供了很好的发展机遇，需要解决好以下几个方面的施工技术难题。

(1)大断面和超大断面隧道施工开挖与支护技术。因为考虑空气动力学效应，高速铁路隧道多采用单洞双线断面，较常规铁路隧道的断面面积更大，断面形状更为偏平。以我国的高速铁路隧道断面设计标准为例，设计时速 350 km 的双线隧道净空有效面积为 100 m^2，有仰拱时开挖断面面积约为 160 m^2，无仰拱时约为 130 m^2；设计时速 250～300 km 的双线隧道净空有效面积为 92 m^2，有仰拱时开挖断面面积约为 150 m^2，无仰拱时约为 120 m^2。如果考虑开挖爆破施工中不可避免的超挖，双线隧道的开挖面积达 140～170 m^2。按照国际隧道协会建议的隧道断面划分标准(表 4-1-4)，这些隧道均属超大断面隧道。

表 4-1-4　国际隧道协会建议的隧道断面划分标准

断面划分	净空断面积(m^2)
超小断面	<3.0
小断面	3.0～10.0
中等断面	10.0～50.0
大断面	50.0～100.0
超大断面	>100.0

与一般断面隧道相比，大断面隧道的力学行为发生了很大改变，尤其是形状扁平的大断面隧道，在开挖后的应力重分布、拱项稳定性、支护结构承受荷载以及支护结构受力条件等方面都有所不同，必须结合高速铁路隧道断面大的特点，对隧道地质超前预报、隧道围岩预加固，开挖方法、支护与预支护技术进行深入研究，开发出更适合高速铁路大断面隧道施工的开挖及支护技术。

隧道开挖技术是隧道施工的核心技术之一，也是隧道工程界最为活跃的研究热点，机械开挖技术和控制爆破技术是主要创新方向。为了充分发挥机械设备技术进步的优势，提高开挖作业的效率和安全，降低人力劳动作业量，隧道开挖呈现出由分步(台阶法)开挖向全断面开挖发展的趋势。其中，尤以精细爆破技术和软弱围岩预加固全断面开挖技术为代表。

以石质围岩隧道的开挖为例，当前有两个问题较为突出，一是控制爆破能力不足，破碎围岩条件下的光面爆破效果差；二是普遍采用的台阶法开挖工艺不能满足隧道施工工序安全步距的相关规定。隧道开挖时，围岩级别优于Ⅲ级时采用全断面法开挖既可保证进度也利于降低成本，已成共识。问题存在于Ⅳ、Ⅴ级围岩的开挖，当前普遍采用的台阶法开挖工艺有利于人员循环作业，进度和成本控制有保障，但台阶的存在造成仰拱、二衬等工序跟进掌子面的距离超过相关规定，形成安全隐患。调查统计表明，隧道开挖台阶长度过长是近年来国内隧道施工发生众多安全事故的主要原因之一。为了确保铁路隧道施工安全，国家铁路建设管理部门对隧道支护和二衬结构与开挖掌子面的距离作出了严格规定。《铁路隧道工程施工安全技术规程》(TB 10304—2009)规定：Ⅲ级围岩中仰拱与掌子面的距离不得超过 90 m，Ⅳ级围岩不得超过 50 m，Ⅴ级及以上围岩不得超过 40 m。铁道部《关于进一步明确软弱围岩及不良地质铁路隧道设计施工有关技术规定的通知》(铁建设〔2010〕120 号)对隧道开挖掌子面与仰拱之间的距离做出进一步的强制性规定，规定隧道开挖后初期支护应及时施作并封闭成环，Ⅳ、Ⅴ、Ⅵ级围岩仰拱封闭位置距离掌子面不得大于 35 m。当前铁路隧道施工中，无论围岩的稳定性如何，采用长台阶法施工都难以满足上述工序间安全距离的强制性要求。采用短台阶法(长度小于 1 倍洞径)施工时，由于上、下台阶不能平行作业，工作效率大大降低，进度严重受阻。各级安全检查结果表明，如果不改进开挖技术工艺，贯彻落实铁路建设管理部门的上述要求将非常困难。

(2)长大隧道、特长隧道快速施工技术。与一般铁路相比，高速铁路线路的平纵曲线半径大，在隧线比增大的同时，长大隧道、特长隧道数量随之增加。例如，我国石太客运专线太行山特长隧道长度达 27.839 km，是现今亚洲已建成最长的山岭隧道，也是世界行车速度目标值最高的特长隧道之一。

隧道工程，尤其是长大隧道、特长隧道，总是线路的控制性工程，如何加快施工进度是此类隧道工程解决的首要问题。要实现大断面和超大断面隧道的快速施工，提高机械化配套水平，减少施工工序和工序间的相互干扰最为关键。首先，必须选用合适的开挖方法，加大一次开挖的断面面积和作业循环长度，保障开挖进度；同时优化多工序平行作业，解决好各工序之间的协调性问题。譬如，仰拱既是高速列车运行的直接承重结构，也是初期支护和二次衬砌的衔接工序，直接影响隧道的施工质量和工序安全步距。当前铁路隧道施工中，在Ⅱ、Ⅲ级围岩开挖进度较快的情况下，因没有理想的施工技术和配套设备，仰拱进度往往滞后，通常采用多开工作面或增加单循环施工长度的方法来提高仰拱施工进度。然而，这两种方法均存在安全风险大，工序间相互干扰大、洞内施工组织困难、循环时间长等问题，而且仰拱施工的附加成本较高，质量和进度难以保障，进而影响防水系统、二衬等后继工序的结构衔接，不能满足铁路建设管理部门关于隧道施工安全步距的强制性要求，隧道仰拱成为隧道施工中的控制性工序，迫切需要开发仰拱施工新技术及相应的配套设备以提高施工效率。随着社会人力资源结构的变迁，低端劳动力越来越紧缺，人力成本越来越高，隧道施工其他工序对施工机械化配套水平的要求同样急迫。

(3)长大隧道、特长隧道施工通风技术。隧道施工通风是长大隧道、特长隧道施工必须解决好的另一个重大问题。在我国隧道施工以钻爆法和无轨运输主导的大环境下，通风防尘技术是涉及人员生命健康的大事，也是影响隧道施工方案选取的控制因素之一，是隧道施工水平的重要标志。当前，用于压入式通风的射流风机和巷道式通风的轴流风机，以及二者的混合应用都已是成熟的产品和技术。但是，因隧道施工时爆破飞石，开挖支护作业台架行走等原因，通风管不能通达掌子面，加上长距离通风，风管漏风量较大，造成工作面新鲜空气不足，洞内的空气质量普遍不能达标，给洞内作业人员造成严重的健康危害。已有的调查结果表明：我国从事隧道施工的一线工人中，患尘肺病的比例达到3.4％，比粉尘危害最严重的煤矿部门(3.7％)仅相差0.3％。另一方面，从技术经济角度来讲，在长大隧道中，开挖面的新鲜空气需从数千米以外的洞口引入，通风阻力大、能耗高，单纯以通风来保持洞内空气质量，无论在技术上还是成本上都变得非常困难。事实上，现场常因通风成本高昂而减少通风时间或降低通风机功率，进一步恶化了洞内空气质量。当前的一个新思路是在隧道施工污染源相对集中的开挖支护作业面，采用空气净化设备与通风设备配合使用，可以更有效地改善洞内空气质量。先进的除尘设备效率高达99％以上，空气净化设备以高效率和低成本除去洞内大部分污染源，净化后的空气可返回工作面循环利用，使通风需求量大幅减小。由于通风机的功率与通风量的三次方成正比，如果通风量减少一半，功率则下降87.5％，通风机的功率可以得到大幅度的节省。国外研究资料表明，使用循环风以后，通风机的功率可以节约60％以上。可见，空气净化设备配合通风设备使用，不仅有很好的社会效益，经济效益也很明显，如要能成功地应用高效节能的除尘机设备，必将把我国隧道施工的通风防尘技术提高到一个新的水平。

(4)穿越江河湖海的水下隧道和下穿城市隧道建造技术。穿越江河湖海的水下隧道的施工方法包括TBM法(盾构法)、钻爆法、沉管法等。国外修建此类隧道主要采用TBM法(盾构法)，国内TBM法(盾构法)和钻爆法都采用，目前采用钻爆法较多。

下穿城市的隧道往往埋深浅，对地表建筑物和地下管线等结构物影响敏感，施工过程中的爆破振动、地层沉降等必须得到严格控制，机械开挖等非爆开挖技术和水压爆破等弱爆开挖技术的应用在我国仍然属于新课题。

穿越江河湖海的水下隧道和下穿城市的隧道极易出现倒人字形坡度或U形纵断面隧道，且洞外环境水源补给充足，需要在施工期和运营期设置抽排水设施保证洞内排水需求。为保障隧道施工和运营期安全，减小运营成本，此类隧道必须设计为全防水隧道。对于此类全防水型隧道而言，支护和二次衬砌承受的主要荷载是水压力，一般远大于围岩压力。可见，水下隧道的综合施工技术，尤其是防排水系统的施工质量保障技术是最大的挑战。

(5)隧道防排水施工技术。我国相关规范对高速铁路隧道防水提出了很高的要求，《高速铁路隧道工程施工质量验收标准》(TB 10753—2010)规定，隧道衬砌和设备洞室的衬砌防水等级应达到一级防水标准，即二次衬砌不允许渗水、二次衬砌表面无湿渍。但依目前的施工技术水平和现场环境条件，要完全实现这一目标仍有一定的难度。应加强工程地质和水文地质的勘察工作，系统研究和制定切实可靠的防排水措施，提高各项防水措施的施工工艺水平，尽可能做到可维护，把防水作为一个包含设计、施工、选材、管理的系统工程来研究。

如上文所述,隧道按其在运营过程中是否排水分为排水型隧道、控制排水型隧道和防水型隧道。排水型隧道不承受水压力,控制排水型隧道承受有限水压力,防水型隧道承受全部水平压力,防水型隧道在支护结构设计和防水板材料选用时必须考虑水压作用。不排水的全封闭防水型隧道在静水头不超过 30 m 的地方广泛应用。工程实践表明,60 m 水头是防水型隧道的上限,从技术上讲,虽然超过 60 m 的水头防水问题仍然可以解决,但对隧道防水材料和结构的要求都将大大提高。

隧道防水工程措施包括围岩注浆堵水、初期支护喷射混凝土防渗、防水板防水层、施工缝与变形缝防水、衬砌混凝土自防水、衬砌背后回填注浆等。其中,围岩注浆堵水是富水地层隧道防水的基础工程;经过特殊处理(如添加硅粉或钢纤维等)的喷射混凝土是隧道防水的重要组成部分,其重要性甚至可以等同于防水板,这一点在国内隧道施工中并没有被充分认识;复合式衬砌中的防水层是隧道防排水技术的核心,是保证隧道防水功能的关键措施;施工缝与变形缝防水是隧道防水的薄弱点和难点,它与衬砌混凝土自防水的组合是隧道防水的最后屏障;衬砌背后回填注浆是隧道防水的补充、补强和维修的主要措施。大量的工程实践表明,即是精心设计和施工的隧道也可能产生渗漏,渗漏病害的原因可能分布在上述任意环节,系统的隧道防排水技术研究亟待加强。

(6)隧道施工缺陷预防与结构耐久性保障技术。高速铁路运行速度高,要求有更高的安全保障水平,隧道结构物修筑和附属设备安装过程中的施工缺陷必须得到严格预防,保证这些结构物和设备的稳定性、可靠性和耐久性。隧道衬砌和轨道结构对行车的影响最直接,影响其耐久性的因素除了环境外,还包括高速列车运行引起的冲击振动和气动压力波动等。在气动正压、负压的反复作用下,有初始裂纹的衬砌结构将产生疲劳,裂纹不断扩展,直到断裂破坏;刚性的无砟轨道和仰拱是隧道内的主要承载结构,在列车振动荷载的作用下,也容易出现疲劳性破坏。在列车高速运行状态下,既使是自然坠落的很小的混凝土块体或其他附件,甚至滴水,都有可能造成类似小鸟撞飞机的严重后果。因此,高速铁路隧道施工缺陷预防与结构耐久性保障技术,以及缺陷和病害整修技术应得到深入研究。

(7)TBM 法施工技术。隧道掘进机(TBM)通常是指岩石隧道全断面掘进机,它是一种集掘进、出渣、支护和通风防尘为一体的大型高效隧道施工机械。TBM 适用于中硬岩地层的隧道施工,采用机械破碎岩石的方法进行开挖。与传统的钻爆法相比,掘进机法具有如下优势:

1)作业连续,施工效率高,可进行掘进、出渣、支护一条龙连续作业,在中硬岩条件下,施工速度为钻爆法的 3~5 倍;

2)开挖轮廓圆顺,超挖量少,可减小支护工作量;

3)对围岩扰动小,避免了爆破扰动可能引起的围岩松动坍塌,施工安全性好;

4)使用劳动力少,劳动强度低,作业环境好,有利于维护作业人员的健康。

TBM 具有上述显著优势,但相对于盾构在国内的成熟应用,TBM 在国内并没有得到成熟应用,主要原因是其地质适应问题。掘进机法施工最理想的岩层是没有破碎带、断层和地下水的中硬岩。一般的软岩、断层破碎带、硬岩可采用不同类型的掘进机辅以必要的预加固和支护设备进行掘进,但对于大型的岩溶暗河发育的隧道、高或极高地应力隧道、软岩大变形隧道、可能发生较大规模突水涌泥的特殊不良地质隧道等,不适合掘进机施工。

在我国 TBM 的国产化装备能力和经济性考量是影响其应用水平的另一个主要因素。掘进机体积庞大,运输移动困难,施工准备和辅助施工的配套系统复杂,加工制造工期长,对于短隧道和中长隧道很难发挥其优越性。国外的经验是隧道长度与直径之比大于 600 时,采用掘进机施工是经济的,对于开挖直径通常在 10 m 左右的单线铁路隧道,大于 6 km 的隧道就可以考虑采用掘进机施工。而我国是一个劳动力资源丰富的国家,钻爆法施工是强项,工程概算相对较低,装备的国产化水平低也加剧了 TBM 的使用成本。一般认为,小于 10 km 的隧道难以发挥掘进机的优越性;对于 10~20 km 的特长隧道,可以对掘进机和钻爆法进行技术经济比较,选择适宜的方法;对于长度大于 20 km 的特长隧道应优先采用掘进机法。实事上,我国在 10~20 km 的特长隧道中,甚至长度大于 20 km 的特长隧道中也极少使用 TBM 法施工。

TBM 对隧道的断面大小亦有其适用性要求。断面直径过小,后配套系统不易布置,施工较困难;而断面过大时,又会带来电能不足、运输困难、造价过大等种种问题。一般认为,较适宜掘进机施工的隧道断面直径为 3~12 m,单线铁路隧道断面较适宜 TBM 掘进施工。我国广深港客运专线穿越珠江口的狮子洋隧道是国内第一座采用 TBM 法(盾构法)施工的高速铁路隧道，也是我国第一座水下高速铁路隧道。绿色心脏隧道是何兰阿姆斯特丹至比利时安特卫普高速铁路线上的最长隧道，采用了当时世界上最大直径的泥水盾构掘进机(长 120 m，直径 14.87 m，重 3 300 t)掘进，平均日进尺为 15 m。该盾构机完成本工程掘进任务后，被我国上海隧道股份有限责任公司购回，应用于上海市中环路越黄浦江公路隧道项目的施工。

除了上述几个特殊性问题之外，高速铁路隧道施工还必须应对诸如富水软弱破碎围岩、岩溶、瓦斯、湿陷性黄土、多年冻土、岩爆、大变形软岩和膨胀岩等特殊岩土和不良地质，存在着技术难度大、施工风险大、隐蔽工程多、施工环境艰苦和管理复杂等诸多难题，对于高速铁路隧道的空气动力学问题、安全快速施工和日常养护维修，以及防灾抢险和救援疏散等一系列新课题，迫切需要广大工程技术人员深入研究探索。

1.5　我国现行高速铁路隧道设计、施工主要规范规程

我国现行高速铁路隧道设计、施工主要规范规程见表 4-1-5。

表 4-1-5　我国现行高速铁路隧道设计、施工主要规范规程

序号	规 范 规 程	编　号	发布单位	发布时间
1	高速铁路隧道工程施工技术指南	铁建设〔2010〕241 号	铁道部	2010
2	高速铁路隧道工程施工质量验收标准	TB 10753—2010	铁道部	2010
3	铁路隧道设计规范	TB 10003—2005	铁道部	2005
4	铁路隧道监控量测技术规程	TB 10121—2007	铁道部	2007
5	铁路隧道工程施工安全技术规程	TB 10304—2009	铁道部	2009
6	铁路瓦斯隧道技术规范	TB 10120—2002	铁道部	2002
7	铁路隧道衬砌质量无损检测规程	TB 10223—2004	铁道部	2004
8	铁路隧道运营通风设计规范	TB 10068—2010	铁道部	2011
9	铁路隧道工程施工质量验收标准	TB 10417—2003	铁道部	2004
10	铁路隧道施工抢险救援指导意见	铁建设〔2010〕88 号	铁道部	2010
11	铁路隧道超前地质预报技术指南	铁建设〔2008〕105 号	铁道部	2008
12	铁路隧道风险评估与管理暂行规定	铁建设〔2007〕200 号	铁道部	2007
13	铁路隧道施工通风技术与标准化管理指导手册		铁道部	2011

2 施工准备

隧道施工准备是在对所施工隧道工程进行详细调查、准确定位、认真策划、严密组织、严格部署的基础上进行的技术准备、资源准备和现场准备等系列工作的总称,该项工作对隧道工程乃至整个项目实施成败起关键作用。施工准备包括:施工调查、设计文件核对、实施性施工组织设计、控制测量、机具设备配备、施工材料的准备、劳动力组织、施工场地布置、临时工程建设、试验室建设、技术交底及培训等内容。

2.1 施工调查

隧道施工前应组织开展施工调查,施工调查的目的主要是:领会设计意图,定位隧道工程特点,把握其重、难点;根据现场实际情况对设计进行优化,特别是对长大隧道的辅助坑道进行优化和完善;了解隧道所在地区与施工密切相关的环境条件和资源情况;确定隧道总体施工方案及大型临时工程方案。

2.1.1 隧道施工调查的组织与分工

为保证调查质量,节约资源,施工调查可对参与调查的人员按专业分组进行,小组各负其责,提出可靠的第一手资料。施工调查组一般分组织策划组、综合技术组、物资材料组、成本组等。

2.1.2 施工调查的主要内容

(1)隧道地理环境、气象、水文水质情况。

(2)辅助坑道、洞口位置及相邻工程情况。

(3)施工运输道路、水源、供电、通信、施工场地、征地拆迁情况、弃渣场地及容纳能力等。

(4)原材料及半成品的品种、质量、价格及供应能力等,爆破器材的供应情况、供货渠道及管理方式等。

(5)交通运能、运价、装卸费率等。

(6)可供利用的劳动力资源状况,包括工费、就业情况等。

(7)生活供应、医疗、卫生、防疫、民俗及居民点的社会治安情况等。

(8)生态、环境保护的一般规定和特殊要求。

(9)对隧道施工有直接和间接影响的其他问题。

2.1.3 施工调查报告的汇总与编制

隧道施工调查现场工作完毕后,参与调查各专业组写出各自调查报告,由综合技术组汇总,编写出完整的调查报告,作为编制实施性施工组织设计的依据。报告包括下列内容:

(1)隧道工程概况,包括工程环境、工程地质、水文地质、工程规模、数量、特点。

(2)临时设施方案,包括临时房屋、施工便道、电力及通信干线等的选择、规模和标准。

(3)砂、石等当地材料的供应方案。

(4)生产生活供水、供电方案,施工通信方案。

(5)施工建议方案。

(6)当地风俗习惯及注意事项。

(7)环保要求及注意事项、施工可能对环境造成的影响。

(8)施工调查中发现的与设计有关的问题和优化设计建议。

(9)尚待进一步调查落实的问题。

2.2　设计文件核对

隧道开工前，全面熟悉设计文件，与参建各方会审设计图纸并进行现场核对。设计文件核对主要包括以下内容：

(1)隧道工程设计技术标准、主要技术条件、设计原则，领会设计意图。

(2)隧道结构类型、断面形式及空间布置情况。

(3)隧道平面设计与地面实际是否相符，结构变化点的设计高程、结构尺寸、设计文件标注是否正确等。

(4)使用材料的品名、规格、质量标准。

(5)隧道安装设备、预埋件的品名、规格、质量标准及布置情况。

(6)复查对照工程、水文地质条件和气象条件。

(7)审核设计的施工方案和措施是否可行。

(8)审核隧道工程数量是否漏项等。

(9)了解工程“四新”技术的应用。

(10)测量桩橛的交接与核对。

2.3　施工方案选择及施工资源配置原则

2.3.1　施工方案选择原则

高速铁路隧道施工的最大特点是开挖面积大，其施工方案选择主要依据隧道所处的地质条件，同时还应考虑断面形状、隧道长度、工期、周围环境限制条件等因素综合确定。选择施工方案时，应遵循以下原则：

(1)采用能避免围岩产生过大松弛的施工方案，如在泥岩、黄土地层中采用机械开挖等。

(2)使支护及早封闭成环，避免多次扰动围岩，控制初期支护位移、变形等。

(3)减少工法的频繁变换，以便施工组织统一协调。

(4)采用机械化施工，提高作业效率，加快施工进度。

2.3.2　施工资源配置原则

资源配置应与隧道施工方案相匹配，按照拟定的施工方案和进度安排，计算主要材料、设备、关键施工机械的数量及材料分阶段消耗量，确定材料分阶段的进料时间、储存及供应数量。

(1)隧道开挖、运输、支护等大型机械应按照经济、高效原则进行配置，设备的进场时间要满足项目节点工期要求。

(2)物资材料的配置应满足生产需要、降低成本的要求。按照各类材料的规格、数量、供应时间节点要求，制定相应的招标采购计划。对于较特殊的物资，应提供准确的供应计划，如有变化应提前通知生产厂家及时调整，确保按时供应。

(3)人力资源配置应按隧道规模、进度安排、工序专业类别等要求，编制人力资源需求和使用计划，在满足施工组织的基础上实现人力资源精干高效。

(4)资金应按照工程规模、进度计划、合同价款及支付条件制定管理目标和计划，编制资金流动计划和财务用款计划，对资金的使用进行严格监控。

2.4　施工作业指导书编制

2.4.1　施工作业指导书的编制目的及要求

高速铁路隧道施工应针对隧道开挖、初期支护、基底处理、防排水、二次衬砌、超前地质预报、监控量测等特殊过程、关键工序编制施工作业指导书，通过组织现场作业交底和培训，使施工人员掌握作业程序、施工方法、质量标准，了解施工安全、节能环保等有关注意事项。

施工作业指导书应符合标准化管理要求，所采用的工艺工法应先进成熟，生产组织科学合理，质量标准、安全要求满足规范要求，现场施工符合环境保护要求。施工作业指导书应图文并茂、简明易懂、可操作性强。

2.4.2　施工作业指导书的主要内容

(1)适用范围。
(2)作业准备。
(3)技术要求。
(4)施工程序与工艺流程。
(5)劳动力组织。
(6)材料要求。
(7)设备机具配置。
(8)质量控制及检验。
(9)安全及环保要求等内容。

2.5　施工场地及临时工程

2.5.1　施工场地布置原则

隧道施工场地一般包括生产区、辅助生产区、办公生活区。主要包括:各种生产、生活房屋;混凝土拌和站、预制场及砂石料场;风、水、电设施场地;轨道运输的洞外出渣线、编组线、牵出线、其他作业线、卸渣码头及转运场;汽车运输道路的引入和运输相关设施场地;大型机具设备的组装和检修场地;临时存渣场;场内临时排水系统等。其现场布置应遵循以下原则:

(1)生产区应按照工序有效衔接、布局紧凑等原则,并结合隧道具体情况进行布置。

(2)辅助生产区宜临近隧道洞口布置,炸药库、油料库等有特殊要求的场所应满足相关规定。

(3)办公生活区应与生产区和辅助生产区分开设置,采取相应的分隔措施并保证安全距离。办公生活区宜设在人员相对集中和出入方便的地点。

2.5.2　主要临时工程建设

1. 施工便道

隧道施工便道应满足施工运量和行车安全的要求,并与主要工作面之间相互贯通。新建便道一般按双车道布置(图 4-2-1),条件十分困难时可按单车道布置,预留错车道。双车道路面宽 5.5 m,单车道路面宽 3.5 m,采用混凝土路面或泥结碎石路面,线路纵坡不宜超过 12%;错车道路面宽不小于5.5 m,间距 300～500 m,长度不小于 10 m;施工便道要定期进行维护,路面需定时洒水,减少粉尘,保持排水畅通和良好通视;陡坡、急弯处需设置安全墩和警示交通标志。

图 4-2-1　施工便道、便桥

2. 施工供电、施工通信

施工供电一般采用当地高压供电网,就近接入工点(隧道口)设置变电站、配电房,将符合施工需要的电力输送至各作业点或工作面,变电站宜设于洞口附近,与空压机房布置在一起。为确保安全,变电站需用围墙与四周隔离,高压电线架空布置,洞内高压输电线路用电缆贴壁布置;低压电线采用架空线或电缆直线布置,特殊地段电缆采取挖沟、套管暗线布置;不具备电网供应条件或施工期间停电时,采取自发电方式保证施工临时或应急用电，自发电一般采用移动式发电机。

施工通信：现场指挥及工点联系可采用移动电话、无线电对讲机；办公区安装宽带网络、固定程控电话。通信线路宜沿运输道路明线布置，不得影响交通。

3. 高压水池及供水管路

隧道施工所需高压水可通过设置增压泵来实现，有条件则尽可能设高压水池，池底高程一般比隧道开挖拱顶高程高 30 m 以确保水压；高压水池的蓄水量根据生产和生活总用水量确定，对于铁路、公路隧道，单个蓄水量一般考虑 50～150 t；高压水池宜设在隧道侧面山上，不宜建在隧道正上方以免水池漏水影响隧道开挖。水池可采用铁板焊接拼装而成，也可采用混凝土或砖石结构。

供水管路：一般情况下，500 m 以下隧道的高压供水管直径宜采用 ϕ100 mm，500 m 以上隧道的高压供水管直径宜采用 ϕ120 mm 以上的钢管，由洞外蓄水池引入作业面供应施工用水。

4. 施工供风

隧道施工供风，一般是在洞口设置电动空压机供应压缩空气，供风量及空压机数量应根据开挖掌子面同时作业的凿岩机台数、空压机至掌子面最远距离、供风管漏风系数等因素计算确定。根据计算压缩空气流量，选择 ϕ120 mm～ϕ200 mm 钢管送风到开挖掌子面。管道连接采用焊接法兰盘螺栓连接，管道要求平顺，接头密封防止漏风。压缩空气管道在总输出管道上，必须安装总闸阀以便控制和维修管道，主管道每隔 400 m(此数字可根据隧道进度进行调整)应分装闸阀，根据施工要求，在适当地段加设三通接头和闸阀各一个以便备用，管道前端距开挖面距离保持在 30 m 左右，并用高压软管接分风器，通往各工作面的软管长度不大于 50 m，与分风器连接的胶皮软管长度不大于 15 m。进场初期洞口土石方施工一般采用内燃空压机过渡供风。

5. 火工品存放库

火工品是由地方公安局实施强制性管理的特殊材料，因而隧道工程现场临时火工品存放库的建设应经过当地公安机关的审批和验收。

进驻施工现场后，备好对应爆破施工方案，同火工品有关管理部门就项目施工平均每日所需火工产品量、拟建火工库方案及要求、火工品供应管理方式等方面进行洽商和交涉，尽快完成火工品存放库修建报批手续。按批准的修建方案严格修建隧道工程火工品存放库，并配备相应的管理人员和其他管理硬件设施，特别是防爆、防盗、防雷电和静电安全设施，如图 4-2-2 所示。

图 4-2-2　炸药库建设

火工库修建好后，必须通过当地公安机关验收，验收合格并获得火工品的购买、运输等方面的手续后，才能贮存火工品。

6. 拌和站、预制场

拌和站建设是隧道施工的关键环节，应根据隧道长度、每个作业面之间的运距合理进行配置。长度小于 5 km 的隧道或两作业面之间的最大距离小于 5 km 时，可在隧道(或两作业面)中部位置设一个拌和站共用；长度大于 5 km 的隧道或两作业面之间的最小距离大于 5 km 时，宜在每个作业口分别设一个拌和站。

拌和站生产能力及运输能力满足二次衬砌混凝土日灌注量的需要，混凝土运输设备应满足运输量及运输距离要求。拌和站规划时应考虑水泥、砂石料运输和堆放以及混凝土外运方便及环保要求，场地必须硬化，砂、石等原材料应采取遮蔽措施。

隧道预制场宜设在拌和站附近,便于混凝土运输及规范施工,如图 4-2-3 所示。

图 4-2-3　混凝土拌和站

7. 弃渣场

弃渣场选址应按照设计文件给定的位置。若需要变更重新选址,应遵循以下原则:

(1)应满足就近原则,便道容易修建,不占农田,最好方便弃渣。

(2)渣场大小应结合隧道弃渣数量及石渣利用情况综合考虑,通过计算合理确定。

隧道弃渣时,不得堵塞沟槽、挤压河道、挤压桥梁墩台及其他建、构筑物。弃渣场坡脚挡护工程在弃渣前先施工好,渣堆成形边坡作相应防护,防止水土流失;弃渣完毕后,应按照设计文件或当地管理部门有关要求,进行绿化或复耕处理。

8. 生产、生活房屋

生产、生活房屋的修建应本着有利于生产、方便生活及节约成本的原则修建,有条件可考虑租用现房。无论新建或租用都需认真规划,根据项目规模计算所需面积,画出详细的平面布置图。

驻地布置标准应统一,尽量集中、靠前,以利于管理。生活房屋可用彩钢板房,生产房屋可用砖木结构或棚架。临时设施布置在不受洪水、泥石流、落石、雪崩、滑坡等自然灾害威胁的地点,各种房屋按其使用功能遵守相应的安全、消防规定。

3　高速铁路隧道洞口工程施工技术

高速铁路隧道洞口工程包括边仰坡开挖及防护、截排水设施、洞门、明洞及缓冲结构等。

3.1　洞口边仰坡开挖及支护

3.1.1　施工原则

(1)洞口边仰坡开挖尽可能避开雨季和融雪期。

(2)开挖前先完成坡顶的截排水系统。

(3)应分层、分段、分区开挖，及时按设计施作支护。

(4)设计有管棚的洞口，应随开挖及时施工管棚，既可节省作业平台的搭设，方便钻机安设，也有利于作业人员操作，提高钻孔施工质量。

3.1.2　施工工艺流程

洞口边仰坡施工工艺流程如图 4-3-1 所示。

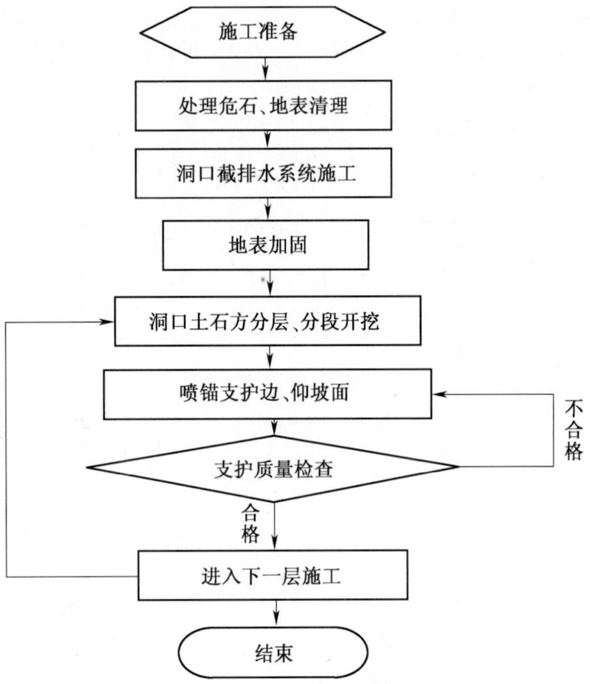

图 4-3-1　洞口边仰坡开挖及防护施工工艺流程图

3.1.3　土石方开挖

1. 洞口土方开挖

洞口土方开挖按纵向分段、竖向分层、横向分区方法进行施工。为便于边坡支护作业，每循环开挖的边仰坡面不宜太大，每层开挖高度不宜超过 3 m，支护完成后再进行下一循环的开挖。若开挖过程发现土层性质发生变化，应及时进行分析，必要时修改开挖、支护方案，确保边仰坡的稳定。

2. 洞口石方开挖

洞口石方开挖同样按纵向分段、竖向分层、横向分区的开挖方法。开挖前根据岩石的类别、风化程度、岩层产状、岩体断裂构造、施工环境等因素确定合理的开挖方案。能采用机械设备进行开挖的石方尽量采用机械设备，若必须进行爆破宜采用预裂爆破，并作好爆破设计。

施工一般先用挖掘机自上而下剥离石方风化层，局部辅以小炮进行整平爆破形成台阶，之后采用潜孔钻机由上而下进行梯段控制爆破。台阶高度一般为 5～9 m，孔径 48～76 mm，炮孔倾斜角(3∶1)～(2∶1)。边坡预裂控制爆破根据周边环境合理选择孔网参数和起爆方式，严格控制爆破飞石、振动，确保爆破块度均匀。装渣采用挖掘机装、自卸汽车外运至弃渣场，优质渣料可用于加工喷射混凝土大堆料和临时工程。

预裂爆破周边孔应采用导爆索药串的装药结构，孔底加强、孔口减弱，药卷直径选取保证不耦合系数大于 2。接近路堑底部时严格控制台阶高度，合理确定超深，以保证基岩的完整性。严格控制钻孔偏差，深孔爆破其每米偏差不大于 10 cm；排间采用 V 形起爆方式，考虑爆破块度和振动要求两个因素确定微差时间，通常深孔爆破取 25～50 ms。装药前验收炮孔，重点检查炮孔的实际深度、倾角、孔距、排距及最小抵抗线是否符合设计，并根据实际孔网参数进行药量调整。起爆前严格做好警戒。

3.1.4 边仰坡支护

洞口边仰坡支护一般采用锚杆、钢筋网以及喷射混凝土，土质或围岩破碎、全风化地层常用长锚杆、锚索配合格构框架梁支护，如图 4-3-2 所示。

1. 锚杆

洞口边仰坡支护的锚杆一般情况都采用钢筋砂浆锚杆，若遇杂填土层或节理裂隙十分发育的软弱围岩层，也可采用注浆锚管、中空注浆锚杆和自进式锚杆。

图 4-3-2 洞口边仰坡支护

钢筋砂浆锚杆采用 ϕ18 mm～ϕ22 mm 普通螺纹钢筋制作。按设计平面形状(梅花形、长方形等)及间距布置，垂直打入开挖完成后的边仰坡面上的围岩中，钻眼前根据受喷面情况和设计要求布置孔位，采用手持风钻钻眼，钻孔与岩面垂直，孔径 42～50 mm。注浆前将孔眼吹干净，注浆时将注浆管插至孔底，随浆体的注入匀速拔出注浆管。注浆后立即插入杆体，位置居中；孔口可用木楔临时固定；钢筋尾端外露长度稍小于喷层厚度；及时安装垫板，垫板密贴岩面，安装好后不得敲击和碰撞。若洞口边仰坡设计为注浆锚管或中空注浆锚杆，其施工工艺与砂浆锚杆类同，只是其不需利用外管灌浆，而直接用管体或杆体灌浆；若洞口边仰坡成孔困难，可采用自进式锚杆，其施工工艺与中空注浆锚杆不同之处是锚杆体兼作钻杆，成孔后钻头不拔出。

2. 钢筋网

洞口边仰坡面上的钢筋网一般采用 ϕ6 mm～ϕ10 mm HPB235 钢筋。当锚杆施作完后，在坡面上按设计网格间距现场绑扎成形。当坡面需要较强支护时，坡面锚杆布置呈长方形，横、竖向采用螺纹钢筋夹焊加固锚杆头，形成坡面大格粗钢筋网。

3. 喷射混凝土

洞口边仰坡面喷射混凝土应采用湿喷工艺。喷射混凝土前，应埋设标志或利用锚杆外露长度控制喷射混凝土的厚度。若岩面有较大凹洼时，先喷凹处找平。喷射作业应分段、分片按照由下而上的顺序进行。施工时先送风，后打开速凝剂，再开始进料，根据受喷面部位和岩面光滑潮湿情况，适当调节风压和速凝剂掺量以减少回弹量。喷嘴与受喷面保持垂直，同时与受喷面保持一定的距离，一般取 1.0～1.2 m。

分层喷射时，后一层混凝土喷射应在前一层混凝土终凝后进行。若终凝后间隔 1 h 以上再次喷射时，需对受喷面用风、水进行清洗、润湿。新喷射混凝土按规定进行适当喷水养护。当气温低于施工规定值时，应对砂、石材料进行加热或掺防冻剂。

4. 长锚杆(或锚索)结合格构框架梁

长锚杆(或锚索)结合格构框架梁支护主要应用于边坡放坡条件不好，坡面较陡，坡面岩层自稳性能差需加强支护的情况。该类支护用于仰坡时需注意锚杆(或锚索)长度，以防侵入隧道开挖断面。同时，该类支护常同边坡景观美化设计结合起来，框架梁中常喷播植草防护。

(1)长锚杆框架梁施工。施工前先清理边坡，搭设钻机操作平台，同时进行长锚杆的加工制作。施工钻孔前严格按设计图布孔，采用风动干钻成孔。钻进中对孔位的地质变化、钻进状态、地下水及一些特殊情况作现场记录。若遇地层松散、破碎，可用跟套管钻进方法以保证钻孔的完好；如果坍孔，则立即停钻，进行灌浆固壁处理后重新钻孔。有时为增大长锚杆的抗拔力，钻孔时将锚固部分和孔底用小药量爆破成葫芦状；钻孔深度及直径应满足设计要求。

成孔后将孔内岩渣清除干净，并保持孔内干燥。将焊设有耳环对(确保锚杆位于锚孔中心)的长锚杆插入孔内。注浆时在孔口 0.5 m 深范围内用水泥砂浆封闭，并预留排气孔及灌浆孔；注浆过程中保证排气孔通畅，注浆完毕后封闭排气孔及灌浆孔。最后，用 PVC 套管套在锚杆外露段，模筑框架梁，待框架梁强度达到设计要求后，设置钢垫板及紧箍螺帽，用混凝土封闭锚杆外露头。若需再加强边、仰坡支护，可在设置钢垫板及紧箍螺帽前，对长锚杆施加一定的预应力。

(2)锚索框架梁支护施工。洞口边仰坡锚索框架梁支护适用的首要条件是坡体一定深度范围具有岩石持力层。

施工前先清理边坡，搭设钻机操作平台，钻机及空压机就位、加工锚索束。钻、清孔方法与长锚杆施工相同。清孔后将注浆管、导向帽、定中件、扩张件、紧固件、热塑管及锚索等构件按设计组装好并送入锚孔。自由段钢绞线涂抹黄油后用热塑管包裹，在锚固段与自由段交界处加强绑扎牢固。锚索注浆材料采用水泥砂浆，浆体强度不小于设计要求，注浆完毕后封闭排气孔及灌浆孔。最后，用 PVC 套管套在锚杆外露段，模筑框架梁，待框架梁强度达到设计要求后，依次按中、上、下的顺序(两根锚索则先上后下)分两次张拉，每一次张拉值为总张拉值的一半；每根锚索张拉完第一次后，再按中、上、下的顺序进行第二次张拉。张拉完毕后，用混凝土封闭锚头。

3.2　截排水设施

边坡和仰坡外的截水沟、排水沟和洞口排水沟组成的排水系统至关重要，是保证洞口稳定的关键因素。因此，施工测量放线后，应最先施工截排水系统，即采用人工配合机械进行开挖，按设计要求准确修筑排水沟。边、仰坡外的排水沟或截水沟在洞口土石方开挖之前完成，其水沟的上游进水口与原地面衔接紧密或略低于原地面，下游出水口引入边沟等排水系统。

3.3　洞门及缓冲结构

3.3.1　洞门概述

目前，高速铁路隧道洞门本着简洁大方、美观实用、保护环境的设计原则，以不刷坡或少刷坡施作的突出于山体的削切式洞门(图 4-3-3)为主要建筑形式。除此之外，也有少数隧道采用端墙式洞门(图 4-3-4)。削切式洞门既满足结构安全稳定、环保美观要求，同时通过设置缓冲结构(图 4-3-5)，又满足减缓微气压波影响

图 4-3-3　削切式洞门

图 4-3-4　端墙式洞门

的要求,体现了当前社会发展要求的环保和生态理念,成为高速铁路隧道洞门的主导形式,削切式洞门主要分直切、正切、倒切等三种,各种类型的适用条件如下:

直切式适用于洞口山体坡度较陡或距离城市较近或有风景要求的隧道。倒切式适用于洞口岩层较稳定、整体性好、洞口山体坡度很陡或峭壁岩体处的隧道。正切式适用于洞口山体坡度较缓或距离城市较近或有风景要求或桥隧相连地段的隧道。

图 4-3-5　隧道缓冲结构

3.3.2　施工工艺流程

隧道洞门施工工艺流程如图 4-3-6 所示。

3.3.3　施工技术要点

(1)隧道洞门应积极创造条件尽早完成。

(2)隧道洞门的截、排水设施应与洞门工程同步施工,当洞门顶部水沟置于填土上时,填土应夯填密实,必要时应铺砌。

(3)隧道洞门端墙和翼墙、挡护墙的反滤层、泄水孔、变形缝设置应符合设计要求,泄水孔排水应通畅。

(4)隧道洞门拱墙应与洞内相邻的拱墙衬砌同时施工并连成整体。

(5)施工放样位置应准确、墙面应平顺,浇筑混凝土时应杜绝漏浆、跑模。

(6)基底不得有虚渣、杂物、积水、软层,基底承载力应符合设计要求,超挖部分应采用同级混凝土与基础同步浇筑。

(7)模板及支(拱)架应根据洞门结构形式、荷载大小、地基土类别、施工设备、施工工艺等条件设计。斜切式洞门内外模板和挡头板应专门设计和制作,配套使用。

(8)隧道洞门采用端墙式时,浇筑与回填应两侧对称进行,不得对衬砌产生偏压。

(9)模板及支(拱)架拆除时,混凝土强度应符合设计要求;设计无要求时,混凝土强度应达到 8 MPa。

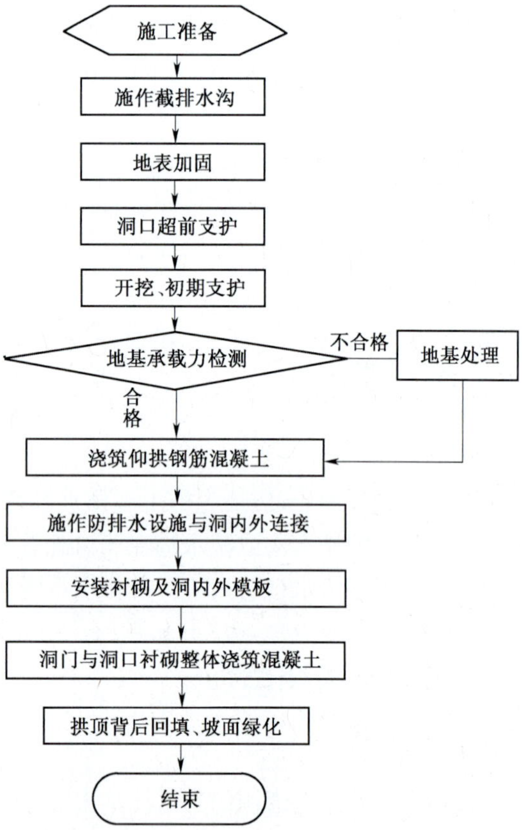

图 4-3-6　隧道洞门施工工艺流程图

3.4　明　　洞

3.4.1　明洞类型

为减少施工对洞口环境的影响或受隧道洞口段地形、覆土厚度等方面因素的制约,高速铁路隧道洞口段一般均设有明洞,明洞是高速铁路隧道的重要组成部分。高速铁路隧道明洞主要有以下几种类型:

对称路堑式明洞适用于地面横坡较为平缓,明洞两侧地形基本对称的情况。根据洞顶填土厚度的不同,对称路堑式明洞又分为浅埋式和深埋式。浅埋式明洞洞顶填土厚度小于 3 m,深埋式明洞洞顶填土厚度大约为 3～10 m。

偏压路堑式明洞适用于地面横坡较大,但明洞外墙未露出地面,且外墙侧地层稳定的情况。明洞顶填土厚度一般小于 5 m。偏压式路堑明洞断面形状及结构厚度一般设计成与对称式路堑明洞相同,仅配筋量不同。

单压路堑式明洞适用于地面横坡较陡、明洞外墙露出地面，或外墙虽未露出地面但外墙侧地层不稳定的情况，明洞顶填土厚度一般小于 3 m。

3.4.2　施工工艺流程

明洞工程施工工艺流程如图 4-3-7 所示。

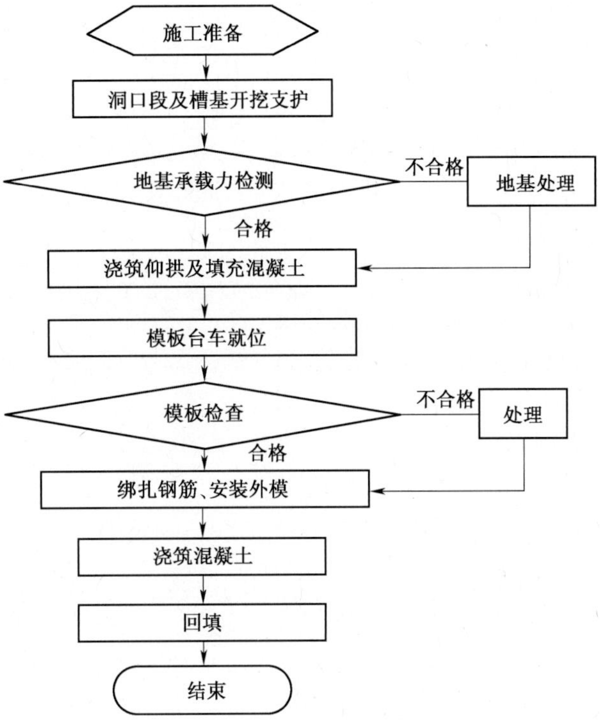

图 4-3-7　明洞工程施工工艺流程图

3.4.3　施工技术

1. 明洞段基础施工

(1)对于石质路堑明洞，当明洞边墙基础开挖至设计高程，若石质整体性较好的弱风化基岩，可不进行明洞边墙基础加固。若石质为整体性较差强风化基岩，风化程度较严重的基岩，可对明洞边墙基础进行适当注浆加固，以提高基底承载力。

(2)对于土质路堑明洞，当明洞边墙基础开挖到设计高程，若土质为塑性指标较低的原状砂黏土或黏土，通过检测地基承载力达标，也可不进行明洞边墙基础加固。若土质为塑性指标较高的黏性土，可对明洞边墙基础采用适当的劈裂或抽条注浆加固，以提高基底承载力；若土质为杂填土，可对明洞边墙基础采用换填，以提高基底承载力，或采用超深开挖基槽，在明洞边墙下设条形基础或筏形基础；若土质为含水率极高的淤泥质软土，可对明洞边墙基础采用换填等方法，以提高基底承载力。

(3)如果无论采用哪种常规地基处理方法处理明洞边墙基础，都达不到设计地基承载力要求，可在明洞边墙基础下纵向布设钢筋混凝土排桩或柱，桩、柱上设置承台，承台上再施工明洞边墙。该方法也是半路堑陡坡明洞处理外边墙基础的常用方法。

2. 明洞结构工程施工

(1)明洞结构一般在明洞下部土石方开挖出来，对应洞口隧道暗挖已安全进洞，且不影响暗挖掘进持续推进的前提下尽早施工。当然，在路基防护明洞和暗挖洞口地质条件特别差的情况下，明洞结构施工必须在土石方开挖后立即进行。

(2)明洞结构必须根据明洞长度和资源配备规划中内模台车或台架的长度，结合沉降缝、施工缝留设位置分一段或多段施工。明洞结构施工在竖向分三步进行，先施作仰拱和矮边墙，随后施作仰拱填充层，最后模筑整体拱顶和边墙。

(3)连拱隧道和小间距隧道,单口左、右隧道明洞各自独立施工,明洞施工完成后再填筑隧道之间的区域,并与洞门施工结合起来。若标段独立明洞分项工程内容较多,必须作好施工总体部署,以确保结构内模台车或台架的综合周转利用。

(4)隧道口明洞结构净空断面与暗挖段二次衬砌内空断面相同时(即纵向断面无变化),拱墙结构内模一般采用适用于隧道整体式二次衬砌的台车或台架;短小隧道和路基防护明洞内模一般采用自制结构内模台架配合散拼小块钢模板组合而成。明洞结构拱墙外模用工字钢加工成弧形架杆,对应内模骨架布置,外设纵向工字钢背杆,一方面用套筒通过内模浇筑孔对拉在内模骨架上,另一方面用撑杆支撑在对应边坡上,外模采用散拼小块钢模板或木模板。

(5)明洞结构若有钢筋,钢筋选在场外集中加工。支好拱墙内模后,搭设辅助支架现场绑扎成型,然后再支外模,浇筑结构混凝土。灌注混凝土前应复测中线和高程,结构不得侵入设计轮廓线;拱圈应按断面要求制作定型挡头板、外模和骨架,并应采取防止走模的措施。浇筑拱圈混凝土达到设计强度 70%以上时,方可拆除内、外模支架,如图 4-3-8 所示。

3. 伸缩缝和沉降缝施工

图 4-3-8　隧道明洞钢筋安装

(1)隧道口明洞与暗挖段二次衬砌结合面一般都设计成沉降缝。无论是隧道口明洞,还是路基防护明洞,当纵向长度较大而高程位置变化明显时,即使采取了不同的地基加固处理方法,仍需设置沉降缝。

(2)沉降缝宽度一般为 20 mm。该处在结构施工时,包括结构钢筋,都必须断开,只是在结构一半厚度处环向卡设止水带(如塑料止水带、PVC 止水带、橡胶止水带、钢边橡胶止水带等)。当结构施工完后,才根据具体情况处理内外留缝。

(3)与暗挖隧道二次衬砌沉降缝类似,沉降缝是结构防水的薄弱环节,一旦出现渗漏水后较难进行堵漏维修处理,故对沉降缝的防水施工应予以高度重视。对防水等级要求较高的明洞结构沉降缝,除在缝中嵌设止水带外,还在缝内、外侧采用密封膏进行嵌缝密封止水,密封膏要求沿变形缝环向封闭,任何部位均不得出现断点,以免出现窜水现象;另外,还要在顶拱和侧墙缝两侧的混凝土表面预留凹槽,凹槽内设置镀锌钢板接水盒,便于渗漏水时将水直接排到排水沟。

(4)隧道口明洞与暗挖段二次衬砌接合面沉降缝一般都留设在暗挖隧道内,当防水等级要求较高时,除采用上述防水措施外,还要在模筑混凝土缝的外侧设置背贴式止水带,利用背贴式止水带表面突起的齿条与模筑防水混凝土之间的密实咬合进行密封止水。防水等级要求很高时,需在背贴式止水带两翼的最外侧齿条的内侧根部固定注浆管,利用注浆管表面的出浆孔将浆液均匀地填充在止水带与混凝土的空隙部位,达到密封止水的目的。

4. 明洞防、排水施工

(1)高速铁路隧道明洞为一级防水,采用结构自防水(结构使用防水混凝土)和外层附加防水层(如卷材防水层、喷涂防水层等)相结合的综合防水体系,并严格特殊部位(“三缝、一管”)的防水和结构外回填土隔水。

(2)施工明洞附加防水层施工前,先用水泥砂浆将明洞结构外表面涂抹平顺。卷材防水层宜从下向上环向铺设,上下层接缝宜错开,避免通缝,接头搭接长度不宜小于 10 cm。卷材铺设方法因卷材类型而异,复合合成材料卷材采用无钉铺设或吊挂法,单层合成材料卷材也可采用热熔沥青粘贴法,新型自粘性卷材可直接粘铺到明洞结构外。

(3)明洞结构施工缝(包括纵向施工缝和环向施工缝)采用缓膨胀腻子止水条(单根或双根)或中埋式止水带防水。穿墙管(包括对拉螺杆管)采用止水环(一道或两道)防水。

(4)明洞拱、墙背回填黏土隔水层必须选择好合格的回填黏土料,并严格分层填筑、夯实。黏土隔水层应与边、仰坡搭接良好,封闭紧密,防止地表水下渗。

5. 明洞顶回填施工

(1)明洞回填是在明洞外附加防水层和纵向排水盲管完成后开始纵向分段、竖向分层,根据具体情况进行不同类别的回填。

(2)明洞墙背回填应两侧同时进行。墙底部应铺填 0.5～1.0 m 厚的碎石并夯实,然后向上回填。石质地层中墙背与岩壁空隙不大时,可采用与墙身同级混凝土回填;空隙较大时,可采用片石混凝土或浆砌片石回填密实。土质地层应将墙背坡面开凿成台阶状,用干砌片石分层码砌,缝隙用碎石填塞紧密,不得任意抛填土石。

(3)明洞拱背回填应对称分层夯实,每层厚度不宜大于 0.3 m,其两侧回填的土面高差不得大于 0.5 m;回填至拱顶齐平后,应及时分层满铺填筑至设计高度。

(4)若使用机械回填,应待拱圈混凝土强度达到设计强度且由人工夯实填至拱顶以上 1.0 m 后方可进行。拱背回填需作黏土隔水层时,隔水层应与边、仰坡搭接良好,封闭紧密。

6. 明、暗洞接口施工

(1)隧道口明洞,若暗洞口设计有超前支护,则明洞上部土石方开挖后可立即利用下部未开挖部分作为暗挖进洞超前支护施工作业平台,进行超前支护施工。

(2)明、暗洞接口一般留设沉降缝,习惯留设位置位于暗洞口向暗洞内 1.0～1.5 m 处。在仰坡暂时能稳定的情况下,宜先施工洞内段,再施工洞外相接明洞段;在仰坡易坍塌的情况下,宜先施工接口外明洞段,再施工洞内段,以保证仰坡稳定。

4 高速铁路隧道施工超前地质预报技术

4.1 概 述

隧道超前地质预报可分为广义隧道超前地质预报和狭义隧道超前地质预报，广义的隧道超前地质预报指根据隧道洞内外地质调查、掌子面素描及隧道开挖揭示的洞身围岩条件的变化趋势、洞内外构造相关分析结果，或采用地球物理探测手段对隧道施工掌子面进行探测，运用多学科知识，结合预报人员经验，对隧道工程可能遇到的各种不良地质体及因此可能发生的各种地质灾害的性质、分布位置、规模的判断和预报，并根据判断和预报结果提出应采取地质灾害预防和处理的措施。因此，广义隧道超前地质预报包括隧道工程可行性研究阶段、勘察设计阶段和施工阶段的预报。而狭义的隧道超前地质预报是指隧道施工期地质超前预报。

对于施工单位而言，所进行的隧道超前地质预报就是隧道施工期超前地质预报，即狭义隧道超前地质预报。狭义隧道超前地质预报是指在分析既有地质资料的基础上，采用地质调查、物探、超前地质钻探(导坑)等手段，对隧道开挖工作面前方的工程地质与水文地质条件及不良地质体的工程性质、位置、产状、规模等进行探测、分析判释及预报，并提出技术措施建议。

4.1.1 开展隧道超前地质预报的必要性和紧迫性

20 世纪中后期以来，世界经济高速发展，隧道与地下工程也随之进入飞速发展时期，大量建成或准备投入建设的长大隧道，为隧道科学的发展翻开了崭新的一页。同时，在长大隧道的施工过程中，经常会遇到各种复杂的地质构造和不良地质，如断层破碎带、岩性不整合接触带、软岩、岩溶洞穴、岩溶陷落柱、各种矿产采空区、岩爆及地下水等。如对掌子面前方地质条件了解不清，隧道施工就带有很大的盲目性，施工中容易塌方、冒顶、涌水等事故。这些事故一旦发生，轻则影响工期，增加工程投资，重则砸毁机械设备，甚至造成人员伤亡，并且事故发生后的处理工作难度较大。因此，隧道开展超前地质预报是非常必要的。

隧道施工的工程技术人员和各级管理人员必须牢固树立“先探后掘”的思想，掌握必要的隧道超前预报地质调查分析知识，了解隧道超前地质预报的物探方法，从而保障隧道施工安全，提高施工进度，保证工程质量，降低施工成本。

《铁路隧道超前地质预报技术指南》(铁建设〔2008〕105 号)规定隧道超前地质预报应达到下列目的：

(1)进一步查清隧道开挖工作面前方的工程地质与水文地质条件，指导工程施工的顺利进行。

(2)降低地质灾害发生的几率和危害程度。

(3)为优化工程设计提高地质依据。

(4)为编制竣工文件提供地质资料。

4.1.2 国内外应用现状

隧道建设中对工程地质条件的认知和掌握程度是确保快速、安全修建的决定性因素之一。尽管在勘察设计阶段进行地质勘察工作，但由于受地形条件、勘察技术、经济性的限制，加上地质体的复杂多变，地质勘察工作是很难把一些较细的地质情况反映出来的，从而导致隧道施工中地质灾害时有发生，满足不了隧道安全施工要求，延误工期。如我国台湾地区北宜高速公路雪山隧道虽采用目前世界较为先进的 TBM 法进行施工，但由于地质条件复杂加之勘察资料不准确，施工前对一些不良地质体和施工中对可能发生的地质灾害准备不足，导致施工中断，延误工期，一条长约 13 km 的隧道用了 13 年才贯通，又如渝怀铁路圆梁山隧道施工中的突水、突泥问题，龙溪隧道的大变形问题，都是与勘察阶段的地质工作精度有关。

目前，世界各国的隧道设计者均采用施工过程中地质超前预报方法加以补充，解决施工地质灾害问题。

国外如英、法、日、德等均将隧道超前地质预报列为隧道工程建设的重要研究内容，在隧道勘察设计阶段主要采用钻探和大量的地球物理勘探方法，在隧道施工期采用水平超前钻探、TSP（地震反射）地质超前预报仪、TRT（地震反射层析成像）地质超前预报仪、高精度地震折射法等来实施地质超前预报工作。国内隧道施工期地质超前预报研究始于20世纪50年代中期，时任铁二院川黔铁路凉风垭隧道施工设计配合组地质工程师的陈成宗先生根据隧道施工掌子面的地质情况，开展对掌子面前方地质情况的预测预报，预报距离亦可达到近30 m；20世纪70年代，以我国工程地质界老前辈谷德振教授等根据矿巷施工进度和掌子面地质形状作出的矿巷前方将遇到断层并引发塌方的成功预报为序，真正开始了我国隧道施工期地质超前预报的研究和应用。目前，我国隧道施工期地质超前预报主要采用工程地质调查法、超前平行导坑法、地球物理探测方法（TSP、TRT、HSP、地震反射负速度法、地质雷达、陆地声纳法等，有的还利用PIT桩完整无损检测仪等）和以地质法为基础结合物探的综合方法。

地质法、导坑法和超前水平钻孔法，基本沿用地质工作中地质素描、地面地质调查及相关分析方法；超前钻孔声波测井及跨孔声波透射法，采用孔中发射和接收转换器、声波信号采系统——声波探测仪及声波信号储存系统，实现信号采集系统的计算机控制和信号储存计算机化，改变了早期探测原始波形、波谱照相储存、数据现场判读、记录的状况；地震波反射法广泛应用声波探测仪、地震仪、面波仪、地质雷达探测仪、TSP、TGP、TRT和高分辨地质探测仪（GDS）等现代化信号采集系统及测试仪器。此外，计算机成图软件的迅速发展，实现隧道掌子面地质素描图、探测原始波形及波谱图、计算机分析图件的计算机化。目前，大多数测试仪器都带有自己的专用软件，这些软件极大地提高系统的分辨率和数据分析处理的速度，使探测结果的显示更加形象化。

目前，所有隧道施工期地质超前预报的方法亦仅是对施工掌子面前方地质界面（不良地质体带）位置的预报，对不良地质体（带）造成灾的预报仍然是预报人员根据对施工掌子面前方地质界面性质即不良地质体带的分析研究作出的判断。

4.1.3　隧道超前地质预报的主要内容

《铁路隧道工程施工技术指南》（TZ 204—2008）规定，隧道超前地质预报应包括（但不限于）以下内容：

（1）地层岩性，重点为对软弱夹层、破碎地层、煤层及特殊岩土等。

（2）地质构造，重点为对断层、节理密集带、褶皱轴等影响岩体完整性的构造发育情况。

（3）不良地质，特别是溶洞、暗河、人为坑洞、放射性、有害气体、高应力等发育情况。

（4）地下水，特别是对岩溶管道水、富水断层、富水褶皱轴及富水地层。

4.1.4　隧道超前地质预报的分类与方案设计

1. 分类

（1）分类的作用。

1）分类是制定针对具体隧道的具有可操作性的预测预报规程、实施细则或指南的重要依据。

2）地质工作是贯穿隧道工程可行性研究、勘察、设计、施工及运营全过程的一项工作，而隧道施工期超前地质预报是隧道施工期一项极为重要的地质工作，预报的正确分类有利于将预报纳入施工计划，便于施工管理。

3）正确的分类有利于预测预报实施人员明确任务，按照制定的操作规程、实施细则或指南开展工作。

4）分类是指导科研立项和科研管理的需要。

（2）预报分类。对不良地质体（带）的位置、规模、性质及其成灾的可能性的预报、分类方法多种多样，归纳起来主要有以下几种（图4-4-1）：

1）按作用分类。主要根据预报工作的作用或预报所要开展的工作将隧道施工期超前地质预报划分为：

①常规预报。采用以隧道掌子面地质素描法为主的地质方法，结合简单爆破钻孔钻进过程观测，预测隧道掌子面前方地质情况。常规预报属于日常性工作，其结果更多的是反映在隧道竣工地质剖面图中。

②成灾预报。采用以洞内、外地质调查为主要内容的地质法为基础，一种或多种物探方法作为探测手段，重大工程结合超前水平钻孔的综合法进行掌子面前方不良地质体（带）的位置、规模及其性质预测，结合隧道施工方法预报掌子面前方可能出现地质灾害的性质、位置和规模。

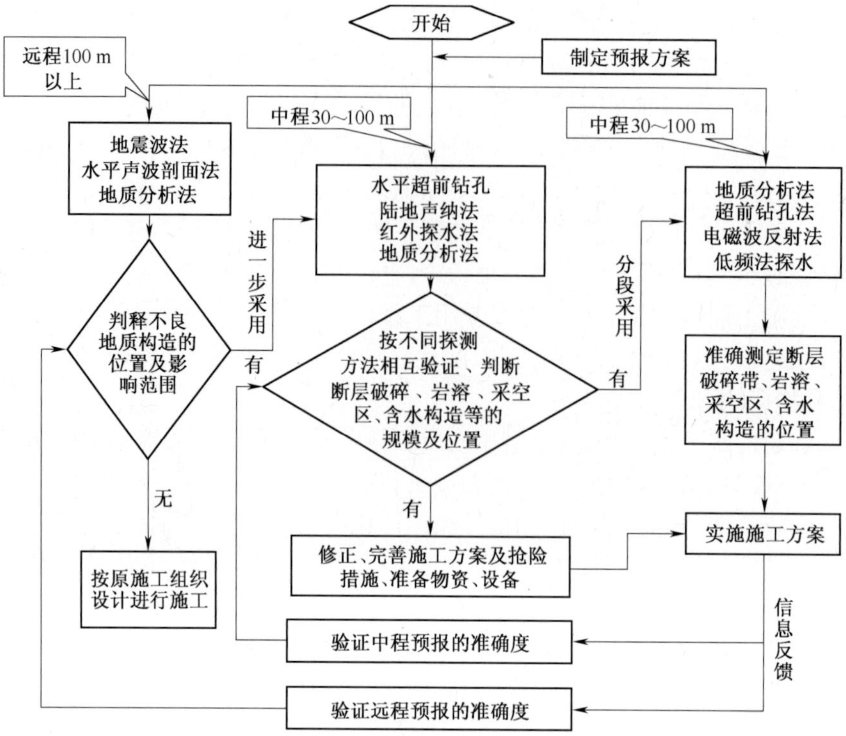

图 4-4-1　超前地质预报分类

2)按距离分类。主要根据隧道施工地质预报的距离来进行划分,距离分类与隧道施工速度密切相关。《铁路隧道超前地质预报技术指南》(铁建设〔2008〕105 号)规定根据探测预报距离分为长距离预报、中距离预报和短距离预报:

长距离预报:预报长度 100 m 以上。

中距离预报:预报长度 30～100 m。

短距离预报:预报长度 30 m 以内。

3)按精度分类。主要根据对预报工作结果的精度要求划分为:

①定性预报。主要针对掌子面前方不良地质体(带)可能出现的位置、规模范围及其性质进行预测预报,定性预报多采用地质调查分析方法,主要对定量预报起指导作用。隧道施工期超前地质预报重点段的确定在某种程度上即属于定性预报。

②定量预报。主要针对掌子面前方不良地质体(带)出现的具体位置、规模及其性质进行预测预报,结合隧道施工方法预报掌子面前方可能出现地质灾害的性质、位置和规模。

4)按手段分类。主要根据预报工作所采用的手段划分为:

①经验预报。灾害先兆和直觉是经验预报的基础,先兆可以总结,但直觉是长期从事施工作业人员的经验,经验预报即是根据经验凭"直觉"进行的预报。

②直接法。包括地质法、超前导坑(平行导坑、隧道)法、超前水平钻孔预报。

③间接法。主要包括波反射法、声波测井法、成像法。

④推理判断法。可分为调查预测法、类比法、趋势外推法、因果联系法、指标参数法、规范预测法、模拟预测法等。

5)按方法分类。主要根据预报采用的方法划分为:

①地质法。主要根据隧道洞内外地质调查结果及相关分析结论进行预报,是隧道施工期超前地质预报中最基本和最常用的方法。

②超前导坑(平行导坑、隧道)法预报。根据超前导坑、超前平行导坑或超前平行导坑所遇到的地质情况预报施工隧道掌子面前方可能遇到的地质条件。

③超前水平钻孔预报。超前水平钻孔法预报和超前导坑法一样,属于直接揭示预报,其根据超前水平钻孔揭示隧道掌子面前方的地质情况对掌子面前方地质条件进行预报。

④物探法。采用物探法作为超前地质预报的手段,根据对隧道施工掌子面前方地质情况的探测结果或

隧道地表物探结果，进行隧道超前地质预报。

⑤综合法。采用多种预报方法进行隧道超前地质预报。

6)按内容分类。主要根据预报工作内容划分为界面预报、灾害预报和隧道涌水水压及水量预报。

这些分类方法中，最常用的是方法分类，本书的后续章节主要以这种分类模式为基础进行介绍。

2. 方案设计

超前地质预报应编制预报设计文件，主要应包括下列内容：

(1)隧道工程地质及水文地质条件，着重说明不良地质与特殊岩土，可能存在的主要工程地质问题及地质风险。

(2)地质复杂程度分级。

(3)超前地质预报的目的。

(4)超前地质预报的设计原则、预报方案、(分段)预报内容、方法选择及不同方法的组合关系、技术要求(同一种预报方法或不同预报方法间的重叠长度、超前钻孔的角度及长度等)，需要时应编制气象、重要泉点和洞内主要出水点、暗河流量等观测计划和观测技术要求。

(5)超前地质预报实施工艺要求(必要时提出)。

(6)超前地质预报工作安全措施。

(7)超前地质预报工作量，占有工作面的时间。

(8)超前地质预报概预算。

(9)其他需要说明的问题。

4.2　隧道超前地质预报工作方法

隧道超前地质预报工作已经得到了广泛的重视，并作为施工工序的一个重要组成部分在许多隧道工程招标中明确要求并在施工中实施，但片面强调并强行规定使用某一物探设备进行施工超前地质预报、忽视隧道施工期地质工作的现象仍普遍存在。由于缺乏工程地质分析，只经过仪器和分析软件使用培训的人员便开展隧道施工超前地质预报亦不罕见。如此下去，要提高隧道施工超前地质预报的水平和准确性，可以说是毫无可能，因此有必要重视地质分析，对隧道超前地质预报的工作方法进行介绍。

开展隧道超前地质预报，应包括预可研和可行性研究阶段资料收集，设计阶段整体分析和研究勘察阶段的钻探、物探及试验等成果，施工阶段熟悉设计文件、资料和图纸；地表补充地质调查；洞内地质调查和掌子面地质素描，并选择合理的物探方法开展施工掌子面超前探测；探测成果分析。

4.2.1　准备工作

1. 预可研和可行性研究阶段资料收集

预可研和可行性研究阶段主要收集隧道所在地区区域地质、工程地质和水文地质资料，了解隧道通过地区地层、构造分布情况、工程地质特性和水文地质条件，对隧道施工可能遇到的各种地质条件及可能发生的地质灾害预判断，为隧道超前地质预报提高科学的依据。

2. 勘察成果整理分析

勘察成果是隧道设计文件、图纸、资料的依据、整理分析勘探(槽探、坑探、物探)、试验(岩石物理力学试验、钻孔水文地质试验、岩体原位测试等)成果，以确定隧道穿越的地层层序、地层岩性、地层产状，构造分布、产状及其性质，隧道水文地质环境、不良地质体(带)分布及其性质。在设计阶段，通过对隧道施工可能遇到的不良地质体(带)分布、性质及可能造成的隧道地质灾害的分析，提出宏观预测预报。

3. 熟悉设计文件、资料和图纸

隧道设计文件、资料和图纸是设计者根据隧道预可研和可行性研究报告、隧道初步勘察和详细勘察成果进行整理、分析、研究提出的，是可行性研究和勘察成果整理分析成果的总结。熟悉设计文件、资料和图纸可宏观把握隧道所处地质、构造、水文地质背景，初步确定隧道施工超前地质预报的重点区段。

本阶段的工作主要包括：

(1)明确隧道穿越的地层层序、地层岩性、地层产状、地层在隧道轴线上的展布长度，不同岩层的工程地质、水文地质特性,特殊地层(煤层、可溶岩地层、膏岩层)的分布。

(2)掌握地质构造特别是断层在隧道轴线上的分布位置,断层及其破碎带宽度、性质、产状。

(3)明确地层、构造与隧道的关系。

(4)分析研究可能存在的不良地质体(断层及其破碎带、岩溶发育带、煤层、在采矿巷、废弃矿巷、顺层错动挤压破碎带、软岩段等)及其性质、分布、规模和因隧道施工揭穿可能发生的地质灾害,初步提出施工超前地质预报重点区段。

通过上述工作,可以大致确定隧道施工期超前地质预报的重点区段和补充地质调查的重点内容和调查区域位置。

4.2.2 补充地质调查

由于勘测设计阶段的地质工作投入有限,地质预估评价又仅仅是对隧道所处的地质背景的宏观把握,不可能对复杂的地质情况做出微观的把握,需要进行补充地质调查。

补充地质调查的内容主要包括:

(1)不同岩性、地层在隧道地表的出露及接触关系,岩层产状及其变化。

(2)构造在隧道地表的出露、分布、性质、规模及其产状变化。

(3)地表岩溶发育位置、规模及分布规律。

(4)软岩(煤层、石膏层)在地表的出露位置、规模及其产状变化。

(5)矿坑(巷)走向、展布、高程、涌水、坍塌及其在三维空间上与隧道的关系。

(6)岩体节理裂隙统计分析及地应力研究。

(7)结合设计文件、资料和图纸熟悉结果,提出施工超前地质预报的重点区段。

补充地质调查是对勘测设计阶段的地质预估预评价的补充,对隧道所处复杂地质条件的微观把握,确定隧道施工期超前地质预报的重点段,减少隧道施工期地质预报盲目性、使预报具有较强针对性的重要保证。因此,隧道施工期地质预报的补充地质调查工作应在洞内地质调查、探测前完成,在预报实施过程中随时补充完善。

通过资料收集、勘察成果整理分析、熟悉设计文件、资料与图纸和补充地质调查,确定隧道施工超前地质预报重点区段,减少施工超前地质预报的盲目性,提高预报的针对性,确保有限费用的有效使用。隧道施工超前地质预报重点段包括:

(1)断层及其破碎带的分布位置。

(2)岩溶可能发育的部位。

(3)煤层分布位置。

(4)隧道可能穿越的废弃矿巷的部位。

(5)浅埋隧道穿越全、强风化岩脉的部位。

(6)节理密集发育岩体分布位置。

(7)含水体分布位置。

4.2.3 洞内地质调查和掌子面地质素描

洞内地质调查和掌子面地质素描是隧道施工过程中的地质工作,是隧道工程全过程地质工作的重要一环。这不仅是开展隧道施工超前地质预报的需要,也是对隧道地质资料的补充和完善,更为隧道运营阶段隧道病害整治提供完整的隧道地质资料。

4.2.4 预报方法的选择和掌子面探测

地质法和各种物探方法针对不同地质体,有各自的优势和劣势,只有合理选择预报方法,才能有效地完成探测工作。

1. 预报方法的选择

由于隧道工程面临的施工地质问题的复杂性,往往靠单一的某种地质预报方法是难以把握的,因此需要一种或多种地质预报方法的结合。

预报方法的选择应遵循以下原则：

(1)有牢固的理论基础。

(2)不占或很少占用掌子面的施工时间。

(3)适用性强。

(4)操作简单。

(5)能取长补短。

(6)能适应隧道工程施工的需要。

(7)对隧道施工所面临的地质问题具有针对性。

2. 掌子面探测

各种物探方法将在后续章节介绍，本节仅就掌子面探测中应注意的问题做一简述。

各种物探设备对环境要求各异，由于种种原因，隧道施工掌子面环境地质条件各不相同，但温度高、湿度大、管线多是共同的特点。在掌子面探测中，应注意以下几个方面的问题：

(1)探测应在掌子面通风一段时间，以低于掌子面附近温度后进行。

(2)洞内管线特别是动力管线对探测信号的发射和接收均有一定程度的影响，因此应避免信号传输线与管线的交叉接触，降低因洞内管线影响造成的干扰。

(3)洞内施工特别是风钻施工、爆破等对探测影响极大，探测应避免在风钻施工，爆破的同时进行。

(4)掌子面施工台架对探测有一定的影响，探测过程中尽量将施工台架移至探测场地后。

此外，为了对施工掌子面岩体进行分级，还应进行围岩岩体和岩石波速测试。

4.2.5　预报报告的内容及报告的提交

1. 预报报告的内容

预报报告包括预报简报和预报总报告。

(1)预报简报应包括以下内容：

1)工程概况。

2)地质预报采用的方法原理。

3)探测掌子面地质调查结果，掌子面地质素描图。

4)探测区、点布置图。

5)结合隧道勘察设计资料、补充地质调查结果、洞内地质调查结果进行的探测分析结果(包括文字、探测典型波形图、波谱图和成果图等)。

6)预报结论及下一步施工措施建议(围岩加固、初期支护、超前支护、永久支护措施等，必要时给出掌子面前方岩体分级建议)。

(2)预报总报告应包括以下内容：

1)工程概况。

2)地质预报采用的方法原理。

3)隧道地质展示图(包括掌子面素描图)。

4)隧道地质纵剖面图。

5)典型预报(包括预报掌子面地质描述，探测区、点布置图，探测典型波形图，波谱图和成果图，预报结论及下步施工措施建议，验证结果)。

6)预报与施工验证对比表。

7)结论(包括预报准确率统计结果)。

2. 报告提交

隧道超前地质预报具有很强的时效特性，预报简报应在实施洞内施工掌子面探测后次日交给施工、设计等有关各方，以便针对预报提出的问题制定相应对策和措施，确保施工的安全和顺利进行。

总报告应在隧道贯通后及时提交。

4.2.6 验　证

施工开挖验证是隧道超前地质预报的重要一环,是改进探测布置、提高预报准确率的需要,也是完成预报工作的要求。具体而言,应随开挖不良地质体(带)位置、性质、规模和地质灾害出现的位置、规模等的记录,并与预报结论进行对比(列表对比),从中分析成功和失败的原因,以利下一步工作的开展。

4.3 超前地质预报方法选择

4.3.1 各种隧道超前地质预报方法的主要特点及优缺点

各种超前地质预报方法都有各自的特点和优缺点,表 4-4-1 是对各种隧道超前地质预报方法的对比分析。

表 4-4-1　各种隧道超前地质预报方法的主要特点及优缺点对比

序号	超前地质预报方法	主要特点	优缺点
1	地质法	主要根据隧道地质调查结果预报,隧道掌子面前方存在的断层、不同岩类的接触界面特别不溶岩与可溶岩间的接触界面,隧道前方围岩的稳定性及失稳破坏形式等	有牢固的理论基础,不占用或极少占用施工时间,适用性强,成本低,操作简便。但靠有限之"见"预报范围有限,特别是地层岩性变化极为复杂隧道中准确率低
2	超前平行导坑法	利用超前施工的平行导坑或平行隧道所遇地质情况推测隧道将遇到的地质情况	有牢固的理论基础,不占用或极少占用施工时间,适用性强,操作简便。但投资大,对间距小,地层受构造变动小的平行隧道工程较好,两隧道间距大,地层变化复杂时准确率明显低
3	超前水平钻孔	采用钻孔钻进速度测试结果、岩芯的观察及相关试验获取掌子面前方岩石(体)的强度指标,可钻性指标、地层岩性指标、岩体完整性指标及地下水状况等多方面的直接资料进行预报	直接揭示隧道施工掌子面前方地质条件,适应性强。但占用施工时间长,成本高
4	超前钻孔声波测井及跨孔波透射法	利用凿岩台车在隧道施工掌子面施作微倾角超前钻孔,采用声波测井活跨孔声波测试结果来进行隧道掌子面前方地质条件的超前预报	在超前水平钻孔基础上,组合声波透射,效果更好。但需要占用一定的时间且必须钻孔
5	波反射法	主要利用声波、超声波、电磁波及地震波传播。反射,通过信号采集系统接收反射信号,判断隧道掌子面前方反射界面(断层、软弱夹层)距离掌子面距离来进行隧道施工期超前地质预报	有成熟的理论基础,占用施工时间除地质法以外其他方法短,预报距离长短均可,费用较低,但属于间接方法

4.3.2 超前地质预报方法选择

地质复杂隧道的预测预报应坚持隧道洞内探测与洞外地质勘探相结合、地质方法与物探方法相结合、辅助导坑与主洞探测相结合,开展多层次、多手段的综合超前地质预报,并贯穿于施工全过程。根据隧道地质情况的不同,选择不同超前地质预报组合方式。

对于复杂地质隧道,超前地质预报应采用地质分析法、物探法、超前水平钻孔相结合进行综合预报。可采用地震波法,加上声波法、电磁波反射法、红外探测、电法的一种或几种。

对于较复杂地质隧道,超前地质预报可采用地质分析法与地震波法(或声波法)相结合进行;当开挖工作面前方可能存在不良地质时,可采用电磁波反射法、红外探测、超前水平钻孔、电法的一种或几种进行验证。

对于中等复杂地质隧道,超前地质预报应以地质分析法为主,对规模较大的地质(层)界面、断层等采用地震波法或声波法进行探测。当开挖工作面前方可能存在不良地质时,应采用红外探测、超前水平钻孔进行验证。

简单地质隧道,超前地质预报应采用地质分析法。

4.4　地质分析法超前地质预报

地质分析法隧道超前地质预报主要根据隧道洞内外和隧道施工期掌子面地质条件调查结果，如岩体结构面产状及发育状况、岩体破碎程度、岩石的变质程度等的变化程度等的变化特征，通过地质作图及构造相关性分析，由地面构造产状推测其在地下隧道穿越深度位置的出露关系（相关关系法），由掌子面岩体结构面产状及发育状况、岩体破碎程度等变化特征推测掌子面前方可能出现的构造及其性质（趋势外推法），进行超前地质预报。可以看出，地质法隧道超前地质预报所采用的主要方法是地面地质调查、洞内地质调查和掌子面地质素描，地质工作在隧道超前地质预报中起着极其重要的作用，是隧道超前地质预报的基础。因此，了解隧道超前地质预报的对象——地质体所处的地质条件，掌握基本地质学知识是开展隧道超前地质预报的前提。

本节在介绍地质工作在隧道超前地质预报中的重要性的基础上，阐述地质分析法超前地质预报的基本要求、主要手段、实施要点及流程。

4.4.1　地质工作在隧道超前地质预报中的重要作用

地质工作是贯穿隧道工程可行性研究、勘察、设计、施工全过程的一项重要工作，其作用是对整个隧道工程所处地质环境的宏观把握，是提高隧道施工地质预报准确率的重要保证。

隧道超前地质预报是根据隧道开挖揭示的洞身围岩条件的变化趋势和采用各种物探手段对隧道施工掌子面前方地质情况的探测结果，结合预报人员的地质经验，对隧道施工掌子面前方可能遇到的各种地质条件及可能发生的地质灾害的性质、分布位置、规模的预测。因此，隧道超前地质预报的目的、物探结果分析、预报准确率的提高决定了地质工作在隧道超前地质预报中将起到极为重要的作用。

1. 隧道超前地质预报需要地质工作

地质学是所有应用地质学不可缺少的基础。只有宏观地把握整个隧道工程所处地质环境，确定隧道施工地质预报重点段，才能最大限度地提高有限预报经费利用率，提高预报准确率，达到隧道超前地质预报的目的。

隧道工程地质平面图、纵断面图及隧道工程设计地质是集隧道工程可行性研究、勘察和设计三阶段全部相关隧道施工将可能遇到的地质情况研究成果的总结。熟悉图纸，了解隧道施工将穿越的地层岩性、地层产状及地层分布、构造分布规模及其性质，有利于宏观把握隧道施工可能将遇到的特殊地质如涌水、瓦斯、采空区、岩溶、涌水涌泥涌沙和泥石流等的分布位置及规模，据此初步确定隧道施工地质预报的重点段。

洞外补充地质调查主要是对特殊地层，如大段软弱地层、煤层分布的调查确定，构造产状、分布、规模及性质的调查确认；对特殊段地表地质现象如隧道洞口滑坡分布及规模、岩堆分布及规模、地表岩溶发育分布等进一步调查。根据地表调查结果推测特殊地层构造等在隧道构成位置的展布，加深对隧道施工可能将遇到的特殊地质如涌水、瓦斯、采空区、岩溶、涌水涌泥涌沙和泥石流等的分布位置及规模的宏观把握，确定隧道施工地质预报的重点段。

洞内地质调查和掌子面地质素描（地层岩性及其产状、构造产状地下水渗、滴、涌水状况，岩体的风化变质情况等）、节理裂隙统计（产状、间距、张开充填状况、展布及延伸等）、必要的测试试验（岩石、岩体声速测试和岩石强度试验等）。根据构造相关性分析、节理玫瑰花图、极射投影图、块体稳定相关计算，确定对到掌子面前方围岩的变形趋势及失稳破坏形式，软层、煤层的分布与规模，构造破碎带的发育分布及性质和规模，岩溶发育分布及充填性质和隧道围岩岩体强度、脆性及地应力状态等。根据隧道洞内必要的测试试验、岩体节理裂隙发育状况确定围岩级别。

2. 物探结果分析离不开地质工程师的参与

众所周知，物探方法是建立在波的传播理论基础上，波传播理论是建立在同一介质（各向同性均匀介质）基础上的，在各向同性介质，物探结果是唯一的。但地质体极为复杂，在经历了长期地质历史时期和构造运动变动后，不同地层、岩性受构造运动的影响程度不一，即使两种岩体不同部位节理裂隙发育程度也不完全一致，这就导致了同种地质的非均匀性（各向异性）。

地质体的各向异性，决定了采用物探方法进行隧道超前地质预报结果的多解性，排除这种多解性，需要对宏观地质背景的微观把握，这就需要参与施工地质预报人员丰富的地质经验，地质工程师的参与无疑将起极为重要的作用。

3. 地质工作的详细程度决定预报准确率

隧道地质预报准确率的高低，与参与预报人员对隧道施工掌子面前方地层岩性、构造等的分布、界面产状及其变化、不同波在不同介质预报中的传播特性的掌握程度紧密相关。

详细的地质工作，可以推测界面间介质的性质并大致给出不同波在该介质中的传播速度，推断界面产状的变化趋势并推测界面在掌子面前方出露的大致位置，为探测结果的分析提供参考依据，提高预报的准确率。

4. 验证地质工作是总结和提高隧道超前地质预报准确率的重要途径

随开挖进行不良地质体(带)的位置、性质、规模和地质灾害出现的位置、规模等的记录，需要地质工程师的工作，绝非其他人员可替代的。总结和分析预报成功经验和失败的原因，对探测布置、提高地质预报准确率，具有重要的现实意义。

4.4.2　地质分析法的主要手段

1. 地质投射

主要是针对地下工程地质纵剖面图的编制，是隧道工程地质最主要的图件之一，与工程区的地质平面图相辅相成，涵盖的内容丰富、直观，对施工具有重要的指导意义，是地下工程宏观分析预测基础图件，编制要点如下：

(1)工程地质剖面图的地形线。它是隧道工程轴线对应的地形线，要求是实测的纵断面地形。但由于隧道一般埋深大、地形险恶，实测困难，通常利用工程区大比例尺高精度地形图图切法制作。

(2)剖面图比例尺。一般地质纵剖面的纵向比例比线路地形地质图放大一倍，横向比例尺考虑隧道埋深情况确定是否放大。

(3)按比例尺展绘好纵剖面的地形线，并将地质界面、地质构造位置标注清楚。

(4)地质体的投射是编制纵剖面图的关键，在编绘时要注意以下要点。

1)当纵剖面线与地质界面的走向垂直或夹角在80°～90°时，可直接按地质界面的倾角投射。

2)当纵剖面线与地质界面走向夹角小于80°时，将地质界面的倾角换算投射。

3)投射时，采用先断层、后地层界面的顺序。对岩浆岩侵入体，还要考虑地表调查的产状。

4)对褶皱构造，特别是褶曲的轴面和褶曲形态连接，投射时要结合现场踏勘反复推敲，使之更加符合实际。

5)当有平行探洞等工程时，投射时要充分利用其取得的实测资料。

6)地表物探异常部位，要投射在纵剖面相应的位置。

2. 地层层序

地层层序是确定地质历史的根据和地质构造的基础(表4-4-2)。掌握了隧道地层层序，岩性组合及标志性岩层，在隧道施工中遇到某一时期的地层时，按地层层序上下迭置关系和岩性组合特征，结合施工中揭露的地层产状，就能预测相关地层在隧道纵断面出现的位置，以及可能遇到的含水层、构造带等地质问题。

当设计地勘的隧道工程区地层剖面经复查确认时，可不另测地质剖面；若工程区地层构造复杂，原地勘成果不能满足要求时，应补测全部或某一段地层剖面，重新建立地层层序，为地层、岩性和地质构造的预测、修改补充提供地质依据。

3. 工程地质类比

地下工程尽管所处地质环境、条件各不相同，但构成的地质因素和构造形式还是有诸多共同之处。地质类比法就是依据工程地质学分析方法，按不良地质作用、地质灾害形成的工程地质条件，水文地质条件和其他条件的共性进行类比，对诸如塌方、突水、突泥、岩爆、瓦斯等类型的定性判断。根据工程地质条件对可能出现的破坏模式，以及已出现的变形迹象，对洞室、掌子面、边墙、拱顶的稳定状态做出判断，并对其发展趋势做出评估。

地下工程建设中，地质类比法是极为重要的方法之一，它的基础资料是地勘部门、设计单位提交的工程地质纵剖面图，工程地形地质图、物探、钻探、工勘报告、设计说明书等成果，通过全面系统地分析，在此基础上应用地质类比法，对隧道开挖中可能出现的突水、突泥、塌方、岩爆等做出较为确切的宏观预测。

表 4-4-2　地层层序表

地质时代、地层单位及代号					同位素年龄（百万年）		构造阶段		生物界演化阶段	
宙（宇）	代（界）	纪（系）		世（统）	时代间距	距今年龄	大阶段	阶段	动物	植物
显生宙PH	新生代Kz	第四纪Q		全新世Q_4 更新世$Q_1Q_2Q_3$	约2～3	0.012 2.48	联合古陆解体	喜马拉雅阶段（新阿尔卑斯阶段）	人类出现	被子植物繁盛
		第三纪R	晚第三纪N	上新世N_2	2.82	(1.64) 5.3			哺乳动物繁盛	
				中新世N_1	18	23.3				
			早第三纪E	渐新世N_3	13.2	36.5				
				始新世N_2	16.5	53				
				古新世N_1	12	65				
	中生代Mz	白垩纪K		晚白垩世K_2 早白垩世K_1	70	135 (140)		燕山阶段（老新阿尔卑斯阶段）	爬行动物繁盛 无脊椎动物继续演化发展	裸子植物繁盛
		侏罗纪J		晚侏罗世J_3 中侏罗世J_2 早侏罗世J_1	73	208				
		三叠纪T		晚三叠世T_3 中三叠世T_2 早三叠世T_1	42	250		海西－印支阶段：印支阶段		
	古生代P_z：晚古生代P_{z2}	二叠纪P		晚二叠世P_2 早二叠世P_1	40	290		海西阶段	两栖动物繁盛	蕨类植物繁盛
		石炭纪C		晚石炭世C_3 中石炭世C_2 早石炭世C_1	72	362 (355)				
		泥盆纪D		晚泥盆世D_3 中泥盆世D_2 早泥盆世D_1	47	409	联合古陆形成		鱼类繁盛	裸蕨植物繁盛
	早古生代P_{z1}	志留纪S		晚志留世S_3 中志留世S_2 早志留世S_1	30	439		加里东阶段	海生无脊椎动物繁盛	藻类及菌类繁盛
		奥陶纪O		晚奥陶世O_3 中奥陶世O_2 早奥陶世O_1	71	510				
		寒武纪∈		晚寒武世$\in_3$ 中寒武世$\in_2$ 早寒武世$\in_1$	60	570 (600)			硬壳动物出现	
元古宙PT	新元古代P_{t3}	震旦纪Z			230	800			裸露动物出现	真核生物出现（绿藻）
		青白口“纪”			200	1000	地台形成	晋宁阶段		
	中元古代P_{t2}	蓟县“纪”			400	1400				
		长城“纪”			400	1800				
	古元古代P_{t1}				700	2500		吕梁阶段		
太古宙AR	新太古代A_{r2}				500	2800 3000	陆核形成			原核生物出现
	古太古代A_{r1}				800	3800			生命现象开始出现	
复古宙HD						4600				

注：1. 本表同位素年龄及构造阶段等基本依据王鸿祯、李光岑编《中国地层时代表》(1990)。该表中奥陶纪按四分法，石炭纪按二分法；本表暂按三分法。

2. 本表中只列出地质时代单位。地层单位则把宙、代、纪、世改为宇、界、系、统，同时把早、中、晚或早、晚改成下、中、上或下、上。如早寒武世、中寒武世、晚寒武世形成的地层则称为下寒武统、中寒武统、上寒武统，余类推。

3. 本表中更新世可分为早更新世Q_1，中更新世Q_2，晚更新是Q_3。

4. 本表中震旦纪、青白可“纪”、蓟县“纪”、长城“纪”，只限于国内使用。

4. 地质编录

地质编录是在隧道开挖时，将揭露的地层、岩性、地质构造、地下水及其他不良地质现象如实反映在大比例尺的三壁展示图或洞身展示（平切）图上，并与隧道（洞）纵剖面图进行对照。图4-4-2～图4-4-13中重点反映地层岩性、地质界线、断层、节理裂隙等结构面产状、岩溶、地下水及物探成果等。通过展示图的连续编制，结合物探成果和洞线剖面等资料综合分析，即可掌握不良地质体的变化趋势，预测掌子面前方可能出现的地层岩性或不良地质情况。

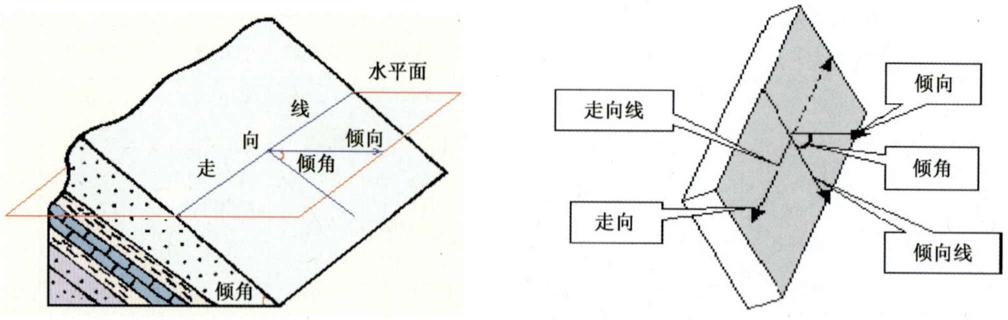

图 4-4-2　岩层产状图

(a)花岗岩，常肉红色、灰白色

(b)闪长岩，灰或灰绿色

(c)正长岩，肉红色或灰白色

(d)灰长岩，灰至灰黑色

(e)玄武岩，黑、灰黑、黑绿、灰绿色等

(f)橄榄岩，暗绿、灰黑色

(g)流纹岩，灰色、灰红色、肉红色

(h)安山岩，深灰、浅玫瑰、褐色等

图 4-4-3　岩浆岩

(a)水平岩层

(b)倾斜岩层

图 4-4-4　沉积岩

(a) 板状构造

(b) 片麻状构造

(c) 片状构造

(d) 千枚状

图 4-4-5　变质岩

(a) 石芽

(b) 石林

(c) 溶洞

(d) 暗河

(e) 岩溶洼地

(f) 溶蚀、暗河

图 4-4-6　岩溶形态

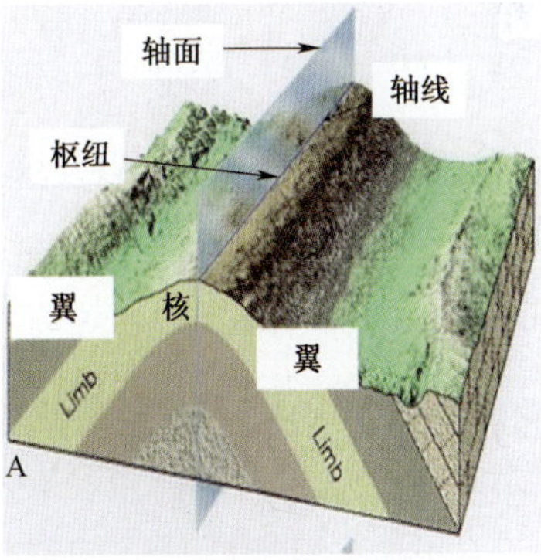

图 4-4-7　褶皱要素

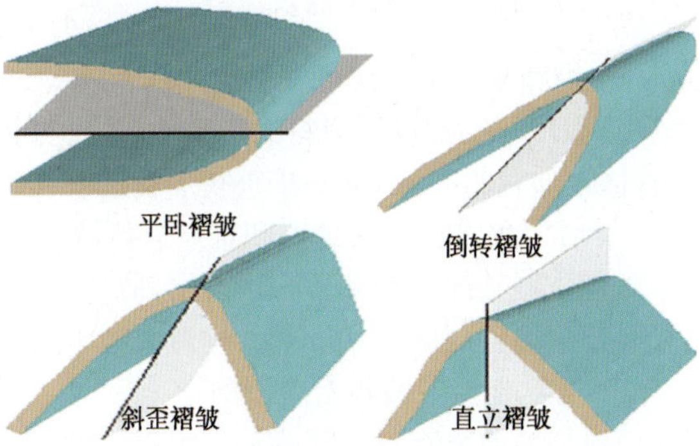

图 4-4-8　褶皱分类

图 4-4-9　典型褶皱

图 4-4-10　节理

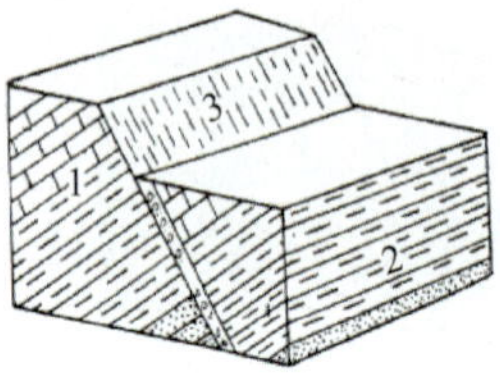

图 4-4-11　断层要素

1—下盘;2—上盘;3—断层面

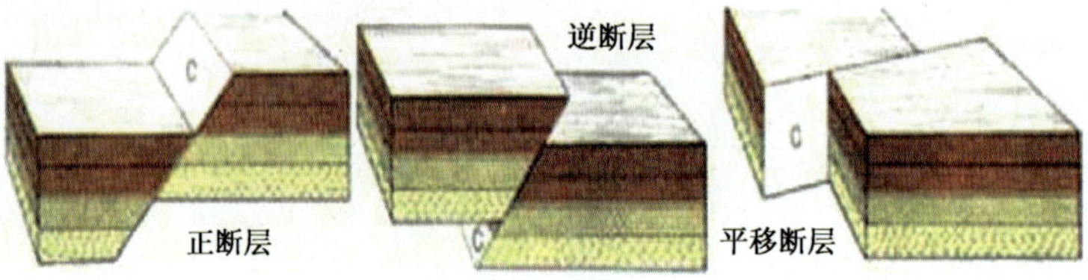

图 4-4-12　断层分类

图 4-4-13　典型断裂(层)

地质编录是最基本的工作方法,也是地质综合分析技术取得第一手资料的重要手段,它既反映开挖段的地质变化特征,又预示着未开挖段一定范围的地质问题。因为无论何种不良地质灾害的发生和发展,它总是有其特殊前兆特征,通过地质编录掌握这些变化规律和地质特征,是进行地质综合分析和对物探资料解释的珍贵依据。

4.4.3　地质分析法实施要点及流程

1. 收集和分析工程地勘资料

在熟悉理解勘察设计资料的基础上,认真分析研究工程主要地质问题存在的可能性,以及这些问题是否与工程区地质背景一致,进一步查找工程勘察设计中存在的疑点和难点。

2. 针对工程主要地质疑点和难点进行地质复查

(1)若质疑某地层是主要含水地层,应作实际调查,寻找其依据。

(2)若某地层层序、厚度不深、构造关系不明确,则对某段或全部进行地层剖面实测,重新建立地层层序。

3. 依据复查结果编制宏观预测

(1)根据地质复查资料修改补充完善原设计工程地质剖面图。

(2)编制工程宏观地质预测说明书,为施工组织提供地质依据。重点突出地层界线位置,主要构造线位置,主要地质灾害分布位置或范围等。

(3)地下水特征,地下水渗流状态、颜色、携带物成分、喷射距离并估算水量大小等。

4. 收集各类物探成果资料

每项地下工程都会根据工程规模和工程地质特征,选择合适的几种物探方法进行地质超前预报。及时收集各类预报成果并汇集于综合图件上,作为地质综合分析的基础图件。

5. 编制各种图件

按工程项目地质特征和主要地质问题的不同,编制不同比例尺的图件。如剖面图、三壁展示图、洞身展示(平切)图、地下水分布图、开挖对比图等。总之按地质综合分析研究需要,选择编制相应的图件。每个工程项目的工程地质剖面图和洞身展示(平切)图是必须做的,它是地质综合研究的基础。编制时随工程进展逐步将地质编录的主要地质要素和物探成果反映到图上，并根据开挖揭露的地质情况修编工程地质剖面图。

6. 收集钻探资料

工程重点洞段在开挖过程中，根据地质、物探成果并结合开挖实际情况，针对主要地质问题，施工部分水平探测钻孔，因钻孔资料最直观可靠，需要及时现场收集。

7. 编写阶段性地质总结及下步地质预测和建议

隧道工程一般具有洞线长，地表覆盖层植被茂盛或地形陡、险、高差大等特征，同时地质情况总是存在地表与深部有差异的现象，与设计资料的不符情况更是屡见不鲜。因此，在隧道(洞)每开挖一个地质单元或一个重要地质洞段后，需要做好及时总结开挖洞段地质情况。根据新揭露的地质情况和地质综合分析成果对下一地质单元进行预测。针对主要地质问题的性质、规模及位置，提出施工建议。

总之，地质综合分析技术在一个地下工程项目中，是一项自始至终进行的工作，没有特定的工序流程，综合分析研究工作的开展与工程进度同步进行，其宗旨是及时指导施工，为科学施工组织提供地质依据。

4.4.4 地质综合分析基本要求

(1)人员具有较全面的地质基础理论，实际工作经验及编制综合图件的技能。

(2)力求在工程施工前补充完善工程设计资料，编写宏观预测书。

(3)随工程进展及时收集洞内开挖段地质资料，并力求全面准确。

(4)及时归纳汇总地质、物探、钻孔探测资料，逐步完善充实综合图件内容。

(5)综合判译各种物探成果，避免多解性影响，提高预测的准确性。

(6)及时提交工程重点洞段的地质综合分析成果指导施工。

(7)通过开挖对比验证设计地质资料的准确性，编写工程地质总结报告。

4.5 物探法超前地质预报

4.5.1 TSP203 超前地质预报

1. TSP203 超前地质预报概述

TSP203 系统适用于对断层及其影响带、破碎带、溶洞、裂隙发育带、软弱夹层，以及地下水的预测预报。其具有适用范围广，预报距离长(一般预报长度在 100～150 m)、预报准确性高，提交结果及时，对掌子面施工干扰小等特点。

TSP203 超前地质预报系统是利用弹性波的反射原理进行地质预报。预报时，通过爆破产生地震波，地震波在隧道中的岩体内传播，当遇到波阻抗界面时，如断层、破碎带、溶洞，大的节理面等，一部分地震波被反射回来，反射波经过一段时间后到达传感器被记录仪接收，然后用专门的分析软件进行处理，即可得到清晰的反射波图像。通过对反射波运动学和动力学特征的分析，如波速、延迟时间、信号强弱、波形等，并结合区域地质资料、设计勘测资料、跟踪观测地质资料就可预测预报隧道前方及周围地质情况，并确定地质异常的位置和特性。图 4-4-14 是 TSP203 系统工作原理示意图。

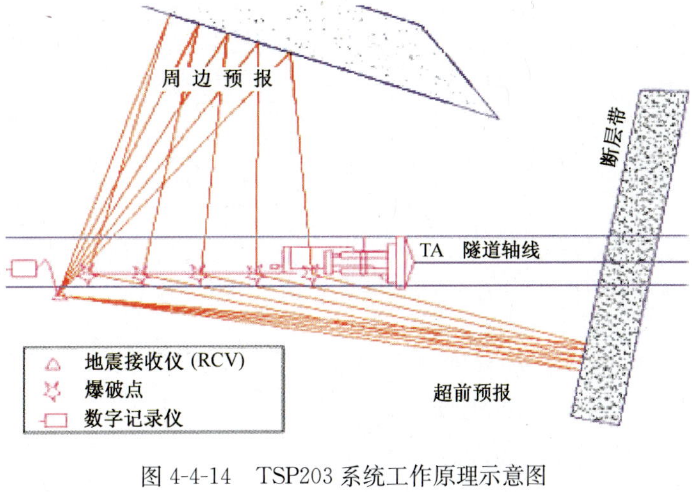

图 4-4-14　TSP203 系统工作原理示意图

TSP203 系统包括硬件和软件两部分(图 4-4-15)。硬件主要包括数据记录存储单元、三维地震波接收器和起爆装置。数据记录存储单元将接收器采集的信号放大,经模数转换后将数据信号记录存储起来;三维地震波接收器用于接收爆破后产生的地震波的反射波信号;起爆装置用于起爆雷管,进而引爆炸药。软件包括数据采集软件和数据处理软件,数据采集软件用于采集数据,数据处理软件用于处理采集到的原始数据。TSP203 系统主要性能参数如下。

图 4-4-15　TSP203 设备示意图

(1)记录单元

记录器端口:4 个;

记录道数:12;

采样间隔:62.5 μs、125 μs;

记录带宽:4 000 Hz、8 000 Hz;

模数转换:24 位;

记录长度:14 468 V 样点;

最大输入信号:10 Vpp;

动态响应范围:120 dB。

(2)三分量传感器

灵敏度:1 000 mV/g(±5%);

频率范围:0.5～5 000 Hz;

响应频率:9 kHz;

横向灵敏度:>1%;

工作温度:0 ℃～+65 ℃。

(3)触发器

触发电流:约 10 A;

触发精度:约 10 μs。

2. TSP203 超前地质预报流程图

TSP203 超前地质预报流程如图 4-4-16 所示。

3. 地质预报前的准备工作

(1)资料收集。测试前应将隧道概况、隧道地质纵断面图、隧道地质平面布置图、掌子面里程桩号、接收器安装位置里程桩号等资料和数据收集齐,以备数据处理和解释时用。

(2)雷管、炸药的准备。雷管采用零延时电雷管,每次需要 24 个,炸药采用高爆速炸药,无高爆速炸药,也可采用爆速在 4 000 m/s 左右的普通乳化炸药。雷管和炸药需有专人看管,存放和运输过程中不得放置在一起。

(3)钻炮孔和接收孔。每次测试需钻 24 个炮孔和 2 个接收孔。在左边墙或右边墙距地面约 1.0 m 高的水平线上,按间距 1.5 m、孔深 1.5～1.8 m、孔径 35～38 mm、倾角 10°～20°、倾向 10°～20°的标准钻 24 个炮孔,最后一个炮孔距掌子面距离根据现场情况而定,一般情况下应尽可能接近掌子面。接收器孔分布在左右边墙,与炮孔在同一水平线上,距洞口方向的

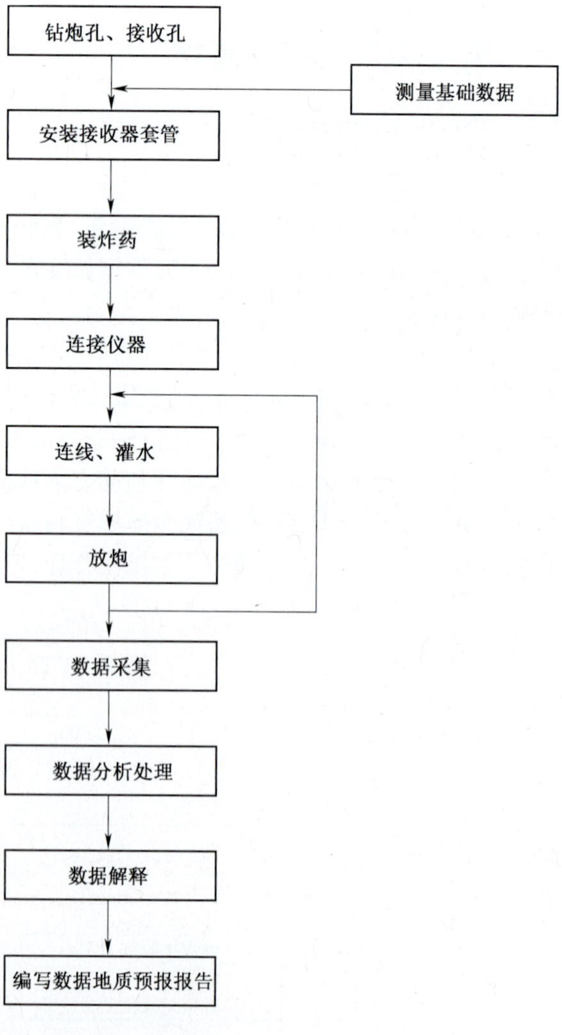

图 4-4-16　TSP203 超前地质预报流程图

第一个炮孔 15～20 m，其孔深 2.0 m、孔径 42～45 mm、倾角 5°～10°，图 4-4-17 是 TSP203 超前地质预报炮孔、接收孔分布示意图。

（4）基础数据测量。装炸药之前，需测量每个炮孔的孔深、倾角、倾向，相对于参考点的位置、高度。相对于参考点的高度、孔深采用钢尺或硬质杆测量，倾角、倾向采用罗盘仪测量，相对于参考点的位置可采用皮尺直接测量。原则上可以以隧道内任意一点作为参考点，为计算方便，通常用两对称接收孔的连线与隧道轴线的交点作为参考点。

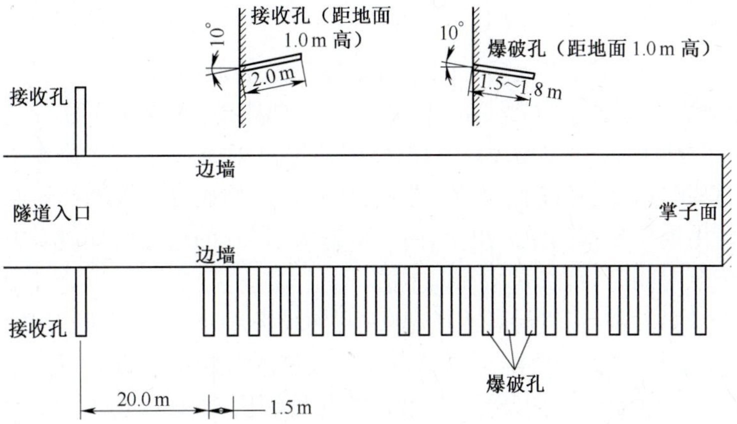

图 4-4-17　TSP203 超前地质预报炮孔、接收孔分布示意图

（5）安装接收器套管。接收器套管必须借助手持式风力凿岩机、手持式电动多用凿岩机等安装（图 4-4-18）。

（a）手持式风力凿岩机　　（b）手持式电动多用凿岩机

图 4-4-18　套管安装

安装前，检查接收孔是否塌孔，套管是否能顺利放入孔底，然后，将三根环氧树脂固化剂放入孔内。将套管与风钻用专用转换接头连接，开动风钻，在 5 min 内将套管推入孔内，套管尾部应到达孔底。在推入过程中，套管端部的刀口将环氧树脂固化剂划破并通过转动拌和使之发生反应。最后，迅速将风钻与转换接头脱离，在环氧树脂固化剂固化前用手动扳手调节套管方向，使套管内两槽口的连线垂直于隧道轴线（图 4-4-19）。有时会因接收孔不直或孔径太小而使环氧树脂固化剂无法放入孔内，这时可用普通锚固剂代替环氧树脂，但必须保证套管与围岩耦合良好，尤其是套管尾部。

（6）装炸药。测试过程中通常采用普通乳化炸药，爆速在 4 000 m/s 左右，其特点是无需特殊准备，工地现场就有，且具有防水功能。装炸药前首先需确定每孔所需炸药量，炸药量的多少可通过试验来确定，方法是在最接近接收孔的两炮孔安装适量炸药，通过放炮进行数据采集，由反射波能量的大小来调整炸药量的多少。反射波能量一般在几百毫伏较适宜，最大不能超过 7 000 mV。

在测试过程中，为节省时间，一般是在数据采集过程中进行炸药量的调整，或是根据经验确定炸药量。在确定炸药量后，截取满足要求的炸药段，将电雷管插入炸药中，然后将炸药段连同电雷管用装炸药的炮杆送入每个炮孔，直到炮孔底部。在送入过程中，防止炸药与电雷管分离，且需将电雷管的导线头留在炮孔外。

4. 现场数据采集

(1)参数设置。将传感器连接起来放入传感器套管,放入之前用清洁杆将套管内清洁干净,安装时,传感器有磁片的一面必须正对隧道掌子面。将记录存储单元、传感器、触发盒、起爆器正确连接起来后,启动记录存储单元进入 TSPwin 工作状态,开始参数的设置。数据采集前需设置的参数包括端口选择、采样时间间隔、记录通道样本值、传感器选择、接收通道选择。此外,应将隧道名、测试时间、操作者,以及其他相关信息记录并存储下来,以备查询。

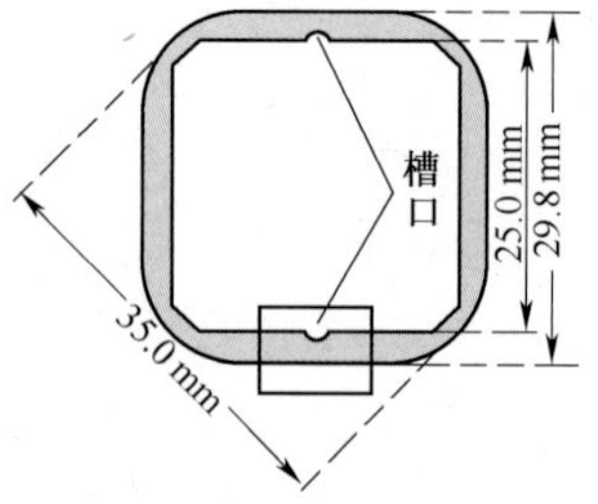

图 4-4-19　接收器套管的横截面

端口是指用于记录单元与便携式电脑之间进行数据传递的通道,系统默认为 1;采样时间间隔系统提供了 62.5 μs 和 125 μs 两种选择,系统默认为 62.5 μs;记录通道样本值系统提供了 7 218 和 14 468 两种,系统默认为 7 218;传感器提供了 x、y、z 三个方向的数据采集方式,系统默认 x、y、z 三个方向都选;接收通道系统提供了 4 个,传感器连接的通道即为选择的通道,系统默认 1、2 通道。采样时间间隔和样本值由期望预报的距离决定,两个值越大,得到的记录时间越长,当必须改变其中一个参数以得到一个更长的记录时间时,首选是增加样本值。

(2)数据采集。将金属导线与雷管导线连接起来,两导线必须分离开,不得接触形成短路,否则无法引爆雷管。导线连接好后,向炮孔内灌注满水,同时仪器操作人员点击操作界面上的 Acquisition 键,系统进入噪声自动检测状态,控制面板上橙色的"BUSY"显示灯亮,几秒钟后,橙色灯熄灭,绿色的"READY"灯亮,这时笔记本电脑上显示"READY FOR RECORDING",记录单元进入记录数据状态。必须注意的是只有记录单元进入数据记录状态才可以起爆雷管,开始数据采集。待工作人员撤离到安全位置后,关闭噪声检测界面,并开始对起爆器充电,待充电结束,记录存储单元进入记录数据状态后,起爆电雷管,电雷管引爆炸药,系统进入数据采集阶段。数秒钟后,x、y、z 三个方向的反射波全部传送到记录单元,存储采集到的地震波数据,此炮数据采集工作完成。然后重复上述操作,开始第二炮的数据采集,直到最后一炮。

5. 数据处理及解释

(1)数据处理流程。数据处理前须将测量几何参数输入程序表格中,包括隧道的半径、高度,掌子面、参考点的里程桩号,爆破孔、接收孔的孔深、倾角、倾向以及各孔相对参考点的距离,每个炮孔的装药量。测量几何参数输入后就可按照处理软件设定的步骤开始数据分析处理。数据处理共分 11 步进行,每步处理前须选定合适的参数。图 4-4-20 是 TSP203 系统数据处理流程图。

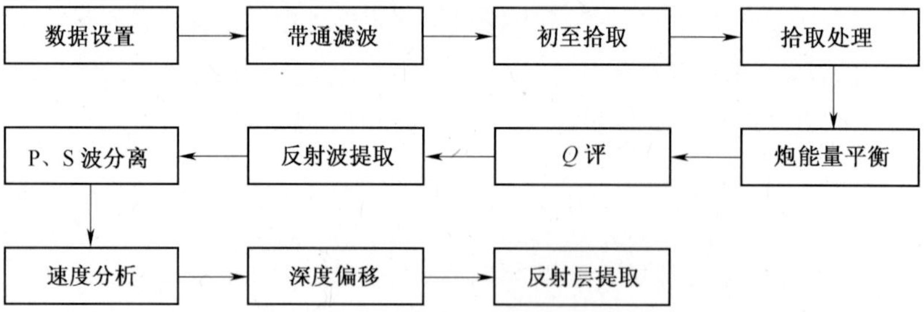

图 4-4-20　TSP203 系统数据处理流程图

在上述 11 步处理过程中,数据设置中的数据长度设置需根据期望预报的长度来确定,一般取 200 ms 左右基本能满足测试要求;带通滤波参数的设置在处理过程中非常重要,其设置的原则是反射波的主频必须在带通滤波设置的门槛值内,且范围不宜过宽、也不宜过窄。其他参数设置多采用默认值和处理软件计算值,一般能够满足数据处理基本要求。数据处理的结果直接影响预报的结果,因此,除上边提到的一些原则外,参数的设置必须根据围岩实际情况和测试过程中积累的经验进行。

(2)数据解释原则。数据解释除了要充分应用数据处理后的结果,如波速、纵横波速比、泊松比、密度,以及各种模量外,还要结合区域地质地貌、前期地质勘察资料、野外地质踏勘和隧道已开挖段地质情况进行综合分析。在数据解释中,对于经数据处理后直接提交的预报成果,解释时应遵循以下原则:

1)正反射振幅表明岩层变硬,负反射振幅表明岩层变软;负反射与正反射的组合表明该位置有断裂(断层)。

2)若 S 波(横波)反射较 P 波(纵波)强,则表明岩层饱含水。

3)V_P/V_S(纵横波速比)增加、δ(泊松比)突然增大,常常由于流体的存在而引起。

4)若 V_P 下降,则表明裂隙或孔隙度增加。

①固结的岩石 $V_P/V_S<2.0$,泊松比 $\delta<0.33$。

②当岩石的孔隙充满水时,V_P/V_S 从 1.4→2.0。

③当岩石的孔隙充满气时,V_P/V_S 从 1.3→1.7。

④水饱和的未固结地层 $V_P/V_S>2.0$。

当岩石中含流体时,V_P 与孔隙度 φ 和孔隙中流体的性质有关,V_P 会明显降低;V_S 只与骨架速度有关而与孔隙中流体无关,V_S 不发生明显变化。

4.5.2　地质雷达超前地质预报

1. 地质雷达超前地质预报概述

地质雷达适用于对断层及其影响带、溶洞、裂隙发育带、软弱夹层,以及地下水的预测预报。其具有适用范围广、操作简单、现场测试环境要求低、预报距离短但准确度高、提交结果及时,以及预报成本低,对施工干扰小等特点。

地质雷达是利用发射天线将高频电磁波以宽频带短脉冲的形式传入围岩,电磁波在遇到地质反射面时被反射回来,再被接收天线接收。通过测得反射波的双程走时,计算不良地质距离掌子面的距离,通过分析反射波的振幅、波形、波速、频率等来判断不良地质的性质。图 4-4-21 是地质雷达探测原理图。

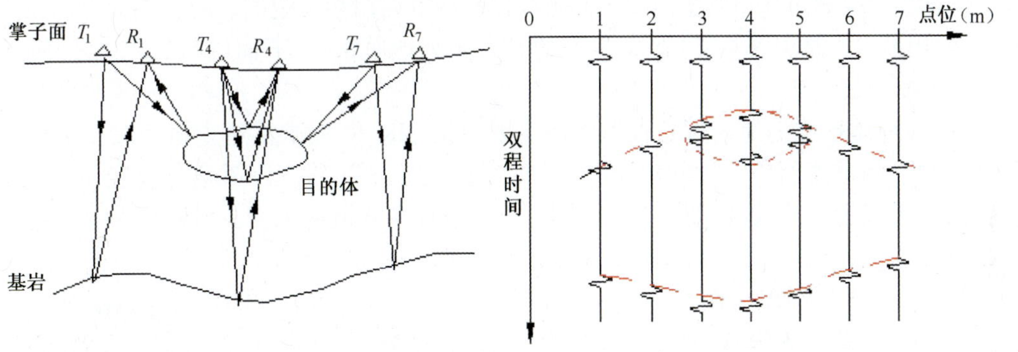

电磁波遇到地下物体后的反射示意图　　探地雷达纪录的回波曲线

图 4-4-21　地质雷达探测原理图

根据地质雷达探测原理图求得电磁波在围岩中的旅行时间为:

$$t=\sqrt{4Z^2+X^2}/V \tag{4-4-1}$$

式中　Z——探测目标体距掌子面的距离;

X——发射、接收天线间的距离;

V——电磁波在介质中的传播速度。

当 $X\ll 2Z$ 时,式(4-4-1)即为:

$$t=2Z/V \tag{4-4-2}$$

电磁波在介质中传播与弹性波一样遵循波动方程,电磁波速度 V 与相位系数 α 的关系为:$V=\omega/\alpha$。

当 $\frac{\sigma}{\omega\varepsilon}\ll 1$、$\mu=1$ 时:

$$V=c/\sqrt{\varepsilon_r} \tag{4-4-3}$$

式中　c——电磁波在真空中的传播速度;

ε_r——介质的相对介电常数;

α——相位系数；

ω——电磁波角频率；

μ——介质磁导率；

ε——介质介电常数；

σ——介质电导率。

由式(4-4-2)和式(4-4-3)可求得反射面距掌子面距离 Z 的表达式为：

$$Z=\frac{tc}{2\sqrt{\varepsilon_r}} \tag{4-4-4}$$

式中 t——反射电磁波的双程走时。

地质雷达天线发射的电磁波，一部分被介质吸收，一部分发生反射，一部分发生透射。反射波遵循反射定律，反射波的能量大小由反射系数决定，对非磁性介质，当电磁波垂直入射时，反射系数 R 的表达式为：

$$R=(\sqrt{\varepsilon_1}-\sqrt{\varepsilon_2})/(\sqrt{\varepsilon_1}+\sqrt{\varepsilon_2}) \tag{4-4-5}$$

式中 ε_1,ε_2——表示反射界面两侧介质的相对介电常数。

由式(4-4-5)可知，ε_1,ε_2 相差越大，即反射界面两侧介质相对介电常数差异越大，反射系数越大，接收天线接收到的信息越丰富，地质异常在图像上表现得越明显，越利于结果的分析解释。水、岩溶、破碎带等异常的相对介电常数与完整围岩的相对介电常数存在较大差异，这是地质雷达用于隧道超前地质预报的物理基础。

在隧道超前地质预报中，地质雷达天线发射电磁波的频率越高，电磁波衰减越快，探测距离越短，但分辨率越高；电磁波频率越低，电磁波衰减越慢，探测距离越长，但分辨率越低。实际应用中，常选用 100 MHz 雷达天线，这主要是综合探测深度和隧道内掌子面可操作性两方面因素决定的。

目前国内使用最多的是美国 GSSI 公司生产的 SIR 系列地质雷达，下面以 SIR-20 型地质雷达(图 4-4-22)为例介绍其主要参数。

用于隧道超前地质预报的地质雷达仪器设备主要包括 SIR-20 地质雷达主机、100 MHz 天线(根据天线探测深度和天线、隧道断面净空尺寸确定)和数据处理软件三部分。该雷达具有轻便、操作简单、预报精度高等特点，其天线为屏蔽天线，受外界干扰小，非常适合在隧道内工作。SIR-20 地质雷达主要技术指标如下：

增益范围：－20～＋100 dB 可调；

垂直滤波：时间域滤波、无限脉冲响应(IIR)、有限脉冲响应(FIR)、矩形和三角形高低通滤波器；

叠加：2～32 768 个扫描；

背景消除：2～32 768 个扫描；

通道数：4 个；

天线：适配所有的 GSSI 天线；

记录长度：0～8 000 ns 可选；

输出数据格式：8 位或 16 位可选；

扫描样点数：256,512,1 024 和 2 048 可选；

扫描速率：2～800 扫描/s 可选；

时基精度：0.02%；

工作温度：－10 ℃～40 ℃；

工作相对湿度：＜95%。

图 4-4-22 SIR-20 型地质雷达示意图

2. 地质雷达超前地质预报流程图

地质雷达超前地质预报流程如图 4-4-23 所示。

3. 地质预报前的准备工作

(1)资料收集。检测前应将隧道工程概况、隧道地质纵断面图、隧道地质平面布置图、掌子面里程桩号等资料和数据收集齐，以备数据处理和解释时用。

(2)测试台架准备、测试环境清理。采取全断面开挖的隧道，由于断面净空大，用地质雷达开展地质预报工作一般无法对掌子面上部的测线进行测试，因此在数据采集前需准备工作台架。通常可采用隧道开挖时掌子面附近的工作台架。在测试前，还需将掌子面、顶部上松动的石块，掌子面前方的乱石、障碍物清除掉，以免影响测试效果，发生安全事故。

(3)测线布置。检测前应根据工作现场和掌子面围岩情况确定测线的布置位置和数量，测线号与布置位置应通过平面图在记录本上记录下来。在条件允许的情况下，测线应尽可能均匀分布在整个掌子面，一般布置3～5条测线，重点部位或怀疑有异常部位可加密测线，如在灰岩岩溶发育段有异常的部位。图4-4-24是测线布置示意图。

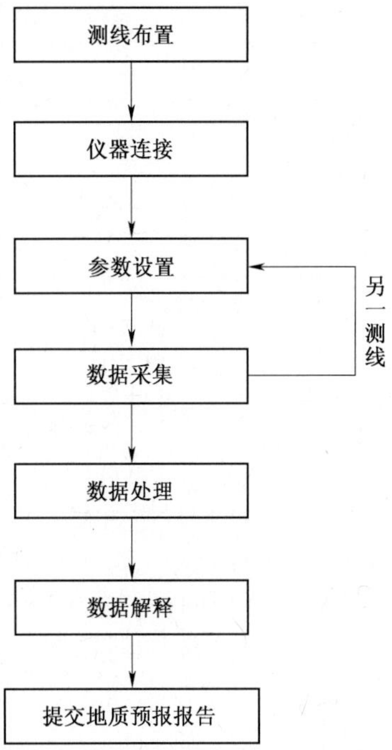

图4-4-23　地质雷达超前地质预报流程图

4. 现场数据采集

(1)参数设置。数据采集前通常要对时间窗、采样速率、增益大小等参数进行设置。设置前，将主机与天线通过电缆线连接起来，打开主机，进入数据采集状态，将天线贴在掌子面较平整的面上固定不动，然后开始采集参数的设置。

时间窗的大小取决于期望探测的深度和天线能探测的深度，一般可适当取大些，目的是为获取更多的信息，也可采用现场试验，通过观测地质雷达图像来确定。采样速率是单位时间内雷达电磁波扫描的次数，该值过大过小都不利于对地质异常的判断，测试现场一般根据天线移动的速度来确定。增益大小应根据反射信号的强弱来调节，一般可先通过自动功能，由系统自动调节，然后用手动调节功能对个别值进行调节，调节的原则是突出异常反射层，压制干扰。

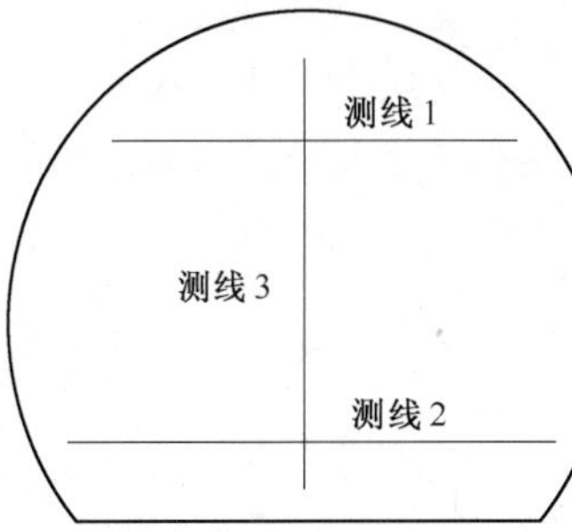

图4-4-24　测线布置示意图

(2)数据采集。数据采集包括点测和连续测量两种，在测试面不大和掌子面明显凹凸不平的条件下采用点测，点测间距20～40 cm，一般情况下都采取连续测量的方法进行测量。连续测量时，雷达天线由两名工作人员抬起，贴在掌子面围岩上，从每条测线的起始位置开始，缓慢移动到测线的末端，移动时雷达天线始终贴在围岩上，从而保证采集数据的质量。在测量掌子面纵向测线时，可将天线两端系上绳子，工作人员站在工作台架上将绳子拉住。测试时，将天线贴在掌子面上，同时下放两端绳子，天线在重力作用下下移，下移过程中，可派一名工作人员在工作台架下用一根棍子将天线往掌子面方向压住，目的是使天线在下移过程中与掌子面始终相贴。每条测线测完后，需将数据保存的文件号与对应的测线号记录下来，以备数据解释用。

5. 数据处理及解释

(1)数据处理步骤。先将采集的数据传输到计算机上，以便资料的处理与解释。地质雷达资料处理的目的是压制干扰、增强有用信号、提高信噪比、突出异常反射。处理前，应回放测试原始数据记录，一般要求原始数据记录完整、信号清晰。在资料处理过程中，可根据原始资料的波形特征和需要达到的目的选用不同的处理方法。

一般情况下，地质雷达原始数据应做下面几步处理：

1)零点校正，在地质雷达图像中确定掌子面表面的位置。

2)颜色选取，以获得便于对反射层识别的图像。

3)输入介电常数或电磁波波速，表4-4-3是常见介质的相对介电常数与电磁波在介质中的传播速度。

4)距离归一化，将相同距离的雷达扫描因采集速度不同而造成的扫描不均一处理成均一相等。

5)水平、垂直滤波，消除表面波和多次波。

6)增益调整，压制干扰，提高信噪比。

7)时深转换，将时间剖面转换为深度剖面。

根据需要，有时还需做其他处理，如频谱分析、希尔伯特变换、背景滤波等。

表 4-4-3 常见介质的相对介电常数与电磁波在介质中的传播速度

介　质	相对介电常数 ε_r	速度(m/ns)
水	81	0.033
空气	1	0.3
花岗岩	4	0.15
石灰岩	7	0.11
大理岩	6	0.11
灰岩	7	0.11
湿黏土	8～12	0.06～0.11

(2)数据解释原则。数据解释包括对断层、破碎带、岩溶、地下水等异常的判断，地质雷达地质预报数据解释应遵循以下原则：

1)数据解释前要求对测区内的围岩类别、岩体性质有充分认识，解释时要结合区域地质地貌、前期地质勘察资料、野外地质踏勘和隧道已开挖段地质情况进行综合分析。

2)在做出结果判断时，应根据现场记录，区分有效异常与干扰异常，排除环境影响和假异常。

3)对不同地质异常雷达反射波的波形特征、电磁波各种参数的变化规律熟练掌握。

①断层、破碎带地质雷达图像特征：反射波同相轴错断、高频成分衰减厉害、振幅增大(图 4-4-25)。

②溶洞地质雷达图像特征：空溶洞会出现强振幅、多次反射，小溶洞还会出现双曲线图像；充填溶洞内部反射波图像与破碎带相似，但界面反射一般较破碎带强(图 4-4-26)。

③地下水地质雷达图像特征：反射波表现为强反射、相位反相(图 4-4-27)。

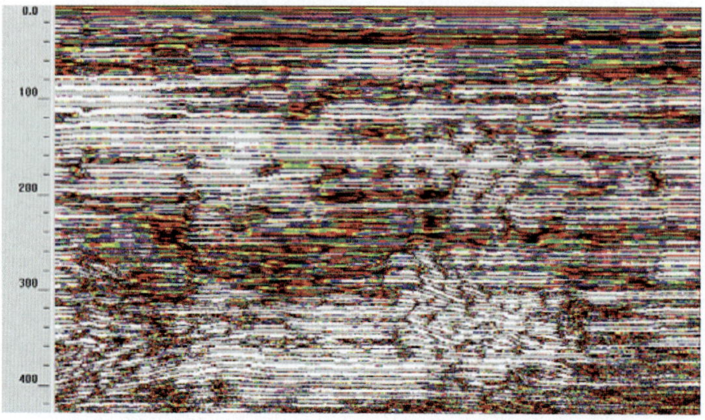

图 4-4-25 断层、破碎带地质雷达图像

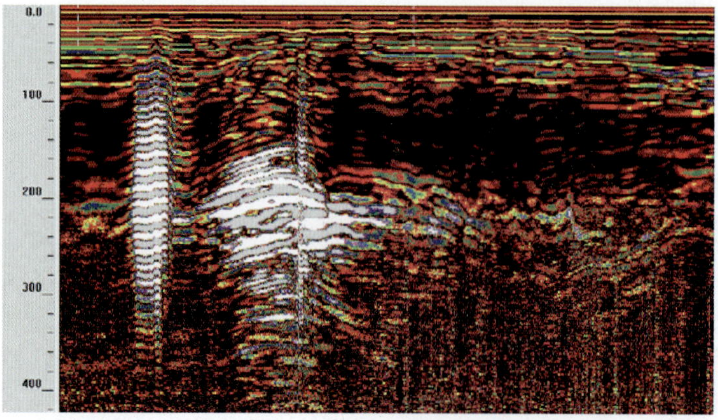

图 4-4-26 溶洞地质雷达图像

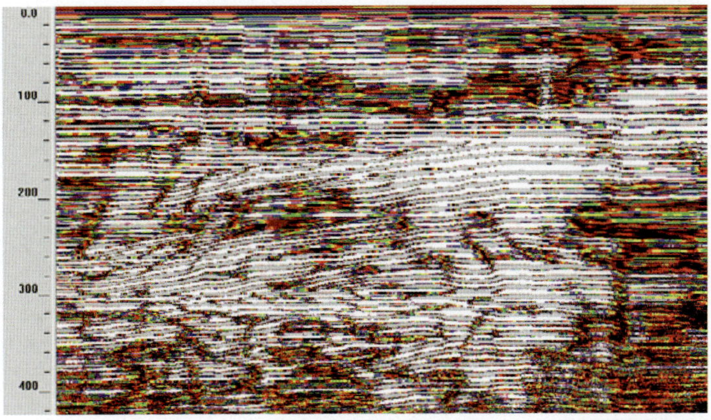

图 4-4-27　地下水地质雷达图像

4.5.3　电法预报技术

1. 电法预报技术简介

(1)电法预报技术的引入。岩溶地质条件下隧道的涌水预测十分复杂和困难,为保证安全,需要比较准确地预知工作面前方地质岩体的状态,对可能发生的地质灾害采取相应的对策。德国 GEOHYDRULIK DATA 公司研发的隧道钻孔电法超前预报方法(简称 BEAM)与隧道开挖中采用的钻孔雷达、表面雷达和 TSP203 超前预报系统等相互补充、印证,可以取得更好的预报效果。

(2)电法预报原理。BEAM(Bore-Tunneling electrical Ahead monitoring)测试技术的原理是通过对岩层电阻率采用电法(激发极化法)进行测试,探知岩体质量、空洞和水体。地下岩体、矿石在人工电场作用下发生着复杂的电化学过程,并形成一个随时间增长的极化电场,它叠加在人工电场以及由于电性差异而产生的异常电场之上。习惯上把人工电场以及因电性差异而产生的电场称为一次场,而把极化电场称为二次场,它们的叠加称为总场。总场经数分钟后趋于饱和。如果切断电源,一次场随即消失,但二次场仍然存在,并逐渐衰减,几十秒至几分钟后衰减至零。激发极化法就是通过研究激发极化电场的分布以达到找矿、找水或解决其他地质问题的一种物探方法。早期激发极化法应用主要以直流激电法为主,但是由于直流激电法的装备比较笨重,且断电后的二次场易受外界电磁干扰,激电法后来的发展以交流激发极化法为主,德国 GD 公司开发研制的 BEAM 测试系统就是一种以交流激发极化法为探测手段的全新技术,如图 4-4-28 所示。

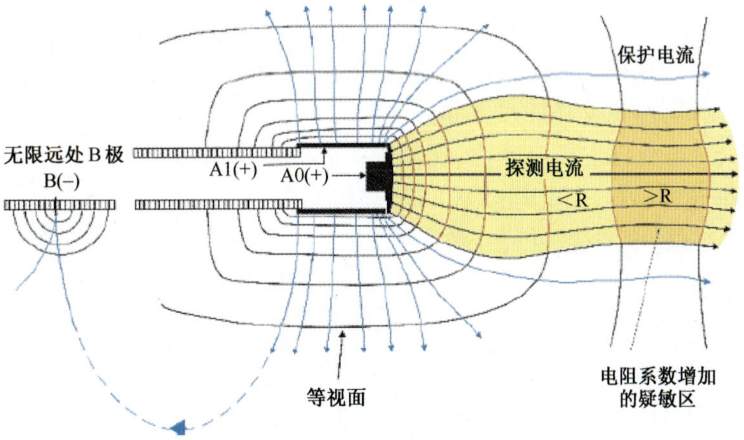

图 4-4-28　BEAM 工作原理示意图

(3)工艺特点。BEAM 充分利用了同性相斥的特点,通过外围的环状电极发射一个屏障电流和在内部发射一个测量电流以便电流聚焦进入要探测的岩体中,通过计算视电阻率和一个与岩体中孔隙度有关的电能储存能力的参数 PFE(Percentaage freauency effect)的变化来预报前方岩体的完整性和含水性。

(4)适用范围。BEAM 系统设计是与 TBM 施工机械联用,应用于钻爆法施工存在电极安装时间较长的问题,因此,在采取钻爆法施工的条件下,该方法的应用存在很大的局限性。

2. 电法预报工艺流程

电法预报主要分 4 个步骤:根据工区的工程地质条件及水文地质条件建一个该工区的视电阻率、PFE 值与该工区的岩体质量、含水情况的关系图,简称建模;现场数据采集;资料室内分析;科学的预报结论。流程图如图 4-4-29 所示。

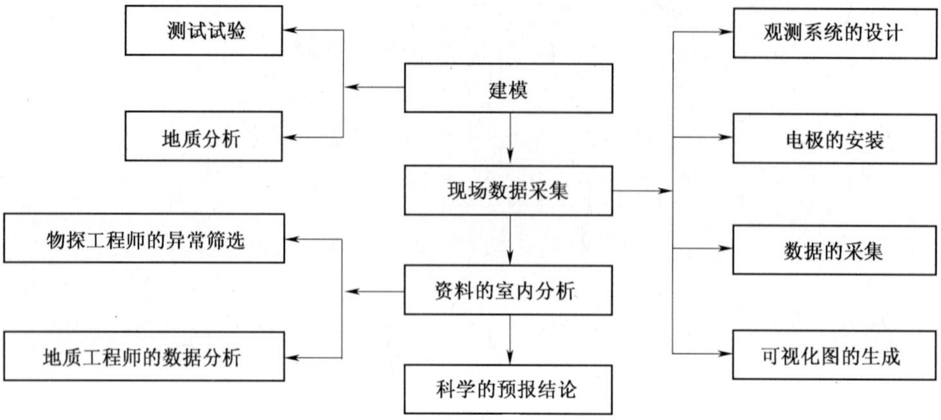

图 4-4-29　电法测试工艺流程图

3. 电法预报

(1)电极设计与安装。电极的设计与安装是电法预报中最重要的步骤,设计与安装的好坏直接关系到野外采集数据的质量,主要是 A_1、A_0 极的安装与设计。

1)供电电极 A_1 的设计与安装。A_1 极的安装有两种:在掌子面后方约 5 m 处;在掌子面四周。

以上布置要尽可能布满隧道掌子面周边,而且电极连接呈一圆形结构,将电极等间距布设,连续相连,并通过四芯连接电缆与转换插板连接,电极个数不少于 9 支。

2)测量电极 A_0 的设计与安装。A_0 电极嵌入 A_1 中,通过特定的夹子与三芯或者是四芯连接电缆中的一根连接线(柔软的铜线,铜芯为 0.75~1.5 mm^2)与转换插板相连。

3)负极 B 的设计与安装。B 极作为无穷远极,一端与主机连接,另一端必须与距掌子面最短距离不小于 300 m、最大距离不超过 1 000 m 的导电性较好的岩块相连(通常连接到锚杆上),同时必须保证在与岩块相连的附近没有任何有关电的装置,为防止损坏,在距掌子面最近的电线必须每次都收好。

(2)BEAM 测试系统组成。BEAM 系统由主体部分和辅助部分组成。

1)主体部分:由主机、连接电缆、转换插板、连接线及键盘组成。

主机:为系统的控制部分,主要功能是发布系统命令,进行数据采集、处理与解释;

转换插板:通过 USB 连线与主机连接,实现对测量电极 A_0、供电电极 A_1 的控制;

连接电缆:连接测量电极 A_0、供电电极 A_1,通过转换插板与主机相连;

连接线:包括 USB 连线、电源线、并行线等。

2)辅助部分:由供电电极 A_1、供电电极 A_1 及电极连接线组成。

供电电极 A_1:由 7~9 颗独立的楔形铜棒组成,实施对掌子面供电;

测量电极 A_0:由 6 颗柱形铜棒组成,实施数据的采集;

电极连接线:按一定的方式连接电极,组成观测系统。

(3)现场测试。

1)定位造孔。在钻爆法施工的条件下,BEAM 的 A_1、A_0 的电极安装孔可以直接选用炮孔,在掌子面的四周或离掌子面后方 5 m 处布置不少于 9 孔作为 A_1 孔,等间距布置在掌子面外沿。测量电极 A_0 极也按环形布置,共 6 个孔,半径小于供电环 1 m 左右(A_1、A_0 布在同一个掌子面时如图 4-4-30 所示)。

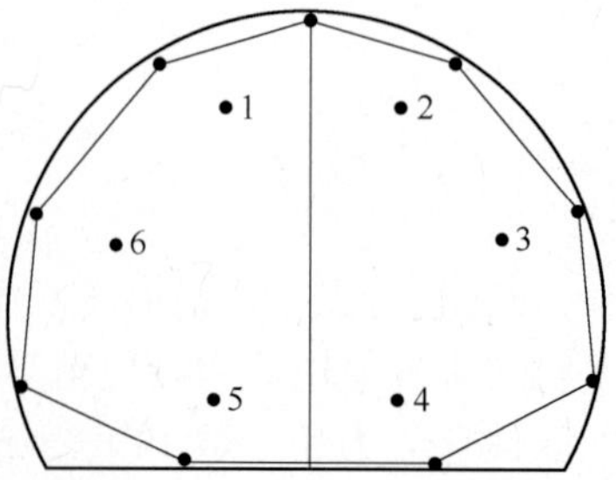

图 4-4-30　A_1 及 A_0 布置图

2)系统连接。

①把 USB 集线器与主机的 USB 接口连接。

②把转换插板上的 A_0 接口与主机面板上的 A_0 连接。

③把转换插板上的 A_1 接口与主机上的 A_1 接口相连。

④无穷远 B_0 极与主机上的 B 接口连接。

⑤依照转换插板上的编号，准确无误地将转换插板与两连接电缆上的电缆线编号连接。

⑥接通 12 V 直流电源，开机。

3)注水耦合。在每次电极安装完成后，需在电极孔内加少量盐水，防止在测量过程中因为电极与岩石耦合不好而导致测量中断。

4)测试。

①测试调试。

蓝屏：一旦当视窗导入系统出错，蓝屏上将显示“STOPERROR”，请关掉主机重新试。或从主机上拔掉 USB 集线器，关掉主机重新启动，启动系统后再把 USB 集线器与主机相连。

用户终止：当启动 BEAM 操作程序之后可能会出现提示信息：请关闭程序并且关掉 Windows 系统，然后关掉 BEAM 主机的黑色电源开关并且拔掉所有的电源线，等过 30 s 之后重新启动系统。如果这样的错误再发生，请立即与 GEOHYDRAULIK DATA 公司联系。

②供电与断电。当所有的电极都安装完成后，进入采集状态，系统将自动发射两种不同频率的电流。当采集完成后，关闭主机连接面板后面的电流控制开关，实现对系统的断电。

③数据采集。点击 STEP2 的开始按钮开始 BEAM 测量。

BEAM 测量将自动进行，如果在测量时点击取消按扭，这次测的数据将不被保存。同时也不能进行可视化。

④有效数据筛选与保存。在采集过程中，如果所有的电极都安装正常，系统将自动进行采集并计算岩体的视电阻率和 PFE 值保存。如果在采集过程中，系统发现两个或两个以上电极不能够正常通电时，系统将发出警报，要求重新安装电极，同时将停止数据的采集，先前所采集的数据也将不会保存。

5)数据的室内分析。

①现场数据成图。当测量完成之后，点击 STEP3 的开始按钮，BEAM 自动可视化程序。可视化成果将自动生成。

②筛选异常区域。当电阻率、PFE 值曲线在某一段同时下降，存在富水的可能；当电阻率、PFE 条曲线中，PFE 下降速度快，电阻率变化趋势不大时，存在裂隙发育，富水可能小；当电阻率较低，而且保持曲线在某段均无多大变化，电阻率变化也不大时，存在较大富水；当电阻率、PFE 曲线分别变大和变小(即呈两个方向变化时)，在某一点存在气体或孔隙；当在某个位置 PFE 值很高、电阻率很低时，可能存在充填软塑物质的溶洞或夹泥之类。

③分析参数调整。BEAM 系统是德国工程师提出的 BEAM 理论与方法以及他们的实践工作总结基础上，形成一套较成熟的测量系统，这个测量系统是完全固化的，使用者只能完全按德国工程师设计的思路进行工作，无法对系统参数进行调整。

4. 预报辅助工作

(1)预报前的准备工作。

1)无穷远 B 极的检查。首先对 B 极进行检查。如果 B 极被损坏，经常都要花较多的精力和时间去修理，因此在安装掌子面电极前检查 B 极电缆可以节约时间。

检查时 B 极和主机连接起来，同时用一根连接线的一端与主机上的 A_0 端连接，另一端接地。在“Quality check STAR”的右侧有一个 BEAM 远程发射按钮。按这个按钮开始远程发射，接着选择 20 V 电压按钮并且改变放大倍数 Gain，以使在白色图表窗口中的红色线位于中间或中间偏下部分。如果这个数值为 9 999(出错)，放大倍数必须减小。

A_0 中的电流显示将超过 1 000 μA。如果接地一端断开，A_0 中的电流将会明显下降，如果重新接上这个数值能回到原来的值，在这种情下说明 B 电缆是正常的。

如果认为 B 电缆已经断开，重新选择 20 V 电压，同时调节放大倍数，到最大值(8 000)重新检查 A_0 的电流。如果这值低于 1 000，说明 B 电缆已经断开，这需要立即修理或连接。

远程发射测试之后，把 A_0 电缆从 A_0 输出的地方移开，再点击远程发射按钮可以关掉远程发射程序。

2)连接检查。当 A_0 和 A_1 连接完成后，可以进行测量过程中的第一步：连线检查。

点击开始(START)按钮开始自动进行质量检查，这个过程将需要几分钟的时间，请离开主机并且在测试过程中不要接触安装好的电缆。结果将在提示栏中显示，红灯和绿灯表明电极的状态：

状态 1：所有 6 个灯都是红色的，表明 B 极连接或者 A_1 极连接没有通电。请检查连接是否接触良好和连线是否被损坏。

状态 2：个别电极的指示灯是红色的，其他是绿色的，检查相应的电极是否连接良好。在问题不能被解决的情况下，最多只有一个灯是红色时测量可以进行，如果超过一个以上将不能进行测量。必须检查设备，电缆和连接是否被损坏而且必须修理好后才可以测量。

状态 3：所有电极的指示灯都是绿色的，表明 6 个电极连接正常，测量可以进行。

(2)测试供电。现场供电采用 220 V 交流照明电 BEAM 系统将对 220 V 电压转换为两个不同频率的电流实现对 PFE 值的计算。测试时，BEAM 系统将自动发射一个一定频率的屏蔽电流和两个不同频率的测量电流。

5. 电法实施技术要点

(1)电极位置控制要点。在掌子面四周或掌子面后方 5 m 处等间距环型布置一圈钻孔作为 A_1 极，在掌子面上等间距环形布置 6 个孔作为 A_0 极，半径小于 A_1 环 1 m 左右(A_0、A_1 布在同一个掌子面)。

(2)数据现场采集质量控制要点。现场采集数据时，为了保证采集的有效性，需注意以下几点：

1)数据采集时所有电缆线圈必须完全铺开，不能有电线绕在一起，这样做主要是为了防止感应电流影响数据。

2)A_0 和 A_1 布设必须安装在掌子面干燥的的位置，当 A_0 和 A_1 与导电性较好的水连接时可能引起数据出错。

(3)数据室内分析质量控制要点。

1)根据视电阻率、PFE 值与岩石质量、含水情况的关系图与不同断面的视电阻率等值线，判断其异常的大致位置。

2)对异常区域进行重点分析和处理。

(4)数据综合分析质量控制要点。

1)根据测试和分析情况，提出明确的预报结果。

2)地质工程师从区域工程地质、掌子面揭露情况分析 BEAM 结果的科学性，并有针对性地提出看法和质疑。

3)水文工程师分析该结论中对水的预报情况。

4)物探工程师综合分析其他物探手段的预报结果，找出各自预报结果之间的异同，并进行综合分析，找出预报结果的合理性。

5)电法预报工程师结合上述意见对电法预报结论进行必要的补充和修正，使结论更合理。

4.5.4　陆地声纳预报技术

1. 陆地声纳预报技术简介

(1)陆地声纳预报技术的引入。作为物探法中的陆地声纳法以及测试仪器(图 4-4-31)都是我国自行研发具有自主知识产权的技术，它除了探测断层破碎带外，特别强调了探查溶洞的效能。自 1991 年投入现场试验，经过十余年的运用及不断改进，现已广泛运用到各施工行业的工程地质预报中。

图 4-4-31　陆地声纳

(2)陆地声纳预报原理。陆地声纳法是陆上极小偏移距高频弹性波反射连续剖面法的简称，可在狭小的场地和基岩裸露的条件下，探查岩溶等有限物体。也称为高密度地震反射或地震映像法。

陆地声纳法是用锤击方式激发弹性波向前方传播，当遇到断层、大节理、岩层分界面、岩脉、涌水层、溶洞等产生反射，在激振点旁设检波器接收被测物体的反射波，通过接收仪器将单个测点的时间曲线接成时间图像，根据图像判断地质情况（图 4-4-32）。

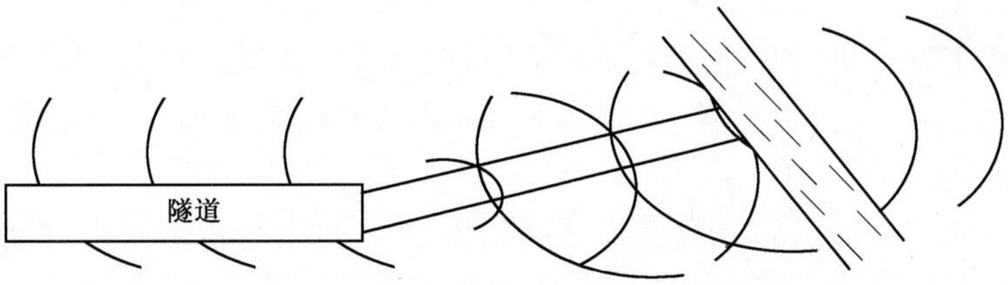

图 4-4-32　陆地声纳在掌子面上作超前地质预报示意图

（3）工艺特点。预报直观，对结构性不良地质预报准确，操作简单，预报时间短，与地质分析和其他物探预报手段综合分析效果更佳。

（4）适用范围。适用于结构性不良地质发育隧道的地质预报，对不良地质中水的预报不太适用。

2. 陆地声纳预报工艺流程

陆地声纳预报工艺流程如图 4-4-33 所示。

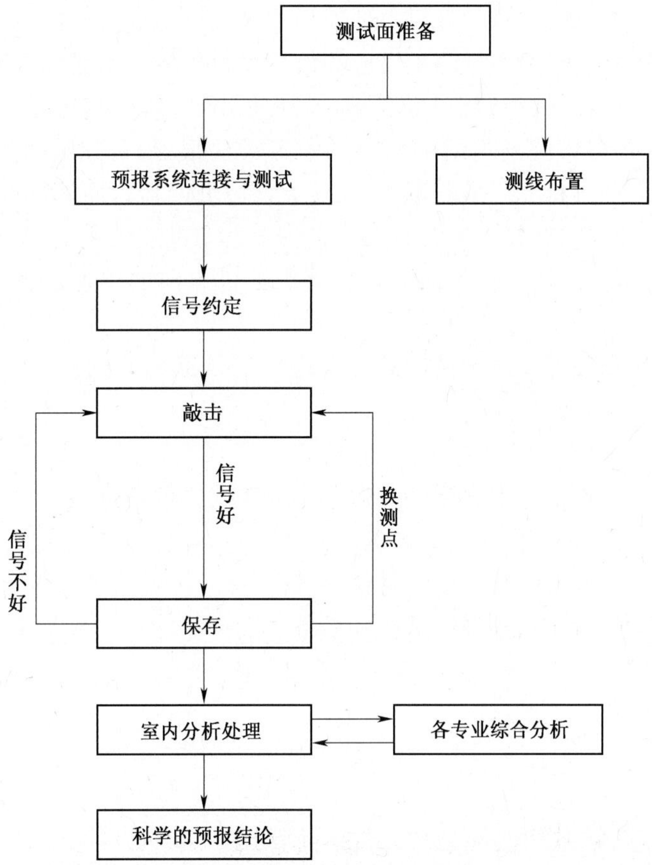

图 4-4-33　陆地声纳工艺流程图

3. 陆地声纳预报

（1）作业面。预报面一般选择在比较完整、无水的地方，并与前一次预报有 20～30 m 的重叠。

（2）测试作业面处理。测试前，需对测试作业面进行清理。把松渣、虚渣、悬石、松动的石块等清理掉。局部有水的地方做一定的引排。

（3）测点布置。

1）水平测线布置。在作业人员操作方便的 1.2～1.5 m 高处，布置一条由各测点组成的水平测线。用钢尺准确量出各点的具体位置，并以颜色鲜明的油漆标志清楚，测点布置间距 25 cm。

2）竖直测线布置。为了对前方不良地质体的空间定位，在布置了一条水平测线的同时须布置一条竖直测线。竖直测线布置在中心位置并与水平测线垂直相交,一般上下对称布置即可获得较好的信息。用钢尺准确量出各点的具体位置,并以颜色鲜明的油漆标志清楚,测点布置间距 25 cm。

(4)现场数据采集。

1)测试数据采集系统试采集。陆地声纳仪连接完成后,进行测试。按照正常的数据采集程序在某个位置敲击,看仪器接收到的信号是否正常,并现场采集几组数据,正常编号存储,形成试验数据。一切采集存储正常后,方可准备正常采集。

2)数据采集。准备就绪后,开始采集数据。在掌子面上通过手持铁锤敲击直接耦合于岩面的铁棒来产生振源,通过布置在两侧并与岩面耦合的检波器接收反射回来的信息,信号通过数据线路传输直接输入电脑完成采集。

3)有效数据筛选。通过电脑内部的处理程序,将采集到的反应信息通过数据和彩色图像的形式反映到电脑的显示器上,工程师通过图像进行判断分析本次数据的有效性,从而保存较为完整的信息以便室内分析。在测试过程中,通常对每个测点敲击 2～3 次,从中筛选效果最好的数据。

4)数据保存。采集效果最好的数据进行保存。保存时可以用设置文件名和道数来区分不同位置采集的数据,然后通过保存键来完成数据保存操作。

(5)数据的室内分析。

1)数据成图。数据采集完后,通过计算机内部处理程序即可生成直观的图像。

2)筛选异常区域。图像生成后,通过图中反应的信息大致可以看出在什么地方有比较异常的反应。

3)增益调整。由于检波器接收到的信号随距离增加而减弱,在距离越远的地方信号越弱,所以要调整增益来放大各种需要的信号。陆地声纳的增益调整针对性很强,可以通过线形的调整增益来补偿信号,还可以直接针对某个区域进行专门增益调整,以还原该区域的信息而进行特殊的分析。

4)判断异常区域大小和空间布置。异常在图中的左右位置即为实际地质体的所在。根据测线布置的位置和距离关系可以直接判断所处的左右具体位置。前进方向的位置是通过时标和波速之间的关系进行计算得出的。

一般来说,异常的平面位置可以通过精确的计算进行比较准确的判断,但是在空间上的具体分布还是得不到较为准确的反映。

4. 预报辅助工作

(1)预报前的准备工作。预报前需对测试面附近一定区域进行安全检查,同时退出机械设备,把照明等设施准备好,使预报区域有个安全、明亮的环境。

(2)预报系统测试。一切准备好后,进行预报系统的测试。通过测试对供电线路、检波器、数据线路、采集电脑等进行综合的检查,为正式预报测试作好准备。

4.6 超前水平钻探预报技术

4.6.1 超前水平钻探的目的和作用

为确保隧道开挖施工安全,在开挖至地质异常体前(约 10～20 m),施作 20～50 m 的超前水平钻孔,以查明地质异常体是否真正存在,其确切位置、破碎程度以及是否有瓦斯和涌水,以指导制定相关施工技术措施。

在隧道内利用钻机进行水平钻进(图 4-4-34),根据钻进速度的变化,岩芯鉴定,钻孔冲洗液颜色、气味,岩粉及遇到的其他情况和钻孔资料来推断隧道前方的地质情况。此法可以直观反映岩体的情况,施工人员可根据实际地质情况进行下步施工组织。

超前水平钻孔预报直观、准确,操作简单,与物探等其他探测手段综合进行地质分析预报效果最佳。适用于复杂地质条件隧道不良地质探测,特别是在富水洞段对水的探测。探测深度为 20～50 m。

4.6.2 施工工艺

施工工艺流程如图 4-4-35 所示。

图 4-4-34　RPD180 水平钻机

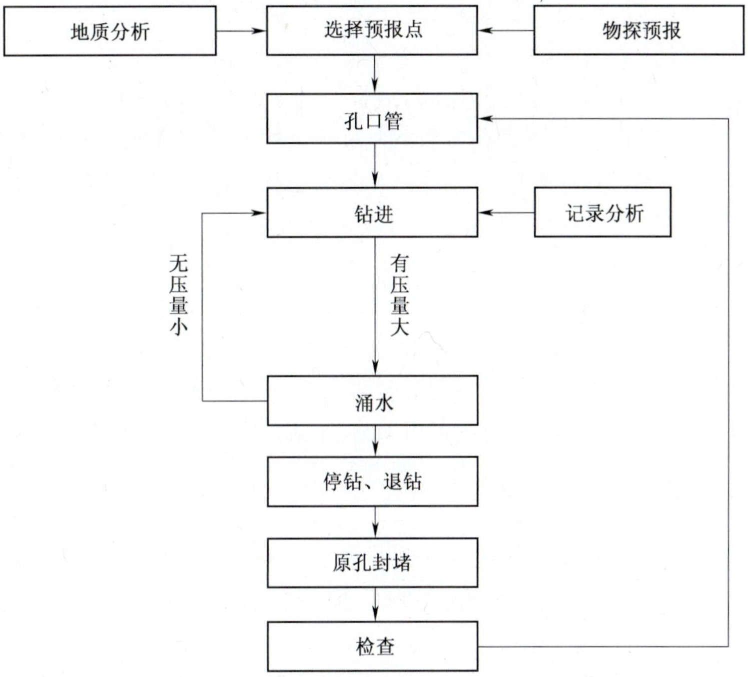

图 4-4-35　超前水平钻探施工工艺流程图

4.6.3　超前水平钻探预报

1. 实施的前提

利用综合地质分析技术，对断层影响带等大的地质构造到掌子面特定的地层岩性、构造和节理裂隙发育情况、地下水状态、围岩稳定性等具体地质现象进行预报和判断，然后在此基础上进行 50 m 以上的远距离物理探测，进一步对前方地质情况进行确认。通过上述地质分析和物探手段预报，可以比较准确地定性预报出前方一定范围的不良地质情况。当判断出前方有对工程影响严重的不良地质现象，即可采用水平地质钻探进行直观的探测预报。

2. 钻探方案

(1)探孔数量。钻孔数量根据实际的工程地质确定，原则上布置 1～9 个不等。对一般富水洞段可以布置 1～3 个探孔，对高压强富水洞段需要在掌子面前方成放射状布置 6～9 个探孔。

(2)探孔深度。钻孔深度取决于储水构造的走向。当储水构造垂直于洞线时，各个孔深几乎相同；当以小角度斜交时，孔深需根据其几何关系确定，不同部位的探孔深度不同。

(3)钻孔方案设计。根据地质分析和物探方法对前方工程地质的初步判断，并结合掌子面揭露的实际情况，有针对性地设计几个探孔。对每个孔的具体位置、孔向、深度进行专门的设计。

施工过程中，对地下水的探测遵循探一个孔分析一个孔，处理一个孔的原则，杜绝几个设计孔同时钻探或者待全部孔钻完后再处理的做法。

3. 钻探施工

(1)孔口处理。当确认前方可能有水时,在开钻前需要安装孔口管。安装孔口管主要有两个重要作用,一是当出现涌水时可以在安全退钻后对水进行可控排放;另一方面可以利用孔口管进行原孔注浆。一般富水洞段孔口管采用钻孔注浆预埋方式;对可能揭露高压水的洞段还需利用锚杆固定孔口管,确保稳固,孔口管的埋设方位要根据设计的孔向进行。孔口管安装后要安装压力表,同时留出减压阀。

(2)施工准备及钻机固定。孔口管安装好后,可以进行钻孔前准备。钻孔前主要准备好照明、动力、钻机平台及钻机安装等。钻机安装牢固,要根据预计出水压力与钻头大小计算出水压力给钻机的推力,然后根据最大推力的2～3倍系数进行钻机的加固,确保高压水揭露后不会推翻钻机。

参与钻进、记录的相关人员、物探工程师、地质工程师到场,各种记录表格准备齐全,测量仪器(如秒表、容器等)准备齐全。

(3)钻进。准备工作就绪后,可以开始钻进。

(4)现场跟踪及地质判断。

1)钻进速度控制与记录。在孔口管内开口时,放慢钻进速度,严格按照设计的角度从孔中心钻进,避免钻进过快孔位偏离损伤孔口管。待钻过孔口管,钻头不会冲击孔口管后,适当加快钻进速度,保持中速钻进。钻进过程中,每10 min记录一次钻进速度,要及时记录钻进过程中突发的过快过慢。

2)钻进压力控制与记录。钻进速度和钻进压力成正比关系,钻进压力保持稳定来控制钻进速度。同时,比较稳定的压力也是进行地质判断的基准。

随时注意钻进压力的变化,一般情况下每10 min记录一次钻进压力,对突发的压力增大或突然的卸压情况必须及时记录,并记录好相应的钻杆数量,以此推算发生压力突变的孔深位置。

3)孔内流出物判断。孔内流出物主要是循环水和水携带的其他物质,比如石屑、石粉、揭露出的水等。根据不同岩石粉化后的性状和颜色,大致可以判断出钻进位置岩石的岩性,同时可以通过孔内返水和循环进水水量之间的关系判断孔内是否有水揭露出来,当有压力水射出时就明显表示揭露出了高压水。

4)水量估算与测量。当水被揭露出来后,需对出水量进行测量。测量可以通过容积法方式测量,当容积法测量有困难时,可以采用目测估计的方式进行,但估算人需要有一定的经验,否则误差较大,影响判断精度。

5)适时停钻与退钻。一旦发现孔内出水,应该立即停止钻进,观察判断出水情况。

对水量的判断:停钻后,通过各种方法对出水量进行判断,当水量不大于30 L/s并没有增大的迹象时,不必退钻。

对水压的判断:通过射水距离、手触等方式对水压力进行估计。一般情况下,如果触手可摸或水平孔出水口和水落地点连线角度小于45°时,则压力不会大于0.8～1 MPa。当水量小于30 L/s,压力小于1 MPa,且通过观察发现水量没有增大迹象时,可以谨慎钻进。但重新起钻后,只要发现压力和水量任何一项增大,马上停止钻进,并小心退钻,预示前方可能储有较大的地下水。

6)取芯。需要取芯的探孔采用取芯钻头,取出的芯样要作好标志,现场及时分析,后妥善保管,用作地质分析的凭据。

4.6.4 预报辅助工作

1. 预报前的准备工作

水平钻探预报前,需首先进行地质分析和物探手段的预报,目的是认定对工程施工不利的不良地质。这些准备工作是需提前很长一段时间开始且连续进行的,并通过隧道不断的掘进来对以往的预报进行延伸和修正。必要时要组织包括地质、物探、工程、水文、机械等方面的专业人员参加的分析会,对前方储水异常的各种信息进行充分的论证和准备,并对可能造成的最坏结果进行有根据的预测,从而正确指导水平钻探的预报及处理工作。

2. 风水电辅助工作

水平钻探预报前,需在预报区域内做好照明、通风、用电、排水等工作,同时,在隧道外准备好注浆所需的设备、材料、人员等,以便出水后能够迅速组织止水工作,为顺利进行钻进预报及出水后的处理提供必要的条件。

4.7　超前地质预报信息管理

(1)各种超前地质预报手段获得的地质信息,应进行综合分析,并及时向相关各方提交书面报告,作为制定或修改施工方案的依据。

(2)超前地质预报报告内容应包括工作概况、采用的预报手段及预报结果、相互印证情况。综合分析预报结论、灾害警报、施工方法和施工技术建议。

(3)超前地质预报工作应编制周报、月报、年报。所有预报资料应存档备查。

(4)超前地质预报的结果有异常情况时应及时通知相关各方,并采取措施。

(5)施工过程中应将实际开挖的地质情况与预报结果进行对比分析,及时总结经验,指导和改进超前地质预报工作。

5 高速铁路隧道开挖施工技术

在我国，高速铁路隧道多采用单洞双线断面，其开挖断面达 140～170 m^2，较常规铁路隧道的断面面积更大，且断面形状更为偏平。按照国际隧道协会建议的隧道断面划分标准，均属超大断面隧道，与一般普速铁路隧道相比，开挖施工有其特殊性。

5.1 隧道开挖施工的特点

与一般断面隧道相比，高速铁路隧道的力学行为发生了很大改变，尤其是形状扁平的大断面隧道，具有如下突出特征：

(1)开挖后的应力重分布变得更为不利，随着高宽比(高度/宽度)的减小，围岩内的最大主应力和衬砌拱顶处的最大弯矩急剧增加，出现更大的塑性区和更大的变形，需要更强大的支护结构来保持隧道的稳定。

(2)隧道断面的增大造成拱顶不稳定，更容易产生坍塌，支护结构底脚处的应力集中更显著，要求较大的地基承载力。

(3)开挖宽度越大，围岩松弛范围越大，要求产生普氏拱作用的埋深越大，在隧道埋深不能满足普氏拱作用要求时，大断面隧道支护结构将承受更大的松弛荷载，受力条件更为不利。

为了确保铁路隧道施工安全，中国的铁路建设管理部门对隧道支护和二衬结构与开挖掌子面的距离作出了严格规定。譬如，《铁路隧道工程施工安全技术规程》(TB 10304—2009)规定：仰拱与掌子面的距离，Ⅲ级围岩不得超过 90 m，Ⅳ级围岩不得超过 50 m，Ⅴ级及以上围岩不得超过 40 m。这些规定对高速铁路大断面隧道开挖施工技术工艺提出了新的要求。

鉴于此，必须结合高速铁路隧道断面大的特点，对隧道地质超前预报、围岩预加固，开挖方法、支护与预支护技术进行更深入研究，开发出更适合高速铁路大断面隧道开挖和支护的施工技术。

5.2 隧道开挖方法的分类

按照开挖所采用的破碎或切削岩土的手段，可将高速铁路隧道开挖方法分为钻爆矿山法、非爆矿山法、TBM 法(盾构法)等。

钻爆矿山法：钻爆矿山法是我国高速铁路隧道采用最为普遍的一种施工方法，实际施工时，视围岩级别及断面大小等因素可选用全断面法、台阶法、中隔壁法、双侧壁导坑法等。

非爆破矿山法：主要是采用铣挖机、单臂掘进机、液压破碎锤、大功率挖掘机等机械装备开挖，主要在软岩或围岩稳定性受爆破震动影响敏感的地质地段(如黄土隧道、风积沙隧道等)，或者隧道附近有受爆破振动影响敏感的结构物时采用，由于这种开挖方法，可以大大减小对隧道围岩的扰动，应是隧道开挖方法的发展趋势。

TBM 掘进机(盾构)法：主要在条件适宜的特长山岭隧道、下穿城市隧道、下穿江河湖海的隧道采用，具有掘进速度快、施工质量高、沉降控制好、劳动强度低等优点。

5.3 隧道开挖一般规定

(1)隧道开挖应根据施工方法、机械设备、地质条件及工程环境等因素，选择开挖方式和步骤，确定合理的循环进尺及施工速度。隧道Ⅳ、Ⅴ、Ⅵ级围岩地段、隧道浅埋、下穿建筑物及邻近既有线地段施工开挖应按照《爆破安全规程》采用控制爆破，或采用非爆破方法。

(2)开挖作业应尽量减少对围岩的扰动,保护围岩的自承能力。岩石隧道钻爆开挖应采用光面爆破技术,控制循环进尺及一次同时起爆药量;软岩或土质围岩隧道,宜采用机械开挖。钻爆开挖工艺流程如图4-5-1所示。

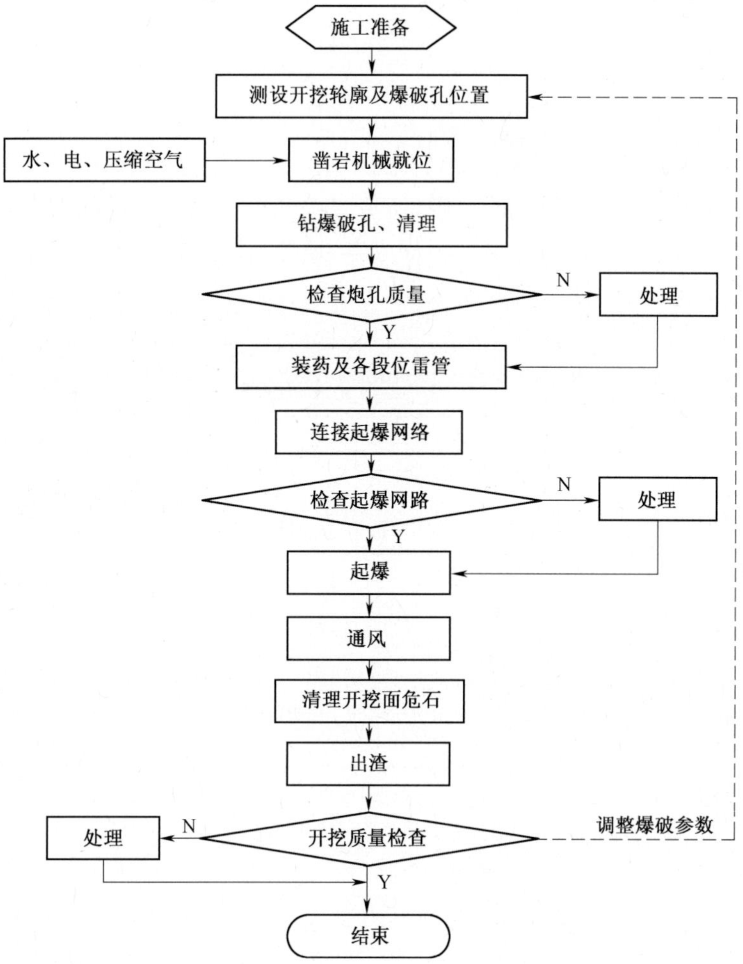

图 4-5-1　钻爆开挖工艺流程图

(3)隧道地质条件变化时,应及时变更设计,调整施工方法,做好工序衔接,并采用相应的工程措施。

(4)隧道开挖应控制循环进尺,最大不宜超过 3.5 m,仰拱一次开挖长度不应大于 1 倍洞径。

(5)隧道开挖断面尺寸应符合设计要求,开挖断面应以包括预留变形量在内的设计轮廓线为基准,考虑贯通测量误差和施工误差等因素适当放大。

(6)开挖轮廓线应采用有效的测量手段进行控制,轮廓线和炮眼位置宜采用激光指向仪、隧道激光断面仪、全站仪等配合测定。

(7)开挖爆破作业不得危及支护结构、机械设备及人员的安全。钻眼及装药作业应分区定人。爆破后应及时清理危石,清理工作宜采用机械作业。

(8)隧道贯通前,两开挖工作面相距小于 40 m 时,应加强联系、统一指挥;距离 15 m 时,应从一端开挖贯通。

(9)并行隧道同向开挖的两个工作面应保持合理的纵向距离,不宜小于 30 m;隧间净距较小时,应采取措施防止后开挖隧道对先开挖隧道产生不良影响。

(10)爆破器材的运输、贮存、检验、加工、使用和退库、销毁必须符合国家有关法律、法规和现行《爆破安全规程》(GB 6722)的规定。

(11) 隧道开挖后,应及时喷射混凝土封闭围岩,并及早完成初期支护。采用分部开挖,初期支护设有钢架时,下部开挖后应及时安装钢架,严禁拱脚长时间悬空。

(12) 软弱围岩隧道,初期支护应选用锁脚锚管(杆)、扩大拱脚、临时仰拱等措施,以控制围岩及初期支护变形量。

(13)当围岩地质较差、开挖掌子面不稳定时,可采用喷射混凝土或锚杆等对其进行加固。

(14)采用中隔壁、双侧壁导坑法施工,临时支撑的拆除应在初期支护封闭成环,并通过监控量测确认稳定后进行,一次拆除长度不应超过 15 m。拆除过程应加强监控量测。

5.4 超欠挖控制

隧道超欠挖控制对隧道工程的施工质量和成本控制意义重大,为保证隧道支护、衬砌等结构尺寸满足设计要求,现场一般遵循宁超勿欠的开挖原则,避免二次开挖带来的质量和安全风险,但过量超挖不仅会额外增加支护和二衬混凝土的消耗量,增加工程成本,还会影响围岩的成拱自稳能力,增加隧道结构承受的外部荷载,影响隧道结构的整体安全和耐久性。

(1)隧道开挖的允许超挖值应符合表 4-5-1 的要求。

表 4-5-1 隧道允许超挖值 (单位:cm)

开挖部位 \ 围岩级别		Ⅰ	Ⅱ~Ⅳ	Ⅴ、Ⅵ
拱部	平均线形超挖	10	15	10
	最大超挖	20	25	15
边墙平均线形超挖		10	10	10
仰拱、隧底	平均线形超挖	10		
	最大超挖	25		

注:1. 本表适用炮眼深度不大于 3.0 m。炮眼深度大于 3.0 m 时,可根据实际情况另作规定。
2. 平均线性超挖值=超挖横断面积/爆破设计开挖断面周长(不含隧底)。
3. 最大超挖值是指最大超挖处至设计开挖轮廓切线的垂直距离。

(2) 隧道应严格控制欠挖。岩石个别突出部分(每 1 m^2 不大于 0.1 m^2)欠挖不应大于 5 cm。

(3) 隧道超欠挖可按表 4-5-2 所列方法测量。

表 4-5-2 隧道超欠挖的测定方法

测定方法及采用的仪器	方 法 简 述
利用激光束测定	用激光指向仪或激光经纬仪射在开挖工作面上的光束测定特定部位的超欠挖的线性值
全站仪测定	在要测的点位粘贴反光片,用全站仪测定各点的三维坐标,通过计算绘制开挖断面,与设计断面进行比较确定
激光隧道限界测量仪测定	由免棱镜测距全站仪和手提电脑组成,对开挖工作面(或任一断面)测量,直接打印出设计断面与实际断面,并标出设定点的超欠挖值

5.5 钻爆作业技术要点

(1)隧道开挖应根据地质条件、开挖断面、开挖方法、掘进循环进尺、钻眼机具、爆破器材及环境要求等进行钻爆设计。钻爆设计应根据爆破效果不断调整爆破参数。

(2)钻爆设计的内容应包括炮眼(掏槽眼、辅助眼、周边眼、底板眼)的布置、深度、斜率和数量,爆破器材、装药量和装药结构,起爆方法和爆破顺序,钻眼机具和钻眼要求、主要技术指标及必要的说明等。

(3)掏槽形式应根据钻眼机具、隧道断面大小、循环进尺、围岩级别以及爆破振动等要求选择直眼掏槽或楔形掏槽。

(4)岩石隧道光面爆破一次开挖进尺不宜大于 3.5 m,爆破参数应通过试验确定。当无试验条件时,有关参数可参照表 4-5-3 选用。

表 4-5-3　光面爆破参数

岩石类别	周边眼间距 E(cm)	周边眼抵抗线 W(cm)	相对距离 E/W	装药集中度 q(kg/m)
极硬岩	50～60	55～75	0.8～0.85	0.25～0.40
硬岩	40～55	50～60	0.8～0.85	0.15～0.25
软质岩	30～45	45～60	0.75～0.8	0.04～0.15

注：1. 表列参数适用于炮眼深度 1.0～3.5 m，炮眼直径 40～50 mm，药卷直径 20～35 mm。
2. 断面较小或围岩软弱、破碎或对开挖成形要求较高时，周边眼间距 E 应取较小值。
3. 周边眼抵抗线 W 值应大于周边眼间距 E 值。软岩取较小的 E 值时，W 值应适当增大。E/W：软岩取小值，硬岩及小断面取大值。
4. 装药集中度 q 以装药长度的平均线装药密度计，施工中应根据炸药类型和爆破试验确定。

(5)炮眼布置应符合下列要求。

1)光爆层周边眼应沿隧道开挖断面轮廓线布置，内圈眼布置应满足周边眼抵抗线要求。

2)其余辅助炮眼应交错均匀布置在光爆层内圈眼与掏槽眼之间，间距应满足爆破岩石块度的需要。

3)周边炮眼与辅助炮眼的眼底应在同一垂直面上，掏槽炮眼应加深 10～20 cm。

(6)隧道爆破应根据地质、水文条件及环境保护要求选择适当的炸药品种和型号，掏槽眼宜选用高猛度的炸药，周边眼宜选用低密度、低爆速、低猛度或高爆力的炸药。

(7)起爆网路宜采用导爆管和非电毫秒雷管，雷管段位的选用应便于操作及满足钻爆设计所需的段位数。必要时可采用电子延时电雷管起爆。

(8)瓦斯隧道施工应符合现行《铁路瓦斯隧道技术规范》(TB 10120)的有关规定。瓦斯工区必须采用煤矿许用安全炸药，并使用矿用电雷管起爆。

(9)常用的周边眼装药结构如图 4-5-2～图 4-5-5 所示，宜选用小直径连续装药或间隔装药结构；岩石较软时，可采用导爆索装药结构；眼深不大于 2 m 时，可采用空气柱状装药结构。其他炮眼应采用连续装药结构。应采用反向装药结构，提高炸药的能量和爆破效果；有瓦斯、煤层爆炸危险的开挖工作面应采用正向装药结构。

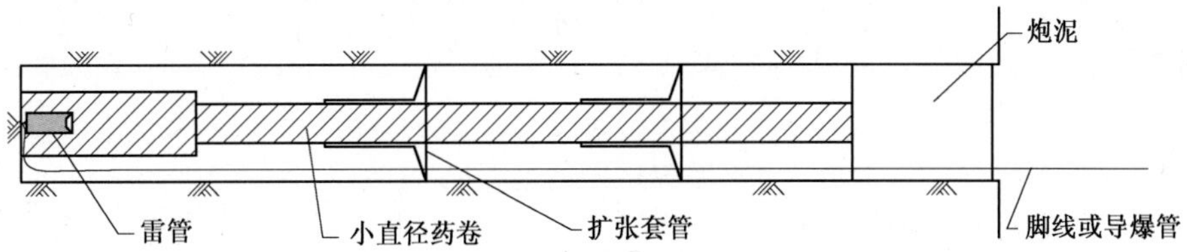

图 4-5-2　小直径药卷连续装药结构示意

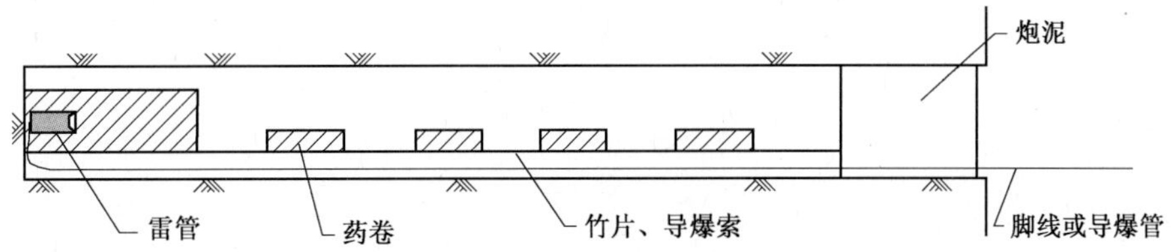

图 4-5-3　间隔装药结构示意

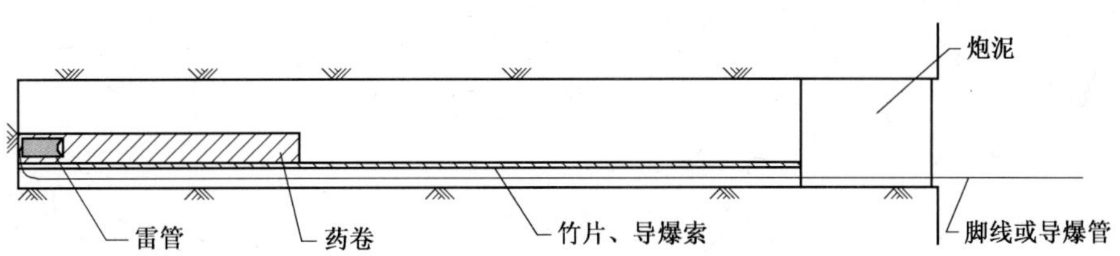

图 4-5-4　导爆索装药结构示意

(10)特殊环境条件下，爆破作业应对噪声、空气污染和粉尘进行监测和控制。

(11)钻眼作业应符合下列要求。

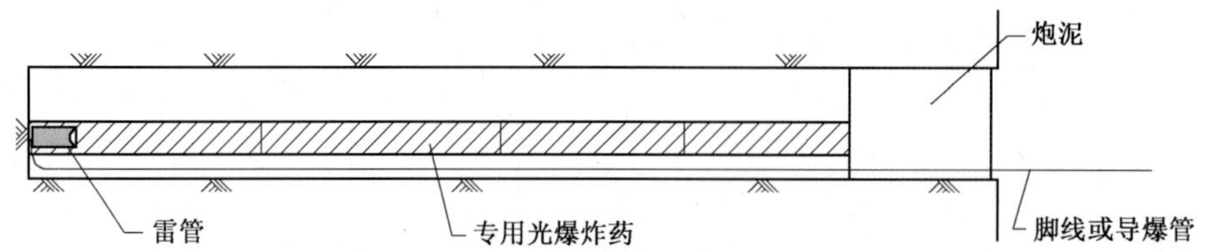

图 4-5-5　专用光爆药卷装药结构示意

1)爆破炮眼数量、位置、深度及斜率应符合钻爆设计要求。掏槽眼眼口间距和眼底间距的允许误差为±5 cm;辅助眼眼口间距允许误差为±10 cm;周边眼眼口位置允许误差为±5 cm,眼底不得超出开挖断面轮廓线 15 cm。钻孔作业高度超过 2.0 m 时,应配备与开挖断面相适应的作业台架。

2)开挖面凹凸较大时,应按实际情况调整炮眼深度及装药量,使周边眼和辅助眼眼底在同一垂直面上。

3)钻眼完毕,应按炮眼布置图进行检查并做好记录,对不符合要求的炮眼应重钻,经检查合格后方可装药。

4)凿岩台车钻眼应符合台车构造性能要求。

(12)装药作业应符合下列要求。

1)装药作业与钻孔作业不得在同一开挖工作面进行。

2)炮眼装药前应对装药开挖工作面附近进行安全检查,对检查出的问题及时处理。

3)装药前应进行清孔,清除炮眼内的岩粉、积水。使用压缩空气吹眼器时应避免炮眼内飞出的岩粉、岩块等杂物伤人。

4)炮眼清理完成后,应检查炮眼深度、角度、方向和炮眼内部情况,处理不符合要求的炮眼。炮眼缩孔、坍塌或有裂缝时不得装药。

5)装药宜采用装药机。正向装药的起爆药卷最后装入,起爆药卷和所有的药卷的聚能穴朝向眼底;反向装药起爆药卷首先装入,起爆药卷和所有的药卷的聚能穴朝向眼外。

6)装药的炮眼应采用炮泥堵塞,炮泥宜采用炮泥机制作,不得采用炸药的包装材料等代替炮泥堵塞。炮泥宜采用黏土和沙混合制作,炮泥应干湿适度。光面爆破周边眼堵塞长度不宜小于 30 cm;其他炮眼深度小于 1 m 堵塞长度不宜小于炮眼深度的 1/2,深度 1～2.5 m 堵塞长度不宜小于 0.5 m,深度超过 2.5 m 堵塞长度不宜小于 1 m。

(13)起爆宜采用非电毫秒雷管、导爆管或导爆索系统。

(14)连线起爆作业应符合下列要求。

1)每次起爆前,爆破员应仔细检查起爆网路。

2)在同一开挖断面上,光面爆破起爆顺序应由内向外逐层起爆。

3)延迟时间宜采用孔内控制。

4)起爆人员必须最后离开爆破地点,并在有掩护的安全地点起爆。

5)爆破前必须清点人数,确认无误后,方可下达起爆命令。起爆人员接到起爆命令后,必须发出爆破警号,并等待 5 s 后方可起爆。

6)处理瞎炮(残炮)必须在爆破员直接指导下进行,并应在当班处理完毕;当班未能处理完毕,必须向接班爆破员现场交接。

(15)实施爆破时,所有人员应撤至不受有害气体、振动及飞石伤害的安全地点。安全地点至爆破工作面的距离,应根据爆破方法与装药量计算确定,在独头坑道内不得小于 200 m。

(16)爆破效果应符合下列要求。

1)硬岩无剥落,中硬岩基本无剥落,软弱围岩无大的剥落或坍塌。开挖轮廓符合设计要求,开挖面平整。

2)隧道两次爆破形成的接茬错台,采用凿岩机钻眼时,不应大于 15 cm;采用凿岩台车钻眼不应大于 25 cm。

3)爆破进尺达到钻爆设计要求,渣块块度满足装运要求。

4)隧道爆破周边炮眼痕迹保存率,硬岩不应小于 80%,中硬岩不应小于 60%,并应在开挖轮廓面上均匀分布。

(17)提高光面爆破效果可采用下列技术措施：

1)周边轮廓线和炮眼的放样宜采用隧道激光断面仪或其他类似的仪器,周边轮廓线的放样允许误差为±2 cm。

2)周边眼开眼位置应视围岩软硬调整:硬岩在轮廓线上;软岩可向内偏移5～10 cm。

3)减小周边眼外插角度,孔深小于3 m时外插角的允许斜率宜为孔深的±5%;孔深大于3 m时外插角斜率宜为孔深的±3%;外插角的方向应与该点轮廓线的法线方向一致。

5.6　装渣、运输及弃渣

5.6.1　一般规定

(1)隧道施工爆破后应及时清除开挖作业面石渣。独头掘进较长的隧道,根据经济技术比选及弃渣条件,可采用转渣倒运的方式。

(2)隧道施工装渣运输方式应根据断面大小、施工方法、机械设备及施工进度等要求综合考虑,可选择汽车运输、轨道运输及皮带运输方式。

1)正洞、平行导坑、横洞及综合坡率$i<10\%$的斜井,宜采用汽车运输方式。

2)独头掘进大于3 000 m的单线隧道可采用轨道运输方式。

3)综合坡率$i>10\%$的斜井,宜采用轨道运输方式。$10\%<i\leqslant27\%$的斜井,根据经济技术及环境条件比选,可采用皮带运输方式。

(3)隧道运输应建立运输调度,根据施工进度编制运输计划,协调组织,统一指挥,提高运输效率。

(4)隧道运输应设置警示标志标牌及声光信号。

(5)施工中仰拱填充、铺底应适时跟进开挖作业面,改善洞内运输路面条件。

(6)隧道仰拱、防水板、拱墙衬砌等的施工设备,应充分考虑与隧道运输相适应,并设置信号、标志予以警示。

5.6.2　汽车运输

(1)运输车辆应定期检查制动、转向系统和安全装置的完好性,大型自卸汽车应设置示宽灯或标志。

(2)斜井内长距离坡道运输系统,应在适当位置设置避难车道和缓坡道。

(3)运输车在工作面装车时应符合下列要求。

1)待进入装车位置的汽车应停在挖掘机最大回转半径范围之外;正在装车的汽车应停在挖掘机尾部回转半径之外。

2)正在装载的运输车应制动,司机不得将身体的任何部位伸出驾驶室外,严禁其他人员上、下车和检查维修车辆。

3)运输车应在挖装机械发出信号后,方可进入或驶出装车地点。

4)等待装车时,车与车之间应保持一定的安全距离。

(4)汽车运输应符合下列要求。

1)施工作业地段的行车速度不得大于15 km/h,成洞地段不得大于25 km/h。

2)单线隧道可结合避车洞位置,间隔150～300 m设汽车调头位置。

3)自卸汽车卸渣时,应将车辆停稳制动,不得边卸渣边行驶;不得在坑洼、松软、倾斜的地面卸渣;卸渣后应及时使车厢复位,严禁举升车厢行驶。

(5)严禁汽油机械进洞,内燃机械应有尾气净化装置。

5.6.3　轨道运输

(1)轨道运输应根据需要在洞外设置调车、编组、卸渣、进料、设备维修等线路。线路铺设应符合下列要求。

1)钢轨类型:宜为38 kg/m或43 kg/m。

2)道岔型号:不宜小于6号道岔,并安装转辙器。

3)轨枕:间距不应大于 0.7 m。

4)道床:厚度不应小于 20 cm。

5)使用大型轨行式机械时,线路铺设标准应符合机械规格、性能的要求。

6)轨道运输设单道时,每间隔 300 m 应设一个会车道。

7)采用轨行式机械装渣时,轨道应紧跟开挖面;调车线路及时前移。

(2)运输线路应设专人维修和养护,使其处于良好状态,线路两侧的废渣和杂物应及时清除。

(3)轨道运输车在洞内施工地段、视线不良的曲线上,以及通过道岔和洞口平交道等处时,其运行速度不得大于 10 km/h;其他地段在采取有效的安全措施后,运行速度不得大于 20 km/h。

(4)轨道运输应根据卸渣场地形条件、弃渣利用情况、车辆类型,妥善布置卸渣线和卸渣设备,提高卸渣速度。

(5)轨道运输作业应符合下列安全要求。

1)车辆装载高度不得高于渣车顶面 50 cm,宽度不得大于车宽。

2)列车连接应良好,在机车摘挂后调车、编组和停留时,应有防溜车措施。

3)两组列车在同方向行驶时,间距不得小于 100 m。

4)轨道旁临时堆放的材料,距钢轨外缘不得小于 80 cm,高度不得大于 100 cm。

5)卸渣场线路应设安全线并设 1%～3%的上坡道,卸渣码头应搭设牢固,并设有挂钩、栏杆及车挡装置,防止溜车。

6)车辆在洞内行驶时,应鸣笛并注意瞭望。严禁非专职人员开车、调车。严禁在行驶中进行摘挂作业。

7)列车载人作业时,应制定针对搭乘人员安全的措施。

5.6.4 皮带运输

(1)皮带运输方式应根据施工方法、隧道长度、断面大小、挖装设备、施工进度等因素进行方案设计,选择带式输送机,确定转渣地点及支架布设等。

(2)皮带运输出渣方式应同时制定进洞物资的运输方案。

(3)布设带式输送机应符合下列要求。

1)机架安装应平、正、直并坚固。

2)全部滚筒和托辊,应与输送带的传动方向成直角。

3) 应设置防止输送带跑偏、驱动滚筒打滑、纵向撕裂和溜槽堵塞等保护装置;上行带式输送机应设置防止输送带逆转的安全保护装置,下行带式输送机应设置防止超速的安全保护装置。

4)带式输送机沿线应设紧急联锁停车装置。

5)驱动、传动和自动拉紧装置的旋转部件周围,应设防护装置。

6)皮带两侧应加设挡板或栅栏等防护装置。

7) 带式输送机下面的过人地点,应设置安全保护设施。

8) 倾斜带式输送机人行道应防滑,并设置扶手栏杆。

(4)带式输送机使用应符合下列要求。

1)启动带式输送机前,应发出声光警示。

2)运输带应保持清洁,并经常清理。

3)应设专人检查皮带跑偏情况并及时调整。

4)停机后应关闭电源。

5)严禁用运渣带式输送机运送工具、材料、设备和人员。

6)输送带与滚筒打滑时,严禁在输送带与滚筒间楔木板和缠绕杂物。

7)采用绞车拉紧的带式输送机应配备可靠的测力计。

8)严禁人员攀越输送带。

(5)带式输送机维护应符合下列要求。

1)定期按照带式输送机的使用与保养规程对输送机电气、机械、液压系统进行检查、保养与维修。

2)维修时应停机上锁,并有专人监护。严禁皮带输送机在运转中进行修理和调整。

3)用电焊、气焊或喷灯焊检修带式输送机时,应制定安全措施。

4)清扫滚筒和托辊时,带式输送机应停机上锁,并有专人监护。清扫工作完毕后应通知有关人员,确认后解锁送电。

5.6.5 弃　渣

(1)隧道弃渣应充分利用,弃渣场应综合自然环境、人文景观、运输条件、弃渣利用等因素进行规划。

(2)弃渣应做到先挡后弃,并做好防护、排水、绿化等配套工程。

(3)弃渣应按照设计的位置和容量弃土。如现场与设计不符,应按程序进行变更设计。

(4)应避免在路堑上方弃土,严禁在膨胀土、黄土路堑边坡上方弃土。严禁在不良地质体、不稳定斜坡、软弱地基上弃土。严禁在村庄等人员居住区及铁路上游沟槽内弃土。

(5)弃渣场周边应设置完善的截、排水系统。当弃渣场规模较大时,应在顶面设置排水沟,坡面采取植被防护等措施,防止水土流失,影响生态环境。

5.7 全断面法

5.7.1 全断面法定义

全断面法是指按照隧道设计轮廓线将隧道一次爆破开挖成形,再进行下道工序施工的方法。全断面法施工工序如图 4-5-6 所示。

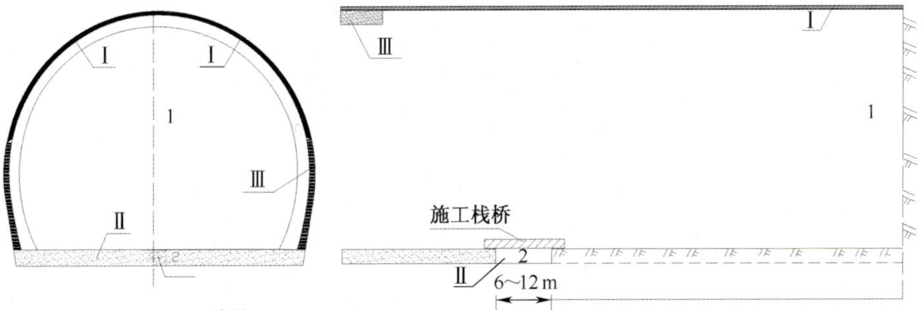

说明:
1. 开挖;2. 检底;Ⅰ. 初期支护;Ⅱ. 铺底混凝土;Ⅲ. 拱墙混凝土

图 4-5-6　全断面法施工工序示意图

5.7.2 工艺特点

全断面法开挖断面大,作业净空大,施工干扰小,能充分发挥机械设备的使用效率,是隧道开挖施工的发展方向,如图 4-5-7 所示。通过配备高效率的开挖、装运机械和支护与衬砌设备,实现机械化配套作业,各道工序可平行交叉作业,能够提高隧道施工进度,保证施工安全质量,创造施工最佳效益。

图 4-5-7　全断面法开挖

5.7.3 适应范围

全断面法开挖施工适用于Ⅰ、Ⅱ、Ⅲ级围岩,Ⅳ、Ⅴ级围岩在采取有效措施稳定开挖掌子面后,也可采用全断面法开挖。全断面开挖循环进尺必须根据隧道断面大小、围岩地质条件、机械设备能力、爆破振动限制、循环作业时间等情况合理确定。

5.7.4 开挖施工工艺

1. 工艺流程

全断面开挖法工艺流程如图 4-5-8 所示。

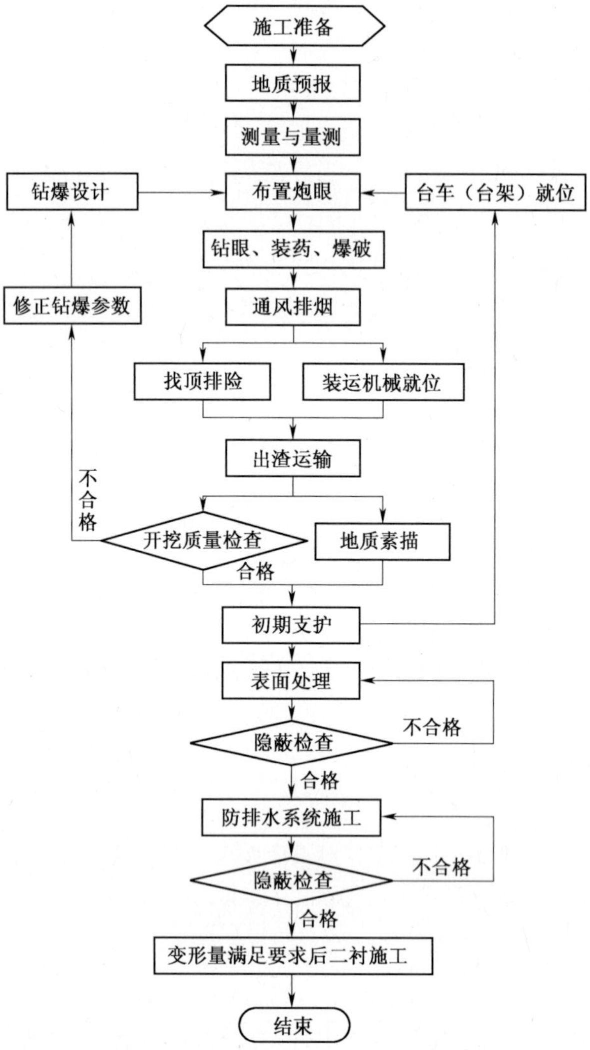

图 4-5-8 全断面法施工工艺流程图

2. 超前地质预报

超前地质预报是合理确定开挖方法、预防地质灾害、保障隧道施工安全的重要手段，要求纳入工序管理(详见第 4 章)。

3. 爆破设计

(1)根据工程地质、开挖断面、开挖方法、循环进尺、钻孔机具和爆破材料等，在隧道开挖前进行钻爆设计。

(2)钻爆设计的内容包括钻孔(掏槽眼、辅助眼、周边眼)的布置、数目、深度和角度，爆破器材、装药量和装药结构，起爆方法和爆破顺序，钻孔要求等。

(3)以Ⅱ级围岩隧道的爆破作业为例，钻爆设计见表 4-5-4、表 4-5-5。炮孔布置及起爆顺序如图 4-5-9 所示，掏槽孔大样如图 4-5-10 所示。

表 4-5-4 综合爆破参数表

围岩级别	周边眼间距 E(cm)	周边眼抵抗线 W(cm)	相对距离 E/W	周边眼装药集中度(kg/m)
Ⅱ	60	75	0.8	0.21

表 4-5-5　Ⅱ级围岩全断面开挖爆破设计参数

钻孔名称	段号	孔深(m)	眼数	炸药类型	单孔条数(条)	单孔药量(kg)	单段药量(kg)	装药长度(m)	装药结构
掏槽眼	1	0.83	4	0.20	3	0.60	2.40	0.6	集中
掏槽眼	3	2.3	4	0.20	7	1.4	5.6	1.0	集中
掏槽眼	5	4.0	4	0.20	12	2.4	9.6	2.4	集中
扩槽眼	7	3.5	20	0.20	9	1.8	36	1.8	集中
扩槽眼	9	3.5	10	0.20	9	1.8	18	1.8	集中
扩槽眼	10	3.5	15	0.20	9	1.8	27	1.8	集中
扩槽眼	11	3.5	31	0.20	9	1.8	55.8	1.8	集中
内圈眼	13	3.5	35	0.20	9	1.8	63	1.8	集中
周边眼	15	3.5	44	0.15	5	0.75	33	1.9	间隔
底板眼	15	3.5	19	0.20	10	2.0	38	2.0	集中

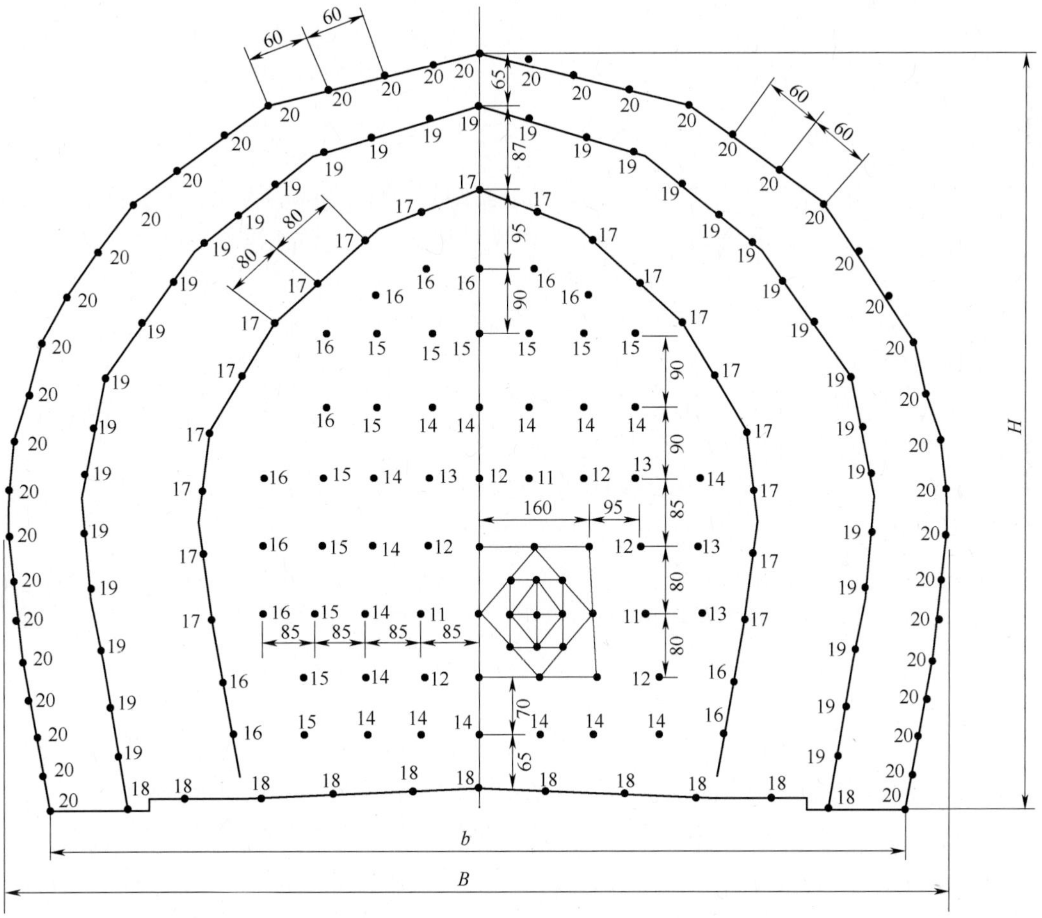

图 4-5-9　炮孔布置及起爆顺序图

(4)钻孔布置规定。

1)掏槽眼采用直眼掏槽或斜眼掏槽。

2)周边眼沿隧道开挖轮廓线布置,保证开挖断面符合施工图要求。

3)掘进眼均匀交错布置在内圈眼与掏槽眼之间,力求爆破出的石渣块度适合装渣的需求。

4)周边眼、内圈眼与辅助眼的孔底保持在同一垂直面上,掏槽钻孔应加深 10 cm。

(5)应采用光面爆破,其参数可通过试验确定。无试验条件时,有关参数可参照表 4-5-3 选用。

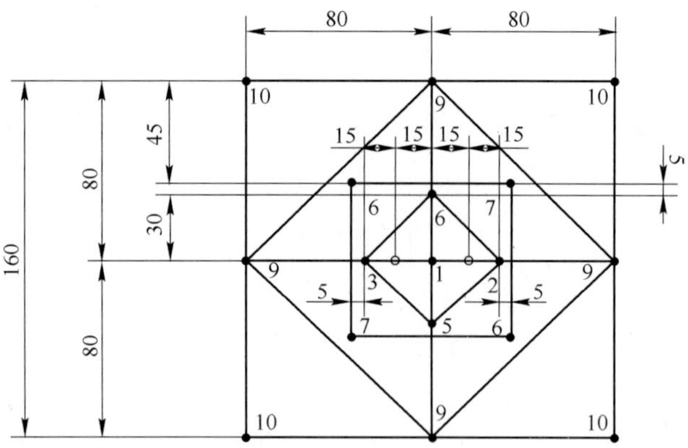

图 4-5-10　掏槽孔大样(单位:cm)

4. 施工测量

测量技术人员利用洞内中线控制桩和水平控制点,画出工作面开挖轮廓线,并标记出主要钻孔位置。每一循环爆破作业开始时对上一循环断面进行检查并对下一循环进行施测。

5. 凿岩台车(多功能台架)就位

根据工作面的开挖轮廓线把凿岩台车(多功能台架)移动到指定位置,固定台车,调整台车的高度,准备钻孔作业的各项工作内容。

6. 钻孔、装药、起爆

根据爆破设计要求和工作面的钻孔位置,开始人工操作凿岩台车机械手(或人工利用风钻)钻孔,在钻进过程中要根据钻进速度、围岩软弱程度等,及时调整供风量和供水量。钻孔位置和角度要准确,钻孔结束后,吹孔并开始装药。应采用低密度低爆速、低猛度的炸药。严格控制周边眼装药量,间隔装药,同时使药量沿钻孔全长适当分布。采用毫秒微差雷管有序起爆,周边眼采用导爆索起爆,以减小起爆时差。

7. 施工通风与空气净化

工作面起爆后,进行施工通风,净化洞内空气,形成洞内安全健康的作业环境。隧道施工通风方式可根据现场实际情况采用压入式、压出式、混合式或巷道式。

长大隧道施工通风方案确定是一个动态过程,应随着隧道掘进长度和平行导洞的跟进(或超前)情况、空间关系、断面大小以及洞内的施工组织情况动态地调整和优化。工程实践证明,充分利用平行辅助隧道,采用巷道式通风技术,可以大幅度地提高通风效率和效果,降低通风能耗,减少通风设备(风机、风管等)投入,达到了安全、高效、经济、合理的施工通风目的。

针对长大隧道长距离通风能耗大,成本高,通风效果不佳,洞内空气质量差等突出问题,提倡引入施工隧道空气净化技术,对隧道内造成人体损害最大的首要污染源—粉尘进行集中过滤净化处理,既可减小施工通风的工作量,降低能源消耗,减少通风成本,又可提高仰拱、防水系统、二衬等工序施工作业集中区的空气质量。中铁二局在贵广铁路油竹山隧道施工中引入干式空气净化机的应用实践表明,负压管吸入式除尘净化可以适应小规模集中尘源净化,如锚喷、投料斗附近;净风吹出式除尘净化可以适应大断面隧道爆破炮烟等全隧弥漫式尘源净化。喷混凝土后的空气净化检测结果表明:除尘机开启时,空气中粉尘最高浓度值为75 mg/m^3,干式空气净化机开启 720 s 后粉尘浓度值达到 3 mg/m^3,除尘效率达到96%,成效显著。

设计有平行导坑或双洞单线并行隧道工程中采用压入式通风、巷道式通风与洞内空气干式净化技术的组合应用不仅可改善掌子面的工作环境,而且可降低普通巷道式通风中出风道内的粉尘浓度,避免污风污染整个隧道正洞,改善了隧道施工主要工作面的空气质量,可进一步减少通风需求量,提高通风输送距离,降低通风能耗和成本。

8. 初次喷射混凝土

爆破后应及时清除爆破面危石,进行初次喷射混凝土作业,保护裸露围岩。隧道内喷射混凝土的主要类型有普通混凝土、纤维混凝土、耐腐蚀混凝土等。

9. 出渣运输

全断面开挖隧道作业空间大，可使用大功率装载机装渣，大型自卸汽车运输。出渣过程要保证工作面的照明，便于司机操作，出渣机械状态良好，装运能力应大于开挖能力并有备用。运输道路平整通畅，安全警示和标志要齐全，在关键地段设车辆调度，协调保障洞内外运输安全与畅通。

5.8 台阶法

5.8.1 台阶法定义

台阶法是先开挖隧道上部断面（上台阶），上台阶超前一定距离后开始开挖下部断面（下台阶），上下台阶同时并进的施工方法。

根据台阶长度，可分为短台阶、长台阶、超短台阶（微台阶）法等。

（1）长台阶：上台阶超前 50 m 以上或大于 5 倍洞跨。

（2）短台阶：上台阶长度小于 5 倍但大于 1～1.5 倍洞跨。

（3）超短台阶：上台阶仅超前 3～5 m，断面闭合较快。

根据台阶数量，可分为两台阶法、三台阶法、三台阶预留核心土法等。各类台阶法施工工序如图 4-5-11～图 4-5-13 所示。

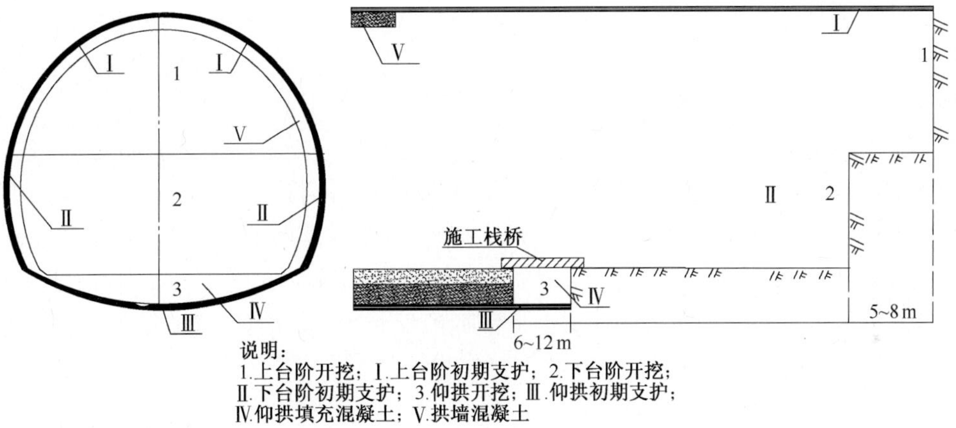

图 4-5-11　二台阶法施工工序示意图

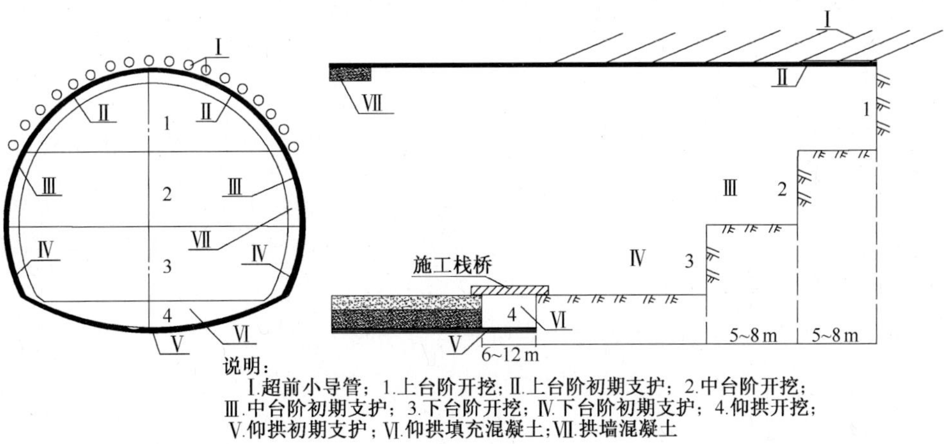

图 4-5-12　三台阶法施工工序示意图

5.8.2 工艺特点

台阶开挖法是隧道施工中采用最多的开挖方法，它不仅适用于地质条件较好的Ⅱ、Ⅲ级围岩，也适用于地质条件较差的Ⅳ、Ⅴ级围岩。通常情况下，Ⅴ级围岩通过采取有效的辅助施工措施(管棚、超前预注浆等)后，采取台阶法开挖是较为安全的。台阶法还存在于各类主体施工方法(CD 法、CRD 法)中的分部开挖之中，台阶法开挖时的爆破效果没有全断面法开挖容易控制。

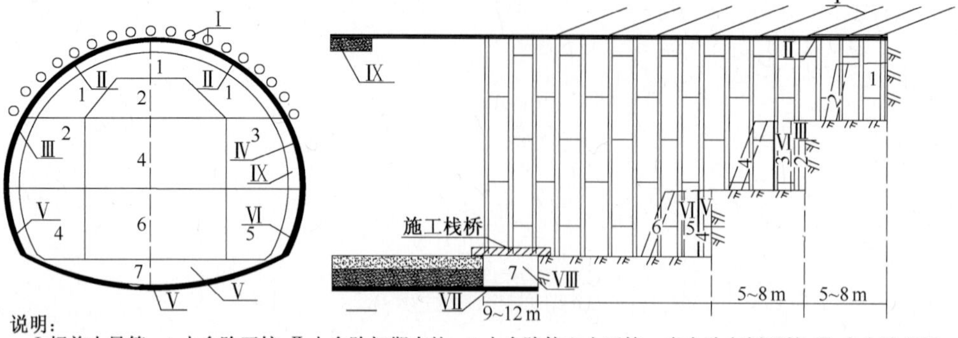

说明：
Ⅰ.超前小导管；1.上台阶开挖；Ⅱ.上台阶初期支护；2.上台阶核心土开挖、中台阶左侧开挖；Ⅲ.中台阶左侧初期支护；3.中台阶右侧开挖；Ⅳ.中台阶右侧初期支护；4.中台阶核心土开挖、下台阶左侧开挖；Ⅴ.下台阶左侧初期支护；5.下台阶右侧开挖；Ⅵ.下台阶右侧初期支护；6.下台阶核心土开挖；7.仰拱开挖；Ⅶ.仰拱初期支护；Ⅷ.仰拱填充混凝土；Ⅸ.拱墙混凝土

图 4-5-13　三台阶预留核心土法施工工序示意图

5.8.3　适用范围

台阶法一般适用于Ⅲ、Ⅳ级围岩，Ⅴ级围岩应在必要的超前支护措施稳定开挖面后采用台阶法开挖，单线隧道及围岩地质条件较好的双线隧道可采用二台阶法；隧道断面较高、单层台阶断面尺寸较大时可采用三台阶法；当地质条件较差时，为增加掌子面自稳能力，可采用三台阶预留核心土法开挖。

台阶长度必须根据隧道断面跨度、围岩地质条件、初期支护形成闭合断面的时间要求、上台阶施工所需空间大小等因素来确定。地质条件较好时往往采用长台阶法开挖，通过普通凿岩机上下台阶同时钻孔和起爆，达到隧道同时开挖掘进的目的，效率比全断面开挖略低，但设备投入相对较低。地质条件较差时，为利于支护及时封闭成环，台阶长度应缩短，宜为 5 m 左右，如采用三级台阶法，第一个台阶高度宜控制在 2.5 m 以下。三级台阶法所采取的辅助施工措施使得上下台阶相互干扰较大，施工效率降低，需要解决好上下台阶施工干扰问题。

5.8.4　开挖施工工艺

1. 工艺流程

两台阶法、三台阶法、三台阶预留核心土法施工工艺流程及开挖示意如图 4-5-14～图 4-5-17 所示。

2. 爆破设计

采用台阶法开挖前必须根据工程地质、开挖断面、开挖方法、循环进尺、钻孔机具和爆破材料等进行钻爆设计。图 4-5-18 为某Ⅳ级围岩隧道二台阶法钻孔爆设计图。

3. 施工测量

上一循环结束后，测量人员利用洞内中线、水平控制桩点，测量确定上、下台阶工作面开挖轮廓线，标记出上下台阶钻孔位置。

4. 凿岩台车、钻机就位

根据开挖台阶设计高度的不同，设计制造上台阶凿岩台车或下台阶凿岩台车。当采用人工手风钻、上台阶开挖高度较小时，上台阶可采用简易平台，开挖高度较大的下台阶采用专用凿岩台架定位钻孔机械。在围岩条件较好时，一般加大上台阶开挖高度，以提高施工机械在上台阶作业时的工作效率，即上台阶采用专用凿岩台架，下台阶不用或采用简易平台定位钻孔机械。采用凿岩台车成孔时，加大上台阶开挖高度更利于提高施工机械作业效率。

5. 钻孔、装药及爆破

为达到上、下台阶同时起爆的目的，可通过调整上、下台阶的高度，平衡其工作量，使上、下台阶同时完成钻孔作业。

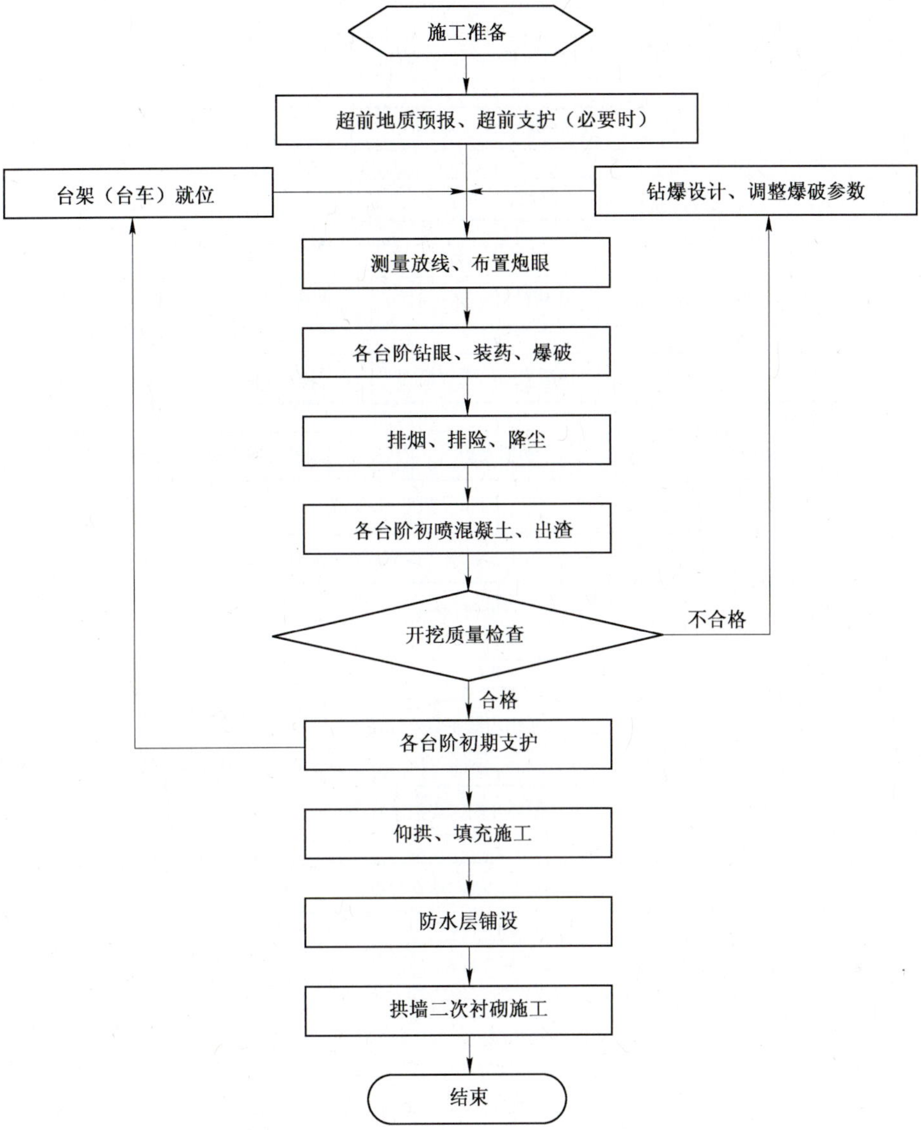

图 4-5-14　二台阶、三台阶法施工工艺流程图

图 4-5-15　二台阶、三台阶法开挖

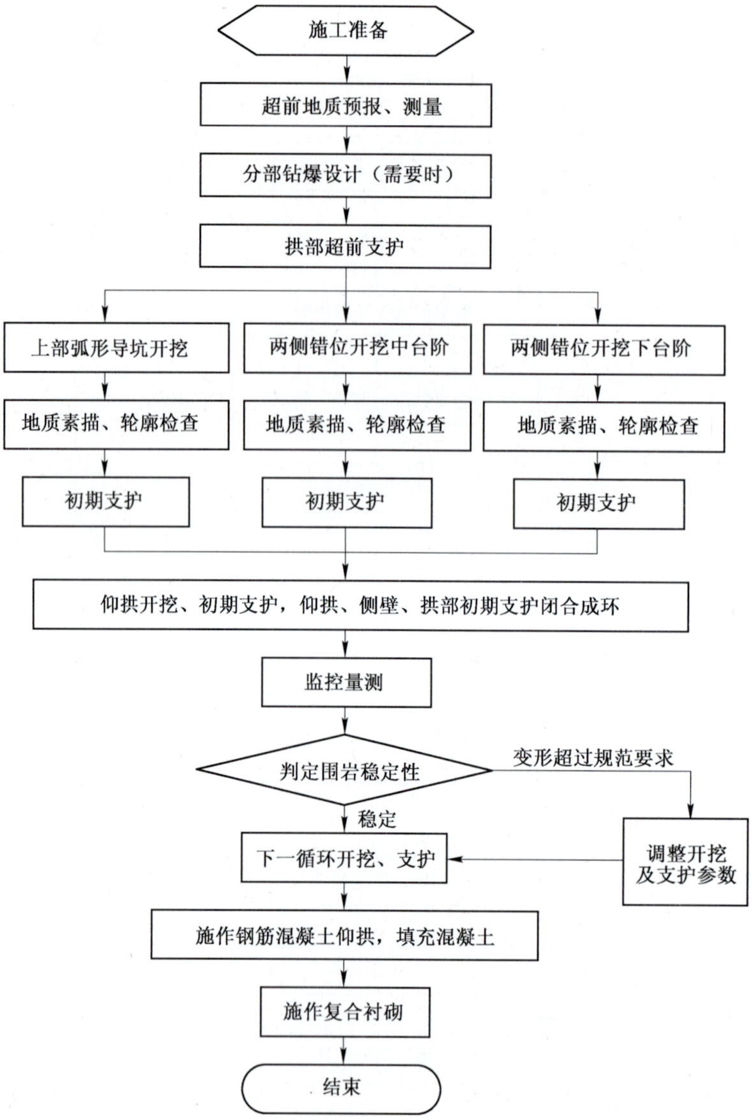

图 4-5-16　三台阶预留核心土法施工工艺流程图

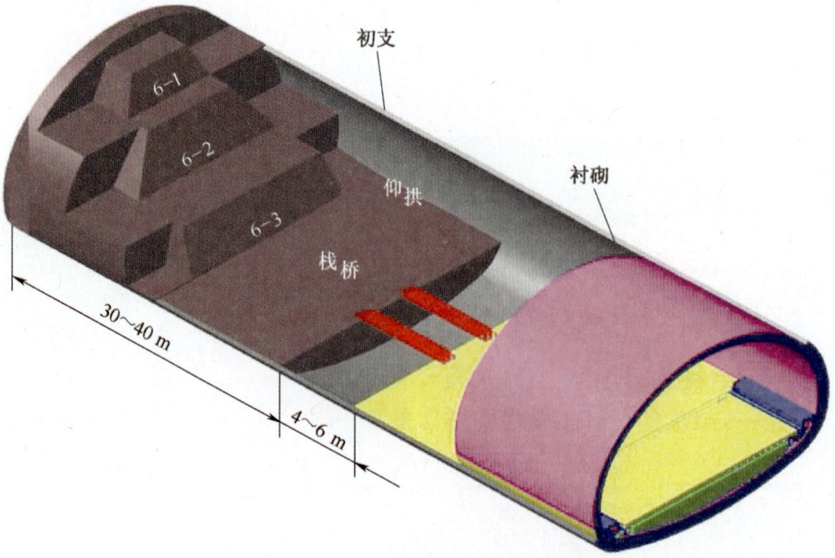

图 4-5-17　三台阶预留核心土法开挖示意图

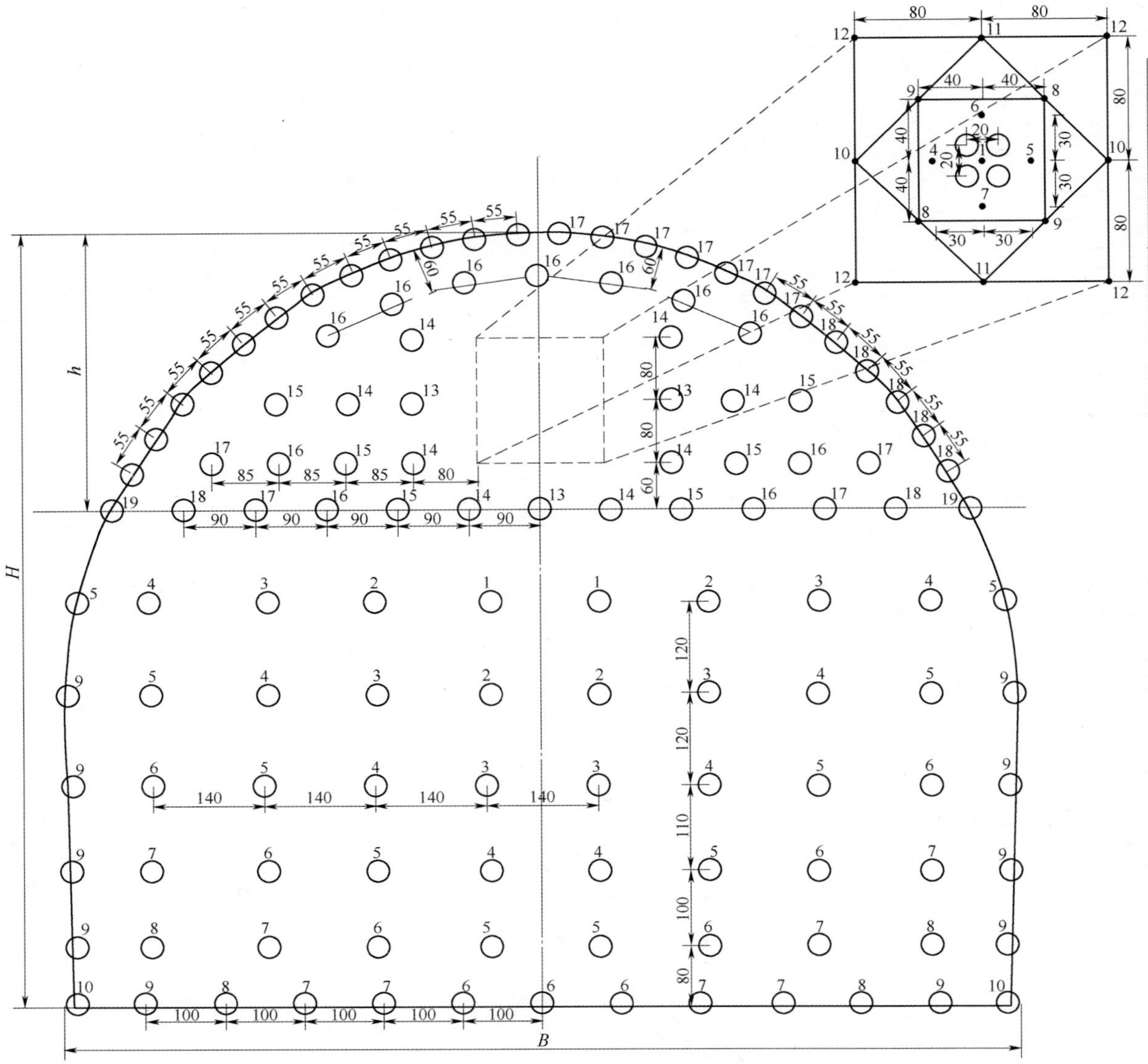

图 4-5-18　Ⅳ级围岩双台阶法钻爆设计图

爆破装药参数表

炮孔类型	孔深（m）	炮孔数（个）	单孔药量(kg)		药量小计（kg）	雷管段位
			底部	柱部		
上台阶						
掏槽孔	2	1	0.2	0.8	1	1
		4	0.4	0.6	4.0	4、5、6、7
		4	0.4	0.6	4.0	8、9
扩槽孔		8	0.6	0.4	8	10、11、12
掘进孔		16	0.6	0.4	16	13、14、15、16、17
内圈孔		7	0.4	0.4	5.6	16
光爆孔		24	0.2	0.2	9.6	17、18
底板孔		13	0.75	0.35	14.5	13~19
小计		77			63	
下台阶						
主炮孔	2.5	42	1.0	0.2	51	1~8
边孔	2.6	8	0.8	0.4	9.6	9
底板孔	2.6	13	1.2	0.2	18	6、7、8、9、10
小计		63			78	

说明：

1.本图适用于Ⅳ级围岩隧道爆破，手风钻钻孔作业。

2.装药炮孔直径为38 mm或42 mm，空孔直径为42~80 mm。

3.图示掏槽孔采用四空孔龟形直眼掏槽。

4.雷管为普通导爆管毫秒雷管，炮孔正上方的数字为雷管段位；下半断面可用相应的半秒、秒延期导爆管雷管。

5.炸药为2号岩石乳化炸药，其中底部直径为32 mm药卷，柱部为25 mm药卷。

6.注意各炮孔的钻孔精度，开孔偏差小于2~3 cm，方向偏差小于2~3 cm/m。

7.底部炮孔，周边孔钻孔时均向外插1°~3°。

8.周边孔采用光面爆破，其装药结构图如下：

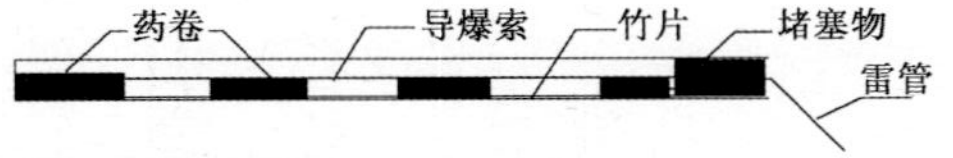

9.各炮孔必须用炮泥堵塞，严禁无堵塞起爆。

10.图中尺寸均以厘米计。

6. 施工通风

开挖工作面爆破后，开始施工通风，通风时间 30 min 以上方可进洞进行后续工序作业。

7. 初次喷射混凝土及初期支护

初喷混凝土一般在找顶完成后进行，初喷厚度一般在 4 cm 以上。围岩稳定性较差时，需先进行支护作业，掌子面的其他工序均在初期支护的保护下进行。围岩稳定性较好时，支护作业可在出渣后进行，便于增加作业空间，提高作业效率。上台阶使用钢架时，可采用扩大拱脚和施作锁脚锚杆等措施，防止拱部下沉变形。

8. 出渣运输

采用的上台阶开挖高度较小时，大型装运渣设备作业空间受限或不能上台阶作业，上台阶的爆破石渣先用挖掘机或人工翻至下台阶，然后使用挖装机(也可用挖掘机或装载机)装渣，自卸汽车运输。采用的上台阶开挖高度较大时，大型装运渣设备可以上台阶作业，出渣运输类同全断面法施工。

5.9 中隔壁法

5.9.1 中隔壁法定义

中隔壁法(CD 法)是将隧道分成左右两大部分进行开挖，先在隧道一侧采用台阶法自上而下分层开挖，待该侧初期支护完成，且喷射混凝土达到设计强度等级的 70%后，再分层开挖隧道的另一侧，其分部次数与支护形式与先开挖的一侧相同，中隔壁法施工工序如图 4-5-19 所示。

交叉中隔壁法(CRD 法)是在中隔壁法(CD 法)基础上利用临时仰拱将隧道分侧分层分部封闭成环的施工方法，其开挖部序如图 4-5-20 所示。

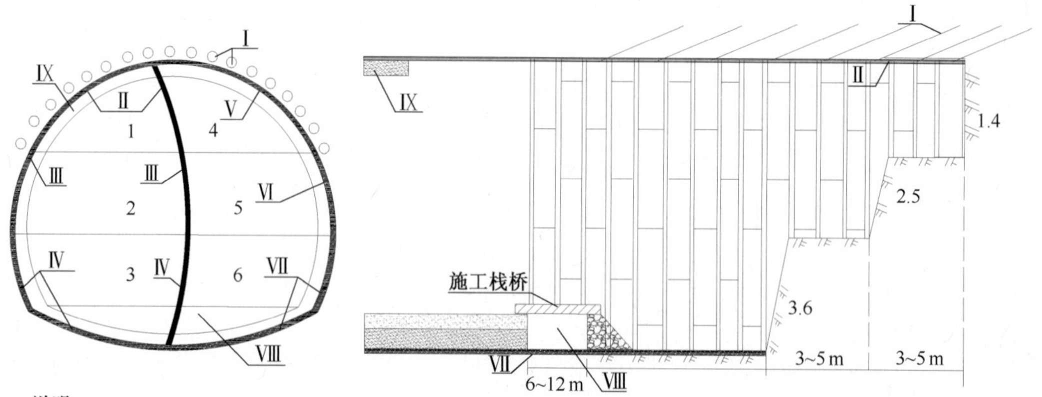

说明：
Ⅰ.超前小导管；1.左侧上部开挖；Ⅱ.左侧上部初期支护；2.左侧中部开挖；Ⅲ.左侧中部初期支护；3.左侧下部开挖；Ⅳ.左侧下部初期支护；4.右侧上部开挖；Ⅴ.右侧上部初期支护；5.右侧中部开挖；Ⅵ.右侧中部初期支护；6.右侧下部开挖；Ⅶ.右侧下部初期支护；Ⅷ.仰拱填充混凝土；Ⅸ.拱墙混凝土

图 4-5-19　中隔壁法施工工序示意

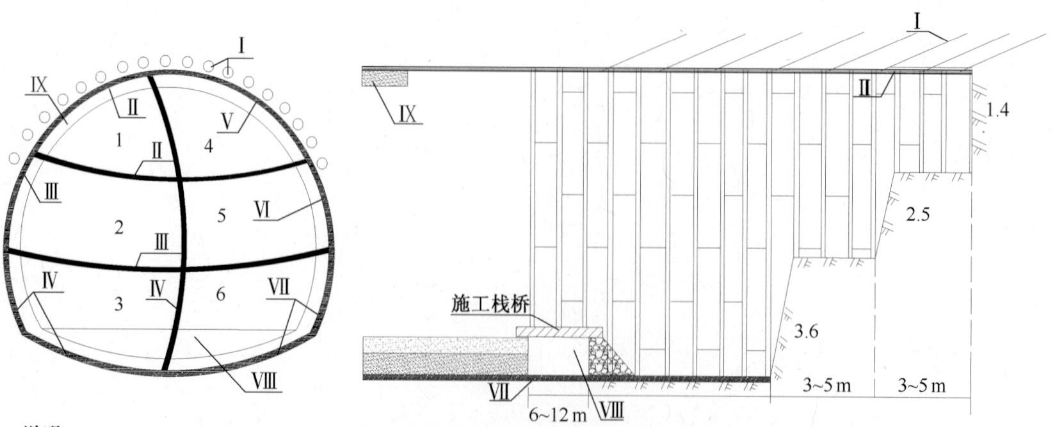

说明：
Ⅰ.超前小导管；1.左侧上部开挖；Ⅱ.左侧上部初期支护；2.左侧中部开挖；Ⅲ.左侧中部初期支护；3.左侧下部开挖；Ⅳ.左侧下部初期支护；4.右侧上部开挖；Ⅴ.右侧上部初期支护；5.右侧中部开挖；Ⅵ.右侧中部初期支护；6.右侧下部开挖；Ⅶ.右侧下部初期支护；Ⅷ.仰拱填充混凝土；Ⅸ.拱墙混凝土

图 4-5-20　交叉中隔壁法施工工序示意

5.9.2　工艺特点

中隔壁法(CD 法)采用自上而下分 2～3 部开挖隧道的一侧，完成初期支护和中隔壁；待喷射混凝土达到设计强度强度等级的 70%后，进行另一侧的开挖及支护，形成带有中隔壁支护的左右洞室；最后拆除支护，施作仰拱、拱墙衬砌和铺底及填充。施工中坚持弱爆破、短进尺、强支护、早封闭、勤量测的原则。分部开挖和中隔壁的及时支护作用大大降低了围岩的变形量，提高了施工的安全性。

交叉中隔壁法(CRD 法)采用自上而下分 1～2 部开挖隧道的一侧上、中部，完成初期支护，施作中隔壁和横隔板(临时仰拱)；先挖侧喷射混凝土达到设计强度等级的 70%后，进行另一侧的上、中部开挖及支护，施作横隔板(临时仰拱)；最后依次开挖第一侧、第二侧的底部，完成初期支护和中隔壁、临时仰拱，形成带有中隔壁和 1～2 层水平支撑的网格状支护系统；最后，拆除支护，施作仰拱、拱墙衬砌和铺底及填充。CRD 法的每部开挖均形成格栅钢支撑和喷射混凝土结构的环形封闭支护体系。

5.9.3　适应范围

适用于浅埋双线或三线隧道Ⅴ、Ⅵ级围岩和不良地质及洞口工程的施工。

5.9.4　开挖施工工艺

1. 工艺流程

中隔壁法(CD 法、CRD 法)开挖施工流程可参照图 4-5-21，现场施工图片如图 4-5-22 所示。

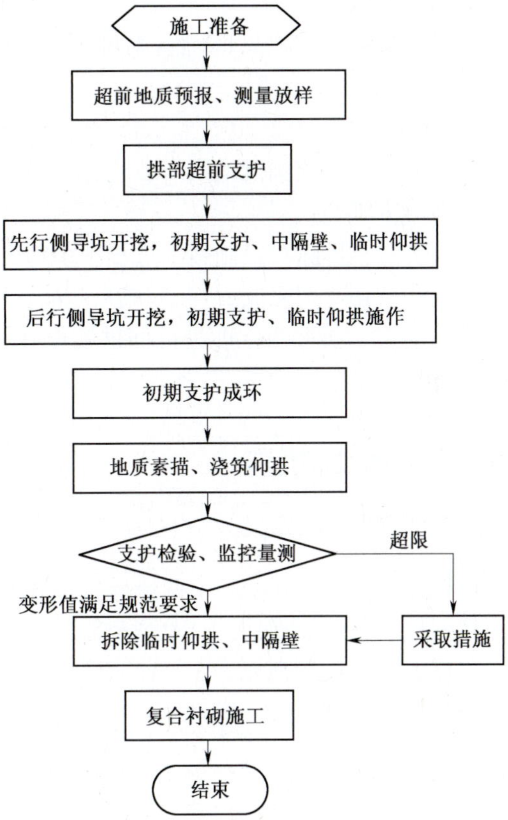

图 4-5-21　中隔壁法施工工艺流程图

2. 超前支护

根据施工图施作超前支护，一般多采用小导管超前注浆加固。

(1)对杂填土层，采用钢筋斜插锚固棚架作超前支护效果较好。

(2)对粉细砂层，采用小导管酸性水玻璃注浆，按“一榀一排一注”进行加固。

(3)对圆砾土层，宜采用短管注水泥浆加固。

图 4-5-22　中隔壁法开挖

3. 开挖作业要点

(1)根据地质情况及隧道断面大小，先采用台阶法自上而下分为二台阶或三台阶开挖隧道的一侧，台阶长度 3～5 m，上台阶高度宜为 2.5 m，开挖循环进尺不宜大于初期支护钢架设计间距，每开挖一部均应及时施作锚喷支护、安设钢架、施作中隔壁。

(2)围岩较差时,每个台阶底部可设临时仰拱,临时仰拱宜设为弧形,中隔壁依次分部联结而成,各部施工应步步成环,周边轮廓尽量圆顺,减小应力集中。临时仰拱设置的时间将直接影响各部结构的沉降和两侧土体水平位移的大小,应尽早设置临时仰拱,使支护封闭成环。

(3)钢架基础原则上应支撑于原状土上,如造成超挖应回填密实,并垫钢板或木板,确保钢拱架不产生垂直位移,并施作锁脚锚管,避免早期沉降量过大。

(4)先开挖侧初期支护结构基本稳定,且喷射混凝土达到设计强度70%以上时,方可开挖隧道的另一侧,其分部次数及支护形式与先开挖的一侧相同。

(5)另一侧开挖形成全断面后,及时完成全断面初期支护闭合。

(6)左、右两侧洞体施工纵向间距不小于15 m。

(7)在喷射混凝土完成1 d后,对滞后工作面3 m左右的拱部支护与围岩之间的空隙应进行注浆回填。

4. 出渣运输

工作面使用小型挖掘机或人工装渣,小型运输车辆运输。

5. 临时支护拆除

临时支护过早拆除对控制施工过程中结构变形极为不利,对中隔壁结构稳定也有影响,因此临时支护可在全部开挖和初期支护完成后,并形成全断面封闭环形后进行。临时支护结构每次纵向拆除长度不应大于6 m,并逐段拆除。拆除后立即进行仰拱施作,两工序交错进行。仰拱施作长度达到衬砌台车长度后,及时进行拱墙二次衬砌。

5.10 双侧壁导坑法

5.10.1 双侧壁导坑法定义

双侧壁导坑法是先开挖隧道两侧导坑,及时施作导坑四周初期支护及临时支护,必要时施作边墙衬砌,然后再根据地质条件、断面大小,对剩余部分采用二台阶或三台阶开挖的施工方法(图4-5-23)。双侧壁导坑法施工工序如图4-5-24所示。

图4-5-23 双侧壁导坑法开挖

5.10.2 工艺特点

采用双侧壁导坑法必须遵守弱爆破、短进尺、强支护、早封闭、勤量测的施工原则。侧壁导坑采用台阶法开挖,台阶长度可取开挖面宽度的1～1.5倍。采用风钻钻孔,上下台阶可同时爆破,周边全部采取光面爆破控制成形,开挖循环进尺0.5～1.0 m。开挖后先进行初喷,及时施作初期支护及临时支护,加强监控量测,指导安全施工。

5.10.3 适应范围

适用于浅埋双线或三线隧道Ⅴ、Ⅵ级围岩以及断面较大的不良地质洞口工程的施工。

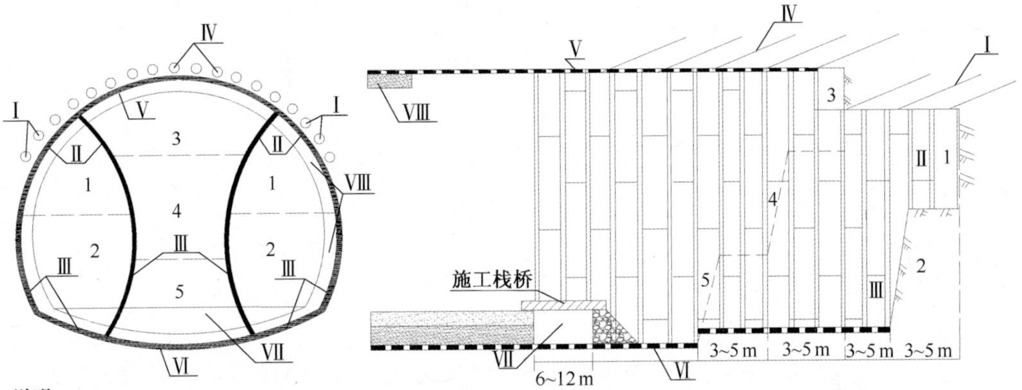

说明：
Ⅰ.两侧超前小导管；1.两侧上部开挖；Ⅱ.两侧上部初期支护；2.两侧下部开挖；Ⅲ.两侧下部初期支护；Ⅳ.拱部超前小导管；3.中壁上部开挖；Ⅴ.中壁上部初期支护；4.中壁中部开挖；5.中壁下部开挖；Ⅵ.中壁下部初期支护；Ⅶ.仰拱混凝土施工；Ⅷ.拱墙混凝土

图 4-5-24　双侧壁导坑法施工工序示意图

5.10.4　开挖施工工艺

1. 工艺流程

双侧壁导坑法施工工艺流程如图 4-5-25 所示。

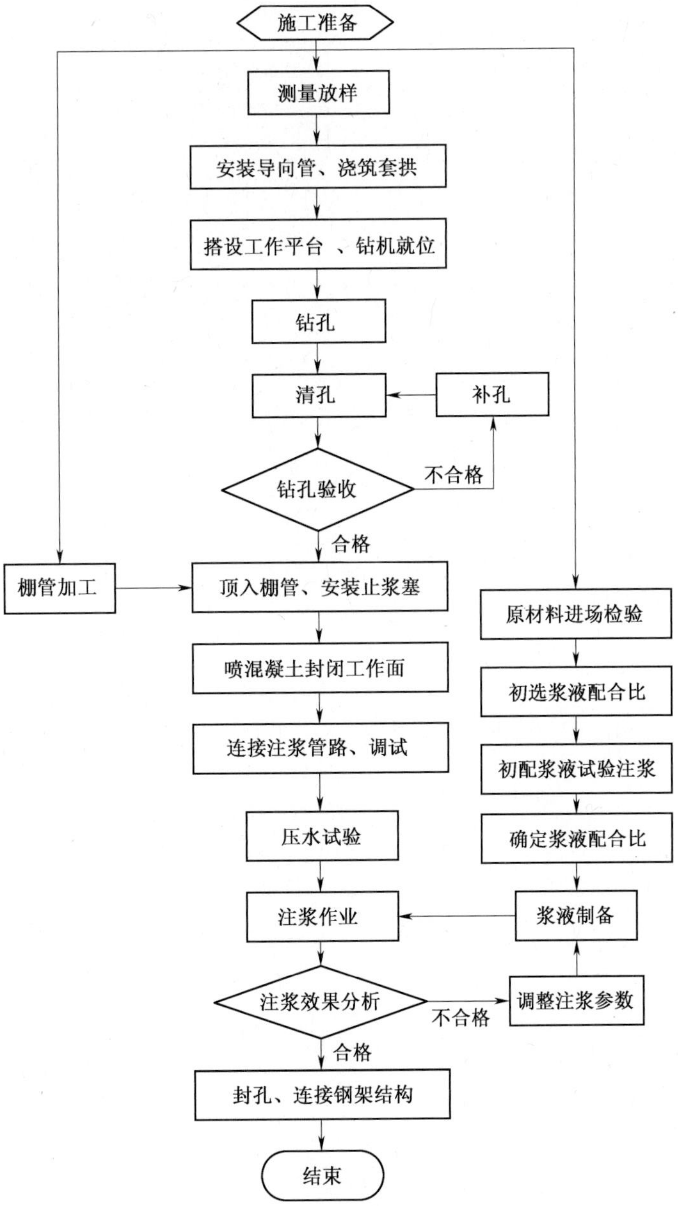

图 4-5-25　双侧壁导坑法施工工艺流程图

2. 工艺要点

(1)先开挖隧道两侧壁导坑,及时施作初期支护及边墙衬砌,再根据地质条件、断面大小,采用台阶法开挖隧道拱部及下台阶和仰拱。

(2)侧壁导坑形状应近似椭圆形,导坑断面的宽度控制为整个断面的 1/3。

(3)侧壁导坑、中央部上部、中央部下部开挖错开一定距离平行作业,左右导坑前后距离不小于 5 m,侧壁导坑超前中央部 10～15 m。

(4)侧壁导坑开挖后及时进行初期支护及临时支护,并尽快封闭成环。

(5)侧壁导坑采用短台阶法开挖,左右侧壁导坑施工可同步进行。

(6)断面初期支护封闭成环,且监控量测显示初期支护稳定时,方可拆除临时支护,临时支护拆除期间要加强监控量测,一次拆除长度控制在 15 m 以内。

(7)临时支护拆除后应及时施作仰拱并进行二次衬砌。

5.11　其他开挖方法

高速铁路隧道常用的其他开挖方法还包括环形开挖预留核心土法(图 4-5-26)、铁路大断面隧道三台阶七步开挖法、单侧壁导坑法等,其工程原理与上述一种或两种方法类似,或者由上述方法针对特殊地质条件演变而来。异形断面隧道中还可能使用中洞法(图 4-5-27)、侧洞法开挖方法。

图 4-5-26　环形开挖预留核心土法开挖

图 4-5-27　中洞法开挖

6　高速铁路隧道支护施工技术

采用新奥法原理设计、施工的隧道，支护施工是整个隧道施工最为重要的环节之一。新奥法的内涵就是保护围岩，充分调动和发挥围岩的自承能力。从这样一个原则出发，施工中可以根据隧道工程具体条件灵活地选择开挖方法、爆破技术、支护形式、支护施作时机和辅助工法。至于对围岩变形的控制，根据不同情况，有时应强调释放，有时应强调限制。

通过国内外高速铁路隧道多年的设计、施工经验，概括起来隧道施工支护主要有以下几种类型：大管棚、超前小导管、锚杆、钢筋网、钢架、喷射混凝土等。这几种支护类型并不是单一使用，往往是根据隧道的地质条件，选择两种或几种类型对围岩进行联合支护。

6.1　大管棚施工

6.1.1　大管棚及其作用

在隧道开挖前沿开挖轮廓线钻设与隧道轴线平行的钻孔，然后插入不同直径的钢管，并向管内注浆，固结围岩形成棚架支护体系，即在隧道拱顶形成一伞状保护环(图 4-6-1)，提高周围岩体的抗剪强度，达到加固围岩并扩散围岩压力的目的；大管棚结构可有效承载局部松弛的地层荷载，适时提供隧道开挖后而支护尚未施作或发挥作用前所需的支撑力，使隧道开挖面得以稳定并同支护和结构共同形成空间支撑系统。

图 4-6-1　隧道进洞管棚

大管棚常采用直径为 ϕ70 mm～ϕ127 mm 钢管，特别地段也有采用直径 ϕ300 mm～ϕ500 mm 大钢管，壁厚一般不小于 6 mm。工程中多采用 ϕ108 mm，壁厚 6 mm 的热扎无缝钢管；钢管中心间距宜为管径的 2～3 倍；管棚长度根据地质、机械设备及施工条件确定，一般为 10～40 m。如需设置的管棚段落过长可分组设置，纵向两组管棚的搭接长度应大于 3.0 m。

适用于隧道洞口浅埋地段或软弱破碎围岩地段进洞施工；富水软弱破碎地质、砂砾地层、岩溶地质等不良地质地段的隧道开挖辅助措施。

6.1.2　施工工艺流程

大管棚施工工艺流程如图 4-6-2 所示。

6.1.3　大管棚施工

1. 管棚的加工制作

管棚钢管直径宜为 ϕ70 mm～ϕ127 mm，一般采用 ϕ108 mm，壁厚 6 mm 的热轧无缝钢管。管棚钢管单

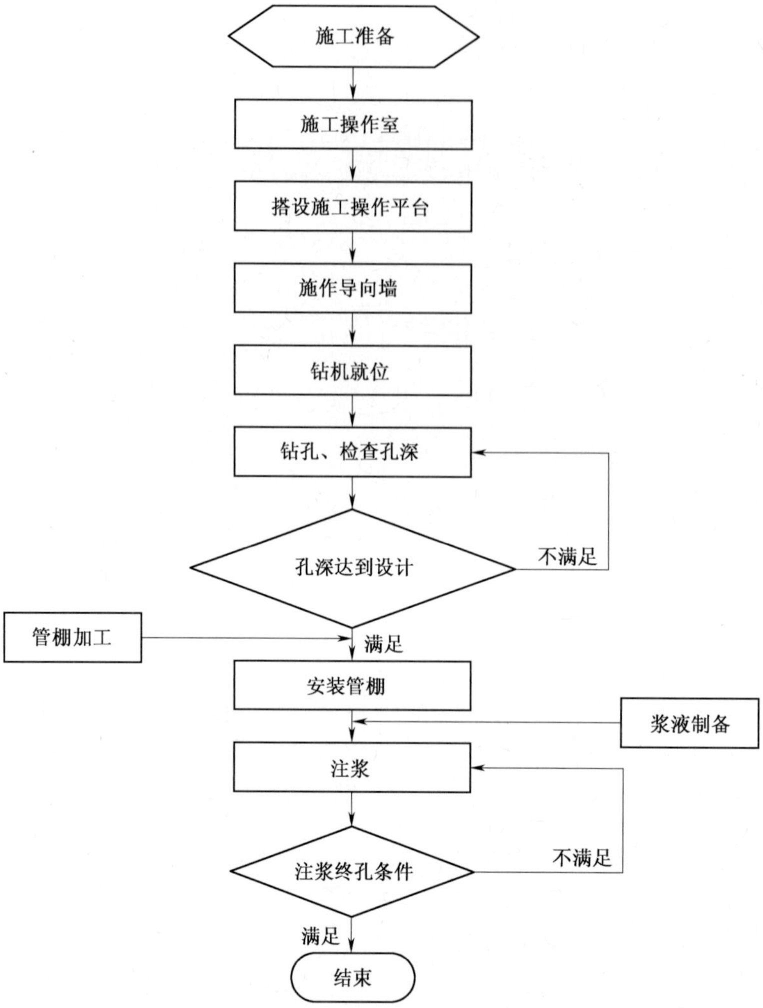

图 4-6-2 大管棚施工工艺流程图

节长度通常为 4～6 m,接头采用 15～20 cm 长螺纹连接(套管采用内螺纹,钢管端采用外螺纹),以保证连接强度和顺直;钢管接头位置应错开,避免设置在同一横断面上。钢管壁加工注浆花孔,孔径一般为 ϕ6 mm～ϕ8 mm,间距 10～15 cm,一周 4 排左右,呈梅花形排列,前端为尖形,尾端 50 cm 范围内不钻孔作为止浆段。

2. 测量定位

根据设计的大管棚和导向墙位置,分别用全站仪和精密水准仪进行管棚位置和导向墙位置放样,特别要控制大管棚位置与隧道开挖线之间的距离,以免出现大管棚位置侵入隧道初期支护空间范围的现象。

3. 开挖工作室、施作导向墙

在洞内为提供管棚钻孔施工空间,应开挖工作室,工作室的开挖尺寸应根据钻机和钢管推进机的规格确定,一般应超出隧道外轮廓线 0.5～1.0 m,并设钢支架。

施作导向墙:一般情况为便于施钻和提高钻孔精度,常在明挖和暗挖交界处(或隧道坍塌位置)施作混凝土导向墙,如图 4-6-3 所示。

(1)导向墙在隧道外廓线以外施作,内埋设 3～4 榀工字型钢支撑,钢支撑与管棚孔口管焊成整体。孔口套管沿拱圈环向布设,孔径比管棚钢管大 20～30 mm 。

(2)孔口套管间距、位置及方向应准确。用经纬仪以坐标法在工字钢架上定出其平面位置;用激光导向仪设定孔口管的倾角;用前后差距法设定孔口管的外插角。孔口管应牢固焊接在工字钢上,防止浇筑混凝土时产生位移。

4. 钻机配置

钻机选型由一次钻孔深度和孔径决定,图 4-6-4 是日本 RPD-180 系列钻机,该设备采用后顶锤式旋转冲击作业,克服潜孔锤污染大、遇高压水很难钻进等缺点,具有钻进速度快,操作简便、劳动强度低等优点。钻

量为钢管长度的 1%左右，并控制在 20～30 cm。

(6)严格控制钻孔平面位置，管棚不得侵入隧道开挖线内，相邻的钢管不得相撞和立体交叉。

(7)经常量测孔的斜度，发现误差超限及时纠正，至终孔仍超限者应封孔，进行原位重钻。

2. 注浆施工技术要点

(1)浆液配置必须按设计配合比进行，实验室根据不同的岩层，选用不同的浆液配合比(如水泥砂浆、水泥一水玻璃双液浆等)，掺加不同的外加剂；浆液配置所需的水泥、水玻璃、水及其他外加剂(如速凝剂等)均要经过试验检测，并满足质量要求；浆液拌制必须使用机械拌和，严格控制拌和的时间；实验室要加强对浆液质量的检查。

(2)注浆过程中随时检查孔口、邻孔、覆盖层较薄部位有无串浆现象，如发生串浆，应立即停止注浆或采用间歇式注浆封堵串浆口，也可采用麻纱、木楔、快硬水泥砂浆或锚固剂封堵，直至不再串浆时再继续注浆。

(3)注浆时相邻孔眼需间隔开，不能连续注浆，以确保固结效果，同时达到控制注浆量的目的。

(4)注浆时，注浆机压力应与规定压力配套，不宜升压过快；注浆压力达到规定值时应予以稳定一定的时间，应持压 3～5 min，以利浆液进一步渗入缝隙；要经常检查注浆压力表的准确度；要根据注浆终压和注浆量双控注浆质量；要根据单根钢管注浆量并结合岩体的松散程度，综合考虑注浆量。

(5)采取抽芯等措施进行注浆效果检查，如注浆效果不好，应分析原因。如未设置止浆墙可能导致浆液外流，由于注浆压力不够或注浆量没有达到计算值造成注浆效果差。

6.2　超前小导管施工

6.2.1　小导管及其作用

小导管超前支护是在隧道开挖轮廓线外一定距离，以一定的外插角，向开挖面前方打(钻、压)入小导管(锚杆)并压注具有胶凝性质的浆液，使浆液在压力的作用下渗透、扩散到地层孔隙或裂隙中，以改善围岩物理力学性能，在开挖面周围形成一个具有既可止水又有一定强度骨架的硬壳固结体，从而提高围岩的整体性、抗渗性和稳定性，是隧道辅助开挖的一种方法，具有施工机具设备简单，施工操作方便，费用低的优点，如图 4-6-6 所示。

图 4-6-6　超前小导管

超前小导管注浆支护适用于自稳时间很短或无自稳能力的砂层、砂卵(砾)石层、土层、断层破碎带、涌水地段、软弱围岩及地层加固和塌方处理。一般来说，围岩较破碎的地段应优先选用超前小导管预注浆加固措施。

6.2.2　施工工艺流程

超前小导管预注浆施工工艺流程如图 4-6-7 所示。

6.2.3　超前小导管施工

1. 参数选择和加工

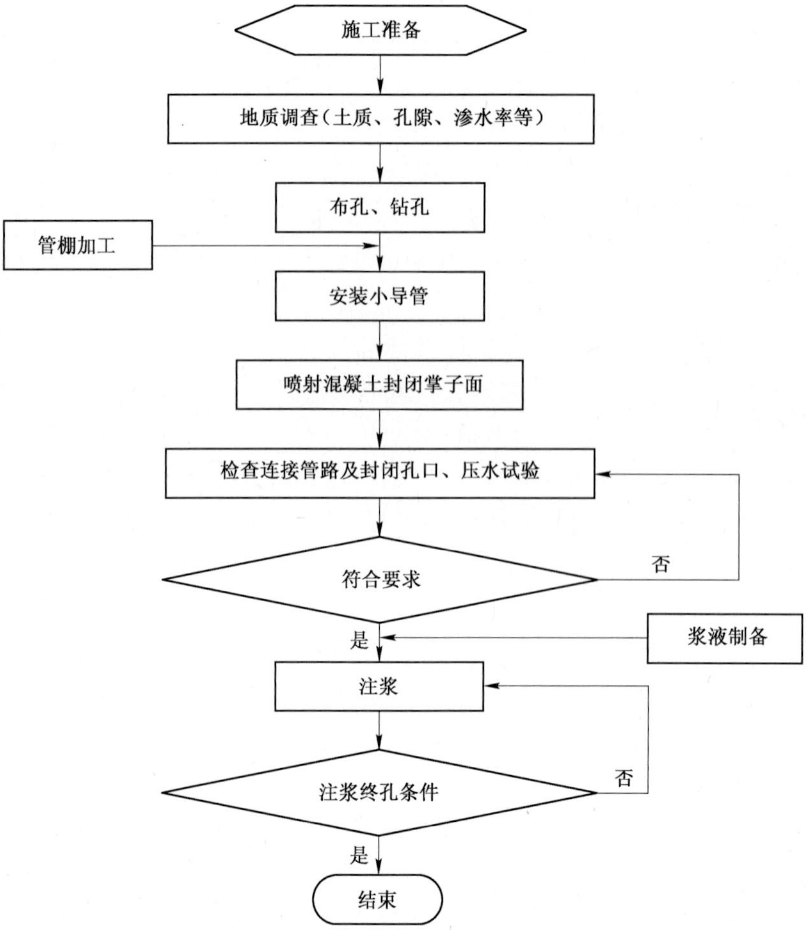

图 4-6-7　超前小导管预注浆施工工艺流程图

超前小导管一般选用 ϕ42 mm～ϕ50 mm 热轧无缝钢管加工制成,长度为 3～6 m。间距根据围岩地质条件通过试验确定,视地质条件按 20～50 cm 选用。可以采用均匀间距布置,也可由拱顶至拱脚采取由密至疏不均匀间距布置。外插角大多为 5°～10°,但用于坍方处理以注浆固结塌体形成人工护顶其倾角宜选为 30°。超前小导管可根据围岩的地质情况设置一排或数排。对于超前小导管注浆加固范围较长的地段,前后排之间搭接长度一般在 1～1.5 m 范围内。小导管前部应钻注浆孔,孔径一般为 6～8 mm,孔间距为 10～20 cm,呈梅花形布置。小导管前端加工成锥形,尾部不钻注浆孔的范围长度不小于 30 cm,作为预留止浆段。

2. 测量布孔

小导管管孔一般布置在开挖轮廓线以外 5～10 cm。用全站仪进行小导管位置的测量放样工作,并用红油漆在作业掌子面上作好小导管位置的标记。

3. 钻孔

钻孔时一般采用风钻(台车)开孔,以设计的外插角向外钻孔。为保证超前小导管的有效搭接长度,施工过程中严格控制隧道开挖的进尺,以使下一循环的施工顺利进行。

钻孔直径应大于设计导管直径 3～5 mm,孔深大于设计长度 10 cm。对于砂类土,也可采用直径比小导管稍大的钢管制作吹风管,将吹风管缓缓插入土中,用高压风射孔,成孔后将小导管插入。

4. 布管

钻孔完毕后,通常要对钻孔进行冲洗并检查钻孔孔深、孔径和倾斜度是否符合设计要求后,方能进行小导管的安装,工程中多采用气水联合法对钻孔进行冲洗。

钻孔检查合格后,用带冲击的风钻将小导管顶入孔中,或直接用锤击插入钢管,再用塑胶泥封堵导管孔口周围及工作面上的裂缝,以利于后续注浆工作。

布管顺序：从拱顶分别向左右方向进行，采取隔孔间隔布置；小导管的外露长度一般为 30～50 cm。

5. 注浆

注浆是小导管施工工艺中最重要的一道工序，注浆质量的好坏直接影响小导管施工的效果。

(1)浆液的选择。注浆有单液和双液注浆两种。在砾砂层、中粗砂层、圆砾层中宜选用注单液注浆(一般分纯水泥浆和改性水玻璃浆液)，砾质黏性土及砂质黏性土中宜选用双液注浆(一般为水泥水玻璃浆液)；断层破碎带和砂卵石地层，宜选用水泥浆液和水泥水玻璃浆液；中、细粉砂层及细小裂缝岩层、断层泥堵水注浆，宜选用渗透性好、低毒及遇水膨胀的改性水玻璃浆液。

单液注浆法是将注浆材料全部混合搅拌均匀后，用一台注浆泵注浆。这种方法适用于凝胶时间大于 30 min的注浆。

双液注浆法是用两台注浆泵或一台双缸注浆泵，按一定比例分别压送甲、乙两种浆液，在孔口混合器混合后，再注入到岩层中。采用这种方法，浆液凝胶时间一般为几十秒到几分钟。

(2)浆液的配制。一般根据现场试验确定，通常情况下按如下原则配置：

纯水泥浆液：浆液的水胶比宜为(0.5∶1)～(1∶1)，采用强度等级为 32.5R 以上水泥。如需要缩短注浆的凝结时间，则可以加入食盐、三乙醇胺速凝剂等外加剂。

改性水玻璃浆液：由硫酸与水玻璃配制而成。首先将 98%的工业浓硫酸稀释成 18%～20%的稀硫酸，将 40Be 的水玻璃稀释成 20Be；在快速搅拌的情况下，将水玻璃缓慢地倒入稀硫酸中，并用试纸测量 pH 值，以 3～4 为宜。

水泥水玻璃浆液：浆液水胶比宜为(0.8∶1)～(1.5∶4)，水泥浆与水玻璃的体积比一般为(1∶0.3)～(1∶1)。

(3)注浆参数的选择。注浆参数根据试验确定。一般情况下扩散半径可按公式计算：

$$R=(0.6\sim0.7)L \tag{4-6-2}$$

式中　L——注浆导管之间的中心距离。

单管理论注浆量可按公式计算：

$$Q=\pi R^2 L\eta \tag{4-6-3}$$

式中　η——岩体孔隙率。

注浆压力应根据地层致密程度和选用的浆液类型决定，一般为 0.3～1.0 MPa。纯水泥浆的注浆压力可稍微大一些，一般为 0.6～1.0 MPa；其余浆液的注浆压力一般为 0.3～0.6 MPa。注浆压力一般可按下式计算：

$$P=(0.4\sim0.6)\gamma h \tag{4-6-4}$$

式中　P——注浆压力，kPa；

γ——砂、围岩的重量，kN/m^3；

h——被注浆岩体的厚度，m。

注浆过程根据实际情况确定，可以通过加入少量的缓凝剂(如磷酸氢钠)来控制初凝时间，初凝时间一般控制在 8～10 min，但加缓凝剂的浆液对结石体的强度有不良影响，因此掺量不能超过水泥质量的 2%。

(4)注浆工艺。选用合适的注浆泵注浆，采用浆液搅拌桶制浆。为防止浆液从其他孔眼溢出，注浆前对所有孔眼安装止浆塞，注浆顺序宜从两侧拱脚向拱顶。由于岩体孔隙不均匀，考虑开挖的方便，同时要达到固结破碎松散岩体的目的，保证开挖轮廓线外环状岩体的稳定，形成有一定强度及密实度的壳体，特别是确保两侧拱脚的注浆密实度和承载力，宜采取注浆终压(0.8～1.2 MPa)和注浆量来双控注浆质量，拱脚的注浆终压高于拱腰至拱顶。通过现场试验确定拱脚终压值。注浆时相邻孔眼需间隔开，不能连续注浆，以确保固结效果、同时达到控制注浆量的目的。

6.2.4　施工技术要点

1. 钻孔施工技术要求

(1)钻孔前，精确测定孔的平面位置(误差±15 mm)、倾角、外插角，并对每个孔进行编号。

(2)严格控制钻孔平面位置，超前小导管和超前锚杆不得侵入隧道开挖线内，相邻的钢管不得相撞和立体交叉。

(3)终孔后,要检查锚杆孔的位置、孔深、方向和外插角;然后用高压风将钻孔吹洗干净。

2. 注浆施工技术要点

注浆施工技术要点详见本篇 6.1.4 节。

6.3　锚杆施工

6.3.1　描杆类型、特点及其作用

1. 锚杆的定义与分类

锚杆是指在岩土体内部钻孔中,用黏接剂(如水泥砂浆、锚固剂、水玻璃双液浆等)将钢筋(或其他杆材)与岩土体黏接成一个整体,对岩体起支承、加固、提高层间摩阻力的作用,是将因施工引起岩土体产生的重新分布力传至稳定结构物或岩土层的一种构件。当采用钢绞线或高强钢丝束作杆体材料时,也可称为锚索。目前国内外使用锚杆种类已达数百种,如图 4-6-8 所示。按锚固形式上可划分为全长黏结型锚杆、端头锚固型锚杆、摩擦型锚杆和其他类型锚杆;按受力状态可划分为非张拉型锚杆和张拉型锚杆,张拉型锚杆又分为张拉锚杆和预应力锚杆。

端头锚固型锚杆:分为机械锚固型锚杆和黏结锚固型锚杆。机械锚固型锚杆分为楔缝锚杆、倒楔锚杆和涨壳锚杆;黏结锚固型锚杆分为砂浆锚杆、快硬水泥卷锚杆和树脂药卷锚杆。

全长黏结型锚杆:分为树脂锚杆和砂浆锚杆。

摩擦型锚杆:分为缝管锚杆和楔管锚杆。

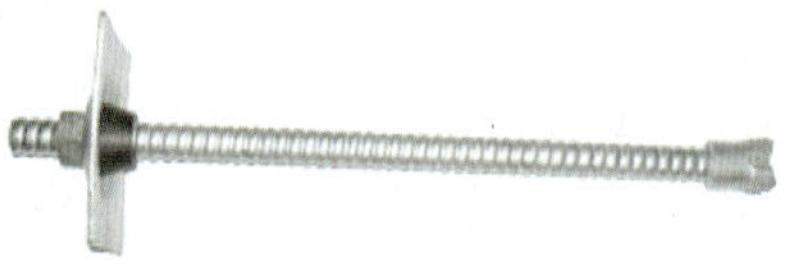

(a) 自钻式锚杆

(b) 组合式中空注浆锚杆

(c) 涨壳式中空注浆锚杆

(d) 树脂锚杆

图 4-6-8　各类锚杆产品

2. 锚杆特点及作用

(1)锚杆的特点。

1)在岩土体开挖后,能较快提供支护力,有利于保护岩土体的固有强度,阻止岩土体的进一步扰动,控制岩土体变形的发展,提高施工过程的安全性。

2)提高岩土体软弱结构面、潜在滑移面的抗剪强度,改善岩土体的其他力学性能。

3)改善岩土体的应力状态,使其向有利于稳定的方向转化。

4)锚杆的作用部位、方向、结构参数、密度和施作时机可以根据需要方便地进行设定和调整,以获得最佳的稳定效果。

5)将结构物与岩土体紧密地联锁在一起,形成共同工作体系。

6)锚杆施工理念是尽可能通过锚杆发挥岩土体自稳性能,而使外支护结构变得简单。

7)对预防、整治滑坡,加固、抢修出现病害的结构物具有独特的作用。

(2)锚杆的作用。

1)支承围岩:系统锚杆是嵌入隧道开挖后未扰动的稳定围岩中,对隧道开挖后周边已扰动(重新分布应力)的围岩起限制约束变形与支撑围岩的作用。

2)加固围岩:隧道系统锚杆使围岩松动区的节理裂隙、破裂面等得以联结,增大了锚固区围岩的强度(即

c、φ 值)。实践证明,隧道施工中锚杆对加固节理发育的岩体和围岩松动区是十分有效的,有助于裂隙岩体和松动区形成整体,成为"加固带"。

3)提高层间摩阻力,形成"组合梁":水平或缓倾斜的层状围岩,用锚杆群能把数层岩层连在一起,增大岩层间摩阻力,从结构力学观点来看,就形成了"组合梁"。

4)"悬吊"作用:所谓"悬吊"作用是指隧道开挖后,为防止个别危石的掉落或滑落,用锚杆将其同稳定围岩联结起来,主要表现在加固局部失稳的岩体。

3. 锚杆适用范围

(1)不太稳定的岩土体,为确保不在一般情况下出现崩坍等地质灾害而需要的加固。

(2)工程改变岩土体结构而形成的边坡和自然边坡支护。

(3)坑道开挖后形成的临空面支护。

6.3.2　施工工艺流程

隧道系统锚杆施工工艺各不相同,同一类锚杆不同的杆材和锚固黏接剂,以及不同组合支护形式下,其施工工艺差别也很大。比如系统锚杆采用砂浆锚杆和药卷锚杆其施工工艺就不同;采用普通钢筋锚杆和装配式锚杆(中空注浆锚杆、自进式锚杆)其施工工艺也不相同;在设计有钢架支护和没有钢架支护的情况下,系统锚杆的施工工艺也有所不同。普通钢筋药卷锚杆(系统锚杆)施工工艺流程如图 4-6-9 所示。

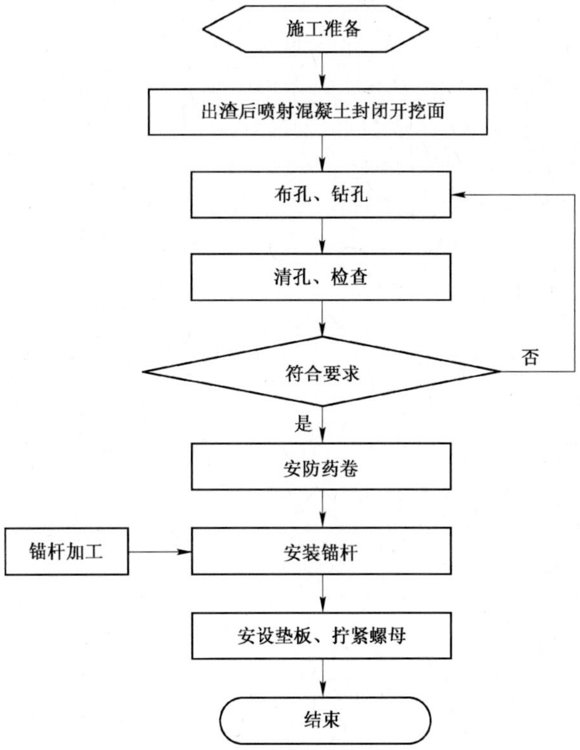

图 4-6-9　普通钢筋药卷锚杆工艺流程图

6.3.3　锚杆施工

1. 施工准备

(1)锚杆孔定位。锚杆钻孔前根据设计要求定出孔位,作出明显标记。锚杆孔定位通常采用挂中线,通过尺量;采用了自动极坐标测量系统的隧道掘进,系统锚杆可通过自动极坐标测量系统定位。

(2)锚杆及配件的加工或采购。

1)普通钢筋锚杆及垫板加工。用于加工锚杆及垫板的钢筋和钢板材料通过复检合格,统一在场地加工房内加工;锚杆根据隧道不同围岩级别类型支护,截取成需要的长度,杆体需调直,表面无缺损、无锈、无杂物。加工后的锚杆尺寸符合设计要求,车丝部分无偏心,焊缝表面不得有裂纹、焊瘤等缺陷;垫板采用设计厚度的钢板加工,按要求规格下料,中间钻孔。

2)装配式特种锚杆采购。常用的装配式特种锚杆有中空注浆锚杆和自进式锚杆,配件主要包括分段杆材、接头套筒、特制垫板,自进式锚杆还包括特种钻头。采购前对供应商进行考察,实行货比三家,招标采购;进场锚杆需进行检查、验收后,才能用于现场施工。

(3)锚杆辅助材料准备。

1)水泥:普通水泥砂浆选用普通硅酸盐水泥,在自稳时间短的围岩条件下,宜采用早强水泥。

2)砂:宜采用清洁、坚硬的中细砂,粒径值不宜大于 3 mm。

3)砂浆制备:砂浆严格按设计配合比拌和均匀,随拌随用。一次拌和的砂浆在初凝前用完。

4)外加剂:一般采用减水剂、早强剂、膨胀剂等,需提前购买备用。

5)锚固剂:若采用药卷锚杆,需提前采购好药卷锚固剂,并在使用前一定时间就开始浸泡。

(4)设备检查。施工锚杆前,全面检查钻孔机具、风压动力、注浆设备以及其他机械是否正常,确保锚杆施工持续进行。

2. 锚杆成孔

(1)锚杆钻孔设备。目前,锚杆钻孔设备主要有锚杆钻孔台车、凿岩台车、手持凿岩机等,它们各有其优缺点。

锚杆钻孔台车和凿岩台车成孔速度快,工效高,能够有效保证锚杆的施工质量;锚杆台车能够施工任何部位的锚杆,并且确保锚杆的施工角度,施工安全风险相对较低。主要缺点是设备一次性投入较大。

手持凿岩台车设备一次性投入少,基本不受作业断面大小的影响。主要缺点是:施工工效相对较低;锚杆施工质量不易得到可靠保证,尤其是隧道拱部锚杆施工角度很难按照设计施工;由于人员紧靠开挖面,锚杆施工的安全风险相对较大。

目前,国外锚杆钻孔设备技术已相当成熟,Boltec LD 就是一款全机械化锚杆台车,它具有锚杆定位、钻孔和安装锚固多种功能,其技术指标为:锚杆长度为 1.5 ～ 6 m,施工高度最大为 12 m(图 4-6-10)。此外,隧道开挖钻孔也可采用凿岩台车(图 4-6-11)。

图 4-6-10　Boltec LD 锚杆台车

图 4-6-11　阿特拉斯 BooerXL3D 三臂液压凿岩台车

(2)钻孔作业。

1)隧道锚杆钻孔一般在分部开挖台阶上或洞内钻爆支护台架上进行。钻设前严格按照设计间距布孔,选择与孔径大小相对应的钻头。钻孔方向尽可能垂直结构面或初喷混凝土表面。

2)钻孔过程中随时检查钻孔方向和钻进深度,随时密切观察岩层特性,为合理的进行支护提供依据。

3)锚杆钻孔完成,立即用高压风、水冲洗干净孔内碎屑,确保顺利插入锚杆。

4)钻孔过程常会卡钻头,当钻头确实无法取出时,应在孔位旁边补钻孔;当隧道位于软弱围岩或不均匀岩层中,出现卡钻头导致无法成孔,或者钻孔容易,取出钻杆后钻孔产生变形,无法插入锚杆时,可考虑将原设计锚杆更改为自进式锚杆。

3. 锚杆安装

(1)普通水泥砂浆锚杆。

1)砂浆配合比:水泥 ∶ 砂宜为(1 ∶ 1)～(1 ∶ 1.5);水胶比宜为 0.45～0.50,砂的粒径不宜大于 3 mm;砂浆拌和均匀,随拌随用,一次拌和的砂浆在初凝前用完。

2)灌浆前将钻孔吹净。注浆开始或中途停止超过 30 min,应采用水润滑灌浆罐及其管路;灌浆孔口压力一般不大于 0.4 MPa。

3)灌浆时堵塞孔口,灌浆管插至距孔底 5～10 cm 处,随水泥砂浆的注入缓慢匀速拔出,随即迅速将杆体插入,若孔口无水泥砂浆溢出,将杆体拔出重新灌注。

4)锚杆杆体宜对中插入,插入后在孔口将杆体固定。锚杆插入孔内的长度不小于设计规定。锚杆安设后,不得随意敲击。

(2)早强水泥砂浆锚杆。早强水泥砂浆锚杆施工方法同普通水泥砂浆锚杆,不同之处在于锚固砂浆一般采用硫酸盐早强水泥并掺早强剂。灌浆过程时,应注意在开始或中途停止作业超过 30 min 时,需测定砂浆坍落度,当其值小于 10 cm 时不能注入罐内使用。

(3)早强药卷锚杆。

1)选择好药卷直径和药卷长度,药卷使用前检查有无结块和受潮。药卷要求浸透,安装前需浸泡在清水中。

2)安装采用专用装药卷工具,缓慢地把药卷推入孔底,推入过程中保证药卷不破裂。

3)锚杆杆体插入后注意旋转,使药卷充分搅拌。

(4)缝管式摩擦锚杆。

1)缝管式摩擦锚杆安装采用一般风动凿岩机时需配备专用冲击器;宜随钻随安设锚杆,也可集中钻孔、集中安设,一般不隔班隔日安设。

2)缝管式摩擦锚杆安装前检查风压,要求不小于 0.4 MPa。安设前再次清孔,并核对孔深是否符合要求。

3)缝管式摩擦锚杆推进过程中,保持凿岩机、锚杆、钻孔的中心线在同一轴线上。凿岩机推进过程中可适当放水冷却冲击器;推到末端降低推进力,当垫板抵紧岩石时立即停机,以免损坏垫板和挡环。

(5)楔缝式锚杆。楔缝式锚杆安装前将楔子与锚杆杆体连接安装好,送入孔内时不偏斜。打紧楔块过程中注意不破坏螺纹,安设后立即安装好托板,拧紧螺帽。

(6)树脂锚杆。

1)根据设计锚杆直径和胶凝时间选择树脂锚固剂的规格和型号。

2)根据设计锚固长度,用杆体将选用的锚固剂送入孔底,启动搅拌器带动杆体旋转(30±5)s,匀速推进到孔底。卸下搅拌器后,及时在孔口将杆体楔住,固化前使杆体不移位或晃动。

3)对于采用快速树脂锚固剂的锚杆,应在锚杆安装完成 7 min 后安装托板,并在 15 min 后测试锚固力;对于采用中速树脂锚固剂的锚杆,应在锚杆安装完成 15 min 后安装托板,并在 40 min 后测试锚固力。

4)搅拌安装工具根据现场动力条件,可采用 TJ-9 风动锚杆搅拌机或电煤钻加连接头,紧螺母可采用 QB-16 风动扳手或手动扳手;若采用锚杆钻机作业,钻孔和安装锚杆同机操作更为方便。

6.3.4　施工技术要点

1. 孔位及方向

(1)孔位根据设计要求和围岩情况作出标记,孔位允许偏差为 50 mm。

(2)钻孔方向沿隧道周边径向钻孔,不宜平行于岩层层面。

(3)锚杆钻孔保持直线。

2. 孔深、孔径

(1)砂浆锚杆孔深度误差不宜大于±50 mm;缝管式锚杆孔深不得小于杆体长度;楔缝式锚杆孔深不大于杆体长度,保证尾部垫板和螺栓安设紧固。

(2)砂浆锚杆孔径大于杆体直径 15 mm;缝管式锚杆孔径根据设计要求并经过试验确定。此外,施工中需考虑因钻头磨损导致孔径缩小的影响。

3. 锚杆安装

(1)锚杆位置允许偏差 15 mm;锚杆深度允许偏差为±50 mm。

(2)锚杆杆体调平直,使用前必须除锈和除油。

(3)必须安设垫板,如有缝隙必须采取措施处理,确保垫板与喷混凝土面密贴。

6.4 钢架、W 型钢带施工

6.4.1 钢架的主要类型

隧道工程新奥法(NATM)是以隧道工程经验和岩体力学理论为基础,将钢架、锚杆和喷射混凝土组合在一起作为主要支护手段的一种施工方法,已在各种重、难点地下工程中广泛应用,几乎成为软弱破碎围岩地段修建隧道的一种基本方法,该法施工支护具有及时性、封闭性、黏结性和柔性特点。目前,隧道钢架主要有型钢钢架、格栅钢架、W 型钢带等类型。

型钢钢架:相对于格栅钢架,具有强度高、整体性好、刚度大等特点;型钢钢架受型钢截面限制,结构材料受力发挥不充分;型钢钢架的冷弯加工适用范围不广;后工序喷混凝土回弹大,与所喷混凝土结合相对较差。

型钢钢架一般可承受较大初期围岩压力,宜用于坍方处或处于Ⅴ、Ⅵ级围岩破碎带需要立即支撑的大断面隧道。因型钢钢架与所喷混凝土结合不好,易造成空洞和壳体纵向不连续,导致初期支护整体性差;同时由于型钢断面不对称,初期支护易沿隧道纵向失稳。

格栅钢架:相对于型钢钢架,它具有柔性好、与所喷混凝土结合较好,形成钢筋混凝土结构,可转化为永久支护,但加工工作量大。适用于自稳时间短的软弱围岩或有一定变形、后期围岩压力有较大增长的围岩段隧道,如图 4-6-12 所示。

W 型钢带:是一种新型支护材料,是典型的柔性支护。钢带与各种锚杆共同组成组合锚杆支架,通过它可以把分散的多根锚杆连接起来形成一个整体承载结构,显著的提高锚杆的整体效果。如图 4-6-13 所示。W 型钢带在专业厂采购,具有不加工、安装方便、节约钢材的巨大优越,能充分发挥锚杆的潜能,让坑道周边围岩充分释放应力、应变,但因其在岩溶、断层、软弱、破碎带的富水隧道掘进中安全性不高,因而适用范围不广。

图 4-6-12　格栅钢架

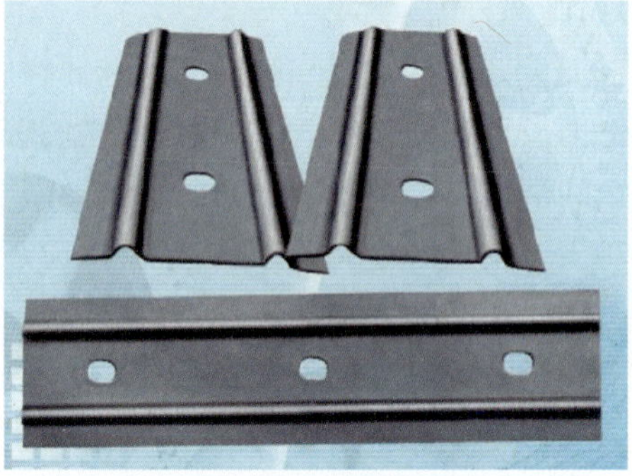

图 4-6-13　W 型钢带

6.4.2 施工工艺流程

(1)钢架施工工艺流程如图 4-6-14 所示。

(2)W 型钢带施工工艺流程如图 4-6-15 所示。

6.4.3 钢架、W 型钢带施工

1. 钢架制作

(1)格栅钢架制作。

1)按设计把各类直径钢筋和连接件材料购买回来,并进行复检,合格后才能进行调直、下料工作。

2)格栅钢架主筋、腹筋和箍筋在加工房或场地内下料并冷弯成形,然后分类整齐堆放在分节拼焊加工房旁,方便拼焊成格栅钢架半成品。

3)格栅钢架拼焊在加工房内自行设计的工作台上进行。工作台用钢板加焊钉制成,其上根据不同断面的钢架主筋轮廓放样,按单元划分成钢筋弯曲模型。钢架焊接在 1∶1 比例实地放样的胎模内进行,以达到

控制变形目的。

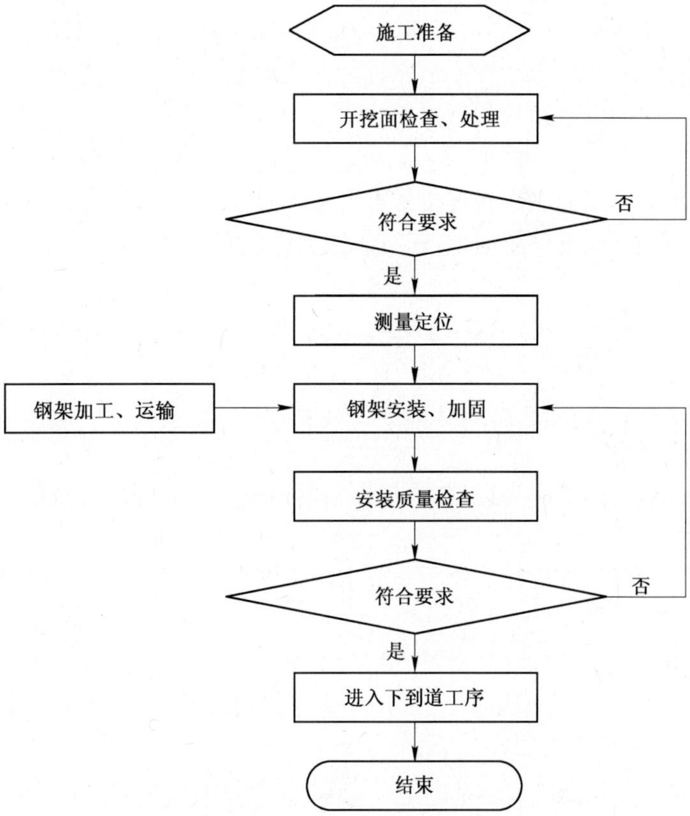

图 4-6-14　钢架施工工艺流程图

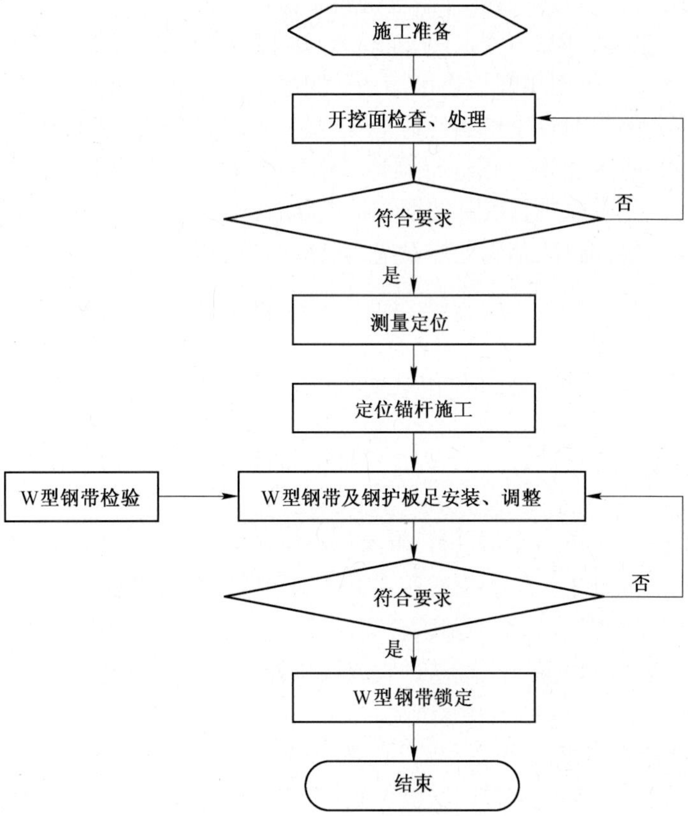

图 4-6-15　W 型钢带施工工艺流程图

4)在拼焊好的格栅钢架节段两端加焊接头板或配对不等边角钢,要求接头板或配对不等边角钢预先已下好料、钻设好螺栓孔,与格栅钢架主筋对位准确,焊接牢固。

5)分节加工好的格栅钢架成品节段,经过严格的检尺和焊接检查(不得有假焊,焊缝表面有裂纹、焊瘤等缺陷),以及试拼装(周边拼装允许误差为±3 cm,平面翘曲小于 2 cm),合格后进行编号,整齐地堆埋在钢架半成品区,标明其检验试验状态,以备转运到隧道内使用。

(2)型钢钢架制作。

1)按设计的型钢钢架把其需用的型钢和连接件材料购买回来,并进行复检,合格后方可使用。

2)型钢上冷弯机前,要在硬化、平整场地上按 1∶1 比例进行实地放样,设置型钢钢架加工工作平台并根据设计线形制作加工模具。

3)型钢冷弯机弯曲量调试是通过上一根型钢进行试顶,然后用模具去反复多次对比试顶型钢的曲率,直到完全符合后才确定下来。

4)为节约材料和方便冷弯操作,型钢连接在上冷弯机前进行,连接遵循规范采用嵌口焊接,保证焊缝长度和焊接饱满,必要时加贴焊腹板。

5)冷弯机把型钢顶弯成需要的曲率半径后,再根据型钢钢架分节长度进行截断(一般用等离子切割机),切割线方向需标准。

6)截好的型钢段送往拼焊场地加焊接头钢板。要求接头钢板预先已下好料、钻设好螺栓孔,与截好的型钢段端头对位准确并焊接牢固。

7)分节加工好的型钢钢架成品节段,经过严格检查(不得有假焊,焊缝表面有裂纹、焊瘤等缺陷),以及试拼装(周边拼装允许误差为±3 cm,平面翘曲小于 2 cm)合格后进行编号,整齐地堆埋在钢架半成品区,标明其检验试验状态,以备转运到隧道内使用。

(3)W 型钢带。W 型钢带直接向厂方购买,按照隧道开挖方法及隧道断面曲率分节进行弯制,节段之间通过垫板、螺栓进行连接。

2. 钢架或 W 型钢带安装

(1)格栅、型钢钢架安装。

1)钢架安装前检查开挖断面净空,合格后才开始进行安装。

2)首先测定出线路中线,确定高程,然后再测定其横向位置,确保每榀钢架不偏斜、扭曲,并位于同一铅垂面。

3)根据测设位置,各节钢架在掌子面用螺栓连接,上、下端螺栓孔对齐,连接板面密贴。

4)为保证各节钢架在全环封闭之前置于稳固的地基上,安装前清除各节钢架底脚下的虚渣及杂物,当拱脚(或墙脚)超挖,不能用土回填,应采用钢垫板进行调整。钢架架立后尽快施作锁脚锚杆(或锚管)将其锁定;底板(或临时仰拱底)开挖完后,及时进行底部初期支护或临时仰拱施工。

5)Ⅴ级及以上软弱围岩可在拱部钢架基脚处增设槽钢以提高基底承载力,为保证钢架位置安设准确,隧道开挖时在钢架的各连接处预留连接板凹槽。初喷混凝土时,在凹槽处打入木楔,为架设钢架留出连接板(和槽钢)位置。

6)安设过程中,当钢架和初喷层之间有较大间隙宜每隔 2 m 用混凝土预制块楔紧,钢架背后用喷混凝土填充密实。

7)成榀型钢钢架拼装完并检查无误后,才开始焊接纵向连接体系。钢架纵向连接体系根据实际情况可采用钢筋、钢管、角钢或槽钢等,环向间距一般为 0.5～1.0 m,内外交错布置。

8)在软弱地层中钢架接长落底应单边交错进行,每次单边接长钢架 1～2 榀。在一般地层中可同时接长落底和仰拱钢架相连并及时喷射混凝土。接长钢架段和上部钢架段间通过垫板用螺栓牢固连接。

9)钢架需与锚杆露头及钢筋网焊接,以增强其联合支护的效应;钢架架立好后尽快进行喷混凝土作业,使钢架与喷混凝土形成共同受力。喷射混凝土应从拱脚或墙角处由下向上喷射。

(2)W 型钢带安装。

1)W 型钢带纵向间距按照锚杆的纵向间距设置,围岩特别软弱时适当加密。

2)根据锚杆的纵向间距,测放出 W 型钢带的安设位置,打设定位锚杆,对 W 型钢带分段进行拼接。W 型钢带底部置于稳固的地基上,两侧进行锁定。

3)按设计进行系统锚杆施工,系统锚杆可采用注浆锚杆、水力膨胀式锚杆、砂浆锚杆等。

4)锚杆加设垫板和螺栓,锚杆安装好后拧紧螺栓,使 W 型钢带将所有锚杆连接在一起,与锚杆共同承受围岩的压力。W 型钢带与锚杆之间尽可能保持垂直,锚杆垫板和 W 型钢带贴紧;当 W 型钢带与围岩之间有较大的空隙时,应沿钢带外缘采用混凝土预制块楔紧。

5)W 型钢带和锚杆安装完成后进行挂网与喷射混凝土施工,形成锚杆、W 型钢带、钢筋网、喷混凝土的联合支护体系。

6.4.4　施工技术要点

1. 原材料

(1)制作钢架所用型钢及 W 型钢带进场检验按批抽取试件作力学性能(屈服强度、抗拉强度和伸长率)工艺性能(冷弯)试验,其质量符合现行国家标准《碳素结构钢》(GB/T 700)等的规定和设计要求。

(2)制作钢架和 W 型钢带的钢材品种和规格符合设计要求。

2. 加工制作

(1)钢筋、型钢、W 型钢带等原材料平直、无损伤,表面不得有裂纹、油污、颗粒状或片状锈蚀。

(2)采用型钢弯制钢架,分节长度根据设计尺寸及所采用的开挖方法确定,各节长度不大于 4 m,腹板上钻孔位置符合设计要求。

(3)钢架节点焊接长度大于 4 cm,且对称焊接。钢架周边拼装允许偏差为±3 cm,平面翘曲应小于 2 cm。W 型钢带每节段长度小于 4 m,锚杆孔眼位置符合设计的锚杆间距。

3. 安装

(1)钢架及 W 型钢带安装不侵入二次衬砌断面,底部不能有虚渣,相邻钢架、W 型钢带及各节钢架、W 型钢带间的连接符合设计要求。

(2)混凝土保护层厚度不小于 4 cm,表面覆盖层厚度不小于 3 cm。

(3)沿钢架、W 型钢带外缘每隔 2 m 用钢楔或混凝土预制块与初喷层顶紧,钢架与初喷层间的间隙采用喷射混凝土充填密实。

6.5　喷混凝土施工

6.5.1　湿喷混凝土及其特点

喷射混凝土是通过混凝土喷射机具、压缩空气、喷射来实现混凝土布料、输送、添外加剂并把混凝土直接喷贴到岩土面的施工方法。根据混凝土类型,喷射混凝土可分为喷射普通混凝土和喷射纤维混凝土;按照具体施工工艺可分为干喷、潮喷和湿喷。高速铁路隧道喷混凝土应采用湿喷工艺。

湿喷工艺是采用拌和机将骨料、水泥、水拌制成混凝土后,利用湿喷机械设备,通过压缩空气将混凝土送至喷头,在喷头处添加液态速凝剂后喷射到岩土面上,在很短的时间内拌和料凝结成具有一定强度的混凝土,达到支护和封闭围岩的目的。湿喷工艺相对前两类工艺具有喷射回弹量小、粉尘少、对环境污染小、喷射混凝土强度高的特点,但喷射设备相对复杂,对混凝土的骨料和坍落度要求较高,对风压及风量要求较大,液态速凝剂成本也较高。

目前,湿喷混凝土主要采用湿喷机械手(图 4-6-16)和小型湿喷机(图 4-6-17)。

图 4-6-16　湿喷混凝土机械手

图 4-6-17　TK-961 型湿喷机

6.5.2　湿喷混凝土施工工艺流程

湿喷工艺流程如图 4-6-18 所示。

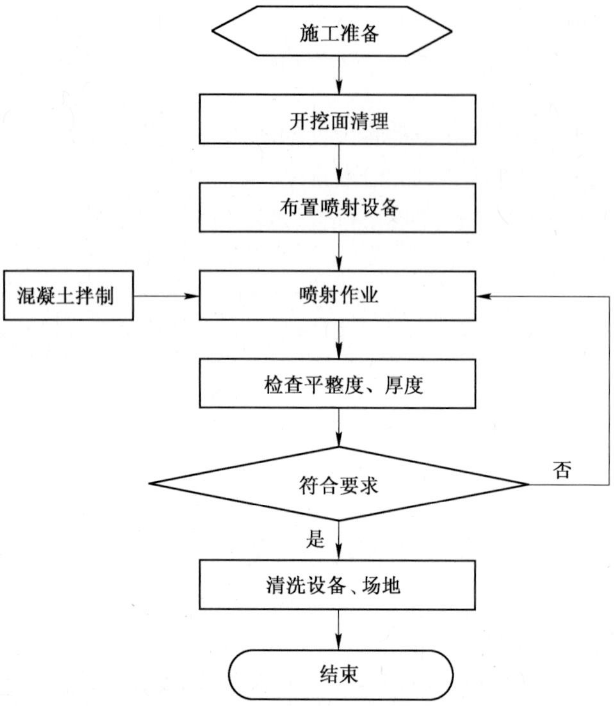

图 4-6-18　湿喷混凝土施工工艺流程图

6.5.3　湿喷混凝土施工

1. 现场准备

平整场地，将喷射机移至喷射地点，将高压风管与喷射机连接，用电缆线将喷射机与配电箱连接，喷射管与喷射机、速凝剂管与喷头连接、喷头与喷射管也应进行相应连接。全部连接完成后先开风调试喷射管路是否通畅，再启动速凝剂泵并设置速凝剂掺量，最后启动喷射机电源调试喷射机。

2. 混合料或混凝土加工运输

湿喷混凝土的加工采用大型拌和站拌制，用配料机严格按确定配合比将 0～15 mm 的碎石、中粗砂进行配料，通过拌和机将骨料、水泥、水均匀拌和形成混凝土，用混凝土运输车运至喷射地点。

3. 外加剂的添加

湿喷混凝土的外加剂采用机械添加，掺量控制比较准确。尤其是机器人喷射手可根据所设置的每小时喷射量及外加剂掺量精确控制外加剂用量。

4. 混凝土喷射作业

(1)喷射时喷嘴垂直于受喷岩面，并保持 1 m 左右距离分区域作螺旋往复运动，直到达规定厚度，并控制好喷射混凝土表面的平整度，如图 4-6-19 所示。

(2)对渗漏水比较小的地方，喷射从无水处向有水处进行；对于渗漏水较大的地方，应采取先引流后喷混凝土的措施。

(3)喷射先开风、后开喷射机；停喷时先停喷射机、后停风。喷射作业时，喷射手应佩戴好防护面罩和手套，避免速凝剂灼伤和腐蚀以及吸入粉尘。喷射作业前检查喷射机和喷射管连接是否牢固、喷射管之间连接是否牢固、喷射管和喷头之间连接是否牢固，避免喷射中连接处脱落发生事故。遇堵管时，应先把出料端固定，避免喷射管摆动伤及施工人员。

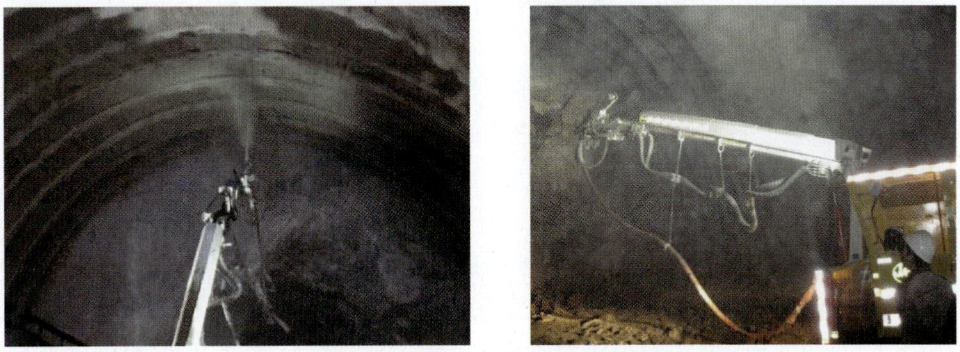

图 4-6-19　机械手湿喷作业

6.5.4　施工技术要点

1. 原材料质量控制

(1)水泥质量控制。

1)水泥一般选用硅酸盐水泥或普通硅酸盐水泥,也可选用矿渣硅酸盐水泥或火山灰质硅酸盐水泥,强度等级不低于 32.5 R。

2)水泥是喷射混凝土最重要的原材料,严格把好水泥进库检查关及使用前检验关。对水泥强度、安定性、凝结时间进行抽样检查,合格后方可用于施工。

(2) 粗骨料质量控制。

1)采用坚硬耐久的卵石或碎石,粒径不宜大于 15 mm。

2)粗骨料级配、最大粒径等质量指标符合《锚杆喷射混凝土支护技术规范》中的相关规定。

(3)细骨料质量控制。砂子宜选择优质中粗河砂,细度模数为 2.5～3.3,含泥量、泥块含量等指标满足相关技术要求。

(4)外加剂质量控制。速凝剂使用前,需进行与水泥的相容性试验和水泥净浆凝结效果试验。速凝剂应保证初凝时间不大于 5 min,终凝时间不大于 10 min。其他各项试验项目应符合《喷射混凝土用速凝剂》(JC 477—2005)的要求。

(5)水的质量控制。喷射混凝土所用水为无杂质的洁净水,不能使用污水及 pH 值小于 4 的酸性水,也不能使用硫酸盐含量超标的水($SO_4{}^{2-}$ 离子含量超过混合用水量的 1%)。

2. 喷射混凝土强度控制

(1)配合比控制。

1)喷射施工所用混合料和混凝土的配合比是在保证原材料合格前提下,通过试验试配出来。

2)配合比确定后,按其设计准确称量进行搅拌。原材料按重量计,称量允许偏差:水泥和速凝剂为±2%;砂、石料为±3%。

3)当原材料规格、指标发生变化,需灵活调整配合比。

(2)喷射方法控制。

1)喷射作业分段分片依次进行,严格按先墙后拱,先下后上的顺序,以减少混凝土因重力作用而引起滑脱现象的发生。

2)喷射作业要掌握好喷嘴与受喷岩面的距离和角度。距离最好为 0.8～1.2 m,喷嘴与岩面垂直,并稍微偏向刚喷的部位,凹处先喷并适当多喷,凸处后喷并适当少喷。

3)喷射时采用螺旋形或 S 形往返移动前进,调节好风压和水压,并使水压稍高于风压。

(3)外加剂掺量控制。外加剂掺量根据产品说明书中提供的掺量范围,通过试验确定其最佳掺量。

3. 喷射混凝土质量评估

(1)喷射混凝土抗压强度检测。

1)隧道每隔 10 m 至少在拱部和边墙上各取一组试样;材料或配合比变更时需另取一组,每组至少取 3

个试块进行抗压强度试验。试块制作可采用大板切割法,也可采用凿方切割法。试验结果同时满足以下条件者为合格,否则为不合格。

2)同批(指同一配合比)试块的抗压强度平均值不低于设计强度或 C20 混凝土强度。

3)任意一组试块抗压强度平均值不低于设计强度的 80%。

4)同批试块为 3～5 组时,低于设计强度的试块组数不多于 1 组;试块为 6～16 组时,不多于 2 组;17 组以上时,不得多于总数的 15%。

检测发现强度不合格时需查明原因并采取加厚喷射层或增设锚杆等补强措施。

(2)喷射混凝土厚度检测。喷射混凝土厚度可采用凿孔或激光断面仪、光带摄影等方法检查。凿孔检查宜在混凝土喷后 8 h 以内,发现厚度不够时需及时补喷。喷射混凝土厚度每 10 m 至少检查一个断面,并沿拱顶中线每隔 2 m 凿孔检查一个点。每个断面拱、墙分别进行统计,达到以下要求为合格:

1)全部检查孔喷层厚度有 60%以上不小于设计厚度。

2)平均厚度不小于设计厚度,最小厚度不小于设计厚度的 1/2。

3)钢筋网喷射混凝土的厚度不小于 60 mm。

当发现喷射混凝土表面有裂缝、脱落、露筋、渗漏水等情况,应立即予以修补、凿除重喷或进行整治。

6.6　隧底处理

6.6.1　隧底处理主要方法

目前,隧底处理技术主要有旋喷桩、灰土挤密桩、搅拌桩、袖阀管注浆等方法。原理和适用范围分述如下:

搅拌桩是使用钻机钻入设计深度后,利用钻机钻头在软土层中喷入水泥或水泥浆,同时将水泥(浆)和软土在钻头的旋转作用下均匀搅拌,形成柱状水泥稳定土桩,使地基土的物理力学性能得到改善,提高地基承载力。该法适用于淤泥质土、黄土、黏土、粉土、砂土及人工填土等的隧道基底加固。

旋喷桩是利用钻机把有喷浆嘴的注浆管钻至土层的预定位置,将浆液从喷嘴中喷出,冲击、破坏土体。当能量大、速度快和呈脉动状的喷射流的动压超过土体结构强度时,土粒便从土体剥落下来与浆液搅拌混合,并按一定的浆土比例和质量大小重新排列。浆液凝固后,便在土中形成一个固结体,从而加固地基。该法适用于砂类土、黏性土、黄土、淤泥质隧道基底加固。

灰土挤密桩是利用桩锤夯击挤密消除基底地层中的孔隙,并对地基起一定的加筋作用。桩锤夯扩成孔成桩的过程中,桩孔中原有土被强制性侧向挤出,桩周一定范围内的土被压缩、扰动和重塑。该方法适用于处理地下水位以上的湿陷性黄土、素填土和杂填土等隧道基底加固,处理深度一般为 5～15 m。

袖阀管注浆是通过较大压力将浆液注入岩土层中,注浆芯管上下的阻塞器可实现分段分层注浆,可由施工需要选择连续或跳段注浆,通过注浆,使松软

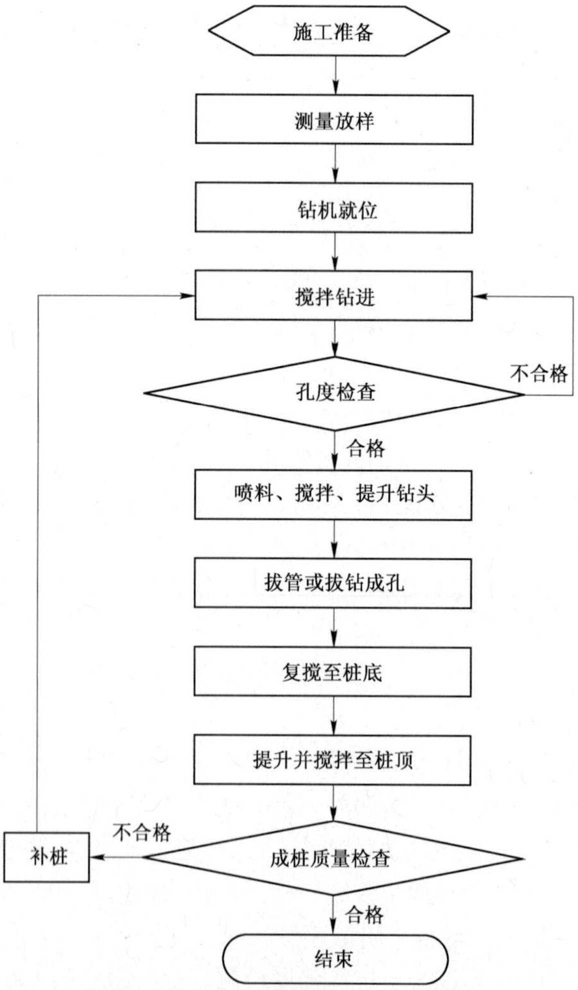

图 4-6-20　搅拌桩施工工艺流程图

地层得到较好的注浆加固效果。该法适用于软黏性土隧道基底的处理。

6.6.2　施工工艺流程

(1)搅拌桩施工工艺流程如图 4-6-20 所示。

(2)旋喷桩施工工艺流程如图 4-6-21 所示。

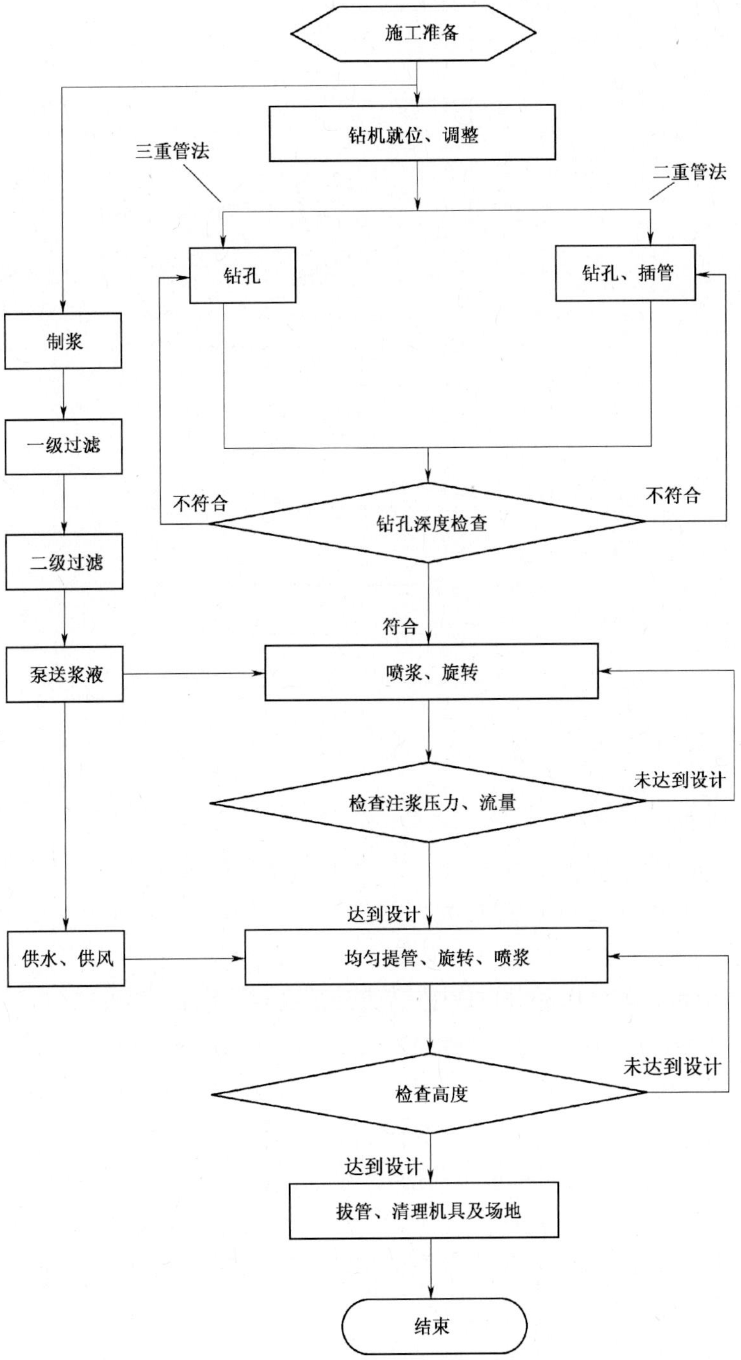

图 4-6-21　旋喷桩施工工艺流程图

(3)灰土挤密桩施工工艺流程如图 4-6-22 所示。

(4)袖阀管注浆施工工艺流程如图 4-6-23 所示。

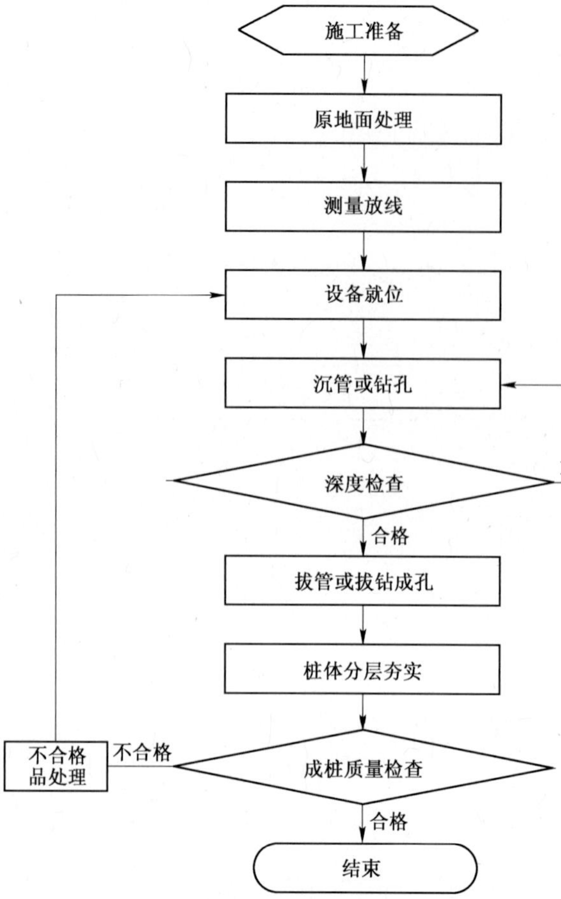

图 4-6-22　灰土挤密桩施工工艺流程图

6.6.3　施工技术要点

1. 旋喷桩施工技术要点

(1)施工前应通过试桩修正浆液配合比、注浆压力、钻杆旋转和提升速度等施工参数。

(2)应按照设计桩位、桩径、桩长施工,桩位允许偏差为±5 cm,桩径和桩长不小于设计值,垂直度偏差不大于 1.5%。

(3)旋喷桩施工采用射水、锤击、振动、机械钻孔等方法成孔,旋喷管插至孔底,自下而上进行旋喷。

(4)钻杆应匀速旋转、提升,拆卸钻杆或因故停喷后续喷时,应重复旋喷至少 0.1 m,确保桩体连续、均匀。

(5)出现压力骤然升降、孔口冒浆量超过 20%或完全不冒浆时,应查明原因及时处理。

(6)旋喷作业完成后,桩顶凹穴应及时用水泥浆补平。

(7)成桩 28 d 后进行桩体质量检验,可采用开挖、钻孔取芯、标准贯入、荷载试验等方法。

2. 搅拌桩施工技术要点

(1)采用的加固料、固化剂和外加剂的种类和规格应符合设计要求,并应具有质量合格证。采用粉体喷射时不得使用受潮结块与变质的加固料。

(2)搅拌桩使用的粉喷机或注浆机应有经检验合格的计量装置,施工中严格控制粉体和灰浆用量。

(3)浆体喷射搅拌桩施工前应按照设计要求进行配合比试验,通过试桩确定水胶比、固化剂最佳用量以及外加剂用量。配制的浆液应流动性好、不离析,便于泵送、喷搅。

(4)必须按照设计的桩位、标顶高程、桩长、桩数、喷料量、复搅长度及试桩确定的参数施工,桩位允许偏差为±10 cm,桩长不应小于设计值,垂直度偏差不应大于 1.0%,单桩喷料量不应少于设计值,桩体无侧限抗压强度不应低于设计值。

(5)搅拌桩施工应按试桩确定的工艺参数一次喷搅成桩。当中途停喷,续喷时粉体喷射搅拌桩应重复喷

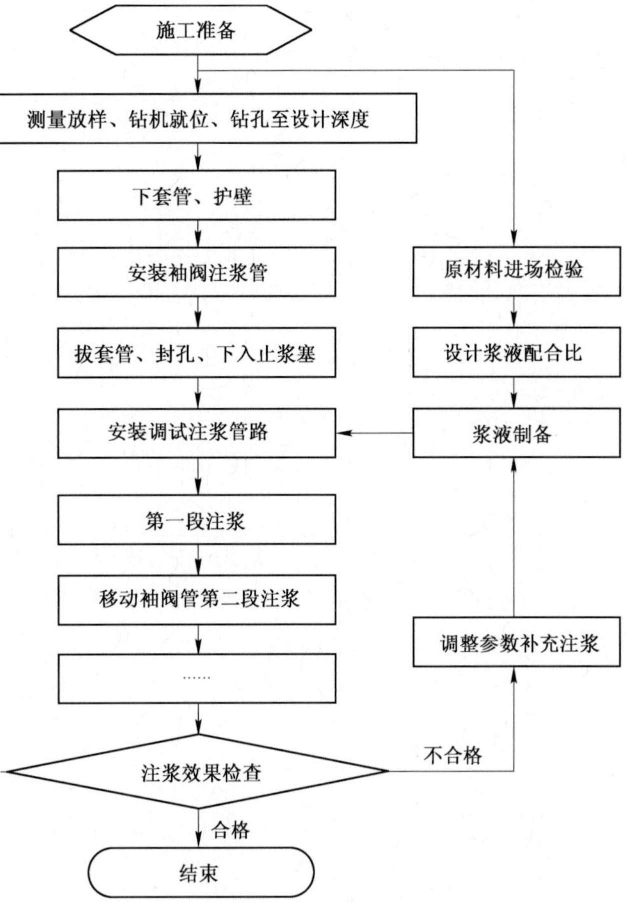

图 4-6-23　袖阀管注浆施工工艺流程图

搅至少 1.0 m,浆体喷射搅拌桩应重复喷搅至少 0.5 m。

(6)成桩后 7 d 内应采用轻型动力触探检查桩的质量,28 d 后进行无侧限抗压强度试验。

3. 灰土挤密桩施工技术要点

(1)石灰应事先消解,使用的土应符合设计要求,且有机质含量不应大于 5%。

(2)灰土或水泥土应采用机械集中拌制,随拌随用。

(3)素填土和杂填土区段土质含水率低于 12%时,施工前 4～6 d 宜进行增湿处理。

(4)挤密桩成孔和孔内回填的施工顺序为:当整片处理时,宜由内向外间隔 1～2 孔进行;当局部处理时,宜由外向内间隔 1～2 孔进行。

(5)挤密桩应采用钻机成孔,孔底应夯实,向孔内及时分层填筑拌和均匀的灰土或水泥土,并进行夯实直至满足设计要求。

(6)挤密桩的数量、布置形式应符合设计要求,设计未明确布置形式时,宜采用等边三角形布置。

(7)发生桩孔严重缩颈或回淤时,应填入干砂等材料并重新成孔。

(8)应按照设计桩位、桩径、桩长施工,桩位允许偏差±5 cm,桩径和桩长不小于设计值,垂直度偏差不大于 1.5%。

(9)成桩后采用复合地基承载力试验进行质量检验,桩体无侧限抗压强度应符合设计要求,处理后桩间土的干密度和压缩模量应符合设计要求。

4. 袖阀管注浆施工技术要点

(1)钻孔作业应采用套管跟进、泥浆循环护壁成孔,成孔后须立即清孔。钻孔过程中详细记录地层条件变化情况。

(2)下管过程中应尽量使袖阀注浆管保持竖直。钻孔较深时,袖阀注浆管可分段装入孔中。

(3)袖阀管采取分段后退式注浆工艺,袖阀注浆管应采用止浆塞封闭孔内注浆段的上、下两端。

(4)孔壁与袖阀管间应填充封闭,距地面 3 m 以下段采用粗砂或砾石填充,距地面 3 m 至孔口部位采用速凝水泥砂浆填充封孔。

6.7　隧道注浆施工

在地层富水、围岩破碎或自稳能力差的特殊地质地段,采用预注浆对围岩进行处理,形成较大范围的加固区,改善围岩力学性质,提高围岩整体稳定性。若在富水地段,通过预注浆,还能较好地在隧道与围岩隔断水力联系,阻止地下水进入隧道开挖断面,为隧道正常施工创造条件。隧道预注浆根据其注浆目的的不同,主要有帷幕止水注浆、围岩加固注浆两类;根据注浆的施工位置不同,分洞内注浆和地表注浆等。本节仅介绍施工中经常用到的全断面帷幕注浆和地表深孔加固注浆。

6.7.1　全断面帷幕注浆施工技术

1. 帷幕注浆的机理

帷幕注浆是加固地层,封堵水源的一种方法,对保持围岩稳定,增强隧道施工安全有着积极的作用。

对于破碎岩层、砂卵石层,中、细、粉砂层等有一定渗透性的地层,采用中低压力将浆液压注到地层中的裂缝、孔隙里,经过物理化学作用凝固后将岩土或土颗粒胶结为整体,称为渗透注浆。对于颗粒更细的不透水、不透浆液的地层,采用高压浆液强行挤压注浆孔壁,使地层劈裂成缝并使浆液充塞凝结于其中,从而起到挤压加固地层的作用,称为劈裂注浆。

2. 帷幕注浆适用范围

帷幕注浆适用于大型溶洞软塑充填物或厚度较大的软塑状断层破碎带、自稳性能较差的含水地层的加固,更适用于有压地下水及地下水丰富的地层加固与堵水。对于隧道洞内全封闭预注浆加固而言,单次注浆段长度宜为 20～50 m,某个注浆段完成后预留 3～8 m 不开挖作为下一注浆段的止浆岩盘。

3. 帷幕注浆施工工艺流程

帷幕注浆工艺流程如图 4-6-24 所示。

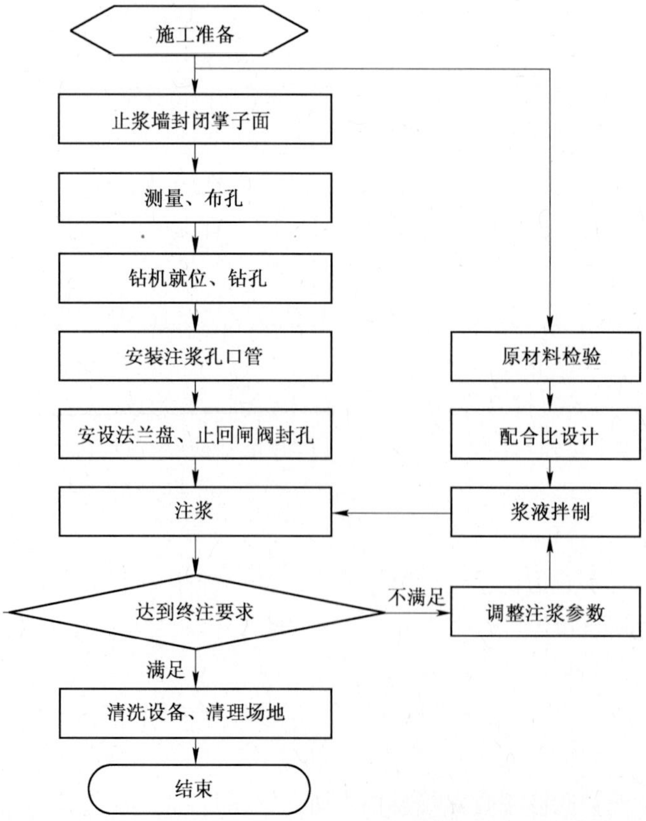

图 4-6-24　注浆工艺流程图

4. 施工技术要点

(1)地质判断及注浆范围确定。地质判断是为了搜集有关施工帷幕注浆地段的工程地质和水文地质情况,为正确选择注浆参数和采取相应的技术参量提供依据。一般的超前地质判断手段有超前探水孔钻探、红外线、TSP 地质雷达超前地质预测预报和地质素描等手段,通过对地质预报信息的综合分析,可以比较准确地判明相应施工区域的地质情况,从而可以掌握岩土的渗透性、土颗粒的组成、孔隙率、饱和度及地下水量、水压和水质等物理化学性质,为合理的采取注浆方法和获得理想的注浆效果提供了理论依据。

注浆范围与地质情况、开挖断面大小、开挖方法、对周边的影响密切相关,可根据自身工程所处的地质环境、设计图纸和试验效果来确定注浆范围。

(2)注浆材料的选择及配比。注浆材料的选择与地质条件和涌水量有关,通常有以下几个方面:

1)断层破碎带和砂卵石地层,当裂隙宽度(或粒径)大于 1 mm 时,加固地层或者堵水注浆,宜优先选用料源广、价格便宜的水泥浆和水泥—水玻璃浆液。

采用水泥浆液时,水胶比宜采用(0.8∶1)～(2∶1)。为缩短胶凝时间,可加入食盐或三乙醇胺速凝剂。采用水泥—水玻璃浆液时,应根据胶凝时间配置。一般水泥浆液的水胶比为(0.8∶1)～(1.5∶1);水玻璃浓度为 25～40Be,水泥浆与水玻璃的体积比宜为(1∶1)～(1∶0.3)。

2)断层破碎带,当裂隙宽度(或粒径)小于 1 mm 时,加固注浆宜优先采用水玻璃类和木胺类浆液。

3)中、细、粉砂层及细小裂隙岩层,断层破碎段,宜采用渗透性好,遇水膨胀的化学类浆液。

根据注浆工程的需要,水泥浆中可掺入下列掺和料:

砂:应为质地坚硬的天然砂或机制砂,粒径不宜大于 2.5 mm,细度模数不宜大于 2.0,SO_3 含量宜小于 1%,含泥量不宜大于 3%,有机物含量不宜大于 3%。

黏性土:塑性指数不宜小于 14,黏粒(粒径小于 0.005 mm)含量不宜低于 25%,含砂量不宜大于 5%,有机物含量不宜大于 3%。

粉煤灰:应为精选的粉煤灰,烧失量宜小于 8%,SO_3 含量宜小于 3%,细度不宜低于同时使用水泥的细度。

水玻璃:模数宜为 2.4～3.0,浓度宜为 30～45Be。

另外帷幕注浆要求的水泥细度为通过 80 μm 方孔筛的筛余量不宜大于 5%,注浆材料采用重量称量。现场制浆时,要求加料准确并注意加放顺序,即先往搅拌机中放入规定量的水,然后加入水泥搅拌均匀,最后再加入外加剂。

总之,注浆材料的选择应根据工程的具体要求、地质条件、浆液性能、注浆工艺及成本等综合考虑。

(2)止浆墙的设置。为了便于钻孔布置注浆管和防止注浆时浆液从前方掌子面渗出,注浆时必须设置止浆墙对前方临空掌子面进行封闭。止浆墙不但可以防止注浆时浆液漏失,还可以起到稳定和加固掌子面的作用。同时,在注浆过程中通过观察止浆墙的表层变化,可以直观的判断前方土体的受力状况和对在实际施工过程中控制注浆压力和注浆间歇时间具有很大的现实指导意义。止浆墙可以采用模筑混凝土,也可在围岩稳定性差的部位打设锚杆,充分利用加固的围岩做止浆墙(图 4-6-25)。

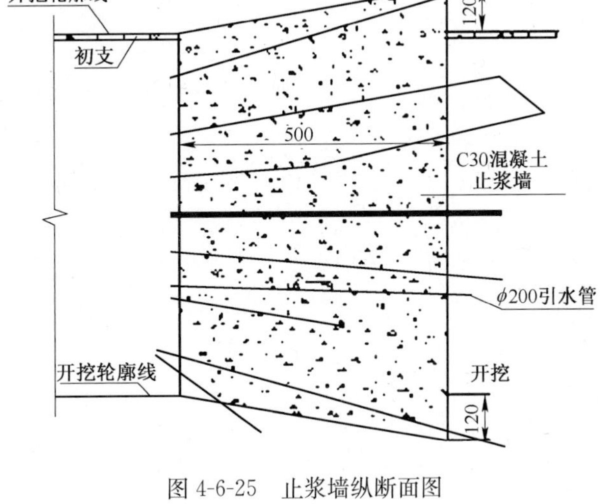

图 4-6-25　止浆墙纵断面图

根据相关资料，止浆墙厚度一般可按下列公式计算：

$$B=K_0\sqrt{Wb/2h[\sigma]} \tag{4-6-5}$$

式中　K_0——安全系数，取 1.5；

W——作用在止浆墙上的荷载，$W=P\times F$(其中 P 为注浆终压，F 为混凝土止浆墙面积)；

b——隧道跨度；

h——隧道高度；

$[\sigma]$——混凝土允许抗压强度。

为了确保注浆堵水顺利进行，保证注浆质量和注浆效果，在施作止浆墙的同时，应在止浆墙内预设注浆孔口管，注浆孔口管宜呈伞状布置，并按设计好的位置和角度钻孔预埋，同时在孔口管上安设高压闸阀。注浆孔口管一般采用 ϕ150 mm 无缝钢管，管长根据止浆墙厚度确定，确保浆液能到达预期部位。孔口管一定要固定牢固，防止在施工中偏位。为了防止孔口管在钻进过程出现松动，要求在管外壁包裹麻巾(沾水泥浆)增加管与混凝土的摩阻力。

(3)注浆量的计算。注浆量的大小与很多因素有关，且存在着诸多的不确定性，要精确计算注浆量存在较大困难。理想情况下，可以根据浆液的扩散半径、注浆管的密度来计算注浆量。考虑注浆范围的互相重叠，扩散半径可按下式计算：

$$R=(0.6\sim0.7)L \tag{4-6-6}$$

式中　L——注浆孔之间的中心距离。

单孔注浆导管的注浆量采用下式计算：

$$Q=\pi R^2H\eta\alpha\beta \tag{4-6-7}$$

式中　R——注浆加固半径；

H——注浆段长度；

η——岩体孔隙率；

α——浆液有效充填系数，一般取 0.8～0.9；

β——浆液损耗系数，取 1.15。

注浆作业时，可参照理论量来估算注浆量的大小，但实际操作时，以注浆压力和现场实际情况来灵活控制进浆量，以免发生安全事故。

5. 钻孔

待止浆墙强度达到设计强度的 70%，孔口管与止浆墙连接牢固，并且止浆墙及周边范围无渗漏水时方可进行钻孔。

孔位布设：严格按照设计图纸进行布孔，注浆孔由工作面向开挖方向呈伞形辐射状布置，内外圈按梅花形排列，并采用长短孔相结合的方式，以达到注浆充分、不留死角的目的。

施工时，将钻孔位置直接定位标志在掌子面上，孔位偏差不得大于 5 cm，钻孔偏斜率最大允许偏差为 0.5% ，同时应满足设计要求。在进行钻孔定位时，孔口采用全站仪按三维坐标进行标准控制，钻孔偏角采用地质罗盘定向，水平角采用在钻孔平台上放设标准点的方式控制，并用全站仪按三维坐标进行抽检，控制精度要满足允许偏差的要求。

钻机就位：根据孔位将钻机定位，钻头对准孔口管，按照注浆孔角度的设计要求调整钻杆角度。孔位对准后钻机不得随意移位。

钻进成孔：第一个钻孔施工时要慢速运转，掌握钻机对地层的适应情况，确定在该地层条件下的钻进参数；密切观察钻屑和溢水情况，出现大量溢水时应立即停钻，分析原因后再进行施工。钻孔过程中应及时对岩层、岩性以及孔内各种情况进行记录，特别是要对钻孔穿越破碎带和溶蚀空腔进行详细记录，以便为注浆浆液及方案的确定提供依据。当出水量较大，无法继续钻进时，应停止钻孔、安装闸阀关水，测量涌水量和水压力后再进行注浆。

6. 注浆参数的确定及浆液配制

注浆参数的确定主要取决于注浆目的、围岩特性及注浆方式，注浆前应先在施工现场做单孔或群孔压注试验，根据试验结果确定注浆压力、注浆速度、注浆量及注浆间歇时间等施工参数。注浆过程中应根据地层实际情况做适当调整。

岩石地层注浆压力宜比静水压力大0.5～1.5 MPa；当静水压力较大时，宜为静水压力的2～3倍；注浆泵的压力应达到设计压力的1.3～1.5倍。

7. 注浆及注浆异常现象的处理

每次注浆前均应对钻孔的水压、水量进行测定，以便确定浆液类型和注浆终止压力。出水量通常采用桶装法测定，水压采用关闭高压闸阀并在止回阀位置安装高压水表进行测定。注浆顺序为从注浆段两边到中间间隔跳孔进行注浆，以达到挤密加固地层的目的。开始注浆后，随时控制好注浆压力(测量水压的基础上增大0.5～1.5 MPa)。注浆压力表安装在注浆泵靠近出浆管上，记录压力波动的平均值，压力波动范围不宜大于灌浆压力的20%。当压力突然迅速增加时应立即停机，以防破管发生安全事故；监测浆液性能(比重、含灰量等)，适时调整浆液性能，使浆液性能保持在最佳状态。

为防止注入浆液过早堵塞浆液渗透通道及过多浆液向要求注浆的范围以外扩散，浆液浓度遵循由稀到浓逐级改变的原则，并在注浆量达到预期数量后注入浓浆对外渗通道予以封堵。对于注浆孔周围有裂隙水渗流的部位，采取由浓到稀或先双液后单液浆的方式进行注浆，使先注入的浆液在地下水流动通道中凝固，堵塞地下水外排通道，然后换注浓度较低的浆液或单液浆，使浆液沿注浆孔内出水通道压入(浆液转换必须精确掌握转换时间，过早会导致对出水通道封堵无效，过迟则会阻碍后续浆液压入通道)。

单孔注浆结束条件：预注浆各孔段均达到设计终压并稳定10 min，且注浆量不小于设计注浆量的80%，进浆速度为开始进浆速度的1/4。注浆过程应派专人进行过程控制，负责填写注浆记录表，记录注浆时间、注浆压力、浆液消耗量等数据，以便注浆结束后进行效果检查。注浆结束后，必须在分析资料的基础上进行注浆效果检查，可采取钻孔取芯法对注浆效果进行检查；或进行压(抽)水试验，当检查孔的吸水量大于1.0 L/(min·m)时，必须进行补充注浆；或采取连续测流量的方法，当所测流量小于设计涌水量时，表明注浆效果满足要求。

串浆、跑浆现象的处理：注浆过程中随时检查孔口、邻孔、覆盖层较薄部位有无串浆、跑浆现象，如发生串浆、跑浆现象，应立即停止注浆，采用间隔一孔或几孔压注浆液的方法来控制上述现象，亦可采用间歇式注浆封堵或采用麻纱、木楔、快硬水泥砂浆或锚固剂封堵串浆孔，直至不再跑浆时再继续恢复注浆。

注浆压力突然升高的处理措施：注浆过程中严格控制注浆压力，同时密切留意注浆量，当压力突然升高，可能是由以下原因造成：

(1)若浆液是单液注水泥浆，此时可能发生了堵管，应立即停机进行检查。

(2)若浆液是水泥与水玻璃双液浆，此时应关闭注浆泵，进行单液注浆或注清水，待泵压正常时再进行双液注浆。

浆液进浆量很大，但注浆压力长时间不升高的处理措施：注浆过程中，若浆液进浆量很大且注浆压力长时间不升高时，首先应调整浆液浓度和配合比，缩短胶凝时间，进行小量低压力注浆或间歇式注浆，使浆液在裂隙中有相对滞留时间以便凝结，但需要注意的是滞留时间不能超过混合浆液的凝结时间。

8. 施工技术要点

(1)注浆孔的布设及注浆顺序。开钻前，由测量人员严格按照施工设计图将注浆孔位定位于掌子面上。钻机定位前，先平整钻机安装所需的场地并检查钻机是否能正常运转。开钻前钻杆角度要准确对位，钻头点位与布孔点之距相差不得大于2 cm，钻杆角度与设计角度相差不得大于1°，以此保证孔位布置的合理性和浆液扩散的均匀性。

注浆时一定要按上述注浆施工工序施工，不得盲目的随意对注浆孔进行注浆，以防止注浆不到位或注浆效果差的现象发生，从而起不到加固围岩和堵水的作用。

(2)浆液配合比的控制。浆液配置时，严格按照实验室给出的浆液配比单进行配制，所有配置浆液的原材都要采用经标定的计量工具进行计量控制，特别是对外加剂的控制。现场需要调整浆液配合比时应立即通知实验室，经试验部门同意后方能对浆液配合比进行调整。

(3)注浆压力和压注流量的控制。现场操作时根据注浆试验确定的注浆参数严格控制注浆压力和注浆流量，压力过大或过小都会影响浆液流量，而浆液流量则直接对注浆效果的好坏产生影响，故注浆压力和压注流量的控制是注浆过程的一个非常关键的环节，施工时必须重点加以控制，注浆压力一般控制在静水压力的基础上增大0.5～1.5 MPa，同时升压不宜过快，当注浆压力达到规定值时应予以稳压一定时间(3～5 min)，以利浆液进一步渗入地层孔隙。

6.7.2　地表注浆加固

1. 地表注浆加固原理及适用条件

地表注浆加固技术是通过从地表钻孔到隧道开挖轮廓线，安设注浆管进行注浆，达到改善和提高围岩力学性质的目的，为隧道顺利通过浅埋段或围岩地质条件较差地段创造条件。地表注浆适用于覆土较浅的隧道(一般在 50 m 以内)，且围岩相对比较破碎即可注性较好的地层。根据注浆范围的不同，分为全长注浆和分段注浆两种。

全长注浆：注浆孔钻至设计孔深后，进行全孔一次注浆，其优点是一次钻孔，一次完成注浆，减少安设、起拔止浆塞和其他辅助工序时间，加快注浆施工进度。其缺点是由于注浆段的加大，为保证注浆质量，需采用高压注浆来保证孔下部浆液的扩散距离，中途不得中断，注浆材料消耗大。

适用条件：含水层厚度不大，钻孔深度范围内上部岩层裂隙不够发育，下部岩层裂隙较发育或整个注浆孔范围岩层裂隙发育较均匀的情况。

分段注浆：当注浆深度较大时，钻孔一般穿过较多的含水层，由于上下岩层裂隙大小与发育程度不同，导致在一定注浆压力下浆液扩散距离不同。另外，由于静水压力随着注浆深度的增加而增大，在一定注浆压力下，上部岩层裂隙进浆多扩散距离远，下部岩层裂隙进浆少扩散距离近，甚至不扩散。此时，宜采用上行式分段注浆。其优点是无重复钻孔，可加快注浆进度，但需要配备性能良好、工作可靠的止浆塞。

2. 施工工艺流程

地表注浆施工工艺流程如图 4-6-26 所示。

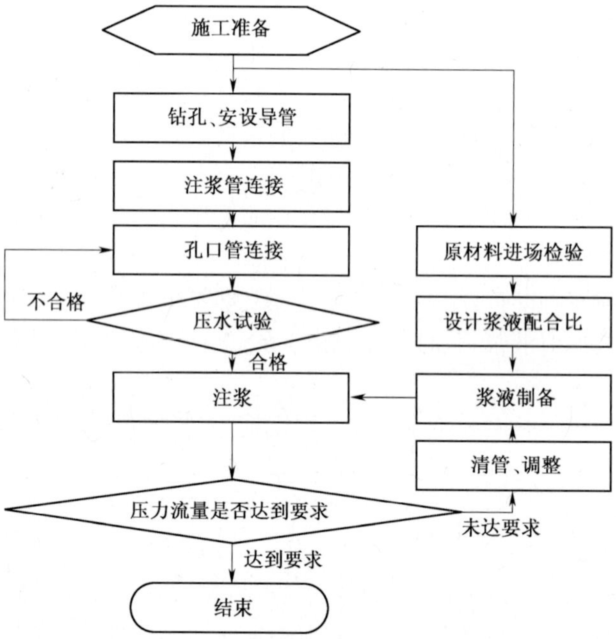

图 4-6-26　地表注浆施工工艺流程图

3. 注浆材料的选择及浆液配比

(1)原材料质量。水泥一般选择标号 42.5 级以上普通硅酸盐水泥，水玻璃选择工业水玻璃，水玻璃模数为 2.4～2.8，波美度 35～40Be。

(2)浆液相对密度的测定采用比重计。

(3)浆液流变参数。水泥浆液黏度的测试方法通常采用 1006 型漏斗黏度计，容积 700 mL，测试流出 500 mL 浆液所需的时间。流变参数的测定采用六速旋转黏度计，以不同的剪切速率通过测量获得相应的剪切应力，求出塑性黏度和屈服强度。

(4)浆液流动性。将拌制好的浆液装满圆锥内，然后迅速上提，测定浆液在玻璃板上的扩散直径，用以表征其流动性。

(5)浆液的凝结时间。凝结时间包括初凝和终凝时间，测试仪器为锥形维卡仪。

(6)浆液结石的强度、渗透性等。将浆液装入 20 mm×20 mm×20 mm 试模中，试件终凝成型后拆模，置于快速养护箱内养护至 3 d、7 d、28 d，分别在压力机上测试其 3 d、7 d、28 d 抗压强度。

4. 钻孔方法

(1)不跟管钻进。当地质条件较好不易塌孔，可采用不跟管钻进。通常当钻孔深度达到 2.5 m 后设置孔口管，并外露 20～30 cm 作为钻孔导向管。钢管外壁缠麻丝，用早强速凝锚固剂固定在钻孔中，角度与设计钻孔角度一致。

(2)跟管钻进。当地质条件较差钻孔时常发生塌孔，可采用边钻孔边下套管的办法进行施工，直至导管下至岩石层为止。钻进过程中若遇岩石，则更换钻机钻头，采用冲击偏心器。偏心器外安装套管，钻孔时偏心器不断冲击岩石，由于偏心器的作用，钻孔孔径略为大于导管直径，从而致使套管自动下降，直至套管到达不易坍塌的岩石层为止，再改换潜孔冲击钻头钻至设计高程。

5. 注浆参数的选取

(1)注浆试验段选取。为了掌握施工工艺与地质特性，可根据小范围施工，掌握钻孔时间、成孔的难易程度，以便决定采用多少台钻机钻孔；根据钻孔岩层裂隙发育及出水量情况，可以估算注浆量；通过在相邻孔之间钻孔和取样观察浆液扩散情况，推算浆液达到设计扩散半径时需要的压力，同时根据进浆速度，可以确定浆液浓度或双液浆比例；在试验段施工过程中，检查止浆塞的效果。通过对上述试验为后续的正式注浆施工积累经验。

(2)水泥—水玻璃双液浆配合比。采用 C-S 双液浆，在同时满足强度、工作性、耐久性和经济性四项基本要求的前提下，还应考虑水玻璃浓度、水泥浆水胶比、C-S 液的体积比以及胶凝时间。若地下裂隙发育，需浆量大，浆液凝结时间要求较短，一般双液浆配合比采用(0.8∶1)～(1∶1)。

(3)注浆压力。

$$P = P_0 + m_1 m_2 D \qquad (4\text{-}6\text{-}8)$$

式中　P_0——容许压力初值，Pa；

m_1——注浆方法系数；

m_2——注浆次序系数；

D——注浆段埋深，m。

综合考虑隧道的埋深、地表布孔方式及岩石风化程度进行计算确定。地表注浆的压力一般在 0.5～2.5 MPa之间，施工中应根据实际情况调整注浆压力，确保浆液扩散半径不小于设计要求。

(4)扩散半径。计算注浆扩散半径的公式较多，而各自的适用条件不同，采用不同的方法对注浆扩散半径进行计算，以求得合理的注浆扩散半径 R。一般采用工程类比法得到的地表注浆扩散半径为 1.0～2 m。

在砂砾石地层中注浆柱形扩散理论推导的公式为：

$$R^2 = 2Kht / [\beta n \ln(R/r)] \qquad (4\text{-}6\text{-}9)$$

在岩石地层的计算公式为：

$$R = [2Kt\,(hr)^{1/2} / (\beta n)]^{1/2} \qquad (4\text{-}6\text{-}10)$$

(5)单孔注浆量与总注浆量。单孔注浆量采用充填注浆计算，计算公式：

$$L = \pi R^2 H n \beta \qquad (4\text{-}6\text{-}11)$$

式中　R——浆液扩散半径，取 1.3～1.5 m；

H——注浆高度，m；

n——岩体裂隙率；

β——浆液充填系数。

注浆总量还要考虑岩体的空隙率、注浆体积及无效浆液的损失系数。式(4-6-11)计算结果只能是一个理论值，实际注浆量可以利用灌浆自动记录仪记录进行计算。

6. 注浆施工工艺与方法

(1)注浆方式。

1)后退式注浆。当钻孔能较好成形，孔壁较规则，为避免重复钻孔工作，可一次性钻至设计孔底，然后由下到上分段式注浆，在分段位置安设止浆塞，该范围注浆完成后，待合适时间提出止浆塞固定到下一个位置，再实施注浆，直至设计注浆高度。

2)前进式注浆。当钻孔易坍孔或水量极大，孔壁严重不规则，止浆塞不能安装，坍孔处理也十分费工费力,在这种情况下,采用从上到下分段前进式注浆。先钻注第一段,然后再钻注下一段,如此循环至设计深度。当成孔十分困难时,即使长度不足一段,仍然实施分段注浆后再钻注下一段。

(2)注浆管连接。通常采用KZY80型双液注浆泵压浆,水泥浆和水玻璃浆在距注浆孔8～10 m位置用Y型结构混合,水玻璃及水泥浆出浆管上分别安装流量计和控制阀门控制流量,然后进入注浆孔,与止浆塞导管相连。在注浆管上安装自动流量计记录注浆过程中流量、压力等变化,为排泄钻孔内空气,在孔口高压注浆上连接三通管,主要目的是安装排泄阀,既能排除孔内空气,使注浆饱满,也能排除多余回流浆液。

(3)钻孔冲洗及裂隙冲洗。钻孔冲洗是将残存在孔底和黏附在孔壁的岩屑等杂质冲出孔外,以免堵塞裂隙,影响浆液注入。

裂隙冲洗常用压力水或风将岩石裂隙或空洞中所充填的松软、风化的泥质充填物冲出孔外,或是将充填物推移到需要注浆处理的范围以外。裂隙冲洗干净后有利于浆液进入裂隙,并与裂隙面胶结,起到防渗和提高岩体强度的作用。

(4)止浆塞安装。采用机械式止浆塞控制分段注浆压力和注浆范围,其原理是利用中心管穿一串胶塞,两端用托盘限位,固定上端托盘,下端托盘沿中心管移动,用注浆钻杆下端连接止浆塞下到预定止浆位置,通过钻杆在孔口施加一个机械压力使胶塞产生纵向压缩横向膨胀与孔壁挤紧,达到封堵与止浆的目的。止浆塞技术参数见表4-6-1。

表4-6-1　止浆塞技术参数

项　目	参　数	备　注
外径(mm)	90、110	
每节高度(mm)	100	
胶筒长度(mm)	500～800	
承受压力(MPa)	20	

(5)压水试验。止浆塞压缩10～12 cm使胶塞膨胀后,上端在孔口位置固定,然后进行压水试验,试验压力为注浆终压的80%。当检测到注浆孔无返水现象即可判定为满足止浆要求。否则,要重新进行止浆塞安装固定。

压水试验段长度与注浆段长度一致,在孔口安装孔口封闭器后,将射水管下至距孔底10 cm处,在回水管路上量测压水压力,同时测量流量,据此可粗略了解各灌浆段在灌浆前的岩体渗透性,查看各次序注浆孔透水率变化的规律,指导注浆工作。

(6)注浆操作。打开混合器注浆阀,注水约2～3 min使围岩孔隙畅通,然后注水泥浆约3 min至正常后,迅速将两个吸浆龙头分别放进水泥浆桶和水玻璃桶,实施双液注浆。停止灌注时,先停水玻璃泵,后停水泥浆泵,并用清水清洗管路以预防堵管。

注浆完成后,止浆塞应在适当的时间拔出,拔出时打开泄浆阀观察其凝结情况,如不见还浆,即可试拔;时间过长,浆液凝固后则不易拔出。根据现场情况,一般大致停浆25 min拔管较为合适。

(7)注浆顺序。为防止窜浆,实施隔孔注浆,灌浆孔钻孔分3个次序进行,先钻Ⅰ序孔,再钻Ⅱ序孔,最后钻Ⅲ序孔。

(8)注浆终止标准。最理想的状态是达到终压完全不吸浆,但在实际施工中难以做到,一般的注浆终止标准为当最后一个孔的末次注浆压力达到设计值,并且该区段注浆总量接近设计值时,即可结束注浆。

单孔注浆结束标准:

1)以注浆压力的终值控制,当注浆压力由小增大,注浆量由大到小,最终达到或接近设计的注浆终压,并维持10 min以上。

2)注浆流量随时间逐渐减少,最终小于1 L/(min · m),并维持10 min以上。

遇到较大裂隙,将导致进浆量很大而压力上不去的情况出现,当经过浆液浓度的变换后仍达不到终压与注浆量的标准时,应采取间歇注浆,即养护24 h后进行复注,以控制注浆量和注浆终压满足设计要求。

7. 常见注浆故障排除

常见注浆故障排除方法见表4-6-2。

表 4-6-2　注浆常见故障排除方法

序号	故　障	发　生　原　因	排　除　方　法
1	不吸浆	(1)泵缸或吸浆管道漏气； (2)进浆管道堵塞	(1)检查漏气情况，设法排除； (2)清除异物或砂石沉积等
2	出浆减少或停止	(1)阀球被异物或阀网卡住； (2)填料密封不严空气进入泵缸； (3)球或法兰盘磨损严重，产生间隙后大量漏浆	(1)清除异物或更换阀网； (2)压紧或更换填料； (3)更换已损件
3	活塞填料漏浆	(1)填料密封不严； (2)活塞磨损严重； (3)原橡胶填料缺油脂时易磨损	(1)压紧或更换填料； (2)更换活塞； (3)经过一段时间后向橡胶中添加适量润滑剂
4	压力突然下降	(1)输浆管路突然被脱开； (2)浆液突然冲破阻碍，灌入大型溶洞	(1)修复管道； (2)根据具体情况处理，如加大水玻璃波美度或间隙注浆等
5	压力表指针不动或达不到规定值	(1)压力表可能损坏； (2)可能产生 1、2、4 等故障	(1)更换压力表； (2)参见序号 1、2、4 中的排除方法

7　高速铁路隧道二次衬砌施工技术

7.1　概　　述

目前,高速铁路隧道衬砌主要采用复合式衬砌、单层衬砌(模筑混凝土衬砌)、拼装式衬砌等结构形式。隧道衬砌结构类型的选择往往综合考虑地质及埋深等环境条件、隧道断面形状与大小、防水要求、使用功能、施工方法与措施等因素。衬砌结构必须满足运营安全、防水以及美观的要求。

1. 运营安全要求

高速铁路隧道运营安全要求包括衬砌强度、变形和耐久性三个方面,也就是在其使用年限内,隧道衬砌应能可靠地承受各种可能的作用而不致破坏,且不应出现影响正常使用的变形、裂缝等。此外,隧道内运行的是高速列车,其振动作用大,列车风力大,空气压力波动频繁,在长期的运营过程中局部细微的裂缝可能出现疲劳破坏,进而引起混凝土掉块,对行车安全构成威胁,因此,结构的抗裂性能尤其重要。

2. 防水要求

高速铁路隧道防水等级要求达到国家标准规定的一级。即隧道内不允许渗水,衬砌表面无湿渍。为保证隧道的防水效果,衬砌自身应具有一定的防水能力。

3. 美观要求

衬砌表面应平整、光滑。整体形状应满足牢固、安全的表观感觉。

为了达到上述目的,按照现代支护理论和新奥法施工原则,作为安全储备的二次衬砌一般在围岩或初期支护体系稳定后施作,主要采用由下到上、先墙后拱的顺序连续浇筑混凝土;而在隧道纵向上,通常按9～12 m分段施作。

7.2　衬砌结构的形式及构造

7.2.1　衬砌结构形式

满足时速 300 km、350 km 的高速铁路隧道,净空有效面积双线不小于 100 m^2,单线不小于 70 m^2;满足时速 250 km 的高速铁路隧道,净空有效面积双线不小于 90 m^2,单线不小于 58 m^2。

与常速铁路隧道相比,高速铁路隧道由于开挖断面面积增大,开挖时围岩自稳能力变差,变形加快,松弛范围加大,因此支护和衬砌必须及时施作。铁道部在《关于进一步加强软弱围岩及不良地质铁路隧道设计施工有关规定的通知》(铁建设〔2010〕120 号)和《关于进一步加强铁路隧道设计施工安全管理通知》(建技〔2010〕352 号)中明确在软弱围岩段掌子面距二次衬砌的安全步距。

钻爆法施工的隧道最有效的快速支护手段是采用喷锚支护和复合式衬砌。在围岩自稳能力好的地段,可采用单层衬砌(模筑混凝土衬砌);采用盾构法施工的隧道,则主要采用拼装式衬砌。根据《高速铁路设计规范(试行)》(TB 10621—2009),高速铁路暗挖隧道应采用复合式衬砌,明挖隧道应采用整体式衬砌(类似单层衬砌)。

(1)复合式衬砌。复合式衬砌结构由中间设置隔离层(防水层)的内、外两层结构组成,内层结构与外层结构之间可以传递压力,但一般不传递剪力。外层结构采用喷锚支护,内层结构采用模筑混凝土(或钢筋混凝土) 衬砌。

复合式衬砌结构具有以下优点:

1)防水性能好,从工程实践经验看,在地下水发育地段,复合式衬砌结构的防水性能明显优于单层衬砌。

2)外层结构采用喷锚支护,能适应围岩变形和充分发挥围岩自身的承载能力。

3)内层结构采用模筑混凝土,既可以保证隧道内表面光滑平整,也进一步提高结构的安全性。

采用复合式衬砌时，二次衬砌可根据设计要求和围岩稳定情况及时施作。

(2)单层衬砌。单层衬砌一般是由单层或多层混凝土构成的承载结构，其支护层与衬砌层是一体的，共同组成支护体系，各层间能够充分传递剪力。单层衬砌示意如图 4-7-1 所示。

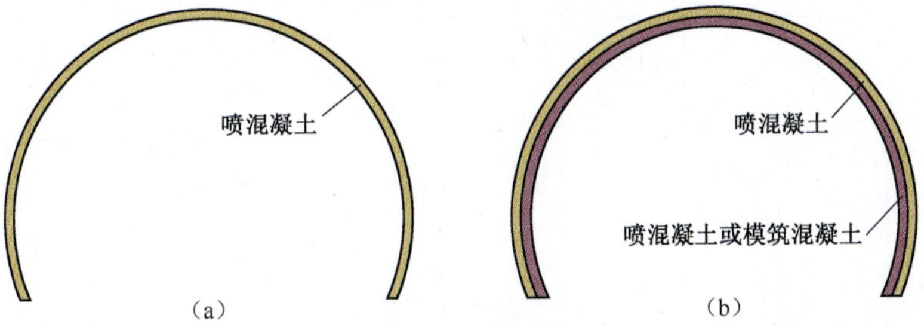

图 4-7-1　单层衬砌示意图

单层衬砌不同于喷锚衬砌，喷锚衬砌仅是单层衬砌的一种，单层衬砌可以是单层的，也可以是多层的；可以是模筑混凝土，也可以是喷混凝土或喷纤维混凝土，其组合形态多种多样。单层衬砌与复合式衬砌的本质区别就是各支护层间不设置隔离层(防水板)。其承载机理是支护层与衬砌层的力学动态是一体的，各层间能够充分传递剪力，组成共同承载体系。

在围岩稳定性较好、地下水较少地段的高速铁路隧道可采用单层衬砌，合肥至武汉客运专线大别山隧道就采用了模筑混凝土单层衬砌和喷射混凝土结合模筑混凝土单层衬砌。

但大量的工程实践表明，开挖时无水的地段经过若干年后仍可能有一定的地下水。因此，高速铁路隧道采用单层衬砌时应采用多种有效的措施确保衬砌结构自防水性能。

(3)拼装式衬砌。拼装式衬砌主要用于采用盾构掘进机施工的隧道。隧道开挖后，利用管片拼装机将预制好的管片按规定的形状拼装成隧道衬砌结构。管片的类型有钢筋混凝土管片、钢管片、铸铁管片、钢—混凝土复合管片等，目前最常用的是钢筋混凝土管片。各管片接缝面设有防水橡胶垫。

拼装式衬砌结构断面形状一般为圆形。也有矩形、单拱形、连拱形等形式。我国广深港客运专线狮子洋水下隧道采用盾构法施工，其衬砌结构形式即为钢筋混凝土管片拼装式衬砌。

7.2.2　衬砌构造

(1)复合式衬砌结构。根据二次衬砌在运营期间是否承受水压力，复合式衬砌结构可分为排水型衬砌和防水型衬砌两种类型。前者二次衬砌不承受水压力，后者承受水压力。

时速 350 km 双线铁路隧道排水型复合式衬砌代表性衬砌结构断面如图 4-7-2 和图 4-7-3 所示。

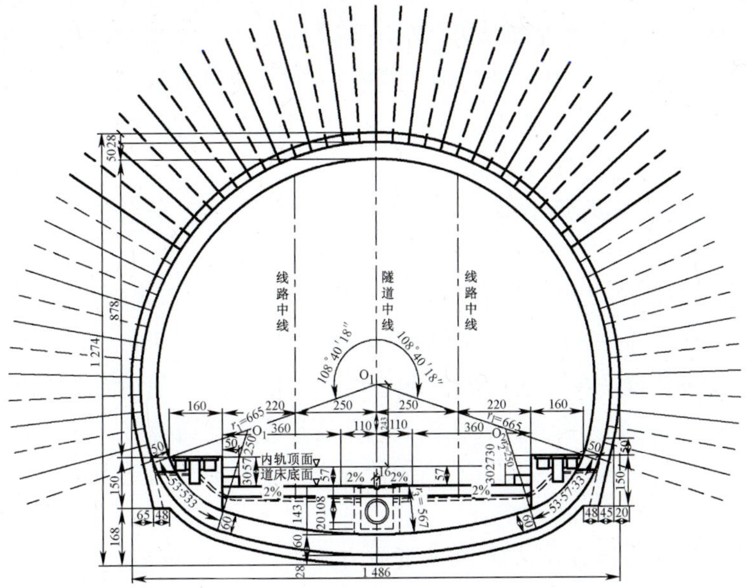

图 4-7-2　高速铁路隧道衬砌结构断面(双线，V级围岩)(单位：cm)

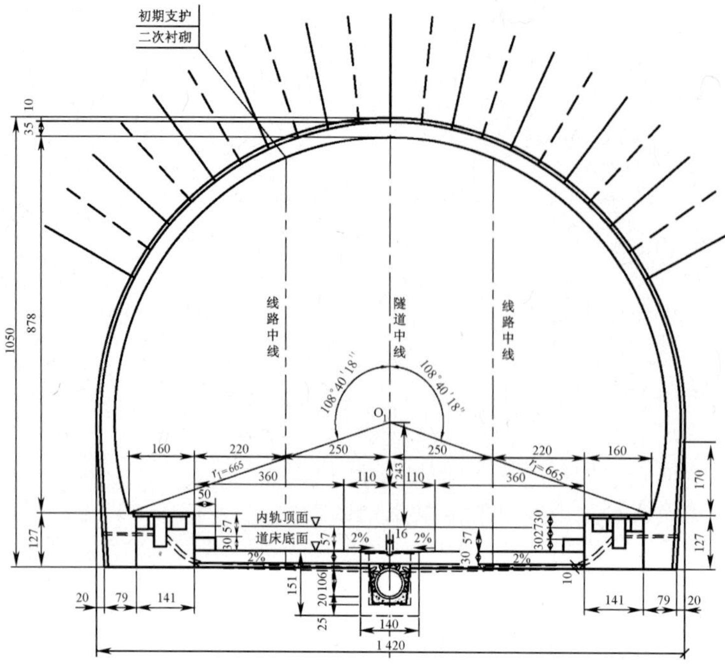

图 4-7-3　高速铁路隧道衬砌结构断面(双线，Ⅱ级围岩)(单位：cm)

(2)单层衬砌结构。单层衬砌结构形式是随着喷混凝土技术的出现和发展而不断发展和完善起来的，特别是湿喷技术的出现以及纤维混凝土在隧道工程中的应用，成功地解决了混凝土衬砌的防裂和耐久性问题，为单层衬砌的发展创造了良好的条件。最早的单层衬砌结构形式主要是单层喷射混凝土与锚杆构成的支护体系，后来逐渐发展出现了两层或多层的喷射混凝土和模筑混凝土构造。

与复合式衬砌相比，单层衬砌最显著的特征之一就是支护层与衬砌层之间取消了防水板，结构的防水靠衬砌材料的自防水来实现。目前，单层衬砌主要采用硅树脂钢纤维混凝土、聚合物水泥混凝土来提高防水性能。

(3)管片衬砌结构。管片衬砌结构主要采用圆形结构，其主要参数有衬砌环类型、环宽、楔形量、衬砌环分块方式、拼装方式、管片厚度等。

衬砌环类型一般根据线路曲线分布、衬砌断面大小、模板数量及施工单位的习惯等因素综合比选确定。常用的衬砌环类型有直线环、楔形环(楔形环又可分为左、右转弯环和通用楔形环)，也有螺旋形等形式。

衬砌环的宽度主要依据线路曲线、断面大小、盾构设备、施工进度及造价等因素确定。高速铁路隧道断面较大，曲线段半径大，不影响施工。从降低衬砌制造成本、减少接缝和漏水、提高施工进度等方面考虑，希望管片宽度大一些。常用的管片宽度一般为 1.5～1.8 m。目前，在大直径盾构中，管片宽度有增大的趋势，广深港铁路狮子洋隧道采用了宽度 2 m 的管片。

楔形量根据线路曲线、衬砌环类型、断面大小、围岩条件、施工纠偏、管片制造等条件确定。一般管片环径在 10～12 m 时，楔形量约为 35～80 mm。

衬砌环一般由数块 A 型管片、2 块 B 型管片和 1 块 K 型(封顶块)管片组成。一般直径 10 m 左右的隧道由 8 块管片组成，直径 14 m 左右的隧道由 10 块管片组成。

管片拼接方式有通缝和错缝两种。通缝拼装的施工工艺相对简单，管片的制作精度要求较低。当制作精度不高时，引起的顶碎比错缝少。错缝拼装在控制结构变形方面比通缝好。在拼装质量有保证的情况下。接缝防水丁字缝比十字缝容易，但在拼装质量不高的情况下可能导致管片容易顶碎。管片厚度根据结构受力及使用要求确定，一般为隧道外径的 4%～6%。

管片连接主要采用有螺栓连接方式，螺栓接头又有直螺栓、弯螺栓和斜螺栓等三种连接方式，如图 4-7-4 所示。

管片衬砌结构的施工参见本篇第 16 章。

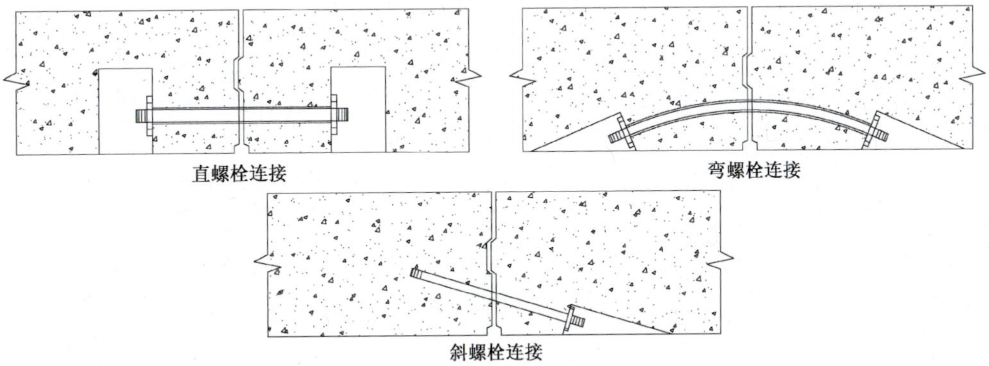

图 4-7-4　管片有螺栓连接方式

7.3　模筑混凝土衬砌的施工

模筑混凝土衬砌施工作业程序是先浇筑仰拱、仰拱填充层和边墙基础，然后采用模板台车一次浇筑拱墙。混凝土采用自动计量装置计量，集中拌和后由混凝土输送车运送到现场，混凝土泵泵送入模，浇筑完毕后进行养护、拆模，然后进入下一循环。

7.3.1　模筑混凝土衬砌施工方法

衬砌往往是在围岩或支护基本稳定后施作，采用由下而上，先墙后拱的顺序浇筑，须具有足够的混凝土连续生产能力以及衬砌台车。衬砌台车的长度即单次模筑混凝土段长度，应根据施工进度要求、混凝土生产能力和浇筑技术要求以及曲线隧道的曲线半径等条件来确定，一般为 9～12 m；衬砌台车腹部应留通行空间，以保证洞内运输的畅通；上部应留通风管的通过空间。

目前暗挖隧道主要采用整体移动式衬砌台车，明挖隧道主要采用分离式移动衬砌台车。

1. 整体移动式衬砌台车

整体移动式衬砌台车主要用于全断面一次开挖成型或大断面开挖成型的隧道衬砌施工。它是采用大块曲模板、机械或液压脱模、背附式振捣设备集装成整体，并在轨道上走行，有的还设有自行设备，从而缩短立模时间，加快衬砌施工速度(图 4-7-5)，其施工流程如图 4-7-6 所示。

图 4-7-5　整体移动式模板台车

(1)施工准备。在浇筑衬砌混凝土之前，要作好隧道中线和水平测量、开挖断面检查、放线定位、立模、混凝土制备和运输等准备工作。

(2)断面检查。根据隧道中线和水平测量，检查开挖断面是否符合设计要求，欠挖部分按规范要求进行修凿。墙脚地基应挖至设计高程，并在浇筑前清除虚渣、排除积水、找平支承面。

(3)放线定位。根据隧道中线、高程及断面设计尺寸，测量并确定轨道的铺设位置。轨道铺设应稳固，其位移和沉降量均应符合施工误差要求。轨道铺设和台车就位后，进一步检查位置、尺寸。

放线定位时，为了保证衬砌不侵入建筑限界，须预留误差量和预留沉落量。

一般在模板制作时即将衬砌内轮廓尺寸扩大 5 cm。

预留沉落量是考虑到混凝土的荷载作用会使拱架模板变形和下沉；后期围岩压力作用和衬砌自重作用(尤其是先拱后墙法施工时的拱部衬砌)会使衬砌变形和下沉，故须预留沉落量。这部分预留沉落量根据实测数据确定或参照经验确定。

预留误差量和预留沉落量应在拱架模板定位放线时一并考虑确定,并按此架设拱架模板和确定模板架的加工尺寸。

(4)模板准备。整体式衬砌台车一般在隧道外拼装,拼装时应检查模板尺寸、形状,不符合要求的应予以修整,配齐配件。每一次混凝土浇筑施工前要认真检查模板外观,并在表面涂抹防锈剂。

(5)衬砌台车就位。衬砌台车就位后应作好各项检查,包括位置、尺寸、方向、高程、坡度、稳定性等,注意台车的行走轨道应铺设稳定,轨枕间距要适当。

台车模板千斤顶顶升到位后,对边墙侧模要进行加固,一般采用螺旋丝杆加固。个别衬砌台车主体结构刚度不够,边墙混凝土浇筑时,易造成模板和主体结构内移,施工中还必须使用横向支撑,但这将影响洞内交通。因此,施工前必须检算衬砌台车的刚度。

衬砌台车加工时,必须一并将内圈挡头钢板加工完毕,并一同送达施工现场;外圈挡头模板一般采用木板加工现场拼铺,应安装稳固并将其与岩壁之间的缝隙嵌堵严密(可采用气囊式堵头)。

各种防水卷材、背贴式止水带应先行安装好,并注意挡头板不得损伤防水材料,以免影响防水效果。防水施工参见本篇第 8 章。

(6)混凝土制备与运输。混凝土在集中拌和站拌制好后,用运输工具运送到工作面浇筑。混凝土运输工具的选择须选择装卸方便、运输快速的运输工具,保证混凝土在运输过程中不发生漏浆、离析泌水、初凝等现象。结合工程情况,一般选用各种罐式混凝土运输车、斗车、输送泵等机械运输。

(7)混凝土浇筑。墙拱混凝土均采用混凝土泵泵送入模。浇筑前先在输送主管的端部安装三岔管和控制阀,然后接输送支管,分别插入台车两侧中部起拱线附近的浇筑窗内,由控制阀控制两侧边墙浇筑速度,使两侧混凝土高差不大于 0.5 m。混凝土面上升至浇筑窗时,拆除三岔管,将输送主管固定在拱顶第一浇筑口上,前段拱顶灌完后再移动至第二浇筑口,以保证混凝土的流动性和混凝土泵的压力,逐渐将拱部混凝土灌满。混凝土强度达到允许拆模强度时即可拆模。

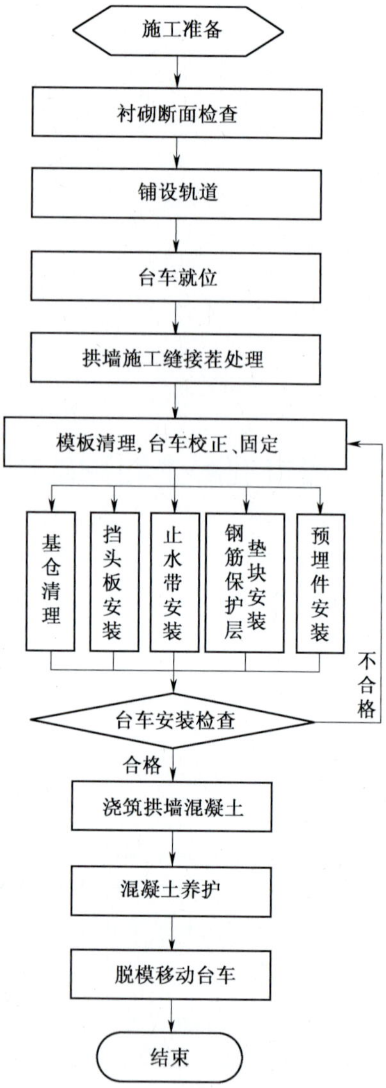

图 4-7-6　衬砌施工流程图

2. 分离式衬砌台车

明挖隧道根据开挖方式的不同采用不同型式的衬砌台车,放坡开挖采用全断面分离式衬砌台车(图 4-7-7),其外模与内模分别采用不同的模板支架,行走在不同的轨道上;竖直开挖采用拱墙分离的分离式衬砌台车,该分离式衬砌台车的专利为中铁二局所有,已形成铁道部部级工法。

由于全断面分离式衬砌台车施工方法与暗洞施工方法大同小异,本章不作具体介绍,主要介绍拱墙分离式衬砌台车的操作要点及施工注意事项(图 4-7-8)。

图 4-7-7　明挖隧道全断面分离式衬砌台车实例

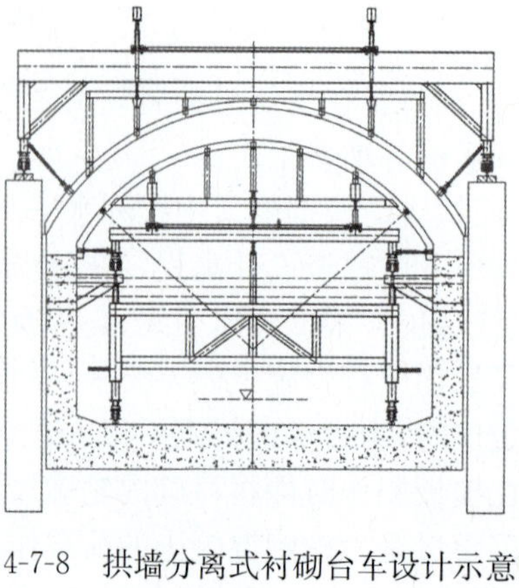

图 4-7-8　拱墙分离式衬砌台车设计示意图

施工工艺流程如图 4-7-9 所示。

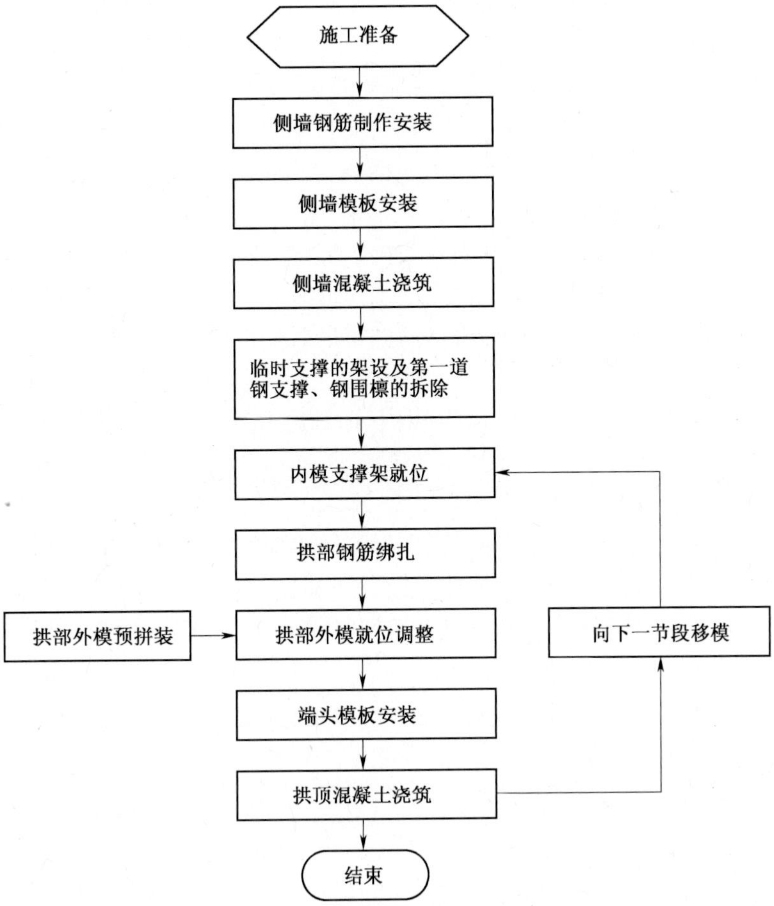

图 4-7-9　拱墙分离式衬砌台车施工工艺流程图

(1)准备工作。台车在厂内加工完成后运至现场,且每一台台车配一台起重机负责台车吊放拼装。厂家派技术人员参与台车拼装及现场指导,起重工参与配合操作,熟练掌握台车拼装。

(2)台车行走和就位。

1)台车安装完毕后,检测各部结构是否安全到位,检查各部位螺栓连接是否牢固,各连接销必须安装牢固且转动灵活,然后进行初步调试。初步调试时,各螺旋千斤顶应转动灵活,能牢固锁定,台车各项性能应达到设计要求。

2)测定台车工作位置的轨面高程后,按相对隧道中心线对称、轨面平整的要求布设轨道。

3)操作多路换向阀手柄,收回侧向油缸,回缩下部模板总程;收回竖向油缸,使上部模板总程下降,在油缸动作前,要缩回相应的托架支承千斤顶。

4)为方便脱模,在模板外侧涂抹脱模剂。

5)旋回门架支承千斤顶(基脚千斤顶),使其离开轨面。

6)操作台车行走电器按钮,台车在电机牵引下自动行走到工作位置。

7)台车就位后,锁定行走轮,旋出基脚千斤顶撑紧钢轨,防止台车移动。

8)当施工曲线段隧道衬砌时,可将顶模、托架横梁及小车连接梁均加长即增大断面;在直线段时,取下加长段即减小断面。

(3)立模。

1)合上模板台车的电源开关,按下油泵电机启动按钮。

2)操作多路换向阀手柄,让平移油缸进行左右调节,使模板外形中心线与隧道中线重合。

3)操作多路换向阀手柄,让竖向油缸进行升降调节,使上部模板拱顶高程达到施工要求;操作多路换向阀手柄,让侧向油缸进行伸缩调节,顶紧既有边墙,达到设计宽度。

4)台车模板就位后,托架支承千斤顶撑紧托架纵梁,旋出侧向千斤顶,撑紧千斤顶连接梁。此时,上下模板应结合密贴。

5)安装挡头板及止水条,用橡胶条或砂浆塞紧台车模板与既有混凝土墙面的空隙。

(4)灌注。

1)布设、连接混凝土输送管,布设时输送管尽可能顺直,弯头最好不超过 4 个。输送管终端应接入台车模板工作窗。输送管接好后,要仔细检查每一管节接头安装牢固。

2)混凝土经过集中拌和后,由混凝土运输车运至现场,经混凝土输送泵泵送入模,拌和、运输、泵送过程中,要注意各作业时限及检测混凝土坍落度。

3)先进行模板下部混凝土的灌注和捣固(附着式捣固器配合捣固),在灌注过程中逐一从各工作窗灌入混凝土,并陆续关闭工作窗。混凝土灌至最上面一层工作窗时,输送管终端接到拱顶管口。

4)最后将输送管置于台车的拱顶挡头板开口处,进行最后少量顶部空间灌注。完成后,逐段清除输送管内的多余混凝土。

5)灌注混凝土面升高速度必须控制在 1 m/h 以内,即每边上升高度不得大于 1 m/h。台车最大灌注混凝土厚度不得超规范要求。

(5)脱模。

1)在经实验室检测混凝土强度并同意脱模后,先拆除挡头板,然后启动液压站工作。

2)收回侧向千斤顶,操作换向阀手柄,缩回侧向油缸,收回下部模板,使其离开混凝土面。

3)收回竖向托架支承千斤顶,操作换向阀手柄,缩回竖向油缸,脱下上部模板,使其离开混凝土面。

4)移动台车离开该施工段,停止油泵电机。

5)清洗台车,除掉模板表面上黏接的混凝土。同时,对刚脱模的混凝土进行养护和缺陷处理。

施工工序实例如图 4-7-10 所示。

(a) 台车内模拼装就位

(b) 台车外模就位

(c) 供部混凝土浇筑

(d) 台车脱模

图 4-7-10　分离式衬砌台车施工顺序显示

3. 隧道衬砌施工注意事项

(1)台车行走轨道必须顺直,且必须固定,以减小模板位移,减小衬砌误差。

(2)台车就位后浇筑前,台车行走装置与轨道间必须作相对固定。可用 22 mm 钢筋在四个角 8 个点布置与行走架点焊;同时,行走轮下部要用木楔等相关措施进行锁定,防止浇筑时门架与模板间的相互错位。

(3)台车就位后,检查油缸及各千斤顶与门架纵梁是否保持垂直,如感觉明显偏斜,则必须将各千斤顶松开,让油缸动作,模板重新定位,偏斜状态下强行启动油缸将导致模板及门架的扭曲变形;模板就位后,各千斤顶要基本保持水平,不水平时要通过油缸进行调整。竖向托架支承千斤顶走完行程后若仍达不到衬砌高度，则必须调整轨面至设计高度。

(4)衬砌过程中，要有专人检查各连接螺栓是否松动、各支承千斤顶是否均匀受力，否则要作必要的调整和紧固。每模脱模后，同样要做上述工作。

(5)模板最下部的底模支承千斤顶，衬砌时必须撑紧地面，地面接触点要稳妥可靠，否则，将导致门架变形及跑模。

(6)衬砌前、后所有油缸及支承千斤顶的工作长度，必须用塑料布包裹好，否则，溅落太多的混凝土，将会损坏油缸及丝杆。

(7)浇筑上升速度不能过快，要保持1 m/h左右。模板上附着式振捣器只能在顶模浇筑时才能使用，使用时，也只能一台工作，绝对不允许多台工作，否则，将造成模板的损坏，振动过大，会造成模板局部变形。

(8)台车正常设计衬砌厚度如超过1 000 mm，在顶部衬砌时，必须分层浇筑，待上部第一层达到初凝时，方可进行再次浇筑，同时，要增加门架纵梁下部支承点，浇筑速度还要适当减慢，否则，台车将不堪负重。

(9)在混凝土浇筑前，将所有门架千斤顶撑紧。采用分离式衬砌台车时，上下两层轨道固定，并上好轨道夹轨器；同时，借助底板预埋ϕ22 mm的钢筋利用紧线器将外模拉紧，防止外模上浮。

(10)首段灌注设置断面监测点，通过监测获得数据，指导下段施工。

4. 衬砌质量的保证措施

(1)浇筑前复核衬砌台车中线、水平，拆模后及时检查衬砌内轮廓尺寸。

(2)根据需要可适当加入微膨胀剂、粉煤灰、减水剂，以减少混凝土的水化性、泌水性、收缩量，并增加混凝土的可泵性。

(3)定期抽查水泥、砂、砂石料的质量。

(4)采用自动计量以保证配料准确。每次浇筑搅拌前，应检查计量设备是否准确，搅拌后应检查混凝土的坍落度。

(5)不得使用超过初凝时间的混凝土，浇筑时不得向混凝土内加水。

(6)立模前应将模板表面的混凝土清理干净，并涂脱模剂。

(7)冬季施工时，洞外砂石料及混凝土拌和温度应严格按冬期施工规定进行。

7.3.2　施工需注意的几个关键问题

(1)二次衬砌施作时机确定。国内外实践表明，二次衬砌和仰拱的施作时机直接影响衬砌结构的安全。过早施作会使二次衬砌承受较大的围岩压力，过晚又不利于初期支护的稳定。因此，在施工中应进行监控量测，掌握围岩和支护结构的变形规律，及时调整支护与衬砌设计参数，并确定二次衬砌和仰拱的施作时间，以保证衬砌结构的安全与质量。

根据铁道部推荐规范《高速铁路隧道工程施工技术指南》(铁建设〔2010〕241号)的规定，二次衬砌应在围岩变形基本稳定后施作。主要条件如下：

1)隧道周边变形速率明显下降并趋于缓和。

2)水平收敛(拱脚附近7 d平均值)小于每天0.2 mm/d，拱顶下沉速度小于0.15 mm/d。

3)已产生的累计位移量已达极限位移值的80%以上。

另外，在高地应力软弱围岩、膨胀岩等可能产生大变形、且变形长期不能趋于稳定的不良地质隧道，二次衬砌可提前施作，衬砌结构应有足够的强度和刚度。

为了确保隧道施工安全，《高速铁路隧道工程施工质量验收标准》(TB 10753—2010)进一步要求："软弱围岩及不良地质隧道的二次衬砌应及时施作，二次衬砌距掌子面的距离Ⅳ级围岩不得大于90 m，Ⅴ、Ⅵ级围岩不得大于70 m"。

(2)拱部回填。用模板台车、混凝土泵施工的混凝土，在拱顶上方因不能精确把握混凝土浇筑数量或由于排气不畅易出现空洞，将直接影响衬砌安全。对此，应采取如下措施：

1)改进操作方法，采用封拱顶工艺进行施工，确保气体排出顺畅。

2)采用先进的衬砌背后密实度检测仪，对已衬砌地段进行检查，有空洞及时处理，并改进浇筑时的操作方法。

《高速铁路隧道工程施工技术指南》提供了一种封拱顶工艺——纵向预贴注浆管道法，是一种比较好的拱部回填方法,如图 4-7-11 和图 4-7-12 所示。

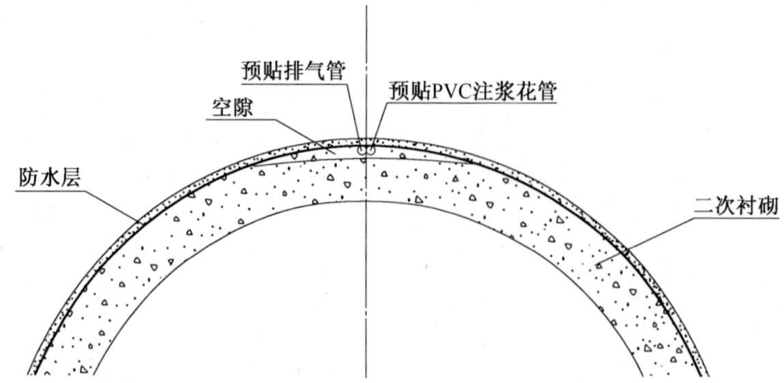

图 4-7-11　纵向预贴注浆管道法横断面示意图

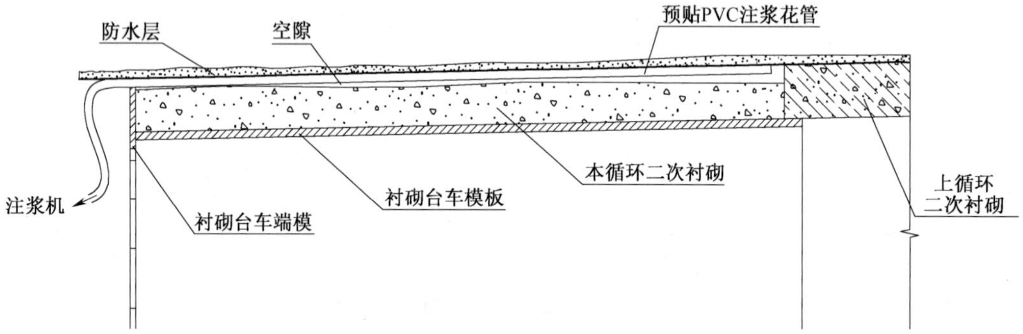

图 4-7-12　纵向预贴注浆管道法纵断面示意图

其具体要求如下:

1)预贴注浆花管宜采用 ϕ20 mm~ϕ30 mm 的 PVC 管,并应在管身布设梅花形溢浆孔。排气管不布孔,应根据排气需要安设。

2)回填注浆应采用微膨胀性水泥砂浆,有特殊要求的地段可采用强度高、流动性好的自流水泥浆。

3)回填注浆应在孔口封堵材料达到一定强度后进行。

4)注浆压力达到 0.2 MPa 或排气孔出浆时,即可结束注浆。

(3)确保高速铁路隧道衬砌结构耐久性的措施。影响高速铁路隧道衬砌结构耐久性的主要因素就是结构物所处的环境。《铁路混凝土结构耐久性设计规范》(TB 10005—2010)将混凝土结构所处的环境类别分为碳化环境、氯盐环境、化学侵蚀环境、盐类结晶破坏环境、冻融破坏环境和磨蚀环境。

除了环境因素影响高速铁路隧道衬砌结构耐久性外,高速列车运行引起的压力波动以及列车振动作用也是影响结构耐久性的主要因素。有初始裂纹的衬砌结构在气动压力波正压、负压的反复作用下,衬砌结构将产生疲劳,裂纹不断扩展,直到断裂破坏;同时,衬砌结构底部在列车振动荷载的作用下,也容易出现疲劳性破坏。

高速铁路隧道衬砌结构设计使用年限为 100 年,其他附属结构设计使用年限为 60 年或 30 年。因此,《高速铁路隧道工程施工质量验收标准》提出了对不同设计使用年限的混凝土在电通量、抗氯离子渗透性、抗化学侵蚀性、抗硫酸盐结晶破坏、抗冻性等方面的具体要求。

衬砌混凝土应从原材料的质量要求、配合比设计、混凝土拌和、混凝土入模温度控制、入模捣固、养护等几个环节来控制,以满足耐久性要求。具体要求可参见《铁路混凝土结构耐久性设计规范》(TB 10005—2010)、《高速铁路隧道工程施工质量验收标准》(TB 10753—2010)以及《高速铁路隧道工程施工技术指南》(铁建设〔2010〕241 号)等。

(4)防止间隔浇筑影响混凝土质量。

1)混凝土的输入管直径应大于 150 mm。

2)开始浇筑时,第一车混凝土要调整砂、石用量,使新旧混凝土良好结合。

3)合理组织施工,保证混凝土的连续泵送,在前一层混凝土初凝前浇筑第二层混凝土。

4)若间隔浇筑时间超过规定，应待表层混凝土达到一定强度，凿毛并冲洗后先浇筑一层等强度的砂浆，再浇筑后续混凝土。

7.3.3　混凝土衬砌质量检验项目

高速铁路隧道衬砌主要检查模板安装、结构外形尺寸、预埋件和预留孔洞的允许偏差(表 4-7-1～表 4-7-4)。

表 4-7-1　模板安装允许偏差和检验方法

序号	项　目	允许偏差(mm)	检验方法
1	边墙脚平面位置及高程	±15	尺　量
2	起拱线高程	±10	
3	拱顶高程	+10 0	水准测量
4	模板表面平整度	5	2 m 靠尺和塞尺
5	相邻浇筑段表面高低差	±10	尺　量

表 4-7-2　模板预埋件和预留孔洞的允许偏差和检验方法

序号	项　目		允许偏差(mm)	检验方法
1	预留孔洞	中心线位置	10	尺　量
		尺寸	+10 0	
2	预埋件	中心位置	3	
		外露长度	+10 0	

表 4-7-3　衬砌结构外形尺寸允许偏差和检验方法

序号	项　目	允许偏差(mm)	检验方法
1	边墙平面位置	±10	尺　量
2	拱顶高程	+30 0	水准测量
3	边墙、拱部表面平整度	8	2 m 靠尺检查或自动断面仪测量

表 4-7-4　衬砌预埋件和预留孔洞的允许偏差和检验方法

序号	项　目		允许偏差(mm)	检验方法
1	预留孔洞	中心线位置	15	尺　量
		尺　寸	+15 0	
2	预埋件	中心位置	5	尺　量
		外露长度	+10 0	

7.4　仰拱及底板施工

为保证隧道衬砌工程质量。高速铁路隧道施工中要求仰拱必须分段一次整体施作。因此，为使开挖仰拱底及浇筑混凝土时出渣、进料等运输工序能平行作业，需要采用仰拱栈桥施工。

中铁二局股份有限公司研发的 CRECGG-1 型高速铁路双线隧道仰拱快速施工设备(图 4-7-13、图 4-7-14)解决了隧道仰拱施工过程中运输与施工相互干扰的问题，该设备只需设置一个仰拱工作面，即可实现每天浇筑一组仰拱及填充层混凝土的目标，且可根据开挖进度设置相应长度的模架来满足进度要求，彻底解决了隧道仰拱施工进度落后于开挖进度以及制约二衬等后继工序的难题。另外，该设备稍作改装即可实现底板混凝土浇筑施工。

图 4-7-13 仰拱快速移动设备俯视图

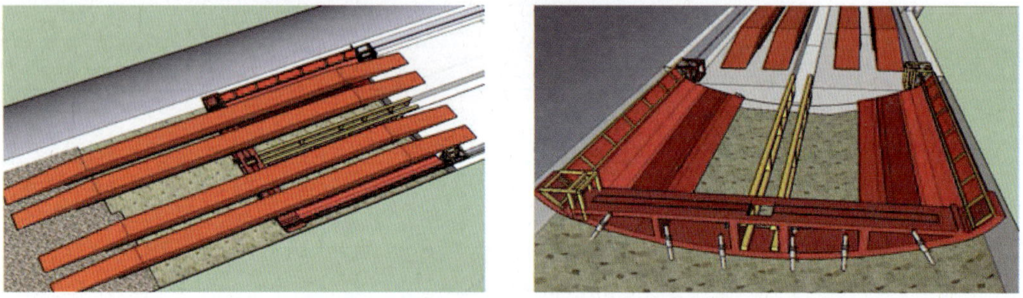

图 4-7-14 仰拱快速移动设备施工示意图

在该设备上形成了仰拱快速施工工法,该工法的特点是:

(1)把一个仰拱作业面分为两个作业区进行流水作业方式进行施工。

(2)采用了双车道分离式简易栈桥。

(3)仰拱模板设计为固定部分和活动部分,利用铰接形成组合式模板。

(4)采用端头梁来固定仰拱模架和中心水沟模架,同时在移动时运载模架系统,使模板系统形成了一个整体,定位准确,移动就位快捷。

(5)模板系统可以自行移动到下一工作区。

1. 施工工序如图 4-7-15 所示。

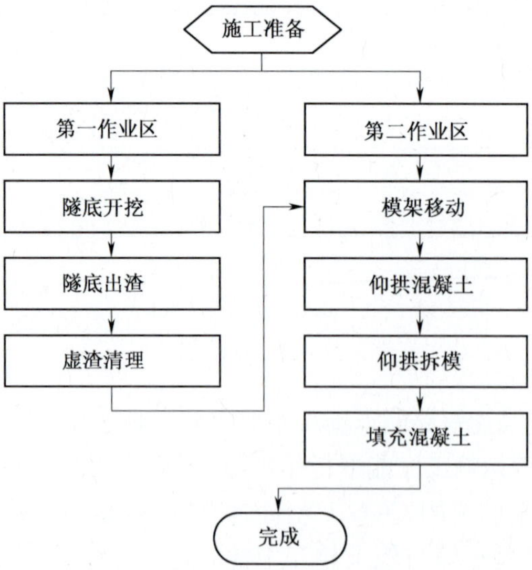

图 4-7-15 施工工艺流程图

2. 现场施工要点

(1)隧底开挖、出渣、清底(此步骤为第一工作区作业内容,可在后续第二工作区作业时同时进行)。

(2)测量放样,确定端头梁位置。

(3)栈桥就位,使栈桥与隧道中线平行。

(4)用拉杆把端头梁与两边栈桥吊车连接拉紧后,收起端头梁的支腿,使模架系统处于悬吊状态。

(5)启动电动绞车,拉动模架系统向前移动 6 m(模板设计长度)。

(6)利用挂在栈桥上的两个手动葫芦吊住端头梁两端,轨道吊车卸载。

(7)松开轨道吊车与端梁之间的拉杆,用手动葫芦上下调整端头梁高程至设计位置。

(8)用千斤顶横向调整端头梁至设计平面位置。

(9)放下端头梁支柱,使端头梁固定。

(10)仰拱排架一端靠紧端头梁上的端头立柱,另一端利用仰拱接茬钢筋和绞车自重固定。

(11)用绞车拉住翻折的仰拱模板,人工配合放下仰拱模板至预先布设销钉上,固定模板。

(12)撑开中心沟模架,一端在端头梁上定位,另一端在已施作混凝土上定位。

(13)安设仰拱填充端头木板和止水带等防排水系统。

(14)浇筑仰拱混凝土,中部无模板部分混凝土通过自然摊铺的方式,从仰供中部开始纵向摊铺,再向左右两边同时浇筑,混凝土浇至仰拱模板下沿时,混凝土改由仰拱两侧的顶部入模,使仰拱混凝土不留施工缝,一次浇筑完成。

(15)仰拱模板拆除:利用绞车和滑轮拉起模板翻折到模架上。

(16)浇筑填充混凝土。

(17)中心沟脱模后,模架系统整体移到下一作业区。

7.5　主要设备配置

隧道衬砌及仰拱主要的施工设备主要由混凝土搅拌站、运输罐车、输送泵(仰拱不需要)、模型体系、供电设备等五部分构成。模型体系已在前文详细阐述,现对其他四部分的配置选型进行总结。

(1)混凝土搅拌站。

1)混凝土搅拌站的生产量。混凝土搅拌站的生产量根据工期计划、设计数量(加允许超挖)、每环衬砌长度、衬砌循环时间等来确定。

2)混凝土搅拌站的搅拌方式。采用强制搅拌机、电子计量配料机、上(配)料机、储料斗(仓)、水泥仓(罐)等组成混凝土搅拌站,为现场生产各种标号的混凝土。

3)混凝土搅拌站的安装、调试。搅拌站(楼)应根据施工、运输现场条件综合考虑安装在运距经济、进料方便、场地适宜、水电较近、道路方便之处。

对于安装好的混凝土搅拌站一定要按照操作规程严格检查确认,各部准备就绪后方可启动。施工前主要应该对混凝土拌和供料系统、电子称等进行检查,并校正计量系统的指示量与实际量的一致性。要先按照配合比的要求对水泥、水和各种集料的用量根据设计配合比进行试拌,准确调试以后,输入到自动计量的控制存储器里,经过试拌检验并对配合比调整以后方可投入正式拌和生产。为确保混凝土的可靠质量,在混凝土的搅拌过程中经常要注意搅拌设备的运转状况,并观察排出的混凝土的流动状态和颜色,确保混凝土的和易性和均匀性符合要求。要按规范要求对原材料质量和混凝土的各项指标进行现场取样抽查。

4)混凝土运输罐车的选型及配置。根据道路或运输距离等运输条件分别选用混凝土运输罐车的规格型号。

按照搅拌机的生产率确定混凝土运输罐车的配置数量 N:

$$N=\frac{Aq(t_1+t_2+t_3)}{60Q_0} \tag{4-7-1}$$

式中　A——车辆的储备系数 1.15～1.25;

q——搅拌设备的生产率,m^3/h;

t_1,t_2,t_3——分别为重载、空载、转料及等待时间,min;

Q_0——运输车辆的斗容量,m^3。

按照混凝土输送泵连续压送的生产率确定混凝土运输罐车的配置数量 N:

$$N=\frac{Q_m\left(\frac{60L}{V}+T\right)+C}{60V} \tag{4-7-2}$$

式中　Q_m——计划每台输送泵平均压送量,m^3/h;

L——运输距离,km;

V——搅拌车的平均斗容量,m^3;

T——单个运输周期内总的停歇时间(含出发、停车、装卸、冲洗等),min;

C——考虑其他原因(加油、设备完好等因素)增加的台数。

5)混凝土输送泵的选型及配置。混凝土输泵一般分为高、中、低压泵,具体结构形式有闸板阀,S管阀等。混凝土输送泵的输送能力直接受输送管道阻力的影响,由最大水平输送距离和最大垂直输送高度表示。实际使用过程中往往按照阻力统一折算为水平输送距离,具体参照混凝土输泵的有关具体机械参数选用。在隧道台车衬砌施工中一般选用中低压泵即可满足使用要求。

混凝土输送泵的台数 N 按照下式确定:

$$N=\frac{Q}{E_tQ_{max}} \tag{4-7-3}$$

式中　Q_{max}——混凝土泵的最大排量,m^3/h;

Q——浇筑计划中每小时需要的混凝土量,m^3/h;

E_t——混凝土输送泵的作业效率,对中等坍落度(8～18 cm)的普通混凝土输送距离不大于120 m时可以取0.35～0.55。

6)轮式装载机的选型及配置。轮胎式装载机的主要技术参数包括额定装载质量、斗容量、自重、发动机功率、轴距、轮距最大装载高度、卸载距离、转弯半径、爬坡度等。

施工中应结合现场实际和工作要求来确定。

轮胎式装载机配合搅拌设备上料时额定斗容量按照下式确定:

$$q_0=\frac{QT_m}{3\,600}Kg \tag{4-7-4}$$

式中　q_0——装载机的额定斗容量,m^3;

Q——生产能力,m^3/h;

K——铲斗系数,一般取0.8;

g——作业效率,取0.6～0.8;

T_m——循环时间,s。

(2)供电系统的配置。为了保证供电系统的可靠性,在电力供应性较差的地方,施工组织用电设计中应该采用发电机作为预留备用电源。

1)台车工作过程供电。配置专用配电线路和配电箱,液压泵、捣固、行走使用的380 V和220 V动力电源必须装配漏电保护器并定期检查其动作的可靠性。仓内照明必须采用36 V低压,仓外照明可用220 V电压。堵头处、泵管沿线、混凝土泵车、支撑等处必须设置满足照度要求的照明灯具。

2)混凝土搅拌站、混凝土输送泵供电。配置专用配电线路和配电箱,其备用功率按照下式确定:

$$P_s=(1.1\sim1.2)\times\sum P \tag{4-7-5}$$

式中　$\sum P$——电动机额定功率之和。

8　高速铁路隧道防排水施工技术

8.1　概　　述

相对一般铁路隧道来说，高速铁路隧道防排水要求更高，主要体现在防水标准、防排水原则和防排水类别上。

8.1.1　隧道防水标准

《高速铁路设计规范（试行）》（TB 10621—2009）规定高速铁路隧道防水标准应达到地下工程防水一级标准，即二次衬砌不允许渗水、二次衬砌表面无湿渍。

8.1.2　隧道防排水原则

高速铁路隧道防排水应遵循防、排、截、堵结合，因地制宜，综合治理的原则。其中：

"防"：即要求隧道衬砌结构具有一定的自防水能力，能防止地下水渗入，如采用防水混凝土或防水板等。

"堵"：在隧道施工过程中，有渗漏水时，可采用注浆、喷涂等方法堵住；运营后渗漏水地段也可采用注浆、喷涂，或用嵌填材料、防水抹面等方法堵水。

"截"：隧道顶部如有地表水易于渗漏处所或有坑洼积水，应设置截、排水沟和采取清除积水的措施。

"排"：即隧道应有排水设施并充分利用，以减少渗水压力和渗水量，但必须注意大量排水后对周围环境引起的后果，如地层细颗粒流失、降低围岩稳定性及造成当地农田灌溉和生活用水困难等，应事先妥善处理。

8.1.3　隧道防排水类型

隧道分为防水型隧道及排水型隧道两类。

防水型隧道的静压水头一般不超过 60 m，一般在地面生态和社会环境敏感区域、地表下沉会危及结构物以及地下水具有腐蚀性的地区，隧道选择全封闭、不排水的防水原则，宜采用防水型隧道。

排水型隧道是以堵为主，还是以排为主，要根据具体情况确定。一般而言，当隧道穿过岩溶发育带、断裂破碎带，预计围岩中地下水水量丰富，适量排水不影响生态环境时，应根据实际情况采用以堵为主、限量排放的原则，达到堵水有效、防水可靠、经济合理的目的；排水不影响生态环境时，则采用以疏为主、以堵为辅的原则，尽量维系岩溶暗河的既有通路，不随意封堵溶洞、暗河。

在一座隧道的不同区段，也可能存在以排为主的排水型，同时又有全周防水的防水形式。不同防排水类型隧道的特点对比见表 4-8-1。

表 4-8-1　不同防排水类型隧道特点对比

比较项目	防水型隧道	排水型隧道	
		控制排水	不控制排水
地下水流失	基本无流失	部分流失	地下水流失
衬砌压力	全水压	部分水压	无水压
建造费用	随水头的增大而明显增加	随水头的增大而增加	低
维护成本	少	随时间的增长而增加	随时间的增长而增加

8.2　防水系统设计与施工

高速铁路隧道防水工程措施包括地表处理、注浆堵水、初期支护喷射混凝土防渗、防水层、接缝防水、衬砌混凝土自防水、衬砌背后回填注浆等,构成一个完整的防水系统。隧道内防水施工流程如图 4-8-1 所示。

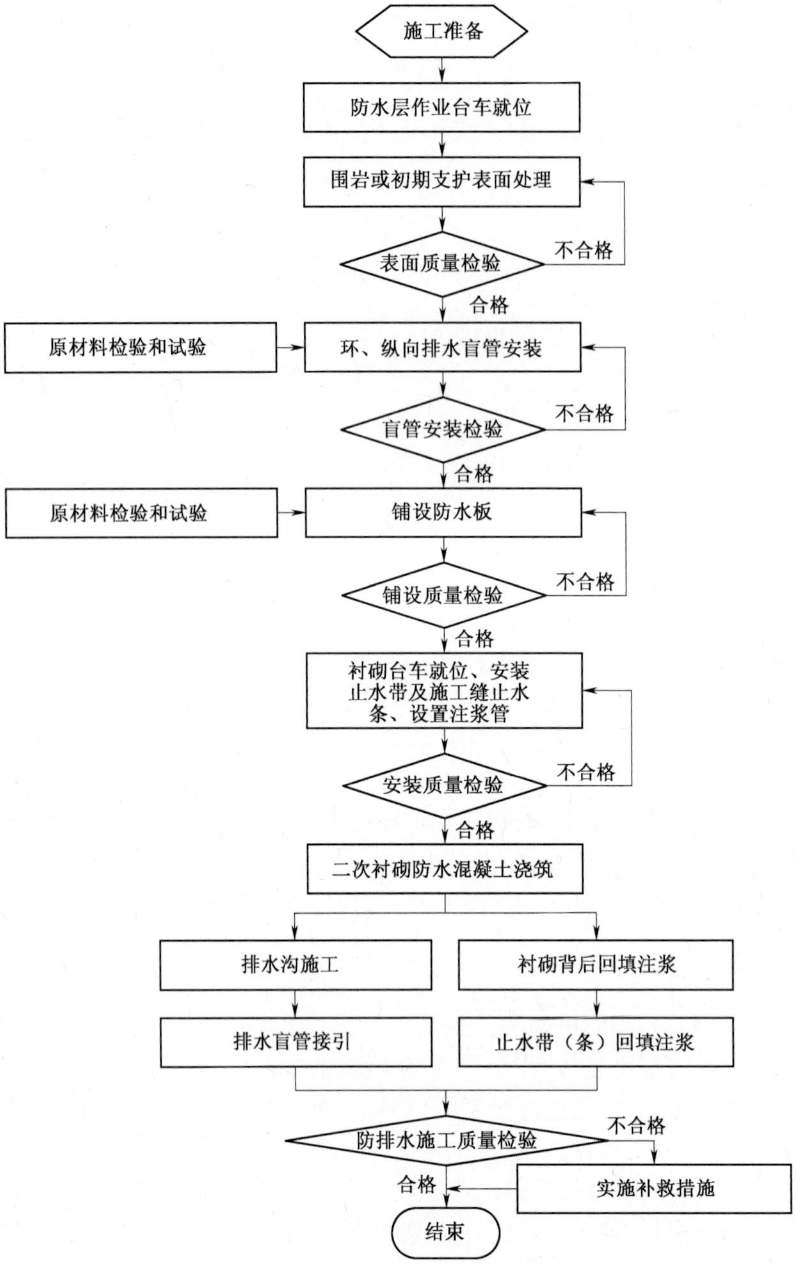

图 4-8-1　隧道防水施工流程图

8.2.1　地表处理

地下水主要来自大气降水和地表水的迁移,对地表水的采取截、排、挡措施,清除地表积水,阻截地下水向下渗流的通道,减少地下水的补给,是隧道最有效的防排水措施之一。

隧道施工前,应对隧道附近的地面、井泉、池沼、水库及河流进行调查、观测与试验,分析其对隧道渗漏水的影响,并编制相应的地表处理计划。

地表处理主要分为地面引排、地表加固和地下降水等措施。

(1)地面引排。

1)隧顶天沟、截水沟等不宜拘泥于设计图所绘走向,应结合地形条件选择对地面植被破坏最小、排水畅通的方案,并结合永久排水系统先行修建。

2)施工前还应仔细核对与隧道相接的路堑水沟排水方向,应保证隧道、明挖工段与辅助坑道等排水系统与洞外排水系统的有效连接,水流应通畅,并不会破坏地表环境。

3)在施工期间，应对隧道周围的地表水采取有效的截水、排水、挡水和防洪措施，防止地表水流入隧道内。当出洞方向路堑为上坡时，应在距离洞口 2 m 处设一道截水沟，拦截洞外路面积水，并宜将洞外侧沟做成与线路坡度相反且不小于 2‰的反坡侧沟。

4)为防止洞口及明挖施工段边、仰坡范围内的地表水下渗和冲刷，应在边、仰坡坡顶修建截、排水沟(图 4-8-2)，且宜在边、仰坡开挖前修建完成。排水沟、截水沟排水应顺畅，无淤积阻塞。隧道洞门的排、截水设施宜与洞门工程同步施工，挡墙翼墙式及单侧挡墙式洞门的洞顶排水一般情况宜采用单向排水。

图 4-8-2　洞口仰坡截水沟

5)边、仰坡上的截水沟应设在距边、仰坡开挖边缘至少 5 m 距离的地方，黄土地区应在 10 m 以上。为防止泥砂淤塞，截水沟坡度不得小于 3‰。当土质纵坡大于 200‰，石质纵坡大于 400‰时，应分段采用不低于 M7.5 水泥砂浆砌片石铺砌，保证截水沟的稳定。截水沟根据地形可设计成单侧或双侧排水，并与路堑排水系统顺接，出水口必须防止顺坡散流、冲刷，危害线路及农田房舍。

(2)地表加固。

1)采用地表注浆等地表防水措施时，必须先于隧道施工并对其效果进行评估。

2)当隧道覆盖层较薄或地表水有可能渗入隧道时，施工前应对地表的积水、坑、洼等进行处理，其中：洞口附近和浅埋地段洞顶地表应平整，不积水；地表坑洼、钻孔、探坑、陷坑等应用不透水土回填，并分层夯实；黄土陷穴和岩溶孔洞等特殊地质的处理应符合设计要求；洞顶有流水的沟槽应予整治，确保水流畅通，必要时对沟床进行铺砌；周边影响范围内有河流、水塘等时，应采取防渗漏措施。

3)洞口排水沟和截水沟可采用 M5 浆砌片石砌筑，砌缝砂浆应饱满密实；不铺砌石质水沟的缝隙应填塞密实；填土中的水沟基底土应夯实。

4)对于浅埋隧道和洞口浅埋段地质条件差或有涌水时，宜采用地表注浆进行加固处理。地表注浆前，首先应做好洞顶截水沟，再按设计进行地表封闭及注浆加固。注浆时钻孔应严格按照设计孔位开孔，并保证孔向准确；地表注浆施工必须坚持先试验后施工的原则，以便选定注浆参数最佳值；地表注浆加固 15 d 后方可进行洞内施工；地表注浆应合理进行施工组织，制定严格的施工现场环境保护措施和预案，防止注浆施工影响环境；地表注浆应根据注浆设计、注浆工艺、地表状况及地质条件，进行各种设备、材料和浆液配比的选择和调整。

(3)地下降水。

1)明挖施工段降水施工时，地下水位应降至工程底部最低高程 50 cm 以下，降水应持续至结构完成回填完毕。

2)隧道底板范围内的集水井，在施工降水结束后应用微膨胀混凝土填筑密实。

8.2.2　注浆堵水

1. 注浆堵水材料

注浆材料按照材料性质分为无机类注浆材料和有机类注浆材料。无机系主要包括单液水泥类(水泥—氯化钙浆液、水泥—三乙醇胺—氯化钠浆液等)、水泥—水玻璃类(水泥—水玻璃双液黏土类等)、水玻璃类(水玻璃—氯化钙浆液、水玻璃—铝酸钠浆液等)、水泥黏土类、其他类等。有机系包括丙烯酰胺类、丙烯酸盐类、木质素类(纸浆浆液—重铬酸钠浆液、纸浆废液—硫木素浆液等)、脲醛树脂类、聚氨酯类、糠醛树脂类、环氧树脂类、甲基丙烯酸甲酯类等。几种常见的注浆材料如图 4-8-3 所示。

(a) 水玻璃　(b) 环氧树脂　(c) 聚胺酯

图 4-8-3　几种常见的注浆材料

注浆材料的选择应根据工程的具体要求、地质条件、浆液性能和注浆工艺及成本等综合考虑，选择最适合的浆材。现将各种浆材的基本性能、应用范围、主要成分、用途汇总成表 4-8-2，岩石裂缝中注浆材料及浆液浓度的选择见表 4-8-3，以供注浆选择时参考。

表 4-8-2　各种注浆材料基本性能、成分及适用范围汇总表

浆液名称	黏度 (10^{-3}Pa · s)	可注最小粒径(mm)	渗透系数 (cm/s)	凝胶时间	抗压强度 (MPa)	注入方式	扩散半径 (cm)	适用范围	主要成分	备注
水泥浆	15～140	1	10^{-1}～10^{-4}	6～15 h	10～25	单液	20～30	地面、工作面预注浆、岩石裂隙注浆	水泥及其他附加成分	
水泥—水玻璃浆	15～140	1	10^{-2}～10^{-3}	数秒～几十分钟	5～20	双液	20～30	地面、工作面预注浆、岩石裂隙注浆及壁后注浆，封堵涌水等	水泥及水玻璃	
水玻璃类	3～4	0.1	10^{-2}	瞬间～几十分钟	<3	双液	30～40	地基加固、冲击层注浆	水玻璃及助剂	部分助剂成本高
铬木素类	3～4	0.03	10^{-3}～10^{-5}	十几秒～几十分钟	0.4～2	单液或双液	30～40	冲击层注浆、壁内或壁后注浆	纸浆废液、重铬酸钠、过硫酸铵等	重铬酸钠对地下水有污染
丙硒酰胺类	1.2	0.01	10^{-5}～10^{-6}	十几秒～几十分钟	0.4～0.6	双液	50～60	冲击层注浆、壁内或壁后注浆	丙硒酰胺过硫酸铵、亚甲基双丙烯酰胺	

表 4-8-3　岩石裂缝中注浆材料及浆液浓度的选择

项目	裂隙含水层岩层中注浆孔涌水量(m^3)					岩层中冲洗液漏失量(m^3)		
	<6	6～12	12～30	30～60	>60	<3	3～4.8	4.8～6
浆液类型	单液水泥浆	单液水泥　浆	水泥水玻璃浆	水泥水玻璃浆	水泥水玻璃浆	单液水泥浆	单液水泥浆	水泥水玻璃浆
水胶比	(1.1 : 1)～(0.8 : 1)	(0.8 : 1)～(0.6 : 1)	(1 : 1)～(0.8 : 1)	(0.6 : 1)～(0.8 : 1)	(0.6 : 1)	(1 : 1)～(0.8 : 1)	(1 : 1)～(0.8 : 1)	(1 : 1)～(0.8 : 1)
水泥外加剂用量	氯化钙 3%～5%或水玻璃 3%～5%或三乙醇胺 0.05%及食盐 0.5%					氯化钙 3%～5%或水玻璃 3%～5%或三乙醇胺 0.05%及食盐 0.5%		
水玻璃浓度 Be			35～40	35	30～35			35～45
水泥浆与水玻璃体积比			(1 : 1)～(0.8 : 1)	(1 : 0.8)～(1 : 0.6)	(1 : 0.6)～(1 : 0.3)			1 : 0.3

2. 注浆堵水施工工艺

根据工程地质情况、设计及施工需要，注浆堵水可采用前进式注浆、后退式注浆和全孔一次性注浆三种方式。这三种注浆方式有不同的适用条件：孔深小于 6 m 或地层裂隙较均匀的地层，可按图 4-8-4 采取全孔一次性注浆；裂隙发育或破碎难以成孔的岩层，深孔注浆可按图 4-8-5 采用分段前进式注浆；围岩局部破碎，但可以成孔的岩层，可按图 4-8-6 采用后退式分段注浆。

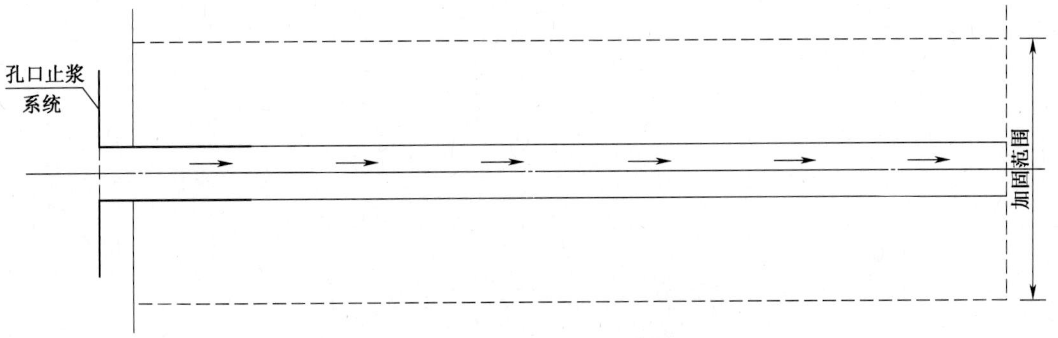

图 4-8-4　全孔一次性注浆示意图

注浆堵水的主要施工工艺流程如图 4-8-7 所示。

(1)注浆施工准备。注浆施工准备工作应符合下列要求：

1)泵站的布置：泵站布置应考虑紧凑、操作方便、有利于通风防尘，并尽量靠近工作面，场地狭窄时可采用移动式泵站。注浆管路可参照图 4-8-8 进行连接。

2)压水试验：注浆施工应通过压水试验测定岩层的吸水性和渗透性，同时冲洗钻孔，检查止浆塞效果和注浆管路是否有跑、漏水现象。

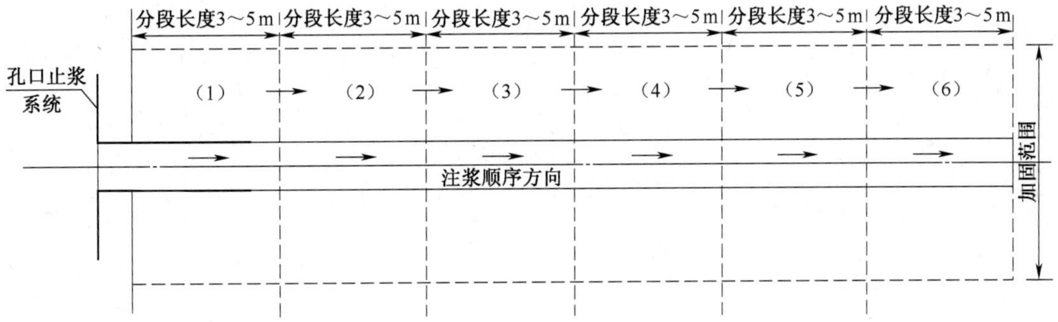

图 4-8-5　分段前进式注浆示意图

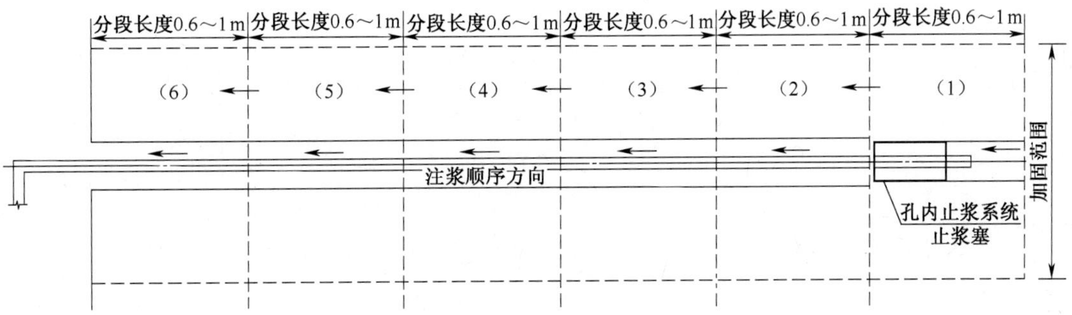

图 4-8-6　分段后退式注浆示意图

3)设置止浆墙：为了便于钻孔布置注浆管和防止浆液从前方掌子面渗出，注浆时必须设置止浆墙对前方临空掌子面进行封闭。止浆墙设置可以采用 5～10 cm 的喷射混凝土或模筑混凝土封闭层，也可以在围岩稳定性差的部位打设锚杆，充分利用加固围岩作止浆墙，并在周边预埋注浆管并注浆填充空隙。

止浆墙厚度一般可按式(4-8-1)计算，一般情况下不超过 8 m 厚。

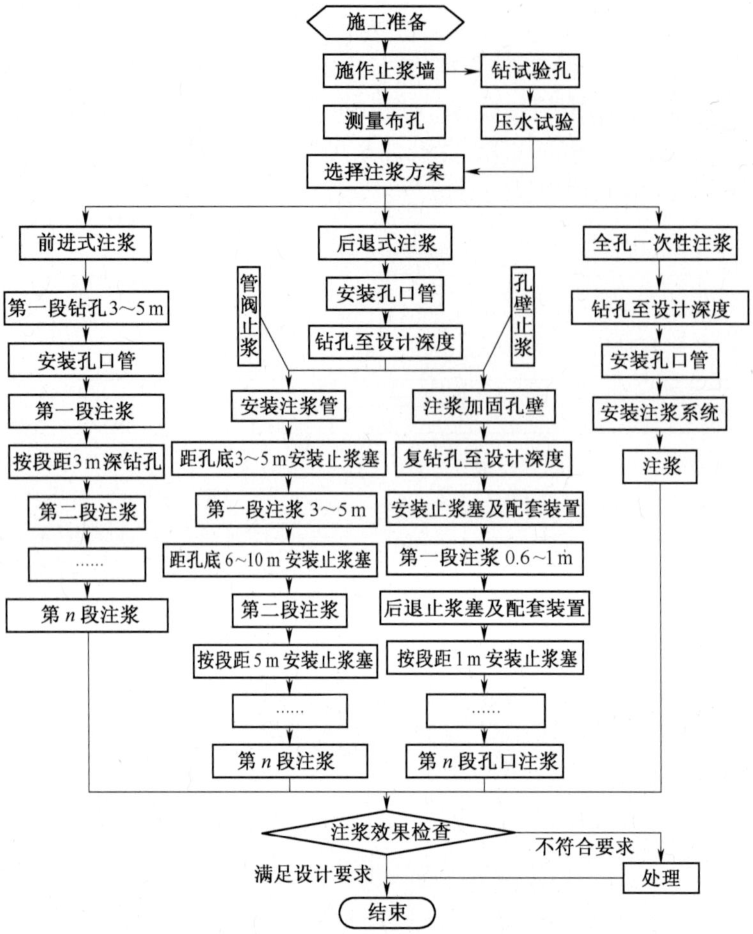

图 4-8-7　注浆施工工艺流程图

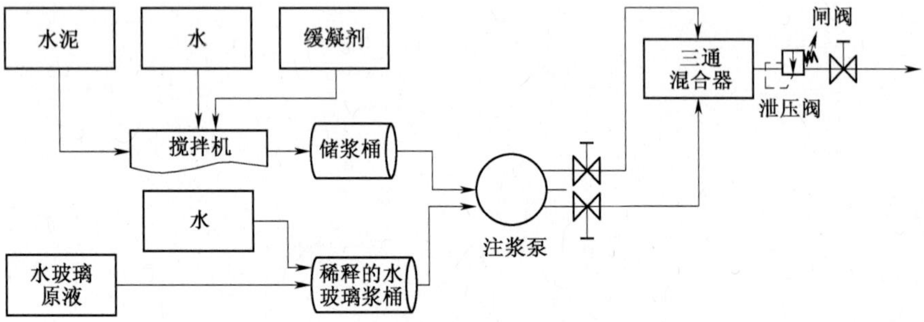

图 4-8-8　注浆管路连接示意图

$$B=K_0\sqrt{\frac{Wb}{2h[\sigma]}} \tag{4-8-1}$$

式中　K_0——安全系数,取 1.5;

W——作用在止浆墙上的荷载($W=P\times F$,P 为注浆终压,F 为混凝土止浆墙面积);

b——隧道跨度,m;

h——隧道高度,m;

$[\sigma]$——混凝土允许抗压强度,MPa。

(2)钻孔。待止浆墙强度达到设计强度的 75%,孔口管与止浆墙连接牢固,并检查止浆墙及周边范围无渗漏水时方可进行钻孔。

1)孔位布设。严格按照设计图纸对孔位的要求进行布孔,将其位置直接定位标识在掌子面上(图 4-8-9),孔位偏差不得大于 5 cm,钻孔偏斜率最大允许偏差为 0.5%,同时应满足设计要求。在进行钻孔定位时,孔口按钻孔设计用全站仪按三维坐标进行标准控制，钻孔偏角采用地质罗盘定向，水平角采用在钻孔平台上放设标准点的方式控制，并用全站仪按三维坐标进行抽检，控制精度要求满足允许偏差要求。

图 4-8-9　围帷注浆施工

2)钻机就位。根据孔位位置将钻机定位，钻头对准孔口管，在技术人员指导下按照注浆孔角度的设计要求调整钻杆角度，尽量使钻杆中心线与设计注浆孔中心线吻合。孔位对准后，钻机不得移位，也不得随意起降。

3)钻进成孔。第一个钻孔施工时，要慢速运转，掌握地层对钻机的影响情况，出现大量溢水出水时，应立即停钻，分析原因后再进行施工。钻孔时，安排专业工程师值班，指挥作业人员根据注浆目的明确钻孔的顺序，并及时对岩层、岩性及孔内各种情况进行详细记录，特别是对钻孔穿越破碎带和溶蚀空腔进行详细记录，以便为注浆浆液及方案的确定提供依据。钻孔作业中应经常检查、校正钻杆方向。

钻孔深度视注浆长度或深度而定，注浆长度或深度则应按设计要求并视水文地质情况合理调整。钻孔孔底偏差值应符合表 4-8-4 的规定。

表 4-8-4　预注浆钻孔孔底偏差标准

项　　目	注浆孔	检查孔	其他孔
允许偏差	$\leqslant\frac{1}{40}L$	$\leqslant\frac{1}{80}L$	$\leqslant\frac{1}{60}L$

注：L——孔深。

(3)注浆及注浆异常情况的处理。

注浆及注浆异常情况处理见本篇第 6 章。

3. 注浆机具配置

根据隧道设计注浆目的、范围、注浆类型和数量等，选用性能好、操作简单的注浆机具设备，并要进行现场试验运转。实际施工时应根据自身的工程特点和施工空间来有针对性的选择钻机、注浆机、搅拌机等注浆机具。设备的选择应符合下列要求：

(1)钻机可选用回转式、冲击式钻机等，钻孔机具应满足注浆段长的要求。

(2)灌注水泥浆宜采用单液泵或泥浆泵，灌注砂浆宜采用专用砂浆泵，灌注双液浆应采用双液浆泵。注浆泵的最大压力应能达到设计压力的 1.5～2.0 倍。

(3)注浆管根据设计要求选用相应规格的管材。

8.2.3　喷射混凝土防渗

喷射混凝土也是一种防水层，是复合式衬砌外的第一道防水屏障。喷射混凝土作为隧道防水层与防水板同样重要，如果忽视这个问题也会导致隧道的渗漏。但喷射混凝土暴露于含有侵蚀性物质的地下水环境中，必须采取特殊措施，如添加硅粉或钢纤维、采用低水化热水泥等，才能提高喷射混凝土的防渗性能。

为提高喷混凝土支护层的防水质量，应做到以下几点。

(1)对喷射混凝土的围岩基面进行处理，尤其是对松散危石、渗漏水的处理特别重要。松散危石的节理、已经张开的裂隙是喷层背后的主要积水空间，使结构承受的水压力加大；围岩渗漏水直接影响喷射混凝土的喷射质量,对大股涌水宜采用注浆堵水,对小股水或裂隙渗漏水宜采用注浆或导管引排后再喷射混凝土,大面积潮湿的岩面宜采用黏结性强的喷射混凝土,如添加外加剂、掺合料以改善喷射混凝土的性能。

(2)对喷射混凝土背后空隙进行注浆。在软弱围岩段,支护要采用格栅钢架或型钢钢架,再加上锚杆、钢筋网、纵向连接筋等。使喷射混凝土层内部钢筋密布,加大喷射难度,不可避免地在内部及靠围岩侧形成阴影,造成喷射混凝土内部及其与围岩接触面之间不密实,形成空隙,因而对支护及其背后进行注浆是十分必要的,是提高支护抗渗能力的重要保证。

(3)对突出的锚杆头进行处理。突出于围岩面的锚杆端部,可事先进行切割;对喷后突出的钢筋头,对其切割后再补喷或用砂浆覆盖。

(4)加强喷射混凝土的湿润养护,减少裂纹。若喷射混凝土发生裂纹时,应视裂纹情况,采用补喷混凝土、灌浆等方式将裂缝封闭。

(5)调整混凝土配合比或掺加外加剂等,提高混凝土的抗渗能力。通过试验确定喷射混凝土的最佳配合比或采用掺加抗渗外加剂这两种途径均可提高混凝土的抗渗能力。当围岩变形大时,可采用纤维喷射混凝土以提高支护层防裂能力。

综上所述,喷射混凝土支护层作为复合式衬砌的最外层支护及第一道防水屏障,其施作质量和防水效果受围岩开挖、施作工艺及结构形式影响很大,不作任何处理的喷射混凝土的防水能力是非常有限的。

喷射混凝土施工作业与设备配置见本篇第 6.7 节。

8.2.4 防 水 层

1. 防水层的作用及主要类别

防水层是隧道防排水技术的核心,是保证隧道防水功能的重要措施。防水层为不透水、表面光滑的高分子防水卷材,它的作业就是将地层渗水拒于二次衬砌之外。防水层通常由缓冲垫层与防水板两部分组成。缓冲垫层直接安设在基层上作为防止静力穿刺的保护层,也提供一定的排水能力。

高速铁路隧道复合式衬砌中的防水层多采用各类塑料防水板(图 4-8-10)。包括 PVC (聚氯乙烯)、ECB (乙烯、醋酸乙烯与沥青共聚物)、EVA (乙烯—醋酸乙烯共聚物)、LDPE (低密度聚乙烯)及 HDPE (高密度聚乙烯)类或其他性能相近的材料。对于围岩地下水丰富的隧道,《调整铁路隧道工程施工技术指南》建议采用分区防水技术,区段的长度应根据隧道内渗漏水量的大小确定。富水地段可按二次衬砌的分段长度确定,分区防水应采用带注浆管的背贴式止水带,发生渗漏时可进行补注浆。

图 4-8-10 不同材质和不同颜色的防水板卷材

2. 结构防水板施工

围岩如有淋水,应先采用注浆措施将大的淋水或集中出水点封堵,然后在围岩表面设排水管或排水板竖向盲沟将局部渗水引排。初期支护如有淋水,在初期支护与二次衬砌之间设竖向排水。竖向排水在拱脚处用硬聚氯乙烯排水管穿过二次衬砌排入侧沟或中心排水沟中。在初期支护与二次衬砌之间铺设土工布、防水板,变形缝、施工缝采用中埋式橡胶止水带或其他止水措施。

(1)基面处理。

1)喷射混凝土基面的表面应平整(图 4-8-11),两凸出体的高度与间距之比不大于 1/10,否则应进行基面处理。

2)拱墙部分自拱顶向两侧将基面外露的钢筋头、钢丝、锚杆、排水管等尖锐物切除锤平,并用砂浆抹成圆曲面。

3)欠挖超过 5 cm 的部分需作处理。

4)仰拱部分用风镐修凿,清除回填渣土和喷射混凝土回弹料。

5)隧道断面变化或突然转弯时,阴角应抹成半径大于 10 cm 的圆弧,阳角处应抹成半径大于 5 cm 的圆弧。

6)检查各种预埋件是否完好。

7)喷射混凝土强度要求达到设计强度。

(2)缓冲垫层的铺设(图 4-8-12)。缓冲垫层铺设过程如下:

1)将垫衬横向中线同隧道中线对齐。

2)由拱顶向两侧边墙铺设。

3)采用与防水板同材质的专用塑料垫圈压在垫衬上,使用射钉或胀管螺钉锚固。

4)垫衬缝搭接宽度不小于 5 cm。

5)锚固点应垂直基面并不得超出垫圈平面,锚固点呈梅花形布置。锚固点间距拱部为 0.5～0.8 m,边墙为 0.8～1.0 m,隧底为 1.0～1.5 m,凹凸处应适当增加锚固点。

图 4-8-11　隧道内平整的喷射混凝土面

图 4-8-12　已安装好的防水板缓冲层

(3)防水板铺设。防水板铺设采用无钉(暗钉)铺设法。无钉铺设法是先在喷混凝土基面上用明钉铺设法固定缓冲层,然后将防水板热焊或黏合在缓冲层垫圈上,使防水板无穿透钉孔如图 4-8-13 所示。防水板铺设要点如下:

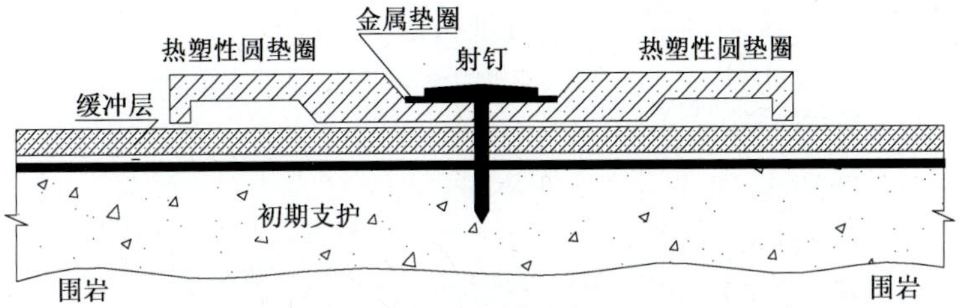

图 4-8-13　无钉铺设防水板示意

1)防水板需环向铺设,相邻两幅接缝错开,结构转角处错开不小于规定值。

2)防水板短长边的搭接均以搭接线为准。防水板搭接处采用双焊缝焊接(图 4-8-14),焊缝宽度不小于 15 mm,且均匀连续,不得有假焊、漏焊、焊焦、焊穿等现象。

图 4-8-14　防水板焊接

3)防水板铺设应自上而下进行,铺设时根据基面平整度的不同,应留出足够的富余。防止浇筑混凝土衬砌时因防水板绷得太紧而拉坏防水材料或使衬砌背后形成积水空隙。

4)在检查焊接质量和修补质量时,严禁在热的情况下进行,更不能用手撕。

5)防水板铺设可采用自制台车进行。

(4)防水板搭接。防水板采用自动爬行热合机双焊缝焊接。防水板焊接在热融垫片表面焊接前将防水板铺设平整、舒展,并将焊接部位的灰尘、油污、水滴擦拭干净,焊缝接头处不得有气泡、褶皱及空隙,而且接头处要牢固,强度不得小于同一种材料;防水板焊接时,要严格掌握焊接速度或焊接时间,防止过焊或焊穿防水材料;防水板之间搭接宽度为 15 cm,双焊缝的每条缝宽 15 mm,两条焊缝间留不小于 15 mm 宽的空腔作充气检查用。焊缝处不允许有漏焊、假焊,凡烤焦、焊穿处必须用同种材料片焊贴覆盖。防水板搭接应采用丁字接缝,如图 4-8-15 所示。

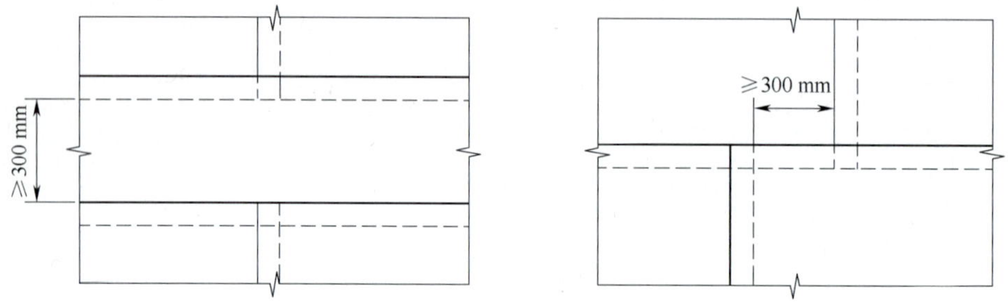

图 4-8-15　防水板搭接示意图

(5)质量检验。

1)在洞外检查防水板及土工布的颜色、厚度、合格证是否符合要求。用手将已固定好的防水板上托或挤压,检查其是否与喷混凝土层密贴,检查防水板有无破损、断裂、小孔,吊挂点是否牢固,焊缝有无烤焦、焊穿、假焊和漏焊,搭接宽度是否符合设计,焊缝表面是否平整光滑,有无波形断面,如图 4-8-16 所示。

防水板安装后至混凝土浇筑前这段时间的施工非常容易损伤防水卷材,从而影响整体的防水效果。如果防水卷材两面的颜色是对比色,裂痕或损伤会明显地表现出卷材内层较深的颜色,这样可直接看出安装好的卷材整体质量,对破损处通过焊接同材质的材料可进行修补。

图 4-8-16　缓冲层与防水板

2)防水板焊接质量检测。防水板铺设应均匀连续,焊缝宽度不小于 15 mm,搭接宽度不小于 150 mm,焊缝应平顺、无褶皱、均匀连续。无假焊、漏焊、焊过、焊穿或夹层等现象。

①压气检查。防水板接缝用热合机进行焊接,接缝为双焊缝。检查方法:5 号注射针与压力表相接,用打气筒充气,当压力达到表 4-8-5 数值时停止充气,保持该压力 15 min,压力下降在 10%以内,说明合格(图 4-8-17)。

表 4-8-5　防水板焊接检查压缩空气压力标准

防水板厚度(mm)	1.0	1.5	2.0	2.5	3.0
气压(MPa)	0.15	0.18	0.3	0.35	0.42

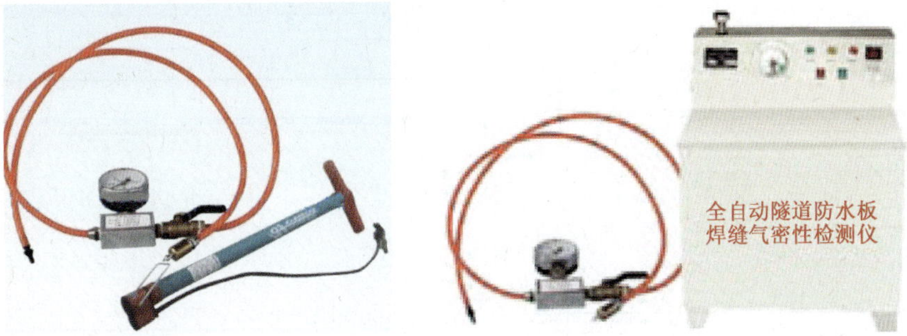

图 4-8-17　两种不同类型的防水板充气检查设备

② 压缩空气枪检测法。压缩空气经枪管以一定速率从喷嘴射出，垂直冲击防渗膜搭接焊缝的外缘，同时喷嘴以一定速度沿焊接缝移动，当喷嘴经过漏焊部位时，高速气流会经未焊接缝隙钻入防渗膜防渗层下面，通过声音的变化或防渗膜的鼓起现象可以判断漏焊缝隙的位置。

③焊缝拉伸强度、抗剥离强度检查。拉伸强度不低于母材强度的 70%；抗剥离强度应≥0.7 MPa。

④防水板破损的修补。检查出防水板上有破坏之处时，必须立即做出明显标记，以便毫不遗漏地把破损处修补好，补后一般用真空检查法检验修补质量。补丁不得过小，离破坏孔边缘≥7 cm。补丁要剪成圆角，不要有正方形、长方形、三角形等的尖角。

(6)混凝土施工时防水板保护。

1)底板防水层可使用细石混凝土保护。

2)衬砌结构钢筋绑扎时不得划伤或戳穿防水板，钢筋头采用塑料帽保护。焊接钢筋时，用非燃物(如石棉板)隔离。

3)浇筑混凝土时，振动棒不得接触防水层。

8.2.5　接缝防水

施工缝是由于隧道衬砌混凝土施工所产生的冷接缝，是防水薄弱环节之一，也是隧道中最易发生渗漏的地方。隧道衬砌施工缝处理不好。不仅造成衬砌混凝土裂缝及洞内漏水，严重影响隧道的正常使用和行车安全，而且还会降低结构的强度和耐久性。为防止由于衬砌不均匀下沉而引起裂损，在地质条件变化显著、衬砌受力不匀地段，应设置沉降缝，为防止由于温度变化剧烈或混凝土凝结时的收缩影响而引起衬砌开裂，应设置伸缩缝。这两种结构缝统称变形缝。变形缝应采用柔性材料做防水处理。

施工缝、变形缝的防水设计应满足以下要求：

(1)变形缝应满足密封防水、适应变形、施工方便、检修容易等要求。严寒地区洞口段应设多条伸缩缝。变形缝处混凝土结构的厚度不宜小于 30 cm。

(2)用于沉降的变形缝，其最大允许沉降量差值不应大于 30 mm。当计算沉降量大于 30 mm 时，应在设计时采取措施。

(3)用于沉降的变形缝宽度宜为 20～30 mm，用于伸缩的变形缝的宽度宜小于此值。

(4)变形缝的材料包括橡胶止水带、钢边止水带、遇水膨胀橡胶条和嵌缝填料，均需满足一定的性能指标要求。其中，嵌缝填料的最大拉伸强度不应小于 0.2 MPa，最大伸长率应大于 300%。

高速铁路隧道施工缝设置有单一构造形式和复合构造形式两种，单一构造结构形式如图 4-8-18～图 4-8-20所示，复合构造结构形式如图 4-8-21～图 4-8-23 所示。

高速铁路隧道变形缝设置往往采用复合式结构，如图 4-8-24～图 4-8-27 所示。

1. 变形缝、施工缝材料及要求

(1)止水带选择及质量要求。止水带一般选用橡胶或塑料止水带(图 4-8-28、图 4-8-29)。对水压大、变形大的施工缝、变形缝要选用钢边止水带。橡胶止水带和钢边止水带采用三元乙丙橡胶制作，不得采用再生橡胶。塑料止水带不得采用再生塑料。当设计选用其他新型、成熟、可靠的材料时，其物理性能要符合国家相关标准的要求，还要满足一些外观质量和物理力学性能方面的要求。

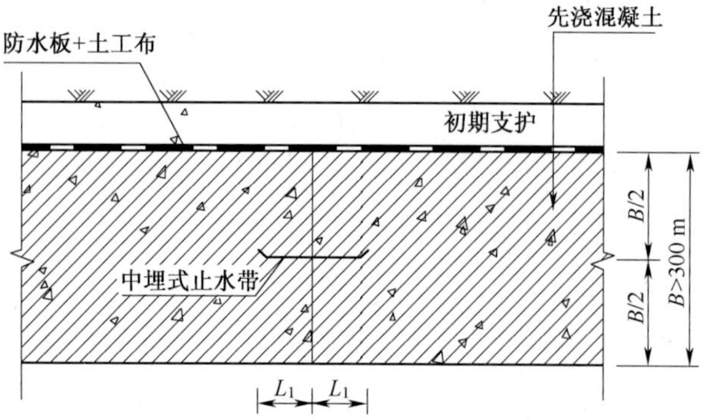

图 4-8-18　中埋式止水带

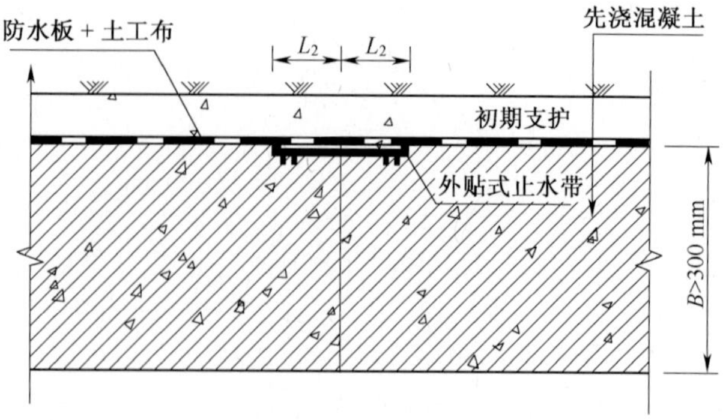

图 4-8-19　外贴式止水带

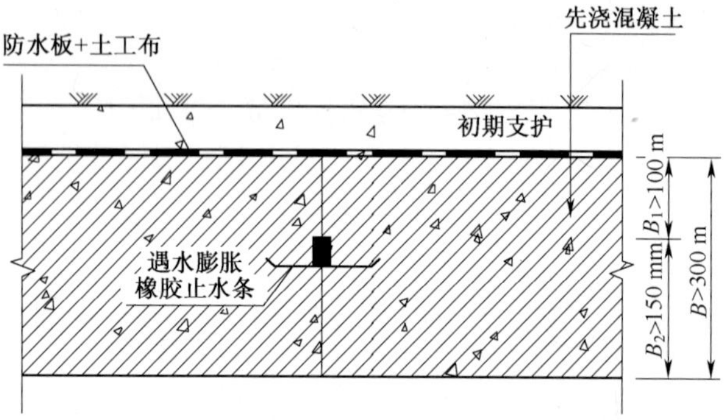

图 4-8-20　遇水膨胀橡胶止水条

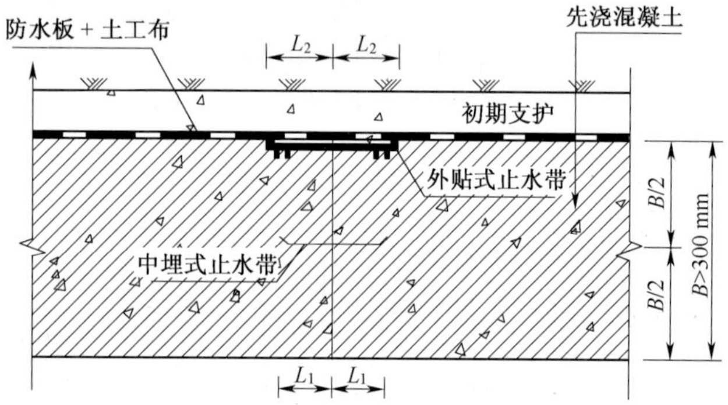

图 4-8-21　中埋式止水带和外贴式止水带复合防水构造形式(施工缝)

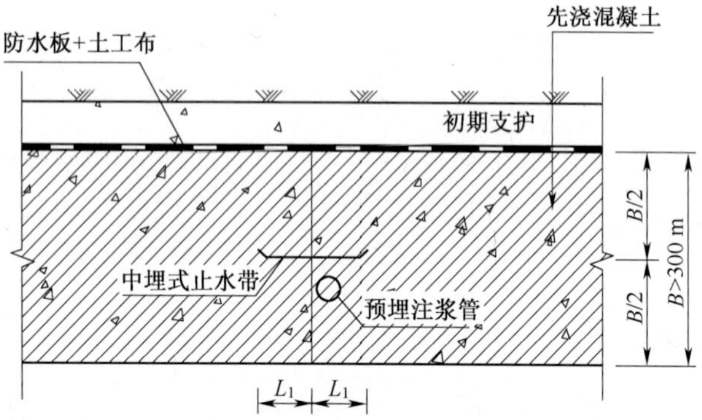

图 4-8-22　中埋式止水带和预埋注浆管复合防水构造形式

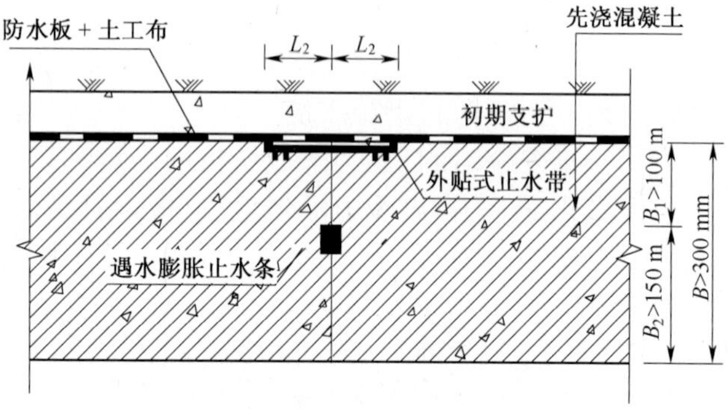

图 4-8-23　遇水膨胀橡胶止水条和外贴式止水带
复合防水构造形式

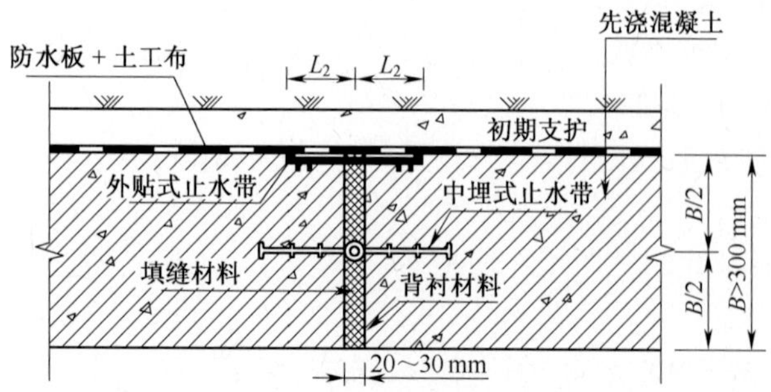

图 4-8-24　中埋式止水带和外贴式止水带
复合防水构造形式(变形缝)

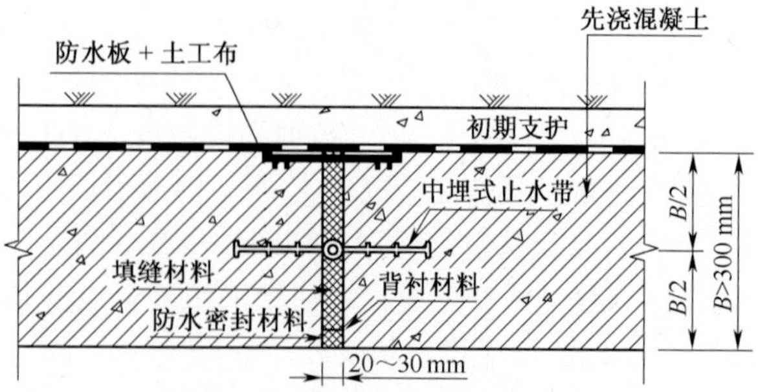

图 4-8-25　中埋式止水带和防水密缝材料
复合防水构造形式

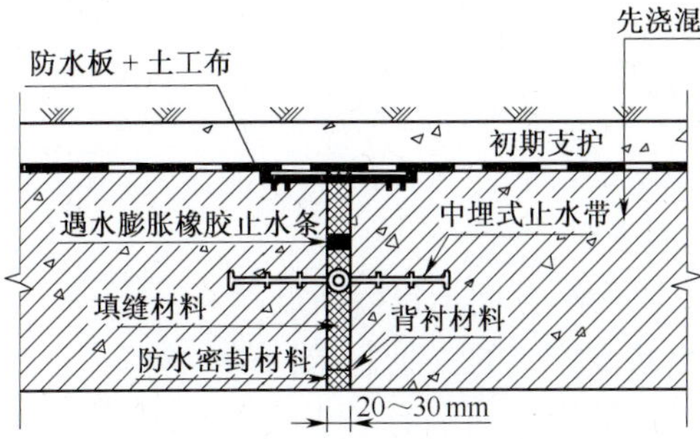

图 4-8-26　中埋式止水带和防水密缝材料、遇水膨胀橡胶止水条复合防水构造形式

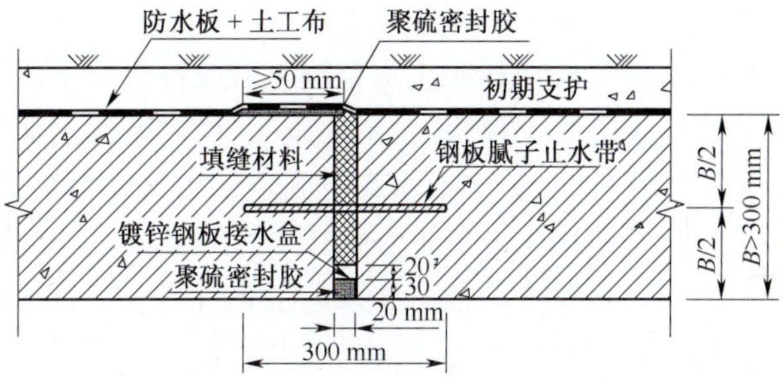

图 4-8-27　带接水盒的变形缝构造形式

图 4-8-28　两种不同截面的背贴式止水带

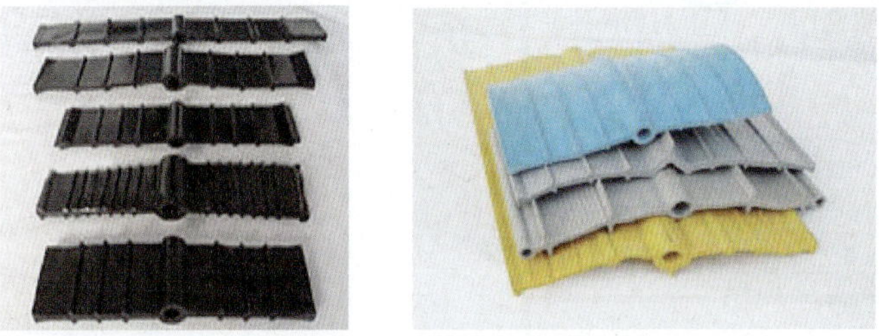

图 4-8-29　不同宽度、不同截面的中埋式止水带

在外观质量方面，止水带表面不允许有开裂、缺胶、海绵状等影响使用的缺陷，其中塑料止水带外观颜色为材料本色，不得添加颜料和填料，特殊要求除外。具体的外观质量要求还要符合表 4-8-6 的规定。

表 4-8-6　止水带产品外观质量要求

编号	缺陷类型	开挖工作面
1	气泡	直径不大于 1 mm 的气泡，每米不得超过 3 处
2	杂质	面积不大于 4 mm^2 的杂质，每米不得超过 3 处
3	凹痕	不允许有
4	接缝缺陷	高度不大于 1.5 mm 的凸起或不平，每米不得超过 2 处

止水带安装完成后一般要检查止水带安装的横向位置，用钢卷尺量测内模到止水带的距离，与设计位置相比，偏差不超过 5 cm；还要检查止水带安装的纵向位置，通常止水带以施工缝或伸缩缝为中心两边对称，用钢卷尺检查，要求止水带偏离中心不能超过 3 cm；止水带与二次衬砌端头模板是否正交也要用角尺检查。

(2)止水条。止水条的种类很多，一般选用制品型遇水膨胀止水条，分别有带注浆孔和不带注浆孔的两种结构形式，如图 4-8-30 所示。

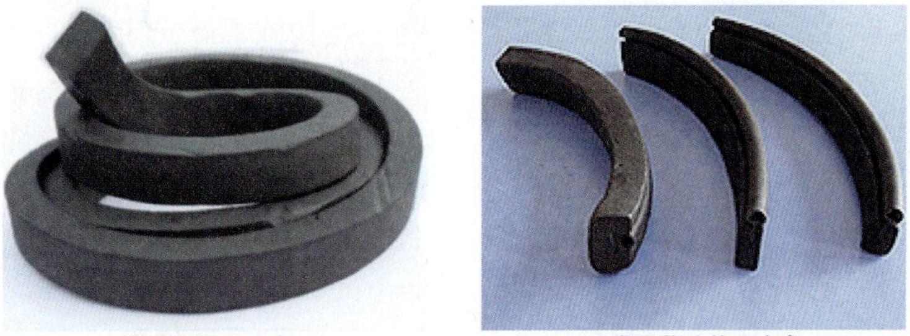

遇水膨胀止水条　　**带注浆孔的止水条**

图 4-8-30　两种不同的止水条

带注浆孔遇水膨胀止水条是针对施工缝、变形缝渗漏开发的一种新型接缝防水材料,通过预留注浆孔,在接缝发生渗漏时注入浆液进行封堵。

带注浆孔遇水膨胀止水条施工时应符合以下规定。

1)拆除混凝土模板后,凿毛施工缝、用钢丝刷清除界面上的浮渣,并涂 2~5 mm 的水泥浆,待其表面干燥后,用配套的胶黏剂或水泥钉固定止水条。再浇筑下一循环混凝土。

2)止水条接头处应重叠搭接后再黏结固定,沿施工缝形成闭合回路,其间不得留断点。

3)将止水条上的预留注浆连接套管套入搭接的与另一条止水条上连接的三通上(图 4-8-31)。

4)根据所安装止水条的长度,约在 30 m 处安装三通一处,三通的直线两端有一头插入止水条内,另一头插入注浆连接管内。丁字端头插入备用注浆管内,以备缝隙渗漏水时注浆(图 4-8-31)。

5)注浆连接管与三通连接件应黏结牢固,保证注浆管畅通。安装在三通上的备用注浆管,应引入二次衬砌内侧。

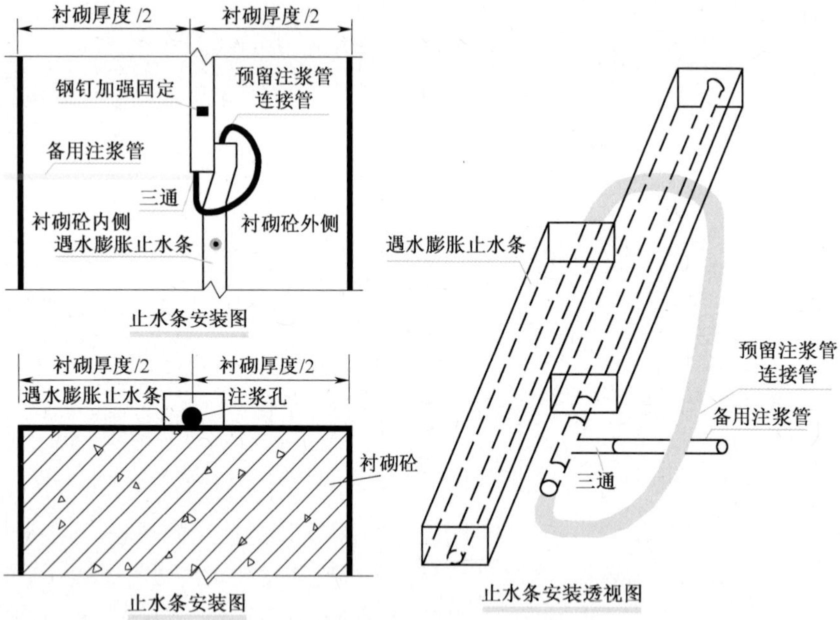

图 4-8-31 带注浆孔遇水膨胀止水条安装示意

2. 变形缝、施工缝施工

施工缝、变形缝是防水的薄弱环节,因此必须按规范规定和设计要求认真施作。

(1)施工缝。施工缝处采用止水带或止水条防水,设置在结构厚度的 1/2 处。施工缝的具体要求是:

1)施工时要对其材质、性能、规格进行检查,符合设计要求,无裂纹和气泡。

2)先施工结构中预埋的一半止水带。应每隔 50 cm 设置一个止水带钢筋夹固定或通过止水带边孔的钢丝固定在结构钢筋骨架上,并用设置在衬砌台车模板端头的内层钢模与外层木模两块挡头板牢牢固定住(图 4-8-32),避免混凝土浇筑过程中止水带移位。明挖隧道则采用图 4-8-33 方式固定中埋式止水带。止水带不得打孔或用铁钉固定。

3)拆模时和进行施工缝凿毛处理时,应仔细保护止水带,防止破坏。后施工的结构在浇筑前,必须对止水带加以清洗。

①背贴式橡胶止水带的施工。背贴式止水带设置在衬砌结构施工缝、变形缝的外侧,施工时按设计要求先在需要安装止水带的位置放出安装线。

施工缝处设计有防水板的,如止水带材质与防水板相同,则采用热焊机将止水带固定在防水板上;如设计为橡胶止水带时,则采用黏接法将其与防水板黏接。

②中埋式橡胶止水带的施工。中埋式止水带主要采用内、外缘端模夹持并固定方式设置,如图 4-8-32 所示,安装时可采用 $\phi10$ mm 钢筋卡槽钢卡子卡紧。

止水带安装的横向位置,用钢卷尺量测内模到止水带的距离,与设计位置相比,允许偏差为±5 cm。

止水带安装的纵向位置,通常止水带以施工缝或伸缩缝为中心两边对称,用钢卷尺检查,要求止水带偏

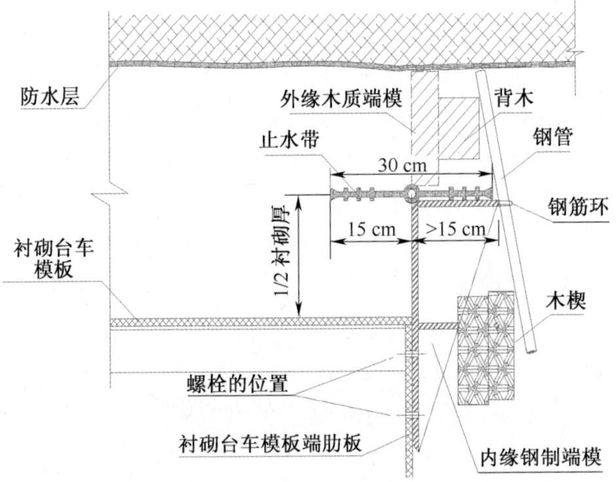

图 4-8-32 暗挖法隧道中埋式止水带安装示意图

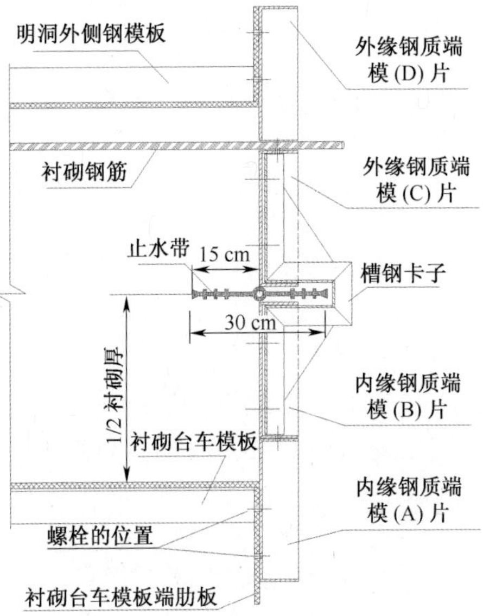

图 4-8-33 明挖法隧道中埋式止水带安装示意图

离中心的允许偏差为±3 cm。

用角尺检查止水带与衬砌端头模板是否正交，不正交会降低止水带的有效长度。

检查接头处上下止水带的压茬方向，此方向应以排水畅通、将水外引为正确方向。即接茬部位下部止水带压住上部止水带。

用手轻撕接头来检查接头强度，观察接头强度和表面打毛情况。接头外观应平整、光洁，抗拉伸强度不低于母材，不合格时应重新焊接。

③遇水膨胀橡胶止水条的施工。选用的遇水膨胀橡胶止水条应具有缓胀性能，其7 d的膨胀率不大于最终膨胀率的60%。

遇水膨胀止水条应牢固地安装在缝表面或预留槽内。先将预留槽清洗干净，然后涂一层胶黏剂，将止水条嵌入槽内，并用钢钉固定。止水条连接应采用搭接方法，搭接长度大于50 mm，接头要用水泥钉钉牢。止水条应沿施工缝回路方向形成闭合回路，不得有断点。

止水条安装仪置、接头连接应符合设计要求。止水条表面没有开裂、缺胶等缺陷，无受潮提前膨胀现象。止水条与槽底密贴，没有空隙。

(2)变形缝。变形缝是由于考虑结构不均匀受力和混凝土结构胀缩而设置的允许变形的缝隙，即是防水处理的难点，也是结构自防水中的关键环节。

变形缝设计为缝宽20～30 mm，防水材料可选用橡塑钢片止水带、双组分聚硫橡胶、四油两布双组分聚氨酯、聚苯板、EVA防水砂浆等。结构中间埋入钢边橡胶止水带，止水带两侧分别用聚苯乙烯泡沫板填充。

具体操作方法：用特制钢筋箍夹紧橡塑钢片止水带，使其准确居中，在封口处开宽90 mm、深35 mm槽。槽体与缝交接处放双组分聚硫橡胶，其余部分填聚苯板。在嵌双组分聚硫橡胶前，将缝两边基面的表面松动物及浮渣等凿除，清扫干净并用砂浆找平，使其与变形缝两侧黏接牢固。槽体的槽帮涂四油两布双组分聚氨酯。槽体填充EVA防水砂浆。

(3)变形缝、施工缝的质量保证措施。

1)保证施工缝粘贴止水条处混凝土面光滑、平整、干净，施工缝凿毛时不被破坏。

2)止水条的安装确保密贴、牢固、混凝土浇筑前无膨胀失效，使用氯丁胶粘贴并加钢钉固定。接头用氯丁胶斜面粘贴紧密。

3)止水带的安装确保居中、平顺、牢固、无裂口脱胶，并在浇筑混凝土的过程中注意随时检查，防止止水带移位、卷曲。塑料止水带接头采取焊接。

4)各种贯通的施工缝、变形缝的止水条、止水带的安装确保形成全封闭的防水网。

5)浇筑混凝土前，先将混凝土基面充分凿毛并清洗干净。采用手工凿毛时，对施工缝的清洗必须彻底，必要时还要用钢刷刷干净。

6)混凝土浇筑时,确保新旧混凝土结合良好,使混凝土结合处有 20～30 mm 厚的水泥砂浆。水平施工缝可先铺设厚 20～30 mm 的与混凝土等强度的防水砂浆。

8.2.6 衬砌混凝土自防水

隧道二次衬砌混凝土既是外力的承载结构,也是防水的最后一道防线,因此要求衬砌既要有足够的强度,还要具有一定的抗渗性。防水混凝土是以水泥、砂、石为原料,通过规定的级配比,并渗入少量外加剂。通过调整配合比、抑制或减少空隙率、改变空隙特征、增加各原材料界面间的密实性等方法,配制成的具有一定抗渗能力的防水混凝土。二次衬砌防水混凝土抗渗等级应达到设计要求。

1. 防水混凝土施工

为了能够更好地满足防水混凝土的设计要求,施工中要加强管理,对混凝土施工进行全过程控制。

(1)防水混凝土施工尽量在围岩和初期支护基本稳定后进行,施工前要做好初期支护的注浆堵水和结构外防水的防水层铺设。

(2)为减少水化热的产生,施工时在混凝土中掺入部分粉煤灰,借以提高混凝土的和易性。粉煤灰采用Ⅰ级标准,掺量不大于 25%。

(3)防水混凝土的搅拌除可使材料均匀混合外,还起到一定的塑化和提高和易性作用,这对防水混凝土的性能影响较大,为此混凝土搅拌要达到色泽一致后方可出料。拌和时间不应小于 2 min。混凝土采用混凝土罐车运送,在运输过程中要避免出现离析、漏浆,并要求浇筑时有良好的和易性。坍落度损失减至最小或者损失不至于影响混凝土的浇筑质量与捣实。

(4)防水混凝土的浇筑。

①防水混凝土采用高压输送泵输送入模。施工前,用等强度的水泥砂浆润管,并将水泥砂浆摊铺到施工接茬面上,摊铺厚度 20～25 mm,以促使施工缝处新旧混凝土有效结合。混凝土泵送入模时,左右对称浇筑,每一循环应连续浇筑,以减少接缝造成的渗漏现象。为了控制其自由倾落高度,应将混凝土输送管接到离浇筑面不大于 2 m 的位置,并随着模内混凝土浇筑高度的上升而时常提升管口,混凝土应接先下后上、由后向前的顺序在模板台车逐孔浇筑,防止发生混凝土砂浆与骨料分离。

②混凝土振捣时,振捣棒应等距离地插入,均匀地捣实全部混凝土,插入点间距应小于振捣半径,前后两次振捣棒的作用范围应相互重叠,避免漏捣和过捣,振捣时严禁触及钢筋和模板。顶部浇筑混凝土时,采用附壁式振捣器捣固。混凝土的振捣时间宜为 10～30 s,以混凝土开始出浆和不冒气泡为准。

③隧道拱顶混凝土浇筑采用泵送挤压混凝土施工工艺,拱顶宜设计三个浇筑孔,由后向前灌注。为便于拱顶浇筑方便,可在衬砌台车顶部加工一方便纵向移动的浇筑平台车。由于客观原因,拱顶混凝土往往会产生不密实、灌不满等现象,对此部位的混凝土施工,根据工程经验,可在拱顶最高位置贴近防水板面预埋注浆管。其目的一是作为排气孔,排除拱部附近空气,减小泵送压力;二是通过浇筑过程观察灌浆情况,检查混凝土灌满程度;三是作为注浆管,对二次衬砌实施回填注浆,以弥补混凝土因收缩或未灌满造成的拱顶空隙。

④混凝土浇筑完毕,待终凝后应及时采用喷水、洒水养护。由于模板台车和组合钢模板不能及时拆除,初期养护洒水至模板表面和挡头板进行降温,待拆模后,对结构表面及时进行洒水养护,保持混凝土表面湿润,养护期不短于 14 d,以防止在硬化期间产生干裂,形成渗水通道。

2. 防水混凝土施工过程中的质量控制要求

(1)严格按照配合比进行配料,不得随意增减。

(2)防水混凝土必须在自动控制的集中拌和站搅拌。掺外加剂时,严格按外加剂的技术要求确定搅拌时间,应按一定比例检测水胶比,高温天气时更应加强检测。

(3)浇筑时要清除模板内杂物。浇筑高度不应超过 2 m,并分层浇筑。每层厚度不大于 25 cm。必须使用振捣器进行振捣,振捣时间为 10～30 s,振捣器的插入间距不大于 50 cm,并插入下层不小于 50 mm。

(4)可通过掺入外加剂(如减水剂、缓凝剂或粉煤灰)控制大体积混凝土的收缩裂缝。

3. 防水混凝土的质量检验要求

(1)防水混凝土的原材料,在施工过程中必须进行检查。

(2)每班检查混凝土原材料称量不应小于 2 次。

(3)在拌制和浇筑混凝土地点测定混凝土坍落度,每班不应少于 2 次。

(4)掺引气剂的防水混凝土含气量测定,每班不应少于 1 次。

(5)连续浇筑混凝土量为 500 m^3以下时,应留 2 组抗渗试件,每增加 250～500 m^3应增加 1 组。如使用的原材料、配合比或施工方法有变化,均应另行留置试件。试件应在浇筑地点制作,其中一组应在标准条件下养护,另一组应与现场相同情况下养护。试件养护期不得少于 28 d。衬砌混凝土的抗渗等级应符合设计要求,并应按现行国家标准《普通混凝土长期性能和耐久性能试验方法》的规定进行试验评定。

8.2.7　衬砌背后回填注浆

回填注浆是二次衬砌完成后,为了填充二次衬砌与防水板之间的空隙而进行的注浆。回填注浆应在衬砌混凝土强度达到 70%后进行。

(1)注浆材料。衬砌背后回填注浆宜选用水泥浆液、水泥砂浆,浆液宜选用不低于 42.5 的普通硅酸盐水泥。浆液的配合比,必须经现场试验后确定。

(2)注浆压力。回填注浆应在衬砌混凝土达到设计强度的 70%后进行。回填注浆在衬砌内注浆的压力应小于 0.5 MPa。

(3)注浆结束条件。单孔注浆结束的条件为衬砌后回填注浆达到设计终压。

8.3　结构排水系统设计与施工

高速铁路山岭隧道多数设计为限量排放的隧道,因此在设计上考虑了诸多引排设施。如:衬砌背后、防水层外有土工合成材料、环向排水盲管以及顺隧道方向的纵向盲管;隧道内有侧沟、横向排水盲管,以及中心排水管(沟);在地下水丰富的地区,在不影响环境的情况下,有的隧道还设置了引水洞或引水管。侧沟、中心排水管(沟)施工工艺及要求见 10.2 节。

8.3.1　土工合成材料

(1)土工布。土工合成材料包括土工织物、土工膜、土工复合材料和土工特种材料。在隧道中,土工合成材料应用最多的是针刺土工布(图 4-8-34)。土工布兼有缓冲、滤水和排水的功能。土工布作为缓冲层设在喷射混凝土和防水板之间,可以较好地整平喷射混凝土基面,防止防水板在长期使用过程中被刺破;同时,还能较好地滤除渗水中的泥砂,防止泥砂堵塞排水系统;另外,土工布与防水板在夹层中共同组成一个排水通道,使地下渗水能自由地向环向盲管、衬砌底部的纵向盲管汇聚外排。

(a)针刺无纺土工布　(b)机织复合土工布　(c)叠合在排水网上的长丝透水土工布

图 4-8-34　几种不同类型的土工布

(2)立体网状排水材料。对于隧道内涌水较大的部位,可采用包括三维乱丝网状材料、土工布保护层和防水膜组成的三维网状排水材料(图 4-8-35),三维网状排水材料是同热塑材料、单丝或其他结构组成的聚合体结构,其目的是在临时或永久条件下,提供一种高孔隙率材料促进地下水自由流动。

8.3.2　排水盲管

(1)排水盲管的作用。环向排水盲管的作用是在岩面和初期支护喷射混凝土之间、初期支护喷射混凝土与防水板之间提供过水通道,并使之下渗到纵向排水管。环向盲管一般选用 ϕ50 mm 软式透水管

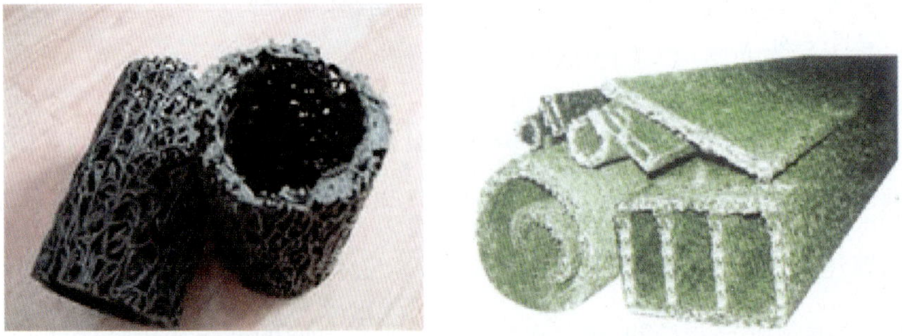

(a)管状三维网状排水材料　　(b)多种形状的三维网状排水材料

图 4-8-35　不同形状的三维网状排水材料

(图 4-8-36);环向排水盲管视施工期间地下水的渗漏情况设置,具有很大的灵活性,间距一般不应大于 10 m。

(a)软式透水管　　(b)弹簧排水盲管　　(c)高强度硬质塑料管

图 4-8-36　不同类型的透(排)水管

纵向排水盲管是沿隧道纵向设置在衬砌底部防水板与初期支护间的透水盲管,目前常用的纵向排水管是直径为 80～150 mm 的弹簧排水盲管(图 4-8-36)或带孔透水管。纵向排水管的作用是将环向排水管等排下来的水汇集并通过横向排水管排到侧沟或中央排水管(沟)。

横向排水盲管位于衬砌基础的下部,布设方向与隧道轴线垂直,是连接纵向排水管与侧沟或中央排水管(沟)的水流通道。横向排水盲管通常为高强度硬质塑料管(图 4-8-36),施工中先在纵向盲管上预留接头。接头要牢靠,保证纵向盲管与侧沟或中央排水管(沟)间水路畅通,严防接头处断裂,致使纵向盲管排出水在基床面下漫流,造成翻浆冒泥。

(2)排水盲管的施工。

1)环向、纵向排水盲管施工主要有钻定位孔、安装锚栓、铺设盲管、安装连接等环节,其施工流程如图 4-8-37所示。

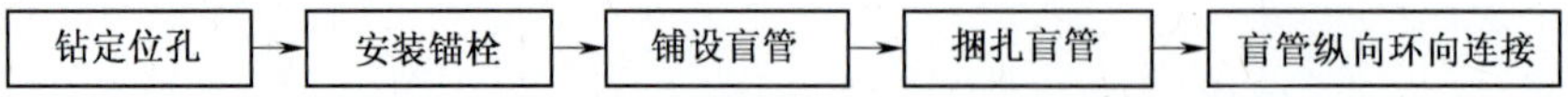

图 4-8-37　环向、纵向排水盲管施工工艺流程图

2)环向排水盲管沿纵向设置的间距应符合设计要求,并根据洞内渗、漏水的实际情况,在地下水较大的地段加密设置;在无渗漏水地段,宜根据设计每隔 5 ～10 m,在喷混凝土表面安装环向排水盲管,使隧道在使用期内,因地下水的迁移变化而产生的渗漏水能顺利排出洞外。

3)环向排水盲管布设时沿环向应尽量圆顺,尤其在拱顶部位不得起伏不平,应尽可能走基面的低凹处和有出水点的地方;环向排水盲管安装时应先用钢卡等固定,使其紧贴渗水基面,尽量减小地下水渗入到排水盲管的阻力;环向排水盲管应采取适当的保护措施,防止泥砂、喷混凝土料或杂物进入排水盲管,堵塞管道。

4)纵向排水盲管宜用土工布等渗水材料包裹、使在纵向盲管位置的渗水尽量流入管内;纵向排水盲管的管径应由围岩渗漏水量的大小决定,盲管中间不得有凹陷、扭曲等,以防泥砂淤积堵塞;纵向排水盲管应按设计规定的排水坡度安装,当设计无要求时,其坡度不宜小于 2‰。

5)横向排水盲管通常采用硬质塑料管,其上部应有一定的缓冲层;横向排水盲管的设置间距宜为 5～

15 m或根据水量适当调整，坡度宜为2%；横向排水盲管施工时应先在纵向排水盲管上预留接口，然后在仰拱及填充混凝土施工前接长至侧沟或中心排水管（沟）。

6）纵向排水盲管、环向排水盲管、横向排水盲管应用变径三通连为一体，形成完整的排水系统，确保其排水通畅。

7）环、纵向排水盲管可按下列步骤与方法施作。

①按规定划线，划线时注意盲管尽可能走基面的低凹处和有出水点的地方，以使盲管位置准确合理。

②钻定位孔，定位孔间距宜为30～50 cm，在凹凸不平处应适当增加固定点。

③将膨胀螺栓打入定位孔。

④排水盲管布置时应尽量顺直，并与初期支护表面密贴。空隙不得大于5 cm，盲管与喷混凝土基面脱开的长度不得大于10 cm，不得有扭曲现象，尽量减小地下水渗入排水盲管的阻力。

⑤排水盲管应用扎丝捆好并用钢卡固定在膨胀螺栓上。

⑥环、纵向排水盲管可采用三通相连，施工中三通管预留位置应准确，且接头牢固，并符合设计要求。

⑦排水盲管应固定牢固，并采取适当的保护措施，防止泥砂、喷身混凝土废料或杂物进入。

⑧对集中出水点，应铺设单根排水盲管，并用速凝砂浆将周围封堵，使地下水从管中集中引出（图4-8-38）。

⑨当隧道初期支护表面有大面积渗漏水，可设双根或多根排水盲管或塑料防水板，将水引入纵向排水盲管。

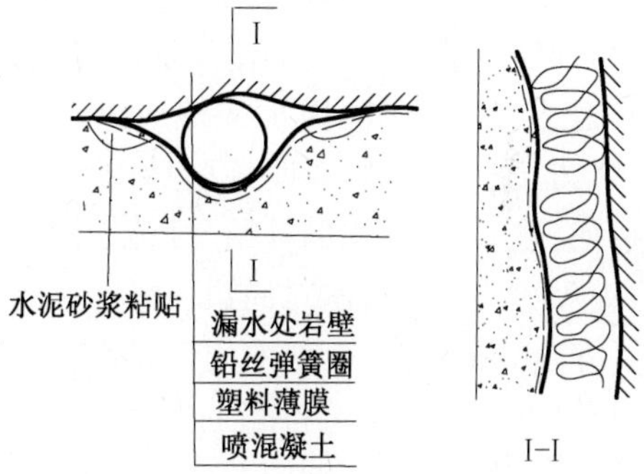

图4-8-38　集中出水点出排设单根排水盲管

8）排水板宜按下列步骤与方法铺设。

①铺设排水板前，应先清理铺设基面，必要时应用喷混凝土找平，使基面没有明显凹凸处。

②铺设排水板前，应先把土工布作为缓冲层铺在已经完成的隧道初期支护上，铺设固定土工布的钢钉和垫片不应存在明显突起，以免影响排水板的铺设。

③选用的排水板的长度宜与隧道设防的周边长度一致，避免出现搭接。

④在排水板铺设过程中，应有专人进行检查，不要让杂物、岩土等进入排水板的正面空间，确保排水板的空间畅通，发现排水板有破损处应及时修补，以免留下渗漏水隐患。

⑤捆扎钢筋时应尽量避免损伤排水板，二衬模筑混凝土应有较好的和易性，使其能充填密实排水板的凹壳，将混凝土与防水板形成一体。

9）在隧道埋深大、节理发育、地下水丰富的情况下，可在初期支护（喷射混凝土层）完成之前视情况埋设排水半管，形成暗埋、永久式排水通道系统，将水引出集中处理。暗埋排水半管安装如图4-8-39所示。排水半管埋设的施工工艺如下：

①当隧道开挖后在围岩表面有线流或股流时可设排水半管，在排水半管周围喷射厚度为1～2 cm水泥砂浆后，再进行喷射混凝土作业。

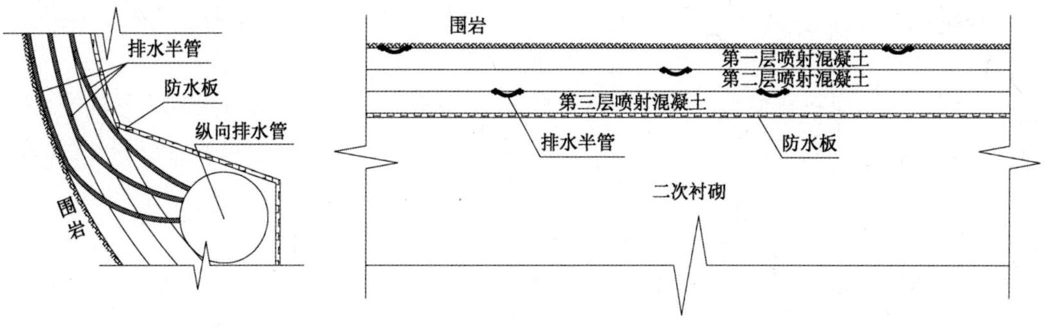

图4-8-39　暗埋排水半管安装示意图

②隧道同一断面只能铺设一道排水半管,避免造成初期支护出现薄弱断面或薄弱带。

③排水半管铺设时,利用工作平台,根据裂缝形状或打孔位置,排水半管紧贴岩面,用水泥钉每隔 30 cm 对称钉牢,然后喷射速凝水泥砂浆封固。

④施工中必须严格控制各喷层厚度,保证排水半管埋设质量,避免凿槽或返工。各层排水半管铺设或各喷层的间歇时间必须在前一层喷射混凝土终凝后进行。

⑤必要时在无渗漏水地段,也可每隔一定间距安设排水半管,使隧道在使用期内因地下水的迁移变化而产生的渗漏水能顺利排出洞外。

8.4　施工排水系统

隧道防水设计一般采用全防水、有限排放和无限排放三种形式,无论采用何种排放形式,隧道施工过程中必然需要排出积水,这些水分别来自地下水和施工用水,其中有:掌子面开挖地下水涌突或渗流、已初期支护段渗流水、开挖钻孔用水、混凝土养护用水以及隧道内清扫用水等。

施工排水应根据设计要求并结合实际情况引水归槽,集中引排,设置排水系统,确保排水畅通,保障隧道施工安全。施工中产生的废水,应经处理达标后排放。

当隧道内一侧水沟施工时,应设横向截水沟将水汇入另一侧的排水沟,不应阻塞隧底水流。

隧道施工排水主要的施工流程如图 4-8-40 所示。

施工前要对场区内水文地质进行详细地调查,收集区域内地质构造、水文气象等资料;查明该区域内水文地质、环境地质条件,地下水类型特征、地下、地表水的补给、径流、排泄条件及地下各含水层的水力联系、查明隧道施工排水对周边可能产生的影响及范围等。对收集的资料进行综合分析,制定有效的施工排水方案。方案中应包含洞内涌水量估算、排水方案和排水设备配置。

排水措施要根据洞内及地下水形式和强度、地表水流量、旱季、汛期以及洞内顺坡、反坡和不同地质、气象、环境等条件下来制订和实施。

大量水(地下水)排出后可能影响地表的生态环境。如隧道上方的水库或其他储水设施的储水渗漏并由隧道内排出。对此,应于施工调查后作出相应的预防措施,采取相应工程措施尽量防止洞内出现大量的渗漏水。

隧道内排出的施工废水易造成地表既有水的污染。对此,施工方案应有专项预防措施,对排出的施工废水要进行净化(化学或物理过滤)处理,经处理后进行水质化验检测,确认符合国家现行有关排放标准后方可排出。

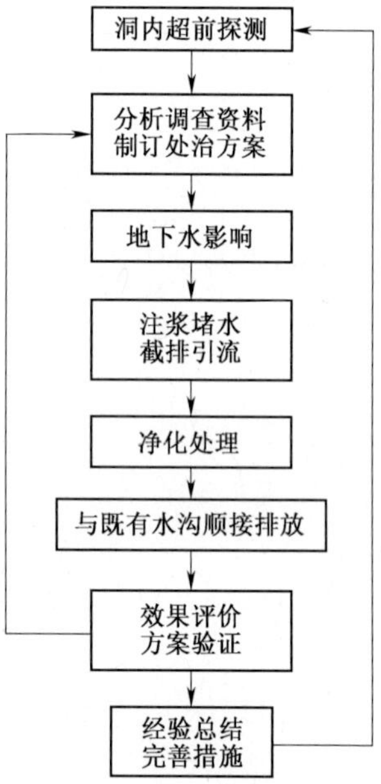

图 4-8-40　隧道施工排水施工流程图

8.4.1　顺坡排水

在未衬砌地段两侧(有横坡时单侧)设置排水沟(根据水量确定水沟断面形式)、已衬砌地段应结合或尽快完成设计结构排水系统、仰拱施工时,于基坑内设置集水坑,将水抽出基坑,利用已施作的侧沟将洞内各类水(地下渗水、施工废水)顺坡自然排出洞外。施工时应注意:

(1)洞内顺坡排水时,应在隧道单侧或双侧设排水沟,排水沟大小依隧道坡度及涌水量确定。

(2)洞内顺坡排水沟断面及坡度应能满足隧道内渗漏水和施工废水的排出需要,排水沟应经常清理以防堵塞。

(3)施工时临时排水沟的设置应与永久排水沟统筹考虑。

(4)在膨胀岩、土质地层、围岩松软地段,可根据需要铺砌水沟或用管槽排水。

(5)仰拱、底板混凝土浇筑前应将基底虚渣、杂物、积水等清除干净;施作仰拱时应在作业区前端设置临时集水井,并妥善解决排水管路跨基坑问题。

(6)底板坡面应平顺,浇筑底板混凝土应考虑作业期间的基坑排水,确保排水畅通。

8.4.2　反坡排水

高速铁路长隧道(≥3 000 m)线路纵坡一般设置为人字坡，由洞内中点分别向进、出口方向将洞内水顺坡排出洞外。但短隧道，尤其是长度小于 1 000 m 的隧道线路纵坡一般设计成单坡，支洞、斜井等辅助坑道一般为单坡，在这类隧道和辅助坑道施工，就存在反坡排水的情况(图 4-8-41)。

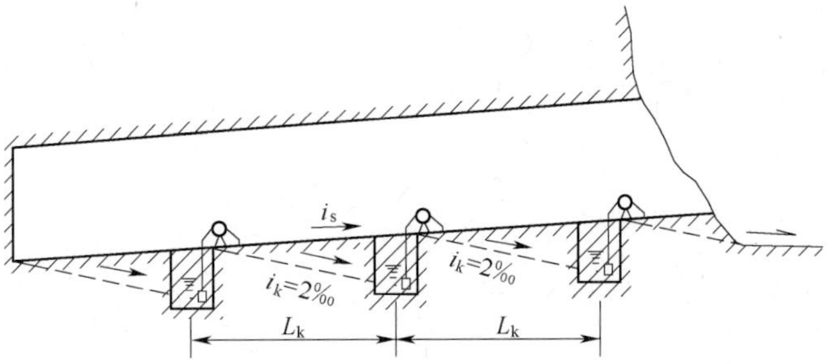

图 4-8-41　隧道内反坡抽排示意图

洞内反坡排水要根据隧道内反坡排水距离、纵坡大小、设计出水量和实测渗(涌)水量来确定抽水设备规格和分级排水的级数。

(1)对于较长的反坡排水距离，采用分级设置临时集水井或临时储水仓、中转泵站，分级排水的方式排水。通过抽水设备、排水管道将洞内水逐级抽排出洞外。

分段最大长度：

$$L_k = \frac{h_k}{i_k + i_k} \tag{4-8-2}$$

式中　h_k——水沟最大深度(一般不超过 0.7 m)，m；

i_s——隧道坡度，‰；

i_k——水沟坡度，‰。

(2)对于较短反坡排水距离，在掌子面或相应位置设置集水坑，采用大功率水泵、较大直径的排水管道，将洞内水直接抽排出洞外。

反坡排水施工应注意：

(1)洞内反坡排水可根据距离、坡度、水量和设备情况布置管路、水仓和泵站，一次或分段接力排出洞外。

(2)设置隧道及辅助坑道的排水泵站时，主排水泵站和辅助排水泵站位置、排水能力，集水坑的有效容积应符合设计规定。

(3)长大隧道在地下水发育地段进行反坡施工(包括斜井和竖井施工)时，反坡排水系统应具有两个独立的供电系统。

(4)反坡排水时，配备抽水机的抽水能力应大于预测最大涌水量的 20%以上，并应有足够数量的备用抽水设备，同时满足施工要求。

(5)洞内反坡排水应采用机械抽水，主要有下列两种方式：一是隧道较短、线路坡度较缓时，分段开挖反坡侧沟，在侧沟每一分段上设一集水坑，用抽水机将水排出洞外；二是隧道较长、涌水量较大时，开挖面的积水宜通过小型水泵抽到最近的集水坑内，再用抽水机从集水坑通过水管直接或分段将水排出洞外。

(6)反坡排水时，应根据施工中的变化及时调整排水能力。

8.4.3　钻孔排水

通过超前地质探测发现掌子面前方有可能给施工带来危害的地下水体，且通过调查发现该水体与地面水体无连通时，而又必须采取预排放措施时，可以通过钻孔排水消解风险。

采用钻孔排水前，应对工程地质和水文地质作详细的调查分析，必要时进行超前探测，判断地下水流方向，从而确定钻孔位置、方向、孔数和钻进深度。

钻孔排水施工时，应采取下列安全预防措施：

(1)非钻孔施工人员必须撤出。

(2)当隧道向下坡开挖时,应测算水量、水压、水的流速、泥沙含量等,备足抽水设备。

(3)孔口应预先埋管设阀,控制排水量,防止钻孔时承压水冲击及淹没坑道等灾害发生。

(4) 钻孔至预期深度尚未出水时,可会同设计部门进一步进行地质和水文的勘测工作,重新判定地下水情况。

8.4.4 辅助坑道排水

在岩溶地区,探明有地下溶洞与地面水体贯通或有地下暗洞时,设计上通常采用泄水洞排除地下水,以方便施工。长隧道为实现工期目标,通常也采用平行导坑、横洞、斜井等增加工作面。这些辅助坑道的施工排水应因地制宜实施。

辅助坑道口截水、排水系统和防冲刷设施,应在辅助坑道施工前按设计要求尽早完成。辅助坑道洞门应尽早施作。

(1)泄水洞排水。

1)隧道应根据水源方向、位置、流量、流速、含泥量的大小,选择泄水洞的位置、方向、断面形式、大小和坡度,并确保排水通畅,防止泄水洞淤塞。

2)拦截地下水时,泄水洞应设置在地下水流方向的上游;疏干地层时,泄水洞高程应低于隧道高程,以利降低地下水位。

3)永久泄水洞应施作衬砌,在泄水洞衬砌上留有足够的泄水孔以引入地下水,必要时,可增加导坑或导水管将正洞的水引入泄水洞排出。

(2)横洞或平行导坑排水。隧道应充分利用横洞或平行导坑降低正洞水位,使正洞水流通过横洞或平行导坑引出洞外。横洞和平行导坑排水应满足下列要求:

1)横洞和平行导坑内应设排水沟,过水断面、坡度应满足隧道正洞排水的要求。

2)横洞底部应有不小于3‰的横向排水坡度;平行导坑纵向坡度应与正洞一致,其底部高程应较隧道底面低0.2~0.6 m。

3)当隧道正洞为反坡时,平行导坑应分段设集水坑排水。排水设备的能力应大于隧道正洞和平行导坑涌水量之和。

(3)斜井排水。斜井排水应符合下列要求:

1)斜井掘进排水,宜采用边掘边排的方法。

2)当斜井单点涌水量大于50 m^3/h时,应采取注浆等措施进行封堵。

3)斜井宜在井底处设立中心水仓,高差在100 m以上的斜井中部可设置固定水仓,作为斜井施工排水的中转站。斜井排水采取分段截排水的措施,将作业面的积水采用水泵吸到中心集水仓,中心集水仓中的水利用水泵转排到固定水仓,然后再从固定水仓排出井外。固定水仓设置的位置不得影响井内运输和安全。当斜井中部未设固定水仓,则作业面的积水采用水泵直接排至井外。

4)抽排水设备应根据排水需要,选用体积小、移动及维修方便的水泵。

5)斜井的两侧应设置排水沟,侧沟中的水可截至积水坑后排出。

(4)竖井排水。隧道设置竖井出渣或排除污风时,也可兼作排水。竖井排水应符合下列要求:

1)竖井凿井期间的排水方案应根据竖井的水文地质资料、井身深度及各施工阶段井身涌水量大小等因素确定。

2)当竖井单点涌水量大于50 m^3/h时,应采取注浆等措施进行封堵。

3)竖井宜在井底设置固定水仓(或集水坑),用抽水设备将水抽出井外,固定水仓(或集水坑)设置的位置不得影响井内运输和安全。

4)竖井井口应作好外围防水工作,可设置截水沟和排水沟,防止地表水流入。

8.4.5 排水设备的选择原则

在充分调查、预探测、了解洞内地下水状况的基础上,并根据当前施工方法、工艺等,计算相应的排水量,一般情况下,排水设备要根据计算排水量的1.2倍来配备、设置;岩溶或富水地区,则应按计算排水量的2倍配备、设置。

8.4.6　配电设备及配电线路

由主电力线路接入负载的配电线路采用橡胶套铜芯电缆，小型抽水机接入线路采用与之配套的电缆。

8.5　隧道涌水量估算与涌水段防排水

8.5.1　涌水量估算

隧道施工遇到的水文地质条件千变万化，根据地下水的类型，可以将隧道渗流涌水分为潜水渗流涌水、承压水渗流涌水、降水渗流涌水和集中涌水四类。

(1)潜水渗流涌水量预测。潜水渗流是指隧道穿越潜水层时由地层渗到隧道排水系统的水流(图4-8-42)。这是高速铁路隧道修建中最常见的一种渗流，其特点是地下水位相对比较稳定，且水位面高于隧道纵向排水管高程。

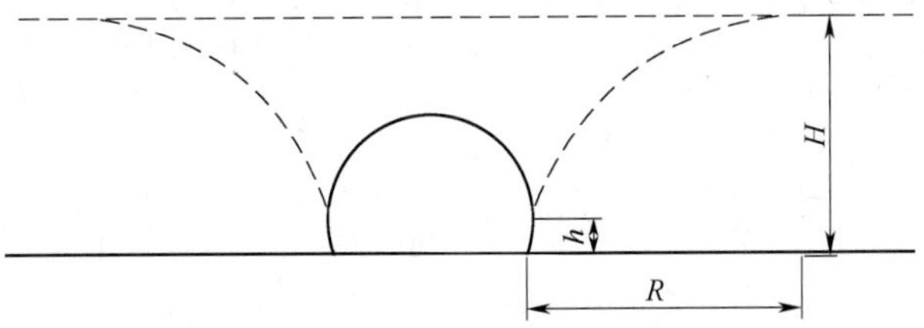

图 4-8-42　潜水渗流涌水量计算模型

隧道建成后，地下水流向隧道，隧道两侧一定范围内水面不断下降，在隧道两侧形成对称于隧道轴线的浸润曲线，这种渗流属于非恒定流。但若含水层的体积很大，经过隧道一段时间排水后，可近似地看成无压恒定渐变流，隧道衬砌外保持某一恒定水深 h，两侧浸润曲线的形状与位置不变，在一定长度范围内所有垂直于隧道轴线的剖面上渗流情况相近，可近似看作平面渗流问题。因此，这类渗流的计算方法与集水廊道的渗流计算类似，可导出隧道单位长度涌水量 q 计算公式为：

$$q=\frac{k(H^2-h^2)}{R} \tag{4-8-3}$$

式中　k——地层渗透系数；

H——自然水位高度，m；

h——衬砌后水深，m；

R——隧道渗流影响范围(水平距离)，m。

隧道衬砌后的水深 h，一般远小于含水层厚度 H(从隧道纵向排水管高程算起)，若略去 h 不计，上式可简化为：

$$q=\frac{kH^2}{R} \tag{4-8-4}$$

R 与地质条件有关，应由抽水试验确定，或近似地用浸润曲线的平均坡度进行估算。

对于长隧道及特长隧道，沿隧道纵向地下水位有一定的坡度，这时可将隧道沿纵向分段(图 4-8-43)，确定各段的平均水位 H_i，分段计算 q_i，各段的涌水量为：

$$Q_i=q_iL_i \tag{4-8-5}$$

若隧道渗水区有 n 段，则总涌水量 Q 为：

$$Q=\sum_{i=1}^{n}Q_i \tag{4-8-6}$$

(2)承压水渗流涌水量预测。承压水渗流是指隧道穿越承压水层时由地层渗到隧道排水系统的水流(图4-8-44)，其特点是地下水承压并且压力较为稳定，这类地下水易造成隧道路面溢水。

隧道建成后，地下水向隧道渗流，隧道周围岩层中的水压逐渐降低。这种渗流亦属不稳定渗流。如果水体较大，经过一段时间后压力基本稳定，可视为平面稳定渗流问题。为了求解方便，作以下假设：

1)隧道衬砌壁后渗流水压为 0,即水从围岩渗出后便被排走。

2)用隧道衬砌的外接圆代替隧道衬砌边界进行计算,外接圆半径为 r_0。

3)在隧道渗流的影响半径 R 处,水压为 H,并保持恒定。

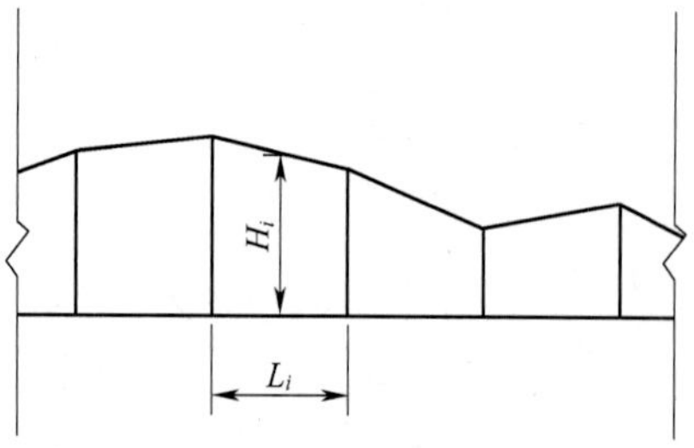

图 4-8-43　渗流区段划分

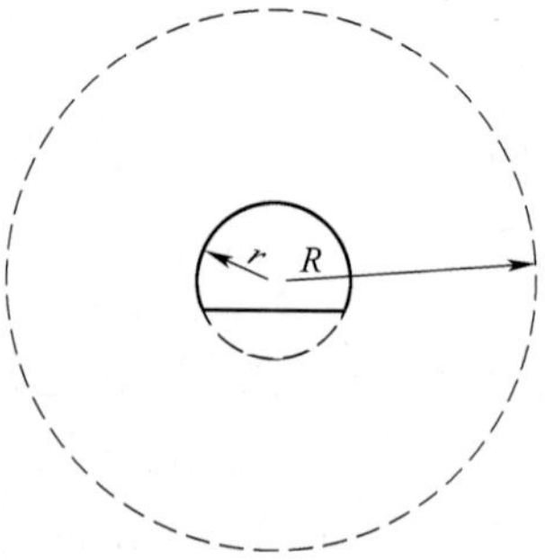

图 4-8-44　承压水涌水计算模型

4)渗流沿径向流向隧道,无切向渗流。

5)隧道围岩渗透系数为 k,各向同性。

解算过程与普通完全井的类似,沿隧道纵向单位长度的涌水量公式为:

$$q=\frac{2\pi kH}{\ln R-\ln r_0} \tag{4-8-7}$$

估算时,R 可按经验酌情选用,H 可取隧道形心处的初始水头值。若承压水区段长为 L,则该段隧道的渗水量 Q 为:

$$Q=qL \tag{4-8-8}$$

(3)降水下渗涌水量预测。降水下渗涌水量是指隧道设置在地下水位之上,地表降水在下渗过程中遇隧道而从排水系统排出的水量。这类渗流的特点是渗流为铅垂向下或沿岩层主导裂隙方向向下渗流,渗流线被隧道所截的从隧道排出,未截的则不受隧道影响(图 4-8-45)。

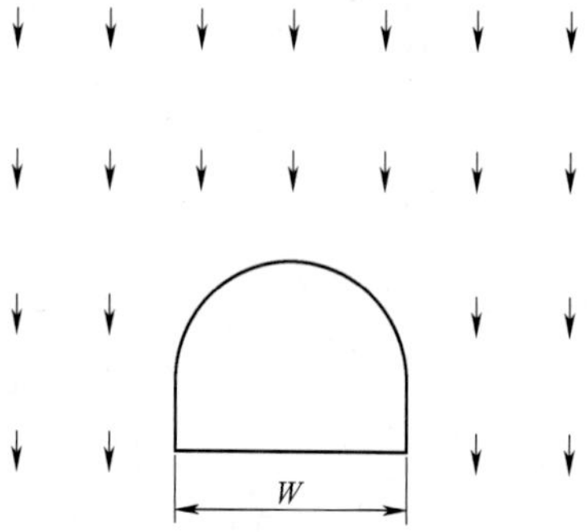

图 4-8-45　降水渗流涌水量计算模型

降水下渗速度为:

$$v=kJ \tag{4-8-9}$$

式中　k——渗透系数;

　　J——水力坡度,m/d。

若隧道衬砌宽度为 W,隧道单位长度涌水量 q 为:

$$q=Wv=WkJ \tag{4-8-10}$$

值得说明的是,如果隧道围岩裂隙发育,地表降水量又较大,隧道较长时,应考虑由降水下渗引起的涌水量。估算中,水力坡度 J 和渗透系数 k 可通过试验或用经验方法选取,考虑到隧道开挖会使围岩出现一定范围的松动,W 的计算值可在衬砌宽度基础上适当加大。

(4)集中涌水处涌水量预测。集中涌水是指隧道穿越岩溶、地下暗河及与地表河流、水库等有水力联系的断层破碎带而流入下渗隧道排水系统的水量,这类涌水的特点是出水点集中,出水量大。但其涌水情况复杂,无规律可循,一般采用水均衡法预测涌水量。采用水均衡法预测涌水量较符合实际,尤其是对地质结构相对简单的向斜岩溶盆地更为准确。

修正后的水均衡法预测岩溶涌水量表达式为

$$Q = Q_g + Q_d \tag{4-8-11}$$
$$Q_g = \mu V$$
$$Q_d = Q_{js} + Q_{bs} + Q_{ys}$$
$$Q_{js} = \alpha L A$$
$$Q_{bs} = \lambda_b Q_b$$

式中　Q_g——岩溶水静储量，m^3；
Q_d——岩溶水动储量，m^3；
μ——岩石给水度(线岩溶率)；
V——隧道开挖围岩体积，m^3；
Q_{fs}——降雨渗入量，m^3；
α——降雨入渗系数(0.02～0.5)；
L——隧道岩溶段长度，m；
A——隧道岩溶段集水面积，m^2；
Q_{bs}——表水渗入量，m^3；
λ_b——地表水入渗参数(0.1～1)；
Q_b——地表水流量(包括河水等)，m^3；
Q_{ys}——远水或相邻含水层补给量，m^3。

8.5.2　涌水段防排水技术

涌水段防排水一般在超前探测地下水状况的基础上，采用限量排放的原则，其核心是根据实际情况，按以堵为主、防排结合的原则来设计隧道防排水，排放流量根据具体的工程要求、水文地质特征、周边环境等因素加以控制。但是，按限量排放原则来设计和施工隧道。

地下水超前探测主要采用红外探水与超前钻孔相结合的方法来实现。

涌水段隧道防排水多采用多道防线、层层设防的办法，其主要工程措施有：围岩注浆堵水、回填堵水、加强排水和防水。

(1)围岩注浆堵水。在涌水段修建隧道，应特别加强超前地质预报。对于可能发生涌水的局部地区，为了保护地下水、地表水环境，应当根据实际情况，选择全断面深孔预注浆、部分断面深孔预注浆、深孔周边预注浆、开挖后周边注浆及开挖后局部注浆等堵水措施。

注浆堵水应有专门的注浆堵水队伍，足够的技术工人和熟练工人以及必要的打孔注浆机具，加强管理，确保施工安全和注浆效果。

(2)回填堵水。对于隧道穿越溶洞、溶缝等流动水量较小，对岩溶水采用封堵方法进行处理时，应当做好溶洞等的回填堵水工作。回填采用喷射混凝土、素混凝土、浆砌片石等主要材料。当溶洞空腔较大时，还需要采用型钢支护或模筑混凝土护拱等支护措施，在封闭溶洞空腔后，对混凝土外侧未完全充填的空洞泵送混凝土、砂子等进行回填。为了减小回填结构物的水压力，在回填时应当埋设相应的排水管道，并引至排水通道。

(3)加强排水和防水。对于小量地下水，以及经过注浆、回填堵水后存在的地下水，应当以疏排为主，加强隧道衬砌外和衬砌内的排水措施，防止水压升高，增大衬砌压力和防水压力。同时，也应做好防水处理。

涌水地区加强排水的措施有：

1)利用岩溶自然通道排水。当岩溶水主要存在于岩溶管道、暗河等中时，隧道施工应尽量保持原有的岩溶水排泄通道，对于与隧道相交的排水通道，可采用设涵恢复排水的办法。

2)新增人工通道排水。人工修建新的排水通道种类较多，主要有泄水洞与集水廊道、衬砌外的环向与纵向排水管道、隧道内的排水边沟与中央排水沟等。这些排水设施的排水能力应根据水力计算确定，必要时应加大。除此之外，不设仰拱的隧道内，可加厚垫层混凝土并在垫层混凝土内加设排水盲沟。

富水地区隧道防水措施应当注意：

①富水段、周边水压力较高的区段,应进行专门的抗水压力衬砌设计,保证隧道衬砌在水压力作用下不开裂,不发生过大变形。

②富水地区隧道初期支护和二次衬砌应当采用防水混凝土施作,其防水等级以能抵抗水压力为准。

③富水地区隧道应当特别注意防水层施工质量,在仰拱(或无仰拱的垫层混凝土)外设置防水层,与上部防水层形成全外包防水层。必要时,可以设置双层防水板。

8.6 寒冷地区隧道防排水

在寒冷地区,隧道防水是隧道防冻的关键所在,应该尽可能搞好。由于低温冰冻原因,寒区隧道的排水体系经常出现问题,科学合理地设计施工隧道排水体系,将极大地有助于寒区隧道的可靠防水,进而避免隧道冻害。

8.6.1 寒冷地区隧道围岩注浆堵水

了解隧道地下水环境,对隧道工程,尤其是对寒冷地区隧道工程十分重要。由于种种原因,目前隧道在设计前对隧址区的水文地质情况经常勘探精度不够,很少能掌握沿隧道全长各区段的地下水赋存特性。所以,有必要在隧道施工中,随着地层的水文条件逐渐揭露,记录并分析隧道穿越地层的地下水特征,并灵活采取必要的工程措施,为隧道的防水防冻创造有利条件。

(1)隧道地下水贮存状况调查。为了摸清隧道围岩水的赋存状况,在隧道施工过程中应对各区段的出水情况进行测量与记录。一般情况下,隧道的围岩水多属潜水。地下水与地表水的联系较为密切,潜水随季节和大气降水的补给而起伏变化,个别区段施工过程中甚至会出现有一定射程的地下涌水。只有认真搞好隧道的防水防冻,才能使隧道后期运营中免受冻害影响。

(2)隧道围岩注浆堵水。隧道开挖后,在渗水量较大的区段应采用注浆堵水,在隧道附近区域围岩中形成较为密实的止水圈,减小地下水向隧道方向的渗流。为了保证注浆效果,需要采取必要的工程措施:

1)加强拱顶范围内的围岩注浆。洞顶是隧道防渗防冻的重点和难点,采用注浆堵水十分必要,其原因有:

①开挖使洞顶围岩裂隙张开,渗透性增强。隧道开挖后,改变了围岩的原始受力状态,在洞顶围岩中,易出现近于铅垂方向的拉应力,从而使围岩出现张性裂隙,渗流通道相互连通,渗透性增加,地下水容易沿洞顶直接下渗。

②洞顶衬砌外表面环向坡度小,水流向两侧流动速度慢。地下水向下渗至防水板后,在洞顶处将沿防水板向两侧流动。在防水板上,水流的速度主要取决于防水板的坡度。显然该坡度越向中央,坡度越小。若因某种原因,使防水板存在缺陷,渗水将直接与衬砌混凝土接触,容易导致渗漏。

③由于隧道拱顶混凝土混合料的沉析和施工困难,拱顶衬砌混凝土的上部容易积水;此外,在春融期,拱顶衬砌上部的冰冻经常先于两侧壁后的冰冻而融化。两种情况都会引发隧道渗漏。所以,在做好一般注浆堵水的同时,有必要加强隧道拱顶围岩的注浆堵水。

2)围岩注浆防水施工注意事项。

①在隧道开挖过程中,凡是有滴水的部位或喷混凝土表面湿渍较大的地方,均采用注浆堵水。对于大面积渗水,采用密孔浅孔注浆;对于裂隙渗水,疏孔深孔注浆。根据渗水形式,决定布孔方式,设定钻孔间距、钻孔深度。

②注浆可采用的多种浆液,形式不限。其中,水泥基类的浆液配制应按先轻后重的顺序投料,根据设计的水胶比,先在搅拌筒内添加好清水,在开动搅拌机的情况下,缓慢加入与清水质量相应的水泥质量。如要掺入水玻璃,水玻璃则应装入专用的注浆筒内,未开始注浆前不能混装。

3)注浆结束标准及依据。

①当压力超过终压或达到终压的80%,出现较大跑浆时,经间歇注浆后可结束注浆。

②当部分孔位注浆量特别大(单孔注浆量超过 20 m^3),在一次停歇后再次注浆,注浆量仍较大,可停止注浆。

③对注浆堵水效果进行钻孔检查,同时观察岩层表面渗漏情况。注浆未达到设计要求或预期目标的里

程段，要进一步完善注浆设计，补孔注浆。

4）注浆效果检查评定。

①根据注浆结束分析判断，并绘制相应的 P-Q-t 曲线来判断注浆效果。

②根据围岩变形量测结果来间接判断改善地层效果。

③对注浆堵水效果进行钻孔检查，同时观察岩层表面渗漏情况，并对注浆前后岩层表面情况进行对比。

8.6.2　寒冷地区隧道防水层防水

寒冷地区隧道渗漏的原因很多，但最基本的原因则是防水层（第二圈层）破损，以及由衬砌混凝土与止水带组成的防水圈层（第三圈层）不严密。如果两个防水圈层都十分严密，或者其中一层十分严密，即便是寒冷地区的隧道，也不应出现任何渗漏以及由此引发的各种冻害。现实中的隧道常常发生渗漏，说明两个防水圈层都存在问题。这些问题可能出现在三个方面：认识方面、技术方面和施工方面。如果出现在施工方面，则相对容易解决，只要认真施工并加强管理便可。如果问题出现在认识方面或技术方面，则需要进行仔细的研究。前面对隧道防水技术已有详细说明，在此不再赘述。

8.6.3　寒冷地区隧道排水

通过有效排水，可以降低隧道防水体系周围的水压，从而减少隧道渗漏的机会。在寒冷地区或季节性冻结区，隧道的防排水设计理念也是同样。结合寒冷地区隧道的特点，应对隧道的环向排水、纵向排水和洞外出水口等几个环节进行适当调整。

寒冷和严寒地区隧道排水系统以堵为主，洞口、结构和排水系统都增加了保温措施，防止冬季水流冻结造成病害，危及行车和人身安全。隧道二次衬砌施工时，对防水混凝土还应采取抗裂、防渗、抗冻等措施。

寒冷和严寒地区冬季有水隧道的冻害地段，应设置保温水沟、中心深埋水沟、防寒泄水洞和采用电加热等防寒措施，保证水流畅通，防止冻害。

（1）保温水沟。最冷月平均气温在－5 ℃以下地区，隧道排水沟形式应按表 4-8-7 的规定选用。

表 4-8-7　不同气温的排水沟形式

最冷月平均气温（℃）	黏性土最大冻结深度（m）	主排水沟形式
－5～－15	1.0～1.5	双侧保温水沟
－15～－25	1.5～2.5	中心深埋水沟
低于－25	＞2.5	防寒泄水洞

保温水沟应采用浅埋方式（即小于隧道内最大冻结深度），宜在两端洞口 150～400 m 范围内双侧设置，低洞口可适当加长。保温水沟上部设双层盖板，在两层盖板间充填保温材料，保温层厚度不应小于 30 cm，保温材料宜采用矿渣、沥青玻璃棉、矿渣棉、泡沫聚氨酯、泡沫塑料等，并应有防潮措施。

（2）中心深埋水沟。中心深埋水沟应将水沟埋置于隧道内冻结深度以下，并满足下列要求：

1）水沟断面形式应根据地质条件选用 U 形、圆形、箱形或拱形，在Ⅲ～Ⅵ级围岩中，拱形水沟应铺底。

2）水沟埋置深度应结合当地气温、冻结深度、水量、水温、水沟坡度，以及隧道走向与寒冷季节主导风向等条件确定，并宜大于当地黏性土的最大冻结深度。

3）水沟回填除应满足保温、渗水性好的要求外，还应防止石屑、泥砂渗入水沟引起水沟淤积。

4）水沟应设置检查井，检查井间距为 30 ～50 m，断面形式可采用方形或圆形，检查井下应设沉淀池，以便清淤，检查井应设双层盖板，盖板之间应填塞干草或泡沫聚氨酯等其他保温材料。

（3）防寒泄水洞。防寒泄水洞拱部及边墙应留有足够的泄水孔，其间距不宜小于 1 m。为便于对防寒泄水洞的检查及夏季通风，宜每隔 150 ～200 m 设一检查井，中心检查井设于线路中心线上，侧检查井设于大避车洞内，检查井应设双层盖板，盖板之间应填塞保温材料。

（4）其他防寒设施。设置保温水沟、中心深埋水沟或防寒泄水洞的隧道，应修筑盲管（沟）、泄水孔、横沟、横导沟、洞外暗沟、保温出水口等设施，并要求做到：

1）盲管（沟）的设置深度不宜小于 1 m，可在盲管（沟）处增设保温墙。

2）汇集于纵向或环向盲管（沟）的地下水，通过泄水孔流入保温水沟中，泄水孔的断面宜按计算确定。

3)中心深埋水沟通过隧底横沟与盲管(沟)连接,横沟的坡度不宜小于 5%。

4)设防寒泄水洞的隧道,横沟应以暗挖的横导洞代替,衬砌背后盲管(沟)与横导洞以钻孔沟通,钻孔直径不宜小于 10 cm。当钻孔处于Ⅳ～Ⅵ级围岩时,宜安装花管,防止钻孔堵塞。

5)保温水沟和防寒泄水洞的水流出隧道后,应采用暗沟通过路堑地段流入地形低洼处。暗沟应埋置于冻结深度以下,其坡度不宜小于 5%,并每隔 50 m 设一检查井和沉淀坑。

6)最冷月平均气温低于－15 ℃地区,中心深埋水沟、防寒泄水洞、洞外暗沟均应设防寒出水口。当出水口地形较陡时,其结构宜用端墙式;地形平坦时,宜用掩埋保温圆包头式。

7)出水口砌筑结束后,将出水口周围路堤坡面用沥青涂黑,使坡面在春融期能够尽可能多地吸收太阳能,提高出水口的温度,以利于融冰防冻。

8)将出水口的朝向尽量朝南,并尽可能背风。

(5)寒冷地区和严寒地区混凝土施工。防水寒冷和严寒地区二次衬砌混凝土施工应符合下列规定:

1)当环境昼夜平均气温连续 3 d 低于 5 ℃或最低气温低于－3℃时,混凝土的抗压强度在达到设计强度 30%前或未达到 5 MPa 前,均不得受冻。浸水冻融条件下的混凝土开始受冻时,其强度不得小于设计强度的 75%。

2)搅拌混凝土前,应先通过热工计算,并经试拌确定水和骨料需要预热的最高温度,尽可能保证混凝土的入模温度不低于 5 ℃。水泥、矿物掺和料、外加剂等可在使用前运入暖棚进行自然预热,但不得直接加热。掺减水剂的混凝土,应通过试验确认电热法养护对其强度无影响后,方可采用。

3)混凝土的配制宜选用较小的水胶比和较小的坍落度,骨料中不得混有冰雪、冻块和易被冻裂的矿物质。加热处理时水加热的温度不宜高于 80 ℃;骨料不加热时,水温可加热至 80 ℃以上,并应先投入骨料,和热水搅拌均匀后再投入水泥;骨料加热的温度不应高于 60 ℃;当混凝土出现坍落度减小或发生速凝现象时,应重新调整拌和料的加热温度。混凝土搅拌时间宜较常温施工时延长 50%左右。

4)混凝土的运输容器应有保温措施,运输时间应缩短,并尽量减少中间倒运环节。

5)混凝土在浇筑前,应清除模板及钢筋表面的冰雪和污垢。当环境气温低于－10 ℃时,应将直径大于或等于 25 mm 的钢筋和金属预埋件加热至正温。混凝土结构施工缝的处理应符合《铁路隧道防排水施工技术指南》(TZ 331—2009)第 10 章有关规定,当先浇混凝土面和外露钢筋(预埋件)暴露在冷空气中,应采取防寒保温措施。

6)当混凝土强度达到《铁路混凝土工程施工技术指南》第 7.10.1 条和第 10.1.3 条抗冻强度规定后,方可拆除模板。当环境温差在 10～15 ℃范围时,模板拆除后的混凝土表面宜采取临时覆盖措施。采用外部热源加热养护的混凝土,养护期结束后的环境温度仍在 0 ℃以下时,应待混凝土冷却至 5 ℃以下且混凝土与环境之间的温差不大于 15 ℃后,方可拆除模板。

7)寒冷和严寒地区混凝土施工时应增加其与结构同条件养护的施工试件不少于 2 组,此种试件应在解冻后方可试压。

(6)排水盲管的保温。寒冷地区的隧道常因衬砌壁后排水系统的冻结,特别是环向排水管的冻结,而导致隧道排水不畅。通过保温方法可解决排水体系的冻结问题。

现有的隧道保温方法有两种:一是在隧道衬砌的外表面全面设置保温层;二是在隧道衬砌壁后全面设置保温层。由于上述两种方法存在因渗水浸湿保温层而影响其保温性能的缺陷,所以隧道保温方法仍在发展中,有学者提出了第三种方法,即条带保温排水体系,具体而言,是使用两层防水层,在两层防水层中间夹设保温层和环向排水管的方式,来弥补上述缺陷。

9　高速铁路隧道施工监控量测技术

9.1　概　　述

隧道施工监控量测是指通过量测设备与仪器，对围岩、支护结构的变形及应力进行动态监测。由于隧道工程地质条件的复杂性与不确定性，监控量测结果可为判定隧道围岩及支护结构的稳定性、施工方案的合理性以及二次衬砌的合理施做时机提供科学依据，是隧道工程施工安全的有力保障，在隧道施工过程中起着重要的作用；同时，通过掌握围岩变形动态及支护结构的工作状态，可对隧道施工方案进行动态优化设计，确保施工安全。

9.2　监测项目与监测方法

隧道监测项目分为必测项目和选测项目，应根据地质条件、隧道埋深、断面尺寸、开挖方案、设计要求、周边环境等因素综合选定。必测项目包括：洞内、外观察，周边收敛，拱顶、拱脚下沉，地表沉降（隧道浅埋段）。选测项目包括：围岩压力，初期支护与二次衬砌接触压力，喷射混凝土、钢架以及二次衬砌内力，锚杆轴力，隧底隆起，围岩内部位移，爆破振动，孔隙水压力，隧道渗漏水量等。

9.2.1　拱顶下沉与周边收敛

拱顶下沉监测是指对隧道拱顶的绝对下沉位移量进行监测，监测结果可用于判定隧道拱顶围岩的稳定性。监测方法：在隧道监测断面的拱顶位置设置测点（图 4-9-1），采用变位观测计、钢尺、水平仪等仪器进行量测，常规段监测频率参照表 4-9-1，浅埋段监测频率参照表 4-9-2，现场监测工作如图 4-9-2 所示。

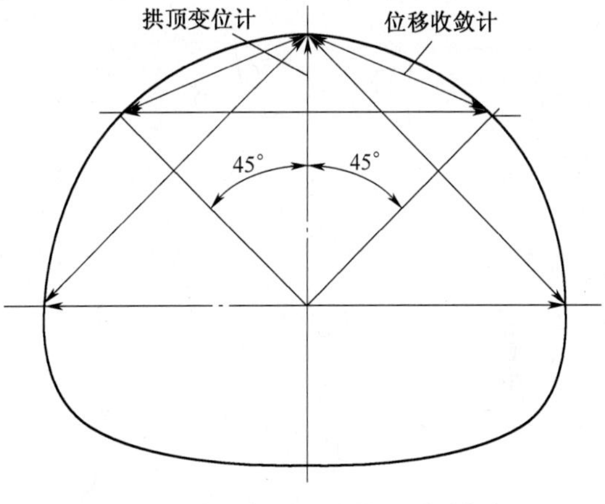

图 4-9-1　拱顶与周边收敛监测测点布置

表 4-9-1　拱顶与周边收敛监测频率（常规段）

位移速度(mm/d)	距工作面距离	频率	备　注
>10	(<1)D	2～4 次/d	D 为隧道宽度
5～10	(1～2)D	1 次/d	
1～5	(2～5)D	1 次/2d	
<1	>5D	1 次/周	

注：1. 从不同测线得到的位移速度不同，监测频率应按速度高的取值。
2. 若根据位移速度和距工作面距离两项指标分别选取的监测频率不同，则从中取高值。
3. 变形相对稳定的后期监测，监测间隔时间可适当加大至几个月一次。

表 4-9-2　拱顶与周边收敛监测频率（浅埋段）

监测项目	测点布置	测试精度	量测频率			
			1～15 d	16～30 d	1～3 月	>3 月
地表沉降	每个代表性地段 1～2 个量测断面，每个断面 7～11 个测点	1 mm	1～2 次/d	1 次/2～3 d	1 次/周	1～3 次/月

隧道周边收敛监测是指对隧道内壁两点连线方向的相对位移或监测点的绝对位移进行监测，监测结果可直观反映洞室周边围岩的变形情况。监测方法：根据地质条件及相关规范的要求设置监测断面与测点，每个监测断面设置4～6对测线，测桩分别布置在拱顶及两侧（图4-9-1）；测点应在距开挖面2 m的范围内尽快安设，并应保证在爆破后24 h以内或下一次爆破前测读初始读数。测试仪器可采用XGJ-21型隧道位移计（或其他可替代的收敛计、全站仪等），监测频率宜根据围岩变形速率和距工作面的距离选取，见表4-9-2。现场监测工作如图4-9-3所示。

图4-9-2　拱顶下沉监测

图4-9-3　周边收敛监测

9.2.2　锚杆轴力

锚杆轴力监测是通过监测锚杆轴力的大小，了解锚杆的受力状态，并合理评价锚杆的支护作用效果。监测方法：确定监控量测断面，根据实际情况沿隧道周边钻孔，施做与锚杆材质相同的监测锚杆，并沿锚杆不同长度上布置测试元件，监测沿锚杆长度范围内各点的轴力（每个测孔内布置3～5个测点，测点布置如图4-9-4所示，监测锚杆如图4-9-5所示）。测试仪器可采用钢筋应力传感器连接而成的锚杆轴力计，或其他可替代的仪器（图4-9-6），监测频率可参照表4-9-3。

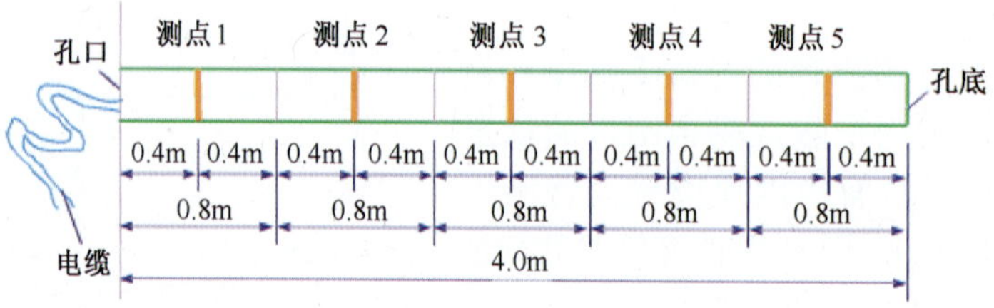

图4-9-4　单个锚杆测点布置示意

表4-9-3　锚杆轴力监测频率

开　挖(d)	频　率	开　挖(d)	频　率
1～15	2～4次/d	30～90	1次/周
16～30	1次/d	>90	1次/月

图4-9-5　监测锚杆

图4-9-6　钢筋应力计

9.2.3　围岩与支护压力

围岩与支护压力是指围岩与初期支护之间以及初期支护与二次衬砌之间的压力。通过了解初期支护对围岩的支护效果、初期支护与二次衬砌的实际承载情况，可以推断出复合式衬砌中围岩荷载的大小，进而优化支护参数。监测方法：沿隧道周边在围岩与初期支护之间以及初期支护与二次衬砌之间埋设土压力盒进行监测，测试仪器可采用 TYJ-22 型振弦式土压力传感器（图 4-9-7），或其他可替代的仪器。测点布置可参考图 4-9-8，监测频率可参照锚杆轴力监测（表 4-9-3）。

图 4-9-7　TYJ-22 型振弦式土压力计

9.2.4　钢架内力

通过测试钢架的应力或内、外侧的应变，可计算出钢架所受到的轴力和弯矩，了解钢架的实际工作状态以及钢架与喷混凝土组合对围岩的支护效果。监测方法：沿隧道周边在钢架内、外侧侧壁对称布置 5 对钢筋应力计进行监测。测试仪器可采用钢筋应力传感器，或其他可替代仪器。测点布置如图 4-9-8 所示，监测频率可参照锚杆轴力监测（表 4-9-3）。

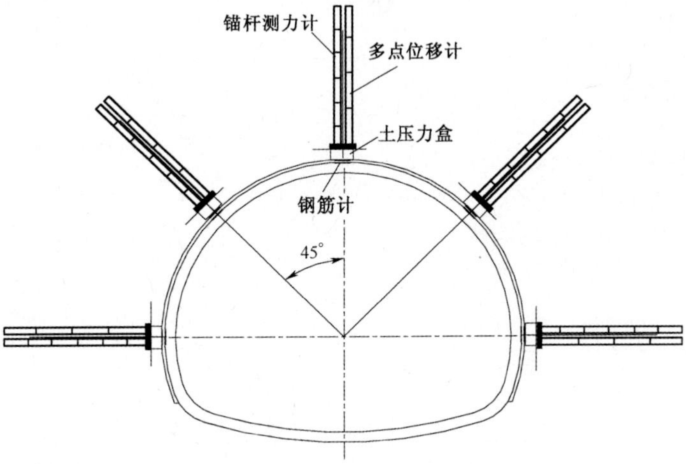

（a）锚杆轴力、格栅内力、初期支护内力

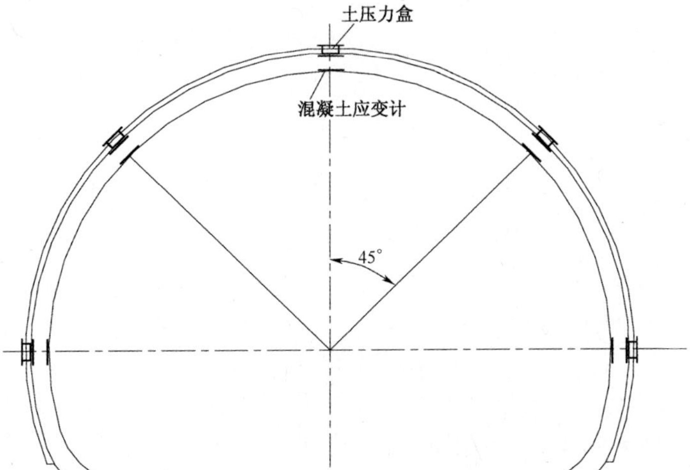

（b）二衬内力

图 4-9-8　内力监测项目测点布置示意

9.3 监控量测数据分析

监测工作应分阶段对量测结果进行总结和分析，及时处理、分析监测数据，评价围岩与支护体系的稳定性，并对施工方案提出合理建议。监控量测数据分析流程：首先，通过科学、合理的方法，用频率分布的形式把原始数据的分布情况显示出来，进行数据的数值特征计算，删除离散数据；然后，根据各监测项目数据变化规律和趋势进行曲线拟合，及时绘制位移—时间曲线；最后进行数据回归分析，掌握围岩、隧道结构受力的变化规律，并推算最终位移。监控量测数据分析应符合下列要求：

(1)根据量测值绘制曲线。

(2)选择回归曲线，预测最终变形值，并与控制基准值进行比较。

(3)对支护及围岩工作状态、施工方案进行评价。

(4)及时反馈评价结论，并提出合理建议。

监控量测位移数据管理等级见表 4-9-4。

表 4-9-4 位移数据管理等级

管理等级	管理位移(mm)	施工状态
Ⅲ	$U<U_0/3$	可正常施工
Ⅱ	$U_0/3\leqslant U\leqslant 2U_0/3$	应加强支护
Ⅰ	$U>U_0/3$	应采取特殊措施

注：U 为实测位移值；U_0 为允许最大位移值。

9.4 监控量测信息反馈

监控量测信息反馈可按图 4-9-9 的流程进行。

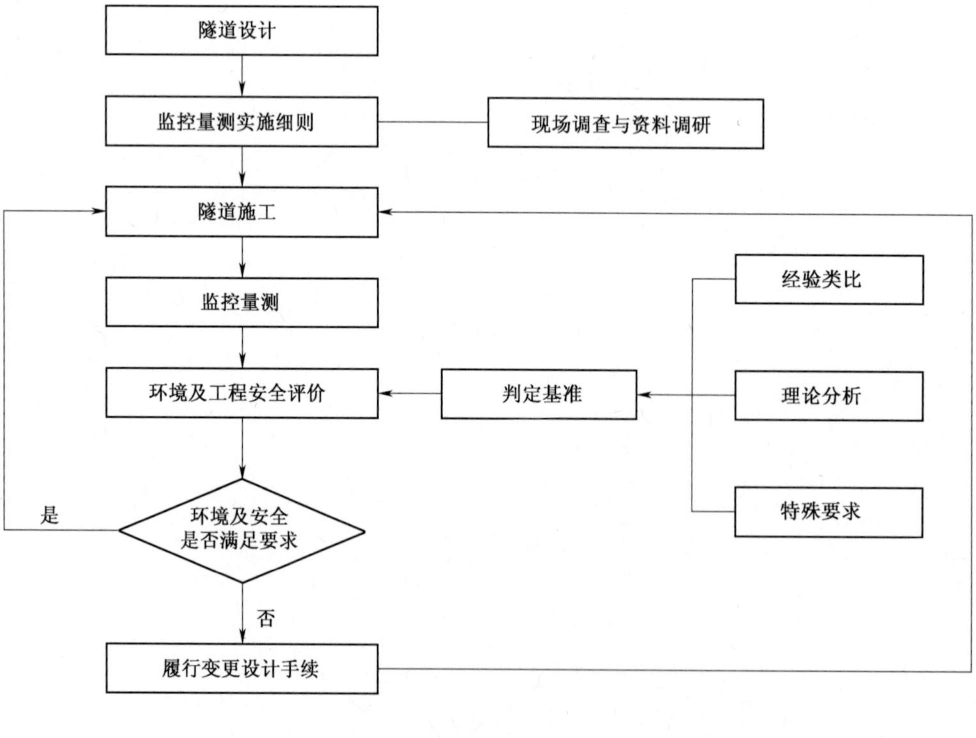

图 4-9-9 监控量测信息反馈流程

工程安全性评价及工程对策应符合表 4-9-5 的规定。工程安全性评价根据设计位移基准分为三个等级，评价流程如图 4-9-10。

表 4-9-5　工程安全性评价及工程对策

管理等级	距开挖面 1B	距开挖面 2B	工　程　对　策
Ⅲ	$U<\frac{1}{3}U_{1B}$	$U<\frac{1}{3}U_{2B}$	量测小组负责人应向现场技术负责人汇报，并通知现场继续施工。监控量测数据分析完成后应反馈有关各方
Ⅱ	$\frac{1}{3}U_{1B}\leqslant U\leqslant\frac{2}{3}U_{1B}$	$\frac{1}{3}U_{2B}\leqslant U\leqslant\frac{2}{3}U_{2B}$	量测小组负责人应向现场技术负责人汇报，现场技术负责人应对分析结果进行复核，并将复核结果立即反馈到有关各方。监理单位应立即召集有关各方进行综合评价，提出处理意见。现场在上报分析结果的同时，应加密监控量测频次，必要时采取适当的工程措施
Ⅰ	$U>\frac{2}{3}U_{1B}$	$U>\frac{2}{3}U_{2B}$	量测小组负责人应立即向现场技术负责人汇报，确认后采取应急措施(包括暂停掘进、实施应急支护、撤离工作面作业人员和设备等)，加强现场观测，防止发生危害。同时立即将信息反馈到有关各方。建设单位应立即召集有关各方综合评价，制定处理方案

注：B 为隧道最大开挖宽度；U 为实测位移值；U_{1B}、U_{2B}为位移控制基准值。

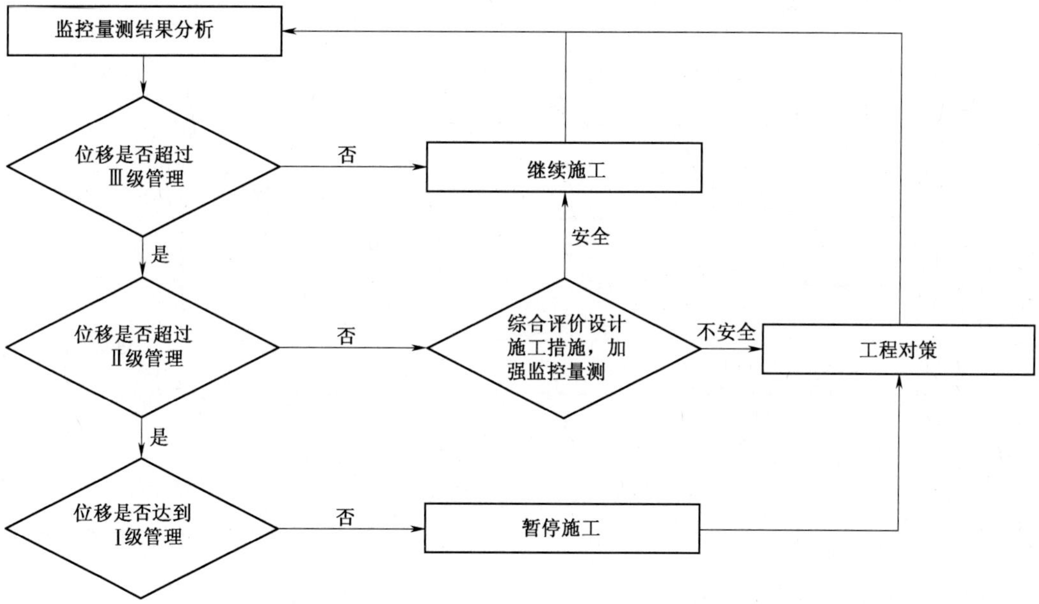

图 4-9-10　工程安全性评价流程图

9.5　监控量测技术发展趋势

目前，传统的隧道监控量测工作存在较多缺陷，以隧道净空收敛监测为例，通常是在隧道周围布置多个传感器，通过测得的角度计算出测点水平和竖直方向的变形。当存在大量断面需要观测时(如：Ⅴ级围岩地段需 5 m 设置一个断面)，此时需布设大量的传感器，工作量较大；同时，该方法受环境影响较大，尤其是在光线较弱的条件下对其精度的影响较大，并且自动化程度不高，测量效率较低。

随着科学技术的发展与进步，隧道监控量测将逐渐朝着自动化的方向发展，越来越多的隧道将采用自动化监控系统开展监控量测工作。隧道变形自动化监控系统应用示意如图 4-9-11 所示，该系统通过现场采集仪进行数据采集，利用后台程序进行数据分析与提供报表，并结合系统和短信平台进行实时预警。系统由激光发射装置、图像传感器接收靶构成测试部件，并结合激光收敛测试仪对隧道变形进行监测，即通过在隧道内或洞口固定点设置激光定位器，测试点设置接收靶，激光定位器光斑投射至接收靶面，接收装置图像传感器采集激光光斑图像，通过特定图像处理算法，计算出光斑的位置坐标，测试坐标值并与初始坐标值进行比较，即可求得测点位置的水平及垂直位移，测试数据通过现场总线或无线模块传输至洞外现场监控中心；现场监控中心数据支持本地分析查看，并可通过网络发布至数据服务器，实现广域的隧道结构安全监测管理，从而构成网络化自动监控系统。

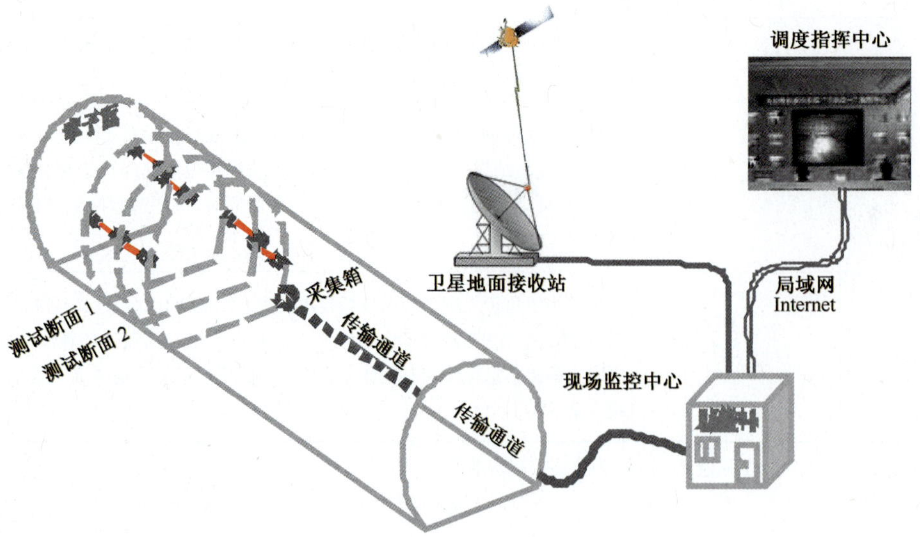

(a) 监测断面布置

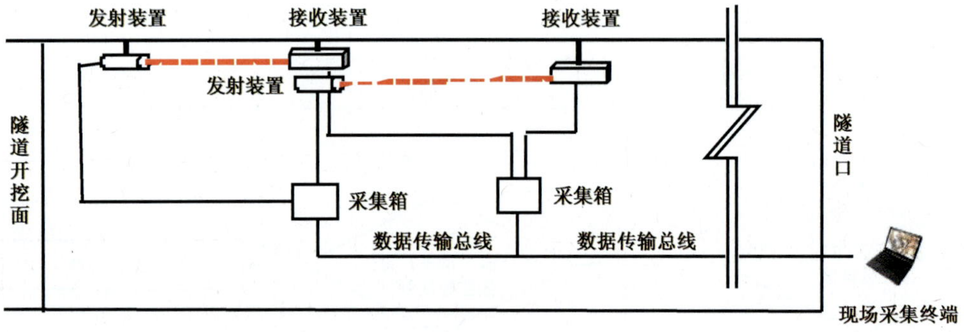

(b) 数据传输

图 4-9-11 隧道变形自动化监控系统应用示意

隧道变形自动化监控系统功能如下。

1. 实时分析查询监测信息

自动监测采集到的数据具有两个特点:一是数据量特别大;二是监测数据采集的频率不一样,是个动态的过程。针对这两个特点,必须对自动监测数据采取动态分析的办法,系统将通过单纯采用数学方法与结合施工参数进行分析两种方法对施工安全状态进行评估。系统操作人员可以方便地查询当前和历史的监测数据信息,实时生成各类报表、监控量测数据时程曲线等。

2. 实时预警

数据服务器实时分析各类监测数据,通过短消息和在平台发布信息等多种形式组成预警、报警系统。一旦发现监测数据异常,系统就会进行报警提示,同时能够在网络上清晰地表现各工点、各测点的预警情况。

通过对实测值与报警值进行比较,将隧道工程施工划分为四个状态,其预警报警的等级分为四个等级:安全状态、三级警戒(关注)、二级警戒(预警)和一级警戒(报警)。针对不同的警戒等级,分别给出与之相对应的施工控制措施,确保隧道施工安全。

3. 常规监测数据采集与分析

常规监测内容主要包括地表沉降、拱顶下沉、周边收敛等内容,采用自动生成与手动录入的方式将数据储存在系统中,通过对数据进行分析处理,绘制出各监测点数据的变化曲线,同时将施工情况、工程进度、风险控制等相关信息一起提交给工程技术人员,据此判断隧道工程的稳定性及支护加固的效果,对施工前预设计所确定的结构形式、支护参数、施工方法、施工工艺以及各工序施作的时间等进行检验和修正。

除了隧道自动化监控系统以外,一些高精度、高效率的三维激光扫描仪也逐渐应用于隧道工程监控量测工作中。与传统的隧道监控量测工作相比,使用三维激光扫描仪可以快速的采集隧道空间三维信息,准确、全面把握隧道的变形情况，大大降低外业工作量，同时还具有高精度、高效率、环境适应能力强等优点。

三维激光扫描仪的型号有很多。以 RIEGL VZ-400 为例，该设备可从上至下，从左至右对目标快速扫描，获取整个目标表面高密度的点坐标（点云），达到对目标信息全面覆盖式的采集（图 4-9-12）。该设备数据采集效率高，一个测站通常 3～6 min 即可完成扫描，大大降低了外业工作时间；与传统仪器相比，数据信息传输、加工更为便捷与准确。以下是设备的基本参数（图 4-9-13）：

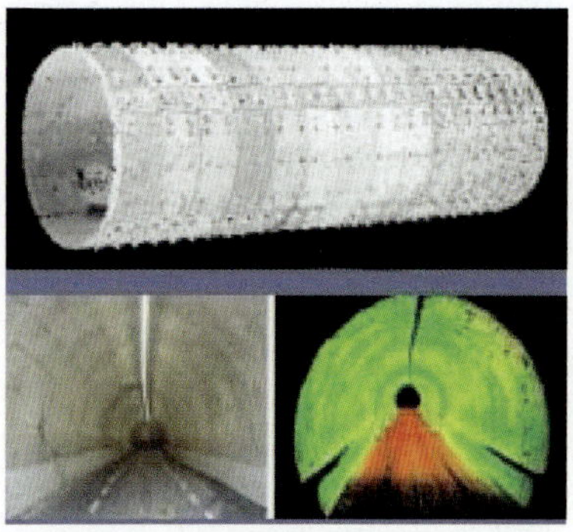

图 4-9-12　三维激光扫描仪点云采集

图 4-9-13　RIEGL VZ-400 三维激光扫描仪

扫描距离：600 m（对反射率为 90%的物体）；

扫描精度：3 mm（100 m 距离处）；

激光发射频率：300 000 点/s；

扫描视场范围：100°×360°（垂直×水平）；

连接：LAN/WLAN 数据接口，支持无线数据传输；

对人眼安全的激光器：Laser Class1；

操作控制：机载面板 HMI，PDA 或笔记本电脑。

10　高速铁路隧道附属构筑物施工技术

10.1　联络通道

高速铁路隧道作为特殊的行车空间，与一般开放路段截然不同，主要表现在封闭性、可达性低、情况不明性、联络与救援困难等。一旦发生事故，由于其封闭性的特点，极易酿成二次事故。带来更大的灾难与伤亡。对于长度超过 3 000 m 的特长隧道，联络通道设置不可或缺，如图 4-10-1 所示。

图 4-10-1　联络通道

10.1.1　联络通道施工工艺流程

联络通道施工工艺流程如图 4-10-2 所示。

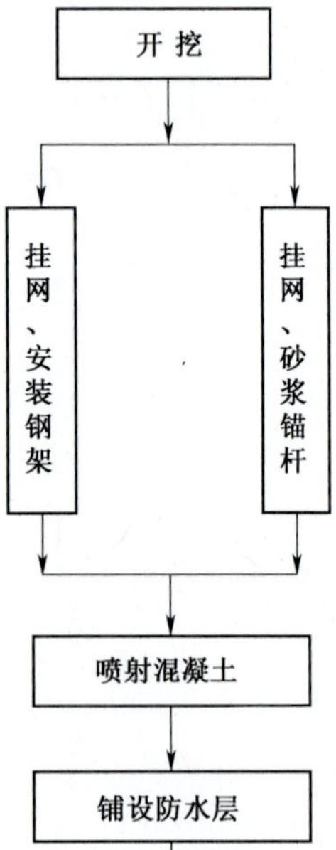

图 4-10-2　联络通道施工工艺流程图

10.1.2　联络通道施工

1. 开挖

联络通道开挖方式采用人工风镐进行开挖，局部较硬岩石可采用静力爆破方式进行开挖。开挖时严格按照设计要求断面开挖作业，不应欠挖，对欠挖部位进行修整，保证结构尺寸。超挖量严格按设计要求控制。开挖过程中应做好安全防护工作，并安排专人负责工作面的安全观察。

联络通道分做一次开挖完毕，开挖方法为正台阶(两个台阶)开挖方式进行开挖，上台阶开挖完毕可作为砂浆锚杆施工施作平台，断面开挖全部完成后立即进行通道初支施工。

2. 初期支护

联络通道采用喷锚网支护或挂网钢架支护。

沿通道拱部一定范围内环向布设砂浆锚杆。砂浆锚杆施工要点：

(1)钻孔前根据设计要求定出孔位，做出标记，孔位允许偏差为±15 mm。

(2)钻孔应圆而直，钻孔方向宜尽量与岩层主要结构面垂直，水泥砂浆锚杆孔径应大于锚杆直径 15 mm，并用高压风或高压水清孔。

(3)钻孔深度允许偏差为±50 mm。

(4)砂浆配合比(质量比)，水泥：砂：水宜为 1：(1～1.5)：(0.45～0.5)。砂的粒径不宜大于 3 mm，拌和均匀，随拌随用，一次拌和的砂浆应在初凝前用完。早强型黏结剂采用的水泥为早强型水泥，并加入早强剂；

(5)锚杆及黏结剂材料应符合设计要求，锚杆按设计要求截取，并整直、除锈除油；

(6)注浆开始或中途暂停超过30 min时，应用水润滑浆罐及管路，注浆口压力不得大于0.4 MPa，注浆管应插至距孔底5～10 cm处，随水泥砂浆的注入缓慢匀速拔出，随即迅速插入锚杆，锚杆杆体插入孔内的长度不得短于设计长度的95%，若孔口无砂浆流出，应将杆体拔出重新注浆；

(7)锚杆安设后不得随意敲击，其端部3天内不得悬挂重物。

按照设计要求采用一定直径和间距的钢筋网，钢筋网与锚筋采用点焊焊牢。喷射混凝土、钢架安装可参照隧道正洞初期支护喷射混凝土和钢架安装施工方法。

3. 防水施工

联络通道采用PVC分区及注浆防水系统，分区采用背贴式止水带和防水板热风密实焊接，在每一道环向施工缝处及变断面两侧均设置背贴式止水带进行分区，环向施工缝间距不大于9 m。同时在每个区域内预先设置注浆管和注浆嘴，注浆嘴间距3 000 mm，以便针对局部渗漏点进行二衬和附加防水层之间的注浆。

联络通道防水层采用土工布缓冲层加复合防水板无钉铺设。施做顺序：首先对临时支护进行处理，当基面平顺并达到净空要求后，用射钉将垫圈和土工布缓冲层固定于基面之上，最后铺设PVC防水板，防水板之间采用搭接双焊缝热风焊接，搭接宽度10 cm。

4. 二次衬砌

二次衬砌在防水设施铺设完毕后进行，主要包括钢筋制作安装、支模、混凝土浇筑等。其中，含进水泵房的通道在泵房底板、边墙、盖板施工完毕后进行二衬施工。

(1)钢筋。按照施工图纸的要求，在地面钢筋场加工钢筋，然后用电瓶车(或地面运输通过竖井吊入)运至通道处进行焊接、安装，焊接、安装的质量安装钢筋制作安装的有关规范和设计技术要求进行。

因隧道内施工净空小，对比较长的纵向钢筋可切为两段，在隧道内进行搭接，但应保证相邻搭接点错开距离大于500 mm。搭接采用单面焊接方式，搭接长度10 d(d为钢筋直径)。

需要注意的是，在钢筋焊接过程中，避免把防水板烧破，影响防水质量。

(2)模板。拱顶部位使用特制钢模板，根据拱的直径，每圈定做一定数量的弧形钢模，并在封顶块和收口块预留供混凝土泵管伸入的位置，模板的支撑采用木桁架支撑。

(3)混凝土浇筑。因联络通道顶部为全封闭的结构，混凝土浇筑难度比较大，混凝土入仓、振捣都比较困难。为保证混凝土的浇筑质量，在完成底板混凝土(浇筑高程至边墙30 cm高)达到一定强度后，拟采用边墙、拱顶混凝土一次浇筑成形。具体做法如下：

1)在安装模板时预留拱顶块模板。

2)将混凝土泵管接长，末端接上可转动的弯头，将弯头伸入待浇筑混凝土仓内，固定泵管(图4-10-3)。混凝土的输入靠电瓶车运输，将混凝土罐和输送泵装在电瓶车上，运输至通道施工处，混凝土罐可以反复装罐，直至混凝土浇筑完毕。

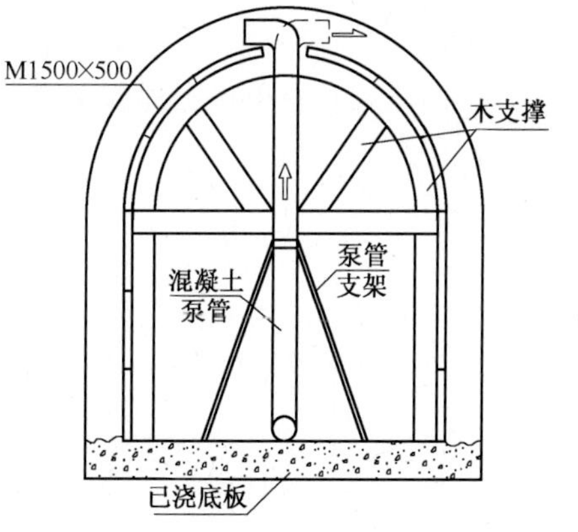

图4-10-3　混凝土入仓示意图

3)浇筑按由两端到中间、由下至上的顺序进行。即由洞门两头开始浇筑，先把竖直段浇筑完毕，边墙段为了浇筑混凝土的需要，安装边墙模板时预留混凝土浇筑口，后封模板；然后浇筑拱顶部分，拱顶部分由两边向中间收口，最后安装预留有泵管位置的封顶块模板；由地面浇筑封口部位混凝土，直至注满。

4)振捣。边墙采用插入式振捣器结合外部振捣方法进行振捣，因拱顶混凝土仓空间有限，采用外部振捣的方法，用附着式振捣器在模板外部振捣，或在竖井内振捣。

5)收口。即对泵管的位置进行收口。泵管拆出后，安装封顶块模板，由竖井内浇筑混凝土收口(预留大约0.3 m^3左右在竖井内)，并振捣密实。

6)回填注浆。由于拱顶混凝土在浇筑混凝土过程中，由于混凝土自重作用，拱部混凝土背部无法浇筑密实，因此，在安装拱部模板时在拱顶位置预埋长度为0.5 m直径为42 mm的小导管进行注浆回填，小导管纵向间距为2m，拱部布置一根。此工序在混凝土浇筑完毕即可进行。混凝土浇筑完毕，将混凝土罐、输送泵一起撤出。联络通道施工台车移至下一个通道处，继续施工。

10.2　水沟与电缆槽

10.2.1　技术要求

在施工电缆槽槽身混凝土时要结合各种预埋管线图和预埋洞室施工,保证预埋管线相通。

为保证路面净宽,防止电缆槽槽身混凝土施工时模板发生变形或移动侵入路面宽度,在模板定位时可整体向两侧偏移 1 cm,但必须保证模板垂直、槽壁厚度、和槽内净空尺寸。

单位工程施工前,选取一循环,进行水沟电缆槽试验,确定施工工艺参数。

10.2.2　水沟电缆槽常规施工方法

1. 施工程序

(1)电缆槽施工工序。

测量放线→电缆槽与矮边墙结合面凿毛→基底清理、冲洗→靠边墙电缆槽侧壁模板安装、混凝土浇筑→靠水沟侧电缆槽侧壁钢筋绑扎→电缆槽泄水管安装→底部混凝土浇筑→靠水沟侧电缆槽侧壁模板安装、混凝土浇筑→养护、拆模→电缆槽盖板预制及安装。

(2)排水沟施工工序。

测量放线→基底清理、冲洗→侧壁模板及塑料泄水管安装→混凝土浇筑→养护、拆模→水沟底部混凝土找平→排水沟盖板预制及安装。

2. 施工要求

(1)施工准备。

1)测量放线。为保证结构尺寸符合设计要求,两侧电缆槽、两侧排水沟与隧道中线的相对尺寸必须按施工图进行,不能随意改变。测量组根据设计图和施工技术交底要求,放样电缆槽、水沟定位基准线和水平基准线,并采用书面交底和现场技术交底形式将有关资料和测量点位交付现场技术员和领工员,书面交底资料必须交给该工区的技术负责人和生产副经理一份。

2)凿毛。若两侧矮边墙与电缆槽结合面光滑,必须采用凿毛处理,才能保证后施工的电缆槽壁与矮边墙黏结牢固,不产生裂缝或脱落,影响施工质量。因此在电缆槽施工前,采用风镐或短钎将矮边墙与电缆槽结合面凿毛,根据测量放线,局部电缆槽壁较薄的部位用小直径钢筋(ϕ8 mm)加强联结,植筋深度 10 cm,植筋锚固材料用锚固剂。

3)基底清理、冲洗。边墙结合面凿毛后,将水沟和电缆槽基底的松渣、杂物、淤泥清理,并用高压水凿毛后边墙结合面和基底冲洗干净。

4)试验段施工。单位工程施工前,选取一循环长度作为排水沟电缆槽施工试验段,确定工艺参数,用以指导该工序施工。

(2)施工工艺。

1)模板安装。根据测量放线,放出模板定位安装边线,然后安装模板,模板安装必须垂直,模板与模板之间的缝隙必须控制在 2 mm 以内,基底不平整部位在关好模板后用砂浆封堵,防止浇筑混凝土时漏浆,模板与模板之间不能有错台。为防止浇筑混凝土时模板上浮和跑模,影响混凝土施工和浇筑质量,沿模板底在基底纵向每 2 m 打设 ϕ22 mm 的固定钢筋,用铁丝加固牢固。模板每次安装前须清除板面混凝土块,涂抹脱模剂。模板在搬运过程中须轻拿轻放,防止模板变形,特别是定形钢模板。

2)钢筋绑扎。在浇筑通信信号电缆槽底混凝土时插入定位钢筋,保证钢筋绑扎过程中稳定,定位钢筋利用电缆槽主筋为 ϕ12 mm 钢筋,长度与间距与电缆槽主筋相同,埋置深度为 25 cm。纵向钢筋绑扎搭接长度不小于 20 cm。

3)PVC 横向导水管安装。横向导水管每 30 m 设一个,把纵向间距 5～10 m 的塑料管进水孔引入排水沟侧壁,在施工电缆槽排水沟底混凝土时安装,要定位牢固,孔口采用土工布封堵,防止浇筑混凝土时塑料泄水管跑位或混凝土灌入孔内。

4)泄水槽。在电缆沟底部设置泄水槽,泄水槽与侧沟排水沟侧壁连接,泄水槽宽 4 cm,间距 3～5 m。

5)混凝土施工。

①电缆槽身混凝土施工。电缆槽身混凝土强度等级为 C25，施工分三步施工，首先施工矮边墙侧槽壁混凝土及靠近中线侧槽壁，然后施工槽底混凝土，最后施工靠水沟侧槽壁。电缆槽身混凝土要分层浇筑，由于电缆槽在侧壁厚度仅有 15 cm，不能采用捣固棒振捣，用 ϕ 25 mm 钢筋插捣密实，在插捣过程中注意对的 ϕ 100 mm 塑料管进水孔保护，避免对其损坏。并用木棒轻轻敲打模板，使附着在模板上的气泡逸出，保证混凝土外观质量平整，无气泡和蜂窝麻面产生。当混凝土浇筑到槽壁顶后，电缆槽盖企口部位安放 10 cm×5 cm 木条。

②排水沟身混凝土施工。排水沟身混凝土强度等级为 C25，施工分二步施工，首先施工两侧壁混凝土，然后施工沟底混凝土。电缆槽身混凝土要分层浇筑，由于排水沟侧壁厚度仅有 13 cm，不能采用捣固棒振捣，用 ϕ 25 mm 钢筋插捣密实，在插捣过程中注意保护塑料管进水孔，避免其损坏，并用木棒轻轻敲打模板，使附着在模板上的气泡逸出，保证混凝土外观质量平整，无气泡和蜂窝麻面产生。

6)电缆槽、排水沟盖板安装。在电缆槽槽身和排水沟沟身混凝土施工后，电缆槽、排水沟盖板安装前，测量组对已施工段电缆槽盖板、排水沟盖板安装基座进行检查，对不合格部位进行修凿或砂浆找平，确保电缆槽盖板、排水沟盖板安装基座平整，高程符合设计要求。电缆槽、排水沟盖板安装平顺，不晃动。

10.2.3　水沟电缆槽移动模架施工

隧道内水沟电缆槽断面小，轮廓面多、线条多，传统工艺施工中对人工技能要求高，成本高，施工质量受人为因素影响多，而且没有可用于水沟电缆槽施工的标准化设备。本条介绍的水沟电缆槽移动模架较好的解决了这个问题。

1. 传统水沟电缆槽施工方案利弊分析

传统的混凝土模板安装方案主要采用小块钢模（宽 30 cm，长 150 cm）按照构件尺寸的拼装，利用钢管、方木、型钢等作为背梁加强模板的整体刚度，再通过杆件支撑，使模板的空间位置固定。即所用的各种部件是零散的，每次使用都要把每个部件组装和拆卸一次。这种方案使沟槽整体线形难控制，易形成 S 轮廓线，如图 4-10-4 所示，板缝多，模板间错台容易超标，对工人的专业技能要求高，人工花费大。需要找到一种安装加固速度快，使用方法简单、费用低，既能保证沟槽质量，又能控制成本、满足进度要求的施工方案。

2. 水沟电缆槽移动模架的设计

移动模架总重约 4 t，长 11 m，宽 2 m，可采用人工推行移动或机械牵引移动，如 11 kW 的电动卷扬机。主要由模板、模架、定位卡组成，使用方便、简单，制作成本低，如图 4-10-5 所示。

图 4-10-4　“S”形轮廓外观图

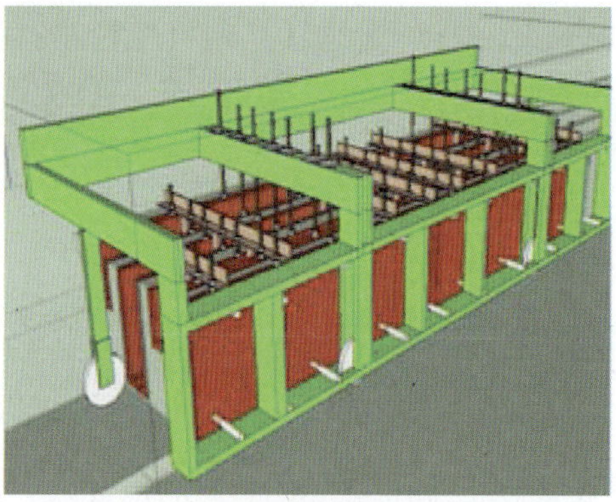

图 4-10-5　水沟电缆槽移动模架效果图

模板为便于安装和拆卸，把沟槽墙模和底模设为一体，做成 L 形，这样每道沟模板设计为左、右块，每块长 5 m。模板面板采用 4 mm 厚的钢板；纵、横向肋板用 5 mm×50 mm 的扁铁，间距 300 mm；四周用 5 mm×50 mm×50 mm 角铁。在模板顶部每 1 m 设一直径 30 mm、长 150 mm 的钢管柱，用于配合定位卡定位使模板定位。

模架全部用 20 cm 槽钢焊接，采用 2 根 20 cm 槽钢作为模架内侧纵梁；外侧纵梁做成排架式，便于沟槽外边模的定位和安装行走滑轮；横梁 4 道，均由两条 20 cm 槽钢双拼形成方钢，中间两道横梁间距 5m，均在横梁中间留有 5 cm 宽的通缝，满足悬挂模板和使模板左右移动的作用；立柱 2 根，下端设行走滑轮，分别位于模架两端中间沟的位置，用于支承模架和移动。水沟电缆槽移动模架设计组装流程如图 4-10-6 所示。

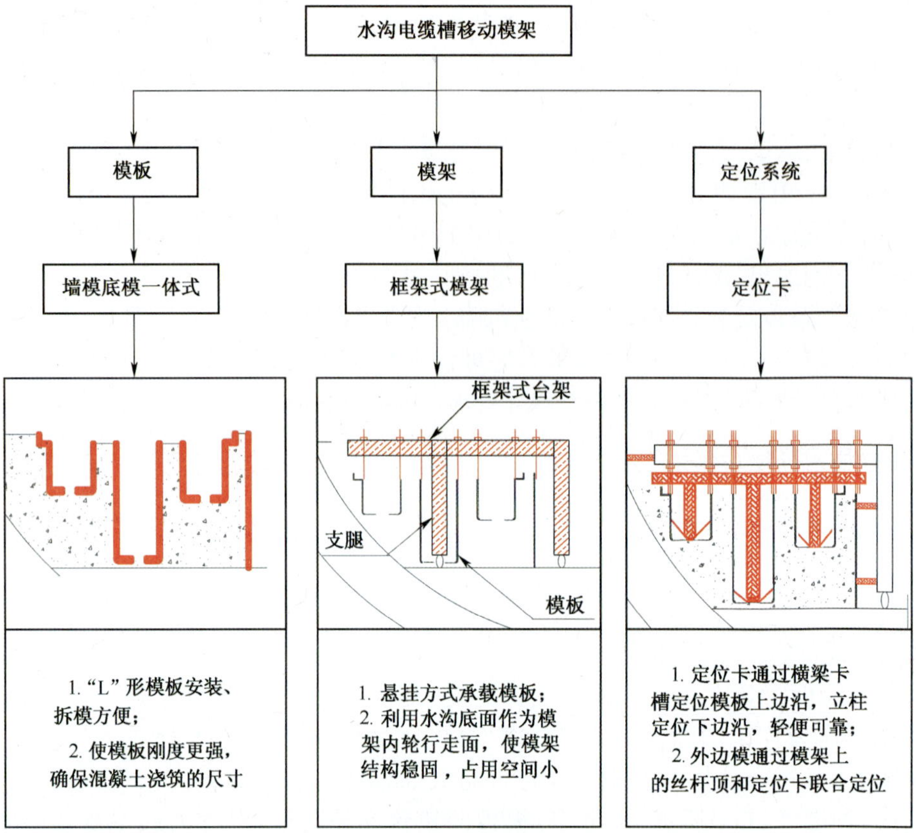

图 4-10-6　水沟电缆槽移动模架设计组装流程图

定位卡由 1 道横梁 3 条立柱组成。横梁采用 10 mm×100 mm×100 mm 角铁制作，在横梁上钻 U 形卡口卡住模板上的小立柱，定位模板上边沿；定位卡立柱采用 12 cm 槽钢制作，3 条立柱分别对应模板的下边沿，用于固定模板下边沿，如图 4-10-7 所示。

安装就位和定位措施为通过模架把模板、定位卡组合形成移动模架，总重量约 4t。移动模架可纵向移动到施工地点，通过悬挂模板丝杆左右移动模板到设计平面位置，拧动丝杆上的螺母，调整模板到设计高程。用定位卡每米设置卡位模板上沿和下沿，再拧动排架上的丝杆顶住边模，便完成了移动模架的就位和固定。

3. 水沟电缆槽移动模架的使用步骤

(1)测量放线。

(2)钢筋制作安装。

(3)预埋件设置检查。

(4)模板安装。

1)测量放样，确定最外侧模板的位置。

2)模架移动就位，调整模架位置，使其外侧距边模位置约(30±10)cm 处。

3)通过悬吊模板的丝杆将模板横向移动至设计平面位置，再通过拧动丝杆上的螺帽调模板高程至设计高程。

4)安装定位卡，拧紧定位螺栓，使模板位置固定。

5)安装挡头模板、涂脱模剂、检查预压件等。

(5)混凝土浇筑。混凝土均匀分层浇筑，一次性浇筑完成。因沟槽断面小，不能直接用罐车入模，需要用铁皮制成平口"["形溜槽，如图 4-10-8 所示凿孔引导混凝土入模，使模内混凝土面均匀上升。

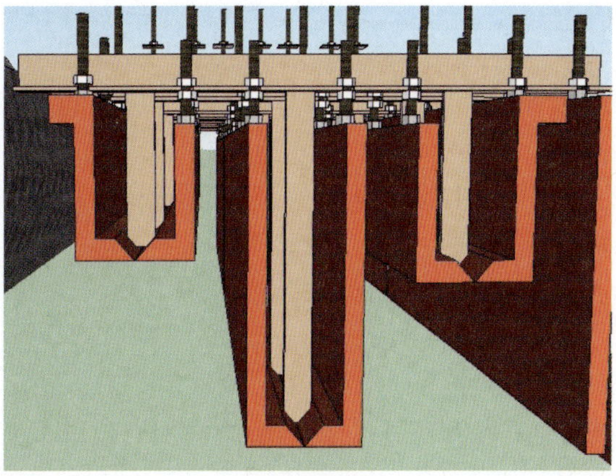

图 4-10-7　模板与定位卡效果图

图 4-10-8　"["形溜槽图

(6)拆模。

1)松开定位螺栓,拆除定位卡。

2)用小锤敲击振动模板,使模板与混凝土脱离。

3)调整悬吊丝杆,使槽内两块模板一上一下后收拢,提升。

4)移动模架整体至下一组施工位置,用 11 kW 电动卷扬机牵引,或人工用撬棍使模架向前滑动后,6 人可直接推动行走。

4. 使用水沟电缆槽移动模架效果

(1)水沟电缆槽施工速度明显加快。使用小模板现场用锚固钢筋支撑和拼装,模板安装时间每单侧 10 延长米约需 6 h,有的甚至达 10 h 以上。使用移动模架后,模板安装时间在 2 h 内就可完成。

(2)施工成本明显降低。前期使用的拼装小模板每单侧 10 延长米需要 80 kg 以上的钢筋来加固和支撑,需要 6 个专业模工 6 h 以上的工时来完成安装工作,约需要 800 元的费用。使用移动模架后,3 个普工 2 h 完成,约需要 90 元左右的费用,每单边 10 延长米节省安装费用约 700 元。

(3)工程质量明显提高。小模板施工存在着板缝多,错台易超限,线条"S"形等情况,移动模架采用整体模板、定位卡定位,整体刚度好,有效避免上述问题,使水沟电缆槽达到了内实外美的效果,如图 4-10-9 所示。

图 4-10-9　成型的水沟电缆槽

图 4-10-10　泄水洞

10.3　泄 水 洞

泄水洞暗洞段因断面较小,一般可采用全断面开挖,无轨运输;特殊情况下,也可采用有轨运输。爆破、通风后及时清帮、找顶,进行快速初喷,人工安装,出渣后及时进行初期支护;在开挖支护完成后施工铺底混凝土,拱墙采用人工拱架钢模衬砌、泵送混凝土进行衬砌作业。自动计量拌和站生产混凝土,由混凝土运输车运送至衬砌作业面，如图 4-10-10 所示。

1. 泄水洞洞口段施工

开工前进行导线网复测，施工中及贯通后实行三级复核制，保证开挖结构尺寸正确。及时施作洞顶截水天沟，进行地表加固处理，确保边仰坡稳定。

(1)洞口土石方开挖。土方用挖掘机挖装，人工修整；石方用风钻打眼弱爆破，装载机装渣，自卸汽车运渣。自上而下分层开挖。开挖完成后进行进行边仰坡喷、锚、网、喷防护。

(2)进洞措施。泄水洞进洞措施同斜井洞口施工措施，具体见本篇第 11 章。

2. 泄水洞暗洞开挖、出渣及运输

开挖前进行超前测量放线，画出开挖轮廓线。

(1)泄水洞开挖。泄水洞均采用全断面法开挖、光面爆破，硬岩段循环进尺 2.0 m；软弱围岩地段人工风镐开挖，必要时弱爆破，循环进尺为 0.8 m。

(2)钻爆设计。泄水洞开挖采用光面爆破。根据地质条件、开挖断面、开挖进尺、爆破器材等条件编制爆破设计，通过爆破试验确定爆破参数。

(3)出渣运输。出渣运输采用有轨运输系统，小型装载机装渣，梭式矿车运输至洞外，利用自卸汽车转运至弃渣场。

3. 泄水洞暗洞初期支护及辅助施工措施

喷射混凝土、锚杆、钢筋网铺设与钢架施工均同正洞施工。

4. 泄水洞暗洞模筑混凝土衬砌施工

泄水洞采用模筑衬砌，衬砌工序安排采取先底板后拱墙施工，底板混凝土采用全幅施工，拱墙衬砌采取人工拱架配钢模施工。具体施工方法同斜井施工。

5. 泄水洞暗洞施工通风

泄水洞施工采用压入式通风，保证施工工作面空气清新。

6. 泄水洞暗洞施工排水

泄水洞开挖期间采用潜水泵抽水至临时泵站，通过临时泵站将污水直接抽排出洞外，在泵站处设截水横沟拦截上方流水。

10.4　附属洞室

高速铁路隧道的附属洞室主要有避车洞、变压器室、中继器室、信号设备洞室等。

附属洞室施工时，为减小其对隧道的影响，附属洞室在隧道开挖到相应位置时开挖，采用人工风钻钻孔，预留光爆层光面爆破，装载机装渣，人工施作锚杆、挂网支护，湿喷机喷射混凝土，大小避车洞衬砌采用组合台架配整体钢模施工，其他洞室采用钢木组合模板，正洞衬砌一起施作。衬砌时按要求设置预埋件，衬砌完成后人工安设洞室门。隧道内洞室开口附近的正洞及洞室衬砌均设置钢筋网片，防止混凝土开裂。

11　高速铁路隧道辅助坑道施工技术

11.1　概　　述

辅助坑道一般分为横洞、平行导坑、斜井、竖井四种。它是为增加隧道工作面以缩短工期、改善施工通风、施工排水和施工运输等施工条件所设置的临时性隧道附属工程。

一部分辅助坑道作为运营通风、排水和防灾害使用，则成为永久性的隧道附属建筑。辅助坑道需要提前开工，为隧道施工创造有利条件。辅助坑道一般由设计单位设计。

各种辅助坑道的特点和适用条件见表4-11-1。

表4-11-1　辅助坑道的适用条件及特点

类型	适用条件	特　点
横洞	(1)隧道沿河傍山，侧面覆盖不厚； (2)隧道洞口桥隧相连施工互相干扰，或影响弃渣及场地布置； (3)洞口地质不良或路堑土石方数量大，工期紧迫，难以及时从正洞口组织掘进； (4)横洞长度一般小于1/7～1/10隧道长度	能增加隧道正洞工作面，设备简单，施工及管理方便，出渣、进料运输距离较短，但通风排烟较差，故事先应做好通风机具准备，施工中做好通风管理
平行导坑	(1)长度较大的深埋隧道，难以采用其他类型的辅助坑道； (2)有大量地下水或瓦斯	能增加隧道正洞工作面，提高施工速度，解决施工通风、排水及运输问题，其超前掘进还可以起到地质预报的作用
斜井	(1)隧道旁侧有较低地形，覆盖不厚； (2)井身地质较好，地下水不大	能增加隧道正洞工作面，出渣、进料运输距离较短，但坡度较大时需要有提升设备
竖井	(1)隧道洞身局部地段覆盖层较薄； (2)井身地质较好，地下水不大	能增加隧道正洞工作面，出渣、进料运输距离较短，但提升设备较复杂，深度大于150 m时施工正洞造价增加很大

11.2　辅助坑道设置

11.2.1　斜　　井

斜井由井颈、井身、井底平道组成。一般井底平道长15～25 m。

设置斜井尽量避免穿过软弱破碎富水地层，斜井轴线与隧道中线的平面交角一般不小于40°，倾角与提升方式相适应，通常不大于35°。井身一般不设变坡，与井底变坡处采用竖曲线过渡。斜井采用主、附井时，主、附井轴线一般平行设置，间距视地质条件确定，一般为20 m(图4-11-1)。

图4-11-1　斜井

斜井井口设在地质条件较好和不受水淹的地方,并有利于布置井口车场和弃渣场地。

1. 斜井的类型

斜井根据出渣运输方式的不同,分为有轨运输和无轨运输斜井两大类。根据提升容器的不同,有轨运输斜井可以分为箕斗、斗车和矿车三种型式,无轨运输斜井分为皮带机和自卸汽车配挖装机械两种型式。

各种斜井特点见表 4-11-2。

表 4-11-2　各种斜井特点表

分类	名　称		使用倾角	特　　点
有轨运输	箕斗斜井		≤35°	用箕斗出渣,斗车进料,提升速度较大,运输效率较高,且施工较安全,但井口和井底需有卸渣设备。 由于箕斗用于主井出渣,升降人员与运输材料使用附井,故建井时间较长,费用较高。多在斜井长且倾角大、提升量大的情况下使用
	斗车斜井		≤25° 一般 20°左右	用斗车出渣、进料,设备简单,应用较广,但提升速度受限制,施工安全方面不如箕斗
	矿车斜井	固定式	≤25°	可采用串车提升,由电瓶车牵引,多为混合井,不需设装卸渣仓,设备简单,在井口需摘挂钩,易发生脱钩溜车事故,提升速度较慢,提升能力较小
		倾卸式		可不设附井和渣仓,工程量小,投产快,成本低,设备简单,节省人力,井口不摘钩、较安全
无轨运输	皮带机斜井		≤15°	能连续运输,运量大,安全可靠,多为混合井,设备多,重量大,投资大,安装工期长
	自卸汽车斜井		≤8°	井底装渣后自卸汽车运出至卸渣场,设备少,出渣能力大,但内燃机污染大,要求斜井断面大,通风量大,且因受坡度限制而使斜井增长
	装载机斜井		≤8°	井底装载机自行装渣,在井口装车运至卸渣场。建井时采用装载机出渣效果较好

随着运输车辆性能的不断提高,目前设置斜井多倾向于采用自卸汽车的无轨运输方式,设置倾角也可以根据选用的运输车辆性能而更大一些。

2. 斜井断面及井内设施

(1)斜井横断面。斜井一般采用拱形断面,断面净空尺寸根据运输工具外形尺寸、管(线)路布置、人行道宽度、安全间距以及施工通风要求等因素确定。

有轨运输斜井按轨道布置分为二轨单道、三轨双道、四轨双道三种断面形式。斜井长度短于 100 m,担负隧道运量不大,一般选用二轨单道;斜井长度大于 100 m,担负隧道运量较大,一般选用三轨双道;当斜井运量很大时,则选用四轨双道。

(2)井内设施。

1)车道。无轨运输车道宽度需保证运输车辆、挖装机械的安全行驶。有轨运输当采用三轨双道时,为了错车方便,在井身中部设置错车道。斜井倾角大于 15°时,需用固定钢轨法或固定轨枕法防止轨道滑动,前者较后者构件简单,防滑可靠。

2)人行道和水沟。人行道有效宽度一般不小于 1.2 m,采用皮带输送机的斜井人行道有效宽度不小于 0.7 m。斜井有水时设纵向排水沟,并与隧道内排水沟相连。

3)避车洞。有轨运输斜井调车场和井身每隔 30～50 m 设置避车洞,避车洞宽 1 m,高 1.6～1.8 m,深 1.0～1.2 m,供人员躲避及临时存放工具。

4)滚轮(托辊)。有轨运输斜井用滚轮,包括大地滚、小地滚、立滚和胶滚四种。滚轮的作用是承托提升钢丝绳,避免其与枕木、道床、岩面发生摩擦,减少运行阻力。

大地滚安装于斜井坡道入口处,采用混凝土基础。小地滚安装于斜井井身坡道上,每隔 15～20 m 设置一个,可用螺栓固定在枕木上。立滚安装于斜井井底弯道处或安设在甩车道第一组道岔的一侧,以保证提升牵引角不大于15°,如设两个以上的立滚,其间距为1 m左右,并保证钢丝绳的折角不大于5°,为防止石渣坠落影响立滚转动,在其上方安设挡板。有时为了减小摩擦,也可用胶滚代替大地滚。地滚安装高度需注意不得妨碍矿车等通过。

大地滚、立滚和胶滚均可采用活滚筒,用螺栓与轮壳连接,磨损时更换滚筒即可。

5)管(线)路敷设。斜井内的管(线)路一般敷设于人行道侧,便于维修。当管路与电缆在同侧时,电缆线在上,不得将电缆直接挂在管路上,电缆架上也不得悬挂任何东西。电缆线悬吊支点间距不大于3 m。斜井内照明线、动力线、信号线分开敷设,照明需满足规范要求,灯间距不大于30 m。管路的敷设方式和安装方法与正洞基本相同,并以不妨碍行人安全为原则。

3. 斜井与隧道连接及井底

斜井轴线与隧道轴线的平面交角一般不小于40°,在斜井与隧道的连接部位15～25 m处变坡布置成井底车场(图4-11-2),作为隧道与斜井联系的中转站。

图4-11-2　斜井与隧道交叉口

箕斗斜井与隧道的连接方式有正交和斜交两种。

斗车、矿车斜井与隧道连接分为单联和双联两种形式。单联式井底车场连接结构简单、施工简便,但只能一个方向进出车,且调车作业较拥挤,适用于运量不大的短斜井。双联式井底车场能双向进出车,调车作业方便,但连接结构复杂,井底开挖量大,适用于运量较大和井身较长的斜井。

无轨运输斜井大多采用单连接方式。

井底车场布置注意事项:

(1)平曲线半径的大小与车辆的轴距和列车长度有关,平、竖曲线半径一般可按表4-11-3选取。

表4-11-3　平、竖曲线半径选取表

曲线类别	适用条件	曲线半径(m)
平曲线	一般斜井 主提升斜井	12～15 15～20
竖曲线	一般斜井 主提升斜井	20～25 25～30

(2)有轨运输道岔:电瓶车牵引地段和甩车道≥4号,人力推车地段≥3号。

(3)斗车挂勾车场长度:一辆斗车不小于2 m,串车两辆以上不小于4 m。

(4)甩车场空、重车溜放坡度采用10‰～15‰。

(5)在摘钩地点设避车洞,并兼作信号间。

(6)车场设水泵房时,其底板比车场高0.5 m,以免水淹。

4. 斜井的安全设施

(1)斜井的信号。以井口为中心,在井口与井底间和井口与绞车房之间,用声光信号联系,并安装直通电话,以随时掌握井上井下的运输状况。

(2)安全设施。

1)绞车要设深度指示器和防过卷装置,并在钢丝绳上设置明显的深度标志。

2)使用斗车的斜井在井口设置阻车器,在井身及井底车场变坡点附近设置挡车器,挡车器必须经常处于正位关闭状态,放车时方可打开。车辆本身设置断绳保险装置以防跑车。

3)斜井防跑车装置分为两种,一种是简易的防跑装置,安装在斜井井身内工作面处(斜井掘进时),或井底约20 m外,操作绳由开挖工人或信号工操作;一种是电动防跑车装置,该装置的控制电源与提升绞车的安全回路相互闭锁,自动控制。

4)连挂提升时,要有可靠的连接装置和断绳保险器,挂钩均加保险栓。

11.2.2　横洞及平行导坑

1. 横洞和平行导坑的横断面

横断面形状一般采用拱形,净空尺寸根据运输要求、管路布置、人行道宽度和设备间隙等因素确定。一般地段采用锚喷支护,必要时增加混凝土衬砌(图 4-11-3)。

图 4-11-3　横洞及平行导坑

2. 横洞与隧道正洞的连接

(1)横洞的线路方向根据隧道正洞的掘进方向确定,与隧道中线的平面交角一般不小于 40°,与隧道相交处的底部高程与该部位隧道底部开挖高程一致,考虑排水及运输要求,一般向洞外下坡修筑,采用有轨运输时纵坡为 3‰～10‰,无轨运输坡度不大于 14%。

(2)横洞与隧道的连接形式分为单联式和双联式。有轨运输方式下除因隧道洞口有施工干扰,为提前进洞而设的横洞采用单联式外,一般采用双联式。无轨运输一般采用单联式。

(3)平行导坑与隧道的连接。

1)平行导坑与隧道的净距一般为隧道开挖跨度 2～4 倍,两端洞口为争取较好的地形、地质条件可加大洞口的线间距,以斜交的形式进洞,用正向横通道和反向横通道与隧道连接,横通道与隧道交角一般采用 40°。

2)横通道间距一般不小于 120 m,在隧道洞口 500～700 m 地段间距可适当加大,横通道位置可结合洞室位置考虑,并避免通过断层破碎带。

3)正向横通道的方向是由平行导坑斜向正洞的掘进方向。为增加运输回路,每隔 600～800 m 或更长距离设置反向横通道。

4)平行导坑的纵坡通常与隧道纵坡一致,底面高程较隧道对应里程底部开挖高程低,无特殊需要时一般低 0.2～0.6 m,横通道坡度一般为 1%～1.5%。

11.2.3　竖　　井

竖井一般由井颈(包括锁口)、井身和连接段(含井底水窝与通道)三部分组成。井颈和连接段受力较大,一般均设置混凝土支护,井身视围岩稳定程度及地下水情况确定支护类型,如图 4-11-4 所示。

图 4-11-4　竖井

1. 竖井横断面

竖井横断面有圆形和矩形两种。当围岩压力较大时一般选用圆形断面,井筒受力条件好。当围岩稳定性好井深不大时，则可选用矩形断面，其井筒利用面积大、便于布置、支护方便、进出车便利。当井深小于 30 m 时，可用简易竖井，木框支撑。

竖井横断面一般布置有提升间、梯子间和管道间，其断面尺寸根据提升容器尺寸、梯子间尺寸、管路数量以及设备间隙等因素，用图解法确定。为便于竖井开挖，断面尺寸还应考虑凿井设备的布置要求。

(1)提升容器尺寸由每班出渣量确定。

(2)梯子间的平面尺寸一般不小于 1.2 m×1.3 m，平台梯子孔长和宽分别不小于 0.7 m 和 0.6 m，梯子宽度不小于 0.4 m，上下两层梯子平台的距离不大于 6 m。梯子下端距井壁不小于 0.4 m，梯子的阶间距离不大于 0.4 m，梯子间与井筒提升间要严密隔开。

(3)管道间按管道数量、管端法兰盘的外径尺寸布置，并须留有安装、检修和更换管路的空间。

(4)设备之间的最小间隙见表 4-11-4。

表 4-11-4　设备最小间隙表

罐道类别	间隙部位	最小间隙(mm)	备　注
钢木罐道	罐笼与井壁之间	200	
	两个罐笼之间	200	罐道间不设罐道梁
	罐笼与梁之间	150	不装罐道的梁
钢丝绳罐道	罐笼与井壁之间	240～280	
	两个罐笼之间	300～350	
	吊桶与井壁之间	500	
	双吊桶的中间罐道绳之间	250＋$H/3$	H—井深(m)
	吊桶与管道之间	500	钢丝绳悬吊管道
固定钢梁及各项悬吊设备与井筒中心之间		100～200	单纯悬吊吊盘≥250 mm
吊盘与井壁之间		100	

2. 竖井与隧道的连接及井底

(1)竖井与隧道的连接方式和井底车场布置。竖井与隧道的连接方式有垂直通道连接和环形通道连接两种，井底车场一般利用隧道正洞布置存车线和调车线，经由连接通道与竖井连接。

垂直通道连接式联络通道与隧道中线垂直，为单向出车，进出车时间较长，但联络通道较短，工程量较小。

环形通道连接式罐笼出车线与隧道中线平行，双向出车，进出车时间较短，但联络通道较长，工程量较大。

(2)竖井井筒与联络通道的连接。为了下放长材料，井筒与通道连接部位的高度较联络通道的一般地段高，采用渐变段过渡。

渐变段长度一般为 5 m。渐变段高度计算公式：

$$H=0.7L-B \tag{4-11-1}$$

式中　L——下放最长材料的长度，m，一般按钢轨长 12.5m 计算；

　　B——圆形井筒的切割圆弦长或矩形井筒出车方向的宽度，m。

3. 竖井信号

竖井信号设施主要有电铃和色灯信号两种，凡罐笼或吊桶提升、下降、慢行、上下人、运长材料、运炸药及井筒的闭塞或开通，均用明确的声响或色灯信号显示，同时加设专用电话。

信号系统以井口为中心，在井口设总信号显示，在井口与井底之间和井口与提升机房之间分别设置信号电缆及装置，用铃声、色灯、电话联系井上、井下的作业。凿井时在吊盘上加设信号机。

一般情况下井内信号不得直接向提升机房发送信号，必须经井口信号员转发至提升机房。

11.3　辅助坑道施工工艺流程

辅助坑道洞(井)身掘进工艺流程如图 4-11-5 所示。

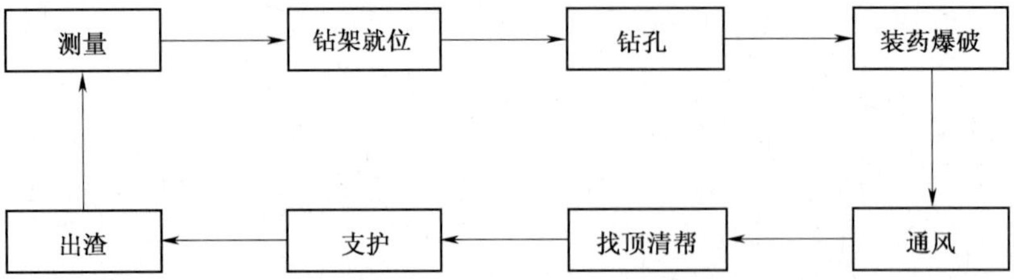

图 4-11-5　洞(井)身掘进工艺流程图

11.4　辅助坑道施工技术要点

11.4.1　施工方案的确定

辅助坑道施工方案要参考设计要求确定。一般来说,横洞和平行导坑的施工方案与正洞采用的施工方案一致。

钻爆法施工的斜井、横洞、平行导坑在确定施工方案时原则上尽量采用无轨运输方式。通过竖井施工的隧道一般采用有轨运输方式。

11.4.2　设备选型与配备

采用无轨运输方式组织施工的辅助坑道设备的选择要综合考虑坑道断面尺寸、掘进长度、管线布置等因素,与隧道正洞无轨运输组织一致,可参考无轨运输部分,这里只介绍有轨运输的情况。

1. 斜井

斜井提升设备的选择通过计算来确定。

(1)一次提升时间。一次提升时间的计算见表 4-11-5。

表 4-11-5　近似的 t 值计算公式

提 升 类 型	车 场 布 置	计算公式(t 以秒计)
斗车单钩提升	上下部调车场均为甩车道	$t=\frac{2L}{V_{均}}+\frac{4L_{甩}}{V_{甩}}+\frac{4nL_{车}}{V_{甩}}+2t_{甩}+2t_{换}$
	上部甩车道,下部平车场	$t=\frac{2L}{V_{均}}+\frac{2L_{甩}}{V_{甩}}+\frac{2L_{下}}{V_{平}}+\frac{4nL_{车}}{V_{甩}}+t_{甩}+t_{平}+2t_{换}$
	上部平车场,下部甩车道	$t=\frac{2L}{V_{均}}+\frac{2L_{甩}}{V_{甩}}+\frac{2L_{上}}{V_{平}}+t_{甩}+t_{平}$
	上下部调车场均为平车场	$t=\frac{2L}{V_{均}}+\frac{2L_{上}}{V_{平}}+\frac{2L_{下}}{V_{平}}+2t_{平}$
斗车双钩提升	上部平车场,下部甩车道	$t=\frac{L}{V_{均}}+\frac{L_{甩}}{V_{甩}}+\frac{2L_{上}}{V_{平}}+t_{甩}$
	上下部调车场均为平车场	$t=\frac{L}{V_{均}}+\frac{L_{上}}{V_{平}}+t_{平}$
箕斗单钩提升		$t=\frac{2L_{提}}{V_{均}}+t_{斗}$
箕斗双钩提升		$t=\frac{L_{提}}{V_{均}}+t_{斗}$

注:1. L 为斜井井身长度(m);$L_{甩}$ 为甩车道长度(m);$L_{车}$ 为斗车长度(m);$L_{上}$ 为上部平车场长度(m),根据一次拉车数确定,一般取 6～15 m;$L_{下}$ 为下部平车场长度(m),一般取 6～15 m;$L_{提}$ 为提升长度(m)。

2. $V_{均}$ 为平均提升速度(m/s),一般 0.75～0.9,当提升长度小于 200 m 时取下限,大于 600 m 时取上限;V_{max}为最大提升速度(m/s),斜井斜长≤300 m 时,斗车为 3.5 m/s,箕斗为 5.0 m/s,斜长>300 m 时,斗车为 5.0 m/s,箕斗为 7.0 m/s;$V_{甩}$ 为车组通过甩车道及道岔的速度(m/s),取最大提升速度的一般且不大于 1.5 m/s;$V_{平}$ 为车组在平车场的运行速度(m/s),一般取 1.5 m/s。

3. $t_{甩}$、$t_{平}$ 为在甩车场、平车场的停止时间(s),单钩取 30 s,双钩取 25 s;$t_{换}$ 为电机反转换向时间(s),取 5 s;$t_{斗}$ 为箕斗提升休止时间(s),取 8～10 s。

4. n 为一次提升斗车数(辆)。

(2)提升容器容积 V。

$$\begin{cases} V_{双钩}=\dfrac{k_2tV_1}{3\ 600k_1T} \\ V_{单钩}=\dfrac{k_2tV_1}{1\ 800k_1T} \end{cases} \tag{4-11-2}$$

式中　V_1——隧道每班出渣量，m^3；

T——隧道每班出渣时间，h；

k_1——满载系数，取 0.9；

k_2——提升不均匀系数，取 1.15～1.25；

t——一次提升时间，s。

一般斗车需要加固其连接装置，安全系数不小于 6。

现箕斗多采用无卸载轮前卸式，几种箕斗技术性能见表 4-11-6。

表 4-11-6　前卸式箕斗技术特征表

装载容积	轨距(mm)	轴距(mm)	适用井身倾角(°)	箕斗自重(kg)
2 m^3	900	1 600	<25	1 421.2
3 m^3	900	1 700	<25	1 975.6
4 m^3	900	1 800	<25	2 210.8
6 m^3	900	2 000	≤20	3 153.0

(3)提升钢丝绳的单位长度重量 P_k。

$$P_k=\frac{n(Q_1+Q_2)(\sin\alpha+f_1\cos\alpha)}{\dfrac{110\sigma}{m}-L(\sin\alpha+f_2\cos\alpha)} \tag{4-11-3}$$

式中　Q_1——提升容器及连接装置的自重，kg；

Q_2——提升容器的有效载重，kg；

L——钢丝绳提升长度，m；

σ——钢丝绳公称抗拉强度，取 155～170 kg/mm^2；

f_1——提升容器的阻力系数，取 0.01～0.015；

f_2——钢丝绳移动的阻力系数，取 0.25～0.4；

α——斜井倾角；

m——安全系数，提升人时取 9，提升物品时取 6.5；

n——一次提升的车数。

据此选择相应的钢丝绳直径。

(4) 提升绞车。提升绞车的选择，主要根据所悬吊设备的重量和方法来确定。一般单绳悬吊用单卷筒绞车，双绳悬吊用一台双卷筒绞车或两台单卷筒绞车。

1)卷筒径。

$$D=(60\sim80)d_{绳}\ 或\ D=(900\sim1\ 200)d_{丝} \tag{4-11-4}$$

式中　$d_{绳}$——钢丝绳直径，mm；

$d_{丝}$——钢丝绳钢丝的直径，mm；

B——卷筒宽度。

单层缠绕时：

$$B=\left(\frac{H_3+l}{\pi D_{卷}}+n_1\right)(d_{绳}+\varepsilon) \tag{4-11-5}$$

多层缠绕时：

$$B=\left(\frac{H_3+l+(n_1+n_2)\pi D_{卷}}{n\pi D_{均}}\right)(d_{绳}+\varepsilon) \tag{4-11-6}$$

式中　H_3——斜井提升长度，m；

l——钢丝绳试验的备用长度,可取 30~40 m;
n_1——摩擦圈数,取 3;
n_2——每两个月移动 1/4 周的备用圈数,取 4;
$D_{卷}$——卷筒直径,m;
η——钢丝绳缠绕层数;
$d_{绳}$——钢丝绳直径,mm;
ε——钢丝绳圈间隙,取 2~3 mm;
$D_{均}$——平均缠绕直径(m),$D_{均}=D_{卷}+(\eta-1)d_{绳}$。

2)最大静张力 F_{max} 和静张力差 $F_{差}$。绞车的能力是根据钢丝绳的最大静张力来标定的,因此所选用的绞车最大张应力要大于钢丝绳悬吊的终端荷重与钢丝绳自重之和,绞车筒的容绳量要大于绞车的悬吊深度。

$$F_{max}=n(Q_1+Q_2)(\sin\alpha+f_1\cos\alpha)+P_kL(\sin\alpha+f_2\cos\alpha) \tag{4-11-7}$$

$$F_{差}=F_{max}-nQ_1(\sin\alpha-f_1\cos\alpha) \tag{4-11-8}$$

3)电动机功率 N 的计算。

单钩提升:

$$N=\frac{K\cdot F_{max}\cdot V_{max}}{102\eta} \tag{4-11-9}$$

双钩提升:

$$N=\frac{K\cdot F_{差}\cdot V_{max}}{102\eta} \tag{4-11-10}$$

式中 K——电动机功率备用系数,取 1.2;
η——传动效率,一级传动为 0.9,二级传动为 0.85;
V_{max}——最大提升速度,m/s;
F_{max}、$F_{差}$——分别是最大静张力和静张力差,kg。

根据计算结果选用绞车,一般情况下大多采用卷筒直径小于 2 m 的绞车。

2. 竖井

竖井提升及悬吊设备的选择通过计算确定。提升方式分为单钩提升和双钩提升,选择提升方式主要根据隧道施工对提升能力的要求,并考虑提升电能消耗和调绳方便等因素。

用钢丝绳悬吊井内设备系统与提升系统近似。

(1)井架高度 H_1。

$$H_1=h_1+h_2+h_3+\frac{D_{天}}{4} \tag{4-11-11}$$

式中 h_1——井口卸渣台高度,m,吊桶提升为 5~6,罐笼提升为 0;
h_2——提升容器连接装置总高,m;
h_3——过卷高度,提升速度≤3 m/s 时,$h_3\geqslant 4$ m;提升速度>3 m/s 时,$h_3\geqslant 6$ m;
$D_{天}$——天轮直径,m。

(2)一次提升时间 t。

$$t=t_1+t_2 \tag{4-11-12}$$

式中 t_1——一次提升运行时间,s;
t_2——一次提升辅助时间,s。

1)吊桶提升。

①双钩:

$$t_1=4\sqrt{H_4}+\frac{2H_5}{V} \tag{4-11-13}$$

$$t_2=140\sim160 \tag{4-11-14}$$

②单钩:

$$t_1=8\sqrt{H_4}+\frac{2H_5}{V} \tag{4-11-15}$$

$$t_2 = 120 \sim 140 \tag{4-11-16}$$

2)罐笼提升。

①双钩：

$$t_1 = \frac{H_3}{V_{max}/\alpha} \tag{4-11-17}$$

t_2 双面进出车用 15 s；单面进出车用 30 s。

②单钩：

$$t_1 = \frac{2H_3}{V_{max}/\alpha} \tag{4-11-18}$$

t_2 双面进出车用 30 s；单面进出车用 60 s。

式中　H_3——提升高度，m；

H_4——有稳绳的提升高度，m；

H_5——无稳绳的提升高度，m；

α——速度系数，取 1.2；

V——无稳绳的提升速度，m/s，取 1～2；

V_{max}——最大提升速度，m/s，按表 4-11-7 选用。

表 4-11-7　竖井最大提升速度

竖井深度(m)	V_{max}(m/s)		备　注
	罐笼	吊桶	
<40	2	0.75	无导向设备
40～100	3	1.50	沿导向设备
>100	6	3.00	沿导向设备

(3)提升容器的容积 V。

1)吊桶的容积，按装渣生产能力 P(m^3/h)选定。

①双钩：

$$V = \frac{Pt}{3\ 600k_1} \tag{4-11-19}$$

②单钩：

$$V = \frac{Pt}{1\ 800k_1} \tag{4-11-20}$$

2) 罐笼的斗车容积，按隧道每班出渣量 V(m^3)选定。

①双钩：

$$V = \frac{k_2 t V_1}{3\ 600k_1 T} \tag{4-11-21}$$

②单钩：

$$V = \frac{k_2 t V_1}{1\ 800k_1 T} \tag{4-11-22}$$

式中　k_1——容器装满系数，取 0.9～0.95；

k_2——提升不均匀系数，取 1.2～1.25；

T——隧道每班出砟时间，按三班制，每班 5 h；

t——一次提升时间，s。

根据计算结果选用吊桶、斗车及相应的罐笼。

(4)钢丝绳的单位长度质量 P_k。

1)提升钢丝绳：

$$P_k = \frac{Q_1 + Q_2}{\dfrac{110\sigma}{m} - H_2} \tag{4-11-23}$$

2)悬吊钢丝绳：

$$P_k=\frac{Q_{悬}}{\frac{110\sigma}{m}-H_2} \tag{4-11-24}$$

3)罐道钢丝绳：

$$P_k=\frac{Q_{拉}}{\frac{110\sigma}{m}-H_2} \tag{4-11-25}$$

式中 Q_1——提升容器及连接装置的自重,kg；

Q_2——提升容器的有效载重,kg；

$Q_{悬}$——悬吊物的自重和载重,kg；

$Q_{拉}$——罐道的拉紧力,kg,井深每百米按 1.1～1.6 t 计算；

H_2——钢丝绳的最大悬垂高度,m；

σ——钢丝绳公称抗拉强度,155～170 kg/mm^2；

m——安全系数,提升人取 9,提升物取 6.5,悬吊吊盘、吊泵取 6,悬吊管路取 5,悬吊安全梯取 9,拉紧罐道绳取 6。

根据计算,选用相应的钢丝绳直径,由于罐道钢丝绳长期运行有磨损,应考虑保证罐道刚度,一般可选用 6×7 的钢丝绳,且其直径不小于 20.5 mm 为宜。

(5)天轮直径。

提升天轮：

$$D=(60\sim80)d_{绳}\text{ 或 }D=(900\sim1\,200)d_{丝} \tag{4-11-26}$$

悬吊天轮：

$$D=(20\sim30)d_{绳}\text{ 或 }D=(300\sim450)d_{丝} \tag{4-11-27}$$

式中 $d_{绳}$——钢丝绳直径,mm；

$d_{丝}$——钢丝绳钢丝的直径,mm。

(6)绞车。

1)卷筒直径:卷筒直径一般采用与天轮直径一致,采用式(4-11-26)和式(4-11-27)计算。

2)卷筒宽度。

单层缠绕时：

$$B=\left(\frac{H_3+l}{\pi D_{卷}}+n_1\right)(d_{绳}+\varepsilon) \tag{4-11-28}$$

多层缠绕时：

$$B=\left(\frac{H_3+l+(n_1+n_2)\pi D_{卷}}{\eta\pi D_{均}}\right)(d_{绳}+\varepsilon) \tag{4-11-29}$$

式中 H_3——提升高度,m；

l——钢丝绳试验的备用长度,备用 30～40 m；

n_1——摩擦圈数,取 3；

n_2——每两个月移动 1/4 周的备用圈数,取 4；

$D_{卷}$——卷筒直径,m；

η——钢丝绳缠绕层数；

$d_{绳}$——钢丝绳直径,mm；

ε——钢丝绳圈间隙,取 2～3mm；

$D_{均}$——平均缠绕直径,m,$D_{均}=D_{卷}+(\eta-1)\frac{d_{绳}}{1\,000}$。

3)最大静张力 F_{max} 和静张力差 $F_{差}$。绞车的能力是根据钢丝绳的最大静张力来标定的,因此所选用的绞车最大张应力要大于钢丝绳悬吊的终端荷重与钢丝绳自重之和,绞车筒的容绳量要大于绞车的悬吊深度。

$$F_{max}=Q_1+Q_2+P_kH_2 \tag{4-11-30}$$

$$F_{差}=Q_2+P_k H_3 \tag{4-11-31}$$

4)电动机功率 N 的计算。

单钩提升：

$$N=\frac{K\cdot F_{max}\cdot V_{max}}{102\eta\alpha}\rho \tag{4-11-32}$$

双钩提升：

$$N=\frac{K\cdot F_{差}\cdot V_{max}}{102\eta\alpha}\rho \tag{4-11-33}$$

式中　K——电动机功率备用系数，取1.2；

η——传动效率，一级传动为0.9，二级传动为0.85；

ρ——动力系数，取1.4；

V_{max}——竖井最大提升速度，m/s；

α——速度系数，取1.2；

F_{max}——最大静张力，kg；

$F_{差}$——静张力差，kg。

根据计算结果选取相应的提升设备。

3. 平行导坑及横洞

平行导坑和横洞的施工方案一般结合正洞施工方案综合考虑，钻爆法施工时通常按无轨运输或有轨运输组织，机械设备的选择和配置方法也与相应的正洞一致。

11.4.3　场地布置

辅助坑道施工的混凝土拌和站、供风、供水、供电等常规设施的布置与隧道正洞无异，但对于竖井及有轨运输方式的斜井而言，则需要布置提升设备。

1. 斜井井口车场的设施及布置

有轨运输斜井布置井口车场时，要因地制宜，充分利用地形条件来满足提升设备的安装要求，并以便于弃渣、供料为原则。一般斗车斜井井口设井架，箕斗斜井井口设卸渣架。提升是由钢丝绳绕过井架或卸渣架上的提升天轮通过绞车牵拉。

(1)斜井口至井架距离 L_1 和井架高度 H_g。

1)斗车斜井单钩提升井口设置甩车场。

$$L_1=(l_1+l_2+l_3+l_4)\cos\alpha \tag{4-11-34}$$

$$H_g=(l_1+l_2+l_3+l_4)\sin\alpha-\frac{D_u}{2} \tag{4-11-35}$$

式中　l_1——缓冲距离，一般取7～9 m；

l_2——道岔连接长度，m；

l_3——1～1.5倍车组长度，m；

l_4——过提升距离，取5～6 m；

α——栈道倾角，一般6°～7°；

D_u——提升天轮直径，m。

2)斗车斜井双钩提升井口设置平车场。

$$L_1=l_1+l_2+l_3+l_4 \tag{4-11-36}$$

式中　l_1——井口竖曲线终点至道岔起点的长度，一般取一个斗车长度约2 m；

l_4——根据进口线路的平面布置确定，以井架脚不妨碍斗车通过为原则，m。

其他参数意义同式(4-11-35)。

井架高度以满足钢丝绳牵引角 $\beta_1\leqslant 9°\sim10°$ 的要求，并便利斗车在钢丝绳下通过为准。

3)箕斗斜井卸渣架高度及其到井口的距离根据卸渣架的型式和转运斗车高度而定，以满足箕斗卸渣及漏斗下面出入车方便为准，并需要考虑斗车进料线的位置。

(2)绞车与井架水平距离 L_2。

1)单钩提升。

$$L_2 \approx \frac{B-Y}{2\tan\alpha} \tag{4-11-37}$$

式中 B——卷筒宽度,m;

Y——提升天轮的横向游动距离,m;

α——绳偏角,卷筒为一层缠绕时取 1°30′,卷筒为多层缠绕时取 1°10′。

2)双钩提升。

当 $B>S-a$ 时:

$$L_2 \approx \frac{2B+a-S-Y}{2\tan\alpha} \tag{4-11-38}$$

当 $B<S-a$ 时:

$$L_2 \approx \frac{S-a-Y}{2\tan\alpha} \tag{4-11-39}$$

式中 a——两卷筒内缘距离,m,可由设备图查得,对于 XKT(B)型直径 2～3.5m 的绞车 a 值为0.124～0.128 m;

S——两提升天轮中心距离,m。

2. 竖井施工设备及其布置

竖井井口一般装备有井架、绞车、天轮、卸渣台、井盖、运输轨道等设施。在井筒内一般设置有吊桶、罐笼、吊盘、吊泵、通风管、供水管、排水管、压风管、混凝土输送管、动力电缆、信号电缆、安全梯等设备,并有罐道作提升导向。

(1)井架。

1)钢管井架:钢管井架通常由钢管、型钢和圆钢拼装连接而成,每个杆件不宜太重以便于安装、拆卸和运输。井架的四个方向具有相同的稳定性,天轮平台允许四面出绳,可在井口相对的两侧或四周布置绞车。这种井架矿井使用较广,煤矿有专门的定型设计,包括五个型号共七种,可满足井径 3.5～8 m,井深 200～1 000 m 的竖井施工,其中Ⅴ型井架更适用于大型机械化配套设备的深井施工。几种型号井架的适用条件及主要尺寸见表 4-11-8。

表 4-11-8 竖井钢管井架的适用条件及主要尺寸表

井架型号	井筒深度(m)	井筒直径(m)	井架底部跨距(m)	天轮平台平面尺寸(m)	基础至天轮平台的高度(m)	基础至翻渣平台的高度(m)	井架金属结构重量(t)
Ⅰ	200	3.5～5.0	10×10	5.5×5.5	16.242	5.0	25.094
Ⅱ	400	4.5～6.0	12×12	6.0×6.0	17.250	5.8	30.623
Ⅲ	600	5.5～6.5	12×12	6.5×6.5	17.346	5.9	33.067
Ⅲ$_G$	600	5.5～6.5	12.83×12.83	6.5×6.5	19.846	8.4	39.473

2)拼装钢井架:在铁路竖井施工中多采用具有投产快、使用期短、方便实用及安全可靠特点的拼装钢井架。其主塔架及罐道支架主要部分有万能杆件拼成,个别杆件特殊设计制作。该井架由建井阶段转为使用阶段仅需少部分改装,即竖井建井施工阶段的井架主要由天轮平台、过卷平台、倒渣系统等组成,而通过竖井施工隧道阶段井架主要由天轮平台、拉紧平台、串绳平台及罐道支架等组成。

3)简易井架:简易井架有摇头扒杆、人字架、三角架、龙门架及临时木井架等多种类型,一般在浅井施工和建井施工使用。也可以根据设备条件采用吊车或挖掘机的吊杆代替简易井架。

(2)绞车。对较深的竖井绞车参照斜井的计算选用,简易浅井的提升绞车,可选用一般的工程用绞车。绞车与井架的相对位置通过计算确定。

1)天轮与卷筒间弦长。

①双卷筒提升

当 $B>S-a$ 时:

$$L_{弦}=\frac{2B+a-S}{2\tan\alpha} \tag{4-11-40}$$

当 $B<S-a$ 时：

$$L_{弦}=\frac{S-a}{2\tan\alpha} \tag{4-11-41}$$

②单卷筒提升

$$L_{弦}=\frac{B}{2\tan\alpha} \tag{4-11-42}$$

式中　B——卷筒宽度，m；

α——钢丝绳容许偏角，提升绞车不大于 $1°30'$，稳车不大于 $2°$；

a——两卷筒内缘距离，m，可由设备图查得，对于XKT(B)型直径2～3.5 m的绞车 a 值为0.124～0.128 m；

S——两提升容器或悬吊物中心距离，m。

2)卷筒中心至提升中心或悬吊中心距离。

$$b=\sqrt{L_{弦}^2-(H_1-C)^2}+\frac{D_{天}}{2} \tag{4-11-43}$$

式中　H_1——天轮中心至井口高度，m；

C——绞车卷筒中心高出井口值，m；

$D_{天}$——天轮直径，m。

3)钢丝绳仰角。提升绞车钢丝绳仰角按所选用绞车的厂家规定选用。5 t绞车的仰角一般为19°～52°，8 t绞车的仰角一般为27°～50°，需要用公式进行核算。

当天轮与卷筒直径一致时：

$$\phi_1=\arctan\frac{H_1-C}{b-0.5D}+\arcsin\frac{D}{\sqrt{(b-0.5D)^2+(H_1-C)^2}} \tag{4-11-44}$$

$$\phi_2=\arctan\frac{H_1-C}{b-0.5D} \tag{4-11-45}$$

4)绞车相互间距离按下列要求布置。两台绞车并列布置：当一台使用，另一台允许将手柄拆除时，两台绞车卷筒中心线的最小间距为3.5 m；两台同时使用时，其最小间距为5 m。

两台绞车前后布置：以绞车基础互不妨碍为原则，两卷筒中心距离为2.5～2.7 m，一般用3 m。

(3)天轮。天轮分提升天轮和悬吊天轮两种，悬吊天轮又按绞车的性能分为单槽和双槽。提升吊桶、罐笼等用提升天轮，悬吊管路或其他设备用悬吊天轮，必要时也可用滑轮代替天轮。

天轮一般安装在井架顶部的天轮平台上，由天轮梁承托，如布置不下全部天轮时，可以分层布置。天轮位置为井内设备悬吊点的位置，天轮梁与天轮出绳方向平行，两天轮梁间的距离满足天轮轴承的间距要求。为避免钢丝绳和井架碰撞，可以架设导轮或将天轮垫高。

提升天轮使用的钢丝绳直径不许可大于该天轮所允许的绳径。当提升钢丝绳的仰角大于45°时，应重新核算天轮有关零件的强度。

提升天轮直径 D 与钢丝绳直径 d 及其围包角 α 的关系见表4-11-9。

悬吊天轮轴承座螺栓一律采用M24一个规格，设计时未考虑因水平分力所承受的剪力，因此安装时，轴承座必须设有挡板。

表4-11-9　天轮直径与钢丝绳直径及围包角的关系表

围包角 α	天轮直径 D
$>60°$	$>60d$
$60°\sim35°$	$>40d$
$35°\sim15°$	$>30d$
$<15°$	不受限制

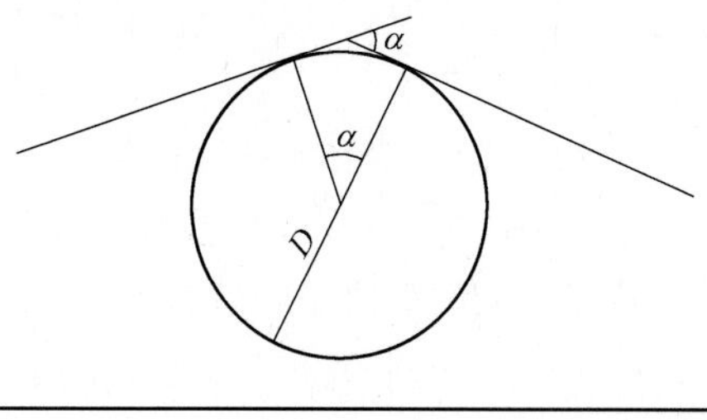

(4)提升容器。竖井在凿井时期,提升容器采用吊桶;竖井建成后,隧道出渣采用罐笼。简易竖井的出渣也可用吊桶;在采取安全措施后,也有用斗车直接提升的。

1)吊桶与吊钩装置。吊桶有挂钩式、座钩式及底卸式三种。前两种是用以出渣、排水(井内涌水量小于6 m^3/h)、升降人员和材料的主要容器。后者主要用于向井下运送混凝土。

有关吊桶规格尺寸见表4-11-10。

表4-11-10　吊桶规格及主要尺寸表

吊桶形式	吊桶容积(m^3)	桶体外径(mm)	桶口直径(mm)	桶体高(mm)	吊桶全高(mm)	桶梁直径(mm)	质量(kg)
挂钩式	0.5	825	725	1 100	1 730	40	194
	1.0	1 150	1 000	1 150	2 005	55	348
	1.5	1 280	1 150	1 280	2 270	65	478
	2.0	1 450	1 320	1 300	2 430	70	601
座钩式	2.0	1 450	1 320	1 350	2 480	70	728
	3.0	1 650	1 450	1 650	2 890	80	1 049
	4.0	1 850	1 630	1 700	3 080	90	1 530
	5.0	1 850	1 600	2 100	3 480	90	1 690
底卸式	1.2	1 450	1 320	1 485	2 757	70	815
	1.6	1 450	1 320	1 730	3 004	80	832
	2.0	1 650	1 450	1 965	3 200	85	1 066

竖井提升过程中悬挂吊桶用的钩头装置由钩头和连接装置组成,与吊桶配套使用,小于7 t钩头装置采用不偏心护绳环、板卡连接,大于7 t钩头装置采用锥形套筒连接器连接。钩头装置规格尺寸见表4-11-11。

表4-11-11　钩头装置规格尺寸表

规格(t)	钩头装置高度(mm)	板卡段高度(mm)	吊钩开口直径(mm)	吊钩及连接装置质量(kg)	板卡质量(kg)	总质量(kg)	推力轴承型号	适用吊桶(m^3)
3.6	1 184.5	1 250	85	69.5	17.5	87	8 310	≤1.5
5.0	1 282	1 500	90	75.8	34.2	110	8 311	2.0
7.0	1 493	1 750	100	89.0	56.0	145	8 313	3.0
7.0	1 538		100	160		160	8 313	3.0
9.0	1 733		120	190		190	8 413	4.0
11.0	1 853		120	215		215	8 414	5.0

使用期间要有专职人员对吊桶桶梁、销轴、耳环、铆钉、焊缝及其钩头装置进行检查,发现有异常情况或磨损超限时,立即更换。

2)罐笼和罐座。施工时根据隧道中使用的斗车尺寸及罐道类型自行设计制作罐笼,其连接装置的安全系数不小于10。

当竖井建成后,井底车场及隧道采用罐笼时需要设罐座来承托。

(5)卸渣台。采用吊桶出渣,一般在井口设卸渣台,可利用井架搭设,亦可单独架立。一种形式是在卸渣台上铺木板,在吊桶通过的位置设卸渣门,井架上悬挂翻渣挂钩,吊桶提出卸渣台后,用翻渣挂钩钩住吊桶底部铁环,然后放松提升钢丝绳,吊桶翻倒、石渣经溜槽卸下。

简易浅井为减小井架高度,可不设卸渣台,根据具体条件采取在井盖上挂钩翻渣,或用平车在井口接运吊桶至弃渣场卸渣的办法。

(6)井盖。井盖由钢梁和木梁作骨架、上铺木板或钢板组成,钢梁嵌在井口的井壁上。井盖上设有井盖门及其他悬吊设备通过的孔口,井盖门在吊桶通过前开启,通过后关闭。其他孔口不通过悬吊物时用盖板或麻袋盖严。井盖上铺设钢轨与井口轨道连接。

(7)吊盘。吊盘是井筒支护的工作平台,同时也是井筒开挖工作的保护盘,也可用作拉紧稳绳的稳绳盘。吊盘一般用钢圈和钢梁作骨架、上铺木板或钢板组成,盘上布置有通过吊桶、吊泵、安全梯和各种管线路的孔口，其位置与井盖布置相对应；盘边设有可伸缩的插销以固定吊盘的位置；吊盘直径一般比井筒直径小100～200 mm；盘与井壁间的间隙用麻袋或胶皮堵塞。矿井用的吊盘有单层、双层、三层等多种形式。

吊盘可用单绳或双绳悬吊：单绳悬吊时，钢丝绳应离开井筒中心250～400 mm；双绳悬吊时，两绳连线一般与稳绳连线平行。单行作业的竖井在开挖时，吊盘位置距开挖面一般为25～40 m，在支护时，吊盘位置随支护工作面而移动。

(8)罐道。

1)钢丝绳罐道。钢丝绳罐道也称为稳绳，有重锤式和液压螺杆拉紧式两种，均适用于1 000 m以内各种深度的井筒内罐笼提升时的导向。前者用于箕斗井时较经济适宜，后者张紧效果好，适用范围广安装也简便。

罐道用钢丝绳有普通、密封和半密封三种。

吊桶提升时，两根钢丝绳罐道布置在吊桶两侧，由滑架将提升钢丝绳与罐道联系引导吊桶提升，滑架与吊桶配套使用，其规格见表4-11-12。

表4-11-12　滑架系列表

滑架距离(m)	适用范围			允许碰撞速度(m/s)	保护伞直径(mm)	高宽比	最大宽度(mm)	总质量(kg)
	吊桶规格		翻渣形式					
	容积(m^3)	最大外缘直径(mm)						
1.40	1.0	1 150	自动翻渣或非自动翻渣	2	1 150	1∶2	1 470	96
1.55	1.5	1 280			1 300		1 620	108
1.70	2.0	1 450			1 450		1 770	120
1.85	3.0	1 650			1 580		1 930	173
2.05	4.0,5.0	1 850			1 780		2 130	196
2.20					1 930		2 280	218

为减轻提升过程中滑架对钢丝绳的冲击作用，延长滑架及钢丝绳的使用寿命，要设置提升绳与稳绳的缓冲器。罐道绳上端绕过井架上的天轮由稳车拉紧，罐道绳下端系在稳绳盘上，稳绳盘由盘边的可伸缩插销插入岩帮固定，或在井底设置固定在底梁上的滑套以制约其摆动。液压螺杆拉紧式的钢丝绳终端，则以在井底处设双楔块紧固器固定。

罐笼提升时，钢丝绳罐道的布置形式有对角、三角、四角和单侧等，一般布置在罐笼的四角。滑架安装前，按总图检查零件是否齐全、质量是否达到要求；所有螺栓必须配置弹簧垫圈或采用双螺母，以防螺母松退坠井伤人。使用时加强日常维护检修工作，滑套各部位螺栓及架体每日必须检查一次，发现破裂等现象立即处理。

稳绳滑套和提升滑套内表面磨损极限不得超过3 mm。

2)木罐道。木罐道一般用于木框架支护的矩形竖井，罐道一般采用120 mm×150 mm、150 mm×180 mm、180 mm×200 mm方木，每根长4～6 m，罐道梁一般采用160 mm×180 mm、180 mm×200 mm、200 mm×240 mm的方木。安装罐道可随支护同时进行，安装比较方便。

3)钢轨罐道。钢轨罐道一般用24 kg/m钢轨制作，罐道梁一般用20工字钢埋入井壁或支承在壁圈(喷射混凝土支护)上。它不如钢丝绳罐道结构简单、安装方便。

(9)管路、线路。压风管、排水管、给风管、通风管、混凝土输送管等管路一般靠近井壁布置，以不妨碍井筒掘进和进口装卸、运输工作为原则。管路安装方法有钢丝绳悬吊法和井内固定吊挂法，前者接长管路工作在井口进行，不占用竖井掘进时间，但是用绞车和钢丝绳较多；后者可以简化凿井设备布置，节省施工器材，但在井内接长管路需要占用竖井掘进时间。

1)钢丝绳悬吊法。钢丝绳悬吊有单、双绳悬吊两种。井深在250 m以内时，采用单绳悬吊压风管为宜，管路上端安装平衡连接卡，下端设终端连接卡，每节钢管设两个中间卡。压风管一般悬吊至吊盘上方，吊盘以下用胶皮管延伸并配分风器向工作面供风。

双绳悬吊通风管，管路下端装终端卡箍，其上每节通风管装一副中间卡。接长管路时，先拆下弯头再松平衡绳；接好管路后，先装平衡绳，调直后再装弯头。

悬吊照明电缆时,卡箍处设胶质软垫。

2)井内固定吊挂法。井内吊挂已经从预埋钢梁或螺栓固定管路发展到采用锚杆固定管路,其动力、照明、信号电缆可以单独吊挂,也可以随同有关管路联合吊挂,爆破作业的竖井电缆要单独吊挂;在设罐道梁、梯子梁的井筒中,还可以用罐道梁、梯子梁固定管路。

(10)安全梯。在凿井时期,为了在突然停电及提升设备等发生故障时保证井内施工人员安全撤出,需设置安全梯。它由缓转器、护绳环、连接钢丝绳、U形卡、绳卡、梯架、梯步等组成。可用JZA5/1000型安全梯绞车或5 t手动与电动绞车单独提升。

竖井深度不大时,也可采用型钢制作安全梯供人员上下。

(11) 注意事项。

1)竖井井内悬吊设备需按设备间隙和设备安装要求布置,力求合理,使之互相不干扰,满足凿井时的作业以及隧道施工时的工作需要。

2)提升系统的布置,需由井内悬吊设备布置方式、井架结构形式及井口地形等因素确定。

3)竖井井口运输线路应将弃渣场、材料堆放场、混凝土搅拌站、机修场等与井口连通组成运输环线。

4)竖井设计安装井架时,尽量使吊桶提升中线与罐笼提升中线一致,最好是吊桶的悬吊点即为罐笼的悬吊点,以减少改装工作。

11.4.4 辅助坑道洞口施工

1. 斜井

井口土石方开挖,根据斜井设计并结合实际地形情况选定洞口后,人工清除洞口范围植被及覆盖层。土方采用挖掘机配合自卸车挖、装、运,石方采用手持风钻钻孔,浅眼爆破,装载机装运。所有土石方均就地作为场地填料。洞口土石方施工完成后,根据洞门边仰坡地质情况确定是否施作锚网喷混凝土。并根据边仰坡稳定情况和岩体破碎程度确定锚杆间距和喷混凝土厚度。洞口坡面防护施工完成后,及时施作截排水沟,防止地表水进入斜井,影响施工。

斜井开挖进洞后,及时衬砌洞口5～8 m段,混凝土采用全断面一次浇筑成型,拱架采用型钢弯制加工,边墙采用方木加固支撑,模板采用隧道专用组合钢模。在建井初期,混凝土由临时拌和站拌制。作为辅助施工的斜井可用前倾式翻斗车运输,人工翻铲入模,ZX-25型插入式捣固器振捣;用作隧道附属建筑而永久使用的斜井,衬砌采用泵送混凝土。为了增加洞口段衬砌在受载时的稳定,衬砌边墙脚人工挖成不少于1.5～2.0 m长的台阶。

2. 竖井

根据设计并结合实际地形情况选定井口位置后,人工清理井口施工场地植被,土方采用挖掘机配合自卸车装运,石方采用手持风钻钻孔,浅眼爆破,装载机装运,所有土石方均就地作为场地填料。井口场地土石方施工完成后,立即施作场地边坡防护。为防场地积水,边坡顶设截水沟,场地四周设排水沟,断面大小根据排水量确定。

井口开口时采用人工开挖,风镐配合,可采用机械或人工装渣,在建井过渡期采用简易龙门架或轻型吊车出渣。井颈衬砌及井座在井口开挖成型后即时施工。锁口衬砌混凝土采用组合钢模配少量木模拼装,桁架支撑。混凝土拌制采由临时拌和站拌制,人力车运输到井口,经漏斗通过导管输送入模。插入式捣固器振捣。混凝土拌制时严格控制水灰比,防止在输送过程中出现离析影响结构质量。

3. 平行导坑

当平导洞口与隧道洞门距离较小时,可考虑平导洞口与隧道洞门同步施工,洞门圬工分部砌筑。平导两端洞口为争取较好的地形和地质条件,可增大平导洞口与隧道洞门之间的距离,这样平导洞口需单独施工。

洞口范围先人工清理植被,土方数量较小时,人工清理覆盖层,浅眼爆破石方,并就近作为平整场地填料。

洞口土石方完成后,根据边仰坡地质情况,及时作好锚喷支护洞口端、翼墙砌筑,尽早完善洞外截排水系统。

4. 横洞

洞口土石方开挖,根据选定的横洞洞门实际情况,人工清除洞口范围植被及覆盖层,土方数量较大时采用挖掘机装车，自卸车运弃。石方采用手持风钻钻孔，浅眼爆破清理洞门，人力手推车出渣就地作为场地填料，洞口土石方施工完成后，及时施作截排水沟，洞口坡面防护。

11.4.5　开　　挖

1. 斜井

斜井井身开挖是斜井施工的关键工序。由于井身断面小，爆破难度大，在进行钻爆方案设计前认真调查和研究地质情况对钻爆设计十分重要，在施工过程中根据不同的地质情况须不断修正各项参数。钻爆设计一般以楔形掏槽、光面爆破为主。根据围岩稳定情况每循环进尺在 1.5～2.0 m 左右，手持风钻钻孔作业时要求做到：稳、准、直，必要时用炮棍设置参考方向。炮眼精度要求与正洞施工相同。当工作面积水不能完全排除，影响钻爆进度时，可将井身分部开挖。

在建井初期，由于设备到位、安装、调试均须要较长的时间，不能形成生产能力，井口段以人工装渣为主，运输方式选择 0.7 m^3矿车或手扶胶轮车用小型卷扬机提升，或采用小型四轮车运输均能保证施工进度要求，随着掘进深度的增加，设备生产能力逐步形成，出渣转为正常施工。

(1)装渣：根据井身围岩情况，中硬围岩段爆破块体均匀可采用 ZYP-30 型平斜两用耙斗装渣机，软岩或坚硬围岩段爆破块体小、粉末多，可采用铲斗式Ⅲ型斜井装渣或 146 型正装侧卸装岩机。

(2)运输：可采用 V=2.0 m^3侧卸矿车运输，XKT1×2.5×2B—30 型绞车提升，最大提升能力 9 t，最快提升速度 3 m/s，功率 200 kW。运距 450 m 以上。轨道采用 24 kg/m 轻型钢轨，轨距 762 mm。

(3)卸渣：采用万能杆件或贝雷梁拼装天轮架、卸渣架、上架栈桥。绞车将矿车拖上卸渣架后，用 5 t 电运葫芦单侧提升矿车倾倒矿渣。卸渣架下用斗车或 4.5 t 自卸车接渣，运到指定渣场。

2. 竖井

竖井开挖一般分段作业，开挖与支护交替进行，每段开挖深度根据围岩的稳定情况，支护类型确定。钻爆采用直眼掏槽，光面爆破，在倾斜岩层中可采用楔形掏槽，裂隙水十分发育地段为方便作业采用梯台开挖超前掏槽，钻孔采用环形钻架作业，将多台凿岩机悬挂在钻架上，可同时对多个炮孔施钻。钻孔精度要求与正洞一样，经检查合格后吹孔并用木楔塞紧。

装药采用药串法作业，有水时采用防水药包或胶质炸药。装药作业时不得在吊盘上进行其他作业。炮孔采用炮泥堵塞，长度不小于 40 cm，爆破采用微差毫秋雷管，并用电雷管起爆。

(1)装渣。在建井初期采用简易设备出渣，当井深达到一定规模时，为确保施工进度则采用机械装渣，可选用 HK4 型中心回转式气动抓岩机。抓岩机由吊盘上气动绞车悬吊，高度不小于 15 m，操作时先抓出桶窝后再将渣堆抓平然后分层抓取。有水时应先抓出水窝以便排水。清底时须防止机体歪倒或叶片夹块漏渣，必要时采用人工检底清帮，为抓岩机创造条件。

(2)提升。

井架：建井阶段施工用井架包括主塔及罐道支架，采用万能杆件拼装，个别杆件需特别设计，井架由天轮平台、拉紧平台、串绳平台、卸渣平台、溜渣槽组成。

吊桶：建井阶段使用的吊桶有挂钩式、底卸式两种，挂钩吊桶主要用于出渣排水，底卸式吊桶用于向下运送混凝土。

绞车：提升绞车可选用 HK—8A 型提升机，提升钢绳根据悬挂物体的最大重量选型，其安全系数必须满足规范要求。横向移动选用 JM2 型卷扬机将吊桶牵引到溜渣槽顶。

(3)出渣。出渣平台上采用 5 t 电动葫芦，单侧提升吊桶，将矿渣倒入溜渣槽，溜渣槽下用 4.5 t 自卸车接渣，运到指定弃渣场。

3. 平行导坑

施工采用全断面掘进，直眼掏槽，手持风钻钻孔，导爆管网路，周边光面爆破。钻眼作业和锚喷构筑均采用 ϕ40 mm 钢管搭设临时作业台架。正反横通道与平行导坑的交岔口应在平导掘进时一次开挖并作好支护，平导掘进速度要保证超过正洞两个横通道，起到提前预报地质和辅助正洞施工。

4. 横洞

施工采用全断面掘进，直眼掏槽，手持风钻钻孔，导爆管网路，周边光面爆破。钻眼作业和锚喷构筑均采用 ϕ40 mm 钢管搭设临时作业台架，拱顶初喷混凝土在渣堆上作业。

11.4.6 支　护

1. 斜井

为了保证施工安全,在斜井围岩较差段一般采取锚喷支护,必要时采取衬砌混凝土加强支护。喷锚支护紧跟开挖作业面,在放炮、找顶后拱部初喷混凝土 3～5 cm 厚,待开挖面前进后,用 ϕ40 mm 钢管搭设临时作业台架,安装拱部锚杆。锚杆间距根据围岩类别及稳定情况确定,最后复喷 5～8 cm 混凝土。锚喷支护施工完成后,随时观测支护变形情况,发现裂缝出现,查明原因,加设锚杆或局部撬掉重喷。

喷射混凝土时将喷射机布置在井口旁边,用管道作远距离压风送料。这样喷射机不必频繁移动且可减少井内噪声及粉尘。喷射机的工作风压需随输料管距离的增长而增大,以确保喷射混凝土质量。

采用混凝土衬砌时,沿井身自下而上浇筑,边墙基础挖成台阶,其他工序与洞口混凝土衬砌相同。

2. 竖井

采用锚喷支护在爆破后先整平井底虚渣,将环形钻架作为临时工作平台,进行钻孔、注浆和安装锚杆工作。注浆机、喷浆机安装在井口,拌料经输料管输送到井下。喷射手在吊盘上作业,先用高压风清扫岩面后分片自下而上喷射,有水时自水源外周逐步向中心压缩,最后封闭。支护完成后须随时检查其变形情况,若有裂纹需查明原因后增设锚杆或撬掉重喷。

混凝土衬砌支护施工与井颈混凝土施工方法相同,仅增设混凝土输料管布置。

3. 平行导坑及横洞

根据设计要求,若坑道为永久建筑,采用混凝土作永久支护衬砌,否则只在不良地质段和横通道出入口施作混凝土衬砌,其余洞段施作锚喷支护,安装锚杆和喷射混凝土均人工搭设临时钢管作业平台,开挖成型后及时施作临时支护。

混凝土衬砌采用全断面施工,永久使用的坑道采用整体钢模台车、泵送混凝土衬砌。临时加固的衬砌混凝土可采用钢拱架和方木作模板支撑加固系统,人工翻铲入模,插入式捣固器振捣。混凝土拌和站与正洞施工综合考虑,不单独设置,在施工过渡期间,采用 JZ—350 型搅拌机设临时拌和站。

11.4.7 排　水

斜井井口边仰坡上方设置截水口,下方设置排水沟,采用浆砌石砌筑,断面尺寸根据汇水量大小确定。斜井在建井期间,由于反坡施工,围岩裂隙水和钻孔高压水均汇集到掌子面,不能自动排出,可在掌子面一角设集水坑,采用小型抽水机将水抽到水箱内,再由大型抽水机排出斜井。

斜井裂隙水较多时在斜坡段的人行道下以及平坡段的靠水仓侧设置排泄水沟,将水引排到斜井与正洞交叉口设置的水仓。同时正洞施工阶段施工排入也是流入水仓后由泵房内安装的离心泵排出。

竖井井口场地四周设排水沟,场地边坡顶设截水沟,防止地表水进入竖井。竖井建井期间,如果裂隙水较发育,可在井底一角凿一汇水窝,采用小型抽水机将水抽入吊桶内,存满后提出井外。竖井使用期间,正洞裂隙水及施工污水排入井底水仓,由井底抽水机排出。

平行导坑与横洞的施工排水和正洞施工排水一致。

正洞施工期间认真作好水文地质的超前预报工作,落实防涌水的应急措施,一但涌水,在排水无效的情况下,立即转移机械设备并迅速撤离危险区。

12　高速铁路隧道施工通风与防尘

高速铁路隧道长大隧道非常普遍，施工通风的重要性不言而喻，通常决定着隧道施工的独头掘进长度和辅助坑道的设置，影响着隧道施工安全、质量和进度；更为重要的是，它关系着隧道施工作业人员的身心健康。

目前，施工现场普遍采用的通风方式主要有两种：一种是压入式通风，一种是巷道射流式通风。

12.1　压入式通风

12.1.1　压入式通风及其特点

压入式通风是一种地下洞室的机械通风方式，它是利用设置在洞外的通风机通过通风管道将新鲜空气送至工作面，以供给洞内足够的新鲜空气，污浊空气沿隧道流出，稀释、排除有害气体和降低粉尘浓度，从而达到改善劳动条件，保障作业人员身体健康的目的，如图 4-12-1 所示。

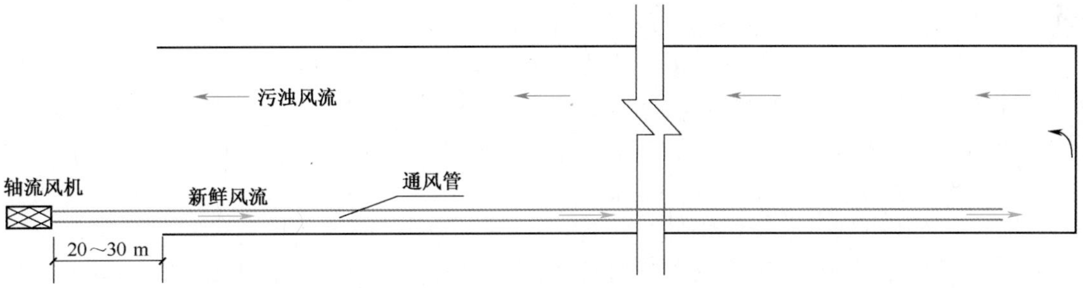

图 4-12-1　压入式通风原理示意图

压入式通风的特点是利用通风设备直接将洞外新鲜空气压送至工作场所，从而达到需要的工作环境条件。它具有的特点：有效射程大，冲淡和排除炮烟的作用较强；工作面回风不通过风机、风管，对设备污染小，在有瓦斯涌出的工作面采用这种方式比较安全。

压入式通风一般适用于独头掘进长度小于 1 500 m 的隧道，竖井等的施工通风。无轨运输施工的隧道一般以压入式通风为主。应该注意到，随着大功率风机、大直径管道的使用，在隧道断面允许的情况下，压入式通风的适用长度已经达到了 2 500 m，甚至更长。

12.1.2　压入式通风设计

1. 计算依据

(1)采用的劳动卫生标准。

1)压入风流中(按体积计)：氧气(O_2)不低于 20%；二氧化碳(CO_2)不超过 0.5%。

2)洞内每立方米空气中，粉尘允许最高浓度：含 10%以上游离二氧化硅的粉尘 2 mg；含 10%以下游离二氧化硅的粉尘 10 mg；含 10%以下游离二氧化硅的水泥粉尘 6 mg。

3)空气中有害气体最高容许浓度见表 4-12-1。

瓦斯(CH_4)：爆破地点 20 m 内，风流中瓦斯浓度必须小于 1.0%，回风道中，瓦斯浓度不超过 0.75%。

4)洞内供风量：按每人每分钟供给新鲜空气 3 m^3，采用内燃机作业，每 1 kW 供风量不小于 3 m^3/min。

5)风速要求：全断面(包括竖井)开挖时不小于 0.15 m/s，坑道内不小于 0.25 m/s，并均不大于 6 m/s。

6)洞内工人作业地点的空气温度，不超过 28 ℃。

7)洞内工人作业地点噪声，不超过 90 dB。

(2)有害气体浓度单位换算。主要有害气体浓度单位换算见表 4-12-2。

表 4-12-1 空气中有害气体最高容许浓度表

有害气体	最高容许浓度		附注
	%	mg/m^3	
一氧化碳(CO)	0.002 4	0	在作业时间短暂时,一氧化碳浓度放宽值: 作业时间 1 h 以内为 50 mg/m^3 0.5 h 以内为 100 mg/m^3 15～25 min 为 200 mg/m^3 在上述条件下反复作业时,两次作业时间须间隔 2h 以上
氮氧化物换算二氧化氮(NO_2)	0.000 25	5	

表 4-12-2 有害气体浓度单位换算表

项目	一氧化碳 CO	硫化氢 H_2S	二氧化硫 SO_2	二氧化氮 NO_2	换算公式
分子量 M	28	34.09	64.07	46.01	$K(\%)=\frac{22.4}{10\times M}\times K(mg/L)$ $K(mg/L)=\frac{10\times M}{22.4}\times K(\%)$
单位换算	换算系数				
%→mg/L	12.5	15.2	28.6	20.5	
mg/L→%	0.08	0.065 7	0.035	0.048 7	

2. 施工通风设计

(1)需风量计算。工作面所需风量按以下几种方法分别计算,取最大值作为供风标准。

1)按洞内同一时间内工作最多人数计算风量。

$$Q=qkm \tag{4-12-1}$$

式中 Q——计算风量;

q——每人需要的新鲜空气标准;

k——风量备用系数,取 1.1～1.25;

m——同一时间内洞内工作最多人数。

2)按爆破工作量确定风量。煤矿安全生产规程规定每公斤炸药供风量不得少于 25 m^3/min。

3)按洞内同一时间内使用最多炸药量计算风量。

$$Q=\frac{5Ab}{t} \tag{4-12-2}$$

式中 A——同一时间爆破的炸药消耗量;

b——每公斤炸药爆破时所构成的一氧化碳体积,见表 4-12-3,计算时一般采用 40 L;

t——通风时间,min。

表 4-12-3 每公斤炸药产生有害气体统计 (单位:L)

气体名称	防水硝铵炸药		2 号岩石硝铵炸药		1 号粒状硝化甘油		2 号粒状硝化甘油	
CO	9.80	13.43	14.03	8.16	36.40	43.50	44.47	56.07
NO	2.97	3.04	3.57	3.89	0.73	0.37	0.49	0.69
换算为 CO 总计	29.11	33.19	37.24	33.45	41.50	45.41	47.66	50.56
平均	31.15		35.35		43.71		54.11	

注:有害气体统一换算成 CO,1LNO 换算成 6.5LCO。

式(4-12-2)的理论基础是纯稀释(静止冲淡)炮烟的原则,事实上有一部分炮烟扩散被主风流带走,因此计算风量偏大。因其计算简便,一般仍可用它来进行计算。

4)按爆破后稀释一氧化碳(CO)至容许最高浓度计算风量。

压入式通风按下式计算:

$$Q=\frac{7.8}{t}\sqrt[3]{AV^2K}=\frac{7.8}{t}\sqrt[3]{AS^2L^2K} \tag{4-12-3}$$

式中 V——巷道容积,$V_{max}=\frac{12.5Ab\beta}{P^2}$,$\beta$ 为紊流扩散系数,见表 4-12-4,P 为漏风系数;

S——巷道断面积；

L——巷道长度，最大计算长度 $L_{max}=12.5\dfrac{Ab\beta}{SP^2}$；

K——考虑淋水使炮烟浓度降低的系数，根据隧道渗水情况可参考表 4-12-5 取用。

其他参数意义同前。

表 4-12-4　紊流扩散系数(β 值)

$l/2d$	6.35	7.72	9.60	12.10	15.80	21.85
β	0.40	0.46	0.53	0.60	0.67	0.74

注：l—出风口至掌子面距离$(4\sim5)\sqrt{S}$，m；d—风管直径，m。

表 4-12-5　炮烟浓度降低系数(K 值)

项　别	淋 水 特 征	系数 K
1	干燥	0.80
2	潮湿	0.60
3	岩层含水或使用水幕	0.30

5)按最小风速计算风量。

$$Q=vS \tag{4-12-4}$$

式中　v——洞内允许最小风速，m/s。

6)按瓦斯涌出量计算风量。若工作面有瓦斯涌出，必须供给充足的风量，保证瓦斯浓度在 1.0%以下。风量按式(4-12-5)计算。

$$Q=\frac{Q_{CH_4}}{B_{允}-B_0}K \tag{4-12-5}$$

式中　Q_{CH_4}——工作面瓦斯涌出量，m^3/min；

$B_{允}$——工作面瓦斯允许浓度，取 1%；

B_0——送入工作面风流的瓦斯浓度；

K——瓦斯涌出不均匀系数，取 1.5～2.0。

7)按洞内使用内燃机械计算风量。洞内使用内燃机械的通风量由于内燃机的制造型号、结构、燃料、负荷等因素的不同而有很大差别，当计算出需风量后，需按规定的风速及规定的单位风量进行核算。

稀释有害气体风量计算的基本公式：

$$Q=\frac{q\cdot c}{y}\cdot\eta=q\cdot\delta\cdot\eta \tag{4-12-6}$$

式中　c——废气中有害气体浓度；

y——有害气体最大容许浓度；

δ——稀释系数，$\delta=c/y$；

η——安全系数，一般为 1.5～2.5；

q——柴油机废气排量，m^3/min，可分别按 $q=\dfrac{Vn}{2}\times\beta$ 或 $q=\dfrac{N\cdot K\cdot\alpha}{60}$进行计算，并取较大值(其中：$V$ 为气缸的工作容积，m^3；n 为柴油机的转速，m/min；β 为吸气系数，自然吸气为 1，齿轮增压为 1.2；N 为柴油机功率，kW；K 为单位耗油量，kg/(kW・h)；α 为柴油燃烧所需空气量，可按 20.83 m^3/kg计算)。

由于安全稀释法计算复杂，一般按内燃机械额定功率规定的单位需风量计算，考虑到各种内燃设备在使用过程中，不可能都处于满负荷状态，因此采用了内燃设备利用率系数进行修正。

$$Q=k\times\sum N_iT_i \tag{4-12-7}$$

式中　k——规定的单位需风量，可取为 3.0 m^3/min；

N_i——各内燃机功率，kW；

T_i——各柴油机设备工作时的利用率系数，如挖掘机、装载机 0.65，运渣车 0.65，凿岩台车 0.1，人员运输车 0.1。

8)竖井通风量计算。对于竖井爆破后的通风以压入式为佳，当竖井超过 300 m 时，应采用混合式通风，计算参考公式：

$$Q_{压}=\frac{7.8\varphi}{t}\sqrt[3]{A\cdot S^2\cdot L^2\cdot K} \tag{4-12-8}$$

式中 φ——风筒漏风系数，参见表 4-12-7；

A——单次爆破耗药量，kg；

K——考虑竖井淋水使炮烟浓度降低的系数，见表 4-12-6。

表 4-12-6 竖井内炮烟浓度降低系数(K 值)

项　别	竖井淋水特征	系数 K
1	干燥或有淋水，但井深小于 200 m	1.00
2	含水，井深大于 200 m，涌水量小于 6 m^3/h	0.60
3	含水，井深大于 200 m，降水如雨，涌水量 6～15 m^3/h	0.30
4	含水，井深大于 200 m，降水如暴雨，涌水量大于 15 m^3/h	0.15

表 4-12-7 竖井风管的漏风系数(φ 值)

竖井深度(m)	风管直径(mm)					
	500	600	700	800	900	1 000
300	1.32	1.21	1.17	1.13	1.12	1.07
400	1.51	1.35	1.28	1.20	1.19	1.11
500	2.07	1.53	1.40	1.29	1.28	1.16
600		1.69	1.54	1.39	1.36	1.20
700		2.00	1.71	1.50	1.46	1.27
800		2.16	1.89	1.64	1.57	1.34
900			2.12	1.80	1.72	1.42
1 000			2.34	1.96	1.82	1.46

9)高山地区风量修正。高山地区由于大气压力降低，计算总风量应按下式修正：

$$Q_{高}=\frac{760}{P_{高}}\times Q \tag{4-12-9}$$

式中 $P_{高}$——高山地区大气压力，mmHg，见表 4-12-8；

Q——正常条件下计算的风量，m^3/min。

表 4-12-8 海拔高度与大气压力关系表

海拔高度(m)	500	1 000	1 600	2 000	2 600	3 000	3 200	3 400	3 600	3 800	4 000	4 400	5 000
大气压力(mmHg)	716	674	620	592	550	523	510	497	484	471	459	436	403

(2)通风阻力。根据通风阻力(摩擦阻力和局部阻力)引起的压力损失，来选择适当功率的风机设备，以保证将所需新鲜空气送到工作面。

隧道总风压：

$$h_{总}=h_{摩总}+h_{局总}+h_{其他} \tag{4-12-10}$$

1)摩擦阻力。摩擦阻力引起的压力损失可用下式表示：

$$\Delta h=RQ^2 \tag{4-12-11}$$

式中 Δh——压力损失，10 Pa；

Q——通过风管的平均风量，m^3/s；

R——风管的风阻，kμ，$R=\alpha\dfrac{L\rho}{S^3}$

其中　α——风管的摩擦阻力系数，见表 4-12-9；

L——风管长度，m；

ρ——风管断面周边长度，m；

S——隧道断面面积，m^2。

故管道(巷道)摩擦阻力计算如下式：

$$h_{摩总}=\alpha\frac{L\rho Q^2}{S^3}=6.5\alpha\frac{LQ^2}{d^5} \tag{4-12-12}$$

式中　L——管道(巷道)长度，m；

Q——通过的平均风量，m^3/s，$Q=\sqrt{Q_{扇}\ Q_{出}}=\sqrt{Q_{扇}^2/P}$

其中　P——漏风系数；

d——管道(巷道)直径，m；

α——管道(巷道)摩擦阻力系数，见表 4-12-10；

S——隧道断面面积，m^2。

表 4-12-9　风管阻力系数 α 值

风管直径(mm)	500	600	700	800	900	1 000
金属风管 α 值	0.000 35	0.000 32	0.000 30	0.000 25	0.000 23	0.000 23
塑料风管 α 值	0.000 16	0.000 15	0.000 13	0.000 13	—	—
胶皮风管 α	0.000 37			0.000 31		0.000 30

表 4-12-10　巷道阻力系数 α 值

项　别	施工地段及其支护特征	阻力系数 α
1	成洞，用混凝土衬砌：光滑	0.000 3～0.000 4
	粗糙	0.000 4～0.000 5
2	成洞，用块石砌筑：毛料石	0.000 6～0.000 8
	光料石	0.000 4～0.000 6
3	锚喷支护	0.000 8～0.001 2
4	无支护隧道	0.000 6～0.001 5

2)局部阻力。局部性的压力损失，是由于影响风流的各种局部原因所引起的，如缩小、扩大、弯头等。局部阻力可用下式计算：

$$h_{局}=\xi\cdot h_{\mathrm{v}}=\xi\cdot\frac{v^2}{2g}\gamma \tag{4-12-13}$$

式中　ξ——某断面形式变化的局部阻力系数，参见表 4-12-11；

h_{v}——速度压头，daPa；

γ——空气比重，1.2 kg/m^3；

v——风流经过局部断面形式变化后的速度，m/s；

g——重力加速度，9.81 m/s^2。

表 4-12-11　局部阻力系数

<table>
<tr><td>项别</td><td>局阻发生部位</td><td colspan="10">ξ</td></tr>
<tr><td rowspan="3">1</td><td rowspan="3">圆转角 30°～120°圆心角转弯半径/管直径：1.5
转弯半径/管直径 2.0</td><td colspan="2">30°</td><td colspan="2">45°</td><td colspan="2">60°</td><td colspan="2">90°</td><td colspan="2">120°</td></tr>
<tr><td colspan="2">0.08</td><td colspan="2">0.11</td><td colspan="2">0.14</td><td colspan="2">0.175</td><td colspan="2">0.20</td></tr>
<tr><td colspan="2">0.07</td><td colspan="2">0.10</td><td colspan="2">0.12</td><td colspan="2">0.15</td><td colspan="2">0.17</td></tr>
<tr><td rowspan="2">2</td><td rowspan="2">折拐 10°～170°</td><td>10</td><td>30</td><td>60</td><td>90</td><td>100</td><td>110</td><td>120</td><td>130</td><td>150</td><td>170</td></tr>
<tr><td>0.018</td><td>0.164</td><td>0.654</td><td>1.471</td><td>1.80</td><td>2.13</td><td>2.62</td><td>2.85</td><td>3.6</td><td>5.07</td></tr>
<tr><td rowspan="4">3</td><td rowspan="4">弯折长度/管直径之字形拐
三字形拐
之字形拐</td><td colspan="2">4</td><td colspan="3">6</td><td colspan="2">8</td><td colspan="3">10</td></tr>
<tr><td colspan="2">0.2</td><td colspan="3">0.2</td><td colspan="2">0.2</td><td colspan="3">0.2</td></tr>
<tr><td colspan="2">0.75</td><td colspan="3">0.75</td><td colspan="2">0.75</td><td colspan="3">0.75</td></tr>
<tr><td colspan="2">1.6</td><td colspan="3">1.63</td><td colspan="2">1.64</td><td colspan="3">1.64</td></tr>
</table>

续上表

项别	局阻发生部位	ξ									
4	S_1/S_2	1	0.9	0.8	0.7	0.6	0.5	0.4	0.3	0.2	0.1
	断面突变:小→大	0	0.01	0.04	0.09	0.16	0.25	0.36	0.49	0.64	0.81
	断面突变:大→小	0	0.05	0.10	0.15	0.20	0.25	0.30	0.35	0.40	0.45

3)其他局部阻力。使用风管通风时,$h_{其他}$一般可考虑增加5%～10%。

(3)漏风计算。按照前述公式计算的风量,均未考虑漏风的损失,洞内实际所需总风量为:

$$Q_{需}=P\cdot Q \tag{4-12-14}$$

式中 P——漏风系数;

Q——计算所得总风量,m^3/min。

在管道通风中,漏风系数P值和风管接头安装严密与否有关,接头越多漏风也越大。P值的确定,因计算公式中不确定因素较多,很难反映实际情况。

风管百米漏风率:

$$P_{漏100}=\frac{Q_{扇}-Q_{末}}{Q_{扇}\ L}\times 100 \tag{4-12-15}$$

式中 $P_{漏100}$——100 m长风管的漏风率,%;

L——风管全长,m;

$Q_{扇}$——通风起始风量,m^3/min;

$Q_{末}$——通风末端风量,m^3/min。

漏风系数则按下式计算:

$$P=1/(1-\frac{P_{漏100}L}{100}) \tag{4-12-16}$$

目前软风管百米漏风率为1.5～2.5%,规范要求百米漏风率小于2%,因此可按2%计算。

(4)风管末端风压。通风系统需要在克服风管阻力后在风管末端风流具有一定的动压,可按式(4-12-17)计算。

$$h_{动}=\frac{v^2}{2g}\gamma=0.18\times\frac{S^2}{\pi^2 d^4 g}\gamma \tag{4-12-17}$$

式中 v——风管末端风流的速度,m/s;

g——重力加速度,取9.81m/s^2。

(5)风机、风管选型。

1)风机、风管选型原则。在满足通风需风量、风压的前提下,兼顾洞室断面施工布置情况,合理的选择风机规格、风管直径,使风机风管相匹配,从而达到良好的通风效果,这是选定通风设备的原则。

2)风机选型。压入式通风风机的选择是根据能满足洞内各项作业所需要的最大风量而定。一般采用隧道或煤矿专用轴流风机,功率需通过计算确定。目前山西侯马生产的SDF系列风机比较常用。

电动机容量N:

$$N=\frac{Qh}{102\eta_1\eta_2}\cdot B \tag{4-12-18}$$

式中 h——总负压,daPa;

102——功率换算值,102 kg · m=1 kW;

η_1——静压效率(查风机的性能曲线图),一般可取0.85;

η_2——机械效率,皮带传动时为0.9～0.97,电动机直接传动取1.0;

B——电机容量储备系数,一般为1.1～1.2。

以往经验表明隧道独头掘进长度小于800 m时,可用1台37 kW或2×37 kW的变速多级通风机;长度在1 500 m左右时,可用2×55 kW或2×37 kW的变速多级通风机;长度在2 000 m时,可采用2×110 kW的轴流通风机。

3)风管选择。压入式通风管道大多选用柔性风筒,以5～30 m分节。选用时,对节间连接方式要高度重视，以减少漏风，目前普遍采用拉链式接头，由拉链、衬裙和双层密封边构成，其安装方便、密封性能好。风筒分节长度理论上是愈长愈佳，但为便于安装和风管的及时延伸，一般以 20～30 m 为宜。

风管直径的选择除综合考虑开挖面积、施工干扰、需要的风量等因素外，还要考虑与风机的配套，尽量减少局部阻力。压入式通风所采用的风管直径一般不大于 1 200 mm。直径 600 mm 及以下的风管多用在导坑断面开挖，全断面开挖的长大隧道一般多采用 ϕ800 m、ϕ1 000 mm、ϕ1 200 mm 的风管。

以往经验表明：隧道独头掘进长度小于 800 m 时，通风管直径宜为 0.7～1.0 m；长度在 1 500 m 左右时，风管直径宜为 1.0 m；长度在 2 000 m 时，风管直径宜为 1.0～1.2 m。

12.1.3　通风系统布置与安装

1. 轴流通风布置

(1)风管弯头加工工艺。风管转弯需采用弯头，弯管半径不小于风管直径的 3 倍。

(2)风管到齐头的最佳距离确定。压入式通风方式通风效果的好坏，与风管出风口到工作面的距离有关，该距离不应大于风流的有效射程。有效射程按下式计算。

$$l=(4\sim5)\sqrt{S} \tag{4-12-19}$$

式中　S——隧道断面积，m^2；

l——风流有效射程，m。

风管出风口到工作面的距离，小断面巷道一般不大于 15 m，大断面、大风量隧道不大于 40～50 m。

(3)风管的及时延伸。压入式通风风管随隧道的掘进及时延伸，通过适当的风管分节，将出风口至开挖面的距离始终保持 40 m 以内，这样才能保证通风效果。

2. 射流通风布置

在压入式通风方式中，由于独头掘进长度、运输方式等因素影响，洞内空气在一定范围内流速不能满足要求，可以采用射流风机作为辅助通风。射流风机布置在隧道一侧，间距视风机功率确定。

3. 风机、风管安装

(1)轴流风机安装。风机安装于洞外，距离洞口不小于 20 m，高度 5 m 左右。平整场地，设置安装风机的基础和支架。

将风机水平安放在预制好的支架上，调平、调整方向，用螺栓固定。风机安装符合设计要求及使用说明要求，电气控制柜安设于干燥且便于风机操作的地方。

安装完后，进行试机。接通电源，分别启动 2 台电机(包括备用电机)，检查电机旋转方向是否与箭头所指的方向一致。

(2)风管安装。根据软风管的安装位置，确定锚栓位置，锚栓孔间距为 5 m，用钻孔机具钻安装孔，锚栓采用膨胀螺栓，深度不小于 150 mm。也可采用锚固剂锚杆，锚固长度不小于 300 mm。安装前，先检查风管及接头的质量，发现缺陷者修补好，再行安装。风管在搬动时折叠起来进行。

风管间接头采用拉链、衬裙和双层密封边进行连接。安装风机出口处的部分硬质风管，并调整好方向。吊挂风管，先将接头吊挂牢固，再挂软风管上的吊挂环，高度以保证风路顺直为依据确定。每挂完一节软风管，将接头调直、拉紧，然后挂下一节。出风口处接一个钢制接头或接一节同直径的硬风管。通风管全部挂好后，从风机出口处开始，重新调整一遍，使整条风路稳、直、无扭曲，无褶皱，如图 4-12-2所示。

图 4-12-2　压入式通风管挂设

12.1.4　通风辅助系统

1. 通风供电系统

通风供电直接利用隧道的施工供电系统，在配置隧道用电系统时考虑通风的用电负荷。洞口风机可直接由变压器配电柜引出，洞内风机用电利用布设的进洞线路。

2. 检查与维护系统

为了使通风系统始终处于良好状态,就必须加强对系统的日常维护。为此需要成立专门的通风作业班组,由专人负责通风系统的日常检查和维修,发现破损及时修补或更换。

12.1.5 施工技术要点

1. 风机、风管选型

(1)立足现有、国产设备,采用可提供足够风量、风压、空气流动性能好、效率高、节省能量、噪声低、结构紧凑、安装方便的隧道专用风机,保证洞内作业人员有足够的新鲜空气,保证作业面有害气体浓度降到允许范围内,保证工作面最低风速。

(2)在洞口采用大功率通风机长期向洞内通风,耗能较高,应采用变速节能风机,降低能耗。

(3)在选取通风系统时,根据风量、风压计算,尽量采用高效大风量的风机和大直径、性能好的风管,以改善通风效果。

(4)风管选择具有较强的抗拉强度和较小的伸长率,接头光滑、严密,能有效地减少漏风和系统阻力,使用方便,重量轻,易安装,破损较少,径向变形小。

(5)风管的材质和接头方式是造成风管漏风的内在因素。因此,选择耐久性强、涂敷层密实的材料制作的风管和密封性能好的接头可减少漏风和降低风阻。尽量采用较长的单节风管可以减少接头的数量。由PVC塑纤布和拉链式接头制作的风管,可较好地解决接头漏风。

(6)通风系统管道阻力除了受风管制作材料表面的光洁度和接头平滑程度的影响外,风管直径的大小以及管道弯曲等导致的局部风阻增大也是重要因素。若采用直径较大的通风管道,如从1 m增大到1.2 m,同一风量的阻力损失可降低到前者的60%左右。因此在选择风管时,除了考虑风管的制作材料和接头方式外,在净空允许的情况下,尽量采用直径较大的风管。

2. 风管挂设

(1)压入式通风的进风管口距离洞口不小于20 m。

(2)压入式通风管的出风口距开挖面的距离一般不大于15 m,但考虑到爆破施工干扰,可以放宽到不大于40 m。

(3)通风管安装平顺,无扭曲、褶皱,接头严密,每百米平均漏风率不大于2%。弯管半径不得小于风管直径的3倍。可以利用ϕ6 mm钢筋作风管吊线。

(4)当采用软风管时,靠近风机的部分,采用加强型风管。出风口处接一个钢制接头或接一节同直径的硬风管。

3. 风机管理

(1)通风机安装保险装置,当发生故障能自动停机;风机应设专人负责管理。

(2)通风系统安装完成后,先进行试送风,将各台风机(包括备用风机)分别启动运转,检查电机、风机、风管有无异常,发现问题及时处理。

(3)爆破时停止送风,洞内爆破后开启风机,排出烟尘。

12.2 巷道式射流通风

12.2.1 巷道式通风及其特点

射流巷道通风是利用射流风机的增压作用,在平行双洞和横通道组成的通道中形成主风流,使新鲜空气从一个洞进入,流进横通道时,通过送风管将新鲜空气送到工作面;污浊空气从工作面流回横通道,再从另一个洞流出。如图4-12-3所示。

隧道无风门射流巷道式施工通风方法,与传统的矿山巷道式通风比较有以下几方面优点:

(1)采用多台射流风机代替轴流主风机,风管路少。

(2)不需设置风门(洞口附近),风向反向简单,风量用开启射流风机台数控制。

(3)没有风道局部阻力,风阻损失小,能耗低。

(4)电器设备配套简单,工艺易操作。

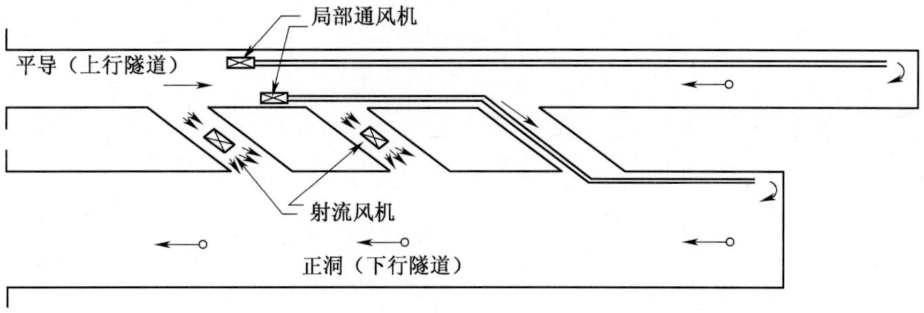

图 4-12-3　射流巷道通风原理示意图

(5)通风量、通风阻力计算两种方法相同。

(6)减少了风门漏风,通风效果更好。无风机房、风道,降低土建成本。

设置辅助施工坑道或多巷道共同施工的隧道,如设有平行导坑的隧道,上下行分离隧道、设多条单线通道纵横的地下大型人防工程等,均可采用本通风方式。

12.2.1　通风设计

1. 计算依据

依据相关规范和标准进行风量计算。计算主要考虑的因素和标准有:

(1)巷道最低风速不低于 0.25 m/s、最大风速不大于 6 m/s。

(2)掌子面工作的柴油机车辆需要的空气量不小于 3 m^3/(kW · min)、地下开挖范围内每个作业人员不小于 3 m^3/min。

(3)CO 含量不高于 30 ppm,一般控制在 24 ppm 及以下;NO_2 含量不超过 2.5 ppm;H_2S 不超过 6.6 ppm。

(4)粉尘中 SiO_2 含量不超过 1 mg/m^3。

(5)空气中适合人呼吸的 O_2 控制在 21%左右,要求不低于 20%。

(6)需风量计算跟施工方法相关。当采用有轨运输时,控制风量为爆破时的炮烟稀释与工作面作业人员用风;当采用无轨运输时,通常为装运作业与工作面作业人员用风。

2. 需风量计算

(1)射流需风量计算。射流通风技术引入施工通风之中,计算方法与运营通风略有不同。

$$N=\frac{\Delta p_c}{\Delta p_j} \tag{4-12-20}$$

式中　N——射流风机台数;

Δp_c——通风阻力,Pa;

Δp_j——射流风机推力,Pa。

Δp_c的计算:

$$p_c=\left(\sum\xi+\sum\lambda_i\frac{L_i}{d_i}\right)\frac{\rho}{2}V_i^2 \tag{4-12-21}$$

式中　ξ——局部阻力系数,计算时可以忽略;

λ_i——隧道内不同地段沿程摩擦阻力系数,隧道在喷护后可按 0.10~0.2 取值。

L_i——隧道内不同洞段长度,m;

d_i——隧道内不同洞段水力直径,m;

ρ——空气密度,取 1.2 kg/m^3;

V_i——隧道内所需满足的风速,m/s。

λ_i计算公式如下:

$$\lambda_i=\frac{1}{\left(1.1138-2\log\frac{\delta}{d_i}\right)^2} \tag{4-12-22}$$

式中　δ——隧道壁粗糙度,mm。

$$d_i=\frac{4\times A_r}{C} \tag{4-12-23}$$

式中 A_r——隧道面积,m^2;

C——隧道周长,m;

Δp_j的计算公式:

$$\Delta p_j=\rho V_j^2\varphi(1-\psi)K \tag{4-12-24}$$

式中 K——喷流系数,取 0.85;

V_j——射流风机出口风速,m/s;

φ——面积比;

ψ——速度比。

$$\varphi=\frac{F_j}{F_s} \tag{4-12-25}$$

式中 F_j——射流风机的出口面积,m^2;

F_s——隧道横断面积,m^2。

$$\psi=\frac{V_S}{V_j} \tag{4-12-26}$$

式中 V_S——隧道内风速,m/s。

(2)轴流风机通风量计算。采用巷道式通风,掌子面通风距离不会大于 1 000 m,一般小于 800 m,当大于这个距离时,风机必须前移,因为横向施工通道距离通常控制在 500～600 m,故此掌子面通风量不必计算,直接按经验选择风机即可。一般选择 2×55～2×135 kW 足够,且宜选择多速风机,即钻孔作业时开低挡;爆破出渣时开高挡;其他情况可开中挡。

3. 风机、风管选型

(1)风机选型。选择风机原则上应该综合考虑噪声低、风量大、风压大、电能消耗低、重量轻、成本相对低。具体选择时主要应该考虑其风量、风压、节能以及可实现变速控制。射流风机应该考虑其升压和最大风速等技术指标,原则选择出风口平均风速度不低于 30 m/s。

(2)风管选型。风管选择应该考虑经久耐用,管节要长且连接方便。根据经验螺旋形风管比较符合风在风管的流动原理,可减少风阻、风流通畅。风管一般长度 20～40 m,管节间用拉链连接较方便。风管选择在修补时可以使用热风焊接的材料。

12.2.2 风机布置与安装

巷道式通风,其通风系统总体布置如图 4-12-4 所示。

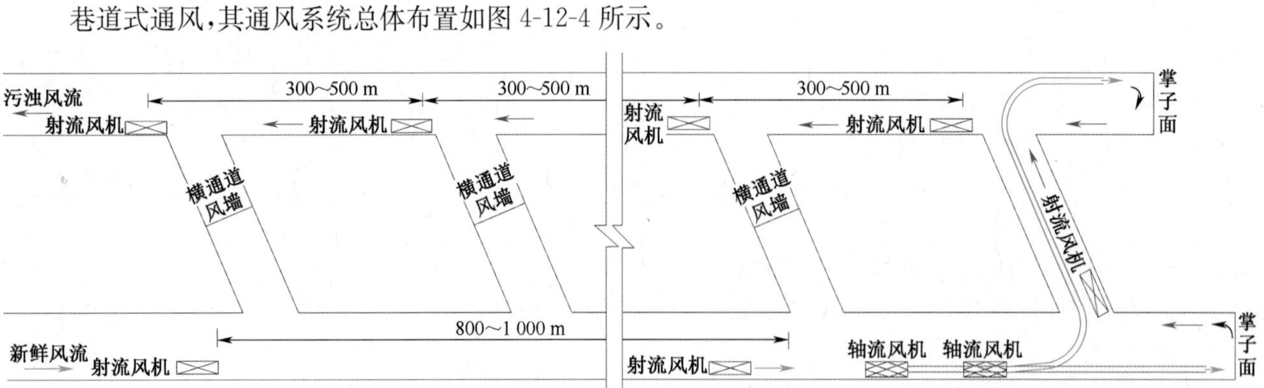

图 4-12-4 巷道射流通风系统总体布置图

1. 射流风机布置

(1)进风洞射流风机布置。进风洞风机数量原则上相对于出风洞风机要少得多,风机数量必须考虑进风洞的长度和工作量。当进风洞只是进风需要且在横向通道都全部封堵的情况下,则射流风机可在轴流风机后方布置 1～2 台即可;若进风洞长于 3 000 m 或有其他多工序作业时,则应该在其后方按 1 台/km 增加风机。

风机一般布置在隧道(洞)的一侧,离地约 2 m 高,当风机重量或体积较小时可布置在隧道(洞)的顶部。

注意在横向通道附近布置风机时，风机宜靠洞口方向布置且离横向通道中线一般在 10～15 m，具体合适位置应根据通道是否串风来调整 1～2 次即可满足。

(2)出风洞射流风机布置。出风洞原则上按 500～800 m 布置 1 台风机，当通风距离大于 5 000 m 时，宜 500～600 m 布置一台，当洞身大于 8 000 m 时应该缩短至 300～500 m 布置一台风机。风机位置布置如图 4-12-5 所示。

图 4-12-5　巷道射流通风射流风机安装

(3)射流风机摆放注意事项。

1)射流风机应安放在风机托架上，风机托架应结实牢固，距地面和侧壁的距离不小于 0.5 m。

2)风机摆放应牢固不能晃动，方向应与巷道轴线基本平行，夹角应小于 3°。

3)应设专人看守，在值班工程师的指导下操作风机，无关人员不得随意启闭风机。

4)定期对风机的机械部分和电气部分进行检修养护，一般以三个月为一个周期，特殊情况下可缩短周期。

2. 轴流风机布置

(1)风管弯头选择。因位于掌子面第一个横通道后方的其中 1 台轴流风机要穿过横向通道，主风管要经过两道转弯后才能到达另一隧道(洞)的掌子面，为此必须通过弯管变向才能实现。根据多个工程经验，当横向通道与正线夹角合适时可使用软弯管，否则一般使用硬弯管。软弯管材料同风管材料，不过管壁稍厚，而硬风管只能用铁皮弯制。但无论如何，弯管制作时一定要尽量考虑较大的弯管半径，这样有利于通风。

(2)风管到掌子面的最佳距离。风管口到掌子面的最佳距离：一般 10～15 m^2 的巷道(如平导等)L＝10～15 m；30～50 m^2 的巷道(单线铁路隧道等)L＝20～30 m；70～100 m^2 的巷道(双线铁路隧道、公路隧道等)L＝30～50 m。

(3)轴流风机与风管的安装。轴流风机安装：在紧靠隧道(洞)掌子面的第一个横通道后方约 80～100 m 位置，原则上左右隧道(洞)交替布置，但也可以在同一隧道(洞)内布置；若是单一的平行导坑，在正常情况下因其远超前正洞掌子面开挖，故轴流风机将一直设置在平导内且根据需要移动轴流风机的位置。

风管安装：风管宜从隧道(洞)顶通过，但为了安装方便通常置于一侧，其安装高度以便于维修方便及洞内车辆不至于碰到为原则，通常高于 5 m 及以上位置。风管安装用吊环钩挂在预先铺设好的铁丝上，铁丝铺设要平直牢固且与洞线平行。

12.2.3　通风辅助系统

1. 通风供电系统

射流风机功率较小的 20～30 kW，较大的 75 kW，一般在其附近 100～600 m 左右必须有变压器供电，变压器容量必须根据照明与结合其他用电设备统一考虑，常配置 315 kVA、500 kVA、630 kVA 几种。

2. 风门设置

巷道式射流通风不在主洞口附近设置风门，但所有横向通道必须设置风门，有时也根据进风巷道的工序安排需要，少量通道不封堵。风门封堵采用工字钢或其他型钢结合使用木板或竹制材料进行封堵，并有足够的刚度要求。风门要尽量封堵严密，对预留进人洞要设置活动小风门或门帘，以减少污浊空气混入新鲜空气中及减少漏风率。

3. 检查与维护系统

必须设置专人经常性对通风系统进行检查与维护,工作内容包括风机使用正常与否、风机摆放位置正确与否、风管漏风情况、控制柜、供电线路、变压器负荷、风机噪声检查、风速是否在正常范围等。

12.2.4 施工技术要点

1. 风机、风管的安装

(1)轴流风机应摆设在新鲜风流中,四周无障碍物。

(2)风机安装应牢固,风机与风管的连接应密封,如果截面变化过于剧烈可以制作铁皮接头避免增大阻力。

(3)定期对风机的机械部分和电气部分进行检修养护,一般以三个月为一个周期,特殊情况下可缩短周期。

(4)应保证接头的密封,注意使风向与风管上标注的风向箭头保持一致。

(5)风管吊挂应平、直、顺。

(6)破损的风管应及时拆换、修补,尤其是靠近风机段的风管严禁出现漏洞,应能保证管路的漏风在20%以下。施工中可先将新风管用在靠近风机段,出现破损更换下来修补后用于中段,确实无法修补的可以用在靠近工作面的部位。

2. 污染源控制

减少污染源是搞好通风质量控制的关键,一是运输设备选型时尽量考虑低污染车辆;二是在装渣等待时间内尽量不开发动机;三是运输车辆尽量均匀拉开距离,保证在洞内同时通行的重车不宜过多;四是爆破后采取降尘措施。

3. 瓦斯隧道施工中需注意的问题

(1)洞外主风机应安装在距洞口 30 m 以外,进风口应在新鲜风流中,并由专人值守。

(2)在施工期间,风机应有双电源,以保持连续通风。特殊情况下停风时,必须同时停止工作,撤出人员,切断一切电源。

(3)局部通风机应安装在新鲜风流中,进风口瓦斯浓度不得大于 0.5%,并安装风电闭锁设备。

12.3 隧道施工通风管理及检测

12.3.1 施工通风管理

施工通风管理水平的高低是影响通风质量的关键因素之一。因此,通风管理以合理布局,优化匹配,防漏降阻,严格管理、确保效果为施工通风管理的指导思想。施工通风管理主要工作应包括:

(1)组建专业通风班组,建立以岗位责任制和奖惩制为核心的通风管理制度。严格按照通风管理规程及操作细则组织实施,定期根据通风质量给通风班组兑现奖惩办法。

(2)搞好岗前培训,提高管理使用技术。对负责通风专业工作的通风司机,管道安装维修工,进行岗前培训,传授通风操作、维修、保养技术,管道安装、调试、维修、保养技术和操作规则。

(3)通风机有专人值守,按规程要求操作风机,定期检修和润滑风机,如实填写各种记录,始终使通风机保持良好的状态。

(4)风管维修工每班必须对全部风管进行检查,对不平、不顺之处及时调平调顺,降低风阻;及时修补或更换破损漏风风管,减少漏风。

(5)及时接长风管,保证通风效果。

(6)及时了解通风系统的运行状况,正确评价系统的应用效果,定期测试通风系统风量、风速、风压,并作好记录,及时反馈,以改进和完善通风系统。

(7)定期测试粉尘和有害气体浓度,并作好记录,发现超标及时处理。

12.3.2 施工通风检测

隧道通风施工中,由监测人员定期、不定期对工作场所空气质量进行监测,根据监测结果调整风量,合理供风。对重点工程,可在洞口安装温度、湿度、CO 等有害气体自动检测仪,通过安装在场地内的各种传感器,反映场地的环境情况。

监测人员定期、不定期的对 CO、NO_2、粉尘等有害气体以及风速、风量、风压、温度、湿度进行检测,保证工作场地空气质量。

空气中含氧量和主要有害气体浓度与中毒症状见表 4-12-12～表 4-12-15。

表 4-12-12　空气中氧(O_2)含量对人体影响

空气中含量(%)	主要症状	安全浓度
17	在正常状态无特别症状,工作时喘息、呼吸困难、心跳快	不低于 20%
12～16	呼吸及脉搏跳动急促、头痛、体温上升	
10～14	皮肤发绀	
6～9	痉挛、失去劳动力、意识不清,时间稍长即有生命危险	

表 4-12-13　空气中二氧化碳(CO_2)含量对人体影响

空气中含量(%)	中毒症状	安全浓度
1	呼吸感到急促	不超过 0.5%
3	呼吸量增加 2 倍,易发生疲劳现象	
5	呼吸感到困难、耳鸣、血压上升	
10	头昏,发生昏迷状态	
10～20	呼吸处于停顿状态,失去知觉	
20～25	中毒身亡	

表 4-12-14　空气中一氧化碳(CO)含量对人体影响

空气中含量		呼吸时间	中毒症状	最高容许浓度	
mg/m^3	%			mg/m^3	%
200	0.016	数小时	轻微症状	0	0.002 4
600	0.048	1 h 以内	轻微中毒、耳鸣、头痛、心跳		
1 600	0.128	0.5～1.0 h	严重中毒、四肢无力、呕吐		
3 000	0.400	短时间内	致命中毒、死亡		

表 4-12-15　空气中二氧化氮(NO_2)含量对人体影响

空气中含量(%)	中毒症状	安全浓度(%)
0.000 6	短时间内即对呼吸器官有刺激作用	小于 0.000 25
0.01	咳嗽、胸痛	
0.25	很快致人死亡	

12.4　隧道施工防尘

12.4.1　粉尘的分类

在隧道掘进、弃渣装车运输、喷射混凝土等施工过程中产生的,并能较长时间悬浮于空气中的岩石、炮烟的细微颗粒统称为粉尘,其形状不规则,颗粒大小分布范围很广。

1. 按颗粒的大小分

粗尘:直径大于 40 μm 的粉尘,是一般筛分的最小直径,极易沉降;

细尘:直径为 10～40 μm,在明亮的光线条件下肉眼可以看到,在静止空气中呈加速沉降;

微尘:直径为 0.25～10 μm,用普通光学显微镜可以观察到,在静止空气中呈等速沉降;

超微粉尘:直径小于 0.25 μm,要用超显微镜才能观察到,可长时间悬浮于空气中,能随空气分子作布朗运动。

2. 按粉尘对人体的危害程度分

呼吸性粉尘:呼吸性粉尘是指粒径在 7 μm 以下的,可以进入人体呼吸系统和肺部,并会导致尘肺病变的那部分细微尘粒。呼吸性粉尘对人体的健康危害最大,是粉尘防治工作的重点。

非呼吸性粉尘:指粒径在 7 μm 以上的粉尘。

12.4.2 粉尘防治技术

按照粉尘防治技术机理的不同,大体可将隧道内粉尘防治技术措施分为减尘、降尘、排尘、个体防护(阻尘)四种方法。

1. 减尘技术

(1)湿式凿岩技术。湿式凿岩使用的风动凿岩机和风枪等钻孔设备皆配备了注水装备,在空心钻杆钻孔的同时向孔内注水,由此因钻杆摩擦岩体产生的粉尘不再飞扬,而是随着水流流出孔外,减少了作业环境的粉尘含量。

(2)水封爆破技术。水封爆破是用水炮泥堵塞炮眼,放炮后形成水雾的一种爆破方法。水炮泥是用不燃的塑料薄膜制成的装水袋子,装满水的水炮泥填于炸药后方,放炮时炸药产生的高温、高压将其破坏,水受热雾化形成微细水雾,起到降尘作用。

(3)湿喷混凝土减尘。随着湿喷技术,包括工艺、机具、材料等的不断发展和完善,湿喷机从 20 世纪 90 年代开始得到越来越多的推广应用,在一些西方国家中,湿式混凝土喷射机已成为主要的喷射混凝土作业机具,湿式混凝土喷射机也日渐成为我国隧道工程施工的必备设备。

2. 降尘技术

(1)水雾帘幕降尘。喷雾洒水过程是水雾与尘粒因凝结而除尘的过程,水雾与尘粒的凝结决定喷雾洒水的降尘效果。当水雾粒不带电荷且运动速度一定时,水雾粒通过惯性机理、拦截机理、布朗机理的综合作用来降尘。

(2)除尘器降尘。静电吸尘是一种利用电场产生的静电力使尘粒从气流中分离的技术,目前已广泛应用于火力发电、冶金、化学和水泥等行业部门的烟气除尘和物料回收中。在隧道中使用的静电吸尘机一般采用双区方式,即尘粒荷电和尘粒从气流中分离的过程在两个不同的区域进行,如图 4-12-6 所示。这种静电吸尘机主要由四个部分构成:荷电部分、集尘部分、框架(包括保护网、排气通道)和清灰机构。

图 4-12-6 隧道静电吸尘机

(3)通风排尘技术。通风是目前隧道施工中降尘的重要措施之一,也是隧道内供氧、排烟、降温、排除有害气体的主要措施。隧道通风方案的选择中需要考虑的因素很多,诸如隧道长度、独头掘进距离、洞内运输方式、有无瓦斯或其他有害气体、隧道断面大小、有无辅助导坑等,因此隧道的通风方式应根据具体情况来确定。

风管的选用主要从风管出口处的风速和风量、风管的造价、风管的耐用性、风管装拆的难易程度等方面考虑。在通风机性能确定的前提下,风管出口处的风速和风量主要和风压损失、管道摩阻损失、漏风损失等因素有关,将这些损失降到最低程度,首先要保证工作面的风量,再结合造价等因素来选择并确定。

(4)个体防护技术。粉尘进入人体的主要途径是呼吸道,因此施工人员在施工过程中必须配戴防尘口罩,以阻挡空气中含有的粉尘,使微细颗粒不致进入人体,防尘口罩一般可分为过滤式和隔离式,应根据隧道施工的实际情况合理选用。对于粉尘浓度极高的作业区,则还需配戴防尘护目镜,防止粉尘损伤角膜,并在耳道内放入棉花球互塞以免产生耳垢栓塞。

13　不良地质及特殊岩土隧道施工技术

13.1　概　　述

不良地质及特殊岩土隧道主要指位于富水软弱破碎围岩、岩溶、岩爆、瓦斯、挤压性和膨胀性围岩、风积沙、黄土、冻土等地区的隧道。在不良地质及特殊岩土地区修建隧道，施工前应认真分析研究工程地质与水文地质资料，结合现场实际情况做出风险评估，制定完善的施工技术方案和专项应急预案，并做好各项资源储备。本章主要对不良地质及特殊岩土隧道的施工总体方案、施工重难点、施工技术要点等内容进行介绍。

13.2　富水软弱破碎围岩隧道施工

富水软弱破碎围岩具有变形大、开挖后自稳性较差等特点，在地下水的作用下围岩强度会进一步降低，并引起围岩坍塌。富水软弱破碎围岩隧道施工，必须采用正确的开挖方法、合理的支护形式以及辅助适当的围岩加固措施，方可确保施工安全。自 20 世纪 80 年代以来，随着新奥法在我国的推广和应用，富水软弱破碎围岩隧道也以新奥法原理为指导，采用环形开挖预留核心土、侧壁导坑等开挖方法，同时配合全断面深孔注浆、超前大管棚、超前小导管等有效的围岩加固措施，使隧道施工安全和质量得到了保障。

13.2.1　施工技术

富水软弱破碎围岩隧道施工方法要综合考虑地质条件、隧道埋深与断面大小、施工机械设备、工期要求及经济技术指标等因素，坚持先预报、管超前、预注浆、短进尺、弱爆破、快封闭、强支护、早封闭、勤量测的施工原则。富水软弱破碎围岩隧道辅助施工措施主要有：超前深孔预注浆、帷幕注浆、超前大管棚、超前小导管、旋喷注浆等，通过以上措施稳定开挖工作面，并对地下水进行封堵；当地下水压较大时，要采取排水降压措施；要科学合理地进行爆破设计，严格控制爆破钻孔施工工艺，减少隧道超欠挖以及爆破对围岩的扰动。富水软弱破碎围岩隧道施工工艺流程如图 4-13-1 所示，富水围岩隧道渗水情况如图 4-13-2 和图 4-13-3 所示。

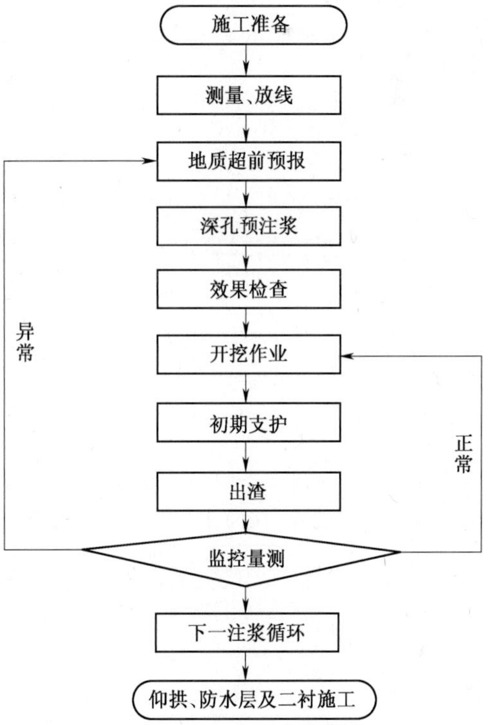

图 4-13-1　施工工艺流程图

隧道开挖可采用台阶法、环形开挖预留核心土、中隔壁法(CD 法)等施工方法，上述方法较一般开挖方法复杂，具有工艺要求高、循环时间长、循环次数多、安全隐患多及施工进度慢的特点。无论采取何种开挖方法，超前开挖部分均应预留核心土，其目的是能在开挖过程中利用核心土抵挡部分来自开挖面正前方的围岩压力，确保掌子面稳定，为及时施作支护创造有利条件；开挖后要及时对围岩进行支护，采取的支护措施主要包括喷射混凝土、锚杆、钢筋网、钢架等支护体系；应严格控制开挖循环进尺，在隧道洞口段、Ⅴ级及以下围岩开挖循环进尺宜控制在 1 m 以内，并采用弱爆破或不爆破配合机械或人工开挖。

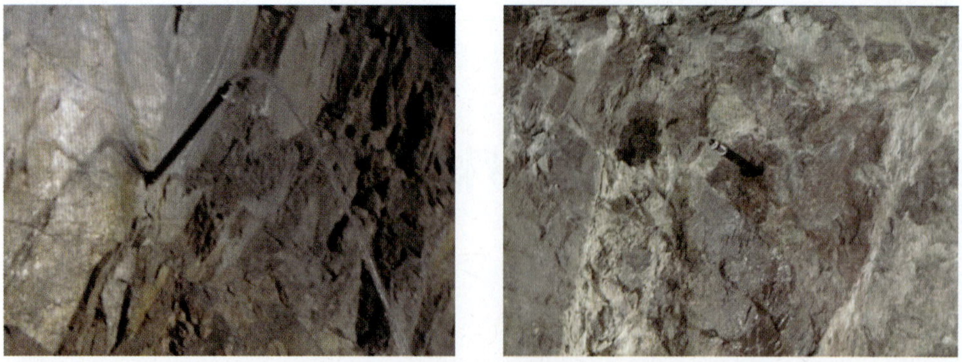

图 4-13-2　富水破碎围岩钻孔出水

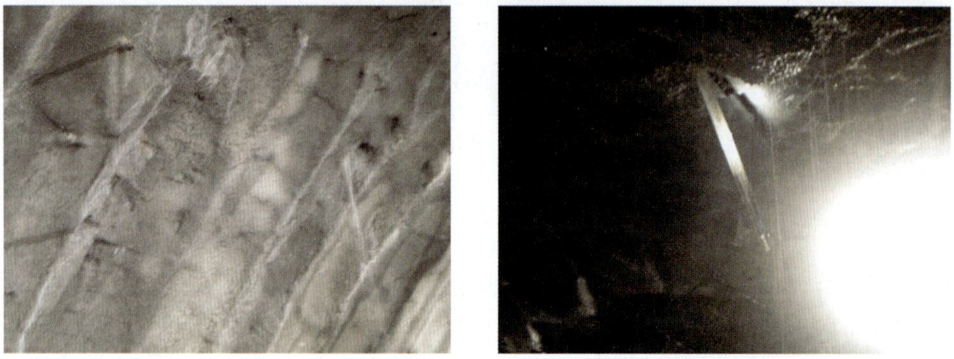

图 4-13-3　富水破碎围岩隧道初支背后股状涌水

13. 2. 2　深孔预注浆设计

1. 水玻璃浓度

根据施工需要，对高浓度的水玻璃成品应加水稀释至所需浓度，稀释后的水玻璃溶液用波美计度测其浓度(波美度)。水玻璃的浓度与波美度的关系如下：

$$d=145/(145-Be) \quad (4\text{-}13\text{-}1)$$

式中　d——水玻璃浓度；

Be——波美度。

2. 水泥浆配制

根据设计的水胶比，将水先注入灰浆搅拌机内，一边搅拌一边倒入水泥，搅拌均匀后备用。常用的水泥浆液配比参数见表 4-13-1。

表 4-13-1　浆液配比参数

序号	名　称	配 比 参 数		
		水胶比	体积比	水玻璃浓度
1	普通水泥单液浆	$W:C=(0.6:1)\sim(0.8:1)$		
2	超细水泥单液浆	$W:MC=(0.6:1)\sim(0.8:1)$		
3	普通水泥—水玻璃双液浆	$W:C=(0.6:1)\sim(1:1)$	$C:S=(1:1)\sim(1:0.3)$	30～35Be
4	超细水泥—水玻璃双液浆	$W:MC=(0.6:1)\sim(1:1)$	$MC:S=(1:1)\sim(1:0.3)$	30～35Be
5	HSC 浆	$W:C=(0.8:1)\sim(1:1)$		
6	TGRM 浆	$W:C=(0.8:1)\sim(1:1)$		

3. 注浆量计算

(1)孔隙较大的深孔注浆，单次注浆量根据每次注浆段的长度确定，计算公式为：

$$Q=\eta B\pi R^2 L \quad (4\text{-}13\text{-}2)$$

式中　Q——单次注浆量；

η——孔隙率；

B——注浆有效系数，取 1.1～1.3；

R——扩散半径；

L——单次注浆长度。

(2)深孔劈裂注浆。

1)起始压力

$$P_0 = 2\gamma H + S_t \tag{4-13-3}$$

式中　P_0——钻孔内施加的流体压力；

γ——上覆岩土容重；

H——孔段处覆土高度；

S_t——岩土抗拉强度，一般破碎围岩取为 0。

2)最终压力

$$P = 13H \tag{4-13-4}$$

式中　P——最终压力；

H——隧道注浆部位的埋深。

3)注浆量

$$Q = VAN(1+\beta) \tag{4-13-5}$$

式中　V——注浆固结范围的体积；

A——固结土体内的孔隙率；

N——固结土体的膨胀量度；

β——浆液充填系数。

4. 注浆参数

根据以往类似工程施工经验，注浆施工参数可参考表 4-13-2，在现场施工中应根据实际情况进行动态调整。

表 4-13-2　注浆施工参数

参数名称	径向注浆	超前注浆	超前小导管、大管棚	底部钢管桩
凝固时间	2～8 h	单液浆 2～8 h，双液浆 30″～3′	2～8 h	2～8 h
注浆速度(L/min)	5～100	10～110	10～30	5～20
注浆终压(MPa)	2～3	6～9	3～4	3～4
分段长度(m)	全孔一次性	砂层 1～2 m，其他 3～5 m	全孔一次性或后退注浆	全孔一次性
注浆量	0.1～0.5 m³/孔	(定压)	(定压)	(定压)

13.2.3　深孔预注浆施工

富水软弱破碎围岩隧道施工要做好地下水封堵、围岩预加固以及开挖支护三个关键环节，常用的地下水封堵与围岩预加固措施为深孔预注浆。深孔预注浆具有以下几个特点：

(1)相比超前管棚、全封闭帷幕注浆、水平旋喷注浆等方法，该方法施工较为简单。

(2)深孔超前注浆既封堵了地下水，又可超前排水，改善了开挖面和洞内的施工环境。

(3)通过超前钻孔可预报掌子面前方的地质情况。

(4)使用的注浆机具较为灵活，可采用专用注浆机，也可采用替代机具如泥浆泵等，实现了一机多用，提高了机具使用效率。

1. 注浆施工工艺

(1)准备工作。收集并分析地质资料，对隧道所在区域的地质构造、围岩岩性、含水率大小等地质条件进行判定，并制订各种应急预案，同时做好应急物资储备。

(2)设置止浆墙。设置止浆墙一般采用挂网喷射混凝土的办法，即先在掌子面上钻孔埋设注浆孔口管(一般为 ϕ150 mm～ϕ200 mm 钢管)，同时将钢筋网焊在孔口管上，再喷射混凝土，使之与开挖掌子面共同形成止浆岩盘;对于已经发生坍方和涌水的掌子面,可根据水压的大小施作 1～6 m 的混凝土止浆墙。

(3)钻孔作业。通过设置在止浆墙上的孔口管进行钻孔作业,作业机具可采用液压凿岩台车、地质钻机、锚杆钻机等(图 4-13-4 和图 4-13-5)。

图 4-13-4　阿特拉斯 353E 三臂凿岩台车

图 4-13-5　RPD-150C 多功能钻机

(4)注浆作业。注浆材料大致分为两类:一类是无机盐类,如水泥、水泥砂粉、水泥黏土、水泥—水玻璃;另一类分别是有机类与复合材料类。由于有机类与复合材料费用较高,通常采用水泥—水玻璃(C-S)作为注浆材料。水泥以普通硅酸盐水泥为佳,水玻璃宜选用建材(区别于化工,如制皂原料等)水玻璃,其模数一般在 2.6～2.9。

注浆采取前进式注浆方式,即每个注浆孔均通过钻孔、注浆、再钻孔、再注浆的分段累进,最后达到设计注浆深度。施工工序:将注浆混合器连接在预先埋设的孔口管上,用水试压洗孔约 2 min,保证注浆通道通畅。注浆时先压注纯水泥浆,注入一定量或达到一定压力后,再注入双液浆。若压注纯水泥浆发现长时间大量漏浆时(一般大于 5 min),可先注双液浆,待漏浆减缓后再注入水泥浆。

通常情况下,注浆顺序应按由下到上、由外到内、由远水源处向近水源处、间隔跳孔四个原则进行;当注浆段长度小于 5 m 时,可采取全孔一次性注浆;大于 5 m 时,宜采取分段式注浆。注浆过程中应作好记录,记录的内容包括注浆时间、注浆量注浆的压力变化等,同时还要观察围岩、止浆墙以及已支护或衬砌地段的窜浆和变形情况,并应通过调整注浆材料、注浆参数等方式达到控制注浆量,提高注浆质量的目的。注浆封堵效果如图 4-13-6 所示。

2. 注浆质量检查

(1)深孔充填注浆时,所有注浆孔注浆完成后,钻孔检查注浆段底部、中部、顶部的注浆效果,对注浆扩散范围小于设计要求,钻孔渗水量大于 0.2 L/min 或单处漏水量大于 10 L/min 的部位,需重新钻孔注浆或加孔补钻注浆。

(2)劈裂注浆时,在每个注浆工作面钻 2～3 个检查孔,取岩芯试验,拱部达到 0.2～0.25 MPa,隧底达到 0.1 MPa 时为合格。

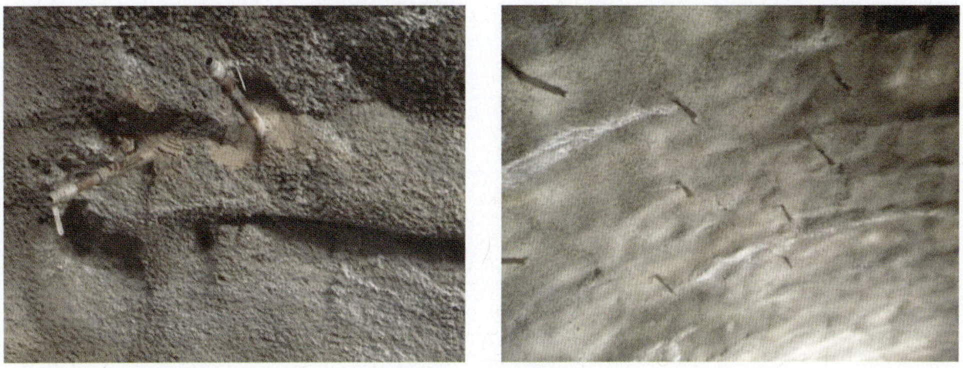

图 4-13-6　涌水封堵效果

13.3　岩溶隧道施工

岩溶又称喀斯特，是地表水和地下水对可溶性岩层（碳酸岩类、硫酸岩类、卤盐类等）进行化学侵蚀、崩解和机械破坏，通过搬运、沉积作用所形成的各种地表和地下溶蚀现象的总称。可溶性岩石是岩溶产生的物质基础，地表水和地下水补给、径流、渗透和循环是岩溶形成和发育的必要条件。据统计，地球表面约有十分之一是喀斯特区域，并且约有 25%的人口生活在这些地区。我国有多个省广泛发育岩溶地层，面积超过 130 万平方公里。随着我国铁路、公路、交通、水电、矿山以及军工防护等工程的大量建设，将在岩溶地区修建大量的隧道及地下工程，岩溶地区工程与水文地质条件的复杂性将会对工程施工带来很大的危害，并对环境产生一定程度的影响。由于岩溶问题是一个世界性的课题，因此工程建设中对各类岩溶问题的处理显得尤为重要。

13.3.1　岩溶水文系统及主要岩溶形态

地质构造与地层结构的千差万别决定了岩溶类型的多样性，隧道工程通常遇到的岩溶形态主要有：溶蚀裂隙、溶槽、溶管、溶洞及暗河等。

1. 溶蚀裂隙

溶蚀裂隙由具有侵蚀性的水沿碳酸岩节理裂隙流动形成，其宽度一般不足 50 mm，长度可达几米至几十米不等，延伸程度随着节理、裂隙发育情况而变化（图 4-13-7）。裂隙越发育，水动力条件越好，溶蚀裂隙就越发育。由于搬运、沉积作用，部分裂隙被黏土、砂砾、碎石等充填，充填物多呈流塑状。

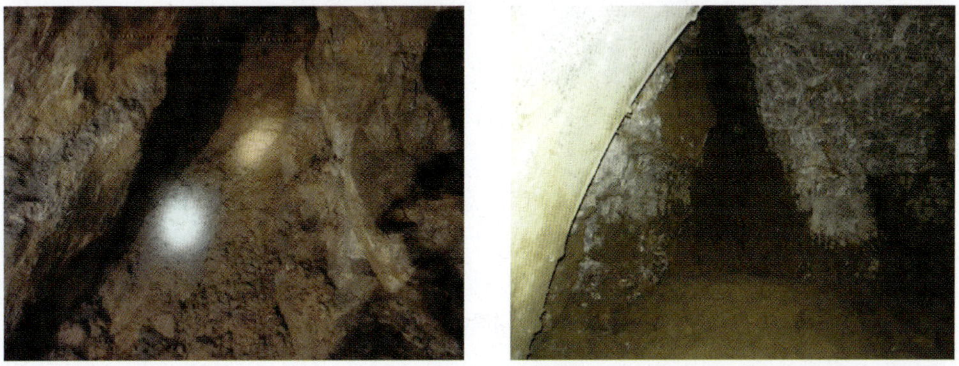

图 4-13-7　溶蚀裂隙

2. 溶槽和溶管

溶槽是溶缝在长期水动力或水化学作用下进一步加宽所形成的，宽度大于溶隙；溶管是由溶隙或溶槽侵蚀所形成的管状岩溶，在形态上多呈不规则的圆柱形状，管径可大可小，但延伸较长，通常具有多次分支结构，在浅部地下水垂直渗入区域较为发育（图 4-13-8）。

3. 溶洞

溶洞是早期暗河的遗迹，是垂直渗流带中的地下通道（图 4-13-9）。大部分溶洞的通道都很曲折、支洞很

图 4-13-8　溶槽溶管

多、其断面形态极不规则，这是因受地质构造与洞内坍塌作用所引起的。

图 4-13-9　溶洞

4. 暗河(地下河)

暗河是岩溶地下水的主要排泄通道，它是在地壳运动相对稳定的情况下，地下水沿溶隙进一步溶蚀扩大并相互连通而形成，是岩溶演化处于水平阶段的产物，具有常水位或季节变动水位中。由于大多暗河与地表分布的一系列落水洞、漏斗及洼地等存在联系，因此，可以通过调查地表落水洞、漏斗、洼地的排列分布方向，预测暗河的分布发育情况。

13.3.2　施工技术

1. 岩溶隧道施工特点

(1)岩溶发育的不确定性。岩溶是地表水和地下水对可溶性岩层进行化学侵蚀、崩解作用和机械破坏、搬运、沉积作用所形成的，由于岩溶水的渗透性流动性，造成岩溶侵蚀位置和形态的不确定性。

(2)岩溶形式的复杂多样性。可溶岩地区岩溶发育，各种形式的溶洞、溶槽、落水洞、断层破碎带、暗河等可能大量出现在隧道修建区域附近，且位置不固定、形态复杂多变，增大了施工难度。

(3)施工的高风险性。隧道施工中的涌水突泥事故，特别是突发性涌水、突泥会淹没坑道、冲毁机具，甚至造成重大人员伤亡和财产损失，严重影响工程进度；同时，岩溶涌水还会引起地面塌陷，造成水资源减少甚至枯竭，破坏周边生态环境。

2. 岩溶隧道施工重难点

(1)岩溶预报的准确性。由于岩溶地区受岩性、地层组合、构造、地貌等因素的影响，岩溶发育复杂多变、形态各异、分布位置不固定，限于目前地质勘探技术与探测水平，施工中准确预测可能引发地质灾害不良地质体的位置、规模和性质还存在较大困难。

(2)岩溶探测的定量分析。对于大多数不良地质体，通过合理的地质探测或物探技术能确定大致的异常区，但鉴于目前认知水平和技术手段的局限性，对不良地质的分布范围难以进行定量分析。如红外探测遇到水能反映出异常，但难以对水量、水压进行定量描述；物探技术往往能够探测出岩溶的大概位置，但对溶腔的形态、充填物的性状与数量，以及溶腔的水力状态均难以进行定量描述，需要在施工中根据实际情况进行判断。

(3)注浆效果的可靠性。注浆效果的可靠性最根本的判断依据就是注浆能否满足设计要求以及确保隧道的开挖安全。虽然目前注浆工艺已比较成熟，但在具体实施过程中，受注浆方案(如钻孔布置、注浆控制)、注浆材料、工程造价、注浆设备、施工人员熟练程度等因素的影响，注浆质量难以保证。注浆是否存在盲区，注浆止水、加固效果是否达到预期目标，通常还需要采取钻芯等手段进行验证。

针对岩溶隧道的特点与施工重难点，主要从动态施工设计、综合超前地质预报、信息化施工以及防灾报警系统设置等方面制定安全可靠、切实可行、经济实用的施工方案。因岩溶发育的不确定性，隧道施工过程中应坚持采用动态设计、动态施工的原则，及时优化调整施工方案，必要时需加强施工措施，确保施工安全。岩溶隧道主要施工技术对策如图 4-13-10 所示。

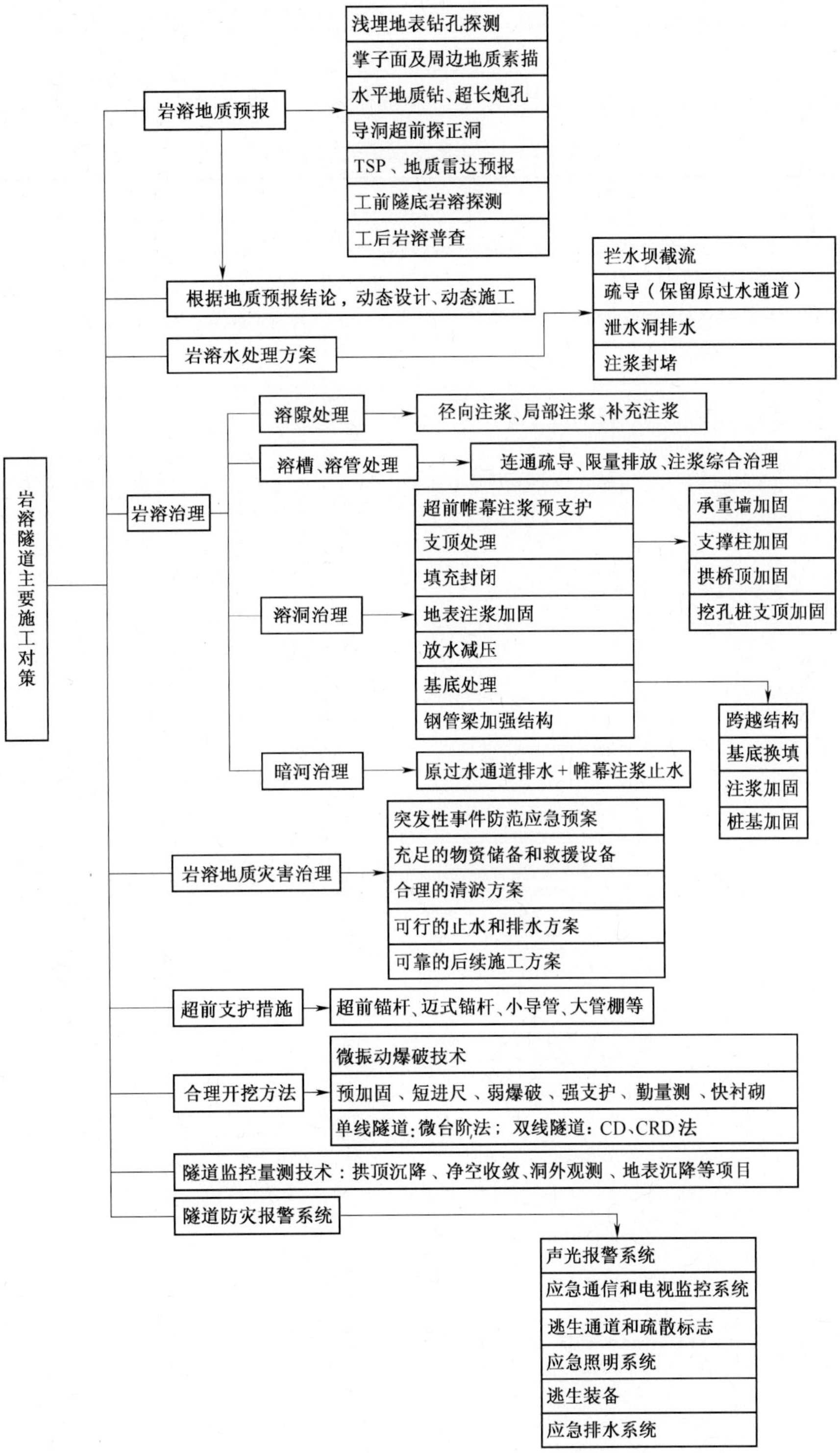

图 4-13-10　岩溶隧道主要施工技术对策

3. 开挖

岩溶隧道应按快挖、快支、快封闭和抢时间的原则进行施工。为保证隧道的施工安全,根据岩溶的发育情况,单线隧道Ⅰ～Ⅲ级围岩宜采用全断面开挖,Ⅳ级围岩宜采用台阶法开挖,Ⅴ、Ⅵ级围岩宜采用微台阶法或预留核心土法开挖。双线隧道根据地质条件宜采用台阶法、CD 法及环形开挖预留核心土法等方法开挖。开挖施工时,应严格按照新奥法原理进行施工,采用分部开挖,划大断面为小断面,步步封闭成环,以达到缩小开挖跨度、减少扰动围岩的目的,同时及时施作喷锚等初期支护,使断面及早闭合形成封闭结构。

4. 超前支护

根据设计要求和超前地质预报信息,针对不良地质应采取合理可靠的超前支护体系。对于普通软岩破碎地段,应采用超前小导管注浆支护;针对较大规模的断层破碎带或充填型溶洞,应采用大管棚超前注浆支护;若断层破碎带发育较强烈,应根据地质情况,采用大、小管棚结合注浆,超前预注浆等方式保证施工安全。

5. 注浆方案

根据地质条件,按表 4-13-3 选择注浆加固方案。全断面帷幕注浆示意如图 4-13-11 所示。

表 4-13-3　岩溶隧道注浆加固方案

序号	适用地质条件	方案主要内容
方案一	(1)可溶岩与非可溶岩接触带,断层破碎带及向斜、背斜核部,施工中可能发生严重突水涌泥地段。 (2)物探异常地段,超前地质探孔单孔涌水量:$Q \geqslant 40\ m^3/h$。 (3)实测水压:$P \geqslant 2$ MPa	全断面超前帷幕注浆,注浆加固范围为开挖工作面及开挖轮廓线外正洞 8 m,平导 5 m
方案二	(1)可溶岩与非可溶岩接触带,断层破碎带及向斜、背斜核部,施工中可能发生严重突水涌泥地段。 (2)物探异常地段,超前地质探孔单孔涌水量:$Q \geqslant 40\ m^3/h$。 (3)实测水压:1 MPa$\leqslant P <$2 MPa	全断面超前帷幕注浆,注浆加固范围为开挖工作面及开挖轮廓线外正洞 5 m,平导 3 m
方案三	(1)一般富水地段,岩体较完整,能保证开挖安全。 (2)物探异常地段,超前地质探孔涌水量:$2\ m^3/h \leqslant Q \leqslant 40\ m^3/h$,开挖后大面积渗水。 (3)实测水压:$P <$1 MPa	径向注浆方案,注浆加固范围为开挖轮廓线外正洞 5 m,平导 3 m
方案四	(1)一般富水地段,岩体较完整,能保证开挖安全。 (2)局部出水。 (3)初期支护完成后不能满足设计的允许排水标准	局部注浆和局部补充注浆

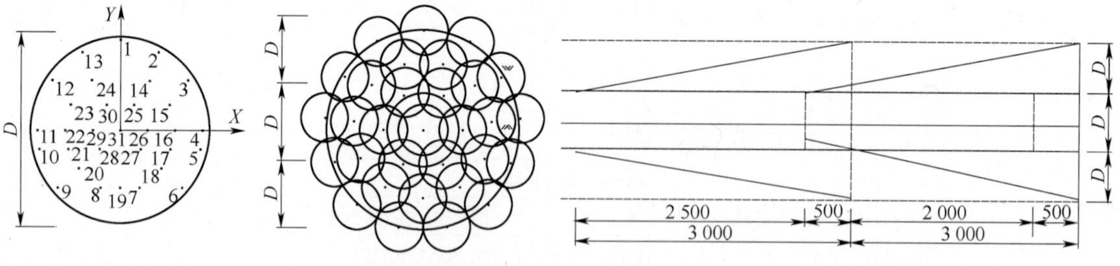

注浆孔开孔布置图　　注浆孔终孔横断面图　　注浆纵断面图

图 4-13-11　全断面帷幕注浆钻孔注浆示意图(单位:mm)

13.3.3　岩溶治理措施

由于隧道工程岩体地质条件复杂多变,限于目前地质勘探技术水平及超前地质预报的准确性,在施工前或施工阶段完全准确无误的预测可能引发隧道地质灾害不良地质体的位置、规模和性质是极其困难的。尤其是受岩性、地层组合、构造、地貌等因素的控制,岩溶复杂多变、大小不定、形态各异,给隧道施工带来巨大困难。施工前应根据设计资料、岩溶及地下水等综合超前地质预报结果,制定岩溶隧道施工技术方案与岩溶治理方案,岩溶治理可采取避、引、堵、越等措施。

避：在勘测设计阶段，尽量让线路避开岩溶特别发育的地区。实在无法避开时，也应以尽量大的角度穿过岩溶发育区，最好垂直穿过。

引：遇到暗河宜排不宜堵。首先应查明水源流向与隧道位置的关系，当岩溶水位于隧道底部时可通过设置暗管、涵洞、小桥等设施疏导水流，或开凿引水洞将水排出；当岩溶水流位置在隧道顶部以上时，应在适当距离处开凿引水斜洞将水位降低至隧道底板高程以下，再进行引排。

堵：对已经停止发育、跨径较小且无水的溶洞，可根据其与隧道相交的位置及充填情况，采用混凝土予以回填，并根据地质情况决定是否加深边墙或加固隧道底部；当隧道拱顶存在溶洞时，可视溶洞的岩石破碎程度在溶洞顶部采用锚杆或钢筋网加固，必要时可考虑注浆加固，并加设混凝土护拱，最后再进行回填处理。

越：当隧道一侧遇到狭长而较深的溶洞时，可先加深该侧的边墙基础，然后再对边墙进行回填；当隧道底部遇到较大溶洞并有水流时，可在隧道底部以下砌筑梁跨支墙支撑隧道结构，并在支墙内设置涵管引排水；当隧道边墙部位遇到较大、较深溶洞，不宜加深边墙基础时，可在边墙部位或隧底以下筑拱跨过。

综上所述，岩溶治理包括两方面内容：一方面是对岩溶水的治理，另一方面是对溶槽、溶洞等岩溶形态的治理。

1. 岩溶水治理

(1)岩溶涌水前兆。岩溶水在突破岩层进入隧道之前，存在一些迹象或征兆，如突水点附近压力明显加大、隧道产生底鼓底裂、岩层发出破裂声、洞室壁突见水珠及淋水加大、开挖面突然变冷出现水雾、炮眼或探水钻孔有小股或喷射水涌出等。

(2)岩溶涌水特征。隧道内的岩溶涌水改变了隧道所在地区地下水原有的运移、排泄规律，开挖的隧道成为岩溶水新的排泄通道。岩溶涌水主要有以下规律：

1)岩溶涌水具有突发性、滞后性、阵发性的特点。

2)隧道施工期岩溶涌水主要是揭穿型和突破型，运营期主要是常年型和雨季突破型。

3) 隧道施工期间，在开放型岩溶地区，涌水一般经历由大到小而后趋于稳定的水量变化过程；在封闭型岩溶地区，涌水量由大到小直到枯竭，并且由于隧道揭露岩溶情况的差异，涌水量与大气降雨有密切关系。

4)隧道所处岩溶地下水动力剖面分带位置决定了隧道岩溶涌水在空间上的分布。垂直渗流带中的隧道涌水，主要是雨季揭穿垂直岩溶致使垂直岩溶下渗雨水向隧道倾泄，旱季主要以拱顶或边墙渗水为主；混流带因岩溶发育，涌水多为揭穿含水层岩溶管道或岩溶水突破隔水层涌水；在深部缓流带，隧道涌水属岩溶裂隙水，具有较大水压力，并沿隧道衬砌周边分布。

5)根据岩溶地区长大隧道岩溶涌水调查结果，岩溶涌水中多含泥砂，泥砂随涌水速度的下降沉积，严重时会淹埋隧道、坑道、运输轨道、施工机具等。

6)岩溶地区隧道涌水量及其变幅较非岩溶地区的涌水量和变幅要大很多。一个涌水点的涌水量，可低至0.01 m^3/s以下，高至2 m^3/s以上，变幅可达数十倍乃至数百倍以上。

(3)岩溶涌水类型。岩溶涌水类型按隧道岩溶涌水量大小及岩溶水类型划分为5类(表4-13-4)。

表4-13-4　隧道岩溶涌水类型

类号	涌水分类	涌水量(m^3/s)	涌水类型	危害程度
Ⅰ	特大涌水	＞5	暗河或岩溶管道涌水	影响施工顺利进行，可造成重大设备及人身事故。排水困难
Ⅱ	大量涌水	1～5	岩溶管道涌水	影响施工进行，可造成设备、人身事故。排水较困难
Ⅲ	中等涌水	0.1～1.0	脉状岩溶管道涌水	对施工有一定影响，较易排水
Ⅳ	少量涌水	0.01～0.1	脉状岩溶管道涌水	对施工影响不大
Ⅴ	微量涌水(渗水)	＜0.01	岩溶裂隙涌水	对施工影响小

(4)治理。岩溶水具有与一般地下水不同，难以确切掌握其水量及变化规律，因此对岩溶水水量的估计宁大勿小，排水通道宁宽勿窄。根据国内外大量岩溶隧道施工经验和运营中出现的问题，并参照有关岩溶处理的文献资料，岩溶水处理应遵循以疏为主、堵排结合、因地制宜、综合治理的原则。

"以疏为主"是尽量不改变岩溶水的径流路径，保持地下水的原始循环和贮存状态，从而减少地下水的流失,保证施工和环境安全。

“堵排结合”是根据隧道内涌水量大小、泥砂及充填物含量,并考虑对隧道运营安全和环境的影响,将堵水和排水结合起来制定治理方案。“堵”就是对于可能或已经涌出掌子面的岩溶水或充填物进行封堵,同时对围岩进行加固,改善围岩的力学性能,提高围岩的抗渗能力。但堵并不是全堵,只要能阻断岩溶水向隧道渗透的主要通道即可,其加固范围一般为隧道开挖轮廓线外(0.5～1.0)D(D为隧道洞径)。对于规模较大的干溶洞或暗河,当封堵困难时,可采取在隧道外部修建排水洞或在隧道中修建涵管或桥梁进行跨越,既达到了排水目的,又保证了施工和运营安全。

“因地制宜、综合治理”是根据隧道所处的工程地质和水文地质条件及周围环境条件,采取多种方法进行综合治理。例如当大量的水已经被封堵在隧道开挖范围以外,对于隧道的局部渗漏水,可采取以堵为主,限量排放的措施,并通过超前管棚、径向注浆和喷锚支护等辅助手段加固隧道顶部围岩,同时通过换填、钻孔灌注桩、旋喷桩、注浆等方法加固隧道底部的松软地层,提高其强度和整体变形稳定性,防止基底沉降。

2. 岩溶治理

(1)溶蚀裂隙。

1)溶蚀裂隙无填充段。在地下水不发育的无填充裂隙地段,可采用超前小导管、超前锚杆进行超前支护,施作初期支护后应对裂隙作注浆处理;在地下水较发育的无填充裂隙地段,应根据水量的大小确定施工方法。当水量较小时可先排水降压,再进行超前支护与开挖工作;当水量较大时,则需先注浆堵水再进行开挖。

2)溶蚀裂隙有填充段。在地下水不发育的填充型裂隙地段,应根据岩层裂隙发育程度、稳定状态、填充物的种类等确定施工方案,一般采用超前小导管即可通过;对于较大裂隙充填地段,超前支护可采用管棚;在地下水发育的填充型裂隙地段,施工方法的选择应根据水量的大小来决定。当水量较小时,采取上述方法即可通过;当水量较大时,应遵循以疏为主,堵排结合的原则来制定相应的施工方法。排水方法可选择超前钻孔排水法或辅助坑道排水,堵水可采用注浆堵水。

3)大面积渗漏水和局部渗漏水。对于大面积渗漏水、局部滴漏水或小股状岩溶水,若水量和水压不大(水量:$2.0\ m^3/h \leqslant Q < 10\ m^3/h$,水压:$0.2\ MPa \leqslant P < 0.5\ MPa$),一般可采用径向注浆、局部注浆、补充注浆等方法进行封堵;若隧道周边存在大面积湿渍或渗漏水现象,则应采取径向注浆进行封堵,注浆加固范围一般为隧道开挖轮廓线外(0.5～1.0)D(D为隧道洞径)。岩层的溶蚀裂隙、软弱夹层的局部有股状涌水现象,出水比较清澈,受大气降雨影响不大时,其处理方法可采用直接封堵法和间接封堵法。

直接封堵法(图 4-13-12):对于涌水压力$P \leqslant 0.5$MPa的股状出水点,若来水方向已经确定,可采用直接封堵法进行处理:沿着出水部位和出水方向直接钻孔,孔间距应控制在 0.5～1.0 m 之间,钻孔深度应为开挖轮廓线外(0.5～1.0)D(D为隧道洞径);若孔内的出水部位距离孔口较远,可安设和钻孔长度一样的注浆管,注浆管前端开花孔,保证水从管中排出。管口均应安装球阀,管外壁和孔壁之间的空隙用锚固剂填充。注浆管安设完毕后挂设钢筋网,网格外侧采用钢筋将注浆管焊成整体,然后喷射混凝土作为止浆墙。

注浆前应进行压水试验确定注浆压力,注浆压力应大于 2～3 倍涌水压力。由于注浆压力较高,注浆管和注浆泵之间应采用螺纹连接。应选用中、低压力的注浆泵(压力大于 2.0 MPa),注浆顺序应从上到下,当发生串浆时,应及时关闭球阀,直到封堵住串浆的注浆管为止。

间接封堵法(图 4-13-12):对于涌水压力$0.5\ MPa < P \leqslant 1.0\ MPa$的股状出水点,或来水方向不能明确判断的出水部位,可采用间接封堵法进行处理:在围岩表面距离出水部位 0.5～1.0 m 处,向出水方向钻斜孔,孔间距控制在 0.5～1.0 m 之间,钻孔深度与直接封堵法类似,大部分孔应穿过出水岩层。该法的特点是钻孔受水的影响较小,且钻孔容易探到出水部位,注浆对围岩加固效果好。

注浆机械应选用中等压力的注浆泵,其泵压应大于 5.0 MPa。注浆顺序为先封堵出水量最小的孔,再依次封堵出水量较大的孔。若某根注浆管串浆,可将孔口阀门暂时关闭,待其他孔注浆完成后,再打开串浆管阀门。当涌水压力大于 1.0 MPa,且孔内出水点以及与该出水点连通的管道距离孔口较远时(大于 3.0 m),可选用高压泵(压力大于 10.0 MPa),并利用水压或气囊式止浆塞深入孔内进行注浆。注浆过程应加强对围岩和支护结构变形的监测。

(2)溶槽、溶管。

1)连通处理法。为了不改变地下水的流动规律,溶槽、溶管水的处理应首先选择溶槽、溶管连通处理方

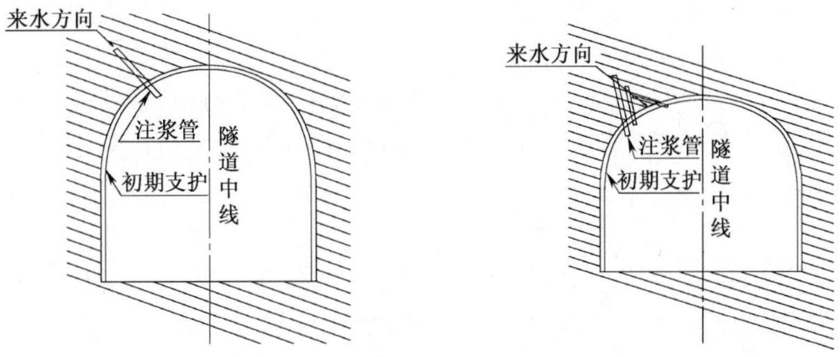

(a) 直接封堵法　　(b) 间接封堵法

图 4-13-12　局部注浆堵水示意图

案。通过探明隧道周围溶槽、溶管的发育方向，对于流动路径比较明确的溶管水，若明确隧道将溶管截断，则可通过在拱顶、边墙或底部适当部位增加辅助通道将溶管连通，不改变地下水的总体流动趋势。采用此法的优点是可以避免采用各种封堵方法引起工程造价成倍增加和工期延误，同时还可以防止隧道周围水压力升高，使结构产生附加应力。由于溶管水一般含有大量泥砂，因此相应的辅助管道应有较大的过水断面及一定的坡度，防止泥砂淤积。溶管连通示意如图 4-13-13 所示。

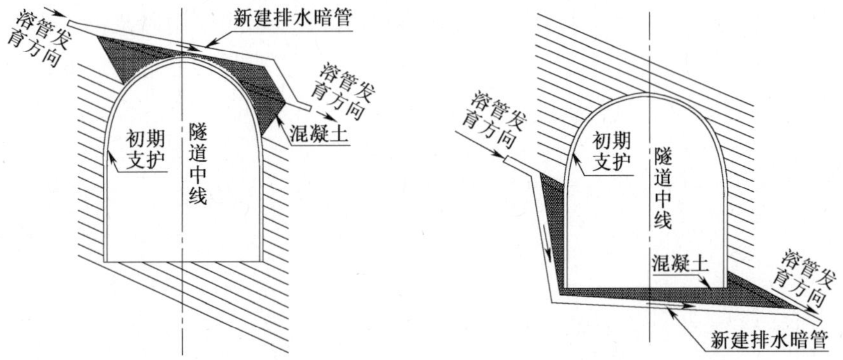

(a) 拱部溶管处理　　(b) 边墙溶管处理

图 4-13-13　溶管连通示意图

2)注浆封堵法。隧道在岩溶地段施工时，如超前探孔表明掌子面前方溶管比较发育，当探水孔出水量和水压较大时，为了防止突水、突泥，应根据溶管发育的位置和方向，采用局部预注浆截流和全断面预注浆封堵的措施，具体参考判定标准如下：

①任一个探水孔出水量 $Q>20\ m^3/h$ 或水压 $P>1.0$ MPa，应考虑采用全断面注浆封堵；

②任一个探水孔出水量 $10\ m^3/h<Q<20\ m^3/h$ 或水压 $0.5\ MPa<P\leqslant 1.0$ MPa，应考虑采用周边预注浆和掌子面局部注浆进行封堵；

③任一个探水孔出水量 $2.0\ m^3/h<Q\leqslant 10\ m^3/h$ 或水压 $0.2\ MPa<P\leqslant 0.5$ MPa，应考虑采用开挖后周边径向注浆和局部注浆、补充注浆相结合的方法进行封堵。

由于掌子面预注浆对施工和结构安全影响较小，因此对于溶管的注浆处理，应首先考虑选用开挖过程中全断面预注浆，并结合采用周边预注浆、局部注浆、补充注浆等方法。

3)限量排放法。如果探水孔流出清水，$Q\leqslant 2.0\ m^3/h$ 且 $P\leqslant 0.2$ MPa，并且能够确认隧道排水不会影响施工进度以及周围环境、相邻建筑物的安全时，可采用排放方案。但随着隧道运营时间的延长，隧道背后的排水系统中泥砂越积越多，排水系统常常被堵塞，尤其在严寒地区由于冻胀作用，排水系统堵塞现象更加严重。因此对于寒冷地区，隧道内地下水的排放应制订更为严格的标准。

(3)溶洞。溶洞对工程的影响，可分为对施工阶段安全的影响及对建筑物结构的影响。对施工阶段安全的影响主要表现为填充型溶洞以及洞穴围岩稳定性两方面；对建筑物的结构影响主要是指建筑物基础的悬空、洞穴顶板岩层过薄不能承受荷载而发生突然坍塌，从而引起建筑物的破坏。溶洞的治理，可对其按规模大小、填充情况及地下水大小进行划分，从而制定合理的治理方案。

1)全断面注浆封堵。若溶洞规模较大，内部填充了大量的泥砂，且含有丰富的地下水，一旦揭穿可能发生大规模突水、突泥，则应采取全断面预注浆加固的方法。注浆加固范围应为隧道开挖轮廓线以外 1～2 倍洞径，注浆段长度 30 m 左右，注浆孔孔径 ϕ90 mm～ϕ108 mm，注浆终止压力应为水压力的 2～3 倍，浆液扩散半径应达到 0.5～2.0 m。注浆方式可根据水压大小与成孔难易，采用袖阀管后退式注浆和安装孔口管分段前进式注浆，注浆材料可选用水泥—水玻璃双液浆和普通单液浆。每循环开挖宜剩余 3～5 m 作为止墙浆，若开挖后存在薄弱部位，可采用长短管进行局部补充注浆。全断面注浆封堵方法示意如图 4-13-11 所示。

2）置换注浆。当掌子面为含水的粉细砂或致密的黏土、砂夹黏土，采用渗透注浆、挤密注浆、劈裂注浆较为困难时，可采用置换注浆法，即在掌子面注浆过程中，在距离注浆孔 2 m 左右，预留几个排泄孔并安设孔口管和阀门，将适量泥砂排除并用浆液充填空隙。该方法可以降低注浆压力，促进浆液扩散。

3）填充封闭。当隧道拱部、边墙或底部存在小型干溶洞或空腔，内部几乎无充填物、无水，可采用砂石料、浆砌片石、干砌片石、水泥砂浆、混凝土等填充，必要时可进行注浆加固。若空腔内有少量水流动，则填充不应完全阻断地下水通道。

4）基底处理。当隧道底部为松散或软塑状的黏土或黏土沉积物，为了防止列车运行过程中结构产生固结沉降，应加强对地基的处理，隧道底部地基处理可采用跨越、注浆加固、换填、桩基等方法。

跨越：当溶洞规模较大、溶洞内充填物松软，地基处理工程修建困难、耗资巨大，或者溶洞虽小但要求不能堵塞水流时，可根据具体条件采用相应的梁跨、板跨等形式跨越岩溶地段。图 4-13-14 是南昆铁路沙厂坪 1 号隧道，线路右侧边墙通过纵向长度为 20 m 的溶洞，施工采用 24 m 超低高度钢筋混凝土梁跨越，梁体采用抗侵蚀混凝土。该段隧道部分衬砌采用明洞形式，隧道衬砌左边墙底采用砂浆锚杆加固，右边墙梁按梁结构设计，施工时采用先拱后墙法，在边墙梁支座与行车台座之间、边墙与隧道衬砌连接处均设置断缝，并在右边墙底加设联系钢筋增加与边墙之间的连接。

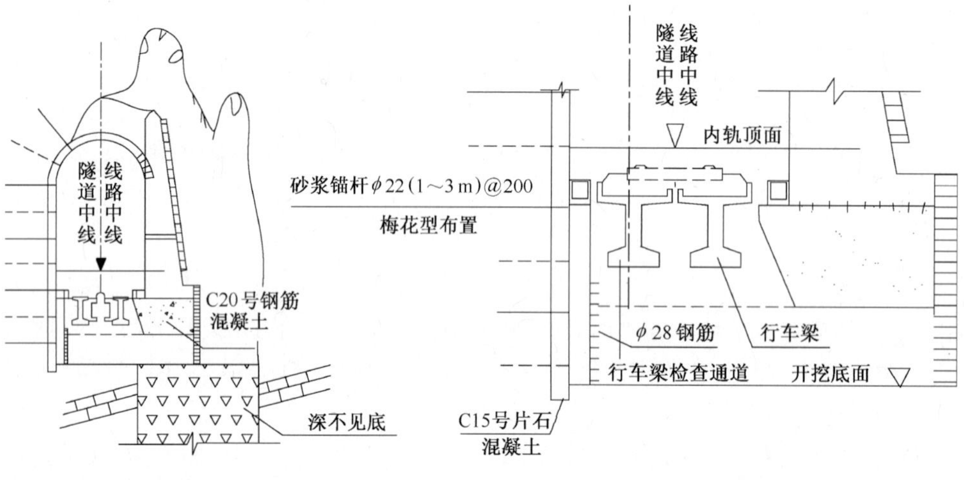

隧道溶洞断面图　　　　轨下断面大样图

图 4-13-14　隧道溶洞处理示意图

基底换填：当基底溶洞充填物的厚度小于 2.0 m（2.0 m 以下为基岩或微风化地层），可以考虑采用换填法，换填材料可选用浆砌片石、混凝土等。图 4-13-15 是南昆铁路长地隧道基底换填示意图，该隧道位于白云岩中，节理较为发育。开挖后遇到溶洞，隧道需横穿溶洞堆积带，施工中采用 M5 浆砌片石和 C10 混凝土对隧道底部进行了换填。

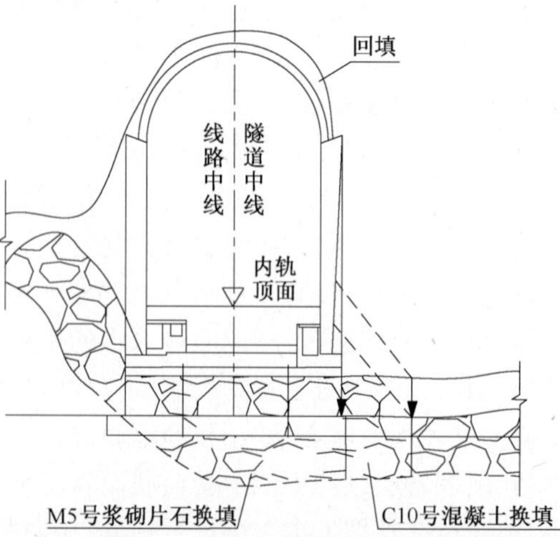

图 4-13-15　长地隧道岩溶处理

基底注浆加固：若基底溶洞充填物的厚度为隧道仰拱以下 2.0～10.0 m，可考虑采用注浆加固法。钻孔深度应深入基岩 3.0 m 左右，孔间距为 1.0～2.0 m，注浆管宜选用无缝钢管，直径为 ϕ76 mm～ϕ108 mm，注浆材料选用普通水泥或超细水泥浆，注浆压力不宜大于 1.0 MPa，注浆管上端应和仰拱相连，以提高支护结构的强度和刚度。注浆剖面如图 4-13-16 所示。

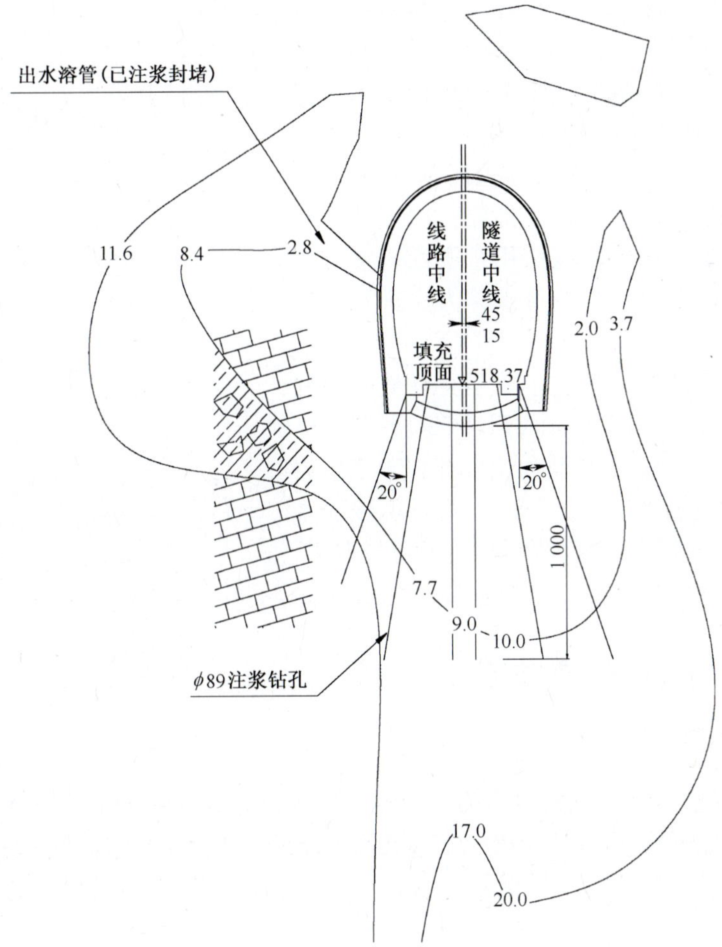

图 4-13-16　注浆剖面

桩基处理：若基底加固厚度超过 10.0 m，可考虑采用挖孔桩、钻孔桩或粉喷桩等进行加固。

5)支顶加固。当溶洞在隧道上方通过，溶洞内的充填物不含水或含有少量水时，可以考虑采用支顶加固的方法，支顶加固通常采用的加固形式有支撑墙、支撑柱，梁、拱支顶加固等(图 4-13-17)。

支撑柱加固：根据溶洞形态的不同，采用支撑柱加固溶洞顶板，以减少顶板悬空跨度，柱的间距根据稳定性及受力条件进行确定，同时还需考虑节理、溶缝的发育情况。

图 4-13-17　溶腔支撑柱

梁、拱支顶加固：图 4-13-18 是渝怀线构树坪隧道岩溶处理示意图，隧道 DK254＋060～＋064 段拱部发育一底部宽 4 m、顶部宽 9 m 的漏斗型溶洞，溶洞内充填物松散，不宜采用墙、柱支顶；回填加固不可靠；采用注浆施工工程费用高。故最终采用的处理方案为：溶洞四周挂网锚喷，洞壁施作小导管，在小导管下部沿隧道横向布置工字钢过梁，然后再纵向布置工字钢，并与横梁焊接，其上加一层钢筋网，并用 C20 混凝土将钢梁、导管及钢筋网浇筑成厚度 1 m 的整体结构，衬砌作业完成后进行背后注浆回填。

6)地面注浆。当隧道埋深不大，并且通过地表钻孔、连通试验、地面沉降、地下水位变化观测、水化学分析等手段，确定了溶管或溶洞的位置和发育方向，若岩溶发育情况比较简单，可通过地面局部注浆、帷幕注浆等方法阻断岩溶水下渗通道，保证隧道开挖不受岩溶水影响。地表注浆压力应随着钻孔深度而变化，一般不超过上覆土压和水压之和的 0.5 倍，同时一定要严格控制浆液扩散范围，防止对附近井、泉、农田等造成污染或破坏。

7)排水减压。当岩溶水是从坚硬、完整的基岩中流出，几乎不含泥砂，且水量、水压均不大，水排放对周围环境和隧道结构安全不会造成太大影响，可采用掌子面直接排放或平行导坑、排水洞、横洞、迂回导坑排水等方法进行排水减压。

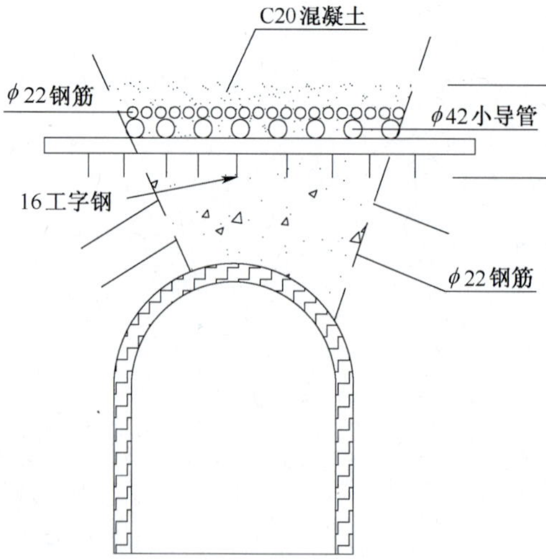

图 4-13-18　枸树坪隧道岩溶处理

(4)暗河。在对暗河进行治理之前，应首先调查暗河周围的岩性、构造和地貌特征，确定暗河成因，测量岩层产状，预测暗河通道的位置及走向。大型暗河主要存在于强溶岩中的断层破碎带，特别是胶结疏松、宽度大的断层破碎带中；可溶岩与非可溶岩的接触界面，如灰岩、白云岩与泥岩、页岩的接触面。暗河段的隧道施工，应遵循以排为主的原则，不可人为进行封堵。

13.4　高地应力(岩爆)隧道施工

13.4.1　岩爆机理及强度分级

岩爆是地下工程开挖过程中，硬脆性围岩受地应力分异和集中的影响(径向约束卸除，环向应力骤然增加，能量进一步集中)，导致储存于岩体中的弹性应变能突然释放，因而产生爆裂松脱、剥落、弹射甚至抛掷现象的一种动力失稳地质灾害。岩爆直接威胁施工人员及设备安全，影响工程进度，已成为地下工程世界性难题之一。

1. 岩爆形成机理

隧道开挖打破了原有的围岩地应力平衡关系，使原有的平衡地应力分异为开挖坑道周边的切向应力和径向应力，切向应力在坑道周边处最大，随着与坑道距离的增加而减小，径向应力在坑道周边处最小，随着与坑道周边的距离减小而增加(图 4-13-19)。

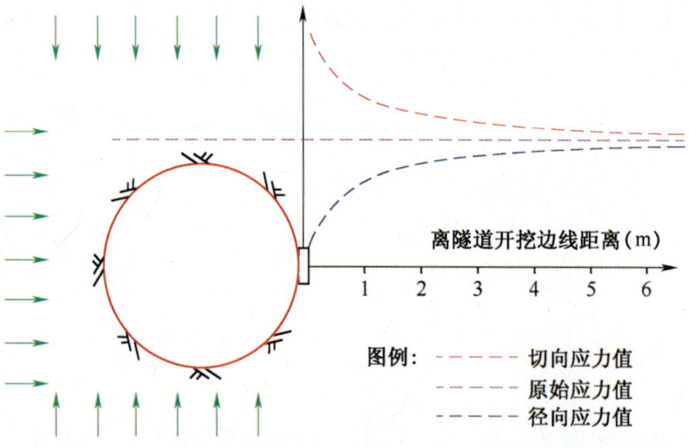

图 4-13-19　隧道开挖地应力分布与隧道关系示意图

岩爆的形成机理可分为应力型破坏和应变型破坏。其中，应力型破坏主要伴随产生节理、剥落、片帮等现象；应变型破坏主要伴随大变形、凸帮和鼓底等现象。根据岩爆工程经验总结，一般认为有五大因素影响或控制岩爆发生：

(1)岩石干燥无水。

(2)岩石抗压强度较高(>80 MPa)。

(3)岩石完整性好。

(4)隧道埋深较大。

(5)最大初始地应力/岩石单轴抗压强度>1/3,若具备以上三个因素便容易产生岩爆。

2. 岩爆强度分级

按《高速铁路隧道工程施工技术指南》中对岩爆等级划分标准,将不同程度的岩爆分为3个等级,见表4-13-5。

表4-13-5　岩爆烈度分级表

岩爆分级	围岩级别	隧道埋深(m)	R_C	I_n	σ_1/R_c	主要现象
轻微岩爆	Ⅱ、Ⅲ	50~200	80~120	3.5~5.5	0.15~0.24	围岩表层有爆裂脱落、剥离现象,内部有噼啪、撕裂声;岩爆零星间断发生,影响深度小于0.5m;对施工影响较小
中等岩爆	Ⅱ、Ⅲ	200~700	120~180	5.0~7.5	0.2~0.35	围岩爆裂脱落、剥离现象较严重,有少量弹射,有似雷管爆破的清脆爆裂声;有一定持续时间,影响深度0.5~1m;对施工有一定影响
强烈岩爆	Ⅰ、Ⅱ	>700	>180	>7.5	>0.3	围岩大片爆裂脱落,出现强烈弹射;有似爆破的爆破声;持续时间长,并向围岩深度发展,影响深度大于1m;对施工影响大,甚至摧毁工程

注:R_C为岩石单轴抗压强度;I_n为岩石脆性指数;σ_1为最大主应力。

岩爆对隧道工程施工的危害如图4-13-20~如图4-13-21所示。

图4-13-20　Ⅳ级岩爆

图4-13-21　Ⅲ~Ⅳ级岩爆毁坏凿岩台车

13.4.2　施工技术

1. 岩爆隧道施工原则

由于岩爆的发生具有很强隐蔽性和破坏性,施工中必须遵循“预测超前、准确定性;方案合理、措施得力;刚柔并举,宁强勿弱”的原则,防止产生岩爆或降低岩爆发生的等级。

“预测超前、准确定性”是指在隧道开挖前,应充分利用现有的超前地质预报手段,预测掌子面前方围岩的完整性和强度等级,在此基础上,根据测定或按经验推算的隧道埋深自重应力及构造应力,分析岩爆发生的可能性及发生的等级,为制定合理的施工方案奠定基础。

“方案合理、措施得力”是指在已经明确判定隧道掌子面前方围岩具备岩爆发生的条件及其可能发生的岩爆等级的基础上,制定合理的施工方案,在此基础上,细化各施工工序的技术措施,有效遏制或降低岩爆的发生。

“刚柔并举,宁强勿弱”是指在隧道开挖后,应根据岩爆预测等级情况,选择合适的支护方式。一方面,应允许集中的高地应力有一定程度的释放;另一方面,又必须遏制其过度释放而导致岩爆。因此,一般采取刚性支护和柔性支护相结合的支护方式,支护强度则应比预测的岩爆强度等级提高一个级别进行考虑。

2. 岩爆隧道施工工艺流程

岩爆隧道施工工艺流程如图4-13-22所示。

3. 超前地质预报

岩爆作为一种不良地质灾害，有其自身的发展条件和规律，可根据岩石的完整性、单轴抗压强度指标、围岩的应力水平等因素进行岩爆预测。围岩的完整性可以通过超前地质预报（包括物探和钻探）进行判断，围岩的岩石力学指标可以通过岩石取样进行室内试验获得，围岩的地应力水平值可以通过隧道埋深进行自重应力计算或采用地应力孔进行测试，目前我国采用的岩爆判定依据主要有卢森判据、陶振宇判据、强度/应力判据和能量判据（表 4-13-6）。

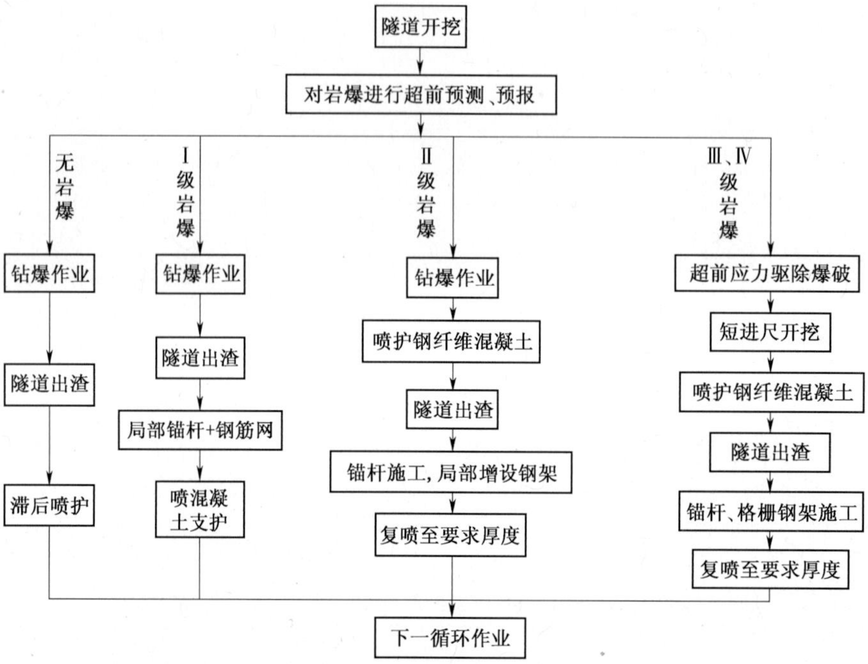

图 4-13-22　岩爆隧道施工工艺流程图

表 4-13-6　岩爆判定依据和标准表

分级	我国工程岩体分级标准	卢森判据	陶振宇判据	R_b/σ_1 判据	能量判据
无岩爆	$R_c/\sigma_1>7$	$\sigma_\theta/R_c<0.2$	$R_c/\sigma_1>14.5$	$R_b/\sigma_1>6$	$W_{ET}<2.0$
轻微岩爆	$R_c/\sigma_1=4\sim7$	$0.2\leqslant\sigma_\theta/R_c<0.3$	$14.5\geqslant R_c/\sigma_1>5.5$	$R_b/\sigma_1>3\sim6$	$2\leqslant W_{ET}<5$
中等岩爆	$R_c/\sigma_1=4\sim7$	$0.3\leqslant\sigma_\theta/R_c<0.55$	$5.5\geqslant R_c/\sigma_1>2.5$	$R_b/\sigma_1>3\sim6$	$2\leqslant W_{ET}<5$
强烈岩爆	$R_c/\sigma_1<4$	$0.55\leqslant\sigma_\theta/R_c$	$2.5>R_c/\sigma_1$	$R_b/\sigma_1<3$	$5<W_{ET}$

注：R_c为岩石单轴抗压强度；R_b为岩石饱和单轴抗压强度；σ_1为最大主应力；σ_θ为坑道周边切向应力；W_{ET}为卸载所释放的弹性应变能和损耗的弹性应变能之比。

另外，还可以通过电磁辐射（EMR）法来进行岩爆的预测。电磁辐射预报仪是依据岩体破坏过程中，弹性范围内不产生电磁辐射，峰值强度附近的电磁辐射最强烈，软化后无电磁辐射的原理开发的。在施工过程中，通过监测岩石破裂过程中发出的电磁辐射脉冲信号，采集相关数据并进行分析来预测岩爆。该方法具有操作简单、不占用循环作业时间、预报效果好的特点。

综上所述，岩爆隧道施工应尽量采用一些简单、有效的手段对掌子面前方岩爆发生的可能性及岩爆等级进行预测，以便提前选择、制定合理的施工方案。

13.4.3　岩爆防治措施

1. 轻微岩爆防治措施

轻微岩爆（Ⅰ级）多表现为隧道周边表层围岩在地应力作用下易剥离、脱落，其发生规模小，围岩的自身稳定性好。轻微岩爆的防治措施包括：

（1）采用光面爆破，增加隧道开挖面的平整、圆顺程度，减小应力集中。

（2）爆破后及时喷射混凝土，填补爆破凹坑，提高其平整度，能有效限制隧道爆破作业后表层围岩径向应力的完全分异，从而遏制岩爆发生。

(3)隧道出渣后,在局部应力集中区或主应力方向增设锚杆,进一步提高隧道周边围岩的抗剪切能力,防止切向应力过高导致围岩剪切破坏。

2. 中等强度岩爆防治措施

中等岩爆(Ⅱ级)与轻微岩爆相比,其规模相对较大,且常伴有弹射现象,岩爆坑深度一般在 1m 左右,对施工的危害相对较大。中等强度岩爆应从降低应力值水平和加强支护两方面采取措施进行防治,具体包括:

(1)采用光面爆破,增加隧道开挖各面的平整、圆顺程度,减小应力集中。

(2)爆破作业后及时喷射钢纤维混凝土,填补爆破凹坑,提高其平整度;在喷射混凝土中添加钢纤维,能改善混凝土性能,提高其支护能力。

(3)在隧道洞壁钻设径向应力调节孔,改善隧道周边围岩应力水平,降低岩爆发生的强度等级。

(4)隧道出渣后,全断面设置中长锚杆、布设钢筋网、局部采用钢架加强支护,并喷射钢纤维混凝土及时进行封闭,防止岩爆发生。

(5)对隧道周边及掌子面围岩进行喷雾、洒水,在一定程度上软化围岩,降低其强度和脆性,使其能承受更大的变形而不至于破裂、脱落甚至弹射。

3. 强岩爆、极强岩爆防治措施

强岩爆(Ⅲ级)及极强岩爆(Ⅳ级)发生时,围岩大片爆裂脱落,出现强烈弹射,产生类似爆破的爆裂声或闷雷声,持续时间长,影响深度大于 3m。强岩爆、极强岩爆防治措施如下:

(1)实施超前应力解除爆破,减小掌子面前方围岩地应力水平。高地应力是强(极强)岩爆发生的一个关键因素。因此,实施超前爆破,降低掌子面前方围岩地应力,有利于降低岩爆发生强度等级甚至阻止岩爆发生。超前应力解除爆破并非真正意义上的解除地应力,而是通过超前爆破手段,将掌子面前方围岩体内的高地应力向隧道轮廓范围外进行转移,从而降低隧道开挖线周边围岩的应力水平,即通过超前爆破,对原始状态的高地应力状态进行充分调整,使之不利于岩爆的发生。

常用的应力解除爆破一般有两种形式,一种是应力调整爆破,即通过对隧道开挖线外 1～2m 范围内岩体进行爆破,产生裂缝以降低开挖体附近岩体的应力值,从而达到降低岩爆强度等级的效果;另一种是应力驱赶爆破,即在隧道周边主应力方向一定距离以外通过爆破形成破碎带,该方法能明显降低破碎带内岩体的应力值,从而起到降低岩爆强度等级的目的。

1)应力调整爆破。具体施工方案为在掌子面均匀布置超前应力驱除孔,钻孔深度按单循环进尺的 2 倍进行控制,同时炮孔向隧道周边设置一定外插角,外插角度以满足炮孔底落在隧道开挖线外 1～2 m 为宜;孔间距 2 m 左右,单孔装药长度 1.5～2.0 m,装药量应使实际爆破能将岩体振裂而不至破碎为宜。炮孔布置如图 4-13-23 所示。

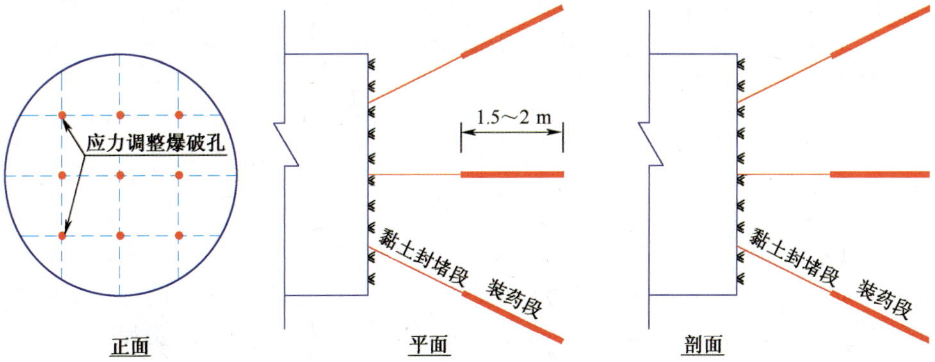

图 4-13-23　应力调整爆破炮孔布置示意图

2)应力驱赶爆破。应力驱赶爆破是通过在隧道开挖线外主应力方向上 90°范围内一定距离[一般 $K=(0.3\sim0.5)D$]进行爆破,形成松动破碎带,降低隧道开挖范围内的应力水平,从而降低岩爆发生的概率与强度等级(炮孔布置如图 4-13-24 所示)。

(2)应力释放孔。应力释放孔根据其设置形式的不同,分为超前围岩应力释放孔和周边围岩应力释放孔。

1)超前围岩应力释放孔在隧道开挖前向掌子面前方超前钻设,释放孔主要分布于隧道开挖轮廓周边,中部可按 2～3 m 间距均匀布置,钻进深度为隧道单循环进尺的 2 倍。

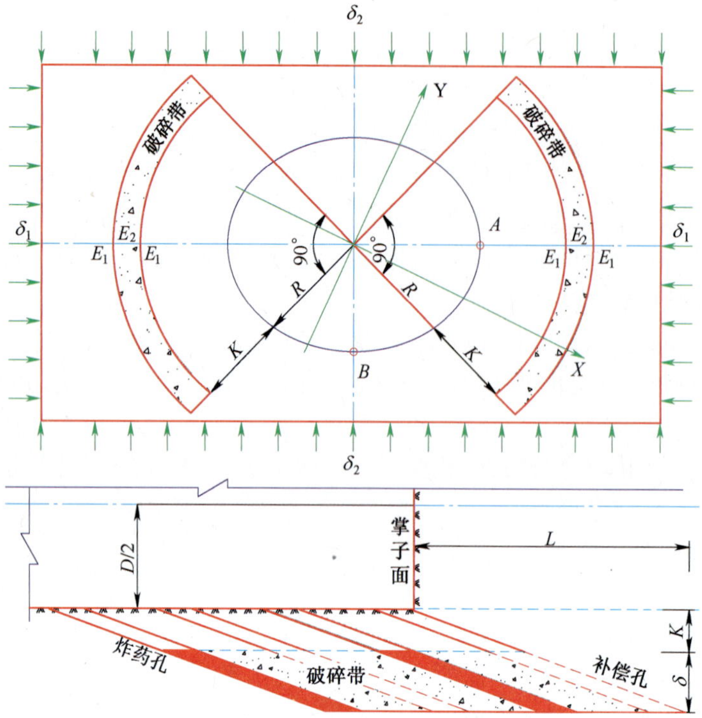

图 4-13-24　应力驱赶爆破炮孔布置示意图

2)周边围岩应力释放孔在隧道爆破喷护后实施,应力释放孔沿隧道周边布置,并设置一定外插角,但角度不宜太大,过大围岩容易在开挖后切向应力的作用下沿钻孔线脱落而诱发岩爆,一般以孔底位于开挖轮廓线外 30～50 cm 较为合适,钻孔深度以(0.3～0.5)D(D 为隧道洞径)为宜,布置间距为孔深的 0.6～0.8 倍,在主应力方向取小值,次应力方向取大值。周边应力释放孔布置及应力改善如图 4-13-25 所示。

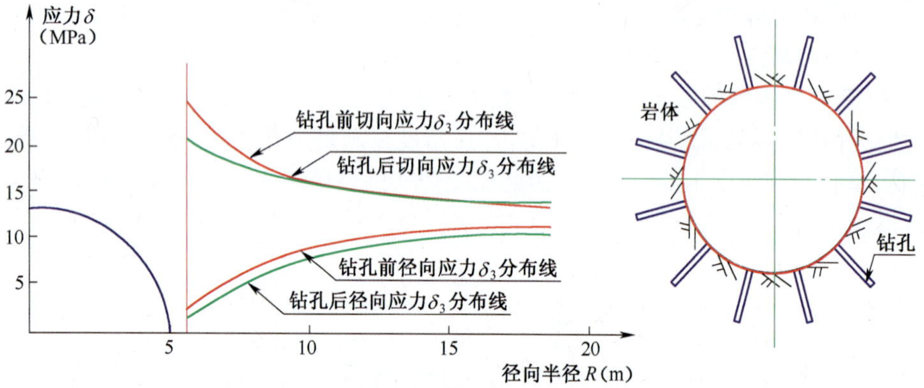

图 4-13-25　周边应力释放孔布置及应力改善示意图

(3)控制开挖循环进尺。单循环进尺的选择将影响岩爆的强度等级。一般来说,在隧道开挖断面一定且隧道掌子面稳定的情况下,单循环开挖进尺即为围岩暴露的纵向跨度,从而决定了岩体自身抵御高地应力的面积,在其他条件相同的情况下,面积越大发生岩爆的强度等级或因岩爆引发的隧道坍塌规模也就越大。因此对于强(极强)岩爆隧道,宜采用短进尺进行开挖,即通过降低单循环钻爆设计进尺和增设掌子面临时锚杆的措施防治岩爆,开挖进尺一般控制在 2 m 左右为宜。

(4)喷射混凝土。及时、有效的支护措施是防止岩爆发生的主动策略,支护措施主要包括喷射混凝土、锚杆、钢架等支护体系,防止地应力进一步释放。

常规喷射混凝土初凝和终凝时间分别为 5 min 和 10 min,如果加大速凝剂用量,能适当减小混凝土凝胶时间,但同时会降低混凝土后期强度,影响喷射混凝土的永久支护能力。岩爆隧道喷射混凝土与一般普通喷射混凝土相比,一般需要掺加钢纤维和细磨(纳米级)矿粉。钢纤维能提高混凝土的抗剪性能,细磨矿粉能缩短混凝土的初凝和终凝时间,同时提高混凝土的黏结力和改善混凝土的后期强度。喷射混凝土之前先对岩面进行清洗,喷射作业应分段、分片按照由下而上的顺序进行,尽量一次喷射完成;岩面有较大凹洼时,先喷凹处找平，减缓应力集中；分层喷射时，后一层喷射应在前一层混凝土终凝后进行，若终凝后间隔 1 h 以上再次喷射时，应重新清理受喷面；喷射作业应紧跟开挖作业，减少围岩暴露时间(图 4-13-26)。

(5)锚杆。喷射混凝土后及时进行锚杆施作，锚杆宜选择水力膨胀锚杆，具有安装简单快速、适应变形和全长及时受力的优点。对于涨壳头锚杆而言，虽安装快速简单并能及时受力，但它不是全长受力，抗拔力小于 4 MPa，且锚杆自身无沿展性，不能适应围岩的变形，一旦围岩出现片帮或剥落，锚杆即失去支护力；对于砂浆锚杆，虽然能发挥长时间支护效果且抗拔力高，但其安装工艺相对复杂，安装速度缓慢，安装后不能及时受力。因此对于强(极强)岩爆而言，水力膨胀式锚杆是治理岩爆的首选。施工内容包括钻孔、清孔、插入杆体、连接高压泵、压注高压水至额定压力、停止供水、拆卸高压水管路。该锚杆施工简单、快捷，安装一根锚杆不超过 2 min，锚杆安装后便能提供全长的锚固力和黏结力，同时杆体能随应力的释放适应 5～30 cm 的围岩变形，且其锚固力也能随着杆体的拉伸而增加(图 4-13-27)。

图 4-13-26　喷射细磨矿粉钢纤维混凝土

图 4-13-27　水涨式锚杆施工

(6)纵向切槽。在有切槽设备的情况下，先沿隧道纵向进行切槽，再进行隧道中心围岩爆破能有效降低岩爆发生的强度等级。这是由于切槽能确保开挖轮廓的圆顺，减小围岩应力集中；同时，超前的切槽也能改善地应力的分布状态。

(7)喷、洒水。对于一些岩石软化系数较小的强(极强)岩爆洞段，除上述措施防治岩爆外，爆破作业后及时进行喷、洒水及钻设应力释放孔，也有助于岩爆的防治。喷、洒水在隧道开挖爆破后及时实施。施工时，在隧道边墙左右侧一定高度设置两个喷嘴(设置高度以爆破石渣堆积高度以上 1 m 为宜)，并与后方高压水管相连。喷水角度以尽量湿润岩面软化岩石为宜，喷射时间 10～30 min，之后为避免喷水对出渣造成影响，可改为雾状喷水。

13.5　瓦斯隧道施工

13.5.1　瓦斯及其爆炸条件

瓦斯主要成分为甲烷，是一种无色、无味的气体。在标准状态下(气温为 0 ℃，大气压为 1.01×10^5 Pa)，1 m^3 甲烷的质量为 0.76 kg，其相对密度 0.55，比空气轻。瓦斯具有很强的扩散性，扩散速度是空气的 1.34 倍。隧道内瓦斯浓度的分布取决于其涌出源的分布和涌出强度。当无瓦斯涌出源时，瓦斯在隧道断面内的分布是均匀的；当有瓦斯涌出源时，在其涌出的侧壁附近会出现瓦斯浓度增高，隧道拱顶部、冒落区顶部往往积聚高浓度瓦斯。瓦斯对隧道施工安全的威胁主要表现为瓦斯窒息与瓦斯爆炸。

瓦斯窒息：瓦斯本身虽然无毒，但在空气中浓度较高时，会相对降低空气中的氧气含量。当瓦斯浓度达到 57%时，氧气浓度就会降至 9%，短时间内人就会因缺氧窒息而死亡。

瓦斯爆炸：当瓦斯与空气混合达到一定浓度时，遇到高温火源就能燃烧或发生爆炸。瓦斯爆炸的化学反应式为：

$$CH_4+2O_2 \xlongequal{} CO_2+2H_2O+882.6\ \text{kJ/mol}$$

从上式中看出，瓦斯在高温火源作用下与氧气发生化学反应，生成二氧化碳和水蒸气，并放出大量的热，这些热量能够使反应过程中生成的二氧化碳和水蒸气迅速膨胀，并以极高的速度向外冲出。瓦斯爆炸必须具备以下 3 个条件：

1. 瓦斯浓度

瓦斯爆炸只发生在一定的瓦斯浓度范围内，一般是5%～16%。当瓦斯浓度低于5%时，由于参加化学反应的瓦斯较少，不能形成热量积聚；浓度介于5%～9.5%之间时，爆炸威力逐渐增强；瓦斯浓度介于9.5%～16%之间时，爆炸威力呈逐渐减弱的趋势；当浓度高于16%时，由于空气中的氧气不足，满足不了氧化反应的全部需要，只有部分瓦斯能与氧气发生反应，所生成的热量被多余的瓦斯和周围介质吸收，因此也不能发生爆炸。

2. 引火温度

瓦斯爆炸的第二个基本条件是高温火源的存在。明火、煤炭自燃、电气火花、赤热的金属表面、吸烟、放炮、安全灯网罩、架线火花、甚至撞击和摩擦产生的火花等都足以引燃瓦斯。

3. 氧气含量

瓦期爆炸界限随着混合气体中氧气浓度的降低而减小。氧气浓度降低时，瓦斯爆炸下限缓慢提高，而瓦斯爆炸上限则迅速下降，当氧气浓度降至12%，混合气体中的瓦斯就失去了爆炸性。

13.5.2 施工技术

瓦斯隧道施工总体原则：控火源，快封闭，防突出，强通风，勤监测。施工采用新奥法施工，采用电力起爆，使用煤矿许用炸药及煤矿许用电雷管进行光面爆破，采用挖掘机、装载机装渣，自卸汽车运输出渣；初期支护采用喷射混凝土、锚杆、钢筋网、以及型钢或格栅钢架进行支护。二次衬砌采用全断面液压衬砌台车施工，仰拱先行、拱墙一次成型。施工前应将洞内供电线路、电气设备、机械设备全部更换或改装为防爆型设备。通风系统采用压入式通风方式，配合局部扇形通风；采用“双保险”瓦斯监测措施，即遥控自动化监测系统与人工现场监测相结合。

1. 爆破作业

瓦斯隧道爆破作业必须采用煤矿许用炸药，起爆必须采用电力起爆，并使用煤矿许用电雷管，严禁使用秒或半秒级电雷管。使用煤矿许用毫秒延期电雷管时，最后一段的延迟时间不得大于130 ms；采用电雷管起爆时，严禁反向装药；采用正向连续装药结构时，雷管以外不得装药卷。在岩层内爆破，炮眼深度不足0.9 m时，装药长度不得大于炮眼深度的1/2；炮眼深度为0.9 m以上时，装药长度不得大于炮眼深度的2/3。在煤层中爆破，装药长度不得大于炮眼深度的1/2。

爆破网络和连线，必须符合以下要求：

(1)必须采用串联连接方式。线路所有连接接头应相互扭紧，明线部分应包覆绝缘层并悬空。

(2)母线与电缆、电线、信号线应分别挂在巷道两侧。若必须在同一侧时，母线必须挂在电缆下方，并应保持0.3 m以上的间距。

(3)母线应采用具有良好绝缘性和柔软性的铜芯电缆，并随用随挂，严禁将其固定。母线长度必须大于规定的爆破安全距离。

(4)必须采用绝缘母线单回路爆破。

(5)严禁将瞬发电雷管与毫秒电雷管在同一串联网路中使用。

2. 初期支护

爆破过后，用高压风清面后立即喷射混凝土，及时施作隧道初期支护并封闭成环，减少瓦斯逸出。喷射混凝土宜掺气密剂。

3. 防水板施工

防水板必须采用冷粘工艺施工的防水板，禁止使用热焊工艺施工型防水板。防水板必须经过检测方可使用，检测的项目包括：断裂拉伸强度(常温)(MPa)，断裂伸长率(常温)，撕裂强度(kN/m)，透水性、厚度等指标。

13.5.3 瓦斯探测监控系统

1. 瓦斯超前探测

瓦斯超前探测一般采用超前钻孔，钻孔施工过程中应记录钻进情况、钻孔岩性、瓦斯涌出情况、瓦斯动力现象等，单个断面的钻孔布置及钻孔深度根据现场钻进与瓦斯监测情况确定。瓦斯压力测定采用主动式快速测压法，其测压时间仅仅相当于传统测压方法的0.56%，测压准确率和成功率都远远高于传统方法；钻孔瓦斯涌出量、钻孔瓦斯涌出衰减系数采用容积式流量计进行测定，通过探测数据可以计算出隧道在开挖过程中可能产生的瓦斯涌出量。

2. 人工检测

施工中采用光干涉瓦斯检定器对瓦斯进行人工检测，同时结合使用便携式瓦斯自动检测报警仪和瓦斯自动报警断电仪进行自动检测。

(1)瓦斯浓度管理。瓦斯浓度实行三级管理：瓦斯浓度低于 0.3%可正常施工；瓦斯浓度大于 0.4%、低于 0.5%，应报警处理并加强通风；瓦斯浓度大于 0.5%，应局部停工进行检查。一旦发现瓦斯浓度超标，应立即采取撤离人员、断电停止作业、加强通风等措施；在恢复通风前，必须首先确认停风区瓦斯浓度不超过 1%、局部通风机及其开关地点周围区域瓦斯浓度不超过 0.5%时，方可恢复正常供风。

(2)瓦斯检测频率与范围。瓦斯隧道施工必须坚持 24 h 瓦斯检测制度，瓦检员实行三班制。瓦斯浓度在 0.1%以下时每小时检查 1 次，瓦斯浓度在 0.1%以上时每 30 min 检查 1 次，瓦斯浓度超过 0.3%的地段，检测频率每 20 min 一次，各种通风死角每班进洞检测一次，每个检测断面检查 3～5 个点，即拱顶、两侧拱脚及两侧墙脚；存在瓦斯突出危险的工作面必须有专人经常检查，并安设瓦斯断电仪。特殊工序如电焊作业应尽量在洞外进行。

瓦斯检查的主要范围：隧道所有开挖工作面、局部塌方地点、机械电气设备所在区域，防水板背后，焊接、切割地点作业周边 20 m 范围内等。

(3)瓦斯浓度规定。

1)隧道任一地点回风风流中瓦斯浓度超过 0.5%或二氧化碳浓度超过 1.5%时，必须停止工作，撤出人员并采取措施进行处理。

2)在局部通风机及其开关附近 20 m 范围内的风流中，当瓦斯浓度都不超过 0.5%时，方可人工开启局部通风机。

3)对因瓦斯浓度超过规定被切断电源的电气设备，必须在瓦斯浓度降到 0.5%以下时，方可重新通电启动。

4)焊接、切割地点前后 20 m 范围内，瓦斯浓度不得大于 0.5%。

5) 停工区内当瓦斯或二氧化碳浓度达到 0.5%而不能立即处理时，必须在 24 h 以内进行封闭。

3. 瓦斯自动监控系统

瓦斯自动监控系统由计算机、打印机、数据通信接口、分站、通信电缆、传感器组成，通过在开挖掌子面(包括横通道)、衬砌台车、洞口回风流中布置低浓瓦斯探测器对瓦斯进行监控，该系统具有自动化程度高、工作效率高、人为工作量小等优点。监测项目包括：工作面瓦斯浓度与氧气浓度、回风瓦斯浓度、风机工作状况等(图 4-13-28～图 4-13-31)。

图 4-13-28　瓦斯监控系统自动遥测探头

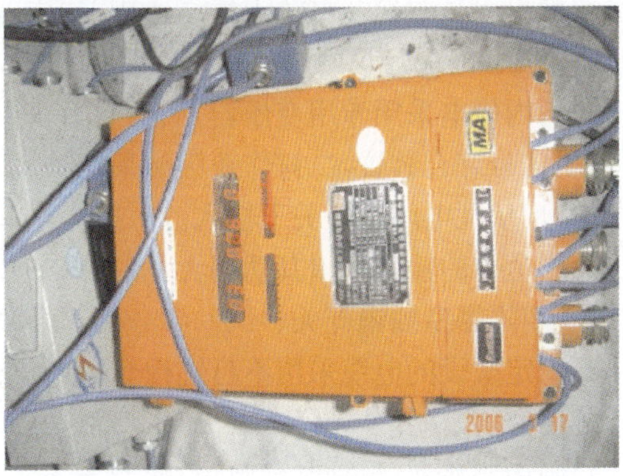

图 4-13-29　瓦斯监控系统分站电源控制箱

13.5.4　通风、电力与照明系统

1. 风机及风筒选型

(1)风机选型。根据设计风量及通风阻力计算结果，风机选型应注意转速、功率、风量、全压、全压效率等是否满足设计要求。选型时应对几种技术参数较为接近的风机进行比选。

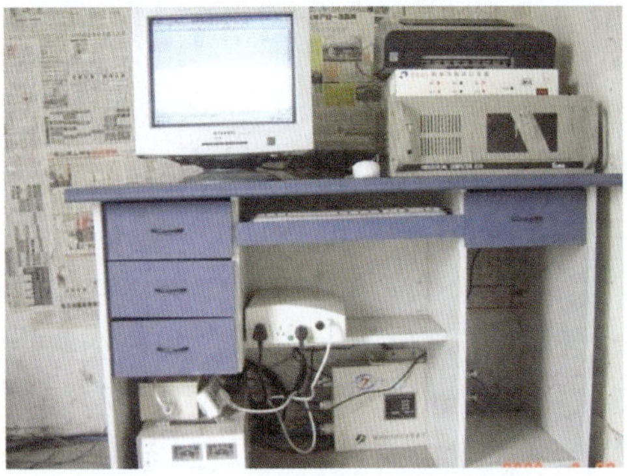

图 4-13-30　瓦斯监控系统控制中心

图 4-13-31　瓦斯监控系统洞口大屏幕

(2)风筒选用。风筒选型应注意耐内压、膨胀率、百米风阻、百米漏风率等技术参数是否满足设计要求。

2. 主通风与辅助通风系统

根据风量计算结果确定通风机台数以及风筒断面面积,同时准备一台同型号的通风机备用(图 4-13-32)。

图 4-13-32　洞口主通风设备

根据衬砌台车数量、工作面数量、加宽带(横通道)数量配置局部通风机,局部通风机功率应根据隧道断面积、瓦斯浓度、特殊区域(例如掌子面、坍塌区、防水板施工区、二衬施工区)的局部通风要求进行确定。

3. 瓦斯隧道通风管理

瓦斯隧道施工期间必须实施连续通风。因检修、停电、爆破、修补(或接长、更换)风筒或其他原因停风时,必须撤出人员并切断电源。恢复通风前,应首先检查瓦斯浓度,符合设计及规范要求后方可复工。

4. 电缆、开关、灯具的选用

(1)洞内供电采用专用变压器,洞内动力电供电电压 380 V,照明电不大于 127 V;洞内照明采用矿用隔爆型照明信号综合装置,二衬作业区域采用矿用隔爆型白炽灯,开挖面照明采用矿用隔爆型投光灯;洞内的所有电力均从瓦电闭锁开关下接入。

(2)隧道内的输送泵因其功率大,应采用专线供电;隧道内使用的移动电力设备(电锯、电锤、捣固器等)应使用矿用隔爆型插销开关。

(3)固定敷设的电缆采用不延燃橡套电缆;移动式或手持式电气设备采用不延燃橡套电缆;开挖面采用铜芯不延燃电缆。

(4)洞内电缆按下列规定敷设:电缆悬挂点间的距离为 3 m;电缆与风、水管敷设在同一侧,其间距应大于 1.5 m;电缆与电气设备连接,应使用具有防爆性能的接线盒。电缆芯线使用线鼻子与电气设备连接。

(5)禁止高压馈电线路单相接地运行,当发生单向接地时,应立即切断电源。低压馈电线路上,必须装设能自动切断漏电线路的检漏装置,可采用 JY82 型隔爆型检漏继电器。

(6)隧道电气设备的金属外壳、构架等,都必须有保护接地,其接地电阻值应满足下列要求:接地网上任一保护接地点的接地电阻值不得大于 2 Ω;每一移动式或手持式电气设备与接地网间的保护接地,所用的电缆芯线的电阻值不得大于 1 Ω。

5. 瓦电闭锁系统与风电闭锁系统

在瓦斯远程自动监控系统中设置断电仪，实现瓦电闭锁，即任一处瓦斯遥测探头瓦斯浓度超过设置值(一般取 0.5%)时，立即全洞断电；在安设风机处设瓦斯浓度传感器和风机开停传感器并实现瓦电闭锁、风电闭锁，即当横洞风机吸入风流瓦斯浓度达到 0.5%时，能自动切断横洞施工风机以及横洞内所有非本质安全型机电设备的电源；当隧道主洞风机停止运转时，能自动切断横洞施工风机以及横洞内所有非本质安全型机电设备的电源。同时，每周对瓦电闭锁功能、风电闭锁功能进行测试。

13.5.5　瓦斯隧道施工机械

目前隧道施工所使用的机械设备基本上是通用型设备，这类型设备不具防爆性能，只能用于无瓦斯的隧道。瓦斯隧道施工需要防爆型机械设备，防爆机械设备可以在煤矿机械中进行选用(图 4-13-33～图 4-13-36)。

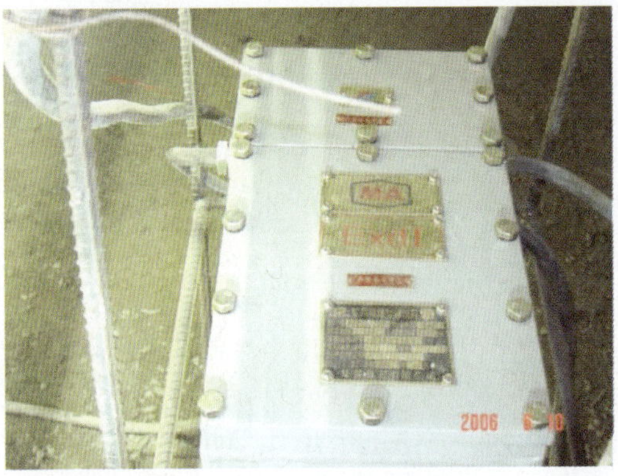

图 4-13-33　洞内防爆设备

图 4-13-34　防爆局部通风机

图 4-13-35　防爆出渣车

图 4-13-36　防爆混凝土罐车

13.5.6　瓦斯防治措施

1. 瓦斯防突措施

瓦斯隧道开挖接近煤层时，需要对瓦斯突出进行危险性预测，预测方法包括瓦斯压力法、综合指标法、钻屑指标法、钻孔瓦斯涌出初速度法或 R 指标法。若任何一项指标超过临界指标，该开挖工作面即可判定为瓦斯突出危险工作面。

瓦斯突出危险性预测指标临界值见表 4-13-7。

经预测有煤与瓦斯突出危险时，应在揭煤前制定包括技术、组织、安全、通风、抢险、救护等应急措施与预案。

有效的瓦斯防突技术措施：

(1)围岩注浆。注浆主要有两个方面的作用：一是可以稀释瓦斯，降低瓦斯压力；二是能对围岩进行加固，提高围岩自身的稳定能力，从而提高瓦斯防突能力。

(2)钻孔排放瓦斯。钻孔个数、排放半径、排放时间应根据瓦斯含量、排放范围、工期等多个因素综合分析确定，排放孔施工参数参照表 4-13-8。

表 4-13-7　突出危险性预测指标临界值

预测方法	预测指标	突出危险性临界值
瓦斯压力法	P(MPa)	0.74
综合指标法	D	0.25
	K	20(无烟煤);15(其他煤)
钻屑指标法	Δh_2(Pa)	160(湿煤);200(干煤)
	K_1[mL/(g · min$^{1/2}$)]	0.4(湿煤);0.5(干煤)
钻孔瓦斯涌出初速度法	Q	4
R 指标法	R_m	6

表 4-13-8　钻孔排放施工参数

排放范围(m)				排放半径(m)	排放时间(d)	排放孔角度(°)		
左	右	上	下			水平角	仰角	倾角
≥5	≥5	≥5～7	≥3	0.3～1.0	15～30	0～90	0～45	0～20

(3)瓦斯突出工区,宜采用上下半断面台阶法开挖,利用上部台阶排放下部台阶的部分瓦斯,其台阶长度应根据通风需要和隧道结构安全性、围岩稳定性综合考虑确定。

(4)瓦斯抽排施工原则。排放孔施工前应加强排放工作面及已开挖段的支护,防止坍塌造成瓦斯突出;排放孔施工必须严格按设计施作,钻孔结束后应有专人检查其角度和长度;排放孔施工过程中注意观察各种异常情况及动力现象,当发现某孔施工中瓦斯动力现象严重,可暂停该孔施工,待其他孔施工完后再补钻该孔;每钻完一个孔检测孔内瓦斯浓度,随后每天检测 2 次,掌握瓦斯排放效果,修正瓦斯排放时间;钻孔过程中应加强工作面风流及回风道风流中瓦斯浓度检测,当排放工作面瓦斯浓度达到 0.5%时应立即撤出人员,切断电源并加强通风。

2. 瓦斯防积聚措施

(1)防坍方:许多隧道瓦斯事故都是由于隧道坍方造成瓦斯积聚,在处理坍方过程中引起的。因此,防止坍方是防止瓦斯积聚的首要任务。防止坍方的主要措施有:短进尺、弱爆破、强支护、早封闭、勤量测、衬砌紧跟等。

(2)加强通风:由于瓦斯的密度远远小于空气的密度,所以瓦斯容易在空间上部积聚。在隧道发生塌方、掉顶时,极易引起瓦斯积聚。在加强通风方面,主要采用以下两种方法防止瓦斯积聚:

1)风筒分支排放法。在冒顶或塌方处附近的风筒上加"三通"或安设一段小直径的分支内筒,向冒顶空洞内送风以排除积聚的瓦斯,如图 4-13-37 所示。

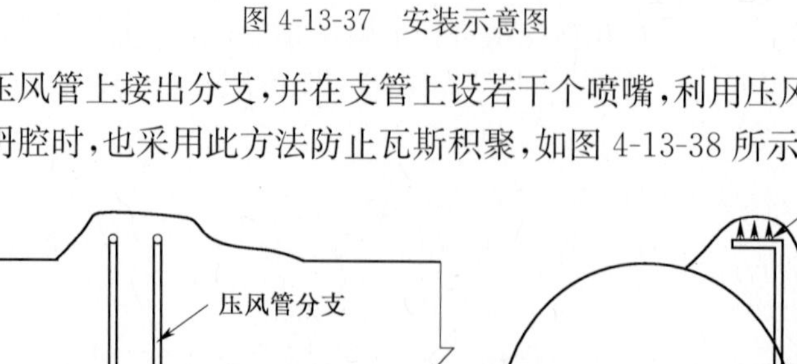

图 4-13-37　安装示意图

2)压风排除法。在高压风管上接出分支,并在支管上设若干个喷嘴,利用压风将积聚的瓦斯排除。当掌子面发生塌方或涌水造成坍腔时,也采用此方法防止瓦斯积聚,如图 4-13-38 所示。

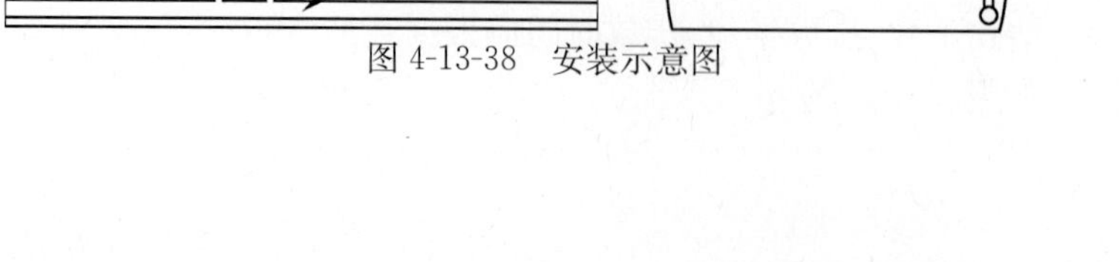

图 4-13-38　安装示意图

13.6　挤压和膨胀性围岩隧道施工

13.6.1　膨胀岩以及判别与分级

挤压性围岩隧道是在各种地质运动的作用下导致围岩产生拉扯、挤压、倾覆、断裂而形成的，具有变形量大、速率高、持续时间长的特性，最大变形一般可多达几十厘米至一百多厘米，洞壁变形后往往侵入二次衬砌净空，施工处理十分困难。针对此类隧道，在施工中应坚持以预测与预防为主，根据地质条件结合监控量测数据，适时采取措施控制围岩变形。

膨胀岩问题是当今工程地质学和岩石力学领域中较复杂的世界性研究课题之一。膨胀岩的膨胀取决于两方面因素，一是内因：主要包括岩石成分（矿物成分、化学成分和粒度）、天然含水率、胶结程度等因素，这些因素决定了膨胀岩的膨胀能力和膨胀潜势；二是外因：主要包括工程活动造成膨胀岩的水分得失和应力、强度的变化等，它决定了膨胀岩的实际膨胀程度。岩土膨胀的实质是由所含黏土矿物的亲水性造成的。研究表明：蒙脱石具有巨大的膨胀能力，其次是伊利石，而高岭石的膨胀能力最弱，几乎不具膨胀性。另外，软岩的膨胀还与黏土矿物的含量有密切的关系。以往研究成果表明：当蒙脱石含量达7%以上或伊利石含量达20%以上时，软岩即具有明显的胀缩特性，且其含量愈高，胀缩率愈大。

1. 膨胀岩的判别

膨胀岩的判别目前还没有统一的标准，国内外大多采用反映膨胀性能的指标来进行判别。铁路工程通过膨胀岩的野外地质特征及室内判定指标（自由膨胀率、膨胀力和饱和吸水率）进行判定。膨胀岩判定指标见表4-13-9。

表4-13-9　膨胀岩判定指标

试验项目		判定指标
自由膨胀率(%)	不易崩解的岩石	≥3
	易崩解的岩石	≥30
膨胀力(kPa)		≥100
饱和吸水率(%)		≥10

注：1. 对于不易崩解的岩石，取轴向或径向自由膨胀率中较大值进行判定。
2. 对于易崩解的岩石将其粉碎，过0.5 mm的筛去除粗颗粒后，比照土的自由膨胀率试验方法进行试验。
3. 当有2项符合表中所列指标时，在室内可判定为膨胀岩。

2. 膨胀软岩的分级

在判定为膨胀性软岩的基础上，有必要进行膨胀潜势分级，以便对不同级别的膨胀性软岩采用相应的工程设计、施工及防护措施，保证工程安全。膨胀软岩分级标准见表4-13-10。

表4-13-10　膨胀性软岩分级标准

名　称	极限膨胀率(%)	膨胀力(kPa)	饱和吸水率(%)	自由膨胀率(%)
非膨胀性软岩	<3	<100	<10	<30
弱膨胀性软岩	3~15	100~300	10~30	30~50
中膨胀性软岩	15~30	300~500	30~50	50~70
强膨胀性软岩	>30	>500	>50	>70

13.6.2　施工技术

根据挤压性围岩、膨胀岩的变形机理，施工时以排水和控制围岩变形为重点，严格遵循“方案合理，措施有力；刚柔并举，宁强勿弱”的原则，尽早封闭支护系统，有效控制围岩变形，同时要适当加大围岩预留变形量。

方案合理，措施有力：在明确隧道掌子面前方岩体工程性质的基础上，制定合理的施工方案，并细化各施工步骤的技术措施。

刚柔并举,宁强勿弱:隧道开挖后根据围岩变形情况,选择合适的支护方式,要在一定程度上允许地应力适当释放,同时又必须遏制其过度释放而导致过大的围岩变形。因此,在支护方式上一般采用先柔后刚、分层支护的方法。就支护强度而言,需要有足够的安全系数,避免在支护洞段在极大的围岩压力作用下破坏。

支护体系及时封闭成环是有效地控制围岩变形的关键。针对围岩初期变形大、发展速度快,稳定性受地下水影响大等特点,控制围岩变形的关键在于各施工工序的连续性及紧凑性。

1. 开挖

开挖方案应综合地质条件、隧道断面、埋深、工期等要求综合考虑进行确定,隧道开挖以最大限度减轻对围岩的扰动为原则。根据围岩情况,一般选用机械开挖或钻爆法开挖,严格遵循少分部、短进尺的原则。根据地质条件和隧道设计断面大小,可采用全断面法开挖或分部开挖。

2. 初期支护

(1)喷射混凝土。开挖后及时喷射混凝土封闭开挖面,约束围岩变形,减弱水对膨胀围岩的作用;喷射混凝土建议采用钢纤维混凝土,喷射顺序为自下而上,料束呈旋转轨迹运动,超挖处用喷射混凝土回填找平,喷射表面应大致平整。如果有渗漏水处,应先对渗漏水周边进行喷射,逐渐围拢并最终封闭渗水点,或埋置排水管将渗水汇集后引出。

(2)锚杆(锚索)。锚杆的安设应在喷射混凝土封闭开挖面后及时进行。常见的锚杆(锚索)类型有:普通锚杆、预应力锚杆、可拉伸锚杆、预应力锚索等。可拉伸锚杆通过杆体结构的设计,使其在工作状态下能提供一定的伸长变形,达到控制变形的目的,能适应较大的变形岩体支护。可拉伸锚杆主要有机械结构滑动式、杆体套筒式、孔口结构式、挤压式等几种类型。

对岩体的锚固,采用边支边让的原则,即借助一定的锚固力,约束围岩的自由膨胀变形,同时将锚固约束的变形控制在一定范围内,起到卸压的作用。锚杆长度根据围岩松弛圈确定。

(3)型钢钢架。型钢钢架架立前必须测放出每一榀钢架的线路中线位置、方向以及两个拱脚距中线的距离,然后紧靠岩壁的喷射混凝土面架立,随后在拱脚处施作锁脚锚杆。型钢钢架各节段之间的连接板应紧密贴合;挤压、膨胀性围岩隧道钢架必须采用强支垫,即拱脚下必须采用厚 10 mm 以上的钢板或其他可靠材料垫实塞紧(必要时可采用千斤顶施力),同时适当加大开挖型钢拱脚处外侧岩面,以增大拱脚的支撑面。

3. 二次衬砌施作时机

对于挤压、膨胀性围岩隧道二次衬砌的最佳施作时机,应根据围岩的收敛速度和预测总变形量的大小进行确定,可参考以下依据进行判定:

(1)各测试项目的位移速率明显收敛,围岩基本稳定。

(2)已产生的各项位移已达到预计总位移量的 80%～90%。

(3)周边位移速率小于 0.1～0.2 mm/d,或拱顶下沉速率小于 0.07～0.15 mm/d。

(4)当围岩变形过大、长时间都不能收敛时,要提前施作二次衬砌。

4. 施工排水

膨胀岩具有吸水膨胀、失水收缩的特性,施工中加强现场排水非常重要。对开挖后暴露的围岩,应采取早封闭、各道工序紧密衔接、连续施工的方法,尽量减小水对膨胀岩的影响。

(1)膨胀性围岩隧道施工中处理水的基本原则:严格管理洞内施工用水、及时引排洞内渗水积水、坚决抵制洞外积水下渗。

(2)膨胀岩地段的防排水,应按照以防为主,防、堵、截、排相结合的原则,并结合当地的气象、水文、地质条件制定科学合理的防排水方案;围岩暴露地段采用设置管道、木槽或浆砌排水沟排水,并避免水漫流。

(3)及时施作锚喷支护封闭暴露围岩,防止施工用水和水汽浸入岩体。针对洞内渗漏水点,应及时施作盲沟或采用弹性软式水管,将水引入排水沟排出洞外。

(4)隧道浅埋段的地表低洼处必须填平,小河沟(槽)采用浆砌封闭,防止地表水下渗;在有水地段,如节理发育、地下水丰富的断层破碎带,应采取全断面预注浆封堵地下水。

13.6.3 特殊施工措施

1. 大变形处理措施

在膨胀压力引起大变形的情况下,会出现喷射混凝土层剥落、掉块和破坏,锚杆拉断,钢架会扭曲甚至失稳破坏等现象。初期支护可采取以下措施防治围岩大变形：

(1)喷射混凝土支护预留纵向变形缝，变形缝宽 10～30 cm。

(2)采取可缩式钢架，每榀钢可设 2～5 个可缩接头，每个接头可缩 10～20 cm。

(3)加密、加长高强度锚杆，以抗御膨胀压力。

2. 支护体系拆换

由于设计和施工等种种原因，即使采用了强支护体系，且预留了一定的变形空间，由于挤压、膨胀性围岩的特性，初期支护仍可能遭到破坏，造成变形侵限。为了确保二次衬砌厚度以及隧道断面净空满足设计要求，需要对已变形侵限的初期支护进行拆换。

(1)拆换原则。拆换前首先对待拆换区域及其影响区域进行加固，加固方式一般采用注浆、施作径向锚杆等，待加固完成并且围岩变形趋于稳定后，才能对侵限范围内的初支结构进行拆换。初期支护拆换施工期间，掌子面及隧道内其他作业面不得进行作业。

(2)拆除初期支护。首先用断面仪、水准仪等仪器对变形侵限地段进行测量，并将测量数据与设计尺寸进行对比，确定变形侵限段的所在位置及侵限尺寸，并用红漆在初期支护表面进行标志。确定拆除范围后，采用人工风镐的方式破除喷射混凝土；采用热割方式割断钢筋网，并尽量预留足够长度不小于 15cm 的钢筋接头；型钢拱架按划定的区域采用氧焊割除，在割除之前应对施工安全进行全面评估，必要时要在拆除区域附近设置临时钢支撑或径向锚杆，以提高围岩稳定性。暂停施工时，开挖面必须完全进行封闭，并进一步加强支护体系。

初期支护拆除后，若围岩仍然侵入限界需要进一步处理，应尽量采用风镐凿除。当必须采用爆破方法处理时，应在实施前进行爆破试验，确定科学合理的钻爆设计参数，并制定相应的专项施工方案。

(3)质量控制要点。拆除后重新施作的支护结构的质量应满足设计和规范要求，新施作的部件与原部件之间的焊接质量是质量控制的重点，应对这些焊接部位进行 100%的检查，满足要求后才可进入下道工序。

质量控制要点包括：

1)对拟拆换区域及拆换影响区域的预加固质量控制。

2)拆换区域内开挖断面尺寸控制。

3)构件安装质量控制。

4)与既有构件的连接质量控制。

3. 底鼓防治措施

隧道未施作底部支护时，隧道底部便成为围岩应力释放的集中部位。同时由于底部容易积水，使围岩浸泡软化吸水膨胀，从而产生底鼓现象。若不及时加以控制，会导致墙脚位移、边墙剪断、拱圈破裂甚至坍塌等现象，破坏整个支护体系。底鼓的防治措施如下：

(1)在施工期间及时施作仰拱，使支护尽早形成封闭结构；做好隧底防排水工作，防止水浸泡基底。

(2)底鼓现象严重的层状岩层，可采用长锚杆加固底部围岩，提高节理裂隙面上的抗剪强度和岩层的整体刚度；也可对松散破碎围岩进行注浆加固，以增加岩体的强度和整体性。

4. 其他处理措施

膨胀岩隧道施工中的其他不良现象处理措施见表 4-13-11。

表 4-13-11　膨胀岩隧道施工中的不利现象与处理措施表

工程名称	施工中的现象	措施一	措施二
开挖面及其附近围岩	开挖正面不稳定	(1)缩短一次掘进长度； (2)开挖时保留核心； (3)对开挖正面进行喷混凝土； (4)超前插板或管棚	(1)减小导坑尺寸； (2)加固开挖面(如开挖面加锚杆)； (3)进行地层改良
	围岩承载力不足下沉增大	(1)开挖尽可能减少对围岩的扰动； (2)增加基脚部喷混凝土的厚度以增大承载面积	(1)增加锚杆； (2)缩短台阶开挖长度及早闭合支护环； (3)喷混凝土做临时仰拱；进行地层改良

续上表

工程名称	施工中的现象	措施一	措施二
开挖面及其附近围岩	发生底鼓	及早喷射仰拱混凝土	(1)在仰拱处增打锚杆; (2)缩短台阶长度,尽早闭合支护环; (3)采取短台阶(超短台阶); (4)用正反仰拱
喷混凝土	喷混凝土脱离甚至坍塌	(1)开挖后及早喷射混凝土; (2)加钢筋网; (3)增加喷层厚度	增打锚杆或加长锚杆
	喷混凝土中应力增大产生裂纹和剪切	(1)加钢筋网; (2)在喷层中设纵向伸缩缝; (3)喷射钢纤维混凝土	(1)增加或加长锚杆; (2)采用可缩性支撑
锚杆	轴力增大锚杆断裂		(1)增加锚杆; (2)采取大承载力的锚杆
钢架	可缩性钢架变形量超出允许值或产生屈服破坏		(1)增加或加长锚杆; (2)设纵向伸缩缝; (3)另加 H 型钢拱架; (4)缩短拱架排距
围岩内变位	围岩内变形增大 松弛区异常增大	(1)缩短从开挖到支护的时间; (2)提早锚杆安设时间; (3)减少钻爆开挖对围岩的扰动	(1)增长锚杆; (2)缩短台阶长度,及早闭合成环; (3)用短台阶或临时仰拱法交替施工; (4)背后注浆
内净空变位	内净空变位增大 变形速率增大	(1)缩短从开挖到支护的时间; (2)提早锚杆安设时间; (3)缩短台阶、仰拱的一次开挖长度; (4)在喷混凝土开裂时设纵向伸缩缝	(1)增加或加长锚杆; (2)尽早成环; (3)用短台阶或临时仰拱法交替施工; (4)变更开挖方法

13.7 风积沙隧道施工

13.7.1 风积沙及其工程特点

风积沙是指沙被风沙流搬移到冲积平原地区形成沙丘,经过多年积累,在地层表面形成一定厚度的风积沙层,属第四纪风积物,具有结构松散、级配不良、孔隙率大、强度较低、水稳定性差等特点。当砂层表面遇水、自稳坡度遭到破坏或在外力作用下时极易松散并产生位移。由于风积沙、含水砂层的特殊性,在进行隧道施工之前,必须采取超前支护、洞口加固等特殊措施,在隧道开挖过程中要严格按分断面、分台阶预留核心土的方法进行施工,严格控制开挖进尺,及时施作支护,方可确保施工安全。

13.7.2 施工技术

风积沙地区隧道洞门施工前首先应对地表进行洒水,使砂粒之间有一定的黏结力;为了保证砂层稳定,以利于边、仰坡开挖,应对洞口边、仰坡进行挂网、喷射混凝土封闭。结合在榆神高速公路神木一号隧道的施工经验,提出风积沙地区隧道施工总体方案:超前支护采用超前小导管、旋喷桩等支护体系,开挖采用预留大核心土台阶法,支护采用喷网+钢拱架和先行施作二次衬砌仰拱与边墙结合部的联合支护形式。

1. 超前支护施工技术

超前小导管的作用能否成功发挥的关键在于浆液的配制、导管设计参数以及施工方式。本节主要介绍榆神高速公路神木一号隧道超前小导管施工参数:

(1)注浆前应进行浆液配制试验,根据试验效果确定水灰比并配制水泥浆,配制过程中浆液搅拌必须均匀，搅拌时间不小于 5 min，浆液搅拌后的使用时间应控制在 4 h 以内。

(2)导管在加工场集中制作，端头加工成 10～15 cm 锥形梭头，方便安装；导管安装采用跟管方式进行，自下而上进行施工(图 4-13-39、图 4-13-40)。

图 4-13-39　超前小导管施工

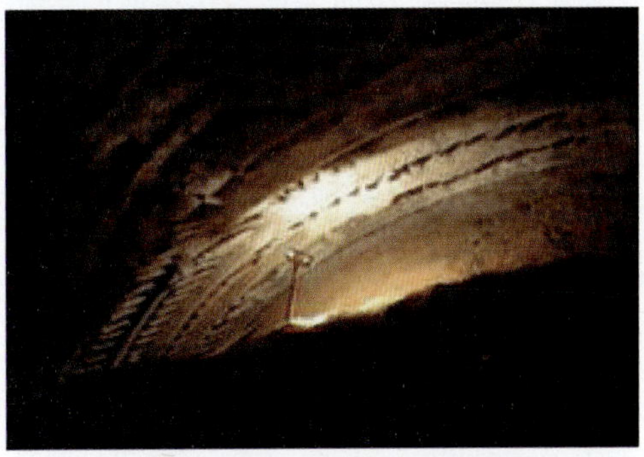

图 4-13-40　超期小导管成型

(3)技术参数：超前小导管间距 30 cm、长度 300 cm、管径 50 mm、施作角度为 10°、排距为 50 cm。

2. 开挖与支护施工技术

鉴于风积沙隧道的特殊性，结合榆神高速公路神木一号隧道的施工经验，建议开挖采用预留大核心土台阶法，初期支护采用网喷＋钢拱架和先行施作二次衬砌仰拱边墙结合部联合支护形式进行施工。该施工技术首先施作仰拱边墙结合部，增加初期支护墙角基础的承载力，有效抑制两侧土体传递的侧压力，同时为二次衬砌快速跟进控制隧道变形创造条件；通过对核心土进行喷锚加固，不仅维持掌子面稳定性，还起到支撑上台阶临时仰拱和中支撑的作用，平衡拱部初期支护传递的竖向压力，有效控制开挖下台阶时产生的沉降变形。实施过程中的关键技术在于施工工艺流程的制定、上台阶开挖与初期支护施工技术、临时仰拱与竖向支撑施工技术、下台阶施工技术和仰拱边墙结合部施工技术。

(1)风积沙隧道施工工艺流程如图 4-13-41 所示。

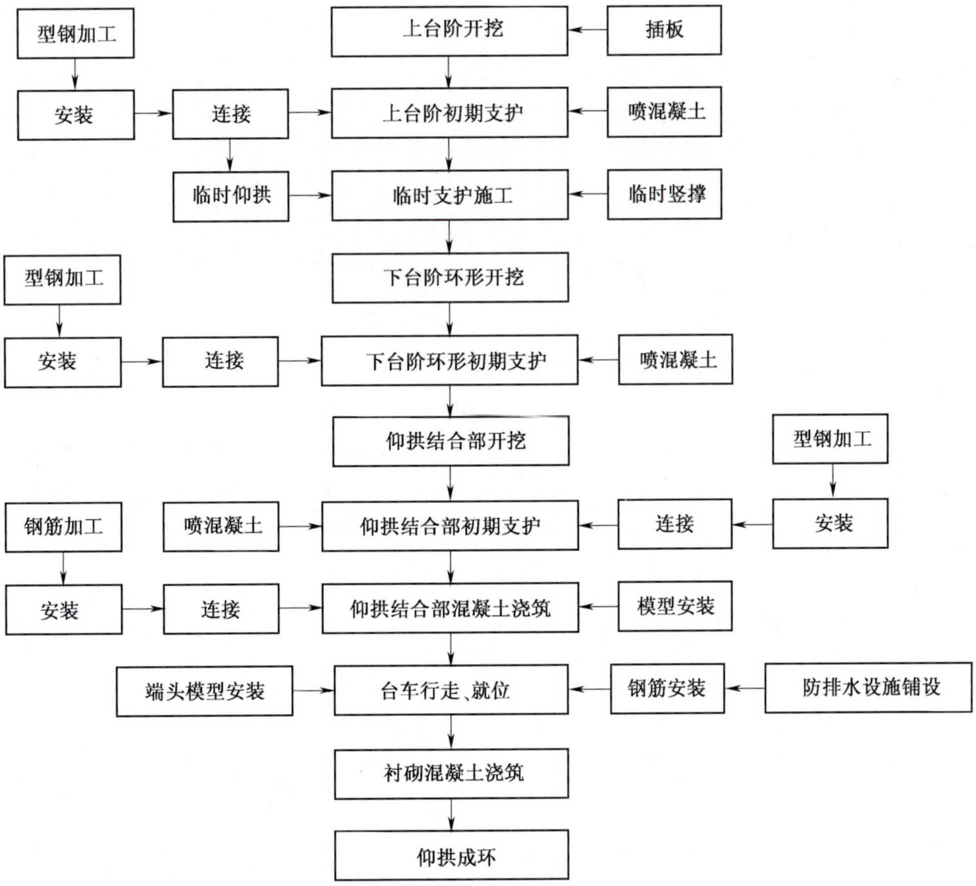

图 4-13-41　预留大核心土台阶法施工工艺流程图

(2)开挖。隧道开挖施工示意图如图 4-13-42 和图 4-13-43 所示。施工步骤如下:

第一台阶环形开挖→第一台阶初期支护→临时仰拱施工→竖向支撑施工→第二级台阶开挖→第二级台阶初期支护→第三级台阶开挖→第三级台阶初期支护→第四级台阶开挖→第四级台阶初期支护→第五级台阶开挖→第五级台阶初期支护→结合部仰拱初期支护→仰拱施工→填充层施工→矮边墙施工。需要说明的是从第二级台阶至第五级台阶,开挖与初期支护交错进行;下部核心土随开挖逐级形成;矮边墙施工结束后进入二衬施工,二衬施工结束后进入仰拱成环及填充层施工。

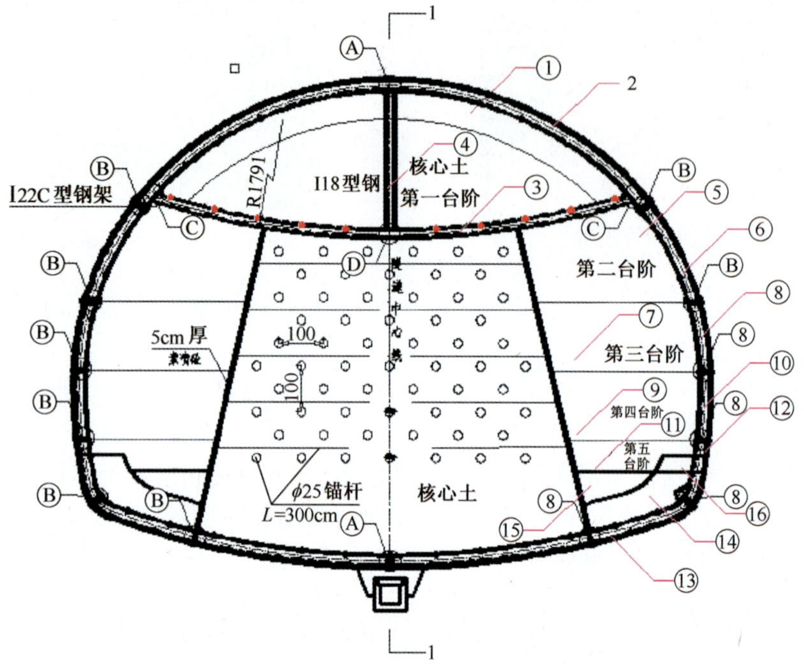

图 4-13-42　开挖正面图

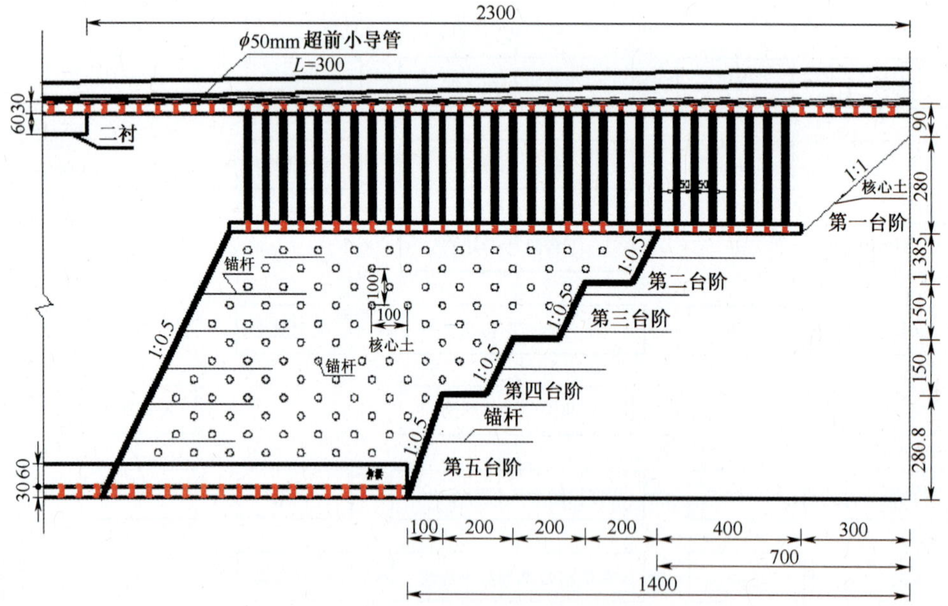

图 4-13-43　开挖剖面图(单位:cm)

(3)上台阶开挖与支护技术。

1)在超前支护体系施作的前提下,人工手持铁铲进行上部预留核心土环形开挖(图 4-13-44)。

2)为避免开挖面过大出现滑沙或漏沙引起坍方,环形开挖高度宜控制在 0.9 m 以内,开挖循环进尺不超过 0.5 m。

3)型钢加工:型钢在加工场用 1∶1 比例编号冷弯制作而成,每榀两端焊接垫板,垫板预留对称螺栓孔。

4)型钢安装:采用人工安装,每段钢架通过垫板螺栓连接,纵向上每榀钢架采用螺纹钢筋焊接,环向间距

1 cm。

5)喷射混凝土。

①喷射自下而上,先将低洼处大致喷平,再按顺序分层、往复喷射。

②先喷钢架与围岩间混凝土,再喷两钢架之间混凝土。

③边墙应从墙脚开始向上喷射,一次喷射厚度7~10 cm,拱部喷射厚度5~6 cm。

④喷射时喷头与受喷面保持0.6~1.2 m的适当距离,喷射角度尽可能接近90°。

图4-13-44 上台阶开挖

(4)临时仰拱与竖向支撑施工技术。

1)临时仰拱施工技术。

①按设计开挖临时仰拱风积沙核心土体。

②清除拱部型钢与临时仰拱型钢连接位置的喷射混凝土。

③安装临时仰拱型钢,型钢中部采用螺栓连接,两端与拱部型钢焊接。

④喷射混凝土采用C25早强混凝土先将低洼处大致喷平,再按顺序分层往复喷射至设计厚度。

2)竖向支撑施工技术。

①清除临时仰拱型钢及拱部型钢竖向连接位置喷射混凝土。

②安装竖向型钢,型钢两端与临时仰拱型钢和拱部型钢焊接。

③安装单侧模型。

④喷射混凝土采用C25早强混凝土自下而上、往复喷射至设计厚度。

(5)下台阶开挖与支护技术。下台阶采用中部预留核心土,分四级台阶进行左右交错环形开挖。环形开挖按照小导洞先行、自上而下的顺序进行。

1)台阶开挖长度。为确保洞室开挖安全,每级台阶开挖长度为2 m,采用1∶0.5坡度放坡,左右交错进行,循环进尺50 cm;初期支护随开挖及时跟进。每级台阶初期支护施工步骤及支护参数与上台阶相同,现场施工如图4-13-45和图4-13-46所示。

图4-13-45 下台阶型钢安装

图4-13-46 下台阶支护施工

2)下台阶核心土成型。下台阶核心土随每级台阶环形开挖进尺自上而下逐步形成(图4-13-47)。为实现下部核心土成型与稳定,充分利用核心土稳定掌子面、支撑临时仰拱以及有效降低落下台阶时拱部的沉降变形。施工中,根据实际情况,采用锚杆(梅花形布置)与喷射混凝土对下部核心土进行加固。

(6)仰拱边墙结合部施工。

1)当第四级仰拱边墙结合部开挖进尺达200 cm时,将成型仰拱钢架按设计安装稳固(一端与边墙钢架连接、另一端顶在下台阶核心土脚上),喷射C25早强混凝土至

图4-13-47 核心土成型

设计厚度,再安装钢筋,浇筑仰拱、填充及边墙混凝土,如图 4-13-48 所示(左右交错施工)。

2)为保证二衬台车轨道铺设与行走,每侧结合部混凝土上口宽度须满足 300 cm。

3)为保证一个循环二衬混凝土施工长度(600 cm),分三次浇筑结合部,每次浇筑 200 cm(图 4-13-49)。

图 4-13-48 仰拱及填充混凝土施工

图 4-13-49 边墙模型施工

13.8 黄土隧道施工

13.8.1 黄土及其工程特点

黄土是第四纪干旱或半干旱气候条件下形成的一种具有针状大孔、垂直节理发育的特殊土,一般呈褐黄、灰黄等颜色。新黄土具有结构质地疏松、孔隙大、垂直节理发育、强度低,遇水易湿陷等特点,在上部压力或自重作用下浸水会产生沉陷变形。黄土地层对隧道施工的影响主要表现在黄土节理发育、黄土的湿陷性、土体内自由水的渗透以及土体强度低四个方面。本节提到的黄土隧道指湿陷性黄土隧道。

13.8.2 施工技术

黄土隧道施工方法的选择应根据围岩级别、土层含水率、隧道断面大小等因素综合考虑。对于不同的围岩,应根据其稳定性采用不同的开挖方法。对于大断面黄土隧道,双侧壁导坑、CRD、三台阶七步开挖法适用于Ⅴ级围岩,弧形导坑预留核心土法适用于Ⅳ级围岩,黄土隧道不宜采用全断面法施工。本节重点介绍三台阶七步开挖法,其余开挖方法详见第 5 章。

1. 工艺流程

三台阶七步开挖法的工艺流程如图 4-13-50 所示。

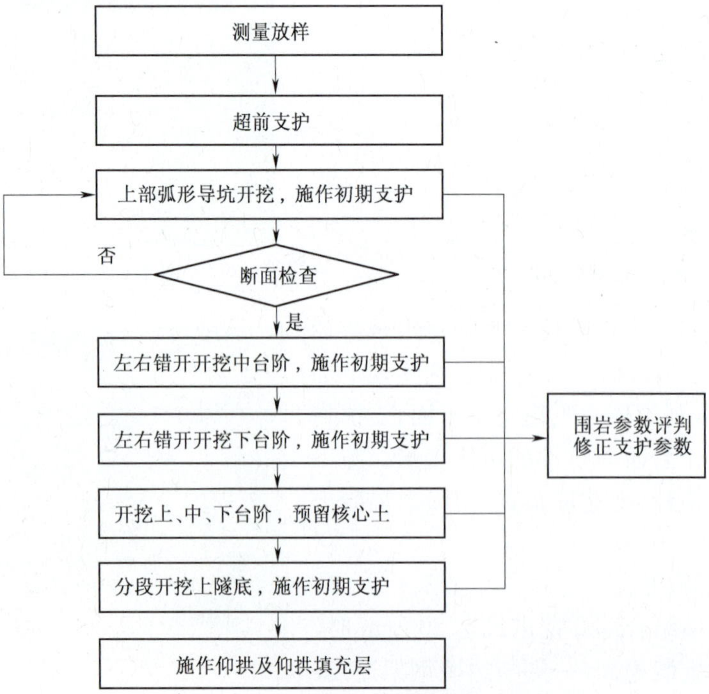

图 4-13-50 三台阶七步法施工工艺流程

第 1 步：上部弧形导坑开挖，施作初期支护。拱部超前支护后进行上部弧形导坑开挖，环向开挖上部弧形导坑，预留核心土。开挖后立即喷射 3～5 cm 厚混凝土，及时施作锚杆、钢筋网并架设钢架，施作锁脚锚杆并与钢架焊接牢固，复喷混凝土至设计厚度。

第 2、3 步：左、右侧中台阶开挖。左、右侧台阶开挖错开一定距离，开挖后立即施作初期支护。

第 4、5 步：左、右侧下台阶开挖。左、右侧台阶开挖错开一定距离，开挖后立即施作初期支护。

第 6 步：上、中、下台阶预留核心土开挖。各台阶分别开挖核心土，开挖进尺与各台阶循环进尺保持一致。

第 7 步：隧底开挖。每循环进尺开挖长度宜为 2～3 m，开挖后及时施作仰拱初期支护，完成一定循环长度后施作仰拱。

施工工序如图 4-13-51 所示。

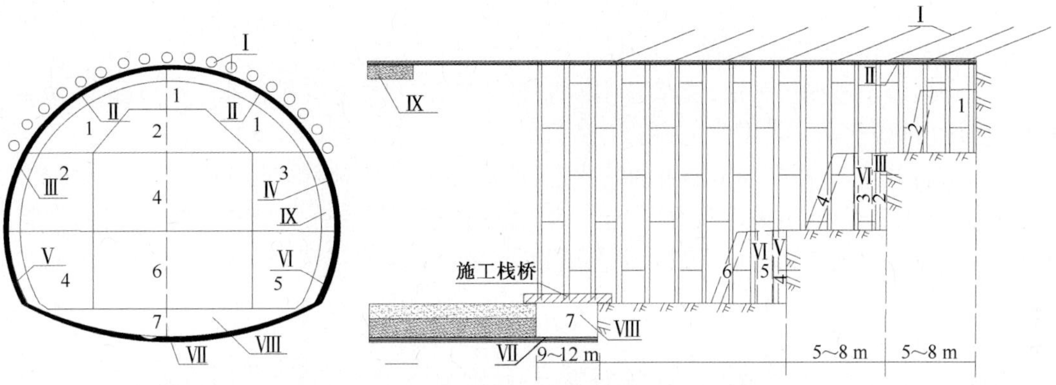

图 4-13-51　三台阶七步开挖法施工工序示意图

说明：Ⅰ.超前小导管；1.上台阶开挖；Ⅱ.上台阶初期支护；2.上台阶核心土开挖、中台阶左侧开挖；Ⅲ.中台阶左侧初期支护；3.中台阶右侧开挖；Ⅳ.中台阶右侧初期支护；4.中台阶核心土开挖、下台阶左侧开挖；Ⅴ.下台阶左侧初期支护 5.下台阶右侧开挖 Ⅵ.下台阶右侧初期支护；6.下台阶核心土开挖；7.仰拱开挖；Ⅶ.仰拱初期支护；Ⅷ.仰拱填充混凝土；Ⅸ.拱墙混凝土

2. 支护体系

黄土隧道开挖后围岩暴露时间不宜过长，防止围岩风化加剧，造成围岩内部松弛形成塌方。开挖后应及时喷射混凝土，并采用锚杆、钢筋网、超前小导管和钢拱架形成初期支护，封闭成环后进行防水施工，最后进行二次衬砌施工，必要时对衬砌背后进行注浆回填密实。喷射混凝土、锚杆等初期支护以及二次衬砌的施工工艺详见第 6 章。

3. 防排水

(1)洞门不宜在雨季施工。进洞前应按设计做好洞顶、洞门及洞口的防排水系统，排水沟应做好防渗铺砌。

(2)地表冲沟、陷穴、裂缝等应回填夯实，必要时利用砂浆封闭地表，或施作防渗排水沟引排地表水。

(3)施工排水可采用管槽或排水沟引排，排水沟宜设在隧道中部并应进行铺砌。地层含水率大时，开挖工作面应设横向排水沟，避免浸泡拱脚，并将水引至中部排水管、槽排出。施工用水应严格控制，避免浸泡黄土。

(4)有降水施工条件时，宜先降水后开挖。

13.9　高原冻土地区隧道施工

13.9.1　高原冻土及其危害

冻土分为多年冻土、季节性冻土、短期冻土等。我国的多年冻土又可分为高纬度多年冻土和高海拔多年冻土，而青藏高原冻土区是世界中、低纬度地带海拔最高、面积最大的冻土区。多年冻土工程地质条件的主要控制因素：平均地温、含水率、多年冻土上限等，这些控制因素决定了冻土的工程性质。

冻土对隧道工程建设的危害主要有：冻土的抗压强度很高，其极限抗压强度甚至与混凝土相当；冻土融化后抗压强度急剧降低，所形成热融沉陷和下一个寒季的冻胀作用常常造成构筑物失稳而难以修复；含水的松散岩体和土体温度降到 0 ℃时,伴随有冰体的产生,体积增加约 9%,使土体发生冻胀,同时在渗透力的作用下,水分将从未冻区向冻结锋面转移并冻结成冰,使土的冻胀更加强烈,从而改变土的结构,引起局部地面沉陷。

13.9.2 施工技术

冻土地区隧道总体施工方案与施工原则如下：

(1)最大限度采用机械化施工。

(2)设备配置合理。

(3)采用有轨运输。

(4)施工机械要与施工方法配套。

(5)多打眼,弱爆破,短进尺,强支护,紧衬砌。

1. 开挖

隧道洞口浅埋段施工遵循快开挖、快弃渣、快防护的原则,应尽可能安排在非冻季节施工,减少施工对原始地温的扰动,防止冻土热融。进洞前通常采用超前小导管或管棚进行超前支护,随后采用分段、分层开挖、分层防护的方式进行开挖,并根据季节温度的变化进行冻土保温施工(暖季应采用遮阳或空调降温等措施避免冻土融化)。对于正洞开挖,可采用预留核心土、台阶法等方法,开挖后立即进行喷锚支护,控制围岩表层融化。喷射混凝土施工之前应通过对一系列工艺试验,确定合理的喷射混凝土配合比以及抗冻和早强等添加剂的掺入量。

2. 喷射混凝土

(1)施工准备。准备好各种合格的原材料、速凝剂、防冻剂等;喷射机械手、搅拌站、空压机、混凝土运输车等机械设备必须运转正常;风、水、电及输料管路接头要保持良好;检查开挖面,清除悬浮的岩石和墙角岩渣、堆积物,用高压风清扫岩面,遇到不良地质时还应采用打设锚杆、挂钢筋网、安装钢架等措施对围岩进行加固。

(2)喷射混凝土的拌制。由于气候寒冷,要保证喷射混凝土的质量,就必须保证混凝土具有一定的温度,但温度过高可能引起冻土融坍。因此,要严格控制混凝土拌和物的温度,暖季施工出机温度控制在 10 ℃左右,而寒季施工出机温度应控制在 13～17 ℃。

(3)喷射作业。喷射作业分区段进行,先墙后拱、自下而上。若岩面凹凸不平,应先将凹处找平,然后向上喷射,喷嘴与受喷面的距离应控制在 0.8～1.0 m 之间,并垂直于受喷面作螺旋形轨迹移动。喷射厚度应以保证混凝土不滑移、不坠落为前提,既不能因喷射太厚而影响喷射混凝土的凝聚力和黏结力,又不能因喷层太薄而增加回弹量。

3. 防排水及隔热层

防排水及隔热保温层是冻土隧道的关键结构,其施工工艺和施工质量对保证冻土隧道工程质量至关重要。在多年冻土层中,隧道的防排水系统应以排、导为主,让受到影响的地下水能够顺利排出并辅以加热保温系统,保证在寒季水也能顺利排出。初期支护完成后应立即进行防水隔热层施工,防水隔热保温层的结构形式采用"复合防水板＋隔热保温层＋复合防水板"。复合防水板的接缝是防水层最薄弱的部分,必须保证接缝有足够的强度和可靠的防水性。在保温板一面和复合防水板的 PVC 膜面上均匀涂抹树脂胶,待胶风干不黏时,将保温板平整地粘贴在复合防水板上,保证拼装平顺,轻压保温板使其黏结牢固。

防排水、隔热保温层除符合设计要求外,尚应符合下列要求：

1)衬砌全断面应铺设隔热保温板,防止热融圈反复变化导致隧道运营后隧道结构由于冻土冻胀作用而破坏。

2)隔热保温层应做好防水及保护措施,以防保温层受潮破坏。

3)洞内可设双侧保温水沟,洞外应设深埋保温暗沟将水排至地表沟内。

4)衬砌应采用低温早强防水混凝土,提高混凝土自防水能力;应按设计要求处理施工缝,衬砌应不渗不漏。

4. 二次衬砌

冻土隧道应尽早施作二次衬砌,二次衬砌一般采用模筑衬砌混凝土施工工艺,为了保证混凝土获取足够的早期强度，同时使混凝土具有较好的可泵性，应优先选用硅酸盐水泥；根据混凝土需具备耐久、耐腐蚀的要求，优先考虑选用 DZ 系列外加剂。对于冻土尤其是高原多年冻土地区，模筑衬砌混凝土的施工具有其特殊性。一方面，在如此恶劣的自然条件下，首先需要解决的问题是拌制合格的低温早强耐久的混凝土拌合物；另一方面，施工时既要保证混凝土浇筑所带入的热量较小，以使水化热产生的升温对冻土结构的影响最小，又要保证混凝土浇筑后能在规定时间内达到抗冻临界强度和拆模强度。由于高原缺氧，混凝土浇筑应尽可能采用泵送施工。泵送混凝土除须满足设计要求的强度、抗渗、耐久等指标外，还必须要有良好的流变性能，具有摩擦阻力小、不离析、不阻塞和凝聚性适宜等性能。混凝土浇筑采用衬砌模板台车施工。衬砌台车就位前，应按线路中线和高程结合允许施工误差、预留沉降量及冻胀量，对断面进行复核，台车轨道对称于中线铺设，轨距、水平应符合要求。混凝土浇筑捣固密实后，裸露的表面应立即采用保温材料覆盖，进行保温保湿养护。

二次衬砌施工应符合下列要求：

(1)二次衬砌宜紧跟工作面，采用低温早强混凝土应连续、对称浇筑。

(2)相邻接触面温度在－5 ℃以下浇筑低温早强混凝土，应采取措施加热接触面，并提高入模温度和加强覆盖保温。

(3)低温早强混凝土拌和温度不应高于 30 ℃，加气剂宜在混凝土拌合 30 s 后加入，抗冻剂应溶于拌和水掺入。

(4)混凝土养护应保持温度，防止冻害。模筑衬砌混凝土 24 h 强度达到 9 MPa 后方可拆模。

14　明挖隧道施工技术

14.1　概　　述

明挖法隧道是指先从地表向下开挖基坑至设计高程，然后在基坑内预定位置由下而上修筑隧道主体结构的施工方法。明挖隧道施工的重难点在于对基坑开挖、支护以及施工衬砌结构所需支架模板体系的管理，施工前应根据工程规模、地质条件及环境条件等，制定保持基坑与支架模板体系稳定、保护地下管线及周边建筑物安全的技术措施和应急预案。

明挖隧道主要由主体结构、防水层以及其他附属结构组成。明挖基坑一般可分为敞口放坡开挖基坑与围护结构基坑(围护结构形式包括土钉墙、工字钢、钢板桩围护、钻孔灌注桩、挖孔灌注桩、地下连续墙等)两种形式，应根据地质条件确定合理的地基加固与基坑围护结构形式，制定基坑开挖与支撑等施工技术方案。本章首先介绍明挖隧道施工中的基坑支护与开挖施工技术，重点介绍钻孔桩与地下连续墙两种最常用的基坑围护形式，最后介绍隧道主体结构施工技术。

14.2　围护体系与地基加固施工

14.2.1　边坡锚喷支护

边坡锚喷支护施工应符合下列要求：

(1)锚喷支护施工应按设计要求随开挖自上而下分段分层进行，采用机械开挖并修整坡面，喷射混凝土前应清理坡面。喷射混凝土配合比应满足设计强度和喷射工艺的要求，并通过试喷确定。

(2)下层土方开挖及锚杆施工应在上层锚杆注浆体及喷射混凝土达到设计强度的70%后进行。

(3)锚杆施工应控制钻孔质量，成孔允许偏差应符合设计要求。

(4)喷射混凝土应分段自下而上及时进行(图4-14-1)。钢筋网应在喷射第一层混凝土后铺设；采用双层钢筋网时，第二层钢筋网应在第一层被混凝土覆盖后铺设；钢筋网与锚杆应连接牢固。

(5)锚杆注浆材料应符合设计要求。

图4-14-1　喷射混凝土施工

14.2.2　钻孔围护桩

深基坑支护中采用钢筋混凝土灌注桩围护结构起源于20世纪70年代，随后在全国各地得到广泛应用。钢筋混凝土灌注桩作为支护结构具有刚度大、抗弯能力强、变形相对较小的特点，作为悬臂式围护结构的基坑开挖深度可达7 m，增加内支撑后基坑开挖深度可进一步加大。它既可用作结构受力桩又兼做支护桩，造价较低、施工时振动较小，对周围邻近构筑物与地下管线不会造成太大影响；但在基坑回填后，它就被永久埋置在地基土中，可能对今后的地下工程施工造成障碍。钻孔灌注桩的成孔工艺包括正循环与反循环两种。

1. 正循环钻孔灌注桩施工

(1)工作原理。正循环回转钻进是由钻机回转装置带动钻杆和钻头回转切削破碎岩土，钻孔时泥浆由泥浆泵输送至钻杆内腔中，经钻头的出浆口射出，带动钻渣沿钻杆与孔壁之间的环状空间上升到孔口，经沉淀池沉淀后返回泥浆池中，净化后再次循环使用。钻进过程中泥浆起到了护壁和排渣的作用。

(2)适用范围。正循环回转钻进适用于填土、淤泥、黏土以及粉土层，也可在卵砾石含量不大于15%、粒径小于 10 mm 的部分砂卵石层和较软基岩中使用。当孔深不大，孔径<800 mm 时钻进效果较好；当钻孔较深、桩径较大时，由于钻孔与孔壁间的环形断面较大，泥浆循环时返流速度降低，排渣能力变差，孔壁黏附的泥皮厚度大，影响成孔和清孔，施工效率较低，这是正循环回转钻机成孔的缺点。

(3)施工工艺流程。正循环回转钻机成孔设备操作简单、工艺成熟，施工工艺流程如图 4-14-2 所示。专用钻机有 GPS-10，XY5G，GJC40H 等，也可将常用的地质钻机、水文钻机等进行改装，改装后的钻机有 SPJ-300、SPC-300H、红星 400 等。

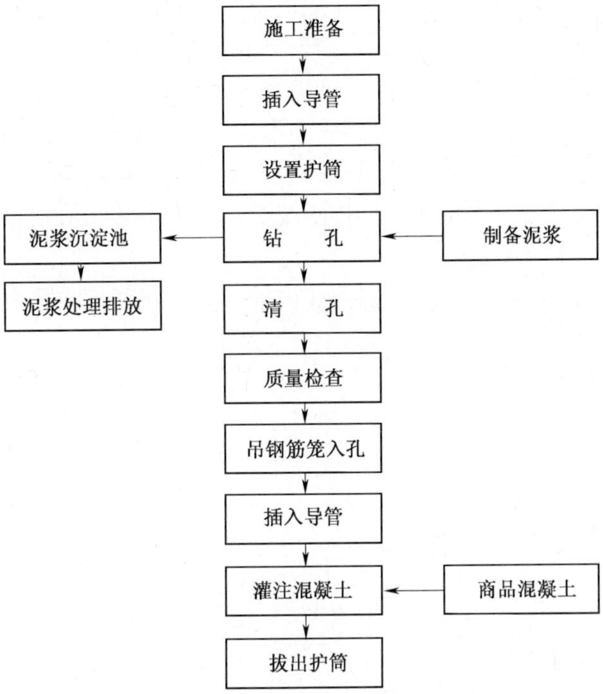

图 4-14-2　正循环钻孔桩施工工艺流程图

1)施工准备。首先进行施工场地平整，查明地下管线的位置，确定管线改移或保护方案。

2)测量放线定位。根据各钻孔桩设计平面布置图，将各桩进行编号，计算出每根桩的坐标，现场测量确定每根桩的准确位置。

3)钻孔。在孔口埋设钢护筒，以起到定位、保护孔口及维持水头的作用。开孔钻进速度应缓慢进行，并反复校正钻头，如有偏斜应及时纠正。

4)清孔。钻孔孔径、深度达到设计要求并检查合格后，应立即进行清孔。清孔的目的是使孔底沉渣厚度、循环泥浆中含渣量和孔壁泥垢厚度符合规范要求。清孔的方法主要采用正循环清孔和压风机清孔，清孔后各项指标达到要求后方可进行钢筋笼吊装作业。

5)钢筋笼制作和吊装。钢筋笼采用焊接制作，先用主筋与内加强箍筋点焊形成笼架，然后安装外箍筋，同时与主筋焊牢。钢筋笼吊放时应垂直、缓慢下放，避免碰撞孔壁。

6)水下灌注混凝土。开动振动器，当储料槽(漏斗)内混凝土开始下降时，立即向储料槽(漏斗)输送混凝土。灌注过程中应利用测锤探测混凝土面的高度，据此推算导管埋入混凝土的高度。一般要求导管埋入深度为 2～4 m，随灌随提升，同时拆除多余导管；混凝土的灌注高度应高出设计高度 50 cm 为宜。

2. 反循环钻孔灌注桩施工

(1)工作原理。反循环回转钻进施工的泥浆是从钻杆与孔壁间的环状间隙流入钻孔，携带钻渣由钻杆内腔返回地面泥浆池，同时泥浆经过沉淀净化后又返回孔内形成循环的一种钻进工艺。由于钻杆内腔断面积比钻杆与孔壁间的环形断面积小很多，因此泥浆向上返回的速度大，一般可达到 2～3 m/s，是正循环泥浆返回速度的数十倍，排渣能力强，能够较好地保持孔内清洁，大大提高成孔效率，是一种有效、先进的成孔工艺。

(2)适用范围．反循环回转钻进成孔适用于填土、淤泥、黏土、粉土、砂土、砂砾等地层。当采用圆锥式钻头可适用于软岩，当采用滚轮式(又称牙轮式)钻头可适用于硬岩。反循环成孔不适用于自重湿陷性黄土以及无地下水的地层。

(3)反循环方式。反循环钻孔施工按钻杆内泥浆上升流动的动力来源、工作方式和工作原理的不同,可分成泵吸、气举和喷射三种。泵吸反循环是根据直接利用泵的抽吸作用使杆内泥浆上升;气举反循环是将压缩空气与钻杆内的泥浆混合,形成重度小于 1 的三相混合液,在钻杆外环空间水柱压力的作用下,使钻杆内三相液上升涌出地面;射流反循环是利用射流泵的高速液流产生的负压,使钻杆内的泥浆上升。

(4)施工工艺流程。反循环成孔常用钻机有德国的 SW、美国的 RD-600 和 CSP-820、日本的 S-200 和 MD150 以及我国的 QZ-200 和 GPS-15 等。反循环施工流程与正循环相同(图 4-14-1),但需注意以下事项:

1)反循环施工是在静水压力作用下进行钻孔作业的,故护筒埋设保持孔内水头压力是反循环施工的关键。护筒的直径一般要比桩径大 15 cm 左右,顶部应打入粘土层或粉土层中,一般不应设置在填土层、砂层或砂砾层中,以保证护筒不漏水。护筒内的水位要高出地下水位 2 m 以上,确保孔壁不坍塌。

2)开始钻进时应先轻压慢转,待钻头正常工作后逐渐加大转速,调整压力并确保钻头吸口不发生堵浆。钻进参数应根据地层、桩径、泵的合理排量以及钻机的经济钻速等进行调整。

3)钻进时应仔细观察进尺和排浆出渣情况。排量减少或出浆中含钻渣较多时,应控制跟进速度,防止因循环液比重太大而中断反循环。

4)起钻时应轻稳操作,防止钻头刮碰孔壁,并向孔内补入适量泥浆稳定孔内水头高度。

14.2.3 地下连续墙

地下连续墙是向地下钻挖具有一定长度、深度和厚度的沟槽,并在沟槽内吊放钢筋笼,然后在水下灌注混凝土形成钢筋混凝土墙节段,并逐段连接起来形成一道连续封闭的地下墙体。

1. 施工工艺流程

地下连续墙施工工艺流程如图 4-14-3 所示。

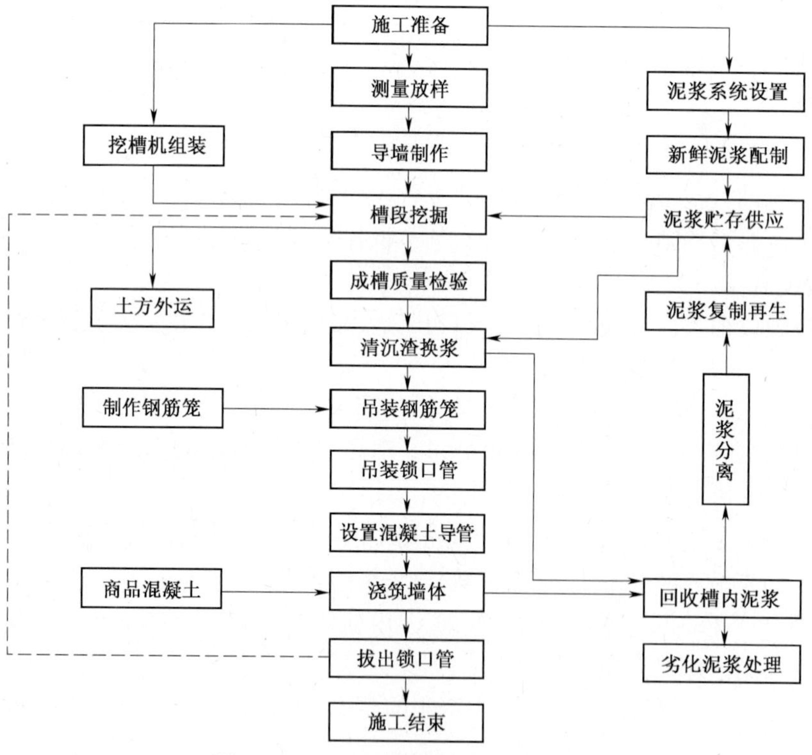

图 4-14-3 地下连续墙施工工艺流程图

2. 导墙施工

(1)导墙结构形式。导墙材料可采用方木、砌体、混凝土、钢筋混凝土、钢板、型钢等。导墙的位置、尺寸准确与否直接影响地下连续墙的平面位置和墙体尺寸能否满足设计要求。导墙间距应在地下连续墙设计墙厚的基础上增大 4~6 cm,间距允许偏差±5 mm,轴线允许偏差±10 mm,一般墙面倾斜度应大于 1/500。导墙的顶部应平整,以便架设钻机,并作为钢筋笼、混凝土导管、接头管等的支撑面。导墙后的填土必须分层回填密实,以免被泥浆掏刷后发生孔壁坍塌。常见的导墙结构形式如图 4-14-4 所示。

(2)导墙施工。

1)施工放线前做好技术交底,严格复核导墙位置,确保定位放线准确。

2)导墙开挖土方时,若外侧土体能保持稳定,则以土壁代替外模板,避免回填土;否则外侧应设置模板(图 4-14-5)。混凝土强度达到设计要求后,墙背用黏土分层夯填密实,防止地表水渗入槽内,引起槽段塌方(图 4-14-6)。

3)导墙施工完成后,在槽底铺上水泥砂浆,在槽段未开挖前可作临时储浆或换浆沟用。

4)导墙垂直度控制在±7.5 mm 以内,导墙内墙面平整度控制在±3 mm 以内,导墙全长范围内顶面高差控制在±5 mm 以内,导墙轴线误差控制在±10 mm 之内;导墙上口高出地面 100 mm,以防止垃圾和雨水冲入导槽内污染或稀释泥浆。

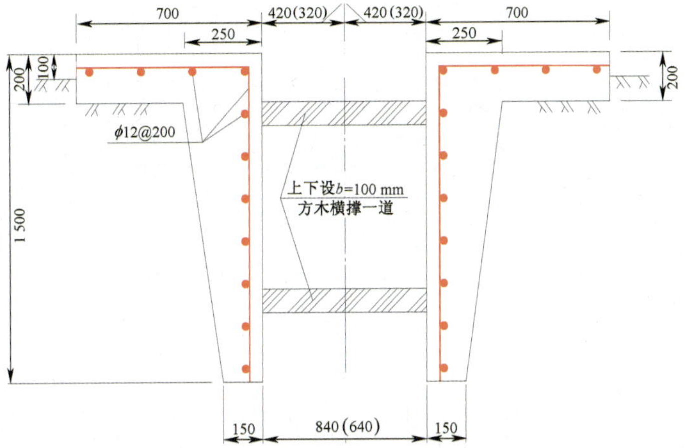

图 4-14-4　常见的导墙结构形式

图 4-14-5　导墙模板施工

图 4-14-6　浇筑混凝土

3. 成槽施工

(1)成槽方法。

1)二钻一挖法。该方法首先用直径与地下连续墙设计厚度相同的钻机预钻孔,孔距应与成槽抓斗宽度相适应;之后用钢索抓斗挖去两孔之间的土体,在一幅地下连续墙成槽后即吊放钢筋笼并浇筑混凝土。在钻孔和成槽过程中均需采用特制的护壁泥浆。本工法适用于深度小于 40 m 的软土地层中的地下连续墙施工。当成槽深度大于 40 m 时,因钢索抓斗自身没有纠偏装置,且抓斗自重不大(仅为 13 t 左右),成槽施工效率较低且成槽质量不好。常见的抓斗设备有金泰 SG-35A、SG-40A 型液压抓斗(图 4-14-7)。

图 4-14-7　金泰 SG-40A 型液压抓斗

2)冲击锤成孔法。该法主要用于穿越卵石层及基岩,主要施工方法为:通过锤击使卵石层更加松动或者使其向孔壁挤密;通过锤击对基岩进行破坏。成孔过程中,通过打捞筒将松散的卵石或破碎的岩石提升出地面。由于本工艺成孔过程中依靠锤击,因此会产生很大的噪声污染;同时,打捞筒出渣能力不强、速度慢。

3)冲击钻辅助开挖方法。因一般液压抓斗自重仅为13～16 t,其在卵石层及基岩钻进施工过程中,速度极慢或根本无法钻进,目前国内一般采用冲击钻对卵石层或基岩进行破坏,其工艺原理为在抓斗无法进行施工时,根据槽段长度确定钻孔数量及位置,保证钻孔后土体松动,最后采用抓斗进行清槽。

4)牙轮钻具磨碎成槽法。该工艺通过在一般钻机上配置牙轮钻具,在钻进过程中通过牙轮在基岩上高频率的磨动,最后成槽。采用该工艺施工,成槽速度缓慢,且成槽后槽壁质量不高,最后仍需采用成槽机抓斗进行侧壁清理,施工效率很低。

5)铣槽机成槽法。其工作原理为反向循环原理,成槽时两个铣轮连续切削下面的岩土,然后把它们卷起来进行破碎,再在槽中与泥浆混合并通过泥浆泵抽出槽外。利用铣槽机成槽,速度快、成槽质量高,但是因为铣槽机价格昂贵,施工成本投入大(单台铣槽机价格在人民币3 200万元左右,租赁一台每月价格在100万元左右),故国内连续墙施工极少使用。

(2)成槽施工工艺。地下连续墙需要划分为多个施工段进行施工。一般来说,加大槽段长度可以减少结构数量,提高施工效率以及墙体的整体防渗性和连续性,但泥浆和混凝土用量随之增加、钢筋笼重量也逐渐增大,会给泥浆和混凝土的生产供应、钢筋笼的吊装带来困难,所以必须考虑设计、施工和地质条件等多种因素,综合确定槽段长度。槽段划分时应考虑以下几个原则:应使槽段分缝位置远离墙体受力(弯距和剪力)最大的部位;在某些情况下,可以采用长短槽段交错的布置方式;应把短槽作为二期槽段,便于处理接缝;槽段分缝应与导墙(特别时预制导墙)的施工缝错开;在可能的条件下,一个槽段的单元应为奇数,如为偶数,挖槽时可能造成斜坡。

连续墙施工采用跳槽法,根据槽段长度与成槽机的开口宽度,确定出首开幅和闭合幅,保证成槽机切土时抓斗受力均衡,以确保槽壁垂直;用抓斗挖槽时,要使槽孔垂直,最关键是要使抓斗在两侧土体受力均衡的状态下挖槽,根据这个原则,单元槽段的挖掘顺序应参照图4-14-8进行。成槽施工步骤为:

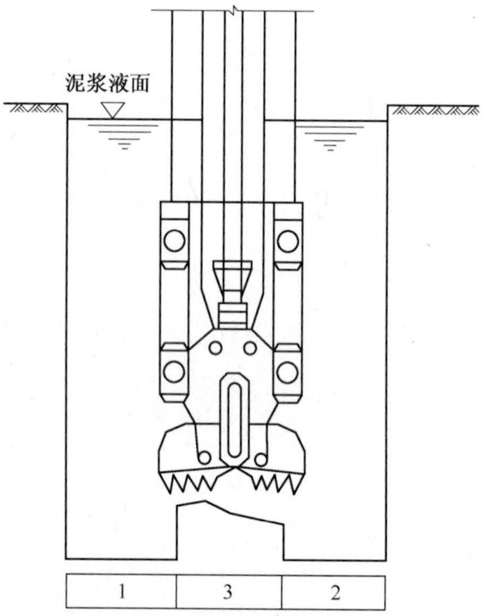

图4-14-8　单元槽段开挖示意图

1)先挖槽段两端土体,或者采用挖好一端后,跳开中间部位再挖另一端的方法,使中间留下未被挖掘过的隔墙,这就能使抓斗在挖一端时受力均衡;由于中间隔墙的长度小于抓斗开斗长度,抓斗能套住隔墙挖掘,同样能使抓斗受力均衡,保证成槽垂直度。

2)待两端和中间隔墙都挖到设计深度后,再沿槽长方向套挖,把抓斗挖两端和隔墙时形成的凹凸面修理平整,保证槽段横向有良好的直线性。

3)在抓斗沿槽长方向套挖的同时,把抓斗下放到槽段设计深度上挖除槽底沉渣。根据安装在液压抓斗上的探头,随时将偏斜情况反映到驾驶室的电脑上,驾驶员根据电脑上四个方向动态偏斜情况启动液压抓斗上的液压推板进行动态纠偏,通过成槽中不断进行准确的动态纠偏,确保地下连续墙的垂直精度。

(3)软土地基成槽施工

1)针对软土地基,地下连续墙通常采用液压成槽机直接进行成槽开挖,施工前应先调整好成槽机的位置。成槽机掘进时,必须做到稳、准、轻放、慢提,并用经纬仪双向监控钢丝绳、导杆的垂直度。

2)异形"T"形或"L"形槽段,采用对称分次直挖成槽,即先行开挖一短幅,开挖一定深度后,再开挖另一短幅,相互交替施工。不足两抓宽度的槽段,则采用相互搭接的工艺直挖成槽。转角处异型槽段严格按照规定的几种形式开挖。

3)成槽施工时,应不断向槽内注入新鲜泥浆,保持泥浆面高出地下水位0.5 m。随时检查泥浆质量,必要时及时调整泥浆配比,以满足特殊地层的要求。若发现槽内泥浆液面降低或浓渡变稀,要立即查明是否因为地下水流入或泥浆随地下水流走所致,并采取相应措施,确保挖槽工作正常进行。雨天地下水位上升时,应及时加大泥浆比重和黏度,雨量较大时应暂停挖槽,并封盖槽口。

(4)岩层成槽施工。岩层成槽施工工艺流程如图4-14-9所示。液压成槽机抓斗挖到岩面即停,并使槽底基本持平,在导墙上标出钻孔位置。在地下连续墙转角部位向外多冲半个孔位,保证连续墙的完整性,入岩施工分为如下几步:

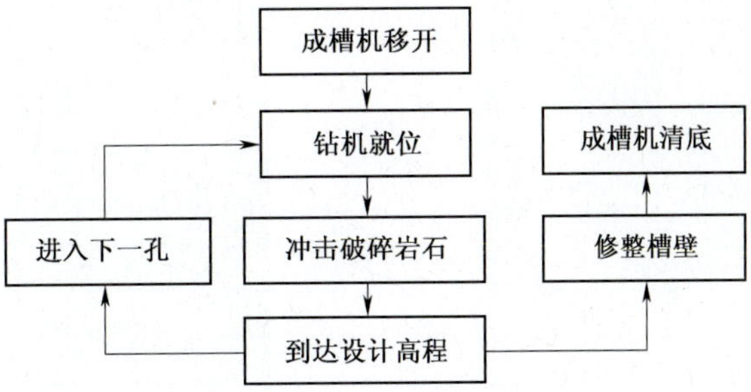

图4-14-9　岩层施工工艺流程

1)采用冲击钻机冲击主孔,泵吸反循环出渣,钻头大小和主孔中心距根据墙厚进行调整,主孔间距一般为1.5倍墙厚;随后采用冲击钻冲击副孔(主孔之间的部分)。

2)冲击钻配合方锤(目前常用的为800 mm×1 200 mm)修整槽壁,冲击过程中控制冲程在1 m以内,并防止打空锤和放绳过多,减少对槽壁的扰动,成槽后辅以液压成槽机抓斗清除岩屑。

3)冲击钻钻入岩层时,采用勤松绳、勤掏渣的措施,防止锤环磨损过大造成斜孔;施工过程中每0.5～1 m测量一次钻孔垂直度,并随时进行纠偏;垂直度变化处采用低锤轻击、间断冲击的方法进行处理,成槽施工示意如图4-14-10所示。

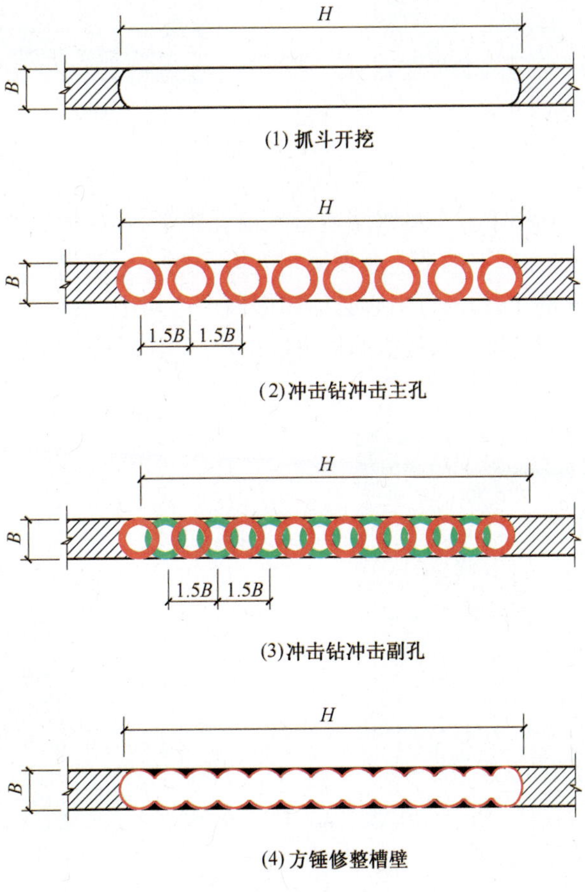

图4-14-10　岩层成槽施工示意图

(5)地下连续墙成槽后可利用超声波检测仪检查成槽质量,成槽施工如图4-14-11～图4-14-14所示。

4. 钢筋笼制作及吊装

(1)钢筋平台设计。钢筋笼制作精度必须满足设计和施工要求,应将钢筋笼在平整度≤5mm的混凝土或槽钢平台上制作加工(图4-14-15)。钢筋平台的尺寸根据工程需要的最大幅连续墙钢筋笼尺寸确定,其长度、宽度应在满足最大幅钢筋笼尺寸的基础上适当增大。

图 4-14-11　地下连续墙成槽图一

图 4-14-12　地下连续墙成槽图二

图 4-14-13　成槽抓斗出土

图 4-14-14　地下连续墙刷壁

(2)钢筋笼吊装。

1)水平移位和吊装入槽。利用平台车将钢筋笼运到槽孔附近,吊装时首先将钢筋笼立直(图 4-14-16)。为了不使钢筋笼在空中晃动,可在其下端系上绳索采用人力控制。为了保证吊装的稳定,可采用横梁、起吊支架等附加装置。钢筋笼进入槽孔时,吊点中心必须和槽段中心对准,然后缓慢下放;若钢筋笼不能顺利入槽时,应立即将其提出孔外,查明原因并采取措施后再次吊放,并随时检测和控制钢筋笼的位置,出现偏斜及时纠正。

图 4-14-15　连续墙钢筋笼加工

图 4-14-16　钢筋笼吊装

2)钢筋笼分段连接。当地下连续墙深度很大、钢筋笼很长或现场起吊能力有限时,钢筋笼往往分成两段或三段进行吊装。第一段钢筋笼先吊入槽段内,将钢筋笼架立在导墙上,其端部露出导墙 1m 左右;然后吊起第二段钢筋笼,经对中调正垂直度后即可进行焊接。焊接接头可采取两种方法:一种是将上下钢筋笼的钢筋逐根对准焊接,另一种是采用钢板接头。第一种方法很难做到逐根钢筋对准,焊接质量无法保证而且焊接时间很长,后一种方法是在上下钢筋笼端部将所有钢筋焊接在通长的钢板上,具体做法为:上下钢筋笼对准后，首先用螺栓固定钢筋笼以防止焊接变形，并用与主筋直径相同的附加钢筋按照一定间距与主筋点焊，以加强焊缝和补强；最后将上下钢板对焊，完成钢筋笼的分段连接。

3)钢筋笼入槽高程控制。制作钢筋笼时，选主桁架的两根立筋作为高程控制的基准，并作好标记；吊放钢筋笼前测定主桁架位置处的导墙顶面高程，根据高程关系计算好固定钢筋笼于导墙上的吊攀位置，钢筋笼下放到位后用槽钢或工字钢穿过吊攀将钢筋笼悬吊于导墙之上。

5. 混凝土灌注

(1)为保证水下混凝土灌注顺利进行，灌注前应拟定灌注方案。清槽完毕，沉渣厚度、泥浆经检查合格后(密度≤1.15，含砂率≤4%，pH 值 7～9，黏度<25 s)开始灌注混凝土。

(2)开始灌注时，隔水栓吊放的位置应临近水面，导管底端距槽底的距离控制在 0.3～0.5 m。混凝土灌注宜连续，不得中断，灌注的上升速度不得小于 2 m/h，每个单元槽段的每个导管灌注间歇时间不得超过 30 min。随着混凝土面的上升，要适时提升和拆卸导管，提升导管时应避免碰撞挂钢筋笼。导管底端应埋入混凝土面以下 1.5～3.0 m，严禁将导管底端提出混凝土面。

(3)在一个槽段内同时使用两根导管灌注时，其间距不应大于 3 m，导管距槽段端头不宜大于 1.5 m，槽内混凝土面应均衡上升，各导管处的混凝土表面的高差不宜大于 0.5 m，终浇混凝土面高程应高于设计要求 0.5 m。

(4)在灌注作业时，若发现导管漏水、堵塞或导管内混入泥浆，应立即停灌并进行处理，同时做好相应记录；泥浆经沉淀和处理后符合要求的才能继续使用。

混凝土灌注施工如图 4-14-17 和图 4-14-18 所示，施工完成的地下连续墙如图 4-14-19 所示。

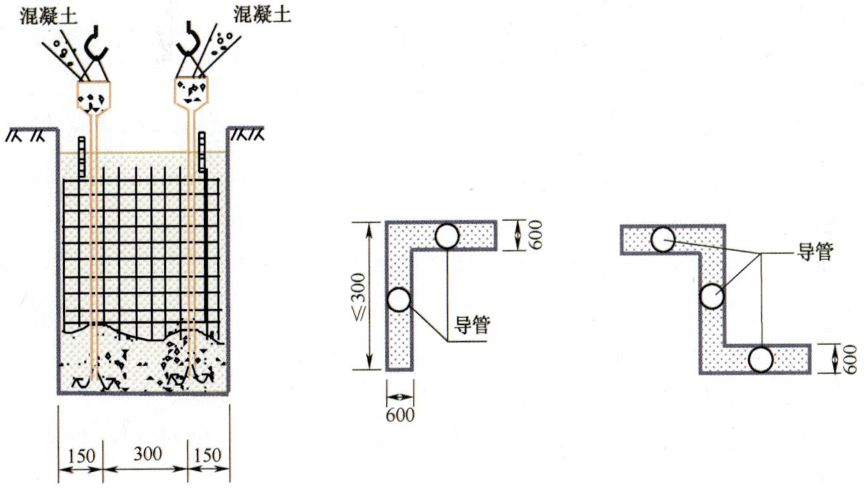

(a) 标准槽段灌注示意　(b)"L"形槽段导管分布　(c)"Z"形槽段

图 4-14-17　混凝土灌注及导管布置示意图(单位:mm)

图 4-14-18　地下连续墙灌注混凝土

图 4-14-19　成型的地下连续墙

14.2.4 地基加固

目前,地基加固处理主要有搅拌桩、旋喷桩、灰土挤密桩、袖阀管注浆等方法。地基加固施工工艺流程以及施工技术要点详见第 6 章,现将常见的几种加固方法的施工原理分别阐述如下:

搅拌桩是使用钻机钻入设计深度后,利用钻机钻头在软土层中喷入水泥或水泥浆,同时将水泥(浆)和软土在钻头的旋转作用下均匀搅拌,形成柱状水泥稳定土桩,使地基土的物理力学性能得到改善,提高地基承载力。该法适用于淤泥质土、黄土、黏土、粉土、砂土及人工填土等地层(图 4-14-20 和图 4-14-21)。

图 4-14-20 搅拌桩施工

图 4-14-21 施工成型的搅拌桩

旋喷桩是利用钻机把有喷浆嘴的注浆管钻至土层的预定位置,将浆液从喷嘴中喷出,当能量大、速度快和呈脉动状的喷射流的动压超过土体结构强度时,土粒便从土体剥落下来,与浆液搅拌混合,并按一定的比例和质量大小重新排列。浆液凝固后,便在土中形成一个固结体从而加固地基。该法适用于砂土、黏土、淤泥质黏土、黄土等地层(图 4-14-22)。

图 4-14-22 施工成型的旋喷桩

灰土挤密桩是利用桩锤夯击的挤密作用消除地层中的孔隙,并通过置换作用提高地基承载力。桩锤夯扩成孔的过程中,孔中原有土被强制性侧向挤出,桩周一定范围内的土被压缩和扰动。该方法适用于处理地下水位以上的湿陷性黄土、素填土和杂填土等地层,处理深度一般为 5～15 m(图 4-14-23 和图 4-14-24)。

袖阀管注浆是通过较大压力将浆液注入岩土层中,注浆芯管上下的阻塞器可实现分段分层注浆,可由施工需要选择连续或跳段注浆。通过注浆,使松软地层得到较好的注浆加固效果,该法适用于软黏性土地基加固。

图 4-14-23 灰土挤密桩施工

图 4-14-24 施工完成的灰土挤密桩

14.3 基坑降水施工

基坑降水是基坑开挖中重要的前期工作之一。基坑开挖施工中遇到地下水时,其基本处理方法分三大类：第一，止水法，即将地下水止于基坑之外，又分为沉箱法、冻结法、灌浆法；第二，排水法，即将基坑内的地表水和地下水排除至基坑范围以外；第三，止水与排水相结合。

地下水根据其在地下的埋藏条件分为饱气带水、潜水和承压水。其中饱气带水位于地下水水面以上的饱气带中，它对土壤作用及植物生长有重要意义；潜水是指位于饱水带中第一个具有自由表面含水层中的水，与大气和地表水联系紧密；承压水是指充满于两个隔水层之间，具有一定压力的含水层中的水。承压力是承压水的重要特征，承压力的大小(俗称水头压力)可以通过其在钻孔或井中的上升高度测试得到。潜水和承压水是基坑工程降水的主要对象。

14.3.1　基坑降水方法

目前，在工程中能够选用的降水方法较多。可根据不同的地质条件、降水深度以及周边环境要求等选择降水方法(表 4-14-1)。

表 4-14-1　降水方法及适用范围

适用范围 降水方法	适用地层	渗透系数(cm/s)	降水深度(m)
集水明排	含薄层粉砂的粉质黏土，黏质粉土，砂质粉土，粉细砂	$1\times10^{-7}\sim2\times10^{-4}$	<5
轻型井点及多级轻型井点	含薄层粉砂的粉质黏土，黏质粉土，砂质粉土，粉细砂	$1\times10^{-7}\sim2\times10^{-4}$	6～10
喷射井点	含薄层粉砂的粉质黏土，黏质粉土，砂质粉土，粉细砂	$1\times10^{-7}\sim2\times10^{-4}$	8～20
电渗井点	黏土，淤泥质黏土，粉质黏土	$<1\times10^{-7}$	根据选定的井点确定
管井(深井)	含薄层粉砂的粉质黏土，砂质粉土，各类砂土，砾砂，卵石	$>1\times10^{-6}$	>10
砂(砾)渗井	含薄层粉砂的粉质黏土，黏质粉土，砂质粉土，粉土，粉细砂	$<5\times10^{-7}$	根据下伏导水层的性质及埋深确定

14.3.2　井点降水设计

1. 工艺流程

井点降水施工工艺流程如图 4-14-25 所示。

图 4-14-25　井点降水施工工艺流程图

2. 降水井设置

(1)坑外降水井设置。真空深井井点降水井布设根据基坑平面图或沟槽宽度及所需降水深度,沿基坑四周呈环形或呈直线形布置,井点一般距离基坑周边 1.0～2.0 m,井距可以通过计算确定,一般为 15～25 m。

(2)坑内降水井设置。采用坑内井点降水,一般用管井井点效果较好。井点布设在坑内按棋盘点状布置,井距可以通过计算得到,一般为 15～20 m。需要注意的是坑内降水既要满足降水设计要求,即降低后坑内水位要低于基坑开挖底面以下 0.5 m,同时又不能过多降低地下水位,以避免影响环境或造成周围建筑物产生不均匀沉降。

14.3.3 降水井施工

1. 准备工作

(1)对于轻型井点管、喷射井点管组装,必须满足设计长度和过滤器质量要求,按增加 2%的数量备用。

(2)合理选择井点管埋设方法,按不同方法准备机具、成孔设备、材料用量计划。

(3)按设计要求备用砂滤料,并在现场合理堆放。

(4)清除现场障碍物,按井点平面布置图挖井点位置坑和排泥沟。

(5)编制井点施工作业计划,其中包括工序安排、施工日期、抽水时间及劳动力安排。

(6)编制作业技术操作规程,印制各类管理记录表格,并详细进行技术交底工作。

2. 施工

准备工作完成后,施工工艺流程如下:井管分段制作→成孔(钻孔等)→埋管→清孔→填砂→封井→安装抽水设备→抽水(图 4-14-26 和图 4-14-27)。

图 4-14-26　降水井钻孔施工

图 4-14-27　降水井管安装

14.4 基坑开挖施工

明挖法基坑开挖分为基坑放坡开挖及在基坑周边施作围护结构后垂直开挖两大类。放坡开挖基坑应视地质情况确定合理的边坡坡率,必要时还需对边坡采取例如铺设钢筋网、施作锚杆(管)、喷射混凝土、施作加劲肋等措施来保证边坡稳定。该法施工简单,造价低,适用于施工场地宽阔、周边构筑物对施工影响小的情况;设置围护结构开挖基坑是预先在基坑周边设置围护结构,再进行基坑开挖,并根据基坑开挖深度设置内支撑。该法适用于施工场地狭窄、周边环境对施工限制较大的情况。

14.4.1 施工准备

基坑开挖前须完成下列准备工作:

(1)根据设计技术标准、地质条件及周围建筑物和地下管线等资料,编制施工组织设计与施工方案。

(2)对基坑施工可能产生影响的建筑物进行调查,并制定针对周围建筑物、地面及地下管线等的监控和保护方案,预先做好监测点的布置以及初始数据的测量工作;针对开挖中可能遇到的边坡失稳、渗水、流砂等现象,提出应急预案并进行相关的物资储备。

(3)配备足够的开挖及运输机械设备,做好设备的检测、保养等工作;基坑开挖前 15～30 d 提前预降水,并做好地面排水及基坑内抽排水系统;基坑开挖之前围护结构、地基加固应达到设计强度。

(4)采用爆破作业时，应事先编制爆破施工技术专项方案，并按要求履行有关审批手续。

14.4.2　土方开挖

基坑土方开挖遵循分层分段、由上而下、先支撑后开挖的原则，每段从上到下分层开挖，并及时架设支撑；纵向开挖顺序与工期、基坑开挖现场条件有关，一般从两端向中间两个工作面对向开挖，或从中间向两端两个工作面反向开挖。

1. 土方开挖

采用盆式开挖，每段开挖时先挖中间土，最后挖两侧土，每挖出一根支撑位置，及时安装支撑，待支撑安装好后，再开挖下一段土体。当挖掘机在基坑顶部不能进行挖装作业时，采用基坑内挖掘机翻挖土方，在基坑顶部布置抓斗或可伸缩式挖掘机进行装土。土方开挖示意如图 4-14-28 所示，土方开挖施工如图 4-14-29 和图 4-14-30 所示。

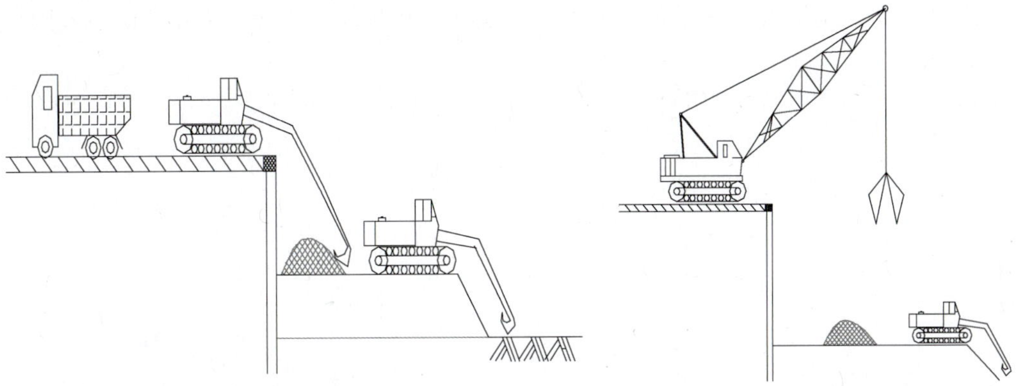

(a) 挖掘机置于坡顶　　(b) 采用抓斗

图 4-14-28　土方开挖示意图

图 4-14-29　基坑土方开挖

图 4-14-30　基坑开挖完成

2. 石方开挖

中风化、微风化岩石开挖应采用爆破，爆破前必须进行爆破方案设计。根据基坑周边环境对爆破振动的要求，结合类似工程经验，采取多打孔、少装药、短进尺、弱振动的浅眼松动微差控制爆破的方法。在靠近坑壁部位进行预留控制，同时沿基坑轮廓线布设减振孔，以取得良好的爆破效果，减少爆破对围护结构的影响。由于爆破过程中部分炸药能量转化为地震波，同时产生一定飞石、冲击波、爆破毒气和噪声，必须采取严格的防范措施，确保爆破安全。

3. 施工要点

(1)基坑开挖要严格按批准的施工组织设计进行，采用纵向分段、竖向分层的开挖方式，分段长度视地质条件、周围环境以及结构受力情况综合考虑确定；分层高度应按照设计的内支撑高程进行确定。

(2)应根据时空效应，保证在规定时间内完成土方开挖、支撑以及支撑预应力施加工作；开挖作业时，开挖设备严禁与钢支撑相碰。

(3)开挖至设计坑底高程以上 20～30 cm 时应改用人工开挖,减少对基坑底部土体的扰动;开挖见底后及时铺设垫层封闭坑底,对局部超挖部分按规定填实;开挖过程中基坑周边严禁堆载,同时应做好坑内外排水工作。

(4)当基底上层与设计不符或扰动、水浸、发现淤泥、土质松软等现象时,应做好记录,并会同有关单位研究处理。

(5)认真做好监控量测工作,及时进行数据分析并反馈信息,科学指导开挖、支护工作。

14.4.3 基坑排水

1. 基坑外排水

基坑顶部沿围护结构设排水沟,用于排放基坑抽排水及地面积水;从基坑内抽出的水,由于含有一定量的泥砂,应通过在基坑两侧设置的沉淀池进行沉淀。沉淀池一般由三个小池组成,分别为进水池、沉淀池以及出水池;应及时清理沉淀池沉渣,防止泥砂堵塞下水道。在围护结构边缘修筑挡水墙,防止地表水倒灌入基坑内。

2. 基坑内排水

基坑开挖期间虽然采用了降水措施,但必然会存在一定的地下水和地表降水,需要设置坑内排水沟,汇入集水井后抽出。坑内排水沟及集水井设置如图 4-14-31 所示。

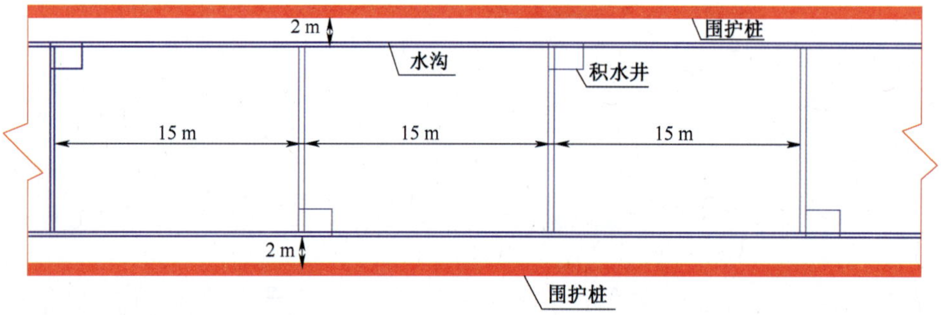

图 4-14-31　基坑内排水设施布置示意图

3. 基坑监测

基坑开挖期间,需要对基坑及周边环境进行监测。结合地质条件、施工方法、围护结构类型及基坑周边环境等因素,采用的监测项目有:围护结构水平位移、围护顶部水平和垂直位移、内支撑轴力、基坑四周地表沉降、坑底隆起、地下水位、周围建筑物变形等。

14.5 钢支撑施工

钢管支撑架设是基坑开挖过程中一个及其重要的施工环节,支撑架设的时机、精度及预加力的效果直接关系到基坑的稳定。当支撑跨度较大,为保证内支撑稳定,通常设置格构柱、联系梁及立柱桩与钢支撑一起构成内支撑体系。联系梁及格构柱采用型钢或槽钢焊接,立柱桩通常为钻孔灌注桩。立柱桩及联系梁与钢支撑之间应进行可靠连接,以保证内支撑体系的稳定。

14.5.1 施工准备

(1)材料。钢支撑施工材料包括钢管、活络头、钢垫箱、斜垫箱、槽钢、钢楔块、紧固螺栓等材料及油泵装置。

(2)确定支撑安装位置。根据设计图纸和现场测量,标记出每道支撑的安装位置。

(3)钢支撑材料拼接准备。根据土方开挖进度按照支撑编号及设计长度进行支撑拼装。

14.5.2 钢支撑施工

钢支撑施工工艺流程如图 4-14-32 所示。

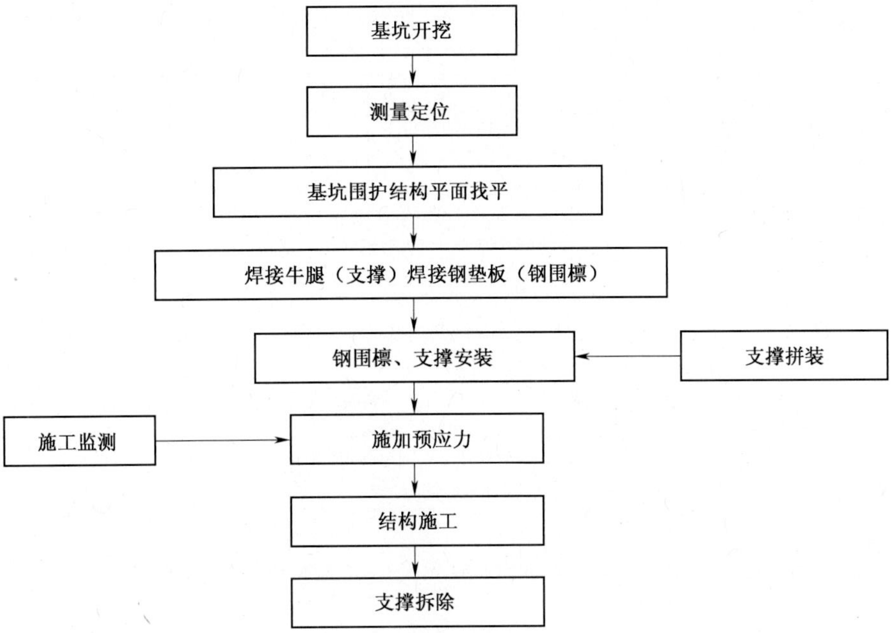

图 4-14-32　钢支撑施工流程图

1. 钢支撑架设

钢支撑主要由三大部分组成：固定端、中间段及活络端。支撑架设采用基坑外拼装、吊车现场吊接拼装的方式进行，如图 4-14-33 所示。

每节段分层开挖至支撑架设高度后，通过现场测量定出支撑位置后，凿出围护结构中预埋钢板，按照设计高程焊接钢牛腿，同时丈量两侧地下连续墙或围檩间距离，及时调整地面上已拼装好的支撑长度。经复验无误后再由吊车吊入钢支撑，配合人工进行钢支撑安装，安装前先记录水平高程，以支撑的轴线拉麻线检验支撑位置。安装应严格按照图纸设计要求进行，所有支撑拼接必须顺直，每根支撑弯曲不超过 15 mm；必须确保支撑端头与围檩均匀接触，并应设置防止钢支撑端部移动脱落的构造措施。斜撑支撑轴线要确保与钢牛腿或托架端承水平垂直，其垂直度误差不大于 2%。使用螺栓接拼钢支撑，必须穿向一致，并将螺栓旋紧。

钢支撑节点构造以及斜撑支座构造如图 4-14-34 和图 4-14-35 所示。

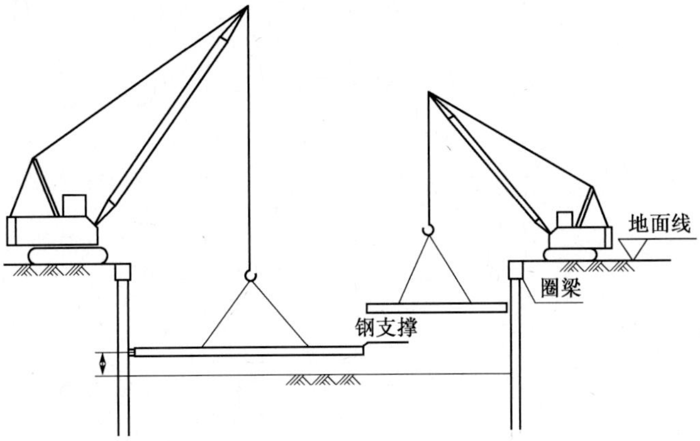

图 4-14-33　钢支撑架设示意图

对于 SMW 桩、挖孔桩、钻孔桩围护结构基坑，在钢支撑安装前需按要求安装好钢围檩，图 4-14-36 为钢围檩示意图。钢围檩安装时，其与围护桩之间的空隙采用细石混凝土填实，并与围护桩内的型钢进行焊接；待钢支撑安装时，钢支撑与钢围图之间也应进行焊接。

2. 施加预应力

钢支撑吊装到位，调整活络端使其位于牛腿上，将液压千斤顶放入活络端顶压位置施加钢支撑预加力，预加力应根据设计要求逐级进行施加，施加过程中注意保持千斤顶行走一致。当压力表无明显衰减，预应力施加到位后（支撑施加预应力时应考虑到操作时的应力损失，施加值应比设计增加 10%），在活络端锲紧垫块并固定牢固，然后回油松开千斤顶，解开起吊钢丝绳，完成单个支撑预应力的施加。施加过程中要及时检

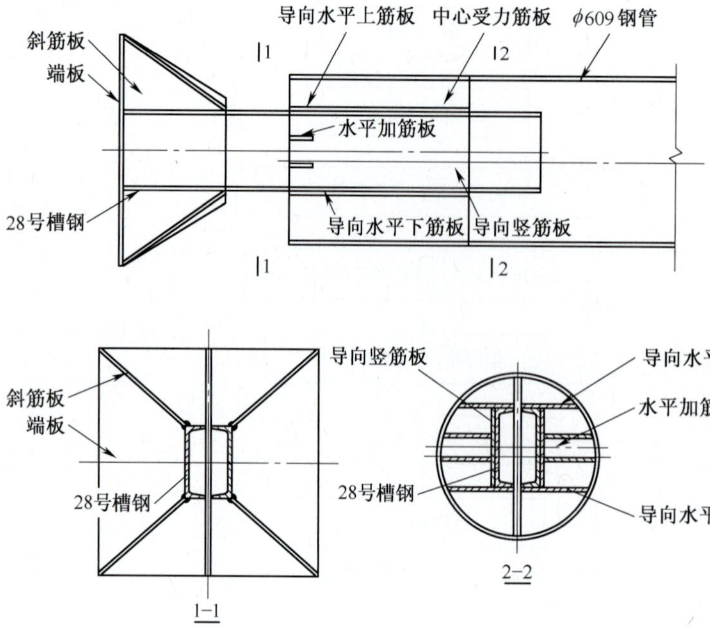

图 4-14-34　钢支撑节点构造详图

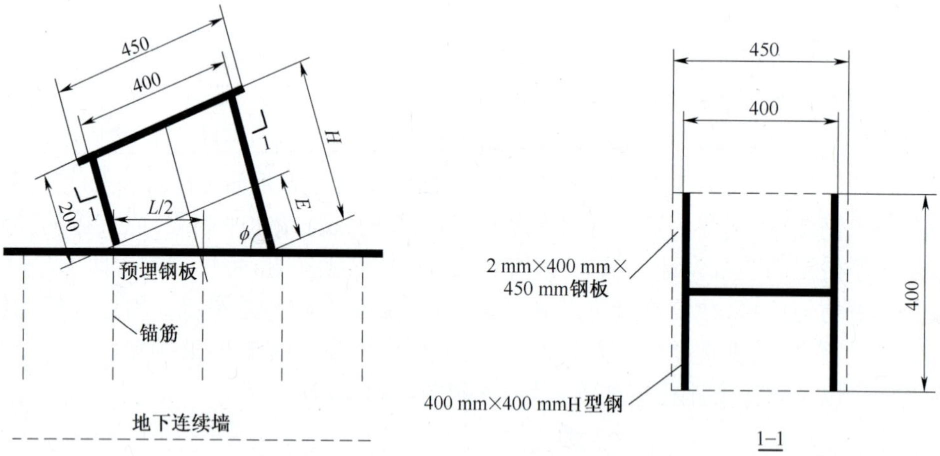

图 4-14-35　斜撑支座构造示意图(单位:mm)

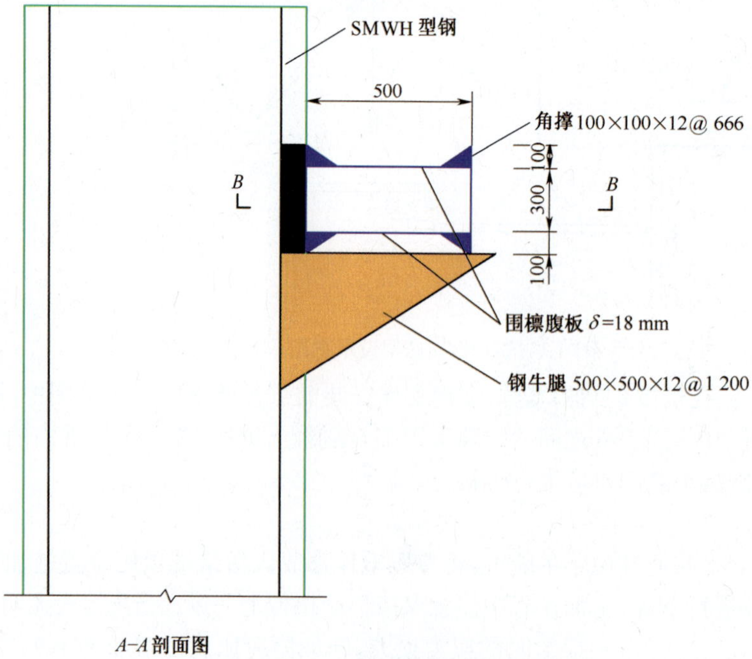

图 4-14-36　钢围檩平面图(单位:mm)

查每个接点的连接情况，并作好施工记录，严禁支撑在施加预应力后由于和预埋件不能均匀接触而导致偏心受压；对施加预应力的油泵装置要经常检查，使之量出的预应力值准确。图 4-14-37 和图 4-14-38 为预应力施加完成的钢支撑。

图 4-14-37　直撑

图 4-14-38　斜撑

3. 复加预应力

支撑轴力减小后应及时复加预应力，支撑预应力复加应主要针对正在施加预应力的支撑之上的支撑及暴露时间过长的支撑进行预应力复加。预应力复加应以监测数据为主要依据，同时结合人工检查(敲击无控制点的支撑活络头塞铁，视其松动与否决定是否复加)进行确定。当满足下列情况之一时，应考虑复加预应力。

(1)第一次施加预应力后 12 h 内观测预应力损失及墙体水平位移，并复加预应力至设计值。

(2)当昼夜温差过大导致支撑预应力损失时，应立即在当天低温时段复加预应力至设计值。

(3)墙体水平位移速率超过警戒值时，可适量增加支撑轴力以控制变形，但复加后的支撑轴力和围护结构弯矩必须满足设计要求。

(4)当采用被动区注浆控制围护结构位移时，应在注浆后 1～2 h 内对注浆范围的支撑复加预应力。

(5)下道支撑预应力的施加，会导致上道支撑轴力减小，此时应补加预应力直至达到设计要求。

4. 钢支撑拆除

衬砌主体结构施工时，应根据施工顺序逐层拆除钢支撑。首先用吊车将钢支撑托起，在活动端利用千斤顶施加轴力至钢楔块松动，随后取出钢楔块，逐级卸载至取完钢楔，最后吊起支撑。支撑体系拆除施工应注意分级释放轴力，避免瞬间预加应力释放过大而导致基坑围护结构局部变形或失稳。

14.6　主体结构施工

14.6.1　模板与支架

明挖隧道为钢筋混凝土框架结构，表面积大，模板用量多，应采用钢模板或胶质叠合板，有条件时可采用模板台车。对于方形或矩形柱可采用组合钢模板，而圆形柱多采用对装成节的钢模板或玻璃钢模板；变形缝处的端头模板要便于设置和固定止水带和填缝板。施工采用的模板与支架体系如图 4-14-39 所示。

14.6.2　混凝土浇筑

隧道主体结构的混凝土灌注应符合防水混凝土工程的要求。施工中应注意以下几点：隧道主体结构混凝土施工，均应以变形缝划分区段间隔施工，并以此进行灌注。钢筋与模板间必须采用砂浆或塑料垫块垫紧，确保钢筋保护层厚度；混凝土采用高频振捣器振捣，确保混凝土密实。变形缝止水带处，顶、底板应掀起止水带灌注其下混凝土，将止水带缓慢压在下层混凝土上后，再灌注其上混凝土；边墙处止水带应采用铁丝将其拉紧于边墙立筋上，防止混凝土灌注时将止水带压偏。在灌注混凝土过程中，应派专人观测模板、支架、钢筋、预埋件的情况，如发现变形、移位等应及时进行处理。混凝土灌注终凝后及时采取养护措施。隧道拱顶混凝浇筑如图 4-14-40 所示。

图 4-14-39　模板与支架图

图 4-14-40　浇筑拱顶混凝土

14.6.3　防水施工

目前我国的防水卷材品种较多,大致可以分为沥青防水卷材、改性沥青防水卷材、高分子防水卷材。采用明挖法施工的结构防水,一般由结构自防水和附加防水层组成。附加防水层可采用卷材、涂料或防水砂浆等。通常防水层都设在主体结构外侧(迎水面),且要求与结构表面黏结良好。

变形缝防水构造形式和材料应根据工程特点、地基和主体结构变形情况以及水压、水质和防水等级等因素确定。水压较大的变形缝通常采用埋入式橡胶止水带;后浇缝、施工缝防水在施工前应将接缝处的混凝土凿毛,清洗干净,在结构断面中部附件安放遇水止水材料。明挖隧道防水施工详见本篇第 8 章。

15　TBM 隧道施工技术

15.1　概　　述

15.1.1　TBM 总体分类

TBM(全断面岩石掘进机)是一种开挖地下隧道与洞室的设备,它利用破岩刀具施加的机械力,直接切割破碎岩石,切割下的碎渣由铲渣与输送装置排出。掘进机上还安装有支护、衬砌、吸尘、通风、导向等辅助设备,能完成多项作业,因此又称为联合掘进机。

TBM 掘进机种类繁多,根据不同的参照标准有不同的分类方法,总体分类方法如下(图 4-15-1):

(1)按一次开挖断面占全部断面的比例分为全断面与非全断面。

(2)按开挖断面的形状分为圆形、非圆形断面。

(3)按开挖断面的大小分为大、中、小。

(4)按成洞开挖次数分为一次成洞、先导后扩成洞。

(5)按开挖的洞室类别分为平洞、斜井、竖井。

(6)按开挖隧道掌子面是否需要压力稳定分为常压、增压。

(7)按掘进机是否带有盾壳分为开敞式、护盾式。

(8)按掘进机机体与推进机构是否联合分为整机式、分体式。

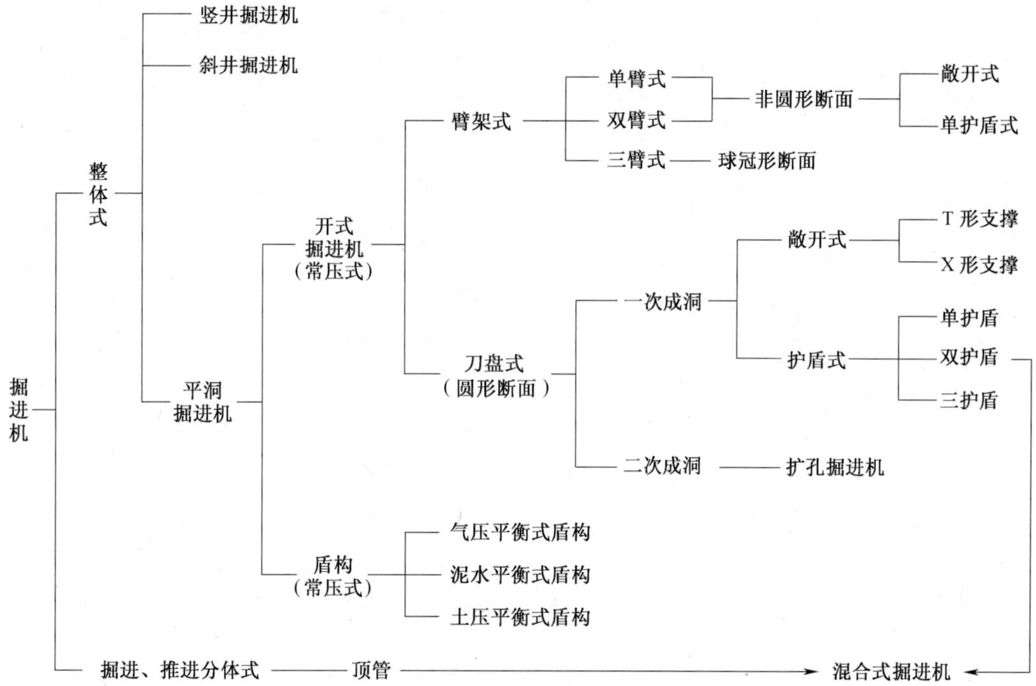

图 4-15-1　TBM 掘进机总体分类

15.1.2　开敞式与护盾式 TBM

TBM 掘进机主要类型分为开敞式和护盾式两类(图 4-15-2 和图 4-15-3),护盾式又分为单护盾、双护盾以及三护盾。

1. 开敞式 TBM

开敞式 TBM,也称支撑式 TBM 或撑靴式 TBM,主要适用于岩石整体较完整,有较好自稳性的中硬岩地层，掘进中依靠强大的支撑系统撑紧洞壁以承受向前推进的反作用力及反扭矩；通过刀盘旋转以及推进液压缸推压刀盘，使得盘形滚刀切入岩石，在岩石面上作同心圆轨迹滚动破岩，岩渣靠自重掉入洞底，并通过运输系统出渣。目前世界上生产的开敞式据进机基本有两种型式——单支撑和双支撑。

图 4-15-2　开敞式 TBM

图 4-15-3　护盾式 TBM

单水平支撑掘进机的主梁和大刀盘支架是掘进机的主要构架，它们为所有的其他构件提供安装支点。大刀盘支架的前部安装主轴承和大内齿圈，四周安装刀盘护盾，利用可调式顶盾、侧盾和下支撑保持与开挖洞面的浮动支撑，从而保证了大刀盘的稳定。主梁上安装推力千斤顶和支撑系统。由于采用了一对水平支撑，因此在掘进过程中，方向可随时进行调整，掘进的轨迹可以是曲线。单支撑式掘进机主轴承多为三轴承组合，驱动装置直接安装在刀盘后部，故机头较重，刀盘护盾较长。美国 Robbins 公司生产的 MB 系列属于此种类型。

双水平支撑掘进机在主机架中间有两对水平支撑，它可以沿着镶着铜滑板的主机架前后移动。主机架的前端与大刀盘、轴承、大内齿圈相联结，后端与后下支撑联结，推进千斤顶借助水平支撑推动主机架及大刀盘向前，布置在水平支撑后部的驱动装置通过传动轴将扭矩传到大刀盘。在掘进中由两对水平支撑撑紧洞壁，因此掘进方向一经定位，只能沿着直线掘进，只有在重新定位后才能调整方向，所以掘进轴线可以是折线。德国 Wirth 公司制造的掘进机属于此种类型。

使用开敞式 TBM 施工，可以直接观测到洞室围岩岩性的变化，从而能方便地对已开挖的隧道进行地质描述。由于开挖和支护分开进行，使开敞式 TBM 刀盘附近有足够的空间用来安装一些临时、初期支护的设备如圈梁安装器、锚杆钻机、超前钻机、喷射混凝土设备等。如遇软弱围岩等不良地质条件，可以在刀盘后进行临时支护，如施作锚杆、喷混凝土、铺设钢筋网、架圈梁等，以保持洞壁稳定，必要时可通过附带的超前钻及灌浆设备，预先加固前方围岩，待围岩强度能够自稳后再进行掘进。

2. 护盾式 TBM

护盾式 TBM 常用于软岩掘进，推进时利用管片作为支撑，其作业原理类似于盾构，最常用的为单护盾与双护盾两种类型。单护盾 TBM 与盾构的区别有两点：一是单护盾 TBM 采用皮带机出渣，而盾构则采用螺旋输送机出渣或采用泥浆泵并通过管道出渣；二是单护盾 TBM 不具备平衡掌子面的功能，而盾构则采用土仓压力或泥水压力平衡开挖面的水土压力。与双护盾 TBM 相比，单护盾掘进机在掘进和安装衬砌管片时是按照顺序依次进行的，掘进过程中，它依靠后部的千斤顶顶推已安装好的衬砌管片向前掘进；掘进停止后，利用管片安装机将分成若干块的一环管片安装到隧道上。因此，掘进与管片安装两者不能同时作业，施工速度较慢。

双护盾 TBM 又称伸缩护盾式 TBM，既可适用于硬岩，也可适用于软岩，在不良地质条件中施工时其优越性更为突出。它装备有两节盾构壳体，既具有防止开挖面坍塌、能够曲线开挖，又具有套筒式伸缩并进作业的功能。双护盾 TBM 按照硬岩掘进机配上软岩盾构功能进行设计，掘进机的管片安装机具有管片储运和管片拼装双重功能，满足管片拼装作业与开挖掘进作业并行的要求，因此，可以使得开挖和安装衬砌管片的停机转换时间大大缩短，施工速度较快。双护盾 TBM 与开敞式 TBM 不同的是双护盾 TBM 具有全圆的护盾；与单护盾 TBM 相比，双护盾 TBM 在地质条件良好时可以掘进与安装管片同时进行；伸缩护盾形式是其独有的结构特点，是实现软硬岩作业转换的关键。

15.1.3　TBM 施工特点

TBM 施工具有以下优点：

1. 快速、优质

TBM 是一种集机、电、液压、传感、信息技术于一体的隧道施工成套设备，可以实现连续掘进，能同时完成破岩、出渣、支护等作业，实现工厂化施工，掘进速度快，施工效率高；TBM 采用滚刀进行破岩，避免了爆破作业，成洞周围岩层不会受到爆破振动的影响，洞壁完整光滑，超挖量少。

2. 高效

TBM 是集隧道开挖、支护、装渣为一体的施工机械，施工速度快，正常情况下每小时可掘进 1.0～3.6 m；由于 TBM 施工人工量小，降低劳动强度与材料消耗；同时由于超挖量小，可节省大量衬砌费用，提高经济效益和社会效益。

3. 安全

TBM 施工对围岩扰动小，开挖断面成形好，且围岩出露后能及时进行初期支护以稳固岩体，使围岩失稳和发生坍方的机率减小到最低，很大程度上避免了采用钻爆法施工可能造成的人员伤亡。

4. 环保

TBM 配套有强大的通风、除尘和降温、空气质量报警系统，大大改善了隧道施工作业环境；TBM 施工不用炸药爆破，减少了长大隧道的辅助导坑数量，双护盾 TBM 还可以减少隧道内水的流失，这些措施均有利于环境保护和减少水土流失；TBM 施工沉降小，有利于保护地面建筑物。

5. 自动化、信息化程度高

TBM 采用了计算机控制，是集机、光、电、气、液、传感、信息技术于一体的隧道施工成套设备。TBM 具有施工数据自动采集、实时传输以及姿态动态管理的功能，实现了信息化施工。

TBM 施工具有以下缺点：

1. 地质适应性较差

TBM 对隧道的地层最为敏感，不同类型的 TBM 适用的地层也不同。对于一般的软岩、硬岩、断层破碎带，可采用不同类型的 TBM 并辅助必要的预加固和支护设备进行掘进，但对于大型的岩溶暗河发育的隧道、高地应力隧道、软岩大变形隧道以及可能发生较大规模突水涌泥的隧道等特殊不良地质隧道，则不适合采用 TBM 施工。一般情况下，以Ⅱ、Ⅲ级围岩为主的隧道较适合采用敞开式 TBM 施工，以Ⅲ、Ⅳ级围岩为主的隧道较适合采用双护盾 TBM 施工，对于以Ⅴ级围岩为主和地下水位较高的城市浅埋隧道或越江隧道适合采用盾构法施工。

2. 不适宜中短距离隧道的施工

由于 TBM 体积庞大、施工准备和辅助施工的配套系统较复杂、加工制造工期长、运输移动较为不便，因此对于短隧道和中长隧道施工很难发挥其优越性。国外的实践经验表明，当隧道长度与直径之比大于 600 时，采用 TBM 施工是比较经济的。对于一般的单线铁路隧道，开挖直径通常在 9 m 左右，按此计算，大于 5.4 km 的隧道就可以考虑采用 TBM 施工。在我国，钻爆法施工一直是隧道施工的强项，采用钻爆法已成功修建了 5 000 多公里的铁路隧道，且钻爆法施工的进度仍在逐年加快。因此，一般认为小于 10 km 的隧道难以发挥 TBM 的优越性，而钻爆法则具有相对经济的优势；对于大于 10 km 的特长隧道，从科学发展观和生态环境保护方面考虑，宜优先采用 TBM 法施工。

3. 断面适应性较差

断面直径过小会造成后配套系统不易布置，施工较为困难；断面过大又会带来电能不足、运输困难、造价昂贵等问题。因此，较适宜采用 TBM 施工的隧道断面直径在 3～12 m，对直径在 12～15 m 的隧道应根据围岩情况和掘进长度、外界条件等因素综合考虑；对于直径大于 15 m 的隧道，则不宜采用 TBM 施工；变断面隧道也不能采用 TBM 施工。

4. 运输困难，对施工场地有特殊要求

TBM 属大型专业设备，全套设备重达几千吨，最大部件重量达上百吨，拼装长度最长达 200 多米。洞外配套设施多，主要有混凝土拌和系统、管片预制厂，修理车间、各种配件、材料库、供水、供电、供风系统，运渣和翻渣系统，装卸调运系统，进场场区道路，TBM 组装场地等。这些对隧道的施工场地和运输方案等都提出很高的要求,可能有些隧道虽然长度和地质条件较适合 TBM 施工,但运输道路难以满足要求,或者现场不具备布置 TBM 施工场地的条件。

5. 设备购置及使用成本大

TBM 施工前期购买设备的费用较高,同时需要高负荷的电力保证、高素质的技术人员和管理队伍,这些都将直接影响 TBM 的适用性。

15.2　施工准备

15.2.1　设备选型

TBM 施工之前必须进行设备选型,选型主要考虑以下几个方面的因素:

(1)工程与水文地质条件;

(2)断面形状与大小;

(3)环境因素;

(4)支护衬砌类型;

(5)洞线走向及坡度;

(6)工期与造价;

(7)安全施工要求;

(8)辅助工法和其他动力设备条件;

(9)人员技术素养。

影响选型的主要工程地质与水文地质条件包括:

(1)围岩的坚硬程度;

(2)岩体节理裂隙发育程度;

(3)岩石的耐磨性;

(4)岩体主要结构面与隧道洞轴线的关系;

(5)围岩的初始地应力状态;

(6)地下水发育程度。

实践表明,开敞式掘进机适用于岩体较完整、有较好自稳能力、地质条件较好中、硬岩隧道,而护盾式掘进机适用于软弱围岩隧道。当岩体溶洞发育,或存在高压涌水,或密集分布有多条断层破碎带,则不能发挥 TBM 的快速施工优点,不宜采用 TBM 施工。

为了满足不同地质条件的要求,掘进机可以安装一些辅助设备进行特殊功能作业,如将地质超前钻机安装在主机顶部大刀盘后部的平台上,在主机停机时可施工超前钻孔,预报掌子面前方的地质情况;超前钻机还具备注浆和安装管棚的功能。刀盘的后部可安装钢拱环安装器,利用工字钢拱环形成支护结构,钢拱环的间距要与掘进机的行程距离一致或成倍数关系,在预制仰拱块上要留有安放拱环的沟槽;通过安装锚杆钻机,在掘进的过程中同时进行锚杆作业,以满足对围岩进行锚杆支护作业的需要。

15.2.2　TBM 设备组装与调试

TBM 由主机和后配套系统两大部分组成,主机用于破碎岩石、集渣转载;后配套系统用于出渣、支护等。TBM 主机由刀盘、驱动系统、支撑和推进机构、出渣输送机、操纵室等组成。刀盘是破岩和集渣转载的实际操作部位;支撑和推进机构使掘进机向前推进,并给刀盘施加推力;出渣输送机负责输送岩渣;操纵室内设有各种显示仪表、操作台等。以 TB880E 掘进机结构为例,主机及后配套局部剖面图如图 4-15-4 所示,刀盘及后支撑剖面图如图 4-15-5 所示。

TBM 现场组装工作分三个阶段:准备工作阶段、组装作业阶段以及现场调试阶段。准备工作阶段主要是完成 TBM 组装作业之前的相关工作;组装作业阶段是根据组装场地的总体规划和施工进度等条件,确定 TBM 组装的总体流程并进行组装。根据组装场地的不同可分为洞外组装和洞内组装。

TBM 洞内组装:主机和设备桥在洞口组装完成并达到步进条件,进入步进洞室后,开始后配套拖车的拆解运输,即运输一部分,在工地组装一部分;然后主机再次步进,随后拆解运输拖车,再进行组装,如此反复

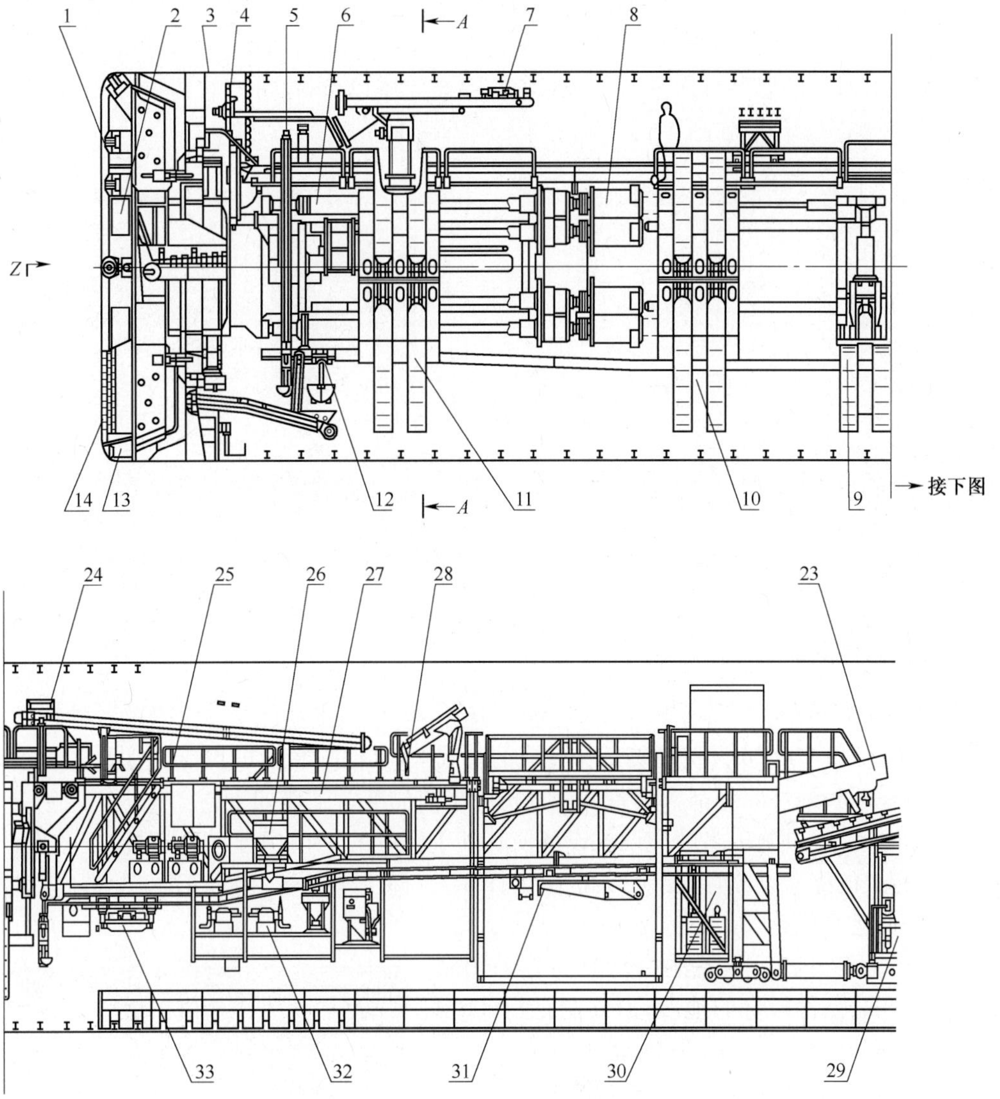

图 4-15-4　TBM 主机及后配套局部剖面图

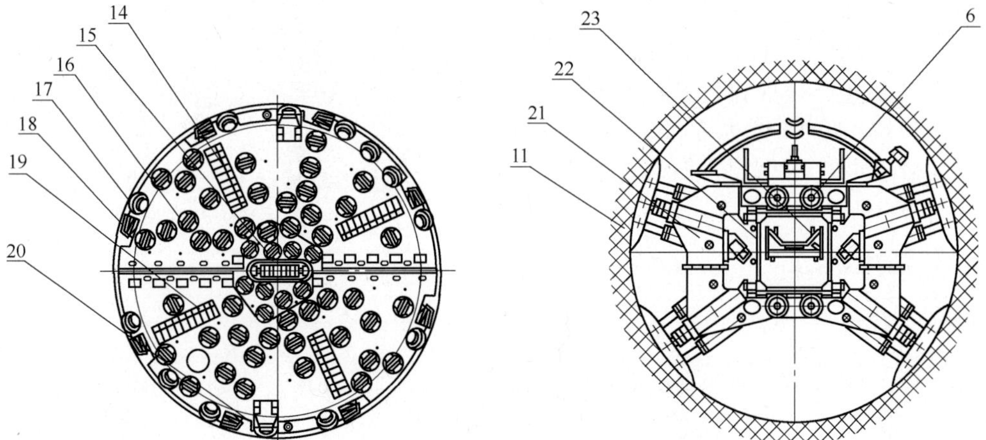

图 4-15-5　TBM 刀盘及后支撑剖面图

1—盘形滚刀；2、19—刀盘；3—刀盘护盾；4—钢拱架安；5—锚杆钻机；6—推进液压缸；7—超前钻机；8—主电机—变速；9—后下支承；10—“X”后支撑；11—“X”前支撑；12—刀具吊机；13、18—铲斗；14—切刀；15—中心刀；16—正(面)刀；17—边刀；20—扩孔刀；21—前凯氏外方机架；22—凯氏内方机架；23—出渣皮带机；24—运输小车；25—水泵；26—除尘器；27—皮带桥；28—吊机 1；29—平架车；30—司机室；31—吊机 2；32—注浆机；33—仰拱吊机

进行。根据洞内组装场地的大小和每节拖车的长度，确定单次拆解拖车的数量，当所有拖车吊装完毕以后，再进行管线连接和调试工作。

TBM 洞外组装:TBM 主机的组装按正常的组装程序进行,后配套的组装采用分节运输、分节吊装的方法(后配套拖车从组装工厂分体运输到组装现场),从最前一节开始向后依次吊装,在所有工作完成不影响整个组装运输工作时,再吊装最后一节拖车。当所有拖车吊装完毕以后,再进行管线连接和调试工作。

TBM 运输、组装等施工作业如图 4-15-6 和图 4-15-7 所示。

图 4-15-6　大件运输

图 4-15-7　现场组装

15.2.3　TBM 配套作业系统

TBM 是一项多环节紧密联系的作业系统,它包括破岩、出渣、支护、电力供应以及各种辅助设施。为了能够正常连续进行作业,在 TBM 设备组装工作完成的基础上,其他配套辅助设施诸如风、水、电、材料供应、仰拱生产、机械维修车间、配件库等都应具备。掘进机施工前的准备工作如下:

(1)洞外场地布置。掘进施工之前应调试设备使其处于较好的工作状态,加强对设备的检查、维护和保养,并准备好与之相关的配套设施,主要包括:混凝土拌和站,仰拱预制场,修理车间,配件库,供水、电、风系统,运渣系统,装卸调运系统等。

(2)预备洞与出发洞开挖。预备洞指从洞口处采用钻爆法或人工开挖至围岩条件较好的地段;出发洞是指 TBM 步行至预备洞工作面开始掘进时,由 TBM 本身要求应有撑靴撑紧洞壁,用以克服刀盘破岩的反扭矩及推进油缸的反推力而设计的地段。预备洞、出发洞的开挖均是为了确保 TBM 早日进入正常掘进施工状态。施工过程中工作人员必须明确岗位工作内容和职责,按标准化作业规程进行施工操作;作业班组之间要严格执行技术交底与交接班制度,整个施工过程必须精心设计、统筹安排、认真组织实施,确保各项工作准备到位(图 4-15-8)。

图 4-15-8　TBM 步进至出发洞

15.3　TBM 掘进施工

15.3.1　TBM 破岩原理

TBM 主机刀盘上安装有一定数量的盘形滚刀,当刀盘旋转时,盘形滚刀划出的痕迹是以刀盘中心为圆心的、间距均匀的同心圆切槽。在掘进时,支撑系统把主机架牢固地锁定在开挖的隧道洞壁上,承受刀盘扭矩和推进力的反作用力。推进油缸以支撑系统为支点,把推力施加给主机架和刀盘,使得安装在刀盘上的盘形滚刀紧压岩面,并在掌子面固定同心圆切缝上滚动,当推力超过岩石的强度时,滚刀贯入岩石,掌子面被滚刀挤压碎裂而形成多道同心圆沟槽,随着沟槽深度的增加,岩体表面裂纹逐渐加深并扩大,当超过岩石的剪切和拉伸强度时,相邻同心圆沟槽间的岩石成片剥落,即为破岩原理。崩落在隧底的岩渣被刀盘上的铲斗、刮板汇集到主机内的皮带机上,通过三级皮带机系统倒运后,运送到后配套的渣车处卸渣,并由渣车运送至洞外。

15.3.2 TBM 掘进施工

TBM 掘进机包括主机系统以及相关的配套、辅助设备。以开敞式掘进机施工为例，该设备从结构上一般分为主机、连接桥、后配套及附属设备，各部分分别由相应的液压系统、电气系统、PLC（Programmable logic Controller 可编程控制器）等控制完成相应工作。主机主要由刀盘、刀盘护盾、内外机架、后支承、通风管道、推进油缸、钢拱架安装器、锚杆或超前钻机、激光对准装置、1 号皮带桥、驱动电机、离合器、变速箱、传动轴等部件组成，能够完成掘进机的掘进、换步、锚杆支护、钢拱架支护及出渣等作业，是该成套设备的核心。

TBM 主控室是完成各项工作的控制核心，主控室的操作主要分为 6 个步骤：准备、启动、掘进、停机、换步和调向。在掘进模式上，有三种模式可供选择，即自动控制推进模式、自动控制扭矩模式以及手动控制模式。自动控制推进模式适用于均质硬岩；自动控制扭矩模式适用于均质软岩；手动控制模式操作方便、反应灵活，适用范围较广，尤其是针对围岩条件变化较快或节理裂隙发育的情况，通常采用手动控制模式进行掘进。在手动控制模式作业过程中，若围岩较硬，应以推力变化为参照选择掘进参数，控制推力不超过额定值；若围岩节理发育、裂隙较多或遇破碎带、断层带时，主要以扭矩变化并结合推力选择掘进参数，控制单机电流不超过额定值。

TBM 掘进时，水平撑靴撑紧在洞壁上为掘进机提供掘进反力，刀盘在主推进油缸的推力作用下向前推进，后配套台车停在隧道中，刀盘破岩切削下来的岩渣随着刀盘铲斗和刮板转动从底部到达刀盘顶部后，进入刀盘中心的皮带输送机，主机皮带机和后配套皮带机将岩渣转运到矿车或正洞连续皮带机上。在 TBM 掘进的同时，进行初期支护和相关配套作业。施工步骤如下：

（1）撑紧撑靴，收起后支撑示意图如图 4-15-9 所示。

（2）刀盘旋转，开始掘进推进示意图如图 4-15-10 所示。

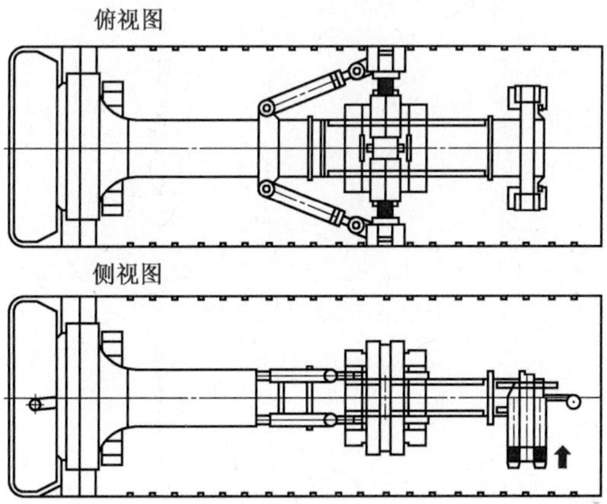

图 4-15-9　撑紧撑靴收起后支撑（第一步）

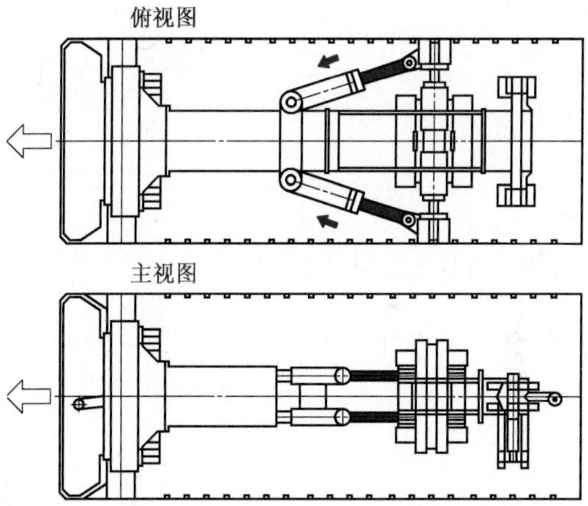

图 4-15-10　刀盘旋转，开始掘进推进（第二步）

（3）掘进行程完成后，进行换步，放下后支撑示意图如图 4-15-11 所示。

（4）收回水平撑靴，前移撑靴，再撑紧水平撑靴，进行下一掘进循环示意图如图 4-15-12 所示。

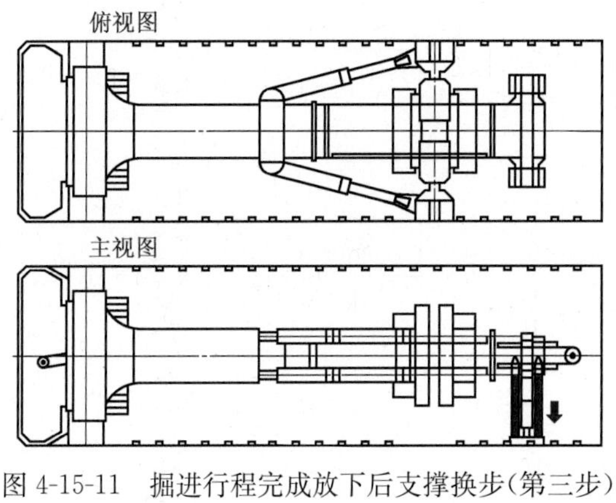

图 4-15-11　掘进行程完成放下后支撑换步（第三步）

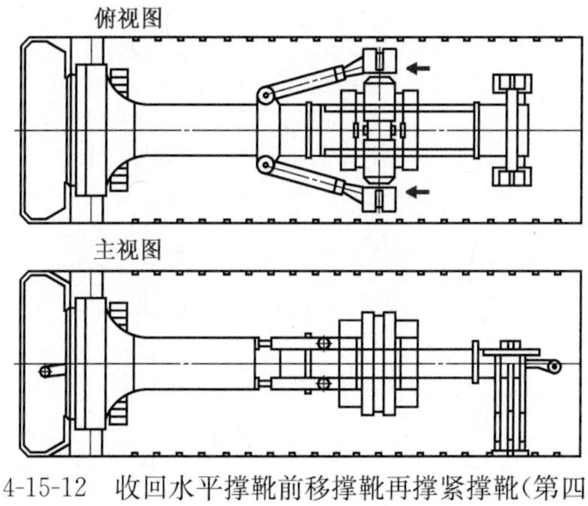

图 4-15-12　收回水平撑靴前移撑靴再撑紧撑靴（第四步）

采用掘进机施工时,由于开挖工作面被掘进机主体遮挡,很难对掌子面围岩直接进行观察和判断,同时由于施作支护的位置相对开挖面将会滞后一段距离。因此,对于不同形式的掘进机应采用不同的支护形式。开敞式掘进机一般是随开挖先施作临时支护,然后二次浇筑混凝土永久衬砌,二次衬砌可根据地质条件的变化采用不同的材料;护盾式掘进机一般采用管片衬砌。掘进机施工作业如图 4-15-13～图 4-15-17 所示。

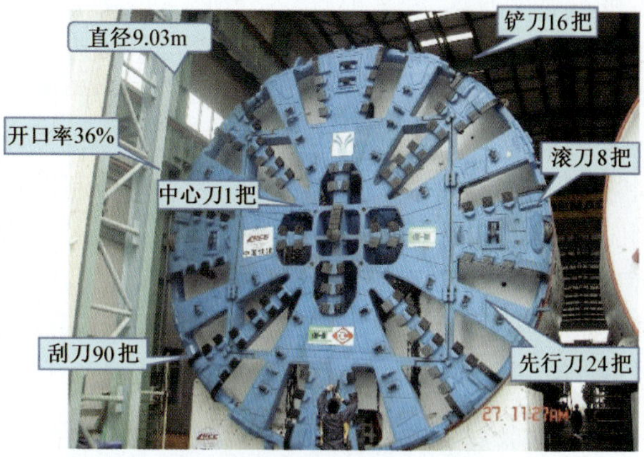

图 4-15-13　掘进机刀盘

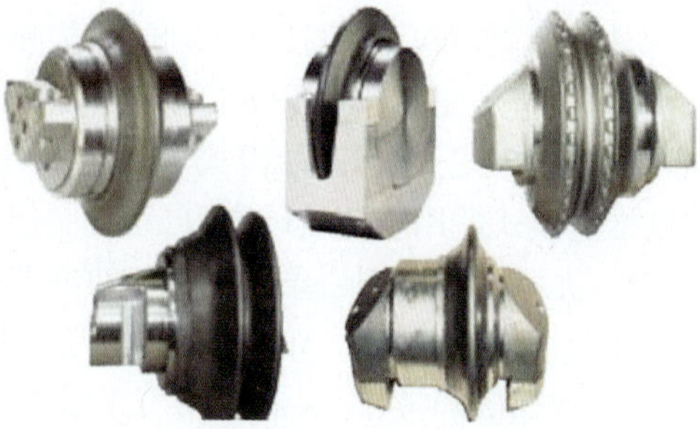
图 4-15-14　掘进机刀具

图 4-15-15　刀盘与掌子面

图 4-15-16　锚杆钻机作业

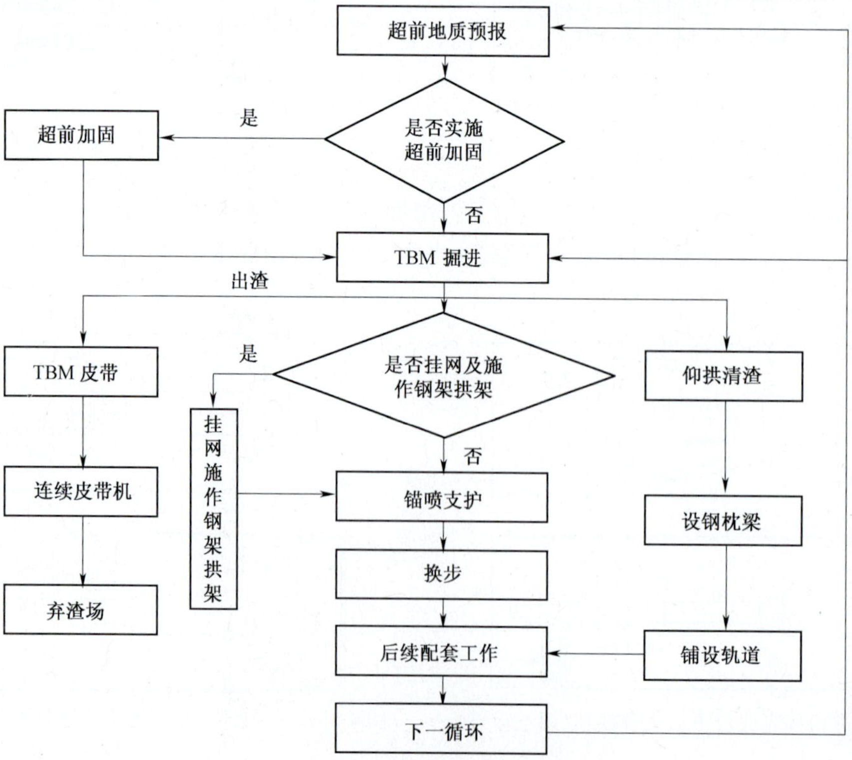

图 4-15-17　开敞式 TBM 施工工艺流程图

15.3.3　TBM 掘进参数控制

TBM 掘进参数主要包括推力、刀盘转速、刀盘扭矩等。由于围岩条件不确定性的特点，因此在整个掘进施工过程中，要根据地质预报及现场对围岩的观察，确定掘进模式和掘进参数调整范围，适时调整掘进推力、撑靴压力、刀盘转速和循环进尺，在尽量保护设备的前提下实现 TBM 安全、高效掘进。对掘进参数的调整是一个动态的过程，通常采用人工操作模式，按不同地质条件选择合理的掘进参数。在开挖过程中应对实际地质情况、岩石特性、掘进参数等进行记录，根据岩石类别、抗压强度、单位体积节理数、节理发育程度等因素，合理控制掘进速度。

掘进机刀具在切削岩石时所承受的荷载是变化的。在切削完整的岩体时，当刀具所施加于岩石的力量达到岩石强度极限后，岩石裂纹迅速扩展并在极短时间内破碎，此时刀具便急速卸载，也在这样的过程中，加重了其他未卸载刀具承受的推力，正常的刀具是应有能力承受这种突然加载的。当节理发育时，由于产生岩石的裂纹更容易一些，急剧卸载的刀具数量可能增多，这时对那些处于施压状态的刀具而言，额外的附加荷载就有可能超过它的承受能力，特别是这种变化频繁的动荷载，会使轴承失去工作能力，或内、外圈与滚动体之间磨损加剧，使轴承产生过大的间隙，或使轴承产生塑性变形以及产生过热、润滑油露出等。因此，掘进应减少对刀具产生过大的冲击荷载，要注意刀盘扭矩的变化、整个设备振动的变化，当变化幅度较大时，应减少刀盘推力，保持一定合适的贯入度，并时刻观察岩渣的变化，尽最大可能减少刀具漏油及轴承的损坏。在掘进过程中发现贯入度和扭矩增加时，应适时降低推力，控制贯入度，保持均衡的生产效率，减少对刀具的消耗；在软弱围岩条件下的掘进，应特别注意支撑靴的位置和压力变化。撑靴位置不好，会造成打滑、停机，直接影响掘进方向的准确，如果由于机型条件限制而无法调整撑靴位置时，应对其地段进行预加固处理。此外当撑靴刚撑到洞壁时极易塌陷，应观察仪表盘上撑靴压力值下降速度，注意及时补压，防止发生打滑。与软弱围岩地段相比，硬岩地段的推进压力、刀盘转速较大，扭矩较小。

15.3.4　TBM 方向控制

由于地质条件复杂、地层软硬不均以及人工操作等因素的影响，TBM 不可能完全按照设计的隧道轴线推进，会产生一定的偏差，在掘进过程中操作人员应根据隧道测量导向系统显示的掘进偏差适当的进行方向调整，并采取有效技术措施控制掘进方向，使掘进轴线偏差处于允许范围之内。

单撑靴敞开式掘进机可根据测量导向系统显示掘进机的位置及方位，在掘进过程中对掘进方向可随时进行调整：掘进机以刀盘护盾为支点，通过调整主梁的左右上下位置来完成（图 4-15-18）。若需要向左方掘进时，可以伸出左侧支撑油缸，收回右侧支撑油缸，使主梁向右移动，即改变了掘进方向；若需要上下调整时，可以调整倾斜油缸使得主梁上下移动。因此，隧道中心轴线是一条连续的曲线。

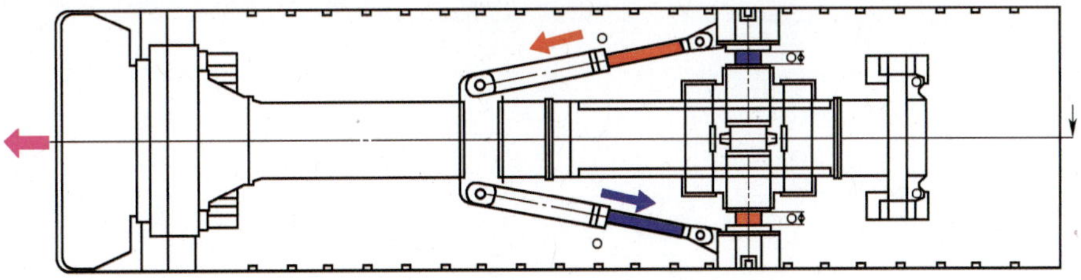

图 4-15-18　掘进方向控制原理示意图

15.4　TBM 运输系统

TBM 隧道通常采用的出渣运输系统有：列车轨道运输系统、无轨车辆运输系统、带式输送机运输系统、压气输送系统和浆液输送系统。

1. 列车轨道运输

列车轨道运输系统是采用多组列车在有站线的单轨道或有渡线的双轨道上运行，是较为普遍及常用的运输方法，具有设备安装简单、适应性强、可显著提高出渣进度以及设备的利用率的特点。

2. 无轨车辆运输

隧道的长度是选择采用有轨运输或无轨运输的主要依据。无轨车辆运输在矿山法施工的隧道中应用广泛，一般用于短隧道的开挖，具有适应性强、使用方便的特点。

3. 带式输送机运输

带式输送机运输是指利用掘进机自带的输送机，并配合辅助的输送机，通过配置输送带进行出渣的一种运输方式，具有质量可靠、维修费用低和运输能力强的特点，适用于较好地层的隧道出渣。

4. 压气输送

压气输送系统是指通过鼓风机和电动机提供压缩空气，通过管路将岩渣输送到渣池的运输方式。这种出渣系统所占空间体积小，适用于断面小、空间有限的隧道，缺点是它只是一种单程运输系统，功能有限。

5. 水力(浆液)输送

水力(浆液)输送系统是指采用水力(浆液)运输石渣。采用此种运输方式的前提条件是掘进后的洞渣尺寸必须满足一定的要求，并且具有能够悬浮在浆液中的性质。由于隧道围岩地质条件的复杂性，地质条件的变化，例如未被刀具破碎的大岩块进入到浆液流中、地下水的影响等使得运输效果不太理想。

15.5 仰拱预制块的生产及铺设

仰拱预制块的生产及铺设是 TBM 施工的一个重要环节。仰拱预制场是 TBM 的配套工程，生产所需的混凝土、钢筋等材料必须符合相关规范的要求。仰拱预制应注意以下问题。

(1)模具应及时维护，检测是否存在变形等异常情况，确保模具的外形尺寸及强度符合要求。

(2)制定详细的机械操作规程，并进行技术交底，确保严格按照操作规程进行仰拱预制；定期对机械设备进行检修，确保其正常工作。

(3)混凝土配制、成品养护等原始记录资料必须详尽、完整。

(4)预制块的吊装、翻转以及堆放应注意人员及设备安全。

仰拱预制块铺设按照以下顺序进行：仰拱预制块锚固、洞外安装止水带、底部清理、仰拱预制块运输、仰拱预制块安装、底部灌注、表面压浆、中心水沟止水带安装。

16　盾构隧道施工技术

16.1　概　　述

16.1.1　盾构的发展

盾构法是以盾构机为核心进行暗挖隧道施工的一种方法。盾构法始于英国，自1825年布鲁诺尔(Brunel)在伦敦泰晤士河下首次用一台矩形盾构开挖水底隧道以来，已有180余年历史。在一百多年中，世界各国制造了数以千计的各种类型、各种直径的盾构掘进机，盾构掘进机从低级发展到高级，从手工操作发展到计算机监控机械化施工。近30年来，随着盾构机的有效密封、维持开挖面的稳定、控制地表隆起及塌陷、延长刀具的使用寿命、密封条件下的刀具更换以及对一些恶劣地质条件如高水压的处理技术等问题的解决，盾构隧道施工技术得到了不断发展和完善。如今，现代盾构已经发展成为集机、电、液、传感、信息技术于一体，具有开挖切削土体、输送土渣、拼装隧道衬砌、测量导向纠偏等功能的大型施工机械设备。

盾构隧道施工具有以下特点：

(1)盾构机是根据施工区段的工程水文地质条件、隧道断面大小、区间线路的周边环境等因素进行设计制造。因此，盾构机不是通用机械，而是针对于某种特定条件的专用施工机械；

(2)盾构机施工是不可后退的。当盾构机开始掘进后，除刀头等部位可通过特殊的设计进行更换以外，盾构压力仓、排土器、推进系统等设施很难在施工过程中进行改装。因此，盾构机的设计、制作是隧道施工最关键的环节。

目前，盾构在城市地铁、城市上下水道、引水分洪等地下隧道工程中得到了广泛运用，高速铁路采用盾构法施工的隧道并不多。截止2011年，我国仅有广深港高速铁路专线的狮子洋隧道采用了盾构法施工。狮子洋隧道工程为目前国内最长、标准最高的高速铁路水下隧道，同时也是世界上速度目标值最高的水下隧道，具有规模大、工期紧、设计标准高、涉及工法多、地质复杂、盾构掘进距离长等特点；同时，还存在软弱地层、高水压带压作业以及江底盾构对接与拆解等工程难点。狮子洋隧道穿越小虎沥、沙仔沥和狮子洋三条水道，隧道左、右线各长10.8 km，时速目标值350 km/h，采用两台直径11.18 m的泥水平衡盾构进行施工；衬砌为单层装配式钢筋混凝土管片，管片外径10.8 m、内径9.8 m、环宽2 m、厚0.5 m。随着2011年隧道的全线贯通以及直径超过11 m的巨型盾构机在水下60 m深处的精确对接，标志着我国长距离水下高速铁路隧道的施工和科研取得重大突破；通过破解多项世界性技术难题，填补我国高速铁路泥水平衡盾构隧道施工的多项技术空白。

16.1.2　盾构分类

盾构可按断面形状、开挖方式、前部构造、排水与稳定开挖面的方式、开挖面与作业室之间的隔墙构造等进行分类。按盾构断面形状可分为圆形、拱形、矩形等形状；按开挖方式可分为手工挖掘式、半机械挖掘式以及机械挖掘式；按盾构前部构造可分为敞胸式和闭胸式；按排除地下水与稳定开挖面的方式可分为泥水加压与土压平衡式的无气压盾构、局部气压盾构、全气压盾构；按开挖面与作业室之间的隔墙构造可分为全敞开式、半敞开式以及密封式。目前在我国主要使用的盾构为土压平衡盾构和泥水平衡盾构。

土压平衡盾构是在机械式盾构的前部设置隔板，通过刀盘的旋转作用切削地层，破碎的渣土通过刀盘开口进入土仓，依靠盾构推进油缸的推力通过隔板给土仓内的渣土加压，使土压作用于开挖面以平衡开挖面的水土压力。渣土通过刀盘开口进入土仓底部后，首先通过螺旋输送机运到皮带输送机上，然后输送到轨道上的渣车，最后通过渣车排出。盾构在油缸的推力作用下向前掘进，排土、衬砌、注浆等作业在盾壳的掩护下进行。土压平衡盾构特别适用于具有高可塑性、低渗透性的黏土、粉质黏土地层。

泥水平衡盾构是从地下连续墙以及钻孔等工程所使用的泥水工法中发展起来的，此类盾构是在刀盘后设置一道封闭隔板，把水、黏土及添加剂混合制成的泥水，经输送管道压入泥水仓，待泥水充满后形成具有一定压力的泥水压力室。通过泥水的加压作用和压力保持机构维持开挖工作面的稳定。盾构推进时，旋转刀盘切削下来的渣土经搅拌装置搅拌后形成高浓度泥水，通过流体输送方式输送到地面泥水分离系统，将渣土、水分离后重新送回泥水仓。泥水平衡盾构适用于软弱的淤泥质黏土层、松散的砂土层、砂砾层、卵石层和硬土互层等地层，特别适用于地层含水率大、上方有水体的越江隧道和海底隧道。

16.2　施工准备

盾构隧道施工准备工作包括盾构机的运输、下井、组装、调试、验收(图 4-16-1～图 4-16-8)。盾构机运到工地后一般采用大吨位吊车配合翻身后，由主吊分别将盾构机的前体、中体、刀盘和盾尾吊至井下进行组装，组装完成后对盾构机进行调试，调试完毕后进行始发前的验收工作，验收合格后即可始发。隧道掘进完成，待盾构机到达接收井后即可对盾构机进行井下解体拆卸，并吊出地面运输至下个工地或专用场地进行检修保养。盾构机下井、组装、调试、验收施工工艺流程如图 4-16-9 所示。

图 4-16-1　盾构机运输转场图一

图 4-16-2　盾构机运输转场图二

图 4-16-3　盾构机吊装图一

图 4-16-4　盾构机吊装图二

图 4-16-5　盾构机吊装图三

图 4-16-6　盾构机吊装图四

图 4-16-7　盾构机本体井下组装

图 4-16-8　盾构机调试

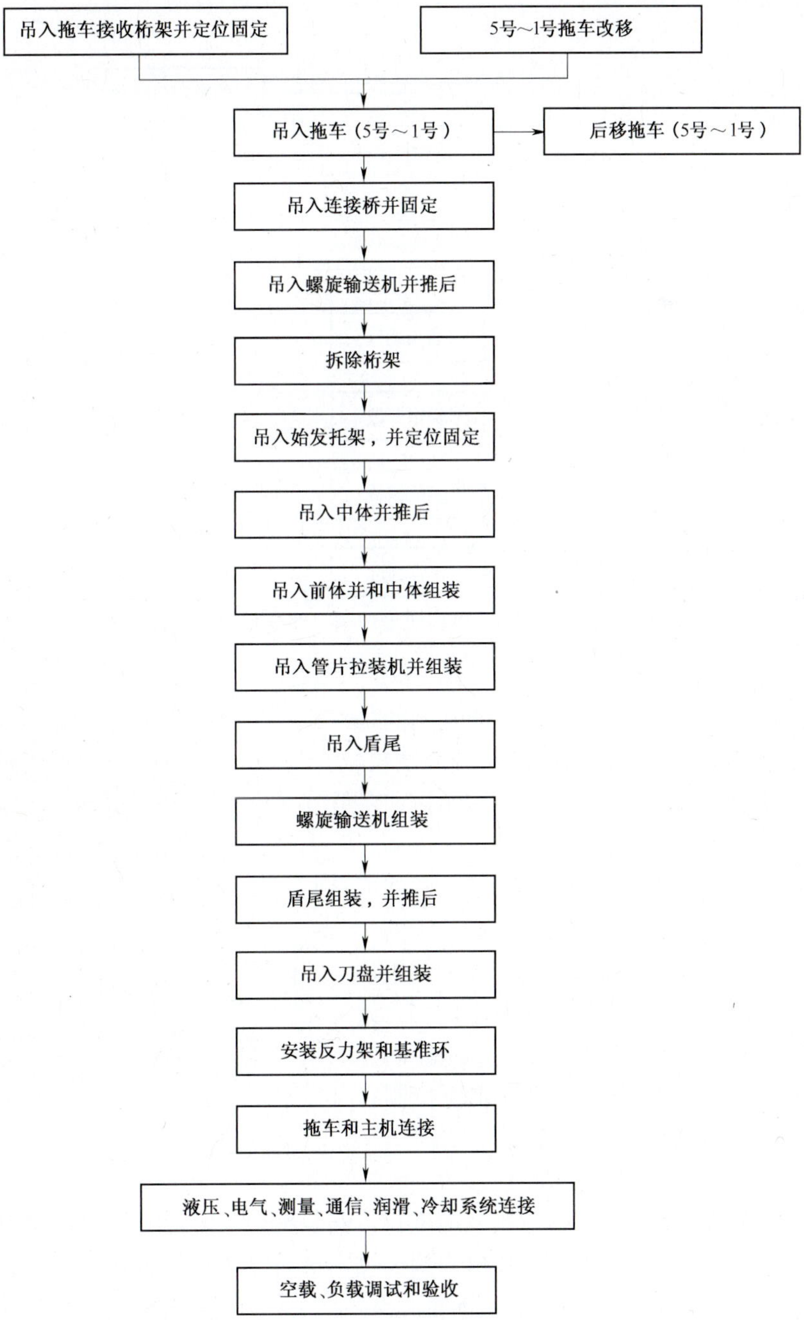

图 4-16-9　盾构下井、组装、调试、验收施工工艺流程图

16.3　盾构机进出洞

16.3.1　盾构始发(含试掘进)施工技术

盾构始发是指在盾构机组装完成后，将盾构机放置在基座上，利用负环管片、反力架等承受反作用力的设备将盾构机贯入出洞口向前推进，直至盾构机完全进入隧道，随后拆除负环管片、反力架等辅助设施的一系列作业过程。盾构始发阶段的施工难度大，是盾构施工的关键环节，施工前需要注意以下几点：

(1)盾构机主体在始发导轨上不能进行调向；

(2)盾构姿态及地面沉降控制比正常推进阶段更为困难；

(3)始发期间一些设备如管片小车、管片吊机等不能正常使用。

1. 盾构始发施工工艺

盾构始发施工工艺流程如图 4-16-10 所示，施工现场如图 4-16-11 所示。

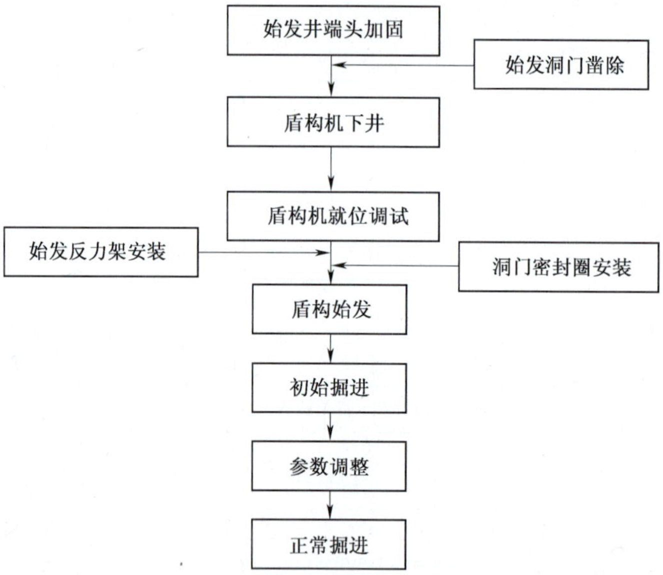

图 4-16-10　盾构始发施工工艺流程图

2. 盾构端头地基加固

盾构进出洞时需对周边土体进行加固，目前常用的加固方法有 SMW 工法、高压旋喷桩、深层搅拌桩、分层注浆、冻结法等，具体内容详见本篇第 14 章。

图 4-16-11　盾构始发

3. 盾构始发基座安装

盾构始发基座为钢结构，按设计轴线准确放样、焊接成整体后吊入井下就位。钢轨中心与隧道洞门中心位于同一竖直面内，纵坡比设计坡度略大，底面工字钢与预埋钢板焊接，并对两侧加设支撑加固，防止盾构推进时发生侧移。始发台水平轴线的垂直方向与反力架的夹角偏差应控制在±2‰以内，盾构姿态与设计轴线竖直方向偏差应控制在±2‰以内，水平方向偏差应控制在±3‰以内。

4. 反力架安装

反力架安装工作在盾构主机与后配套连接之前进行。安装反力架时，用经纬仪双向校正两根立柱的垂直度，使其形成的平面与推进轴线垂直，然后在反力架上测出最后一环负环管片的位置，当确认高程及左右位置与始发环管片一致后，用螺栓将其与反力架固定。安装时，反力架与始发井连接部位的间隙要垫实，以保证反力架脚板有足够的抗压强度。由于反力架和始发台将为盾构始发提供初始推力以及确定盾构的初始空间姿态，因此在安装反力架和始发台时，反力架位置水平方向偏差须控制在±10 mm 之内，竖直方向偏差须控制在±5 mm 之内。

5. 负环管片安装

负环管片安装顺序为先安装底部管片，再安装左右两侧管片，每环相邻管片应控制环面平整度和封口尺寸，安装示意如图 4-16-12 所示。负环管片一般采用与正线隧道相同的混凝土管片，负环管片的数量应根据端头井和场地的尺寸确定，负环管片开口环与闭口环的数量应根据现场是否预留出土口确定。

负环管片按在盾壳内的正常安装位置进行拼装，并采取措施防止盾构机旋转。第一环负环管片拼装成形后，利用下部千斤顶完成管片后移。管片在后移过程中，严格控制每组千斤顶推进油缸的行程，保证油缸之间的行程差小于 10 mm。负环管片在脱出盾尾的过程中，在管片与托架间垫塞方木楔，保证负环管片的安装位置正确。

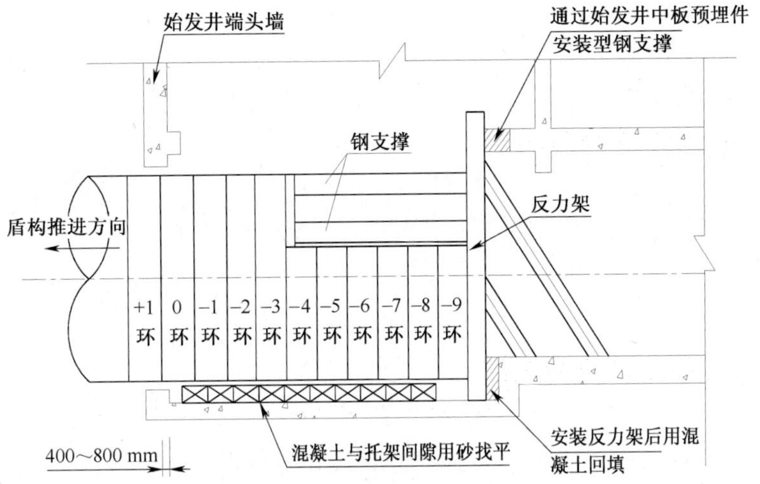

图 4-16-12　负环管片安装示意图

6. 盾构始发掘进

盾构机从始发架推进至加固区，再由加固区掘进至软土层，地层刚度发生很大变化。加固区由于土体较硬，盾构宜以不高于 10 mm/min 的速度缓慢推进，同时采取以下技术措施：

(1)盾构始发掘进时，向开挖仓内填充 3/4 容积的土体以便快速建立土压。

(2)由于盾构机刀盘切削土体加固区时将产生巨大扭矩，且盾壳与地层间摩擦力较小，为防止盾构机壳体在始发导轨上发生偏转，必须在始发导轨两侧的盾构机壳体上焊接防扭装置。

(3)当盾构机脱离加固区土体，从加固区进入到软弱地层时，要注意调节好盾构推进千斤顶的压力差，防止盾构“低头”。

(4)当盾尾进入洞门后，应及时调整洞门密封的扇形压板，以防洞口漏水、漏浆。

(5)由于在始发掘进阶段不能形成土压平衡，且渣土为加固土体，流塑性差，渣土在螺旋输送机内不易形成土塞效应，易发生渣土喷涌现象。当发生喷渣时，螺旋输送机出渣门的开度应减小，开启长度宜为 150～200 mm。下一环开始掘进时，由于土质较硬可能会造成刀盘启动困难，可采取以下措施：正反转启动刀盘、加大泡沫剂注入量、从膨润土通道注水加大渣土的流动性。当采用以上方法仍不能启动刀盘时，可将左右及上部推进油缸收回约 30 mm 后再进行启动，待刀盘启动后重新顶上推进油缸。

盾构试掘进是根据理论和经验选取各项施工参数，通过监控量测数据及反馈信息对施工参数适时进行调整。盾构试掘进分为三个阶段：

第一阶段掘进长度约 40 m，分别采用几组不同的密封仓土压力、刀盘转速及压力、推进速度、千斤顶顶力、注浆压力及注浆量等施工参数进行试验掘进，通过分析隧道沉降、地表沉降的监测数据，确定合理的施工参数。盾构始发时掘进速度宜缓慢，同时加强后盾支撑观测，控制盾构姿态，防止盾构上浮。

第二阶段掘进长度约 30 m，采用第一阶段确定的较优施工参数进行掘进，同时根据地层条件、地下管线、地表结构物情况，并结合监控量测数据，对施工参数进行更加细微的调整，以获取最佳施工参数。

第三阶段掘进长度约 30 m，为正式掘进施工的准备阶段，应以控制地面沉降、保护构筑物及地下管线为原则，并总结施工参数动态调整经验。

7. 始发施工参数计算

(1)土仓压力。土仓压力的理论计算公式：

$$P_1 = k_0 \gamma h \tag{4-16-1}$$

式中　P_1——土仓压力,kN/m^2;

k_0——静止土压力系数;

γ——土体平均重度,kN/m^3;

h——隧道中心埋深,m。

盾构在掘进施工中均可参照式(4-16-1)计算土仓压力,初次施工可按(1.03～1.10)P_1 设定。施工中应根据盾构埋深、地层条件以及监测数据不断进行调整。

(2)每环理论出土量计算公式为:

$$V = \frac{\pi D^2 L}{4} \cdot K_1 \tag{4-16-2}$$

式中　V——每环理论出土量,m^3;

D——盾构开挖直径,m;

L——管片环宽,m;

K_1——松方系数 1.1～1.3。

盾构掘进实际出土量控制在 98%～100%理论计算值为宜。

(3)注浆压力。

$$p = \frac{\gamma h}{1\,000} + (0.12 \sim 0.13) \tag{4-16-3}$$

式中　p——注浆压力,MPa。

其他参数意义同前。

注浆压力可设定为大于静止水土压力 0.1～0.2 MPa,并避免浆液进入盾构机土仓。注浆从盾尾圆周上的几个点同时进行,上部孔的压力应比下部孔的压力略小 0.05～0.1 MPa。根据地质条件及隧道覆土厚度情况,注浆压力建议控制在 0.2～0.5 MPa 之间为宜。

(4)注浆量。盾构在推进过程中,除了排出洞身断面范围的土体外,还存在着其他方面的土体损失如超挖、纠偏和蛇形运动等,这些土体损失可通过同步注浆进行补偿。注浆量应根据不同的地质情况和地层变形监测情况进行动态调整,一般情况下应以满足控制地表变形为原则,每环同步注浆量计算见式(4-16-4):

$$Q = K \times \pi \times (D^2 - d^2) \times L/4 \tag{4-16-4}$$

式中　K——注浆率(1.5～2.0);

D——盾构机切削外径,m;

d——管片外径,m。

其他参数意义同前。

8. 盾构施工参数优化

控制盾构掘进的土压或泥水平衡是盾构施工的关键,可通过调整推进速度或排土量,将地层土压力与土仓土压力差值控制在较小范围内。盾构施工参数优化流程如图 4-16-13 所示。

16.3.2　盾构到达施工技术

盾构到达是指从凿除的洞口将盾构推进至接收井内预先设置的接收台上的一系列作业,盾构到达是盾构施工中最关键的阶段之一。

1. 施工工艺流程

盾构到达施工工艺流程如图 4-16-14 所示,现场施工图片如图 4-16-15 和图 4-16-16 所示。

2. 盾构端头地基加固

盾构端头地基加固技术有高压旋喷桩、深层搅拌桩、分层注浆、冻结等方法(详见第 14 章)。在盾构进洞前,需对地基加固施工质量进行验收,验收合格后才能进行进洞施工。

3. 盾构姿态复测

盾构贯通前的测量是复核盾构所处方位、确认盾构姿态以及拟定盾构进洞段施工轴线的重要依据。在进洞前 100 环应精确做好轴线贯通测量工作,并根据盾构推进的轴线偏差情况,每推进 20～30 m 复核一次。最后 50 环的推进,实际推进轴线与设计轴线的偏差应尽可能控制在±3 cm 以内,同时应增加测量次数,不断校准盾构掘进方向,使盾构以最佳姿态进洞。

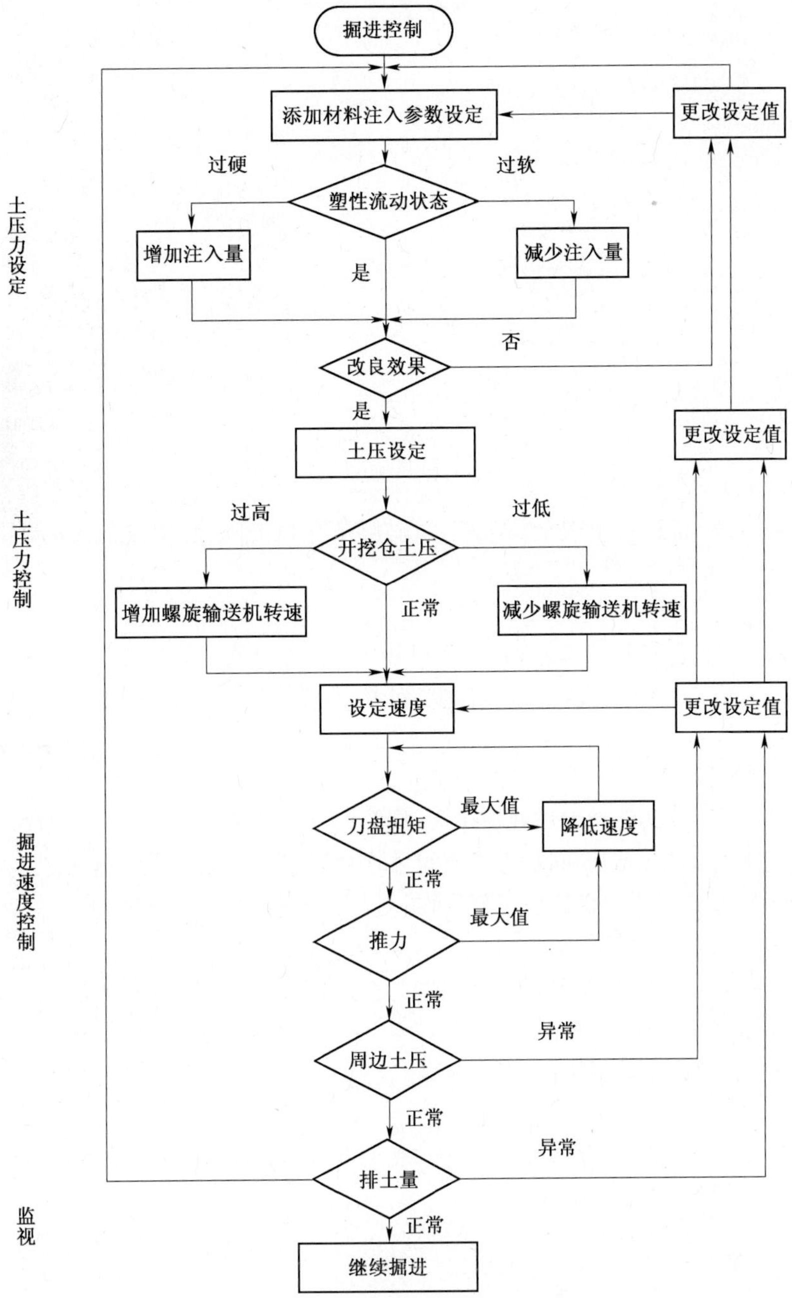

图4-16-13　盾构施工参数优化流程图

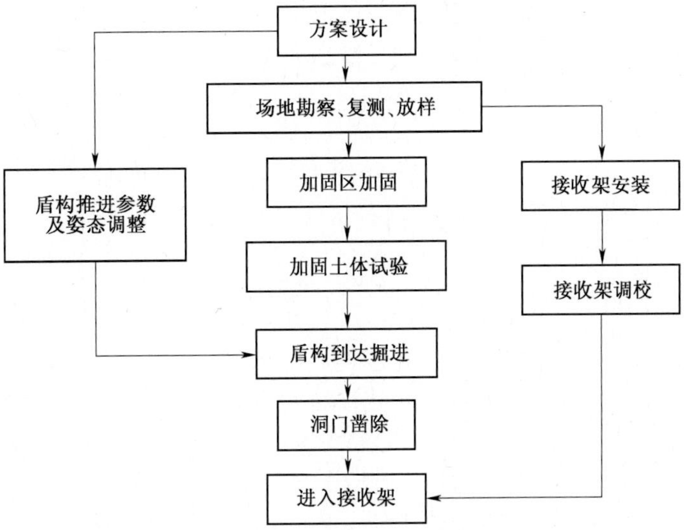

图4-16-14　盾构到达工艺流程图

图 4-16-15　盾构到达图一

图 4-16-16　盾构到达图二

4. 设备检查

进洞前对盾构机主要设备进行一次全面检查,及时解决存在的问题,使设备在良好的运行状态下完成盾构进洞工作。

5. 进洞段掘进

盾构机推进至距洞口距离较近时,应密切注意刀盘马达的油压显示,若有升压趋势,表明切口已至地基加固边缘,此时应立即降低推进速度,同时适当调低密封仓压力,并向前仓注水润滑切削土体,使土体得以顺利排出。

6. 盾构穿越加固区

盾构穿越加固区会出现刀盘启动困难或扭矩大、螺旋输送机扭矩大等情况。此时要密切观察洞口的变化情况,若发现有较大岩石或废弃钢筋网对刀具有可能产生破坏时、洞门混凝土有较大振动或探孔有大量水或泥浆涌出时,应立即降低或停止刀盘旋转、降低推进缸压力与推进速度,避免刀具损坏或由于刀盘前部土体受到较大作用力,造成地表坍塌等事故。

由于盾构进洞口土体经过加固处理后强度较高,为控制好推进轴线、保护刀盘,穿越时应注意以下事项:

(1)推进速度宜控制在 10 mm/min 以内。

(2)土压力设定值应略低于理论值。

(3)坡度可略大于设计坡度。

(4)穿越过程中根据盾构轴线情况,伸出仿形刀 20～50 mm,超挖线路左右两侧 90°范围的加固土体,以保证在加固土体内能够适当调整盾构轴线方向。

(5)密切注意刀盘扭矩、螺旋机扭矩等参数,必要时可向刀盘正面或螺旋机内适当压注膨润土或水来降低刀盘或螺旋机扭矩。

(6)密切观察洞门变形,有异常情况立即停止推进,同时采取应急措施。

盾构进洞前 50 环、20 环分别进行一次贯通测量,根据测量数据不断校准盾构机掘进方向,使盾构推进轴线与设计轴线的偏差控制在±10 mm 范围内(尽量偏于曲线内侧),盾构方向应调整到与接收基座方向一致。

16.4　盾构掘进施工

16.4.1　施工工艺流程

盾构掘进施工工艺流程如图 4-16-17 所示。

16.4.2　盾构掘进参数

1. 盾构推力

千斤顶的总推力大小取决于掘进时盾构机受到的阻力,计算如下:

$$F=F_1+F_2+F_3+F_4+F_5 \tag{4-16-5}$$

式中　F——总阻力,kN;

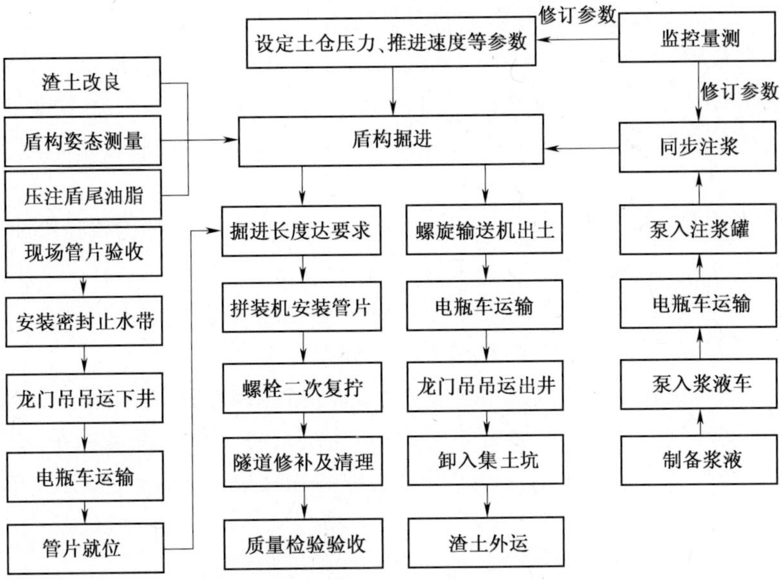

图 4-16-17　盾构掘进施工工艺流程图

F_1——盾构四周外表面和土之间的摩阻力，kN；

F_2——推进时切口环刃口对土的贯入阻力，kN；

F_3——开挖正面阻力，kN；

F_4——盾尾内管片和盾壳之间的摩阻力，kN；

F_5——后方台车的牵引阻力，kN。

千斤顶的总推力应略大于总阻力，且小于盾构机的最大推力，通过计算的推力可得出千斤顶油缸工作压力，以便合理使用千斤顶，从而更好的控制掘进轴线。

2. 刀盘扭矩

$$T=T_1+T_2+T_3+T_4+T_5+T_6+T_7 \tag{4-16-6}$$

式中　T——刀盘总扭矩，kN · m；

T_1——盘形滚刀切削土体所需的扭矩，kN · m；

T_2——由于刀盘自重所产生的抵抗旋转的扭矩，kN · m；

T_3——刀盘正面推力所产生的抵抗旋转的扭矩，kN · m；

T_4——刀盘密封装置抵抗旋转的扭矩，kN · m；

T_5——刀盘所受的摩擦扭矩，kN · m；

T_6——刀盘开口处切削渣土所需的扭矩，kN · m；

T_7——土仓内的搅动力矩，kN · m。

3. 土仓压力

土仓压力主要取决于刀盘前的水土压力，可参照式(4-16-1)进行计算。

4. 推进速度

主要根据地层条件及盾构机类型确定，正常推进时速度宜控制在 2～6 cm/min 之间，穿越构筑物时应根据监测数据适当加快或放慢推进速度。

5. 出土量

出土量应与掘进速度保持同步，每环掘进的土方量可参照式(4-16-2)进行计算。

6. 轴线控制

盾构推进轴线允许偏差值：高程±50 mm 、平面±50 mm。施工中由于同步注浆对隧顶空间填充不及时，造成后期隧道存在一定上浮的可能性；同时由于盾构上纠偏容易、下纠偏困难，因此通常控制轴线高程比设计高程降低 10～20 mm。

7. 注浆压力与注浆量

注浆压力与注浆量参照式(4-16-3)和式(4-16-4)进行计算。

8. 盾构掘进参数优化

(1)采用以主切削刀、周边刮刀、先行刀为主的刀盘切削土层,根据土层确定刀盘转速、扭矩。

(2)适当提高初始土仓压力,并在掘进中不断调整优化。土仓压力通过采取设定掘进速度、调整排土量或设定排土量、调整掘进速度两种方法进行调整,并应维持切削土量与排土量的平衡,使土仓内的压力趋于稳定。

(3)盾构机的掘进速度主要通过调整盾构推进力、转速(扭矩)进行控制,排土量则主要通过调整螺旋输送机的转速进行控制。

(4)掘进时采取渣土改良措施增加渣土的流动性和止水性,密切观察螺旋输送器的栓塞和出土情况,适时调整改良剂掺量。

(5)选择合适的同步注浆浆液,及时填充施工造成的地层空隙。

(6)采取有效措施控制掘进方向,及时纠正掘进轴线偏差。

盾构施工参数的调整与优化是一个动态的过程,只有保持各参数之间的相互匹配与相对稳定,才能使盾构施工对环境的影响程度降到最低。在一环推进完成后,应统计各项施工参数的平均值、标准偏差和最大、最小值,形成推进数据管理表,将统计数据与设定的施工参数相比较,结合施工效果不断优化各项参数。

16.4.3　渣土改良

1. 定义

渣土改良是通过盾构机配置的专用装置向刀盘面、土仓、或螺旋输送机内注入改良剂,使改良剂与渣土充分混合。改良后渣土具有较好的流塑性、合适的稠度、较低的透水性和较小的摩阻力,可以降低地层对刀具、刀盘以及螺旋输送机的磨损,有利于螺旋输送机形成土塞效应,防止喷涌,以及掘进过程中的地表沉降控制。

2. 改良剂配比

改良剂主要包括泡沫、膨润土以及聚合物,其性能指标见表 4-16-1。

常用的改良剂为膨润土与泡沫剂,配比如下:

膨润土泥浆配合比为水∶膨润土∶外加剂=10∶1∶0.2,膨润土为优质的钠基膨润土,外加剂为碱、CMC 及超流化剂 DAV 等,泥浆坍落度宜控制在 20 cm 以内。

泡沫由 90%~95%的压缩空气与 5%~10%的泡沫溶液组成,泡沫溶液由 3%的泡沫添加剂与 97%的水组成。

表 4-16-1　各种改良剂的性能指标

性能指标	膨润土	泡沫剂	高吸水性树脂
工作原理	利用添加的胶质减摩效果,使开挖土塑性流动,减少渗透性	利用微细泡沫的润滑效果使开挖土塑性流动,减少渗透性	利用树脂的吸水能力达到止水目的和改善土的流动性
pH 值	7.5~10	7.3~8	8
黏度	2~10 Pa·s	0.003~0.2 Pa·s	0.5~15 Pa·s
适用土层	砂~砂砾地层	黏土~粗砂地层	固结黏土~砂砾地层

16.4.4　同步注浆

1. 注浆材料及配合比

常用的注浆材料有两种,可硬性水泥砂浆及惰性浆液。根据相关工程经验,其配合比分别见表 4-16-2 和表 4-16-3。

表 4-16-2　可硬性浆液配合比　(单位:kg/m³)

水泥	细砂	粉煤灰	膨润土	水	外加剂
120~260	850~600	380~240	60~40	400~470	根据需要添加

表 4-16-3　惰性浆液配合比　(单位:kg/m³)

细砂	粉煤灰	膨润土	水
650~900	300~500	60~100	550

可硬性浆液配合比的物理力学指标：胶凝时间一般为 3～10 h，可通过现场试验加入速凝剂及变更配比来调整胶凝时间；固结 1 d 体强度不低于 0.2 MPa、28 d 强度不低于 2.5 MPa、固结收缩率<5%、浆液稠度控制在 8～12 cm 之间、浆液倾析率低于 5%。

惰性浆液性能应满足以下要求：具可泵性、泌水率<3%、浆液稠度控制在 9～11 cm 之间、水泥砂浆初凝时间 8～10 h、浆液 1 d 强度≥0.1 MPa、28 d 强度≥1 MPa，在列车振动和 7 级地震作用下不液化。

2. 同步注浆施工工艺

同步注浆施工工艺如图 4-16-18 所示，它包括以下几个步骤：

(1)浆液拌制。操作要点：原材料计量误差应控制在规范要求范围内；各成分材料按合理顺序投放、搅拌要均匀、搅拌时间在 2～3 min，不得有结块；浆液须进行稠度、含水率、流动性、和易性、析水性及抗液化指标测试，测试合格后方可使用。

(2)浆液运输与储存。浆液拌好后用输送管道输送到储料罐内，将储料罐运至作业面。储料罐内设有卧式搅拌轴，以防止运输时间过长浆液长时间静止而发生初凝；若浆液发生沉淀、离析，则应进行二次搅拌；浆液储存设备要经常清洗。

(3)注浆施工。连接好注浆管路、压力传感器，将拌制好的浆液输送至盾构的储浆罐中，并启动搅拌器搅拌浆液，同时开始注浆；注浆由注浆压力和注浆量双重控制，注浆速度应与推进速度相适应；在安装管片或出渣过程中，要预留部分砂浆间断泵入，以保持管路通畅。

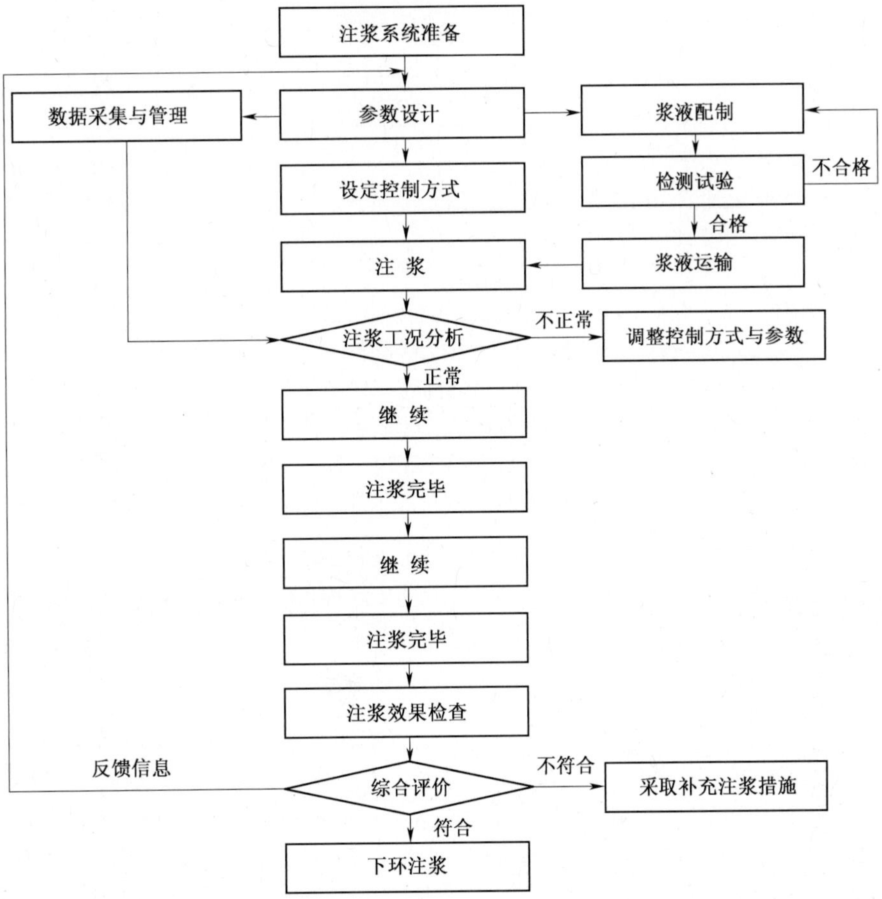

图 4-16-18　同步注浆施工流程图

3. 二次注浆

二次注浆材料可选用水泥—水玻璃双液浆或水泥砂浆。二次注浆一般采用手动控制，注浆压力为 0.3～1.0 MPa，注浆前需在起吊孔内装入单向逆止阀并凿穿外侧保护层。二次注浆施工如图 4-16-19 所示。

16.4.5　管片拼装

管片的拼装施工工艺流程如图 4-16-20 所示，拼装施工如图 4-16-21 和图 4-16-22 所示。管片采用先下后上、先纵后环、左右交叉、纵向插入、封顶成环的施工工艺，施工步骤如下：

(1)管片选型应以满足隧道线形为前提,重点考虑管片安装后盾尾间隙要满足下一掘进循环限值,确保有足够的盾尾间隙以防盾尾直接接触管片。对于错缝拼装,管片选型与安装位置应根据推进指令先行决定,目的是使管片安装后推进油缸行程差较小。

(2)每环掘进的后期,清除前面一环环面和盾尾的杂物,在一环掘进结束后,将操作盘上的掘进模式转换为管片安装模式。

(3)管片安装必须从隧道底部开始,然后依次安装标准块、邻接块,最后安装封顶块。封顶块安装前,应对止水条进行润滑处理,安装时先径向插入,调整位置后缓慢纵向顶推。

图 4-16-19　二次注浆施工

(4)管片安装到位后,应及时控制相应位置的推进油缸顶紧管片,利用其顶推力确保管片稳定,然后方可移开管片安装机。

(5)管片安装完成后利用整圆器及时整圆,并在管片环脱离盾尾后对管片连接螺栓进行二次紧固。在切换刀盘转动方向时,应对切换速度进行控制,防止切换速度过快造成管片损坏。

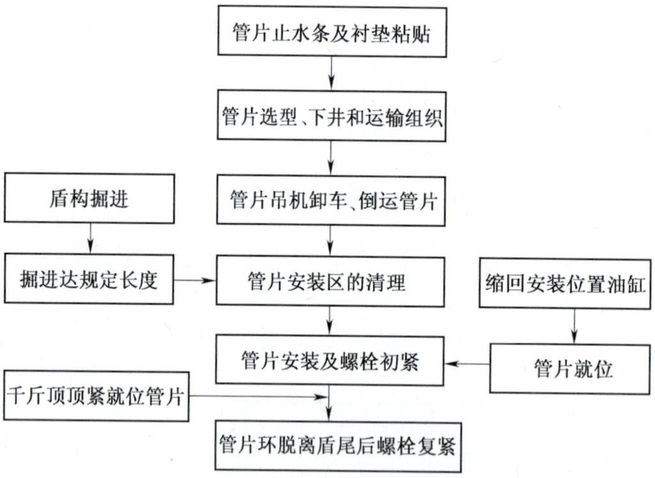

图 4-16-20　管片拼装工艺流程图

图 4-16-21　管片拼装图一

图 4-16-22　管片拼装图二

16.4.6　刀具检查与更换

1. 刀具检查

检查目的:一是检查刀盘和刀具是否破损,以便必要时进行更换;二是观察掌子面的地质条件,为下一步施工提供合理建议。检查内容如下:

(1)刀盘检查。刀盘磨损情况、主轴承及其密封油脂、刀盘面板是否有裂纹或变形、刀具螺栓是否脱落或松动、滚刀挡圈是否断裂或脱落;滚刀刀圈是否完好,有无裂纹、断裂及弦磨现象;滚刀刀体是否漏油或轴承是否损坏;撕裂刀、齿刀、刮刀有无断齿、松动、严重磨损或脱落现象。

(2)刀圈磨损量测量。在滚刀刀圈没有断裂和损坏的前提下,正确测量滚刀刀圈的磨损量是掌握刀具状况并进行刀具更换的依据。

(3)渣土鉴别与渣土温度。施工中通过渣土颗粒含量可以判断地层的岩性;通过渣土温度可以了解刀具的工作环境,指导渣土改良工作。

2. 刀具更换

刀具是切削土体的主要工具,刀具的磨损程度将直接影响到盾构机的掘进效率,正确并及时更换刀具,可以减少刀具的非正常损坏及意外停机的换刀时间,提高设备利用率。在砂、砂卵石、岩层中掘进时,刀具磨损较快,因此要准备充足的刀具作为备用;在盾构掘进过程中,要按计划定期开仓检查刀具。根据施工经验,每掘进一定距离时须检查并更换一次刀具,停机换刀时应注意避开软弱地层与地表建筑物附近区域;对于稳定地层可一次性拆除多把刀具,若遇到前方地质条件较差时,需对掌子面加固后方可进行换刀,并严格按照拆一把换一把的原则进行作业。

刀具更换遵循以下原则:

(1)磨损量原则:刀具磨损量达到 15 mm 即可进行换刀。

(2)合理原则:刀具类型与地质的适应性、刀具更换计划的合理性。

(3)批量原则:为保证刀具破岩的效率,减少刀具更换频率,应有计划地进行批量换刀,具体为边刀批量、正滚刀批量、中心刀批量、刮刀切刀批量。

(4)快速原则:为保证换刀人员和机械设备的安全,应快速有效的进行换刀。

刀具更换程序如下:

(1)停止掘进,做好检查和换刀的各项准备工作。

(2)采用压气作业,检查人员通过气压仓进入土仓。

(3)对刀盘清洗后,逐个检查刀具损坏及磨损情况,并做好记录。

(4)根据刀具磨损情况,确定换刀的类型和编号。

(5)试转和复紧。在刀具更换完成并试转刀盘若干圈后,再次安排人员进入土仓拧紧刀具,确认拧紧后退出土仓,关闭仓门并恢复掘进。掘进开始阶段应控制刀盘转速和千斤顶推力逐渐增加,避免损坏刀具。

3. 辅助措施

对于开仓作业,除了在无水、稳定性好的地层下,其余地层均需要采取辅助措施保证开仓安全。常用的辅助措施有压气、注浆以及降水。

(1)压气。根据隧道埋深及地质情况,压气作业压力约为 1.0～2.0 bar。带压作业主要步骤:准备换刀工具、材料并检查压气时采用的相关设备;排出土仓内的渣土,当土压降至较低时(0.5 bar 以下),向土仓加入压缩气体与膨润土,转动刀盘继续出渣。当螺旋机后闸门有较连续且较大压力的气体喷出时即可停止出渣,等待 0.5 h 左右观察土仓内的气压是否能够保持稳定,即气压上下浮动不能超过 0.1 bar。如果气压上下浮动过大或土仓内的气压无法上升到预定值,或空压机排压较低,说明土仓漏气,应检查铰接、盾尾部位是否漏气;待土仓内气压稳定后,换刀人员进入人闸,并准备好相关材料工具,然后向人闸内加压,加压程序要符合有关带压作业规范的要求;当人闸与土仓的气压基本一致时,打开平衡阀,换刀人员打开土仓门进入土仓开始作业。

(2)注浆加固及降水。在盾构机前体周边预留多个超前孔进行超前注浆,使刀盘前方土体固结,提高其稳定性。如果地面条件允许,可通过地面对地层进行深层注浆加固;对于渗透系数大、降水后自稳性好的地层,可通过降水井对地层进行降水,从而保证地层稳定。

16.4.7　盾构掘进

1. 直线段掘进

掘进时螺旋输送机的出土量应与盾构的开挖土量相平衡,以保持正面土体稳定,防止地下水土流失而引起较大的地表沉降。掘进过程中若出渣量过大,则掌子面可能出现坍塌;若出渣量过小,则掌子面可能存在空洞或裂隙比较发育。盾构每掘进一环的出渣量应控制在理论出渣量的95%～105%之间,若有异常应立即分析原因,及时采取相应措施。

2. 曲线段掘进

盾构在曲线段(包括水平曲线和竖向曲线)掘进时,应对液压推进油缸进行分区操作,使盾构机按预期的方向进行调向,同时采用安装楔形环与伸出单侧推进油缸的方法,使推进轨迹符合设计要求;掘进过程中盾构应采用铰接形式。曲线段掘进施工技术要点如下:

(1)进入曲线段之前要调整好盾构姿态,精确计算每个推进循环的轴线偏离量与偏转角的大小,根据盾尾间隙及推进油缸行程差、铰接油缸行程差、掘进线形等选择合适类型的管片,合理确定推进油缸的数量、推进力、分区与组合进行推进。

(2)将每一循环推进后的测量结果记入图中,并与设计曲线对比,确定是否修正下次推进的偏转量与方位角;可将每一循环分成几次推进,从而减小管片的不均匀受力。

(3)为防止管片外斜,必须保证管片背后的注浆效果,使千斤顶的偏心推力能够有效起到作用,确保曲线推进效果,并减少管片的损坏与变形。

(4)曲线掘进中盾构行走轨迹引起的空隙比直线推进大,应加大注浆量对空隙进行充填;时刻注意铰接油缸处和盾尾处有无泄露,发现泄露及时采取措施,并加大盾尾密封油脂的注入量。

(5)换渣车时应不间断进行掘进,同时协调好各个工序,避免长时间停机。

(6)曲线段管片拼装需要通过楔形环与标准环的组合来适应不同的曲线要求,因此合理选择管片相当重要。如果管片选择不当,可能造成盾尾与管片发生干扰,轻则损坏管片,重则造成较大地层沉降。

3. 盾构穿越特殊地质条件下的掘进

(1)硬岩地段。穿越硬岩地段采取的施工技术措施:采用单刃滚刀破岩以减少换刀次数;掘进过程中随时监测刀具和刀盘受力状态,确保其不超载;适时更换刀具,提高掘进效率,避免损伤刀盘;换刀时启动刀盘伸缩装置,在土仓内更换刀具,减少换刀时间对掘进的影响,提高设备利用率;掘进时启动盾构稳定装置,减小盾构机的振动和防止盾构机产生超限扭转,使管片受力稳定,确保隧道的成形质量;采用敞开模式掘进时,应遵循高转速、低扭矩的原则;掘进前要对盾构机进行一次全面的维修保养,确保盾构良好的工作状态。

(2)软硬不均地段。穿越软硬不均地段采取的施工技术措施:探明软硬地层的分布情况,必要时压注泡沫或泥浆对渣土进行改良;重视盾构的轴线控制和姿态控制,通过监控量测数据及时修正千斤顶推力组合,合理利用超挖刀、铰接千斤顶、刀盘正反转、稳定翼等措施对盾构姿态进行控制。

(3)砂层地段。穿越砂层地段采取的施工技术措施:严格控制出土量,确保土仓压力稳定;向土仓内及刀盘面注入泡沫等添加材料,改善渣土性能,提高渣土的流动性和止水性,有利于螺旋输送机排土,并可防止涌水流砂和喷涌现象的发生;运用导向系统和分区操控推进油缸控制盾构姿态,防止盾构抬升;选择合理的掘进参数快速通过,同时保证同步注浆质量,减少地层损失,将施工对地层的影响降到最低。

(4)球状风化岩层地段。球状风化地层俗称孤石层,风化球岩体的强度远大于普通岩土层的强度(例如花岗岩球岩单轴抗压强度大于200 MPa),是盾构施工的不利因素。

处理孤石不良地质条件的主要施工技术措施:以预防为主,利用超前钻探或地质雷达物探进行超前地质预报,提前采取地表或洞内深孔爆破等处理措施;观察盾构掘进的异常情况以及掘进参数的异常变化,判断是否遇到球状风化岩体,一旦发现推力加大时盾构进尺缓慢或停滞不前,应立即停机;应以低速度和高转速进行掘进,掘进过程中随时监测刀具和刀盘受力状态,防止刀盘受力不均产生变形。若遇刀盘卡住,可回缩刀盘予以调整,然后重新掘进;若球状风化岩体在软地层随刀盘一起滚动,可利用超前地质钻机钻孔,通过对地层注浆加固后再进行掘进;若上述措施不能奏效,可考虑人员通过压缩空气仓、切削仓进入开挖面,对球状风化岩体进行人工处理。

(5)断裂带地段。盾构通过断层及破碎带时的主要技术措施:采用与围岩接触面小、破岩能力高的单刃滚刀;对于土压平衡盾构应及时调整土仓压力,确保土压平衡,同时采取措施防止拼装管片时盾构机出现后退,保证工作面的土体稳定;适时调整掘进参数,使围岩得到充分切削,避免大的岩块堵塞螺旋输送机;掘进过程中向土仓内注入泡沫或泥浆,防止螺旋输送机堵塞;及时注浆充填管片与地层之间的空隙,防止土体塑性区的扩大,控制地表沉陷;加强对地表建筑物的变形监测。

16.4.8 减少后期变形的措施

减少盾构隧道后期变形的措施：正确控制盾构姿态、减少纠偏引起的地层扰动、加强同步注浆和二次注浆控制，加强监控量测工作等，具体措施如下。

(1)盾构推进的轴线偏差控制在±30 mm以内，倾角控制在±3 mm/m以内。

(2)采用隧道自动导向系统和人工测量辅助进行盾构姿态监测，分区操作盾构机推进油缸控制盾构掘进方向。

(3)当盾构偏离轴线时，严格控制盾构低速匀速掘进，通过调整螺旋输送机的转速等参数保持前方土仓内的土压力，通过合理调整各分区千斤顶的压力及刀盘转向调整盾构机姿态，改变其推进方向。蛇行修正及纠偏时应缓慢进行，最大限度减少对管片的损害，保证管片拼装质量与精度。

(4)针对不同的地质条件选择合理的浆液配合比，同时在推进过程中对其进行调整、优化。

(5)注浆量根据地质情况和地表隆陷监测情况进行动态调整。同步注浆应与推进保持同步，注浆应及时、有效的填充空隙，减少地层变形，提高结构的稳定性。

16.5 盾构管片制作

管片的生产质量最终决定了盾构隧道的施工质量，其生产重点在于控制管片尺寸精度和混凝土强度等级。首先应保证钢模型的制作精度；在钢筋笼制作过程中要控制钢筋成型精度、钢筋骨架定位精度以及钢筋焊接质量，同时做好混凝土浇捣、蒸汽养护、脱模起吊、管片翻身、钢模合龙、收水质量等工序。管片生产场地平面布置主要由混凝土搅拌系统、管片制作车间、钢筋成型车间、养护水池、管片堆场及其他辅助设施组合而成，各组成部分既具备独立的功能，又是相互匹配有机组合的整体，从而能够满足管片的制作、储存和发送要求。

16.5.1 原材料

1. 水泥

水泥早期强度要好，并适合蒸汽养护，要求在低温蒸养条件下(60 ℃以下)盾构管片10 h脱模强度≥20 MPa。根据经验，应选择强度等级不低于42.5 R的硅酸盐水泥或普通硅酸盐水泥；为避免发生碱集料反应，水泥的碱含量应严格控制在0.6%以下；从经济性和耐久性两方面考虑，应选择与高效减水剂适应性好的水泥。

2. 砂、石料

砂宜采用中砂，细度模数2.5～3.0，含泥量不大于3%；石子宜采用5～25 mm连续级配的碎石，含泥量不大于1%。砂、石材料应进行规格和清洁度质量监控以及颗粒混合试验，使粒径符合规范要求。到场后应再次进行筛分检验和含泥量检验，合格后方可投入使用。

3. 钢材

钢筋必须按规格分类挂牌堆放；钢筋表面应洁净，不得有油漆、油垢、锈皮；钢筋必须顺直，不得出现颗粒状或片状锈蚀现象。

4. 外加剂

混凝土外加剂要能够适应蒸气养护且能提高混凝土的早期强度。外加剂对混凝土坍落度的影响要小，引气量要小，并能加快混凝土的凝固时间，这样才能保证混凝土早期强度较高。

5. 水

采用清洁的不含有害物质的自来水，严格控制水灰比，水灰比不得超过0.45。

在进行管片生产或更新配合比以前，针对水、石、砂、外加剂等，须进行三组配合比试验，以选择最佳的配合比进行管片试生产，待试制品检验合格后，再进行正式批量生产。

16.5.2 钢筋笼制作

1. 钢筋断料、弯曲

钢筋制作应严格按钢筋大样图进行断料和弯曲成型；钢筋进入弯弧机时应保持平衡，防止平面翘曲，成型后表面不得有裂痕。

2. 钢筋骨架焊接

钢筋骨架焊接必须在符合设计要求的模具上进行制作;钢筋骨架焊接成型时焊接位置要准确,严格控制好钢筋骨架的焊接质量;焊接以使用 CO_2 低温保护焊机为主,不得烧伤钢筋;焊口要牢固,焊缝表面不允许有气孔及夹渣;焊接后必须及时清除。

3. 钢筋骨架安装

通过专用吊具把钢筋笼吊入模具,钢筋笼型号与模具型号应相互匹配,钢筋笼放入模具后要检查四周、底部的保护层是否满足设计要求。

钢筋笼制作与安装施工如图 4-16-23 和图 4-16-24 所示;钢筋制作允许误差见表 4-16-4。

图 4-16-23　钢筋笼制作

图 4-16-24　钢筋笼安装

表 4-16-4　管片钢筋制作允许误差

序号	项　　目	允许误差(mm)
1	网片长、宽尺寸	±10
2	网片间距	±10
3	分布筋长度尺寸	±10
4	分布筋间距	±5
5	骨架长、宽、高尺寸	+5 −10
6	主筋保护层	+5 −3
7	箍筋间距	±10

16.5.3　混凝土浇筑

1. 混凝土搅拌施工要点

(1)上料系统和搅拌系统必须按规定定期检验。

(2)生产前必须清扫各计量槽内残留材料,并将计量器归零。

(3)如间隔搅拌时间过长,搅拌之前应清洗搅拌机,以免机内残料硬化影响混凝土质量。

2. 混凝土振动施工要点

(1)空模时禁止启动振动器,否则可能导致模具损坏。

(2)采用分层下料方式减少表面气泡,具体方法是打开顶盖启动振动器振动 2～4 s,然后合上顶盖从模具中部输送混凝土,启动振动器直至模具内混凝土完全充满并且无汽泡冒出。

(3)混凝土振动时间视混凝土的流动性而定,一般不超过 10 min。

(4)混凝土的坍落度宜控制在 50～70 mm。

(5)在振动过程中应检查螺栓、固定螺栓底座、连接螺栓底座以及注浆孔螺栓底座有无松动。若在振动过程中以上任何一项出现松动,都要停止振动重新紧固。

混凝土浇筑施工如图 4-16-25 所示。

3. 表面光面

振动完成后,打开面板对混凝土面板进行光面,打开面板的时间应随气温及混凝土凝结情况决定。

粗抹面：使用铝合金压尺，刮去多余混凝土（或填补所凹陷处）并进行粗磨。

中抹面：待混凝土收水后使用灰匙进行光面，使管片面平整、光滑。

使用长匙进行精工抹平，力求使表面光亮无灰匙印。

管片收面如图 4-16-26 所示。

图 4-16-25　浇筑混凝土

图 4-16-26　管片收面

16.5.4　管片养护、脱模及修补

1. 管片养护

(1)模内养护。混凝土初凝后盖上吸水性不强的湿纤维物，并进行湿润养护；混凝土达到一定的强度后应将 PVC 管螺孔杆拔出；在气温低于 15 ℃时应采用温水养护，出口处水温控制在 35 ℃左右；气温在低于 8 ℃时，出口处水温应提高至 45 ℃左右。

图 4-16-27　管片保温养护

(2)蒸汽养护。管片光面后静停约 1 h，可将 PVC 管定位螺栓孔杆拔出，用帆布将管模和管片覆盖好，并引入饱和蒸气（图 4-16-27）。为保证管片的强度和抗渗性，防止出现微裂纹，需要严格控制蒸养时间、升温及降温速率、恒温时间和湿度等条件。管片蒸养须严格分静停、升温、恒温、降温四个阶段进行（表 4-16-5）。管片蒸养应满足以下要求：混凝土浇筑后静置 2～4 h 开始进行管片蒸汽养护，每小时温度增加不超过 20 ℃；60 ℃恒温养生 1 h 后开始降温，至环境温度后继续养生 1 h。

表 4-16-5　管片蒸养时间要求

条　　件	时　　间
静停	2～4 h（从浇捣结束后算起）
升温梯度	不大于 20 ℃/h
最高温度	不大于 60 ℃
恒温时间	2～4 h（根据季节定）
降温梯度	不大于 10 ℃/h
脱模温差	不大于 20 ℃

注：蒸养过程中每半小时查看温度计上的读数，可通过调整蒸汽通入量的大小来调节温度。

(3)养护池养护。管片经脱模修补后吊入水池内进行养护，应确保管片完全浸泡在水里（图 4-16-28）。入池时管片与池中水的温差不得大于 20 ℃，养护周期为 7 d，然后喷淋养护 28 d。

2. 管片脱模

养护的试件强度达到 20 MPa 后方可进行脱模（图 4-16-29）。管片起吊后立即拆下垫圈，注浆孔螺栓底座应清理干净后放回指定位置。

拆模顺序为：

(1)清除混凝土残积物，配上螺母，卸下系杆螺栓，放置在模具托架横梁上。

(2)拆卸灌浆管的回定螺栓及定位盖，并将其清抹干净后放在指定位置。

(3)拆卸旁模与底模固定螺栓，拆卸侧模与端模连接螺栓。

(4)拆松侧模的定位螺栓及端模的推进螺栓，同时分别把两侧模拉开至特设的安全保险定位位置。

图 4-16-28　管片水养

脱模起吊方式一般采用真空吸盘起吊设备，确保设备与管片的柔性接触，使管片受力均匀，并且大大加快起吊速度，减少螺栓孔部位局部开裂、混凝土脱落现象，减低对管片起吊强度的要求(图 4-16-30)。

图 4-16-29　管片脱模

图 4-16-30　管片起吊

3. 管片修补

若模筑的部分管片存在一定缺陷，脱模以后应立即对管片进行修补。管片缺陷具体表现为：

(1)在管片脱模和搬运过程中不可避免的会发生管片掉角、崩块现象。修补措施为：首先刮去表面微裂痕，去除油迹和灰尘；然后将管片周边装好木模，用修补剂填平该修补的部位；最后在表面涂一层混合浆液，干后用砂纸磨平修整。

(2)管片外表面存在的气泡、蜂窝或漏浆。修补措施为：深度＜5 mm 时，用西卡胶皇拌和水泥逐个填平；深度＞5 mm 时，先刮去表面微细裂痕，用水清洗基层，清除所有的浮浆、油迹、粉尘等杂物，然后装上木模板，用西卡胶皇拌和水泥进行修补填平，待修补剂干后再涂一层混合浆液，浆液干透后(约 24 h)再打磨。

(3)管片露筋。修补措施为：刮去钢筋表面的污垢，用酒精清洗钢筋，待干透后使用小灰铲进行修补。具体过程为：将管片周边装好木模，涂抹底层浆液，再用修补剂混合水泥将修补部位填平，最后在表面涂一层混合浆液，待浆液干透后用砂纸进行磨平修整。

4. 管片标志

管片标志分为永久标志和临时标志。永久标志在钢模制造时就将标志铸于钢模上，主要反映管片的环类型(标准环、左转弯环、右转弯环)、块类型(标准块、邻接块、封顶块)、管片端面对接标志及螺栓孔对接标志；临时标志是在管片脱模后对其进行喷涂，主要标注管片流水号码与生产日期；对于联络通道处的特殊管片需要喷涂相应的标志，避免与普通管片混淆。

16.5.5　管片堆放和运输

1. 管片堆放

管片在水池里的堆放，水浸养护时，管片必须整体埋没于水中。管片宜单层放置，不同规格的管片严格实行分区养护。

管片在喷淋场侧立放置，保证喷淋的水能湿润管片的每一部分。管片可两层放置，喷淋头位于顶层管片的上部。

管片在堆场的堆放采用侧放或者元宝形放置。侧放堆放占地小，但管片叠放时稳定性比较差，出厂不方便；元宝形堆放管片叠放稳定，出厂方便，可直接吊上车，但占地面积相对较大，而且注浆孔内容易积水，积水结冰会破坏注浆孔封头混凝土，因此在冬季不宜采用元宝形堆放。建议堆放时间较长的管片宜采用侧放堆放，堆放时间较短的管片宜采用元宝形堆放。

2. 管片运输

管片可使用长平板车运输，每叠管片不超过 3 层，叠与叠之间纵横方向留有不少于 300 mm 间距；吊运时管片之间应以垫木间隔以防碰撞；管片与绳索间采用专门的管片吊装带，用纹盘收紧绳索，使管片得以紧固；管片厂装车采用叉车，运输至现场后采用龙门吊卸车。

16.6　盾构隧道防水施工

盾构隧道防水原则：以防为主，以堵为辅，刚柔结合，多道设防，因地制宜，综合治理。盾构隧道防水以高精度、高强度、高抗渗性的管片自防水为基础，以管片接缝防水为重点，以嵌缝、注浆孔、螺栓孔、接口防水等细部处理为辅助，确保盾构隧道防水效果。

16.6.1　施工工艺流程

盾构隧道防水施工工艺流程如图 4-16-31 所示。

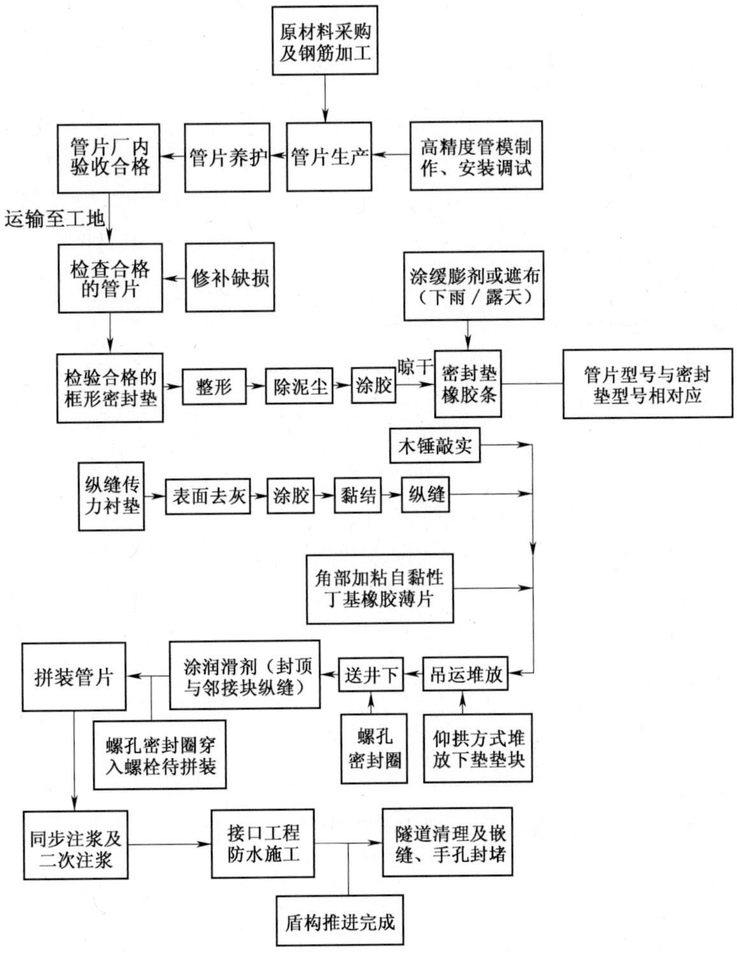

图 4-16-31　防水施工工艺流程图

16.6.2　管片钢模制作及结构自防水

1. 管片钢模制作精度

管片模具精度和耐久性是保证管片制作质量的基础，直接关系到整条隧道的防水效果。钢模加工精度要求见表 4-16-6。

表 4-16-6　钢模加工允许偏差

序号	项目	单位	允许偏差	检验频率		检验方法
				范围	点数	
1	宽度	mm	+0.2 −0.4	每只	6	左、中、右三个断面各测一点
2	弦长	mm	±0.5	每只	2	两侧各测一点
3	底座夹角	s	±0.6	每只	4	四角各测一点
4	纵环向芯棒中心距	mm	±0.5	每只	2	抽查
5	内腔高度	mm	±1.0	每只	2	抽查

注：每套钢模每生产 100 环管片须进行整体周期检测，并作好检查记录。

2. 管片结构自防水

管片生产所用的钢筋、水泥、砂、石子、粉煤灰、外加剂等原材料应符合相关规范要求，且必须附有生产厂家的产品质量保证书，并按规定批量进行复试；管片钢模经检验合格后方可放入钢筋笼、预埋件，并严格控制钢筋保护层厚度；管片自防水受其表面光滑程度及内在密实度的影响较大，因此在浇筑过程中须严格控制混凝土的捣固，在振捣时不得碰撞钢模、芯棒、钢筋及预埋件。当混凝土与侧板接触处若不再有喷射状气体，且水泡能均匀起伏时，表明振动时间较为合适。

16.6.3　管片接缝防水

1. 接缝防水

接缝防水材料主要有两种——多孔三元乙丙弹性橡胶和遇水膨胀橡胶。对于弹性橡胶，要求橡胶密封垫传给管片密封槽接触面的应力大于设计水压力，且当隧道产生纵向变形时，管片环缝在规定水压力作用下不得渗漏水。作为密封垫的材料必须满足接缝防水短期性和长期性的要求，即弹性橡胶密封垫在管片环纵缝张开 0.6 mm(包括管片密封槽制作误差、拼装误差)时，能长期抵抗 0.6 MPa 水压力。三元乙丙橡胶密封垫与遇水膨胀橡胶止水带性能见表 4-16-7 及表 4-16-8。

表 4-16-7　三元乙丙橡胶密封垫性能

项　目		单　位	指　标
拉伸强度		MPa	≥9.5
硬度 SH		(°)	(55±5)～(70±5)
伸长率		%	≥330
压缩永久变形(70 ℃×24 h)		%	≤28
防霉等级			达到与优于 2 级
热空气老化 (70 ℃×168 h)	硬度变化 SH	(°)	≤+6
	拉伸强度变化率	%	≥−15
	扯断伸长率变化率	%	≥−30

表 4-16-8　遇水膨胀橡胶止水带性能

项　目	单　位	指　标
拉伸强度	MPa	≥3.5
硬度 SH	(°)	42±7
体积膨胀倍率	%	≥150
扯断伸长率	%	≥450
低温弯折−20 ℃×2 h		无裂纹
防霉等级		达到与优于 2 级

续上表

项　　目		单　　位	指　　标
反复浸水试验	拉伸强度	MPa	≥3
	扯断伸长率	%	≥350
	体积膨胀倍率	%	≥150

外形尺寸误差：长度纵向＋3～－5 mm、环向＋5～－10 mm、高度±0.5 mm、宽度±1 mm、接头允许误差±0.5 mm。

遇水膨胀橡胶止水带施工工艺：采用粘贴施工，要求待粘基面无尘、无油、无污、干燥，以保证粘贴质量，每环止水带的粘贴应在管片安装前24 h内完成，在粘贴止水带的同时进行管片衬垫粘贴。

粘贴步骤如下：选型→基面清理→槽内涂黏结剂→密封条涂黏结剂→粘贴→打压密贴。

对粘贴好止水带的管片，在拼装前应采取措施防止雨淋、水浸；在运输和拼装过程中应避免擦碰、剥离、脱落或损伤止水带；安装管片时应保证管片拼装质量，减少错台，确保密封止水效果；在密封垫表面加嵌膨胀条时，水膨胀条表面应涂缓膨胀剂。

2. 嵌缝防水

嵌缝防水施工工艺流程如图4-16-32所示。嵌缝防水施工如下：在进出洞各20环(除变形缝外)范围内，整环环缝、纵缝以及拱底90°范围内采用遇水膨胀密封胶、氯丁胶乳水泥进行封填；在变形缝、钢管片之间、钢管片与混凝土管片之间整环环缝及钢管片纵缝采用高模量聚氨酯密封胶封填；其他区段拱顶45°范围内采用高模量聚氨酯密封胶封填。

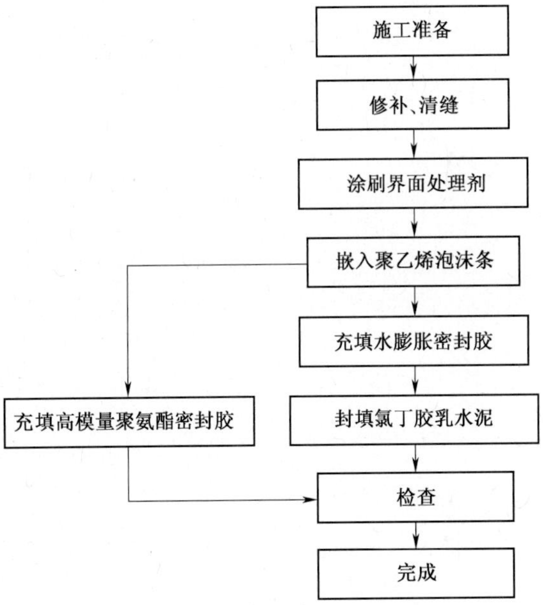

图4-16-32　嵌缝防水施工工艺流程图

3. 嵌缝作业

嵌缝作业应在盾构千斤顶顶力影响范围外进行，不允许在有明显渗漏的衬砌环上进行。施工前首先查找隧道衬砌渗漏点，若发现明显渗漏，须采取衬砌壁后压注水泥—水玻璃双液浆进行封堵，待无明显渗漏后方可进行嵌缝作业。作业前在管片拱顶45°与拱底90°进行放样弹线，若衬砌嵌缝槽有较大缺损应进行修补，清除缝内泥砂杂物，然后按照先环缝后纵缝的顺序进行嵌缝施工。拱顶45°范围、整环变形缝、钢管片环与钢管片环之间整环环缝、钢管片环与混凝土管片之间整环环缝及钢管片上的纵缝嵌填施工步骤如下。

嵌缝方式一：先从每环端头超出设计要求范围50 mm处开始，将聚乙稀泡沫条嵌下，并留下槽深约20 mm左右的空间，确保平整。拱顶45°环缝和纵缝内不允许有接头，十字接头处(环缝与纵缝接头)均应连接紧密且无空隙，然后嵌入高模量聚氨酯密封胶(环缝与纵缝相同)，并与管片抹平，不得产生气泡，不得存在脱节现象。施工示意图如图4-16-33所示。

嵌缝方式二：先从每环端头超出设计要求范围50 mm处开始，刷涂界面处理剂，将聚乙稀泡沫条嵌下，并留下槽深约22 mm左右的空间，确保平整。拱顶45°环缝和纵缝内不允许有接头，十字接头处(环缝与纵缝接头)均应连接紧密且无空隙，再嵌入4 mm厚的水膨胀密封胶(环缝与纵缝相同)，不得产生气泡，不得存在脱节现象。最后将配制好的氯丁胶乳水泥进行环缝、纵缝的嵌填，并与管片抹平。施工示意图如图4-16-34所示。

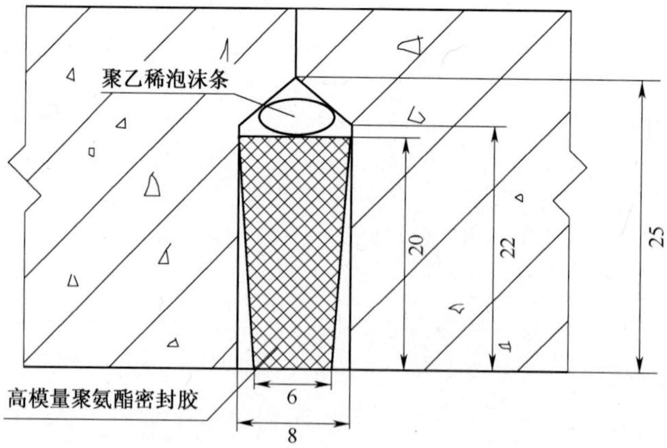

图 4-16-33　嵌缝方式一(单位:mm)

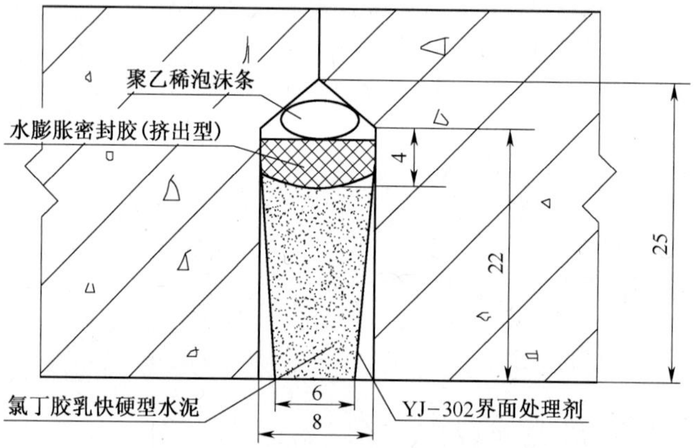

图 4-16-34　嵌缝方式二(单位:mm)

参考文献

[1] 岳祖润．高速铁路施工技术与管理．北京:中国铁道出版社,2010.
[2] 铁道科学研究院．高速铁路技术．北京:中国铁道出版社,2005.
[3] 李学伟．高速铁路概论．北京:中国铁道出版社,2010.
[4] 郑健．中国高速铁路桥梁．北京:中国铁道出版社,2008.
[5] 铁道部工程设计鉴定中心．高速铁路隧道．北京:中国铁道出版社,2006.
[6] 中华人民共和国铁道部．TB 10621—2009 高速铁路设计规范(试行)．北京:中国铁道出版社,2010.
[7] 王爱琳．高速铁路路基施工与维护．成都:西南交通大学出版社,2010.
[8] 焦胜军．高速铁路桥梁施工与维护．成都:西南交通大学出版社,2011.
[9] 郭占月．高速铁路隧道施工与维护．成都:西南交通大学出版社,2012.
[10] 文妮．高速铁路轨道施工与维护．成都:西南交通大学出版社,2010.
[11] 何华武．中国铁路既有线 200 km/h 等级提速技术．北京:中国铁道出版社,2007.
[12] 第七届世界高速铁路大会科学委员会.第七届世界高速铁路大会论文集．北京:中国铁道出版社,2012.
[13] 旅游地理特刊．中国高速铁路发展成就．北京:中国铁道出版社,2012.
[14] 铁道部档案史志中心．中国铁道年鉴(2010)．北京:中国铁道出版社,2011.
[15] 中华人民共和国铁道部．TB 10751—2010 高速铁路路基工程施工质量验收标准．北京:中国铁道出版社,2010.
[16] 中华人民共和国铁道部．TB 10102—2010 铁路工程土工试验规程．北京:中国铁道出版社,2010.
[17] 中华人民共和国铁道部．TB 10001—2005 铁路路基设计规范．北京:中国铁道出版社,2005.
[18] 中华人民共和国铁道部．铁建设〔2010〕241 号 高速铁路路基工程施工技术指南．北京:中国铁道出版社,2010.
[19] 中华人民共和国铁道部．建技〔2009〕185 号 铁路路基工程施工作业要点示范卡片．北京:中国铁道出版社,2009.
[20] 建筑材料科学研究总院．GB 175—2007 通用硅酸盐水泥．北京:中国标准出版社,2007.
[21] 中华人民共和国铁道部．TB 10601—2009 高速铁路工程测量规范．北京:中国铁道出版社,2009.
[22] 中华人民共和国铁道部．TB 10424—2010 铁路混凝土工程施工质量验收标准．北京:中国铁道出版社,2010.
[23] 杜永昌,等．高速与客运专线铁路施工工艺手册．北京:科学技术文献出版社,2006.
[24] 中华人民共和国铁道部．TB 10414—2003 铁路路基工程施工质量验收标准．北京:中国铁道出版社,2003.
[25] 薛吉岗．客运专线铁路工程施工质量验收标准运用指南．北京:中国铁道出版社,2005.
[26] 中华人民共和国铁道部．客运专线铁路工程施工质量验收标准使用手册．北京:中国铁道出版社,2007 年．
[27] 中华人民共和国国家质量监督检验检疫总局．GB/T 5224—2003 预应力混凝土用钢绞线．北京:中国标准出版社,2003.
[28] 中华人民共和国铁道部．TB/T 3193—2008 铁路工程预应力筋用夹片式锚具、夹具和连接器技术条件．北京:中国铁道出版社,2008.
[29] 中华人民共和国国家质量监督检验检疫总局．GB 12523—2011 建筑施工场界环境噪声排放标准．北京:中国环境科学出版社,2011.
[30] 中华人民共和国铁道部．TB 10118—2006 铁路路基土工合成材料应用技术规范．北京:中国铁道出版社,2006.
[31] 中华人民共和国铁道部．建技〔2003〕7 号 铁路路基边坡绿色防护技术暂行规定．北京:中国铁道出版社,2003.
[32] 屈晓辉,崔俊杰．客运专线铁路路基设计技术．北京:人民交通出版社,2008.
[33] 林宗元．岩土工程试验监测手册．沈阳:辽宁科学技术出版社,1993.
[34] 天津大学、天津市建筑设计院．DB 29—20—2000 岩土工程技术规范(天津)．北京:中国建筑工业出版社,2000.
[35] 中华人民共和国住房和城乡建设部．JGJ79—2012 建筑地基处理技术规范．北京:中国建筑工业出版社,2012.
[36] 郑昕,苏向东,肖作声．德国高速铁路路基简介．铁道建筑技术,1994,(4).
[37] 李殿龙．日本新干线路基的设计与施工．中国铁路,1998,(9).
[38] 刘晓骏,等译．日本高速铁路路基设计及施工控制技术．北京:知识产权出版社．1998.
[39] 龚晓南．地基处理技术发展与展望．北京:中国水利水电出版社,2004.
[40] 铁道科学研究院．铁建设〔2005〕754 号 客运专线无砟轨道铁路设计指南．北京:中国铁道出版社,2005.
[41] 铁道科学研究院．铁建设〔2006〕158 号 客运专线铁路无砟轨道铺设条件评估技术指南．北京:中国铁道出版社,2006.

[42] 铁道第二勘察设计院．铁建设〔2006〕189 号 客运专线无砟轨道铁路工程测量暂行规定．北京：中国铁道出版社，2006.

[43] 中华人民共和国铁道部．TB 10035—2006 铁路特殊路基设计规范．北京：中国铁道出版社，2006.

[44] 国家测绘局．GB/T 12897—2006 国家一、二等水准测量规范．北京：中国标准出版社，2006.

[45] 中华人民共和国交通运输部．JTG F10—2006 公路路基施工技术规范．北京：人民交通出版社，2006.

[46] 中铁二局股份有限公司．土木工程施工工艺：路基路面工程．北京：中国铁道出版社，2009.

[47] 陈忠达．公路挡土墙设计与施工及国家标准图集实施手册．北京：人民交通出版社，2008.

[48] 铁道科学研究院高速铁路技术研究总体组．高速铁路技术．北京：中国铁道出版社，2005

[49] 郑健．中国高速铁路桥梁．北京：高等教育出版社，2008.

[50] 树礼．高速铁路桥梁设计与实践．北京：中国铁道出版社，2011.

[51] 李小真．高速铁路桥梁工程．成都：西南交通大学出版社，2010.

[52] 中铁二局股份有限公司．土木工程施工工艺：桥梁工程．北京：中国铁道出版社，2009.

[53] 杜永昌．铁路工程施工装备选型配套手册(1)．北京：中国铁道出版社，2010.

[54] 唐浩先．32 m/900 t 级先张预应力混凝土箱梁整孔预制施工技术．四川建筑，2007，(3).

[55] 王强．钢箱横梁在 32 m/900 t 级先张梁预制中的应用．路基工程，2009，(1).

[56] 王强，邹宏伟，等．铁路客运专线 32 m/900 t 先、后张法预应力混凝土箱梁预制和运架设备关键技术研究报告．中铁二局股份有限公司，2006.

[57] 中华人民共和国交通运输部．JTG/TF 50—2011 公路桥涵施工技术规范．北京：人民交通出版社，2011.

[58] 李华月．西安南京铁路客运专线整孔箱梁运架施工技术．路基工程，2007，(3).

[59] 中华人民共和国铁道部．铁建设〔2006〕181 号 铁路架桥机架梁暂行规程．北京：中国铁道出版社，2006.

[60] 中华人民共和国铁道部．铁建设〔2010〕241 号 高速铁路桥涵工程施工技术指南．北京：中国铁道出版社，2011.

[61] 中华人民共和国建设部．CJJ/T 111—2006 预应力混凝土桥梁预制节段逐跨拼装技术规程，北京：中国建筑工业出版社，2006.

[62] 中华人民共和国铁道部．TB 10752—2010 高速铁路桥涵工程施工质量验收标准．北京：中国铁道出版社，2010.

[63] 铁道部工程管理中心．节段预制拼装移动支架造桥机施工技术要点手册．北京：中国铁道出版社，2009.

[64] 中华人民共和国铁道部．铁建设〔2004〕8 号 新建时速 200 公里客货共线铁路工程施工质量验收暂行标准．北京：中国铁道出版社，2004.

[65] 中华人民共和国铁道部．铁建设〔2005〕160 号 客运专线铁路桥涵工程施工质量验收暂行标准．北京：中国铁道出版社，2005.

[66] 中华人民共和国铁道部．TB 10424—2010 铁路混凝土工程施工质量验收标准．北京：中国铁道出版社，2010.

[67] 艾宗良．箱梁短线匹配预制及悬臂拼装施工技术研究．南京：东南大学，2006.

[68] 赖世广，吴问兵．移动支架节段箱梁架设(湿接缝)施工．大桥建设，2007，(2).

[69] 孙世豪，党海军，周光忠．客运专线中等跨度预应力混凝土箱梁造桥机节段预制拼装技术研究．北京：中国铁道出版社，2009.

[70] 铁道部经济规划研究院. TZ 324—2010 铁路预应力混凝土连续梁(刚构)悬臂浇筑施工技术指南．北京：中国铁道出版社，2010.

[71] 中华人民共和国铁道部．TZ 210—2005 铁路混凝土工程施工技术指南．北京：中国铁道出版社，2005.

[72] 中华人民共和国铁道部．TB 10110—2011 铁路混凝土梁支架法现浇施工技术规程．北京：中国铁道出版社，2011.

[73] 雷俊卿．桥梁悬臂施工与设计．北京：人民交通出版社，2009.

[74] 冯广胜．尼尔森体系提篮拱桥施工技术．铁道标准设计，2005，(10).

[75] 薛照钧．下承尼尔森体系钢管混凝土提篮式系杆拱桥在铁路客运专线上的应用设计．桥梁建设，2006，(5).

[76] 席红星．客运专线大跨度钢箱系杆拱桥原位拼装施工技术．铁道建筑，2011，(6).

[77] 尹书军．沪杭客运专线跨沪杭高速公路特大桥(88＋160＋88)m 自锚上承式拱桥设计．铁道标准设计，2010，(5).

[78] 马胜双．京沪高速铁路跨济兖公路钢箱系杆拱桥主桥方案设计．铁道标准设计，2007，(2).

[79] 巨斌如．铁路特大系杆拱桥箱形现浇拱肋施工技术．铁道建筑技术，2009，(5).

[80] 何永昶．高速铁路超大吨位自锚式拱桥转体施工技术．上海铁道科技，2011，(2).

[81] 蒋宗全，等．新建铁路四线钢箱系杆拱桥施工支架仿真分析．铁道建筑，2011，(3).

[82] 王文胜．高速铁路 140 m 钢箱系杆拱桥施工技术．长沙：中南大学，2011.

[83] 陈明宪．斜拉桥建造技术．北京：人民交通出版社，2004.

[84] 刘士林，梁智涛，等．斜拉桥．北京：人民交通出版社，2002.

[85] 周孟波．斜拉桥手册．北京：人民交通出版社，2004．
[86] 赫尔墨特·波德．欧洲结合梁．北京：中国铁道出版社，2009．
[87] 宋德文．关于高速铁路结合梁的探讨．铁道建筑技术，2004，(5)．
[88] 辛学忠，张晔芝．铁路钢—混凝土结合梁技术发展研究．中国铁路，2007，(12)．
[89] 张晓勇，肖海珠，徐伟．郑州黄河公铁两用桥连续钢桁结合梁施工设计．中国铁路，2010，(7)．
[90] 李凤芹，刘凯，杨欣然．96 m 简支钢桁梁设计．桥梁建设，2006，(增刊 2)．
[91] 张洁玙．钢纤维混凝土桥面铺装的施工技术及质量控制．山西建筑，2011，(11)．
[92] 张良．钢纤维混凝土施工技术在桥面铺装工程中的应用．内蒙古公路与运输，2010，(6)．
[93] 金马大桥大型混凝土斜拉桥与 T 型刚构协作体系桥梁设计技术研究．华夏建设科学技术奖汇编，2006．
[94] 刘崇亮．宜万铁路宜昌长江大桥钢管拱拼装和竖转施工技术．铁道标准设计，2010，(8)．
[95] 毛伟琦，刘翠云．2×275 m 连续钢管拱竖转施工设计．世界桥梁，2007，(4)．
[96] 顾安邦，张永水．桥梁施工监测与控制．北京：机械工业出版社，2003．
[97] 徐君兰．大跨度桥梁施工控制．北京：人民交通出版社，2008．
[98] 向中富．桥梁施工控制技术．北京：人民交通出版社，2010．
[99] 铁道部工程设计鉴定中心．高速铁路隧道．北京：中国铁道出版社，2010．
[100] 中华人民共和国铁道部．铁路隧道设计规范．北京：中国铁道出版社，2010．
[101] 马辉，等．当前铁路隧道施工亟待解决的若干技术问题．现代隧道技术，2011，48(5)．
[102] 刘浩杰．宜万铁路隧道工程岩溶超前预报的地质分析方法研究．北京：北京交通大学，2006．
[103] 中铁二局股份有限公司．土木工程施工工艺——隧道及地铁工程．北京：中国铁道出版社，2009．
[104] 铁道部第二工程局．隧道．北京：中国铁道出版社，1999．
[105] 杨林德．公路施工手册——隧道．北京：人民交通出版社，2011．
[106] 关宝树．隧道工程施工要点集．2 版．北京：人民交通出版社，2011．
[107] 刘志刚，等．隧道隧洞超前地质预报．北京：人民交通出版社，2011．
[108] 叶英．隧道施工超前地质预报．北京：人民交通出版社．2011．
[109] 何发亮，李苍松，陈成宗．隧道超前地质预报．成都：西南交通大学出版社，2006．
[110] 解振师，张峰，袁仁爱．超前地质预报技术在武广客运专线隧道工程施工中的应用．铁道标准设计，2007，(S1)．
[111] 郎玉光．隧道超前地质预报综合技术．铁道建筑，2007，(12)．
[112] 杨果林，杨立伟．隧道施工地质超前预报方法与探测技术研究．地下空间与工程学报，2006 ，(4)．
[113] 张民庆．宜万铁路重点难点隧道工程地质难题与施工对策浅析．现代隧道技术．2004，(23)．
[114] 李卫华．超前地质预报技术在武隆隧道岩溶地质施工中的应用．铁道标准设计，2002，(增刊)．
[115] 荆学亚，梅建华．TSP203 地质超前预报系统在乌鞘岭隧道 6 号斜井的应用．铁道标准设计，2005，(9)．
[116] 练友红．地质雷达探测武隆隧道岩溶、暗河．矿业安全与环保，2003，(6)．
[117] 闫红江．牛界岭隧道施工综合地质预报技术．现代隧道技术，2005，(5)．
[118] 李勇，孙喜峰，李廷．隧道施工地质超前预报方法．地质与资源，2004，13(2)．
[119] 陈炳祥．长大隧道施工地质超前预测预报技术应用研究．铁道工程学报，2004，(2)．
[120] 陈建峰．隧道施工地质超前预报技术比较．地下空间，2003，23(1)．
[121] 周运祥．TSP203 超前预报系统在乌鞘岭特长隧道不良地质中的应用．铁道建设技术，2004，(1)．
[122] 蔡运胜．TSP203 隧道超前地质预报系统及应用．物探与化探，2004，28(2)．
[123] 温树林，吴世林．TSP203 在云南元磨高速公路隧道超前地质预报中的应用．地球物理学进展，2003，18(3)．
[124] 邓居智，莫撼，刘庆成．探地雷达在岩溶探测中的应用．物探与化探，2001，25(6)．
[125] 孙坚，白明洲，王连俊．探地雷达在地层划分中应用的研究．岩土工程技术，2004，18(4)．
[126] 王玉清，林红辉，赵楠，等．探地雷达探测岩溶．岩土工程界，2002，5(10)．
[127] 王洪勇．综合超前地质预报在圆梁山隧道中的应用．现代隧道技术，2004，41(3)．
[128] 中华人民共和国铁道部．TB 10003—2005 铁路隧道设计规范．北京：中国铁道出版社，2005．
[129] 中华人民共和国铁道部．TB 10005—2010 铁路混凝土结构耐久性设计规范．北京：中国铁道出版社，2010．
[130] 中华人民共和国铁道部．TZ 331—2009 铁路隧道工程防排水施工技术指南．北京：中国铁道出版社，2009．
[131] 吕康成．隧道与地下工程防排水指南．北京：人民交通出版社，2012．
[132] 何发亮，郭如军，李苍松，等．岩体温度法隧道施工掌子面前方涌水预报．成都：西南交通大学出版社，2009．
[133] 周爱国．隧道工程现场施工技术．北京：人民交通出版社，2010．
[134] 朱汉华，尚岳全，杨建辉，等．公路隧道设计与施工新法及其应用．北京：人民交通出版社，2010．
[135] 吴焕通，崔永军．隧道施工及组织管理指南．北京：人民交通出版社，2005．

[136] 关宝树,麦偶曾. 日本隧道标准规范(山岭篇)及解释. 成都:西南交通大学出版社,1988.
[137] 窦忠孝,荀彪,彭万平. 对乌稍岭特长隧道斜井施工的思考. 铁道工程学报,2006,(4).
[138] 卢智强,罗治军. 通过斜井施工长大隧道的几点认识. 隧道建设,2009,29(增2).
[139] 钟有信,郭得福,罗草原. 长大斜井有轨运输系统配套设计与施工技术. 隧道建设,2008,28(2).
[140] 赵勇,赵天熙. 长距离大坡度斜井运输分析. 西部探矿工程,2005,(S1).
[141] 高菊如. 铁路隧道辅助坑道的选择. 隧道及地下工程,1995,(2).
[142] 张成刚. 长大隧道斜井施工技术. 铁道建筑,2009,(6).
[143] 张健儒. 龙厦铁路象山隧道辅助坑道优化设计. 隧道建设,2010,(1).
[144] 罗强. 论公路隧道辅助坑道的设计及施工. 今日科苑,2010,(16).
[145] 崔振群. 寺则河隧道辅助坑道方案优化及施工情况探讨. 铁道工程学报,2001,(3).
[146] 王勇,吴建福. 肖家梁隧道辅助坑道变更方案的比选与分析. 路基工程,2010,(6).
[147] 曾蔚,张民庆. 圆梁山隧道施工期间增加辅助坑道的设计与施工. 探矿工程(岩土钻掘工程),2005,(5).
[148] 卢耀如. 硫酸盐岩岩溶及硫酸盐岩与碳酸盐岩复合岩溶. 北京:高等教育出版社,2007.
[149] 丁睿. 瓦斯隧道建设关键技术. 北京:人民交通出版社,2010.
[150] 张立坤,等. 隧道施工高瓦斯防治指南. 北京:人民交通出版社,2011.
[151] 王星华. 高原多年冻土隧道工程研究. 北京:中国铁道出版社,2007.
[152] 铁道部工程管理中心. 客运专线铁路地基处理技术手册. 北京:中国铁道出版社,2009.
[153] 刘启山. 岩石隧道掘进机(TBM)施工及工程实例. 北京:中国铁道出版社,2004.